JÖRG K. HOENSCH

Geschichte Böhmens

Von der slavischen Landnahme
bis zur Gegenwart

*Dritte aktualisierte
und ergänzte Auflage*

VERLAG C.H. BECK MÜNCHEN

Mit 5 Karten und 3 genealogischen Tafeln

CIP-Kurztitelaufnahme der Deutschen Bibliothek

Hoensch, Jörg K.:
Geschichte Böhmens : von d. slav. Landnahme bis zur Gegenw. / Jörg K. Hoensch. – 3., akt. u. erg. Aufl.
München : Beck, 1997
Beck's Historische Bibliothek
ISBN 3 406 41694 2

ISBN 3 406 41694 2

Dritte aktualisierte und ergänzte Auflage. 1997

Satz und Druck: Appl, Wemding
Bindung: Conzella, Aschheim
Gedruckt auf säurefreiem, alterungsbeständigem Papier
(hergestellt aus chlorfrei gebleichtem Zellstoff)

Inhaltsverzeichnis

Mein Herz ist zu groß für ein Vaterland und zu klein für zwei.
René Schickele

Vorwort

Die deutsche Bohemistik hat mit dem von Professor Dr. Karl Bosl im Auftrag des Collegium Carolinum, Forschungsstelle für die böhmischen Länder e.V., München, zwischen 1966 und 1974 herausgegebenen vierbändigen Handbuch der Geschichte der böhmischen Länder ein bahnbrechendes Werk vorgelegt, das in der Ausgewogenheit der Aussagen und Beurteilungen, der Berücksichtigung des gesamten, Anfang der 1960er Jahre erreichten Forschungsstandes und der schlüssigen wissenschaftlichen Konzeption ein überaus wertvolles Kompendium für den Spezialisten darstellt. Obschon die einschneidenden Säuberungsmaßnahmen nach 1969 der tschechischen und slowakischen Geschichtswissenschaft schwere personelle Opfer abverlangten, ist in der ČSSR – wie auch in den westlichen Ländern – die Forschung in Einzelbereichen inzwischen wesentlich vorangekommen; trotzdem wurde bisher im deutschen Sprachraum kein neuer Versuch unternommen, die Geschichte der böhmischen Länder geschlossen abzuhandeln. Es bot sich daher an, eine übersichtliche, die jüngsten Forschungsergebnisse sowie die sozial-, wirtschafts- und kulturhistorischen Fragestellungen einbeziehende Synthese der Geschichte des Königreichs Böhmen und seiner jeweils dazugehörenden Nebenländer von den Anfängen bis zu ihrem Aufgehen in der Tschechoslowakischen Republik zu erstellen. Ein knapper, essayistischer Ausblick soll die Kontinuität des böhmischen Erbes aufzeigen und auf die in der Tschechoslowakischen (Sozialistischen) Republik vorgekommenen Entwicklungsbrüche hinweisen.

Dem Verfasser ging es nicht primär darum, nach dem „Sinn der böhmischen Geschichte“[1] zu fragen, den die tschechischen Historiker je nach Aktualität „im ewigen Kampf gegen das Deutschtum“ oder in der Barrierefunktion gegen den „deutschen Drang nach Osten“, als „Verkörperung des demokratischen Denkens“, in der „humanitären Mission“ oder jüngst in der „traditionell fortschrittlichen Sendung der Arbeiterklasse“ zu erblicken glaubten. Ziel dieses Buches ist es, unter Ausklammerung von Legenden und Mythen, Idealisierung und Glorifikation, als Einführung in die Vergangenheit unseres Nachbarlandes jene Vielfalt der Phänomene zusammenzufassen, die im Laufe der Jahrhunderte das Geschehen im östlichen Mitteleuropa bestimmte, sowie die wichtigsten Ereignisstränge, Verflechtungen und Forschungskontroversen herauszuarbeiten, ohne dabei auf eigene Urteile zu verzichten. In intensiver Auseinandersetzung mit den Ergebnissen der tschechischen Historiographie galt es auch, die von der marxistisch beeinflußten Geschichtsschreibung überbetonten sozioökonomischen Komponenten in ein vertretbares Gleichgewicht mit den politisch-diplomatischen, kulturellen und religiösen Strömungen des jeweiligen Zeitraums zu bringen und vor allem die seit dem 13. Jahrhundert bestehende binationale Struktur des böhmischen Staates in Erinnerung zu rufen, die erst im Nationalitätenkampf des ausgehenden 19. Jahrhunderts aus dem Bewußtsein verdrängt wurde.

Die Einsicht, daß die Geschichte der böhmischen Länder nicht als „Brennspiegel der europäischen Entwicklung" überbewertet werden darf, sondern trotz ihrer so eindrucksvoll zutage tretenden Einbettung in den gesamteuropäischen Geschichtsablauf vornehmlich aus ihren eigenen Voraussetzungen und Besonderheiten geschildert werden muß, bot Anlaß, einige herkömmliche Interpretationsansätze zu negieren bzw. zu relativieren. Deshalb wurde auch die Bedeutung der im 13. Jahrhundert ihren Höhepunkt erreichenden Ostsiedlungsbewegung mit größerer Sachlichkeit und emotionaler Distanz beurteilt, als es die deutsche Geschichtsschreibung in der Zwischenkriegszeit zu tun pflegte. Obschon der Hussitismus erstmals in einer das ganze Land erfassenden Revolution die mittelalterliche Sozialstruktur zerstörte und er in mehr als einer Hinsicht als Vorläufer der amerikanischen und der französischen Revolution gelten kann, so erscheint der Stellenwert, den ihm seit fast 150 Jahren die tschechische Historiographie einräumt, durch die Ereignisse selbst und ihre langfristigen Folgen nicht gerechtfertigt. Der verständliche Stolz auf die ständestaatliche Ordnung, das Ausmaß der konfessionellen Toleranz und die ökonomische Fortschrittlichkeit im 16. Jahrhundert darf gleichfalls nicht dazu verleiten, das Scheitern des Ständeaufstands von 1618 und das sich angeblich anschließende „dreihundertjährige Leiden in den Fängen der schwarz-gelben Hydra" nur unter negativen Vorzeichen zu beschreiben, unbeschadet der Tatsache, daß die politische Eigeninitiative in den böhmischen Ländern auf ein bescheidenes Mitwirkungsrecht bei internen Angelegenheiten beschränkt blieb und im Windschatten Wiens die Isolierung von den Maßstäben und Anforderungen des internationalen Lebens einer allumfassenden Provinzialisierung Vorschub leistete. Auch beim Aufzeigen der Ursachen, warum in Böhmen kein habsburgisches Gesamtstaatsbewußtsein Fuß fassen konnte, weshalb der Kampf um den Arbeitsplatz und die materielle Existenzsicherung mit den nationalistischen Postulaten verstrickt wurden und der Staat seiner traditionellen Aufgabe nicht nachkam, Verantwortung für beide Landesnationen zu übernehmen, schien ein größeres Maß an Nüchternheit als bei früheren Deutungsversuchen angebracht. Vorrangiges Anliegen dieses Buches ist es daher, aus besserer Kenntnis der jahrhundertelangen Symbiose Verständnis für die Positionen von Tschechen und Deutschen aus den böhmischen Ländern zu wecken sowie Vorurteile und Ignoranz abbauen zu helfen, die beispielsweise im gedankenlos gebrauchten, abfälligen Bild von den „böhmischen Dörfern" immer noch virulent sind.

Bei der Fülle der darzustellenden Ereignisse mußte auf eine Ausschmückung von Details ebenso verzichtet werden wie auf die vollständige Auflistung der umfangreichen Sekundärliteratur, von deren Ausmaß und Vielfalt die erschöpfenden Literaturangaben im Handbuch der Geschichte der böhmischen Länder beredt Zeugnis ablegen. Deshalb wurden in den Anmerkungen und in der Auswahlbibliographie schwerpunktmäßig nur Arbeiten berücksichtigt, die in den letzten vierzig Jahren erschienen sind oder die sich als Standardwerke mit ungebrochener Aktualität erwiesen haben. Die Angabe der Druckorte in der geläufigen deutschen Namensform sollte einer Sprachverwirrung vorbeugen; diese notwendige Vereinheitlichung darf keinesfalls als Infragestellen der geopolitischen Realitäten gedeutet werden. Um Mißverständnissen mit der erst im 20. Jahrhundert aufgekommenen Bezeichnung „Sudetenland" als Siedlungsgebiet der in den böhmischen Ländern lebenden Deutschen vorzubeugen, die sich gleichfalls erst seit knapp 70 Jahren als „Sudetendeutsche" empfinden, wurde der von den Geographen unter Berufung auf Claudius Ptolemäus seit dem 19. Jahrhundert wieder häufiger gebrauchte Begriff „Sudetenländer" für diese geographische Raumeinheit nicht verwendet.

In der langen Vorbereitungsphase, beim Niederschreiben des Manuskripts und während der Drucklegung haben ehemalige und gegenwärtige Mitarbeiter des Fachgebiets Osteuropäische Geschichte an der Universität des Saarlandes bei der Materialbeschaffung und der Bewältigung der technischen Aufgaben wertvolle Hilfe geleistet. Gerhard Ames, Nina Gütterová, Cornelia Johann to Berens-Lamy, Gerhard Keller, Ulrike Kunz, Alexandra Penninger, Hannelore Philippi, Dr. Petra Roscheck und Sigrid Postel ist für ihren Einsatz ebenso zu danken wie Herrn Martin Wolff, der die Karten gezeichnet hat. Trotz der eigenen beruflichen Belastungen hat meine Frau H. M. H. aus lebendigem Interesse für meine Arbeit noch Zeit gefunden, wesentliche Anregungen für die Gesamtkonzeption des Bandes und die sprachlich-stilistische Überarbeitung des Textes zu geben; ihr gilt daher mein besonders tief empfundener Dank.

Dieses Buch ist meinen tschechischen und slowakischen Historikerkollegen gewidmet, deren Einsatz für eine unverfälschte Geschichtsinterpretation im Zuge der „Normalisierung" 1969/70 mit Berufsverboten beantwortet wurde. *Pravda vítězí!*

Saarbrücken, 28. Oktober 1986 *Jörg K. Hoensch*

Vorwort zur dritten Auflage

Durch die „Samtene Revolution“ wurde im November/Dezember 1989 auch in der Tschechoslowakei das reformunfähige, menschenverachtende kommunistische Regime überwunden. Sein verheerendes politisches, gesellschaftliches und wirtschaftliches Erbe beeinträchtigte jedoch den seither konsequent verfolgten demokratischen Erneuerungsprozeß. Der Aufgabe, eine allgemein akzeptierte und vor allem praktikable Grundlage für ein harmonisches Zusammenleben von Tschechen und Slowaken in der auf gleichberechtigte Mitbestimmung ausgerichteten Tschechischen und Slowakischen Föderativen Republik (ČSFR) zu schaffen, haben sich die Politiker angesichts der den Separationstendenzen Vorschub leistenden Ergebnissen der Parlamentswahlen im Juni 1992 nicht gewachsen gezeigt. Nach 74 Jahren wurde am 31. Dezember 1992 die gemeinsame Staatlichkeit von Tschechen und Slowaken beendet.

Die in der Tschechischen Republik (Česká Republika, dt. auch Tschechien) in den bereits vor 1918 bestehenden Grenzen zusammengeschlossenen „historischen Länder“ Böhmen, Mähren und [Österreichisch-]Schlesien haben als anerkanntes Mitglied der internationalen Staatengemeinschaft inzwischen einen erfolgreichen politischen und ökonomischen Konsolidierungsprozeß in der Erwartung durchlaufen, noch in diesem Jahrtausend als Vollmitglied in die Europäische Union und den Nordatlantikpakt aufgenommen zu werden. Während die Kontakte zur Slowakischen Republik normalisiert und die Verbindungen zu den anderen Nachbarn intensiviert werden konnten, kam der Ausbau der Beziehungen zum wichtigsten Wirtschaftspartner, der Bundesrepublik Deutschland, jedoch nur schleppend voran. Trotz aller wohlmeinenden Proklamationen über die „Unaufschiebbarkeit“ und „Endgültigkeit“ des Aussöhnungsprozesses im Umfeld der Unterzeichnung eines Nachbarschafts- und Freundschaftsvertrages am 27. Februar 1992 wurde der angestrebte Neuanfang wegen feindseliger Stimmen und unrealistischer Forderungen in beiden Ländern behindert.

Der Rückgriff auf die Geschichte kann helfen, Vorurteile abzubauen sowie Verständnis und damit Versöhnungsbereitschaft zu fördern. Die ursprüngliche Zielsetzung dieser Darstellung hat daher auch zehn Jahre nach der Erstveröffentlichung nichts von ihrer Aktualität verloren.

Die sich im Rahmen einer Neuauflage bietende Gelegenheit wurde genutzt, um knapp die jüngsten Entwicklungen zu berücksichtigen sowie einige Sach- und Druckfehler zu korrigieren. Auch wurden wichtige Neuerscheinungen in den Anmerkungsapparat und in die Bibliographie eingearbeitet.

Saarbrücken, 15. Juni 1996 — Jörg K. Hoensch

Abkürzungsverzeichnis

AÖG	Archiv für österreichische Geschichte
AUC	Acta universitatis Carolinae
BJb	Bohemia. Jahrbuch des Collegium Carolinum
ČČH	Český časopis historický
ČMM	Časopis Matice moravské
ČSČH	Československý časopis historický
DA	Deutsches Archiv für Geschichte (Erforschung) des Mittelalters
Font.rer.Bohem.	Fontes rerum Bohemicarum/Prameny českých dějin
HČ	Historický časopis
HGBL	K. Bosl (Hrsg.), Handbuch der Geschichte der böhmischen Länder. 4 Bde, Stuttgart 1966–1974
HZ	Historische Zeitschrift
JbbKGS	Jahrbücher für Kultur und Geschichte der Slawen
JBGGJ	Jahrbuch der Gesellschaft für Geschichte der Juden in der čechoslovakischen Republik
JbGO	Jahrbücher für Geschichte Osteuropas
JSH	Jihočeský sborník historický
Lebensbilder	K. Bosl und F. Seibt (Hrsg.), Lebensbilder zur Geschichte der böhmischen Länder
MGH	Monumenta Germaniae historica
MIÖG	Mitteilungen des Instituts für österreichische Geschichtsforschung
MÖStA	Mitteilungen des Österreichischen Staatsarchivs
PA	Památky archeologické
SbAP	Sborník archivních prací
SbH	Sborník historický
SbMM	Sborník Matice moravské
SlSb	Slezský sborník
SPFFBU	Sborník prací filosofické fakulty brněnské university
VVM	Vlastivědný věstník moravský
ZfG	Zeitschrift für Geschichtswissenschaft
ZfO	Zeitschrift für Ostforschung

Aussprache

Im Tschechischen und Slowakischen liegt die Betonung in der Regel auf der ersten Silbe des Wortes.

Die unbezeichneten Vokale a, e, i, o, u und y sind wie im Deutschen kurz, die mit einem Längnungszeichen á, é, í, ó, ú (am Wortanfang), ů (in der Wortmitte und am Wortende) und ý quantitativ lang, ě in der Regel wie „je“ auszusprechen. Ein i weicht den vorausgehenden Konsonanten auf.

Die Lautqualität der meisten Konsonanten entspricht in etwa dem deutschen Sprachgebrauch. Die Buchstaben ď, ň und ť werden fast wie dj, nj und tj ausgesprochen.

Wesentliche Abweichungen gibt es bei den Zischlauten:

Tschechisch		Deutsch
c	=	tz
s	=	ss (ß)
z	=	s (wie in „Rose“)

Ein „Háček“ (Häkchen) bedingt eine Lauterweichung:

č	=	tsch
š	=	sch
ž	=	(stimmhaftes) sch wie franz. „j“ in „journal“
ř	=	in Verschmelzung beinahe wie „rsch“ in „Marsch“

I. Die naturräumlichen Voraussetzungen

Seit Kosmas von Prag (†21.X. 1125) im zweiten Kapitel des ersten Buches der ältesten böhmischen Chronik Böhmen eindrucksvoll als ein von undurchdringlichen Waldgebirgen umgebenes Land beschrieb,[1] ist es in historischen Abhandlungen üblich geworden, vom „böhmischen Kessel", von der „Festung", ja von der „Zitadelle" Böhmen zu sprechen. Die von Claudius Ptolemäus (ca. 100–160) eingeführte, von den Geographen der Renaissancezeit (Nikolaus von Kues, Erhard Etzlaub, Martin Waldseemüller, Sebastian Münster) aufgegriffene Darstellung Böhmens als eines von Gebirgswäldern umrandeten, auf die Spitze gestellten Quadrats oder eines Rhombus' verfestigte die Vorstellung vom böhmischen „Becken" oder „Kessel", zumal eine Beschreibung der topographischen Verhältnisse des Landesinnern nicht oder nur unzulänglich vorgenommen wurde. Selbst F. Palacký, der Verfasser der ersten, wissenschaftlichen Ansprüchen genügenden Geschichte Böhmens, griff 1836 bei der Beschreibung „des Landes Lage, Gestalt, natürliche Beschaffenheit und deren nächste Folgen für die böhmische Volksgeschichte" auf die vertraute Schilderung zurück: „Die äußeren Umrisse [des Königreichs Böhmen] zeichnen die Gestalt eines unregelmäßigen Viereckes, welches seine Winkel nach den vier Weltgegenden richtet. Es ist rings von Gebirgen eingeschlossen, welche auf drei Seiten zugleich die höchste Wasserscheide von Centraleuropa bilden, und erhält dadurch seine natürliche bestimmte Begränzung ... Die Natur bildete solchergestalt Böhmen zu einem geschlossenen Ganzen, und bedingte dadurch schon vorhinein die Hauptzüge der böhmischen Geschichte".[2] Dank dieses „das Land umringenden Gebirgswalles" sah Palacký die natürliche Voraussetzung für ein „eroberndes Volk mit kriegerischer Verfassung" als gegeben an, „von hier, wie von einem natürlichen Bollwerk aus, sämtliche Nachbarländer [zu] unterjochen und [zu] beherrschen", während ihm „für ein friedsames, häusliches und gewerbefleißiges Volk jedoch ... die Ortsbedingungen minder günstig" schienen.[3] Selbst in zeitgenössischen Arbeiten wird die Ansicht vertreten, „daß es in der Welt kaum eine natürlichere geographische Einheit gibt. Durch die zentrale Lage dieses festungsartigen Gebildes im Herzen Europas wurde es das Schicksal der böhmischen Länder, in die Geschichte Mitteleuropas und seiner Völker einzugreifen".[4] Obgleich die natürlichen Grenzwälle der breiten Mittelgebirgsschwellen seit Jahrhunderten die – oft mit der Wasserscheidenlinie identische – Landesgrenze bildeten und die Staatsgrenze der Tschechischen Republik (Česká Republika) über weite Strecken auf ihnen verläuft, wäre es dennoch verfehlt, den durch eine unbegründete Tradition gebräuchlichen Vergleich der naturräumlichen Einheit Böhmen-Mähren als „Festung" beizubehalten und das im Landesinnern liegende differenzierte

System von mannigfaltig gegliederten Hügelländern und sanft gestuften Hochflächen einfach als „Kessel" abzutun.[5]

Obschon sich im Zusammenwirken von naturräumlichen Voraussetzungen, Klima, Hydrographie, Bodenstruktur, Pflanzen- und Tierwelt, vor allem aber durch die Eingriffe des Menschen in die Natur immer neue Wechselbeziehungen und Veränderungen ergeben, lassen sich für die historischen Zeitabschnitte doch auch wichtige Konstanten in den Landschaftsfaktoren nachweisen. Der an den Rändern aufgebogene rhombische Block der Kammgebirge aus archaischen und paläozoischen Gesteinen, deren kristalline Sockel (Granite, Gneise, Schiefer) stellenweise von Deckschichten unterschiedlichen Alters überlagert werden, ist – über den Eckpfeiler des Fichtelgebirges[6] – mit den anderen deutschen Mittelgebirgen verbunden. Im Nordwesten ist es das Erzgebirge (Krušné hory; Keilberg 1244 m) und das Elbsandsteingebirge (Děčínské stěny; Schneeberg 721 m), das die Elbe bei Tetschen-Bodenbach (Děčín) in einem engen, tiefen, canyonartigen Tal durchschneidet. Die sich anschließenden Westsudeten mit dem Lausitzer- (Lužické-), Iser- (Jizerské hory), Riesen- (Krkonoše) und Adlergebirge (Orlické hory), die ihre höchste Erhebung mit der Schneekoppe (1603 m) erreichen, stellen keine wirkliche Barriere zwischen dem böhmischen und dem sächsischen Lebensraum dar. Der zwischen West- und Ostsudeten eingeschobene Glatzer Kessel erwies sich von Norden her immer wieder als ein wichtiges Einfallstor nach Böhmen. Vom Glatzer Schneegebirge (Spieglitzer Schneeberg 1424 m), in dem die March entspringt, schließen das Altvatergebirge (Jeseníky 1492 m) und das Niedere Gesenke in südöstlicher Richtung die nördliche Mittelgebirgsschwelle bis zur Mährischen Pforte (Moravská Brána) ab, durch die Betschwa (Bečva) und Oder (Odra) ihren Weg zur Ostsee nehmen.

Das mährische Marchbecken, im Osten von den mährisch-schlesischen Beskiden (Moravsko-slezské Beskydy; Radhošt 1130 m, Lysa hora 1325 m), den Weißen und den Kleinen Karpaten (Bílé-, Malé Karpaty; Visoka 745 m) mit dem von Slowaken besiedelten linksufrigem Auland begrenzt, öffnet sich in einem breiten Trichter nach Südosten zur Donau hin und besitzt schon von seiner Topographie her den Charakter eines Mittel- und Durchgangslandes. Die Böhmisch-Mährische Höhe (Českomoravská vrchovina; Sattel 520 m), von den Zuflüssen der Thaya (Dije), Iglawa (Jihlava), Schwarzawa (Svratka) und Zwittawa (Svitava) durchschnitten, stellt nur eine Bodenschwelle, keine wirkliche Trennlinie dar, obwohl sie die europäische Hauptwasserscheide zwischen Elbe und Donau bildet. Selbst der sich nördlich als Verbindungsrücken zu den Sudeten anschließende Schönhengstgau begünstigt mit seinen Höhenzügen und Tiefenlinien außerordentlich den Durchgangsverkehr von Böhmen nach Mähren.

Wie Mähren, das nach Süden, nach Niederösterreich hin ohne eine ausgeprägte geographische Grenze ist,[7] besitzt auch Südböhmen dem österreichischen Mühl- und Waldviertel gegenüber keine eigentliche naturräumliche Barriere (Kerschbaumersattel 685 m). Erst danach steigt der Hohe Böhmerwald in mehreren parallelen Waldrücken (Český les, Šumava) in nordwestlicher Richtung auf etwa 1450 m an (Arber, Rachel). Im Sattel von Taus (Domažlice)

beginnt der niedrigere und weniger tiefe Oberpfälzerwald, der bei Waldsassen wieder an das Fichtelgebirge grenzt. Trotz der Mächtigkeit der Grenzwälder stellen also die böhmischen Randgebirge keinen wirklichen Schutzwall dar; so konnten auch nach Südwesten und Westen die geographischen Gegebenheiten schon in prähistorischen Zeiten geschickt für die Anlage von Handelspfaden (Salzpfad, Linzer Steig, Goldener Steig) genutzt werden.
Das „eigentliche" Böhmen (Čechý), der knapp 53 000 km² bedeckende Westteil des Landes, wird hauptsächlich von der Elbe (Labe) und ihren Nebenflüssen Moldau (Vltava), Beraun (Berounká) und Eger (Ohře) entwässert und von mehreren Bergrücken gegliedert, so dem mittelböhmischen Brdywald (857 m), dem Böhmischen Mittelgebirge (České středohoří; Milleschauer Donnersberg 837 m), dem Duppauergebirge (Doupovské hory 935 m), dem Kaiserwald (Císařský les 987 m) und – daran südlich anschließend – dem Hochland von Tepl (Teplá) sowie von kleineren Beckenlandschaften (Budweiser-, Wittingauer-, Pilsener Becken, Egerland). Auch Mähren (Morava, 26 100 km² Fläche), obwohl von ausgedehnten Niederungslandschaften durchzogen, besitzt durch den Mährischen Karst (Moravský kras), das Marsgebirge und das zu den Sudeten gehörende Hohe und Niedere Gesenke ausgesprochenen Mittelgebirgscharakter und ist durch die March (Morava) und ihre Nebenflüsse an den Donauraum gebunden, wodurch sich auch eine historisch und kulturell wirksam werdende Öffnung nach Südosteuropa, ja eine über die Balkanhalbinsel und die Ägäis hinaus bis in den Orient reichende Verbindung ergab. Die Mährische Pforte machte den Weg nach Norden in die ostdeutsche Tiefebene frei und ermöglichte über den „Bernsteinpfad" den Transithandel von der Ostsee in den Donauraum.

Das von dieser durchlässigen Barriere des Mittelgebirgsrahmens eingegrenzte Gebiet liegt in der Übergangszone zwischen maritimem und kontinentalem Klima mit recht gleichmäßig verteilten Niederschlägen von 735 mm im Jahresmittel und relativ geringen jahreszeitlichen Temperaturunterschieden. Fruchtbare Ackerbecken wechseln bis heute mit waldreichen Höhen ab, die als Folge der Kreidemeerbedeckung große Sandsteintafeln tragen. Nur im Elbebecken, dem Zusammenflußgebiet von Moldau, Elbe und Eger, treten größere Niederungen (unter 200 m über NN) auf, während fast 80% des Landes bis zu 600 m erreichen und durch ihre sanftgeschwungenen Hügelketten den Mittelgebirgscharakter ebenso vermitteln wie die allmählich und in Stufen aufsteigenden Kammgebirge. Der Hauptteil des Landes, das Böhmische Hochland (Česká vysočina), gehört zu der Zentraleuropäischen Mittelgebirgsschwelle, die im Westen, Süden und Norden über das tschechoslowakische Staatsterritorium hinausreicht, während die östlich der Linie Mährisch-Ostrau (Ostrava) – Znaim (Znojmo) liegenden Distrikte bereits als Teil des Alpen-Karpaten-Bogens zu den Westkarpaten (Západné Karpaty) gehören. Südmähren muß dem Wiener Becken, ein kleiner Landstrich um Ostrau dem Zentraleuropäischen Tiefland zugerechnet werden.[8]

Kreide-, Mergel- und vor allem Lößböden, die in den nördlichen Teilen Zentralböhmens, in einigen Beckenlagen Südböhmens, in der Umgebung von Olmütz (Olomouc), der Hanna (Haná) und im Südmährischen (Marchbecken um Brünn) zu finden sind, machen das Land zu einem der landwirtschaftlich ertragreichsten Gebiete Mitteleuropas, wobei neben Getreide und Futterpflanzen auch Zuckerrüben, Obst und Hopfen angebaut werden. Ein gutes Drittel des Gebiets ist bis heute mit Wald bedeckt. Die bergmännische Ausbeutung der reichen Edelmetallvorkommen stellte im Mittelalter den Reichtum Böhmens sicher; die Förderung von Buntmetallen, von Magnesit, Zinn, Wolfram und Antimon, sowie der Abbau der Uranvorkommen bei St. Joachimsthal (Jáchimov) haben in jüngster Zeit eine Intensivierung erfahren, die auch dem Steinkohlenbergbau im Ostrau-Karwiner Revier und der – meist im Tagebau betriebenen – Gewinnung der Braunkohle zugute kam, die in einem breiten Band südlich des Erzgebirges von Eger (Cheb) über Falkenau (Sokolov), Komotau (Chomutov), Brüx (Most) bis nach Aussig (Ústí nad Labem) zu finden ist und das sich bis in das Gebiet von Reichenberg (Liberec) fortsetzen soll. Tonerden und Kaoline bilden die Grundlage der traditionsreichen Porzellanherstellung, Quarzite und Kalke für die verbreitete Glasindustrie. Die bescheidenen Erdöl- und Erdgaslagerstätten decken nur 2–3% des Eigenbedarfs.

In einem seit altersher genutzten Siedlungsplatz in einer Mulde der Moldau, die sich bald danach bei Melnik (Mělník) mit der Elbe vereinigt, liegt eine der ältesten europäischen Metropolen, die „Mutter der Städte", das „vieltürmige", das „goldene Prag" zwischen den beiden Burghügeln Hradschin (Hradčany) und Vyšehrad; es ist seit dem 10. Jahrhundert zwar nicht der geographische, aber doch der natürliche Mittelpunkt des Landes.[9] In Mähren stritten sich bis 1640 das im oberen Marchbecken gelegene, um eine im 11. Jahrhundert erbaute Burg entstandene Olmütz[10] mit Brünn (Brno) um die Würde der Hauptstadt, bevor sich das in einem prähistorischen Siedlungsgebiet gelegene, um 800 als Burgsiedlung am Südostrand der Böhmisch-Mährischen Höhe unweit der Mündung der Zwittawa in die Schwarzawa angelegte Brünn durchzusetzen vermochte.[11] Natürliches Zentrum Sudetenschlesiens war, zumal nach der Teilung von 1742, die ehemalige herzogliche Residenzstadt Troppau (Opava).[12]

Obgleich die nach 1945 einsetzende politische Entwicklung der Auffassung Vorschub leistete, daß die von 1918 bis 1992 mit der Slowakei in der Tschechoslowakischen Republik verbundenen böhmischen Länder dem „östlichen Mitteleuropa" oder gar „Osteuropa" zugerechnet werden müßten, sind die Länder der böhmischen Krone, das „Herzland Europas", geographisch, historisch, kulturell, sozioökonomisch und auch im Bewußtsein der Bevölkerung ein unverzichtbarer Teil Mitteleuropas (Střední Evropa).[13]

II. Die böhmischen Länder bis zur Staatsgründung im 9. Jahrhundert

1. Böhmen und Mähren in vor- und frühgeschichtlicher Zeit

Durch die seit dem Zweiten Weltkrieg in der Tschechoslowakei intensivierte Vorgeschichtsforschung konnte nachgewiesen werden, daß mit dem Ende des Pleistozäns (Eiszeitalter) und mit dem Übergang der älteren in die mittlere Steinzeit (Paläolithikum) um 50000–40000 v. Chr. eine kontinuierliche Besiedlung der böhmischen Länder stattgefunden hat. Da Böhmen und Mähren zum nichtvereisten Gebiet gehörten, dürften aber auch schon in den drei Zwischeneiszeiten altsteinzeitliche Menschen als Wildbeuter, die von den Erträgen der Jagd und des Sammelns lebten und geschützte Aufenthaltsplätze in Höhlen aufsuchten, diesen Raum durchstreift haben. Seit dem Jungpaläolithikum (etwa 40000–10000 v. Chr.) hat sich vor allem in den Lößgebieten der *homo sapiens* an Siedlungsplätzen mit festen, großen Hütten dauerhaft niedergelassen. Ritualbegräbnisse mit Geschenkbeigaben wurden vorgenommen; Schmuck und Ritzzeichnungen sind aus dieser Zeit ebenso überliefert wie – zum Teil aus gebranntem Ton – künstlerisch gefertigte Tier- und Menschendarstellungen sowie spezialisierte Werkzeuge für den Alltagsgebrauch. Die Jagd auf Großsäugetiere wie Mammut (Waldelefant), Nashorn, Ren, Elch und Wildpferd war nur im Kollektiv möglich, was die Ausbildung größerer Gruppen förderte, aber den Wechsel der Siedlungsplätze in einem gewissen Rhythmus notwendig machte. Die einzelnen Zeitenfolgen – Szeletin, Aurignacien, Gravettien, Magdalénien – sind durch Funde nicht gleichmäßig gut belegt; allerdings konnten für das Gravettien (28000–21000 v. Chr.) durch die Ausgrabungen im mährischen Unter-Wisternitz (Dolní Věstonice) und in Pollau (Pavlov) wertvolle Erkenntnisse gewonnen werden.[1]

Um 8000 v. Chr., in der Nacheiszeit des Mesolithikum, wurde auch das nördliche Mitteleuropa frei für eine dauerhafte Besiedlung. Das Vordringen des Waldes und das Verschwinden der subarktischen Tierwelt zwang den Menschen zur Änderung der Lebensweise, wobei neben der Jagd auf einzelne Tiere in Kleingruppen der Fischfang und das Sammeln von pflanzlicher Nahrung größere Bedeutung gewannen. Die uneinheitlichen Funde lassen dennoch für Südböhmen eine Gruppe erkennen, die durch eine veränderte Technik der Steinspaltung dem epimagdalénien Typ Lhota zugeordnet werden kann, während die Bewohner Nordwestböhmens vom westeuropäischen Sauveterrien abgeleitet werden. Aber auch Beziehungen zum ostdeutsch-polnischen Swidério-Tardenoisien, besonders in Nordmähren, bzw. zur sog. Federmesser-Gruppe im Elbtal und in

Südmähren können nachgewiesen werden. Während um 4500 v. Chr. in höhergelegenen Hügellandschaften noch mesolithische Wildbeuter lebten, traten in den fruchtbaren Niederungen bereits jungsteinzeitliche Siedlungsformen auf. Über Kleinasien und die Balkanhalbinsel gelangten Kulturpflanzen, Haustiere, Brandkeramik und neue Werkzeuge nach Böhmen und Mähren und wurden dort durch die Mährische Pforte in den ostdeutsch-polnischen Raum, über die böhmischen Gebirge auch ins mittlere und westliche Deutschland weitervermittelt. Auf Sippenbasis wurde bis zum Jahr 3000 v. Chr. die Landwirtschaft zur neuen Wirtschaftsgrundlage, wobei Weizen, Roggen und Hirse – vielleicht bereits in Anbauzyklen – gepflanzt sowie Rinder, Schafe, Ziegen und Schweine gehalten wurden. Die Dauerbesiedlung führte zum Bau erster Dörfer mit Langhäusern in Holzstammkonstruktion, die bis zu 40 m maßen. Geschliffene, polierte, gebohrte neue Steinwerkzeuge, perfektere Holzbearbeitung, die Herstellung von Textilien, einfachen Mühlen und Geschirr erlauben die Annahme, daß dieser Kolonisationsvorgang auf die Einwanderung von Menschen des mediterranen Typus aus dem europäischen Südosten, die keine Indoeuropäer waren, zurückzuführen ist und nicht auf eine Akkulturation, die rasche Übernahme der neuen Errungenschaften durch die mesolithischen Wildbeuter. Aus den Resten der ausgegrabenen Siedlungen, u. a. in Bylany bei Kuttenberg, Mohelnice, Prag-Bubenec, Hluboké Mašuvky bei Znaim, wurden Rückschlüsse auf eine entwickelte Sippenorganisation mit matriarchalischen Zügen, wenn nicht gar einer mutterrechtlichen Stammesverfassung gezogen. Die Bewohner, bereits auf einer höheren Entwicklungsstufe stehend und mit rationalem Bewußtsein ausgestattet, dürften ihrer starken Naturabhängigkeit durch Fruchtbarkeitskulte Rechnung getragen haben. Auch auf künstlerisch-kreativer Ebene läßt sich eine Weiterentwicklung verfolgen: Die ältere Linienbandkeramik, das Verzierungsmuster der Tongefäße, machte bald der Stichbandkeramik und, vor allem in Südmähren, der Bemalung im Stile der balkanischen Lengyel-Kultur Platz.[2]

Das in Böhmen und Mähren zwischen 2500 und 1800 v. Chr. anzusetzende Äneolithikum (Endsteinzeit) bietet ein buntes archäologisches Bild, das auf den durch die Invasionen fremder ethnischer und kultureller Gruppen ausgelösten raschen Kulturwechsel zurückzuführen ist. Während aus dem Südosten erste kupferne Gebrauchsgegenstände und Schmuck nach Mähren gelangten, auch erste Anzeichen für Metallgewinnung und -verarbeitung anzutreffen sind und Ansätze zur Ausbildung eines eigenständigen Handwerkertums vermutet werden können, das Keramik als Tauschartikel produzierte, dürfte bereits damals eine gesellschaftliche Differenzierung zur eher patriarchalisch strukturierten Kleinfamilie eingetreten sein. Die verschiedenen Gruppen des bandkeramischen Kreises und der Lengyel-Kultur wurden in den Beckengebieten mit fruchtbarem Ackerland von der Trichterbecherkultur überlagert, wobei in Mähren die durch kannelierte Keramik bestimmte Badener Kultur kennzeichnend wurde. In einer Kombination von Landbau und Viehzucht schufen sich die vermehrt in Höhensiedlungen Mittel- und Nordwestböhmens lebenden Menschen der Řivnáč-Kultur eine Lebensgrundlage, die es ihnen erlaubte, sich von den eingedrungenen

Fremdkulturen weitestgehend abzuschließen. Dazu gehörten sowohl die aus polnisch-schlesischem Gebiet oder aus Mitteldeutschland eingewanderten Schnurkeramiker, die neue Gefäßformen und bisher ungebräuchliche Verzierungen mitbrachten, als auch die sogenannten Glockenbecherleute, deren Ursprung in Spanien vermutet wird. Gemeinsame Siedlungen und Friedhöfe erlauben immerhin die Annahme, daß die verschiedenen Kulturgruppen sonst in den seit langem besiedelten fruchtbaren Gebieten Mittel- und Nordwestböhmens und im mittleren und südlichen Mähren auf engem Raum zusammenlebten, ohne dabei ihre kulturelle Eigenart aufzugeben. Diese vorgeschichtlich-neolithische Bevölkerung, die wahrscheinlich indogermanische Dialekte gesprochen hat, läßt sich mit Sicherheit keinem „ur-indogermanischen" Stamm oder modernen Sprachgruppen zuweisen.[3]

Bronze- und Eisenzeit

Um 1800 v. Chr. setzte in Böhmen und Mähren mit der Aunjetitzer Kultur die Bronzezeit ein, als nämlich dazu übergegangen wurde, die in den böhmischen Randgebirgen wohl schon früher gewonnenen Kupfer- und Zinnerze im Lande selbst zu verhütten. In den fruchtbaren Ebenen Mittel- und Nordwestböhmens, aber stellenweise auch in Nordost- und Ostböhmen verarbeiteten Handwerker, die sich auf eine florierende Landwirtschaft stützen konnten, Bronze zu Waffen, Werkzeugen und Schmuckstücken. Auch als Vermittler der gesuchten Roherze, die für Bernstein nach Norden, für glasartige Schmucksteine in Richtung Südosten getauscht wurden, kamen die in befestigten Siedlungen lebenden Aunjetitzer in Frage. Doch bald, bereits um 1500 v. Chr., wandelte sich die mährische Gruppe zur Wieterschau-(Věteřov-)Kultur, die sich durch südöstliche Formgebung bei der Keramik und den Bronzen abhebt, schon den hölzernen Hakenpflug kannte und mit Steinmauern befestigte Höhensiedlungen anlegte, aus denen sich Entwicklung oder Machterweiterung einer sozialen Führungsschicht herauslesen lassen. Mit dem Vordringen der mitteldanubischen Hügelgräberkultur geht die Wieterschau-Kultur ebenso bruchlos in ihr auf wie die südböhmische Siedlungsgruppe und etwas später auch der Aunjetitzer Siedlungsbereich im Gebiet der oberen Elbe, wobei Flachgräber häufiger als Hügelbestattungen anzutreffen sind; neben Körpergräbern mit gestreckten und gehockten Skeletten finden sich in zunehmender Zahl auch Brandbestattungen in Urnen und Brandgruben. Süd- und Westböhmen, das Budweiser und das Pilsener Becken, die erst jetzt gezielt besiedelt wurden, machten aber, in Anlehnung an die oberpfälzische Brandgräberkultur, eine gewisse Eigenentwicklung durch. Stärkere Einwanderungen und die in den großen Waldgebieten vorhandenen Weidemöglichkeiten ließen damals die Viehzucht aufblühen, obgleich auch weiterhin Erzgewinnung und Metallverarbeitung eine bedeutende Rolle spielten. Während Kurzschwert, Lanzen und Äxte technisch weiterentwickelt wurden, fanden Sicheln, Messer und Goldschmuck zunehmende Verbreitung.[4]

Um 1200 v. Chr. vollzogen sich in weiten Teilen Europas wichtige Veränderungen. Sie schlugen sich nicht nur in anderen Begräbnisritualen nieder, bei denen die Knochenreste der eingeäscherten Toten in tönernen Urnen auf geschlossenen Friedhöfen beigesetzt wurden, sondern sie sind auch in neuen Formen der Geräte, der Waffen, der Keramik und des Schmucks nachweisbar. Diese Urnenfelderkultur der jüngeren Bronzezeit, die dem Lausitzer Kulturkeis zugerechnet wird, erstreckte sich in verschiedenen regionalen Abarten (z. B. Vel'aticer Gruppe in Mähren, Knoviser und Milavečer Kultur in Böhmen) über das gesamte Gebiet. Durch Einwanderung muß die Zahl der Bewohner angewachsen sein, die jetzt auch das Egerland sowie die Randgebiete Ost- und Nordböhmens erreichten, und die neben Ackerbau verstärkt Viehzucht, Handel und Handwerk getrieben haben dürften. Trotz einer Intensivierung der Erzgewinnung und -verhüttung konnte die Nachfrage nach Bronze nicht gedeckt werden. Die heute aus zahlreichen Hortfunden abzuleitenden Wirren der damaligen Zeit machten wohl auch die Anlage befestigter Siedlungen notwendig und begünstigten die weitere Emanzipation einer sozialen und politischen Führungsschicht, die zur Machtsicherung den Bau erster Burganlagen betrieb. Als Folge dieses Stratifikationsprozesses, vor allem aber als Ergebnis klimatischer Veränderungen und geringerer Ernteerträge wanderten in der zweiten Hälfte des 8. Jahrhunderts v. Chr. größere Bevölkerungsgruppen ab, so daß die gebirgigeren Landesteile im west- und südböhmischen Hügelland, im Egerer Becken und in den Randgebieten Ostböhmens völlig verödeten.[5] Ältere Hypothesen, als Träger der Lausitzer Kultur die Karpodaken, Veneten, Illyrer oder „Urslaven" auszumachen, um damit eine bis in die Gegenwart reichende slavische Siedlungskontinuität zu beweisen, sind von der modernen Vorgeschichtsforschung als unhaltbar zurückgewiesen worden, da nur festzustehen scheint, daß die bronzezeitlichen Kulturgruppen in den böhmischen Ländern zu den indogermanischen Stämmen gehörten.[6]

Die Ältere Eisenzeit, die sich mit der Hallstattkultur zwischen 700–400 v. Chr. in Böhmen und Mähren ausbreitete, zeichnete sich durch die wachsende Verarbeitung von Eisen für Waffen und Geräte aus sowie durch süd- und südosteuropäische Einflüsse mit geometrischen Verzierungen bei der Herstellung von Tonwaren und Geschirr. Bis nach Massalia (Marseille) und in das Gebiet der Etrusker dürften damals die Geschäftsbeziehungen gereicht haben, wobei vornehmlich Vieh und Gold gegen Luxuswaren eingetauscht wurden. Unter den aufgefundenen Hügel- und Flachgräbern mit Körper- und Brandbestattungen gibt es auch imposante Fürstengräber mit Stein- oder Holzkammern und reichen Beigaben, die Rückschlüsse auf die bereits weit fortgeschrittene gesellschaftliche und besitzmäßige Differenzierung in der Hallstattzeit erlauben. Der Adel residierte vorwiegend in befestigten Siedlungen und pflegte einen aufwendigen Lebensstil. Obgleich der Ackerbau – jetzt bereits mit Hilfe von Zugpferden betrieben – weiterhin die Lebensgrundlage darstellte, dürften der Viehzucht, der Ausnutzung der Bodenschätze, dem Handwerk und Handel eine wachsende Bedeutung zugekommen sein.

Keltische Einflüsse

Durch die Wanderung keltischer Stämme, die der antiken Welt seit dem 5. Jahrhundert bekannt waren, wurden um 400 v. Chr. die hügeligen Gebiete Süd- und Westböhmens in die Latènekultur einbezogen. Die reichen Grabbeigaben in den aufgefundenen Fürstengräbern lassen aber keine verbindlichen Aussagen zu, ob die neuen Kulturformen der über weite Teile Europas verbreiteten Latènezeit anfangs durch eine einwandernde keltische Führungsschicht oder durch Handelsbeziehungen nach Böhmen gelangten und von der eingesessenen Adelsschicht mit der Zeit an die übrige unterworfene Bevölkerung vermittelt wurden. Die älteren Hallstattformen haben, besonders in der Keramik und bei den Bestattungsriten, lange fortgelebt, so z. B. in der sogenannten Cítoliby-Gruppe, die zum Bereich der nordwestböhmischen Bylaner Kultur gehörte. Es kann wohl davon ausgegangen werden, daß die einheimische Bevölkerung in den alten Siedlungsgebieten erst nach und nach von den im 3. Jahrhundert v. Chr. vermehrt einwandernden Kelten unterworfen und in eine untergeordnete Stellung, die auch in der Kärglichkeit der Grabausstattungen nachweisbar ist, gezwungen wurde. Die allmähliche Assimilierung und Keltisierung der einheimischen Bevölkerung dürfte dann im 1. Jahrhundert v. Chr. abgeschlossen worden sein.[7] Die herkömmliche Wirtschaftsweise, gestützt auf Ackerbau und Viehzucht, wurde weitgehend beibehalten, wobei dem Schwein als Fruchtbarkeitssymbol und dem Pferd als Reit- und Zugtier wachsende Bedeutung zukam. Ein Aufschwung der handwerklichen Erzeugung mit Massenproduktion, Konzentration von Betrieben in Herstellungszentren und einem ausgedehnten Fernhandel ist nachweisbar. Seit dem 2. Jahrhundert v. Chr. kam es sogar zu einer einheimischen Münzprägung, wobei Gold- und Silbermünzen aus den im Lande gefundenen Edelmetallen vorherrschten.[8] Daneben wurden auch die anderen Bodenschätze Böhmens (Eisenerz, Graphit, Buntmetalle) konsequent ausgebeutet und wirtschaftlich genutzt.

Charakteristisch für die weitgehend einheitliche Spätlatènekultur war die Anlage großer, stadtähnlicher und befestigter Siedlungen, der *Oppida* (Sing.: *oppidum*), die durch mehrere Ring- und Abschnittsmauern mit kunstvollen Torbauten gesichert waren und auf einer bis zu 170 ha umfassenden Grundfläche (Závist südl. von Prag) nicht nur Fluchtburgen für die Bewohner der Umgebung, sondern auch Dauerwohnsitz und in abgetrennten, zusätzlich befestigten Wehrbauten („Akropolis") Burg des „Stadtherren" waren. Die Ausgrabungen des Burgwalls von Stradonitz (Stradonice) bei Beraun, der südböhmischen Anlagen in Hrazany, Nevězice und Třísov, des ostböhmischen Lhotice und vor allem des nordöstlich von Brünn gelegenen Burgwalls Staré Hradisko[9] haben reiche Aufschlüsse über Sozialstruktur und Wirtschaftsleben in der Spätlatènezeit geliefert. Da in Libenice bei Kolin eine in das 3. Jahrhundert v. Chr. zu datierende Kultstätte ausgegraben werden konnte, sind auch Angaben über die religiösen Opferhandlungen sowie die Verehrung von Quellen und Gewässern, von

Erd- und Fruchtbarkeitsgottheiten möglich. Die Religion der böhmischen und mährischen Kelten dürfte weitgehend dem wesentlich besser erforschten kultischen Brauchtum der westeuropäischen Keltenstämme entsprochen haben. Durch das von den Kelten ausgebaute Netz von Verkehrswegen und Wasserstraßen waren die böhmischen Länder eng mit der Mittelmeerwelt und dem westlichen Europa verbunden; bereits in dieser Zeit wurde deutlich, daß die angeblichen geographischen Barrieren der Grenzgebirge die vielfältige Verflechtung des böhmisch-mährischen Raums mit der gesamteuropäischen Kultur-, Wirtschafts- und Gesellschaftsentwicklung nicht aufzuhalten oder wesentlich zu behindern vermochten.[10]

Bedingt durch die spätere Bezeichnung des Landes als Boiohaemum – Boeheim wird für die Spätlatènezeit Böhmen als Siedlungsgebiet der keltischen Bojer angesehen, die um 400 v. Chr. – zusammen mit anderen Stämmen – teils nach Oberitalien einwanderten, teils über Main und Donau in die böhmischen Länder vordrangen. Nachdem die oberitalienischen Bojer 193 v. Chr. bei Mutina (Modena) von den Römern besiegt worden waren, könnte sich ein Teil des Stammes ebenfalls nach Böhmen zurückgezogen haben. Um 60 v. Chr. dürfte eine weitere Abwanderung in südöstlicher Richtung, nach Pannonien, erfolgt sein, wo die Bojer weitgehend von den Dakern aufgerieben wurden. Andere Stammesteile haben sich zu den verwandten Helvetiern, einige Sippen nach Noricum und erneut ins gallische Loire- und Allier-Gebiet durchgeschlagen. Doch auch die Wolker (Volcae-Tectosages), die Kotiner (Korkontoi) und andere keltische Reststämme werden vor der Zeitenwende als Landesbewohner genannt.[11]

Germanische Besiedlung

Bereits seit dem 2. Jahrhundert v. Chr. drangen aber aus Mitteldeutschland Germanen ins Elbgebiet und nach Nordböhmen vor, die sich durch die Formen ihrer tönernen, bei der Beisetzung des Leichenbrands häufig mit Steinen umpackten Urnen sowie durch Form und Material (Eisen) ihrer Fibeln und Gürtelhaken deutlich von den keltischen Nachbarn unterschieden. Die ältere Bodenbacher Fundgruppe und die jüngere Kobiler Gruppe bezeugen dagegen eine enge Verwandtschaft dieser Germanen mit der mitteldeutschen Jastorf-Kultur. Wegen der nur lockeren germanischen Besiedlung in einem noch weitgehend keltischen Gebiet hat es sich wohl eher um das Einsickern kleiner Sippenverbände als um die gezielte Landnahme eines Stammes gehandelt. Allein die in enger Verbindung zur mitteldeutschen Großromstedter Gruppe stehende Plaňaner Gruppe aus der zweiten Hälfte des 1. Jahrhunderts v. Chr. ist anfangs mit dem suebischen Stamm der Hermunduren, dann mit Markomannen in Verbindung gebracht worden. Sicher ist allein, daß sowohl Kelten als auch Germanen eine Zeitlang im nördlichen Böhmen miteinander gesiedelt haben.[12]

Mit dem weiteren Vordringen germanischer Stammesteile nach Mittel- und

Südböhmen muß die vor 60 v. Chr. erfolgte Abwanderung der meisten keltischen Bewohner nach Pannonien in Verbindung stehen, mit der das Abbrechen ihrer Flachgräberfelder und der einsetzende Zerfall ihrer weitentwickelten *Oppidum*-Zivilisation in Böhmen einhergehen. Kurz vor der Zeitwende dürfte die Landnahme der altbesiedelten und landwirtschaftlich ergiebigen Flachlandgebiete Mittel- und Nordwestböhmens durch Markomannen erfolgt sein. Dieser suebische Stammesverband war zusammen mit anderen Germanenstämmen von Caesar 58 v. Chr. in Gallien zurückgeschlagen worden, hatte sich danach in Süddeutschland mit dem Kerngebiet am mittleren und unteren Main aufgehalten und schließlich gezwungen gesehen, dem 9 v. Chr. begonnenen Angriff der Römer unter Drusus in Richtung Böhmen auszuweichen. Angehörige anderer Germanenstämme schlossen sich den Markomannen an, die den verbliebenen Keltenrest sowie elb- und odergermanische Gruppen rasch assimilierten. Die ursprünglichen Markomannen, die diesem Neustamm ihren Namen gaben, stellten nur eine zahlenmäßig kleine Gruppe, sicher aber die Führungsschicht, zu deren „König" der Adlige Marbod (Marboduus) aufstieg, der einst im römischen Heer gedient hatte. In kurzer Frist verstand es Marbod, andere Stämme – Langobarden und Semnonen im unteren Elbgebiet, die Hermunduren, Marsingen, Lugier und die nach Mähren eingedrungenen Quaden – zu unterwerfen, so daß er danach 4000 Reiter und 70000 Fußkämpfer aufzubieten vermochte. Dieser Bedrohung wollten die Römer 6 n. Chr. mit einem Angriff entgegenwirken; ein Aufstand in Pannonien und ihre Kämpfe mit den in Nordwestdeutschland siedelnden Germanen (9, 14–16 n. Chr.) verhinderten vorerst eine größere militärische Auseinandersetzung. Ohne ein Einvernehmen mit dem Cherusker Arminius erzielen zu können, der Langobarden und Semnonen auf seine Seite brachte und mit ihrer Hilfe Marbod im Jahr 17 n. Chr. in Mitteldeutschland bekriegte, mußte der Markomannenherrscher das weitere Auseinanderbrechen seines Stammesverbandes hinnehmen und seine Herrschaft auf die böhmischen Kernlande beschränken. Nach seinem Sturz durch den Adligen Katwalda trat Marbod im Jahr 19 auf römisches Gebiet über und wurde in Ravenna interniert. Bereits zwei Jahre später ereilte seinen Rivalen Katwalda das gleiche Schicksal. Mit der Einsetzung des Quaden Vannius zum willfährigen Herrscher konnten die Römer ihren Einfluß auf die böhmischen Markomannen beträchtlich ausweiten, weil die „Könige" künftig von ihrer Bestätigung abhängig waren und Hilfstruppen zu stellen hatten. Nach den im Verband mit Sarmaten und Quaden in den Jahren 89, 92 und 97 durchgeführten Angriffen gegen die römischen Nachbarprovinzen mußten die Markomannen der Erneuerung des Klientelverhältnisses und der Einsetzung fremdstämmiger Herrscher zustimmen.[13]

Auch die Quaden, die etwa gleichzeitig mit den Markomannen ihr südwestdeutsches Siedlungsgebiet verlassen, in Mähren Fuß gefaßt und zum Stammesverband Marbods gehört hatten, konnten sich dem wachsenden römischen Druck nicht entziehen.[14] Ihr „König" Vannius, den die Römer zum Erben Marbods und Katwaldas erhoben hatten und der seinen Herrschaftsbereich auf Teile Niederösterreichs und die südwestliche Slowakei ausdehnen konnte, wurde

50 n. Chr. auf Betreiben Roms von seinen Neffen Wangio und Sido gestürzt. Obwohl sie im Bund mit sarmatischen Stämmen, besonders den Jazygen, und den Markomannen um 90 zeitweilig die römische Oberhoheit abzuschütteln vermochten, mußten auch sie das alte Abhängigkeitsverhältnis zu Rom und die geübte Praxis, Stammesfremde zu Fürsten zu erheben, hinnehmen sowie die Anlage römischer Stützpunkte nördlich der Donau, die ihre Freizügigkeit stark einschränkten, akzeptieren.[15]

Das einigermaßen friedliche Verhältnis zu Rom wurde im Winter 166/67 durch den Ausbruch des Markomannenkrieges beendet, als die römische Grenzverteidigung entlang der mittleren Donau durch den Krieg gegen die Parther weitgehend entblößt war und von Rätien bis Dakien germanische und sarmatische Stämme die Gunst der Stunde zu nutzen suchten. Anfangs zurückgeschlagen und durch Verhandlungen beruhigt, zogen Markomannen und Quaden aber 169 bis nach Italien, wo sie von Kaiser Marc Aurel aufgehalten und 172 zur Unterwerfung gezwungen wurden. Da jedoch die getroffenen Vereinbarungen jeweils rasch gebrochen wurden und erneute Angriffe der Markomannen und Quaden 179 mit ihrer Niederlage endeten, verfolgte Marc Aurel den Plan, ihr Siedlungsgebiet als Provinz Marcomannia dem Römischen Reich unmittelbar zu unterstellen. Sein Nachfolger Commodus gewährte den beiden Germanenstämmen unter Wiederherstellung des früheren Klientelverhältnisses immerhin einen relativ günstigen Frieden, der die Quaden verpflichtete, 13 000 Mann auf Anforderung als Hilfstruppen bereitzustellen; die zahlenmäßig etwas schwächeren Markomannen mußten eine entsprechend kleinere Mannschaft aufbieten. Schätzungen gehen davon aus, daß beide Stämme somit jeweils knapp über bzw. unter 100 000 Menschen umfaßten.[16]

Die Kultur dieser beiden Stammesverbände dürfte sich nicht bedeutsam unterschieden haben, obgleich die Quaden durch die über die Mährische Pforte erfolgte Einwanderung fremder Bevölkerungsgruppen und die engeren Kontakte zum Römischen Reich stärker beeinflußt wurden. Die keltischen Errungenschaften der Spätlatènezeit lebten trotz des raschen Zerfalls der *Oppidum*-Zivilisation fort, obschon bestimmte Handwerkszweige – Glas- und Emailverarbeitung, auf Scheiben gedrehte Töpferwaren – verschwanden, die Goldgewinnung und die eigene Münzprägung aufgegeben wurden und die Naturalwirtschaft dominierte. Als Vermittler zwischen dem freien Germanien und den benachbarten römischen Provinzen entwickelte sich ein leistungsfähiger Handel, der nur zum Teil in den Händen römischer Kaufleute lag. Die keltischen Befestigungsanlagen wurden nur noch als Fluchtburgen genutzt; selbst der Adel, der in reich ausgestatteten, mit hochwertigen römischen Importwaren bestückten Gräbern beigesetzt wurde, paßte sich der auf kleine Dörfer und Einzelgehöfte ausgerichteten bäuerlich-ländlichen Siedlungsform an, wobei Holzpfostenhäuser und eingetiefte Grubenhütten nebeneinander bestanden. Im Verlauf des 2. Jahrhunderts n. Chr. machten sich – vielleicht als Folge des Aufblühens der römischen Rheinprovinzen und der häufigen militärischen Auseinandersetzungen entlang der mittleren Donau – Verarmung und wirtschaftlicher Niedergang breit.

Nach der relativ günstigen Quellenlage mit den Schilderungen Julius Caesars, Tacitus', Strabos, Claudius Ptolemäus' und Velleius Paterculus' werden im 3. Jahrhundert die Nachrichten über Markomannen und Quaden wieder spärlicher. Um das Jahr 215 hat Kaiser Caracalla den Quadenkönig Gaiobomarus hinrichten lassen und das Bündnis zwischen Markomannen und Wandalen zerschlagen. Um 253, nach einem markomannischen Angriff auf Pannonien und der Ansiedlung eines Stammesteils unter Attalus, kam es zu einer Beendigung des Klientelverhältnisses zu Rom. Unter Valerian (253–260), Aurelian (270–275) und zwischen 282–295 sind Angriffe der mit den Sarmaten verbündeten Quaden auf römische Siedlungen überliefert, an denen sich auch die Markomannen beteiligt haben könnten, weil 299, 310 und 323 die Römer Siege über sie vermeldeten. Als nach einem erneuten quadisch-sarmatischen Angriff 357/58 die Römer ihre Grenzbefestigungen im Quadengebiet links der Donau erneuerten, löste dies Proteste und, nach Ermordung des zu Verhandlungen angereisten Quadenkönigs Gabinius, eine erfolgreiche Quaden-Invasion in Pannonien aus. Für die Jahre 376 und 395 sind heftige Kämpfe der Markomannen mit den Römern belegt, worauf ein beträchtlicher Teil dieses Stammes in Oberpannonien und in Noricum angesiedelt wurde und später unter hunnische Herrschaft geriet. Danach fehlen weitere Hinweise auf die böhmischen Markomannen.

Auch die Quaden verloren als Folge des Hunneneinfalls ihre Gefährlichkeit; es ist anzunehmen, daß sich ein Teil dem Zug der Wandalen und Alanen nach Gallien und Spanien anschloß, während sich der vor allem in der Südslowakei zurückgebliebene Stammesrest 453 in der Schlacht von Nedao von der hunnischen Oberhoheit befreien und zur bestimmenden Kraft der gegen die pannonischen Ostgoten gerichteten germanischen Koalition wurde. Wahrscheinlich in mehrere Teilfürstentümer aufgespalten, gerieten diese Quaden anfangs unter herulische, danach unter langobardische Kontrolle und dürften schließlich in diesem Stamm aufgegangen sein. Ihre Mitbeteiligung an der Entstehung des bajuwarischen Stammes ist, da die Quaden aus der Überlieferung völlig verschwinden, ebenfalls nicht auszuschließen.[17]

Auch nach dem tiefen Einschnitt des Markomannenkrieges von 166–180 mit seinen großen Menschenverlusten und trotz der späteren Ansiedlungen von Stammesteilen auf römischem Gebiet läßt sich im böhmisch-mährischen Raum die Tätigkeit leistungsfähiger Handwerker, die Keramik, Haus- und Ackergerätschaften, Schmuck und Waffen herstellten, nachweisen; die in der Spärlichkeit der Grabbeilagen erkennbare spürbare Verarmung bedingte jedoch einen Rückgang des Handels. Die meisten Siedlungsorte und -formen blieben auch im 3. Jahrhundert bestehen, auch wenn es, wohl als Folge des Übergangs zur Körperbeisetzung, häufig zu einer Verlegung der Bestattungsplätze kam. Doch auch germanische Brandgräber waren, vor allem in Mähren, bis ins 5. Jahrhundert anzutreffen. Der elbgermanische Charakter der Kultur blieb vorherrschend, obwohl pontische Kultureinflüsse und die Übernahme provinzialrömischer Techniken wirksam wurden. Funde nordelbgermanischer Art (z. B. besonders aufschlußreich im Gräberfeld von Přest'ovice bei Strakonitz in Südwestböhmen oder im nordmährischen Kostelec) gaben zu der Vermutung Anlaß, daß Gruppen aus Norddeutschland in die menschenarmen Gebiete eingesickert sind, aber bald von der seit längerem ansässigen Bevölkerung assimiliert wurden. Mit der Abwanderung der Quaden aus Mähren und der Aufgabe ihrer Siedlungen geht die Zahl der Funde für das späte 4. und 5. Jahrhundert drastisch zurück; dennoch kann davon ausgegangen werden, daß Reste dieser germanischen Bevölkerung im Lande zurückgeblieben sind. In Böhmen dürften Teile der Markomannen, Einwanderer aus dem mittleren Norddeutschland und vielleicht auch kleine Menschengruppen, die aus dem Donaugebiet eingesickert waren, als verbliebene Restbevölkerung angenommen werden. Da die schriftliche Überlieferung aussetzt und die Bodenfunde, bedingt auch durch die Änderungen in den Bestattungsriten und den Siedlungsformen, selten und nicht besonders aussagekräftig sind, lassen sich der Verlauf der Völkerwanderungszeit und der slavischen Landnahme nur bruchstückhaft rekonstruieren.

2. Völkerwanderung und slavische Landnahme

Die Niederlage der Ostgoten 375 in Südrußland gegen die mongolisch-türkischen Reiternomaden der Hunnen leitete die zweite Völkerwanderung ein, der schließlich das Imperium Romanum zum Opfer fiel, durch die aber auch die germanischen Herrschaftsbildungen im 5. Jahrhundert begünstigt wurden. Für Böhmen und Mähren, die bisher im Vorfeld der römischen Zivilisation gelegen hatten, bedingten die Migrationswellen einen raschen Wechsel der Bevölkerung und das Einströmen verschiedenster kultureller Einflüsse; eine Konsolidierung dürfte erst im Verlauf des 6. Jahrhunderts mit der Einwanderung und Seßhaftwerdung slavischer Bewohner eingetreten sein.

Vor allem das Vordringen der Hunnen und ihr Festsetzen im Karpatenbecken im ersten Viertel des 5. Jahrhunderts löste eine Wanderlawine der von ihnen bedrohten und unterworfenen Stämme in westlicher Richtung aus, die Sarmaten und Alanen, hasdingische Wandalen und Heruler, die um 400 an der unteren March erschienen, mitriß. Als unter Attila die Hunnenherrschaft bis zur Ostsee ausgriff, gehörte sicher auch Mähren zu seinem Machtgebiet. Einige relativ reiche Grabfunde wie Silberblech- und Zikadenfibeln, dreikantige Pfeile und schmale Reitersäbel, Keramik pontischer Art und Metallspiegel begünstigen die Auffassung, daß Teile der ungeheueren Reichtümer aus Beutegut, Lösegeldern und Tributen auch den Angehörigen des Adels der unterworfenen Stämme zugute kam, die sich danach an weiteren hunnischen Militäraktionen beteiligten. Besonders aufschlußreich ist die erstaunlich große Anzahl der Gräber von Frauen, deren Schädel im Kindesalter deformiert worden waren, um dem Schönheitsideal der Zeit zu entsprechen. Als nach Attilas Niederlage 451 auf den Katalaunischen Feldern das Hunnenreich zerfiel und die bisher unterworfenen Germanenstämme frei wurden, ließen sich die Heruler in der Südwestslowakei zwischen March und Eipel (Ipel') und die Rugier in Nieder- und Oberösterreich nördlich der Donau nieder; Einflußnahmen beider Stämme auf Mähren dürfen vorausgesetzt werden. Ob damals bereits die Langobarden in Mähren und Teilen Böhmens herrschten und nach der Niederlage der Rugier 487 gegen den Skirenfürsten Odowakar (Odoaker) und deren Abzug im Gefolge der Ostgoten nach Italien ihr Gebiet besetzten, ist zwar anzunehmen, aber nicht zweifelsfrei zu belegen. Wahrscheinlich waren die Langobarden schon im 4. Jahrhundert aus dem Gebiet der nördlichen Elbe vor dem wachsenden Druck des sächsischen Großstammes nach Süden und Südosten ausgewichen, was die Kontinuität elbgermanischen Kulturguts und die den gesamten böhmischen Raum erfassende östliche Reihengräberzivilisation erklären könnte.

Nachdem die Langobarden zeitweilig von den Herulern unter König Rodulf beherrscht worden waren, konnte ihnen nach inzwischen erfolgter Bekehrung zum Arianismus König Tato 508 die Selbständigkeit zurückgewinnen; er wurde jedoch bald danach von seinem Neffen Wacho beseitigt. Um 526/27 glückte es dann diesem König Wacho, in Pannonien das langobardische Donaureich, zu dem weiterhin Mähren und Teile Böhmens gehörten, zu begründen und den Hauptteil seines Stammes dorthin abzuziehen. Dank einer geschickten Heiratspolitik gelang es ihm, seine Macht zu festigen. Nach Wachos Tod (um 540) dehnten seine Nachfolger Audwin und Alboin die langobardische Einflußsphäre auch auf Innernoricum und das Gepidenland aus, bevor 568 die gefährliche Nachbarschaft zu den Avaren den Abzug nach Italien erzwang. Spätestens zu diesem Zeitpunkt dürften die in Böhmen ansässigen Germanen bis auf bescheidene Reste das Land geräumt haben. Die in den landwirtschaftlich intensiv genutzten Flachlandgebieten Mittel- und Nordwestböhmens lebenden Germanen, die politisch vielleicht kurzzeitig dem 531 durch die Franken zerschlagenen Thüringerreich angehört hatten, könnten sich, soweit es sich um Langobarden handelte, ebenfalls dem Italienzug angeschlossen haben. Die Hypothese, daß beträchtliche Teile dieser germanischen Restbevölkerung nach Bayern abwanderten und dort den Grundstock der bajuwarischen Stammesbildung stellten, wird durch die Tatsache gestützt, daß in der Mitte des 6. Jahrhunderts die Reihengräberbestattungen in Böhmen abbrechen und in Altbayern aufgenommen werden.[18]

Da Siedlungsfunde aus der Zeit um 500 fehlen, geben allein die Erkenntnisse aus den – häufig geplünderten – Reihengräberfeldern auf größeren Friedhöfen, in denen die Toten in West-Ost-Richtung in ihrer Tracht mit ihren Waffen, Schmuck und Nahrungsmitteln beigesetzt wurden, Auskunft über die Zivilisationsstufe. Zwei in Mähren entdeckte Gräber – ein reich ausgestattetes Männergrab bei Blučina aus der 2. Hälfte des 5. Jahrhunderts und das Fürstengrab auf dem Žuráň östlich von Brünn, das in einer steinernen Anlage von 40 m Durchmesser zwei Gräber in mächtigen Holzkammern enthielt – erlauben nur Rückschlüsse auf die Lebensverhältnisse des vom Reiternomadentum beeinflußten Adels; die übrige Bevölkerung dürfte, von Handwerkern durchsetzt, in den bereits seit langem genutzten Siedlungsgebieten weitgehend bäuerlich gelebt haben.

Slavische Landnahme

Im Verlauf des 6. Jahrhunderts wurde mit dem Abzug der Langobarden und der sonstigen Germanenreste dieses Gebiet weitgehend geräumt. Als in mehreren Migrationswellen die ersten slavischen Siedler in den mährischen und böhmischen Raum einsickerten, trafen sie dort bestenfalls auf ein Zehntel der früheren Bewohner. Die im 19. Jahrhundert von der tschechischen Frühgeschichtsforschung (Pič, Buchtela) vertretenen Ansicht der „Autochthonistischen Schule", bereits die bronzezeitliche Lausitzer Urnenfelderkultur sei den Slaven zuzurechnen, die als bäuerliche Bevölkerung vom Beginn des Neolithikums in biologischer Kontinuität die böhmischen Länder besiedelt hätten, gilt heute als widerlegt. Inzwischen findet unangefochten die Auffassung Anerkennung, daß die in den schriftlichen Überlieferungen ohne brauchbaren Niederschlag gebliebene slavische Landnahme frühestens ins ausgehende 5. Jahrhundert, wahrscheinlich aber erst in die zweite Hälfte des 6. Jahrhunderts zu datieren ist, als die germanische Besiedlung ihren Höhepunkt längst überschritten hatte.[19] Dabei rückten die Slaven weitgehend kampflos in die von den Germanen aufgegebenen mitteleuropäischen Räume vor, die östlich einer von der Adria über die Ostalpen und den Böhmerwald entlang Saale und Elbe bis zur südwestlichen Ostseeküste verlaufenden Linie lagen. Ihr Aufbruch aus der zwischen dem Oberlauf der Weichsel und dem Dnepr nördlich und östlich des Karpatenbogens vermuteten Urheimat kann sowohl durch ein starkes Bevölkerungswachstum ausgelöst als auch durch die Einfälle der mongolischen Turkvölker, vor allem der Hunnen und Avaren, beschleunigt worden sein. Das asiatische Reitervolk der Avaren hatte auf seinem schnellen Vorstoß durch Osteuropa in der zweiten Hälfte des 6. Jahrhunderts Teile der Bulgaren und Slaven unterworfen oder vor sich hergetrieben, wobei nach dem abgeschlagenen Angriff auf das Frankenreich im Jahr 565/66 zwischen dem in Pannonien errichteten Avarenreich und dem langobardischen, bajuwarischen und fränkischen Herrschaftsgebiet slavische, vom Avarenkagan überwachte Pufferzonen entstanden. Anfangs als Verbündete, bald als Unterworfene der Avaren hatten sie die Hauptlast in den Kämpfen gegen das bajuwarische Herzogtum der Agilofinger (595 Niederlage des Bayernherzogs Tassilo I.), gegen die Langobarden (610 Verheerung von Friaul) und in den bis 626 dauernden Kämpfen mit dem byzantinischen Kaiserreich zu tragen. Die in mehreren Wellen anbrandenden Slavengruppen konnten im 6. und 7. Jahrhundert schließlich in ganz Südosteuropa Fuß fassen. Mit der Niederlage des Avarenkagans im August 626 vor Byzanz war die avarische Macht aber im Kern getroffen und der einsetzende Verfall ermöglichte es den slavischen Stämmen, sich der direkten Abhängigkeit von den Avaren zu entziehen.

Das Vordringen slavischer Gruppen in das alte Boiohaemum hat keine unmittelbaren quellenkundlichen Niederschläge gefunden, so daß ungeklärt bleibt, über welche Pfade die Inbesitznahme der weitgehend von der germanischen Bevölkerung geräumten Gebiete erfolgte und ob sie auf einmal oder in mehreren

Wellen, durch Kleingruppen oder ganze Stammeseinheiten erreicht wurde. Obgleich der Hauptteil der Slaven über die Karpatenpässe und die Mährische Pforte von Nordosten her in das Land gelangt sein dürfte, legen die zahlreichen, zum Teil schon in das 5. Jahrhundert datierten Funde von Welatitz (Velatice) und Prittlach (Přítluky) in Südmähren nahe, daß auch aus südöstlicher Richtung ein bedeutsamer Besiedlungsschub erfolgt sein muß. Die archäologischen Funde, die sich vor allem auf die Keramik des Prager Typus, hohe eiförmige, anfangs unverzierte Gefäße mit geradem oder ausladendem Rand, aber auch auf veränderte Siedlungsformen stützen, lassen einen fast vollständigen Bruch zur vorhergehenden germanischen Siedlungsperiode erkennen, obschon die Übernahme vorslavischer Fluß- und Landschaftsnamen eine zeitweilige Verbindung zwischen zurückgebliebenen Germanen und eingewanderten Slaven voraussetzt. Das Aufkommen von Brandgräbern mit Urnen des Prager Typus, die rasche Verbreitung von Blockbauten, eingetieften quadratischen Häusern mit Pfosten, sowie das vermehrte Auffinden von Fibeln, die im Dnepr- und unteren Donaugebiet gebräuchlich waren, lassen erkennen, daß die wohl in mehreren Wellen und in stattlicher Zahl nach Böhmen eingewanderten Slaven die vorhandene Restbevölkerung rasch assimilierten und in drei bis fünf Generationen vor allem die fruchtbaren Flachlandgebiete in der nördlichen Landeshälfte Böhmens sowie insbesondere das südliche Marchtal besiedelten, wo sie deutlich avarischen Einflüssen ausgesetzt blieben. Im ausgehenden 7. Jahrhundert war die slavische Landnahme weitgehend abgeschlossen.[20]

Die Aussagen über die gesellschaftliche, politische und wirtschaftliche Organisation der frühen Slaven beruhen weitgehend auf Hypothesen. Der byzantinische Geschichtsschreiber Prokopios von Caesarea (ca. 500–559) wußte zu berichten, daß die Slaven keine Zentralgewalt kannten, in kleinen, selbständig handelnden Verbänden organisiert waren und sich nur selten zu größeren Einheiten zusammenfanden.[21] Beschlüsse, die alle betrafen, wurden „in Demokratie" auf gemeinsamen Versammlungen gefaßt. Erst mit der dauerhaften Ansiedlung dürfte es Vereinigungen in verschiedener und wechselnder Form gegeben haben, die sich zum personalen oder territorialen Kleinstamm (*rod* = Sippe, Geschlecht; *rodova občina* = Sippengemeinde) als gentiler und als Siedelverband weiterentwickelten, seinerseits aufgebaut auf Großfamilie und Sippe. In dieser agnatisch-patriarchalischen Bauernwelt bildeten sich allmählich Herrschaftsverhältnisse mit einem Burgwall als Mittelpunkt heraus, der als Fluchtort diente und bald zur Residenz des Herren oder Kleinfürsten in seinem Geschlecht wurde.[22] In den vergleichsweise dünn und weitmaschig besiedelten Gebieten bevorzugten die Slaven Einzelhofgruppen oder kleine Weiler, erst später auch größere Dörfer, in deren Umgebung sie einen nicht sonderlich intensiven Ackerbau mit Hacke und Pflug, Vieh- und Waldbienenzucht betrieben sowie der Jagd in den umfangreichen Wäldern und dem Fischfang nachgingen. Die Erforschung ihrer materiellen Kultur ist noch nicht abgeschlossen.[23] Handwerkliche Kenntnisse für Töpferei, Schmiedehandwerk, Weberei, Lederverarbeitung waren vorhanden und wurden, zumal auf dem Gebiet der Metallverarbeitung, rasch gewerblich weiterentwickelt.[24] Die Toten wurden auf größeren Gräberfeldern in Brandgräbern beigesetzt. Die kultischen Vorstellungen und Gebräuche lassen sich nicht erschließen; eine gesonderte Priesterkaste hat sich wahrscheinlich nicht ausgebildet. Die Verehrung von Naturerscheinungen, von Wald-, Berg- und Gewässerheiligtümern kann aber ebenso angenommen werden wie die Abhaltung von Fruchtbarkeitsriten.[25]

Keine eindeutigen Angaben können darüber gemacht werden, welche Bedeutung den Avaren für die Stammesbildung bzw. Volkwerdung der in Mähren und Böhmen siedelnden Slaven zukommt. Von Pannonien aus beeinflußten sie, wie die archäologischen Funde von Gürtelgarnituren und Schmucksachen erkennen lassen, das südöstliche Mähren, übten eine lockere Oberherrschaft auch über andere, nicht näher zu bezeichnende Slavenstämme aus, die sie als Angriffsspitzen bei ihren Beutezügen einsetzten, verknechteten die Unterworfenen und nahmen sich deren Frauen, wobei sie sich weigerten, die aus diesen Verbindungen hervorgegangenen Kinder als ebenbürtig anzuerkennen. Die wachsende Unzufriedenheit unter den ausgebeuteten und rechtlosen Slaven machte sich 623/24 der abenteuernde fränkische *(natione Francus)*, wohl eher gallorömische, aus dem Gebiet von Sens *(de pago Senonago)* stammende Fernhändler Samo zunutze, als die Avaren im Bunde mit den Persern und unterstützt von slavischen Scharen die Vorbereitungen für die Eroberung von Byzanz trafen: ihm gelang es, die avarische Oberhoheit abzuschütteln. Nach ersten Erfolgen gegen die bisherigen Unterdrücker zum König gewählt, konnte Samo mehrere Kriege gegen die Avaren erfolgreich bestehen und sich 631 bei Wogastisburc sogar gegen den Merowingerkönig Dagobert I. behaupten, worauf der sorbische Fürst Dervan von den Franken abfiel und sich ebenfalls Samo unterstellte. Die Frage nach der Lokalisation des Samo-Reiches, das nach dem Tod des Gründers 658/59 rasch in verschiedene slavische Teilherrschaften zerfiel, ist bis heute umstritten, zumal auch die Wogastisburc, die wohl eher auf dem Burgberg Úhošt beim westböhmischen Kaaden (Kadaň) als in der Gegend von Taus (Domažlice) oder auf dem slavischen Burgwall beim Dorf Wugasterode in der Nähe von Staffelstein anzunehmen ist, noch nicht eindeutig lokalisiert werden konnte. Die Südwestslowakei, Kärnten, das Gebiet der Mainwenden und des Sorbenfürsten Dervan dürften ebenso, wenigstens zeitenweise, zum Herrschaftsgebiet Samos gehört haben wie Mähren und Böhmen als eigentliche Kernterritorien.[26]

3. Auf dem Weg zur Staatsbildung

Das Machtvakuum nach dem Tode Samos um 659 dürften, soweit archäologische Funde überhaupt präzise Aussagen zulassen, die Avaren genutzt haben, um erneut ihre Hand auf Teile Mährens zu legen; das Frankenreich, durch innere Auseinandersetzungen gelähmt, konnte die Gunst der Stunde nicht nutzen, um in Böhmen Fuß zu fassen. Eine fortschreitende Differenzierung der Gesellschaft und eine beginnende Verfestigung der Stammesterritorien setzte ein, die im Bau mächtiger Burgwälle ihren Niederschlag fanden. Seit dem Neolithikum, besonders seit der jüngeren Bronzezeit, waren befestigte Höhensiedlungen errichtet worden; jetzt, am Übergang vom 7. zum 8. Jahrhundert, wurden immer größere und besser ausgebaute burgähnliche Verteidigungsanlagen errichtet, die nicht nur von der Beherrschung einer komplizierten Fortifikationstechnik zeugen, sondern auch vom planvollen, organisierten Arbeitseinsatz größerer Menschenmengen. Unter geschickter Ausnutzung der naturräumlichen Gegebenheiten, vor allem auf den in Hügelzungen auslaufenden Rändern von Höhenrücken oder oberhalb von Tälergabelungen als sog. Spornburgwälle, seltener auf terrassenförmigen Inseln in Sümpfen und Mooren wurden diese von Felsen, Wällen, Mauern und Wasserläufen geschützten, in Trockenbauweise (Steine auf Lehm) errichteten und mit Holzpalisaden versehenen Burganlagen erbaut. Anfangs dürften sie in Kriegszeiten hauptsächlich als Zufluchtsort für alle Stammesangehörigen gedient haben, bald aber stiegen sie durch die Abgrenzung der Vorburgen von der besonders geschützten inneren Burg und dort durch den Bau von Hochburgen (Akropolen) zum Sitz des Herren und seines Gefolges auf. Auch aus der anhand der Gräberfelder nachweisbaren sozialen Differenzierung läßt sich herauslesen, daß im 8. und 9. Jahrhundert die Formen der Herrschaft einzelner oder einer Sippe über Land und Leute der Umgebung bereits ausgeprägt gewesen sein müssen, wobei unklar bleibt, ob dies ein zwangsläufiger gesellschaftspolitischer Prozeß war oder ob die Entwicklung einer mächtigen Oberschicht avarischem oder fränkischem Einfluß zugeschrieben werden muß. Als im 9. Jahrhundert vermehrt Herrschaftszentren von Stammesfürsten entstanden, war die Burg nicht nur militärischer Mittelpunkt und Verwaltungszentrum, sondern auch Produktions- und Handelsstätte für die im Vorburgbezirk ansässigen Handwerker und Händler.

Von den ältesten Burgwallanlagen ist das am Unterlauf der Šembara gelegene, nur von einer leichten Palisadenkonstruktion geschützte Klučov intensiv erforscht. Besonders eindrucksvoll ist der ins 8. Jahrhundert reichende Burgwall in den Prachover Felsen (Prchovské skály), weil die natürlichen Voraussetzungen dort optimal genutzt wurden. Die Funde aus den in ganz Böhmen – mit leichten Abwandlungen in den einzelnen Stammesgebieten – errichteten Burgwällen lassen rege Handelsbeziehungen mit Südosteuropa, nach Polen und Rußland sowie über Regensburg oder die Elblinie ins Frankenreich vermuten. In Mähren blieb im ausgehenden 8. Jahrhundert der avarische Einfluß, nachgewiesen durch die Vielzahl der Funde von avaroslavischen Metallarbeiten, bedeutend. Das langsame, aber stete Bevölkerungswachstum dürfte mit der Zeit eine Ausweitung des Siedlungsgebiets bedingt haben; neben Schweinen, Schafen, Ziegen, Hühnern und Gänsen wurden kleine Steppenpferde und Auerochsen gehalten und in die lichten Laubwälder zur Weide getrieben, worauf sich als Folge anstelle der Buchen- bald aufgelockertere Eichenwälder durchsetzten. Das angebaute Getreide – Weizen, Roggen, Gerste, Hirse – wurde in eigens angelegten Getreidegruben gelagert und vor dem Keimen geschützt, in Handmühlen mit zwei runden Mahlsteinen zerkleinert und das gewonnene grobe Mehl danach zu Brot gebacken oder in ungesäuerten Fladen verzehrt. Die halbvertieften, mit einem steinernen Herd ausgestatteten kleinen Erdhütten werden als Beweis für die Auflösung der patriarchalisch organisierten Familiensippe und die Herausbildung von Familienpaaren angesehen. Die meist in West-Ost-Richtung angelegten Hügelgräber erlauben aus der Größe der Grabhügel, ihrer Gestaltung und der Zahl der Beigaben Rückschlüsse auf die jeweilige gesellschaftliche Stellung der Toten; seit der Wende vom 8. zum 9. Jahrhundert nahm die Zahl der Skelettgräber spürbar zu.[27]

Erst nachdem 743 das Frankenreich die Hoheit über Bayern wiederhergestellt und bald darauf nach Karanthanien ausgegriffen hatte, woraus eine direkte Nachbarschaft, ja eine Konfrontation mit dem pannonischen Avarenreich erwuchs, finden die böhmischen Länder wieder Erwähnung in den Chroniken. Seit 788 betrieb Karl der Große konsequent die Grenzsicherung der *robusta gens Abarorum* gegenüber, warf 797, 799 und 802 drei Avarenaufstände nieder, siedelte 805 eine avarische Restbevölkerung zwischen Carnuntum (Hainburg) und Sabaria (Steinamanger) an und traf 811 Anordnungen, um die slavisch-avarischen Geplänkel im pannonischen Grenzraum zu beenden. Um mit der Konsolidierung der Verhältnisse im Donauraum auch an der bayerischen Ostgrenze Ruhe zu schaffen, ließ Karl bereits 805 – nachdem schon zuvor die zur Niederwerfung der Avaren aus Sachsen und Friesland herangeführten Truppen Böhmen durchquert hatten – einen aus drei Kolonnen bestehenden Heerbann gegen die *Behaimi* in Marsch setzen, ohne jedoch bei den wochenlangen Streif- und Beutezügen viel zu erreichen. Erst 806 konnten nach einem neuerlichen Einfall die böhmischen „Stämme" gezwungen werden, die fränkische Oberhoheit anzuerkennen und einen Jahrestribut von 500 Mark Silber und 120 Ochsen zu leisten.[28] Da Abgesandte der *Behaimi* auf den Reichsversammlungen zu Paderborn (815), Frankfurt (822) und Diedenhofen (831) anwesend waren, kann davon ausgegangen werden, daß Böhmen, das 817 im Reichsteilungsgesetz *Ordinatio imperii* an Ludwig den Deutschen gefallen war, zu dessen Kernland Bayern in einem – nicht genauer zu bestimmenden – Abhängigkeitsverhältnis stand. Obgleich sich König Ludwig 840 die Durchquerung böhmischen Gebiets nur mit vielen Geschenken erkaufen konnte, erschien danach seine Herrschaft im Ostfrankenreich jedoch so gefestigt, daß sich am 13. I. 845 vierzehn böhmische Große *(duces)* mit ihren Gefolgsleuten in Regensburg taufen ließen und sich damit erneut symbolisch dem Frankenreich unterstellten.[29] Diesem Taufakt kam aber vorerst keine allzugroße Bedeutung zu, denn bereits im Jahr 846 wurde einem aus Mähren abrückenden fränkischen Heer der Durchmarsch verweigert; nach einer schweren fränkischen Niederlage 849, die ein Ende der Oberhoheit bedingte, konnten erst 856/57 der fränkische Herrschaftsanspruch im Gebiet des Herzogs Wiztrach und 869 die alte, durch die Wiederaufnahme der Tributzahlungen demonstrierte Abhängigkeit Böhmens vom Ostfrankenreich erzwungen werden.[30]

Großmährisches Reich und Christianisierung

Doch Böhmen stand in diesem 9. Jahrhundert nur am Rande der Geschichte, die weitaus stärker vom Großmährischen Reich beeinflußt wurde. Nach der Niederlage der Avaren gegen die Heere Karls des Großen nahm das Land der *Moravani* mit seinen drei Schwerpunkten am Oberlauf der March und der fruchtbaren Hanna-Ebene, im Flußgebiet von Thaya, Iglawa und Schwarzawa sowie am Unterlauf von March und Thaya einen raschen Aufschwung und war, in den fränkischen Annalen mit vielerlei ähnlich klingenden Namen aufgeführt,[31] durch Gesandte auf der Frankfurter Reichsversammlung des Jahres 822 vertreten. Obschon genauere Angaben über die staatlich-politische Zusammenfassung der vermuteten Stämme und Kleinherrschaften zu einer das ganze Land überspannenden Einheit fehlen[32], ist anzunehmen, daß Herzog *(dux)*[33] Mojmír I. zwischen 833 und 836 in die Slowakei ausgreifen konnte und nach der Vertreibung des Fürsten Pribina (Privina) von Neutra (Nitra), wo Erzbischof Adalram von Salzburg bereits um 828 eine Kirche geweiht hatte, diesen bedeutenden Handelsplatz in Besitz nahm. Da Mojmír I. (830–846), über dessen Herkunft und die Art seiner Herrschaftsführung es keine Belege gibt, der Ausbreitung des Christentums durch die bayerisch-salzburgische Mission keine Hindernisse in den Weg stellte und vielleicht selbst getauft wurde, erfolgten keine ostfränkischen Gegenmaßnahmen. Sichere Informationen über die Grenzen dieses sich herausbildenden Großmährischen Reiches fehlen ebenfalls, doch dürfte es im Süden die Donau erreicht und sich im Südwesten bis zum Waldviertel und im Osten bis über das untere Waagtal erstreckt haben; ungewiß bleibt, ob es über die Mährische Pforte und die Karpaten nach Norden hinaus bis in das Gebiet der Wislanen an der oberen Weichsel reichte. Zeitweilig dürfte die mährische Herrschaft im Nordwesten auch Böhmen erfaßt haben. Die das Land durchziehenden Fernhandelsstraßen und der damit einhergehende Wohlstand begünstigten jedenfalls die rasche Machtausweitung des *dux Moravorum*.[34]

Doch nach Mojmírs Tod fiel Ludwig der Deutsche in Mähren ein, um dort „die Verhältnisse zu ordnen", und bestimmte den Neffen Rastislav zum Herrscher. Die in Böhmen zwischen 846 und 849 erlittenen Rückschläge, ein 853 geschlossenes mährisch-bulgarisches Bündnis und die Auflehnung des Markgrafen Karlmann gegen seinen Vater hielten König Ludwig davon ab, mit der Errichtung einer formellen Tributärherrschaft über Mähren die von ihm gewünschte Ordnung herzustellen. Erst ein Übereinkommen Ludwigs mit den Bulgaren 862, das auch Karlmann zum Einlenken brachte, erlaubte Militärmaßnahmen gegen Rastislav, der in seiner Festung Dovina zur Kapitulation gezwungen wurde. Da die ostfränkisch-mährischen Auseinandersetzungen fast immer von Angriffen der *Boemani/Behaimi* begleitet wurden, dürfte eine engere politische Abhängigkeit einiger böhmischer Stammesfürsten vom Großmährischen Reich bestanden haben.[35]

Die Niederlage gegen das Frankenreich war für den weitblickenden Rastislav

Anlaß, im Bündnis mit Byzanz 864 seine ehemaligen bulgarischen Verbündeten zurückzuschlagen und dadurch die Ostgrenze seines Reiches zu entlasten sowie in Unterpannonien den dort inzwischen mit einer neuen Herrschaft ausgestatteten frankentreuen Pribina in Mosapurc (Moosburg-Zalavár) durch dessen Sohn Kocel zu ersetzen, der künftig eng mit dem Mährerfürsten zusammenarbeitete.[36] Von geschichtlicher Bedeutung aber wurde Rastislavs Bemühen, mit Hilfe von Byzanz und der Ostkirche sein Land dem fränkischen Einflußbereich und den von Bayern ausgehenden Missionierungsbestrebungen zu entziehen. Als Papst Nikolaus I. (858–867) seiner Bitte, sprachkundige Priester zum Aufbau einer eigenen mährischen Kirchenorganisation zu entsenden, mit Rücksicht auf die politischen Gegebenheiten und die von Kremsmünster, Salzburg und Innichen betriebene Mährenmission nicht entsprach, wandte sich Rastislav nach Byzanz, wo Kaiser Michael III. den Patriarchen Photios ermächtigte, die durch ihre Missions- und Lehrtätigkeit unter Slaven ausgewiesenen Brüder Konstantin und Methodius aus Thessalonike 863/64 als Missionare nach Mähren zu entsenden.[37] Trotz Spannungen mit den dort bereits tätigen bayerischen Klerikern begründeten sie in Mähren eine vom Ostfrankenreich unabhängige Kirchenorganisation mit slavischer Kirchensprache. Dabei kam ihnen zugute, daß Konstantin eine dem slavischen Lautstand entsprechende, 40 symbolträchtige Buchstaben umfassende Schrift, die Glagolica (von *glagol* = Wort) erfand, in die sie die benötigten liturgischen Texte – Evangeliar, Psalter, Credo, Gebete – übertrugen sowie aus den überlieferten Rechtsglossen mit *Zakon sudnyj ljudem* ein kurzes Rechtsbuch verfaßten.[38] Wegen des von ihren bayerischen Konkurrenten erhobenen Vorwurfs der Häresie, der mit dem Gebrauch einer unkanonischen Sprache begründet wurde, hatten sich die beiden Slavenapostel in Rom zu rechtfertigen. Auf der 867 unternommenen Reise missionierten sie im unterpannonischen Fürstentum Kocels und konnten nach ihrer Ankunft in Rom von Papst Hadrian II. (867–872) die Anerkennung der slavischen Liturgiesprache und 868 die Ernennung von Methodius zum päpstlichen Legaten von Mähren und Pannonien erreichen. Während Konstantin unter dem Mönchsnamen Kyrill in ein römisches Kloster eintrat (†14. II. 869), reiste Methodius nach Mosapurc-Zalavár, von wo ihn Fürst Kocel aber mit dem Auftrag, sich zum Bischof weihen zu lassen, erneut nach Rom zurückschickte. Mit der 870 vollzogenen Erhebung Methodius' zum Erzbischof von Sirmium war die Einrichtung einer der Kurie direkt unterstellten, eigenständigen mährisch-pannonischen Kirchenprovinz verbunden.[39]

König Ludwig der Deutsche war aber nicht bereit, diese den ostfränkischen politischen und kirchlichen Einfluß aushöhlende Entwicklung tatenlos hinzunehmen. 869 konnte Fürst Rastislav den Angriff eines fränkisch-bayerischen Heeres noch abwehren, für sich und seinen Verbündeten Kocel die Unabhängigkeit erringen sowie die Sorben zu einem Aufstand und die Böhmen zu einem Einfall in Bayern veranlassen. Als 870 dann Ludwig der Jüngere die Sorben befriedete, zudem Karlmann böhmische Große und auch den in Neutra regierenden Neffen Rastislavs, Svatopluk (Zwentibold), auf seine Seite bringen konnte, und König Ludwig schließlich mit Truppenmacht in Mähren einrückte, nahm Svatopluk seinen Onkel Rastislav gefangen und lieferte ihn den Franken aus. In Regensburg wegen „Untreue" zum Tode verurteilt, von Ludwig zur sofort vorgenommenen Blendung und zur Klosterhaft „begnadigt", verlieren sich die Spuren Rastislavs, des ersten großen, um die volle Selbständigkeit kämpfenden Herrschers Mährens. Dem ebenfalls gefangengenommenen Erzbischof Methodius wurde von einer bayerischen Synode eine Kirchenbuße und die Konfination in einem ungenannten Kloster auferlegt, das er erst 873, nach Intervention Papst Johannes' VIII., verlassen konnte.[40]

Doch eine wirkliche Unterwerfung Mährens war damit noch nicht erreicht. Obgleich fränkische Truppen unter den Grafen Wilhelm und Engelschalk in Mähren verblieben waren, kam es zu Unruhen, die Karlmann veranlaßten, Svatopluk kurzzeitig gefangenzusetzen; doch durch einen Aufstand der Mährer unter der Führung des Priesters Sclagamar konnte rasch die Freilassung des Fürsten erreicht werden. Svatopluk verfocht seitdem eine den Grundzügen seines gestürzten Onkels Rastislav folgende Unabhängigkeitspolitik, konnte 871 die Besatzer und ein nachrückendes Frankenheer abdrängen und bis 873 seine Herrschaft so weit festigen, daß sich Ludwig der Deutsche 874 in seiner Pfalz Forchheim zu einem Friedensschluß bereitfand. Svatopluks Beauftragter, der venezianische Priester Johannes, leistete einen Fidelitätseid und versprach jährliche Tributzahlungen in unbekannter Höhe. Auch einige böhmische Herren, die 872 von fränkischen Truppen unter dem Mainzer Erzbischof Luitbert eine Niederlage hatten einstecken müssen, waren an dem Forchheimer Ausgleich beteiligt, der Svatopluk die Möglichkeit bot, seine Herrschaft im Innern zu konsolidieren und danach vielleicht auch über die Mährische Pforte nach Norden in das Land der Wislanen auszugreifen. Obgleich die bayerischen Missionare während der Kampfhandlungen des Landes verwiesen worden waren und Methodius nach seiner Freilassung die zuvor wohl nur auf die Oberschicht ausgerichtete Missionstätigkeit jetzt auch auf die Landbevölkerung ausdehnte, blieben neue Streitigkeiten auf kirchenpolitischem Gebiet nicht aus. Das auf der *Liturgia sancti Petri* aufgebaute, byzantinische und lateinische Elemente enthaltende Lehrgebäude und das Missionsprogramm Methodius' wurden aber 880 in der Bulle *Industriae tuae* von Papst Johannes VIII. ausdrücklich anerkannt, der mit der Formel, Svatopluk „dem Schutz St. Peters zu unterstellen", die Position des Fürsten und den Rang der mährischen Herrschaft bedeutend aufwertete. Doch mit der Weihe des Franken Wiching zum Bischof von Neutra schwelte der Streit zwischen den Anhängern des lateinischen und des slavischen Ritus weiter, den Svatopluk, über die Sittenstrenge seines Erzbischofs und wegen der Auseinandersetzungen über die Nutzung des Kirchenguts erbost, nicht unterband. Als Methodius seinen Suffragan 884 absetzte, der neue Papst Stephan VI. aber Wiching Recht gab und die slavische Liturgie verbot, resignierte der Slavenapostel; er starb bald darauf (am 6. IV. 885). Sein als Nachfolger vorgesehener Schüler Gorazd erlangte nicht die päpstliche Anerkennung, so daß Wiching, bis 893 einziger Bischof in Mähren, Svatopluk 886/87 dazu bewegen konnte, die Schüler und Anhänger Methodius' des Landes zu verweisen und mit der slavischen Liturgie auch die Predigt in der Volkssprache zu verbieten. Der von Konstantin und Methodius versuchte Kompromiß, unter Berücksichtigung ostkirchlicher Elemente und der Verwendung der Umgangssprache die Christianisierung der Slaven voranzutreiben und sie der geistlichen Autorität der römischen Kurie zu unterstellen, war damit gescheitert.[41]

Die zweideutige Haltung Svatopluks, der sowohl in den slavischen Legenden als auch in den ostfränkischen Quellen eine negative Beurteilung erfuhr, dürfte politischen Opportunitätserwägungen entsprungen sein. Um seine außenpolitischen Ziele verfolgen zu können, mußte ihm an der Aufrechterhaltung guter Kontakte zum ostfränkischen Königtum gelegen sein. Nachdem der Tod des Fürsten Kocel 874 eine Festigung des mährischen Einflusses in Unterpannonien begünstigt haben dürfte, konnte Svatopluk 884, nach der persönlichen Huldigung Kaiser Karls III. auf dem Mons Comianus am Tullnbach, die formelle Belehnung mit Ostpannonien erreichen. Obgleich es nach mährischen Interventionen in innerbayerischen Fehden 882/83 zu Auseinandersetzungen mit Karlmann und seinem Sohn Arnulf von Kärnten gekommen war, schwor Svatopluk König Arnulf im März 890 in Omuntesperch einen Treueid, worauf ihm die Oberherrschaft über Böhmen gewährt wurde. Dorthin hatte der Mährerfürst mit Unterstützung Methodius' bereits früher Missionszüge gegen heidnische Slavenstämme durchgeführt und dabei böhmische Kleinfürsten unterworfen. Von diesem Höhepunkt seiner Macht, als das Herrschaftsgebiet Großmährens vom Bayerischen und Oberpfälzer Wald bis an die Saale bei Merseburg reichte, das mittlere Elbgebiet bis zur Mulde sowie im Nordosten das Tal der Weichsel bis zur Einmündung des San einbezog, im Südosten seine Begrenzung durch Theiß und Marosch, im Süden durch Drau und Wiener Wald erfuhr, wurde Svatopluk bereits 892/93 durch eine mit bulgarischer und ungarischer Unterstützung unternommene Strafaktion König Arnulfs gestürzt. Als 894 die Ungarn auf ihrem ersten großen Raub- und Beutezug den pannonischen Teil des mährischen Herrschaftsgebietes verwüsteten, starb Svatopluk.[42] Sein Großmährisches Reich sollte den toten Fürsten nicht lange überdauern.

Der Nachfolger Mojmír II. erneuerte zwar sogleich den Fidelitätseid König Arnulf gegenüber, mußte sich aber bald gegen seinen Bruder Svatopluk II. zur Wehr setzen und mitansehen, wie 895 die Oberhoheit über Böhmen und 896 das Gebiet um den Plattensee verloren ging. Nach Einfällen bayerischer Großer in die mährischen Länder jenseits der Donau dürften nach 898/900 nur noch die Kerngebiete zwischen Marchfeld und Mährischer Pforte zur Herrschaft Mojmírs II., der seinen rivalisierenden Bruder vertrieben hatte, gehört haben. Nachdem es angesichts der wachsenden Ungarngefahr 901 in Regensburg zu einem Friedensschluß zwischen Bayern, Franken und Mähren gekommen war, ist Mojmír II. wohl schon 902 bei der Abwehr eines ungarischen Angriffs zu Tode gekommen. Durch die ständigen Scharmützel bereits schwer angeschlagen, unterlagen 906/7 in der Schlacht bei Preßburg die bayerischen und mährischen Truppen den siegreichen Ungarn, die danach weite Teile des ehemaligen

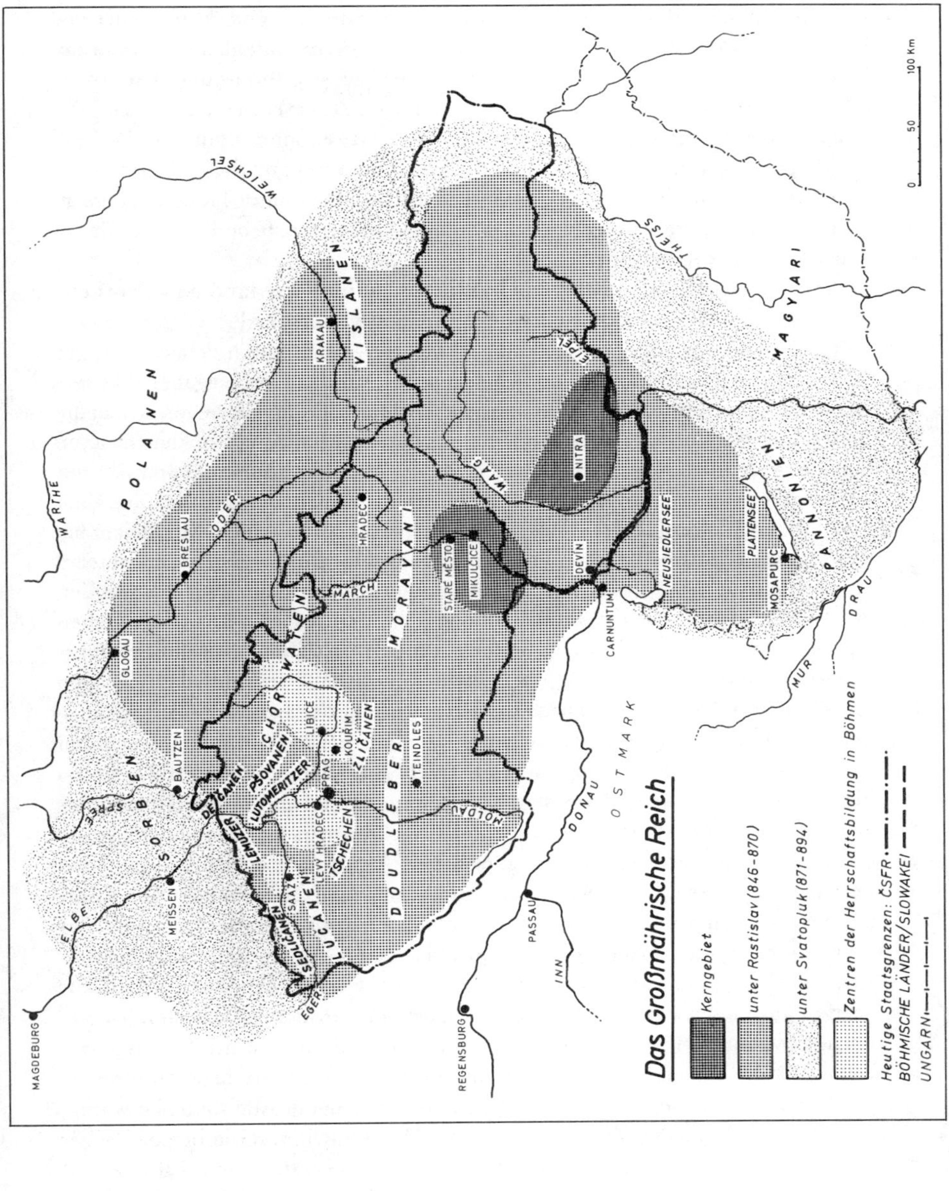
Das Großmährische Reich
Kerngebiet
unter Rastislav (846–870)
unter Svatopluk (871–894)
Zentren der Herrschaftsbildung in Böhmen
Heutige Staatsgrenzen: ČSFR
BÖHMISCHE LÄNDER/SLOWAKEI
UNGARN
0 50 100 Km
MAGDEBURG
ELBE
MEISSEN
SORBEN
SPREE
BAUTZEN
GLOGAU
BRESLAU
ODER
WARTHE
POLANEN
WEICHSEL
KRAKAU
VISLANEN
CHORWATEN
DEČANEN
LEMUZER
PŠOVANEN
LUTOMERITZER
SEDLIČANEN
SAAZ
LUČANEN
EGER
LEVÝ HRADEC
TSCHECHEN
PRAG
LIBICE
KOUŘIM
ŽLIČANEN
TEINDLES
DOUDLEBER
MOLDAU
HRADEC
MARCH
MORAVANI
STARÉ MĚSTO
MIKULČICE
WAAG
NITRA
EIPEL
DEVÍN
CARNUNTUM
NEUSIEDLERSEE
PLATTENSEE
MOSAPURC
PANNONIEN
THEISS
MAGYARI
MUR
DRAU
OSTMARK
DONAU
PASSAU
INN
REGENSBURG

Großmährischen Reiches ihrer Kontrolle unterstellten und sein politisches Eigenleben auslöschten.[43] Zwar versuchte der Přemyslidenherzog Vratislav (905/15–921) noch einmal, seine Herrschaft auf Teile Mährens und den slowakischen Fürstensitz Neutra, wo er den Burgherren Zubur einsetzte, auszuweiten – aber ohne dauerhaften Erfolg. Großmähren, das 80 Jahre hindurch die Entwicklung im Raum nördlich der mittleren Donau geprägt hatte, versank im 10. Jahrhundert in das Dunkel der Geschichte, bevor es unter Herzog Břetislav im 11. Jahrhundert als Teilgebiet des böhmischen Herrschaftsbereiches wieder in den schriftlichen Quellen erscheint.

Bereichert durch fränkische und byzantinische Einflüsse fand im 9. Jahrhundert im Großmährischen Reich eine bemerkenswerte soziale, wirtschaftliche, kulturelle und geistige Entwicklung statt, die durch die reichen und gut erforschten archäologischen Funde belegt wird. Aus den Grabbeigaben läßt sich eine weit fortgeschrittene gesellschaftliche Differenzierung erkennen, wobei die Beisetzungsstätten des Adels, der Frauen, der Kriegerkaste und der ärmeren Schichten deutlich voneinander unterschieden werden können. Auch die mit mächtigen Mauern in Holz-Erde-Konstruktion gebauten, durch Gräben geschützten Wohnsitze des Adels, zum Teil, wie in Mikulschitz (Mikulčice) bei Göding, als richtige Akropolis im abgetrennten inneren Burgbezirk errichtet,[44] lassen Rückschlüsse auf die bereits weit herausgehobene Stellung der Großen zu. In den stadtähnlichen Burgsiedlungen[45] waren außer dem kriegerischen Gefolge Handwerker, Händler und die zu ihrer Versorgung notwendige bäuerliche Bevölkerung angesiedelt, über deren Rechtsstatus verbindliche Aussagen jedoch nicht möglich sind. Durch die Verbesserung der Landwirtschaftstechniken nach Einführung asymmetrischer Pflugscharen, vielleicht schon durch den Übergang zu einer mit Düngung verbundenen Dreifelderwirtschaft, konnten die Ernteerträge gesteigert werden. Kleine, eingetiefte Häuser und Wirtschaftsgebäude in rechteckiger Blockbauweise herrschten vor. Das Handwerk stellte nicht nur leistungsfähige Ackergerätschaften her, sondern erfüllte auch den Bedarf der adligen Oberschicht an Luxusgütern, wobei die Schmuck- und Keramikherstellung besonders ausgereift waren. Die Rohstoffversorgung und der Fernhandel wurden professionell ausgebaut: Pelze, Honig und Sklaven, vielleicht auch Nahrungsmittel und Eisenprodukte wurden exportiert und dafür Waffen aus dem westfränkischen Karolingerreich sowie Schmuck und Tonwaren aus Byzanz und Südrußland eingeführt. Zahl und Verbreitung der ausgegrabenen, häufig freskengeschmückten und gelegentlich schon zu Beginn des 9. Jahrhunderts erbauten Steinkirchen, die Eigenkirchen der Adelsfamilien waren, legen den Schluß nahe, daß vorerst nur die Oberschicht und die Bewohner der stadtähnlichen Burgsiedlungen weitgehend christianisiert waren, während auf dem flachen Land die heidnischen Bräuche fortlebten. Nach dem Ungarneinfall verödeten und verfielen die entwickelten Siedlungsmittelpunkte, während das dörfliche Leben keine nennenswerten Beeinträchtigungen erfahren haben dürfte. Von den politischen Traditionen und auch dem religiösen und kulturellen Erbe der slavischen Missionsarbeit blieb faktisch nichts bestehen.[46]

Die Einigung der böhmischen Stammesherzogtümer

Die eher zufällige Erwähnung politischer und kriegerischer Ereignisse im 9. Jahrhundert für Böhmen[47] in den zeitgenössischen Quellen, unter denen den Annales Fuldenses ein besonders hoher Stellenwert zukommt, begründet die Ansicht, daß dort – im Gegensatz zum geeinten mährischen Zentralstaat – eine größere Anzahl mehr oder minder voneinander unabhängiger Stammesherzogtümer bestand.[48] Wie die Archäologie auch für den böhmischen Bereich überzeugend nachzuweisen vermochte, schritt die bereits zu einem früheren Zeitpunkt begonnene soziale und politische Differenzierung der Bevölkerung weiter fort und führte zur Ausbildung einer Adelskaste, die bald zur Gefolgschaft und Kampfgemeinschaft eines Fürsten aufstieg und in den jetzt auch als Verwaltungszentren genutzten Burgstätten angesiedelt wurde. Die zum Teil bereits mit speziellen Aufgaben betraute Bevölkerung des Umlandes mußte das von einem Burgwall zum nächsten reisende fürstliche Gefolge ernähren und in großartiger Gemeinschaftsleistung die immer besser ausgebauten *civitates,* die Burggemeinden, errichten und unterhalten. Macht und Bedeutung der zu fürstlichem Rang aufgestiegenen Sippen- oder Stammesältesten und ihres Gefolges verbürgten die Stabilität des regionalen Herrschaftsbereichs, der nach Niederlagen, Abwanderungen oder Neugründungen anfangs wohl noch raschen Veränderungen unterworfen war.[49]

Für das Jahr 805 ist der namentlich genannte Teilfürst Lecho belegt, wobei aber die Aussage der Metzer Annalen von den *„universi principes diversarum gentium"* auf eine Vielzahl politischer Verbände in herrschaftlicher Ordnung schließen läßt, ebenso wie die in den Fuldaer Annalen zum 13. I. 845 vermerkte Unterwerfung und Taufe von 14 böhmischen *duces* in Regensburg. In der im 9. Jahrhundert vom Geographus Bavarus, einem unbekannten Kleriker, verfaßten *Descriptio civitatum* erscheinen die Beheimare mit 15, die Fraganeo (wohl das Gebiet um Prag) mit 40 *civitates,* unter denen wohl als Zentrum der Macht und Verwaltung große Befestigungsanlagen mit einem gutbevölkerten Umland zu verstehen sind.[50] Für Mai 872 werden in Verbindung mit der Niederlage gegen Erzbischof Luitbert von Mainz die Namen von sechs Fürsten – Světislav, Vitislav, Herimann, Spytimír, Mojslav und Goriwej (Bořivoj) – übermittelt, ohne daß ihre Herrschaftsbereiche Erwähnung finden. Nachdem Svatopluk von Mähren aus einige Jahre lang eine Oberherrschaft über Böhmen ausgeübt hatte, unterwarfen sich im Juli 895 König Arnulf auf dem Reichstag zu Regensburg mehrere böhmische Fürsten, von denen die vornehmsten Spitignewo und Witizla *(spiti gneuuo, ui utizla)* waren, aber auch hier fehlen Angaben über ihre jeweiligen Herrschaftsgebiete. Späteren Chroniken, Legenden und vor allem der Prager Bistumsurkunde Kaiser Heinrichs IV. vom 29. VI. 1086[51] kann entnommen werden, daß im Nordwesten der Stamm der Lutschanen *(Liusena, Luczani,* ts. *Lučané)* im Gebiet um Saaz (Žatec, daher auch *Satcenses*) angesiedelt war. Im Ostteil Mittelböhmens lebten die Zličanen/Slitschanen *(Zlasane,* ts. *Zli-*

čané), die mit der altüberlieferten Bezeichnung ‚Kouřimer Fürstentum' erfaßt sind. Im Nordostteil Böhmens einschließlich des Glatzer Kessels kann mit zwei verschiedenen Stämmen der Chorwaten *(Chorwati, Chrowati, Crouati,* ts. *Charváti)* gerechnet werden. Im Norden sind die Lemuzer *(Lemuci, Lemusi)* um die Burgstätte Bílin (Bílina), die Lutomeritzer *(Liutomerici,* ts. *Litoměřici)* um Leitmeritz (Litoměřice), die Detschanen *(Dasena, Daciane,* ts. *Dečané)* um Tetschen (Děčín) sowie der kleine sorbische Stamm der Pschowanen *(Psouane,* ts. *Pšovane)* im Gebiet um Melnik östlich der Elbe nachgewiesen. Sie dürften bald unter die Oberherrschaft der Tschechen gefallen sein, die in Mittelböhmen an Moldau, Elbe und Beraun mit dem Zentrum Levý Hradec wohnten. In Südböhmen hatte sich das Fürstentum der Doudleber *(Dudlebi, Dūlābā, Dūlāna,* ts. *Doudleby)* mit dem Mittelpunkt Teindles (Doudleby) an der Maltsch herausbilden können. Diese Landschaftsverbände dürften die alte patriarchalische Stammesorganisation aber bereits so weitgehend ausgehöhlt haben, daß mit der Absonderung von Herrengeschlechtern und ihren Gefolgschaften ein politisch-regionaler Konzentrationsprozeß einherging, der am Ende des 9. Jahrhunderts nur noch fünf größere Herrschaftsbereiche, die beiden chorwatischen Gebiete, das Kouřimer Fürstentum der Zličanen, den Siedlungsbereich der Doudleber und eben die eigentliche tschechische Machtagglomeration in Mittelböhmen umfaßte, deren Fürsten *(primores)* erbittert um die Führungsrolle im ganzen Lande rangen. In diesen internen, von den Zeitgenossen nicht überlieferten Auseinandersetzungen kam der Annahme des Christentums und der Unterstützung durch die Nachbarstaaten eine besondere Bedeutung zu. Diese Konstellation wußte als erster Bořivoj zu nutzen, um den Aufstieg des tschechisch/böhmischen Fürstenhauses zur Alleinherrschaft über ganz Böhmen in die Wege zu leiten.

Dem Domdekan Kosmas von der Prager St. Veitskirche ist die erste, zwischen 1119 und 1125 entstandene Chronik Böhmens zu verdanken, in der er – unter Anlehnung an Vorbilder der antiken Literatur und Berücksichtigung der alten Tradition – im ersten Band auch die ältesten Epochen der mittelböhmischen Geschichtsentwicklung mit ausgesprochen pro-tschechischen Sympathien abhandelt. Demnach konnte der weise und reiche Crocco nach der slavischen Landnahme durch den Recken Bohemus eine Herrschaft errichten und seine drei Töchter, unter denen sich besonders die jüngste, Libussa *(Lubossa,* ts. *Libuše)* auszeichnete,[52] mit Burgwallbezirken ausstatten. Auf Libussas Verbindung mit dem Pflüger Přemysl (Primizl)[53] führte die dann bis 1306 im Mannesstamm regierende Dynastie ihre Herkunft zurück. Die bis zum ausgehenden 9. Jahrhundert von Kosmas geschilderten Ereignisse entspringen allerdings eher dem von ihm angeprangerten „fabulösen Erzählen der Greise“ und werden erst für die späteren Zeiten von einem „wahrhaften Bericht der Glaubwürdigen“ abgelöst.[54]

Mit der Taufe des Tschechenherzogs Bořivoj, die vielleicht um die Weihnachtszeit 869/70 durch Methodius erfolgte, beginnt jedenfalls bei Kosmas die Reihe der christlichen Fürsten. Aus dem Herrschaftszentrum Levý Hradec mußte er jedoch vor seinem Rivalen Spytimír (in der Legende des sog. Christian: Strojmír) nach Mähren fliehen, dürfte aber mit mährischer Hilfe zurückgekehrt sein und der von Regensburg ausgehenden lateinisch-christlichen Mission den Weg geebnet haben – was als politische Folge eine engere Bindung Böhmens an das Frankenreich bedingte. Bořivoj, der mit der Tochter des Burgherren von Pšov, Ludmila, verheiratet war, besaß zwei Söhne, Spytihněv I. und den mit der Havellerprinzessin Drahomíra vermählten Vratislav, die einander in der Regierung ablösten. Mit der Verlagerung des Herrschaftssitzes nach Prag, wo auf dem Hradschin eine großzügige Burganlage mit zwei Vorburgen errichtet wurde, demonstrierten sie den Anspruch, ihren Herrschaftsbereich vom geeinten Mittel-, Nordwest- und Nordböhmen auch auf die noch selbständigen Fürstentümer der Doudleber im Süden und vor allem auf das Gebiet der im ostböhmischen Libitz (Libice) residierenden Slavnikiden auszuweiten.[55]

Die wirtschaftliche, gesellschaftliche und kulturelle Entwicklung Böhmens blieb im 9. Jahrhundert zwar etwas hinter der Mährens zurück und zeigte größere Unterschiede zwischen den einzelnen Landesteilen; sie entsprach aber im großen ganzen dem allgemeinen mitteleuropäischen Niveau. Unmittelbare Beziehungen zu Großmähren bestanden auf vielen Ebenen. Die Landwirtschaft, in offenen Dorfsiedlungen betrieben, sorgte für die wirtschaftliche Lebensgrundlage, wobei der Südwesten Böhmens, die Böhmisch-Mährische Höhe und die Gebirgsdistrikte Nordostböhmens noch ständig unbewohnt waren. Spezialisierte Handwerksberufe, besonders für die Eisenverarbeitung, waren in den Vorburgen anzutreffen. Über Regensburg und auf dem Elbweg wurden die Handelsbeziehungen zum fränkisch-deutschen Reich, über Mähren in den Donauraum, nach dem Ungarneinfall über Südpolen in die Kiever Rus' gepflegt. Die guterforschten Burganlagen, besonders Alt-Kouřim (Stará Kouřim), Budeč, Levý Hradec und Libice, lassen nicht nur die wachsende soziale Differenzierung und die Herausbildung frühfeudaler Verhältnisse erkennen, sondern mit dem Kirchenbau auch die Ausbreitung des Christentums in der zweiten Hälfte des 9. Jahrhunderts. Der Übergang des Bestattungsritus von der Feuer- zur Körperbestattung läßt ebenfalls eine wachsende Hinneigung zur christlichen Weltanschauung vermuten. Die Versuche jedoch, archäologische Kriterien zur Abgrenzung der kulturell-zivilisatorischen Eigenheiten der einzelnen Stämme heranzuziehen, haben bisher nicht zu überzeugenden Resultaten geführt.[56]

III. Die böhmischen Länder unter den Přemysliden (ca. 895–1306/10)

1. Ausbreitung und Festigung der Přemyslidenherrschaft im 10. und 11. Jahrhundert

Wenzel I., der Heilige

Begünstigt durch den Machtverfall im deutschen Karolingerreich, dessen König Arnulf von Kärnten 895 in Regensburg noch die Huldigung der böhmischen Großen unter Spytihněv und Witizla hatte entgegennehmen können, sowie durch die Zerschlagung des Großmährischen Reiches, dessen Herrscher Svatopluk bis zu seinem Tod 894 zeitweise eine Oberherrschaft über die böhmischen Kleinfürstentümer hatte ausüben können, machten sich die Herzöge der Tschechen aus dem Haus der Přemysliden um die Jahrhundertwende daran, ausgehend von ihrem neuen Sitz Prag[1] ihren im nördlichen Mittelböhmen liegenden Machtbereich auszuweiten und die noch unabhängigen anderen Stammesgebiete zu unterwerfen. Während unter der Regentschaft für Ludwig IV. (das Kind, 900–911) die Ohnmacht des von dauernden Ungarneinfällen heimgesuchten Ostfrankenreichs immer deutlicher zutage trat, und Konrad I. von Franken (911–918) im Deutschen Reich (919 erstmals: *regnum Teutonicorum*[2]) vergeblich versuchte, die Stammesgewalten der Königsmacht zu unterwerfen, konnten die Söhne des um 870 getauften Herzogs Bořivoj I. (um 850–895), Spytihněv I. (um 895–905/15) und Vratislav I. (um 905/15–921) daran gehen, ihr Fürstentum zu konsolidieren und trotz der vernichtenden Niederlage gegen die Ungarn, durch die der Untergang des Großmährischen Reiches besiegelt wurde, auch Teile Mährens zu kontrollieren. Herzog Arnulf von Bayern, dem 913 bei Passau der erste Sieg über die Magyaren gelang, war es während der Auseinandersetzung mit König Konrad I. wohl nicht möglich, eine Oberhoheit über Böhmen zu errichten. Allein die enge kirchliche Abhängigkeit Böhmens vom Bistum Regensburg, das eine intensive, von den Großen im Lande unterstützte Missionierungsarbeit betrieb, blieb bestehen. Und auch der 919 überraschend zum König gewählte Herzog Heinrich von Sachsen besaß erst nach der Unterwerfung seines Rivalen Arnulf 921 die machtpolitischen Voraussetzungen, um den böhmischen Nachbarn an die seit Karl dem Großen bestehende Tributpflicht zu erinnern.[3]

Als Vratislav I. am 13. II. 921 im Alter von nur 33 Jahren verstarb,[4] wurde sein Sohn Wenzel I. (Václav) der Heilige zum Nachfolger gewählt *(omnes populi* des

Herrschaftsgebietes *elegerunt)*, für den sicher aber bis 924 seine Mutter Drahomíra, die Tochter eines Fürsten aus dem elbslavischen Stamm der Wilzen (Stodoraner), die Regentschaft führte. Die zurückgezogen auf der Burg Tetín bei Beraun (Beroun) lebende Großmutter Ludmila, die Witwe Bořivojs I., wurde im Auftrag ihrer Schwiegertochter bereits in der Nacht zum 16. IX. 921 ermordet; die danach ausbrechenden inneren Unruhen wußte Herzog Arnulf von Bayern zu nutzen, um nach einem Einfall in Böhmen 922 die alte Abhängigkeit zum Reich wiederherzustellen. Nachdem Drahomíra dem jüngeren Sohn Boleslav I. ein Teilfürstentum in Bunzlau (Stará Boleslav) zugeteilt hatte,[5] übernahm Wenzel 924 die Regierungsgeschäfte und ließ bald darauf seine Mutter zeitweilig auf der Burg Budeč gefangensetzen. Im Konflikt um die politische Ausrichtung mit Anlehnung an Bayern, Sachsen oder den mächtigen Liutizenbund der heidnischen Elbslaven dürfte sich Wenzel I. auf die Seite König Heinrichs I. geschlagen haben – darauf deutet die Tatsache hin, daß Wenzels Großkirche auf der Prager Burg nicht dem Regensburger Bistumsheiligen Emmeram, sondern vom Regensburger Bischof Tuto dem sächsischen Patron St. Vitus (Veit) geweiht wurde, dessen Reliquie Heinrich I. dem Böhmenherzog vermittelt hatte. Der von den hagiographischen Legenden als glaubensstark, zur Askese neigend geschilderte Wenzel, der sowohl eine kirchenslavische als auch eine lateinische Erziehung genossen hatte, zeichnete sich nicht nur durch die väterliche Fürsorge für sein Gefolge, sondern auch durch seine Milde und sein Gerechtigkeitsempfinden aus; den in einem Zweikampf besiegten Kouřimer Fürsten Radislav beließ er in Amt und Würden und soll sogar befohlen haben, in seinem Herzogtum alle Galgen zu zerstören. Als im Jahr 929 Heinrich I. und Arnulf von Bayern gemeinsam eine Heerfahrt nach Böhmen zur Erneuerung der Tributpflicht unternahmen, wurde Wenzel am 28. IX. 929/935 von seinem Bruder Boleslav getötet.[6]

Als Motive für den Brudermord sind die „heidnische Reaktion" oder eine Abwehrmaßnahme gegen die Religiosität und Sittenstrenge des späteren Heiligen und Landespatrons ebenso genannt worden wie die Fortsetzung des bayerisch-sächsischen Machtkampfes, wobei Boleslav I. „die sächsische Karte gespielt habe",[7] vielleicht sogar einen „Staatsstreich ... [durchführte], der sich gegen einen deutschfreundlichen Přemysliden richtete"[8]; wahrscheinlich stellten aber innenpolitische Querelen rivalisierender Adelsgruppen und die Machtgier des herrschsüchtigen Boleslav die eigentlichen Auslöser dar. Trotz der seit dem 10. Jahrhundert verbreiteten Heiligenlegenden, den Nachrichten Widukinds von Corvey, den breiten Schilderungen der Vorgänge bei Kosmas und in der Reimchronik des sog. Dalimil (entstanden um 1315) bleibt das persönliche und politische Profil Wenzels blaß.[9] Seine Erhebung zum Patron Böhmens, zum Staatsheiligen, sowie die Politisierung des Wenzelkultes halfen der herrschenden Dynastie der Přemysliden, der er ja entstammte, zu einem großen Zuwachs an Prestige und legitimer Macht; auch trug er durch die ihm zugeschriebenen Wunder nach seiner Translation (4. III. 932?) in den St. Veitsdom zur unbestrittenen Sonderstellung Prags bei, das zum unangefochtenen politischen Zentrum und zum Symbol der Herrschaft über Böhmen schlechthin aufstieg.[10]

Boleslav I.

Der Brudermörder Boleslav I. (929/35–967/72) wird von Kosmas (I, 19) in tendenziöser Weise als grausamer Tyrann geschildert, der ganz nach eigenem Gutdünken die Regierung so geführt habe, daß sich seine Mutter Drahomíra bedroht fühlte und zu den Chorwaten flüchtete. Bei seiner Herrschaftsübernahme dürfte er auf keine nennenswerten Schwierigkeiten gestoßen sein. Im Rahmen seiner gegen den wachsenden sächsischen Einfluß in Böhmen gerichteten Maßnahmen vertrieb er deutsche Priester und nahm 936, als nach dem Tode König Heinrichs I. Wirren im Reich ausbrachen, den Kampf gegen einen – wohl in Nordböhmen zu suchenden – *vicinus subregulus* auf, der bisher den Sachsen Gefolgschaft geleistet hatte. Obwohl Otto I. (936–973) sofort Truppenunterstützung aus Merseburg und Thüringen aufbot, konnte Boleslav die Hilfskontingente zurückschlagen und den Hauptburgwall dieses slavischen Unterfürsten erstürmen. Die dadurch ausgelösten Kämpfe mit Otto I. zogen sich mit Unterbrechungen (945/46) bis ins Jahr 950 hin, als der deutsche König den böhmischen Thronfolger Boleslav II. in einer – nicht eindeutig identifizierbaren – *urbs nova* (Niuunburg) belagerte und danach der Herzog „Gnade erlangte", also die Lehenspflicht Böhmens dem Reich gegenüber anerkannte und künftig „dem König ein treuer und nützlicher Diener" war. Dem Bayernherzog Heinrich, einem Bruder Ottos I., wurde nach dieser Unterwerfung eine Art Oberaufsicht über Böhmen eingeräumt. Boleslav I. ist seinen Verpflichtungen, wie die Entsendung eines böhmischen Kontingents von tausend Kriegern im Jahr 955 zur siegreichen Schlacht auf dem Lechfeld (10. VIII.) gegen die Magyaren beweist, nachgekommen, weil ihm die Rückendeckung des wiedererstarkten deutschen Königtums auch dazu verhalf, seine innen- und außenpolitischen Vorstellungen energisch voranzutreiben.

Nachdem das von der Egermündung bis zum Oberlauf der Mies in Nordwestböhmen liegende Gebiet der Lučanen bereits im ausgehenden 9. Jahrhundert dem Herrschaftsgebiet der Přemysliden angeschlossen worden war, kann davon ausgegangen werden, daß auch die kleineren Stammesterritorien im Norden unter der Oberhoheit des Prager Herzogs standen oder direkt von ihm beherrscht wurden. Der in einem schwierigen Sumpfgebiet erbaute Burgwall Altbunzlau *opere Romano,* also in gemauerter Mörtelbauweise, deutet auf eine aktivere Politik in Richtung des chorwatisch-zličanischen Gebiets im Nordosten hin. Die für die Zeit Vratislavs I. angenommene tschechische Herrschaft über einige außerböhmische Distrikte im Osten, in Mähren und in der Südslowakei um Neutra, kann nicht zweifelsfrei belegt werden. Da sich die einheimischen Quellen ausschweigen, ist auch umstritten, ob und wie lange die Doudleber in Südböhmen von Prag aus regiert wurden, bevor sie offenbar in den Machtbereich der ostböhmischen Chorwaten fielen. Die parallel verlaufende Einigungsbewegung, die unter dem Fürsten Slavník (†18.III.981) zur Zusammenfassung der beiden chorwatischen Herrschaften, des Kouřimer Fürstentums der Zličanen und des wohl im Kampf mit den Přemysliden erworbenen Gebiets der Doudleber führte, bedingte einen Grenzverlauf zwischen den beiden rivalisierenden Machtzentren, der von der Alba, einem Nebenfluß der Adler, über den – zwischen Beraun und Moldau bei Königssaal (Zbraslav) vermuteten – *Mons Osseca* zu den Burgstätten Chynov, Teindles und Netolitz (Netolice) verlief. Um diesem territorial vorerst noch überlegenen Gegner Paroli bieten zu können, verfolgte Boleslav I. eine zentralistische Politik, wobei er versuchte, durch die Einteilung seiner Herrschaft in Burgbezirke, die er durch Dienstsiedlungen festigen und von Mitgliedern seiner Gefolgschaft verwalten ließ, die Ressourcen seines Landes besser zu nutzen. Die Hauptburg Prag wurde konsequent zur Residenz, zum Verwaltungsmittelpunkt und geistlichen Zentrum ausgebaut. Mit der Aufnahme der eigenen Münzprägung um 955 konnte nicht nur der Bedeutung Prags als wichtigem Handelsplatz, sondern auch dem politischen Anspruch des Herzogs Rechnung getragen werden.[11]

Außenpolitisch dürfte Boleslav I. nach seiner Teilnahme an der Niederwerfung des Aufstands der zwischen unterer Elbe und Ostsee lebenden Slaven (16.X.955) nach Schlesien und in das obere Weichseltal um Krakau ausgegriffen haben; es erscheint unwahrscheinlich, daß er sich bereits dauerhaft in Mähren festsetzen konnte. Die Beziehungen zu dem sich um Posen-Gnesen ausbildenden polnischen Staatswesen unter Mieszko I. wurden durch dessen 965/66 vollzogene Ehe mit Boleslavs Tochter (Enkelin?) Dubravka und die von böhmischen Mönchen betriebene Christianisierung Polens wie auch durch die Tatsache bekräftigt, daß der Böhmenherzog seinen Schwiegersohn auf Wunsch Kaiser Ottos I. im Kampf gegen den Grafen Wichmann mit Reitern unterstützte. Über das Verhältnis zum Reich und zum benachbarten Bayern wissen die spärlichen Quellen nur Gutes zu berichten.

Boleslav II. und die Gründung des Bistums Prag

Das sollte sich unter dem Nachfolger Boleslav II. Pobožný (dem Frommen, 967/72–999), zumal nach dem Tod Kaiser Ottos I. im Jahr 973, rasch ändern, obgleich er über seine Gattin Hemma zur bayerischen Linie des Ottonenhauses in enger Beziehung stand. Die schon von seinem Vater eingeleiteten, durch die Pilgerfahrt der Schwester Mlada-Maria nach Rom und ihre Weihe durch Papst Johannes XIII. zur Äbtissin des ersten in Prag gegründeten Nonnenklosters St. Georg sowie den Eintritt des Bruders Strachkvas-Christian in das Regensburger Kloster St. Emmeram begünstigten Bemühungen um die Gründung eines selbständigen Bistums für Böhmen in Prag konnte Boleslav II. 973 erfolgreich abschließen, obschon der neue Bischof, der Sachse Thietmar, erst gegen Ende 975/Anfang 976 vom Metropoliten Willigis in Mainz geweiht wurde. Auch wenn mit der Eingliederung unter Mainz, dessen dynamischer Erzbischof Willigis in den Folgejahren zur beherrschenden Persönlichkeit in der Reichspolitik aufstieg, das neue Prager Bistum fest an die Reichskirche gebunden werden sollte, so war und blieb es doch vor allem ein přemyslidischer Bischofssitz, der von den Herzögen, unter Berufung auf den Landespatron St. Wenzel, zur Herrschaftssicherung und Machtausweitung geschickt genutzt wurde. Boleslav II. war kirchlichen Belangen gegenüber besonders aufgeschlossen und soll an die zwanzig Kirchen gegründet und großzügig ausgestattet haben.[12]

Doch der mit der Bistumsgründung verknüpfte Prestigegewinn war von politischen Wirren überschattet, die Böhmen nachhaltig erschütterten. Obschon Boleslav II. zu Ostern 973 in Quedlinburg mit dem Thronerben Otto II. (973–983) zusammengetroffen war, unterstützte er danach den Gegenkönig Heinrich den Zänker von Bayern. Otto unternahm im Herbst 975 eine Strafexpedition, die Boleslav aber nicht davon abhielt, Heinrich im Folgejahr Zuflucht und Schutz zu gewähren. Einen neuerlichen Einfall eines kaiserlichen Heeres wußte Boleslav im Juli 976 in der Gegend des heutigen Pilsen (Plzeň) zu unterbinden, als er die sorglose bayerische Vorhut beim Baden überraschte, das Reichsheer in die Oberpfalz abdrängte und mit seinen Scharen plündernd bis Passau vorstieß. Als sich im Folgejahr der Konflikt weiter zuspitzte, marschierte Kaiser Otto II. aus Sachsen in Böhmen ein und zwang Boleslav II. im Sommer 977, um Frieden zu bitten, der zu Ostern 978 in Quedlinburg mit der Wiederaufnahme Boleslavs als Lehnsmann des Kaisers besiegelt wurde. Durch die Übertragung des bayerischen Nordgaus (Oberpfalz) als eigene Mark an Berthold von Schweinfurt und der Ostmark an den Markgrafen Luitpold I. trug Otto II. zugleich Sorge, daß die ihm treu ergebenen Babenberger künftig die West- und die Südgrenze Böhmens kontrollierten. Bei der Niederschlagung des von den Liutizen ausgelösten großen Slavenaufstands von 983 unterstützten Boleslav und sein polnischer Schwager Mieszko I. den Kaiser.

Als Otto II. aber noch im gleichen Jahr in Rom starb, schlug sich der Böhmenherzog erneut auf die Seite des Prätendenten Heinrich des Zänkers. Dieser hatte ihm wohl die Mark Meißen als Lohn versprochen, die deshalb auch von böhmischen Truppen im Handstreich besetzt wurde. Sobald sich aber die Verhältnisse zugunsten Ottos III. (983–1002) und einer Regentschaft seiner Mutter Theophanu änderten, gab Boleslav Meißen dem Markgraf Ekkehard zurück und stellte dadurch sicher, daß er zu Ostern 986 auf dem Hoftag zu Quedlinburg wieder in Gnaden aufgenommen wurde und reich beschenkt nach Böhmen zurückkehren konnte. Künftig konzentrierte er sich auf die Erweiterung seiner Herrschaft nördlich des Karpatenbogens, wo er am oberen Bug direkter Grenznachbar der Kiever Rus' geworden sein soll und diese Nachbarschaft durch eine Ehe seines Sohnes Boleslav III. mit einer Tochter Vladimirs des Heiligen (Předslava?) festigte, wobei die Rjurikiden ein gemeinsames Vorgehen gegen Polen angestrebt haben mochten. Mieszko I., unterstützt von der Vormundschaftsregierung im Reich, ging spätestens im Sommer 990 im Gau Selpuli an der Neiße gegen den jetzt mit den Liutizen verbündeten Boleslav II. vor, der nach vergeblichen Verhandlungen nicht näher zu bestimmende Teile der zuvor von den Böhmen in Schlesien kontrollierten Gebiete verlor und in den sich bis 999 hinziehenden Kämpfen auch Kleinpolen und die oberschlesischen Gaue an den energischen Polenherzog Bolesław I. Chrobry abtreten mußte.[13] Von den politischen Folgen dieser Rückschläge dürfte sich Boleslav II. nicht so rasch erholt haben, denn er mußte dem Kaiser die Zahlung eines jährlichen Zinses geloben und 992 ein Hilfscorps zum Kampf gegen die Wenden stellen.

Diese außenpolitische Schlappe den Polen gegenüber mag für das entschlossene Vorgehen Boleslavs II. gegen die innerböhmischen Rivalen, die mit dem Kaiser in enger Verbindung stehenden Slavnikiden mit dem Herrschaftszentrum Libice (Lybuss, Libuch) nahe der Mündung der Cidlina in die Elbe, Auslöser gewesen sein, das 995 in der Ermordung der meisten Familienangehörigen und dem Anschluß ihres Territoriums an das Přemyslidenreich kulminierte. Slavník, wohl ein Enkel König Heinrichs I., ebenfalls *dux* und durch seine Frau Střezislava (Adelburc) auch mit den Přemysliden versippt, beherrschte Nordost-, Ost- und Südböhmen vom Glatzer Kessel bis zur Böhmisch-Mährischen Höhe; vielleicht hatte er auch im Marchtal Fuß fassen können. Als treuer Parteigänger der sächsischen Kaiser hatte er stets ein Gegengewicht gegen die stärker nach Bayern tendierenden Přemysliden dargestellt und durch die langsame Verschmelzung der einst chorwatischen, zličanischen und doudlebischen Stammesgebiete eine beeindruckende, die Ausbreitung der Přemysliden beeinträchtigende Machtbasis aufgebaut. Nach dem Tode Slavníks († 18.III.981), der „glücklich gelebt" hatte, woraus man auf ein gutes Einvernehmen mit den Přemysliden schließen könnte, trat sein Sohn Soběslav (Soběbor) die Nachfolge an; in den Mittelpunkt der Auseinandersetzung aber rückte sein Bruder Vojtěch-Adalbert, der auf Empfehlung Kaiser Ottos II. 978 bei der Unterwerfung Boleslavs II. Gehilfe des Bischofs Thietmar und nach dessen Tod durch die am 29.VI.983 in Verona vollzogene Weihe Bischof von Prag wurde. Die zeitgenössischen Quellen vermitteln das Bild einer hochgebildeten, der von Cluny ausgehenden kirchlichen Reformbewegung uneingeschränkt zugetanen, in sich selbst aber widerspruchsvollen Persönlichkeit, die keinesfalls bereit war, einer dem Herrscher unterworfenen, als Mitträgerin und williges Exekutivorgan der weltlichen Macht dienenden Kirchenorganisation vorzustehen. Bald nach dem Tode seiner Mutter Střezislava († 987) gab er 989 sein Bischofsamt auf, reiste mit seinem Halbbruder Radim-Gaudentius über Rom ins Heilige Land und trat danach in das als Missionszentrale für den slavischen Osten wirkende Kloster San Alessio auf dem Aventin ein. Auf ausdrücklichen Wunsch des Mainzer Erzbischofs Willigis hatte Adalbert 992/93 in sein Bistum zurückzukehren, verließ Prag aber nach mehreren unliebsamen Zwischenfällen bald wieder, um nach unruhigen Pilgerfahrten durch Europa auf einer Missionsreise zu den Prußen am 23.IV.997 den Tod zu finden.[14]

Zu diesem Zeitpunkt hatte Adalberts Familie aber bereits die Verfolgung durch die Prĕmysliden getroffen. Angeblich beeinflußt durch die Einflüsterungen von Mitgliedern der mächtigen Adelssippe der Wrschowetze (Vršovice), gab der greise und kranke Boleslav II. die Zustimmung, die Abwesenheit Soběslavs, der wie Bolesław Chrobry und der spätere Böhmenherzog Boleslav III. mit seinen Truppen im Lager Kaiser Ottos III. weilte, um an dem Feldzug gegen die Obotriten teilzunehmen, zu nutzen und das slavnikidische Herrschaftszentrum Libice zu überfallen. Neben der reichs- und polenfreundlichen Politik der Slavnikiden hatte wohl auch ihr Bemühen, die kirchliche Unterstellung ihres Gebiets unter das Bistum Prag zu verhindern und durch eigene Münzprägung ihre Selbständigkeit nach außen zu demonstrieren, ebenso zu einer Zuspitzung des Konflikts beigetragen wie die Unzufriedenheit des Herzogs mit dem kirchenpolitischen Kurs Adalberts und die Tatsache, daß Soběslav bei Otto III. über die zunehmenden přemyslidischen Repressionen Klage geführt und Bündnisabsprachen mit dem Polenherzog getroffen hatte. Ohne auf das Waffenstillstandsangebot der in Libice Belagerten einzugehen, wurde am St. Wenzelstag (28. IX.) 995 der Burgwall erstürmt, geschleift und vier Söhne Slavniks – Spytimír, Bobraslav, Bořej und Čáslav – erschlagen. Der seiner Herrschaft beraubte Soběslav fand vorerst Zuflucht am befreundeten polnischen Hofe. Das letzte unabhängige Herrschaftsterritorium in Böhmen außerhalb des Prager Herzogtums hörte damit auf zu bestehen; die „Sammlung" der böhmischen Länder war mit der Eingliederung des Fürstentums der Slavnikiden abgeschlossen und die Alleinherrschaft des Přemyslidenhauses sichergestellt.[15]

Gefährdung der Eigenstaatlichkeit und Verstärkung der Lehensbindung

Obgleich Otto III. eine enge Freundschaft mit dem vertriebenen Bischof Adalbert und seiner so schwer geprüften Familie verband, sind unmittelbare Strafaktionen des Kaisers gegen die Přemysliden wohl ausgeblieben; er hat sich aber auch der um 999 abgeschlossenen Eingliederung der einst von Böhmen gehaltenen schlesischen und kleinpolnischen Gebiete in den Staat Bolesław Chrobrys nicht in den Weg gestellt. Doch nach dem Tod Boleslavs II. (7. II. 999) brach unter der kurzen Herrschaft seines Sohnes Boleslavs III. Ryšavý (Rotschopf, 999–1003) eine den jungen Zentralstaat gefährdende innere Krise aus, die sowohl in der Chronik Thietmars von Merseburg als auch bei Kosmas Berücksichtigung gefunden hat. Obschon deren Aussagen widersprüchlich sind, so stimmen sie doch in dem Punkt überein, daß die internen Auseinandersetzungen im Herrscherhaus zu einer Schwächung der Verteidigungsfähigkeit und zum Ausbruch folgenschwerer innerer Wirren beitrugen, die den Nachbarn die Einmischung in die böhmischen Verhältnisse ermöglichten. Ob Boleslav III. ein „blutiger Tyrann" und von „unvorstellbarer Gottlosigkeit" (Thietmar) oder „eine Taube ohne Falsch" (Kosmas) war, entzieht sich der Beurteilung; jedenfalls mußten seine in Lebensgefahr schwebenden Brüder Jaromír und Udalrich mit ihrer Mutter Hemma nach Regensburg zu Herzog Heinrich IV. (dem späteren Kaiser Heinrich II., 1002–1024) fliehen, während der Nachfolger des bereits 999 heiliggesprochenen Adalbert als Bischof von Prag, der einstige Corveyer

Mönch Thiddag, beim Markgrafen Ekkehard von Meißen Zuflucht suchte. Durch Maßnahmen gegen die immer einflußreicher werdende Adelssippe der Wrschowetze löste Boleslav III. einen allgemeinen Aufruhr aus, der ihn schließlich selbst zur Flucht zum Markgrafen Heinrich vom Nordgau zwang, um danach bei Bolesław I. Chrobry von Polen Schutz zu suchen. Ein – nicht identifizierbarer – Thronprätendent Vladivoj, der bisher in Polen gelebt hatte, übernahm den Prager Herzogthron, trank sich allerdings rasch zu Tode.

Als der böhmische Adel im Einvernehmen mit Heinrich II. die beiden jüngeren Brüder des gestürzten Herzogs aus dem bayerischen Exil zurückberief, nutzte Bolesław Chrobry die Gunst der Stunde, besetzte die nach der Ermordung Ekkehards von Meißen noch nicht wieder vergebene Mark Lausitz sowie das Milzenerland und marschierte anschließend in Böhmen und Mähren ein, die er für seinen Protegé Boleslav III. reklamierte. Als dieser grausame Rache an der Sippe der Wrschowetze übte und ihre führenden Vertreter bei einem Versöhnungsmahl ermorden ließ, entledigte sich der Polenherzog des von ihm nur vorgeschobenen Herrschers über Böhmen, indem er Boleslav III. in Krakau blenden und einkerkern ließ († 1037). König Heinrich II. schritt gegen die direkte Einbeziehung Böhmens und Mährens in den polnischen Herrschaftsbereich erst dann ein, als sich Bolesław Chrobry weigerte, die alten Lehensbeziehungen zum Reich mit der böhmischen Tributpflicht anzuerkennen und sich zudem an Verschwörungen zum Sturz des deutschen Monarchen beteiligte. Im Sommer 1004 ließ Heinrich II. seinem „geheimen und lange verhaltenen" Zorn freien Lauf, vertrieb Bolesław I. Chrobry aus Böhmen, setzte in Prag Jaromír auf den Herzogthron und begann eine Serie von wenig erfolgreichen Feldzügen gegen Polen, die erst 1018 mit dem in Bautzen geschlossenen Frieden zum Abschluß kam. Die Slowakei ist bis 1018, Mähren wahrscheinlich bis zum Jahr 1029 unter polnischer Kontrolle verblieben.

Jaromír (1004–1012, 1033/34) mußte die königliche Unterstützung bei seiner Thronerhebung mit einer festeren Lehensbindung Böhmens an das Reich und mit der Pflicht honorieren, für die Feldzüge gegen Polen (1004, 1005, 1007, 1010) ein Truppenkontingent zu stellen. Zur Konsolidierung der přemyslidischen Macht im Innern trug bei, daß während der Wirren der letzte Slavnikide Soběslav gefallen war und nach der blutigen Abrechnung mit den Wrschowetzen die Adelsopposition zerschlagen schien. Trotz seiner Gefolgschaftstreue fiel Jaromír 1010 bei König Heinrich II. in Ungnade, als eine mit Geschenken für Bolesław Chrobry durch Böhmen ziehende bayerische Abordnung niedergemacht wurde; als Udalrich (Oldřich, 1012–1033) am 12. IV. 1012 seinen älteren Bruder absetzte und des Landes verwies, akzeptierte Heinrich diesen Machtwechsel, zumal sich der neue Herzog sogleich bereit fand, Böhmen als kaiserliches Lehen (Thietmar: „als Geschenk ohne Entgelt") entgegenzunehmen. Udalrichs Versuch im Jahr 1014, die Abwesenheit Heinrichs während des zweiten Italienzuges und seiner Kaiserkrönung in Rom zu nutzen, um den Konflikt mit Polen durch die Gefangennahme einer Delegation, die der Thronfolger Mieszko II. Lambert anführte, zu bereinigen, fand nicht die Billigung des

Monarchen, so daß sich der Böhmenherzog 1015 auf dem Hoftag in Merseburg rechtfertigen mußte und eine Verschärfung der Heerfolgepflicht hinzunehmen hatte. Als im Sommer 1015 die Auseinandersetzungen mit Polen erneut aufflammten, kämpften die Böhmen an der mährischen Front und nahmen dabei die Stadt Businc (wahrscheinlich die südmährische Stadt Bisenz) ein, ohne sich dort dauerhaft festsetzen zu können. Während 1017 Udalrich dem Kaiser erneut Waffenhilfe vor Glogau und Nimptsch leistete, fielen polnische Verbände und etwas später die Mährer in Böhmen ein, wobei sie schwere Schäden hinterließen. Es kann nicht ganz ausgeschlossen werden, daß trotz des Friedens von Bautzen die Einmischung Bolesław Chrobrys in die Kiever Thronstreitigkeiten 1018/19 von Herzog Udalrich und seinem Sohn Břetislav zu einem Versuch genutzt wurden, jetzt auch Mähren ihrem Herrschaftsgebiet anzugliedern.[16]

Die damit eingeleitete Vertreibung der damals vom schwächlichen Mieszko II. Lambert (1025–1034) geführten Polen aus Mähren dürfte spätestens 1029 zum Abschluß gekommen sein, als nach einem bis zur Saale vorgetragenen polnischen Angriff Kaiser Konrad II. (1024–1039) von Böhmen unterstützte Abwehrmaßnahmen ergriff und Udalrichs Sohn Břetislav die Gelegenheit nutzte, die Polen aus dem Marchgebiet zu verdrängen und dort ein Unterherzogtum für sich selbst zu errichten. Im Jahr 1031, während des Ungarn-Zuges Kaiser Konrads, konnte Břetislav in der Südslowakei bis in die Gegend von Gran vorstoßen, mußte sich dann aber mit einer Absicherung der mährischen Ostgrenze dem Zentralstaat Stephans des Heiligen gegenüber zufrieden geben. Danach berichten die Quellen plötzlich von einer Verschlechterung der Beziehungen des Přemyslidenhauses zum Kaiser, wobei vielleicht die Weigerung Udalrichs, Böhmen oder das neuerworbene Mähren als offizielles Lehen zu empfangen, und die Tatsache, daß der entthronte Polenkönig Mieszko II. Lambert in Prag Asyl gefunden hatte, die Auslöser für den Zwist gewesen sein mögen. Nachdem Herzog Udalrich trotz kaiserlicher Aufforderung Ende Juni 1033 nicht auf dem Hoftag in Merseburg erschienen war, unternahm Konrads II. Sohn, König Heinrich III., im Sommer einen Einfall in Böhmen und setzte den Herzog gefangen. Zu Werben an der Elbe verfügte der Kaiser die Absetzung Udalrichs, die Rückberufung des 1012 gestürzten Jaromír und die Belehnung Břetislavs mit Mähren. Als die erhoffte innere Beruhigung aber ausblieb, wurde Udalrich zu Ostern 1034 auf dem Hoftag zu Regensburg begnadigt und mit der Auflage nach Böhmen entlassen, mit seinem Bruder Jaromír eine Doppelherrschaft zu führen. Doch Udalrich übte als erstes Rache: Er ließ Jaromír blenden und auf der Burg Lissa an der Elbe gefangen setzen; selbst seinen Sohn Břetislav vertrieb er aus Mähren. Bevor Gegenmaßnahmen eingeleitet werden konnten, starb Udalrich am 9. XI. 1034 „beim Mahle sitzend, von Speise und Trank erstickt".[17]

Břetislav I. und die Einführung der Senioratserbfolge

Der Senior Jaromír verzichtete auf die Nachfolge, setzte sich für die Wahl seines Neffen Břetislav ein, wurde aber bereits am 4. XI. 1035 auf Betreiben der wiedererstarkten, national-böhmisch ausgerichteten Adelssippe der Wrschowetze, vor deren Umtrieben er den jungen Herzog ausdrücklich gewarnt hatte, ermordet. Die am 18. V. 1035 erfolgte Belehnung durch Kaiser Konrad II. konnte Břetislav nur durch die Abstellung von Geiseln als Bürgen seiner Treue und die anschließende Teilnahme an einem Feldzug gegen die Liutizen erreichen, auf dem er sich „durch seine großartigen Taten einen ruhmvollen Namen erwarb".

Herzog Břetislav I. (1034–1055) war einer der bedeutendsten Herrscher aus dem Přemyslidenhaus.[18] Seine illegitime Herkunft als Sohn der anmutigen Bauerntochter Božena, in die sich sein ohne legalen Erben gebliebener Vater Udalrich verliebt hatte,[19] und der Raub seiner Gattin Judith, der Tochter des Nordgaugrafen Heinrich, aus einem Schweinfurter Nonnenkloster, hat bereits den Chronisten Kosmas zu romantischen Schilderungen verführt. Schon während der Kämpfe um Mähren hatte Břetislav seine militärischen Qualitäten unter Beweis gestellt. Als sich nach dem Tode Kaiser Konrads II. 1039 und der Regierungsübernahme durch Heinrich III. (1039–1056) die bisher recht straffe Abhängigkeit Böhmens vom Reich lockerte, wußte Břetislav die nach einer heidnischen Reaktion in Polen ausgebrochenen Unruhen sofort zu einem Feldzug zu nutzen, zerstörte und plünderte dabei Krakau ebenso wie alle Städte auf dem Weg nach Gnesen, wo er die wertvollsten Reliquien, darunter die Gebeine des Heiligen Adalbert, rauben und nach Prag bringen ließ. Auf mehr als 100 Wagen, begleitet von Teilen der verschleppten Bevölkerung, erreichten die eroberten Schätze am 24. VIII. 1039 die böhmische Hauptstadt. Im Rahmen eines konsequent betriebenen Landesausbaus wurden die – namentlich genannten – Bewohner der Burgstätte Giecz in der Gegend von Beraun, die anderen in den herzoglichen Forsten südwestlich von Rakonitz (Rakovník) unter dem Privileg angesiedelt, nach eigenem Recht und unter eigenen Richtern für alle Zeiten wohnen zu dürfen.

Während im Deutschen Reich die Bereitschaft herrschte, die planmäßige Kolonisation Mährens und seine dauerhafte Anbindung an Böhmen zu akzeptieren, regte sich gegen das gewaltsame Ausgreifen Břetislavs nach Polen sofort entschiedener Widerstand. Papst Benedikt IX. drohte, den Herzog und seinen Bischof Severus wegen der gewaltsamen Translation der Gebeine des Heiligen Adalbert und der Verschleppung der Polen durch ein Konzil zu dreijähriger Verbannung und schweren Kirchenstrafen verurteilen zu lassen. Einer böhmischen Delegation gelang es schließlich durch Bestechung und das Versprechen, in Altbunzlau zu Ehren St. Wenzels ein Kloster errichten zu lassen, eine weitgehende Strafmilderung zu erreichen. Heinrich III. konnte dagegen nicht an der Ausbildung einer slavischen Großmacht entlang der Süd- und Ostgrenze des Reiches interessiert sein, deshalb nahm er sogleich die Rüstungen für einen Feldzug gegen Böhmen auf und ließ 1040 mit einem Reichsheer den vertriebenen Thronerben Kazimierz I. nach Polen zurückeskortieren. Břetislav zeigte sich, wie die Entsendung des erst neun Jahre alten Sohnes Spytihněv als Geisel und das Angebot, sich selbst verantworten zu wollen, beweisen, zum Einlenken bereit, obschon auch er Militärmaßnahmen traf und sich mit König Peter von Ungarn ins Einvernehmen setzte. Als Heinrich III. auf der Auslieferung der polnischen Beuteschätze und einer Erhöhung der „seit Pipins Zeiten" festgesetzten Tributzahlungen von „einhundertzwanzig auserlesenen Ochsen und fünfhundert Mark (Silber)" bestand, kam es zum Bruch. Doch sowohl das über den Paß bei Furth im Walde einmarschierende Heer unter dem König als auch die vom Markgrafen Ekkehard II. von Meißen über das Erzgebirge geführte Abteilung wurden vernichtend geschlagen. Das Angebot einer böhmischen Gesandtschaft auf dem Hoftag zu Seligenstadt 1041, zur bisherigen Lehensabhängigkeit zurückkehren zu wollen, reichte König Heinrich III. jedoch nicht aus, der deshalb im Sommer erneut die militärische Auseinandersetzung suchte. Mit mehr Truppen, größerem Geschick und jetzt auch unterstützt vom Markgrafen der Ostmark, der die ungarischen Hilfskontingente aufrieb, gelang es dem Reichsheer, Břetislav in der Prager Burg einzuschließen und einen Teil des böhmischen Adels in das deutsche Lager zu ziehen. Am 29. IX. 1041 sah sich der Böhmenherzog zur Kapitulation gezwungen; im Oktober mußte er sich in Regensburg durch Fußfall bedingungslos unterwerfen, um unter schmerzhaften Auflagen und gewachsener Abhängigkeit die erneute Belehnung mit Böhmen und Mähren zu erlangen. Dabei hatte er mit Ausnahme Schlesiens auch auf die in Polen gemachten Eroberungen zu verzichten und der Rückführung der verschleppten Polen zuzustimmen. Der Verpflichtung, künftig regelmäßig die Hoftage zu besuchen, ist Břetislav 1043, 1046, 1048 und 1054 nachgekommen; an den Heerfahrten gegen Ungarn hat er sich 1042, 1044 und 1051 beteiligt und mit seinen Truppen wesentlich zu den zeitweiligen Erfolgen Heinrichs III. im Donauraum beigetragen. Als Kazimierz I. 1050 Schlesien besetzte, mußte der Böhmenherzog 1054 auf dem Hoftag in Quedlinburg einen von Kaiser Heinrich III. vermittelten Kompromiß akzeptieren, gegen einen – aber nur recht selten entrichteten – Jahreszins von 500 Mark Silber und 30 Mark Gold das Gebiet von „Breslau und anderer Städte" als böhmisches Afterlehen bei Polen zu belassen.

Während Břetislav nach der empfindlichen Niederlage von 1041 keine eigenständige Außenpolitik mehr betreiben konnte, handelte er sich durch die strikte Beachtung seiner Lehensverpflichtungen völlig freie Hand bei der Gestaltung seiner Innenpolitik ein. Als hervorragender Organisator baute er, vor allem für Mähren, eine funktionierende Verwaltung auf, ordnete das Münzwesen durch die Einführung der Prager Mark neu und erließ straffere Bestimmungen für die Heeresfolge. Seinen Versuchen, Prag zum Erzbistum erheben zu lassen, war nach der Verurteilung seines Polenzuges durch die Kurie kein Erfolg beschieden. Die im polnischen Gnesen erlassenen Dekrete zur Stärkung der herrscherlichen und kirchlichen Gewalt, die unter anderem gegen Vielweiberei, Gottesurteile, Sonntagsarbeit oder das Überhandnehmen der Wirtshäuser gerichtet waren, gelten als die ältesten schriftlichen Gesetzgebungsakte im slavischen Bereich.[20] Von besonderer Bedeutung sollte aber die neue Erbfolgeordnung werden, in der unter Aufgabe der bisher bei den Přemysliden beachteten Primogenitur unter Übernahme des Senioratsprinzips der jeweils Älteste des Herrscherhauses die Nachfolge auf dem böhmischen Herzogthron antreten und die jüngeren Mitglieder angemessen versorgen sollte.[21] Břetislav selbst designierte seinen ältesten Sohn Spytihněv II. (1055–1061) zum Erben und Herrn über das Kronland Böhmen, unter dessen Oberherrschaft die jüngeren Brüder die mährischen Teilfürstentümer Olmütz (Vratislav), Brünn (Konrad) und Znaim (Otto)[22] verwalten sollten, die ihrerseits nicht als Lehensträger des Reiches galten, sondern unmittelbar dem Senior unterstellt waren. Die verständliche Neigung des Seniors, diese abhängigen Provinzen zu seinen Gunsten einzuziehen, aber auch die Versuche der mährischen Unterfürsten, ihre Herrschaftsbereiche zu verselbständigen, haben in der Folgezeit mehrfach schwere Konflikte im Přemyslidenhaus heraufbeschworen und insgesamt zu einer Schwächung der böhmischen Herzogsmacht beigetragen.

Im Gegensatz zu dem – besonders von Kosmas – in den Chroniken gerühmten Vater, dessen Frömmigkeit, Großzügigkeit und Vernunft gepriesen werden, hinterließ der kurzzeitige Nachfolger Spytihněv II. nicht den Eindruck einer zielbewußten Herrscherpersönlichkeit. Das 1059/60 gegen einen Jahreszins von 100 Pfund Silber von der Kurie erkaufte Recht, die bischöfliche Mitra tragen zu dürfen, ein lächerlicher Streit mit der Äbtissin des St. Georgsklosters auf der Prager Burg um einen Backofen, die trotz der Ermahnungen des sterbenden Vaters sogleich gegen die in Mähren residierenden Brüder unternommenen Maßnahmen sowie eine gewalttätige Aktion gegen den mährischen Adel, von dem er sich nicht ausreichend gewürdigt fühlte, vermitteln ein etwas zwiespältiges Bild von dem neuen Herzog. Kosmas, der Spytihněvs Ergebenheit dem Klerus gegenüber betont und ihn als Initiator des großen Neubaus der St. Veitskirche ebenso preist wie als Gründer des Leitmeritzer Kollegialkapitels, hielt ihm aber besonders die angeblich am Tag seines Regierungsantritts erfolgte Vertreibung aller im Lande lebenden Deutschen zugute. Sollte dieser Akt tatsächlich stattgefunden haben, wären seine Auswirkungen auf das wirtschaftliche, geistlich-religiöse und kulturelle Leben Böhmens kaum abzuschätzen. Wenn überhaupt, dann waren schlimmstenfalls nur ein Teil der in Prag ansässigen Kaufleute sowie die am Hofe und am Domkapitel tätigen Deutschen betroffen, denn sonst hätte Kaiser Heinrich III. in Regensburg die bald danach verbürgte Belehnung Spytihněvs sicher nicht vorgenommen. Da der neue Herzog seinen Bruder Vratislav und seine Mutter Judith zur Flucht nach Ungarn zwang sowie seine amtsenthobenen Brüder Konrad und Otto als Jäger- bzw. Küchenmeister an seinem Hofe einsetzte, ist Spytihněv hartes Durchgreifen aber durchaus zuzutrauen. Doch als sich die für den unmündigen Heinrich IV. (1056–1106) die Regentschaft führende Kaiserwitwe Agnes von Poitou mit dem Ungarnkönig Andreas I. verband, der inzwischen Schwiegervater Vratislavs von Olmütz geworden war, mußte Spytihněv einlenken und um 1058 seinem Bruder die

Rückkehr nach Mähren gestatten. Die 1060 ausgebrochenen innerungarischen Wirren, bei denen Béla seinen Bruder absetzen und auch dessen Sohn Salomo vertreiben konnte, suchte der mit dem Usurpator verbündete Polenherzog Bolesław II. Śmiały zu einem Einfall in Mähren zu nutzen, wurde aber in Hradec bei Troppau von Spytihněvs Truppen zurückgeschlagen.

Der Tod ereilte den Herzog bereits im Alter von dreißig Jahren am 28. I. 1061. Gemäß der Břetislavschen Erbordnung trat sein Bruder Vratislav II. (1061–1092) die Nachfolge als Herzog von Böhmen und Oberherr über Mähren an. Der Staat der Přemysliden, innerlich insgesamt konsolidiert und von bedeutender Wirtschaftskraft, war als Lehensgebiet des Deutschen Reiches in den vergangen 150 Jahren zu einem festen Bestandteil der mittelalterlichen Staatenwelt Europas geworden.

Gesellschaftsstruktur im 11. Jahrhundert

Die wirtschaftliche Grundlage des wahrscheinlich nur von einer knappen Million Menschen bewohnten Landes stellte weiterhin der relativ intensiv betriebene Ackerbau sicher, wobei seit der 2. Hälfte des 10. Jahrhunderts eine Ausweitung der Siedlungsflächen und, daran anschließend, eine gezielte Binnenkolonisation erfolgt war. Der eiserne oder eisenbeschlagene asymmetrische Pflug, der die Scholle stürzte, fand bereits weite Verbreitung und sicherte in Verbindung mit der sich allmählich durchsetzenden, durch Düngung geförderten Dreifelderwirtschaft höhere Ernteerträge. Der Anbau von Obst und Wein, selbst unterhalb der Prager Burg, sowie von Hülsenfrüchten und Flachs wurde ebenso gepflegt wie die Haustierhaltung. Der Fischfang und die Jagd auf Auerochs, Elch, Bär, Reh, Hase und Biber verloren ihre frühere Bedeutung als Ernährungsgrundlage und wurden bald zu einem Privileg des sich herausbildenden Adels. Die Landbevölkerung setzte sich ursprünglich aus kleineren Bauern *(rustici, pauperes, heredes)* zusammen, die nur dem Landesherren unterworfen waren, für den sie Naturalabgaben, später auch die jährliche Friedenssteuer *(tributum pacis)* und Fronarbeiten zu leisten hatten; sie wurden aber auch zur Landesrobot, vornehmlich zum Bau und Unterhalt von Burgen und Wegen sowie zur Bereitstellung von Verpflegung und Gespanndiensten für das Heer, herangezogen. Wachsende Bedrückung durch die fürstlichen Beamten führten später häufig zur freiwilligen Aufgabe der Selbständigkeit und zur Unterstellung unter direkten fürstlichen, kirchlichen oder adeligen Schutz. Dadurch nahm schon seit Ende des 11. Jahrhunderts die Zahl der freien Bauern, die bisher als *heredes* uneingeschränkt über ihren vererbbaren Grundbesitz verfügt hatten, ebenso ab wie die Gruppe der Pächter *(hospites)*, so daß sich im Verlauf des 12. Jahrhunderts mit der wachsenden Abhängigkeit des Landvolkes von den Grundherren die früheren Unterschiede in der Rechtsstellung und der Besitzart immer weiter abschliffen. Die Sklaven, hauptsächlich Kriegsgefangene oder Verurteilte, ein wichtiger Exportartikel, aber auch als Arbeitskräfte in Landwirtschaft und

Handwerk eingesetzt, verloren dagegen ihre einstige Bedeutung und verschmolzen mit den untersten Schichten der Unfreien.[23]

Während sich in schriftlichen Quellen kaum Angaben über die soziale Stratifikation finden lassen, belegen sie dennoch, ebenso wie die archäologischen Funde, die Existenz eines entwickelten Handwerks und bestimmter Spezialisten von fürstlichen Dienstleuten, die in den Vorburgen (Suburbien) oder eigenen Dienstsiedlungen tätig waren und den Hof- und Jagddienst übernahmen, für die Vieh- und Bienenzucht die Verantwortung trugen oder die am Fürstenhof anfallenden Handwerksarbeiten erledigten.[24] Im Bereich der Metallverarbeitung kam es zu zahlreichen Neuerungen und Verbesserungen, die sich vor allem beim Schmelzen und Bearbeiten der Edel- und Buntmetalle niederschlugen und die Weiterentwicklung der Juwelierkunst förderten. Böhmisches Silber wurde, ebenso wie die seit der Mitte des 10. Jahrhunderts im Lande geprägten Münzen, zu einem Welthandelsartikel. Mit der Zeit wuchs die Qualifikation, hochwertige Textilien und Möbel selbst herzustellen. Mit dem langsamen Anwachsen des Binnenhandels, der zur Gründung erster Märkte um oder in den Burgstätten führte, ging die Ausweitung des meist von Ausländern betriebenen Export- und Importhandels einher. Regensburg behielt seine Bedeutung als wichtiger Knotenpunkt für den Warenaustausch mit den Ländern südlich der Alpen und mit Westeuropa, aber auch über die Náchoder Pforte nach Krakau und über Mähren und das Donautal wurde der Handel mit Luxusgütern abgewickelt. Aus Böhmen wurden nicht nur Rohstoffe und bis ins 12. Jahrhundert Sklaven, sondern auch Pferde, Lederwaren, Keramik und Schmuck ausgeführt. Die Abhängigkeit Böhmens von Salzeinfuhren zwang zur Aufrechterhaltung regelmäßiger Kontakte ins Salzkammergut und in das Elbe-Saale-Gebiet.

Mit der Zerschlagung der Slavnikiden-Herrschaft, der fortschreitenden Verschmelzung der früheren Stammesgebiete und der Ausbildung eines zentralistischen, auf die Person des jeweiligen Herzogs ausgerichteten Einheitsstaates wurden bedeutsame gesellschaftliche und administrative Veränderungen ausgelöst, die zwar erst im 12. und 13. Jahrhundert ihre endgültige Form erhielten, aber bereits im 11. Jahrhundert in Ansätzen nachweisbar sind. Hervorgegangen aus den zahlreichen *duces* des 9. Jahrhunderts, existierte anfangs eine Art alten Geblütsadels, auf den der Herzog bei seinen Entscheidungen Rücksicht zu nehmen hatte und der bei der Bestallung eines Nachfolgers ein Mitspracherecht ausübte, das später aber zu reiner Akklamation verkümmerte. Jedenfalls waren *optimates, nobiles, primates, proceres* an der Wahl und während der Regentschaft des Heiligen Wenzel beteiligt, nahmen am 19. II. 982 auf Levý Hradec an der Nominierung des Heiligen Adalbert zum Bischof von Prag teil, stimmten 1034 der Inthronisierung Břetislavs I. zu und wählten nach dessen Tod 1055 – jetzt aber bereits als *omnes Boemice gentis, magni et parvi* – den designierten Nachfolger Spytihněv zum Herzog. Auf den schon für das 10. Jahrhundert vermerkten, gelegentlich und freiwillig einberufenen Versammlungen, Vorläufer der späteren Landgerichte *(iudicium terrae)* und der Generalkolloquien *(colloquium generale)*, beriet sich der Herzog mit den Großen des Reiches, die aber nur bei wichtigen Staatsangelegenheiten die Entscheidung des Fürsten zusätzlich sanktionieren durften. Das Prinzip der Selbstherrschaft des Herzogs wurde dadurch nicht angetastet, eine wirkliche Beeinträchtigung seiner Machtbefugnis nicht vorgenommen. Kosmas vermerkt von Boleslav I., daß er ganz nach eigenem Gutdünken, ohne Beachtung der Ratschläge anderer regiert habe. Břetislav I. ließ 1039 vor seinem geplanten Polenfeldzug für säumige Krieger eine Hanfschlinge im Lande weiterreichen; als 300 mährische *primates* Spytihněv II. nicht die erwartete Ehrerbietung zeigten, wertete der Herzog dieses Verhalten als Rebellion, setzte sie gefangen und verteilte ihre Pferde und Waffen an seine böhmischen Gefolgsleute. Durch die Vernichtung der Slavnikiden 995 sowie die gezielte Ausrottung der Adelssippe der Wrschowetze 1003 und endgültig durch Herzog Svatopluk 1108 wurde der ehemalige alte Geblütsadel weitgehend dezimiert und politisch bedeutungslos. Ein zweifelsfreier Nachweis ist nicht gelungen, ob und in welchem Ausmaß diese Magnaten über unabhängigen Allodial-Besitz verfügten. Da beim Aussterben in männlicher Linie ein Heimfallrecht an den Herrscher bestand, kann eine uneingeschränkte Oberhoheit der Prager Fürsten über das gesamte Land und den ganzen Bodenbesitz angenommen werden.[25]

Daneben dürfte aber bereits im 10. Jahrhundert aus der Gefolgschaft *(družina)* des Herzogs langsam ein Beamtenadel aufgestiegen sein, der ihm bei der Verwaltung und Verteidigung des Landes zur Hand ging. Auf der untersten Stufe rangierten die Ritter, die als *milites* verpflichtet waren, persönlich Waffendienst zu Pferde zu leisten. Je nach den Zeitläuften konnten zwischen 7000 und 10000 *milites* dauernd unterhalten werden, die anfangs mit Naturalien und gelegentlichen Geschenken, später dann durch die Vergabe von Land belohnt wurden, das sie im Laufe der Jahre als ihr Erbgut betrachteten.[26] Aus ihren Reihen ist dann wohl der etwas höher gestellte Adel der *nobiles* hervorgegangen, der im Rahmen der Burgbezirksverfassung im Laufe des 11. Jahrhunderts die wichtigsten Verwaltungsaufgaben übernahm. Analog zu den fränkischen Grafschaften wurde auch Böhmen in Burggemeinden *(civitates)* eingeteilt, deren Verwalter *(comites)* als bevollmächtigte Vertreter des Fürsten die Verantwortung für ihren Burgbezirk und die dazugehörende Bevölkerung trugen; sie hatten in ihrem Sprengel die höchste Gerichts-, Militär- und Verwaltungsmacht inne. Erst später übernahmen andere Beamte, so die Richter, unter Oberaufsicht des zum Burggrafen *(comes, castellanus)* aufgestiegenen Verwalters einen Teil der administrativen Pflichten. Diese ganz vom Wohlwollen und Vertrauen des Herzogs abhängigen Mitarbeiter konnten nach Belieben ernannt und wieder abgesetzt werden. Kam es aber zu Thronstreitigkeiten oder nach militärischen Niederlagen zu einer Erschütterung der zentralen Herrschergewalt, vermochten Gefolgschaft und die Kastellane sicher ein Mitspracherecht auszuüben oder den Ausschlag bei der Inthronisierung eines neuen Herzogs zu geben, dessen Energie und Durchsetzungsvermögen es danach oblag, die alten Loyalitäts- und Abhängigkeitsverhältnisse wiederherzustellen und bei seinen regelmäßigen Bereisungen der Burgen das Prinzip der uneingeschränkten Selbstherrschaft aufrechtzuerhalten. Gewisse Funktionen wurden, wenn sich bestimmte Familien die fürstliche Gunst über längere Zeit zu erhalten vermochten, erblich, so daß sich dadurch im Laufe der Jahre die Abhängigkeit vom Fürsten lockerte und eine allmähliche Emanzipation des Adels eintrat, der sich aber erst im 13. Jahrhundert voll ausprägte. Da die fürstliche Gefolgschaft anfangs nicht strikt von der übrigen Bevölkerung abgegrenzt war, bestand eine relativ hohe Fluktuation und soziale Durchlässigkeit. Die Zugehörigkeit zu einer herausgehobenen und privilegierten Schicht war allein durch das verwaltete Amt und die Gnade des Herrschers gewährleistet; erst später, vornehmlich im 12. Jahrhundert, setzte dann eine Tendenz bei dem sich so herausbildenden Adel ein, sich – gestützt auf den ihm übertragenen Grundbesitz und seine wachsenden politischen Rechte – als abgeschlossene Klasse nach unten abzuschotten.[27]

Kirchliches Leben

Der böhmische Herzog hat es auch nach der Gründung des Prager Bistums 973/76 als Suffragan des Mainzer Metropolitanverbandes verstanden, Herr über die Kirchenorganisation des Landes zu bleiben. Als Ergebnis der von Regensburg betriebenen Mission hatte es seit der zweiten Hälfte des 9. Jahrhunderts einige herzogliche Eigenkirchen gegeben, deren spätere Organisation durch die vom niedersächsischen Kloster Corvey ausgehenden Impulse beeinflußt wurde, dem auch der erste und dritte Prager Bischof, Thietmar und Thiddag, entstammten. Obwohl erst St. Wolfgang, trotz des Widerstands seines Domkapitels, mit der Zustimmung zum Herauslösen Böhmens aus dem Regensburger Bistumsverband den Weg zur Bistumsgründung in Prag freigemacht hatte, blieb der süddeutsche Einfluß auf das kirchliche Leben, wie frühere Heiligenlegenden, Kirchenpatrozinien und Reliquienverehrung beweisen, weiterhin bestehen. Das Prager Bistum gehörte aber, wie die fast uneingeschränkte Entscheidungsgewalt des böhmischen Herzogs bei der Besetzung des Bischofsstuhls demonstriert, nicht wirklich zum salisch-ottonischen Reichskirchensystem. Zwar mußte der im Einvernehmen mit den Großen vom Fürsten bestimmte Bischof die Investitur vom römischen König und die Weihe durch den Erzbischof von Mainz entgegennehmen, bevor er als rechtmäßiger Amtsinhaber galt, er war aber allein dem Prager Herzog unterstellt, der das Bistum gegründet und mit reichen Schenkungen dotiert hatte. Daher betrachtete sich der Herzog als „Privateigentümer" der Prager Kirche und trat dem Bischof, seinem Hofkaplan *(capellanus meus),* als weisungsberechtigter „Herr" gegenüber.[28] Alle Versuche des Prager Bischofs, eine dem Episkopat im Reich analoge eigenständige Stellung zu erhalten, scheiterten ausnahmslos. Die – erst unter Kaiser Heinrich IV. 1086 vorgenommene – Grenzbeschreibung der Prager Diözese läßt erkennen, daß das Prager Bistum nicht den *ducatus per totum Boemiae ac Moraviae unus et integer* ausgefüllt hat.

Der Aufbau einer Kirchenorganisation in Böhmen ist wohl so vor sich gegangen, daß auf den Fürstenburgen und später in den einzelnen Burgbezirken

Großpfarreien eingerichtet wurden, denen ein Erzpriester (Archipresbyter) und mehrere Priester zugeordnet waren. Die Kirchen hatten vom Fürsten Dotationen erhalten und zogen zusätzlich den Kirchenzehnt von ihren Sprengelbewohnern ein, die verpflichtet waren, religiöse Handlungen wie Taufen oder Begräbnisse nur in der zuständigen Pfarrkirche und gegen die Bezahlung von Stolgebühren vornehmen zu lassen und dort auch die hohen kirchlichen Feiertage zu begehen. Später wurden auch auf den Gütern größerer Grundbesitzer Privatkirchen eingerichtet, deren Einkünfte zum Teil dem weltlichen Eigentümer zufielen. Zwar wurde im Grundsatz anerkannt, daß dem Bischof selbst bei den herrschaftlichen Privatkirchen das Recht der Priestereinsetzung zustehe, die Investitur konnte aber erst im 13. Jahrhundert verbindlich verankert werden.[29]

Die frühesten Klöster in Böhmen (St. Georg auf der Prager Burg um 970, Břevnov 993, Ostrov 999, Sázava um 1032) folgten der Benediktinerregel und waren Gründungen des Fürsten oder von Mitgliedern des Přemyslidenhauses, die sie materiell relativ gut ausstatteten, ihnen gewöhnlich Dienstleute, Handwerker, etwas Grund und Boden, z. T. aber auch ganze Dörfer sowie Einnahmen aus dem Fürstenzehnt oder Gebühren überschrieben. Eine Sonderstellung nahm das vom Hlg. Prokop mitbegründete Kloster an der Sázava ein, in dem bis zur Vertreibung der Mönche 1097 die slavische Liturgie, das Erbe der Slavenapostel Kyrill und Method, gepflegt werden konnte.[30]

Dieses altslavische Schrifttum, das nur in außerhalb Böhmens gefertigten Abschriften erhalten blieb (z. B. die paläoslavischen glagolitischen Kiever Fragmente), kann aber im Přemyslidenstaat keine allzugroße Verbreitung gefunden haben. Hinweise auf die Volkssprache lassen sich nur aus den Glossen und den in die lateinischen Texte eingeschobenen Worte entnehmen; erst der Vergleich mit dem spätmittelalterlichen tschechischen Schrifttum erlaubt gewisse Rückschlüsse auf die grundlegenden lexikologischen, syntaktischen und grammatikalischen Veränderungen, die im 10. und 11. Jahrhundert stattgefunden haben. Bis ins ausgehende 11. Jahrhundert überwog die lateinisch verfaßte Literatur religiösen Inhalts (Heiligenlegenden, Homiliarien); mit den Chronikaufzeichnungen Kosmas' und der zunehmenden Schriftlichkeit der fürstlichen Verwaltung entstanden seit Beginn des 12. Jahrhunderts auch historische und administrativrechtliche Texte in größerer Zahl. Die Priesterschaft besaß faktisch ein Bildungsmonopol und unterhielt die an der Prager Bischofskirche und später in den Klöstern eingerichteten Schulen, an denen überwiegend Ausländer als Lehrer wirkten. Bereits seit dem 10. Jahrhundert sind Studienaufenthalte von jungen Böhmen außerhalb des Landes nachgewiesen. Ein wichtiges Unterrichtsfach war der Kirchengesang; weltliches Liedgut ist nicht überliefert worden. Dem in der Volkssprache gesungenen „*Hospodine pomiluj ni*" (Kyrie eleison) kam als „*cantilenam dulcem*"bei der Akklamation jedes neuen Fürsten besondere Bedeutung zu.[31]

Ähnlich wie im Großmährischen Reich ist auch für Böhmen mit der Christianisierung und dem Kirchenbau das Auftreten von Steinbauten verbunden.

Gerade die guterforschte erste Baustufe der Prager Burg in der ersten Hälfte des 10. Jahrhunderts und die Kirchenbauten aus anderen Burgwällen (z. B. Levý Hradec, Libice) lassen die Entwicklung von karolingischen über ottonische zu romanischen Stilelementen erkennen, die seit dem 11. Jahrhundert im Kirchenbau dominierten. Doch auch bei den Profanbauten fand zunehmend der mit Mörtel verbundene Stein Verwendung. In den Dörfern hatte sich dagegen nichts geändert: eingetiefte rechteckige Holzbauten herrschten weiterhin vor. Abgesehen von den Illustrationen der Wenzelslegende des Bischofs Gumpold von Mantua für die Fürstin Hemma (1005/06), die aus der Fuldaer Schule stammen, fehlen Beweise einer eigenständigen Maltradition; erst in der zweiten Hälfte des 11. Jahrhunderts lebte sie im Vyšehrader Kodex Vratislavs II. auf. Die in Znaim und Altbunzlau aufgefundenen Fragmente von kirchlichen Wandmalereien dürften ebenfalls aus dieser Zeit stammen. Mit der Entwicklung der bildhauerischen Ausgestaltung der romanischen Portale und Tympani ging die unter künstlerischen Aspekten vorgenommene Veränderung der Münzbilder einher.

Böhmen und das Reich

Seitdem Karl der Große um 800 die böhmischen Slaven lose der karolingischen Reichsorganisation angegliedert und ihnen Tributzahlungen auferlegt hatte, standen die böhmischen Länder in einem Abhängigkeitsverhältnis zum ostfränkischen und danach zum Deutschen Reich. Doch der Anspruch, Böhmen staatsrechtlich als Teil des *regnum Teutonicum* zu betrachten, ist im Hochmittelalter in dieser dezidierten Form nicht vertreten worden, sondern erst im ausgehenden 13. Jahrhundert. Zuvor wurde die Oberherrschaft als Bestandteil des Königtums verstanden, geltend gemacht und je nach den tatsächlichen Stärkeverhältnissen auch durchgesetzt.[32] Die dem deutschen König erwiesene Huldigung eines neuen Böhmenherzogs sowie die zeitweise verbürgte Pflicht zur Heerfolge und zum Besuch der Hoftage lassen zwar schon auf ein besonderes Treueverhältnis, im Grunde aber nur auf die einer Vasallität angenäherten Form des Abhängigkeitsverhältnisses schließen. Eine Lehensherrschaft durch Ablegung des Lehenseides durch den böhmischen Herzog vor dem deutschen König muß seit Heinrich II. (1004) angenommen werden. Selbst Herzog Břetislav I. hatte sich nach der militärischen Niederlage 1041 zur Anerkennung der deutschen Lehenshoheit zu bequemen – für längere Zeit war dies aber die letzte gewaltsame Wiederherstellung der Lehenshoheit des deutschen Herrschers über das böhmische Dukat. Da der König in Böhmen weder Reichsgut noch Reichsministerialen besaß, noch das Land in den Reichsumritt einbezog, mit dem er *de facto* seinen Herrschaftsantritt dokumentierte, und er als Haupt des ottonischen Reichskirchensystems auch keinen direkten Einfluß auf das Prager Bistum zu nehmen vermochte, wurde Böhmen niemals in gleicher Weise Bestandteil des Reiches wie die anderen deutschen Stammesherzogtümer. In seiner innerböhmischen

Machtausübung besaß der Herzog eine königgleiche souveräne Stellung und konnte vom Lehensherrn nicht zur Rechenschaft gezogen werden.

Im 19. Jahrhundert ist um die Interpretation der Stellung Böhmens zum Reich ein Streit zwischen der tschechischen und der deutschen Historiographie entbrannt, wobei auf tschechischer Seite die Neigung vorherrschte, die volle staatliche Souveränität Böhmens herauszustreichen und die Beziehung auf eine rein lehensmäßige Bindung des Herzogs an den König zu reduzieren, während die deutsche Geschichtsschreibung stärker auf die weitergehende Abhängigkeit Böhmens vom *regnum Teutonicum* abhob.[33] Leider wurde in dieser stark emotionalisierten Auseinandersetzung der Fehler begangen, moderne nationale Gesichtspunkte nachträglich der mittelalterlichen historischen Entwicklung zu unterstellen. Trotz der national-böhmischen Töne in den Chroniken läßt sich ein ausgeprägter Gegensatz oder eine bewußte Abgrenzung der Böhmen „den Deutschen" gegenüber nicht nachweisen.[34] Andererseits dürfte die übermächtige deutsche Nachbarschaft und das Bewußtsein, bei inneren Konflikten zur Machtbehauptung auf die Unterstützung des Königs angewiesen zu sein, wohl früh die Besorgnisse der Herzöge geweckt und zu dem Bestreben beigetragen haben, mit der Aufrechterhaltung der politischen Sonderstellung auch ein spezifisches Landesbewußtsein *(terra Bohemiae)* zu entwickeln. Schon vor der Vereinigung der böhmischen Stämme und der Errichtung einer zentralen Regierungsgewalt waren das Land und seine Bewohner von den Nachbarn als Einheit empfunden worden; aus den Quellen läßt sich seit Ende des 10. Jahrhunderts ein Landes- und Stammesbewußtsein *(Čechy/Češi)* herauslesen. Als zu Beginn des 11. Jahrhunderts der ermordete Herzog Wenzel als böhmischer Heiliger *katexochen* zum Landespatron aufgestiegen war und sein Fest, der 28. September, zu einem wichtigen Kultdatum wurde, konnte der aus derselben Sippe stammende Herzog einen beträchtlichen Zuwachs an Prestige verzeichnen und seiner Herrschaft über die böhmischen Länder eine zusätzliche Legitimation verleihen. Auch wenn der jeweilige Herrscher dabei nur zum zeitweiligen Repräsentanten des wahren „Erben" des Landes Böhmen abzugleiten drohte, hat die Politisierung des Wenzelkultes das Wir-Bewußtsein, ein Gefühl der Zusammengehörigkeit und der Interessenidentität, in der Bevölkerung geweckt und dem Fürsten bei der Verteidigung seiner Vorrangstellung und der Erweiterung seines politischen Handlungsspielraums auch dem Deutschen Reich oder jeder von einer fremden Macht stammenden Bedrohung gegenüber gedient.

2. Der Ausbau der Sonderstellung der böhmischen Länder und die Gewinnung der Königswürde im ausgehenden 11. und im 12. Jahrhundert

Das persönliche Königtum Vratislavs II./I.

Nach dem überraschend frühen Tod des Herzogs Spytihněv II. trat im Rahmen der von Břetislav I. erlassenen Erbfolgeordnung Vratislav II. (Herzog 1061–1085, als Vratislav I. König 1085–1092) „mit Beistimmung aller Böhmen" die Herrschaft an, wobei er sich, unbeeinträchtigt von der schwachen Vormundschaftsregierung im Reich während der Minderjährigkeit Heinrichs IV., vorrangig um eine innere Konsolidierung bemühte. Als zeitweiligem Inhaber der Herrschaft Olmütz lag ihm das Schicksal Mährens besonders am Herzen. Er teilte die Provinz der March entlang in einen östlichen „jagd- und fischreichen" Teil, den er seinem Bruder Otto übertrug, während der „wegen seiner Fruchtbarkeit mehr zum Feldbau geeignete" westliche Teil mit den Hauptburgen Brünn und Znaim an Konrad fiel, „weil er der deutschen Sprache mächtig war". Als der jüngste Bruder Jaromír, der in Deutschland eine geistliche Ausbildung erhalten und dem der Vater das Prager Bistum in Aussicht gestellt hatte, unerwartet ebenfalls Herrschaftsansprüche anmeldete, zwang ihn Vratislav, die Weihen zu nehmen (3. III. 1061), worauf Jaromír in Polen bei Bolesław II. Zuflucht suchte. Vielleicht als Reaktion auf diesen Familienzwist, wahrscheinlich aber im Interesse einer stärkeren kirchlichen Selbständigkeit für Mähren ließ Vratislav 1063 aus eigener Machtvollkommenheit, ohne Rücksprache mit König und Papst, die bereits im 10. Jahrhundert erwähnte, um 1040 aber erneut von Prag aus verwaltete Diözese Olmütz wieder aufleben und machte den Břevnover Mönch Johannes zum ersten Bischof.[35]

Nachdem der seit 1030 amtierende Prager Bischof Severus am 9. XII. 1067 gestorben war und der Herzog den Leitmeritzer Propst Lanzo, einen Deutschen, zum Nachfolger designierte, flammte der Familienstreit einmal mehr auf. Der von den anderen Brüdern zurückgerufene Jaromír meldete seine Ansprüche an und konnte mit Unterstützung einer Adelspartei, die drohte, den Herzog wegen seiner Eigenmächtigkeit zu verlassen, am 15. VI. 1068 die Wahl zum Bischof durchsetzen. Der bereits im Folgemonat von König Heinrich IV. mit Ring und Stab belehnte, von Erzbischof Siegfried von Mainz geweihte und mit dem Namen Gebhard belegte Jaromír († 26. VI. 1089) stieg – z. T. in Rivalität zu seinem herzoglichen Bruder – zu einer dominierenden Persönlichkeit in der böhmischen und bald auch in der deutschen Politik auf. Im Investiturstreit unverbrüchlich auf kaiserlicher Seite, amtierte er anstelle des Mainzer Metropoliten von 1077–1084 als Kanzler Heinrichs IV.; mit der von dem Prager Dompropst Markus durchgeführten Reorganisation seines Bistums setzte er sich auch in der Heimat ein bleibendes Denkmal. Der Bruderzwist mit Vratislav schwelte aber weiter und wurde durch die Tatsache geschürt, daß der Herzog seine Residenz vom Hradschin auf den Vyšehrad verlegte und dort ein der päpstlichen Kurie direkt unterstelltes Kapitel gründete. Die Auseinandersetzung um die nach der Gründung des mährischen Bistums von Prag beanspruchte Entschädigung, durch einen Überfall Jaromír-Gebhards auf Johannes von Olmütz eskaliert, beschäftigte nach 1072 auch die Kurie, führte zur befristeten Amtsenthebung des Prager Bischofs durch Papst Gregor VII. (1073–1085) und konnte erst 1075 durch einen Kompromiß beigelegt werden. Als 1085 der Konflikt erneut ausbrach, wurde mit päpstlicher Zustimmung 1086 die Wiedervereinigung der beiden Bistümer verfügt, die aber nur bis 1091/92 Bestand hatte. Künftig war die kirchliche Eigenständigkeit des Bistums Olmütz, dessen Amtsinhaber in Prag gewählt wurden und sich völlig der Přemyslidenherrschaft unterzuordnen hatten, nicht mehr bedroht. Unbeschadet dieser Streitigkeiten ist Vratislav II. aber nicht der Versuchung erlegen, sich im Investiturstreit allzusehr dem Papsttum anzunähern, im Gegenteil: Er galt als die wichtigste Stütze, ja als treuester Gefolgsmann König Heinrichs IV. Das mag ein Grund dafür gewesen sein, daß auch Vratislavs Bemühungen bei der Kurie scheiterten, ein böhmisches Erzbistum zu errichten und den reichskirchlich-deutschen Einfluß durch die Förderung des kirchenslavischen Ritus zurückzudrängen, der den Reformvorstellungen von einer Volkskirche entsprochen hätte.

Die enge Zusammenarbeit mit Heinrich IV. erwies sich für Vratislav schon deshalb als vorteilhaft, weil Polen unter Bolesław II. erneut versuchte, in die böhmischen Länder auszugreifen. Zahlreiche Grenzzwischenfälle lösten Kriegsvorbereitungen auf beiden Seiten aus, die König Heinrich IV. 1071 in Meißen durch eine Schlichtung zwischen den beiden Schwägern zu beenden suchte. Als Bolesław 1073 dennoch in Böhmen einfiel, proklamierte Heinrich IV. den Reichskrieg gegen Polen, konnte ihn wegen des Sachsenaufstandes, der den König in größte Bedrängnis brachte, aber nicht durchführen. Vratislav II. schlug sich künftig dennoch auf die Seite des durch die übermächtige Koalition von gregorianischer Partei und deutscher Fürstenopposition hart bedrängten Königs, dem er neben böhmischem Silber für alle entscheidenden Schlachten Truppenkontingente zur Verfügung stellte (Homburg a.d. Unstrut 1075, Meißen 1075 und 1076, Schwabenzüge 1077 und 1078, Einfall in Sachsen 1079, Thüringen und Sachsen 1080, Polen 1081, Feldzug gegen Meißen und Sachsen 1087). Der Lohn des Königs blieb nicht aus: Nach der Lausitz im Jahr 1075 wurde Vratislav 1076 die Mark Meißen übertragen, die er aber ebensowenig dauerhaft behaupten konnte wie die bayerische Ostmark, die er nach dem Sieg über den babenbergischen Markgrafen Luitpold am 12. V. 1082 in der Schlacht bei Mailberg kurzzeitig kontrollierte. Den böhmischen Kriegern eilte künftig der Ruf voraus, die kühnsten, wildesten und räuberischsten Soldaten zu sein. Als Dank für seinen Einsatz und die vorbehaltlose Unterstützung, die Böhmen außer schweren materiellen Opfern auch hohe Menschenverluste gekostet hatte, setzte Kaiser Heinrich IV. Anfang Mai 1085 auf der Mainzer Synode „in

Gegenwart und unter Zustimmung aller dort versammelten Großen" Vratislav II. (I.) die Königskrone auf und gestattete ihm, den Titel „König von Böhmen und Polen" zu führen. Am 15. VI. wurde Vratislav vom Trierer Erzbischof Egilbert in Prag feierlich gesalbt, obgleich die päpstliche Zustimmung zu dieser Rangerhöhung ausgeblieben war. Das Verhältnis Böhmens und seines Fürsten zum Deutschen Reich hat sich durch diese allein auf Vratislav persönlich beschränkte Verleihung des Königstitels trotz des Zuwachses an Ansehen für Herrscher und Land nicht geändert; strittig allein bleibt, ob die Tributpflicht weiterbestand.[36]

Auch wenn für 1087/88 die Beteiligung böhmischer Krieger an den Zügen gegen die Mark Meißen vermerkt ist, scheint sich das Verhältnis zwischen Kaiser Heinrich IV., der nach dem Tode des Gegenkönigs Hermann († 1088) auf der Höhe seiner Macht stand, und seinem böhmischen Gefolgsmann danach stetig abgekühlt zu haben. Interne Probleme veranlaßten Vratislav wohl, sich stärker der Machtsicherung im eigenen Herrschaftsbereich zu widmen. Der im Jahr 1086 ausgebrochene Konflikt um die Nachfolge im Teilfürstentum Olmütz verwickelte Vratislav in eine militärische Auseinandersetzung mit seinem jüngeren Bruder Konrad, auf dessen Seite sich auch der Königssohn Břetislav schlug. Vor dem Ausbruch größerer Kampfhandlungen unterwarf sich Břetislav 1091 dann doch dem Vater, mußte sich aber dem Druck seiner mißtrauischen Anhänger beugen und mit über 2000 Kriegern ins ungarische Exil (Banov bei Burg Trenčín an der Waag) gehen, weil – so Kosmas – ein Fürst ohne Krieger nicht einmal den Namen eines Fürsten verdient.

Innere Wirren

Mit Zustimmung der *maiores natu* und der *comites* bestimmte Vratislav anstelle seines Sohnes seinen Bruder Konrad zum Nachfolger, der aber nur neun Monate nach dem Tod des Königs am 6. IX. 1092 selbst verstarb. Erst danach wurde Břetislav II. (1092–1100) aus dem ungarischen Exil zurückgerufen und „nach Landessitte von allen Grafen und Herren" auf den Thron gesetzt. Gestützt auf eine – bereits vom Vater eingeleitete – geschickte Heiratspolitik suchte der neue Herzog seine Stellung, die durch den familieninternen Zwist um die Besetzung der mährischen Teilfürstentümer geschwächt worden war, zu verbessern. Während er selbst Luitgard von Bogen ehelichte, deren Familie im bayerisch-böhmischen Grenzland eine zielstrebige Kolonisationspolitik verfolgte, waren seine Schwester Judith mit Władysław I. Hermann, Herzog von Polen, seine Brüder Bořivoj mit der Babenbergerin Helbirg, Vladislav mit Richsa von Berg und Soběslav mit Adelheid von Ungarn vermählt. Die jüngste Schwester wurde mit Wiprecht von Groitzsch verheiratet, der im nördlichen Vorfeld Böhmens als Parteigänger Heinrichs IV. zwischen Pleiße und Mulde eine großräumige Herrschaft aufgebaut hatte.

Der vom Zeitgenossen Kosmas im Gegensatz zu seinem Vater als Herrscher,

Heerführer und frommer Christ gerühmte Břetislav II. unternahm 1093 einen Zug nach Polen, wobei er die Zahlung des seit zwei Jahren unterbliebenen Tributs für Schlesien erzwang, und sicherte 1096 diesen Anspruch zusätzlich ab, worauf ein polnischer Herzogssohn zu seinem Schwertträger erhoben und diesem die Grafschaft Glatz verliehen wurde. Doch da sich um 1097 der Streit mit seinem Vetter Udalrich von Brünn zuspitzte, der als Familiensenior die Thronfolge beanspruchen konnte, begab sich Břetislav 1099 unter dem Vorwand, der Investitur des neuen Prager Bischofs Hermann in Regensburg beiwohnen zu wollen, zu Kaiser Heinrich IV., um seinem Stiefbruder Bořivoj die Nachfolge zu sichern. Gestützt auf das kaiserliche Wohlwollen vertrieb der Herzog danach seine Vettern aus dem westlichen Mähren, wurde aber bereits am 22. XII. 1100 von einem Parteigänger der Wrschowetze, die er ins polnische Exil gezwungen hatte, ermordet.

Die folgenden 25 Jahre, in denen sich vier Herzöge um die Macht stritten, waren bestimmt von schweren inneren Wirren, die nicht nur die přemyslidische Herrscherfamilie, sondern die gesamte Bevölkerung stark beeinträchtigten und dem Land unermeßlichen Schaden zufügten. Der Konflikt entzündete sich an der Erbfolge, wobei die Gegensätze in den widerstreitenden Erbfolgeordnungen im Rahmen des Senioratsprinzips oder der Primogenitur begründet lagen. Anfang 1101 in Regensburg von Kaiser Heinrich IV. belehnt, nahm Bořivoj den Kampf gegen den nach Mähren zurückgekehrten Udalrich auf und konnte ihn im August 1101 bei Malin schlagen, ohne daß es ihm aber geglückt wäre, die westmährischen Teilfürstentümer zu besetzen. Der ehrgeizige Svatopluk von Olmütz machte sich die wachsende Unzufriedenheit mit dem neuen Herzog zunutze, traf Vereinbarungen mit den Herrschern Polens und Ungarns und verstand es sogar, Bořivojs jüngeren Bruder Vladislav und mehrere böhmische Edle auf seine Seite zu ziehen, mit deren Hilfe er den rechtmäßigen Herzog im Mai 1107 entthronen und danach selbst die Regierung antreten konnte. Über Polen und Sachsen kam Bořivoj an den Hof König Heinrichs V. (1106–1125) und bot ihm für Unterstützung bei der Wiedergewinnung seines Throns „unermeßliche Mengen an Silber und Gold". Svatopluk wurde vor das Hofgericht nach Merseburg zitiert und zeitweise eingekerkert; da es aber auch jetzt seinem Widersacher Bořivoj nicht gelang, in Böhmen Fuß zu fassen und dieser bald in Polen Zuflucht suchen mußte, ließ Heinrich den Usurpator mit der Auflage nach Böhmen zurückkehren, mindestens 5000 Mark Silber zu bezahlen. Kirchen, Klöster und Privatleute konnten die geforderte Pfandsumme, die der König schließlich etwas reduzierte, nicht ganz aufbringen. Immerhin verbesserten sich danach die Beziehungen Heinrichs V. zu seinem böhmischen Vasallen, der im Herbst 1108 mit einem kleinen Heer am Einfall in Ungarn beteiligt war, wegen einer von Polen unterstützten Kampagne Bořivojs II., der mit den Wrschowetzen im Einvernehmen stand, aber übereilt nach Prag zurückkehren mußte. Um diese mächtige Adelssippe, die sich schon so häufig in die přemyslidischen Familienangelegenheiten eingemischt hatte, endgültig zu entmachten, erhob Svatopluk Ende Oktober 1108 in Anwesenheit der *proceres* gegen sie Anklage und ließ alle

Familienmitglieder, deren er habhaft werden konnte, niedermachen. Damit wurde nach den Slavnikiden ein weiteres Alt-Adelsgeschlecht ausgeschaltet, das im 11. Jahrhundert über beträchtlichen Einfluß verfügt und mehrfach den Widerstand der Opposition gegen den regierenden Herzog angeführt hatte.

Svatopluk konnte sich nicht lange an seinem Erfolg erfreuen. Bereits im November 1108 büßte er auf der wiederaufgenommenen Heerfahrt gegen König Koloman von Ungarn ein Auge ein und mußte danach das Unternehmen abbrechen; immerhin führte er im Februar 1109 nach einem Einfall in die West- und Südslowakei reiche Beute heim. Als er sich aber im Sommer an dem Polenzug Heinrichs V. beteiligte, wurde Svatopluk am 21. IX. 1109 vor Glogau ebenfalls von einem Parteigänger der bereits ausgeschalteten Wrschowetze ermordet. Obgleich sein Bruder Otto II. die Zusage König Heinrichs V. besaß, seine Nachfolge zu unterstützen, konnte sich ein weiterer Sohn Břetislavs II., Vladislav I. (1109–1125) in Prag durchsetzen. Doch auch der im polnischen Exil lebende Bruder und Exherzog Bořivoj machte, von seinem Schwager Wiprecht von Groitzsch und einer innerböhmischen Adelspartei ermutigt, erneut seine Ansprüche geltend und konnte, als sich Vladislav auf der Reise nach Regensburg zu Heinrich V. befand, die Stadt Prag und die Residenzburg Vyšehrad in seine Gewalt bringen. Jetzt mußte der deutsche König eingreifen, der Bořivoj auf die rheinische Burg Hammerstein verbannte und Vladislav in Prag einsetzte; doch als der Herzog ein furchtbares Strafgericht gegen wirkliche und vermeintliche Gegner auslöste, fiel ein weiterer Bruder, Soběslav, mit polnischer Unterstützung im Herbst 1110 in Böhmen ein und konnte ihm eine schwere Niederlage beibringen. Mit einer Teilherrschaft in Nordwestböhmen im Gebiet von Saaz abgefunden, floh Soběslav aber zurück nach Polen, von wo aus Herzog Bolesław III. Schiefmund 1115 den Versuch einer Aussöhnung unter den zerstrittenen Přemysliden unternahm und immerhin erreichte, daß sein Schützling das erledigte westmährische Teilfürstentum übertragen bekam und sich Vladislav auch mit seinem Vetter Otto II. aussöhnte, den er mehrere Jahre gefangen gehalten hatte.

Obschon Herzog Vladislav 1116 am Bach Olsava nach einem gescheiterten Ausgleichsversuch die Ungarn schlagen konnte und im Jahr darauf mit Markgraf Leopold III. einen erfolgreichen Beutezug in das westungarische Grenzland unternahm, scheint im Innern seine Stellung so stark erschüttert gewesen zu sein, daß er sich zur Rückberufung seines älteren Bruders Bořivoj bereitfinden und mit der Herrschaftsausübung in den nördlich der Elbe gelegenen Landstrichen zufrieden sein mußte. Doch bereits am 16. VIII. 1120 vermerkt der in diesem Punkt erstaunlich schweigsame Zeitgenosse Kosmas in seiner Chronik den abermaligen Sturz Bořivojs, der vier Jahre später im ungarischen Exil starb. Und auch seinen Bruder Soběslav hat Herzog Vladislav aus Mähren erneut nach Polen vertrieben. Einen weiteren Versuch, für sich selbst oder für seinen Schwager Wiprecht von Groitzsch in der Mark Meißen dauerhaft Fuß zu fassen, wußte 1124 der Sachsenherzog Lothar von Supplinburg zu unterbinden, der daraufhin über König Heinrich V. noch einen – vergeblichen – Anlauf unternahm, Vladislav mit Soběslav dauerhaft auszusöhnen. Der Herzog, bereits durch Krankheit geschwächt, war zwar im Interesse der Vermeidung eines neuerlichen Familienzwistes im Kampf um seine Nachfolge bereit, Zugeständnisse zu machen – doch sein Tod am 12.IV.1125 verhinderte den überfälligen Ausgleich.

Staatliche Konsolidierung und Kirchenreform unter Soběslav I.

Besonders dem Zureden seiner greisen Mutter Svatava und dem Einfluß von Bischof Otto von Bamberg war es zu danken, daß sich der sterbende Vladislav für seinen Bruder Soběslav als Nachfolger aussprach und sein Kandidat dann auch den Thron besteigen konnte. Doch der zweite Prätendent Otto II. von Mähren, der mit Ausnahme der Teilherrschaft Znaim die ganze Provinz kontrollierte, wandte sich an den neuen deutschen König Lothar (1125–1137), der trotz des kalten Winters im Februar 1126 in Böhmen einfiel, aber bei Kulm eine schwere Niederlage einstecken mußte. Der in Gefangenschaft geratene König hatte dem von Heinrich von Groitzsch vermittelten Frieden zuzustimmen und Soběslav (1125–1140) mit Böhmen zu belehnen – was für ihn kein allzu großes Zugeständnis dargestellt haben dürfte, da sein Protegé Otto II. bei Kulm gefallen war. Als zuverlässiger Parteigänger hat Herzog Soběslav danach dem König auf vielen Hoftagen seine Referenz erwiesen und ihn im Kampf gegen die Staufer aktiv unterstützt. Eine Stabilisierung seiner Herrschaft in den böhmischen Ländern blieb vorerst aber aus, weil sein Neffe Břetislav, Sohn des im Jahre 1100 ermordeten gleichnamigen Herzogs, unterstützt von den mährischen Teilfürsten Konrad von Znaim und Vratislav von Brünn, vielleicht sogar im Einvernehmen mit einer Adelspartei um Bischof Meinhard von Prag, Thronansprüche anmeldete. Er hatte mit Hilfe seiner Anhänger eine im Juni 1130 aufgedeckte Verschwörung angezettelt, die Soběslav zum willkommenen Anlaß nahm, mit seinen Gegnern blutig abzurechnen und seinen Rivalen Břetislav blenden zu lassen.[37]

Das hohe Ansehen bei König Lothar, ja die Kompaternität wußte Herzog Soběslav für seine außenpolitischen Unternehmungen zu nutzen. 1129 waren böhmische Truppen an den Kämpfen König Stephans II. von Ungarn gegen Johannes II. Komnenos von Byzanz beteiligt; 1132 mischte sich Soběslav zugunsten des blinden Béla II. in die ungarischen Thronstreitigkeiten ein; da in dieser Auseinandersetzung der Polenherzog auf der anderen Seite stand, bot sie bis ins Jahr 1134 Anlaß für vier Verwüstungszüge nach Polen mit dem vergeblichen Bemühen, den während der innerböhmischen Krise 1114 von Bolesław III. erzwungenen böhmischen Verzicht auf die Oberhoheit über Schlesien und die nur selten und nicht in voller Höhe geleisteten polnischen Tributzahlungen rückgängig zu machen. Auf dem Hoftag zu Merseburg vermittelte König Lothar am 15.VIII.1135 einen Waffenstillstand, der zu Pfingsten 1137 in den Frieden von Glatz mündete, durch den auf Dauer und eindeutig der polnischböhmische Grenzverlauf festgeschrieben wurde. Zur Friedenssicherung schien Soběslav dennoch die Verstärkung der Grenzburgen, darunter Görlitz und Glatz, unverzichtbar zu sein.

Nach dem Tode Lothars (†4. XII. 1137) schlug sich Soběslav sogleich auf die Seite seines bisherigen Gegners Konrad III. von Staufen (1138–1152), wohl auch deshalb, weil er unter Aufgabe des Senioratsprinzips Vorsorge für seine Nachfolge treffen wollte. Unbeeindruckt von dem 1130 durchgeführten Strafgericht hatte sein Neffe Vladislav, Sohn des gleichnamigen Herzogs, Ansprüche auf den böhmischen Thron angemeldet. Deshalb hielt es Soběslav für geboten, auf dem Hoftag zu Bamberg im Mai 1138 seinen eigenen Sohn Vladislav im Beisein böhmischer Großer durch König Konrad zum Nachfolger designieren zu lassen, nach seiner Rückkehr auf einer Landesversammlung Ende Juni in Sadská (bei Nimburg) die Zustimmung des gesamten böhmischen Adels einzuholen und diesen per Eid auf die Thronfolge des Sohnes zu verpflichten. Als Soběslav am 14. II. 1140 starb, siegte aber noch einmal die Senioratsordnung und mit ihr der Neffe Vladislav II. (Herzog 1140–1158, König 1158–1173), der bereits im April auf dem Hoftag zu Bamberg von dem ebenfalls wortbrüchigen Konrad III. mit der Herzogsfahne belehnt wurde.

Während der innenpolitisch so unruhigen Regierung der letzten Herzöge, die es unbeschadet ihrer politischen Positionen verstanden hatten, als Muster kirchlicher Gesinnung und Ergebenheit dem apostolischen Stuhl gegenüber (so selbst Papst Gregor VII. über den mit Kaiser Heinrich IV. fest verbündeten Vratislav II.) gerühmt zu werden, konnte sich der Geist der Kirchenreform auch in Böhmen langsam ausbreiten. Zwar weiß Kosmas noch am Ende des 11. Jahrhunderts von der Verehrung von Bäumen und Hainen, von Quellgaben und schwarzer Magie, Tieropfern und heidnischen Bestattungsriten zu berichten, gegen die erst Herzog Břetislav II. mit Nachdruck einschritt, aber Heiligendienst und Reliquienverehrung waren im Lande, gestützt auf die eigenen Märtyrer Ludmila, Wenzel und Adalbert/Vojtěch, fest verankert. Neben den großzügig ausgestatteten Kollegiatsstiftungen (Leitmeritz 1057 durch Spytihněv, das exemte Chorherrenstift auf dem Vyšehrad durch Vratislav, Mělník durch Břetislav II., Sadská durch Bořivoj um 1117) wurden bis 1137 sieben weitere Männerklöster nach der Benediktinerregel errichtet (um 1050 Groß-Raigern, 1078 Hradiště bei Olmütz, 1086/87 Opatovice an der Elbe, 1101 Trebitsch (Třebíč), 1115 Kladrau (Kladruby), um 1120 Postelberg bei Laun (Louny), vor 1131 Wilimow bei Tschaslau (Čáslav)), die einen wichtigen Beitrag zur Festigung des Christentums im Lande leisteten. Die von Cluny über Hirsau und Zwiefalten nach Böhmen getragenen strengen Regeln des mönchischen Lebens konnten hier aber nur mühsam Fuß fassen. Trotz der vom Prager Bischof Jaromír-Gebhard eingeleiteten Maßnahmen zur Hebung der geistlich-wissenschaftlichen und moralischen Normen seiner Geistlichkeit hat ein wesentlicher Punkt der gregorianischen Reform, die strenge Beachtung des Zölibats, erst im Verlauf des 12. Jahrhunderts größere Berücksichtigung gefunden; an das Verbot der Laieninvestitur haben sich die böhmischen Landesfürsten nicht gehalten, die auch nach

Abschluß des Wormser Konkordats (1122) ihre – zwar mit Zustimmung der Edlen, aber nach eigenem Ermessen ausgesuchten – Bischofskandidaten in althergebrachter Weise dem deutschen König zur Belehnung mit Ring und Stab zuführten. Da der Investiturstreit Böhmen nur mittelbar berührt hatte und die Fürsten alle Versuche, ihre kirchenpolitische Selbständigkeit einzuengen, erfolgreich abwehrten, haben sich die neuen Vorstellungen und Verordnungen in Böhmen nur langsam durchgesetzt. Obgleich in den Chroniken gelegentlich von Pilgerreisen einzelner Ritter und Geistlicher in das Heilige Land die Rede ist, kam es erst während des zweiten Kreuzzugs (1147–1149) mit Herzog Vladislav II. an der Spitze zu einer stärkeren böhmischen Beteiligung.

Dem Gedanken der Kirchenreform hatte sich vor allem der von Herzog Soběslav bestimmte Bischof von Olmütz, Heinrich Zdík (1126–1150) verschrieben, der durch die Einrichtung eines dem Bischof direkt unterstellten Archidiakonates die Voraussetzungen für eine effizientere Kirchenverwaltung und die geistlich-moralische Oberaufsicht des Episkopats über alle Kleriker schuf. Durch die Anlage eines Verzeichnisses des gesamten Kirchenguts war er um die Absicherung der materiellen Unabhängigkeit der Kirche bemüht. Selbst zweimal an das Heilige Grab gepilgert und erfolglos zur Prußenmission aufgebrochen, trat er zum Regularklerus über und befolgte, obschon er weiterhin sein Bischofsamt beibehielt und stärker in die Tagespolitik eingebunden wurde, in Kleidung und Lebensweise die asketische Richtung mönchischer Ordnung. Seiner Initiative war es zu danken, daß um 1140 in Strahov, nicht weit vom Hradschin entfernt, ein Augustinerkloster gegründet wurde, das aber bald ein aus Steinfeld in der Eifel kommender Prämonstratenserkonvent übernahm. In rascher Folge faßte in den nächsten Jahren der Prämonstratenserorden in fünf Klöstern (Seelau [gegründet 1144 als Benediktinerkonvent, 1149 an die Prämonstratenser gefallen], Doxan [1144/45], Sacer Campus bei Hohenbruck, Leitomischl (Litomyšel) und Launowitz, jeweils um 1150) Fuß, während gleichzeitig auch die Zisterzienser erste Niederlassungen (Zedlitz (Sedlec) bei Kuttenberg [1142/43], Plaß [1144/45], Nepomuk bei Pilsen [1144/45]), einrichten konnten. Das Echo, das die religiöse Erneuerungsbewegung in den böhmischen Ländern auslöste und das durch die privaten Klosterstiftungen, die Teilnahme am Wendenkreuzzug von 1147 und das große böhmische Kontingent im Kreuzheer König Konrads III. bezeugt ist, läßt zwar erkennen, wie stark die Idee der *civitas Dei* verbreitet war; der Widerstand jedoch, der vom Weltklerus gegen die Verschärfung der Zölibatsregel und die Kirchenaufsicht geleistet wurde, und der zu zahlreichen Amtsenthebungen sowie zur Verhängung des Kirchenbanns führte und weitverbreitete Klagen über die sozialen und rechtlichen Folgen für die betroffenen Geistlichen und ihre Familien auslöste, machte deutlich, wie schwer die herrschende Praxis durch eine strenge Kirchenzucht unter Beachtung der kanonischen Vorschriften zu beseitigen war.[38]

Erhebung Böhmens zum Königreich unter Vladislav II./I.

Auch die vom Adel begünstigte Thronbesteigung Vladislavs II. 1140 war von Auseinandersetzungen mit Prätendenten aus der eigenen Familie begleitet. Seine mährischen Verwandten Konrad von Znaim, Vratislav von Brünn und Otto von Olmütz unterstützten die von dem böhmischen Großadligen Načerat geführte Opposition, deren Mitglieder Bischof Heinrich Zdík zwar mit dem Kirchenbann belegte, von ihnen aber aus seiner Olmützer Diözese vertrieben wurde. Als infolge Verrats in den eigenen Reihen Herzog Vladislav II. am 25.IV. 1142 beim Berg Vysoha nahe Tschaslau eine Niederlage erlitt, konnten die Aufständischen Prag einschließen; für eine größere Geldsumme eilte König Konrad aber seinem Schwager Vladislav zu Hilfe und vertrieb die Belagerer. Nachdem Herzog Vladislav II. im Frühjahr 1143 Mähren schwer verwüstet hatte, vermittelte Kardinallegat Guido zwar eine oberflächliche Aussöhnung innerhalb der Herzogsfamilie und danach auch mit dem Adel, die aber nicht lange Bestand hatte. Bereits 1144 wiederholten sich die Ausschreitungen in Mähren; dann löste ein Überfall auf den herzogtreuen Bischof Heinrich Zdík erneute Kampfhandlungen aus, die 1146 mit der Niederlage Konrads von Znaim endeten und Vladislav II. die Möglichkeit boten, Mähren in seinem Sinne zu befrieden. Dem getreuen Olmützer Bischof hatte er auf Anraten Konrads III. bereits 1144 ein weitreichendes Immunitätsprivileg verliehen, durch das die geistlichen Güter und ihre Untertanen der Aufsicht der Teilfürsten entzogen sowie von Steuern und der Landrobot befreit wurden und künftig in allen Belangen allein dem Bischof unterstellt waren; selbst das Münzregal wurde ihm zuerkannt. Die vom Herzog tatkräftig geförderte rasche Ansiedlung der von deutschen Mutterklöstern betreuten Reformorden diente neben dem geistlichen Anliegen ebenfalls dem Ziel, den gewachsenen Einfluß des Adels zurückzudrängen und die Binnenkolonisation voranzutreiben.

Im Bemühen, seinen Schwägern Heinrich Jasomirgott von Bayern im Streit gegen den Regensburger Bischof Heinrich beizustehen und dem vertriebenen Polenherzog Władysław II. bei der Rückgewinnung Schlesiens zu helfen, schloß sich Vladislav II. noch enger König Konrad III. an, den er auf dem zweiten Kreuzzug mit einem stattlichen Kontingent aus den böhmischen Ländern bis Nicäa begleitete. Auf dem Rückweg machte er bei Kaiser Manuel in Byzanz Station, von wo aus er auch Kontakte zum Kiever Fürstenhaus anknüpfte. Der Thronwechsel 1152 im Reich löste Spannungen aus, weil sich Vladislav weigerte, den von Friedrich I. Barbarossa (1152–1190) nach Merseburg einberufenen Reichstag zu besuchen. Der neue König schien daraufhin sogar gewillt, der mit dem Versprechen großer Geldzahlungen verbundenen Bitte Udalrichs, einem Sohn Herzog Soběslavs I., ihm sein Vatererbe in Böhmen zu übertragen, nachzukommen. Allein dem mäßigenden Einwirken des Prager Bischofs Daniel war es zu danken, daß sich dieser Zwist nicht vertiefte. Nach seiner Eheschließung mit Judith von Thüringen 1153, mit deren Familie auch Friedrich verschwägert war, näherte sich Vladislav dem neuen Kaiser an, zumal dieser Anfang Juni 1156 eine auch den Böhmenherzog zufriedenstellende friedliche Lösung im bayerisch-österreichischen Konflikt *(Privilegium minus)* gefunden hatte. Während der Hochzeitsfeierlichkeiten des Kaisers mit Beatrix von Burgund wurde in Würzburg ein Geheimvertrag vereinbart, der Vladislav bei Unterstützung des geplanten Zuges gegen Mailand die Königskrone und den Gewinn der Burg Bautzen zusicherte. Auf dem Regensburger Reichstag im September 1156 wurde der neue Bund besiegelt, worauf sich Vladislav im Spätsommer 1157 am Polenkrieg zugunsten Władysławs II. von Schlesien beteiligte und einen bedeutenden Beitrag zur Unterwerfung des polnischen Seniors Bolesław IV. leistete.

Nachdem Vladislav mehrfach seiner Entschlossenheit Ausdruck verliehen hatte, mit einem starken Truppenaufgebot am 2. Italienzug gegen die lombardischen Städte teilzunehmen, krönte der Kaiser am 11. I. 1158 auf dem Hoftag zu Regensburg Vladislav zum König, erhob Böhmen zum Königreich und bestätigte die Pflicht der polnischen Herzöge, für Schlesien Tribut zu leisten. Der Böhmenfürst, erstmals 1114 als Mundschenk und somit als Inhaber eines Erzamtes genannt, wurde damit zum Reichsfürsten erhoben und erhielt in der am 18. I. ausgefertigten Krönungsurkunde das Recht zugesprochen, sich an hohen Festtagen durch die Bischöfe von Prag und Olmütz das Krönungsdiadem *(circulus aureus)* aufsetzen zu lassen. Obgleich sich Vladislav künftig stets als *rex Boemorum* bezeichnete und am 8. IX. 1158 vor Mailand eine weitere „Festkrönung" erfolgte, versagte der Papst dieser Rangerhöhung von Herrscher und Land wegen seiner fehlenden Mitwirkung die Zustimmung. So blieb der Akt von 1158, wie zuvor die Krönung Vratislavs II. im Jahre 1085, auf die Person Vladislavs II. (als König: I.) beschränkt und bedingte noch nicht automatisch den Königstitel für die Nachfolger, obschon Kaiser Friedrich I. auch den kommenden Herrschern der böhmischen Länder das Privileg gewährt hatte, den *circulus* zu tragen.[39]

Die Einlösung des Versprechens, Heerfolge für den 2. Italienzug zu leisten, bereitete König Vladislav beim eigenen Adel einige Probleme; erst durch die Zusage reicher Belohnung fanden sich genügend Krieger, die dann mit großer Tapferkeit und ungestümer Angriffslust wesentlich zum Erfolg des Kaisers vor Mailand beitrugen, sich aber auch den Ruf erwarben, die schlimmsten Plünderer zu sein. 1161, 1162 und 1167 nahmen böhmische Kontingente an den weiteren Italienzügen des Kaisers teil. Erbstreitigkeiten im Teilfürstentum Olmütz bereinigte Vladislav rasch, indem er seinen aus dem polnischen Exil zurückgekehrten Vetter Soběslav einkerkerte und seinen ältesten Sohn Friedrich mit dieser reichen Provinz belehnte. 1163 intervenierte er in Ungarn zugunsten des ihm verwandtschaftlich verbundenen Stephan III. und konnte diesem gegen die vom byzantinischen Kaiser unterstützte Opposition den Thron sichern; 1164 wurde sogar die Verlobung der sechs Jahre zählenden Enkelin Vladislavs, Helena, mit dem Sohn Kaiser Manuels, Petros Komnenos, vereinbart. Auch in der Tübinger Fehde von 1166 kämpften böhmische Krieger mit, die dann 1167 mit großem

Einsatz die Eroberung Roms sicherzustellen halfen. Als aber im gleichen Jahr Bischof Daniel starb, der Friedrich I. in verschiedenen Funktionen wichtige Dienste geleistet hatte, begann sich das Verhältnis zwischen dem Kaiser und dem Böhmenkönig abzukühlen. Kirchenpolitische Auseinandersetzungen mögen diese Verschlechterung mitverursacht haben, denn die gesamte Geistlichkeit Böhmens wie auch Vladislavs Sohn Adalbert, seit 1168 Erzbischof von Salzburg, waren der Partei des Kaisergegners Papst Alexander III. beigetreten, obschon Friedrich Barbarossa mit Absetzungen entschlossen gegen sie vorging. Zwar beteiligte sich Vladislav 1172 noch am zweiten Polenzug des Kaisers, hatte aber wohl das Vertrauen Friedrichs I. wegen der Unterstützung seines als „Alexandriner" aus Salzburg vertriebenen Sohnes verloren.

Enttäuscht und ausgelaugt, ließ sich Vladislav 1173 zu einem unüberlegten Thronverzicht und zur Einsetzung seines Sohnes Friedrich als Nachfolger hinreißen, wobei er weder die Zustimmung des selbstbewußten Adels einholte noch die Břetislavsche Senioratserbordnung beachtete. Der ausbrechende Adelsaufruhr war Barbarossa willkommener Vorwand, im Interesse einer Festigung der kaiserlichen Machtstellung in Böhmen zu intervenieren und zugleich mit der kirchlich-alexandrinischen Opposition abzurechnen. Prätendent war einmal mehr Udalrich, der seit Jahren in der engsten Umgebung des Kaisers geweilt hatte und der in Böhmen – wie auch sein seit 1161 inhaftierter Bruder Soběslav – über einigen Anhang verfügte. Im September 1173 setzte Friedrich I. auf dem Hoftag zu Hermsdorf seinen gleichnamigen Patensohn als Herzog ab, weil dieser die Herrschaft ohne die gewohnheitsrechtliche Beteiligung des Adels und nicht vom Kaiser, sondern allein aus der Hand des Vaters empfangen habe, und ernannte Udalrich, der aber sogleich zugunsten seines inzwischen freigelassenen älteren Bruders Soběslav II. auf den Thron verzichtete. Vladislav II./I. hat diese Schmach nicht lange überlebt und starb am 18. I. 1174 in Thüringen. Immerhin hat er während seiner – von Adalbert Stifter in dem Roman „Witiko" einfühlsam geschilderten – Regierungszeit wichtige Impulse für die weitere Entwicklung der böhmischen Länder gegeben, so daß die positive Würdigung, die er in den zeitgenössischen Berichten erfuhr, auch in der modernen Geschichtsschreibung zurecht weiterlebt.

Verstärkte Einbeziehung in den Reichsverband

Soběslav II. (1173–1178) begnügte sich damit, als *dux Boemiae* das Land zu regieren. Udalrich, nach seinem Thronverzicht mit der Teilherrschaft Olmütz belehnt, mußte als Dank für die Intervention des Kaisers den 5. Italienzug mit einem böhmisch-mährischen Heer begleiten, zeichnete sich dabei aber nicht besonders aus. Als einige Krieger nach der vergeblichen Belagerung von Alessandria eigenmächtig heimkehrten, zeigten sich erste Anzeichen einer kaiserlichen Verstimmung, die rasch zunahm, als nach den 1175 ausgebrochenen Grenzstreitigkeiten mit Österreich ein von Herzog Soběslav und Konrad-Otto von Znaim geführtes Heer im Sommer 1176 das Land nördlich der Donau schwer verwüstete. Da außerdem Kirchen und Klöster in Mitleidenschaft gezogen worden waren, verhängte Papst Alexander III. den Kirchenbann über den Herzog, der sich das zusätzliche Mißfallen des Kaisers zuzog, einmal, weil er den ungarischen Prätendenten Géza, der über Böhmen zu Friedrich I. reisen wollte, gefangennehmen ließ und an König Béla III. auslieferte; dann aber auch, als er 1177 seinen Bruder Udalrich einkerkerte und versuchte, seinen bisherigen Verbündeten Konrad-Otto von Znaim auszuschalten. Durch den Frieden von Venedig mit Papst Alexander ausgesöhnt, unterstützte der Kaiser jetzt den von ihm selbst abgesetzten Exherzog Friedrich gegen Soběslav II., der nicht nur von vielen seiner Adligen verlassen wurde, sondern sich auch gegen Herzog Leopold von Österreich zur Wehr zu setzen hatte. Exherzog Friedrich gelang es, Prag in die Hand zu bekommen; als er aber im Dezember 1178 zur Belehnung im Reich weilte, konzentrierte Soběslav noch einmal alle Kräfte, um nach einem vergeblichen Überfall auf Prag wenigstens den zurückeilenden Friedrich in seine Hand zu bekommen. Obgleich er in einem ersten Gefecht am 23. I. 1179 bei Beraun siegte, mußte er doch am 27. I. vor Prag der durch Konrad-Otto von Znaim verstärkten Übermacht Friedrichs weichen. Nach langer Belagerung in Skala konnte Soběslav zwar entkommen, starb aber bereits am 29. I. 1180 „irgendwo in der Fremde", wie die Chronik lakonisch vermerkt.

Herzog Soběslav II. müssen während seiner turbulenten Regierungszeit dennoch Handel und Wirtschaft sowie eine Festigung der Rechtsstellung der in Prag lebenden Ausländer am Herzen gelegen haben, denn 1174/78 erließ er für Juden, Romanen und vor allem für die Deutschen einen Freibrief, in dem er – wie bereits Vratislav II. – den deutschen Kaufleuten unter der Prager Burg gestattete, nach ihren eigenen Rechten in Selbstverwaltung zu leben. Während früher das deutsche Element wohl hauptsächlich in Hofkreisen und der Kirchenhierarchie zu finden gewesen war, hatten jetzt, vielleicht als eine Art Vorhut der bald danach einsetzenden Ostsiedlung, auch Deutsche aus mittleren und unteren sozialen Schichten in der Hauptstadt, wahrscheinlich aber auch in Marktflecken und im Rahmen der Binnenkolonisation auf dem flachen Land in Rodungssiedlungen Fuß gefaßt.[40] Obgleich im sog. Soběslavschen Privileg „Böhmen" und „Deutsche" genau unterschieden wurden, waren darin nationale oder ethnische Abgrenzungsmomente noch nicht zu finden. Unter einer zunehmenden Ausgliederung hatten dagegen aber bereits die Juden zu leiden, die als Fernhändler seit dem ausgehenden 9. Jahrhundert (Zollordnung von Raffelstetten, um 904) regelmäßig die böhmischen Länder besuchten, aber erst im Verlauf des 11. Jahrhunderts nachweislich dauerhaft in Prag wohnen durften und dort spätestens 1091 eine jüdische Gemeinde gründeten. Eines der Kreuzfahrerheere hatte 1096 auch Prag heimgesucht, Zwangstaufen vorgenommen und die Widerstrebenden umgebracht. Die Lage der Juden hatte sich so verschlechtert, daß viele zu fliehen versuchten, was jedoch vom Herzog aus wirtschaftlichem Interesse unterbunden wurde. Obgleich einzelne Juden in einflußreiche Stellungen aufzusteigen vermochten, ließen sich die Herzöge die Schutzbedürftigkeit der Judenschaft gut honorieren und verstanden es, sie in Notlagen auch finanziell zu schröpfen. Offen diskriminierende Tendenzen machten sich im 12. Jahrhundert aber wohl noch nicht breit, weil im *Privilegium Sobieslaum* den Juden immerhin beim prozessualen Zeugenbeweis die gleiche Rechtsstellung wie den Deutschen und den Romanen eingeräumt wurde.[41]

Auch die zweite Regierungszeit Herzog Friedrichs (1178–1189) brachte den böhmischen Ländern nicht die notwendige innere Beruhigung. Die Unterstützung und Belehnung durch den Kaiser mußte der Herzog mit einer größeren Summe honorieren, die er nur durch eine drückende Sondersteuer einzutreiben vermochte – was den immer selbstbewußter operierenden Adel in Opposition trieb. Verärgert darüber, daß die aus dem Arpadenhause stammende Herzogin Elisabeth einen ungebührlich großen Einfluß auf die Politik nahm, wurde Friedrich im Sommer 1182 vom eigenen Adel aus Prag vertrieben und der Znaimer Teilfürst Konrad-Otto zum gesamtböhmischen Herzog ausgerufen. Der Kaiser beorderte die streitenden Parteien für den 29. September nach Regensburg, setzte Friedrich wieder in Böhmen ein, trennte aber Mähren als reichsunmittelbare Markgrafschaft ab und belehnte Konrad-Otto als selbständigen deutschen Reichsfürsten mit dem bisherigen böhmischen Nebenland. Das unter der – zeitweise ja nur sehr eingeschränkt ausgeübten – böhmischen Oberherrschaft in Mähren entwickelte Eigenbewußtsein von der *terra*, der *regia* oder *provincia Moraviae* hat die Abtrennung und die Erhebung zur Reichsunmittelbarkeit sicher gefördert.[42] Die durch die Verleihung der Immunitätsrechte an das Olmützer Bistum 1144 begründete Sonderstellung auf kirchlichem Gebiet und die Tatsache, daß Konrad-Otto 1184 einen neuen Bischof aus eigener Machtvollkommenheit einsetzte und vom Kaiser bestätigen ließ, konnte ebenfalls genutzt werden, die Eigenentwicklung Mährens und seine unmittelbare Einverleibung in den Reichsverband zu unterstreichen.[43]

Der weiterschwelende Konflikt im Přemyslidenhaus bot Kaiser Friedrich I. aber auch Gelegenheit, das böhmische Herzogtum fester in den Kreis der Reichsfürstentümer und die Prager Diözese in den Verband der Reichskirche einzugliedern. 1184 versuchte Wenzel, der jüngste Sohn Soběslavs I. und zeitweiliger Teilfürst von Olmütz, Prag im Handstreich zu nehmen, wurde aber zurückgeschlagen. Dieser Erfolg ermutigte Herzog Friedrich, unter seinem jüngeren Bruder Přemysl Otakar ein Heer aufzustellen mit dem Ziel, den neuen Markgrafen Konrad-Otto aus Mähren zu vertreiben und die Vereinigung der böhmischen Länder zu erzwingen. Die Abwesenheit des Kaisers, der sich gerade in Italien aufhielt, nutzend, verwüsteten die Böhmen das Znaimer Gebiet und schlugen am 10. XII. 1185 Konrad-Otto bei Lodenitz nahe Mährisch-Kromau entscheidend, ohne allerdings den schwerumkämpften Sieg mit der Eroberung von Brünn krönen zu können. In dem Dorfe Knin bei Dobříš mußte sich zu Jahresbeginn 1186 Markgraf Konrad-Otto auf einer Zusammenkunft der Přemyslidenfürsten bereitfinden, trotz der reichsunmittelbaren Stellung die böhmische Oberherrschaft über Mähren wieder anzuerkennen. Als dann der Prager Bischof Heinrich-Břetislav, ein Vetter des Herzogs, bei Friedrich I. Klage wegen

Mißachtung des Kirchenbesitzes durch den jetzt sehr selbstbewußt auftretenden Herzog Friedrich erhob, nutzte der Kaiser sogleich die Gelegenheit, um am 4.III.1187 den Prager Bischof zum Reichsfürsten zu erheben und damit auch den umfangreichen Kirchenbesitz der Prager Diözese dem Einfluß des Herzogs weitgehend zu entziehen. Gleichzeitig betonte Barbarossa seinen Rechtsstandpunkt, daß allein der römisch-deutsche König berechtigt sei, die Investitur sowohl des Prager als auch des Olmützer Bischofs vorzunehmen.[44] Mit dieser von den Zeitgenossen als offenkundige Demütigung empfundenen Einmischung des Kaisers in die innerböhmischen Belange war die Machtstellung des Prager Herzogs weiter eingeschränkt worden; er mußte nach der Herauslösung Mährens und des böhmischen Kirchenbesitzes fürchten, die vollständige Eingliederung seines Territoriums in den Reichsverband und die Gleichstellung der böhmischen Länder mit den übrigen Reichsgebieten nicht aufhalten zu können.

Nach dem Tode Herzog Friedrichs (†25.III.1189) hatte Markgraf Konrad-Otto keine Schwierigkeiten, sich mit Zustimmung des Adels zum Herzog von Böhmen wählen zu lassen; bereits im Mai erlangte er von Kaiser Friedrich I. die formale Belehnung. Um sich die Unterstützung des Adels zu erhalten, erließ er die Konradinischen Statuten, die erste schriftliche Sammlung des böhmischen Gewohnheitsrechtes, in denen er die Besitztitel des Adels auf seine Eigengüter ausdrücklich anerkannte und das Ausmaß der herzoglichen Kontrolle über die adligen Herrschaftsrechte eindeutig festlegte.[45] Von der Verpflichtung, am 3. Kreuzzug teilzunehmen, auf dem Kaiser Friedrich Barbarossa den Tod fand, entbunden, hatte Konrad-Otto sich aber am Italienzug Kaiser Heinrichs VI. (1190–1197) zu beteiligen; bereits im September 1191 starb er bei der Belagerung von Neapel an der Pest.

Diesen als „rechtschaffen, weise und recht gebildet" gerühmten Fürsten wollten gleich vier Přemysliden beerben. Wenzel, der als erster seine Ansprüche anmeldete, scheiterte an der geschlossenen Abwehr der anderen Prätendenten. Durch Vermittlung des Prager Bischofs Heinrich-Břetislav stimmte Kaiser Heinrich VI. nach Bezahlung von 6000 Mark Silber zu Jahresbeginn 1192 der Belehnung Přemysl Otakars mit Böhmen und seines jüngeren Bruders Vladislav Heinrich mit Mähren zu, die als Söhne König Vladislavs I. die begründetsten Ansprüche auf die Nachfolge anmelden konnten. Ohne sich viel um den hartbedrängten Kaiser zu kümmern, dem er die versprochene Summe schuldig blieb, mischte Přemysl Otakar I. in der welfisch-sächsischen Fürstenopposition mit, was ihm nach der Aussöhnung Heinrichs VI. mit Richard Löwenherz die Absetzung eintrug. Bischof Heinrich-Břetislav, der als halber Gefangener am Hofe des Kaisers geweilt hatte, wurde danach aber in Worms selbst mit Böhmen belehnt und machte sich im August 1193 an die Eroberung des Landes. Da der Adel sogleich von Přemysl abfiel, konnte sich der neue Herzog, der seine Bischofswürde nicht aufgab, bis Weihnachten in Prag festsetzen und im Mai/Juni 1195 auch Vladislav Heinrich aus der Markgrafschaft Mähren vertreiben, die er, erneut in einzelne Provinzen aufgeteilt, von ihm ergebenen Přemyslidenprinzen verwalten ließ. So waren, unbeschadet der entschlossenen Maßnahmen

Kaiser Friedrich Barbarossas, die Reichsunmittelbarkeit der böhmischen Länder durchzusetzen, alle drei Teilbereiche – das Herzogtum Böhmen, die Markgrafschaft Mähren und das Bistum Prag – wieder in einer Hand vereint. Ohne das auf dem Reichstag zu Worms im Dezember 1195 abgegebene Versprechen, sich an dem geplanten neuen Kreuzzug Kaiser Heinrichs VI. mit einer ansehnlichen Begleitung zu beteiligen, wegen der Unlust des Adels einlösen zu können, starb Heinrich-Břetislav nach längerer Krankheit jedoch schon am 15. VI. 1197 in Eger. Přemysl Otakar I., der bereits zuvor vergeblich die Einnahme der Hauptstadt Prag versucht hatte, mußte mit ansehen, wie sein jüngerer Bruder Vladislav Heinrich am 22. VI. vom böhmischen Adel auf den Thron gehoben wurde. Ein weiterer Mitbewerber, Spytihněv von Brünn, wurde durch Blendung ausgeschaltet; das erledigte Bistum Prag besetzte der neue Herzog unter Mißachtung des Mitbestimmungsrechts des Domkapitels und des kaiserlichen Investiturprivilegs mit seinem Kaplan Milico-Daniel, gegen den sich sofort der Widerstand des Weltklerus richtete.

Böhmens Erhebung zum erblichen Königreich

Diesen internen böhmischen Konflikt und die nach dem Tode Kaiser Heinrichs VI. im Reich ausgebrochene Rivalität zwischen Philipp von Schwaben (1198–1208) und dem Welfenherzog Otto von Braunschweig (1198–1215) um die Krone wußte Přemysl Otakar I. geschickt für seine eigene Machterhebung zu nutzen. Ohne daß es zum offenen Kampf ihrer sich gegenüberliegenden Heere gekommen wäre, einigten sich die beiden Brüder am 6. XII. 1197, dem älteren Přemysl die Herrschaft über Böhmen zu überlassen und den jüngeren Vladislav Heinrich mit der Markgrafschaft Mähren zu entschädigen. Da sich Přemysl sofort auf die Seite der staufischen Partei im Reich gestellt hatte, erlangte er von König Philipp am 15. VIII. 1198 nicht nur die Königskrönung und die Bestätigung der erblichen Königswürde für seine Nachkommen, sondern auch das Recht zur Investitur der Bischöfe seiner Länder. Die fortdauernden Kämpfe im Reich und die Entschlossenheit Přemysl Otakars I., die politische Instabilität zum Ausbau und der weiteren Absicherung der neuen Würde zu nutzen, boten eine bessere Chance als die vorausgegangenen Versuche in den Jahren 1085 und 1158, das Königtum für die böhmischen Länder dauerhaft zu behaupten.

Die verworrenen Verhältnisse im Reich, in die sich zunehmend auch Papst Innocenz III. (1198–1216) an der Seite der Welfen einzumischen begann, veranlaßten Přemysl, 1202 die Seiten zu wechseln. Hinter diesem Entschluß standen päpstliche Ermahnungen und der Wunsch, seine 1198/99 eingegangene zweite Ehe mit Konstanze von Ungarn sanktionieren zu lassen, nachdem er zuvor seine erste Gattin Adele von Meißen verstoßen hatte. In Anerkennung für die Bereitstellung eines böhmischen Kontingents im Kampf gegen die Staufer auf thüringischem Boden wurde Přemysl am 24. VIII. 1203 in Merseburg vom Kardinallegaten Guido feierlich gekrönt und ihm auch von dieser Seite das Recht der Bischofsinvestitur zugestanden. Da er aber die Zustimmung zur Errichtung eines eigenen Metropolitansitzes in Prag nicht durchzusetzen vermochte und sich Widerstand unter dem Adel wegen der offenen Unterstützung der in Böhmen unpopulären welfischen Partei regte, ja, als König Philipp erwog, Přemysl zu entthronen und dafür den Fürsten Theobald III., einen Urenkel Herzog Vladislavs I., einzusetzen, und der Staufer auch erste militärische Erfolge gegen den Böhmenkönig errang, kam es noch 1204 zu einem – den erneuten Frontwechsel bedingenden – Friedensschluß. Unter Anerkennung seiner neuen königlichen Würde, aber mit der Auflage, 7000 Mark Silber als Buße zu bezahlen und einen Teil Ostböhmens (die Distrikte Tschaslau, Chrudim und Vratislav) an Theobald III. zu übertragen, kam die Aussöhnung Přemysls mit König Philipp zustande. Durch die im Jahre 1207 vereinbarte Verlobung der beiden Kinder Wenzel und Kunigunde von Schwaben wurde diese Allianz zusätzlich abgesichert.

Die Ermordung König Philipps († 12. VI. 1208) durch Otto von Wittelsbach ließ Přemysl Otakar I. aber erneut in das Lager Ottos IV. übertreten. Doch als sich Innocenz III. und der Welfe 1210 zerstritten, verfocht der Böhmenkönig die Wahl des jungen Friedrich II., des Sohnes von Heinrich VI., zum neuen deutschen König. Als Antwort enthob Otto IV. Přemysl seiner böhmischen Herrschaft und setzte dessen erstehelichen Sohn Vratislav zum Nachfolger ein; zu Pfingsten 1212 wurde in Nürnberg auch dessen förmliche Belehnung mit Böhmen vollzogen. Dieser Akt blieb ohne Auswirkungen, weil König Friedrich II. (1211–1250) am 26. IX. 1212 in Basel in der Goldenen Sizilianischen Bulle Přemysl „in Berücksichtigung der glänzenden Beweise der Ergebenheit ... und weil sein König Ottachar ihn [Friedrich II.] von Anbeginn mit anderen Fürsten, eigentlich vor anderen zum Kaiser erwählt hat“, die erbliche Königswürde ausdrücklich bestätigte; den Přemysliden wurde „das Königreich Böhmen frei, ohne jede Geldleistung und ohne die gewohnte Verpflichtung gegen den kaiserlichen Hof“ in seinen alten Grenzen allein mit der Auflage übertragen, nach einer böhmischen Königswahl die Regalien des Kaisers einzuholen, diesen zur Kaiserkrönung nach Rom mit 300 Bewaffneten zu begleiten oder 300 Mark Silber Ablöse zu bezahlen, sowie nur die in Bamberg, Nürnberg oder Merseburg angesetzten Hoftage zu besuchen. Das Recht, die Bischöfe einzusetzen, wurde dem Böhmenkönig ausdrücklich von neuem bestätigt. Neben der Übertragung außerböhmischen Besitzes an Přemysl Otakar I. nahm Friedrich II. auch eine Festschreibung der Rechte der Markgrafen in Mähren vor. Diese Goldene Bulle von 1212 beinhaltete nicht nur eine wichtige Absicherung der königlichen, sondern auch der persönlichen Stellung Přemysl Otakars I. und schloß ein für alle Mal Versuche wie die von Kaiser Friedrich I. eingeleiteten aus, die böhmischen Länder dem Reichsverband unmittelbar einzuverleiben und über das Investiturrecht auch die Kirchenorganisation der Reichskirche zu unterstellen. Jetzt hatte das Rechtsverhältnis des Königreichs Böhmen – *regnum Boemiae* – zum Reich eine präzise und dauerhafte Abgrenzung in Anerkennung der inneren Unabhängigkeit der přemyslidischen Länder erfahren, auch wenn der deutsche König und römische Kaiser im Lehnsverfahren der Gerichtsherr über den König von Böhmen – *rex Boemorum* – blieb, der sein *regnum* von ihm als Lehen empfing.[46]

Entwicklung und Aufstieg der Adelsklasse

Während der dauernden Thronstreitigkeiten, die seit der Mitte des 11. Jahrhunderts immer wieder eine wirkliche Konsolidierung der böhmischen Länder verhindert und dem deutschen König zahllose Interventionsmöglichkeiten geliefert hatten, war den Gefolgschaften des Herzogs bzw. der jeweiligen Prätendenten eine wachsende Bedeutung zugefallen. Mit der Schwächung der Zentralgewalt ging die Ausformung der Adelsklasse einher, wobei die magnatengleichen Abkömmlinge des alten Stammesadels entweder ausstarben oder gewaltsam entmachtet wurden, während die im Dienst des Fürsten bewährten Mitarbeiter und Mitstreiter avancierten und bereits im 12. Jahrhundert ihrerseits begannen, sich nach unten abzuschließen und innerhalb ihres Standes eine soziale Stratifikation durchzumachen. Mit der Burg-Kastellaneiverfassung war der Aufstieg der *comites* verbunden, die – zumal während der Thronkämpfe – zu einem wichtigen Machtfaktor wurden und nicht nur ihre Zustimmung bei der Wahl eines neuen Herzogs abgaben, sondern als relativ unabhängige Verwalter ihres Burgbezirks und der darin wohnenden Bevölkerung über bedeutsame materielle Ressourcen verfügten. Obgleich die Machtfülle der böhmischen Herzöge theoretisch unbeschränkt war, hatten sie aber auch auf die *nobiles* und die sich absondernden *proceres, primates,* den sich entwickelnden Hochadel, Rücksicht zu nehmen, die alle bei wichtigen Angelegenheiten gehört und um ihre Stellungnahme gebeten werden wollten. Mit der Zeit setzte sich *via facti* und aus dem Gewohnheitsrecht abgeleitet ein Mitspracherecht des Adels durch, das der Fürst durch die unregelmäßige Einberufung von Versammlungen *(colloquia)* anerkannte, wobei es aber allein ihm vorbehalten blieb, Ort, Zeit und Besprechungspunkte festzulegen. Auch zu Gerichtsverfahren gegen weltliche und geistliche Würdenträger oder zur Wahl des Bischofs wurden Adlige hinzugebeten, ohne daß über das Ausmaß ihrer Beteiligung an der Entscheidungsfindung klare Aussagen gemacht werden können. Seit der zweiten Hälfte des 12. Jahrhunderts ist wohl davon auszugehen, daß der Adel alle bedeutsamen Beschlüsse beeinflussen und durch sein Eintreten für einen mit seiner Zustimmung auf den Thron gelangten Fürsten auch durchsetzen konnte.

Diese Entwicklung zugunsten einer Erweiterung der Mitbestimmungsrechte des Adels war auch dadurch begünstigt worden, daß die Herzöge nach der anfänglichen Belohnung in Naturalien und durch Geschenke dazu übergehen mußten, für bestimmte Dienste Land zu vergeben, das nach einer gewissen Zeit in derselben Familie als erblicher Besitz angesehen wurde. Dies weckte die Neigung, mehr Land zu erwerben und zu größeren Herrschaften zusammenzulegen. Während die alten Burgwälle als unzeitgemäße Verteidigungsanlagen aufgegeben wurden, begannen diese adligen Grundbesitzer mit dem Bau kleinerer Herrenburgen als Wohnsitz und zum Schutz ihrer Güter und übertrugen deren Namen häufig auf die eigene Familie. Besonders in den Randlandschaften, die erst im Verlauf der Binnenkolonisation des 12. Jahrhunderts konsequent und dauerhaft besiedelt wurden, konnte dieser grundbesitzende Adel Fuß fassen. So wußten sich die Hrabschitze (Riesenburger) bereits nach 1060 um die Riesenburg an der Kulmer Steige einen umfangreichen Landbesitz zu sichern, der sich von Pardubitz (Pardubice) und Leitomischl im Nordosten bis nach Westböhmen und in die Gegend von Karlsbad erstreckte; die Markwarde (Markwartizen, -tinger), deren Familienangehörige mehrfach als *camerarius regis* oder Burggrafen nachgewiesen sind, hatten ihren Hauptbesitz um die Burg Löwenberg zwischen Tetschen und Deutsch-Gabel.[47] Die Witigonen (Rosenberger) ließen sich in Südböhmen nieder, besaßen aber auch im nordöstlichen Grenzgebiet um Wildenschwert und Landskron ausgedehnten Grundbesitz,[48] während die Lichtenburger an der Iglauer Steige ihren Güterkomplex ausbauten und die Nachkommen Hroznatas (Groznata de Peruz/von Guttenstein?), der 1193 das Prämonstratenserkloster Tepl gestiftet hatte, ihren umfangreichen Grundbesitz im nordwestlichen Grenzland ausbauten. Mit der 1189 von Herzog Konrad-Otto anerkannten Lehenerblichkeit der Leihgüter *(Promeritorien)* und der Möglichkeit, im Rahmen des Landesausbaus weiteren Allodialbesitz zu erwerben, hatte der Adel, dem bald große Teile des landwirtschaftlich nutzbaren Bodens als freies Eigen gehörten, seine Position auch einem inzwischen zum König erhobenen Fürsten gegenüber behauptet und konnte darauf pochen, noch stärker an der Festlegung und Durchführung der Innen- und Außenpolitik Böhmens beteiligt zu werden. Gerade um diesen wachsenden Druck zu neutralisieren und Rückhalt gegen Adel und hohen Klerus zu gewinnen, wandte sich Herzog Soběslav II. gezielt den breiten Volksschichten zu, so daß er als *princeps rusticorum* in der Überlieferung fortlebte.

Mit dieser Stärkung der Adelsstellung ging eine weitere Entrechtung der bäuerlichen Bevölkerung einher, denn die grundherrlichen Bauern wurden schollenpflichtig und hatten zunehmend Geldzins für ihr individuell genutztes und bewirtschaftetes Land abzuführen. Eine Art dörflicher Selbstverwaltung, Rechtspflege oder den Ansatz zu genossenschaftlichen Ordnungen gab es im Gegensatz zu anderen slavischen Ländern vor dem 13. Jahrhundert in Böhmen und Mähren nicht. Die nach 1100 im Rahmen des slavischen Landesausbaus errichteten Siedlungen, durch die zuerst das bewaldete und höher gelegene südliche Mittelböhmen und im Süden die Täler von Ottawa und Lainsitz sowie in Mähren das Gebiet der von der Böhmisch-Mährischen Höhe zur March fließenden Bäche erschlossen wurden, dürften vor allem von den adligen Grundherren vorangetrieben worden sein, während der Fürst die westlichen Grenzwälder – zum Teil mit aus Polen verschleppten Gefangenen – in einer Art „Staatskolonisation" durch besondere „Grenzwächter" besiedeln, kontrollieren und durch die „Landestore", die meist auf Paßhöhen lagen, sichern ließ. Wegen der Bedeutung Böhmens als Transitland und des raschen Anwachsens des Binnenhandels mußten die Herzöge das Straßennetz ausbauen, die Anlage von Märkten fördern und die innere Sicherheit erhöhen. Da diese weitgespannte Expansion die Kraft des tschechischen Volkes zu überfordern drohte und bereits an vielen Stellen die Nachbarschaft der deutschen Siedlungs- und Ausbauräume erreicht war, lag es nahe, angeworbene Bauernsiedler für die fortschreitende Binnenkolonisation anzusetzen. Diese bereits im ausgehenden 12. Jahrhundert eingeleitete Entwicklung wurde im Verlauf des 13. Jahrhunderts zielgerichtet weiterverfolgt.

Neben dem Fernhandel, der seine frühere Bedeutung beibehalten hatte und in Prag, dem Hauptkreuzungspunkt des innerböhmischen Straßennetzes, nach wie vor sein wichtigstes Zentrum besaß, waren im 11./12. Jahrhundert an Straßenkreuzungen und Furten oft von Burgen gesicherte Handels- und Marktplätze entstanden, in denen Handwerker den notwendigen Schutz sowie günstige Ankaufs- und Absatzmöglichkeiten vorfanden. Den fremden Kaufleuten wurden, um sie und ihre Waren ins Land zu ziehen, viele Privilegien wie Handels- und Zollfreiheit, persönlicher Rechtsschutz und Königsfrieden zugesichert. Da die Handelsplätze des Landesherren größere Rechtssicherheit boten und meist auch an den Kreuzungen wichtiger Handelsstraßen lagen, überflügelten sie, wie z. B. Königgrätz (Hradec Královê), Iglau, Pilsen, Leitmeritz oder Saaz, bereits im 12. Jahrhundert die adligen Gründungen an wirtschaftlicher Bedeutung.[49]

Im Verlauf des 12. Jahrhunderts war Böhmen fest in die westlich-abendländische Kulturentwicklung und die römische Kirchenorganisation integriert worden. Der endgültige Bruch zwischen der Kurie und Byzanz 1054 hatte zwei Jahre später zur Ausweisung der slavischen Mönche aus dem Kloster Sázava geführt; die Versuche Vratislavs II., mit ihrer Rückberufung 1064 die slavische Liturgie im Lande zu beleben, scheiterten 1080 am entschiedenen Widerstand Papst Gregors VII., so daß sie nach dem Tode ihres fürstlichen Protektors 1096 ihre bisherige Wirkungsstätte endgültig aufgeben mußten. Die danach einseitig nach lateinischem Ritus ausgerichtete Geistlichkeit trug Sorge, daß die letzten Überbleibsel altslavischer Tradition ausgemerzt wurden und in religiösen, historischen und literarischen Werken in Sprache, Stil und Inhalt nur die westeuropäischen Entwicklungstendenzen Berücksichtigung fanden. Ein multinationales Priester- und Mönchstum sowie die Ausbildung der führenden böhmischen Kleriker im Ausland trugen ebenfalls zur raschen Durchsetzung westlicher Vorbilder bei. Dieser Tendenz folgte auch der Kirchenbau: süddeutsche Einflüsse herrschten bei der Errichtung der Domkirchen, Kollegiatskapitel und Klöster vor. Eine besondere Leistung stellte der von Vladislav II./I. vorangetriebene Bau der steinernen Judithbrücke dar (zwischen 1158 und 1172), die bis zu ihrem hochwasserbedingten Einsturz 1342 eine feste Verbindung von der Prager Altstadt zum aufstrebenden Viertel unter der Burg (Kleinseite) gewährleistete.

3. Böhmen als přemyslidisches Königreich

Přemysl Otakar I.

Durch die 1212 von Friedrich II. erlassene Goldene Sizilianische Bulle, dem Dank für Přemysl Otakars I. entscheidenden Anteil an der Wahl und der Wiederherstellung der staufischen Herrschaft im Reich, war die Erbmonarchie der Přemysliden in Böhmen dauerhaft verankert worden. Aus Dankbarkeit für diese Absicherung zögerte Přemysl nicht, Kaiser Friedrich II. bei der Durchsetzung seiner Herrschaftsansprüche Otto IV. gegenüber vorbehaltlos zu unterstützen; er nahm nicht nur an allen wichtigen Hoftagen – wie dem von 1213 in Eger – teil, sondern stellte auch Truppen für die militärischen Auseinandersetzungen ab. Die Anerkennung für diesen Einsatz blieb nicht aus: Als Přemysl 1216 daran ging, mit der am 8. VI. unter Zustimmung des Adels erfolgten Wahl seinen ältesten Sohn aus zweiter Ehe, Wenzel (Václav), zum böhmischen König zu erheben und dadurch anstelle der von Břetislav I. 1040 verfügten Senioratserbfolge offen die Primogenitur einzuführen, stellte Friedrich II. am 26. VIII. in Ulm unter Goldbulle das Konfirmationsprivileg aus, in dem das Nachfolgerecht Wenzels auch von Kaiser und Reich sanktioniert wurde. Da auch Markgraf Vladislav Heinrich von Mähren dieser Regelung zustimmte und Fürst Theobald III., der zeitweilige Teilherrscher in Ostböhmen, die Stärkung der Zentralgewalt nicht aufzuhalten vermochte und nach 1217 keine aktive politische Rolle mehr spielte, konnte die früher wegen der ständigen Thronstreitigkeiten der Přemyslidenfürsten untereinander gefährdete Machtstellung des Hauses durch eine geordnete Sukzession vorerst als gesichert gelten.

Kirchenpolitisch dagegen sah sich Přemysl Otakar I. seit Ende 1216 in einen ausufernden Streit mit dem Prager Bischof Andreas (1215–1224) verwickelt, der mit tatkräftiger Unterstützung Papst Innocenz' III. weitgehende Immunitäten in allen Fragen forderte, die mit der kirchlichen Freiheit – *ecclesiastica libertas* – zusammenhingen. Dieser Konflikt, häufig als „böhmischer Investiturstreit" bezeichnet, spitzte sich so weit zu, daß der streitbare Bischof außer Landes gehen mußte, ganz Böhmen mit dem Interdikt belegt wurde und zahlreiche Kleriker ihre Posten verloren. Papst Honorius III. (1216–1227) hielt dem kirchentreuen und um einen Ausgleich bemühten König vor, daß es in Böhmen keine geistliche Gerichtsbarkeit gebe und die Einsetzung der Geistlichen nicht durch den Bischof erfolge; zudem sei der Kirchenzehnt nicht regelmäßig entrichtet und dem Klerus ungebührliche Belastungen auferlegt worden. Von allergrößter Tragweite war aber das Ansinnen, alle der Kirche Böhmens einst von Päpsten, Kaisern, Fürsten und Privatpersonen erteilten Privilegien anzuerkennen, zu erneuern und die damit verbundenen Rechte und Besitztitel zurückzuerstatten. Nach einem im Januar 1221 unter den Auspizien des Papstes erzielten Vergleich sprach Přemysl Otakar I. am 30. VI. 1221 für das Prager Bistum die geforderte Erneuerung der Privilegien aus, verzichtete auf alle bisherigen Lasten und Abgaben der kirchlichen Einrichtungen und stellte in allen weltlichen Streitpunkten die alleinige Jurisdiktion des Königs sicher. Am 5. III. 1222 erhielten auch die Klöster und Konventualkirchen der Prager Diözese ein umfangreiches Grundprivileg, das ihnen alle gewünschten rechtlichen und wirtschaftlichen Immunitäten und Exemtionen gewährleistete. Der König hatte mit diesen – einem Konkordat entsprechenden – Vereinbarungen nicht nur auf die bisher von ihm als Landesfürst selbstverständlichen Rechte Verzicht leisten müssen, sondern auch bedeutende Vermögenseinbußen hinzunehmen.[50] Oft ohne hinreichende Besitztitel und mit plumpen Fälschungen suchten in den kommenden Jahrzehnten kirchliche Institutionen ihr Gut zu mehren und die Freistellung von lästigen oder kostspieligen Verpflichtungen zu erreichen; einige Klöster nahmen in den Folgejahren einen erstaunlichen wirtschaftlichen Aufschwung, den sie nur mit Hilfe der jetzt bereits jenseits der Grenze angeworbenen Neusiedler erreichen konnten. Dem König blieb 1227 nur das Eingeständnis: „Das, was bisher nach allgemeinem Landrecht unseren Zwecken zunutze kam, . . . haben wir aufgegeben." Da Přemysl Otakar I. bereits 1206 die Olmützer Bischofskirche von ihren Zahlungsverpflichtungen an den Herrscher entbunden und ihren gesamten Besitz bestätigt hatte, konnte die Kirche ihre Sonderstellung gerade zu dem Zeitpunkt absichern und ausbauen, als mit der Rangerhöhung Böhmens nach außen Rücksichtnahme auf die innere Machtstellung des Königs nicht mehr erforderlich schien.[51]

Von dem gewachsenen Ansehen des Přemyslidenhauses zeugen auch die dynastischen Verbindungen, die Přemysl Otakar I. für seine zahlreiche Nachkommenschaft aus zwei Ehen zustande brachte. Seine Tochter Margarete war seit 1205 mit König Woldemar II. von Dänemark verehelicht, Judith mit Herzog Bernhard II. von Kärnten und Anna mit Herzog Heinrich II. von Breslau. Der Plan jedoch, seine jüngste Tochter mit König Heinrich (VII.), dem Sohn Kaiser Friedrichs II. zu vermählen, scheiterte; spätere Versuche, die mit einer reichen Mitgift ausgestattete Agnes König Heinrich III. von England zur Frau zu geben, kamen um 1228 zu keinem Ergebnis, worauf sie 1233 das großzügig dotierte Franziskanerkloster an der Prager Brücke stiftete und bald danach als Äbtissin in den von ihr fundierten Klarissinnenkonvent St. Franciscus in Prag eintrat.[51a] Vor der am 6. II. 1228 in Prag erfolgten Krönung Wenzels zum „jüngeren König" durch Erzbischof Siegfried von Mainz ist die bereits seit 1207 betriebene Heirat des Thronfolgers mit Kunigunde von Schwaben, der Tochter König Philipps und Cousine Friedrichs II., vollzogen worden, so daß verwandtschaftliche Beziehungen zum Kaiserhaus doch noch hergestellt werden konnten. Keine Probleme warf für Přemysl Otakar I. nach dem Tode Vladislav Heinrichs im Jahre 1222 die Übertragung der Markgrafschaft Mähren an seine eigenen Söhne Vladislav und Přemysl (1228–1239) auf.

Wohl aus Enttäuschung über das gescheiterte Heiratsprojekt Heinrichs (VII.) mit Agnes hatte Přemysl Otakar gelegentlich die Positionen des Papsttums dem

Kaiser gegenüber unterstützt, zumal Friedrich II. durch die Verlobung seines Sohnes mit der Babenbergerin Margarete sein Interesse unterstrich, an der Südgrenze der böhmischen Länder stärker Fuß zu fassen, um dadurch auch den Bemühungen der Přemysliden, ihre Herrschaft in Richtung Donau hin zu erweitern, einen Riegel vorzuschieben. Im Frühjahr 1226 erfolgte ein böhmischer Einfall in die österreichischen Gebiete nördlich der Donau, der durch einen Vergeltungszug nach Südmähren beantwortet wurde. Dank der Vermittlung des Landgrafen Ludwig IV. von Thüringen wurde eine Waffenruhe vereinbart, die allein deshalb länger Bestand hatte, weil die Begeisterung für den sechsten Kreuzzug (1227–1229) auch Böhmen erfaßte und es den streitenden Parteien „an Kriegern fehlte". Der Kaiser, wegen des nichterfüllten Kreuzzugversprechens von Papst Gregor IX. mit dem Bann belegt, hatte sich im Reich mit Herzog Ludwig von Bayern auseinanderzusetzen und konnte nicht verhindern, daß Přemysl Otakar I. und sein tatendurstiger Sohn Wenzel, der noch zu Lebzeiten des Vaters immer selbständiger in die Politik eingriff, nach dem Tode von Herzog Leopold VI. († 28. VII. 1230) erneut in Österreich einmarschierten, zumal sich der neue Herzog Friedrich II. mit inneren Unruhen unter Beteiligung der einflußreichen Ministerialenfamilie der Kuenringe konfrontiert fand. Der Tod Přemysl Otakars I. am 12. XII. 1230 erzwang aber einen Abbruch des Unternehmens, zumal Wenzels jüngerer Bruder Přemysl, der Markgraf von Mähren, anfangs wenig Bereitschaft zeigte, die Königswürde und die Oberherrschaft des Nachfolgers anzuerkennen.

Das Fehlen aussagekräftiger zeitgenössischer Quellen erlaubt es nicht, die Persönlichkeit und die Bedeutung Přemysl Otakars I., der die Folgen der Doppelwahl von 1198 im Reich entschlossen zur weiteren Verselbständigung und endgültigen Rangerhöhung Böhmens auszunutzen verstanden hatte, präziser zu beschreiben. Abgesehen von seinem Einlenken im Kirchenstreit 1221/22 hat er sich in allen relevanten Punkten zu behaupten gewußt und ein gefestigtes, wohlhabendes Reich hinterlassen.

Wenzel I.

Dem konsequent zum Nachfolger aufgebauten Sohn Wenzel I. (1228/30–1253) fiel es nicht schwer, die Krone zu behaupten. Anfangs die Partei des Kaisers ergreifend, drang der neue Monarch im Juli 1231 noch einmal auf die ausdrückliche Bestätigung seiner königlichen Würde durch Friedrich II., den er danach im Konflikt mit seinem Sohn Heinrich (VII.) unterstützte und immerhin erreichte, daß der seiner Frau Kunigunde zustehende Anteil am staufischen Hausgut im Jahr 1235 mit 10000 Mark Silber abgelöst wurde. Da 1233 nach einem Einfall Herzog Friedrichs II. (des Streitbaren) in Südmähren, dem sein Schwager Přemysl gegen den eigenen Bruder Wenzel zur Seite stand, die alten Feindseligkeiten mit Österreich wieder aufflackerten, und da trotz der Vermittlung des Kaisers ein Ausgleich nicht zu erzielen war, beteiligte sich der Böhmenkönig an der Vollstreckung der im August 1236 über den letzten Babenberger verhängten Reichsacht. Nach der Einnahme Wiens im Februar 1237 nahm Wenzel an der Wahl des Kaisersohnes Konrad IV. zum römischen König teil und war als *procurator sacri per Germaniam imperii* einer der mit der Regentschaft beauftragten Fürsten. Durch die offenkundigen Bemühungen Kaiser Friedrichs II., Österreich selbst in Besitz zu nehmen, sah sich der Böhmenkönig in seinen Erwartungen auf eine Machterweiterung in Richtung Süden bitter enttäuscht. Vorerst hatte er aber in Mähren seinen Bruder Přemysl zur Räson zu bringen, der sich 1238 dem König schließlich unterwarf und durch seinen frühen Tod († 16.X. 1239) als potentieller Unruhefaktor ausschied; Wenzel hat die Markgrafschaft Mähren anschließend seinem ältesten Sohn Vladislav zur Verwaltung übergeben, den er mit der Babenbergerin Gertrud, einer Enkelin Leopolds VI., verloben konnte.

Diese seit langem geplante Verbindung sollte helfen, den neuen Kurs in Wenzels Politik abzusichern. Als Papst Gregor IX. 1239 Kaiser Friedrich II. erneut mit dem Bann belegte und exkommunizierte, schlug sich Wenzel auf die Seite der Staufergegner und konnte für das Versprechen, Herzog Friedrich dem Streitbaren bei der Wiedergewinnung seiner österreichischen Herrschaft Hilfe zu leisten, die Zusage zur späteren Abtretung der Gebiete nördlich der Donau an Böhmen erlangen. Doch bereits im Sommer 1240 näherte sich Wenzel wieder der kaiserlichen Partei an, nicht zuletzt weil Herzog Friedrich II. nach der Festigung seiner Stellung keine Neigung zeigte, die vertraglichen Vereinbarungen zu erfüllen. Als 1241 der Tatareneinfall vor allem für Mähren große Bevölkerungsverluste und schwere Sachschäden mit sich brachte und das flache Land im Oder- und Marchtal weitgehend verwüstet wurde, traten die anderen Streitpunkte kurzfristig zurück. Doch bereits im Herbst 1242 fiel Friedrich der Streitbare erneut in Mähren mit der Absicht ein, dadurch auch die geplante Eheschließung zwischen Vladislav und Gertrud zu sabotieren, die als mögliche Erbin Österreichs immer interessanter wurde und die jetzt selbst Kaiser Friedrich für sich zu gewinnen suchte. Mit Hilfe von Papst Innocenz IV. (1243–1254), der es auf die Beendigung der staufischen Herrschaft in Italien abgesehen hatte, konnte die schon 1239 vereinbarte Vermählung des mährischen Markgrafen Vladislav mit Gertrud von Babenberg 1246 endlich vollzogen werden, nachdem Herzog Friedrich II., der noch im Januar einem böhmischen Heer standgehalten hatte, am 15.VI. an der Leitha in Kämpfen gegen die Ungarn gefallen war. Die Aussichten, im Rahmen der Erbfolge jetzt in ganz Österreich Fuß fassen zu können, erlitten aber durch den plötzlichen Tod Vladislavs am 3.I. 1247 einen schweren Rückschlag. Die junge Witwe heiratete bald darauf den Markgrafen Hermann von Baden, der vom Kaiser sogleich als neuer Herzog in Österreich eingesetzt wurde.[52]

König Wenzel I., der es in seinen letzten Lebensjahren vorzog, immer ausgedehntere Zeitabschnitte in für ihn eigens erbauten abgelegenen Burgen mit wenigen Begleitern zu verbringen und deshalb oft nicht erreichbar war, sah sich wegen des sich zuspitzenden Konflikts zwischen Kaiser und Papst gezwungen, eindeutig Position zu beziehen – mit Auswirkungen auch auf die innerböhmischen Verhältnisse. Nach einem längeren Streit um die Wiederbesetzung des Bistums Olmütz mußte Wenzel auf Druck Gregors IX. und Innocenz' IV. seinen staufisch gesinnten Kandidaten Konrad von Hildesheim zugunsten des auf dem Lyoner Konzil ernannten Bruno von Schauenberg (1245–1281) opfern, der sich seinerseits sogleich bemühte, den schwankenden König fest in das päpstliche Lager einzubinden. An den Wahlen Heinrich Raspes 1246 und Wilhelm von Hollands 1247 zu Gegenkönigen hat Wenzel sich jedoch noch nicht beteiligt. Da aber ein Teil des böhmischen Adels offen für den Kaiser eintrat, die papsttreue Politik Wenzels verurteilte und mit dem zum Thronfolger aufgerückten ehrgeizigen und ungeduldigen Přemysl Otakar über eine personelle Alternative verfügte, wählte diese ghibellinisch gesinnte Adelspartei ihren erst 14 Jahre alten Kandidaten am 31. XII. 1247 zum „jüngeren König". Ob diese Demonstration wirklich zum Ziel hatte, Wenzel zu entmachten und gar des Thrones zu entheben, oder ob die Wahl Přemysl Otakars zum Mitregenten nur einen Kurswechsel und ein verstärktes Mitspracherecht der Adelsopposition sicherstellen sollte, läßt sich nicht zweifelsfrei belegen. Wider Erwarten konnte aber der alte König, nicht zuletzt dank des offenen Eintretens von Papst Innocenz IV., der die Anhänger Přemysls mit der Exkommunikation bedrohte, langsam das verlorene Terrain zurückgewinnen. Trotz eines im November 1248 bei Brüx (Most) gewonnenen Gefechts gegen die Anhänger des Sohnes, der später beklagte, „auf feindlichen Rat" den Kampf gegen den Vater aufgenommen zu haben, mußte König Wenzel der Abtretung der Regierungsgewalt an Přemysl Otakar zwar zustimmen, konnte aber bald darauf weite Teile Nord- und Nordwestböhmens besetzen und Mitte August 1249 Prag einnehmen. Durch eine List gelang es Wenzel, seinen Sohn gefangenzunehmen und ihn mit seinem Gefolge in Pfraumberg (Primda) einzukerkern, entließ ihn aber bereits im November in die ihm nach dem Tod des älteren Bruders Vladislav übertragene Markgrafschaft Mähren.[53] Die Entwicklung im Reich und der Kampf um das babenbergische Erbe in Österreich trugen mit zur raschen Entschärfung des Vater-Sohn-Konflikts bei.

Im Oktober 1250 waren nämlich Markgraf Hermann von Baden, in Teilen Österreichs als Herzog anerkannt, und im Dezember 1250 Kaiser Friedrich II. gestorben. Herzog Otto von Bayern, ein Onkel des verstorbenen Markgrafen und noch vom Kaiser bestallter Verweser, ließ seinen Sohn in Österreich einrükken, was dann auch König Wenzel zur militärischen Intervention veranlaßte. Nach längeren Verhandlungen huldigten die von den Kuenringen und Liechtensteinern gewonnenen österreichischen Stände am 21. XI. 1251 König Wenzel I., der seinen Thronerben Přemysl Otakar zum Statthalter bestimmte;[54] die Steiermark besetzte der ebenfalls Ansprüche anmeldende König Béla IV. von Ungarn. Um der böhmischen Forderung auf das babenbergische Gesamterbe zusätzliches Gewicht zu verleihen, ließ sich Přemysl am 11. II. 1252 mit der über doppelt so alten Margarete, Schwester Herzog Friedrichs des Streitbaren und Witwe König Heinrichs (VII.), verehelichen. Gegen diese Machtausweitung protestierte nicht nur Béla IV., der brennend und raubend Mähren und die Osthälfte Österreichs verwüstete, sondern es traten auch der Bayernherzog, die schlesischen und kleinpolnischen Piasten sowie Roman von Halicz, der rasch die bereits zweimal verwitwete Gertrud von Babenberg geheiratet hatte, mit der Forderung nach Berücksichtigung ihrer unterschiedlich begründeten Erbansprüche auf. Der römische König Konrad IV., der um Sizilien kämpfende Staufer, hatte seinerseits vorerst Desinteresse an dem Streit um Österreich signalisiert.

Přemysl Otakar II.

Nach dem Tod König Wenzels I. am 22.IX. 1253 sah sich Přemysl Otakar II. (1253–1278) aber gehalten, sich dem päpstlichen Lager und dem Gegenkönig Wilhelm von Holland anzunähern, worauf Papst Innocenz IV. einen am 3.IV. 1254 in Ofen geschlossenen Frieden mit Ungarn vermittelte, durch den die von ungarischen Truppen besetzte Steiermark zwar Béla IV. verblieb, Přemysl Otakar aber für das Versprechen, einen Kreuzzug gegen die heidnischen Prußen zu unternehmen, der Besitz des größeren Anteils von Österreich bestätigt wurde. Bereits zuvor, am 17.IX. 1253 in Krems und am 8.XI. 1253 in Prag, hatte Přemysl Otakar II. zusätzlich das Gelöbnis abgelegt, stets die Sache des Papsttums aktiv zu unterstützen.[55]

Es fällt auf, daß nicht nur bei diesem politischen Geschäft, sondern auch bei späteren bedeutsamen Entscheidungen Otakar sichtlich bemüht war, sein Vorgehen mit den Wünschen des jeweiligen Papstes in Übereinstimmung zu bringen und keine größeren Aktionen ohne Wissen und Billigung der Kurie *(beneplacitum)* durchführte. Schon im Dezember 1254 brach er ins Ordensland auf, war im Januar 1255 wahrscheinlich an der Gründung des ihm zu Ehren benannten Königsberg beteiligt, betrat aber bereits Anfang Februar wieder heimatlichen Boden. Die im selben Jahr ventilierte Möglichkeit, sich anstelle Wilhelms zum neuen deutschen König wählen zu lassen, hat er nicht entschlossen verfolgt; gleichwohl gab er 1257 seine Stimme zuerst für Richard von Cornwall, dann für Alfons X. von Kastilien ab, um für den König von Böhmen endgültig einen Platz im Wahlkolleg der sieben Kurfürsten zu gewinnen. Die Wirren des Interregnums und die Kämpfe der beiden Parteiungen im Reich suchte Přemysl Otakar II. im Bündnis mit dem Passauer Bischof zu einem Einfall in Bayern zu nutzen, wobei er aber im August 1257 vor Mühldorf am Inn eine empfindliche Schlappe einstecken mußte. Trotz seiner bereits früher nicht gerade überzeugenden Feldherrenqualitäten konnte auch diese Niederlage Přemysls Prestige nichts anhaben: Er galt allgemein als der mächtigste und reichste Reichsfürst und hatte durch die Vereinigung Böhmens, Mährens und Österreichs zu einem abgerundeten Ganzen seinen Ländern „einen unerwarteten und günstigen Frieden" *(inopinatam et optimam pacem)* geschenkt. So war es auch nicht verwunderlich, daß sich der durch die harte Regierungsführung des ungarischen Statthalters István (Stephan) in der Steiermark hart bedrängte Adel um Schutz an den Böhmenkönig wandte, der am 12. VIII. 1260 in der ersten Marchfeldschlacht bei Kressenbrunn einem ungarischen Heer eine vernichtende Niederlage beibringen und die Steiermark in Besitz nehmen konnte. Den Frieden mit Béla IV. gedachte er durch eine dynastische Verbindung abzusichern, bei der ihm aber seine ungeliebte kinderlose Frau Margarete im Wege stand.

Wahrscheinlich war Přemysl Otakar II. bereits vor seiner Ehe mit der ältlichen Margarete von Babenberg kurz verheiratet gewesen und besaß aus einer illegitimen Verbindung einen Sohn Nikolaus und zwei Töchter, denen Papst Alexander IV. trotz intensiver Bemühungen des Böhmenkönigs aber die Anerkennung versagte. Erst der Nachfolger Urban IV. hob dieses Verdikt für Nikolaus auf und stimmte im Herbst 1261 der Scheidung von Margarete zu, so daß Přemysl am 28. X. in Preßburg Kunigunde (Kunhuta), Tochter Rostislav Michailovičs von Černigov und Halicz, eine Enkelin König Bélas IV., ehelichen und am 25. XII. in Prag Krönung und Salbung durch Erzbischof Werner von Mainz vollziehen lassen konnte. Da ihm Kunigunde nach zwei Töchtern 1271 mit Wenzel II. auch einen legitimen Erben geboren hatte, schien der Bestand des Hauses gewährleistet. Der Papst hatte sich mit seinem Einverständnis zu diesen familiären Veränderungen den Böhmenkönig erneut verpflichtet, der als getreuer Sohn der Kirche nicht nur die Häresie im eigenen Land entschlossen bekämpfte, sondern durch Klostergründungen und großzügige Privilegiengewährung alles tat, um den kirchlichen Einfluß in Böhmen und Mähren weiter zu stärken.[56]

Nach dem großen Sieg über die Ungarn konnte Přemysl Otakar II. daran gehen, seine Herrschaft zu konsolidieren und nach außen abzusichern. Angesichts der ständigen Kämpfe während des Interregnums im Reich zeigte sich der Böhmenkönig vor allem nur daran interessiert, keinen Rivalen zu einer Machtposition aufsteigen zu lassen, seine eigenen Eroberungen abzurunden und ihnen eine zusätzliche Legitimierung zu geben. So vereitelte er mit päpstlicher Hilfe die vor allem vom Mainzer Erzbischof zwischen 1262 und 1268 ausgehenden Initiativen, durch eine Neuwahl, die nicht ihn selbst auf den deutschen Thron gebracht hätte, den weiteren Verfall der Reichsmacht aufzuhalten. König Richard von Cornwall wußte diese Einstellung am 9. VIII. 1262 mit der Bestätigung der Belehnung Přemysl Otakars II. mit Böhmen und Mähren sowie allen diesen Ländern zugehörigen Gebieten zu honorieren; gleichzeitig übertrug er ihm – aber ohne die dafür benötigte Zustimmung der anderen Kurfürsten einzuholen – Österreich und die Steiermark als Reichslehen. 1265/66 zur Würde des Vikariats Germaniens rechts des Rheins mit der Verpflichtung aufgestiegen, das umfangreiche und weitgehend als Privatbesitz genutzte Reichsgut zu verteidigen, versuchte Přemysl Otakar diese Position auszuschlachten, um sich als Stauferenkel das Anrecht auf Passau, Regensburg (24. VII. 1266) und Eger (9. V. 1266) zu sichern. Da es ihm mit Zustimmung der Päpste Urban IV. und Clemens IV. gelungen war, 1265 seinen Großneffen Władysław, den Sohn Herzog Heinrichs II. von Breslau, auf den Salzburger Erzstuhl zu setzen und mit Peter von Breslau das Bistum Passau ebenfalls einem getreuen Gefolgsmann zu übertragen, besaß er im Südwesten jetzt eine so feste Basis, daß er glaubte, unverzüglich die Abrechnung mit seinem langjährigen Rivalen Herzog Heinrich von Niederbayern wagen zu können. Nach schweren Verwüstungszügen der Böhmen stimmten beide Seiten im Mai/Juni 1267 einem durch päpstliche Vermittlung zustandegekommenen Friedensschluß zu, in dem der *Status quo ante* festgeschrieben wurde und Herzog Heinrich, der 1260 aktiv die Ungarn unterstützt hatte, versprechen mußte, sich künftig nicht mehr an einer antiböhmischen Koalition zu beteiligen.

Mit der weitsichtigen Unterstützung durch den Olmützer Bischof Bruno von Schauenberg, den König Wenzel I. bei seiner Ernennung 1245/46 nur mit großen Vorbehalten akzeptiert hatte, machte sich Přemysl Otakar II. daran, den alten Wunschtraum der Přemysliden nach einem eigenen Erzbistum für die böhmischen Länder und nach der kirchlichen Einigung seines Reiches, dessen böhmisch-mährische Gebiete Mainz, die österreichischen und steiermärkischen Territorien aber Salzburg unterstellt waren, zu erfüllen. Bruno, aus der Familie der Grafen von Holstein, hatte sich als loyaler Bischof von Mähren und als Statthalter in der Steiermark bewährt und war vom König zum Kanzler ernannt worden.[57] Um den Widerstand der Kurie gegen eine böhmische Metropolie zu beseitigen, hatte er die Wiederholung des kurzen und wenig erfolgreichen Kreuzzugs von 1254/55 gegen die heidnischen Prußen und Litauer in Aussicht gestellt, der bereits für 1264 vorgesehen war, dann aber erst im Winter 1267/68 durchgeführt wurde. Während Urban IV. dem Plan einer Erhebung von Olmütz zum Erzbistum geneigt schien, lehnte ihn Clemens IV. ab und versprach nur, die Ausweitung der böhmischen kirchlichen und politischen Gewalt in den neueroberten Gebieten an der Ostsee anerkennen zu wollen. Da der milde Winter größere militärische Aktionen im nordöstlichen Polen und in Samogitien nicht zuließ, wurde das nur halbherzig begonnene Unternehmen rasch eingestellt und die grandiosen Pläne, mit dem Festsetzen an der Ostsee ein politisch und kirchlich geeintes Großreich im östlichen Mitteleuropa unter der Přemyslidendynastie zu errichten, aufgegeben.

Dagegen bot sich eine günstigere Gelegenheit in südöstlicher Richtung. 1268 konnte Přemysl Otakar II. einen Erbvertrag mit seinem kinderlosen Vetter, dem Herzog Ulrich von Kärnten und Krain, abschließen, dessen eigentlich erbberechtigten Bruder Philipp, den ehemaligen Erzbischof von Salzburg, auf das Patriarchat von Aquileia abschieben und im November 1269 beide Provinzen in Besitz nehmen. Da sich Philipp mit dem neuen Ungarnkönig István (Stephan) V. verbündete, schuf Otakar in Kärnten gewaltsam Ruhe, konnte aber nicht verhindern, daß im Winter 1270/71 ein ungarisches Heer in Österreich einfiel und schwere Schäden verursachte. Mitte April 1271 rückte als Vergeltungsmaßnahme Přemysl Otakar II. in Ungarn ein, eroberte Preßburg, überschritt Donau und Leitha, zog sich aber nach der Schlacht an der Rabnitz (21. V.) zurück und stimmte einem am 2. VII. in Preßburg zustandegekommenen Frieden zu, in dem die alten Grenzen bestätigt wurden. Als István V. bereits ein Jahr danach starb und sein erst zehn Jahre alter Sohn László (Ladislaus) die Herrschaft übernahm, hielt Přemysl unter erstmaliger offener Mißachtung einer päpstlichen Warnung die Lage für einen neuen Feldzug für günstig und konnte mit seinen Truppen zwischen August und Oktober 1273 die Südwestslowakei und Westungarn erobern. Trotz dieses Erfolges, den er aber nicht dauerhaft abzusichern verstand, hatte König Přemysl Otakar II. zu diesem Zeitpunkt bereits den Zenit seiner Machtstellung überschritten.

Denn zur gleichen Zeit, am 29. IX. 1273, hatten die deutschen Kurfürsten in Frankfurt Rudolf von Habsburg ohne Berücksichtigung der böhmischen Kurstimme einhellig zum deutschen König gewählt. Da Alfons X. von Kastilien nie nach Deutschland gekommen und Richard von Cornwall 1272 verstorben war, hatte der neue Papst Gregor X. (1271/72–1276) auf die Wahl eines handlungsfähigen, seinen Kreuzzugsplänen gegenüber aufgeschlossenen, sowohl antifranzösischen als auch antisizilianisch-staufisch eingestellten neuen Königs hingewirkt. Unter den Reichsfürsten hatte wenig Neigung bestanden, den reichen und die Interessen seines Hauses kompromißlos durchsetzenden Böhmenkönig zu wählen und damit seine Machtbasis zu erweitern, zumal auch Gregor X. sich nicht aktiv für Otakar eingesetzt hatte.[58] Ohne zu erkennen, daß ihm mit dem weitgehend unbekannten alemannischen Grafen Rudolf ein gleichwertiger Gegner erwachsen war, dessen Krönung und Bestätigung durch die Kurie er vergeblich zu verhindern suchte, fand sich Přemysl Otakar II. früh päpstlichem Druck ausgesetzt, sich dem neuen Monarchen zu unterwerfen, der seinerseits bereits im Dezember 1273 die Aufforderung hatte ergehen lassen, alles unrechtmäßig erworbene Reichsgut zurückzugeben. Da er seine Wähler von der Revindikation des staufischen Reichsgutes für die Krone ausdrücklich ausgenommen hatte, mußte von den Großen allein Otakar um seinen österreichischen Besitz fürchten, der formal als nicht legal erworben galt. Im November 1274 wurde auf dem Reichstag zu Nürnberg der Lehensprozeß gegen Otakar eingeleitet und er zur Rechtfertigung nach Würzburg geladen; da er auch auf dem Augsburger Reichstag im Mai 1275 nicht erschien, wurde gegen ihn im Juni die Reichsacht und ein Jahr danach, am 24. VI. 1276, die Aberacht verhängt. Im Juli 1276 sprach Bischof Werner von Mainz die Exkommunikation aus.

Přemysl Otakar II. war immerhin 1275 noch stark genug gewesen, die widerspenstigen bayerischen Bischöfe zur Räson zu zwingen, ein Bündnis mit Heinrich von Niederbayern abzuschließen, die Beziehungen zu dem Gegenkönig Alfons X. zu intensivieren und Kontakte zu den lombardischen Städten zu knüpfen. Als aber im Herbst 1276 Rudolf mit einem Heer in Österreich einzog, brach dort das otakarische Regiment sogleich zusammen; nach Friedensverhandlungen mußte der Böhmenkönig am 25. XI. vor Wien seine Erblande als Lehen empfangen und auf alle anderen Besitzungen, darunter Österreich, die Steiermark, Kärnten, Krain, Eger und die letzten ungarischen Eroberungen, bedingungslos verzichten. Eine in Aussicht genommene Doppelheirat zwischen den Kindern Otakars und Rudolfs sollte den Vereinbarungen Dauer verleihen, wobei die Habsburgerin Guta (Jutta) mit Ausnahme der Städte Krems und Stein die österreichischen Gebiete nördlich der Donau als Mitgift erhalten sollte.

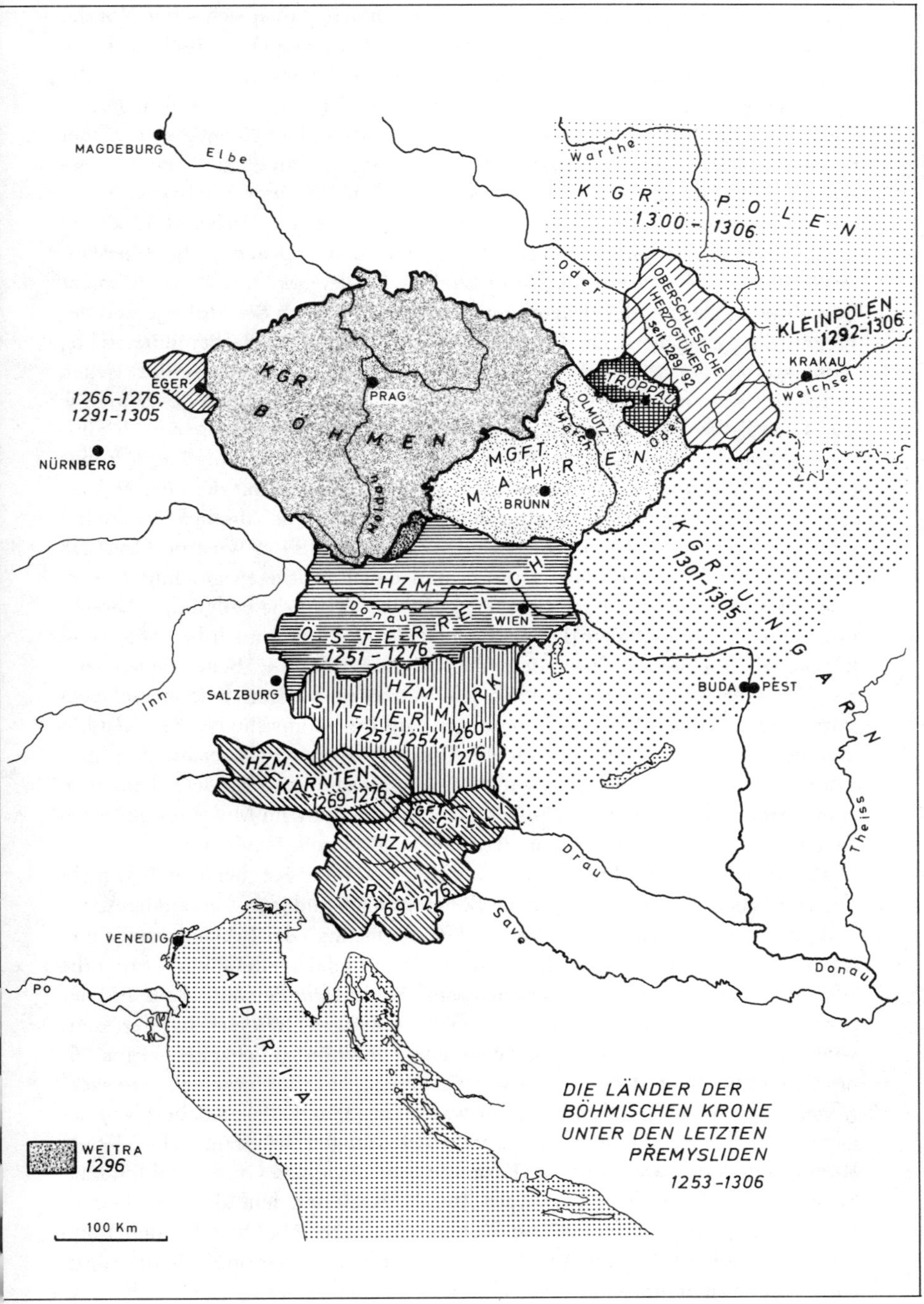
MAGDEBURG
Elbe
Warthe
KGR. POLEN
1300-1306
Oder
OBERSCHLESISCHE HERZOGTÜMER
seit 1289/92
KLEINPOLEN
1292-1306
KRAKAU
Weichsel
EGER
1266-1276,
1291-1305
KGR. BÖHMEN
PRAG
TROPPAU
OLMÜTZ
March
Oder
NÜRNBERG
MGFT. MÄHREN
BRÜNN
Moldau
KGR. UNGARN
1301-1305
HZM. ÖSTERREICH
1251-1276
Donau
WIEN
SALZBURG
Inn
HZM. STEIERMARK
1251-1254, 1260-1276
BUDA
PEST
HZM. KÄRNTEN
1269-1276
GFT. CILLI
HZM. KRAIN
1269-1276
Drau
Theiss
Save
VENEDIG
Po
Donau
ADRIA
DIE LÄNDER DER BÖHMISCHEN KRONE UNTER DEN LETZTEN PŘEMYSLIDEN
1253-1306
WEITRA
1296
100 Km

Přemysl Otakar II. war nicht gewillt hinzunehmen, daß er sich – der Not der Stunde gehorchend – einem als unebenbürtig betrachteten deutschen König unterwerfen und den Verlust der unter so vielen Opfern erworbenen Länder akzeptieren sollte. Geschwächt zudem durch die Opposition des Großadels im eigenen Land, der sich unter der Führung der Witigonen einem Abbau seiner politischen Mitbestimmungsrechte und der städtefreundlichen Politik des Königs widersetzte, konnte Otakar zwar der am 6. V. 1277 vereinbarten Abänderung des Wiener Vertrags und der am 12. IX. in Prag vollzogenen Ratifikation nicht entgegentreten, immerhin aber doch die volle Berücksichtigung seiner landesherrlichen Rechte und die Aufrechterhaltung der Sonderstellung Böhmens durch die Lockerung der Bestimmungen über den Besuch der Hoftage und der Heeresfolge erreichen. Da Přemysl Otakar König Rudolf aber unterstellte, Kontakte mit der böhmischen Adelsfronde zu pflegen, der die einflußreichen Boreš von Riesenburg, Heinrich von Lichtenburg und vor allem der Witigone Záviš von Falkenstein angehörten, nahm er seinerseits Verbindungen nach Thüringen, Brandenburg, Sachsen, Polen, ja selbst zum Ungarnkönig László sowie über seinen Schwiegersohn Heinrich von Kuenring auch mit dem österreichischen Adel auf, um Verbündete für eine neue militärische Auseinandersetzung mit dem deutschen Monarchen zu gewinnen. Als Rudolf in Wien im Mai 1278 einer von der Patrizierfamilie Paltram und den Kuenringen geschürten Verschwörung auf die Spur kam, bereitete auch er sich auf die endgültige Abrechnung mit Přemysl Otakar II. vor, den er als Drahtzieher verdächtigte, und konnte als wichtigste Verbündete die Ungarn auf seine Seite ziehen. Am 26. VIII. 1278 fand bei Dürnkrut auf dem Marchfeld die Entscheidungsschlacht statt, die nach einem Überraschungsangriff auf die böhmische Nachhut Rudolf den Sieg und Otakar den Tod brachte. Von abgefallenen österreichischen Adligen erbarmungslos erschlagen, wurde sein nackter und geschändeter Leichnam einbalsamiert, in Wien zur Schau gestellt, 1279 vorläufig im Minoritenkloster in Znaim und erst 1297 endgültig in der Prager Domkirche beigesetzt.[59]

Mit dem Tod König Přemysl Otakars II. in Acht und Kirchenbann war nicht nur sein Lebenswerk, das Ausgreifen Böhmens nach Süden fast bis an die Adria, endgültig gescheitert, auch Bestand und Zusammenhalt der Erblande sowie ihre relative Unabhängigkeit vom Reich schienen in Gefahr, zumal der Thronerbe Wenzel (Václav) II. gerade erst sieben Jahre zählte. Die Persönlichkeit und das Schicksal König Přemysl Otakars II. hat seine Zeitgenossen ebenso interessiert wie später die Geschichtswissenschaft,[60] zumal er schon zu Lebzeiten wegen seines Reichtums als „goldener" *(aureus)* und wegen seiner Tapferkeit als „eiserner" *(ferreus rex)* König gerühmt worden war. Sein jäher Fall hat daher Neugier geweckt und viele, meist unzutreffende Erklärungen erfahren. Selbst König Rudolf schilderte Papst Nikolaus III. eindringlich, wie sich Otakar während der Schlacht in hoffnungsloser Lage noch „mit der Kraft und dem Mut eines Giganten in wunderbarer Tapferkeit" zur Wehr gesetzt habe; Abt Otto, Vorsteher und erster Verfasser der Chronik von Königsaal, wußte ihn als frommen und ritterlichen König zu rühmen, der die Sitten des Landes besserte, sein Reich weise regierte, Gesetz und Ordnung im Innern herstellte und von der Erkenntnis geleitet wurde, daß erst treffliche Taten wahren Adel verleihen. Auch die um 1315 entstandene Reimchronik des sog. Dalimil, der vehement die Interessen des Adels gegen ein starkes Königtum verfocht, bezeichnet den jungen Otakar als einen ganz vortrefflichen Herrscher, der freilich bald die böhmischen Herren durch tyrannische Willkürakte bedrückte und das Land den Deutschen ausgeliefert habe, denen er freigiebig Städte und Dörfer zuwies.[61] Diesem Grundtenor ist dann auch F. Palacký gefolgt, der Přemysl Otakar als beinahe „idealen Herrscher" sieht, ihm aber doch den schwerwiegenden Fehler anlastet, die Deutschen in Böhmen allzusehr begünstigt, ihren Einfluß übergebührlich gefördert und dadurch der böhmischen Entwicklung eine neue, unheilvolle Richtung gegeben zu haben.[62]

Verwaltung, Recht, Finanzen

Den Stellungnahmen der Zeitgenossen läßt sich unschwer entnehmen, daß der bereits in der zweiten Hälfte des 12. Jahrhunderts in Gang gekommene, im 13. Jahrhundert dann beschleunigt durchgeführte innere Umbruchprozeß während der Regierung Přemysl Otakars II. neue Impulse und ein rascheres Tempo bekam. Unbeschadet der zeitweiligen außenpolitischen Erfolge und der beträchtlichen Machterweiterung dürfte den Verwaltungs-, Kolonisations- und Reformmaßnahmen insgesamt eine größere Bedeutung zugekommen sein, zumal der König die von seinen Vorgängern eingeleiteten Schritte konsequent fortführte und im Ausland bewährte Vorbilder unter Berücksichtigung der einheimischen Bedürfnisse in die böhmischen Länder zu übertragen verstand. Einmal bemühte er sich um den Aufbau einer effizienten Zentralverwaltung, die er nach sizilianisch-unteritalienischem Muster von seinem Ratgeber Henricus de Isernia einführen ließ. Die Hofämter des Kämmerers, Marschalls, Truchsessen und Schenken hatte es seit langem auch am Prager Hof gegeben, zu denen sich mit einer Erweiterung der schriftlichen Verwaltungsführung der Kanzler und sein Personal, vor allem die Notare, Protonotare, Magister (Juristen) und Schreiber *(scribae)*, gesellten, Geistliche allesamt, die im Namen und Auftrag des Fürsten seit der Mitte des 12. Jahrhunderts regelmäßig landesherrliche Urkunden und wichtige Schriftstücke ausfertigten und die Dokumente mit dem Siegel beglaubigten.[63] Seit 1225 stand das Amt des Kanzlers *(cancellarius)* dem Propst auf dem Vyšehrad zu. Zur Durchsetzung einer strafferen zentralen Verwaltung fand nach 1247 eine Reform der königlichen Kanzlei *(cancellaria)* statt, mit der einer politisch so begabten Persönlichkeit wie dem Olmützer Bischof Bruno ein Instrument in die Hand gegeben wurde, über Böhmen hinaus auch in Österreich und der Steiermark den Anordnungen des Herrschers Nachdruck zu verleihen. Nicht zuletzt fanden sich diejenigen adligen Herren zum Widerstand herausgefordert, die dadurch eine Beschneidung ihrer Machtfülle erfuhren.[64]

Neben dem Kanzler gewann der Oberstkämmerer *(summus camerarius)* an

Bedeutung, dem nicht nur die zentrale Hofgutsverwaltung, sondern auch die Aufsicht über die Kämmerer übertragen wurde, die als Ankläger bei Gericht fungierten.[65] Auf den vom Fürsten nach Gutdünken einberufenen Hoftagen *(colloquia)* wurde auch Recht gesprochen, wobei seit der Mitte des 13. Jahrhunderts der Kämmerer den Vorsitz beim Landgericht übernahm, während der Hofrichter den Herrscher bei Verhandlungen gegen die nicht untertänigen Landesbewohner, also vor allem gegen Adlige, vertrat. Mit der Zeit rückte der Oberstburggraf, der unter Přemysl Otakar II. erstmals bezeugt ist, zum Vorsitzenden des Landgerichts auf und galt bald als der wichtigste Landesbeamte. Dem Fürsten stand traditionsgemäß und unangefochten die höchste richterliche Gewalt zu, die er lange ohne Zuziehung des Adels ausübte, obgleich er ihn bei problematischen, aufsehenerregenden oder folgenschweren Fällen wohl auch bei der Urteilsfindung beteiligte. Mord und Totschlag, Hochverrat und Eigentumsstreitigkeiten sowie die Auseinandersetzungen über Königsgut unterlagen dem Richtspruch des Landgerichts, dessen Verfahrensweise und Strafbestimmungen zwischen 1256 und 1263 in eine verbindliche Form gebracht worden sein dürften. Es ist auch nicht auszuschließen, daß Otakar in der Fastenzeit 1271 oder 1272 unter Berücksichtigung des Magdeburger Weichbildes und anderer gebräuchlicher Rechte mit seinen engsten Beratern neue Vorschriften für seine Länder erarbeitet hat, sie aber wegen des entschlossenen Widerstandes des Adels nicht in Kraft setzen konnte. Erst seit Ende des 13. Jahrhunderts sind als eine Art adlige Schöffen die *kmentones terrae* als Urteilsfinder belegt, von denen später mindestens sieben beim rechtmäßigen Zustandekommen eines Urteils mitzuwirken hatten. Als Weiterentwicklung der *registra regalia* wurden seit 1287 Landtafeleintragungen über Prozeßhandlungen, liegenschaftliche Rechtsgeschäfte und Schuldverschreibungen vorgenommen.[66]

Obgleich die Ausbildung der Rechtsinstitutionen in Mähren ähnlich der in Böhmen verlief, bedingte das lange Bestehen der Teilfürstentümer und die starke Stellung des Bischofs von Olmütz als Kanzler des Markgrafen (seit 1207) doch das Entstehen einiger Sonderformen. Vor allem nach dem Übereinkommen von 1197 stand dem böhmischen Herrscher als Haupt der Přemyslidendynastie die Oberaufsicht zu. Zentralämter und Hofwürden nahmen daher den gleichen Entwicklungsgang, obschon hier nicht der Oberstburggraf, sondern der Landeshauptmann zum einflußreichsten Beamten aufstieg, den Fürsten vertrat und mit der Leitung der Landesverwaltung auch die Friedenswahrung übernahm. Als Vorsitzender von Landtag und Landgericht mußte er aber zwei – nur geringfügig voneinander abweichende – Landrechte und Landtafeln, die von Olmütz und Brünn, berücksichtigen. Eine Zwitterstellung nahm im 14. Jahrhundert das Troppauer Herzogtum ein, das seine frühere enge Verbundenheit mit dem mährischen Bereich aufgab und eine Angleichung an die Verwaltungs- und Gerichtspraxis der schlesischen Herzogtümer erreichte. Der Olmützer Bischof besaß Hof und Hofgericht, das vor allem in Lehnssachen urteilte. Bischof Bruno von Schauenberg hatte nämlich nach 1249 in dem ausgedehnten bischöflichen Grundherrschaftsbereich nach Magdeburger Vorbild eine Lehnsorganisation aufgebaut, die 1274 die von Přemysl Otakar II. erlaubte Errichtung eines *iudicium feudale* notwendig machte.[67]

Die enge Bindung der böhmischen Länder an das Reich bedingte im ausgehenden 13. Jahrhundert eine weitgehende Annäherung der Verfassungs- und Rechtsverhältnisse an die deutschen Zustände. Allein das Lehnsrecht, die Rechtsformen der Grundvergabe und die Entwicklung des königlichen Heimfallrechtes bewahrten eine gewisse Eigenständigkeit.[68] Als persönliche Finanzverwalter des Fürsten und mit der Einhebung der städtischen Steuern beauftragt war der Unterkämmerer. Die Aufsicht über das Königsgut und die königlichen Lehen übten weiterhin die – jetzt „jünger" benannten – Burggrafen *(burgravii, purkrabí)* aus, die nicht mehr mit den früher so einflußreichen *comites* zu vergleichen waren, da ihre Abhängigkeit vom Landesherrn gewachsen und ihr Sitz von den Burgen in die königlichen Städte verlegt worden war.[69] Mit der Zeit blieb ihnen nur noch der militärische Aufgabenbereich, während die wirtschaftlichen Aspekte von den *villici* wahrgenommen wurden, die mit Unterstützung der zur Aufrechterhaltung des Landfriedens eingesetzten zwei adligen Herren *(iusticarii, correctores)* das königliche Steueraufkommen überwachten. Dank des Umfangs des königlichen Territorialbesitzes verfügte der Herrscher über ein respektables festes Einkommen. Mit der Anfertigung detaillierter Verzeichnisse des landesherrlichen Besitzes und den – beim Adel natürlich äußerst unbeliebten – Revindikationen des entfremdeten Königsgutes bemühten sich die späteren Přemyslidenfürsten, ihre 1221/22 in den Vereinbarungen mit der Kirche erlittenen empfindlichen Vermögenseinbußen wenigstens einigermaßen auszugleichen. Dem *rex aureus* Přemysl Otakar II. wurde bald nach seinem Tod unterstellt, vier Burgen mit Türmen besessen zu haben, in denen jeweils 200 000 Mark Silber und 800 Mark Gold gehortet worden seien;[70] ganze Wagenladungen voller Weinfässer mit Silbergeld seien als Bestechungsgelder außer Landes gebracht worden.[71] Auch wenn diese Angaben maßlos übertrieben erscheinen, so steht doch fest, daß bereits König Wenzel I. mit Jahreseinnahmen von etwa 100 000 Mark Silber rechnen konnte, während sich der Kurfürst von Köln mit etwa 50 000, der Herzog von Bayern mit 20 000 oder der Erzbischof von Mainz mit 7000 Mark Silber jährlich bescheiden mußten.[72]

Die Haupteinnahmequelle des Böhmenkönigs waren die Gold-, Silber- und Erzvorkommen. Seit altersher wurden an verschiedenen Stellen des Landes Edelmetalle bergmännisch gewonnen und Goldwäscherei betrieben. Schon vor 1188 bauten sächsische Knappen in Mies (Stříbro = Silber) Silbererze ab; um 1234 wurde in Iglau (Jihlava) auf der Böhmisch-Mährischen Höhe in großem Maßstab die Silbergewinnung aufgenommen, so daß die Siedlung zur größten Stadt in Mähren aufstieg und gegen 1249 ein Stadtrechtsprivileg mit der ältesten mitteleuropäischen Bergrechtskodifikation erhielt, die nicht nur für die böhmisch-mährischen Bergstädte, sondern auch für das obersächsische Freiberg und die oberungarischen Bergorte verbindlich wurde.[73] Fachleute aus Tirol, Sachsen und dem Harz, die bei dem entwickelten Stand der Technik und der fortgeschrittenen Arbeitsteilung meist genossenschaftlich in Gewerken zusammengeschlossen waren, bauten auch auf Adels-, Kirchen- und Stadtbesitz neue Gruben auf, wodurch das königliche Bergregal eine gewisse Aushöhlung erfuhr. Die anfangs als königliche Vögte eingesetzten Bergmeister machten in der zweiten Hälfte des 13. Jahrhunderts den Urburern als Pächtern der Münze und der Bergverwaltung Platz. Um eine Vereinheitlichung des Münzwesens zu erreichen, verordnete Přemysl Otakar II. die Prägung von Brakteaten mit einem höheren Silbergehalt (Talent gleich 20 Solidi zu je 12 Denaren), ohne verhindern zu können, daß in den zahlreichen Münzstätten Manipulationen und Gehaltsverfälschungen vorgenommen wurden.[74] Erst als nach 1275 mit der Erschließung der ergiebigen Silberlager von Kuttenberg (Kutná Hora) ein richtiges „Silberfieber" ausbrach, sah sich König Wenzel II. gehalten, um 1300 den Italiener Gozzius de Orvieto mit einer neuen Kodifikation des Bergrechts *(ius regale montanorum)* zu beauftragen, in das römische Rechtsvorstellungen einflossen,[75] sowie eine einschneidende Münzreform durchzuführen. Der neue Prager Groschen *(grossus pragensis)*, von denen 64 aus einer Mark Silber geprägt wurden, stieg neben den Meißner Prägungen auch außerhalb Böhmens zu einem dauerhaften und angesehenen Zahlungsmittel auf.[76] Das bis zu dieser richtungweisenden Reform bestehende Berg- und Münzregal für Mähren wurde von Wenzel II. aufgehoben und dort die Prägung eigenen Geldes eingestellt.[77]

Kirche und Klöster

Obgleich mit der weitreichenden Immunitätsgewährung König Přemysl Otakars I. 1221/22 die enge Bindung der kirchlichen Institutionen an die weltlichen Machthaber gelockert wurde, haben die Přemyslidenherrscher mit den Bischöfen und Kirchenoberen, zumal in der Zeit guten Einvernehmens mit dem Papsttum, eng zusammengearbeitet, um einmal das kirchlich-religiöse Brauchtum noch fester in der Bevölkerung zu verankern und auch den für beide Seiten profitablen Landesausbau rascher voranzutreiben. Ein Netz neuer Pfarrsprengel (Plebarien) wurde seit Anfang des 13. Jahrhunderts über das Land gelegt, die im Auftrag von Bischof und Archidiakonen, die jetzt zu wirklichen Vorgesetzten ihres Klerus aufstiegen, die neu eingesetzten Dechanten betreuten. Die adligen Eigenkirchen und die alten Burgpfarrsprengel verloren an Bedeutung und wurden mit der Zeit ebenfalls direkt dem Bischof unterstellt. Da sich Kirchen und Klöster weitere Privilegien, Immunitäten, Stiftungen und neue Besitztitel zu sichern verstanden, stieg der Gesamtbesitz der Kirche um 1250 auf etwa 1000 Dörfer, 600 Meierhöfe und viele andere ertragreiche Rechte an.[78] Der begüterten hohen Geistlichkeit stand jedoch eine wachsende Zahl pfründe- und einkommensloser niederer Kleriker gegenüber, die herumziehend zu einer Landplage wurden und dem Ansehen der Kirche schadeten. Da der Seelsorge der Unterschichten und der Stadtbevölkerung viel zu wenig Aufmerksamkeit geschenkt wurde, lösten sich viele Laien von der kirchlichen Obrigkeit, schlossen sich neuen Richtungen wie z. B. den Waldensern an oder führten ein freies, die geistlichen Gebote mißachtendes Leben.[79] Diesen Verfall konnten auch die in rascher Zahl von den Přemysliden oder adligen Stiftern gegründeten Klöster der Prämonstratenser und Zisterzienser, von denen es um 1250 rd. 35 Konvente im Lande gab, nicht aufhalten.

Daher wurde es im Rahmen der sich langsam ausbreitenden Kirchenreform und im gezielten Kampf gegen die umsichgreifenden Häresien begrüßt, daß in den 1220er Jahren die Franziskaner und Dominikaner in den böhmischen Ländern Fuß faßten, gefolgt von den Minoriten und den Augustiner-Eremiten, die als Predigerorden eine bessere seelsorgerische Betreuung der nichtadligen Bevölkerung sicherstellten, aber bald in Streit untereinander und mit dem Weltklerus gerieten, zumal sie sich auch der bischöflichen Aufsicht zu entziehen suchten.[80] Von den Ritterorden hatten sich vor 1160 die Johanniter (Malteser) in Böhmen niedergelassen, mehrere ertragreiche Commenden errichtet und über eine erkleckliche Zahl von Kirchen das Patronat übernommen. Dem populären Templerorden, der von seiner Zentrale St. Laurenz am Annahof in Prag seit der Mitte des 13. Jahrhunderts mehrere Commenden einrichten konnte, traten Mitglieder der ersten Adelsfamilien bei. Der Deutsche Orden hatte 1217 ersten Besitz in Böhmen erworben, Kirchenpatronate in größerer Zahl übertragen erhalten, durch Zukauf seinen Landbesitz arrondiert und sich in Komotau (Chomutov) den Sitz des Landescomturs geschaffen. Die Verwaltung der oft von reichen Bürgern gestifteten oder unterstützten Hospitäler übernahmen meist die Kreuzherren mit dem roten Stern, eine heimische Abart der ritterlichen Orden, die seit 1252 in ihrem Neubau neben der Prager Brücke ihren Mittelpunkt hatten, sich aber rasch über das ganze Land ausbreiteten.

Während die Prämonstratenserklöster weiterhin die Erziehung für den jungen Adel vermittelten, fanden an den Domschulen und Kollegiatskapiteln auch die Kinder des reichen Bürgertums eine – durch die „freien Künste" ergänzte – Ausbildung. Anläufe Wenzels II., in Prag eine Universität zu eröffnen, die Einfluß und Macht des Königs, der Kirche und der ausländischen hohen Kleriker verstärkt hätte, scheiterten aber am Einspruch des Hochadels.[81] Nicht zuletzt die Tatsache, daß ein Großteil der neuen Konvente bis ins 14. Jahrhundert zu deutschen Ordensprovinzen gehörte, daß deutsche Brüder die Führungspositionen innehatten und somit die geistlich-religiösen und kulturellen Bindungen der böhmischen Länder an das Reich gestärkt wurden, ließen den nationalbewußter agierenden Adel auf Distanz gehen. Nach dieser stark von Deutschen bestimmten Anfangsphase der „geistlich-monastischen Kolonisation" setzten sich aber stetig die böhmischen Eigenkräfte auch in der weiteren Klosterentwicklung durch.

Besondere Vorliebe entwickelten die Přemyslidenherrscher für den Zisterzienserorden, der seit 1142 im Land vertreten war und im 13. Jahrhundert eine beeindruckende Blüte erlebte, zumal er die Könige beim Landesausbau tatkräftig unterstützte.[82] Bei den Zisterziensern von Porta Coeli bei Tischnowitz in Mähren hatten sich Přemysl Otakar I. und seine Gemahlin Konstanze die Grablege ausbedungen; ihr Enkel Otakar II. begünstigte 1251 die Errichtung von

Kloster Saar auf der Böhmisch-Mährischen Höhe, 1259 von Hohenfurth und, als Dank für den Sieg über die Ungarn bei Kressenbrunn, 1263 von Goldenkron (Zlatá Koruna) an der Moldau.[83] Wenzel II. krönte dieses Stiftungswerk 1292 mit der Schenkung der in den Wäldern südlich von Prag gelegenen Zisterze Königsaal (Zbraslav), in der künftig durch eine spezifisch přemyslidische Geschichtsschreibung das Ansehen der Dynastie hochgehalten und der Gründer fast wie ein Heiliger verehrt wurde. Vor allem die zuvor oft als Ratgeber und Vertraute der Přemyslidenfürsten tätigen Zisterzienseräbte trugen nach dem Aussterben der Dynastie Sorge, daß Johann von Luxemburg zur Nachfolge in Böhmen berufen wurde.

Auswirkungen der Ostsiedlung

Hatte König Přemysl Otakar II. mit der Gründung Hohenfurths, Goldenkrons und der Stadt Budweis (České Budějovice, 1265) auch das Ziel verfolgt, der weiteren Ausdehnung der in Südböhmen bereits übermächtigen Witigonen einen Riegel vorzuschieben, so arbeiteten im Rahmen der allgemeinen, von der Ostsee bis tief nach Südosteuropa reichenden Ostsiedlungsbewegung und, damit eng verknüpft, der Entwicklung des Städtewesens Herrscher, Adel und Klöster beim Landesausbau Hand in Hand. Die in Westeuropa entstandenen leistungsfähigeren Produktionsmethoden, Arbeitsverfahren und besseren Werkzeuge sowie der Einsatz neuer Energiequellen hatten im 12. Jahrhundert zu einem spürbaren Aufschwung in der Landwirtschaft, im Handwerk und im Verkehrswesen des Römischen Reiches beigetragen und zu einem raschen Bevölkerungswachstum geführt. Das Freiwerden von Arbeitskräften auf Altsiedelland hatte die Rodungs- und Kolonisationstätigkeit bis an die böhmische Westgrenze und in das Gebiet östlich der Elbe vorangetrieben, das Aufblühen der Städte und ihres Bürgertums gefördert und mit einer wachsenden sozialen Differenzierung auch die Mobilität der Menschen gesteigert. Die Nutzbarmachung neuer Landflächen, die Steigerung der Produktion und der Bevölkerungszahl, die Vereinheitlichung des Rechtes und die Schaffung neuer Wirtschafts- und Handelszentren versprachen auch im östlichen Mitteleuropa eine bedeutende Erhöhung der Einnahmen und Machtzuwachs. Die Přemysliden haben sich daher den durch deutsche Vermittlung und mit Siedlern aus dem Römischen Reich in das Land gekommenen neuen Wirtschafts- und Organisationsformen nicht verschlossen, sondern wie Adel und Kirche das Rodungswerk und die Stadtgründungen aktiv und wohlwollend unterstützt.

Von Österreich her, in den offenen Raum Südmährens und die kaum erschlossenen südböhmischen Bezirke um Neuhaus (Jindřichův Hradec) drangen bereits im 12. Jahrhundert deutsche Bauernsiedler vor. Auch von der Oberpfalz, wo die Herren von Windberg über den Grenzwald nach Böhmen ausgriffen, vom Egerland und von der Nordseite des Erzgebirges waren um 1170 gezielte Ansiedlungen nach emphyteutischem Recht im nordwestlichen Landesteil vorangetrieben worden. Da die Grundbesitzer die Lenkung der Siedlungsbewegung in der Hand halten und die einströmenden Siedler dorthin steuern wollten, wo sie am dringendsten gebraucht wurden, beauftragten sie zunehmend Lokatoren, kleine Adlige, wohlhabende Bauern, aber auch Stadtbürger, die als Unternehmer für die Anwerbung sowie den Transport der Neusiedler, z. T. auch für die Bereitstellung von Baumaterialien, Werkzeugen, Nahrungsmitteln, Vieh und Saatgut die Verantwortung trugen. Während anfangs Adel und Klöster eher die bäuerliche Siedlung bevorzugten und die Krone den Stadtgründungen ihr Hauptaugenmerk widmete, förderte Přemysl Otakar II. auch intensiv die Erschließung des flachen Landes, zumal er durch die Einziehung ehemaligen Königsgutes über reichen Grundbesitz verfügte. Stellenweise unter Anknüpfung an die frühere, recht bescheidene Siedlerfreiheit *(lhota,* z. T. auch *ius Bohemicum)* gewährte das hauptsächlich angewandte Kolonialrecht in seinen verschiedenen Abarten und Ausprägungen den bäuerlichen Siedlern die Erbzinsleihe, Befreiung von Fron oder Heeresdienst und enthielt nur die Verpflichtung, nach einigen Jahren völliger Abgabenfreiheit einen bereits zuvor „auf ewige Zeiten" festgelegten mäßigen Stufenzins aufbringen zu müssen. Für das vererbbare Nutzungsrecht des Bodens, der im Obereigentum des Grundherrn verblieb, hatte der Siedler eine einmalige Abgeltung, die Anleite, zu entrichten. Den Lokatoren wurde neben einem größeren Freigut und diversen Privilegien (Mühlen und Wirtshausrecht) meist das Amt des Richters oder Vogts übertragen. Die Selbstverwaltung und die niedere Gerichtsbarkeit lagen aber bei den Dorfbewohnern, die im Rahmen der getroffenen Vereinbarungen weitgehend Schutz vor Willkürakten des Grundbesitzers besaßen. Die damals häufig an Bächen im höheren Waldgebiet mit ungünstigerem Klima angelegten Waldhufendörfer sind heute noch im Siedlungsbild zu erkennen. Mit der Ostsiedlung ging aber auch der Landesausbau auf altem Kulturboden durch tschechische Bauern einher, denen zumeist ebenfalls das „deutsche Recht" gewährt wurde.

Bis Ende des 13. Jahrhunderts konnten dadurch weite, bisher landwirtschaftlich kaum genutzte Distrikte unter den Pflug genommen und dauerhaft besiedelt werden. Kolonisten bayerischen Stammes drangen über eine Reihe von Sprachinseln über Südmähren bis in die Olmützer Gegend vor, während über die Mährische Pforte schlesische Bauern nach Nordmähren und ins östliche Marchtal gelangten. Von der Mark Meißen und der Oberlausitz her wurden Nordostböhmen und der westliche Teil Nordmährens urbar gemacht. Der Böhmerwald zog Siedler aus der Oberpfalz und Mittelbayern an; im Egertal ließen sich ostfränkische und ostmitteldeutsche Kolonisten nieder. Auch innerhalb der alttschechischen Distrikte entstanden deutsche Sprachinseln, so um Iglau und Kuttenberg, im Schönhengstgau oder um Olmütz und Ungarisch Hradisch (Úherské Hradiště). Durch den auch im 14. Jahrhundert anhaltenden langsamen, aber steten Zustrom neuer Ansiedler wurden nicht nur die unteren Zonen der Sudetengebirge erschlossen, sondern auch die Randgebiete Böhmens und Mährens erhielten ihren bis zum Jahr 1945 bewahrten deutschen Charakter und bedingten den ethnischen Dualismus, der die politische, soziale und wirtschaftliche Entwicklung des Landes bis in das 20. Jahrhundert hinein bedeutsam beeinflussen sollte. Etwa ein Sechstel der um 1300 auf insgesamt 1,5 Millionen geschätzten Bewohner der böhmischen Länder dürften deutscher Herkunft gewesen sein.[84]

Sobald ein dörfliches Hinterland zur Verfügung stand, entwickelte sich in raschem Tempo ein dichtes Netz neuer Städte. Ältere Siedlungen, z. T. an Straßenkreuzungen, Furten oder strategisch wichtigen Punkten gelegen und durch Befestigungen gesichert, nahmen als Plätze der Handels- und Gewerbetätigkeit einen steten Aufschwung, zumal dann, wenn sie im Schatten von Residenzburgen oder Verwaltungszentren lagen oder einen kirchlichen Mittelpunkt bildeten. Die Altstadt von Prag, die mährischen Residenzstädte Brünn, Olmütz und Znaim, Königgrätz (Hradec Králové, 1225), Leitmeritz (1228–1230), Mies (1240), Elbogen (Loket, um 1240) oder Saaz (um 1249) gehörten ebenso zu den Siedlungen frühstädtischen Charakters wie Altpilsen, Brüx oder Kouřim. Als erste hatten die Markgrafen von Mähren die Vorteile einer gezielten Förderung des Städtewesens erkannt, dessen Prosperieren sie in Niederösterreich und in Schlesien gut verfolgen konnten. Bereits nach 1210 dürften sie den Bewohnern einzelner neugegründeter Orte eine verbesserte Rechtsstellung mit Selbstverwaltung und weitreichenden Privilegien nach dem Vorbild des Magdeburger Weichbildes und des in Wien gebräuchlichen Stadtrechts gewährt haben. Auch wenn die Datierung der ältesten Gründungsurkunden (Freudenthal/Bruntál 1213, Mährisch Neustadt/Uničov 1223) umstritten ist, entstanden in rascher Folge neuerrichtete, an einen günstigeren Platz verlegte oder mit „deutschem Recht" frisch ausgestattete Städte, die bald starke Befestigungen, Jahrmarktsprivilegien, Maut- und Zollbefreiung oder das Meilenrecht erhielten und einen steilen Aufschwung nahmen. Den neu angeworbenen Bürgern, Deutschen wie Tschechen, wurden mit der freien Verfügung über den Besitz und mit dem Erbrecht der Schutz des Hauses und die bürgerlichen Freiheiten zugestanden. Als Bevollmächtigter des Herrschers amtierte der vom Stadtherrn eingesetzte Stadtrichter, der auch die hohe Gerichtsbarkeit ausüben durfte. Der von allen Bürgern mit Grundvermögen gewählte Rat unterlag bald der Kontrolle derjenigen Geschlechter, die es als Fernhändler oder Bergwerksbetreiber zu Ansehen und Wohlstand gebracht hatten. Neben dem Magdeburger und dem Wiener Recht konnten sich in Mährisch Neustadt (1234), Leobschütz (1270) und Brünn (1243) Rechtsvarianten entwickeln, die für spätere Neugründungen verbindlich wurden. Das Iglauer Stadtprivileg von 1249 mit der ältesten Bergrechtskodifikation besaß für die meisten Bergbauorte verpflichtende Geltung.

König Přemysl Otakar II. hatte bereits bei seiner Herrschaftsübernahme die Wichtigkeit der Städte erkannt und begünstigte ihre Gründung bzw. die Verleihung der neuen Stadtrechte an bestehende ältere Siedlungen. Die gezielte Ansiedlung von Handwerkern und Händlern sowie die Entwicklung eines Bürgerstandes diente vor allem der Mehrung des Steueraufkommens; darüber hinaus boten die königlichen Städte mit ihren massiven Verteidigungsanlagen auch einen Schutz vor Invasionen und dienten zugleich der Kontrolle des immer selbstbewußter auftretenden Adels. Nur wenige Städte wie z. B. Budweis, Nimburg (Nymburk) oder Polička wurden aus „wilder Wurzel" neugegründet, viele der neuen Zentren besaßen eine Beziehung zu älteren Siedlungen und stellten städtische Weiterentwicklungen dar. Nur in Ausnahmefällen, so in Deutsch-Brod (heute Havlíčkův Brod), war eine Adelsfamilie (Lichtenburger) Stadtherr. Während im nördlichen Teil Magdeburg seine Vorrangstellung als Rechtsvorort behauptete, herrschte im Süden der böhmischen Länder Nürnberger, Wiener, Brünner bzw. Iglauer Recht vor. Die Zuwanderung erfolgte aus allen Reichsgegenden, wobei die Neubürger aus den nächstgelegenen Gebieten jeweils die Mehrheit stellten und den Städten lange ein überwiegend deutsches Bevölkerungsgepräge verliehen. Nachdem König Wenzel II. 1285 die Stadtbürger von der Rechtsaufsicht der Obrigkeit und der Landesbeamten freigestellt hatte, entwickelte sich rasch eine Selbstverwaltung durch die Stadtbewohner, die nicht nur die Steuern durch eigene Abgabenverordnungen aufbrachten, sondern mit der Wahl der Bürgermeister und einem weiteren Ausbau der Ratsverfassung Zeugnis von ihrer Reife und ihrem gewachsenen Selbstbewußtsein ablegten.[85] Von ihren Burgen aus, die sie in strategisch günstiger Lage erbaut hatten,[86] verfolgten die mächtigen Großadelssippen die Städtepolitik Přemysl Otakars II. mit Mißtrauen. Während u. a. die Wartenberger und Markwartinger, die Hrabschitze-Riesenburger und die Žerotín, die Witigonen oder die Janowitze in Böhmen, die Herren von Pernstein, Boskowitz oder Kunstat in Mähren sich eifrig am bäuerlichen Landesausbau beteiligten, nahmen ihre unfreien kleinen Städtchen (z. B. Krumau/Český Krumlov, Rosenberg, Wittingau, Neuhaus allein im Gebiet der Witigonen) erst im Verlauf des 14. Jahrhunderts einen wesentlich langsameren, mit den königlichen Städten nicht vergleichbaren Aufschwung; auch die wenigen geistlichen Gründungen (Leitomischl, Přibram, Prachatitz) blieben hinter der allgemeinen Entwicklung zurück.[87] Mit einer bebauten Fläche von insgesamt 140 ha (davon entfielen auf die Altstadt rd. 80 ha) gehörte Prag zu den europäischen Großstädten; während die alten mährischen Residenzstädte zwischen 30 und 45 ha umfaßten, kamen mit Ausnahme von Kuttenberg (71 ha) die meisten Neugründungen nicht über 20 ha Areal hinaus und besaßen lange Kleinstadtcharakter.

Der Zuzug der vielen Neubürger deutscher Zunge dürfte frühnationale Spannungen ausgelöst haben, die nicht nur das zeitgenössische Urteil über Přemysl Otakar II. beeinflußten, sondern auch sonst, besonders unter der Geistlichkeit, Anlaß zur Klage gaben. Die Weigerung der mehrheitlich von deutschen Mönchen besetzten und geleiteten Klöster, Böhmen in ausreichender Zahl aufzunehmen, war ein wichtiger Auslöser für die Gründung eigener Ordensprovinzen. National-sprachliche Auseinandersetzungen auch im Weltklerus haben 1286/88 den Mainzer Erzbischof veranlaßt, seinen Prager Suffragan Tobias zur Verantwortung zu ziehen,[88] zumal die Zweisprachigkeit der Bevölkerung Probleme bei der Seelsorge heraufbeschwor. Mit dem Erlaß des großen Judenprivilegs, das weitgehend dem Vorbild der Judengesetzgebung Herzog Friedrichs des Streitbaren für Österreich aus dem Jahr 1244 folgte, bewies König Přemysl Otakar II.

1255 seine Bereitschaft, keine religiöse oder ethnische Diskriminierung der in den böhmischen Ländern ansässigen Bevölkerung hinzunehmen. Der 1262 und 1268 nochmals bestätigte Schutzbrief, der mit leichten Modifikationen später auch in Ungarn, Polen, Litauen und Schlesien Beachtung fand, gewährte den Juden auf religiösem Gebiet und in der Selbstverwaltung ihrer Gemeinden weitgehende Sonderrechte und unterwarf sie, vor allem im Streit mit Christen, dem Richtspruch des Königs bzw. seines Oberstkämmerers. Dem verstärkten Einsatz der Juden im Geld- und Kreditwesen wurde durch eine Fülle von Einzelbestimmungen Rechnung getragen und ihnen ein jährlicher Höchstzins von 173% zugestanden. Die beispielsweise 1267 von der Wiener Synode verabschiedeten Vorschriften, die zu einer völligen Isolierung der jüdischen Minderheit geführt hätten, wurden für Böhmen nicht übernommen, so daß in Verbindung mit dem Aufblühen des Städtewesens zahlreiche jüdische Gemeinden außerhalb Prags entstanden. Auch wenn König Wenzel II. 1298 durch Zwangsfestsetzungen größere Geldsummen von den Judengemeinden erpreßte, haben in Böhmen dank des Otakarianums bis Ende des 14. Jahrhunderts keine größeren Pogrome stattgefunden.[89]

Kultur und Kunst

Die Ostsiedlung verstärkte die bereits bestehenden engen kulturellen Verflechtungen Böhmens mit dem Reich noch weiter. Durch die von den Přemyslidenkönigen großzügig geförderten Minnesänger wie Reinmar von Zweter, den oberdeutschen Meister Sigeher und den Tiroler Friedrich von Sonnenburg, die bei Hofe und beim Adel sehr populär waren, faßte vor allem die deutschsprachige höfische Literatur Fuß. Prag wurde nach dem Verfall des babenbergischen Musenhofes in Wien unter Přemysl Otakar II. und noch einmal unter Wenzel II., als Ulrich von Etzenbach, Heinrich von Freiberg und Ulrich von dem Türlin Böhmen und seine freigiebigen Könige rühmten, zum Mittelpunkt ritterlichen Lebens und Dichtens. In der deutschsprachigen Dichtung herrschten religiöse Themen vor, obgleich das so stark deutsch geprägte, bildungsbeflissene Stadtbürgertum auch bald weltliche Texte schätzen lernte. Die wenigen erhalten gebliebenen, prachtvollen Handschriften, die anfangs stark von salzburgischen und mittelrheinischen Vorbildern geprägt waren, nahmen mit der Entwicklung einer böhmischen Malerschule bereits frühgotische Stilformen auf und reicherten die bisherige byzantinisierende Buchmalerei mit italienischen Elementen an. Während vorerst das Latein im religiösen Schrifttum, bei der Abfassung von Heiligenlegenden und Predigtbüchern, aber auch in den chronikalischen Werken uneingeschränkt dominierte, verbreitete sich das Deutsche im Verwaltungsbereich immer stärker als Schriftsprache. Die meist in Begleitung der häufig aus deutschen Fürstenhäusern stammenden Gemahlinnen der Přemysliden ins Land gekommenen Geistlichen, später auch gezielt im Reich angeworbene Fachleute zur Bewältigung schwieriger Aufgaben oder diplomatischer Missionen stiegen rasch in einflußreiche Positionen auf und trugen dazu bei, daß sich das Leben am Prager Hof kaum vom Stil der Hofhaltung in deutschen Fürstenresidenzen unterschied. Bei den vielfältigen dynastischen, kulturellen und politischen Wechselbeziehungen kann es daher nicht Wunder nehmen, daß die Lage in den böhmischen Ländern in der Hochzeit der Ostsiedlungsbewegung weitgehend den im Reich herrschenden Verhältnissen entsprach und dieser langsame, aber stetig verlaufende Annäherungsprozeß durch die Staatskrise nach dem tragischen Scheitern König Přemysl Otakars II. weiteren Auftrieb erhielt.

In der geistigen Auseinandersetzung mit den ausländischen Einflüssen entstanden aber auch erstaunlich reife und künstlerisch wertvolle Literaturdenkmäler einheimischer Provenienz. Die Erneuerung der liturgischen Bücher im Zuge der Kirchenreform brachte neue Missale, Graduale, Antiphonare, Psalter, Breviare und Hymnare hervor, die in dem Passional für die Äbtissin des Prager St. Georgsklosters, Kunigunde (Kunhuta), einer Tochter Otakars II. (1265–1321), einen Höhepunkt erreichte.[90] Griechische, kirchenslavische und auch tschechische Liedtexte waren gebräuchlich, wobei dem sog. Ostrower Lied *(Ostrovská píseň),* dem Wenzelslied „*Svatý Václave*" und dem Osterlied „*Buoh všemohúcí*" besondere Bedeutung zukommt. Auch die Anfänge eines tschechischen religiösen Dramas, Texte von Predigten in der Volkssprache und weltliche Liebeslyrik lassen sich bis zu Beginn des 14. Jahrhunderts zurückverfolgen. Um 1306 entstand das – leider nur in Bruchstücken überlieferte – Reimepos *Alexandreis,* in dem das auch in einer deutschen Bearbeitung durch Ulrich von Etzenbach vorliegende Alexander-Poem Walters von Châtillon ins Tschechische übertragen wurde. Hatten die Fortsetzer der Kosmas-Chronik, unter ihnen der Kanoniker vom Vyšehrad, der Mönch von Sázava (um 1170), Vincentius Pragensis (1171/73), der deutsche Prämonstratenser Gerlacus (Jarloch, 1215/22), Martin von Troppau (um 1270) und besonders das *Chronicon Aulae Regiae* der Äbte Otto († 1314) und Peter von Zittau († 1339) des Klosters Königsaal, ihre Aufzeichnungen selbstverständlich in Latein verfaßt, so wurde durch die Reimchronik des sog. Dalimil (um 1315) erstmals die tschechische Sprache in die Historiographie eingeführt.[91] In diesem eminent politischen Werk wurde nicht nur die Bedeutung des Adels im Verlauf der böhmischen Geschichte gewürdigt, sondern auch das nationale Selbstwertgefühl der einheimischen Bevölkerung angesprochen und die Wichtigkeit des Gebrauchs der tschechischen Volkssprache betont; in den – bereits einen neuzeitlichen Nationalismus vorwegnehmenden – xenophoben Passagen wies der anonyme Verfasser mit Nachdruck auf die nationalen Folgen der verhängnisvollen Begünstigung der deutschen Siedler und Stadtbewohner durch die Přemyslidenkönige hin. Durch eine einfache Lexik und Syntax versuchte „Dalimil" eine weitgehende Annäherung an die Volkssprache und gab dadurch der weiteren tschechischen Sprachentwicklung wichtige Impulse.

Die zahlreichen Kloster- und Sakralbauten wurden im ausgehenden 13. Jahrhundert noch weitgehend vom romanischen Baustil geprägt, doch langsam setzten sich in Böhmen aber auch frühgotische Elemente durch. Das Aufblühen der

Städte und die wachsende Neigung der wohlhabenden Bürger, in bequemeren und geschützteren dauerhaften Steinbauten zu wohnen, bescherten dem Land eine hektische Baukonjunktur und verhalfen um 1300 der Gotik zum Durchbruch, die dann in den böhmischen Ländern während der fieberhaften Bautätigkeit unter Kaiser Karl IV. ihren Höhepunkt erreichen sollte.[92]

Aus den zeitgenössischen Rechtsdenkmälern und Chronikberichten läßt sich herauslesen, daß im Verlaufe des 13. Jahrhunderts die Differenzierung innerhalb des Adels weiter fortgeschritten sein muß. Die *viri nobiles,* nach Besitz und Amt in *majores* und *minores* unterschieden, wurden, wenn sie die hohen Verwaltungsämter besetzten, als *nobiles* geführt, während die freien Hausvorstände dem niederen Adel, *natu majores,* zugerechnet wurden. Diese Einteilung begünstigte die Trennung des Adels in Herren und Ritter, wobei die herkömmliche Bezeichnung *nobiles,* mit dem neuaufgekommenen Begriff *baro* zu *baro vel/et nobiles* verbunden, zur Klassifizierung der in Hofämter aufgestiegenen und zu großem Besitz gelangten Herren = *barones* diente, der mittlere Dienstadel aber vorerst weiterhin als *nobiles* firmierte, und die freien Hausvorstände an Ansehen verloren und bestenfalls als *clientes* galten. Für den hauptsächlich im Kriegsdienst tätigen *miles secundi ordinis* bürgerte sich die Bezeichnung *vladyk* ein, der nach Erwerb eines Erbgutes auch als *minus nobilis* geführt werden konnte. Eine Aufnahme in den Adelsstand, die viele Erbrichter anstrebten, war zu Beginn des 14. Jahrhunderts kaum noch möglich; die Exklusivität des Adelsstandes und seine Abschottung nach unten wurden bereits streng beachtet. Wenn es auch in der ersten Hälfte des 13. Jahrhunderts Versuche der durch die wiederholte Bekleidung der Hofämter zu Ansehen und Reichtum aufgestiegenen Herrenfamilien gab, durch gezielte Landguterwerbungen große Latifundienbildungen und Territorialherrschaften zu errichten, hat vor allem König Přemysl Otakar II. die in dieser Entwicklung liegende Gefahr erkannt und ihr einen insgesamt wirkungsvollen Riegel vorgeschoben. Auch während der Regentschaft für Wenzel II. und in der Interimszeit bis zur Berufung Johanns von Luxemburg 1310 konnten die Herren ihre Verselbständigungstendenzen nicht wesentlich vorantreiben, weil Geistlichkeit und Stadtpatriziat sich ihrem Anspruch entgegenstellten und sie daher auch weiterhin auf die Gnadenbezeugungen des Königs angewiesen blieben. Wenn diese versagt wurden, konnte selbst ein so mächtiges Geschlecht wie die Riesenburger ihren Abstieg in den mittleren Adel nicht aufhalten, während loyalem Kleinadel im Wohlwollen des Monarchen in kurzer Frist die höchsten Adelsränge offenstanden.

Wenzel II. und Wenzel III.

Beim Tode seines Vaters 1278 war Otakars Sohn und Erbe Wenzel II. (Václav, 1278/83–1305) gerade sieben Jahre alt; sein illegitim geborener, durch die Kurie aber von diesem Makel freigesprochener Halbbruder Nikolaus war auf dem Marchfeld in ungarische Gefangenschaft geraten. Die Gefahr, daß nach dem bereits 1276 verfügten Verlust der neuerworbenen Gebiete nun auch die přemyslidischen Stammlande aufgeteilt werden könnten, bestand bei dem offenkundigen Machtvakuum durchaus. Ohne auf Widerstand zu stoßen, besetzte König Rudolf Mähren, hielt dadurch immerhin die Ungarn von einem geplanten Raubzug zurück und unterstellte die Markgrafschaft, nachdem er den Städten die bisherigen Privilegien bestätigt und nach erfolgter Huldigung großzügig neue Freiheiten gewährt hatte, als Reichsland vorerst seiner unmittelbaren Herrschaft. In Böhmen dagegen war die Situation verworrener. Teile des Hochadels, die aus Widerstand gegen Otakars omnipotente Königsstellung und seine autoritäre Regierung rechtzeitig in das Lager Rudolfs gewechselt waren, besetzten die königlichen Güter und zerstörten die Klöster und Städte, die ihnen der Monarch einst als Bollwerke in den Weg gesetzt hatte, um die Ausbildung hochadliger Territorialherrschaften zu unterbinden. Während die Lichtenburger ihre alte Stadt Deutsch-Brod und die Seeberger Tachau (Tachov) wieder in Besitz nehmen konnten, zerstörten die Witigonen das Kloster Goldenkron, brandschatzten das Königsgut Netolitz und belagerten die Neugründung Budweis; auch andere Kirchen und Klöster mußten sich gewaltsamer adliger Übergriffe erwehren. Einigkeit herrschte unter dem Adel jedenfalls in dem einen Punkt, die Wiederherstellung einer starken königlichen Zentralgewalt zu verhindern sowie die adligen Mitwirkungsrechte bei der Festlegung und Durchführung der Politik zu vergrößern und rechtlich abzusichern.

Während Rudolf von Habsburg nach der Befriedung Mährens im Oktober 1278 langsam nach Böhmen einrückte und die gütliche Unterwerfung mit dem Hinweis verlangte, das Land sei von Rechts wegen ihm und dem Reich anheimgefallen, hatte Markgraf Otto V. von Brandenburg, ein Neffe Přemysl Otakars II. und von ihm als Protektor ausersehen, anfangs im Einvernehmen mit der Königinwitwe Kunigunde Prag besetzt und einen Teil des Adels auf seine Seite gebracht. Ohne die von Otto bei Kolin an der Elbe angebotene Schlacht anzunehmen, zog Rudolf im Kloster Sedletz vor Kuttenberg den Abschluß eines Vergleichs vor, der dem Brandenburger als Vormund Wenzels für fünf Jahre die Regentschaft über Böhmen und Kunigunde die Einkünfte aus dem Troppauer Land zugestand. Zur Festigung des Übereinkommens wurden die bereits 1276 vereinbarten Kinderhochzeiten zwischen Wenzel und seiner Schwester Agnes mit Guta und Rudolf dem Jüngeren von Habsburg pro forma vollzogen.[93] Die erhoffte Konsolidierung der verworrenen Verhältnisse in Böhmen trat aber nicht ein. Nicht nur der Adel suchte die schwache Vormundschaftsregierung zur Erweiterung seiner Machtstellung zu nutzen, sondern auch Markgraf Otto V. ließ das Land durch seine Truppen systematisch ausplündern. Witterungsunbilden und schlechte Ernten lösten eine schwere Hungersnot aus. Rudolfs Versuche, die von Otto auf Burg Bösig (Bezděz) in Gewahrsam gehaltene Königinwitwe Kunigunde und ihre Kinder zu befreien, wurden 1280 vereitelt. Als Wenzel sogar in die Festung Spandau verbracht wurde, Kunigunde in Grätz bei Troppau residierte und dort heimlich den mächtigen Senior der Witigonen, Záviš von Falkenstein, ehelichte und die Anarchie in Böhmen immer weiter um sich griff, fanden sich unter Führung des neuen Prager Bischofs Tobias von Bechin (Bechyně) doch einige Patrioten, die einen weiteren Machtverfall aufhalten und die Wiederherstellung des Königtums durchführen wollten.

Auf einer am 20./21. V. 1281 in Prag abgehaltenen Landesversammlung *(colloquium)* beauftragten die Vertreter des Adels Bischof Tobias und Purkart von Janovic mit der Landesregierung, deren vordringlichste Aufgabe darin bestand, in Verhandlungen mit Otto von Brandenburg eine Beendigung der Regentschaft zu erreichen. Der Markgraf verhielt sich abwartend, zumal ihm die adelsinternen Auseinandersetzungen immer wieder Gelegenheit boten, die Parteien gegeneinander auszuspielen. Auf einer weiteren Versammlung am 25. XII. 1281, an der neben Vertretern von Adel und Geistlichkeit auch Repräsentanten der Städte vertreten waren, wurde den finanziellen Ablöseforderungen Ottos in Höhe von 20000 Mark Silber für die Rückführung Wenzels zugestimmt; doch erst am 24. V. 1283 hat Otto V. dann sein Mündel entlassen. Auch in Mähren, wo Bischof Bruno von Schauenberg bis zu seinem Tod († 17. II. 1281) im Namen des römisch/deutschen Königs die Statthalterschaft führte, kam es zu Kämpfen einzelner Adelssippen untereinander und zu Raubzügen der Nachbarmächte, so daß sich auch hier Rechtsunsicherheit, Verfall der staatlichen Autorität und größte materielle Not breitmachten. Immerhin konnte der 1280 aus ungarischer Gefangenschaft entlassene Otakar-Sohn Nikolaus als Herzog von Troppau seine nordmährische Teilherrschaft konsolidieren, wobei er aber immer engere Anlehnung an die schlesischen Piasten suchte.

Obgleich sich der böhmische Adel zu einem „ewigen Frieden" verpflichtet und die Rückstellung des geraubten Königsgutes zugesagt hatte, besaß der gerade 12 Jahre alte Wenzel II., der sich anfangs nur als „Herr und Erbe Böhmens und Mährens", seit 1285 aber immer häufiger als „König" bezeichnete, bei seinem Herrschaftsantritt nicht das Durchsetzungsvermögen, um die eingerissenen Mißstände sogleich beseitigen zu können. Die Regierungsgeschäfte führte praktisch Záviš von Falkenstein, der Familienmitglieder und Parteigänger der Witigonen in die einflußreichsten Stellungen schleuste, sich damit aber auch die Mißgunst des übrigen Adels und das wachsende Mißtrauen König Rudolfs einhandelte. Zwar wurde im Januar 1285 mit großem Pomp in Eger noch einmal die Hochzeit zwischen Wenzel und Guta gefeiert, doch der Brautvater nahm wegen der ungeklärten inneren Verhältnisse in Böhmen seine Tochter wieder mit und unterstützte offen Bischof Tobias von Prag und Nikolaus von Troppau, die sich entschlossen gegen die Amtsanmaßung Záviš' wandten. Auch als 1285 Kunigunde starb und sich Záviš sogleich mit einer Schwester König Lászlós IV. von Ungarn wieder verheiratete, „ordnete er alles alleine an, und ihm allein gehorchten alle". Doch sein Versuch, in Wiederaufnahme der Politik Přemysl Otakars II. in den österreichischen Ländern Fuß zu fassen, mußte König Rudolf als nicht mehr tolerierbare Herausforderung des Usurpators empfinden. Durch die Ankunft Gutas im Juli 1287 in Böhmen erhielt die habsburgische Partei Auftrieb und verlangte jetzt von Záviš die sofortige Herausgabe der von ihm pfandweise in Besitz genommenen königlichen Güter. Als er dieser Aufforderung nicht nachkam, wurde er des Hochverrats beschuldigt und gefangengesetzt. Ein mit ungarischer Unterstützung durchgeführter Aufstand seiner Brüder wurde durch die Drohung gebrochen, Záviš zu töten, wenn ihre Burgen nicht kapitulieren würden. Als die Besatzung von Frauenberg (Hluboká) dieses Ultimatum nicht beachtete, wurde Záviš von Falkenstein am 24. VIII. 1290 enthauptet.

Ein Teil des umfangreichen Grundbesitzes der Witigonen wurde von König Wenzel II. seiner Klostergründung Königsaal/*Aula regia* überschrieben, während die größere Hälfte an den Markgrafen Friedrich für das přemyslidische Nachfolgerecht in Meißen und in der Lausitz fiel. Mit dieser weitreichenden Vereinbarung zeichnete sich bereits ein von Wenzels Schwiegervater, König Rudolf, durchaus begünstigter neuer Kurs der böhmischen Politik in Richtung Norden und Nordosten ab, der ein Wiederaufleben der Rivalität zwischen Habsburgern und Přemysliden um das babenbergische Erbe ausschließen konnte. Schon am 10. I. 1289 hatte der Piastenherzog Kasimir von Beuthen Wenzel II. in Prag Lehenstreue geschworen; nach weiteren Verhandlungen in Troppau und Olmütz konnten noch im gleichen Jahr günstige Verträge mit den Herzögen von Teschen, Oppeln und vor allem mit Heinrich IV. von Breslau und Krakau abgeschlossen werden, die ein erneutes Ausgreifen Böhmens nach Schlesien und in das von den Auseinandersetzungen der Teilfürsten erschütterte Polen ermöglichen sollten. Bereits im Juli und im September 1290 bekam Wenzel von König Rudolf das Fürstentum Breslau, Schlesien und Krakau (Kleinpolen) als „würdigen Lohn für geleistete Dienste" übertragen, konnte sich vorerst aber nicht in den Besitz dieser Gebiete setzen, sondern mußte sich vor 1292 allein mit der Grafschaft Glatz (Kladsko) begnügen. König Rudolf dürfte Wenzel II. wohl auch deshalb so großzügig entgegengekommen sein, um einmal den im Verlobungsvertrag von 1276 niedergelegten, aber nicht vollzogenen Anschluß der nördlich der Donau gelegenen österreichischen Gebiete an Böhmen abzugelten, und dann auch, um Wenzel den Verzicht auf seine begründeten Thronansprüche in Ungarn zugunsten Albrechts von Habsburg, Herzog von Österreich, zu erleichtern. Trotz des Widerstands von Przemysł II. von Großpolen (1279–1296) besetzten böhmische Truppen im Winter 1291/92 Kleinpolen mit Krakau, das Wenzel durch eine Vereinbarung vom 13. VIII. 1292 mit einem anderen Prätendenten, Herzog Władysław Łokietek von Sieradz, der seinerseits Kujawien als Lehen erhielt, um Sandomierz erweitern konnte. Obgleich Wenzel im November 1292 in Krakau weilte, durfte er sich als Herr weiter Teile Polens aber noch nicht sicher fühlen.

König Rudolf hatte im März 1289 in Eger in einem Privileg Wenzel II. und seinen Nachfolgern das Amt des Reichserzschenken und die seinem Vater abgesprochene Kurfürstenstimme bei der Wahl eines deutschen Königs wieder zuerkannt. Als Rudolf am 13. VII. 1291 starb, fühlte sich Wenzel aber nicht verpflichtet, für seinen Schwager Albrecht von Österreich, mit dem es immer wieder zu Reibereien gekommen war, zu votieren, sondern er trat entschlossen für Adolf von Nassau (1292–1298) ein. Mit der Vereinbarung einer Ehe zwischen dessen Sohn Ruprecht und Wenzels kleiner Tochter Agnes verband der Böhmenkönig die Erwartung, entweder mit den Herzogtümern Österreich, Steiermark und Kärnten restituiert oder doch entsprechend anderweitig entschädigt zu werden. Da sich Albrecht aber König Adolf bald unterwarf und die umstrittenen Gebiete als Lehen erhielt, sah sich Wenzel danach im Interesse der Fortsetzung seiner Polenpolitik sogar gehalten, gutes Einvernehmen mit seinem Schwager herzustellen, um für seine innen- und außenpolitischen Maßnahmen den Rücken freizubekommen. 1294 konnte Wenzel II., dem König Adolf immerhin einige sächsische Städte verpfändet hatte, seinen Einfluß im Sächsischen weiter festigen und die Zusage des Monarchen erlangen, nicht ohne seine Zustimmung über die Mark Meißen zu verfügen. Die Tatsache, daß sich sein Widersacher Herzog Przemysł von Großpolen mit Zustimmung von Papst Bonifaz VIII. 1295 in Gnesen zum König von Polen krönen ließ, mußte Wenzel nicht beunruhigen, da dieser bald darauf in brandenburgischem Auftrag ermordet wurde; zudem hielt sein Halbbruder Nikolaus von Troppau als Statthalter Kleinpolen fest in der Hand.

Am 2. VI. 1297 in einer glanzvollen Feier vom Mainzer Metropoliten Gerhard mit ihrem Gatten in Prag gekrönt, starb Königin Guta wenige Tage später an den Folgen einer Fehlgeburt. Dieser persönliche Schicksalsschlag hinderte König Wenzel II. nicht daran, sich in Polen stärker zu engagieren, um den umtriebigen Władysław Łokietek in die Schranken zu verweisen. Da König Adolf entgegen seinen Zusagen inzwischen die Markgrafschaft Meißen als Reichslehen eingezogen hatte, beteiligte er sich auch aktiv an der Wahl seines Schwagers Albrecht (1298–1308) zum deutschen König, dem er zudem für die entscheidende Schlacht bei Göllheim, in der Adolf von Nassau den Tod fand, ein stattliches böhmisches Kontingent überließ. Als Dank wurde Wenzel auf dem Hoftag in Nürnberg die Verwaltung des Egerer und Pleißner Landes übertragen und zum Hauptmann und Vikar des Reiches ernannt. Gerufen von einem Teil des Adels und der Geistlichkeit, die der teilfürstlichen Zersplitterung und der daraus resultierenden Kämpfe müde waren, ließ sich Wenzel am 29. VI. 1300 von König Albrecht mit Großpolen belehnen, eroberte mit einem großen Heer „Stadt für Stadt, Burg für Burg“ und wurde nach der Einnahme von Gnesen im August 1300 auch zum König von Polen gekrönt. Die von den polnischen Herren gewünschte Verbindung mit Ryksa Elżbieta, der erst vierzehn Jahre alten Tochter des ermordeten Königs Przemysł, vollzog Wenzel II. jedoch erst 1303. Obgleich die schlesischen Herzogtümer engeren Anschluß an Böhmen suchten, flammte im polnischen Kernland der Widerstand gegen die böhmische Fremdherrschaft immer wieder von neuem auf.

Sein Hauptaugenmerk mußte Wenzel jetzt aber nach Ungarn lenken. Bereits im Februar 1298 hatte er bei einer festlichen Zusammenkunft in Wien seinen neunjährigen Erben Wenzel mit Elisabeth, der Tochter des letzten Arpaden, verlobt. Als Andreas III. am 14. I. 1301 starb, meldete Wenzel II. sofort Erbansprüche an, verzichtete dann aber auf die ihm von einigen einflußreichen ungarischen Adligen angebotene Krone zugunsten seines Sohnes. Wenzel III. wurde als László V. (Ladislaus) in Stuhlweißenburg gekrönt und konnte die Residenz in Ofen einnehmen, mußte sich aber sofort gegen die Angriffe Karl Roberts von Anjou wehren, der, unterstützt von Papst Bonifaz VIII., ebenfalls die St. Stephanskrone für sich reklamierte. Mit Polen und Ungarn hatten sich die Přemysliden einen bedeutenden Machtzuwachs und eine wesentliche Erweiterung ihrer Ressourcen gesichert, verfügten aber trotz aller gutgemeinten Verwaltungsmaßnahmen nicht über die administrativen und politischen Mittel, um dieses riesige Konglomerat von Ländern einer effektiven Kontrolle zu unterstellen.

Nicht nur Papst Bonifaz VIII., sondern auch König Albrecht zeigte nämlich wenig Bereitschaft, diesen jetzt von der Ostsee bis zur Adria reichenden Herrschaftsraum Wenzel II. und seinem Sohn zu überlassen. Bereits im Sommer 1302 sprach der Papst Wenzel II. das Recht ab, sich als König von Polen zu bezeichnen; 1303 proklamierte er Karl Robert als König von ganz Ungarn. Wenzels Versuch, ein Bündnis mit König Philipp von Frankreich zu schließen, führte den sich bedroht fühlenden König Albrecht nun vollständig in das kuriale Lager. Wenzels Weigerung, der Forderung Albrechts nach Herausgabe von Eger und Meißen nachzukommen sowie ein Regalienrecht der deutschen Könige über die böhmischen Bergwerke anzuerkennen bzw. den Zehnt mit 80000 Mark Silber abzulösen, ließ den Konflikt offen ausbrechen. Die Böhmen hatten sich inzwischen unter Mitnahme der Kroninsignien und des Staatsschatzes aus Ungarn zurückziehen müssen, konnten sich aber erfolgreich der Angriffe Rudolfs von Österreich gegen Mähren und des von König Albrecht persönlich geführten Vorstoßes auf die Silberstadt Kuttenberg erwehren. Die lange Sedisvakanz nach dem Tod Bonifaz' VIII. wurde indes nicht zum Abschluß eines Friedens genutzt, so daß nach Verhängung der Reichsacht (1. VII. 1304) Albrecht mit kumanischen Hilfsvölkern Böhmen und Mähren erneut mit Krieg überzog, was schwerste Schäden bedingte. Bereits von einer unheilbaren Erkrankung geschwächt, schloß Wenzel II. unter Verzicht auf Meißen und das Egerland zwar noch einen Frieden mit König Albrecht, starb aber, erst 35 Jahre alt, am 21. VI. 1305.

Wie sein Vater Přemysl Otakar II. hatte auch Wenzel II. ein die Grenzen der böhmischen Länder sprengendes mitteleuropäisches Großreich angestrebt und es ebenfalls in kurzer Frist wieder verloren. Nicht nur die Entschlossenheit der Habsburger, jeden auf ihre Kosten gehenden Machtzuwachs der Přemysliden zu unterbinden, oder die fehlende Unterstützung durch die Kurie haben dieses erneute Scheitern bei dem Ausgreifen in den Donauraum und nach Polen verursacht, sondern auch die relative Schwäche des böhmischen Königtums im eigenen Lande, das wegen der notwendigen Kriegszüge und der aufwendigen Hofhaltung trotz seiner Wohlhabenheit und seiner Naturreichtümer wirtschaftlich völlig erschöpft war. In richtiger Einschätzung der Machtstellung des Adels und der führenden Magnatensippen hatte Wenzel II. nicht versucht, die königliche Einflußsphäre gewaltsam auszubauen und die Herausgabe der entfremdeten Krongüter zu erzwingen. Als sich zeigte, daß die von Gozzius de Orvieto unter Berücksichtigung römischer Rechtsnormen unternommene Kodifikation des Landrechts und damit eine Beschneidung der Adelsfreiheiten nicht konfliktlos durchzusetzen war, hat Wenzel II. nicht auf ihrer Einführung beharrt. Auch auf die Gründung einer Universität in Prag hat er verzichtet, weil der Adel Bedenken gegen den wachsenden Einfluß von Ausländern, selbst unter den Klerikern, hegte. Diese Vorbehalte haben den König aber nicht gehindert, vor allem deutschen Priestern und Mönchen die Verwaltung der wichtigsten kirchlichen Einrichtungen anzuvertrauen und die nach Prag berufenen ausländischen Edelleute in Hof- und Landesämtern rasch aufsteigen zu lassen. Nach Arnold von Bamberg und Propst Bernhard von Meißen wurde nach 1296 der aus dem Luxemburgischen stammende Bischof von Basel, Peter von Aspelt, als Kanzler der selbstbewußte Lenker der přemyslidischen Politik. Da die Kirche und die Klöster während der Regentschaft und der inneren Wirren das einzig stabile, die Erneuerung des Königtums betreibende Element gebildet hatten, förderte sie Wenzel nach Kräften, nicht nur, weil er sich als Landesherr auch als Obereigentümer des Kirchenguts betrachtete, sondern weil ihm ihre materiellen Ressourcen auch zur geschickt ausgeübten Kontrolle über die adligen Machtgelüste dienten. Die weitgehend von einem deutschstämmigen Patriziat regierten Städte hingen treu dem König an, der ihr wirtschaftliches Wachstum, nicht zuletzt durch die Münzreform von 1300, begünstigte, sie aber auch regelmäßig zur Mitfinanzierung seiner zahlreichen militärischen Unternehmungen heranzog. Eine seinem Vater vergleichbare autoritäre Stellung hat der als gläubig und unkriegerisch *(vir inbellis)* charakterisierte, aber im In- und Ausland hohes Ansehen genießende Wenzel II. auch gar nicht angestrebt.

Sein Sohn Wenzel III. (Václav, 1305–1306), der als Sechzehnjähriger die Nachfolge antrat, konzentrierte sich in der realistischen Einsicht, daß sein Anspruch auf die St. Stephanskrone gegen Karl Robert von Anjou nicht durchzusetzen war, auf die Verteidigung seiner gefährdeten Herrschaft über Polen. Deshalb löste er auch seine Verlobung mit der ungarischen Elisabeth und vermählte sich mit Viola, der Tochter Herzog Mieszkos I. von Teschen. Da Władysław Łokietek bereits seit 1303 mit Unterstützung der ungarischen Anjou-Partei seine militärischen Aktivitäten intensiviert und nach Sandomierz auch Teile Kleinpolens zurückgewonnen hatte, sah sich Wenzel III. zu raschem Handeln gezwungen. Um sich den Rücken freizuhalten, schloß Wenzel am 18. VIII. 1305 unter erneutem Verzicht auf Eger und Meißen ebenfalls Frieden mit König Albrecht und trat seine Ansprüche auf das ungarische Königtum an Herzog Otto von Niederbayern ab, dem er auch die Kroninsignien überließ. Während er die Vorbereitungen für einen Feldzug nach Polen vorantrieb, suchte er sich durch die Stiftung der Zisterze Königsthron bei Olmütz auch der himmlischen Gnade zu versichern. Doch noch vor Beginn der Kampagne wurde Wenzel III. am 4. VIII. 1306 im Haus des Olmützer Domdekans ermordet. Da die Motive für die Tat nicht einwandfrei geklärt werden konnten, schoben die Zeitgenossen unzufriedenen Adligen, König Albrecht, aber auch ungarischen oder polnischen Parteigängern die Verantwortung für den Mord zu.[94] Mit Wenzel III. starben die Přemysliden im legalen Agnatenstamm aus, obgleich die auf eine illegitime Verbindung Přemysl Otakars II. zurückgehende Troppauer Nebenlinie fortbestand, die sich später auch in Jägerndorf (Krnov) und Ratibor ausbreitete. Bewerber um die Nachfolge gab es genug, so daß den reichen böhmischen Ländern unruhige Zeiten bevorzustehen schienen. An eine Aufrechterhaltung des Herrschaftsanspruches über Polen war unter diesen Umständen nicht zu denken.

Interimszeit 1306–1310

Die begründetsten Nachfolgerechte konnte Herzog Heinrich von Kärnten anmelden, der am 13.II. 1306 die ältere Schwester Wenzels III., Anna (*1290), geheiratet hatte. Aber auch König Albrecht warb beim Adel für seinen Sohn Rudolf um Unterstützung, der sich dank der ausdrücklichen Anerkennung seines Wahlrechts nach der Goldenen Bulle von 1212 in die Lage versetzt fand, nicht nur wie bisher durch Akklamation, sondern in einer richtigen Elektion den neuen König zu bestimmen. Auf einem Wahltag Ende August 1306 konnte Heinrich eine Mehrheit hinter sich vereinen; doch bereits im Folgemonat fiel Rudolf von Habsburg in Böhmen ein, vermählte sich, um seiner Kandidatur den Anschein größerer Legitimität zu geben, mit der Witwe Wenzels II., Ryksa Elżbieta von Großpolen, und erreichte am 16.X. 1306 ebenfalls seine Wahl zum König von Böhmen. Um von dieser Bastion aus die habsburgische Hausmacht auch in Richtung Polen und den Donauraum weiter ausbauen zu können, belehnte König Albrecht am 18.I. 1307 in Znaim nicht nur seinen Sohn Rudolf noch einmal, sondern auch dessen jüngere Brüder – also das Haus Habsburg „zur gesamten Hand" – mit der böhmischen Herrschaft. Unter Beeinträchtigung des erst vor wenigen Wochen ausdrücklich bestätigten Wahlrechts des Adels sollten künftig die Nachkommen Rudolfs bzw. die Brüder und ihre Erben nach dem Geburtsrang den Přemyslidenthron einnehmen.

Das Haus Habsburg besaß in Böhmen aber nicht nur Freunde. Der von Rudolf vorgefundene Schuldenberg machte – trotz der auf über 100000 Mark Silber geschätzten Jahreseinnahmen – eine sparsam-strenge Regierungsführung notwendig. Außerdem verstärkten seine Versuche, die Revindikation des entfremdeten Kronguts voranzutreiben, die Opposition des Adels, an dessen Spitze Wilhelm Zajíc von Waldeck stand, der auch mit Unterstützung der niederbayerischen Wittelsbacher und der Wettiner rechnen konnte. Als König Rudolf völlig unerwartet bereits am 3.VII. 1307 starb, zögerte der Adel nicht, Heinrich von Kärnten zum zweiten Mal zum König von Böhmen zu wählen und die Ansprüche des Habsburgers Friedrich von Österreich zu übergehen. König Albrechts Einmarsch wurde im Herbst vor Kuttenberg zurückgeschlagen; als er im Frühjahr 1308 für einen neuen Feldzug rüstete, wurde er am 1.V. von Johann Parricida ermordet, der mütterlicherseits Přemyslide war und dem daher unterstellt wurde, in böhmischem Auftrag gehandelt zu haben. Heinrich von Kärnten war dadurch zwar seinen gefährlichsten Gegner losgeworden, zumal auch Friedrich von Österreich am 14.VII. auf seine fragwürdigen Nachfolgerechte verzichtete, konnte sich aber bei dem Selbstbewußtsein und der Machtfülle des böhmischen Adels seiner neuen Würde nicht sicher sein. Unfrieden und Chaos breiteten sich während seiner schwachen Herrschaft im Lande aus, so daß im Bürgertum und bei der Geistlichkeit bald der Ruf nach einer starken Regierung laut wurde.

Im Reich war inzwischen der Graf von Luxemburg als Heinrich VII. (1308–1313) zum König gewählt worden, dem die ostmitteleuropäischen Probleme weitgehend fremd waren. Der Böhmenkönig hatte von seiner Kurstimme keinen Gebrauch gemacht und sich dadurch auch keine Sympathien bei dem neuen Monarchen erworben. Die sich zuspitzenden Auseinandersetzungen zwischen dem reichen Patriziat der großen Städte und dem Adel, die 1309 in einem Handstreich der Bürger gegen den im Kloster Sedletz bei Kuttenberg tagenden Adel und der Festnahme seiner Sprecher kulminierten, veranlaßten die Äbte der bedeutendsten Zisterzienserabteien, mit den böhmischen Ständen einen Ausweg aus der Krise zu suchen und Kontakt zu König Heinrich VII. aufzunehmen. Dabei wurde Einvernehmen erzielt, eine dynastische Verbindung zwischen Johann, dem einzigen Sohn des neuen deutschen Königs, mit der Přemyslidin Elisabeth zustandezubringen und danach den so legitimierten Luxemburger durch Barone, Adel und Bürger zum neuen Herrn über Böhmen wählen zu lassen. Nachdem Abt Konrad von Königsaal Elisabeth das Einverständnis zur Ehe abgerungen und Heinrich VII. unter Berufung auf die Goldene Bulle von 1212 am 31. I. 1310 eine Privilegienbestätigung erlassen hatte, stimmte ein Landtag der Wahl Johanns von Luxemburg zum König von Böhmen zu. Am 31. VIII. belehnte König Heinrich in Speyer seinen vierzehn Jahre alten Sohn mit der Krone Böhmens, der anschließend die aus Prag geschmuggelte achtzehnjährige Elisabeth zur Frau nahm. Mit Peter von Aspelt, dem zum Erzbischof von Mainz aufgestiegenen ehemaligen Kanzler Wenzels II., als Regenten machte sich Johann im Oktober nach Böhmen auf, erreichte am 23. XI. Prag, das er dank der aktiven Unterstützung der Bürger, die ihm die Stadttore öffneten, am 3. XII. einnehmen konnte. Heinrich von Kärnten, der einen vorausgegangenen Angriff auf Kuttenberg noch hatte abschlagen können, sah sich angesichts des offenen und allgemeinen Widerstands gegen seine Regierung gezwungen, am 9. XII. 1310 Böhmen aufzugeben und in sein Stammland zurückzukehren. Am 11. II. 1311 wurde Johann, der sich fortan auch als König von Polen bezeichnen ließ, durch den Mainzer Erzbischof mit einhelliger Zustimmung der Stände feierlich gekrönt. Die Hoffnung, daß mit der Herrschaftsübernahme der Luxemburger die böhmischen Länder einer ruhigeren Zukunft entgegensehen würden, war nach den turbulenten außenpolitischen Entwicklungen und den schweren inneren Auseinandersetzungen unter den letzten Přemyslidenkönigen bei allen Bevölkerungskreisen weit verbreitet.[95]

Ein Verdienst der Herrscher seit Přemysl Otakar I. war immerhin die Absicherung der erblichen Königswürde und die Verteidigung und Aufrechterhaltung der Sonderstellung der böhmischen Länder dem Reichsverband gegenüber. Die von Friedrich II. 1212 in Basel ausgefertigte Goldene Bulle legte die Rechte und Pflichten des Königs von Böhmen eindeutig fest und stellte sicher, daß der *rex Boemiae* als einer der *principes Germaniae* künftig bei der Wahl des *rex Romanorum* nicht übergangen werden konnte.[96] Während des Interregnums konnte Přemysl Otakar II. die von Großvater und Vater begründete Machtstellung weiter ausbauen und sich bis 1276 der Leistung des Lehnseides vor dem deutschen König entziehen. Die faktische Vereinigung der unter Friedrich Barbarossa zeitweise reichsunmittelbaren Markgrafschaft Mähren mit der Krone Böhmens und die Erweiterung des Herrschaftsgebietes über die Stammlande hinaus entsprachen den Unabhängigkeitsbestrebungen Přemysl Otakars II., der auf das schwache Doppelkönigtum im Reich keine Rücksicht zu nehmen brauchte. Wenn auch diese eigene, Österreich und den Donauraum einbeziehende politische Konzeption nach der Niederlage von Dürnkrut 1278 nicht aufrechtzuerhalten war und unter Rudolf und Albrecht von Habsburg, nicht zuletzt wegen der innerböhmischen Machtkämpfe, die Interventionsgelegenheiten für den römischen König wuchsen, so wurde die böhmische Kurwürde, wie die Bestätigungen durch König Rudolf 1289/90 beweisen, ebensowenig in Zweifel gezogen wie das dem Böhmenkönig zustehende Amt des Reichserzschenken. Selbst bei der Belehnung blieb der deutsche Herrscher an das Erbrecht der Přemysliden und an die Akklamation der *primores Boemiae* gebunden, zu denen sich nach den *nobiles* auch das Stadtpatriziat *(cives maiores, potentiores)* gesellte.[97] Als unter der neuen luxemburgischen Dynastie die böhmische, die Reichs- und die Kaiserkrone in einer Hand vereinigt wurden und die böhmischen Länder zum politischen Mittelpunkt und wirklichen Herzland des erneuerten Imperiums aufstiegen, fand jener lange Prozeß der Annäherung und Angleichung der böhmischen Verhältnisse an die im Reich herrschenden Zustände einen vorläufigen Abschluß, der die Přemyslidenzeit so wesentlich bestimmt und beeinflußt hatte. In der folgenden Epoche kam der Geschichte Böhmens bereits gesamteuropäischer Rang zu.

IV. Die böhmischen Länder unter dem Hause Luxemburg, 1310–1437

1. Die Vernachlässigung Böhmens durch König Johann den Blinden, 1310–1346

Innenpolitisches Scheitern

Das ausgehende 13. und die erste Hälfte des 14. Jahrhunderts werden von der marxistisch beeinflußten tschechischen Historiographie meistens als „Blütezeit des Feudalismus" (vrcholný feudalismus) bezeichnet, als ein außerordentlich dynamischer Abschnitt der Nationalgeschichte, in dem sich die Klassengesellschaft in allen Lebensbereichen auszuprägen begonnen und die wirtschaftliche und politische Hegemonie der Feudalherren – des Herrschers, des Adels und der Kirche – über die untertänige Bevölkerung in Stadt und Land ihren Höhepunkt erreicht habe. Abgesehen davon, daß dieser Interpretationsansatz auch dazu herhalten muß, den ausländischen – und hier vor allem den deutschen – Anteil am Landesausbau zu minimalisieren und die grundsätzlichen Wandlungen in der ökonomischen Basis und in der Gesellschaftsstruktur vorrangig der im Lande selbst verlaufenden Eigenentwicklung zuzuschreiben, vernachlässigt er auch die tiefgreifenden Veränderungen im Herrschaftsgefüge und innerhalb der Kaste der „Feudalherren". Die Macht des Königs von Böhmen als höchster Richter und Gesetzgeber sowie als politischer und militärischer Repräsentant des Landes, der seit dem Jahre 1212 das frühere Abhängigkeitsverhältnis zum Reich fast völlig abgeschüttelt hatte, wurde schon seit Přemysl Otakar II. vom selbstbewußten, auf seinen feudalen Großgrundbesitz gestützten Hochadel in Frage gestellt, der sich seinerseits in einem sozialen und wirtschaftlichen Differenzierungsprozeß scharf vom kleinadligen Rittertum abgrenzte und oligarchische Mitbestimmungs- und Mitwirkungsrechte verlangte. Die Kirche, vor 1222 eindeutig dem Herrscher unterstellt, war seither, gestützt auf ihre reichen Einkünfte und die traditionelle Besetzung wichtiger staatlicher Ämter, sowohl in politischer als auch in sozioökonomischer Hinsicht zu einem vollberechtigten Partner von König und Adel aufgestiegen. Die Städte, jetzt nicht mehr Marktorte, sondern dank der handwerklichen Produktion und des erweiterten Warenaustauschs wirtschaftliche, aber auch administrative und geistig-kulturelle Mittelpunkte ihrer Umgebung, bemühten sich um die Einrichtung einer funktionierenden Selbstverwaltung und größerer Unabhängigkeit von der Krone; aber auch hier beschwor die fortschreitende gesellschaftliche Aufsplitterung wachsende ökonomische und frühnationale Spannungen zwischen Patriziat, Handwerkern und städtischen Unterschichten herauf. Die Dorfbevölkerung fand sich, da ein Großteil der königlichen Rechte bereits an den Adel übergegangen war, in einer zunehmenden Abhängigkeit von den Grundbesitzern. Obgleich die Verwendung des schweren Pfluges mit großer asymmetrischer Schar und die Verbesserung der Dreifelderwirtschaft eine bedeutende Steigerung der Ernteerträge bewirkten, sahen sich die Bauern immer belastenderen grundherrlichen und königlichen Steuerforderungen ausgesetzt, so daß ihnen nur ein Minimum zur Deckung des Eigenbedarfs verblieb und die Unzufriedenheit wuchs, die sich schließlich auch in der Verbreitung häretischer Strömungen zeigte. Gerade während der Herrschaft des meist außerhalb des Landes weilenden Königs Johann kam der soziale Differenzierungsprozeß voran und löste Spannungen aus, die einschneidende Auswirkungen auf das Zusammenleben der Gesamtbevölkerung hatten.

König Johann, deutsch von Geblüt und französisch von Erziehung, hat zu seiner neuen böhmischen Herrschaft keinen inneren Bezug gefunden und ihre zwar zerrütteten, aber immer noch beträchtlichen Ressourcen nicht so sehr zur Konsolidierung des Landes, sondern vornehmlich zur Realisierung seiner weitgespannten anderen Interessen eingesetzt. Da er dem Adel die alten Rechte und das Versprechen, ihn nur bei der Verteidigung des Landes zur Hilfe heranzuziehen und einmalige, fallweise Steuerbewilligungen zu erbitten, in den Inaugurationsdiplomen ausdrücklich bestätigt hatte,[1] konnte der junge Herrscher mit wohlwollender Aufnahme rechnen; doch die Tatsache, daß er seine engsten Berater aus dem Reich mitbrachte und am Hof der deutsche bzw. französische Einfluß spürbar zunahm, weckte rasch die Vorbehalte des selbstbewußten böhmischen Hochadels. Zwar fand die Peter von Aspelt 1311 geglückte Herauslösung der Markgrafschaft Mähren aus habsburgischer Pfandschaft weite Anerkennung, aber alle Ansätze, die alten zentralistischen Tendenzen der Přemyslidenzeit wieder aufleben zu lassen und sich stärker in der Reichspolitik zu engagieren, weckten den Widerspruch des Adels, der in Heinrich von Leipa (Jindřich z Lipé) einen einflußreichen Sprecher fand. Um Königin Elisabeth gruppierte sich eine zweite Fraktion, in der die Zisterzienseräbte, die Vertreter der großen Städte und einige Adelsrepräsentanten ein Wiederaufleben einer starken nationalen Königsherrschaft und die Beseitigung der seit dem Tode Přemysl Otakars II. eingerissenen Mißstände befürworteten. Als Johanns Vater, König/Kaiser Heinrich VII., auf seinem Italienzug in wachsende Schwierigkeiten geriet und der Böhmenkönig, bereits als Zehnjähriger zur Würde eines deutschen Reichsvikars aufgestiegen, im Januar 1313 einen Reichstag nach Nürnberg mit dem Ziel einberief, Heinrich die erbetene Hilfe zukommen zu lassen, spitzte sich der innerböhmische Konflikt weiter zu. Die mit dem Tod Kaiser Heinrichs († 24. VIII. 1313) einhergehenden Wirren im Reich, die Bemühungen Johanns um die römische Krone und die Doppelwahl des Jahres 1314, bei der sich der Habsburger Friedrich und der schließlich von der Partei der Luxemburger unterstützte Ludwig der Bayer (1314–1347) gegenüberstanden, waren

Grund dafür, daß Johann den Auseinandersetzungen in Böhmen viel zu wenig Aufmerksamkeit schenkte. Die für die böhmische Kurstimme von König Ludwig IV. gemachten Versprechungen – Anwartschaft auf die polnische Krone und auf die Markgrafschaft Meißen, Verpfändung der Reichsstadt Eger mit dem umliegenden Königsland sowie der Herrschaften Parkstein und Floß – schlugen vorerst noch nicht zu Buche. Bei seiner Rückkehr nach Prag sah sich Johann gehalten, die höchsten Kronämter an böhmische Herren zu vergeben und seinen Widersacher Heinrich von Leipa zum Oberstlandmarschall zu ernennen. Im Oktober 1315 fühlte sich der König aber stark genug, das Steuer herumzureißen und seine hochadligen Kontrahenten einzukerkern. Der Widerstand gegen diese Maßnahme aber war so verbreitet, daß sich Johann gezwungen fand, seinen Onkel Balduin von Trier und den Mainzer Erzbischof Peter von Aspelt, dem er erneut das Amt eines „Generalkapitäns der böhmischen Krone" übertrug, um Vermittlung mit den Ständen anzurufen. Während Johann im Westen König Ludwig militärische Hilfe leistete, kapitulierte Peter im April 1317 vor der unlösbaren Aufgabe. Auch Königin Elisabeth, gestützt auf die Royalisten und die Städte, gelang es nicht, einen Interessenausgleich mit dem Hochadel herbeizuführen. Als Johann im November 1317 nach Prag zurückkehrte und mit Hilfe seiner rheinischen Gefolgsleute versuchte, die Regierungsgeschäfte selbst in die Hand zu nehmen, sah er sich bald zum Rückzug aus der Hauptstadt gezwungen und mit der Möglichkeit einer Absetzung zugunsten eines Habsburgers konfrontiert. König Ludwig der Bayer, der kein Interesse an einer Machterweiterung der habsburgischen Gegenpartei haben konnte, vermittelte am 23.IV. 1318 in Taus (Domažlice) einen Ausgleich, dessen wichtigste Punkte der Hochadel auf einem Landtag im Februar beschlossen hatte: Johann mußte seine Rheinländer endgültig verabschieden, die Aufsicht über die königlichen Städte, seine wichtigste Finanzquelle, seinen Gegnern überlassen und im Grunde auf eine zentralistische, monarchisch akzentuierte Politik verzichten; immerhin hatte er sich weiterhin die Einkünfte aus der Kuttenberger Münze und dem königlichen Silbermonopol zu sichern gewußt.

Dieser Kompromiß kam auf politischem Gebiet einer Kapitulation des Königs vor den hochadligen Herren gleich. Als die enttäuschten royalistischen Anhänger der Königin Elisabeth, vor allem die Prager deutsche Bürgerschaft, in einem Staatsstreich den König stürzen wollten, war es die adlige Fronde, die Johann den Thron bewahrte, der daraufhin auch nicht gegen die Demütigung der städtischen Widersacher durch den Adel einschritt. Da in der Auseinandersetzung über den innenpolitischen Kurs auch Johanns Ehe in die Brüche gegangen war, zeigte er – abgesehen von den regelmäßigen Einkünften – künftig wenig Interesse an dem Geschick der böhmischen Länder und den Auswirkungen der adligen Ständeherrschaft, der er weitgehend freie Hand ließ. Sogar wegen der Möglichkeit eines Tauschs von Böhmen gegen die Rheinpfalz hat er bei König Ludwig IV. vorfühlen und damit erkennen lassen, daß ihm die Ausweitung seiner Hausmacht im Westen und die Chance, von dieser Basis leichter zur deutschen Königswürde aufzusteigen, mehr am Herzen lagen als eine wirkliche Befriedung des angeheirateten und ihm fremd gebliebenen Přemyslidenerbes. Die Außenpolitik, begleitet von einer ausgeklügelten Verlöbnis- und Heiratspolitik, nahm nun seine Aufmerksamkeit in Anspruch; Böhmen selbst hat er künftig nur bei seltenen Gelegenheiten aufgesucht und seinen beeindruckenden Unternehmungsgeist, gepaart mit einem erstaunlichen politischen Kombinationsreichtum, anderen Fragen gewidmet, wobei er neben Durchsetzungsvermögen auch Rücksichtslosigkeit an den Tag legte.

Außenpolitische Erfolge

Nachdem er seine jüngere Schwester Beatrix mit Karl Robert von Anjou, dem König von Ungarn, und bald darauf (21.IX.1322) auch die ältere Maria mit König Karl IV. von Frankreich vermählt hatte, gelang ihm nach dem Aussterben der brandenburgischen Askanier unter Berufung auf alte přemyslidische Erbansprüche 1319 der Erwerb der westlichen Oberlausitz mit Bautzen und Kamenz; die Ausgangsstellung für ein Eingreifen in Polen, wo der Landeseiniger Władysław Łokietek noch bis ins Jahr 1320 auf die päpstliche Zustimmung zur Krönung warten mußte, konnte Johann durch die förmliche Lehensnahme des Herzogs von Troppau verbessern. Im sich zuspitzenden habsburgisch-wittelsbachischen Thronstreit stellte sich Johann ganz auf die Seite König Ludwigs; als Dank für den ausschlaggebenden Einsatz des böhmischen Kontingents in der Schlacht bei Mühldorf 1322 wurde das seit langem versprochene Egerland als Reichspfandschaft der Krone Böhmens unterstellt.[2] Als König Ludwig IV. aber seinen gleichnamigen Sohn mit der Mark Brandenburg belehnte und luxemburgische Heiratspläne mit den Wettinern durchkreuzte, kam dieses Zweckbündnis zu einem raschen Ende, und König Johann begann, die Verbindung zu den Habsburgern, zu Karl Robert von Ungarn und selbst nach Polen zu intensivieren. Als Papst Johannes XXII. 1324 den Bann über König Ludwig aussprach, schien sich die Erwartung Johanns auf eine Teilung der kaiserlichen Herrschaft und seine Übernahme des *regnum Italiae* realisieren zu lassen. Da sich aber auch hier nicht alle Erwartungen erfüllten, begann König Johann sich wieder verstärkt der ostmitteleuropäischen Entwicklung zuzuwenden, zumal auch König Ludwig seine Macht so weit konsolidiert glaubte, um den Kampf um die Kaiserkrone aufnehmen zu können.

Hatte sich nach dem frühen Tod seiner Schwester Beatrix und der Vermählung des Witwers Karl Robert mit der Tochter des zum polnischen König aufgestiegenen Władysław Łokietek sowie nach dem Abschluß eines habsburgisch-ungarischen Vertrags die Ausgangslage für den Böhmenkönig auch verschlechtert, so war es ihm doch gelungen, mit der Verlobung seiner Tochter Margarete mit Heinrich II. von Niederbayern eine neue, vorerst auf Tirol und Kärnten gerichtete Expansionspolitik einzuleiten, die er durch ein Eheversprechen zwischen der Erbtochter seines ehemaligen Rivalen Herzog Heinrich von Kärnten, Margarete Maultasch, mit seinem zweiten Sohn Johann Heinrich zusätzlich abzusichern verstand. Als er auch eine Verbindung seiner kleinen Tochter Anna mit dem ungarischen Kronprinzen Ludwig (Lájos) vereinbaren konnte, hielt er die Zeit für die Durchsetzung der přemyslidischen Ansprüche in Polen für gekommen.

König Władysław Łokietek (1306/20–1333), der mit beeindruckender, trotz zahlloser Rückschläge unermüdlicher Konsequenz die teilfürstliche Zersplitterung überwunden und das monarchisch-zentralistische Prinzip in Polen wieder zur Geltung gebracht hatte, war durch eine enge Anlehnung an das noch heidnische Großfürstentum Litauen und durch die aktive Beteiligung am Kampf des Papsttums gegen die Wittelsbacher ins diplomatische Schußfeld geraten und konnte mit wenig Unterstützung rechnen. Obschon sich 1327 die oberschlesischen Fürstentümer Teschen, Ratibor, Falkenberg, Auschwitz, Oppeln sowie das Herzogtum Breslau in Lehensverträgen der Krone Böhmens unterstellt hatten, gelang es Johann aber nicht, das belagerte Krakau einzunehmen, zumal auch Karl Robert von Ungarn drohte, zugunsten seines Schwiegervaters einzugreifen. Ein im Winter 1328/29 mit Unterstützung des Deutschen Ordens unter dem Deckmantel eines Kreuzzugs gegen die Litauer unternommener Versuch, in Polen Fuß zu fassen, zeitigte nur bescheidenen Erfolg: Einer der masowischen Teilfürsten, Wacław von Płock, unterstellte sich der böhmischen Oberhoheit und bot Johann, der aus eigener Machtvollkommenheit den Orden in dem umstrittenen Besitz von Pommerellen bestätigte, die Gelegenheit, im Rükken der polnischen Königsmacht eine weitere Interventionsbasis zu errichten. Nachdem aber auch die Fürstenlinien von Liegnitz, Sagan, Brieg und Öls im April/Mai 1329 Lehensverträge unterzeichneten, Görlitz sowie 1331 Glogau gewonnen werden konnten, so daß nur noch die Schweidnitzer Linien zu Polen standen, war der lange Prozeß der Einbeziehung Schlesiens in den böhmischen Herrschaftsbereich, der 1289 mit der Lehensübernahme über das Herzogtum Beuthen begonnen hatte, so gut wie zum Abschluß gekommen. Der nach der Einmischung Johanns in die österreichischen Entwicklungen im Oktober 1328 erreichte Frieden mit den Habsburgern hatte sich als wirkungsvoller Flankenschutz bewährt.

König Kazimierz III., 1333 auf den polnischen Thron gelangt, stimmte in der Einsicht, daß eine Rückgliederung der schlesischen Herzogtümer einen die Kräfte Polens überfordernden Konflikt auslösen würde, am 24. VIII. 1335 im Präliminarvertrag von Trenčin der de-facto-Anerkennung der böhmischen Oberhoheit im Oderland zu, zumal König Johann für eine größere Geldsumme auch auf seine polnischen Thronansprüche verzichtete. Am 12. XI. bestätigten beide Monarchen die durch Vermittlung Karl Roberts zustandegekommene Vereinbarung im ungarischen Visegrăd. Der endgültige Verzicht der Krone Polens auf Schlesien wurde schließlich am 9. II. 1339 abgegeben, wodurch diese umstrittene Provinz für 400 Jahre als Nebenland zu Böhmen gehörte und mit ihren reichen Hilfsquellen die Großmachtpolitik der Luxemburger wesentlich förderte.[3]

Doch die auf Böhmen zentrierten Interessen traten rasch zurück, als sich für

Johann 1330 die Gelegenheit zu eröffnen schien, im Einvernehmen mit dem gegen den Einspruch der Avignonenser Kurie 1328 zum Kaiser gekrönten Ludwig in Oberitalien Fuß zu fassen. Nachdem er mit großem diplomatischem Geschick am 6. VIII. 1330 im Vertrag von Hagenau eine Versöhnung zwischen Wittelsbach und Habsburg vermittelt und am 16. IX. die Tiroler und Kärntner zu einer Eventualhuldigung für seinen Sohn Johann Heinrich als ihren künftigen Herzog veranlaßt hatte, griff König Johann nach Oberitalien aus, mußte nach Anfangserfolgen aber bald hart um die italienische Beute kämpfen, weshalb er in seiner sprunghaften Art dort seinen ältesten Sohn und Thronfolger Karl 1331 als Statthalter einsetzte. Denn Johann fand sich, nachdem sich die von ihm gerade erst versöhnten Wittelsbacher und Habsburger in einem Geheimvertrag über die Aufteilung der noch gar nicht erledigten Herzogtümer Kärnten und Tirol geeinigt hatten, zu einem weiteren Feldzug gegen die Polen und im November 1331 zu einem Waffengang gegen ein österreichisch-ungarisches Heer gezwungen. Um sich der Unterstützung des selbstbewußten böhmischen Hochadels zu versichern, hatte König Johann im August eine der ersten gemeinsamen Ständeversammlungen nach Taus einberufen müssen, wobei die Maßnahmen des während seiner fast kontinuierlichen Abwesenheit ausufernden Ständeregiments im Interesse einer Auffüllung seiner Kriegskasse nachträglich sanktioniert wurden. Auch die engere Bindung an Frankreich, wo seine Tochter Guta (Bonne) durch die 1332 vollzogene Ehe mit Johann II. zur Ahnfrau des Hauses Valois wurde, die seine Aussöhnung mit dem in Avignon residierenden Papsttum erleichterte, konnte das 1333 feststehende Scheitern der Italienpläne nicht abwenden. Johann mußte sich danach auf die Entwicklungen im Reich konzentrieren, wollte er die luxemburgische Machtstellung nicht gefährden und vielleicht doch noch für sich oder wenigstens für seinen vielversprechenden Sohn Karl die deutsche Krone gewinnen. Der Tod Heinrichs von Kärnten und Tirol im April 1335 sowie Verhandlungen Kaiser Ludwigs mit Kazimierz III. beschleunigten Johanns Bereitschaft, zu dem überfälligen Ausgleich mit Polen zu gelangen. Aber auch im Kampf um die Vorherrschaft im Reich bewies er erneut sein taktisches Geschick und seine Fähigkeit, rasch die Seiten zu wechseln und eingegangene Kompromisse zu seinen Gunsten auszugestalten.

So wußte er die Habsburger auf seine Seite zu bringen, als er 1336 zu ihren Gunsten auf Kärnten, Krain und die Windische Mark verzichtete und sich ganz auf die Behauptung von Tirol konzentrierte, das Johann im März 1339 sogar als kaiserliches Lehen nehmen konnte. Als aber 1341 sein Sohn Johann Heinrich auf Betreiben des Kaisers aus Tirol vertrieben, die nicht vollzogene Ehe mit Margarete Maultasch annulliert und diese Ludwig von Brandenburg angetraut wurde, wodurch dieses strategisch so wichtige Gebiet in den wittelsbachischen Länderkomplex einbezogen werden konnte, war Johann entschlossen, mit habsburgischer und päpstlicher Unterstützung die Auseinandersetzung mit Ludwig IV. aufzunehmen. Obgleich seit 1337 auf dem rechten Auge erblindet, nach einer mißglückten Operation seit 1340 ganz ohne Augenlicht, verfolgte König Johann trotz dieser eingreifenden Behinderung mit erstaunlichem Beharrungsvermögen das politische Hauptziel seiner letzten Lebensjahre, Kaiser Ludwig den Bayern zu stürzen und dadurch dem Haus Luxemburg die Vormachtstellung im Reich zu sichern. Zwar hatte es nach der Inbesitznahme des Herzogtums Breslau 1337 Streit mit der Kurie um die Fortzahlung des dort gebräuchlichen Peterspfennigs gegeben, doch konnte Johann bei Besuchen in Avignon 1340, 1343, 1344 und im April 1346 die Weichen für die päpstliche Zustimmung zu einem deutschen Königtum des Thronfolgers Karl stellen – sicher auch als Folge seiner Beteiligung an zwei weiteren kriegerischen Bekehrungsunternehmen gegen die heidnischen Litauer 1337 und 1344 sowie seiner guten Dienste bei der Vermittlung des Vertrags von Kalisch 1343 zwischen der polnischen Krone und dem Deutschen Orden. Die am 11. VII. mit den Stimmen der drei geistlichen Kurfürsten und Rudolfs von Sachsen sowie mit seinem Votum erfolgte Wahl Karls zum deutschen König war der letzte Triumph Johanns, der bereits am 26. VIII. auf Seiten der Franzosen in der Schlacht von Crécy den Tod fand.

Johann der Blinde, dem in der älteren Literatur sein politisches Vagantenleben, das unermüdliche Pläneschmieden und die fehlende Stetigkeit bei der Ausführung seiner Vorhaben zum Vorwurf gemacht wurden, hat in jüngster Zeit eine gewisse Rehabilitierung erfahren.[4] Trotzdem wird man ihm die sträfliche Vernachlässigung der ihm zugefallenen přemyslidischen Erblande und – trotz der dauerhaften Anbindung der schlesischen Herzogtümer an die böhmische Krone – eine gewisse Inkonsequenz in der Verfolgung seiner Ostmitteleuropapläne vorhalten müssen.[5] Seine Abneigung gegen alles Böhmische, durch die turbulenten Anfangsjahre und die fruchtlosen Konflikte mit den Ständen wohl ebenso begründet wie durch die gelockerte Beziehung zu seiner 1330 verstorbenen Gemahlin Elisabeth, die er 1335 durch Beatrix von Bourbon ersetzte, aber auch seine Unfähigkeit, die Menschen und Traditionen seiner neuen Herrschaft zu begreifen oder sich mit ihnen zu identifizieren, haben ihn zu unüberlegten Eingriffen in die Innenpolitik und zu einem folgenschweren Auslaugen der materiellen Leistungsfähigkeit Böhmens verleitet. Genauso wenig wie zuvor Přemysl Otakar II., gelang es auch König Johann nicht, dem Ziel eines von der Ostsee bis zur Adria reichenden supranationalen Großreiches mit den Ländern der böhmischen Krone als Mittelpunkt näherzukommen oder seine eigenen Aspirationen auf die deutsche und auf die kaiserliche Krone zu realisieren. Aber er hat in konsequenter Anlehnung an Frankreich und das Papsttum die Voraussetzungen geschaffen, dank derer seinem Sohn Karl fast zwangsläufig die Herrschaft im Reich zufiel und dieser dann das Kaisertum erneuern, Böhmen zum Zentrum seiner Machtsphäre erheben und Prag zur glanzvollen Hauptstadt Europas ausbauen konnte.

2. Kaiser Karl IV., 1346–1378

Karl hatte eine unruhige Jugend durchlebt. Der nach zwei Schwestern 1316 geborene und auf Wenzel (Václav) getaufte Thronfolger wurde bereits 1319 aus der Obhut der Mutter genommen und 1323 zur weiteren Erziehung nach Paris gebracht, wo er den Namen des königlichen Firmpaten „Karl" annahm und in Kinderehe mit der gleichaltrigen Blanca von Valois verheiratet wurde. Seine sorgfältige Ausbildung, die von Petrus Rogerii von Fécamp, dem späteren Papst Klemens VI., überwacht wurde, mußte 1330 unterbrochen werden, als der Vater den Vierzehnjährigen in die luxemburgischen Stammlande befahl und ihn ein Jahr später als „Reichsvikar" in Oberitalien auf verlorenem Posten zu seinem Statthalter machte. Nach dem Verlust der Lombardei wurde Karl nach Prag geschickt, wo er seit Ende Oktober 1333 als Landeshauptmann von Böhmen und Markgraf von Mähren die undankbare Aufgabe zu lösen hatte, in dem während der fünfzehn Jahre dauernden Selbstregierung des Hochadels heruntergewirtschafteten Gebiet „der Gerechtigkeit wieder zu gebührendem Ansehen" zu verhelfen, da „bisher die Barone größtenteils Tyrannen im Lande gewesen waren und nicht, wie sich ziemte, den König gefürchtet, sondern die Herrschaft unter sich geteilt hatten".[6] Karl hat in seiner Autobiographie auf die Schwierigkeiten verwiesen, die er auf allen Gebieten zu überwinden hatte, um langsam eine Konsolidierung der Staatsfinanzen und Rechtssicherheit zu erreichen sowie einen geordneten Verwaltungsgang sicherzustellen. Doch der Vater, König Johann, registrierte die Effizienz und wachsende Beliebtheit seines Sohnes mit Mißtrauen, enthob ihn 1335 seiner Stellung, beschränkte seine eigentliche Herrschaftsausübung auf Mähren und setzte ihn vermehrt bei diplomatischen Missionen ein: nach Schlesien und Ungarn, nach Tirol, Oberitalien, Österreich, Litauen und Bayern ist Karl bei der Verfolgung der Interessen des Hauses Luxemburg kämpfend und verhandelnd ebenso gekommen wie mehrfach nach Paris und Avignon. Dabei lassen sich nach 1338 erste Anzeichen politischer Selbständigkeit dem Vater gegenüber erkennen, der – bedingt wohl auch durch seine völlige Erblindung – 1341 Karl wieder mit der Wahrnehmung der gesamten böhmischen Verwaltung betraute und auch seinen Segen gab, als der Thronfolger am 11. VI. in Prag auf einer von Prälaten, Fürsten, Herren, Rittern, Bürgern der königlichen Städte und Abgesandten aus Breslau beschickten Landesversammlung zum Erben und Nachfolger in den böhmischen Ländern gekürt wurde. Durch einen im Februar 1342 zwischen Vater und Sohn geschlossenen Vertrag wurden die Einzelheiten der faktischen Regierungsübernahme geregelt, für die Karl jährlich 5000 Mark Silber an Johann abzuführen hatte.

Der Kampf um die deutsche Krone rückte danach bei beiden in das Zentrum ihres politischen Handelns, wobei Karl kompromißloser vorzugehen bereit war als Johann der Blinde, der 1342 und 1345/46 gewillt schien, wittelsbachischen Entschädigungsversprechungen Glauben zu schenken. Nach der Verhinderung einer möglichen Koalititon zwischen Kaiser Ludwig und den Königen von Ungarn und Polen und gestützt auf die Billigung Papst Klemens' VI. konnte das große Vorhaben realisiert werden.[7] Nachdem Ludwig der Bayer am 13. IV. 1346 abgesetzt und gebannt worden war, machte Karl dem Papst so weitgehende Zusagen, daß Klemens VI. die Kurfürsten zu einer Neuwahl aufrief und den Markgrafen von Mähren als seinen Kandidaten präsentierte. Am 11. VII. wurde Karl in Rhens am Rhein von fünf der sieben Kurfürsten gewählt und, da ihn Aachen nicht aufnahm, am 26. XI. in Bonn vom Kölner Erzbischof gekrönt. Doch sein Königtum im Reich stand noch auf so unsicheren Füßen, daß er sich als Knappe verkleidet nach Prag durchschlagen mußte, wo ihm am 2. IX. 1347 die böhmische Krone aufgesetzt wurde. Erst der unerwartete Tod seines wittelsbachischen Widersachers Ludwig IV. am 11. X. eröffnete ihm die Möglichkeit, die allgemeine Anerkennung seines Königtums durchzusetzen. Mit Hilfe einer großzügigen Privilegienvergabe und Pfandpolitik verstand er es, den anfänglichen Widerstand im Reich abzubauen, den von der wittelsbachischen Partei aufgestellten Gegenkönig Günther von Schwarzburg abzufinden und durch die Anerkennung des „falschen Waldemar" seinem Kontrahenten die Basis in der Mark Brandenburg zu nehmen. Als die meisten Reichsstädte, angefangen von Regensburg und Nürnberg, in Karls Lager überschwenkten, er nach dem Tod seiner ersten Frau Blanca († 1. VIII. 1348) durch die überraschende Vermählung mit der Erbtochter Anna von der Pfalz am 4. III. 1349 die wittelsbachische Opposition auseinanderbrach und seine Regierung auch außenpolitisch abzusichern wußte, stand einer erneuerten und diesmal einstimmigen Königswahl am 17. VI. in Frankfurt und der Wiederholung der Krönung am 25. VII. 1349 in Aachen nichts mehr im Wege. Mit der Kaiserkrönung am 5. IV. 1355 in Rom konnte Karls Herrschaft als fest verankert und unangefochten gelten.

Karl IV. als König von Böhmen

Aber nicht nur im Reich, sondern auch in seinem eigentlichen böhmisch-mährisch-schlesischen Erbland hatte Karl, der sich unter bewußter Anknüpfung an die karolingische Tradition als der Vierte und nicht als der erste Namensträger der böhmischen Krone verstand, vielfältige Widerstände zu überwinden. Die von Kaiser Maximilian 150 Jahre später vertretene Auffassung, Karl sei zwar Böhmens Erzvater, dagegen des Reiches Erzstiefvater gewesen, ist in dieser apodiktischen Form sicher nicht gerechtfertigt, obschon er die Interessen seines Hauses und die Festigung der Familienherrschaft mit großem Nachdruck verfocht. Noch zu Lebzeiten des Vaters waren die jahrzehntelangen Bemühungen, in Prag ein Erzbistum zu errichten, am 30. IV. 1344 von Papst Klemens VI. honoriert und dem neuen Oberhaupt der böhmischen Kirchenprovinz Ernst (Arnošt) von Pardubitz[8] die Bistümer Olmütz und das eben eingerichtete Leitomischl unterstellt worden.[9] Die mit der Palliumsübergabe an den erste Metropoliten am 21. XI. erfolgte Grundsteinlegung für eine neue Kathedrale auf dem

Hradschin stellte ebenso wie der in nächster Nachbarschaft vorangetriebene prunkvolle Neubau des Königspalasts – den alten hatte 1303 ein Brand weitgehend zerstört – ein Symbol für die Eigenständigkeit und Unabhängigkeit der böhmischen Länder und ihrer Kirchenorganisation von den Einrichtungen im Reich dar und ließ früh die Tendenz erkennen, Prag zum administrativen und kulturellen Zentrum von Karls Herrschaft auszugestalten. Gezielte Maßnahmen, mit denen Karl Prag als seine Hauptstadt, seine Residenz, als Verwaltungszentrale und geistlichen Mittelpunkt des „kunigreichs zu Behem" herausstellte, waren z.B. die am 8.II.1348 verfügte Anlage der Prager Neustadt, durch die das städtische Areal fast verdreifacht wurde,[10] die Gründung der Universität, der am 10.VI. befohlene Bau der einen Tagesritt von Prag entfernten, in einem Seitental der Beraun gelegenen Feste Karlstein (Karlštejn) als Aufbewahrungsort der deutschen und der böhmischen Kroninsignien sowie der von Karl in unermüdlicher Sammlerleidenschaft zusammengetragenen Reliquien sowie die 1356 erfolgte Berufung des jungen Baumeisters Peter Parler aus Schwäbisch Gmünd als Nachfolger des Matthias von Arras († 1352), dem auch der Wiederaufbau der steinernen Moldaubrücke übertragen wurde.

Karl hat gezielt – und meist mit friedlichen Mitteln – äußerst erfolgreich seine Erwerbspolitik vorangetrieben. Durch seine dritte Ehe mit Anna von Schweidnitz (27.V.1353) fiel ihm das letzte der schlesischen Herzogtümer zu; 1355 erwarb er das bis nahe an die Reichsstadt Nürnberg heranreichende oberpfälzische Neuböhmen. 1366/67 stimmten die Wittelsbacher dem Verkauf der Niederlausitz zu; 1373 gelangte die Kurmark Brandenburg unter böhmische Kontrolle und wurde dem zweiten Sohn Sigmund überlassen. Die Rechtsbindungen des luxemburgischen Länderkonglomerats zum Reich und zu Böhmen waren recht unterschiedlicher Natur; selbst die böhmischen Länder hatte Johann der Blinde 1310 und 1339 noch vom deutschen König zum Lehen genommen.[11] Um das ausgedehnte Reich effizient zu verwalten, übereignete Karl seinem bereits 1346 mit Mähren belehnten Bruder Johann Heinrich am 26.XII.1349 für sich und seine Familie die Markgrafschaft als böhmisches Lehen; sein Halbbruder Wenzel übernahm am 13.III.1354 das zum Fürstentum erhobene Luxemburg. Im Rahmen der am 7.IV.1348 erlassenen Urkunden begründete Karl nicht nur diese neue staatsrechtliche Stellung der Krone Böhmens ihren Nebenländern, sondern auch dem Deutschen Reich gegenüber und verfügte für die luxemburgische Erbmonarchie mit der Primogenitur in männlicher Linie zudem das Nachfolgerecht der Töchter. Das Wahlrecht der Stände, der Vertreter der Herren und Ritter, der Geistlichkeit und der königlichen Städte, wurde nur noch im Fall des vollständigen Aussterbens der Dynastie anerkannt und durch die am 10.II.1364 in Brünn abgeschlossenen Erbverträge mit den Habsburgern und dem ungarischen Königshaus Anjou zusätzlich eingeschränkt; Karl konnte danach hoffen, daß den Luxemburgern eines Tages auch die Herrschaft über Österreich und Ungarn zufallen werde.

Die seit den Thronwirren nach 1278 erfolgte Ausweitung des hochadligen Einflusses, im Dezember 1310 in dem bedeutsamen Inauguraldiplom von König

Johann akzeptiert und während seiner fast ständigen Abwesenheit weiter ausgebaut, hat Karl bereits als Landeshauptmann zurückzudrängen versucht. Ohne es auf einen offenen Konflikt ankommen zu lassen, wußte er die Unterstützung der anderen Stände, besonders der Geistlichkeit und der Städter, zu gewinnen und die Kluft zwischen Baronen *(domini terrae)* und dem Niederadel der *milites* auszunutzen. Entscheidende Herrscherfunktionen verblieben aber weiterhin in den Händen der adligen Korporation, so daß alle Ansätze des Königs, den böhmischen und mährischen Adel durch ein Lehensrecht westlichen Zuschnitts seiner Prärogative unterzuordnen und den alten Dualismus zwischen dem Fürsten und dem Hochadel zu beseitigen, zum Scheitern verurteilt waren. Dies wurde besonders in der Ablehnung des Gesetzeswerkes der *Maiestas Carolina* deutlich, mit dem Karl die königliche Zentralgewalt zu stärken versucht hatte. Diese zwischen 1349 und 1353 entstandene Kodifikation mit ihren 127 Statuten, die bis auf die 1231 von Kaiser Friedrich II. erlassenen Konstitutionen von Melfi zurückgriff, sollte nicht nur den Landfrieden sichern, die Ketzerbekämpfung vereinheitlichen und die Rückerwerbung verpfändeten Königsguts erleichtern, sondern vor allem den Adel, unter Anerkennung seiner Prärogativen, in den Landesdienst eingliedern und den Aufbau einer modernen Landeszentralverwaltung ermöglichen. Die stark betonte königliche Fürsorgepflicht für alle Bürger sowie der Anspruch auf eine oberste königliche Gerichtsgewalt mögen neben der Abneigung des Adels gegen jedes geschriebene Recht die Ursache für die Zurückweisung der Vorlage durch den Generallandtag von 1355 gewesen sein.[12] Nach diesen enttäuschenden Erfahrungen wurde zwischen 1356 und 1419 deshalb keine Gesamtversammlung der Vertreter aller böhmischen Kronländer mehr einberufen.

Während seit 1348 in Mitteleuropa die Pest zahllose Opfer forderte und – begünstigt durch die Untätigkeit Karls, ja sogar geschürt durch seine vorab gewährten Amnestie- und Übernahmezusagen bei Übergriffen auf jüdisches Eigentum – eine schlimme Welle von Judenverfolgung im Reich stattfand,[13] blieben die böhmischen Länder von der Seuche und Pogromen vorerst weitgehend verschont. Das bot König Karl die Gelegenheit – obschon er 1350/51 über ein Jahr durch eine geheimnisvolle Krankheit, vielleicht ein Nervenleiden, in seinen Aktivitäten schwer beeinträchtigt war – konkrete Maßnahmen zur Konsolidierung der zerrütteten Finanzen, zum Aufbau einer geordneten Landesregierung und zur Durchsetzung der Rechtssicherheit zu ergreifen. Das vom unmittelbaren Krongut *(dominium speciale)*, den königlichen Eigengütern, den königlichen Städten und dem vom König an die Welt- und Ordensgeistlichkeit übereigneten Landbesitz eingehobene Steueraufkommen *(berna specialis, contributio particularis)* reichte im Zeitalter des Länderkaufs und der Soldtruppen ebensowenig aus, den königlichen Finanzbedarf zu decken, wie die kontinuierlichen Einkünfte aus Zöllen, Mauten, Abgaben, dem Ungelt auf Wein und Salz oder dem Anteil an den städtischen Bußgeldern. Das Bergregal, besonders für die reiche böhmische Silberproduktion, war und blieb wichtigste Einnahmequelle; auch das Judenregal, die Abgaben in beträchtlicher Höhe für den Schutz der Judenschaft als „königliche Kammerknechte", trug zum Steueraufkommen bei. Die allein mit Zustimmung des Hochadels für besondere Unternehmungen von allen Besitzenden in Stadt und Land zu erhebende *berna generalis* durfte nur im Notfall oder bei der Krönung eines Prinzen und der Versorgung einer Prinzessin ausgeschrieben werden. Trotz der Kontrolle durch die Stände und des heftigen allgemeinen Widerstands gegen diese Sondersteuer wußte sich Karl dieser Finanzquelle aber mit großem Geschick häufig zu bedienen.[14] Der Anspruch des Herrschers, erbenloses Gut auf Grund des alten Heimfallrechtes einzuziehen, war vom Adel stark beschnitten worden, so daß hier keine großen Zusatzeinkünfte zu erwarten waren. Da König Johann in seiner ständigen Geldverlegenheit ein Großteil des Königsguts verpfändet hatte und auch vor Plünderungen von Kirchen, Heiligengräbern und Synagogen nicht zurückgeschreckt war, fand sich Karl bei seinem Regierungsantritt so mittellos vor, daß er sich das Geld für die Beisetzung des Vaters in der Ahnengruft in Luxemburg zuvor in Trier leihen mußte. Karl hat es im Laufe der Jahre verstanden, durch die Reorganisation der Verwaltung der königlichen Einkünfte die drückende Finanznot abzubauen, das verpfändete Krongut auszulösen und besonders durch den Einsatz bürgerlicher Financiers und Finanzverwalter in dem Amt des für die königlichen Städte zuständigen *subcamerarius* seine Kassen so weit zu füllen, daß er seine das ganze Land umspannende Baupolitik durchführen und Gebietskäufe zur Abrundung seiner Territorien vornehmen konnte.

Ähnlich zielbewußt ging Karl beim Ausbau der königlichen Kanzlei vor. Wie sein Vater Johann, der 1310/11 dem Hochadel hatte zugestehen müssen, die Ämter des Königreichs nur an Landeskinder zu vergeben, sich trotzdem seine wichtigsten Mitarbeiter aus Deutschland geholt hatte, so berief auch Karl einen Kreis hervorragender Fachleute nach Prag, die ihm bei der Einrichtung einer funktionierenden Landesverwaltung eine wertvolle Hilfe waren. Johann von Neumarkt, 1347 in Karls Dienst getreten, zum Bischof von Leitomischl (1353) und Olmütz (1364) aufgestiegen und seit 1354 für zwanzig Jahre Leiter von Karls Kanzlei, hat der Regierungszentrale durch seine staatsprogrammatisch formulierten Texte Glanz verliehen und durch seine humanistischen Interessen das Hofleben geprägt; sein Einfluß jedoch auf die Entwicklung der deutschen Hochsprache ist früher wohl überschätzt worden.[15] Das religiöse Herrschaftsverständnis Karls, seine Vorstellungen über die zentralen Aufgaben des Königs, seine theologischen und philosophischen Reflexionen sowie das Sichhineinversenken in eine mystische Gedankenwelt haben durch Johann von Neumarkt starke Impulse erhalten.

Im Rahmen von Karls programmatischer Politik kam der Friedenswahrung ein besonders hoher Stellenwert zu. Persönliche Beeinflussung, Bestechung oder finanzielle Anreize, Verhandlungen und Intrigen, Schmeicheleien und Drohungen zog der König jedem Waffengang vor. Nachdem er 1356 auch die mächtigen Witigonen zum Einlenken veranlaßt hatte, kehrte in Böhmen Ruhe ein. Nach der Zurückweisung der *Maiestas Carolina* akzeptierte Karl, daß die adlige Landesgemeinde auf den Quatembertagen viermal jährlich ihre Gerichtstage abhielt und dabei unter Einsatz von gewählten adligen Schöffen Landrecht praktizierte; später, als der Arbeitsanfall nicht mehr in gewohnter Weise zu bewältigen war, wurden für geringere Fälle mit einem Streitwert von 100 Schock Prager Groschen ein kleines Landgericht sowie mehrere Kreisgerichte ins Leben gerufen, die nur für die Besitzer freien Erbguts zuständig waren. Während der äußere Rahmen des Rechtsfindungsprozesses im Laufe der Zeit eine gewisse Normierung erfuhr, lehnte die adlige Landesgemeinde jede Kodifizierung des Landrechts ab, weil sie dadurch nicht nur das Adelsmonopol bei der Urteilsfindung, sondern auch den bisherigen Brauch gefährdet glaubte, in stets neuer Rechtsbestätigung die anstehenden Fälle entscheiden zu können.[16] Der grundbesitzende Adel blieb Gerichtsherr für seine untertänigen Bauern und Hintersassen. Die städtische Bevölkerung unterstand der Aufsicht des königlichen Unterkämmerers und der Rechtsüberwachung durch den Richter, wobei aber der Einfluß des Richteramtes durch gelegentliche Privilegienerteilungen wie die Richterwahl, durch Hinzuziehung von Schöffen *(iurati, scabini)* und die wachsende Bedeutung des Stadtschreibers zurückgedrängt und seine Lösung aus der Autorität des Landesherrn betrieben wurde.[17] Autonomiestreben zeichnete auch die Geistlichkeit in ihrem entschlossenen Kampf gegen die grundherrliche und königliche Gerichtshoheit und für die Ausbildung eines unabhängigen Rechtsbereichs aus. So blieben vornehmlich die Lehensträger des Königs dem Richtspruch des königlichen Hofgerichts unterworfen.

Unter Rückgriff auf die alte Einrichtung königlicher Landfriedensrichter *(poprávci)* verfügte ein von Karl erlassener *ordo iudicii terrae* aber die Zuständigkeit der in den Kreisen wirkenden Landrichter für alle Fälle von Landfriedensbruch (offener Aufruhr, Raub, Plünderung, Diebstahl, Brand), und der König berief in diese Ämter Leute seines Vertrauens, die mit der Zeit einen Teilbereich der zuvor von den hochadligen Kreisgerichten wahrgenommenen Aufgaben an sich zogen und einen bedeutenden Beitrag zur wachsenden Rechtssicherheit im Innern leisteten. Auch in die vom Hochadel beanspruchten Ämter wie das des Oberstmarschalls, Oberstburggrafen, obersten Landrichters, Truchsessen und Oberstkämmerers wußte König Karl ihm ergebene Barone einzuweisen und die Neigung, die Vererblichkeit eines Amtes in einer Familie zu etablieren, in seinem Interesse zu nutzen. Die vom Adel beschickten Kreistage, die Landtage für Böhmen und Mähren sowie die von Karl 1348, 1355 und 1356 einberufenen Generallandtage wurden durch die Beteiligung von Vertretungen aus den königlichen Städten und die Einräumung der ersten Ränge für die höchsten kirchlichen Würdenträger zu einer wichtigen Ständeversammlung, die jetzt, in unregelmäßigen Abständen beratend, mehr der königlichen Zentralisations- und Vereinheitlichungspolitik dienten als dem weiteren Ausbau der adligen Standesrechte. Karl hat sich der Mitsprache und Billigung der Stände für einschneidende Gesetzesvorhaben wie z. B. der Verankerung der Primogenitur und der Erbfolge auch in weiblicher Nachfolgeschaft ebenso versichert wie auch bei der Absegnung seiner Landfriedenspolitik; nachdem aber unter beschämenden Umständen für den eben gekrönten Kaiser die Ablehnung der *Maiestas Carolina* und der damit verknüpften Verhinderung seines Vorstoßes für einen grundlegenden Staatsneubau erfolgt war, hat Karl keinen weiteren Gebrauch mehr von diesem gesamtstaatlichen Instrumentarium gemacht.

Um den Hochadel auch in die Verpflichtung zum Dienst an der gemeinsamen Sache einzubinden und die positiven Züge des sich herausbildenden Landespatriotismus zu nutzen, hat Karl seit seiner Herrschaftsübernahme das Anliegen vorangetrieben, die Sonder- und Vorrangstellung des Königreichs Böhmen und seiner Nebenländer als Glieder des Deutschen (Römischen) Reiches weiter auszubauen. Als Klammer für die in so unterschiedlicher Rechtsstellung zum deutschen wie zum böhmischen König stehenden Teilgebiete der luxemburgischen Hausmacht diente ihm die sublime Rechtsfigur der *corona regni Boemiae (Bohemiae).* Seit 1329 wurde die „Krone" zur Bezeichnung des gesamten luxemburgischen Herrschaftsverbandes verwandt; in ihrer materialisierten Gestalt hatte sie Karl 1344 der Reliquienbüste St. Wenzels im Prager Veitsdom gestiftet. Die durch den Landespatron St. Wenzel geheiligte größere Staats- oder Reichsidee der *corona Boemiae* wurde nicht mit dem Königtum gleichgesetzt, sondern als ein höherwertiges Symbol der heiligen Monarchie verstanden, das ebenso zur Überwindung der ständischen Vorherrschaft, zur Einbeziehung des Hochadels in den Dienst für das Staatsganze und zur freiwilligen, ja selbstverständlichen Unterordnung aller unter den rechtmäßig Gekrönten und Gesalbten beitragen sowie die außerböhmischen Stände vor der Majorisierung durch die böhmischen Herren schützen sollte. Dem König eröffnete sich mit dem Kult um die Wenzelskrone, die nur zur Krönung oder zu festlichen Anlässen gegen Gebühr vom Heiligen entlehnt werden durfte, die Möglichkeit, die wegen des Fehlens einer eindeutigen Lehensabhängigkeit so einflußreiche Gesamtheit des Hochadels im böhmischen Königreich *(universitas baronorum et procerum regni Boemie)* in die Pflicht zu nehmen und die dauerhafte Anbindung der Nebenländer als „Lehen der Könige und der Krone des Reiches Böhmen" zu etablieren. Dem Nachvollzug dieser religiös fundierten Staatlichkeit diente die von Karl bereits im Sommer 1347, vor seiner eigenen Krönung, unter Rückgriff auf die přemyslidische Praxis entworfene Krönungsordnung.[18]

Wenn es Karl auch nicht gelingen wollte, in den böhmischen Kernlanden eine straffe Lehenspyramide mit dem Monarchen an der Spitze zu errichten und das dualistische Kräftespiel zwischen Ständen und König zu beenden, so hat er doch das Ansehen und die Einwirkungsmöglichkeiten des Königtums bedeutsam ausweiten können. Bereits die auf dem Generallandtag von 1348 erlassenen Urkunden stellen einen eindrucksvollen Beleg für die wiedererstarkte Königsmacht dar. Auch die Konsolidierung der Verhältnisse im Reich, die Kaiserkrönung 1355 sowie die auf den Reichstagen in Nürnberg (November 1355) und Metz (Dezember 1356) verabschiedete Goldene Bulle, in der dem König von Böhmen der erste Rang unter den Kurfürsten eingeräumt und sein Land als „vornehmstes Glied des römischen Reiches" *(ipsum regnum Boemie Romani regni membrum fore nobilius)* bezeichnet wurde,[19] stärkte das Prestige Karls. Da eine Erblichkeit der Königswürde im Reich nicht vorgesehen und die Wahl eines Nachfolgers zu

Lebzeiten des Monarchen nicht üblich war, galt Karls ganzes Bestreben der Absicherung des luxemburgischen Länderkomplexes und der Gewährleistung der Nachfolge in seiner Familie. Da der in der zweiten Ehe 1350 geborene Sohn Wenzel bereits nach einem Jahr starb, mußte Karl bis zum 26.II.1361 auf die Geburt des wieder Wenzel (Václav) getauften Thronfolgers warten; aus der vierten Ehe mit Elisabeth von Pommern gingen neben drei Töchtern auch die Söhne Sigmund (* 1368) und Johann (* 1370) hervor. Der bereits am 15.VI.1363 zum König von Böhmen gekrönte Wenzel IV., 1370 in Kinderehe mit Johanna, der Tochter Herzog Albrechts von Bayern, vermählt, wurde von Karl systematisch auch als Nachfolger im Reich aufgebaut. Nach intensiven Vorbereitungen und großem Entgegenkommen sowohl den Kurfürsten als auch der Kurie gegenüber konnte Karl nach der bei Vollendung des 15. Lebensjahres erklärten Volljährigkeit am 10.VI.1376 in Frankfurt die einstimmig erfolgte Wahl durchsetzen und mit der am 6.VII. vollzogenen Krönung Wenzels in Aachen seine Hausmachtpolitik erfolgreich abschließen. Zur Erreichung dieses Zieles hat sich Karl nicht gescheut, erneut die bereits zu Beginn seiner Regierungszeit im Interesse seiner Anerkennung geübte großzügige Privilegienerteilung und Verpfändungspraxis von Königsgut aufzunehmen, wodurch auch die verbliebenen bescheidenen Reste des Reichsbesitzes fast vollständig verloren gingen und der künftige Monarch ausschließlich auf seine Territorialmacht als Grundlage seiner Herrschaftsführung angewiesen war. Allein die Luxemburger mit ihrem großen Territorialbesitz schienen danach prädestiniert zu sein, die Reichsausgaben aus eigenen Mitteln zu bestreiten.

Außenpolitische Aktionen

Nicht zuletzt finanzielle Zwänge haben aber bereits Karl bewogen, eine auf Friedenssicherung und Vereinbarungen angelegte Außenpolitik zu verfolgen, bei deren Realisierung er auch die dynastischen Interessen seines Hauses einzubringen wußte. Die von seinem Vater gepflegte enge Bindung an das von seinem Schwager Philipp VI. regierte Frankreich hat er gelockert, nicht zuletzt um die französischen Ostexpansionspläne eingrenzen zu können, und einen Freundschaftsbund mit England gesucht. Die zeitweilige Wiedereinsetzung der bayerischen Wittelsbacher in der Mark Brandenburg hatte den Streit um seine Anerkennung im Reich beendet, so daß Karl sich danach der Vorbereitung seines Italienzuges und der Kaiserkrönung widmen konnte, die ihm der römische Volkstribun Cola di Rienzo, zwischen 1350 und 1352 am Prager Hof, und Francesco Petrarca drängend nahelegten. Auf seinen beiden Italienzügen 1354/55 und 1368/69 standen Friedenssicherung und Rechtswahrung im Vordergrund. Trotz seiner engen Zusammenarbeit mit der Kurie, wobei er 1367 die Rückkehr Papst Urbans V. nach Rom in die Wege leitete, konnte Karl in seinen letzten Lebenstagen den Ausbruch des großen Schismas von 1378 nicht verhindern. Kein Erfolg war auch seinen Bemühungen beschieden, das Arelat, die deutsch-

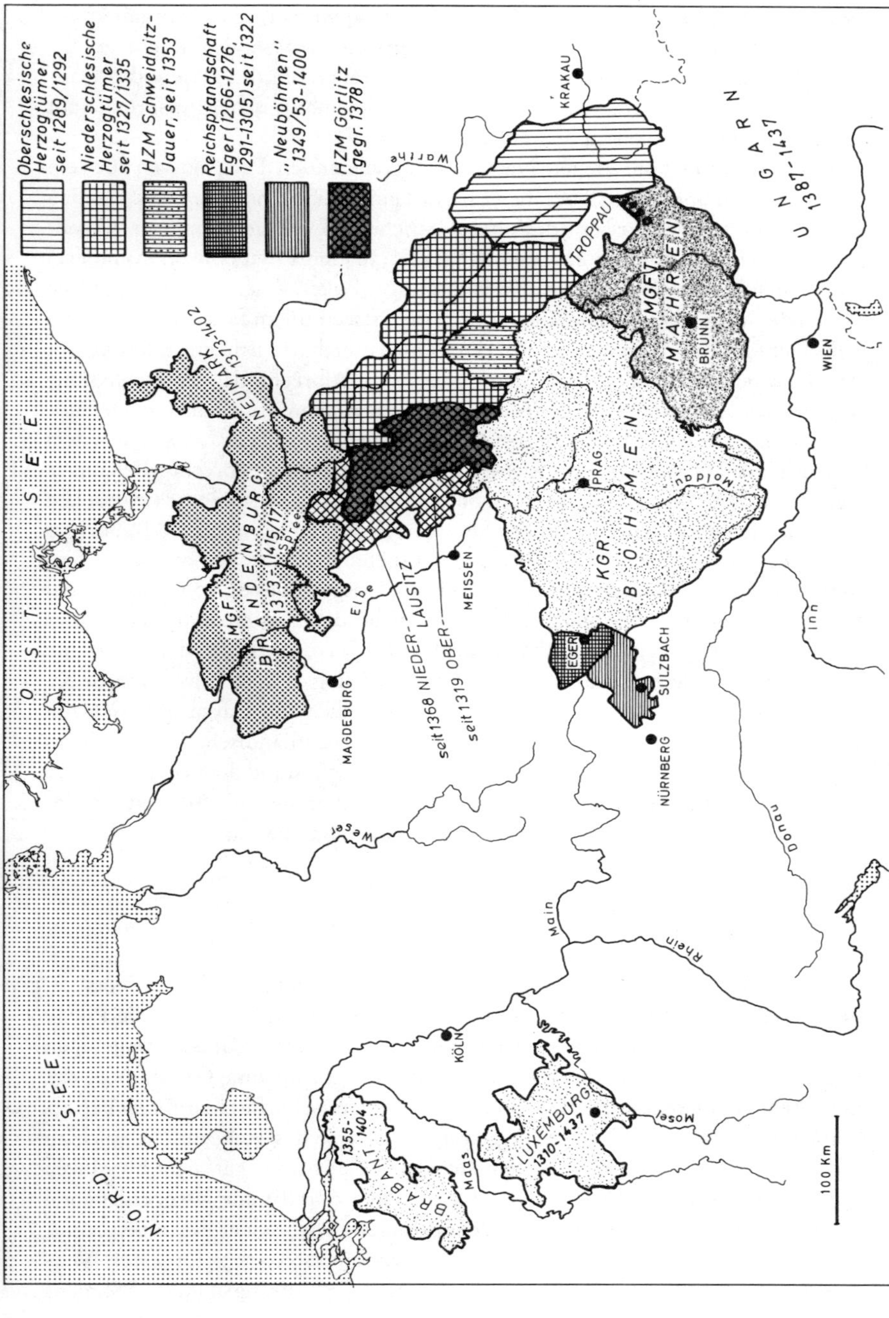

DAS KÖNIGREICH BÖHMEN UND SEINE NEBENLÄNDER UNTER DEN LUXEMBURGERN, 1310-1437

französische Zwischenzone, dem Reich zu behaupten: 1377/78 übergab er auf seiner letzten Reise nach Paris in realistischer Einschätzung der Machtverhältnisse das Reichsvikariat über die Gebiete im Rhônetal in die Hände des Dauphins[20] und erhielt dafür das Versprechen, die luxemburgischen Ansprüche auf die Thronfolge in Polen zu unterstützen.

Die sich in der böhmischen Nachbarschaft bietenden Perspektiven für sein Haus in Polen und Ungarn besaßen für Karl eindeutige Priorität. Seine eigenen Heiraten hatten den Erwerb des oberpfälzischen Neuböhmen und die Abrundung des schlesischen Besitzes begünstigt; die 1363 mit Elisabeth von Pommern, einer Enkelin des erbenlosen Kazimierz III. von Polen, geschlossene vierte Ehe schien die Möglichkeit zu beinhalten, an der Ostsee Fuß zu fassen und auch bei der Nachfolge in Polen mitzureden. Die 1364 vereinbarte Erbverbrüderung mit den Habsburgern Rudolf IV. (dem Stifter) und Albrecht III., denen er seine Töchter Katharina und Elisabeth vermählte, eröffneten die Chance einer Süderweiterung für sein Haus. Die 1370 zustandegebrachte Heirat zwischen dem Thronfolger Wenzel mit der Tochter des Wittelsbachers Albrecht erleichterte 1373 den Kauf der Mark Brandenburg – mit Hilfe des den schwäbischen Reichsstädten kraft kaiserlicher Strafgewalt auferlegten exorbitanten Bußgeldes von 200000 Gulden. Die schließlich 1372 ausgehandelte Ehe seines Sohnes Sigmund mit Maria, der Tochter des söhnelosen Königs Ludwig von Ungarn und Polen, verbesserte die Aussichten auf das Erbe der Piasten und des Hauses Anjou. In den Spuren Přemysl Otakars II. und Wenzels II. wandelnd, konnte Karl – nicht zuletzt auch dank der Unterstützung durch Papst Gregor XI. (1370–1378) – berechtigte Hoffnungen hegen, endlich den Traum eines sich von der Ostsee bis zur Adria erstreckenden slavisch-abendländischen Großreiches zu verwirklichen.[21] Karls weitgespannte Heiratspolitik stand dem vielgerühmten späteren Einsatz von Eheverbindungen zur Absicherung und Ausweitung der Hausmacht durch die Habsburger in ihrer Zielgerichtetheit in nichts nach.

Kulturelle und religiöse Strömungen

Karl IV. war „physisch ein Deutscher mit einer Beimischung slavischen Bluts ..., geistig halb Franzose, halb Deutscher".[22] Selbst polyglott, hat er sich die Pflege des Tschechischen angelegen sein lassen und besondere Gnade denjenigen gegenüber geübt, „die mit uns durch die süße und angenehme Gewöhnung der heimatlichen Sprache verknüpft sind". Die ältesten tschechischen Bibelübersetzungen haben maßgeblich dazu beigetragen, daß sich das Tschechische rasch zu einer ausgereiften Schriftsprache entwickelte.[23] Der Kaiser hat nicht nur durch seine Autobiographie *Vita Caroli,* sondern auch durch seine Wenzelslegende *Hystoria nova de sancto Wenceslao*[24] dem geistigen Leben seiner Zeit einen Stempel aufgedrückt und mit dem Bestreben, den von ihm so stark geförderten Wenzelskult im ganzen Reich auszubreiten, auch die Vorrangstellung Böhmens nachdrücklich zu begründen versucht.[25] Obgleich sich Karl bemühte, die sprachlich heterogenen Gebiete der luxemburgischen Hausmacht enger zusammenzuschließen und ein Gesamtstaatsbewußtsein zu verankern, wurde der Sprache als dem Palladium der Nation immer größere Bedeutung beigemessen und die wachsenden nationalen Antagonismen jetzt auch innerhalb des städtischen Bürgertums geschürt. Hatte der dem deutschen Sprachraum entstammende Abt Peter von Zittau in seiner Königsaaler Chronik noch mit Stolz von *nos Bohemi* berichten können, so wurde in den Fortschreibungen des Franz von Prag († 1362), des Benesch Krabice von Weitmühl († 1375) und des sog. Pulkawa (Přibík Pulkava z Radenína, † 1380), an der Karl aktiv mitgewirkt haben dürfte, deutlich, wie frühnationale Spannungen das Verhältnis zwischen Tschechen und Deutschen zu beeinträchtigen begannen. Der im 19. und 20. Jahrhundert sowohl in der tschechischen wie in der deutschen Historiographie erbittert ausgetragene Streit, welcher „Nationalität" der Kaiser selbst zuzurechnen gewesen sei und welches Volkstum er durch seine Politik gefördert habe, wird seinem Anliegen, einen die Gesamtbevölkerung umfassenden Landespatriotismus aufzubauen, nicht gerecht.[26] Trotz ernsthafter Bemühungen ist es Karl aber weder gelungen, die vorhandenen frühnationalen Spannungen im Bürgertum zu verringern, noch den Adel und den Klerus für seine supranationale Konzeption zu gewinnen. Obschon eine Emotionalisierung des Begriffs *patria* stattfand und das tschechische Wort *vlast* = Heimat aufkam, konnten auch die Nebenländer der Krone Böhmens nicht in die gesamtstaatliche Bewußtseinsbildung eingebunden werden. Da die eigenständigen Landesinstitutionen wie Landrecht, Landtafel und Landesämter erhalten geblieben waren und der Adel über die Wahrung seiner Autonomie eifersüchtig wachte, waren weder Mähren noch Schlesien für den auf das Königtum bzw. die Dynastie ausgerichteten „Landespatriotismus" zu begeistern und behaupteten daher ihre regionale Selbständigkeit.[27]

Zwar war Karls Kulturverständnis stark religiös geprägt, doch galt sein Interesse allen geistigen Strömungen seiner Zeit. In dem von ihm in der Prager Neustadt gestifteten Hieronymus- und Emaus-Kloster wurde mit Hilfe südslavischer Benediktiner die Pflege der slavischen Liturgie und die Bibelübersetzung ins Tschechische vorangetrieben. Neben der Übertragung deutscher und lateinischer Dichtungen, Sagen, Fabeln und Lieder förderte der Kaiser die Verbreitung der auf Tschechisch verfaßten Passions- und Osterspiele, der Heiligenleben und -legenden, aber auch der Prosa und Verse weltlichen Inhalts. Prag wurde zu einer riesigen Baustelle, wobei nicht nur auf dem Hradschin und in der Neustadt die von Karl in Auftrag gegebenen und von seinem genialen Baumeister Peter Parler verwirklichten Monumentalgebäude emporwuchsen. Selbst in der Provinz setzte sich der hochgotische Baustil durch, von dem bis heute das Gesicht vieler Städte geprägt ist. Karls Hofmaler Nikolaus Wurmser und Theoderich von Prag trugen mit ihren unverwechselbaren Arbeiten ebenso wie die namenlos gebliebenen Illustratoren, Goldschmiede, Bildhauer und Bronzegießer zur Entwicklung dieses „Karolinischen Zeitalters" in der Kunst bei, wobei die Stilelemente der Frührenaissance eine für Mitteleuropa adaptierte Vervollkommnung und Einmaligkeit erhielten.[28]

Besondere Bedeutung kommt Karls Universitätsgründung in Prag zu. Die Anläufe, wie in Bologna, Paris oder Oxford ein Generalstudium einzurichten, reichen in das 13. Jahrhundert zurück. Am 26. I. 1347 gestattete Papst Klemens VI. den Aufbau einer auf vier Fakultäten – Theologie, Philosophie *(artes)*, Jurisprudenz und Medizin – ausgerichteten Universität, die Karl dann am 7. IV. 1348 ins Leben rief und durch den Eisenacher Stiftungsbrief vom 14. I. 1349 zusätzlich absicherte. Da „die Bewohner Böhmens, die es nach der Frucht der Wissenschaft unaufhörlich hungerte", die anfangs vornehmlich von ausländischen Professoren beeinflußte Neugründung gut annahmen, wurde „die Stadt Prag dank dieser Schule sehr bekannt und berühmt in fremden Landen und wegen der Zahl der Studenten wurden die Zeiten daselbst ein wenig teuer, weil eine sehr große Menge hier zusammenströmte" (Benesch von Weitmühl). Das von Karl 1366 errichtete Collegium Carolinum als gemeinsamer Wohn-, Lehr- und Studienort für Professoren und Studenten besaß Modellcharakter für spätere Universitätsgründungen. Der Erzbischof von Prag als Kanzler der Universität hatte neben dem gewählten Rektor die Aufsicht über die nach den jeweiligen Herkunftsgebieten in vier „Universitätsnationen" eingeteilte Professoren- und Studentenschaft, worunter die Deutschen anfangs die Mehrheit stellten. In der Blütezeit der 1380er Jahre dürften die rd. 1000 Studenten von 50 Magistern im Professorenrang und etwa 200 promovierten Dozenten betreut worden sein. Die nach 1360 im Prager Einzugsbereich unternommenen Universitätsgründungen sowie die mit wachsender Verbitterung geführte Auseinandersetzung um das von der böhmischen Universitätsnation beanspruchte Übergewicht in den Kollegien leiteten aber bereits vor 1400 einen Niedergang der Prager Hohen Schule ein.[29]

Diese die Entwicklung der Universität beeinträchtigenden nationalen Auseinandersetzungen zeigten sich auch innerhalb des geistlichen Standes. Die Weigerung deutscher Mönche, Böhmen in ihre Klöster aufzunehmen, förderte das Entstehen eigenständiger böhmischer Ordensprovinzen. Vor allem der letzte Prager Bischof, Johannes IV. von Dražic (1301–1343), vertrat energisch die böhmisch-nationale Komponente und legte bei der Gründung eines Augustinerchorherrenstifts in seiner Stadt Raudnitz (Roudnice) 1333 ausdrücklich fest, daß nur Böhmen aufgenommen werden dürften – eine Einschränkung, die auf Betreiben Karls IV. 1349 von Klemens VI. aber aufgehoben wurde. Da der Volkssprache bei den Predigten eine wachsende Bedeutung zukam, beschwor die Zweisprachigkeit der Bevölkerung und das sich entwickelnde Selbstbewußtsein der Tschechen ebenfalls nationale Spannungen herauf. Bedeutsamer jedoch war, daß sozialer Neid zwischen der gut fundierten Geistlichkeit und dem pfründenlosen Klerus, das erneute Einreißen simonistischer Praktiken, die kräftige Ausweitung des kirchlichen Grundbesitzes sowie ein genereller Verfall der Kirchenzucht und der allgemeinen Moralvorstellungen in breiten Bevölkerungskreisen antiklerikale Strömungen entstehen ließen, die der Verbreitung von Häresien einen günstigen Boden verschafften und Karl bereits 1343 zwangen, der Einrichtung einer ständigen Inquisition zuzustimmen.[30]

Der von Wilhelm von Occam im Zusammenhang mit Karls Wahl erhobene Vorwurf, er sei ein „Pfaffenkönig", ja, „das Idol der häretischen Geistlichkeit von Avignon" trifft nur insoweit zu, als sein Herrschaftsverständnis stark religiös geprägt war, ihn eine tiefe, mystisch überhöhte Frömmigkeit auszeichnete und er einer ungezügelten Sammelleidenschaft wundertätiger Reliquien nachging. Als Stifter frommer Schenkungen tritt er nur in wenigen Fällen auf. Der Unabhängigkeit der Kirchenrechtspflege und der Aufrechterhaltung der Kirchenzucht widmete er große Aufmerksamkeit, wobei ihn der Episkopat, angeführt von den ersten Prager Metropoliten Ernst von Pardubitz (1344–1364) und Johann Očko von Vlašim (1364–1378), aktiv unterstützte. Dank einer gut organisierten Kirchenverwaltung konnten die Erzbischöfe nicht nur ihre Spitzenstellung in der gesellschaftlichen Hierarchie nach dem König absichern, sondern mit Hilfe der 1349 erlassenen Statuten die kirchliche Selbständigkeit weiter ausbauen, die adligen Patronatsrechte zurückdrängen, ihr Gerichtsrecht über den Klerus fest etablieren und die bischöfliche Pfarrinvestitur durchsetzen. Der Pfründenhäufung bzw. der Ausbreitung eines klerikalen Vagantentums konnte damit aber nicht Einhalt geboten werden: Bei jährlich 700 niederen Weihen lebten allein in Prag Ende des 14. Jahrhunderts über 1200 Geistliche, von denen über 200 an der Domkirche und um die 300 am Vyšehrad die zahllosen Meß-, Altar-, Stifts- und Kanonikatspräbenden verwalteten. Zu den 172 Klöstern kamen, von den Bischöfen, dem König und dem Hochadel ins Land gerufen und großzügig ausgestattet, die Neugründungen der Augustinerchorherren (u. a. Raudnitz, Glatz, Wittingau, Sternberg, Fulnek), der Augustinereremiten (St. Thomas zu Prag) oder der Kartäuser (Mariengarten bei Prag) hinzu. Die alteingesessenen Orden, zumal die Zisterzienser und Prämonstratenser, zeigten sich bemüht, den veränderten Bedürfnissen der Zeit zu genügen und gezielt Volksseelsorge unter Gebrauch der Volkssprache zu betreiben. Der von Karl aus Österreich geholte Augustinermönch Konrad Waldhauser[31] rief in seinen Predigten in der Gallus-, später in der Teynkirche die Prager zur Umkehr auf und fand in Jan Milíč von Kremsier[32] einen kompromißlosen, charismatischen Fortsetzer seiner von Visionen des nahen Weltuntergangs geprägten Reformappelle.[33]

Gesellschaft und Wirtschaft

Diese großen Predigergestalten haben im städtischen Laientum eine fest verankerte Frömmigkeitsbewegung ausgelöst, die den wachsenden nationalen Gegensatz aber nicht verhindern konnte. Weil Namensform und „Nationalität" nicht übereinstimmen, ist anhand der aktenkundigen Personennamen das Vordringen tschechischsprachiger Bürger in den Städten nicht überzeugend nachzuweisen.[34] Da die Städte mit Ausnahme von Prag, Kuttenberg und Eger sowie von Brünn in Mähren der Aufsicht des königlichen Unterkämmerers unterstanden, bemühten sich die Bürger im Rahmen der Ratsverfassung mit dem gewählten Bürgermeister an der Spitze unter Abbau der Bedeutung des Richteramtes um eine Ausweitung der städtischen Autonomie. Die vollen städtischen Bürgerrechte standen aber allein den finanzstarken Patrizierfamilien zu, die als Lokationsunternehmer oder Fernhändler zu Besitz und Ansehen gelangt waren und jetzt eifersüchtig darüber wachten, daß die über die Zünfte aufgestiegenen Handwerker von der uneingeschränkten Mitwirkung am Stadtregiment ferngehalten wurden. Die Berufung einzelner Patrizier in Hofämter und die Anerkennung ihrer Landtafelfähigkeit stellte sie in vieler Hinsicht dem Adel gleich. Mit der Förderung von Städtebünden schuf sich Karl ein überregionales Machtinstrument, das helfen konnte, den Hochadel in die Schranken zu weisen. Unter beträchtlicher Ausdehnung ihres Areals auch über benachbarte Dörfer mit einer untertänigen Bauernschaft wurden die unter Johann und Karl gebotenen wirtschaftlichen Entfaltungsmöglichkeiten von den königlichen Städten voll genutzt, wobei dem durch Monopole geschützten Außenhandel, für den Nürnberg, Wien, Regensburg, Breslau, Leipzig und Krakau besonders wichtige Partner waren, weiterhin besondere Bedeutung zukam.[35] Das Handwerk konnte sich nur im Rahmen der Zunftordnung entfalten, die aber einer Konservierung der Sozialstruktur, einem schwerfälligen Wirtschaftsmechanismus und wachsenden nationalen Spannungen Vorschub leistete.[36] Die weiterhin hohe Silberproduktion, die rund ein Drittel des europäischen Aufkommens lieferte, stellte den relativ großen Wohlstand des Landes sicher und garantierte dem König von Böhmen bedeutende Dauereinkünfte. Noch kurz vor seinem Tod sah sich Kaiser Karl IV. am 2. XI. 1378 gehalten, durch eine Münzreform dem Wertverfall des allseits geschätzten Prager Groschens Einhalt zu gebieten;[37] der enorme Geldbedarf des Hofes, der durch die Aufwendungen für die Wahl Wenzels zum deutschen König noch gesteigert wurde, hatte eine erneute Zerrüttung der Finanzen zur Folge.

Zu einer spürbaren wirtschaftlichen Stagnation in der zweiten Hälfte des 14. Jahrhunderts haben aber auch die durch Pestwellen verursachten Bevölkerungsverluste, der damit verbundene Rückgang des Zuzugs von Neusiedlern und die Verlangsamung des Landesausbaus beigetragen. Unter Landflucht sowie einem zunehmenden Arbeitskräftemangel hatten besonders die weltlichen und geistlichen Großgrundbesitzer zu leiden, die sich bemühten, die Abzugsmöglichkeiten für ihre Bauern zu erschweren bzw. ganz zu unterbinden. Mit der Beendigung unangemessener Verpflichtungen durch eine einmalige Zahlung und mit der Gewährung der freien Erbverfügung fand die Emphyteuse auch in Gegenden Einzug, die von der Kolonisationsbewegung ursprünglich nicht berührt worden waren. Das Dreifeldersystem und die gemeinsame Allmendenutzung begünstigten die Entwicklung der Dorfgemeinde zu einer Selbstverwaltungskörperschaft ebenso wie die Mitwirkung der Dorfschöffen bei der grundherrlichen Gerichtshoheit, die vom Richter als obrigkeitlichem Beamten wahrgenommen wurde. Der langsame Ausbau der Wirtschaftsbeziehungen zwischen Land und Stadt löste den allmählichen Übergang zur Marktproduktion aus und schuf die Voraussetzung für einen größeren Geldumlauf. Die Übernahme deutschen Kolonistenrechts auch auf Altsiedelland trug dazu bei, daß der Bauer mit geregelten Belastungen rechnen konnte: Neben dem in Geld oder in Naturalien an den Grundherrn zu leistenden, fixierten Pachtzins hatte er als Königssteuer die *berna generalis* abzuführen sowie den relativ geringen Bischofs- und den nicht unbeträchtlichen Pfarrzehnt zu bezahlen. Der kleine Landadel, von der Verarmung bedroht, wandte sich mit wachsender Entschlossenheit gegen die weitere Ausdehnung des kirchlichen Grundbesitzes und konnte in dieser an Schärfe zunehmenden Auseinandersetzung mit der Unterstützung des Hochadels und des Königs rechnen.[38]

In einem am 18.X.1377 ausgefertigten Testament hatte Karl IV. eine Aufteilung seiner Territorien unter seinen vier lebenden Söhnen verfügt. Als der Kaiser am 29.XI.1378 starb, hinterließ er dem Thronerben Wenzel zwar den Hauptteil der böhmischen Länder, bedachte aber Sigmund, der durch die Verlobung mit Maria von Ungarn dort und auch in Polen Nachfolgeaussichten besaß, mit der Mark Brandenburg, Johann als Herzog von Görlitz mit einem Teil von Ober- und Niederlausitz und seinen gerade erst geborenen jüngsten Sohn Heinrich mit der Nachfolge im Stammland Luxemburg, das noch von Karls kinderlosem Halbbruder Wenzel regiert wurde. Die Nachkommen seines Bruders Johann Heinrich blieben als Markgrafen von Mähren der Lehensoberhoheit des Königs von Böhmen unterstellt, der auch Lehnsherr über die schlesischen Herzogtümer und die „neuböhmische" Oberpfalz war. Wenzel hatte sich also mit der Herrschaft über Böhmen, Schlesien, Bautzen, Teilen der Niederlausitz und den verstreuten luxemburgischen Besitzungen in Bayern, Franken und Sachsen sowie einer Oberhoheit über die anderen Gebiete zufriedenzugeben. Dennoch konnte er, gestützt auf eine politisch und ökonomisch weitgehend konsolidierte Hausmacht und einen effizienten Regierungsapparat als Vermächtnis des Vaters, den kommenden Aufgaben mit Zuversicht entgegensehen.

3. Das Scheitern Wenzels IV. und die hussitische Revolution

Noch zu Lebzeiten Karls IV. waren zwei Entwicklungen eingetreten, die Wenzels Regierung (1378–1419) wesentlich beeinträchtigen sollten. Seit 1377 hatten ein schwäbischer, danach ein rheinischer und ein sächsischer Städtebund den Kampf gegen Fürsten und Ritterschaft aufgenommen; Wenzel konnte nach vielen Enttäuschungen 1384 mit der Heidelberger Stallung zwar einen vierjährigen Landfrieden zustandebringen, der aber keine Beachtung fand. Der Sieg Eberhard des Greiners 1388 bei Döffingen über die schwäbischen Städte ebnete den Weg zum Landfrieden von Eger, in dem die Städte 1389 zwar ihre Reichsfreiheit bestätigt bekamen, aber künftig auf Sonderbündnisse verzichten mußten. Wenzel konnte die sich ihm bietende Chance, mit Hilfe der neuerrichteten Friedensgerichte dem Königtum größere Einflußmöglichkeiten im Reich zu sichern, nicht wahrnehmen.[39] Dazu mag beigetragen haben, daß es Wenzel versäumte, sich in Rom zum Kaiser krönen zu lassen, wodurch sein Königtum in Deutschland eine zusätzliche Absicherung erfahren hätte. Dieses Versäumnis dürfte auf das nach der doppelten Papstwahl des Jahres 1378 entstandene Schisma zurückzuführen sein, wobei sich Wenzel, dem Vater folgend, für den in Rom residierenden Urban VI. entschied, dadurch aber längerfristig die Zusammenarbeit mit dem Haus Valois gefährdete. Zwar konnte er noch am 21. VII. 1380 mit Karl V. eine Vereinbarung über gegenseitigen Beistand abschließen, doch da der französische König den in Avignon regierenden Gegenpapst Klemens VII. aktiv unterstützte, näherte sich Wenzel, von der römischen Kurie gefördert, stärker England an und besiegelte diese Verbindung durch die Verheiratung seiner Schwester Anna mit König Richard II. Da ihm der neue Schwager aber das für die Romfahrt benötigte Darlehen von 100 000 Gulden nicht gewährte und die Aufrechterhaltung des brüchigen Landfriedens im Reich seine Aufmerksamkeit immer stärker beanspruchte, stellte der bequeme Wenzel den beschwerlichen Italienzug und die Kaiserkrönung vorerst zurück. In der ausufernden Auseinandersetzung um die Anerkennung des römischen oder des avignonesischen Papsttums ließ Wenzel jedoch jede straffe Führung vermissen. Die zuvor von Karl IV. im Zaum gehaltenen Kurfürsten wußten zudem Wenzels Unerfahrenheit und seine wachsenden Probleme in Böhmen zu nutzen, um ihr Mitspracherecht auszuweiten und die fürstliche Territorialpolitik gezielt voranzutreiben.[40]

Mangelnde politische Initiative und Labilität ist Wenzel bald nicht nur im Reich, sondern auch in seinen Erblanden vorgeworfen worden. Der anfangs als begabt, gerechtigkeitsliebend und sparsam geschilderte König gab sich bald der Trunksucht hin, verfiel dem Einfluß von häufig wechselnden Ratgebern und versuchte, überfälligen Entscheidungen auszuweichen. Das vernichtende Urteil, das der Zeitgenosse Abt Ludolf von Sagan im *Tractatus de longaevo schismate* über Wenzel fällte, wobei er ihn persönlich für alles Unglück in Böhmen und im Reich verantwortlich machte, hat bis heute weitergewirkt. Dem sich in seiner über vierzigjährigen Regierungszeit vollziehenden religiösen, sozialen und politischen Umbruch hat König Wenzel hilflos und verständnislos gegenübergestanden, ja er hat ihn durch seine unüberlegten und provokativen Aktionen sogar noch beschleunigt und radikalisiert.

Da der Prager Erzbischof Johann Očko von Vlašim von Urban VI. zum Kardinal ernannt wurde, rückte Johann von Jenstein (Jan z Jenštejna, 1379–1396)[41] in dieses Amt auf und übernahm auch die Kanzlerschaft. Landgraf Johann von Leuchtenberg, vordem Wenzels Hofmeister, die böhmischen Barone Peter von Wartenberg als Oberstburggraf und Thiemo von Kodlitz als Obersthofkämmerer gehörten ebenso zum engsten Beraterkreis wie der vom Vater übernommene Herzog Přemyslav von Teschen. Weil Wenzel aber zunehmend Vertreter des niederen Adels und des Bürgertums bevorzugte, entwickelten sich zwischen den im Kronrat und in der Kanzlei dominierenden Repräsentanten des Herrenstandes und der hohen Geistlichkeit einerseits, dem König und seinen neuen Ratgebern andererseits immer stärkere Spannungen, die Jenstein 1384 zum Rücktritt vom einflußreichen Kanzleramt veranlaßten, das König Wenzel dem bisherigen

Unterkämmerer und Propst von Lebus, Johannes Bruno, übertrug und in dessen altes Amt den Prager Kaufmann Sigmund Huler einwies.[42] Da die neuen Günstlinge wiederholt die Gerichtshoheit des Metropoliten in Frage stellten und Jenstein die Pläne des Königs zu vereiteln wußte, die Abtei Kladrau (Kladruby) zum Bistum zu erheben, eskalierte der Konflikt weiter,[43] wobei weniger die städtefreundliche oder die das tschechische Element bevorzugende Politik Wenzels, sondern die Auseinandersetzung um die hochadlige Mitsprache und territorialherrschaftliche Machterweiterung den eigentlichen Streitpunkt bildete. Als Wenzel am 20. III. 1393 den schwer gefolterten Generalvikar Johannes von Pomuk[44] von der Karlsbrücke in die Moldau stürzen ließ, überschritt er mit diesem Justizmord die vom Hochadel bisher respektierte Toleranzschwelle: Eine im „Herrenbund" unter Führung Heinrichs von Rosenberg zusammengeschlossene Adelsfronde setzte den König am 8. V. 1394 gefangen und berief den Markgrafen Jobst von Mähren zum Reichsverweser. Dank der Intervention seines Bruders Johann von Görlitz und der Vermittlung Rupprechts II. von der Pfalz konnte der auf Burg Wildberg in Österreich inhaftierte Wenzel am 1. VIII. wieder freikommen, nicht zuletzt deshalb, weil sich der von Erzbischof Johann zum Eingreifen aufgerufene römische Papst Bonifaz IX., unter dem Zwang des Schismas handelnd, nicht zu einem Interdikt gegen den gefangenen König aufzuraffen vermochte. Als Wenzel die unter Vermittlung des Pfalzgrafen Rupprecht in Budweis ausgehandelten Bedingungen für seine Freilassung aber nicht einhielt, im April 1395 seinen Vetter Jobst verhaften ließ und durch unkluges Taktieren sowohl seinen Bruder Johann als auch Herzog Albrecht III. von Österreich gegen sich aufbrachte, beschwor er anstelle eines begrenzten Konflikts mit dem Herrenbund einen richtigen Bürgerkrieg herauf. Der Tod Albrechts († 29. VIII. 1395) und des zum „Hauptmann von Böhmen" ernannten Johann von Görlitz († 1. III. 1396) verschaffte Wenzel vorerst eine Atempause, während der sich sein Bruder Sigmund, König von Ungarn, bereitfand, einen Ausgleich zwischen Jobst von Mähren, dem Herrenbund und dem hart bedrängten Böhmenkönig zu vermitteln.

Verlust der deutschen Krone

Sigmund hatte durchaus Anlaß, sich für seinen älteren Stiefbruder einzusetzen, der ihn – ebenso wie die mährische Verwandtschaft – im Kampf um die Nachfolge Ludwigs des Großen († 1382) aktiv unterstützt und ihm zwar nicht die polnische, 1387 aber immerhin die St. Stephanskrone gesichert hatte und ebenfalls ein Interesse daran besaß, mit Militärhilfe aus dem Reich das bedrohliche Vordringen der Türken auf dem Balkan zu unterbinden. Nachdem Wenzel seinem Stiefbruder die Nachfolge in Böhmen zugesagt und ihn zum stellvertretenden Reichsvikar ernannt hatte, kam am 2. IV. 1396 ein Schiedsspruch zustande, der eine fast vollständige Kapitulation des Königs vor den Forderungen des Hochadels beinhaltete. Wenzel hatte die königliche Prärogative bei den Ernennungen in die wichtigsten Landes- und Hofämter sowie in den Kronrat, aber auch die Entscheidung über die Festsetzung des Münzfußes preiszugeben. Nachdem Sigmund am 28. IX. 1396 bei Nikopolis eine vernichtende Niederlage durch die Türken erlitten hatte und sich auf die Absicherung seiner Herrschaft in Ungarn konzentrieren mußte, sah sich Wenzel sogar gezwungen, seinem Vetter Jobst das Herzogtum Görlitz und die Oberlausitz als Lehen zu überlassen, so daß der Markgraf von Mähren mit dem ihm 1388 von Sigmund verpfändeten Brandenburg, dem Herzogtum Luxemburg und der Landvogtei Elsaß über einen beträchtlichen Länderkomplex verfügte und wenig Neigung zeigte, sich dem indolenten König von Böhmen dauerhaft und loyal zu unterstellen. Auch Wenzel ließ keine Bereitschaft erkennen, die in den Schiedsspruch aufgenommene Gewaltenteilung durch die Wiederherstellung der Mitspracherechte des Hochadels bei der Landesregierung zu respektieren und bemühte sich, durch die Ernennung ihm ergebener Ratgeber seine Machtposition längerfristig zu verbessern. Der Rücktritt seines erbittertsten Gegners Johann von Jenstein als Erzbischof (2. IV. 1396, † als Patriarch von Alexandrien 17. VI. 1400 in Rom) und die Ernennung von dessen umgänglicheren Neffen Wolfram von Skworek (Olbram ze Škvorce, 1396–1402) erleichterte aber die Lage Wenzels ein wenig.

Nur widerwillig fügte sich der König auch dem Druck seiner hochadligen Räte unter Führung des Herzogs Johann von Troppau-Jägerndorf, die vier ihren Forderungen im Wege stehende Beamte hatten ermorden lassen, seine Pflichten als römischer König gewissenhafter wahrzunehmen, einen Reichstag einzuberufen und dabei „des Reiches Sachen zu richten und zu handeln". Nach zehnjähriger Abwesenheit traf Wenzel Ende 1397 in Nürnberg und Anfang 1398 in Frankfurt mit den Reichsfürsten zusammen, unter denen sich eine vom Mainzer Erzbischof Johann von Nassau und Rupprecht III. von der Pfalz geführte Opposition gebildet hatte, die Wenzel mit einer elf Punkte umfassenden Anklage konfrontierte. Um diesen Fürstenbund zu schwächen, verfolgte Wenzel erneut eine die reichsstädtischen Interessen begünstigende Landfriedenspolitik, ohne die seit April 1399 laufenden konkreten Vorbereitungen für seine Absetzung als deutscher König dadurch wirkungsvoll unterbinden zu können. Da in Böhmen die militärische Auseinandersetzung mit Jobst und dem Herrenbund erneut ausbrach, versäumte es Wenzel, der über die gegen ihn geplanten Schritte genau unterrichtet war, einer am 4. VI. 1400 von den vier rheinischen Kurfürsten an ihn ergangenen Vorladung nach Oberlahnstein nachzukommen. Am 20. VIII. wurde er mit diesen vier Stimmen als ein „unnützer, versäumlicher, unachtbarer Entgliederer und unwürdiger Handhaber des heiligen Römischen Reiches" und den damit verbundenen „Würden, Ehren und Herrlichkeiten ... abgesetzt". Tags darauf wurde Pfalzgraf Rupprecht III., Herzog von Bayern, zum König gewählt, konnte bald den Widerstand der übergangenen Fürsten und schließlich auch den der Reichsstädte brechen und bereits 1403 die Anerkennung durch die römische Kurie erlangen.[45]

Dieses rasche und insgesamt unproblematische Durchsetzen von Rupprechts Königtum war nicht zuletzt auf Wenzels unerwartetes Stillhalten zurückzuführen, denn der abgesetzte König zeigte zwar Wutausbrüche, kam aber über vergebliche Kontaktaufnahmen zu Karl VI. von Frankreich und wenig tragfähige Ansätze, ein gemeinsames Vorgehen mit Bruder Sigmund und den mährischen Vettern zu verabreden, nicht hinaus. Rupprecht versuchte mehrfach, Wenzel zum förmlichen Verzicht auf die Reichskrone und zur Lehensnahme zu bewegen, konnte ihn aber weder im Feld noch bei Verhandlungen zu einem Einlenken bringen. Als sich Wenzel die Unterstützung Sigmunds für einen Romzug zur nachträglichen Kaiserkrönung durch weitgehende Zusagen erkauft hatte, glaubte der unzuverlässige Ungarnkönig sogar, die undurchsichtige Lage zu einem Staatsstreich in Böhmen nutzen zu können: Am 6. III. 1402 setzte er Wenzel gefangen und unterstellte ihn in Wien der Obhut der Habsburger; auch Prokops von Mähren wußte er sich zu bemächtigen. Mit diesem Willkürakt weckte Sigmund jedoch den Widerstand des böhmischen und schlesischen Hochadels und das Mißtrauen Jobst von Mährens, der sich – durch den Verkauf des Herzogtums Luxemburg an den Herzog von Orléans zu Geld gekommen – an die Spitze der Opposition stellte. Ihr kam zugute, daß in Ungarn Sigmund selbst in Ladislaus von Neapel ein Gegenkönig erwuchs und Wenzel im November 1403 die Flucht nach Böhmen glückte. Doch die Behauptung der böhmischen Krone hatte Wenzel danach mit weiteren Zugeständnissen an den Hochadel zu bezahlen, der zum eigentlichen Nutznießer des Bruderzwists wurde: Am 5. II. 1405 billigte der König die Übertragung der Landfriedenswahrung an die aus dem Hochadel zu berufenden Landfriedensrichter *(poprávci)* und bestätigte das ihm bereits 1396 einmal abgerungene Recht der Barone, allein die höchsten Landes- und Hofämter besetzen zu dürfen. Ebenso hatte er der Hinrichtung seines auf Grund einer Intrige verurteilten Unterkämmerers Sigmund Huler, eines Egerer Bürgersohns, zuzustimmen († 23. VI. 1405), der Wenzel stets loyal gedient und im Bruderkrieg die königlichen Städte auf die Seite des rechtmäßigen Monarchen gebracht hatte. Den einflußreichen Führer des Herrenbundes, Heinrich von Rosenberg, konnte Wenzel durch die Übertragung des südböhmischen Königsguts in sein Lager ziehen. Da der neue Erzbischof Zbyněk Zajíc von Hasenburg (z Hazmburka, 1402–1411) im königlichen Lager stand, schien im Herbst 1405 die Lage in Böhmen vorerst so weit konsolidiert zu sein, daß König Wenzel glaubte, jetzt auch aktiv in die reichspolitische Auseinandersetzung eingreifen zu können.[46]

Da Wenzel nie auf die Reichskrone Verzicht geleistet hatte, schienen ihm die vom französischen Hof ausgehenden Initiativen, auf einem geplanten Kirchenkonzil beiden Päpsten gegenüber einen Obedienzentzug auszusprechen und durch die Wahl eines neuen Kirchenoberhauptes das Schisma zu überwinden, eine gute Gelegenheit zu bieten, Rupprecht von der Pfalz auszubooten und erneut allgemein respektierter römischer König zu werden. Das Konzil von Pisa, auf dem mit Alexander V. ein dritter Papst gewählt wurde, anerkannte Wenzel 1409 dann auch als den wahren römischen König, der aber, wegen Krankheit lange zur Untätigkeit verdammt, nicht militärisch gegen seinen Widersacher vorgehen konnte. Als Rupprechts Tod († 18. V. 1410) eine Neuwahl notwendig machte, fand sich Wenzel ohne Unterstützung aus der eigenen Familie, denn am 20. IX. ließ sich Sigmund, am 1. X. 1410 Jobst von Mähren von den Kurfürsten zum deutschen König wählen. Da Jobst aber bereits am 18. I. 1411 – vielleicht als Folge eines Giftanschlags – starb, einigten sich Wenzel und Sigmund auf der Basis, daß der Böhmenkönig für seinen förmlichen Thronverzicht über die Hälfte der Reichseinkünfte verfügen könne und ihm Sigmund zur Kaiserwürde verhelfen solle.[47] Wenzels Auffassung, daß nicht nur der römisch-deutsche König, sondern jeder Monarch das Recht habe, Kaiser zu werden, stellte die bisher strikt beachtete Einheit von römischem Königtum und Kaisertum in Frage. Vielleicht gab ein grundsätzlicher Meinungswandel und eigener Ehrgeiz den Ausschlag, daß Sigmund, der bei der Neuwahl am 21. VII. 1411 alle sieben Kurfürstenstimmen auf sich vereinigen konnte, wenig unternahm, um seinen ungeliebten Halbbruder bei der Erlangung der Kaiserwürde wirksam zu unterstützen. Ihm ging es künftig hauptsächlich darum, dem Kirchenschisma ein Ende zu bereiten. Bei diesem Vorhaben hat er aber gerade auch für Wenzel und für die böhmischen Länder schwierigste Probleme heraufbeschworen.

Religiöser Umbruch

Wenzels Bereitschaft, diese Entwicklung hinzunehmen, lag einmal in seiner wenig dynamischen Persönlichkeit und seinem Alkoholismus begründet, den auch seine zweite Frau Sophie von Bayern-München nicht steuern konnte, vor allem aber in den schweren innerböhmischen Konflikten, die auf religiösem, sozialem und nationalem Gebiet das Staatswesen von Grund auf umgestalten sollten. Das seit den Tagen Karls IV. aufgewühlte nationale und religiöse Empfinden war während der schwachen Regierung Wenzels in noch stärkere Gärung geraten. Konrad Waldhauser, Jan Milíč von Kremsier und Matthias von Janov (Matěj z Janova) hatten in ihren vielbeachteten Predigten die Verweltlichung und Sittenlosigkeit angeprangert, zu Umkehr und Buße aufgerufen und auch aktive Maßnahmen ergriffen, um den Ärmsten und den von der Gesellschaft Ausgestoßenen zu helfen. Das päpstliche Schisma hatte die bereits durch die Pfründenwirtschaft gespaltene Geistlichkeit ebenfalls in zwei feindliche Lager geschieden.[48] Hinzu kamen die wachsenden Spannungen zwischen Deutschen und Tschechen, die in vielen Städten schon das zahlenmäßige Übergewicht besaßen, aber von den deutschen Patriziern und Zunftmeistern von der Mitwirkung am Stadtregiment ferngehalten wurden und auf königlichen Rückhalt bei der Durchsetzung ihrer auf Gleichberechtigung abzielenden Forderungen hofften. Die so weit fortgeschrittene Abhängigkeit des Königs vom Herrenstand offenbarte seine Macht- und Einflußlosigkeit jenseits der Grenzen des unmittelbaren Königsbesitzes. Der vom Landhunger der Barone und der Kirche in seiner wirtschaftlichen Existenz bedrohte und von der politischen Mitsprache weitgehend ausgeschlossene niedere Adel (Landedelleute und Ritter) fand sich der Gefahr ausgesetzt, seine Eigenständigkeit zu verlieren und seine letzten

Sonderrechte einzubüßen.[49] Die bäuerlichen Untertanen konnten der mit einer Intensivierung der Bodenbestellung und Rationalisierung ihrer Produktion einhergehenden Erhöhung ihrer Abgabeverpflichtungen an die Grundherren in den unruhigen Zeiten nur immer mühsamer nachkommen und suchten ihrer schwierigen Lage durch leidenschaftlichen religiösen Eifer und die Unterstützung volksketzerischer Bewegungen zu entfliehen, denn die Amtskirche zeigte sich nicht in der Lage, die schroffe Kluft zwischen dem Klerus und den geistlich-religiösen Bedürfnissen der von vielerlei Nöten bedrückten Laien zu überbrükken.[50]

Diese in der Bevölkerung aufgestaute Unzufriedenheit über den Stand der sozialen, religiösen und politischen Auseinandersetzung konnte König Wenzel nicht wirkungsvoll abbauen. Seine Hilf- und Interessenlosigkeit bewies Wenzel 1389, als er zuließ, daß das von ihm sieben Jahre zuvor errichtete Ghetto in Prag zerstört wurde und Pogrome gegen die „königlichen Kammerknechte" im ganzen Land straflos durchgeführt werden durften.[51] Den an der Prager Universität kontrovers diskutierten theologischen Reformbemühungen standen Wenzel und sein Hof weitgehend anteillos gegenüber; als er aber nach der Anerkennung König Rupprechts durch den römischen Papst Bonifaz IX. von der böhmischen Geistlichkeit Neutralität im Kirchenstreit verlangte und sich unter dem Einfluß seines Erzbischofs Zbyněk von Hasenburg der avignonesischen Richtung anzunähern begann, widersetzten sich die an der Universität lehrenden Theologen diesem Kurswechsel. Nur die böhmische „Universitätsnation" zeigte sich bereit, dem königlichen Wunsch nach Neutralität in der päpstlichen Obedienzfrage nachzukommen.[52] In dem ausufernden Streit fiel dem um 1370 im südböhmischen Husinec geborenen Magister Jan eine führende Rolle zu; als Vertreter des Reformanliegens und als Märtyrer der Inquisition hat er jener Bewegung und ihren Anhängern seinen Namen gegeben, die den Ablauf der Geschichte Böhmens im 15. Jahrhundert entscheidend prägten.[53]

Nachdem Hus durch Vermittlung seines Schülers Hieronymus von Prag um 1398 die Schriften des englischen Reformators John Wiclif (ca. 1330–1384) kennengelernt hatte, setzte er sich als Universitätslehrer und als Leiter der tschechischen Volkspredigt in der Prager Bethlehemskapelle für dessen 1382 als Häresie verurteilte Lehrsätze im Interesse einer grundlegenden Reform der Kirche an Haupt und Gliedern ein. Wiclifs Vorbehalte gegen jede weltliche Herrschaft der Kirche, sein Eintreten für die Beseitigung der sittlichen Verfallserscheinungen unter Klerus und Laien sowie für soziale und politische Gerechtigkeit wurde von seinen böhmischen Schülern ergänzt durch eine nationalideologische Komponente, durch die das ursprüngliche kirchliche Reformanliegen später dann zum nationalen Revolutionsprogramm werden konnte.[54] Auch Wiclifs Vorhaben, die Bibel in der Volkssprache zu verbreiten, stieß in Böhmen auf Widerhall. Die unerwartete Popularität Wiclifs und seiner Schriften, die im ganzen Lande zirkulierten, erfüllte die Prager Kirchenoberen mit Besorgnis, so daß 1403 die Disputation seiner Lehrsätze untersagt und dieses Verbot 1408 erneuert werden mußte. Da sich die drei anderen Universitätsnationen der Bayern, Sachsen und

Polen im Schismastreit der Forderung König Wenzels nach Neutralität und der Unterstützung der Konzilspläne versagten, andererseits die böhmischen Wiclifisten mit Hus und Hieronymus an der Spitze diesen Kurs aktiv verfochten, ergab sich die seit langem gesuchte Gelegenheit, für ihre Zustimmung vom König eine Änderung der Universitätsverfassung zugunsten des Stimmrechts der böhmischen Nation, der auch die Deutschen und Slaven aus allen Ländern der böhmischen Krone angehörten, einzufordern. Im Kuttenberger Dekret gestand Wenzel am 18.I.1409 der jetzt auf sprachnationaler Basis organisierten böhmischen Universitätsnation drei, den anderen „Nationen" insgesamt nurmehr eine Stimme mit der Begründung zu, daß die *natio Teutonica* kein Heimatrecht in Böhmen besitze, während die *natio Bohemica* der wahre Erbe dieses Königreichs sei *(eiusdem regni iusta heres).* Obgleich die juristische Fakultät und die Deutschen aus den böhmischen Ländern die damit eingeleitete Entwicklung Prags zur Landesuniversität klaglos hinnahmen, führte das Scheitern von Kompromißverhandlungen im Sommer 1409 zum Auszug der Magister und Studenten der drei anderen Nationen, wovon die neuen Universitäten wie Erfurt, Wien, Heidelberg und Krakau profitierten und als Folge in Leipzig sogar eine neue Hochschule entstand.[55] Die mit dem Auszug verbundene Schwächung des deutschen Elements fand in Böhmen breite Zustimmung und trug zu einer weiteren Zuspitzung des frühnationalen Antagonismus bei.[56]

Der durch den Exodus verursachte Substanzverlust der Universität wurde von der Kirchenführung jedoch sogleich zu einem entschlossenen Vorgehen gegen die böhmischen Wiclifisten genutzt. Hus, der erste Rektor der reorganisierten Universität, mußte sich im Sommer 1409 vor der Inquisition verantworten; die von Papst Alexander V. gebilligte Einziehung aller im wiclifistischen Geist abgefaßten Schriften und ihre öffentliche Verbrennung am 16.VII.1410 löste aber einen von Hus organisierten Proteststurm aus, der mit dem Kirchenbann und einem langwierigen Häresieprozeß beantwortet wurde. Erst als Hus das päpstliche Ablaßwesen in Frage stellte und sich uneingeschränkt zur Remanenzlehre Wiclifs bekannte, wurde er am 18.X.1412 auf einer Prager Synode erneut gebannt und sein Aufenthaltsort mit dem Interdikt belegt. Daraufhin bröckelte die ihm bisher gewährte Unterstützung durch die Universität und bei Hofe, wo sich Königin Sophie für ihn eingesetzt hatte, ab, und er mußte Prag verlassen. Von den Burgen Kozí Hrádek und Krakovec konnte er aber die Kontakte zu seinen Anhängern in der Hauptstadt aufrechterhalten und durch seine Schriften seine Ansichten weiterverbreiten. König Wenzel, der immer noch dem Plan der Kaiserkrönung nachjagte und auf dem nach Konstanz einberufenen Konzil endlich das Schisma beendet sehen wollte, stimmte der wohl auf seinen Bruder Sigmund zurückgehenden Anregung zu, Hus solle seine Auffassungen auf dieser Kirchenversammlung vortragen, denn nach dem Scheitern von Kompromißverhandlungen 1413 und einer weiteren Polarisierung der innerböhmischen religiösen Auseinandersetzungen konnte Wenzel nur so hoffen, die Ruhe im Lande wiederherzustellen. Hus glaubte, das Konzil von der Rechtmäßigkeit seiner Lehrsätze überzeugen und einen bedeutenden Anstoß zur Kirchenreform geben zu können, unterschätzte aber auch nicht die auf ihn zukommenden Gefahren, zumal die Geleitzusage König Sigmunds kein Schutzbrief gegen die drohende Verurteilung sein konnte.

Hus, am 3.XI.1414 in Konstanz eingetroffen und bereits am 28.XI. in Haft genommen, bekam erst am 5., 7. und 8.VI.1415 die Gelegenheit, seine Thesen öffentlich zu erläutern. Obgleich ihn seine geistlichen Richter durch die Reduzierung der Anklage auf 30 Passagen aus seinen Schriften, besonders aus *De ecclesia*, entgegenzukommen suchten, lehnte der von Johann von Jesenic (Jan Jesenský) verteidigte Hus jeglichen Widerruf und die Abschwörung seiner angeblichen Irrtümer ab, und zwar einmal, weil ihm die geforderte „Belehrung aus der Schrift" nicht zuteil wurde, und auch, um seine böhmischen Anhänger nicht zu gefährden. Das am 6.VII.1415 gefällte Urteil „Tod auf dem Scheiterhaufen" wurde noch am selben Tag vollstreckt; Hus' Schüler Hiernonymus von Prag endete trotz der Revokation seiner Ansichten am 30.V. 1416 ebenfalls in den Flammen.[57]

Hussitische Revolution

Der Märtyrertod von Hus löste in Böhmen schwerste Unruhen aus. Noch während des Prozesses hatten 250 Mitglieder des hohen und niederen Adels gegen die harte Kerkerhaft Einspruch erhoben; am 2.IX.1415 ging eine mit 452 Siegeln versehene Protesturkunde nach Konstanz ab, in der das Urteil und seine Vollstreckung als „dauernde Schmach und als Brandmal für Böhmen und Mähren" bezeichnet wurden. Die während des Prozesses von Jakobellus von Mies (Jakoubek ze Stříbra) erhobene Forderung, künftig das Abendmahl in beiderlei Gestalt *(sub utraque specie)* zu reichen, fand bald weite Verbreitung, so daß in den meisten Kirchen die Kelchkommunion praktiziert wurde.[58] Während König Wenzel und Erzbischof Konrad von Vechta (1413–1431) vergeblich versuchten, der Autorität der katholischen Kirche zum Durchbruch zu verhelfen, einigte sich der Adel auf die Bestallung von drei Herren, die in den kommenden sechs Jahren als Sachwalter in Religionsfragen amtieren sollten. Die dabei erhobenen Forderungen nach freier Predigt, nach Mißachtung ungerechtfertigter kirchlicher Bannsprüche und nach Überprüfung der Besitztitel von Kirchengut zeigten, wie tief die Spaltung bereits gediehen war. Zwar wurde auch im Lager der Reformgruppe, für die sich bald die Bezeichnungen Hussiten, Utraquisten oder Kalixtiner (Kelchner) einbürgerten, Differenzen in religiösen Fragen sichtbar, die aber durch den Spruch der Universität vom 10.III.1417, die Kelchkommunion allgemein zuzulassen, gemildert wurden. In einer zwischen Gemäßigten und Radikalen heftig geführten Diskussion kristallisierten sich schließlich als kleinster gemeinsamer Nenner vier Punkte heraus: Kelchkommunion, Predigtfreiheit bis hin zur tschechischen Messe, Armut der Priester, Bestrafung aller Todsünden, die im April 1420 als Prager Artikel das Rahmenprogramm für die Reformpostulate abgaben.[59]

Obgleich die Amtskirche die Abtrünnigen mit Bann, Interdikt und allen anderen geistlichen Strafen belegte und nach der Wahl Martins V. 1417 die Einheit der Kirche wiederhergestellt werden konnte, war eine Unterdrückung der Reformbewegung in Böhmen und ein Ausgleich zwischen den immer weiter auseinanderdriftenden Positionen nicht mehr möglich. Die von König Wenzel im Frühjahr 1419 verfügte Ausweisung der Kelchpriester aus den königlichen Städten führte zu Massenwallfahrten auf die Berge, wobei immer radikalere Forderungen erhoben und andere Formen menschlichen Zusammenlebens propagiert wurden. Besonders der ehemalige Prämonstratensermönch Jan Želivský fand großen Zulauf. Als sich eine Prozession unter seiner Führung am 30. VII. 1419 gewaltsam Zugang zur Kirche St. Stephan in der Prager Neustadt verschaffte und der von Wenzel eingesetzte katholisch-tschechische Rat die Freilassung von inhaftierten Kelchanhängern verweigerte, wurden 13 Schöffen aus den Rathausfenstern geworfen und kamen dabei zu Tode. Das war das Signal für den allgemeinen Aufruhr, der besonders das dichtbesiedelte Mittel- und Südböhmen erfaßte. König Wenzel bemühte sich zwar noch einmal, einen Ausgleich herbeizuführen, starb jedoch bereits am 16. VIII. 1419 an den Folgen eines Schlaganfalls.[60]

Bevor König Sigmund die Nachfolge seines söhnelosen Halbbruders Wenzel antreten konnte, mündeten die schweren Unruhen in den böhmischen Ländern in den ersten Hussitenkrieg. Die Königswitwe Sophie versuchte vergeblich die sich ausbreitenden Greuel, die mit der gezielten Vertreibung der kelchfeindlichen deutschen Bürger einhergingen, durch eine allgemeine Landfriedenseinigung zu unterbinden. Während in Prag Kirchen und Klöster gewaltsam der Kelchkommunion unterworfen wurden, herrschten auf den Massenversammlungen außerhalb der Hauptstadt, besonders auf einem in der Nähe von Bechyně gelegenen und nach alttestamentarischem Vorbild in „Berg Tabor" umbenannten Hügel, einschneidende, jetzt auch das Sozialgefüge in Frage stellende Forderungen vor. Da die Feste Vyšehrad und auch die Kleinseite bis Anfang November 1419 in die Hand der von Jan Žižka militärisch geführten Aufständischen gefallen waren und die Besatzung des Hradschin sich nur dank eines sechsmonatigen Waffenstillstands eine Atempause sichern konnte, wagte sich Mitte Dezember König Sigmund nur nach Brünn, um dort einen Landtag abzuhalten und die Voraussetzungen für eine Pazifizierung zu ergründen. Da eine Prager Deputation vor der Huldigung die Bestätigung der vier Artikel verlangte, die auf einem ohne Wissen und Zustimmung des Königs einberufenen Landtag angenommen worden waren, Sigmund darin aber zweifellos eine Aushöhlung der etablierten kirchlichen und weltlichen Autorität erblicken mußte, zerschlug sich ein Übereinkommen. Da sich die Verhältnisse in Prag und in Südböhmen, wo bei Hradiště an der Lužnice ein neues, dauerhaftes „Tabor" angelegt worden war,[61] weiter zuspitzten, zog Sigmund nach Breslau weiter, wo er einen Reichstag veranstaltete und im Frühjahr 1420 einen Feldzug gegen die böhmischen Rebellen vorzubereiten begann. Papst Martin V. erließ am 1. März eine Bulle gegen „wiclifistische und hussitische Ketzerei", während die Prager bemüht waren, ihre Verteidigungsmaßnahmen als einen *bellum iustum* zu rechtfertigen.[62] Obgleich es Sigmund im Sommer 1420 nicht gelang, trotz der Unterstützung durch die Markgrafen von Meißen, den Kurfürsten Friedrich I. von Sachsen und Herzog Albrecht von Österreich mit einem Kreuzfahrerheer die Stadt Prag einzunehmen, ließ er sich zwar am 28. VII. auf dem Hradschin eilends zum König krönen, rüstete sich danach aber zur endgültigen Abrechnung mit seinen hussitischen Landeskindern.

Denen standen in Nikolaus von Hus, der aber bereits im Sommer 1420 fiel, und vor allem in Jan Žižka von Trocnov (z Trocnova, ca. 1370–1424) geniale und kriegserfahrene Führer zur Verfügung, die sich bereits bei den Kämpfen um Prag ausgezeichnet hatten. Die bunt zusammengewürfelten und schlecht ausgerüsteten Haufen der Bauern und kleinen Handwerker, die sich als Gottesstreiter empfanden und mit Weib und Kind in den Krieg zogen, wurden von Žižka schnell zu einem durchorganisierten, schlagkräftigen und disziplinierten Volksheer umgestaltet, das mit neuen Kriegstechniken – Kampfwagen, die rasch zu Wagenburgen zusammengeschoben werden konnten, wodurch die Ritterheere alten Stils ihre Wirksamkeit verloren, gezieltem Einsatz von Geschützen und Handfeuerwaffen, Spezialisierung, hohe Marschgeschwindigkeit der Wagenkolonnen[63] – erstaunliche Anfangserfolge gegen zahlenmäßig größere und kampferprobtere Kreuzfahrerheere errang. Obgleich Žižka 1421 völlig erblindete, blieb er bis zu seinem Tod der unangefochtene Führer und spornte allein durch seine Anwesenheit die von ihren Priestern auch während des Kampfes betreuten Hussiten zu bisher unbekannten militärischen Leistungen an. Obgleich die tschechische Historiographie sich dieses genialen Heerführers intensiv angenommen hat, bleiben viele Details seiner Biographie bis heute widersprüchlich; als Kämpfer für die nationale Einheit und soziale Gerechtigkeit wurde er zu einer Symbolfigur der tschechischen Geschichte.[64] In Prokop Holý (der Kahle bzw. der Große) und Prokop dem Kleinen fand Žižka fast kongeniale Nachfolger im Oberbefehl, die Kriegstechnik und Kampfmoral des Hussitenheeres weiter ausbauten.[65]

Trotz der Fähigkeit, ein in ganz Mitteleuropa gefürchtetes Volksheer aufzustellen und zum Erfolg zu führen, krankte der hussitische Widerstand an unterschiedlichen religiösen und sozialpolitischen Vorstellungen, die zum Zerfall in mehrere, regional gegliederte Flügel beitrugen, die nur schwer zu gemeinsamem Vorgehen aktiviert werden konnten. Besonders radikal im Sinne urchristlich-kommunistischer Gemeinschaftsvorstellungen und theokratischer Organisationsformen gebärdeten sich anfangs die Taboriten, die im September 1420 Nikolaus von Pilgram (Mikuláš z Pelhřimov) zu ihrem Bischof wählten. Auch wenn sie bald von ihrem kompromißlosen Chiliasmus abrückten, kam es im Frühjahr 1423 aus immer noch unbekannten Gründen zum Bruch Žižkas mit Tabor.[66] Die von dem hochadligen Hinko von Lichtenburg im Königgrätzer Gebiet auf dem Berg „Horeb" gegründete Richtung erhielt durch den Zuzug Žižkas mächtigen Auftrieb,[67] so daß die vom Priester Ambros geführten Orebiten ihre Vorstellungen von der gleichberechtigten Mitarbeit aller an der Sache

Gottes trotz des Festhaltens am ständischen Gliederungsprinzip der Gesellschaft verwirklichen konnten. In Prag hatte Želivský im Herbst 1421 den Versuch unternommen, eine republikanische Diktatur aufzurichten, wurde aber von besonneneren Kräften gestürzt und am 8. III. 1422 hingerichtet.[68] Die Bemühungen Prags, sowohl die geistliche als auch die politische Führerschaft in Böhmen zu übernehmen, wurden der Hauptstadt nicht nur von den anderen religiösen Zentren, sondern vor allem vom utraquistisch gewordenen Hochadel streitig gemacht, der sich auf Dauer in keinen der drei Städtebünde hineinziehen ließ und seinen eigenen, auf den Ausbau seiner landesherrschaftlichen Interessen gerichteten Kurs verfolgte und sich im Laufe der Jahre immer stärker zu einem Einvernehmen mit der legitimen monarchischen Gewalt bereit zeigte.[69] Eine tiefergehende Spaltung zwischen utraquistischem und katholisch-royalistischem Hochadel fand zudem nicht statt, da beide Lager ähnliche politische Zielsetzungen verfolgten und kein Interesse besaßen, den Einfluß der Städte oder der chiliastisch-republikanisch gesinnten hussitischen Unterschichten erweitert zu sehen.

Vergebliche Konsolidierungsbemühungen vor 1433

Da die Anläufe König Sigmunds, Böhmen militärisch zurückzugewinnen, vor 1434 nicht zum Erfolg führten und Ausgleichsbestrebungen am Widerstand der einen oder der anderen Seite scheiterten, mußte das Land selbst Sorge tragen, die Anarchie einzudämmen. Bereits nach der übereilten Krönung Sigmunds wurde die Rechtsgültigkeit dieses Aktes angezweifelt und König Władysław II. Jagiełło von Polen die böhmische Krone angetragen. Obwohl außenpolitische und dynastische Überlegungen für eine Annahme sprachen und sich Sigmund durch einen den Deutschen Orden offenkundig begünstigenden Schiedsspruch am Krakauer Hof keine Freunde geschaffen hatte, wollte Jagiełło seinem einstigen Schwager nicht in den Rücken fallen, förderte aber die Zusage seines ungebundeneren, ehrgeizigen Vetters Witold, des Großfürsten von Litauen, der im Einvernehmen mit seinem Adel im Frühjahr 1422 seinen Neffen Zygmunt Korybutowicz als Statthalter nach Böhmen entsandte. Zu diesem Zeitpunkt hatten die Hussiten schon weite Teile Böhmens unter ihre Kontrolle gebracht und am 8. VI. 1421 auch den Hradschin erobert; von einem Einfall nach Mähren wurde aber abgesehen, nachdem auch dort die sog. Prager Artikel anerkannt und das Königtum Sigmunds preisgegeben worden war. Am Vortag hatte ein nach Tschaslau einberufener, auch von den Mährern beschickter Generallandtag König Sigmund für abgesetzt erklärt, da er „ein offenkundiger Lästerer der heiligen Wahrheiten und Mörder der Ehre des böhmischen Volkes und seiner Sprache“ sei, und als vorläufige Landesregierung ein Konsortium von zwanzig Diktatoren eingesetzt, von denen elf die verschiedenen hussitischen Strömungen, fünf den Hochadel und vier das Prager Bürgertum repräsentierten. Begünstigt durch die päpstliche Kurie und die Hilfeersuchen der deutschen Städter wurde zur gleichen Zeit aber auch ein weiteres Reichsheer zur „Unterdrückung der böhmischen Ketzerei" aufgestellt, ohne daß es den mindestens 100 000 Kriegern gelungen wäre, die im September eingeschlossene Hussitenstadt Saaz einzunehmen; bereits am 2. X. 1421 wurde dieser zweite Kreuzzug abgebrochen, weil es Sigmund an der zugesagten Unterstützung hatte fehlen lassen. Er rückte erst gegen Jahresende durch Mähren bis nach Kuttenberg vor, erlitt aber am 8. I. 1422 bei Deutsch Brod eine so vernichtende Niederlage durch die von Žižka kommandierten Hussitenscharen, daß er sich zu wilder Flucht nach Ungarn gezwungen sah.

Da der am 16. III. 1422 in Prag eingezogene Zygmunt Korybutowicz die Auseinandersetzungen in der Hauptstadt und die Flügelkämpfe im Lande nicht zu beenden wußte, eine monarchische Restauration zudem auf weitverbreitete Vorbehalte stieß und auch Žižka den Statthalter nur mit Einschränkungen respektierte, schöpften die Gegner des Hussitismus neue Hoffnungen. In Mähren, in den ausgedehnten Rosenbergschen Besitzungen in Südböhmen, im Westen mit Eger und Pilsen, aber auch in Nord- und Ostböhmen regte sich der von den katholischen Baronen und der deutschen Stadtbevölkerung getragene Widerstand gegen die „Ketzer". Ein von Friedrich von Brandenburg geführtes kleines Heer konnte in der zweiten Jahreshälfte 1422 aber wenig ausrichten, zumal die zugesagten Hilfskontingente, selbst die Sigmunds, ausblieben und die Verhandlungen mit den Hussitenführern keine Ergebnisse erbrachten. Das Scheitern dieses dritten Kreuzzugs ließ aber die innerböhmischen Auseinandersetzungen, vor allem zwischen Prag und Tabor, erneut ausbrechen, so daß der hilflose Zygmunt im März 1423 den Rückzug nach Polen antrat. Nachdem sein Onkel Witold auf Grund dieser Erfahrungen auf die St. Wenzelskrone verzichtet hatte, kehrte Zygmunt Korybutowicz zwar noch zweimal zurück, um für sich selbst die Herrschaft zu erringen; da er sich dabei aber um die Legalisierung seiner Ansprüche durch die Kurie und den böhmischen Episkopat bemühte, wurde er 1427 verhaftet und ein Jahr später nach Polen zurückgeschickt. Ein 1431 unternommener weiterer Versuch, in Böhmen Fuß zu fassen, mißglückte ebenfalls.

Žižka dagegen suchte eine militärische Entscheidung. Im Herbst 1423 konnte er weite Teile Mährens, 1424 zudem einige wichtige böhmische Städte unter seine Kontrolle bringen. Bevor aber die Ausgleichsverhandlungen mit den Pragern zu einem Ergebnis kamen, erlag er am 11. X. 1424 der Pest. Sein Heer zerfiel danach in zwei Teile: Die eigentlichen Anhänger Žižkas, die „Waisen", fanden in Prokop dem Kahlen, der wohl aus einer deutschen Bürgerfamilie stammte, ihren Anführer, während das Kommando der Taboriten Prokop der Kleine übernahm. Erst 1426, als von Meißen her die nordböhmischen Positionen der Hussiten gefährdet schienen, konnte man sich wieder zu gemeinsamem Vorgehen (Eroberung von Aussig, 16. VI.) zusammenfinden, im Frühjahr nach Oberösterreich einfallen und im August das vierte Kreuzzugsheer bei Mies und Tachau (Tachov) zurückschlagen.[70] Das schmähliche Ende dieses Feldzugs und das wankelmütige Verhalten König Sigmunds ließ im Reich jede Bereitschaft erlahmen, die „böhmische Häresie“ mit Waffengewalt auszurotten. Vor ausländischen Interventionen vorerst sicher, konnten die übermächtigen Taboriten daran gehen, im Innern ihre Vorstellungen vom Gottesreich durchzusetzen und auf ihren Raubzügen, die sie zwischen 1428 und 1433 nach Österreich, Ungarn, Bayern, Franken, Thüringen, Schlesien, Brandenburg und Polen bis vor die Tore Danzigs führten, Angst und Schrecken zu verbreiten; sie waren dabei für schwere materielle Schäden und hohe Menschenverluste verantwortlich.[71] Der letzte, fünfte Versuch eines Kreuzheeres, den Gegner militärisch niederzuringen, scheiterte trotz zahlenmäßiger Überlegenheit wiederum am 14. VI. 1431 bei Taus, wo allein das Herannahen der hussitischen Kämpfer und ihr Feldgeschrei die erneut vom brandenburgischen Kurfürsten Friedrich geführten Kreuzfahrer zu ungezügelter, verlustreicher Flucht veranlaßte.

Das Gefühl der Ohnmacht dem im Kampf als unbesiegbar geltenden Feind gegenüber begünstigte das Anwachsen der Verhandlungs- und Kompromißbereitschaft. Die von Prokop dem Kahlen zustandegebrachten Gespräche mit Sigmund vom 4.–9. IV. 1429 in Preßburg um die Prager Artikel scheiterten aber anfangs noch wegen der Unnachgiebigkeit des Königs. Anfang Februar 1430 hatte sich dann Kurfürst Friedrich von Brandenburg in Beheimstein zu Verhandlungen mit Hussiten und Taboriten getroffen. Jedoch erst das am 23. VII. 1431 in Basel zusammengetretene Konzil, das eine Reform und die Umgestaltung der gesamten Kirchenverfassung anstrebte, verfügte über die notwendige Autorität, um einen für beide Seiten akzeptablen Ausgleich zu suchen. Nach Vorverhandlungen vom 8.–18. V. 1432 in Eger hielten sich Prokop der Kahle und der Baron Wilhelm Kostka von Postupice an der Spitze einer von den vier Parteiungen – Taboriten, Waisen/Orebiten, Prager und Adel – gebildeten Delegation vom 4. I.–14. IV. 1433 in Basel auf, wobei „Kompaktaten“ ausgearbeitet wurden, die auf einem für Juni einberufenen Landtag beraten werden sollten. Über Annahme oder Ablehnung der Baseler Vorschläge, die in ihrer Formulierung einen Erfolg der Hussiten, ihrem Wesen nach aber einen Sieg der kirchlichen Anschauungen darstellten, weil jeder der vier Prager Artikel einen Nachsatz erhalten hatte, der seine Aussage inhaltlich aushöhlte, brachen die innerhussitischen Differenzen offen aus, wobei sich die Taboriten als erste abspalteten und gegen den jetzt vereinten Widerstand der anderen Gruppierungen das katholische Pilsen nicht mehr erobern konnten. Gegen diese „radikalen“ Elemente schlossen sich als erste der katholische und der utraquistische Adel zu einem Herrenbund zusammen, den Mähren, die Prager Altstadt, Kuttenberg, Pilsen, Melnik und andere Städte verstärkten, während sich die Prager Neustadt, die Orebiten (Waisen) und die Taboriten unversöhnlich zeigten. Am 30. V. 1434 standen sich beide Lager bei Lipany in Nordostböhmen gegenüber, wobei neben Prokop dem Kahlen auch die meisten Führer der Taboriten zu Tode kamen und die Gemäßigten einen vollen Sieg davontrugen.

Damit war auch der Weg zur Wiedereinsetzung Sigmunds freigeworden, der am 31. V. 1433 in Rom die Kaiserkrone erlangt hatte. Bei den sich anschließenden Verhandlungen mit böhmischen Abgesandten ging es neben der Anerkennung und Aufrechterhaltung der Kelchfreiheit vor allem um die Person des neuen Erzbischofs, denn der zum Utraquismus übergetretene Konrad von Vechta war bereits 1431 verstorben. Der mit Zustimmung Sigmunds von einem Landtag am 21.X.1435 gewählte Johann Rokycana (ca. 1390–1471) fand aber nicht die Bestätigung der Kurie, die das Erzbistum bis ins 16. Jahrhundert (1561) nur von Administratoren verwalten ließ. Die hussitische Kirche wurde dagegen seit 1421 von *directores cleri* geleitet, während für die Kelchner ein erst 1478 eingesetztes Konsistorium aus Prager Universitätsmagistern die Verantwortung trug. Obgleich somit die Kirchenspaltung verfestigt wurde, konnte wenigstens über die Annahme der durch die Baseler Kompaktaten weitgehend entschärften Prager Artikel am 29.II.1436 Einvernehmen erzielt werden, wodurch die Abendmahlsfeier in beiderlei Gestalt geduldet und die vollzogene Enteignung des Kirchenguts sanktioniert wurde. Nachdem Sigmund am 5.VII.1436 in Iglau die Kompaktaten beschworen hatte, stand seiner Rückkehr nach Prag nichts mehr im Wege. Seine Bemühungen, seine Regierung auf eine feste Basis zu stellen und sich mit den Städten gegen den übermächtig gewordenen Herrenstand zu verbinden, zeigten nur geringe Erfolge. Als er am 9.XII.1437 auf der Reise nach Ungarn in Znaim starb, zeichneten sich bereits neue Unruhen und Widerstände ab.

Folgen der Hussitenzeit

Laurencius von Březová (Vavřinec z Březové), der um 1422 mit dem Schreiben einer Chronik der Hussitenzeit begann, leitete diese mit der Klage ein: „Wenn ich das gegenwärtige mannigfaltige Unglück und Verderben des einst so glücklichen und berühmten Königreichs Böhmen betrachte, das allmählich heraufzog, das Land weit und breit verzehrte und durch die Zwietracht inneren Kampfes vernichtete – dann schwinden mir, erschöpft von Schmerz, die Sinne und der Verstand“.[72] Schon den damaligen Zeitgenossen waren die langfristigen Folgen der Kämpfe offenkundig: Das Königtum hatte seine unangefochtene Vorrangstellung im Deutschen Reich eingebüßt; der böhmische Herrenstand, der sich an dem Kirchen- und Klostergut ungeheuer bereichert hatte, war der eigentliche Sieger, auch wenn die Angehörigen der böhmischen und teilweise der mährischen Gentry, die sich in den hussitischen Armeen bewährt und in den Landtagsdirektorien wichtige Stellungen eingenommen hatten, den ihnen zugewachsenen Einfluß zu behaupten verstanden – der Adel, Barone wie Ritter, kontrollierten jedenfalls alle politische Macht. Obgleich die Unterschichten und die Bauern die Hauptlast des Krieges getragen hatten, fanden sie sich bald in noch drückenderer Hörigkeit und Abhängigkeit als zuvor. Die hauptsächlichen Verlierer aber waren die Städte, deren Wirtschaftskraft durch den Niedergang von Handel und Handwerk sowie durch die Vertreibung oder Flucht eines Teils des deutschen Stadtbürgertums gebrochen worden war. Mit Ausnahme der Randgebiete und der mährischen Städte hatte das Deutschtum schwerste Substanzverluste hinnehmen müssen, ohne daß es den Hussiten jedoch gelungen wäre, einen böhmisch-tschechischen „Nationalstaat“ zu errichten. Die materiellen Schäden im Land waren unermeßlich, die Verluste an Kulturgütern unersetzlich, die durch den hussitischen Puritanismus erfolgte Abkoppelung der böhmischen Länder von der durch Humanismus und Frührenaissance geprägten gesamteuropäischen Geistesentwicklung verhängnisvoll.

Sowohl in der tschechischen bürgerlichen als auch in der marxistischen Historiographie gelten diese Negativa nicht viel, weil in ihrer Interpretation vor allem die „Gewinne“ auf dem nationalen Sektor und die Bedeutung des Hussitismus für die Entwicklung des tschechischen Volkes und seiner Staatsidee Beachtung finden. In einer verklärenden Vision ohne Bezug zur jeweiligen politischen Realität wurde im Hussitismus das Grundprinzip der tschechischen Demokratie (Palacký) entdeckt und trotz religiöser Indifferenz zur „Maxime der tschechischen Religion“ (Masaryk) erhoben. Das kommunistische Prager Regime wurde nicht müde, die „klassenkämpferische Problematik“ und die kommunistisch-nationale Tradition mit der politischen Gegenwart zu verknüpfen und sich selbst zum Vollender der chiliastischen Bestrebungen der Taboriten zu proklamieren. Aber die aus Anlaß der nationalen Gedenktage übliche Beschwörung der hussitischen Traditionen als das fortlebende Erbe der „größten geschichtlichen Epoche“ des Tschechentums verkam zur leeren Geste, hinter der die originären Ideale wie die Auflehnung gegen Tyrannei, der Kampf für menschliche Freiheit und die Solidarität der gesamten Gesellschaft zurückzutreten hatten.

Unbeschadet des Verlustes ihrer materiellen Basis konnte die katholische Kirche in relativ kurzer Zeit verlorenen Boden gutmachen. Vor allem der vom Konzil von Basel beauftragte Administrator Philibert de Coutance (1435–1439) verstand es, Kirchen und Klöster für den alten Glauben zurückzugewinnen, für die Einhaltung der kirchlichen Feiertage zu sorgen und das geflüchtete Domkapitel nach Prag zurückzurufen. Die gemäßigten Utraquisten näherten sich zudem stark dem Katholizismus an, da mit Ausnahme der Kommunion *sub utraque specie,* die auch an Kinder ausgeteilt wurde, und der Verehrung Hussens praktisch keine Abweichungen vom hergebrachten Ritus vorkamen. Unter ihrem Bischof Nikolaus von Pilgram hatten sich die Taboriten dagegen ein Glaubensbekenntnis gegeben, in dem die römische Liturgie und die Purgatoriumslehre abgelehnt, die spirituelle Gegenwart Christi in der Eucharistie verkündet und die Verbindlichkeit der Schrift in allen Fragen festgelegt worden war. In den erbitterten theologischen Auseinandersetzungen mit den Prager Utraquisten hatten die Taboriten 1444 eine Niederlage hinzunehmen; ihre Wirkungsmöglichkeiten verringerten sich weiter, als 1452 mit Tabor ihre stärkste Bastion erobert wurde, ohne daß jedoch ihre religiöse Eigenständigkeit dadurch ganz verloren gegangen wäre. Durch die Ausbildung der Brüderunität, die sich 1468 von der alten Kirche trennte, wurden dogmatische Positionen der Taboriten aufgegriffen und weiterentwickelt, so daß das geistliche Erbe der hussitischen Revolution unbeschadet aller Verfolgungen am Leben blieb.[73]

Trotz des Zutagetretens frühnationaler, sozial wie politisch genährter Spannungen darf mit einiger Sicherheit davon ausgegangen werden, daß eine gezielte Verfolgung oder Vertreibung der Deutschen ursprünglich nicht den Vorstellungen der Hussiten entsprach; das Verdrängen der deutschen Bewohner war eher auf ihr Festhalten am katholischen Glauben und auf ihre Treue zur angestammten Dynastie zurückzuführen. Die Zwangsverkäufe der Abziehenden und die Enteignung der Geflohenen führten in den von den Hussiten längerfristig kontrollierten Städten Böhmens zu einer Bevölkerungsumschichtung auf Kosten des deutschen Anteils, wobei es aber nicht zu einer völligen Tschechisierung aller Städte kam. In Mähren dagegen, zumal in den nicht verpfändeten sechs königlichen Städten, konnte das katholisch-royalistische Deutschtum seine Positionen fast uneingeschränkt behaupten.[74] Wie weit das am 20. VII. 1436 in Iglau vom Kaiser ausgestellte Privileg, das Ausländer zugunsten von „geborenen Böhmen“ von allen Ämtern ausschloß, auch wirklich angewandt wurde, ist im einzelnen nicht nachweisbar; einschneidender war da schon die am 22. VII. ergangene Zusage Sigmunds, die ein Rückkehrrecht und eine Entschädigung der geflohenen Stadtbewohner ausschloß. Immerhin dürfte das ehemalige patrizische Bürgertum meist deutscher Abstammung seinen ausschlaggebenden Einfluß auf das Stadtregiment verloren haben; die Städte selbst, in den von Prag, Tabor und Königgrätz (Oreb) angeführten Bünden organisiert, konnten sich der Aufsicht durch den königlichen Unterkämmerer weitgehend entziehen und jetzt endgültig die königlichen Stadtrichter, die bisher die Rechtspflege und das Steuerwesen im Auftrag des Monarchen überwacht hatten, den Bürgermeistern unterordnen und somit einen weiteren Ausbau der autonomen bürgerlichen Stadtverwaltung erreichen. Die finanziellen Einbußen der Städte, besonders die von Prag als dem bisherigen Wirtschaftsmittelpunkt, waren bedeutend, weil der von der Kurie und dem König verhängte Handelsboykott den einträglichen Fernhandel ebenso beeinträchtigte wie die fünfzehnjährigen Kampfhandlungen. Zwar sorgte die Beseitigung der Kriegsfolgen für einen steten Auftragseingang bei den Handwerkern, doch erst nach 1450 trat wieder ein spürbares Anwachsen des Wohlstands ein. Die erneut von deutschen Fachkräften in Gang gebrachte Silberförderung in Kuttenberg konnte nicht verhindern, daß der Wert des Prager Groschens ständig fiel und König Georg daher 1469 eine drastische Wertberichtigung vornehmen mußte.[75]

Auf den Adel als den alleinigen Nutznießer der hussitischen Revolution haben bereits zeitgenössische Beobachter wie Andreas von Brod, Eberhard Windecke und Johann von Přibram hingewiesen, die allesamt die Auffassung vertraten, die Herren hätten sich der Bewegung nur halbherzig und mit dem Ziel angeschlossen, sich am Kirchengut zu bereichern und ihre Rechte zu erweitern. Auch Jan Želivský hat die Glaubwürdigkeit ihrer Motive angezweifelt und gemeint, sie seien „Verräter und Ungläubige, die der Wahrheit nicht aufrichtig anhingen“.[76] Immerhin hatten es die Barone und der zu gewachsenem politischen Einfluß gelangte Landadel verstanden, mit allen Parteien einigermaßen gut Freund zu bleiben, so daß sich die hussitische Revolution selbst in ihrer radikalen Anfangsphase nicht gegen sie kehrte. Ob nun im katholischen, utraquistischen oder taboritischen Lager stehend, hat sich der Adel auf den rd. 20 Landtagen der königslosen Zeit und bei der dort getroffenen Auswahl des Direktorenkollegiums stets die Mehrheit zu sichern gewußt und durch die rechtzeitige Teilnahme an den Ausgleichsverhandlungen die usurpierten Vorrechte, die 1436 schließlich auch Kaiser Sigmund in Iglau sanktionierte, behaupten können. Zwar sorgte Georg von Podiebrad bereits in den 1450er Jahren für eine gewisse Stärkung der Zentralgewalt und leitete eine Überprüfung des in der Hussitenzeit erworbenen Besitzes ein, aber es gelang ihm nicht, die Vormachtstellung des Adels wirkungsvoll einzudämmen. Das Erlöschen der Dynastie der Luxemburger im Mannesstamm, die Wiederaufnahme des Wahlprinzips und die damit verbundene Abhängigkeit des vom Adel gekürten Monarchen sicherten den Baronen als ständischem Kollektiv und gestützt auf ihre verbesserte Besitzbasis den ausschlaggebenden politischen Einfluß, nur wenig eingeengt durch die Mitbestimmung der Ritter und der königlichen Städte. Der Hochadel hatte nur eine verstärkte Beteiligung des Landadels beim Landgericht hinzunehmen, konnte aber auf Kreisebene im Rahmen der Wiederbelebung des Amtes der *Popravci* bei der Landfriedenssicherung seinen Einfluß ungeschmälert behaupten. Erbteilung, Verschuldung und – infolge der Bevölkerungsverluste – Arbeitskräftemangel machten jedoch auch dem Großadel zu schaffen. Der elementare Einsatz des Landvolks für die Freiheit des Glaubens und die Unabhängigkeit wurde nicht honoriert; die hochfliegenden Ideen von Gleicheit und Brüderlichkeit, von der geplanten neuen Gesellschaftsordnung ohne Privatbesitz und ohne Standesgrenzen überlebten die furchtbare Niederlage von Lipany nicht. Die Grunduntertänigkeit wurde wiederhergestellt, im Rahmen der Rentenwirtschaft die Mobilität der bäuerlichen Arbeitskräfte unterbunden und der Versuch unternommen, die Privilegien und den Rechtsschutz der Emphyteuse in den Kolonisationsgebieten einzuschränken.[77]

Die durch die Kämpfe zerstörten Städte wurden nur langsam wieder aufgebaut; in den verwüsteten Landstrichen dauerte es viele Jahre, bis die Kriegsfolgen überwunden waren. Dagegen besaß der Hussitismus für die Weiterentwicklung des Tschechischen als Literatursprache ausschlaggebende Bedeutung. Vor allem der von Hus begonnenen Bibelübersetzung war dieser Aufschwung zu danken; aber auch die geistliche Lyrik erfuhr außerordentliche Belebung: Das Kirchenlied hat neben der Volkspredigt eine bedeutende Rolle für die religiöse Erneuerung gespielt. Eine erstaunlich große Anzahl dieser originär tschechischen Liedtexte wurde bald darauf ins Lateinische übersetzt und fand dadurch in ganz Europa Verbreitung.[78] Spottlieder in der Volkssprache sollten den religiösen und politischen Gegner treffen. Die ursprünglich auf Latein abgefaßte *Relatio* des Peter von Mladenowitz über den Tod Hussens kam in der fast gleichzeitig vorgelegten tschechischen Fassung rasch unter die Leute und trug wesentlich zum Ausbruch der Revolution nach dem Tode Wenzels IV. bei. Das um das Jahr 1400 entstandene frühneuhochdeutsche Prosawerk, das Streitgespräch „Der Ackermann und der Tod“ des Johannes von Saaz (Schüttwa) fand im *Tkadleček* (Weberlein) eine Entsprechung, die als Höhepunkt der tschechischen Prosa des mittelalterlichen Böhmen gilt.[79] Die im 14. Jahrhundert gepflegten Weihnachts- und Osterspiele, von den hussitischen Predigern strikt abgelehnt, konnten sich nur in den katholischen Gegenden behaupten und mit den weltlichen Freuden des Theaterspiels die Besinnung auf religiöse Werte lebendig halten. Da an der Wende des 14. zum 15. Jahrhundert das Lateinische selbst in den Gebildetenkreisen seine Bedeutung als ausschließliches Verständigungsmittel eingebüßt hatte, fanden die Laisierung der Theologie und die Auseinandersetzungen um die wahre Lehre durch die von Hus mitbegründete Volkspredigt in weitesten Bevölkerungskreisen Eingang und sicherten selbst den politisch-theologischen Streitschriften ein breites Publikum.[80] Die Bibelstudien wurden so ernsthaft betrieben, daß Eneas Sylvius Piccolomini, der spätere Papst Pius II., nach seinem Besuch in Tabor erstaunt vermerkte, wie groß der Bildungseifer in allen Kreisen der Bevölkerung sei und daß jede Großmutter die Bibel überzeugender auslegen könne als so mancher italienische Bischof.[81] Der Kenntnisstand und der Bekehrungseifer der die Konzilsdelegation nach Basel begleitenden Troßknechte war so ausgeprägt, daß ihnen die Aufklärungsbemühungen bei den Bauern untersagt wurden. Der Stolz auf die Volkssprache und die in allen Bereichen – selbst in Žižkas Abhandlungen über Kriegstaktik – demonstrierte Möglichkeit, sie adäquat einzusetzen, ist daher als eines der wichtigsten geistigen Vermächtnisse des Hussitentums anzusehen.

Gelitten hatte in der langen Konfliktzeit das wissenschaftliche Ansehen der Prager Universität, die bald nach dem Auszug der *natio Teutonicorum* 1409 voll in den Glaubensstreit einbezogen worden war, wobei die überwältigende Mehrheit der Magister und Studenten die neue theologische Richtung vertrat. Deshalb auch verfügte das Konstanzer Konzil 1416 ihre Auflösung; wegen des Ausbleibens der Studenten fügten sich notgedrungen die juristische, medizinische und theologische Fakultät dieser Schließungsanordnung; allein die Philosophen (Artisten) setzten den eingeschränkten Lehrbetrieb, der zwischen 1420 und 1423 ganz eingestellt werden mußte, fort, allerdings in bescheidenem Rahmen, weil viele Professoren abgewandert waren und der Verlust der Stiftungseinkünfte sowie die Vernichtung der Bibliotheken die wissenschaftliche Arbeit stark beeinträchtigten. Erst nach 1430 konnte wieder ein einigermaßen geregelter Studienablauf gewährleistet werden. Es dauerte daher lange, bis die in der Zeit der Přemysliden und der Luxemburger gewachsene autochthone Kultur Böhmens wieder Anschluß an die gesamteuropäische Entwicklung fand. Trotz dieser Schwierigkeiten hat das Gedankengut des Hussitismus auch auf die Nachbarländer übergegriffen und sowohl die religiösen als auch die ständepolitischen Strömungen beeinflußt, die schließlich in die protestantische Reformation mündeten.[82]

V. Das Zeitalter Georgs von Podiebrad und der Jagiellonen, 1437–1526

1. Aufstieg und Regierung des „Ketzerkönigs" Georg, 1437–1471

Kaiser Sigmund besaß keinen männlichen Erben. Sowohl im Reich, in Ungarn und in Böhmen hatte er daher seinen – seit 1422 mit der einzigen Tochter Elisabeth verehelichten – Schwiegersohn Herzog Albrecht V. von Österreich als Nachfolger vorgeschlagen. Während die Sukzession in Ungarn keine Schwierigkeiten aufwarf (Wahl am 18.XII. 1437, Krönung am 1.I. 1438 in Stuhlweißenburg) und sich auch im Reich die Kurfürsten am 18.III. 1438 zur einstimmigen Wahl Albrechts (als römisch-deutscher König: Albrecht II.) bereitfanden, stieß der Anspruch auf Übernahme der St. Wenzelskrone auf massiven Widerstand. Der glaubensstarke Katholik Albrecht, bereits seit 1421 auch Markgraf von Mähren, hatte nämlich die Bestrebungen seines Schwiegervaters zur Unterdrückung der hussitischen Häresie aktiv, wenn auch militärisch wenig erfolgreich, unterstützt und mitansehen müssen, wie sowohl seine habsburgischen Erblande als auch weite Teile seines mährischen Lehens von den Kampfhandlungen der Hussitenzeit schwer in Mitleidenschaft gezogen worden waren. Nachdem sich Albrecht aber ausdrücklich verpflichtet hatte, die Basler Kompaktaten aufrechtzuerhalten, und da die erreichte Konsolidierung im Innern immer noch zu wünschen übrig ließ, stimmten eine Mehrheit von gemäßigten Utraquisten und Katholiken, angeführt von Ulrich von Rosenberg und Meinhard von Hradec, sowie die Vertreter der wichtigsten Städte unter Berufung auf die luxemburgische Thronfolgeordnung und die 1364 von Karl IV. abgeschlossene Erbverbrüderung mit dem Haus Habsburg am 27.XII. 1437 in Prag für Albrecht.

Eine einflußreiche Adelsgruppe mit einigen hohen Würdenträgern aus der Zeit Sigmunds hatte den Wahlakt aber boykottiert und versucht, König Władysław III. von Polen als neuen Herrscher zu gewinnen. Dieser Kurs kam den Plänen des polnischen Kanzlers Oleśnicki entgegen, der bereits zuvor einer dynastischen Verbindung Władysławs mit einer Enkelin des verstorbenen Kaisers das Wort geredet und damit das Ziel verbunden hatte, Schlesien zurückzugewinnen, die Jagiellonenherrschaft auf Ungarn auszuweiten sowie – wenn auch erst in zweiter Linie – in den Ländern der böhmischen Krone Fuß zu fassen. Da eine polnische Adelsversammlung aber auf der Residenzpflicht des Monarchen in Krakau beharrte, wurde der erst elf Jahre alte jüngere Bruder Kazimierz (IV. Jagiellończyk) als Kandidat präsentiert und von der utraquistischen Opposition am 27.V. 1438 zum König von Böhmen gewählt. Nur von einer kleinen Streitmacht unterstützt, konnte Kazimierz nicht verhindern, daß Albrecht am 29.VI. im St. Veitsdom gekrönt wurde und sich danach anschickte, seine Gegner zu unterwerfen. Ohne vorerst das stark befestigte Tabor einnehmen zu können, gelang es Albrecht immerhin, die Polen aus Schlesien zu vertreiben und die Jagiellonen am 10.II. 1439 zur Aufgabe ihrer böhmischen Thronansprüche zu zwingen.[1] Während sich Albrecht anschließend in Ungarn um die Abwehr der Türkengefahr bemühte, versuchte der zum „Gubernator" bestellte Vetter der Königin, Graf Ulrich von Cilli, vergeblich, das von einer neuen Pestwelle mit über 50000 Opfern heimgesuchte Böhmen zu pazifizieren. Als die Nachricht eintraf, daß Albrecht am 27.X. 1439 bei Gran verstorben war, hatte der Bürgerkrieg gerade einen neuen Höhepunkt erreicht.[2] Das erstmalig ernsthafte, wenn auch nur kurzzeitig erfolgreiche Bemühen, die drei Länderkomplexe Österreich, Böhmen und Ungarn in der Hand eines Herrschers zu vereinigen, war mit dem Tod Albrechts vorerst zwar unterbunden, aber diese Konzeption einer ostmitteleuropäischen Neuordnung erfuhr knapp neunzig Jahre später in der Habsburgermonarchie ihre vier Jahrhunderte überdauernde Ausprägung.

Da Albrecht ohne männlichen Erben gestorben war bzw. seine Witwe Elisabeth erst vier Monate nach seinem Tode mit Ladislav Posthumus (Pohrobek = der Nachgeborene) einen Thronfolger gebar, wählte am 20.VI. 1440 ein Landtag in Prag einstimmig Herzog Albrecht III. von Bayern, den Schwager König Wenzels IV., zum König, nachdem vier Tage zuvor Kurfürst Friedrich I. von Brandenburg nur vier Fünftel der böhmischen Herren hinter seine Kandidatur hatte bringen können. Im Reich hatte inzwischen Herzog Friedrich von Österreich als König Friedrich III. (1440–1493) die Nachfolge angetreten. Da sich Albrecht aber nicht zur Annahme der St. Wenzelskrone entschließen konnte, und andere Kandidaten das Erbrecht Ladislavs nicht beeinträchtigen wollten, trat eine dreizehnjährige Thronvakanz ein. Während die Nebenländer Mähren, Schlesien und die Lausitzen Ladislav vorbehaltlos huldigten und er nach dem Tod seines polnischen Rivalen Władysław III. bei Varna ab 1444 auch in Ungarn, vertreten durch den Reichsverweser János Hunyadi, Anerkennung fand, konnten die beiden innerböhmischen Mächtegruppierungen kein Einvernehmen über die Person eines neuen Monarchen erzielen, zumal Ulrich von Rosenberg, Anführer der Katholiken und gemäßigten Utraquisten, die Entscheidung zu verzögern verstand. Die ehemaligen Gegner König Albrechts dagegen, deren Sprecher Hynek von Pirkstein (H. Ptáček z Pirkštejna) war, hatten sich im März 1440 zu einem Landfriedensbund zusammengeschlossen, der vor allem die aus Ostböhmen stammenden Herren, Ritter, rittermäßigen Diener und Edelleute umfaßte; diese Gruppierung zeigte sich einer Wahl Ladislavs und der Einsetzung einer Regentschaft während seiner Minderjährigkeit nicht abgeneigt. Den Vertretern des Hochadels mußte auf jeden Fall ein dynastisches Interim willkommen sein, konnten sie doch hoffen, nach der Lösung vom Erbprinzip und der Rückkehr zur Königswahl ihre ständischen Mitbestimmungsrechte erweitern und vielleicht sogar das seit langem angestrebte Endziel, eine reichsfürstliche Stellung, erreichen zu können. Bevor ein Einvernehmen über das weitere Prozedere herbeigeführt werden konnte, starb aber der einflußreiche Hynek von Pirkstein.

Georg von Podiebrad als Landesverweser

Als Führer der strengen Utraquisten folgte ihm der 1420 geborene Georg von Kunstadt auf Podiebrad (Jiří z Poděbrad) nach, der trotz seiner Jugend bereits seit 1437 mehrfach Aufsehen erregt hatte, als Hauptmann des Bunzlauer Kreises dem ostböhmischen Landfriedensbund beigetreten und 1440 an den Verhandlungen mit Albrecht III. von Bayern beteiligt gewesen war. Durch seine Ehe mit Johanna von Rožmitál stand er mit dem katholischen Haus Rosenberg in verwandtschaftlichen Beziehungen. Er verfolgte vorrangig die Absicht, die Wahl eines neuen Königs mit der Anerkennung des bereits 1436 bestimmten Erzbischofs Jan Rokycana und der Bestätigung der Kompaktaten durch die Kurie zu verbinden. Ein auf seine Initiative hin einberufener, von beiden Parteiungen besuchter Landtag am 25.XI. 1444 in Böhmisch-Brod (Český Brod) führte aber ebensowenig ein Einvernehmen herbei, wie die im Februar 1445 in Prag fortgesetzten Beratungen. Danach operierten beide Gruppierungen getrennt, nur darum bemüht, eine Veränderung des Status quo zugunsten des Gegners zu verhindern. Da sich König Friedrich III. weigerte, bei den anwachsenden innerböhmischen Rivalitäten sein Mündel Ladislav den böhmischen Herren zu überstellen, tauchten erneut Pläne auf, eine Neuwahl vorzunehmen und wenigstens die Friedenssicherung einem Gubernator, einem Landesverweser, zu übertragen. Als aber 1448 eine mit großen Erwartungen empfangene päpstliche Delegation unter Führung des Legaten Juan Carvajal selbst die Anerkennung des Erzbischofs Rokycana und des Laienkelchs verweigerte und absoluten Gehorsam dem Papst gegenüber verlangte, kam es – zumal in Prag – erneut zu einem die Utraquisten begünstigenden Stimmungsumschwung. Georg wußte diese gärende Unzufriedenheit in der Nacht zum 3.IX. zu einem Handstreich gegen die Hauptstadt, deren Bürger ihm die Tore öffneten, und gegen die königliche Burg auf dem Hradschin zu nutzen. Der Oberstburggraf Meinhard von Hradec geriet in Gefangenschaft; das Domkapitel sowie viele katholische – meist deutsche – Bürger und Universitätsangehörige verließen erneut die Stadt. Die Gefolgsleute Georgs übernahmen die wichtigsten Landesämter.[3]

Die katholischen Herren zeigten wenig Neigung, diese Machteinbuße kampflos hinzunehmen. Doch eine am 4.VI. 1450 beim westböhmischen Rokitzan (Rokycany) erlittene Niederlage veranlaßte auch sie, an dem vom 25.XI. 1450 bis Januar 1451 in Prag tagenden Landtag teilzunehmen, der den Beschluß faßte, König Friedrich III. um die Entsendung von Ladislav Posthumus zu ersuchen, „damit wir nicht länger ohne König und ohne Herrn bleiben“. Zu den im Juli 1451 in Beneschau (Benešov) geführten Verhandlungen wurde auch der päpstliche Legat Eneas Sylvius Piccolomini (Verfasser einer *Historia Bohemiae* und als Pius II. von 1458–1464 Papst) hinzugezogen; sie erbrachten immerhin eine gewisse Annäherung der Positionen, so daß sich Friedrich III. zur Anerkennung Georgs als „Gubernator Böhmens" bis zur Regierungsfähigkeit Ladislavs bereiterklärte. Ein hauptsächlich von seinen Anhängern beschickter Landtag proklamierte Georg am 27. IV. 1452 für zwei Jahre zum „bevollmächtigten und rechtmäßigen Verweser des Königreichs Böhmen" und verschaffte ihm auch die Rechtsgrundlage, um sowohl gegen die opponierende Rosenberger Parteiung als auch gegen die extremen Taboriten vorgehen zu können. Ein Heer von 17000 Mann brachte am 1. IX die Stadt Tabor und ihre Verbündeten, am 7. IX. auch Ulrich von Rosenberg dazu, den Landtagsbeschluß vom 27. IV. 1452 zu akzeptieren.

Während Georg somit seine Position im böhmischen Kernland weiter festigen konnte, bemächtigten sich die österreichischen Stände des 12 Jahre alten Ladislav, um ihn als erbberechtigten Herrscher von Ober- und Niederösterreich einzusetzen. Da auch der ungarische Reichsverweser Hunyadi Anstalten traf, die Thronfolge durch die Krönung Ladislavs mit der St. Stephanskrone endgültig zu regeln, durften die Böhmen, in deren Nebenländern Ladislav ja unangefochten respektiert wurde, nicht länger zögern, die Thronvakanz zu beenden. Eine imposante böhmische Gesandtschaft überbrachte Ladislav in Wien die am 16. X. 1452 auf einem Landtag verabschiedete Wahlkapitulation, die aber wegen der darin enthaltenen Forderung nach Bestätigung der Kompaktaten zurückgewiesen wurde. Doch in den zwischen Georg und dem Onkel Ladislavs, Ulrich von Cilli, im April 1453 in Znaim geführten Beratungen konnten die strittigen Punkte mit Ausnahme der Frage, ob die St. Wenzelskrone künftig im Erbgang oder durch Wahl vergeben werden solle, einer einvernehmlichen Regelung zugeführt werden, wobei sich Georg einen Verbleib im Gubernatorenamt um weitere sechs Jahre zu sichern wußte.[4] Nachdem er im Juli in Brünn die Huldigung der mährischen Stände entgegengenommen hatte, zog Ladislav im Oktober nach Böhmen, leistete am 19. an der Landesgrenze bei Iglau den vereinbarten Eid und wurde am 28. X. 1453 durch Bischof Johann XIII. von Olmütz im Prager St. Veitsdom gekrönt.

Georg von Podiebrad, Hauptberater und väterlicher Freund des unerfahrenen Königs, zeigte sich danach bemüht, die Konsolidierung im Innern voranzutreiben, den Religionsfrieden aufrechtzuerhalten und die während des langen Interregnums gelockerten Bindungen der Nebenländer an die Krone Böhmens zu festigen. Die erst 1373 erworbene Mark Brandenburg war von König Sigmund bereits 1415/17 an den Nürnberger Burggrafen Friedrich von Hohenzollern verliehen worden, der dafür das Reichsaufgebot gegen die hussitischen Böhmen geführt hatte. Schlesien aber, der katholischen Kirche treu ergeben und erneut von Polen beansprucht, hatte sich während der Hussitenzeit weitgehend der böhmischen Einflußnahme entzogen. Da der schlesische Fürstentag Ladislav Posthumus gleich nach seiner Geburt als rechtmäßigen Regenten angenommen hatte, bestand keine Neigung, den Anordnungen des Gubernators Georg Folge zu leisten. Noch bevor Ladislav Ende November 1454 nach Breslau aufbrach, um die förmliche Huldigung der schlesischen Stände entgegenzunehmen, hatte der am 19. III. für drei weitere Jahre im Gubernatorenamt bestätigte Georg veranlaßt, den neuen Chef des Hauses Rosenbeg, Heinrich, zum *capitaneus ducatus Silesiae* sowie zum Statthalter in der Oberlausitz zu ernennen. In der Niederlausitz wurde ein Mitglied des Hauses Sternberg eingesetzt, während Georg für Mitglieder seiner Familie neben der Grafschaft Glatz die Fürstentümer Münsterberg und Frankenstein reklamierte. Den Rosenbergern, aus deren Reihen der nächste Bischof von Breslau kam, gelang eine rasche Integration in ihren neuen Wirkungsbereich, und es war gerade ihnen zu danken, daß die Bindungen Schlesiens an die Krone Böhmens wieder enger wurden, obgleich sich die von dem Prediger Johann Capistrano in den unteren Bevölkerungsschichten geschürten Vorbehalte gegen die „hussitischen Häretiker" und der wachsende Widerstand des Breslauer Rats gegen den Gubernator Georg anfangs noch als Hemmschuh erwiesen.[5]

Nachdem Georg König Ladislav im Mai 1455 nach Wien gebracht hatte und allein nach Böhmen zurückgekehrt war, setzte eine stete Entfremdung zwischen den beiden ein. Ladislav, wieder stärker unter dem Einfluß seines Onkels Ulrich von Cilli stehend, wollte in seinen Erbländern selbständiger regieren und die böhmischen Hilfsquellen stärker in den Abwehrkampf gegen die Osmanen einbringen, die 1453 Konstantinopel erobert hatten und das weiterhin von János Hunyadi für Ladislav verwaltete Ungarn schwer bedrohten. Trotz des Sieges über die Türken bei Belgrad wurde die Lage durch die nach dem Tode Hunyadis († 11. VIII. 1456) ausbrechenden innerungarischen Faktionskämpfe und die Ermordung Ulrichs von Cilli († 9. XI. 1456) durch Hunyadis Söhne Lászlo und Matthias (Mâtyás) weiter kompliziert, zumal auch eine Verwicklung Georgs von Podiebrad in das Komplott vermutet wurde. Die geplante Eheschließung Ladislavs mit Magdalena, einer Tochter Karls VII. von Frankreich, beschwor neue Probleme herauf, weil Georg die Hochzeitsfeierlichkeiten in der böhmischen Hauptstadt ausgerichtet sehen wollte. Der junge König gab nach und trieb die Festvorbereitungen ab September 1457 in Prag voran, erlag dort aber, noch nicht 18 Jahre alt und ohne sichtbare Krankheitssymptome, am 23. IX. wahrscheinlich der Beulenpest. Mit ihm starb die albertinische Linie der Habsburger aus; der zweite Anlauf, Österreich, Böhmen und Ungarn unter einem Herrscher zu vereinen, kam damit ebenfalls zu einem unrühmlichen Ende, denn Georg wurde sofort verdächtigt, durch einen Giftmord die Voraussetzungen für den weiteren eigenen Aufstieg verbessert zu haben.[6]

Das „nationale Königtum" Georgs

An Bewerbern für die St. Wenzelskrone fehlte es diesmal nicht, wobei nach dem 1348 von Karl erlassenen Erbgesetz die beiden Schwestern Ladislavs die berechtigtesten Ansprüche geltend machen konnten. Die ältere Anna war seit 1446 mit Wilhelm von Sachsen, die jüngere Elisabeth seit 1454 mit König Kazimierz IV.

Jagiellończyk verheiratet. Aber auch die Habsburger und das französische Königshaus meldeten Kandidaturen an. Auf dem für den 27.II. 1458 nach Prag einberufenen Landtag versuchten die katholischen Herren eine Wahl hinauszuzögern, auf die auch sie als Voraussetzung für die Vergabe der St. Wenzelskrone bestanden, konnten aber am 2.III. die per Akklamation erfolgte Thronerhebung Georgs nicht verhindern.[7] Gegen den Einspruch der mehrheitlich von Deutschen bewohnten Städte erfolgte im April seine Wahl zum Markgrafen von Mähren – der Widerstand von Znaim, Brünn, Olmütz und zuletzt Iglau wurde von Georg danach rasch gebrochen. Die beiden Lausitzen und Schlesien verweigerten anfangs ebenfalls die Respektierung des Wahlergebnisses, wobei vor allem die Stadt Breslau in unnachgiebiger Gegnerschaft verharrte.[8] Da einer Krönung Georgs durch den von der Kurie nicht bestätigten Prager Erzbischof Jan Rokycana die Rechtskraft abgesprochen wurde, der Olmützer Bischofsstuhl leerstand und Jost von Rosenberg, Bischof von Breslau, jede Mitwirkung verweigerte, mußte durch Vermittlung des mit Georgs Tochter verlobten Matthias Hunyadi (Corvinus), der am 24.I. 1458 in Ungarn zum König proklamiert worden war, ein Kompromiß mit der Kurie gesucht werden, um dem neuen König von Böhmen die kirchliche Anerkennung zu sichern. Georg hatte am Vorabend der Krönung Papst Calixt III. in einem vorerst geheimgehaltenen Eid Treue und Gehorsam zu geloben und sich zu verpflichten, sein Volk „von den Irrtümern, Sekten und Häresien abzubringen“ und es zu „Ritus und Kult der Hlg. Römischen Kirche zu führen und diese wiederherzustellen“. Obgleich im hussitischen Geist erzogen und besonders von den Utraquisten unterstützt, mußte Georg zudem eine Abschwörung der Irrlehre *(abiuratio erroris)* vornehmen und somit auch die Kompaktaten preisgeben, um die Voraussetzung für die am 7.V. 1458 von zwei ungarischen Bischöfen vorgenommene Krönung zu schaffen. Georg lud sich mit diesem einem Übertritt zum Katholizismus gleichkommenden Schritt eine gefährliche politische Bürde auf, die seine Regierung schwer beeinträchtigen sollte.[9] Während in Mähren die Katholiken eine bedeutende Mehrheit stellten und sich hussitisches Gedankengut in Schlesien und in den Lausitzen nicht hatte halten können, waren im böhmischen Kernland die Anhänger des alten Glaubens von den vorherrschenden Utraquisten bei weitem in die Minderzahl gedrängt worden. Bei den beiden insgesamt etwa gleichstarken Glaubensrichtungen in den böhmischen Kronländern mußte jede Bevorzugung oder Unterdrückung einer Konfession bedrohliche Konsequenzen auslösen.

Immerhin konnte Georg nach diesem Einlenken die allgemeine Achtung seines Königtums sicherstellen und bis Oktober 1458 durch Vermittlung Kaiser Friedrichs III. auch den Rivalen Albrecht VI. von Österreich zu einem Einlenken bewegen. Auf einem vom Markgrafen Albrecht Achilles von Ansbach-Bayreuth zustandegebrachten Fürstentag zu Eger wurden am 25.IV. 1459 zudem die Gegensätze zwischen Böhmen und Sachsen beigelegt, die Lehens- und Pfandschaftsverhältnisse im beiderseitigen Grenzbereich bereinigt und die Einigung durch ein doppeltes Ehegelöbnis bestätigt.[10] Für Georgs Versprechen, Truppen für einen geplanten Ungarn-Feldzug bereitzustellen, sah sich Kaiser Friedrich III. am 31. VII. in Brünn gehalten, ihn auch förmlich mit den böhmischen Kronländern zu belehnen. Da die Untätigkeit des Kaisers auf wachsende Kritik stieß, tauchte damals der Plan auf, den des Deutschen kaum mächtigen Georg zum römisch-deutschen König zu erheben; diese Überlegungen wurden von den Wittelsbachern ebenso unterstützt wie auch von dem neuen Papst Pius II., Eneas Sylvius Piccolomini, der mit den mitteleuropäischen Verhältnissen bestens vertraut und mit Podiebrad persönlich bekannt war. Nach der Anerkennung als erstem weltlichen Kurfürst hätte die Übertragung der Reichskrone Georgs Prestige auch im eigenen Land wesentlich gesteigert und ihm erlaubt, über jeden konfessionellen Zweifel erhaben, im Sinne seines Krönungseids eine religiöse Pazifizierung Böhmens herbeizuführen. Dank der Vermittlung des Papstes, der Georg gerne stärker in den Kampf gegen die immer bedrohlicher vorrückenden Türken eingebunden hätte, lenkten sogar die Breslauer etwas ein, ohne aber die Rechtmäßigkeit von Georgs Wahl und Königtum ausdrücklich zu bestätigen.[11] Bei den politischen Konstellationen im Reich und der wegen der zögerlichen Erfüllung des Krönungsversprechens wachsenden Unzufriedenheit der Kurie erwies sich das deutsche Königsprojekt für Podiebrad jedoch bald als undurchführbar.

Georg mußte nämlich im Sommer 1460 einsehen, daß er ohne ausdrückliche Zustimmung des Papstes, der ihn bislang als „frommen Fürsten, Verehrer des Glaubens und der Religion" tituliert hatte, seine ehrgeizigen Pläne nicht realisieren konnte. Daher ließ er Anfang 1461 eine Denkschrift an die Kurie ausarbeiten, in der er seine Bereitschaft zur absoluten Obedienz und die aktive Förderung aller päpstlichen Vorhaben für den Fall seiner Rangerhöhung in Aussicht stellte. Obschon er noch im September 1460 eine einschränkende Interpretation seines Krönungseides abgegeben und um Verständnis gebeten hatte, „bei der heiligen Wiedereinführung des Glaubens nicht mit Waffen, sondern mehr mit Rat und Klugheit" vorgehen zu wollen, ließ er erste Maßnahmen gegen die gerade erst entstandenen Gemeinden der Brüderunität und andere Sekten ergreifen sowie Verhandlungen mit adligen Nutznießern über die Rückgabe des in den Hussitenkämpfen privatisierten Kirchenbesitzes aufnehmen. Als er auch noch Bischof Jost von Rosenberg im St. Veitsdom gegen den Kelch predigen ließ, löste der König ein so starkes Aufbegehren der Utraquisten aus, daß er sich am 15. V. 1461 vor dem Landtag feierlich zur Er- und Einhaltung der Kompaktaten verpflichten mußte. Damit war, obgleich sich Georg diese Konsequenz nicht eingestehen wollte, sein Vorhaben, römischer König zu werden, endgültig gescheitert. Während er noch Vorbereitungen für eine große diplomatische Gegenaktion, die Friedenssicherung für Europa durch einen Fürstenbund, treffen ließ, lehnte Pius II. am 31. III. 1462 nicht nur die seit 25 Jahren geforderte Bestätigung der Kompaktaten ab, sondern erklärte den 1433 auf dem Konzil von Basel gefundenen Kompromiß sogar als rechtsungültig. Die böhmische katholische Partei zeigte im August 1462 auf einem Hoftag keine Bereitschaft, dem König bei der Bewältigung des sich jetzt zuspitzenden Konflikts zu helfen; Georg ließ daraufhin den päpstlichen Legaten Fantin verhaften und enthob seinen Kanzler Rabstein (Jan z Rabštejna), der die böhmische Delegation an die Kurie geführt hatte, des Amtes.

Um nach diesem Bruch mit dem Papsttum neue Bundesgenossen zu gewinnen, unterstützte Georg Kaiser Friedrich bei dessen Streitigkeiten mit seinem Bruder, Herzog Albrecht VI., und rettete ihn vor einer Rebellion der Wiener; bereits im Mai 1462 hatte er mit Kazimierz IV. von Polen in Glogau einen Freundschaftsvertrag abgeschlossen, der ihm den Rücken freihalten sollte.[12] Georg ließ inzwischen durch seinen Diplomaten Antonio Marini an den europäischen Höfen den wahrscheinlich von dem wittelsbachischen Beamten Dr. Martin Mair konzipierten Plan für eine europäische Friedenseinigung vorlegen, der unter Vernachlässigung des Kaisers und mit deutlicher Spitze gegen das Papsttum den Königen von Frankreich und Böhmen im Rahmen einer Fürstenoligarchie die Hauptverantwortung für die Aufrechterhaltung des Friedens in der christlichen Welt übertragen wollte; nicht nur die Vermeidung von bewaffneten Auseinandersetzungen und die Stärkung der antitürkischen Abwehrfront lagen Podiebrad am Herzen, sondern auch die Bewahrung des inneren Friedens und – unausgesprochen – die Erwartung, den innerböhmischen Konflikt zwischen Utraquisten und Katholiken ohne Eingriffe von außen beilegen zu können.[13] Durch diese Aktivitäten konnte Georg immerhin einen Aufschub der bereits beschlossenen päpstlichen Strafmaßnahmen erreichen und sein Prestige auf einem vom 8.–24. VIII. 1463 in Prag abgehaltenen Fürstentag zur Aussöhnung der zerstrittenen Reichsfürsten nutzen. Sein Vorstoß jedoch, im Rahmen einer Reichsreform den Kaiser zu verpflichten, regelmäßig den Rat der Kurfürsten einzuholen, fand wegen der weiterbestehenden Rivalitäten keine Zustimmung.[14]

Trotz der wachsenden Türkengefahr wollte Papst Pius II. – bestärkt durch das Drängen der Breslauer Bürgerschaft – die Abrechnung mit dem widerspenstigen „Hussitenkönig“ nicht länger aufschieben und eröffnete am 16. VI. 1464 den geistlichen Prozeß. Der Tod des Papstes († 14. VIII. 1464) bedeutete für Georg Zeitgewinn; doch nach ergebnislosen Verhandlungen lud im August 1465 auch Papst Paul II. den König nach Rom vor, was einer hochadligen Opposition unter dem Oberstburggrafen Zdeněk von Sternberg auf dem Septemberlandtag Anlaß bot, vom König unter Hinweis auf die dauernden Münzverschlechterungen, die von den Ständen nicht genehmigten Kriegszüge und die den inneren Frieden gefährdenden Aktionen der utraquistischen Geistlichkeit unter Rokycana ein weitergehendes Mitsprachrecht bei der Festlegung der königlichen Politik zu verlangen. Obgleich sich Georg kompromißbereit zeigte, schlossen sich am 28. XI. 1465 unter Führung des unversöhnlichen Sternberg und des Breslauer Bischofs Jost von Rosenberg 16 Barone in der Liga von Grünberg (Zelená Hora) zusammen. Nachdem die Kurie am 8. XII. alle Untertanen ihres Treueids entbunden hatte, setzte eine vom Herrenbund ermutigte und vom tschechisch-katholischen Pilsen geführte Abfallbewegung ein, die Georg schwer zu schaffen machte. Als weiterer Gefahrenpunkt erwies sich der Frontwechsel von Georgs ehemaligem Schwiegersohn Matthias Corvinus, König von Ungarn, der Papst Paul II. schon im Oktober 1465 seine Bereitschaft signalisiert hatte, gegen die böhmischen Ketzer militärisch vorzugehen. Obgleich Ludwig XI. von Frankreich und Kazimierz IV. von Polen ebenso wie die deutschen Fürsten kein Interesse bekundeten, sich aktiv an einem Konflikt gegen Georg zu beteiligen, bekamen die Kurie und der Herrenbund Auftrieb, weil sich Kaiser Friedrich III. mit Podiebrad überwarf. Aber auch nachdem am 23.XII. 1466 Paul II. den Kirchenbann über Georg und bald darauf über Familie und Anhänger verhängt hatte, konnten die päpstlichen Legaten den am 14.VII. 1467 in Nürnberg eröffneten Reichstag nicht zu einem Krieg gegen Böhmen bewegen.

Georg setzte einmal mehr sein beträchtliches Verhandlungsgeschick ein, doch konnte er im Februar 1467 weder den Herrenbund auf seine Seite ziehen noch die katholischen Bischöfe von seiner prinzipiellen Kirchentreue überzeugen. Da sich ein Teil des katholischen Adels aber loyal oder neutral verhielt, gelang es Georg, die katholischen Städte in Mähren seiner Kontrolle zu unterwerfen und auch die Abfallbewegung in Schlesien aufzuhalten. Im Januar 1468 marschierte ein böhmisches Kontingent in Österreich ein und lieferte dadurch Matthias Corvinus den willkomenen Anlaß, seinerseits mit einem Überfall auf Mähren am 31.III. aktiv in die Kampfhandlungen einzugreifen. Georg, vom ehemaligen Syndikus des Nürnberger Rats, Gregor Heimburg, durch eine Fülle von Manifesten propagandistisch geschickt unterstützt, konnte Matthias aber erst am 26.II. 1469 zum Waffenstillstand von Vilémov veranlassen, der den Ungarnkönig verpflichtete, einen Ausgleich mit der Kurie für die Böhmen suchen zu helfen, während sich Podiebrad im Reich für ein deutsches Königtum des ehrgeizigen Matthias einzusetzen versprach. Auf der am 7.IV. nach Olmütz einberufenen Friedenskonferenz wurde Georg aber von Matthias ausmanövriert, der sich vom katholischen Herrenbund, einigen Rittern und Vertretern der Städte Pilsen und Budweis am 3.V. 1469 zum König von Böhmen wählen ließ. Obwohl er neben Mähren auch Schlesien für sich gewann, konnte Matthias eine förmliche Krönung jedoch nicht erreichen.[15]

Georg gab sich aber nicht geschlagen. In einem geschickten Schachzug ließ er unter Ausschluß seiner eigenen drei Söhne am 5.VI. 1469 den Jagiellonen Władysław, den ältesten Sohn Kazimierz' IV. und Enkel König Albrechts II., aus dem über jeden Verdacht einer Begünstigung der Ketzerei erhabenen polnischen Königshaus von einem Landtag zu seinem Nachfolger küren. Bei den danach mit äußerster Grausamkeit geführten Vergeltungsschlägen gegen die Anhänger des jeweiligen Rivalen hatte die Bevölkerung der böhmischen Länder und der Slowakei schwerste Leiden zu erdulden, wobei es Georg immerhin gelang, die Position des Gegenkönigs in Schlesien etwas zu erschüttern und ihn auch weitgehend aus Mähren zu verdrängen. Der langsame Umschwung zugunsten Georgs veranlaßte auch Zdeněk von Sternberg, sich Podiebrad anzunähern. Noch bevor die Initiativen, Georg vom Kirchenbann zu lösen, zum Erfolg führten, starb der „Ketzerkönig" während der Vorbereitungen eines neuen Ungarnfeldzugs am 22.III. 1471 in Prag.[16]

Georg von Podiebrad hinterließ ein durch die Kampfhandlungen schlimm gezeichnetes Land, in dem sich die beiden konfessionellen Lager erneut in unversöhnlicher Gegnerschaft gegenüberstanden. Die Bindungen der Nebenländer an die böhmische Krone waren gefährlich gelockert, zumal Matthias Corvinus keinesfalls auf die aus seiner Wahl abgeleiteten Rechte und die Kontrolle über Schlesien und Mähren zu verzichten bereit war. Auch wenn das Urteil Palackýs und, in seinem Gefolge, die Ansicht von Ernest Denis, Georg nach Karl IV. als den bedeutendsten böhmischen Herrscher einzustufen, in dieser Form von der modernen Historiographie nicht aufrechterhalten wird, so gilt er doch als einer der aufgeklärtesten und dynamischsten Regenten seiner Zeit, der sich wendig und oft skrupellos ebenso der Diplomatie wie der Propaganda zur Absicherung seiner mehrfach erschütterten Position zu bedienen wußte und seine größten Erfolge durch Verhandlungsgeschick und taktische Kompromißbereitschaft errang. Das Ziel seiner Politik, Böhmen die nach den Erschütterungen des Hussitenkrieges und der Thronwirren notwendige Erholungspause zur Wiederherstellung seiner Wirtschaftskraft und der inneren Geschlossenheit der in getrennten religiösen und nationalen Lagern stehenden Bevölkerung zu verschaffen, hat er nicht realisieren können. Gerade der schwelende Konflikt zwischen tschechischen Utraquisten und deutschen Katholiken hatte nicht viel von seiner Brisanz verloren und war, besonders in Mähren und Schlesien, in den religiösen Auseinandersetzungen weiter angewachsen. Und vor allem hatte es Georg, selbst ein Nutznießer der Ständeherrschaft, nicht verstanden, die Umwandlung Böhmens in einen Ständestaat aufzuhalten und dem Königtum seine frühere Machtstellung zurückzugewinnen. Sein aufrichtiges Bemühen, das durch den Sieg der hussitischen Idee weitgehend isolierte Böhmen wieder fester mit dem Reich und sogar mit dem Papsttum zu verbinden, zur Aussöhnung zwischen Kaiser und Kurfürsten sowie zwischen dem Papst und der religiös-kirchlichen Sonderentwicklung in den böhmischen Ländern aktiv beizutragen, ist ebenso ohne Erfolg geblieben wie sein zeitweiliges Bestreben, eine König Přemysl Otakar II. oder gar Kaiser Karl IV. vergleichbare Stellung im europäischen Mächtekonzert zu erlangen. Bei der wirtschaftlich, kulturell und politisch so desolaten Lage Böhmens mußte es jedem Nachfolger schwerfallen, dem Niedergang des einst so mächtigen Königreichs entgegenzuwirken.

2. Die Länder der böhmischen Krone unter den Jagiellonen, 1471–1526

Vladislav II.

Der Tod König Georgs löste zum fünften Mal innerhalb eines halben Jahrhunderts einen mit Waffen ausgetragenen Konflikt um die St. Wenzelskrone aus, der dem schwergeprüften Land weitere Opfer abverlangte und zur Fortsetzung des Verfalls beitrug.[17] Der Wettiner Albrecht von Sachsen meldete als Schwiegersohn Georgs als erster seine Ansprüche an und konnte am 24. IV. 1471 Prag besetzen. König Matthias Corvinus von Ungarn, der seit Mai 1469 auch den Titel eines Königs von Böhmen führte und weite Teile Schlesiens und Mährens kontrollierte, beanspruchte, getragen von der offenen Unterstützung einiger katholischer Barone und Städte (Pilsen, Budweis), die Herrschaft für sich und ließ sich am 28. V. in Iglau von einem päpstlichen Legaten in Anwesenheit höchster geistlicher und weltlicher Würdenträger krönen. Tags zuvor hatte aber der nach Kuttenberg einberufene Landtag die bereits am 5. VI. 1469 vollzogene Wahl des Jagiellonen Władysław (als König von Böhmen Vladislav II., 1471–1516) zum Nachfolger Podiebrads bestätigt, der Herzog Albrecht zum Verzicht bewegen und sich anschließend am 22. VIII. 1471 in Prag auch mit der St. Wenzelskrone krönen lassen konnte. Nicht zuletzt seine Abstammung aus dem Geschlecht der Luxemburger – er war über seine Mutter Elisabeth ein Urenkel Karls IV. und der Enkel Kaiser Sigmunds –, aber auch die Erwartung, mit polnischer Militärhilfe Matthias Corvinus des Landes verweisen und ein Einvernehmen mit der Kurie herbeiführen zu können, dürften den Erfolg seiner Kandidatur sichergestellt haben.

Die Auseinandersetzung mit Matthias, die sich anfangs auf böhmischem und mährischem Gebiet abspielte, bald aber auch Schlesien, Ungarn, Österreich und Polen einbezog, ließ nicht lange auf sich warten und weitete sich rasch aus, weil Vladislavs jüngerer Bruder Kazimierz die ungarische Krone für sich reklamierte und sich darüber hinaus Kaiser Friedrich III. zeitweilig dem böhmisch-polnischen Bündnis anschloß. Längerfristige Waffenstillstandsvereinbarungen lösten die heftigen Kämpfe ab, die bald zeigten, daß Matthias nicht aus Schlesien und den beiden Lausitzen zu vertreiben war und sich auch in Mähren zu behaupten verstand. Der Kaiser wurde zudem von Matthias im Frieden von Gmunden am 1. XII. 1477 gezwungen, das Bündnis mit den Jagiellonen aufzukündigen, Vladislav II. die Anerkennung als König von Böhmen zu entziehen, ihn selbst mit diesem Königreich zu belehnen und ihn auch als Kurfürsten und Erzmundschenken zu respektieren. Da sich für beide Seiten kein eindeutiger militärischer Erfolg abzeichnete, fand man nach langwierigen Verhandlungen in Brünn im Februar/März und in Ofen (Buda) im September/Oktober 1478 einen Kompromiß, der sowohl Vladislav als auch Matthias als Könige von Böhmen und Erbherren des gesamten Reiches benannte, aber Mähren, Schlesien, die beiden Lausitzen und das Herzogtum Schweidnitz-Jauer dem Ungarnkönig beließ, bei dessen Tod Vladislav diese Gebiete für 400 000 Dukaten auslösen konnte; beim früheren Ableben von Vladislav, dem nur das böhmische Kerngebiet verblieb, sollten die Nebenländer wieder mit der Krone Böhmens unter der Herrschaft Matthias' vereinigt werden. Auf einem glanzvollen Fürstentag in Olmütz am 21. VII. 1479 wurde diese von den beiden Königen bereits am 7. XII. 1478 unterzeichnete Vereinbarung feierlich bestätigt und damit das achtjährige Ringen um die St. Wenzelskrone beendet.[18]

Mit diesem Ausgleich, der ein deutliches Zeichen für den Machtverlust Böhmens und die Gefährdung seiner territorialen Integrität war, kam das Land aber noch nicht zur Ruhe. Während Matthias mit durchgreifenden Reformen und dem Aufbau einer zentralistischen Verwaltung in Schlesien seine Absicht kundtat, sich dauerhaft in den Nebenländern festzusetzen, brachen in Böhmen die konfessionellen Gegensätze erneut mit aller Schärfe auf. Bereits im Krieg mit Matthias von der Kurie mit dem Kirchenbann belegt, fand sich Vladislav jetzt in einen Konflikt mit den Utraquisten verwickelt. Die von Georg im Herbst 1452 mit Waffengewalt erzwungene Zerschlagung des radikalen Taboritenflügels hatte die Einheit der Hussitenbewegung nicht wiederherstellen können, von der sich die Brüderunität immer weiter entfernte – wohl nicht zuletzt deshalb, weil die utraquistische Kirche eine zunehmende Annäherung an die Kirchen-, Sakraments- und Eucharistielehre des Katholizismus vollzogen hatte und sie nur noch die Reichung des Abendmahls in beiderlei Gestalt, die Kinderkommunion und die Verehrung von Hus von der Amtskirche unterschied. Der Tod des nicht anerkannten Erzbischofs Jan Rokycana 1471 hatte die Utraquisten zudem ihres geistlichen Oberhaupts und originellsten Denkers beraubt.[19] Dagegen versuchten die Mitglieder der Brüderunität um den Eremiten Petr Chelčický (wahrscheinlich identisch mit dem Landedelmann Peter von Záhorka, ca. 1390–1460) in konsequenter Nachfolge urchristlicher Vorbilder und kompromißloser Abkehr vom Katholizismus ihre Vorstellungen von einer neuen Sozial- und Weltordnung zu realisieren.[20] Seit 1461, nach der Erneuerung des Ketzerdekrets Karls IV. durch König Georg, mehrfach Verfolgungen unterworfen, wichen sie nach Mähren aus und lösten 1468 über die Frage der apostolischen Sukzession ihrer Priester den Bruch mit den Utraquisten aus, die sich ihrerseits durch die 1462 von Papst Pius II. ausgesprochene Ungültigkeitserklärung der Kompaktaten und die vom Prager Domdechanten Hilarius von Leitmeritz in die Wege geleitete Kirchenreform[21] wachsendem Druck der Katholiken ausgesetzt fanden. Da sich das Papsttum trotz der umlaufenden Gerüchte zu Lebzeiten Georgs nicht zur Anerkennung der Kompaktaten und Lösung aus dem Kirchenbann bereitgefunden hatte, war Vladislav durch die Wahlkapitulation vor der Krönung verpflichtet worden, die Beachtung der vier Religionsartikel durch die Kurie sicherzustellen und auch die Ernennung eines neuen Erzbischofs für Prag zu erwirken.

Unter dem streng katholischen Vladislav konnten nicht nur die großen katholischen Herrengeschlechter ihren Einfluß ausbauen, sondern auch die katholische Kirche ihre Stellung konsolidieren. Die Rückkehr des Prager Domkapitels, der Zuzug vieler katholischer Bürger in die Hauptstadt sowie die Wiedererrichtung aufgegebener und die Gründung neuer Klöster machten das wachsende Ansehen und den erneuerten Einfluß des Katholizismus deutlich; weil ausreichend ausgebildeter Nachwuchs fehlte, mußten gelegentlich sogar utraquistische Pfarreien katholischen Klerikern übertragen werden. Seit 1478 hatten die von Rokycanas Nachfolger, Magister Wenzel Koranda, geführten Utraquisten mit der Reform ihrer Kirchenorganisation auch den Versuch unternommen, dem wenig entschlußkräftigen und ohne Zielstrebigkeit agierenden König ihre

Sorgen und Befürchtungen nahezubringen. Auf dem St. Wenzelslandtag am 24. IX. 1479 konnte zwar Einvernehmen über die Wiederherstellung des inneren Religionsfriedens erzielt werden, aber die mächtigen katholischen Herren, die als engste Berater des Königs in der Verwaltung und mit ihrer Mehrheit in der Landbotenstube wichtige Bastionen des politischen Lebens kontrollierten, zeigten wenig Neigung, sich dem Toleranzgebot zu unterwerfen. Die Drohung der Utraquisten, die Durchführung der Steuerbeschlüsse solange zu blockieren, bis ihren Forderungen Rechnung getragen worden war, zwang die katholische Partei 1480/81 zwar zu einem gewissen Einlenken, trug aber zu einer Verschärfung der bereits gespannten Atmosphäre bei. Als Vladislav vor der Pest nach Kuttenberg ausgewichen war, kam es am 24. IX. 1483 in Prag zu einer blutigen Erhebung gegen katholische Geistliche und Ratsherren, die sich auch gegen Deutsche und Juden richtete und von so gründlichen Plünderungen begleitet wurde, „daß kein Nagel in der Wand stecken blieb". Dieser unter dem Zeichen des Kelches von den unteren Bevölkerungsschichten ausgelöste Aufstand, der seine Vorläufer in den Revolten von 1419 und 1448 hatte, konnte vom König nicht mit Waffengewalt niedergeworfen werden, da ihm jetzt selbst die katholischen Barone die Gefolgschaft aufkündigten.

Weil aber die anderen hussitisch gesinnten Städte ruhig blieben, wurde auf dem Kuttenberger Landtag vom 13.–20. III. 1485 ein zunächst auf 31 Jahre befristeter Religionsfrieden vereinbart, der Katholiken und Utraquisten zu Toleranz und gegenseitiger Achtung der Bekenntnisfreiheit und des Besitzstandes verpflichtete; ein paritätisch zusammengesetzter Ausschuß von zwölf Mitgliedern sollte künftig die Streitfragen beilegen. Der König hatte zu versprechen, bei der Kurie mit Nachdruck die Anerkennung der Kompaktaten und die Ernennung eines Erzbischofs zu betreiben. Obgleich der Brüderunität die Möglichkeit eingeräumt wurde, die Berechtigung ihrer abweichenden Auffassungen durch entsprechende Bibelstellen zu beweisen oder das Land zu verlassen, blieben ihre Mitglieder von diesem Religionsfrieden ausgeschlossen, der im Jahr 1512 „auf ewig" verlängert wurde und zunächst einmal die religiösen Auseinandersetzungen des 15. Jahrhunderts beendete. Auch wenn die vom König nur halbherzig betriebene Bestätigung der Kompaktaten nicht zu erhalten war und das Erzbistum Prag bis 1561 ohne Oberhirten auszukommen hatte, konnte in Glaubensdingen vorerst, wenn auch nicht so sehr aus Einsicht, sondern vor allem wegen der totalen Erschöpfung aller Beteiligten, der innere Frieden weitgehend gesichert werden. Immerhin erkannte Papst Innocenz VIII. im Juni 1487 Vladislav neben Matthias Corvinus als König von Böhmen an.

Erweiterung der adligen Mitspracherechte

Vladislavs zuvor nicht gerade besonders hohes Ansehen wuchs durch die Vermittlung dieses Religionsfriedens ebenso wie durch sein spürbares Bemühen, eine Befriedung Böhmens zu erreichen; seine Güte und Milde, seine Freundlichkeit und Anteilnahme fanden allgemeine Anerkennung. Dieser Meinungswandel war auch das Ergebnis der auf dem Kuttenberger Landtag 1485 erzielten Einigung zwischen den drei Ständen. Städte und Ritter hatten sich 1481 verbündet, als ihnen die hochadligen Barone die Mitwirkung am Gerichtswesen beschneiden und den Vertretern der königlichen Städte auch noch die Teilnahme an den Landtagen untersagen wollten. Dank der Vermittlungsbemühungen des Königs kam der Vergleich zustande, daß das „Landrecht", die oberste Gerichtsbehörde, von den vier höchsten Landesbeamten (dem Oberstburggrafen, Oberstlandkämmerer, Oberstlandrichter und Oberstlandschreiber), zwölf Baronen und acht Rittern gebildet und die gefaßten Beschlüsse von zwei Herren und einem Ritter redigiert und verkündet werden sollten; auf den Landtagen durften bei Fragen, die sie betrafen, die Städtevertreter die sog. „dritte Stimme" abgeben. Außerdem blieb es dem König überlassen, nach Gutdünken die Inhaber von drei weniger wichtigen Landesämtern (den Schreiber bei der Landtafel, den Landesunterkämmerer und den Münzmeister) zu bestimmen. Dieser vorerst auf drei Jahre beschränkte Kompromiß erwies sich aber nicht als dauerhaft, weil die Barone sich immer ungenierter über die städtischen Privilegien hinwegsetzten und die Städte als Antwort die Sonderrechte des Adels nicht mehr respektierten. Dieser Konflikt erhielt in den 1490er Jahren weiteren Zündstoff, als sich Vladislav nach dem Tod von Matthias Corvinus (†6.IV. 1490) stärker in Ungarn zu engagieren begann und die Verwaltung in Böhmen weitgehend den aus dem Herrenstand kommenden obersten Landesbeamten überließ. Im Bemühen, die jahrelange Abwesenheit des schwachen Herrschers, der künftig im ungarischen Pest residierte, zum weiteren Ausbau ihrer jeweiligen Rechte zu nutzen, beschworen die Streitigkeiten zwischen der von den königlichen Städten unterstützten Ritterschaft und dem Hochadel ständige Unruhen herauf, die den inneren Frieden und den sozioökonomischen Konsolidierungsprozeß erneut gefährdeten.

Die zunehmenden Übergriffe und die verbreitete Rechtsunsicherheit konnten auch auf dem Pfingstlandtag des Jahres 1497, als Vladislav II. nach siebenjährigem Aufenthalt in Ungarn wieder in Böhmen weilte, nicht abgebaut werden. Dem in diesem Punkt geschlossen auftretenden Hoch- und Niederadel hatte der König seinen Verzicht auf das Heimfallrecht der freien Güter einzuräumen und zu versprechen, die sich in deutschen Händen befindenden Lehensgüter der Krone einzuziehen und an böhmische Adlige zu vergeben. Zudem hatte er ohne Widerspruchsrecht künftig die nach Absprache beider Stände vorgeschlagenen Kandidaten für die höchsten Landesämter zu ernennen, von denen sechs aus den Reihen der Barone, drei durch die Ritterschaft besetzt werden sollten; allein das Amt des obersten Münzmeisters, das auch einem Bürgerlichen übertragen werden konnte, verblieb dem König zur freien Vergabe. In der Erwartung, durch eine Kodifikation die Rechte der Krone weiter beschneiden zu können, setzte der Adel trotz der weitverbreiteten Vorbehalte einem geschriebenen Landrecht gegenüber die Einberufung einer Kommission zur Ausarbeitung einer Landesordnung durch. Der Entwurf, der in 554 kaum geordneten Artikeln die geltenden Verordnungen zusammenfaßte und erläuterte, wurde im Herbst 1499 dem König in Preßburg vorgelegt und, nachdem die Vertreter der Städte von der Endredaktion ausgeschlossen worden waren und man ihnen nur die Anhörung in den sie betreffenden Angelegenheiten eingeräumt hatte, am 11.III. 1500 als Landesordnung des Königreichs Böhmen (*Zřizení zemské království českého* bzw. *Vladislavského*) von den beiden adligen Ständen angenommen. Der Adel, der sich als alleiniger Gesetzgeber verstand, denn ohne Zustimmung des Herren- und des Ritterstandes „sollte niemand daran etwas ändern dürfen" oder „zu ihren Rechten hinzutun oder von denselben wegnehmen", hat diese „Magna Charta" als Grundgesetz der Ständeherrschaft erbittert verteidigt und vor 1627 nur unbedeutende, zeitweilige Änderungen zugelassen.[22]

Gegen diesen offenen Rechtsbruch durch Barone und Ritter, die sich als die primären Träger von Herrschaft und Gesetz empfanden und vorhatten, ihre privilegierte Stellung nicht nur als Kollektiv zu nutzen, sondern von jedem einzelnen Adligen wahrnehmen zu lassen, schlossen sich die 32 eigenberechtigten königlichen Städte zusammen und erreichten, da sie von dem kurzzeitig in Prag weilenden König lediglich mangelhaft unterstützt wurden, am 22.III. 1502 schließlich nur ihre Mitwirkung bei der Königswahl und bei der Bewilligung von Steuern und des Allgemeinen Aufgebots; in den wirtschaftlich relevanten Streitpunkten, so bei der Einräumung des Brau- und Schankrechts für den Adel, der Ansiedlung von zunftungebundenen Handwerkern und des Wirkungsbereichs der städtischen Gerichtsbarkeit, blieb ihnen ein Erfolg versagt. Daraufhin bildeten die Städte am 25.VIII. 1502 einen Bund, gegen den sich im November Herren und Ritter vereinigten. Während ein Bürgerkrieg immer wahrscheinlicher wurde, kam es aber im Adelslager aus persönlicher Eifersucht und Kompetenzstreitigkeiten zu einer Aufspaltung, was die Kompromißbereitschaft förderte. Auf dem St. Jacobilandtag wurde unter Vorsitz König Vladislavs am 10.VIII. 1508 Einvernehmen erzielt, den Städte- und den Adelsbund zu liquidieren, in Abwesenheit des Königs die vom Oberstburggrafen Zdeněk Lev z Rožmitálu (von Rosental) geführte Landesverwaltung zu respektieren und die Urteile des adligen Landrechts bzw. der städtischen Gerichtsbarkeit gegenseitig anzuerkennen. Zwar gelobte König Vladislav, die Städte „gleich den anderen Ständen bei ihren Freiheiten, Rechten und Gewohnheiten" zu erhalten und befahl den „Landesbeamten und den anderen Herren und Rittern", jeden Untertan „bei seiner Ordnung und bei seinem Rechte zu belassen und ihn darüber hinaus nicht zu bedrücken", besaß aber nicht die Machtmittel und das Interesse, das Versöhnungswerk durchzusetzen.

Als der Adel nämlich den Städten bald danach das Recht absprach, in ihren Mauern die Halsgerichtsbarkeit über Edelleute zu üben, und diese Entscheidung sofort in die Landtafel eintragen ließ, zogen die Städtevertreter aus dem Landtag aus und schürten den Konflikt von neuem. Die Versuche, die Herzog Georg von Sachsen, König Zygmunt I. von Polen und Kaiser Maximilian 1513/14 unternahmen, um den ausufernden Konflikt zu entschärfen, erbrachten keine dauerhaften Ergebnisse. Erst nach dem Tod Vladislavs († 13.III. 1516) konnte am 24.X. 1517 auf dem St. Wenzelslandtag der Streit durch den Beschluß insoweit beigelegt werden, daß künftig auf den Adel ausschließlich die Bestimmungen der Landesordnung, für die Bürger aber allein das Stadtrecht anzuwenden sei. Obgleich die Vertreter der Städte daraufhin wieder an den Landtagen teilnahmen und dem Adel in einigen wirtschaftlichen Belangen, vor allem bei der Gewährung des Braurechts, entgegenkamen, war aber eine wirkliche Beilegung der Streitpunkte auch jetzt noch nicht erreicht worden.[23] Immerhin hatten die Städte ihr – wenn auch nur bescheidenes – Mitspracherecht gewahrt und konnten weiterhin als Stand auftreten, auch wenn Herren und Ritter nicht müde wurden, ihnen die verbliebenen Privilegien streitig zu machen. Die Geistlichkeit, im Hussitensturm politisch entmachtet und ihrer Grundherrschaft beraubt, konnte sich dagegen nicht mehr als „Stand" formieren und blieb von der Gesetzgebung und der Steuerbewilligung ebenso ausgeschlossen wie von der Besetzung der Landesämter.

Ausgreifen nach Ungarn

Die mit der Beschränkung des Königtums einhergehende Umwandlung Böhmens in einen Ständestaat wurde durch außenpolitische Entwicklungen, die weitgehende Abwesenheit Vladislavs II. von Böhmen und den Charakter des bequemen und jeder Auseinandersetzung ausweichenden Fürsten begünstigt. Der dynamische Matthias Corvinus, eine der imposantesten Herrschergestalten des Spätmittelalters, der sich mit durchgreifenden Reformen und dem Aufbau einer zentralistischen Staatsverwaltung eine absolutistisch anmutende Stellung zu schaffen verstand und auch in den Nebenländern der böhmischen Krone mit harter Hand regierte, konnte Vladislav immer stärker in seine – vornehmlich gegen Kaiser Friedrich III. gerichtete – Politik einbinden. Obgleich der Kaiser nach erfolglosem Kampf um die St. Stephanskrone 1462/63 den Emporkömmling Matthias als Sohn „adoptiert" hatte und auch in Ungarn formal ein Doppelkönigtum bestand, uferten die ungarisch-österreichischen Meinungsverschiedenheiten in den frühen 1480er Jahren zu einem offenen Krieg aus, in dem es den Ungarn im Juni 1485 sogar gelang, Wien einzunehmen. Um sich die Unterstützung des Reiches zu sichern, ließ Friedrich III. seinen einzigen, seit 1477 mit der Erbin von Burgund verheirateten Sohn Maximilian am 16.II. 1486 „einstimmig" zum römisch-deutschen König wählen, ohne daß einer der beiden Könige von Böhmen zum Wahlakt nach Frankfurt geladen worden wäre. Diese Brüskierung beantworteten Matthias und Vladislav nach einem Treffen vom 1.–10.IX. 1486 in Iglau mit einem Koalitionsplan, der unter Einbeziehung Frankreichs, Polens und der oberitalienischen Städte die Einschränkung der habsburgischen Machtstellung verfolgte. Die Schwierigkeiten aber, die König Matthias nach der Intervention in einigen schlesischen Herzogtümern und in Ungarn selbst erwuchsen, verhinderten die Weiterverfolgung dieses Vorhabens; als der Ungarnkönig entgegen den Absprachen nach dem erzwungenen Tausch des

Herzogtums Troppau (1485) mit der Belehnung von Glogau an seinen Sohn Johann (János) Corvinus und der direkten Unterstellung von Öls große Teile Schlesiens enger mit der Krone Ungarns verknüpfte und mit dem Erwerb der umfangreichen Herrschaft Podiebrad sogar nach Ostböhmen ausgriff, verschlechterten sich die böhmisch-ungarischen Beziehungen. Das Gerücht, Matthias wolle seinen illegitimen Sohn Johann in Böhmen als König einsetzen, veranlaßte Vladislav sogar zu Kriegsvorbereitungen und zur Kontaktaufnahme mit König Maximilian. Doch bevor ein neuer Konflikt entbrennen konnte, starb Matthias Corvinus am 6. IV. 1490 in Wien.

Sofort setzte ein erbitterter Kampf um die St. Stephanskrone und das trotz der wachsenden Türkengefahr beeindruckend starke ungarische Reich ein. Johann Corvinus, den der Vater in Breslau von allen Ständen der böhmischen Nebenländer zum Nachfolger hatte proklamieren lassen wollen, konnte sich nicht behaupten. König Maximilian, der sich auf die habsburgisch-ungarische Erbeinigung (Verträge von Ödenburg und Wiener Neustadt, 19. und 24. VI. 1463) berief, meldete seine Ansprüche an, eroberte die von den Ungarn besetzten österreichischen Territorien einschließlich Wiens zurück und fiel in Westungarn ein, ohne jedoch die ungarischen Stände bewegen zu können, ihn zu wählen. Das polnische Königshaus, von den Fähigkeiten Vladislavs nicht besonders überzeugt, verfocht die Kandidatur von Johann Albrecht (Jan I. Olbracht), der über einigen Rückhalt im Lande verfügte. Gerade wegen seiner Milde und fehlenden Herrschsucht wurde aber am 15. VII. 1490 Vladislav II. zum König von Ungarn gewählt, und da er bereits Ende Juni als erster mit einer beträchtlichen Truppenmacht im Lande erschienen war, konnte er sich auch dauerhaft in Ungarn festsetzen und am 7. XI. 1491 im Frieden von Preßburg eine Einigung mit Maximilian erzielen, die den Habsburgern einmal mehr die Nachfolge in Ungarn und Böhmen in Aussicht stellte.[24] Vladislav, der künftig bevorzugt in Pest residierte, erschien nur noch dreimal, 1497, 1502 und 1508/09, im Königreich Böhmen.

Die damit gegebene Gefahr, daß Böhmens Bindung an das Deutsche Reich weiter gelockert werden und es zu einem Nebenland der St. Stephanskrone absinken könnte, war deshalb nicht von der Hand zu weisen. Da eine eindeutige Festlegung ihrer Rechtsstellung nicht erfolgte, blieb die ohne Zahlung der 1479 vereinbarten 400 000 Gulden erfolgte Rückgliederung von Mähren, Schlesien und den beiden Lausitzen an die Krone Böhmens nicht unumstritten. Ärger bei den böhmischen Herren löste der König auch durch die am 20. II. 1491 in Kaschau mit seinem Bruder und Rivalen Johann Albrecht geschlossene Vereinbarung aus, die anstelle des enthobenen Johann Corvinus dem polnischen Thronfolger für den Verzicht auf Ungarn das Fürstentum Glogau sowie die Herzogtümer Öls und Sagan zusprach; als Johann Albrecht sich im Januar 1492 erneut gegen den Bruder und seine Herrschaft in Ungarn auflehnte, wurde er nur im Besitz Glogaus belassen. Trotz der vom Landtag 1497 dringend vorgetragenen Bitte, dieses böhmische Nebenland dem inzwischen zum König von Polen aufgestiegenen Johann Albrecht zu entziehen, wußte sich dessen jüngerer

Bruder Zygmunt I. Stary außer in Glogau auch in Troppau festzusetzen und bis 1504 als „Statthalter" Vladislavs zusätzlich die Verwaltung von Ober- und Niederschlesien, Schweidnitz-Jauer und den Lausitzen zu übernehmen. Die Möglichkeit einer Machterweiterung der Jagiellonendynastie auf Kosten der Krone Böhmens war somit durchaus vorhanden. Als Zygmunt I. aber 1506 den polnisch-litauischen Thron bestiegen hatte, gab er die schlesischen Gebiete 1508 und 1511 zurück; erst unter König Ludwig II. hat sein Erzieher und Vetter Georg der Fromme von Brandenburg-Ansbach die Gelegenheit wahrgenommen, von Jägerndorf (Krnov) und Leobschütz aus im oberschlesischen Bereich eine eigene Herrschaftsbildung voranzutreiben.[25]

Regelung der Erbfolge

Das durch die Preßburger Vereinbarung am 7. XI. 1491 herbeigeführte gute Einvernehmen mit König Maximilian hat Vladislav über die nächsten Jahre hinweg bewahren können. Der für 1492/93 geplante gemeinsame Feldzug gegen die Türken kam zwar nicht zustande, dafür wurde aber in allen anderen Reichsangelegenheiten weitestgehende Übereinstimmung erzielt. Beiden Monarchen war am Wohlverhalten und der Unterstützung des anderen gelegen, Vladislav wegen der anwachsenden Schwierigkeiten in Ungarn, Maximilian im Interesse einer Absicherung der habsburgischen Erbansprüche auf die Kronen Böhmens und Ungarns, auf die auch das einflußreiche polnische Königshaus reflektierte. Denn die Nachfolgefrage war ungeklärt, da Vladislav zwar zwei Ehen geschlossen, aber nie vollzogen hatte: 1476 mit Barbara von Brandenburg und 1490, zur Verbesserung seiner Ansprüche auf die St. Stephanskrone, mit Beatrix von Neapel, der Witwe des Matthias Corvinus. Nachdem beide Ehen von Papst Alexander VI. am 7. IV. 1500 für ungültig erklärt worden waren, heiratete Vladislav 1502 eine Verwandte des Königs von Frankreich, Anna von Foix-Grailly, Gräfin von Candale, die ihm 1503 die Tochter Anna und 1506 den langersehnten Thronfolger Ludwig (Lajos) gebar. Da der König im Frühjahr 1504 schwer erkrankt war, hatten sich in Böhmen Peter von Rosenberg sowie der reiche und allseits geachtete Wilhelm von Pernstein, in Ungarn vor allem Johann Zápolya Hoffnungen auf die Nachfolge gemacht; eine mit seinen Brüdern in Polen geschlossene Erbverbrüderung existierte dagegen nicht. Der böhmische Adel wußte die Vorteile der Personalunion mit dem Stephansreich zu schätzen, war aber durch die in Ungarn geltende Nachfolgeregelung nicht unmittelbar tangiert und hatte auf dem Pfingstlandtag von 1497 sein Wahlrecht im Falle des kinderlosen Todes von König Vladislav II. betont und die Durchführungsmodalitäten der Elektion auch festgeschrieben. In Ungarn führte im Oktober 1505 Zápolya dagegen einen Landtagsbeschluß herbei, der alle Nicht-Magyaren von der Thronfolge ausdrücklich ausschloß.

Während Maximilian wegen dieser Mißachtung seiner Rechtstitel zum Krieg rüstete, vereinbarte er insgeheim im März 1506 mit Vladislav die Eheschließung seiner Enkel mit der kleinen Anna und dem erwarteten Thronfolger; am 19. VII. konnte der deutsche König die Bestätigung der 1491 niedergelegten Erbfolgeregelung auch von den ungarischen Ständen erzwingen. Vladislav erreichte am 24. II. 1507 die Wahl seines Sohnes Ludwig zum Nachfolger in Ungarn und am 11. III. 1509 in Prag dessen Krönung zum König von Böhmen. Die dabei erhobene Forderung der böhmischen Herren, der Thronfolger müsse Tschechisch lernen und mit den Einrichtungen des Landes vertraut gemacht werden, wurde wohl ebenso wenig beachtet wie ihre Verfügung, bei der Auswahl der künftigen Königin konsultiert zu werden. In einem am 11. I. 1510 erlassenen Majestätsbrief verkündete Vladislav unter Berufung auf die von Karl IV. am 7. IV. 1348 verordnete Erbfolge immerhin, daß beim erbenlosen Tod Ludwigs seine Tochter Anna die „wahre Erbin" des Königreichs Böhmen sei und eine Verlobung oder Vermählung nicht „ohne Wissen und Rat dieses Königreichs" vorgenommen werden sollte. Dennoch zeigte der böhmische Adel wenig Interesse, als im Sommer 1515 in Preßburg und Wien von Kaiser (seit 1508) Maximilian, König Zygmunt I. von Polen-Litauen und Vladislav II. eine endgültige Erbvereinbarung getroffen und durch eine symbolische Doppelhochzeit am 22. VII. besiegelt wurde. Gleichzeitig nahm Maximilian den jungen Ludwig an Sohnes Statt an und empfahl, ihn nach seinem Tod zum Generalvikar des Reiches zu erheben und zum römischen König zu wählen. Die böhmischen Stände, in den ausufernden Konflikt mit den königlichen Städten verstrickt, nahmen diese Entscheidungen ohne Einspruch hin, weil die Aufwertung des präsumptiven Thronfolgers auch seine häufige Abwesenheit von Böhmen und somit die Möglichkeit zum Ausbau ihrer Ständeherrschaft zu beinhalten schien.

Durch die hussitische Revolution und die nachfolgenden Entwicklungen unter einer schwachen Zentralregierung hatten sich die Beziehungen der Nebenländer zur Krone Böhmens weiter gelockert. Die Umwandlung Böhmens in einen Ständestaat ging mit der Tendenz des Hochadels einher, ihren durch Großgrundbesitz, Reichtum und die Kontrolle der hohen Landesämter begründeten politischen Einfluß zu erweitern und ihre Territorialherrschaften in eine reichsfürstliche Unabhängigkeitsstellung zu überführen; dadurch wurden zentrifugale Strömungen begünstigt und selbst die Integrität der Krone in Frage gestellt. Die im Hussitismus enthaltene tschechisch-nationale Komponente trug ebenso wie die religiösen Auseinandersetzungen und die Isolation der böhmischen „Häretiker" zu einem Anwachsen der Verselbständigungstendenzen in den Nebenländern bei. Das gewachsene Selbstbewußtsein und die politischen Unabhängigkeitsbestrebungen waren nicht nur in den erst seit dem 14. Jahrhundert angegliederten Gebieten, sondern auch in der Markgrafschaft Mähren spürbar, die immerhin über ähnlich strukturierte, aber eigenständige Rechtsinstitutionen (Landrecht, Landtafeln, Landesordnung, Landtage bzw. Landrechtsversammlungen) sowie eine unabhängige Landesverwaltung mit ebenfalls ständischen Landesämtern wie im böhmischen Kernland verfügte. Seit Beginn des 15. Jahrhunderts hatte hier – von der während des ersten Hussitenkriegs nur sehr sporadisch geübten Herrschaft des späteren Königs Albrecht II. abgesehen

– kein eigener mährischer Markgraf mehr residiert; die lange und effiziente Verwaltung des Landes durch Matthias Corvinus, 1478 sogar vertraglich abgesichert, hatte zu einer stärkeren Hinwendung in Richtung Ungarn und Österreich beigetragen und die mährischen Stände mehrfach zu Überlegungen veranlaßt, ob der faktische Anschluß an das Stephansreich nicht sinnvoller wäre. In Schlesien, wo der Widerstand Breslaus gegen Georg von Podiebrad, die Anhänglichkeit an König Matthias, die nach 1490 auftretenden Unklarheiten über die staatsrechtliche Stellung und Zugehörigkeit der Provinz sowie die zeitweise Übertragung der Landesverwaltung an polnische Prinzen die Bindungen an Böhmen noch stärker beeinträchtigt hatten, bestand wenig Bereitschaft, sich wieder der strengeren zentralen Aufsicht der böhmischen Herren zu unterwerfen. Hinzu kam, daß die schlesischen Fürstentümer noch keinen geeinten Territorialverband darstellten und allein den von den drei Kollegien (Herren, Adel und Geistlichkeit, Städte) beschickten, in Breslau zusammentretenden Fürstenlandtagen die Aufgabe der Gesamtvertretung zustand. Das politische Eigenleben der wegen des Fehlens von ständischen Landesämtern von Landeshauptleuten als ständigen Vertretern des abwesenden Königs verwalteten einzelnen Fürstentümern wurde erst während des 16. Jahrhunderts zugunsten einer gesamtschlesischen Administration beschnitten, der ein königlicher Oberhauptmann vorstand. In den Lausitzen regierte ein dem Kreis der böhmischen Landesbeamten entnommener Landvogt; während in der Niederlausitz der Hochadel das ausschlaggebende Gewicht in den Landtagen besaß, kam in der Oberlausitz den sog. „Sechsstädten“ der größte politische und wirtschaftliche Einfluß zu.

Immerhin hatte Matthias Corvinus, der selbst ja gute Aussichten besaß, Vladislav im eigentlichen Böhmen nachzufolgen, 1487 auf dem Iglauer Fürstentag im Interesse eines geregelten Wirtschaftsaustauschs zugestimmt, daß in den von ihm kontrollierten Lausitzen, in Schlesien und Mähren nach „demselben Gewicht, Gehalt und Schnitt“ wie in Böhmen gemünzt werden solle. Als der böhmische Adel einsehen mußte, daß der seit König Wenzel IV. verpfändete, im Deutschen Reich verstreut liegende Lehensbesitz nicht mehr zurückzugewinnen war, mußte sich König Vladislav am 11.I. 1510 verpflichten, mit allen Mitteln die „Vereinigung und Zugehörigkeit aller zur Krone Böhmens gehörigen Länder und Besitzungen“ zu erhalten und durch die Übertragung der Verwaltung an Inländer Sorge zu tragen, daß „diese Länder nicht dereinst durch einflußreiche Leute von der Krone Böhmens und dem böhmischen Königreich losgetrennt“ würden. Im gleichen Jahr nutzten die mährischen Stände die erbetene Huldigung für den Thronfolger Ludwig, um sich die Privilegien ihres Landes und – unbeschadet ihrer Zugehörigkeit zum Königreich Böhmen – die volle Autonomie bekräftigen zu lassen, die den Schlesiern 1511, bei der Leistung des Treueids an Ludwig, ebenfalls garantiert wurden. Da gemeinsame Landtage nicht mehr zustande kamen, sich die Mährer über die Verletzung getroffener Vereinbarungen durch die böhmischen Herren bitter beklagten und ihre Selbstverwaltungsprivilegien mit großem Einsatz verteidigten, besaßen die königlichen obersten Landesbeamten kaum die Möglichkeit, die jeweiligen Verwaltungsmaßnahmen zu koordinieren und eine den Interessen der Gesamtmonarchie gerechtwerdende Politik zu verfolgen. Dieser Machtverfall im Innern zog aber auch in außenpolitischen Belangen einen Verlust an Gewicht und Prestige nach sich.

Das Königtum Ludwigs

Als König Vladislav am 13. III. 1516 starb, war sein Sohn Ludwig noch keine zehn Jahre alt. Die Vormundschaftsregierung für die Krone Böhmens übernahmen der einflußreiche Oberstburggraf Zdeněk Lev Rožmitál, Herzog Karl von Münsterberg (Karel Minstrberský), der erste ein Neffe, der zweite ein Enkel Georgs von Podiebrad, und Břetislav von Schwihau und Riesenberg (B. Švihovský z Risenberku), die aber die anstehenden innenpolitischen Streitpunkte nicht wirklich beizulegen vermochten. Immerhin hatten die Vermittlungsbemühungen Wilhelms von Pernstein zwischen Adel und Städten auf dem St. Wenzelslandtag 1517 insoweit Erfolg, als die durch Bauernunruhen, eine große Dürre und wieder anwachsende religiöse Spannungen aufgeladene Situation oberflächlich befriedet und die zur Bezahlung der beträchtlichen königlichen Schulden beschlossenen Sondersteuern eingetrieben werden konnten. Als sich Kaiser Maximilian I. unter Mißachtung der 1515 in Wien getroffenen Vereinbarungen bemühte, seinen Enkel Karl von Spanien zum römischen König wählen zu lassen, und dieser dann 1519 als Karl V. auch die Nachfolge im Reich antrat, wurde von den böhmischen Herren für den übergangenen Ludwig kein Protest eingelegt. Viel größere Aufregung verursachte die Entdeckung der Eigenmächtigkeit, mit der die höchsten Landesbeamten Eintragungen in die Landtafel vornehmen ließen, und das Ausmaß ihrer persönlichen Bereicherung. Nachdem 1516 auf dem an die Grafen Schlick verpfändeten Krongut St. Joachimsthal (Jáchymov) reiche Silberlager entdeckt worden waren, die das Kuttenberger Silberaufkommen weit übertrafen, schlossen am 25. I. 1520 Rožmitál, der Oberstkanzler Ladislav von Sternberg und Johann Pflug von Rabstein einen Vertrag mit den Grafen Schlick, der diesen nach Bezahlung von sieben Groschen pro vermünzte Mark Silber gestattete, Groschen rheinischer Währung, die späteren Taler, für den Vertrieb in den benachbarten deutschen Gebieten und ein Drittel in böhmischer Landeswährung zu prägen.[26] Zudem gefährdeten das Einsickern lutherisch-reformatorischen Gedankenguts und die zunehmenden Auseinandersetzungen innerhalb der Stände-Parteiungen immer stärker den brüchigen innenpolitischen Frieden. Der Wunsch, König Ludwig solle zur Beilegung der Streitigkeiten endlich im Land erscheinen und sogar die Bereitschaft, eine Stärkung der königlichen Gewalt hinzunehmen, wurde immer häufiger und lautstark geäußert.

Doch König Ludwig, ganz unter dem Einfluß Zápolyas und Georgs von Brandenburg-Ansbach stehend, hatte vorerst der Abwehr der Türkengefahr seine Hauptaufmerksamkeit zu widmen; auch eine im Sommer 1520 Südböhmen und Prag verheerende Pestwelle schob die Reise nach Böhmen weiter hinaus. Karl V. hatte inzwischen die habsburgischen Erblande, die Statthalterschaft im Reich sowie das Nachfolgerecht in Böhmen und Ungarn seinem jüngeren Bruder Ferdinand übertragen (Verträge von Worms, 28. IV. 1521, und Brüssel, 31. I. und 7. II. 1522), dem am 26. V. 1521 in Linz Ludwigs Schwester Anna angetraut worden war. Der Familienbund erfuhr durch die 1515 abgesprochene Eheschließung Ludwigs mit Maria, Tochter Philipps I. von Kastilien und Schwester Ferdinands, am 13. I. 1522 eine zusätzliche Absicherung. Ferdinand unterstützte seinen Schwager, als dieser im März 1522 nach Prag reiste, um die drängendsten Streitfragen beizulegen und sich vor allem der böhmischen Hilfsdienste bei der Türkenabwehr zu versichern. Obgleich Rožmitál und seine Parteigänger auf fünf aufeinanderfolgenden Landtagen erfolgreich die unter dem Einfluß des Herzogs Karl von Münsterberg eingeleiteten Maßnahmen zur Wiederherstellung der königlichen Autorität zu verhindern gewußt hatten, wurden auf einem sechsten Landtag am 5. II. 1523 alle Landesbeamten entlassen, eine „Reform der Gesetze" verordnet, damit die unkorrekten Eintragungen in die Landtafel getilgt, und mit der Aufhebung von Verpfändungen der Schlösser und des Grundbesitzes aus Königsgut Schritte zur Sanierung der zerrütteten Staatsfinanzen eingeleitet. Auf einem abschließenden siebenten Landtag (22. II.–9. III. 1523) wurde Karl von Münsterberg zum „Hauptmann und Gubernator" des Königreichs ernannt und mit dem Versprechen, die Stände in ihren Rechten und Freiheiten zu belassen, eine Überprüfung der Vladislavschen Landesordnung in Aussicht gestellt. In der Stadt Prag, wo sich am 30. VIII. 1518 Alt- und Neustadt zu einer Verwaltungseinheit zusammengeschlossen hatten, wurde anstelle des korrumpierten Primators Jan Pašek mit Johann Hlavsa von Liboslav (Jan Hlavsa z Liboslavi) ein der Reformation gegenüber aufgeschlossener neuer Bürgermeister eingesetzt.

Doch nach der Abreise des Königs waren die Reformansätze nicht zu behaupten. Nicht nur die ausgebooteten Herren fanden sich in geschlossener Opposition zusammen, sondern auch die durch das rasche Vordringen der Reformation beunruhigten Katholiken und gemäßigten Utraquisten. Bereits am 13. III. 1524 wurde das neue Stadtregiment in Prag abgewählt; am 9. VIII. brachen Unruhen aus, die den Konservativen den erwünschten Anlaß boten, gleichermaßen gegen Lutheraner und Reformfreunde vorzugehen. Schon auf dem vom 25. I.–10. II. 1525 in Prag beratenden Landtag rückte Rožmitál, der in einen Streit um das reiche Rosenbergsche Erbe verwickelt war, wieder in das Amt des Oberstburggrafen ein und demonstrierte damit, obgleich Karl von Münsterberg nominell Statthalter blieb, den Sieg der Herren über das schwache Königtum Ludwigs. Während die an Heftigkeit rasch zunehmenden Religionsfehden und die auch auf Böhmen ausstrahlenden Folgen des deutschen Bauernkriegs das Land in schwere Unruhen verstrickten, kamen die Herren der Bitte Ludwigs, ein Hilfskontingent für den Türkenkrieg bereitzustellen, nur sehr widerwillig und verspätet Ende Juni 1526 nach. Als am 29. VIII. 1526 bei Mohács Ludwig zu

Tode kam, waren die böhmischen Abteilungen noch nicht einmal auf dem Schlachtfeld eingetroffen.[27] So war der militärische Mißerfolg und das Erlöschen des böhmisch-ungarischen Zweiges der Jagiellonendynastie im Mannesstamm auch dem Eigennutz und dem Bestreben des böhmischen Hochadels zuzuschreiben, die errungenen ständischen Vorrechte und seinen ausschlaggebenden Einfluß auf die Ausgestaltung der böhmischen Politik um jeden Preis zu verteidigen.

3. Die Entwicklung auf wirtschaftlichem, gesellschaftlichem und kulturellem Gebiet

Wegen des unaufhaltsam wachsenden Übergewichts des Adels waren drängende monetäre, sozial- und bevölkerungspolitische sowie ökonomische Fragen keiner oder nur einer ungenügenden Regelung zugeführt worden. König Georg von Podiebrad hatte es mit seiner zupackenden Art aber doch verstanden, einen Teil des in den Wirren der Hussitenzeit verlorengegangenen Königsguts wiederzugewinnen, die Silberförderung, die Haupteinnahmequelle der Krone, auf das alte Niveau zu heben und durch die 1469 durchgeführte Münzreform den schleichenden Wertverlust des Prager Groschens etwas aufzuhalten.[28] Der zweite Hussitenkrieg mit seinen neuen Verwüstungen, die Pestwellen, die inneren Unruhen, die wegen der abgebrochenen Landtage häufig nicht verabschiedeten Steuerbewilligungen und seine außenpolitischen Verpflichtungen versetzten König Vladislav in stete Geldnot, die durch die Einnahmen aus den Kuttenberger Prägungen nicht wesentlich reduziert werden konnte. Da sich Mähren bereits 1422 von dem böhmischen Münzfuß gelöst hatte und in den von König Matthias kontrollierten Nebenländern minderwertiges Geld ausgebracht wurde, mußte der St. Wenzelslandtag von 1485 eine weitere Abwertung aussprechen und den Kurs des ungarischen Guldens auf 29, des rheinischen auf 21½ Prager Groschen festsetzen.[29] Der allmähliche Rückgang des Silberpreises beschleunigte den Wertverfall des Geldes, der durch das Einströmen von Edelmetallen aus den neuen Überseekolonien in den ersten Jahrzehnten des 16. Jahrhunderts rasch voranschritt. So zeitigte auch die am 23. II. 1523 vom Landtag den Grafen Schlick auferlegte Verpflichtung, über die St. Joachimsthaler Prägungen exakte Rechenschaft zu geben und einen höheren Gewinnanteil an die Staatskasse abzuführen, längerfristig kein Ergebnis. Aber auch der Adel sah sich angesichts der Geldentwertung genötigt, zum Ausbau seiner Grundherrschaft und zur Aufrechterhaltung seines Lebensstandards verbesserte Formen der Eigenwirtschaft in Form der „Wirtschaftsherrschaft" zu entwickeln.

Die Arrondierung ihres Grundbesitzes während des ersten Hussitenkriegs auf Kosten der Kirchen- und Krongüter hatte nicht nur die Wirtschaftskraft der Magnaten gestärkt, sondern auch die Lebensbedingungen der Ritter wesentlich verbessert.[30] Selbst die mächtigen katholischen Hochadelsgeschlechter wie die der Rosenberg, Pernstein, Neuhaus (Hradec), Sternberg, Hasenburg, Guttenstein, Kolowrat, Riesenburg, Schwamberg, Schwihau u.a. hatten ohne Scheu auf Kosten der Kirche ihre materielle Basis zu erweitern verstanden und sowohl unter König Georg als auch unter den Jagiellonen einträchtig mit den weniger angesehenen utraquistischen Baronen die höchsten Landesämter besetzt und auf ihren ausgedehnten Gütern für die Rekatholisierung Sorge getragen. Infolge der hohen Menschenverluste durch Kriegshandlungen und die Pest war ein spürbarer Arbeitskräftemangel zu verzeichnen und selbst im fruchtbaren Landesinnern mußten Dörfer aufgegeben werden;[31] daher zeigte sich der gesamte Adel bestrebt, die Rechtsstellung seiner untertanen Bauern zu mindern und sie fest an die Scholle zu binden. Wegen des raschen Geldverfalls verloren die Abgaben der Hintersassen an Bedeutung; die insgesamt gute Konjunktur für Agrarprodukte ließ dagegen eine Neuorganisation der grundherrlichen Verwaltung unter stärkerer Ausnutzung der bäuerlichen Arbeitskraft und den Aufbau von adligen Wirtschaftsunternehmen ertragreicher erscheinen. Neben der Teichwirtschaft, die seit dem ausgehenden 14. Jahrhundert einen steten Aufschwung erlebt hatte und besonders erfolgreich auf den Besitzungen der Rosenberger betrieben wurde, gewannen die Branntweinherstellung und vor allem das Brauwesen wachsende Bedeutung – was wiederum einen besonders heftig umkämpften Streitpunkt mit den Städten darstellte, die diesen einkömmlichen Gewerbezweig nicht mit dem Adel teilen wollten.[32] Aber auch die Waldwirtschaft sowie die Beteiligung am Berg- und Hüttenwesen trugen zur adligen Einkommenssicherung bei. Erst im Verlauf des 16. Jahrhunderts schaltete sich der Adel gezielter in die Warenproduktion und den Handel ein, wobei er auch ein steigendes Interesse am Export seiner Agrarüberschüsse entwickelte.

Bereits 1467 hatte der mährische Landeshauptmann Ctibor von Tobitschau die Auffassung vertreten, die als „Roboter" bezeichneten Bauern „wären im Hinblick auf ihre Armseligkeit nicht wert, auf der Welt geduldet zu werden, wenn sie nicht wie der Esel dazu taugten, den Boden zu bearbeiten". Sein Credo lautete: „Der Herrenstand herrscht über das Land und richtet, die Ritter sowie die Bürger sind in ihren Rechten möglichst beschränkt, dem Bauern obliegt es, Frondienste zu leisten und Zins zu zahlen". Der Adel war in der zweiten Hälfte des 15. Jahrhunderts vor allem an einer Beschneidung der Mobilität der Grundhörigen interessiert, die in Landtagsbeschlüssen 1472, 1479 und vor allem am 14. III. 1487 festgeschrieben wurde: Danach war jeder Bürger verpflichtet, entlaufenes Gesinde und Bauern ihrem Herrn auszuliefern. Allein in Mähren blieb durch Landtagsbeschluß vom 21. X. 1484 das mit gewichtigen Auflagen verbundene Recht der Entlassung aus der Untertänigkeit und des freien Abzugs vorerst noch erhalten. Um dem Räuberunwesen und den herumziehenden Bauernscharen beizukommen, wurde den adligen Landrichtern *(popravcí)* 1494 unbeschränkte Gerichtsbarkeit „über Leibeigene" zugestanden. Weitere Maßnahmen, die der Wiederherstellung der alten Abhängigkeitsverhältnisse und der Festigung der Schollengebundenheit dienten, wurden auf den Landtagen von 1497, 1498 und 1517 beschlossen; gestützt auf den in die Vladislavsche Landesordnung aufgenommenen Grundsatz, „wer nicht selbst ein Herr ist, muß einen Herren haben", wurde die wachsende Abhängigkeit der Bauern gerechtfertigt, die nicht nur in der Ausweitung der Robotpflichten bestand, sondern auch die Aufhebung des freien Verfügungsrechts über die bäuerlichen Liegenschaften beinhaltete. Der Grundherr allein konnte die Heirats- oder Abzugserlaubnis erteilen, zum Hofdienst einziehen oder die Berufswahl der Kinder bestimmen. Trotzdem haben sich die Bauern 1496, als der Sagenheld Dalibor z Kozojed an der Erhebung gegen Adam Ploskovský z Drahonic beteiligt gewesen sein soll, sowie 1517 und 1525 mit Aufständen gegen ihre zunehmende Entrechtung zu wehren versucht, ohne jedoch eine Entwicklung aufhalten zu können, die in Böhmen und Mähren bis zu den Reformen Kaiser Josephs II. ein Bauernelend größten Ausmaßes entstehen ließ.[33]

Zwar gab es immer noch eine kleine Zahl landtafelfähiger Erbgutbesitzer *(svobodníci)* und, zumal in den ehemaligen Kolonisationsgebieten, ein freies, wenn auch vom Adel hart bedrängtes Erbrichtertum – die Masse der Ackerbürger stellten aber in vielfacher sozialer Abstufung die grundherrlichen Bauern. Darunter gab es als Ausnahme auch relativ gutsituierte Eigentümer von mehreren Lahnen, die selbst Hintersassen hatten und teilweise auf Lohnarbeit angewiesen waren; dann existierte eine bäuerliche Mittelschicht, die – je nach Bodenqualität und Klimazone – als Viertel- bis Dreiviertellahner ein ausreichendes Einkommen erzielen konnte. Auch die nebenher Landwirtschaft betreibenden Dorfhandwerker waren vergleichsweise wohlhabend. Die große Zahl der Kleinbauern und vor allem die meist nur mit einer Hausparzelle ausgestatteten „Gärtner" mußten sich in der Saat- und Erntezeit als Arbeiter verdingen; im Winter suchten sie sich mit Leineweberei und Handwerksarbeiten ein Zubrot zu verdienen. Oft sanken sie auf die Stufe der Dorfarmen ab und füllten die Reihen der Bettler und Landstreicher auf, die wie die gefürchteten Diebes- und Räuberbanden die böhmischen Länder in großer Zahl durchstreiften. Unter steter Einschränkung der althergebrachten bäuerlichen Selbstverwaltungs- und Gemeinderechte sorgten Dorfrichter und das von gewählten Schöffen gebildete Dorfgericht unter Oberaufsicht der Grundherrschaft und ihrer Beamten für die Durchsetzung von Recht und Ordnung, die Verwaltung des Gemeindevermögens und die Erfüllung der Gemeinschaftsaufgaben.

Während der hussitischen Revolution hatten die Städte ihre politische Position ausbauen und während der Kämpfe um den Thron oder mit auswärtigen Feinden durch königliche Privilegiengewährung absichern können, da der Herrscher bei der adligen Ständeherrschaft vorrangig von ihrer materiellen Unterstützung abhängig blieb. Sie konnten dabei zeitenweise eine den deutschen Reichsstädten durchaus vergleichbare Stellung erreichen. Diese Erweiterung der städtischen Selbstverwaltung wurde aber unter den schwachen Jagiellonen vom Hochadel und, mit gewissen Abstrichen, auch von der Ritterschaft angefochten, die den Städtevertretern mit ihrer „dritten Stimme" auf den Landtagen nur noch das Mitspracherecht in den die Munizipien unmittelbar betreffenden Fragen einzuräumen bereit waren. Da unter Vladislav das Amt des königlichen Unterkämmerers, dem die Aufsicht über die königlichen Städte oblag, der Ritterschaft zugesprochen wurde, erlitt die städtische Eigenständigkeit einen schweren Rückschlag, obgleich ja gerade die Städte für die Wiederherstellung der königlichen Zentralgewalt und die Beendigung der adligen Willkürherrschaft eingetreten waren. Die Städtevertreter konnten auch nicht verhindern, daß das städtische Bannmeilenrecht sowie ihre Gerichtsbarkeit eingeschränkt und in wichtigen Wirtschaftsfragen wie dem Braumonopol den adligen Pressionen nachgegeben wurde (Beschlüsse vom 25. VII. 1502 und 24. X. 1517).[34] Zwar konnten Kuttenberg und Prag, denen 1514 das Recht auf freie Ratswahl während der Abwesenheit des Herrschers zugestanden worden war, einen Teil ihrer Privilegien behaupten, während die oft lange verpfändeten anderen königlichen Städte ihren politischen Einfluß aber weitgehend verloren. Trotz der Verteidigung ihrer Stellung als „dritter Stand" hatten Mitspracherecht und Wirtschaftskraft der Städte insgesamt also folgenschwere Einbußen erfahren.[35]

Das war nur zum Teil eine Spätfolge der Vertreibung des kapitalstarken deutschen Patriziats und der Handwerker. Alle der in Zünften organisierten Gewerbezweige waren im 15. Jahrhundert in den größeren Städten vertreten, aber die Qualität ihrer Erzeugnisse war schlecht und im Vergleich zu den aus dem Deutschen Reich kommenden Produkten oft nicht konkurrenzfähig.[36] Die zunehmende Tendenz des Adels, Handwerker auf seinen Grundherrschaften und in den untertänigen Städten anzusiedeln und selbst Handel zu treiben, beeinträchtigte die städtische Wirtschaftsentwicklung ebenso wie die Unterbindung des Zuzugs von Landleuten als billigen Arbeitskräften. Der bis ins beginnende 15. Jahrhundert so einträgliche Transit- und Fernhandel erreichte, trotz einer gewissen Belebung unter den Jagiellonen, nicht mehr die frühere Bedeutung. Die Pläne Georgs von Podiebrad, durch die Gründung einer königlichen Handelsgesellschaft die Wirtschaftsaktivitäten der eigenen Untertanen gegen die Konkurrenz der ausländischen Firmen abzusichern, waren zuvor nicht zu realisieren gewesen.[37] Allein die bereits seit langem betriebene Leineweberei und Tuchmacherei, in den agrarisch wenig ergiebigen Berglandschaften Nordböhmens und -mährens, in Schlesien und den Lausitzen zuhause, konnte sich in größerem Rahmen weiter entfalten, da sie von risikofreudigen Handwerkern außerhalb der Zunftorganisation aufgenommen wurde, die ihre Erzeugnisse vorrangig über das große Handelszentrum Leipzig veräußerten.[38] Die dünne Eigenkapitaldecke, steigende Rohstoffpreise, die hohe steuerliche Belastung während der Türkenkriege und der Verlust der ost- und südosteuropäischen Absatzmärkte trafen in der ersten Hälfte des 16. Jahrhunderts die weitgehend zunftmäßig gebundene Kleinproduktion besonders hart und bedingten eine Stagnation in der Entwicklung der Städte und des Bürgertums. Der rasche Aufschwung des Berg- und Hüttenwesens, der Metallverarbeitung und der Glasherstellung vollzog sich außerhalb der alten Städte und begünstigte die Anlage neuer Bergorte und betrieblicher Siedlungen.[39] Die von den städtischen Unterschichten ausgelösten Unruhen und das Aufbegehren gegen das begüterte, ratsfähige Bürgertum waren, durch die konfessionellen Auseinandersetzungen zusätzlich aufgeladen, besonders in den 1520er Jahren an der Tagesordnung.[40]

Es fehlen Untersuchungen, die präzise Angaben über die Auswirkungen des Hussitensturms und der Ständeherrschaft auf den deutschen Bevölkerungsanteil in den böhmischen Ländern enthalten. Die Maßnahmen, den wirtschaftlichen, kulturellen, gesellschaftlichen, kirchlichen und vor allem politischen Einfluß der Deutschen zurückzudrängen, können nur zum Teil erfolgreich gewesen sein, weil immer wieder Verordnungen erlassen wurden, um den böhmischen und mährischen Bewohnern den Primat zu sichern. Die auf dem Prager Augustlandtag 1419 verabschiedeten Beschlüsse, die einmal mehr eine Berufung von Ausländern in Landesämter und von Deutschen in städtische Gremien untersagten, Tschechisch als Gerichtssprache festlegten und den „tschechischen" Bewohnern im Königreich und in den Städten die erste Stimme sicherten, wurden 1436 in den Iglauer Friedensschluß zwischen Kaiser Sigmund und den Ständen aufgenommen, ohne daß danach die Klagen über Verletzungen „zum großen Schimpf der tschechischen Sprache ... und zum Schaden des Landes" verstummt wären. Viele Städte, die hussitischen Zentren einmal ausgenommen, hatten ihre deutsche Bevölkerungsmehrheit behauptet bzw. durch spätere Zuwanderung wieder zurückgewonnen. Da es sich viele böhmische Herren als Verdienst anrechneten, neben bescheidenen Lateinkenntnissen nur ihre Muttersprache zu beherrschen, nimmt es aber nicht wunder, daß der Landtag für Mähren 1480, für Böhmen 1495 „auf ewige Zeiten" die Eintragungen in die Landtafel auf Tschechisch verlangte und 1497 Ausländern vorgeschrieben wurde, vor dem böhmischen Landrecht nur die tschechische Sprache zu gebrauchen. Die Vladislavsche Landesordnung übernahm diese Vorschriften, so daß die Monopolstellung des Tschechischen im amtlichen Verkehr und die erfolgreichen Maßnahmen um seinen weiteren Ausbau als Literatursprache den nationalsprachlichen Bestrebungen neuen Auftrieb gaben. Trotz der im 15. Jahrhundert ergangenen Verbote, keine Deutschen als Bürger aufzunehmen oder „reine Deutsche", die kein Tschechisch sprachen, von allen Ämtern auszuschließen, kamen Ausnahmen immer wieder vor; besonders in den mehrheitlich deutsch besiedelten und regierten katholischen Städten Mährens fand eine Diskriminierung nicht statt. Von zeitgenössischen Beobachtern wurde aber auch die gängige Praxis beklagt, deutsche Handwerker erst nach einer Überprüfung ihrer tschechischen Sprachbeherrschung und dem offenen Bekenntnis zum Utraquismus die Bürgerrechte zu gewähren.

Unter einer weit stärkeren Diskriminierung hatten die Juden nach dem Hussitenkrieg zu leiden, da sie ihre Stellung als königliche Kammerknechte mit der Befreiung von den Stadtlasten einbüßten und, jetzt den Gemeindeverwaltungen unterstellt, zusätzliche Abgabe- und Arbeitsverpflichtungen auferlegt bekamen. In einigen Städten Opfer der Taboriten, nutzten andere Stadträte die Gelegenheit, die unwillkommenen Juden auszuweisen. Im Verlaufe der Rekatholisierungsmaßnahmen lösten die Predigten des Franziskaners Johann Capistrano um die Mitte des 15. Jahrhunderts in Böhmen und Schlesien eine neue Welle von

Judenverfolgungen aus. Die ungünstige Wirtschaftskonjunktur und die Notwendigkeit, sich vermehrt der jüdischen Geldverleiher zu bedienen, gab nicht nur Anlaß zu zahllosen Klagen über das Geschäftsgebaren der Juden, sondern führte auch zum Verbot ihrer Betätigung in Handel und Handwerk. Obgleich die mit gelegentlichen Ritualmordbeschuldigungen verbrämten religiösen Momente den Vorwand lieferten, um die Juden samt ihrer Habe aus den königlichen Städten zu vertreiben, stellten soziale Gründe und der wirtschaftliche Eigennutz der christlichen Schuldner die wahren Ursachen der Ausweisungen dar. Die den Geldverleih einschränkenden Landtagsbeschlüsse (19. V. 1497) und eine 1507 ausbrechende Welle neuer Verfolgungen zwangen viele Juden, Zuflucht bei einem adligen Schutzherrn zu suchen und damit eine Entwicklung einzuleiten, die sie aus dem städtischen Ghetto herausführte und zu adligen „Schutzjuden" auf dem Lande machte.[41]

Ausbreitung reformatorischen Gedankenguts

Während die beispielhafte Frömmigkeit der Juden durchaus Anerkennung fand, durften weder sie noch die Mitglieder der Brüderunität und später auch die Lutheraner keinesfalls mit Toleranzbereitschaft rechnen. In dem Bemühen, eine Verständigung der Utraquisten mit der römischen Kurie herbeizuführen, waren die Brüder seit März 1461 zwar mehrfach Verfolgungen ausgesetzt gewesen, hatten sich aber auf den Synoden von Brandeis (1490) und Reichenau (1494) eine weniger rigide Ordnung gegeben, die ihnen weiteren Zulauf aus allen Bevölkerungskreisen sicherte. Sie hatten sowohl in Süd-, Nordwest- und Ostböhmen Fuß fassen können und besaßen in Ostmähren um Fulnek, Prerau und Sternberg, in Südmähren um Kralitz (Kralice), Ungarisch-Brod und Trebitsch starken Rückhalt. Obgleich sie, gestützt auf Landtagsbeschlüsse und königliche Mandate, in den Jahren 1503–1508 erneuten Verfolgungen ausgesetzt blieben, gehörten um 1525 etwa 150000 Menschen, darunter auch eine „Deutsche Gemeine Gottes der christlichen Bruderschaft", der Brüderunität an. Sie haben dem religiösen Leben der böhmischen Länder eine Eigenständigkeit bewahrt, dank ihrer Buchdruckereien ihren theologischen Vorstellungen über Böhmen hinaus weite Verbreitung gesichert und sich wegen ihrer persönlich-moralischen Integrität, ihrer Rechtschaffenheit, ihres Fleißes und ihrer Überzeugungstreue eines hohen Ansehens erfreut.[42]

Der Utraquismus befand sich dagegen im Niedergang, obschon weder Papst, Kaiser noch König es verstanden hatten, ihn mit kirchlichen oder politischen Mitteln auszumerzen. Der 1485 auf dem Kuttenberger Landtag abgeschlossene Religionsfrieden hatte immerhin zu einer gewissen Beruhigung im Glaubenskrieg beigetragen, obgleich die Kurie es nicht honorierte, daß die utraquistische Bekenntnisgemeinschaft, die nur noch am Kelch, an der Kinderkommunion und der Liturgie in der Volkssprache festhielt, bereit war, zu einem Ausgleich zu gelangen und den offenen Kirchenkampf zu beenden. Da das vom Landtag gewählte Konsistorium, das sich aus vier Professoren der Prager Universität und acht Geistlichen zusammensetzte, keine straffe Kirchenorganisation gewährleisten konnte, und da oft ein Bischof für die Vornahme der Priesterweihen fehlte, setzte eine langsame Aushöhlung auf dem theologischen Sektor ein, der durch den spürbar werdenden Pfarrermangel beschleunigt wurde. Zwar bekannte sich die Mehrheit der Landedelleute und der Stadtbewohner weiterhin zum gemäßigten Hussitismus, aber der katholische Glaube konnte im Gefolge der hochadligen katholischen Barone, die ihr politisches Übergewicht zu verteidigen wußten, seine Einflußsphäre stetig ausweiten.

Die katholische Kirche hatte sich vom Verlust ihrer Güter und von der Einbuße ihres Glaubensmonopols im Verlauf des 15. Jahrhunderts langsam erholt und auch durch die Reaktivierung früherer Klöster und den Zuzug katholischer Bürger in den mehrheitlich utraquistischen Städten eine Basis gefunden. Weite Gebiete in West- und Südböhmen, im Nordwesten und entlang der Grenze zu Mähren, das seinen vorwiegend katholischen Charakter behauptet hatte, bedeutende königliche Städte wie Budweis, Pilsen oder Trautenau und die ausgedehnten Besitzungen des Hochadels waren dem katholischen Glauben erhalten geblieben. Da der Prager Erzbischofsstuhl verwaist blieb, leitete ein Oberstes Konsortium am Prager Domkapitel die Kirchenorganisation, unterstützt von den benachbarten Olmützer und Breslauer Bischöfen. Die utraquistischen Ausgleichsbemühungen bei der Kurie wurden ohne Aufgabe eigener Positionen gefördert und schienen, durch die wachsende Türkengefahr und das Übergreifen der Reformation auf die böhmischen Länder begünstigt, nach 1522 einen Erfolg zu versprechen. Um ein weiteres Ausbreiten des Luthertums zu unterbinden, verhandelten 1524 zwei päpstliche Legaten in Prag und brachten am 13. VII. auf dem Margaretenlandtag eine Vereinbarung zwischen den katholischen und altutraquistischen Kräften zustande, die am 25. I. 1525 zu einer „Glaubenseinigung" erweitert wurde.[43] Doch dieser als „Union" gepriesene Ausgleich, der den Sieg der kurialen Politik in Böhmen zu beinhalten schien, blieb ohne größere Bedeutung, weil als Gegner der Katholiken nicht nur mehr die weitgehend bedeutungslos gewordenen Altutraquisten, sondern neben der Brüderunität vor allem die Lutheraner auftraten.

Die Lehre Luthers hatte vom nahen Sachsen aus rasch Verbreitung in Böhmen gefunden, wo schon 1518/19 an mehreren Kirchen im Geist der Reformation gepredigt wurde. Die in der Leipziger Deputation von Dr. Eck erhobene Beschuldigung, er sei wohl ein „böhmischer Ketzer", ließ Luthers Ansehen in Böhmen weiter anwachsen. Die danach angeknüpften Verbindungen veranlaßten Luther, mehrfach Stellung für Hus zu beziehen und die Forderung zu erheben, es sei an der Zeit, „daß wir auch einmal ernstlich und mit Wahrheit der Böhmen Sach fürnehmen, sie mit uns und uns mit ihnen zu vereinigen".[44] Mehrere Sendschreiben Luthers waren nach Böhmen gerichtet, wo sich der utraquistische Pfarrer Havel Cahera anfangs besonders eifrig für die Reformation einsetzte, nach 1524 aber, als Führer der Altutraquisten, für die Glaubenseinigung und gegen die Lutheraner wirkte. Weil in der Abendmahls- und der Sakramentslehre beträchtliche Auffassungsunterschiede bestanden, wuchsen auch bei Teilen der Brüderunität die Vorbehalte gegen den deutschen Reformator. Erst nach dem Tod des Seniors Lukas von Prag (ca. 1460–1528) setzte unter seinem Nachfolger Jan Augusta wieder eine vorsichtige Annäherung ein, zumal die Brüdergemeinden hoffen konnten, bei einer weiteren Ausbreitung des Luthertums, zumal unter dem Adel, unter völligem Bruch mit Rom Zentrum einer autokephalen reformierten böhmischen Kirche zu werden.

Während Thomas Münzers umstürzlerische Predigten 1521 zu seiner Ausweisung aus Prag geführt hatten, konnte sich die Lehre Luthers von den größeren deutschsprachigen Städten aus im ganzen Land entfalten, nicht zuletzt, weil ein beträchtlicher Teil der führenden Utraquisten mit der 1525 gefundenen Glaubenseinigung unzufrieden war und die Reformbedürftigkeit ihrer erstarrten Dogmen und Riten erkannte. Unterstützt von einigen einflußreichen Adelsfamilien, die z.T. sogar mit Luther korrespondierten, konnten die sonst oft verfolgten oder des Landes verwiesenen reformatorischen Prediger die neue Lehre, die besonders in den Bergstädten St. Joachimsthal (Johannes Sylvius Wildenauer gen. Egranus, Johannes Mathesius) und Iglau (Paulus Speratus) fest verankert war, über die böhmischen Länder hinaus in die Slowakei und nach Ungarn tragen, wo selbst am Königshof mit Markgraf Georg von Brandenburg-Ansbach und den Hofpredigern Cordatus und Crysling Anhänger gewonnen wurden. In Böhmen hatte, noch bevor die Wiedertäufer oder die Lehren Zwinglis und Calvins ebenfalls Nachfolger fanden, auch auf religiösem Gebiet ein gefährlicher Gärungsprozeß eingesetzt, als 1526 nach dem Tode Ludwigs die Thronfolge akut wurde. Das durch die Verbreitung des Buchdrucks im ganzen Land begünstigte Bildungsstreben, das auch den raschen Erfolg der Reformation bedingte, war keinesfalls dem Einfluß der Prager Universität zuzuschreiben, die am Ende des 15. Jahrhunderts zu einer schwach besuchten gewöhnlichen Partikularschule mit einer einzigen, der artistisch-philosophischen Fakultät, abgesunken war und nur noch einen Tummelplatz religiöser Auseinandersetzungen abgab.[45] Wegen der schlechten finanziellen Ausstattung wanderten die besser qualifizierten Lehrer bald ab, so daß der Hochadel seine Söhne auf ausländische Hohe Schulen zur Ausbildung schickte. Erst im Sommer 1512 wurde auf Initiative des Prager Rates eine Reform ins Auge gefaßt, die aber wegen des Widerstands gegen eine städtische Mitsprache in den Universitätskollegien nicht verwirklicht wurde. In ihrem Dämmerschlaf nahm daher die Universität an der Vermittlung humanistischen Gedankenguts und an der Renaissance-Kultur keinen Anteil.

Einflüsse des Humanismus und der Früh-Renaissance

Der Frühhumanismus als gelehrt-literarische Lebenshaltung hatte sich bereits im 14. Jahrhundert in Böhmen eine Heimstatt geschaffen und im Kreis um Kaiser Karl IV. großzügige Förderung erfahren. Neben der langsam zunehmenden Kenntnis antiker Autoren hatte besonders die Volkssprache von dem Aufschwung des literarischen Lebens profitiert und sich in der Hussitenzeit zu voller Blüte entwickelt. Doch der aus italienisch-katholischen Wurzeln gespeiste Humanismus hatte es in dem vom Glaubensstreit zerrissenen Böhmen schwer, Fuß zu fassen. Zwar hatte Eneas Sylvius Piccolomini nach seinem Aufenthalt in Böhmen festgehalten, „dieses treulose Geschlecht von Menschen hat nur das eine Gute, daß es die Wissenschaft liebt", aber darunter wohl die intensive Beschäftigung der Utraquisten mit religiösem Schrifttum verstanden. So war es anfangs ein Privileg des katholischen Hochadels und seiner Angehörigen in der Geistlichkeit, sich mit der neuvermittelten Kenntnis des Altertums auseinanderzusetzen und durch die Berufung auf die im Römischen Recht verankerten Prinzipien ihren Herrschaftsanspruch abzusichern. Die Mitglieder der Adelsfamilie Rabstein, Prokop Pflug und Jan, in Italien ausgebildet und Pröpste auf dem Vyšehrad, dienten dem „Ketzerkönig" Georg als loyale Ratgeber; der als „Leuchte der Böhmen" und „göttlicher Dichter" gepriesene Bohuslav Lobkowitz auf Hassenstein (B. Hasištejnský z Lobkovic, 1462–1510), der sich als Deutscher und böhmischer Patriot fühlte, suchte durch die Vermittlung antiker Schriftsteller und das Anlegen von Bibliotheken ebenso Mittelpunkte neuen kulturellen Lebens zu schaffen wie Ulrich und Jost von Rosenberg oder Vladislav von Boskowitz in Mährisch-Trübau. Es blieb aber dem Juristen bürgerlicher Herkunft, Viktorín Kornel von Všehrd († 21. IX. 1520), in seinen „Neun Büchern von den böhmischen Landrechten" (1495–1499) vorbehalten, aus dem Arsenal der antiken Rechtstheorien und der altböhmischen Rechtszustände die in die Vladislavsche Landesordnung eingegangenen Grundsätze herauszufiltern, die zur Absicherung der Ständeherrschaft dienten. Sein Grundsatz, als Böhme trotz seiner guten Beherrschung des Lateinischen tschechisch zu sprechen und zu schreiben, wurde auch von dem Übersetzer Wenzel von Pisek (Václav Písecký) geteilt, weil die tschechische Sprache „ohne Bettelei bei deutschem Gefasel oder lateinischem Mischmasch" die gleiche Aussagekraft besitze wie das Griechische. Neben ihm war vor allem Řehoř Hrubý z Jelení die Übersetzung humanistischer (Petrarca, Erasmus von Rotterdam, Lorenzo Valla) und antiker Schriftsteller ins Tschechische zu danken.[46]

Nur schleppend wurde die durch den Hussitensturm unterbrochene Bautätigkeit wieder aufgenommen und nach der Beseitigung der Zerstörungen auch neue Bauwerke, vornehmlich auf den Besitzungen der Rosenberger, im Stil der konservativen südböhmischen Spätgotik errichtet.[47] Mit der Verbesserung der Wirtschaftslage sah man sich auch in den großen Städten in der Lage, eingestellte Bauvorhaben zu Ende zu führen, was z. B. der St. Barbarakirche in Kuttenberg zugute kam. Besonders König Vladislav erwies sich als bedeutender Mäzen und Förderer neuer Bauformen, die von seinen begabten Architekten Matej Rejsek z Prostějova († 1506) und vor allem Benedikt Ried von Piesting (B. Rejt z Pístova, 1450–1534) in Prag (Pulverturm, Vladislav-Saal der Burg, Vladislavsches Oratorium in St. Veit) für die böhmischen Verhältnisse adaptiert wurden.[48] Über Mähren (z. B. Tobitschau (Tovačov), Mährisch Trübau, Boskowitz u. a.) griff Ende des 15. Jahrhunderts die von italienischen Renaissance-

Vorbildern beeinflußte Schloßarchitektur auf Böhmen über (Neuhaus, Pardubitz) und ihre Stilelemente fanden auch beim Bau städtischer Häuser bald Nachahmung. Die Bildhauerei erlebte eine neue Blüte und bemühte sich um eine naturgetreue realistische Darstellung. Unter Abkehr von den Konventionen der älteren Gotik näherte sich die Tafelmalerei dem Stil der niederländischen Schule an; die aufkommende Porträtkunst zeigte sich bemüht, die Individualität der Dargestellten zu erfassen.[49] Das geistliche Lied lebte in hussitischem Geist und damit auf Tschechisch fort und belebte die Pflege der Musik, der sich vor allem Chöre und Liturgiebrüderschaften widmeten. Obgleich das selbstbewußter gewordene Bürgertum stärker als zuvor an allen kulturellen Strömungen Anteil nahm, so bestimmte aber der im politischen, gesellschaftlichen und wirtschaftlichen Leben dominierende Adel, in vielen Bereichen nach wie vor den alten gotischen Traditionen verhaftet, zu Beginn des 16. Jahrhunderts noch weitgehend die künstlerisch-kulturelle Entwicklung.[50]

VI. Der Dualismus zwischen habsburgischer Königsmacht und Ständeherrschaft, 1526–1618

1. Die Einbindung Böhmens in das Habsburgerreich und die Anfänge der Gegenreformation unter Ferdinand I., 1526–1564

In seiner 1865 in Prag erschienenen Schrift *Idea státu rakouského* [Die Idee des österreichischen Staates] vertrat František Palacký, der Klassiker der tschechischen Historiographie, trotz mancher Vorbehalte die Auffassung, daß die Verteidigung der Völker Mitteleuropas vor der Türkengefahr und die Notwendigkeit, die Voraussetzungen für ihr friedliches Zusammenleben und ihre Entwicklung in einem Nationalitätenstaat zu schaffen, ausreichende Rechtfertigung für die Existenz der Habsburgermonarchie und für die zeitweilige Einbeziehung der böhmischen Kronländer in ihren Reichsverband gewesen sei, obschon „jene Verbindung nicht immer zum Nutzen und Wohl der einzelnen Teile des Ganzen gelang" (S. 2). Im Gegensatz zur österreichischen Geschichtsschreibung (u. a. F. Krones, A. Huber, H. v. Srbik, O. Brunner, H. Hantsch), die den „segensreichen Einfluß des neuen Herrscherhauses für das böhmische Schicksal" hervorhebt und die Einbindung der Länder der böhmischen Krone in das deutsch-österreichische Großreich als „selbstverständliche Konsequenz" der naturräumlichen Gegebenheiten und der „unausweichlichen historischen Bedingtheiten" wertet, und selbst im Gegensatz zu dem sonst weitgehend der tschechischen Interpretation folgenden Franzosen Ernest Denis[1] verfocht Palacký die Ansicht, daß nach der Abwehr der Türken und mit dem Sieg der europäischen Aufklärung das Habsburgerreich seine Daseinsberechtigung verloren und einen Hemmschuh für die Ausprägung des nationalen Eigenlebens der von ihm beherrschten Völker dargestellt habe. In unzulässiger Vereinfachung haben deshalb eine Reihe tschechischer bürgerlicher Historiker von der „permanenten Unterdrückung Böhmens und der tschechischen Nation durch die Habsburger" gesprochen und das angebliche „Ränkespiel" bitter beklagt, das zur Übernahme und Aufrechterhaltung dieser „Unrechtsherrschaft" beigetragen habe (W. W. Tomek, J. Pekař, J. Šusta, E. Rádl, K. Krofta).

Mit großen Vorbehalten wertete auch die tschechische marxistische Historiographie die Bedeutung der Habsburger und legte dar, daß während ihrer Regierung der böhmische Staat den letzten Anschein einer selbständigen Existenz verloren habe und zu einer reinen Provinz degradiert worden sei. Unter Betonung der politischen und kulturellen Errungenschaften der Hussitenzeit und durch eine – nicht in allen Punkten gerechtfertigte – Aufwertung der podiebradischen und der jagiellonischen Epoche wurde der außenpolitischen Komponente, der Rettung Europas und damit auch der böhmischen Länder vor den Türken, keine besondere Bedeutung beigemessen. Der These, die habsburgische Herrschaftsübernahme und die Einführung eines autokratisch-absolutistischen Systems habe das anachronistische Regime der Ständemonarchie beseitigt und auch Böhmen vor schweren inneren Auseinandersetzungen bewahrt, wurde eine entschiedene Absage erteilt.[2] Die Möglichkeiten, die sich den böhmischen Ländern im Reichsverband der habsburgisch-spanischen Dynastie als Bestandteil einer Weltmacht boten, erfuhren dagegen keine Berücksichtigung. Immerhin kontrollierten die Habsburger in Europa außer den römisch-deutschen Kaiser- und Königskronen neben den österreichischen Erblanden damals auch Spanien, das süditalienische Königreich Neapel-Sizilien-Sardinien sowie Burgund und die Niederlande; sie griffen erfolgreich nach Oberitalien aus und konnten sich in Ungarn festsetzen. Darüber hinaus nahmen sie gleichzeitig von der westindischen Inselwelt her weite Teile des amerikanischen Kontinents in Besitz und bauten ein riesiges Kolonialimperium auf. Da auch der sich zuspitzende Dualismus zwischen Ständeoppositionen und der neuen Landesherrschaft von der marxistischen Interpretation verkürzt nur als reiner Machtkampf innerhalb der Feudalklasse gesehen[3] und die zentrale Bedeutung der religiösen Frage für die politische und gesellschaftliche Konfliktentwicklung nur ansatzweise verfolgt wurde, sind allein auf wirtschafts- und sozialgeschichtlichem Gebiet weiterführende Ansätze zum Verständnis dieser Epoche erschlossen worden.[4]

Zuspitzung des Konflikts zwischen König und Adel

Als um den 10. IX. 1526 erste Nachrichten über den Tod König Ludwigs II. nach der Katastrophe von Mohács in Böhmen eintrafen, konnte Erzherzog Ferdinand von Österreich, der 1503 geborene jüngere Bruder Kaiser Karls V., die überzeugendsten Rechtsansprüche für die Nachfolge in den böhmischen Ländern geltend machen. Nicht nur die 1364 und 1366 von Kaiser Karl IV. mit Herzog Rudolf IV. geschlossenen Erbverträge, sondern auch die 1491 und 1515 in Preßburg und Wien getroffenen Vereinbarungen zwischen Kaiser Maximilian und den Jagiellonen sprachen eindeutig für Ferdinand, zumal ja die böhmischen Stände am 10. I. 1510 zusätzlich noch die Erbansprüche seiner Frau Anna ausdrücklich anerkannt hatten. Darüber hinaus konnten die Habsburger darauf verweisen, daß ihr Haus bereits 1307, 1437 und 1452 den böhmischen König gestellt und der Jagiellone Vladislav II. vor allem als Sohn der Habsburgerin Elisabeth die St. Wenzelskrone erhalten hatte. Während sich in den Nebenländern Mähren, Schlesien und den beiden Lausitzen kein Widerstand gegen die Respektierung des Erbprinzips regte und Ferdinand auch in Ungarn eine Mehrheit für seine Thronansprüche fand, beharrte unter Hinweis auf ihr 1437, 1440, 1458 und 1471 geübtes Wahlrecht die von dem einflußreichen Oberstburggrafen

Zdeněk Lev Rožmitál geführte Herrenpartei auf dem Prinzip der freien Königswahl. Unter den zahlreichen Interessenten für den böhmischen Thron ragten Kurfürst Johann und Herzog Georg von Sachsen, Fürst Friedrich von Liegnitz, die Herzöge Wilhelm und Ludwig von Bayern-München sowie Zygmunt I. von Polen und Franz I. von Frankreich heraus; aber auch Rožmitál und Adalbert von Pernstein dürften eine Kandidatur erwogen haben. Schließlich setzte sich die Einsicht durch, daß nur ein mächtiger Herrscher eine starke Abwehrfront gegen die auch Böhmen bedrohende Türkengefahr aufbauen, die internen Auseinandersetzungen, die sozialen Konflikte und die finanzielle Misere beenden sowie einem weiteren Ausgreifen der reformatorischen Lehren Einhalt gebieten könne. Da nach der Anerkennung der Erbansprüche Annas zudem die Gefahr einer erneuten Abspaltung der Nebenländer bestand, rang sich nach über zweiwöchigen Beratungen am 23. X. 1526 ein paritätisch besetzter, 24 Mitglieder umfassender Ausschuß der drei Stände in Prag zur einstimmigen Wahl Ferdinands durch. Während die zum Wahllandtag gar nicht geladenen Vertreter der Nebenländer Anna als „geborene Erbin" und ihren Gemahl Ferdinand als Herrscher „annahmen", hatte der neue König den böhmischen Ständen immerhin das Zugeständnis einzuräumen, ihn aus freien Stücken und nicht im Rahmen der Erbfolge zum Monarchen gekürt zu haben.[5]

Als sich Anfang Dezember 1526 eine große böhmische Gesandtschaft in Wien aufhielt, verweigerte Ferdinand aber die Unterzeichnung der ihm vorgelegten Wahlkapitulationen. Erst nach längeren Verhandlungen wiederholte er am 13. und 15. XII. in drei Majestätsbriefen die Zusagen seiner Vorgänger über die Unversehrtheit der Krone Böhmens und ihrer Nebenländer, das Wahlrecht der Stände und über die Achtung ihrer bisherigen Rechte, konnte aber in den sich bis März 1527 hinziehenden Beratungen einer ausdrücklichen Bestätigung der Religionsfreiheit ebenso ausweichen wie der Forderung nach Erhebung Prags zur alleinigen Residenzstadt. Erst nach der am 24. II. 1527 im St. Veitsdom vom Olmützer Bischof Stanislav Thurzo vorgenommenen Krönung kam in den offen gebliebenen Fragen ein Kompromiß zustande, der es dem König erlaubte, noch zu seinen Lebzeiten einen Sohn als Nachfolger krönen zu lassen, untaugliche Beamte nach Anhörung (und nicht nur mit Zustimmung) der Standesgenossen abzulösen, ihm aber auch auferlegte, den Teil der Schulden aus jagiellonischer Zeit in Höhe von 120000 Schock Meißner Groschen zurückzuzahlen, der von einer unabhängigen Kommission als gerechtfertigt anerkannt worden war. Zudem hatte der Monarch in vagen Worten zugesagt, sich bei der Kurie um die Erneuerung des Prager Erzbistums und die Sanktionierung der Kompaktaten zu bemühen. Nachdem Ferdinand im Frühjahr 1527 auch die Huldigung in den Nebenländern entgegengenommen hatte, zwangen ihn die außenpolitischen Entwicklungen, seine Rechte als Landesherr im Königreich Böhmen nur mit großer Behutsamkeit wahrzunehmen und die Wurzeln der Ständeherrschaft nicht anzugreifen. Deshalb beschränkte sich Ferdinand I. vorerst auf die Einrichtung einer königlichen Kammer zur Verwaltung der Staatsfinanzen und zum Abbau der von den Jagiellonen hinterlassenen immensen Schuldenlast.[6]

Während so in Böhmen zur Enttäuschung der reformbereiten Royalisten das alte Adelsregiment mit Rožmitál an der Spitze fortbestand und die neuen Glaubenslehren immer größeren Anhang fanden, mußte sich Ferdinand in Ungarn János Zápolyas (Johann Szapolyai) erwehren, der vom nationalgesinnten Kleinadel am 11. XI. 1526 zum König gewählt worden war. Aber auch nachdem er seinen Rivalen zurückgedrängt und am 3. XI. 1527 in Stuhlweißenburg die Krönung erreicht hatte, konnte Ferdinand I. wegen neuerlicher türkischer Vorstöße, die das östliche Vorfeld Wiens und weite Teile Mährens verwüsteten, seiner Erwerbungen nicht recht froh werden. Obgleich starke böhmische Kontingente im Reichsheer 1529 der türkischen Belagerung Wiens (24. IX.–14. X.) trotzten und 1532 bei der Verteidigung der ungarischen Festung Güns beteiligt waren, fiel es dem König zunehmend schwerer, den an außenpolitischen Fragen nur wenig interessierten böhmischen Herren auf den Landtagen weitere Steuerleistungen für die Türkenabwehr abzuringen. Die kurzen Waffenstillstandsphasen und der am 24. II. 1538 mit Zápolya geschlossene Geheimfrieden von Großwardein stellten keine wirkliche Entlastung dar, zumal nach dem Tod des Gegenkönigs (†21. VII. 1540) und der Proklamation seines erst wenige Tage alten Sohnes Johann Sigmund zum Nachfolger die Kämpfe mit neuer Heftigkeit aufflammten und im Folgejahr im Verlust der Residenzstadt Ofen gipfelten. Auch wenn danach mit Mühe die von Kroatien nach Nordwestungarn verlaufende Verteidigungslinie gehalten und 1546/47 eine – mit einem als „Ehrengeschenk" deklarierten Jahrestribut von 30000 Dukaten erkaufte – Vereinbarung mit dem Sultan über die Respektierung des Status quo erzielt werden konnte, war damit die von den Türken augehende Gefahr für die Länder der böhmischen Krone keinesfalls gebannt. Das in diesem zwanzigjährigen Abwehrkampf auf seiten des Königs und der böhmischen Stände angehäufte Mißtrauen, die Unzufriedenheit Ferdinands I. über die widerwillig gewährte und mangelhafte Unterstützung bzw. die Verärgerung des Adels über die hohen finanziellen Anforderungen, die den böhmischen Ländern fast zwei Drittel der Kriegskosten auferlegten, haben das Verhältnis Herrscher – Stände erheblich beeinträchtigt.[7]

Da Frankreich nach der Niederlage bei Pavia (24. II. 1525) und der Zerschlagung der Heiligen Liga von Cognac im Damenfrieden von Cambrai (5. VIII. 1529) der Festsetzung der Habsburger in Oberitalien hatte zustimmen müssen, eröffnete sich trotz der immer bedrohlicher werdenden Türkengefahr für König Ferdinand in Böhmen ein größerer politischer Spielraum, den er noch dadurch zu erweitern wußte, daß er 1530 den bisher allmächtigen Oberstburggrafen Rožmitál und den Prager Stadtprimator Jan Pašek von Vrat zum Rücktritt zwang und bei den Neubesetzungen sowohl der königlichen Ämter als auch der Landesbeamten ohne Ansehen der Konfessionszugehörigkeit nur noch seine Vertrauensleute berücksichtigte. Trotz seiner aus Herkommen und Erziehung am spanischen Hof begründeten entschieden katholisch-antireformatorischen Einstellung entwickelte er anfangs über die konfessionellen und ständischen Gräben hinweg eine beeindruckende integrative Fähigkeit, die er bei der Stabilisierung seiner Herrschaft und dem Ausbau der königlichen Prärogativen geschickt zu nutzen wußte.[8] Mit Nachdruck brachte Ferdinand in Erinnerung, daß es allein dem Monarchen zustand, den Landtag, dieses unter Vorsitz des Oberstburggrafen in den drei Kurien der Herren, Ritter und Städte tagende zentrale Forum ständischer Macht, einzuberufen und daß die Beratung der königlichen Propositionen vor den ständischen Angelegenheiten zu erfolgen hatte. Mit dem Verbot ständischer Versammlungen ohne königliche Einberufung oder Erlaubnis wollte Ferdinand I. nicht nur die konfessionell ausgerichteten Ständetage oder den freien Zusammentritt der königlichen Städte unterbinden, sondern vor allem die als politische Meinungsbildungsgremien besonders vom niederen Adel genutzten Kreisversammlungen treffen, wo die Delegierten für die Landtage gewählt und ihr Abstimmungsverhalten festgelegt wurde. Die souveräne Besetzung der Landesämter mit Männern seines Vertrauens und die um 1530 vorsichtig begonnene, aber konsequent durchgeführte Reform im Ämterwesen, wobei vor allem dem Obersthofmeister, der als Landeshauptmann den abwesenden König vertrat, als Vorsitzenden des Kammer- und des Hauptmannsgerichts einflußreiche neue Aufgaben zuwuchsen, leiteten eine Absicherung der habsburgischen Königsherrschaft ein. War der König anfangs bemüht gewesen, Vertreter aller politischen Gruppierungen zu berücksichtigen, um keiner Partei ein Übergewicht einzuräumen, so traf seine Wahl ab Mitte der 1530er Jahre immer offenkundiger seine treuesten und entschieden katholischen Anhänger, unter denen Zdislav Berka von Dubá als Obersthofmeister und sein Bruder Heinrich (Jindřich) als Oberstlandrichter in besonders wichtige Positionen aufstiegen. Durch die Einstellung niederadeliger Ausländer als Experten in der Kammerverwaltung schuf sich Ferdinand mit der Zeit ein ihm loyal ergebenes kleines Beamtencorps. Mit der bereits 1528 verfügten Unterstellung der Kreishauptleute, die in den 14 böhmischen und den drei „äußeren" Kreisen (Eger, Elbogen, Trautenau) gerichtliche, militärische und fiskalische Aufgaben wahrnahmen, unter die Landeshauptleute sowie einige Reformen im Gerichtswesen, die äußerlich zwar einer Beschleunigung dienen sollten, insgesamt aber dem König als oberstem Friedenswahrer die Möglichkeit boten, das Landrecht zu umgehen und zum übergeordneten Richter aufzusteigen, ergriff Ferdinand I. weitere Maßnahmen zum Ausbau seines monarchischen Herrschaftssystems. Die gezielte Steigerung der Kroneinkünfte und die kontinuierliche Erweiterung des Kompetenzbereichs der königlichen Kammerverwaltung erlaubten es dem Monarchen, sich immer entschiedener gegen die Ständeherrschaft zu wenden.[9]

Einen bedeutenden Schritt auf diesem Weg stellte die Entmachtung der katholisch-konservativ-utraquistischen Rožmitál-Partei während des Prager Landtags im Februar/März 1530 dar. Nach der Zurückdrängung der antihabsburgischen Fronde und der Herausbildung einer streng royalistischen Ständeparteiung konnte Ferdinand dank der geschickten technokratischen Handhabung des Landtagsverfahrens gewährleisten, daß den königlichen Propositionen, vor allem der Bewilligung der ungeliebten Türkensteuer, meistens Rechnung getragen wurde. Hatte bis 1527 die Vermögenssteuer den Hauptteil der Staatseinnahmen ausgemacht, so wurde danach die – seit 1546 durch eine

Biersteuer ergänzte – Gebäudesteuer zur einträglichsten Einnahmequelle. Als Kammereinkünfte standen dem Monarchen unmittelbar Erbabgaben, Grenzzölle, Ungeld und Kammermieten aus den königlichen Städten, die Erträge aus dem Bergwerks- und Münzregal sowie die Einkünfte aus den mehrheitlich immer noch verpfändeten Krongütern und dem Salzhandel zu. Obgleich die Notwendigkeit der Türkenabwehr grundsätzlich bejaht wurde, schufen die wachsenden Steuerlasten bei den an außenpolitischen Fragen wenig interessierten böhmischen Ständen eine zunehmende Mißstimmung, da vor allem die Städter und die Untertanen des Adels betroffen waren. Außerdem führten diese Abgaben zu einem chronischen Kapitalmangel, denn sie bedeuteten den Abfluß beträchtlicher Summen aus den böhmischen Ländern. Der Unmut der Betroffenen entlud sich in den Landtagsverhandlungen und begünstigte die Bildung einer neuen – sicher nicht antihabsburgischen, aber eine grundlegende Änderung der politischen Prioritäten fordernden – Oppositionsparteiung.

Nur widerwillig hatte der Adel der 1537 und 1540 von Ferdinand geforderten Ablösung des schwerfälligen und wenig effizienten ständischen Landesaufgebots durch eine reine Geldhilfe zur Anwerbung eines jederzeit disponiblen Söldnerheers zugestimmt, sich dabei aber das Recht der Soldatenwerbung für den König selbst vorbehalten. Im Gegenzug wußte Ferdinand I. die bereits 1523 beschlossene Reform der Vladislavschen Landesordnung, die 1530 in revidierter Fassung in Kraft gesetzt, aber nach 1537 erneut zur Beratung gestellt wurde, klug zu seinem Vorteil zu nutzen, wobei ihm der verheerende Feuersturm am 2. VI. 1541 zugute kam, bei dem der Großteil der Landtafeln und wichtige Urkunden in der Prager Burg vernichtet wurden. Die Stände fanden sich danach in einer erheblichen Beweisnot für ihre politischen und rechtlichen Positionen, während der König das vielberufene Gewohnheitsrecht der Stände anzweifeln und gezielt auf die Wiederherstellung der staatlichen und rechtlichen Vollgewalt der Krone hinarbeiten konnte. Als die Ständevertreter immer ungeduldiger die Erhaltung und Erneuerung ihrer angestammten Rechte und Freiheiten verlangten, verfolgte Ferdinand eine geschickte Verzögerungstaktik und ließ sich jedes Entgegenkommen mit wesentlichen Zugeständnissen zugunsten der Krone honorieren; besondere Bedeutung kam dabei dem Landtagsbeschluß vom Januar 1545 zu, mit dem der Krönungsrevers von 1527 mit der Anerkennung des Wahlrechts der Stände aufgehoben und nachträglich die durch die Thronansprüche der Königin Anna begründete Erbfolge für die neue Dynastie festgeschrieben wurde.

Religiöse Streitpunkte

Aber auch die ungelösten religiösen Streitpunkte trugen zu einer wachsenden Verstimmung zwischen den Ständen und dem Monarchen bei, zumal der überzeugte Katholik Ferdinand mit der stärkeren Absicherung seiner Herrschaft immer weniger Rücksichten auf die Andersgläubigen im Lande nahm. Nachdem auf den Reichstagen zu Speyer (15.III.–22.IV. 1529) und Augsburg (20.VI.–19.XI. 1530) die von Kaiser Karl V. verfolgte Wiederherstellung der kirchlichen Einheit nicht erzielt werden konnte und sich die „Protestanten" in der *Confessio Augustana* ihre grundlegende Bekenntnisschrift gegeben hatten, breitete sich das Luthertum immer rascher in Böhmen aus. Anfangs zeigte sich Ferdinand I., am 5.I. 1531 wider alles Herkommen zum römisch-deutschen König gewählt, nur bestrebt, in seinem unmittelbaren Einflußbereich – bei Hofe, auf den Krongütern und in den königlichen Städten – ein weiteres Ausgreifen der neuen Glaubensrichtungen zu unterbinden und durch entsprechende Maßnahmen die Konkordie, den Zusammenschluß der konservativ-traditionalistischen Utraquisten mit den Katholiken, herbeizuführen. Obgleich interne Meinungsverschiedenheiten sowohl im Lager der Utraquisten als auch innerhalb der Brüderunität ihre Reorganisationsbemühungen und die verbindliche Festlegung ihrer theologischen Positionen in der ersten Hälfte der 1530er Jahre beeinträchtigten und die Ansätze behinderten, sich mit den Lutheranern dauerhaft zusammenzuschließen, gewannen sie, nicht zuletzt durch die Förderung bzw. den Übertritt von Adligen, zusätzliches Gewicht und etablierten sich als ständische Religionsparteien.[10] Als der König der von den Brüderältesten Jan Roh und Jan Augusta im September 1535 verfaßten *Confessio,* in der in 20 Artikeln die Lehre der Unität niedergelegt worden war, die Bestätigung versagte, wurden die Kontakte der Brüder zu den reformatorischen Zentren im Reich, besonders nach Wittenberg und Straßburg, intensiviert und eine ideologische Öffnung der lutherischen Theologie gegenüber vollzogen. Obgleich die Anhänger der Brüderunität weiterhin diskriminiert wurden und sich in den königlichen Städten den utraquistischen Priestern unterzuordnen hatten, blieben sie aber bis 1547 von offener Unterdrückung und Verfolgung weitgehend verschont.

Die internen Auseinandersetzungen innerhalb des Utraquismus und die ihm fehlende theologische Geschlossenheit erlaubten es Ferdinand dagegen, den Unionsgedanken mit der katholischen Kirche weiterzuverfolgen und nur der traditionalistischen Richtung entgegenzukommen, die sich auf die Baseler Kompaktaten von 1433 berief und deren Anerkennung durch den Papst der König immer noch zu erreichen hoffte. Die offenkundige Benachteiligung des utraquistischen Adels bei den Ämterbesetzungen rief wachsende Verärgerung hervor. Mit der strikten Unterstellung der königlichen Städte unter die Aufsicht seiner Kammerverwaltung verfolgte Ferdinand I. nicht nur fiskalische Ziele, sondern er wollte damit auch einem weiteren Vordringen der reformatorischen Lehren einen Riegel vorschieben. Nach der im März 1530 verfügten Verbannung des wendigen Primators Pašek intervenierte der König immer massiver bei den Ratserneuerungen, ohne daß es ihm jedoch gelungen wäre, die Prager Städte zu pazifizieren und die innerstädtischen religiösen Querelen beizulegen. Besonders nach 1537 gewannen die Reform- oder Neoutraquisten an Einfluß und vermochten mit der Zeit die Geistlichkeit der Hauptstadt und die utraquistische Kirchenführung auf ihre theologische Position einzuschwören, daß nämlich das Abendmahl in beiderlei Gestalt als Repräsentanz des ganzen Christus heilsnotwendig sei. Gegen ihre geistlichen Führer Jan Mystopol, Pfarrer an St. Niklas, und Václav Mitmánek, Prediger an der Altstädter Hauptkirche am Teyn, die der kultischen Annäherung an die Lutheraner und die Brüderunität das Wort redeten und dem Meßopfer, der Heiligenfürbitte und der Anbetung der Eucharistie eine entschiedene Absage erteilten, ging Ferdinand im Sommer 1543 mit Anklageerhebungen und Landesverweisung vor; der Prager Rat wurde auf Geheiß Ferdinands mit der Berufung des Primators Jakob Fikar von Vrat zugunsten der versöhnungsbereiten und unionswilligen konservativ-traditionalistischen Richtung umgebildet.

Mit der Entmachtung und Liquidierung des Reformutraquismus ging auch eine stärkere Diskriminierung der vom König als „häretisch" eingestuften Brüderunität und der Lutheraner einher. Maßnahmen gegen einzelne Gemeinden und Geistliche gipfelten in der 1545 heimlich erfolgten Aufnahme des 1508 von König Vladislav II. erlassenen St. Jakobs-Mandats gegen die Brüder in die erneuerte Landtafel. Der besonders in Nord- und Nordwestböhmen heimische lutherische Adel mit den Grafen Schlick und den Pflug von Rabstein an der Spitze fand sich 1544/45 in einen vordergründigen Streit mit der Krone verwikkelt, in dem es um die St. Joachimsthaler Bergordnung ging; nach einem fragwürdigen Hochverratsprozeß gelang es Ferdinand schließlich, die relativ unabhängige Position der Grafen Schlick einzuschränken, ihre Kontakte zu den führenden protestantischen Reichsständen zu unterbinden und die bisherigen Freiräume auch der lutherischen Gemeinden zu begrenzen.[11]

Die Ständerevolte von 1547 und die Folgen ihres Scheiterns

Das immer selbstherrlichere Regierungssystem Ferdinands I. führte aber durch seine gezielt gegen die bisherige Ständefreiheit und die konfessionelle Vielfalt gerichtete Politik dazu, daß sich zu Beginn der 1540er Jahre eine Opposition ausbildete, in der sich die Reformutraquisten, die meist ebenfalls reformutraquistischen Stadtgemeinden, die Mitglieder der Brüderunität und des lutherischen Adels zusammenfanden. Weil der Monarch im Vorfeld des Konzils von Trient offensichtlich die Unterdrückung der Protestanten und eine erzwungene Glaubenseinheit im Schoße der katholischen Kirche verfolgte, verbanden die Akatholiken ihre Forderung nach Aufrechterhaltung der überlieferten Grundlagen der Ständeherrschaft und nach Beendigung der kostspieligen Ungarn- und Türkenkriege mit dem Verlangen nach staatlich garantierter Religionsfreiheit. Da Kaiser Karl V. nach dem Frieden von Crépy mit Frankreich (1544) gerade die Hände frei hatte, im Reich gegen den 1531 zur Verteidigung der evangelischen Lehre geschlossenen Schmalkaldischen Bund vorzugehen, scheute sich auch König Ferdinand I. nicht, der nach dem 1545 mit dem Sultan geschlossenen Waffenstillstand voll aktionsfähig geworden war, die Abrechnung mit seinen böhmischen Kontrahenten zu suchen, die den Grundsatz der königlichen *plenitudo potestatis* offen in Frage stellten und sich auf ihr Widerstandsrecht wegen

Verletzung ihrer jahrhundertealten ständischen Tradition beriefen. Trotz der Warnungen des Kurfürsten von Sachsen und des Landgrafen von Hessen vor den Folgen eines kaiserlichen Sieges über die Schmalkaldener für die Böhmen stimmte der Landtag am 17. VIII. 1546 der vom König verlangten Bereitstellung von 4000 Reitern und 20000 Fußsoldaten zu; da dieses Aufgebot aber nur bis zum 11. XI. im Feld bleiben durfte und der bis zum 28. IX. befohlene Aufmarsch der Truppen in Kaaden nur schleppend und unvollständig erfolgte, konnte sich Ferdinand I. im Herbst 1546 nicht wirkungsvoll in den sächsischen Feldzug einschalten. Erst als der König im Dezember ein – wenn auch mildes – Strafgericht gegen die Säumigen übte und am 12. I. 1547 durch eine „Ausschreibung" das Landesaufgebot noch einmal einberufen ließ, brach die offene Rebellion aus. Vor allem die Prager Stadtgemeinden verweigerten ohne Landtagsbeschluß die Zuführung ihrer Kontingente; aber selbst die royalistisch gesonnenen Herren zeigten nur geringe Bereitschaft, dem Befehl des Königs nachzukommen. Dem Vorbild der Prager Städte, dem „Haupt des Städtestandes", folgte die Mehrzahl der königlichen Gemeinden, zumal sich Ferdinand ihrer wiederholten Bitten um Wahrung der ständischen Rechte und der religiösen Freiheiten erneut verschloß.

Nach mehreren Regionalversammlungen wurde für Mitte März 1547 ein Landtag nach Prag einberufen, der in 57 Artikeln sein Programm und seine Klagepunkte niederlegte. In ihnen wurde – ganz der hussitischen Tradition folgend – nicht nur eine ethisch-moralische Regeneration verlangt und einer weitgehenden Annäherung der reformatorischen Bekenntnisse das Wort geredet, sondern es hatten auf politischer Ebene auch die Wiederherstellung der ständischen Prärogativen, die Unabhängigkeit der ständischen Rechtsprechung, die Kontrolle des Adels über die Besetzung der Landesämter, die Beibehaltung der Wahlmonarchie und insgesamt eine Begrenzung des monarchistisch-autokratischen Herrschaftssystems zugunsten der Stände Aufnahme in den Forderungskatalog gefunden. Am 23. III. kam der Beschluß zur Aufstellung eines Heeres unter Kaspar Pflug von Rabstein als Oberstem Feldhauptmann zustande, das sich bis zum 4. IV. in der Herrschaft Schlaggenwald versammeln sollte. Da aber trotz der spontanen Zusagen nur bescheidene Kräfte eintrafen, gelang es König Ferdinand, sich mit seiner kleinen Streitmacht vor der Vereinigung der böhmisch-ständischen mit den kurfürstlich-sächsischen Truppen nach Eger durchzuschlagen und das Heer Karls V. zu verstärken. Während Kaspar Pflug von Rabstein das Prager Direktorium der Aufständischen um die Entsendung weiterer Mannschaften anflehte, traf bereits am 24. IV. die Schmalkaldener bei Mühlberg die vernichtende Niederlage.[12]

Zur gleichen Zeit, zwischen dem 18. und 28. IV. 1547, hielten die Aufständischen in Prag noch einen Landtag ab, um ihr Widerstandsbündnis zu sanktionieren und die Zögernden zum Beitritt zu ermuntern. Wegen der defensiven Grundeinstellung der Aufständischen wurde die Entsendung der eigenen Truppen auf den sächsischen Kriegsschauplatz unterlassen und unter dem Postulat des Schutzes der Landesprivilegien allein eine Verteidigung Böhmens ins Auge gefaßt. Obgleich inzwischen fast die gesamte Ständegemeinde dem Aufstand beigetreten war, ließ der überzeugende Sieg der Kaiserlichen die Bereitschaft zu aktivem Widerstand und zur gewaltsamen Erneuerung der ständischen Rechte rasch erlahmen. Der Versuch, auf einem im Mai abgehaltenen Landtag die Voraussetzungen für eine friedliche Beilegung der Streitpunkte zu schaffen, scheiterte, weil Ferdinand I. von den „Rebellen" die vorbehaltlose Rücknahme aller Beschlüsse und Maßnahmen verlangte. Während der royalistische Adel für die Unterwerfung plädierte, verfochten die Prager Städte und eine kleine, unversöhnliche Adelsfaktion eine unnachgiebige Linie, während sich die Landtagsmehrheit einem von Johann von Pernstein formulierten Kompromißvorschlag anschloß, in dem die Rechtmäßigkeit des Widerstandsbündnisses zur Verteidigung der „Freiheiten, Pivilegien, Ordnung und Recht des Königreichs Böhmen" hervorgehoben, aber zugleich ein Einlenken signalisiert wurde. Doch nach der Wittenberger Kapitulation (19.V. 1547) und der Zerschlagung des Schmalkaldener Bundes brauchte der Monarch keine Rücksicht mehr auf seine isolierten böhmischen Stände zu nehmen, denen sich der Adel und die Städte der Nebenländer nicht angeschlossen hatten, und konnte jetzt daran gehen, die einer autokratischen Herrschaft hinderlichen Einschränkungen seiner Regierungskompetenzen zu beseitigen.

Dem Aufruf König Ferdinands I. an die Stände, ihm im Juni in Leitmeritz noch einmal zu huldigen, leisteten die meisten Herren und Ritter sowie die Mehrzahl der Städte notgedrungen Folge. Durch geschicktes Taktieren konnte der Monarch den größten Teil des Adels wieder in sein Lager ziehen. Nach der überraschenden Besetzung des Hradschin durch königstreue Truppen wurde der Widerstand der Prager Städte bis zum 8.VII. gebrochen. In einem sofort durchgeführten Prozeß bekamen die Städte, die sich mit Ausnahme von Pilsen, Budweis, Brüx, Eger und Aussig gegen den König gestellt hatten, schwere politische und wirtschaftliche Strafen auferlegt: Sie verloren ihre Privilegien und Freiheiten, hatten wieder königliche Richter und Stadthauptleute zu akzeptieren, mußten die Ablieferung aller Waffen, die Konfiskation der städtischen Landgüter und den Verzicht auf Zollerhebungen hinnehmen und künftig eine „ewige Biersteuer" errichten, die bald ein Drittel des gesamten Steueraufkommens ausmachte. Die ebenfalls widerrufenen Zunftprivilegien wurden nach kurzer Frist erneuert. Nach der Bestrafung einzelner exponierter Stadtbürger fällte ein überwiegend aus Mitgliedern des königstreuen Adels der Nebenländer gebildeter Gerichtshof Urteile gegen 35 Herren und Ritter, die mehrheitlich mit Güterverlust und Hausarrest belegt wurden. Von den zehn Todesurteilen konnten wegen rechtzeitiger Flucht der Delinquenten am 22.VIII. 1547 nur vier vollstreckt werden. Von den als drakonisch empfundenen Strafmaßnahmen waren vornehmlich Mitglieder der Familien Schlick, Wartenberg, Waldstein, Hassenstein-Lobkowitz, Dohna, Pflug von Rabstein, Slavata, Krajek, Křinecký u.a. betroffen.[13]

Obgleich der König durch jederzeit aufkündbare Mandatserteilung bereits am 24.IX. 1547 den Städten einen Teil ihrer früheren Privilegien zurückgab und ihren Vertretern auch das Recht zur Partizipation an den Landtagen ausdrücklich bestätigte, hatte er jetzt nicht nur ihre wirtschaftliche Leistungsfähigkeit, sondern auch ihr politisches Eigenleben dem monarchischen Staat untergeordnet. Der Weg zum weiteren Ausbau der königlichen Macht lag offen. Auf dem vom 23. VIII.–3. IX. durchgeführten Bartholomäus-Landtag hatte auch der Adel als Standschaft bedeutsame rechtlich-politische Restriktionen anzuerkennen. Mit der förmlichen Rücknahme der März-Artikel waren praktisch der Verzicht auf das Widerstandsrecht und die Anerkennung der königlichen *plena potestas* verbunden. Dem dynastischen Erbrecht der Habsburger hatten die Stände ebenso zuzustimmen wie der Einrichtung eines königlichen Appellationsgerichts. Die Besetzung der Landesämter und des Landrechts stand – wenn auch erst nach Beratungen mit den übrigen Landesbeamten – nur dem König zu, der allein Land- und Kreistage einberufen durfte. Der zum ständigen Stellvertreter des Königs ernannte zweitälteste Sohn Ferdinand (1529–1595) sollte künftig von der Prager Burg aus Sorge für die Durchführung und Beachtung der einschneidenden Beschränkungen tragen. Durch die Güter- und Bergwerkskonfiskationen, Strafgelder und die neu eingeführte Biersteuer wurde Ferdinand I. zudem in die Lage versetzt, einen Teil seines Schuldenberges abzutragen; allein bei den Fuggern hatte er zur Niederwerfung der Revolte rd. 600 000 Gulden aufnehmen müssen. Bis 1564 wuchs diese Schuldverpflichtung sogar auf die unvorstellbar hohe Summe von 12 Mill. Gulden an, von der die Länder der böhmischen Krone immerhin 2,5 Mill. Gulden hatten verbürgen müssen. Auch wenn Ferdinand I. der Versuchung nicht erlag, die Mitwirkungsrechte der Stände noch stärker zu beschneiden, so stellte er im Herbst 1547 die Weichen jedoch eindeutig auf die Errichtung einer autokratischen Herrschaftsführung. Fast alle Streitpunkte waren zum Vorteil der Krone beigelegt, die Widerstandsmöglichkeiten des Adels praktisch ausgemerzt und die vollständige Kontrolle über die königlichen Städte wieder hergestellt worden. Nur bei der Steuerausschreibung und der Einberufung des Landesaufgebots hatte der König die Zustimmung der Stände einzuholen. Durch den Verlust vieler früherer Sonderrechte war das Königreich Böhmen den in den anderen Territorien der Habsburgermonarchie geltenden Zuständen angepaßt worden. Zwar lebte die Forderung nach Restitution der alten Rechtslage mehrfach wieder auf und der ständische Widerstandsgeist hat sich – nicht zuletzt wegen der zunehmend unduldsamen Religionspolitik und der hohen Steueranforderungen – immer von neuem geregt, dennoch waren die monarchisch-absolutistischen Grundsätze und Praktiken jetzt bereits so fest verankert, daß eine Gefährdung der habsburgischen Herrschaft nicht zu befürchten war und es einem tatkräftigen Monarchen keine Probleme bereiten sollte, alle Versuche zur Rückgewinnung der staatlichen Selbständigkeit und zur stärkeren Ausbildung eines nationalen Eigenlebens bereits im Ansatz zu unterbinden.

Erfolge der Gegenreformation

Wie im Reich, so nützte der König künftig auch in Böhmen die günstige Gelegenheit, die Rekatholisierungsmaßnahmen gezielter voranzutreiben. Das Strafgericht über seine adligen und städtischen Opponenten war zwar von konfessionellen Anklagepunkten freigehalten worden, ihre Entmachtung bot jedoch den Ausgangspunkt für eine Reihe kirchenpolitischer Verordnungen, die vornehmlich die Brüderunität trafen. Das am 5.X. 1547 und 20.I. 1548 erneuerte Verbot der Brüdergemeinden aus dem Jahr 1508 löste eine Verhaftungs- und Verfolgungswelle aus, die viele Gläubige aus den königlichen Städten und Kammergütern zur Flucht nach Kleinpolen und Preußen veranlaßte. Nach der Inhaftierung des Brüderbischofs Jan Augusta und des Seniors Jakob Bílek auf Burg Pürglitz sahen viele Gemeinden, so das langjährige Zentrum in Brandeis an der Elbe, nur den einen Ausweg, gemeinsam zum Katholizismus überzutreten. Da sich die mährischen Stände dem Widerstandsbündnis gegen König Ferdinand I. nicht angeschlossen hatten, konnte der Monarch dort nicht mit der gleichen Strenge gegen die Akatholiken vorgehen, so daß sich das religiöse Schwergewicht der Brüderunität nach Mähren mit den Mittelpunkten Prerau, Prostějov und Eibenschitz (Ivančice) verlagerte. Selbst die von Balthasar Hubmaier und Theodor Huter geführte Richtung der Wiedertäufer, im übrigen Europa einer gnadenlosen Verfolgung ausgesetzt, hatte sich unter der von Landeshauptmann und Adel geschützten Religionsfreiheit in Mähren mit dem Zentrum Nikolsburg niederlassen und ihre Gütergemeinschaften, die Haushaben oder Brüderhöfe, errichten dürfen. Viele Lutheraner auf den sequestrierten Gütern in Nord- und Nordwestböhmen, die mehr als 200 Seelsorger durch Ausweisung verloren, fanden sich genötigt, zur Vermeidung weiterer Repressionen und wegen der Androhung der Landesverweisung sich den Utraquisten zu unterstellen. Gleichzeitig wurde versucht, die bereits zuvor entwickelten Projekte zur Vertreibung der Juden in die Tat umzusetzen: die Israeliten hatten unter Mitnahme ihrer Habe Prag und die meisten Landstriche Böhmens zu verlassen; da sie aber in Mähren fast unbehelligt blieben, wirtschaftliche Rücksichtnahmen eine restlose Ausweisung verhinderten und ihre adligen Schutzherren immer wieder Aufschubfristen durchsetzen konnten, wurde die angestrebte vollständige Judenvertreibung nicht erreicht. Maximilian II. hat der Judenschaft 1567 das Wohnrecht in den Ländern der böhmischen Krone sogar ausdrücklich bestätigt.[14]

Unter dem Einfluß des päpstlichen Nuntius Santa Croce unternahm Ferdinand I. mehrere Anläufe, wenigstens die seit langem propagierte Wiedervereinigung von Katholiken und dem altutraquistischen Flügel herbeizuführen. Die hohen Erwartungen, die der König für die böhmische Glaubenseinigung auf das im Dezember 1547 eröffnete Konzil von Trient setzte, erfüllten sich allerdings nicht, da es von den Protestanten boykottiert wurde, die italienisch-spanische Konzilsmehrheit ohne Abstriche die traditionellen katholischen Dogmen bestätigte und der glaubensstrenge Papst Julius III. den Utraquisten in keinem Punkt

Entgegenkommen zu zeigen bereit war. Nachdem ein Einvernehmen über die Voraussetzungen der Konkordie auf den Landtagen von 1549 und 1550 wegen des entschlossenen Widerstands „häretischer" Kreise, unter denen sich auch die royalistisch, aber entschieden antirömisch eingestellten mährischen Herren befanden, nicht erzielt werden konnte, suchte König Ferdinand I. wie im Reich so auch in Böhmen im Rahmen legitimer Herrschaftsausübung die Initiative auf kirchenpolitischem Gebiet zu ergreifen. Seine massive Intervention in die ständische Kirchenhoheit der Utraquisten, vor allem bei der Auswahl und Bestätigung der paritätisch aus dem Herren- und dem Ritterstand bestellten Defensoren sowie seine unmittelbare Einmischung in die Entscheidungsfindung, sicherten ihm zwar eine gewisse Kontrolle über das Konsistorium, vertieften aber den Graben zwischen den sich fügenden Alt- und den einen Zusammenschluß entschieden ablehnenden Neoutraquisten.

Nachdem Ferdinand I. ab 1551 im Südosten wieder in einen Türkenkrieg verwickelt wurde und die protestantische Fürstenopposition im Reich 1552 Kaiser und König so hart bedrängte, daß diese einer Duldung der andersgläubigen Religionsparteien (Vertrag von Passau, 2./5. VIII.) und schließlich auf dem Reichstag zu Augsburg am 25. IX. 1555 einem Religionsfrieden zustimmen mußten, hatte selbst der böhmische Monarch auf die religiösen Gefühle seiner utraquistischen und lutherischen Untertanen größere Rücksicht zu nehmen, deren Zahl trotz des auch in den böhmischen Ländern praktizierten Prinzips des *cuius regio eius religio* bald wieder anstieg. Da die Visitationen der den Katholiken in Böhmen verbliebenen rd. 300 (von einst 1300) Kirchen ein beklagenswertes Bild über Ausbildung, Moral und materielle Absicherung der Geistlichkeit ergeben hatten, begünstigte Ferdinand I. tatkräftig eine innere Erneuerung des Katholizismus, die durch die Berufung von Petrus Canisius als Hofprediger nach Wien und das Erscheinen von dessen Großem Katechismus (*Summa doctrinae christianae*, dt. 1556) einen bedeutenden Auftrieb erhielt. Die Entscheidung des Königs, in Absprache mit Julius III. den 1540 von Ignatius von Loyola begründeten Jesuitenorden nach Prag einzuladen, wo am 21. IV. 1556 unter dem Rektor Ursman Goisson zwölf Mitglieder das ehemalige dominikanische St. Clemenskloster an der Karlsbrücke bezogen, war von der Hoffnung auf wirkungsvolle Mithilfe bei der Rekatholisierung Böhmens getragen. Mit der ausdrücklichen Bekräftigung dieser Stiftung am 15. III. 1562 war die Umgestaltung der bisherigen Jesuitenschule zu einer vollberechtigten Universität, dem Collegium Clementinum verbunden, das sich rasch als einflußreicher Widerpart des daniederliegenden utraquistischen Carolinum profilierte. Der Adel des Landes, selbst der protestantische, fing mit der Zeit an, seine Söhne auf die einen guten Ruf genießenden Erziehungs- und Unterrichtsanstalten der Jesuiten zu schicken, die mit großzügiger Unterstützung ihrer Protektoren neue Kollegien in Böhmisch Krumau (1581), Komotau (1589), Neuhaus (1592) und Glatz (1597) errichten und dank der energischen Förderung durch den Olmützer Bischof auch in Mähren (Olmütz 1566, Brünn 1572) Fuß fassen konnten. Der Nachwuchs der Orden und der Weltgeistlichkeit fand ebenfalls bei den Jesuiten seine Ausbildung, die sich vorrangig auf die theologisch-philosophischen Studien konzentrierte und den naturwissenschaftlichen und historischen Sektor dem Carolinum überließ. Als Wächter einer strengen katholischen Gläubigkeit haben die Jesuiten unbeschadet ihrer langfristigen Rekatholisierungserfolge aber nicht zur Beendigung der konfessionellen Auseinandersetzungen beigetragen.[15]

Von nicht geringerer Bedeutung für die Wiederherstellung der Prädominanz des alten Glaubens sollte die von dem inzwischen zum Kaiser (1555/58) aufgestiegenen Ferdinand I. 1561 erreichte Erneuerung des Prager Erzbistums werden, das seit dem Übertritt Konrads von Vechta 1421 zum Utraquismus nur noch von Administratoren verwaltet worden war. Alle Anläufe früherer Herrscher, den Papst zur Ernennung eines katholischen Oberhirten zu veranlassen, waren erfolglos geblieben; auch Ferdinands Bemühen, 1537, 1539 und 1545 sein Wahlversprechen einzulösen, war von der Kurie abschlägig beschieden worden. Obgleich Papst Pius IV. der damit verbundenen Bitte nach Anerkennung der Kompaktaten nicht nachkam und nur zögernd die mit Auflagen verbundene Erlaubnis zum Kommunionsempfang in beiderlei Gestalt für Laien erteilte, berief er am 5. IX. 1561 den Wiener Bischof und Großmeister des Kreuzherrenordens, Anton Brus von Müglitz (Antonín Brus z Mohelnice) zum Erzbischof von Prag, der aber – da er den Kaiser auf dem Tridentinum vertrat – erst zu Jahresbeginn 1564 in seinem Metropolitansitz eintraf.[16] Sein Hauptaugenmerk galt der Verbesserung der Seelsorge, wobei er sowohl Zahl, Unterweisung und Einsatzbereitschaft der Priester sowie ihren Schutz vor den Übergriffen adliger und städtischer Patronatsherren zu verbessern bemüht war. Da er und sein Nachfolger Martin Medek (1581–1590) aber Laienkelch und muttersprachliche Liturgie begünstigten und somit eine gewisse landeskirchliche Eigenständigkeit verfochten, weckten sie das Mißtrauen der päpstlichen Nuntien, die unter Rudolf II. dauerhaft in Prag residierten. Mit der Bestätigung von Zbyněk II. Berka von Dubá (1592–1606) wurde der Erzbischof jedoch ganz auf die kuriale Linie und die Verpflichtung festgelegt, künftig den Rat des jeweiligen Nuntius strikt zu befolgen und nur im Einvernehmen mit den Jesuiten Entscheidungen zu treffen; die spürbare Verhärtung auf religiösem Gebiet zeigte bald auch politische Folgen.

2. Die Zuspitzung der politischen und religiösen Konflikte, 1564–1618

Maximilian II./I.

Ferdinand I. hat die langfristigen Auswirkungen seiner Rekatholisierungsmaßnahmen nicht mehr erlebt, denn er starb nach langer Krankheit bereits am 25. VII. 1564 in Wien. In seinen letzten Lebenswochen hatte er aber mehrfach die Überzeugung geäußert, durch seine kirchenpolitischen Maßnahmen einen wesentlichen Beitrag zur Zerschlagung der „böhmischen Häresie" geleistet zu haben. Die Nachfolge seines ältesten Sohnes Maximilian II. (als König von Böhmen: M.I., 1564–1576), der bereits 1547 in Prag gewählt und am 14.V. 1562 auch gekrönt worden war, warf keine Probleme auf, obschon ihn der Vater wegen seiner angeblich protestantischen Neigungen sogar mit einem zeitweiligen Aufenthalsverbot für Böhmen belegt hatte.[17] Als Anfang 1567 der entschieden katholisch gesinnte und bisher mit Entschlossenheit die Landespolitik kontrollierende jüngere Bruder Erzherzog Ferdinand sein Amt als Statthalter in Böhmen niederlegte, um sich ganz der Verwaltung Tirols und der Vorlande zu widmen, sahen die Stände eine willkommene Gelegenheit, Maßnahmen zur Erweiterung ihrer Mitspracherechte und zur Rückgewinnung ihrer bis 1547 bestehenden Einflußmöglichkeiten einzuleiten. Selbst die mächtigen katholischen Herren, die fast alle hohe Landesämter kontrollierten und habsburgisch-royalistisch gesonnen waren, schlossen sich diesem Vorgehen an. Innen- und außenpolitische Entwicklungen boten eine günstige Ausgangsbasis: Die Genehmigung neuer Steuern für einen Krieg in Ungarn (1564–1568) und anschließend die Einmischung der Habsburger in die polnischen Thronfolgestreitigkeiten nach dem Tod Zygmunts II. August 1572, für die beträchtliche Mittel bereitgestellt werden mußten, wurden von den Ständen auf den Landtagen konsequent genutzt, um den Monarchen in jenen Angelegenheiten nachgiebiger zu stimmen, die wie das ständische Steuerbewilligungsprivileg, die Mitsprache bei der Ernennung der Landesbeamten und das uneingeschränkte Versammlungsrecht des Adels im Interesse der ständischen Mehrheit lagen. Der Landtag stimmte nur deshalb zu, damit der trotz Mißernten und schwerer Hungersnöte zu Beginn der 1570er Jahre hauptsächlich auf die Städte abgewälzte Steuerbetrag, von dem etwa 45% auf die Gebäude-, 35% auf die Biersteuer und der Rest auf indirekte Abgaben entfielen, auf jährlich rd. 250000 Schock Meißner Groschen fast verdoppelt werden konnte. Die Annahme und Krönung des Thronfolgers Rudolf zum König von Böhmen stellte ein weiteres Druckmittel dar. Und auch der konfessionelle Konflikt wurde in dieser Auseinandersetzung von den Ständen instrumentalisiert.

In seiner Schlußsitzung am 4.XII. 1563 hatte das Konzil von Trient ein unversöhnliches Verdammungsurteil gegen alle protestantischen Glaubensrichtungen ausgesprochen und dadurch auch die von Ferdinand I. und Maximilian II. verfolgte kirchliche Einigung zwischen Katholiken und Altutraquisten fast unmöglich gemacht. Die bereits von seinem Vater vorgenommenen Eingriffe in die utraquistische Kirchenorganisation wurden von Maximilian zielgerecht ausgedehnt, der die Mitglieder der obersten Kirchenämter ohne Beteiligung der Stände aus eigener Machtvollkommenheit bestellte und mit Heinrich (Jindřich) Dvorský als Administrator 1571 sogar einen verkappten Katholiken, der eng mit den Jesuiten zusammenarbeitete, in die Führungsposition berief. Die im Sinne des Tridentinums vom Olmützer Bischof Wilhelm Prusinovský von Víckov (1565–1572) in Mähren betriebene unduldsame Rekatholisierungspolitik, die mit der Ausbreitung der jesuitischen Lateinschulen die Vertreibung der meist deutschen protestantischen Schulmeister und Stadtschreiber aus den königlichen und bischöflichen Städten verband, schuf selbst in Böhmen böses Blut, weil darin eine Beeinträchtigung der bisher beachteten weitgehenden Bekenntnisfreiheit gesehen wurde. Als die Stände Maximilian II. 1567 die Landesgesetze ohne die Kompaktaten zur Bestätigung vorlegten und damit ihr Desinteresse bekundeten, auf Grund der vier Baseler Artikel von 1433 zu einem Einvernehmen mit der katholischen Kirche zu gelangen, bekräftigte der Kaiser immerhin noch den Ausschließlichkeitsanspruch der Katholiken und der Altutraquisten; unter Hinweis auf seinen Krönungseid lehnte der Herrscher auf dem Landtag von 1571 zudem die von den Neoutraquisten geforderte Genehmigung des lutherischen Bekenntnisses entsprechend der Augsburger Konfession ebenso entschieden ab wie das Verlangen der Brüderunität nach offizieller Zulassung ihrer Religion. Als sich aber – trotz fortbestehender interner Auseinandersetzungen über Glaubensfragen – die protestantischen Stände zu einem gemeinsamen Vorgehen vereinten, mußte auch Kaiser Maximilian II., der sich in Ungarn und Polen in militärischen Auseinandersetzungen verstrickt sah, auf dem am 21.II. 1575 in Prag eröffneten Landtag einlenken.[18]

Die akatholischen Ständevertreter – die Neo- oder lutherischen Utraquisten mit Oberstlandrichter Bohuslav Felix von Hassenstein-Lobkowitz als Sprecher, die Brüder mit Karl Krajíř von Krajek und Wenzel Švihovský von Riesenberg an der Spitze und die zahlenmäßig unbedeutenden Altutraquisten mit Oberstkämmerer Johann Waldstein als Führer – lehnten eine Behandlung der königlichen Propositionen bis zur Bestätigung einer „neuen" Bekenntnisschrift ab, die ein Landtagsausschuß aus der Augustana, den Brüderkonfessionen, früheren Landtagsresolutionen und hussitischem Schrifttum in 25 Artikeln bis Mitte Mai erarbeitet hatte. Der gleichzeitig vorgelegte Entwurf für eine utraquistische Kirchenorganisation sah die Einsetzung bzw. Wahl der Administratoren, der Defensoren und der Konsistorialmitglieder durch die Stände vor. Da die vom Oberstburggrafen Wilhelm Rosenberg auf Krumau und vom Oberstkanzler Vratislav von Pernstein geführten Katholiken nach den Protesten von Episkopat und Nuntius aber ihren Widerstand versteiften und auch die Altutraquisten von der Vorlage abrückten, ließ sich der Kaiser am 25.VIII. und 2.IX. 1575 nur zu einer mündlichen „Assekuration und Versicherung" herbei, daß die Akatholiken keine Beeinträchtigung bei der freien Ausübung ihres Bekenntnisses zu befürchten hätten. Wenn somit die *Confessio Bohemica* auch keine förmliche Bestätigung erhielt und den Bewohnern der königlichen Städte vorenthalten wurde, so bedeutete sie für die protestantischen Herren, Ritter und ihre Untertanen doch eine größere Rechtssicherheit. Die bald als „Konfessionisten" bezeichneten Neoutraquisten, zu denen sich die überwiegende Mehrheit der damals auf über 3,5 Millionen Menschen geschätzten Bevölkerung der böhmischen Länder bekannten, hatten mit der Annahme ihres weitgehend am Luthertum orientierten Glaubensbekenntnisses faktisch eine von Rom unabhängige Kirchenorganisation mit dem Recht gebildet, ihre Defensoren selbst zu bestimmen. Obgleich schätzungsweise nur noch ein Zehntel der Einwohner dem Katholizismus angehörte und die Akatholiken rd. fünf Sechstel der Landtagssitze (100 bzw. mit den Altutraquisten 116 von 135 bei den Rittern, 69 bzw. 75 von 90 bei den Herren und eine starke Repräsentanz bei der städtischen Kurie) innehatten, so blieben sie doch auch weiterhin starken Pressionen in Glaubensfragen ausgesetzt, da die höheren Landesämter, weite Bereiche der Landesverwaltung und die immer größeren Einfluß gewinnende königliche Böhmische Kammer von Katholiken kontrolliert wurden.[19]

Rudolf II.

Als der Garant für die Berücksichtigung der *Confessio Bohemica*, der in religiösen Fragen relativ liberal handelnde Kaiser Maximilian II., bereits am 12. X. 1576 starb, war nicht abzusehen, ob unter seinem Sohn Rudolf II. (1576–1611/12), dem der Ruf eines glaubensstarken Katholiken vorauseilte, eine wirkliche Befriedung der konfessionellen Auseinandersetzungen erreicht werden könnte. Schon bei seinem Regierungsantritt hegten Beobachter Zweifel, ob dieser „bedeutungslose, unansehnliche König", der 1552 geborene Sohn Maximilians aus der Ehe mit seiner direkten Cousine Maria von Spanien, den Belastungen des Herrscheramtes gewachsen sein würde. Obgleich sich schon früh Anzeichen eines schweren Gemütsleidens bemerkbar machten, bewies der auf vielen Gebieten überdurchschnittlich gebildete, fünf Sprachen fließend beherrschende König und Kaiser doch ein unerwartetes Beharrungs- und Durchsetzungsvermögen; erst eine zunehmend zutage tretende Menschenscheu, ein ausgeprägter Verfolgungswahn und wachsende Entscheidungslosigkeit, die zu einer Verschleppung selbst der wichtigsten Angelegenheiten beitrugen, führten bei seiner Neigung, alle politischen Fragen selbst erledigen zu wollen, schließlich zu einer Lähmung der Staatsmaschinerie und zur Ausprägung eines „Kammerdienerregiments", der unkontrollierten Einflußnahme durch die untere Dienerschaft aus Rudolfs persönlicher Umgebung.[20]

Die böhmischen Stände fühlten sich besonders geehrt, als Rudolf II. 1582 seine Residenz von Wien dauerhaft in die Prager Burg auf dem Hradschin verlegte und Böhmen somit, wie unter Karl IV., Regierungszentrale für das Heilige Römische Reich Deutscher Nation und der Habsburgermonarchie wurde. Der Monarch zeigte sich anfangs auch guten Willens, auf den regelmäßig einberufenen Landtagen den besonderen Bedürfnissen der Krone Böhmens Rechnung zu tragen. Doch eine tatsächliche Beilegung der Klagepunkte – zumal ein Abbau der von der königlichen Kammer großzügig gemachten Schulden und der wachsenden Steueranforderungen – erfolgte nicht; auch die Maßnahmen zur Wiederbelebung des Bergbaus, zur Münzreform und für Preisstabilität erbrachten nicht die erhofften Wirkungen.[21] Wegen einer guten Landwirtschaftskonjunktur zeigte der Adel damals großes Interesse an der Schiffbarmachung der Elbe, um sein Überschußgetreide und das Holz kostengünstiger exportieren zu können; der zuvor unbedeutende Warenaustausch mit den österreichischen Erbländern zeigte steigende Tendenz.[22] Trotz der starken finanziellen Anforderungen für die Bautätigkeit Rudolfs II., die dauernd aufflackernden Kämpfe in Ungarn und bei der erneuten Bewerbung Erzherzog Maximilians um den polnischen Thron nach dem Tod Stefan Báthorys herrschte zwischen den Ständen und dem Kaiser bis in die 1590er Jahre „innigstes Einvernehmen". Das war nicht zuletzt das Verdienst der verständigungswilligen Führer der einzelnen Adelsparteiungen, die alle Anstrengungen unternahmen, um die konfessionellen Streitpunkte nicht zum offenen Konflikt ausufern zu lassen.

Auch wenn Rudolf II. trotz seiner überzeugten katholischen Grundeinstellung anfangs keine energischen Maßnahmen zur Zurückdrängung der Akatholiken unternahm, so zeigte er sich doch mit zäher Ausdauer bemüht, den Einflußbereich der protestantischen Bekenntnisse zu schmälern. Der auf allen Landtagen vorgetragenen Forderung der Neoutraquisten, die *Confessio Bohemica* sowie ihre eigene, unabhängige Kirchenorganisation anzuerkennen, kam der Kaiser nicht nach; auf Grund eines 1584 von Nuntius Bononi vorgelegten Memorials beschränkte Rudolf erneut die Respektierung auf das katholische und das altutraquistische Bekenntnis und verfügte am 27. VII. ein Verbot gegen die Brüderunität, das sich aber wegen des geschlossenen Widerstands des protestantischen Adels und wegen der auch von den katholischen Herren geäußerten Bedenken nicht lange aufrechterhalten ließ. Dennoch konnte die Gegenreformation stetig an Boden gewinnen. In den Jesuitenschulen wurde eine neue Generation von Grundherren ausgebildet, die strenge und eifrige Katholiken waren und von ihren oft aus Spanien und Italien stammenden Gemahlinnen in ihrem Glaubenseifer Bestätigung und Rückhalt fanden. Der einflußreiche und ehrgeizige Georg Popel von Lobkowicz, dem der Plan zur Errichtung einer „katholischen Diktatur im Lande"[23] unterstellt wurde, rekatholisierte seine Güter mit aller Strenge und suchte durch weitere Güterkäufe dem Luthertum planmäßig Abbruch zu tun. Dank der entschlossenen Förderung durch die Olmützer Bischöfe Mezoun, Pavlovský und besonders unter dem Kardinal Franz von Dietrichstein (1598–1636) kam in enger Zusammenarbeit mit den Jesuiten in Mähren die Rekatholisierung rasch voran; die Zahl der katholischen Pfarreien hatte sich dort im Jahre 1560 nur auf 50 belaufen, 1590 bereits 70 erreicht und wuchs bis 1619 auf etwa 280 an. Die verbliebenen Orden, deren Nachwuchs ebenfalls von den Jesuiten ausgebildet wurde, erhielten verstärkt Zuzug von deutschen, flämischen, polnischen, spanischen und italienischen Mitbrüdern und konnten so auch aufgegebene Klöster wiederbesetzen und mit Hilfe ihrer Schulen, Druckereien und Seminare ihren Einfluß stetig ausweiten. 1599 faßte mit den Kapuzinern sogar eine neue, im franziskanischen Geiste lebende Ordensgemeinschaft in den böhmischen Ländern Fuß. Die Rückkehr einflußreicher Herrenstandsfamilien zum Katholizismus, die u. a. die Slavata in Böhmen und die Liechtenstein in Mähren vornahmen, erregte großes Aufsehen und signalisierte die wachsende Bedeutung des Katholizismus in einem Lande, in dem die Akatholiken immer noch rd. 85% der Bevölkerung ausmachten.

Die katholische Erneuerung wurde durch den Verfall des Utraquismus wesentlich begünstigt. Die durch die kaiserlichen Ernennungen in das Untere Konsistorium diskreditierte Kirchenführung verfiel immer stärker katholischem Einfluß und verlor das Vertrauen der Gläubigen, zumal als nach geschicktem Werben der Nuntien ab 1589 mehrfach die Administratoren dem hussitischen Bekenntnis mit Ausnahme der Darreichung des Abendmahls in beiderlei Gestalt abschworen und die geistliche Autorität des Papstes ausdrücklich anerkannten. Die von Jesuitenmissionaren, den Nuntien und dem böhmischen Episkopat verfolgten Pläne zur Verdrängung der Akatholiken aus den Landesämtern, zur Zensur aller Druckerzeugnisse und der Rekatholisierung der Prager Universität wurden dem Kaiser unermüdlich von den katholischen Herren vorgetragen, er vermochte sich aber zu keinen durchgreifenden Maßnahmen durchzuringen. Da Rudolf II. auch die Posten des Oberstkanzlers und des Oberstburggrafen längere Zeit unbesetzt ließ und dadurch die Böhmische Kanzlei unter die Leitung des Vizekanzlers Christof Želinský von Sebusein (ze Sebuzína), eines entschiedenen Katholikengegners, geriet, mochte es sogar den Anschein haben, als sollten die katholischen Herren ihren bisherigen dominierenden Einfluß auf die wichtigsten Landesämter verlieren. Doch unter dem Druck des erst seit März 1599 amtierenden Nuntius, Erzbischof Filippo Spinelli, erklärte sich der Kaiser im August zur Entlassung Želinskýs, zu einschneidenden Umbesetzungen in der Böhmischen Kammer, dem wichtigsten Organ der Landesverwaltung, und zur Berufung von engagierten Katholiken für die Ämter des Oberstkanzlers, des Obersthofmeisters und des Oberstrichters bereit, wodurch das Übergewicht der katholischen Herren wieder hergestellt wurde. Besonders der neue Oberstkanzler Zdeněk von Lobkowicz, Jesuitenzögling und Neffe des Prager Erzbischofs Zbyněk Berka von Dubá, erwies sich als ausdauernder Streiter für die Sache der Gegenreformation. Unter seinem Einfluß erneuerte der Kaiser am 22.VII./2.IX. 1602 das Mandat gegen die Brüderunität, das sofort mit aller Schärfe gegen ihre Geistlichen angewandt wurde und zur Schließung zahlreicher Bethäuser und Schulen Anlaß gab. Die von ihrem Wortführer Wenzel Budowetz von Budov (Václav Budovec z Budova) auf dem Landtag von 1603 vorgetragenen Proteste führten zwar zu einer Einstellung weiterer Verfolgungen, nicht aber zur Zurücknahme früherer Maßnahmen. Die Erhebung des Prager Erzbischofs zum Fürsten (1603) und die Durchführung einer glanzvollen Diözesansynode in Prag demonstrierten das wiedergewonnene Selbstbewußtsein und die gewachsene Machtstellung der Katholiken. Die Auseinandersetzung der Konfessionen überdeckte dabei immer stärker den schwelenden Konflikt zwischen landesfürstlichen Hoheitsansprüchen, die der kränkelnde und mißtrauisch-menschenscheue Rudolf II. nur unzulänglich zu verteidigen wußte, und der Auffassung der Stände, mit der Anerkennung ihrer „guten alten Rechte“ das ausschlaggebende Gewicht in der Landesverwaltung zurückzugewinnen.

Auch in Mähren konnten die katholischen Herren um 1600 mit offensivem Vorgehen ihren Einflußbereich erweitern. Hatten 1594 Nichtkatholiken noch alle Landesämter besetzt, so fanden sie sich zehn Jahre später ohne einen einzigen wichtigen Posten. Diese katholische Machtentfaltung war vor allem das Verdienst des Landeshauptmanns Joachim von Haugwitz, des Oberstkämmerers Ladislav Berka von Dubá und des in seinem Glaubenseifer nicht nachlassenden Unterkämmerers Siegmund von Dietrichstein, die gezielt ihre Glaubensgenossen bevorzugten und mit der Ämtervergabe auch den Religionswechsel honorierten. Der Führer der mährischen Unität, Karl der Ältere von Žerotín (ze Žerotína), zog sich 1602 enttäuscht aus dem öffentlichen Leben zurück.[24] Da die Städte zu schwach und zu abhängig waren, um Widerstand leisten zu können, die Bauern der Willkür ihrer Herren ausgesetzt blieben und die alte Rechtsüberzeugung, jede Grundherrschaft könne auf ihrem Besitz die Religionsangelegenheiten nach Belieben regeln, angefochten wurde, fand sich das protestantische Lager einem raschen Zerfallsprozeß unterworfen. Auch in Schlesien, wo sich in den einzelnen Fürstentümern das Luthertum weitgehend behauptet hatte, wurden mit der Ernennung Erzherzog Karls zum Bischof von Breslau die gegenreformatorischen Maßnahmen verstärkt, obgleich sich hier die Stände in entschlossenerer Abwehrhaltung zusammenfanden. Die ungelöste Thronfolge und die akute Türkengefahr boten den Akatholiken der böhmischen Länder jedoch eine günstige Gelegenheit, die Absicherung ihrer Religionsfreiheit erneut zu forcieren.

Bruderzwist im Hause Habsburg

Rudolf II., der fast zwanzig Jahre lang wegen einer Vermählung mit Isabella von Spanien, der Tochter König Philipps II., in vergeblichen Verhandlungen gestanden hatte, war nicht verheiratet und besaß keinen rechtmäßigen Erben. Sein Bruder, Erzherzog Matthias (* 1557), konnte mit der Nachfolge rechnen; aber auch einige einflußreiche böhmische Herren wie G. P. von Lobkowicz, Wilhelm von Rosenberg oder Adam von Neuhaus (z Hrádce) machten sich zeitweilig Hoffnungen auf die St. Wenzelskrone. Da Rudolf II. jede Festlegung vermied und Matthias schließlich fürchten mußte, zugunsten eines anderen Familienmitglieds übergangen zu werden, nützte er die wachsende Mißstimmung der Stände gegen den indolenten Kaiser und gegen die mit den außenpolitischen Verwicklungen verbundenen Steuerlasten aus. Der 1593 ausgebrochene Türkenkrieg bedrohte immer stärker die Kernlande der Habsburgermonarchie, zumal sich wegen der strengen Rekatholisierungsmaßnahmen 1604 der protestantische Adel Ungarns gegen den Kaiser erhob und im Fürsten von Siebenbürgen, Stephan Bocskai, einen entschlossenen Anführer fand. Da das habsburgische Ungarn ganz verloren zu gehen drohte und Bocskais Heiduken 1605 nicht nur Mähren schrecklich verwüsteten, sondern auch Wien und die Steiermark ernsthaft bedrohten, sah sich Matthias, der am 25. IV. 1606 *de facto* mit der Leitung des österreichischen Hauses betraut worden war, gezwungen, unter Anerkennung der ständischen und religiösen Freiheiten der Ungarn am 23. VI. in

Wien mit dem Fürsten von Siebenbürgen einen Vertrag zu unterzeichnen und am 11.XI. durch den Waffenstillstand von Zsitva-Torok den „langen" Türkenkrieg zu beenden.[25] Die darin enthaltenen schweren Auflagen und die Furcht, von seiner Familie vollständig entmachtet zu werden, veranlaßten Kaiser Rudolf II. seinerseits, die Amtsenthebung seines Bruders Matthias zu betreiben.

Die weitverbreitete, wachsende Unzufriedenheit war Anstoß für den Erzherzog, mit den Führern der gegen den Kaiser gerichteten Bewegung in Österreich und in Ungarn, Tschernembel und Illyezhazi, die Kontakte zu intensivieren und am 1.II. 1608 in Preßburg eine Konföderation zur Aufrechterhaltung des inneren und äußeren Friedens abzuschließen, die auch die Mährer und die Böhmen zum Beitritt aufforderte. Während die mährischen Stände unter Karl von Liechtenstein und Karl von Žerotín den Anschluß vollzogen, blieben die Böhmen und die Schlesier wider Erwarten dem Kaiser treu. Der mit dem Vormarsch der Aufständischen nach Prag aufflammende offene „Bruderzwist im Hause Habsburg" wurde durch den Vertrag von Lieben (Libeň) am 25.VI. notdürftig beigelegt, worin Matthias die Herrschaft in den von ihm kontrollierten Ländern Österreich, Ungarn und Mähren bestätigt erhielt, während sich Rudolf II. mit dem Besitz der Kaiserkrone, Tirols und der Vorlande, Böhmens, Schlesiens und der Lausitzen abfinden mußte und dem ungeliebten Bruder ausdrücklich auch das Nachfolgerecht zuzugestehen hatte.

Die Stände ließen sich die Unterstützung der zerstrittenen Brüder sogleich honorieren. Matthias hatte den Mährern die Religionsfreiheit zu garantieren und den Ständen die Befugnis zu konzedieren, über Krieg und Frieden zu entscheiden und die Landesordnung bewaffnet zu verteidigen; Karl von Žerotín rückte in das Amt des Landeshauptmanns ein. Der böhmische Landtag hatte dem Kaiser im Mai 1608 einen Vergleichsvorschlag der Religionsparteien vorgelegt, vorerst aber nur das Zugeständnis erhalten, daß politische Vorgehen fortan nicht mehr mit Eigentumsentzug bestraft würden. Als Rudolf II. aber mit der Rückendeckung der obersten Landesbeamten und des Episkopats versuchte, die versprochene Kultusfreiheit nicht oder nur in unverbindlicher Form zu sanktionieren, kam es auf dem Landtag von 1609 zu schweren Auseinandersetzungen. Obgleich der vom Nuntius und dem spanischen Gesandten bestärkte unnachgiebig katholische Flügel unter dem Oberstkanzler Lobkowicz, Wilhelm Slavata und Jaroslav Martinic (Bořita z Martinic) den Kaiser beschwor, ohne explizite päpstliche Billigung den Religionsgegnern keine Zugeständnisse zu machen, sah sich Rudolf II. angesichts der geschlossenen Front der Protestanten und der vom Oberstburggrafen Adam von Sternberg geführten gemäßigten Katholiken am 9.VII. 1609 dann doch gezwungen, den von Wenzel von Budowetz abgefaßten Majestätsbrief zu unterzeichnen. Da der eigentlich zuständige Oberstkanzler und der erste Sekretär Menzel aus Gewissensgründen die Ausfertigung der Urkunde verweigerten, mußten Sternberg und der zweite Sekretär Michna die Beglaubigung des Dokuments vornehmen. Darin wurde den utraquistischen Ständen das Bekenntnis zur *Confessio Bohemica* von 1575 ohne Einschränkung garantiert; sie durften den Erlaß einer Kirchenordnung, die Anstellung ihrer Geistlichen und die Wahl der Defensoren ebenso ungehindert vornehmen wie die Besetzung des Konsistoriums und die Verwaltung der Universität. Der Bau neuer Schulen und Gotteshäuser wurde zugelassen und die religiöse Toleranz auch auf die königlichen Städte ausgedehnt. Selbst die Bauern sollten künftig weder durch die Grundobrigkeit noch durch staatliche oder kirchliche Autoritäten zum Konfessionswechsel gezwungen werden dürfen. Ein gleichzeitig zwischen den Ständen *sub una et sub utraque* geschlossener Vergleich, der ebenfalls in die Landtafel eingetragen wurde, regelte die Einzelheiten im Verhältnis der Religionsparteien untereinander und stellte den bisherigen konfessionellen Besitzstand sicher. Den schlesischen Ständen wurde wenige Tage darauf, am 20. VII. 1609, ebenfalls Religionsfreiheit auf der Grundlage des Augsburger Bekenntnisses zugesprochen.[26]

Der Gegensatz zwischen den Konfessionen wie auch zwischen den Ständen und dem Kaiser war damit jedoch nicht dauerhaft beigelegt worden. Rudolf II. hatte *de facto* anerkennen müssen, daß das 1555 im Augsburger Religionsfrieden niedergelegte Prinzip des *cuius regio eius religio* für Böhmen keine Geltung besaß; ebenso hatte er einen bedeutenden Abbau der landesherrlichen Souveränität hinnehmen und das Ständeparlament als Initiator auf legislativem Gebiet sowie als oberste Aufsichtsinstanz über die Rechtsprechung anerkennen müssen. Die ohne Einflußnahme der Krone berufenen Defensoren, die in einem komplizierten Verfahren die Benachteiligung religiöser Minderheiten verhindern sollten, bildeten praktisch eine vom Herrscher unabhängige Nebenregierung, der sich die Stände auch außerhalb der konfessionellen Belange bei der Wahrung ihrer Prärogativen bedienen konnten. Die Akatholiken konnten jetzt daran gehen, auf einer sicheren Rechtsgrundlage ihre eigene Kirchenorganisation weiter auszubauen und mit der ihrer alleinigen Aufsicht unterstellten Universität als Ausbildungsstätte ihres theologischen Nachwuchses der bisherigen Vorherrschaft des jesuitischen Collegium Clementinum Abbruch tun. Da die Habsburger zudem durch die Erfolge der protestantischen Union im Reich in Bedrängnis gerieten, durften die Stände hoffen, die angespannte internationale Lage zur weiteren Absicherung ihrer Machtstellung ausnutzen zu können.

Rudolf II. und sein Neffe, Erzherzog Leopold, Koadjutor des Bistums Passau, schürten aber den Konflikt, als sie das unter dem Vorwand eines Einsatzes im Jülich-Klevischen Erbfolgekrieg angeworbene „Passauer Volk" zu Jahresbeginn 1611 in Böhmen einfallen und plündernd und brandschatzend bis Prag ziehen ließen, wo sich Burg, Alt- und Neustadt verzweifelt verteidigten. Da Leopold, gestützt auf die 1609 gegründete Liga katholischer Reichsfürsten, nicht nur die Hoffnung auf die Nachfolge in dem Rudolf II. verbliebenen Herrschaftsbereich hegte, sondern offenkundig auch den Majestätsbrief und die ständischen Errungenschaften zu widerrufen gedachte, schlossen sich jetzt die Böhmen der österreichisch-ungarisch-mährischen Konföderation unter Erzherzog Matthias an, der die „Leopoldiner" rasch außer Landes trieb und am 24. III. seinen feierlichen Einzug in Prag halten konnte. Der desavoutierte Kaiser hatte der Abhaltung einer Generalversammlung der Länder der böhmischen Krone im

April zuzustimmen, auf der die Wahl Matthias' zum König von Böhmen am 23.V. und die Abdankung Rudolfs II. am 11.VIII. 1611 vorbereitet wurden.[27] Rudolf, dem allein die Kaiserkrone verblieb, starb kurz darauf am 20.I. 1612, so daß ihm Matthias am 13.VI. auch auf den Kaiserthron nachfolgen konnte.

Matthias I.

König/Kaiser Matthias (1611–1619), ein ebenfalls wenig dynamischer und früh resignierender Monarch, hatte bei seiner Krönung den Majestätsbrief und den Vergleich der Religionsparteien zwar bestätigt, war aber einer Festlegung auf weitergehende politische Forderungen, so dem Wunsch der schlesischen und lausitzischen Stände nach eigenständigen Landesregierungen und -verwaltungen, den in das Verlangen nach Gleichberechtigung mit den Böhmen gekleideten Separationstendenzen der Mährer und dem vom böhmischen Adel angestrebten „Bund" aller habsburgischen Länder mit einer gemeinsamen Kriegsverfassung zur besseren Koordinierung der Verteidigungsanstrengungen, mit dem Vertrösten auf spätere Verhandlungen ausgewichen. Sein Hauptratgeber, der bald allmächtige Wiener Bischof und (seit 1615) Kardinal Melchior Khlesl, bestärkte den Monarchen in seiner Abneigung gegen die ständische Machtpolitik und den einflußreichen protestantischen Adel, so daß Matthias durch seine Personalpolitik und die Begünstigung der katholischen Hofpartei eine Intensivierung der gegenreformatorischen Maßnahmen auslöste, was wiederum den Protest der Stände weckte. Bei der Neubesetzung der höchsten Landesämter fanden nur Vertreter der unversöhnlichen katholischen Richtung wie Oberstkanzler Lobkowitz Berücksichtigung, die vehement gegen den Erlaß des Majestätsbriefs gekämpft hatten. Mit der Berufung des Egerer Bürgersohns und Strahover Abtes Johannes Lohelius stieg 1612 ein unermüdlicher, eifernder Kämpfer für die katholische Sache auf den Prager Erzbischofstuhl, der die katholischen Grundherren ermunterte, ihre Untertanen – notfalls mit Gewalt – dem einzig wahren Glauben wieder zuzuführen. Da die 1609 im Majestätsbrief gewährte Glaubensfreiheit auch keine Rücksichtnahme der akatholischen Richtungen untereinander mehr notwendig machte, flammten zudem die Auseinandersetzungen zwischen Neoutraquisten, Calvinisten, Lutheranern und Brüdern um die dogmatischen Streitpunkte mit neuer Heftigkeit auf und förderten eine Absonderung der Konfessionen entlang nationaler Trennungslinien. Diese Schwächung der Opposition war dem Kaiser hoch willkommen, der gezielt auf die Wiederherstellung der uneingeschränkten königlichen Autorität hinarbeitete und – um ständischen Forderungen kein Diskussionsforum zu bieten – anfangs dem Zusammentreten eines Landtags geschickt auszuweichen wußte.

Als aber 1614 die Gefahr eines neuen Türkenkrieges die Einberufung eines Landtags nach Böhmisch-Budweis unaufschiebbar machte, setzte Matthias trotz der Drohung der Stände, wegen des Bruches der Wahlkapitulationen seine Absetzung betreiben zu wollen, immerhin die Steueranforderungen durch, konnte aber die Zustimmung zur Abhaltung eines Generallandtags der habsburgischen Länder zur besseren Vorbereitung der Türkenabwehr nicht erreichen. Auch auf der von den Ständen 1615 erzwungenen Generalversammlung der böhmischen Länder in Prag wußte der Kaiser jedes Zugeständnis und selbst das Eingehen auf die von ihnen jetzt aufgegriffene, politisch relevante Forderung zu vermeiden, eine Konföderation der Stände aller kaiserlichen Territorien – Österreichs, Ungarns und Böhmens – zu wechselseitigem Schutz bilden zu dürfen. Nachdem am 14. VII. 1615 im Vertrag von Wien ein langfristiger Frieden mit dem Sultan vereinbart werden konnte, gewann Matthias für seine immer unverhohlener auf das Zurückdrängen des ständischen Einflusses und der Akatholiken ausgerichtete Politik zusätzlichen Spielraum. Als im Oñate-Vertrag (15. VI./29. VII. 1617) zwischen den österreichischen und den spanischen Habsburgern die Erbfolge des Erzherzogs Ferdinand III. der Steiermark, einem Sohn Erzherzogs Karl II. von Innerösterreich, nach dem Ableben des kinderlosen Matthias festgelegt worden war, stimmten selbst die Stände der böhmischen Länder auf Grund seines Erbrechts ohne größere Vorbehalte der „Annahme" und Krönung des Thronfolgers (29. VI. 1617) zu, obgleich der Jesuitenzögling Ferdinand in dem Ruf stand, ein eifriger Verteidiger des katholischen Glaubens und ein offenkundiger Gegner der ständischen Freiheiten zu sein.[28] Die kurz danach vollzogene Verlegung der kaiserlichen Hofhaltung von Prag nach Wien und die damit verbundene Rückstufung Böhmens vom Mittelpunkt zu einem der Nebenländer der Habsburgermonarchie konnte auch als Kampfansage an die unbequemen Stände verstanden werden, konsequent gegen ihre politischen und religiösen Freiheiten vorgehen zu wollen.

Kaiser Matthias mußte sich zu einem entschlosseneren Eingreifen auch dadurch herausgefordert fühlen, weil einige exponierte Mitglieder der Opposition wie Heinrich Matthias Graf Thurn enge Kontakte zum protestantischen Fürstenbund im Reich pflegten, dessen Führer, der pfälzische Kurfürst Friedrich V. und Christian von Anhalt, die böhmischen Stände ermutigten, durch einen Aufstand das Signal zum Sturz der habsburgischen Herrschaft im Reich zu geben. Zudem war der Kaiser die Flut von Beschwerdebriefen, Anklagen und Apologien leid, die bei ihm über tatsächliche oder vermeintliche Verletzungen der religiösen Freiheiten einliefen und sein Einschreiten verlangten. Die von der Böhmischen Kanzlei beharrlich verfolgten Maßnahmen zur Stärkung des katholischen Einflusses in den königlichen Städten – Pflicht zur Beachtung der katholischen Feiertage, Revision der Gemeindeordnung zugunsten der Katholiken bei der Erteilung von Bürgerrechten und ihrer Aufnahme in den Rat, Diskriminierung der Protestanten – lösten erhebliche Unruhe aus; der mit dem Verbot des Besuchs protestantischer Kirchen und mit Ausweisungsandrohung verbundene Druck auf die Bauern, einen Wechsel zum Katholizismus vorzunehmen, schuf landesweit Unsicherheit und Verbitterung. Die Schließung der auf dem Boden der Benediktinerabtei stehenden protestantischen Kirche in Braunau und der vom Prager Erzbischof Lohelius verfügte Abriß eines Bethauses in Klostergrab im Dezember 1617 ließen die Verärgerung weiter eskalieren.

Die von den Defensoren am 6. III. 1618 nach Prag einberufene Versammlung der Ständevertreter, die sich zur *Confessio Bohemica* bekannten, protestierte beim Kaiser vehement gegen diese offensichtliche Verletzung des im Majestätsbrief von 1609 niedergelegten Rechtes auf freien Kirchenbau; als Matthias mit „Schwerem Schreiben" am 21. III. die Beschwerde als unbegründet zurückwies und eine auf Mai terminierte weitere Versammlung der Protestanten verbot, nahmen die Spannungen noch weiter zu. Die Verbitterung war so groß, daß bei einem trotz des kaiserlichen Einspruchs zustandegekommenen neuerlichen Treffen der akatholischen Ständevertreter die Befürworter einer antihabsburgischen Politik Gewaltmaßnahmen gegen die königlichen Statthalter durchsetzen konnten, die als „Verletzer des Majestätsbriefs, Feinde der Stände und des Gemeinwohls" für die Zuspitzung der Lage verantwortlich gemacht wurden. Am 23. V. 1618 zog eine große Menschenmenge zur Burg und stürzte zwei der zehn Statthalter, die besonders verhaßten Wilhelm Slavata und Jaroslav Martinic, sowie den Landtafelschreiber Philipp Fabricius aus den Fenstern der Böhmischen Kanzlei. Obgleich die Defenestrierten überlebten, löste der Prager Fenstersturz, bereits von den Zeitgenossen als „unsinnige und zwecklose Tat" und als „Anfang und Ursache alles folgenden Wehs" beklagt, die erste Etappe des Dreißigjährigen Krieges aus, den Aufstand des vorwiegend protestantischen Adels gegen die autokratisch-katholische Landesherrschaft der Habsburger. Aus einer böhmischen Rebellion erwuchs ein ganz Europa erfassender Krieg, der einschneidende Veränderungen in der bisherigen Staatenwelt bedingte und besonders für die Länder der St. Wenzelskrone fatale Folgen hatte.

3. Die kulturellen, gesellschaftlichen und wirtschaftlichen Umwälzungen im 16. Jahrhundert

Unbeschadet der politischen und religiösen Konflikte sowie der großen finanziellen Belastungen, die von den böhmischen Ländern für den habsburgischen Gesamtstaat erbracht wurden, erlebten Literatur, bildende Kunst, Architektur und Musik im Rahmen der gesamteuropäischen Renaissancekultur einen beeindruckenden Aufschwung. Die rasche Verbreitung des Buchdrucks und das Entstehen von richtigen Verlagen, unter denen die von Georg Melantrich (Jiří M.z Aventina) begründete und von seinem Schwiegersohn, dem Historiker und Lexikographen Daniel Adam von Veleslavín (z Veleslavína), fortgeführte Druckanstalt besonders hohes Ansehen genoß, begünstigte das heimische Literaturschaffen ebenso wie die durch die Verbesserung der Schulbildung sprunghafte Zunahme der Lesefähigkeit; besonders das populärwissenschaftlich religiöse Schrifttum der Böhmischen Brüder erreichte in der Volkssprache auch Bürger und Bauern. Dem Wirken des aufgeschlossenen Brüderbischofs Jan Blahoslav (1523–1571) war die 1571 erschienene Tschechische Grammatik und vor allem das Zustandekommen einer weitgehend textgerechten Bibelübersetzung, der zwischen 1579 und 1588 in sechs Teilen veröffentlichten Kralitzer Bibel (Bible kralická) in einer zeitgemäßen, bildhaften Sprache zu danken; beide Werke besaßen in Wortgebrauch, Stil und Syntax bis ins 18. Jahrhundert Vorbildcharakter. Auch dem geistlichen Lied, in zahllosen gedruckten Gesangbüchern im Umlauf, schenkte die Brüderunität große Aufmerksamkeit. Selbst theologische Streitschriften und religiöse Traktate fanden in erstaunlich hohen Auflagen eine interessierte Leserschaft.

Obgleich auch wenig anspruchsvolle, spannende Unterhaltungsliteratur zirkulierte und wichtige humanistische, aber auch belletristische Werke in Übersetzungen einer breiteren Leserschaft zugänglich gemacht wurden, fanden vor allem Reisebeschreibungen, historisch-politische Darstellungen und belehrend-weiterbildende Abhandlungen eine begeisterte Aufnahme. Zum Teil erschienen sie auf lateinisch, das in den vom Adel protegierten höheren Schulen gelehrt wurde, aber auch auf tschechisch und gelegentlich selbst auf deutsch, wodurch die Mehrsprachigkeit eines Großteils des Adels und des gebildeten Bürgertums belegt wird. Das richtige Pfropfen der Obstbäume, die wirtschaftliche Bedeutung des Bierbrauens oder der Fischzucht (Jan Dubravius, *De piscinis,* 1547) und die Grundlagen des Bergbaus (Georg Agricola, *De re metallica libri XII,* 1556) wurden ebenso propagiert wie neueste naturwissenschaftliche Erkenntnisse. Gerade auf dem Gebiet der Heilkunde (Jan Černý, T. Hájek von Hájek, Pietro Andrea Mathioli, Johann Jessenius (Jan Jesenský)) und der Astronomie (T. Hájek von Hájek, Tycho de Brahe, Johann Kepler) wurde in Prag besonders fruchtbare Arbeit geleistet. Auch die Geschichtsschreibung und die politische Literatur standen in hohem Ansehen. König, Adel und Bürger suchten ihre Standpunkte durch geeignete Argumente zu untermauern. Während bürgerliche Autoren eine stärkere Berücksichtigung der städtischen Interessen befürworteten, suchte der Adel seine Vorrangstellung im öffentlichen Leben zu rechtfertigen und die Ansprüche der Krone zu widerlegen (Wenzel Budowetz von Budov, Karl d. Ä. von Žerotín). Die 1541 veröffentlichte Böhmische Chronik *(Annales Boemorum)* des Wenzel Hájek von Libotschan (Václav H. z Libočan) stieg trotz ihrer einseitigen Verherrlichung der führenden Herrschergeschlechter und der harschen Verurteilung des Hussitismus zur wichtigsten Geschichtsdarstellung der Zeit auf, obgleich eine ganze Reihe weiterer Chroniken und Kompilationen sich mit Vergangenheit und Gegenwart der böhmischen Länder auseinandersetzten. Die aus dem Bürgerstand entstammenden Autoren hatten im Verlauf des 16. Jahrhunderts den in Adelskreisen begünstigten latinisierenden Humanismus weitgehend verdrängt und das Tschechische zu einer voll ausgebildeten Literatursprache erhoben.[29]

Obwohl das Elementarschulwesen die Dörfer noch nicht erreicht hatte, so bestanden in den größeren Städten doch ausreichende Bildungsmöglichkeiten. In der Unterstufe der Stadtschulen, von denen es im Böhmen über 300 und in Mähren über 100 gegeben haben dürfte, wurde neben der Vermittlung von Grundkenntnissen im Lesen, Schreiben und Rechnen auch dem Religionsunterricht große Aufmerksamkeit gewidmet. Der erfolgreiche Besuch der Oberklassen war die Voraussetzung für die Aufnahme eines Universitätsstudiums, das fast ausschließlich den Söhnen der Adels- und Patrizierfamilien vorbehalten war. Allein in den Prager Städten gab es um 1600 17 Lateinschulen, die häufig in Konkurrenz zueinander standen und mit den von der Universität erlassenen und kontrollierten Lehrplänen bemüht waren, ein umfassendes Wissen auf theologisch-philosophischem sowie auf naturwissenschaftlichem und juristischem Gebiet zu vermitteln. Begüterte Adlige, so der letzte Witigone Peter Wok von Rosenberg (Petr Vok z Rožemberka, 1539–1611), richteten Gymnasien ein und statteten sie finanziell großzügig aus. Einen besonderen Aufschwung erfuhr das Lateinschulwesen durch den gezielten Aufbau der Jesuitenlehranstalten, die in der vom König geförderten Akademie zu St. Clemens und in der 1573 gegründeten Universität Olmütz[30] ihre geistlichen Mittelpunkte besaßen. In der Auseinandersetzung mit den katholischen Bildungseinrichtungen gewann auch das utraquistische Collegium Carolinum langsam wieder an Profil, besonders nachdem der Majestätsbrief von 1609 eine eindeutige Rechtsgrundlage für seine Reorganisation geschaffen hatte. Mit der materiellen Sicherstellung des Lehrkörpers, der nicht mehr der Zölibatsverpflichtung unterlag, und dem Erlaß einer neuen Universitätsverfassung zwischen 1612 und 1614 war der Boden bereitet, auf dem der 1617 berufene neue Rektor Johann Jessenius, ein geachteter Historiker und Diplomat, Anatom und Chirurg, einschneidende Reformen in die Wege leiten konnte. Viele junge Böhmen vervollkommneten zudem ihre Bildung im Ausland, wobei für die Protestanten die Schweizer Universitäten Basel, Genf und Zürich, aber auch Straßburg, Leiden, Wittenberg, Marburg und Heidelberg besondere Attraktivität besaßen, während die jungen Katholiken ein Studium an den italienischen Hochschulen, in Löwen, Wien und Krakau bevorzugten.[31]

Prag und somit auch die böhmischen Länder profitierten in vielfältiger Weise von der Tatsache, daß sie Residenzstadt und Regierungsmittelpunkt der Habsburgermonarchie waren. Ferdinand I. kam der bei seiner Wahl übernommenen Verpflichtung, auf der Prager Burg seinen Hauptsitz zu nehmen, insgesamt recht gewissenhaft nach, obschon Wien Hauptstadt blieb; die von ihm initiierte Bautätigkeit im Stil der Renaissance (vor allem das Lustschloß Belvedere für Königin Anna, 1536–1560 von Giovanni Spatio errichtet) wurde wegweisend für die Architektur im ganzen Lande. Die Hochadelsfamilien wetteiferten beim Bau immer prunkvollerer Schlösser auf ihren Besitzungen und ihren Palais in der Hauptstadt. Neben italienischen und österreichischen Baumeistern konnten sich auch heimische Künstler entfalten und, aufbauend auf älteren Traditionen, einen eigenen „böhmischen" Renaissancestil ausbilden, der vor allem von der Stadtbevölkerung bevorzugt wurde. Die aus Italien kommende Sgrafittikunst fand rasche Verbreitung und zierte Paläste genauso wie Bürgerhäuser. Seitdem Rudolf II. ständig in Prag Hof hielt, blühte auch die bildende Kunst auf, woran Bildhauer (die Niederländer Collin und Adrian de Vries), Kupferstecher (Ägidius Sadeler) und die anfangs von der niederländischen Genredarstellung (G. Hufnagel, Hans van Aachen), später von spanischer Manier beeinflußte Hofmalerei vorrangig beteiligt waren. Die Hofkapelle, an der als Komponisten und Solisten viele Ausländer wirkten, galt um 1600 als das beste Orchester Europas, trug wesentlich zur Ausbildung der Polyphonie und zum Aufschwung des auch in Böhmen seit langem intensiv gepflegten Chorgesangs bei. Unter den böhmischen Komponisten ragt Christoph Harant von Polschitz (Kryštof Harant z Polžic a Bezdružic, 1546–1621) hervor, der in seinen Messen und Motetten aber weitgehend der älteren Richtung verhaftet blieb. Kaiser Rudolf II., ein unermüdlicher Sammler literarischer und künstlerischer Schätze, aber auch mancher geschmacklosen Absonderlichkeit, war offenkundig bemüht, Prag auch zum kulturellen Zentrum seines Reiches zu machen. Die insgesamt erfreuliche Entwicklung auf dem gesamtkulturellen Sektor hat die tschechische bürgerliche Historiographie des 19. und 20. Jahrhunderts veranlaßt, im Vergleich zum anschließenden *temno,* der Zeit der Finsternis im 17. und 18. Jahrhundert, die Renaissanceepoche als „goldenes Zeitalter" der tschechischen Nationalkultur herauszustreichen.[32]

Gesellschaftsstruktur und Wirtschaftsentwicklung

Obschon im 16. Jahrhundert nicht wie während der vorausgehenden Hussitenzeit einschneidende soziale und wirtschaftliche Umbrüche in den Ländern der böhmischen Krone zu verzeichnen waren, erwies sich die ständisch gegliederte Gesellschaft unter den ersten Habsburgern keinsfalls als stabil. Der hochadlige Herrenstand *(barones regni),* dem in Böhmen 1557 184, im Jahre 1615 197 Familien zugerechnet wurden, kontrollierte etwa 45% des Landesterritoriums; elf Familien gehörte allein ein Viertel des Bodens. Die Ritterschaft *(milites),* deren Mitgliederzahl sich im gleichen Zeitraum von 1438 auf 977 Familien verringerte, von denen rd. ein Drittel bereits keine Untertanen mehr besaß, verfügte über zwei Fünftel des Landes. Etwa zwei Drittel des grundherrlichen Bodens blieben im allgemeinen den adligen Gutswirtschaften vorbehalten, so daß die bäuerlichen Untertanen ihren Lebensunterhalt und die von ihnen geforderten Abgaben aus dem verbleibenden Drittel erzielen mußten. Während die Zahl der Besitzer, die weniger als 100 Untertanen hatten, zwischen 1557 und 1620 von 28% auf 16,3% zurückging, stieg der Anteil derjenigen Familien, die 900 und mehr untertänige Bauern auf ihren Gutskomplexen beschäftigten, von 25,8% auf 41,8% an.[33] Einige führende Adelsgeschlechter, so die der Rosenberg, Hassenstein-Lobkowitz, Neuhaus, Schellenberg u. a., starben vor Ausbruch des Dreißigjährigen Krieges aus oder mußten ihren Besitz aufgeben;[34] durch königliche Nobilitationen sowie durch die von Herren und Rittern gemeinsam vorgenommene und streng überwachte Erteilung des Inkolats, die Aufnahme eines ausländischen Standesgenossen in die „Landsmannschaft", die das Recht zum Besitz adliger Güter als Grund-, Gerichts- und Leibherr der jeweiligen Untertanen sowie die Landtafelfähigkeit beinhaltete, wurden die Verluste weitgehend ausgeglichen.[35] Unter den zwischen 1526 und 1618 in den Ritterstand zugelassenen rd. 300 Familien fanden sich viele königliche Beamte, aber auch Ärzte, Juristen und Wissenschaftler, von denen mehr als die Hälfte als Böhmen, etwa 40% als Deutsche eingestuft werden können. Unter den 53 in den Hochadel aufgenommenen Geschlechtern fanden sich auch die Familien Trčka von Lipa, Czernín, Kinský, Kaunitz, Kolowrat, Thurn, Hohenlohe und Redern, die bald ein ausgeprägtes Landesbewußtsein an den Tag legten und durch Heirat rasch mit den alteingesessenen Familien verschmolzen. In Mähren, wo der Hochadel sogar noch über einen größeren Besitzanteil an Grund und Boden verfügte, verlief die Entwicklung ähnlich, so daß hier die adlige Vorherrschaft noch stärker zum Tragen kam als im böhmischen Kernland.

Die Zugehörigkeit zum Landesadel bot zahllose Vorrechte, wie die Steuerfreiheit der unmittelbaren Güter, die Mitwirkungsfähigkeit am Landrecht, der Rechtspflege des Kreises und bei der Besetzung der Landesämter sowie die Möglichkeit, direkt oder indirekt auf den Landtagen an der Gestaltung der Landespolitik teilzuhaben. Hinsichtlich der Wirtschaftslage und des Wohlstandes herrschten innerhalb der Adelsklasse jedoch beträchtliche Unterschiede. Während der Hochadel in seinen neuerbauten Schlössern und den prächtigen Stadtpalästen in Prag seinen gepflegten Lebensstil, seine Bildungsbeflissenheit und seinen Reichtum zur Schau stellte, sahen sich zahllose kleine Adlige gezwungen, sich in den Städten niederzulassen und bürgerliche Tätigkeiten auszuüben. Dagegen hatten manche wohlhabende Bürger aus königlichen Städten, besonders aus den reich privilegierten drei Prager Munizipien und aus Kuttenberg, Langüter erworben und waren zu einer ritterlichen Lebensführung übergegangen. Wie jede andere Oberschicht zeigte sich auch der böhmische Adel kraft seiner ererbten Herrschaftsrechte bemüht, diese aufstrebenden bürgerlichen Kreise von der politischen Mitbestimmung auszuschließen und auch auf wirtschaftlichem Gebiet den Vorrang seiner Interessen zu verteidigen.

Die von der Krone und den katholischen Hochadelsgeschlechtern ergriffenen Maßnahmen zur Rekatholisierung des Landes hatten insoweit Erfolg, als kurz vor der Ständeerhebung von 1618 die Zahl der Klöster und Kapitel in Böhmen und Mähren auf jeweils 36 mit durchschnittlich 30 Insassen anwuchs und allein in Böhmen wieder 1336 Pfarrstellen existierten, die etwa zur Hälfte von katholischen Geistlichen versorgt wurden. Mit Ausnahme des Erzbischofs von Prag und der wenigen aus den Rängen der hohen Geistlichkeit kommenden königlichen Beamten war der politische Einfluß des Klerus in Böhmen selbst aber relativ bedeutungslos. In Mähren dagegen, wo Hussitismus und Reformation die Stellung der katholischen Kirche nicht so stark erschüttert hatten, behauptete die Geistlichkeit ihre Stellung als eigener Stand, obgleich sie auf den Landtagen nicht als selbständige Kurie auftrat, denn der Bischof von Olmütz gehörte zu den Herren, während die Prälaten den Städtevertretern zugerechnet wurden. In den einzelnen schlesischen Fürstentümern und den Lausitzen hatte sich die Geistlichkeit kein generelles Mitspracherecht bewahren können; bei dem unter Vorsitz des schlesischen Oberhauptmanns zusammengetretenen zentralen Fürstenlandtag in Breslau waren die wenigen geistlichen Herren mit den Vertretern des Adels und der Stadt Breslau in der zweiten Kurie zusammengeschlossen.

Unter der Herrschaft der Habsburger bildete sich mit der Zeit ein vom König bezahlter, von ihm berufener, effektiv arbeitender, anfangs zahlenmäßig kleiner, aber ausschließlich ihm verantwortlicher Beamtenapparat heraus, dem vor allem die fiskalischen Aufgaben übertragen wurden. Nur die obersten Landesbeamten, deren Ernennung nach der jeweiligen Machtverteilung entweder vom Herrscher allein oder nach Absprache mit den Ständen bzw. auf ihre Empfehlung hin erfolgte, waren dagegen in ihrer Dienstausübung dem Landtag verantwortlich. Auch in der ständischen Landesverwaltung bis hinab auf die Kreisebene und in den königlichen Städten begann sich mit den Richtern, Schreibern, Lehrern usw. ebenfalls eine vielfach differenzierte Bürokratie auszuprägen. Desgleichen war in den Gutsverwaltungen und den Wirtschaftsbetrieben der Grundherren eine wachsende, nicht mehr präzise belegbare Anzahl von Gutsbeamten tätig, so daß sich im frühen 17. Jahrhundert langsam eine neue soziale Schichtung stabilisierte, deren Bedeutung stetig zunahm.[36]

Im 16. Jahrhundert war trotz der immer noch auftretenden Pestepidemien und gelegentlicher schwerer Hungersnöte in den etwa 122 000 km^2 umfassenden Ländern der böhmischen Krone ein langsamer Bevölkerungsanstieg auf über 4 Millionen Menschen zu verzeichnen, von denen rd. 1,5 Mill. im eigentlichen Böhmen, 0,8 Mill. in Mähren, 1,4 Mill. in Schlesien und eine nicht genau zu ermittelnde Zahl in den beiden Lausitzen und im Egerland lebten.[37] Auch die Stadtbevölkerung profitierte vom allgemeinen Bevölkerungswachstum. Die drei königlichen Prager Städte – Altstadt, Neustadt, Kleinseite – und die grundherrliche Stadt Hradschin zählten um 1600 etwa 65 000 Bewohner; Kuttenberg hatte 4632 Bürger und 2440 Untertanen auf den Stadtgütern, während in Leitmeritz 4505 Einwohner und 3191 Untertanen und in Pilsen neben 1820 Bürgern auch 1098 Untertanen lebten. In den meisten Kommunen waren jedoch weniger als 2000 Bewohner zu finden, eine Zahl, die auch nicht-königliche Städte wie Leitomischl, Neuhaus, Jitschin oder Deutsch-Brod erreichten. Insgesamt fanden sich die Bürger der 56 in Böhmen und der neun in Mähren gelegenen königlichen Städte aber einem zunehmenden politischen und wirtschaftlichen Druck des Adels ausgesetzt, der darauf abzielte, ihr bereits eingeschränktes Mitspracherecht auf den Landtagen und ihre ökonomische Unabhängigkeit noch weiter zu beschneiden. Diesem Zweck diente auch die Unterbindung des Zuzugs billiger Arbeitskräfte vom Dorf in die Stadt, was sich für einen raschen Wirtschaftsaufschwung in den königlichen Städten ebenso als Hemmschuh erwies wie die Aufrechterhaltung der Zunftorganisation, die nur wenigen etablierten Handwerksmeistern eine gewisse Wohlhabenheit gewährte. Die 1547 nach dem niedergeschlagenen Ständeaufstand von Ferdinand I. verfügten Strafmaßnahmen trafen vor allem die in Böhmen gelegenen Städte schwer, und das zu einem Zeitpunkt, als Städtewesen und Bürgertum im übrigen Europa einen raschen Aufschwung nahmen. Die dünne Eigenkapitalbasis und das hohe Zinsniveau bei Krediten sowie die gleichzeitige Verteuerung von Rohstoffen und Arbeitsleistungen belastete vor allem die Kleinerzeuger, die häufig zur Geschäftsaufgabe gezwungen und in den Ruin getrieben wurden. Dazu kam erschwerend, daß wegen der ständigen Türkengefahr nicht nur die Wirtschaftskontakte nach Südosteuropa beeinträchtigt waren, sondern auch die Handelsverbindungen nach Polen, Siebenbürgen und Rußland litten; der Niedergang der städtisch-handwerklichen Produktion wurde jedoch hauptsächlich durch die für die Türkenabwehr aufzubringenden hohen Steuerlasten beschleunigt, die zu einem ständigen Kapitalabfluß beitrugen. Von den um 1600 von den böhmischen Ländern jährlich bereitzustellenden rd. 725 000 Schock Meißner Groschen, rd. zwei Drittel des gesamten Steueraufkommens der habsburgischen Länder, hatten allein die königlichen Städte in manchen Jahren zwei Fünftel beizusteuern, wobei die Hauptlast der Zahlungen auf dem Handwerk ruhte. Die Unzufriedenheit der verarmenden Stadtbevölkerung, der Handwerksgesellen und der Bergarbeiter entlud sich mehrfach in vergeblichen Aufständen, die aber zu keiner wirklichen Besserung der Lage führten. Das Einströmen amerikanischen Silbers, der damit verbundene Rückgang der unrentabel gewordenen heimischen Edelmetallförderung und ein ständiger Preisanstieg stellten ein weiteres Problemfeld dar, das den Bewohnern der königlichen Städte ebenso schwer zu schaffen machte wie der Bevölkerung der kleinen untertänigen Städtchen. Obgleich in Mähren, in Schlesien und in den Lausitzen die wirtschaftliche Entwicklung etwas günstiger verlief, so machte sich auch hier Stagnation breit, während in Böhmen insgesamt der Niedergang des Städtewesens weiter fortschritt.[38]

Die fast vollständig grunduntertänigen Bauern blieben vom politischen Leben ausgeschlossen und weiterhin der Gerichts- und Strafgewalt der adligen Landbesitzer ausgeliefert. Der Adel nahm sein Recht auf Zins und Dienst, auf Steuer, Robot und Zuzug in Kriegsnot wie gewohnt wahr. Die Rechtsstellung selbst der Bauern, die auf Königsgut (ca. 8%), auf städtischem (3,7%) oder kirchlichem (4,2%) Besitz angesiedelt waren, hatte sich keinesfalls verbessert. Den verbliebenen rd. 400 böhmischen und etwa 150 mährischen Freisassen gehörte nur noch 0,4% des Ackerlandes. Obgleich die Intensivierung der adligen Gutswirtschaft wenigstens im Sommer ausreichende Arbeitsmöglichkeiten bot, fanden im Winter die auf einen Nebenverdienst angewiesenen Kleinstbesitzer keine Beschäftigung. Nach Mißernten und in Hungerjahren zogen die Allerärmsten als Landstreicher und Bettler herum, während junge Männer in den Söldnerheeren und bei der Türkenabwehr ein Auskommen suchten. Die Ausweglosigkeit auf dem flachen Land machte sich nach 1580 in einer wachsenden Zahl von offenen Protesten und Bauernunruhen Luft, die bis in die ersten Jahre des Dreißigjährigen Krieges an Häufigkeit und Grausamkeit zunahmen.[39]

Die Grundherren taten wenig, um die vorhandenen Spannungen abzubauen. Ihr gesteigertes Interesse, das mit der Agrarproduktion erwirtschaftete Einkommen zu erhöhen, war immerhin Anlaß für die Wiederansiedlung von Bauern in den im Spätmittelalter entstandenen Lücken im Dörferbestand und für die gezielte Erschließung bisher unbewohnter Gebiete in den klimatisch weniger begünstigten Randdistrikten. Die Ausbeutung gerade entdeckter Bodenschätze ließ auf dem Kamm des Erzgebirges neue Siedlungen – St. Joachimsthal, Gottesgab, Weipert u. a. – entstehen, aber auch im Böhmerwald, im Riesen- und Isergebirge und in den Beskiden wurden Neugründungen vorgenommen, in denen oft die Glasherstellung, eine ausgedehnte Schafhaltung zur Wollgewinnung und damit verbunden die Tuchmacherei und die Leineweberei betrieben wurden. Diese Neuansiedlungen und die sich bietenden günstigen Erwerbsmöglichkeiten lösten von neuem einen Zuzug der Deutschen aus, wobei nicht nur die aus den alten sächsischen Bergbaugebieten kommenden Bergleute, sondern auch die aus den Nebenländern Schlesien und Oberlausitz stammenden Einwanderer die Zahl der Deutschen langsam ansteigen ließen. Mit der Reformation und den jetzt vorhandenen religiösen Gemeinsamkeiten nahmen die früheren Vorbehalte des slavischen Bevölkerungsteils gegen die Deutschen etwas ab, die erneut als Handwerker in den Städten zugelassen wurden oder sich in Dörfern einkaufen konnten, wenn auch unter eingeschränkten Rechten. Durch die Herrschaftsübernahme der Habsburger wurde diese Stärkung des Deutschtums gefördert und abgesichert, die zu einer langsamen Verschiebung der Sprachgrenze in Nord- und Westböhmen beitrug; in manchen Städten, so in Mies, Saaz und Leitmeritz und in deren Umland, konnten die deutschen Einwohner wieder die Mehrheit zurückgewinnen. Die Aufnahme deutscher Adelshäuser durch das Inkolat in den Adel der böhmischen Länder, der Aufstieg wohlhabender deutscher Kaufleute in das Patriziat der königlichen Städte und der wachsende Einfluß Deutscher auf Handel und Handwerk, Landwirtschaft und Bergbau, Verwaltung und das kulturelle Leben führte auch zur Einrichtung eigener deutscher Pfarrgemeinden (z. B. St. Salvator in der Prager Altstadt, Trinitas auf der Kleinseite) und bedingte das Vordringen der Deutschen in Rat und Gericht. Um diesen Trend aufzuhalten, versuchte der Landtag mit erneuerten und verschärften Maßnahmen das sprachliche Übergewicht des Tschechischen im öffentlichen Leben aufrechtzuerhalten; diese wurden aber durch die königliche Verwaltung mit ihrer stattlichen Zahl meist deutschsprachiger Bediensteter in der Absicht unterlaufen, das Deutsche auch in Böhmen zur inneren Amtssprache zu machen. Die 1579 vom Kanzler der Prager Altstadt, Paul Christian von Kaldín (1530–1589), vorgelegten „Stadtrechte des böhmischen Königreichs", die 1610 für alle Stadtgerichte verbindlich wurden, setzten dagegen das Tschechische als ausschließliche Gerichtssprache fest. Noch entschlossener demonstrierte der böhmische Adel seinen Widerstand gegen eine sprachliche Überfremdung durch die auf dem mährischen Landtag von 1609 in Olmütz und auf dem Prager Generallandtag von 1615 gefaßten Beschlüsse, die Ausländern unter Androhung der Landesverweisung und des Erbverlustes zwingend vorschrieben, ihre Kinder die tschechische Sprache lernen zu lassen. Doch weder diese Verordnungen noch die durch den Ausschluß von Landes- und Stadtämtern verbundene Diskriminierung der überwiegend aus dem deutschen Sprachgebiet stammenden „Ausländer" konnte die zahlenmäßige Erholung des Deutschtums und seine gewachsene politisch-ökonomische Bedeutung aufhalten.

Viel wirkungsvolleren Einschränkungen wurden die Juden unterworfen. Es ist zu vermuten, daß Ferdinand I. 1551 alle Juden in den böhmischen Ländern zum Tragen eines gelben Ringes auf der Brust verpflichtete, weil die seit den 1540er Jahren mehrfach erlassenen Ausweisungsverfügungen wenig Erfolg gezeigt hatten; zudem wurden die von ihnen als Kammerknechte des Landesherrn zu entrichtenden Steuern stetig erhöht. Pogrome, oft auf Grund von Blutbeschuldigungen, und Versuche, die Juden weitgehend aus dem Wirtschaftsleben auszuschließen, trugen zu einer starken Verunsicherung bei. Trotz aller Auflagen und Beeinträchtigungen waren die Juden nicht nur im herkömmlichen Geldgeschäft, sondern auch im Binnen- und Fernhandel sowie in qualifizierten Handwerken erfolgreich tätig. Obgleich ihnen der Landtag auf Druck der Städte und der Zünfte mehrfach die Ausübung eines Handwerks verboten hatte, fanden sich Juden als Bäcker und Fleischhacker, Schneider und Glaser, Schwertfeger und Goldschmiede sowie vereinzelt auch in fast allen anderen Berufszweigen. Im Vieh-, Getreide-, Wein- und Textilhandel wickelten jüdische Kaufleute einen bedeutenden Anteil der Geschäfte ab. Dem Adel, dessen Schutz die Juden sich wegen des königlichen Desinteresses und der Diskriminierungs- und Verdrängungsmaßnahmen in den Städten durch verhältnismäßig hohe Zahlungen zu erkaufen suchten, dienten sie als Verkäufer der landwirtschaftlichen Überproduktion, als Pächter der Zollstätten, als Darlehensgeber und als Beschaffer von Luxusgütern, so daß bereits hier die Wurzeln des späteren Hoffaktoreiwesens zu erkennen sind. In den königlichen Städten wurden die Bemühungen zur Entwicklung einer gewissen Selbstverwaltung der Juden unterschiedlich gehandhabt; während Breslau schon 1454 den Juden den Aufenthalt innerhalb der Stadtmauern überhaupt verboten hatte, lebten um 1600 im Prager Ghetto über 9000 Menschen, die sowohl mit einem religiös als auch mit einem wirtschaftlich verbrämten Antisemitismus konfrontiert waren.[40]

Die Intensivierung der eigenen Wirtschaftstätigkeit brachte den Adel in wachsende Konkurrenz zu der städtischen Ökonomie. Der bereits im 15. Jahrhundert begonnene Streit um das Braurecht hatte jahrzehntelang das Verhälnis der königlichen Städte zum Adel belastet und die Herren veranlaßt, in ihren untertänigen Orten oder auf den Gutskomplexen gezielt Handwerker anzusiedeln, die zu einer spürbaren Beeinträchtigung der zunftgebundenen städtischen Produktion beitrugen.[41] Während der konsequente Ausbau der Teichwirtschaft und die steigenden Getreideausfuhren sich vorteilhaft auf die gesamte Nationalökonomie auswirkten, waren die um 1600 einsetzenden Maßnahmen des Adels, Leinen, Tuche, Glas und Lederwaren in größeren Werkstätten, Frühformen des späteren Manufakturwesens, herzustellen, dem städtischen Wirtschaftsleben ebenfalls sehr abträglich. Das seit der Mitte des 16. Jahrhunderts in die Randbezirke eindringende ausländische Kapital begünstigte im Nordwesten und im Norden Böhmens die Ansiedlung neuer Produktionszweige und dank der wachsenden Vertrautheit mit komplizierten arbeitstechnischen Vorgängen später die Entwicklung frühindustrieller Herstellungsverfahren. Große Kaufmannsdynastien wie die Fugger, Welser, Thurzo, aber auch Konsortien Nürnberger und Leipziger Kaufleute investierten im Bergbau, Hüttenwesen sowie der Leinwandproduktion und dem Exporthandel. Die gute Baukonjunktur und die Verlegung der kaiserlich/königlichen Hofhaltung nach Prag trugen zeitweilig zu einer spürbaren Belebung der gesamtwirtschaftlichen Lage bei, ohne daß die von der adligen Konkurrenz bedrohten städtischen Handwerker längerfristig davon profitieren konnten. Da der Außen- und Transithandel keine ausschlaggebende Rolle mehr spielte und sich trotz einer spürbaren Zunahme der Warenaustausch mit den anderen habsburgischen Besitzungen nur in relativ bescheidenem Volumen vollzog, konnten größere Kapitalien höchstens von hochadligen Großgrundbesitzern, nicht aber von aber von der Ritterschaft und schon gar nicht in den Städten akkumuliert werden, zumal die hohen Steueranforderungen einen ständigen Geldabfluß verursachten. Deshalb war auch nur der wohlhabende Hochadel in der Lage, in bewußtem kapitalistischem Streben seinen Reichtum zur ständigen Besitzmehrung einzusetzen.[42]

Eine ganze Reihe politischer und religiöser Klagepunkte hat zwar im Mai 1618 zum Ausbruch der Ständerevolte gegen das Haus Habsburg beigetragen, doch auch sozioökonomische Komponenten haben die allgemeine Unzufriedenheit geschürt. Die beträchtliche Steuerlast und die ständige Erhöhung der Forderungen haben zu einem Zeitpunkt spürbarer wirtschaftlicher Rezession, die sich bald zu einer mit einem raschen Geldwertverfall einhergehenden, ganz Mitteleuropa erfassenden Wirtschaftskrise ausweitete, die sozialen Spannungen anwachsen lassen. Der schnelle Anstieg der Lebenshaltungskosten und der Preisverfall für Handwerksprodukte traf die Städter als Hauptträger der Steuerlast ebenso schwer wie den Großteil der untertänigen Bauern, deren materielle Not unerträglich wurde und die allein in Aufständen gegen die Grundherren eine Möglichkeit zur Besserung ihrer desolaten Lage erblickten.[43] Selbst die weniger begüterte Ritterschaft mußte um ihr Auskommen fürchten und zeigte sich zunehmend verbittert darüber, daß ihren Initiativen, wenigstens auf Kreisebene durch die Wiederzulassung der 1546/47 verbotenen Adelsversammlungen ihr politisches Mitspracherecht sicherzustellen, vom Monarchen nicht nachgekommen wurde. Hinzu kamen die königlichen Maßnahmen, die eine weitere Aushöhlung der Ständeherrschaft bezweckten und zum Abbau der im Majestätsbrief niedergelegten Freiheiten und zur Restauration des Katholizismus in der Absicht führten, ihn wieder zur alleinigen Staatsreligion zu erheben – Tendenzen, die einen idealen Nährboden für die rasch überhandnehmende Unzufriedenheit boten. Die den Stolz des gesamten Adels verletzende Verlegung der Hauptstadt von Prag nach Wien schien zudem eine Herabstufung der politischen Bedeutung der böhmischen Ländergruppe im Rahmen der Habsburgermonarchie zu beinhalten[44] und zu signalisieren, daß es der König von Böhmen dank seiner Autorität als Kaiser des Heiligen Römischen Reiches Deutscher Nation und gestützt auf die materiellen Ressourcen der reichen spanischen Verwandtschaft und der führenden europäischen Bankhäuser nicht mehr nötig hatte, sich die Verfügungsgewalt über den relativen Wohlstand seiner böhmischen Herrschaft mit weiteren, seinem autokratischen Machtverständnis zuwiderlaufenden Zugeständnissen an die renitenten, selbstbewußten Stände zu erkaufen.

VII. Der Dreißigjährige Krieg und seine Auswirkungen auf die Länder der böhmischen Krone, 1618–1648

1. Die Ständeerhebung von 1618 und die Folgen der Niederlage am Weißen Berg

Mit dem Prager Fenstersturz am 23.V. 1618 hatten Teile der protestantischen Ständevertreter zwar ihren Unwillen über die zentralistische, prokatholische sowie Tradition und nationales Selbstwertgefühl verletzende Politik Luft gemacht, keinesfalls aber alle Verbindungen zur Dynastie aufkündigen wollen. In der neueingesetzten Verwaltung der dreißig Direktoren, jeweils zehn aus dem Herren-, Ritter- und Bürgerstand, unter dem Vorsitz von Wenzel von Ruppau (Václav Vilém z Roupova) überwogen aber mit Heinrich Matthias Graf Thurn, Albrecht Smiřický und Wenzel Budowetz an der Spitze Vertreter der Linie, die mit der vollen Wiederherstellung der ständischen Freiheiten sowie der uneingeschränkten Beachtung der Böhmischen Konfession und des Majestätsbriefs eine Entthronung der Habsburger und die Errichtung eines souveränen Wahlkönigtums für unumgänglich hielten. Solange die Mehrheit des Adels und wichtige Städte einer offenen Unterstützung des Aufstands auszuweichen suchten, die Nebenländer ihren Beitritt hinauszögerten und das außenpolitische Terrain noch nicht sondiert war, vermied das ständische Direktorium jedoch den offenen Bruch mit der Krone. Das von Thurn und Georg Friedrich Graf Hohenlohe geführte kleine Heer, das nur 1000 Reiter und 3000 Mann Fußtruppen umfaßte und erst im November durch eine zusammengewürfelte Streitmacht unter dem abenteuernden Ernst von Mansfeld ergänzt wurde, konnte zwar der von den Generälen Buquoy und Dampierre geführten kaiserlichen Armee in Südböhmen einige Verluste zufügen, den Verwüstungen aber nicht Einhalt gebieten und den Feind nicht aus dem Land treiben. Während Kaiser Matthias und sein einflußreichster Ratgeber, Kardinal Khlesl, eher in Verhandlungen einen Ausgleich mit den aufständischen Böhmen selbst unter Anerkennung ihrer religiösen Sonderrechte zu finden bereit waren, verfocht der böhmische König Ferdinand II., sekundiert von seinem Onkel, Erzherzog Maximilian, dem Nuntius und dem spanischen Gesandten Oñate, unnachgiebig die militärische Niederwerfung der revoltierenden Stände. Die Gefangennahme Khlesls und der Tod des Kaisers am 20.III. 1619 sicherten der unversöhnlichen Richtung um Ferdinand II. in Wien die Oberhand, zwangen aber auch die böhmischen Ständevertreter, in der Nachfolgefrage offen Stellung zu beziehen.[1]

Bei den Kontaktaufnahmen zu den in der Union zusammengeschlossenen protestantischen Reichsständen hatte der kalvinistische Kurfürst Friedrich V. von der Pfalz sein Interesse bekundet, sich den Aufständischen als Kandidat für die böhmische Krone zur Verfügung zu stellen; auch der entschieden antihabsburgisch eingestellte katholische Herzog Karl Emanuel von Savoyen[2] und der strenge Lutheraner Kurfürst Johann Georg von Sachsen besaßen gute Chancen. Erst als im Mai 1619 Ladislav Velen von Žerotín die bisher eng mit dem Kaiserhaus zusammenarbeitende mährische Landesregierung stürzen konnte[3] und dank des Einsatzes von Markgraf Johann Georg von Jägerndorf die schlesischen Stände nach der Zusage, daß ihren auf eine weitreichende Autonomie hinauslaufenden Dezentralisierungsforderungen entsprochen werde, dem Lager der Aufständischen beitraten, besaßen diese eine breitere Aktionsbasis. Jetzt konnten auch die Stände Nieder- und Oberösterreichs für den Anschluß an die protestantische Erhebung gewonnen werden. Einem Bündnis nicht abgeneigt war auch der Fürst von Siebenbürgen, Gabriel Bethlen (Béthlen Gábor, 1580–1629),[4] der den Zeitpunkt für gekommen hielt, sich des habsburgischen Anteils von Ungarn zu bemächtigen. Da aber die Generalstaaten der Niederlande an dem bis 1621 terminierten Waffenstillstand mit Spanien festhielten und später nur eine Subvention von monatlich 50000 Gulden bereitstellten, und sich das in einen Krieg mit Persien verwickelte Osmanische Reich an den mitteleuropäischen Verwicklungen desinteressiert zeigte, fehlte den böhmischen Aufständischen eine breite außenpolitische Unterstützung für den Kampf gegen Habsburg. Ein militärischer Vorstoß Thurns im Juni 1619 bis vor die Mauern von Wien scheiterte hauptsächlich am eigenen Unvermögen und mußte abgebrochen werden, als Buquoy den Truppen Ernsts von Mansfeld am 10. VI. beim südböhmischen Záblatí eine empfindliche Niederlage zufügte. Während Ferdinand von Steiermark im Reich seine Kaiserwahl betrieb und am 28. VIII. mit Ausnahme des Pfälzers auch die Stimmen aller anderen Kurfürsten erhielt, fällte zur gleichen Zeit ein nach Prag einberufener Generallandtag weitreichende Entscheidungen, die den Bruch mit dem Haus Habsburg endgültig machten.

Am 31. VII. 1619 verabschiedeten die „auf ewige Zeiten in bewaffneter Einigkeit" verbundenen Stände aller Kronländer mit einer Konföderationsakte zugleich eine neue Verfassung, nach der die stark föderalistisch gegliederte „Krone Böhmens" als Wahlkönigreich proklamiert und dem protestantisch-utraquistischen Adel eine weitgehende Kontrolle über die höchsten Landesämter eingeräumt wurde.[5] Am 16. VIII. traten die Stände Nieder- und Oberösterreichs der Konföderation bei, die daraufhin am 19. VIII. König Ferdinand II. als „Feind der religiösen und ständischen Freiheiten" des Throns enthoben erklärte und am 26. VIII. Friedrich V. von der Pfalz zum König von Böhmen wählte. Am 3. XI. wurden König Friedrich und seine Gemahlin Elisabeth, Tochter König Jakobs I. von England, vom utraquistischen Administrator Georg Dicastus und dem Brüdersenior Johann Cyrill feierlich im Prager Veitsdom gekrönt.[6] Die Erwartungen der Aufständischen, durch die Wahl Friedrichs mit seinen weitreichenden persönlichen und politischen Verbindungen die Bereitschaft Kaiser

Ferdinands II. zum Einlenken gefördert zu haben oder doch mit der geschlossenen Unterstützung durch die antihabsburgisch-protestantischen Kräfte rechnen zu können, wurden bitter enttäuscht. Friedrich selbst erwies sich als unfähiger, den Aufgaben nicht gewachsener Herrscher; auch Fürst Christian von Anhalt, sein einstmaliger Statthalter in der Oberpfalz, der das militärische Oberkommando übernahm, versäumte es, rechtzeitig ein schlagkräftiges Heer aufzustellen und die Initiative zu ergreifen. Die rasche Eroberung der Slowakei durch Bethlen und die mit Hilfe eines böhmischen Kontingents unter Thurn einmal mehr versuchte Einnahme Wiens nährte zwar die Hoffnung auf einen raschen Erfolg, aber eine mit polnischer Beteiligung vorangetragene Operation seiner katholischen Gegner veranlaßte den Fürsten von Siebenbürgen zum überstürzten Rückzug: gegen einige kleine Zugeständnisse ließ er sich im Januar 1620 von der kaiserlichen Seite zu einem Waffenstillstand und, nach erneutem erfolglosen Eingreifen, am 6.I. 1622 zum Friedensschluß bewegen. Seine zuvor unternommenen Initiativen, wenigstens ein Bündnis Friedrichs mit dem Sultan zustande zu bringen, waren in Konstantinopel auf keine Gegenliebe gestoßen. Da England im fernen Böhmen kein unmittelbares Eigeninteresse zu verteidigen hatte, zeigte sich der um bessere Beziehungen zu Spanien bemühte König Jakob I. nur zur Übernahme einer Vermittlerrolle, nicht aber zu aktiver Militärhilfe bereit. Der gerade zur selbständigen Regierungsführung aufgestiegene Ludwig XIII. lehnte die böhmische Erhebung gegen den legitimen Herrscher entschieden ab und verfolgte für Frankreich einen neutralen Kurs. Da nach der Wahl Friedrichs die religiös-politische Verbundenheit der protestantischen Union zerbrach, die Reichsstädte bestenfalls für eine Geldhilfe zu gewinnen waren und mit Kurfürst Johann Georg von Sachsen an der Spitze sogar die lutherischen Kreise sich dem Habsburger anzunähern begannen, blieb selbst der Beistand der Glaubensgenossen gering. Nach der Weigerung der mit den Habsburgern verfeindeten Republik Venedig, die Gelder für die Anwerbung von Truppen vorzustrecken, verstärkten nur die 2000 von Herzog Karl Emanuel von Savoyen bezahlten und von Ernst von Mansfeld geführten Söldner die Streitmacht der Aufständischen.[7]

Ferdinand II. dagegen war fest entschlossen, den Aufruhr niederzuschlagen und mit der Entmachtung der Stände auch ihre religiösen Freiheiten ein für allemal zu beseitigen. Da das ständische Direktorium als erste Regierungsmaßnahme wegen der Verhetzung von König und Volk die Ausweisung der Jesuiten „auf ewige Zeiten" verfügt hatte und die geflohenen habsburgtreuen Böhmen, angeführt von Erzbischof Lohelius und Kardinal Dietrichstein, über die Verdrängung der Katholiken aus den Ämtern und die Konfiskation ihrer Güter bitter Klage führten, hielt Ferdinand II. ein scharfes Vorgehen für gerechtfertigt. Der Jesuitenzögling sah sich als entschiedener Vorkämpfer für die Sache der Gegenreformation; der Ausräumung der „Ketzerei" gestand er absolute Priorität zu. Obschon ihm von den Zeitgenossen wahre Größe und politische Urteilskraft, kontinuierlicher Arbeitseifer und Einsichtsfähigkeit abgesprochen wurden, so erkannten sie hinter seiner persönlichen Liebenswürdigkeit und herablassenden Nachsicht doch die Unbeugsamkeit in seiner religiösen Überzeugung und den festen, zielgerichteten Willen, mit allen zur Verfügung stehenden staatlichen Machtmitteln die Einheit der Kirche wiederherzustellen.[8] In diesem Anliegen korrespondierte seine Politik ganz mit den Vorstellungen des spanischen Zweiges der Habsburger, zumal nachdem durch den Oñate-Vertrag von 1617 die Erbauseinandersetzungen mit König Philipp III. endgültig beigelegt worden waren. Mit Polen, der Toscana und dem Papsttum hatte der Kaiser schon früh Einvernehmen erreicht.[9] Nach der Zusage, den Lutheranern im Reich und in Österreich in Glaubensdingen entgegenzukommen, und durch die Aussicht auf den Erwerb der Lausitzen konnte am 21.III. 1620 schließlich auch Kurfürst Johann Georg von Sachsen fest ins kaiserliche Lager gezogen werden. Von ausschlaggebender Bedeutung wurde aber die am 8.X. 1619 getroffene Übereinkunft mit Herzog Maximilian von Bayern, dem Oberhaupt der katholischen Liga, dem im Falle des Sieges die pfälzischen Besitzungen samt der Kurstimme als Lohn winkten.[10] Damit war der Ring um Böhmen nahezu lückenlos geschlossen und die Koalition konnte im Sommer 1620 gezielt daran gehen, die revoltierenden Stände niederzuwerfen und die böhmischen Länder wieder der habsburgischen Herrschaft zu unterstellen.

Zusammenbruch der Ständeerhebung

Nach der von Frankreich am 3.VIII. 1620 vermittelten Neutralitätsvereinbarung zwischen der protestantischen Union und der katholischen Liga befriedeten die von dem bewährten General Tilly geführten bayerischen Truppen bis zum 20.VIII. Oberösterreich, vereinigten sich danach in Südböhmen mit den von Buquoy kommandierten Kaiserlichen und rückten langsam auf das von Mansfeld gehaltene Pilsen vor, ohne sich ernsthaft um die Eroberung der Stadt zu bemühen. Beide Seiten suchten einer Entscheidungsschlacht auszuweichen, die sich im hügeligen Vorgelände im Westen von Prag, am Weißen Berg, am 8.XI. dann eher zufällig ergab. Die besser ausgerüsteten 25000 Kaiserlichen brauchten nur ein etwa einstündiges „großen Scharmützel", um die 21000 Soldaten Christians von Anhalt zur wilden Flucht in die Stadt zu veranlassen. Allein die mährischen Verbände unter Heinrich Graf Schlick erfüllten die in sie gesetzten Erwartungen, ohne aber die vollständige Niederlage verhindern zu können. In einer Atmosphäre der Ratlosigkeit und Auflösung unterblieb jeder Versuch, die zwar angeschlagenen, aber durchaus kampffähigen Truppen zu sammeln oder das gut befestigte Prag zu verteidigen. Der „Winterkönig" Friedrich, seine Generale und ein Großteil der Aufstandsführer setzten sich statt dessen aus der Hauptstadt, die tags darauf kampflos von den Kaiserlichen besetzt werden konnte, in Richtung Schlesien ab. Kurze Zeit später, am 13.XI., nahm in Stellvertretung des Kaisers der siegreiche Herzog Maximilian von Bayern die Huldigung der Mehrheit des utraquistischen und katholischen Adels entgegen und übergab die eigentliche Landesverwaltung in die Hände des Renegaten Karl von Liechtenstein. Innerhalb weniger Wochen ergaben sich die meisten Städte;

Mähren wurde nach dem Einmarsch Buquoys bereits im Dezember 1620, Schlesien am 21.II. 1621 im „Sächsischen Akkord" durch Kurfürst Johann Georg „pazifiziert", der den Ständen dabei immerhin die Aufrechterhaltung ihrer politischen und religiösen Freiheiten zusagte. „Winterkönig" Friedrich hatte Breslau bereits am 23.XII. 1620 verlassen müssen und suchte, da inzwischen spanische Truppen in der Pfalz eingerückt waren, vorerst im niederländischen Den Haag Zuflucht. Die Länder der böhmischen Krone waren somit wieder fest in kaiserlich-habsburgischer Hand.

Der Verlust einer einzigen Schlacht hatte das Schicksal der böhmischen Stände und ihres neuen Königs besiegelt. Die eigentlichen Ursachen dieses unerwartet raschen Zusammenbruchs der Ständeerhebung werden bis heute kontrovers diskutiert. Die politische Basis des Aufstands dürfte zu schmal gewesen sein; Adel und Städte hatten sich nur zögernd der von einer Handvoll Aristokraten ausgelösten Revolte angeschlossen und ihren Beitritt bereits im Frühsommer 1618 in einer „Apologie" mit den „ihrer christlichen Religion zugefügten unverträglichen Drangsale und Beängstigungen" zu entschuldigen versucht, wobei sie jede „auff einige Neuerung oder Veränderung zur Verletzung ihrer königlichen May. Authorität und Hoheit" abzielende Maßnahmen noch weit von sich wiesen.[11] Auch nach der Konföderationsbildung und dem Beitritt der nieder- und oberösterreichischen Stände im August 1619 reichten wegen des Ausbleibens der erwarteten ausländischen Hilfe die wirtschaftlichen und militärischen Ressourcen nicht aus, um eine erfolgversprechende Abwehr zu organisieren. Das eifernde Vorgehen der pfälzischen Kalvinisten gegen Katholiken und Lutheraner sowie ihre Mißachtung der böhmischen Landesbräuche schuf ihnen keine neuen Freunde. Der größte Fehler aber lag im Versäumnis, die Kampfbereitschaft der Bauern, die sich z.B. in Südböhmen unter Führung einiger Landadliger mutig den Kaiserlichen entgegengestellt hatten, nicht zur Organisation eines Volkskriegs genutzt zu haben, wohl weil weite Teile des Adels ein Wiederaufleben der hussitischen Kampfesweise fürchteten und die vom Landvolk als Dank erwartete Milderung oder gar Entlassung aus der Hörigkeit um jeden Preis vermeiden wollten. Die im krassen Gegensatz zum entschlossenen Vorgehen Kaiser Ferdinands II. stehende Hilf- und Tatenlosigkeit König Friedrichs ließ nicht nur den Eifer der Stände erlahmen, sich aktiv für die teilweise ihrem Rechtsempfinden widersprechenden Ziele der Aufstandsführung einzusetzen, sondern veranlaßte viele Zweifelnde, sich beim offensichtlichen Umschlagen des Kräfteverhältnisses rechtzeitig mit dem Lager des zu erwartenden Siegers zu arrangieren.

Kaiser Ferdinand II. (1619–1637) zögerte nicht lange, den militärischen Erfolg im Interesse seines religiösen Anliegens und – unter Abbau der politischen Rechte der Stände und der staatsrechtlichen Selbständigkeit der böhmischen Kronländer – zur Etablierung der ausschließlichen Souveränität des Monarchen zu nutzen. Die kaiserlichen Kommissionen unter Liechtenstein in Böhmen und Kardinal Franz von Dietrichstein in Mähren ließen ab Februar 1621 alle Personen inhaftieren und in zweifelhaften Verfahren aburteilen, die sich während der Ständeerhebung exponiert hatten. Am schlimmsten traf es drei Herren, sieben Ritter und 17 Bürger, Böhmen und Deutsche, Protestanten und Katholiken, unter ihnen Wenzel Budowetz und Johann Jessenius, die in den Morgenstunden des 21. VI. vor dem Prager Rathaus auf dem Altstädter Ring hingerichtet wurden.[12] In Mähren, wo Kardinal Dietrichstein als „Gubernator" die gesamte Staats- und Kirchenverwaltung leitete, mußte das endgültige Strafgericht bis zum Juli 1622 aufgeschoben werden, weil Markgraf Johann Georg von Jägerndorf im Zusammenwirken mit Gabriel Bethlen bis November 1621 weite Landstriche besetzt halten konnte, danach aber stetig an Boden verlor; die gefällten 20 Todesurteile wurden hier nicht mehr vollstreckt. Mit der Begründung, für die Kriegskosten aufkommen zu müssen, aber mit dem eigentlichen Ziel, dem als unzuverlässig eingestuften Adel die wirtschaftliche Grundlage zu entziehen, belegte zwischen 1623 und 1626 eine Kommission in Böhmen 680 Personen und 50 Städte mit Vermögensverlust, wobei 166 Personen ihre gesamte Habe einbüßten, 112 ihre Allodgüter in Lehensbesitz umwandeln mußten und der Rest zwischen einem Fünftel und der Hälfte ihres Eigentums abzutreten hatte. Durch die Praxis jedoch, alle Güter zu einem weit unter Wert liegendem Preis zu verkaufen und den bisherigen Besitzer mit schlechter Münze für seinen nichtkonfiszierten Anteil abzufinden, kam auch die partielle Verurteilung einer weitgehenden Konfiskation gleich. Von den rd. 925 „ganzen" Gütern waren 491 betroffen, unter denen sich 275 Großgüter befanden; der Gesamtwert wurde auf 30 bis 40 Mill. rheinische Gulden geschätzt. In Mähren wurden dem Vermögenseinzug 300 Personen und 135 Güter unterworfen. Wahrscheinlich wurde bereits durch diese frühen Strafmaßnahmen über die Hälfte des Bodens umverteilt.[13]

Nicht nur der Episkopat und die Klöster verlangten dabei eine Refundation für die Landeinbußen während der Hussitenzeit, auch Parteigänger und Militärs erwarteten eine Belohnung des Kaisers für treue Dienste. Trotzdem war anfangs der heimische katholische Adel, der sich nicht aktiv an der Ständeerhebung beteiligt hatte, der Hauptnutznießer der einschneidenden Eingriffe in die bisherige Besitzstruktur. Eine beispiellose Münzverschlechterung kam zudem den Neuerwerbern zugute: Der Kaiser hatte die Münzprägung an ein Konsortium unter dem Niederländer Hans de Witte und dem Ältesten der Prager Judenschaft, Jakob Bassevi, verpachtet, das unter dem Patronat des Statthalters Liechtenstein und führender Adliger (Slavata, Albrecht von Waldstein) minderwertiges Geld mit nur einem Sechstel des vorgeschriebenen Silbergehalts prägte. Die in „gutem" Geld geschätzten Güter wurden in „langer" Münze zum Schaden der ursprünglichen Eigentümer und der kaiserlichen Hofkammer bezahlt, die dadurch Verluste in Höhe von mindestens sechs Millionen Gulden hinnehmen mußte.[14] Der neue Prager Erzbischof Ernst Albrecht Graf Harrach raffte dabei ebenso ein Vermögen zusammen wie Kardinal Dietrichstein in Mähren, der Jesuitenorden oder das von dem einflußreichen Abt Kaspar von Questenberg geführte Kloster Strahov. Den kaiserlichen Generälen Buquoy, Verdugo, Baltazar de Marradas, Martin de Huerta und anderen wurden großzügig Güter in Böhmen und Mähren zugeschrieben. Unter den Erwerbern machten Albrecht von Waldstein, der fast den gesamten ehemaligen Besitz der Herren Smiřický übernahm und im Laufe der Jahre 60 größere und kleinere Herrschaften zusammenkaufte, Karl von Liechtenstein, der neben dem Herzogtum Jägerndorf fünf Gutskomplexe geschenkt erhielt und sieben weitere Güter erstand, sowie Johann Ulrich von Eggenberg, der Freund und Berater des Kaisers, dem das umfangreiche einstige rosenbergische Territorium in Südböhmen in die Hände fiel, das beste Geschäft; aber auch die Grafen Trauttmansdorff, die Familien Thun, Metternich und Clary faßten damals in den böhmischen Ländern Fuß. Weitere Umverteilungen des Grundbesitzes haben im Verlauf des Dreißigjährigen Krieges noch nachhaltigere Veränderungen in der Zusammensetzung und in den Vermögensverhältnissen des böhmischen Adels bedingt.[15]

Obschon gleichzeitig eine unvorstellbare Teuerung und eine Hungersnot zahllose Opfer forderten, weil die böhmischen Kronländer trotz spürbarer Kriegsschäden auch weiterhin vorrangig zur Finanzierung der Militärausgaben herangezogen wurden und dadurch fast kein „gutes“ Geld mehr im Umlauf war, setzten sogleich auch gezielte Maßnahmen zur Bekehrung der Ketzer und zur Festigung des katholischen Glaubens ein. Der von religiösen Eiferern wie dem Nuntius Caraffa, dem Karmelitermönch Dominicus a Jesu Maria und seinen jesuitischen Beichtvätern Becanus und Lamormaini (seit 1624) umgebene Kaiser ließ ab Dezember 1621 aus den königlichen Städten mit Ausnahme der vom sächsischen Kurfürsten geschützten Lutheraner, die aber ab Oktober 1622 ebenfalls das Land verlassen mußten, die nichtkatholische Geistlichkeit vertreiben. Die Jesuiten hatten sich im selben Jahr die Kontrolle über das Collegium Carolinum gesichert und mit Latein als Unterrichtssprache die alte Universität mit ihrem Clementinum zusammengelegt; außerdem erhielten sie die oberste Schulaufsicht und das Zensurrecht über alle Druckerzeugnisse übertragen. Mit königlichem Patent vom 29. III. für Böhmen und vom 9. VI. 1624 für Mähren wurde das katholische Bekenntnis zur einzig anerkannten Religion erhoben und der Druck auch auf den nichtkatholischen Adel verstärkt, einen Konfessionswechsel vorzunehmen. Nachdem anfangs die Wiedertäufer (Huterische Brüder) Mähren hatten verlassen müssen, folgten ihnen unfreiwillig Mitglieder der Brüderunität, Utraquisten und sogar die früher geduldeten Altutraquisten sowie die Lutheraner aus den königlichen Städten; aber auch immer mehr Adlige sahen sich unter wachsendem Zwang zur Emigration oder Flucht veranlaßt, weil ihnen das Recht aberkannt wurde, sich zum Schutz ihres Besitzes der Landtafel zu bedienen, ausländische Universitäten zu besuchen und das Inkolat zu erhalten. Akatholische Stadtbewohner mußten mit dem Verlust ihrer vollen Bürgerrechte, mit dem Ausschluß aus den Zünften und Heiratsverboten rechnen. Den Bauern war jede Auswanderung untersagt; sie sollten notfalls auch unter Einsatz von Zwang zum katholischen Glauben zurückgeführt werden. Da die Widerstände gegen den verordneten Konfessionswechsel stärker als erwartet waren, setzte Kaiser Ferdinand II. am 5. II. 1627 unter Kardinal Harrach eine Reformations-Kommission ein, die Adligen unter Androhung der Landesverweisung schließlich eine Bekehrungsfrist von sechs Monaten zugestand; Massenabwanderungen, Scheinübertritte und heimliche Praktizierung des alten Glaubens waren die Folge. Die in mehreren Wellen erneuerten Ausweisungsverfügungen dürften in Böhmen allein rd. 36000 Familien mit etwa 150000 Mitgliedern betroffen haben, die in den angrenzenden deutschen Staaten, aber auch in Polen, in der Schweiz, in England und in Ungarn Zuflucht fanden oder sich in schwedischen, kursächsischen, dänischen, holländischen und französischen Dienst begaben.

Der durch den Bevölkerungsexodus bedingte Aderlaß war verhängnisvoll, weil die gesellschaftliche, geistige und unternehmerische Elite stark dezimiert wurde.[16] Die selbst von ihren religiösen Gegnern als arbeitsam, ehrlich und qualifiziert eingestuften Handwerker gründeten in ihren Zufluchtsstätten im Ausland Druckereien, Tuchwebereien, Glasbläsereien und Instrumentenbaubetriebe oder fanden im Bergbau und Gewerbe ein Auskommen; als Verwalter von Gütern, als Pächter von Mühlen und Wirtshäusern sowie als Spezialisten für Getreide-, Garten- und Obstbau schufen sich die bäuerlichen Exulanten einen guten Namen. Als Erzieher, Lehrer, Geistliche und Künstler waren die böhmischen und mährischen Emigranten im ganzen protestantischen Europa anzutreffen. Ärzte, unter ihnen Haberwaschl (Habervešl) und Borbonius, Mathematiker (Paul Aretin von Ehrenfeld), Dichter, Philologen, Maler, Bildhauer, Kupferstecher, unter denen Wenzel Hollar den größten Ruhm errang, Theologen und Historiker aus den böhmischen Ländern erwarben sich höchste Anerkennung in ihren jeweiligen Arbeitsbereichen. Die in der Emigration geschriebenen Geschichtsdarstellungen, so Haberwaschls *Bellum Bohemicum* (1625), eine Kirchengeschichte Böhmens aus der Feder des Saazer Bürgers Pavel Skála ze Zhoře oder die vielbändige *Res publica Boiema* des Pavel Stránský, waren vom Miterleben der gelehrten Verfasser gekennzeichnet und spiegelten die Trauer um die verlorene Heimat.[17] Sie alle wurden jedoch übertroffen von der geistig-moralischen Autorität, die Jan Amos Comenius (Komenský, 1592–1670) in ganz Europa als „Lehrer der Völker“ und Bischof der Brüderunität durch seine pädagogischen, linguistischen, theologischen und politischen Studien genoß, aus denen vor allem die *Didacta magna, Janna Linguarum reservata* und *Orbis sensualium pictus* herausragen.[18]

Die „Verneuerte Landesordnung“

Den Schlußstrich unter die gewaltsame Pazifizierung der böhmischen Länder setzte Ferdinand II. am 10. V. 1627 mit der Verkündung einer als „Verneuerte Landesordnung“ bezeichneten Verfassungsänderung, die mit unbedeutenden Abweichungen am 26. VI. 1628 auch für Mähren in Kraft trat. Darin wurde der katholische Glaube als einzige im Lande anerkannte Religion ausdrücklich festgeschrieben (Art. 23) und der König durch seinen Krönungseid verpflichtet, alle zu ihrem Schutz notwendigen Maßnahmen zu ergreifen. Da die Niederschriften der bisherigen Landesprivilegien Teile der Kriegsbeute von 1620 waren, erklärte

Ferdinand sie als verwirkt und gab den Ständen als „Gnadenbezeugung" der kaiserlich-königlichen Majestät nur jene Privilegien zurück, die einer uneingeschränkten Herrschaft der Krone nicht im Wege standen. Mit der Proklamation der böhmischen Länder zum Erbkönigreich des Hauses Habsburg in männlicher Linie beanspruchte der Herrscher künftig die alleinige Autorität der Gesetzgebung, der Beamtenernennung und -absetzung, der höchsten Gerichtsinstanz und der Adels-(Inkolats-)erteilung. Obgleich den Ständen das Recht verblieb, Steuern festzulegen und einzuheben, mußten sie auf königliche Anforderung hin zeitlich unbegrenzt und über die Landesgrenzen hinaus im Allgemeinen Aufgebot dienen oder die Geldmittel zur Anwerbung von Söldnern bereitstellen. Die Zusammensetzung des Landtags erfuhr einschneidende Veränderungen, denn die Vertreter der katholischen Geistlichkeit bekamen den ersten Rang unter den Ständen zuerkannt. Die Inhaber der nach deutsch-österreichischem Vorbild jetzt auch in den böhmischen Ländern eingeführten Adelsgrade Herzog, Fürst und Graf sowie die nur noch auf fünf Jahre ernannten Obersten Landesbeamten wurden vor den bisher bevorzugten hochadligen „Herren" plaziert; allen königlichen Städten stand künftig nur noch eine einzige Stimme zu. Durch die Zuerkennung der „Landsässigkeit" (Inkolat) war dem Monarchen ein – später weidlich genutztes – Instrumentarium in die Hand gegeben, die Zusammensetzung des Adels und damit die politische Willensbildung auf den Landtagen zu beeinflussen. Die Festsetzung der Gleichberechtigung beider Landessprachen (Art. C II/117) begünstigte wesentlich das Vordringen der deutschen Sprache in der inneren Verwaltung, bei Gericht und schließlich selbst bei den Landtagsverhandlungen.[19]

Auch in Schlesien wurden die neuen verfassungsrechtlichen Grundlagen praktiziert, wenngleich hier das Prinzip des *cuius regio eius religio* wegen der 1621 im Sächsischen Akkord niedergelegten Freiheiten für die Lutheraner vorerst nicht durchgesetzt werden konnte. Dennoch wurden gegenreformatorische Maßnahmen massiv gefördert und 1635 im Prager Frieden die freie Ausübung der Augsburger Konfession auf die Fürstentümer Oppeln, Brieg und Öls begrenzt, in denen das Restitutionsedikt keine Anwendung finden sollte. – Bis ins 19. Jahrhundert hat die Verneuerte Landesordnung als Landesverfassung das Verhältnis Monarch–Stände in den böhmischen Ländern geregelt und die grundsätzliche Absicherung für die absolutistische Herrschaftsausübung sichergestellt.

Kaiser Ferdinand II. hatte diese schwerwiegenden Eingriffe in die Rechtsverhältnisse der böhmischen Kronländer auf Beitreiben der sog. spanischen Hofpartei und der kaiserlichen Beamten trotz der Bedenken der böhmischen Konservativen um den Fürsten Liechtenstein, Zdeněk Lobkowicz, Slavata und Martinic vorgenommen. Als er zwischen dem 27. VI. und 5. VIII. 1627 den nach Znaim einberufenen mährischen Landtag abhielt, regte sich aber bereits kein Widerspruch mehr. Auch in Böhmen konnte sich der Kaiser auf dem Prager Landtag vom 14.–23. XI. überzeugen, daß die Opposition zum Schweigen gebracht worden war. Künftig übten die von Ferdinand ernannten Obersten Landesbeamten als „Königliche Statthalter" die Regierungsgeschäfte aus; die

Angelegenheiten des Königreiches wurden aber in der 1624 eingerichteten Böhmischen Hofkanzlei entschieden, deren vorrangige Aufgabe neben dem Eintreiben der Steuern die Beseitigung „von ketzerischem Laster und dem Geist der Rebellion" war. Der einsetzende Niedergang des böhmischen Staatsbewußtseins wurde durch die weitere Ansiedlung auswärtigen Adels und die zunehmende Neigung der großen Familien verstärkt, am Wiener Hof präsent zu sein, die Loyalität zum Herrscherhaus durch die unerschütterliche Treue zum katholischen Glauben zu unterstreichen und sich immer weiter von den sprachlich-kulturellen, historischen und nationalen Wurzeln zu lösen.

Der Untergang des böhmischen Ständestaates auf dem Weißen Berg (Bílá hora) stellt für die tschechische Geschichtsschreibung eine entscheidende Zäsur dar, die zu einer Aufteilung des historischen Ablaufs in eine „vorweißenbergische" und eine „nachweißenbergische" Periode Anlaß gab. Die Folgen der bis 1848, ja zum Teil bis ins Jahr 1918 nachwirkenden konkreten Strafmaßnahmen wurden dabei häufig in ihrem Grundcharakter unkritisch vereinfacht als national-antitschechisch beschrieben, obgleich die Reaktion Ferdinands II. allein von religiös-katholischen und absolutistisch-dynastischen Überlegungen bestimmt war. Der „Weiße Berg" mußte dafür herhalten, den Wiener Zentralismus, den Katholizismus und das Deutschtum für alle Unzulänglichkeiten der weiteren Entwicklung verantwortlich zu machen; die „Wiedergutmachung" des in den Jahren nach 1620 dem tschechischen Volk durch Habsburg und „die" Deutschen zugefügten Unrechts wurde sowohl 1918 als auch 1945 beschworen, um die tiefen Eingriffe in die gewachsene Sozialstruktur zu rechtfertigen. Die Schlagworte „Weißer Berg" und „*temno*", dem danach angeblich einsetzenden Zeitalter der Finsternis, haben sich im Bewußtsein der modernen tschechischen Gesellschaft traumatisch verfestigt[20] und die Neigung verstärkt, die hussitisch-utraquistisch-ständische „vorweißenbergische" Epoche zu glorifizieren. Der anschließend geführte lange und am Ende auch erfolgreiche Kampf um die Sprache und die Anerkennung der tschechischen Volkszugehörigkeit, um soziale Gerechtigkeit und materiellen Wohlstand und zuletzt um den eigenen souveränen Staat wird häufig durch die Überbetonung der antideutsch-habsburgischen und antikatholischen Komponente verzeichnet, zumal die Tatsache keine Beachtung findet, daß – abgesehen von der sprachlichen Bevorzugung – der deutsche Bevölkerungsteil der böhmischen Länder den gleichen Einschränkungen unterworfen war wie die Tschechen. Die simplifizierende Gleichsetzung der Ziele Roms mit denen der Habsburger bei den harten gegenreformatorischen Eingriffen hat, obgleich eine klare Trennungslinie zwischen politischen und konfessionell ausgerichteten Maßnahmen kaum zu finden ist, zudem die Legendenbildung begünstigt, die Rekatholisierung des Landes sei vorrangig in prodeutscher und antitschechischer Absicht erfolgt; auch bei diesem Interpretationsansatz wird jedoch geflissentlich übersehen, daß der tschechische Klerus diese Aufgabe autonom durchführte und der das ständische Denken in „vorweißenbergischer" Zeit so stark beeinflussende Utraquismus in enger theologischer Verbindung zum deutschen Protestantismus, vor allem zum Luthertum, stand.

2. Die Verankerung des Absolutismus und der politisch-gesellschaftliche Umschichtungsprozeß nach 1627

Aufstieg und Fall Albrechts von Waldstein

Während des Pfälzer Krieges (1621–1624), der das Schicksal des „Winterkönigs" Friedrich V. von der Pfalz besiegelte, blieben die böhmischen Länder von größeren Kampfhandlungen verschont, obzwar Gabriel Bethlen Mähren und Schlesien heimsuchte und auch der Jägerndorfer Markgraf Johann Georg aus dem Hause Brandenburg in Ostmähren Fuß fassen konnte. Als England, Frankreich, Dänemark, Schweden, Venedig, Savoyen und einige kleinere Mächte sich 1624 gegen Habsburg zu verbünden begannen, brach 1625 der Dänische Krieg aus, bei dem sich der von Ernst von Mansfeld und Christian von Halberstadt unterstützte Dänenkönig Christian IV. aber nicht gegen die kaiserliche Übermacht zu behaupten vermochte. Die militärische Überlegenheit der Kaiserlichen war in erster Linie das Verdienst Albrechts von Waldstein (z Valdštejna, Wallenstein), der sich 1623 erboten hatte, auf eigene Kosten und gegen spätere Bezahlung ein Heer mit mindestens 20000 Soldaten aufzustellen.[21] 1583 in eher bescheidene Verhältnisse hineingeboren, seit 1595 verwaist und von seinem Vormund Heinrich Slavata von Chlum gut lutherisch erzogen, war er um 1606 zum Katholizismus konvertiert und dank jesuitischer Vermittlung mit einer wesentlich älteren Dame verheiratet worden, die ihm bei ihrem Tod 1614 ein bedeutendes Vermögen hinterließ. Vor und während der böhmischen Ständeerhebung hatte Waldstein Ferdinand II. als Geldgeber und Militär bereits gute Dienste geleistet und die Voraussetzungen geschaffen, nach 1621 für Darlehen, Kriegsauslagen und erlittene Kriegsschäden so großzügig entschädigt zu werden, daß er in Nordböhmen um Friedland (Frýdlant), Reichenberg und Jitschin (Jičín) einen geschlossenen Herrschaftsbereich erwerben konnte, den der Kaiser am 12. III. 1624 als Fürstentum bestätigte; Waldstein wurde am 13. VI. 1625 von ihm zum Herzog von Friedland ernannt.[22] Der Emporkömmling, seit 1623 in zweiter Ehe mit Isabella von Harrach verheiratet, der Tochter eines der einflußreichsten Politiker am Wiener Hof, besaß aber nicht nur Fürsprecher und Freunde, sondern auch viele Neider, die seinen raschen Aufstieg mit äußerstem Mißtrauen verfolgten. Waldstein hat weniger als genialer Stratege und Militär, eher als ein die Organisation und die Logistik beherrschender Großunternehmer auf dem Gebiet der Kriegsführung in den Dreißigjährigen Krieg eingegriffen.[23]

Mit seiner Ernennung zum „Capo über alles kaiserliche Volk" am 7. IV. und zum General am 25. VII. 1625 zog er in Westböhmen ein Heer zusammen, mit dem er in erfolgreichem Zusammenwirken mit dem ligistischen Heerführer Tilly auf deutschem Boden die antihabsburgischen Kräfte niederrang. Nur kurzfristig konnten 1626/27 die zum Teil von Emigranten aus den böhmischen Ländern geführten dänischen Verbände Nordmähren, Teschen, Troppau und Jägerndorf besetzen, was wiederum Erhebungen in der mährischen Walachei und den Städten Mährens auslöste, die sich dann in einer Reihe von Bauernaufständen in Mittel- und Nordostböhmen fortsetzten.[24] Als im Juni 1629 Christian IV. gezwungen wurde, den Frieden von Lübeck zu unterzeichnen, hatte Waldstein für seine Verdienste bereits 1627 das schlesische Fürstentum Sagan als erblichen Besitz und 1629 das Herzogtum Mecklenburg als kaiserliches Lehen erhalten. Als der Kaiser mit dem Restitutionsedikt vom 6. III. 1629 die Rückgabe der seit dem Augsburger Religionsfrieden von 1555 entfremdeten geistlichen Güter an die katholische Kirche verfügte, sich die bisher loyalen protestantischen Reichsstände dagegen verwahrten und auch Waldstein sein Mißfallen offen bekundete, gab Ferdinand II. der auf dem Regensburger Kurfürstentag erhobenen Forderung nach Absetzung seines erfolgreichsten Generals nach und entließ Waldstein im September 1630. Kurz zuvor, am 6. VIII., war auf Usedom König Gustav Adolf von Schweden mit einer kleinen Streitmacht von 12500 Mann gelandet, unter denen sich viele böhmische Exulanten befanden; er errang, besonders nach Abschluß eines Bündnisses mit Frankreich am 23. I. 1631, rasche Erfolge. Als ihm am 17. IX. bei Breitenfeld ein vernichtender Schlag gegen das von Tilly kommandierte kaiserliche Heer glückte, war ganz Norddeutschland für Ferdinand II. verloren.

Waldstein hatte sich – äußerlich zwar gelassen, aber im Innern schwer getroffen – der Absetzungsorder gebeugt; er war aber auch den von Heinrich Matthias Graf Thurn, dem ehemaligen Aufstandsführer und jetzigen schwedischen Feldmarschall, initiierten Kontaktaufnahmen nicht ausgewichen, bei denen nach einem Frontwechsel die Übertragung der böhmischen Königskrone wohl eine Rolle spielte. Von Sachsen aus hatte der zum Generalkommissar des Königreichs Böhmen ernannte Thurn Prag nur für wenige Tage einnehmen können, bevor sächsische Truppen unter Johann Georg von Arnim im November 1631 mit dem Elb- und dem Egertal auch Mittelböhmen besetzten.[25] In ihrem Gefolge strömten die Emigranten in die Heimat zurück und hofften, nach der Rückgabe ihres alten Besitzes und der früheren Stellungen auch die ehemalige politische und religiöse Ordnung wiederherstellen zu können. Dem schwerbedrängten Kaiser blieb keine Wahl, als Verhandlungen mit Waldstein aufzunehmen, der noch vor ihrem förmlichen Abschluß im April 1632 mit der Wiedereinsetzung in das Generalat den Kampf gegen die Schweden aufnahm, Prag am 25. V. zurückeroberte, bis zum 7. VI. die letzten Feindverbände über die Landesgrenze abdrängte und stolz nach Wien melden konnte: „Böhmen ist liberirt". Nach dem Erfolg gegen die Schweden bei Nürnberg brachte die Schlacht von Lützen am 16. XI. 1632 Gustav Adolf den Tod; die dabei erlittenen empfindlichen Verluste zwangen Waldstein jedoch, seine schwer angeschlagenen Truppen im böhmischen Winterquartier aufzufüllen. Seine gleichzeitig geführten intensiven Verhandlungen mit Schweden und Frankreich, Sachsen und Brandenburg nährten am Wiener Hof erneut den Verdacht, der unabhängige und unberechenbare Feldherr wolle das Lager wechseln und sich selbst die böhmische Königskrone sichern. Trotz der militärischen Erfolge in Schlesien (Sieg über die Schweden bei Steinau, 12.X. 1633) und Oberdeutschland bekamen seine Gegner in der Umgebung des Kaisers Auftrieb, vor allem als sich Waldstein weigerte, Regensburg zu entsetzen und seine Offiziere am 13.I. 1634 im „Pilsener Ersten Schluß" eidlich an seine Person band. Da seine Widersacher überzeugt waren, daß der schwerkranke Waldstein keinen Sinn in der Verlängerung der Kampfhandlungen mehr sah und sich angesichts der zu erwartenden Absetzung und Verhaftung wahrscheinlich zu der schwedisch-sächsischen Koalition durchschlagen wollte, ließen sie ihn in der Nacht zum 26.II. in Eger zusammen mit seinen engsten Vertrauten Trčka, Kinský, Illow und anderen von einer Gruppe kaisertreuer Offiziere ermorden. Das Kommando der Armee übernahmen die durch großzügige Versprechungen gewonnenen Unterführer Waldsteins, die Grafen Matthias Gallas, Franz Octavio Piccolomini, Rudolf Colloredo, Johann Aldringen und der General Baltazar de Marradas.

Soziale und militärisch-politische Auswirkungen

Für die böhmischen Kronländer bedeutete der Tod Waldsteins einen tiefen Einschnitt, denn mit der zweiten Welle der Umverteilung von Grund und Boden strömte erst in den Folgejahren die Mehrzahl der nicht „landsässigen" Familien ein, die künftig dem Adelsstand sein besonderes Gepräge gaben. Die allein auf rd. 15 Mill. Gulden geschätzten Besitzungen Waldsteins und die Güter seiner böhmischen Freunde fielen jetzt als Belohnung in die Hände der für das kaiserliche Lager gewonnenen Generale und Offiziere, wobei sich Gallas u. a. Friedland und Reichenberg, Piccolomini die trčkasche Herrschaft Nachod und Aldringen das kinskýsche Gut Teplitz zu sichern verstanden. Aber auch Slavata, Colloredo, Isolani, Morzin und Heinrich Graf Schlick wurden ebenso generös von Ferdinand II. bedacht wie der Thronfolger, der Jesuitenorden und die eigentlichen Mörder.[26] Die Sporck, Clary, Clam, Beaufort-Spontin, Collalto, Coudenhove-Calerghi, Serenyi und andere Hochadelsfamilien erwarben gleichzeitig umfangreiche Besitzungen und ebneten des Weg für die Auersperg, Berchtold, Fürstenberg, Haugwitz, Herberstein, Hohenlohe, Khevenhüller-Metsch, Larisch, Rohan, Schönborn, Nostitz, Löwenstein, Schönburg-Hartenstein u.a.m., die anschließend in friedlicher Penetration in den Ländern der böhmischen Krone Fuß faßten und dank der freizügigen Erteilung des Inkolats – zwischen 1627 und 1656 wurden 417 Personen in die „Landsmannschaft" aufgenommen – im Laufe der Zeit mit den Familien des alten böhmischen Herrenstandes wie den Sternberg, Lobkowitz, Czernín, Kinský, Martinic, Slavata, Waldstein, Bubna, Deym und Kolowrat verschmolzen. Am Ende des Dreißigjährigen Krieges war im Vergleich zu 1615 die Zahl der Herrenstandsfamilien von 194 auf 297 angestiegen, unter denen 169 „alte" Mitglieder 128 neu in den Hochadel aufgenommenen Geschlechtern gegenüberstanden. In Mähren hatten die landsässigen

Herren mit 39 Mitgliedern im Vergleich zu 27 Inkolatsbewerbern ebenfalls eine Mehrheit verteidigt. Eine ähnliche Interessenlage und weltanschauliche Übereinstimmung, die enge Verbundenheit mit der katholischen Religion und die gewachsene Abhängigkeit vom Kaiserhaus begünstigten das Entstehen einer neuen aristokratischen Gesellschaft, die sich – beeinflußt vom Geist der Gegenreformation und der Barockkultur – trotz ihrer national heterogenen Zusammensetzung mit wachsender Selbstverständlichkeit als der berufene Repräsentant der böhmischen Kronländer empfand. Der durch den Krieg viel härter getroffene Landadel mußte dagegen häufig seine kleinen Güter aufgeben und sein Auskommen im kaiserlichen Heer oder – unter Aufgabe seiner Standesprivilegien – in bürgerlichen Berufen suchen. Deshalb verringerte sich in Böhmen die Zahl der „Ritter" von 938 auf 573 Familien, wobei 457 als „alte" und 116 als „neue" Mitglieder galten; in Mähren waren neben 30 Neuaufnahmen aber nur noch 35 „alte" Ritterstandsfamilien anzutreffen.[27] Da im Dreißigjährigen Krieg mehr oder weniger erzwungen zwischen zwei Drittel und drei Viertel des Bodens den Besitzer wechselten, übten die Konfiskationen, Vertreibungsaktionen, Neuerwerbungen, Inkolatserteilungen und Kampfhandlungen nicht nur einen bedeutenden Einfluß auf die demographische Zusammensetzung, sondern langfristig auch auf die Wirtschaftsstruktur des Landes aus.

Nach der Ermordung Waldsteins waren schwedische und sächsische Truppen nach Nordböhmen eingefallen und hatten danach auch Prag besetzt. Doch die Erfolge eines kaiserlichen Heeres unter dem Thronfolger Ferdinand III., das im Juli 1634 Regensburg zurückeroberte und am 5./6. IX. bei Nördlingen ein schwedisches Kontingent besiegte, zwangen die Gegner zum Abzug und zur Aufnahme von Friedensverhandlungen. Im Frieden von Prag hatte der Kaiser am 30. V. 1635 zwar endgültig auf die seit 1620 verpfändeten Lausitzen zu verzichten, die als erblicher Besitz an Kurfürst Johann Georg von Sachsen fielen; damit ging eine wohlhabende Provinz von rd. 9000 km² verloren, die immerhin seit 1319 (Ober-) bzw. 1367 (Niederlausitz) einen integralen Bestandteil der Krone Böhmens gebildet hatte. Obgleich Ferdinand II. den Lutheranern in einigen Teilen Schlesiens bescheidene religiöse Freiheiten einräumen mußte, wußte er den Forderungen auf Gewährung von Sonderrechten für die verbliebenen Akatholiken in den böhmischen Ländern und von Zugeständnissen an die Exulanten auszuweichen. Da sich dem Prager Frieden bald auch Brandenburg und andere protestantische Fürsten anschlossen, stiegen die Hoffnungen auf eine rasche Beendigung der Kampfhandlungen.

Das Eingreifen Frankreichs auf der Seite Schwedens fachte den Krieg im selben Jahr aber wieder an.[28] Als der glaubensstarke Ferdinand II. am 15. II. 1637 starb, hatte er seinem Sohn Ferdinand III. (1637–1657) nicht nur die Nachfolge im habsburgischen Länderblock, sondern auch im Reich gesichert; militärisch fanden sich die Kaiserlichen dagegen in einer äußerst bedrängten Lage. Im Mai 1639 rückten schwedische Truppen unter General Johan Banér in Böhmen ein, konnten Prag zwar nicht einnehmen, hausten aber um so schlimmer im Ostteil des Landes, bevor sie durch eine von dem neuen Olmützer Bischof Erzherzog

Leopold Wilhelm geführte Armee zu Jahresbeginn 1640 vertrieben wurden. Doch bereits 1642 marschierte eine weitere schwedische Streitmacht unter Torstensson in Schlesien und Nordmähren ein, eroberte Olmütz (14. VI.) und konnte sich im November nach dem Sieg über die Kaiserlichen bei Breitenfeld (2. XI.) dauerhaft in Böhmen festsetzen und im September 1643 die Belagerung von Brünn einleiten. Obgleich seit Dezember 1644 in Münster und Osnabrück über einen Frieden verhandelt wurde, flammten in Böhmen die Kämpfe wieder auf, wobei Torstenssons Truppen am 6./7. III. 1645 im südböhmischen Jankau den Kaiserlichen eine schwere Niederlage zufügten. Da auch der Nachfolger Bethlens als Fürst von Siebenbürgen, Georg I. Rákóczi, sich gegen den Kaiser erhoben hatte, schien im Zusammenwirken mit den bis an die Mauern Wiens vorgedrungenen Schweden doch noch eine entscheidende Wendung im Krieg möglich. Die jetzt erneut in die Heimat zurückflutenden böhmischen Emigranten hegten die Erwartung, bei einem Sturz der Habsburger die verhaßte Verneuerte Landesordnung zu kassieren und die vor 1620 bestehenden Rechts- und Vermögenszustände restituieren zu können.[29] Da Brünn trotz der von März bis August 1645 dauernden zweiten Belagerung nicht zur Kapitulation gezwungen werden konnte und die Kaiserlichen Zuzug aus dem Reich erhielten, sah sich Torstensson jedoch vor der Vereinigung mit Rákóczi zum Rückzug nach Sachsen gezwungen, während der Fürst von Siebenbürgen am 16. XII. 1645 im Frieden von Linz einlenkte.[30]

Die Gegner Habsburgs hatten zwar die Forderung des emigrierten böhmischen Adels nach Restitution der ständischen Verfassung und Rückgabe der einst konfiszierten Besitztümer in die Friedensverhandlungen eingebracht, damit aber nur eine weitgehende Solidarisierung des im Lande gebliebenen „alten" Adels und der „neuen" Herren, die um ihre Erwerbungen fürchten mußten, mit den von Kaiser Ferdinand III. verfochtenen Positionen erreicht. Da sich in der Schlußphase der Kämpfe das Kriegsglück auch wieder mehr den Kaiserlichen zuwandte, konnten die Wiener Unterhändler in der böhmischen Frage nicht zu einem Entgegenkommen veranlaßt werden.[31] Die Hoffnungen der Emigranten lebten noch einmal auf, als schwedische Truppen unter General Königsmarck im Juli 1648 erneut nach Böhmen vorstießen und am 26. VIII. im Handstreich die Prager Kleinseite und die Burg auf dem Hradschin eroberten. Selbst die Nachricht, daß am 24. X. der Frieden unterzeichnet worden war, bedeutete nicht das Ende der fremden Besatzung. Erst am 30. IX. 1649 rückten die Schweden aus Prag ab und ließen dabei unersetzliche Kulturgüter mitgehen; Olmütz wurde nach Ratifikation der Friedensverträge und nach Bezahlung von 20 000 Talern schließlich im Juli 1650 geräumt.

Zwar blieben nach den Friedensschlüssen von Münster und Osnabrück die 1635 an Sachsen abgetretenen beiden Lausitzen endgültig verloren, sonst hatte Ferdinand III. für den böhmischen Bereich den Besitzstand des Jahres 1620 jedoch verteidigen können. Die im Kampf gegen Schweden 1645 an Polen verpfändeten schlesischen Herzogtümer Oppeln und Ratibor wurden im Lauf der Jahre ausgelöst; das 1621 Johann Georg von Brandenburg abgesprochene kleine

Herzogtum Jägerndorf, das Karl von Liechtenstein verliehen wurde, der sich später auch des angrenzenden Troppaus bemächtigte, bildete weiterhin einen Zankapfel zwischen den Habsburgern und den Hohenzollern, wobei vor allem der Große Kurfürst Friedrich Wilhelm nicht müde wurde, bei jeder sich bietenden Gelegenheit auf die Ansprüche seines Hauses hinzuweisen. Obschon die böhmischen Länder im Vergleich zu anderen Reichsterritorien durch direkte Kriegseinwirkungen keine schwereren Schäden davongetragen hatten, bedingte der Dreißigjährige Krieg aber auch hier schlimme Menschen- und Vermögensverluste.

Kriegsschäden

Besonders nachhaltig waren die von Tschechen besiedelten fruchtbaren innerböhmischen und mährischen Bezirke betroffen worden, so daß während des langen Krieges und durch späteren Zuzug aus den umliegenden deutschen Gebieten der Anteil der deutschsprachigen Landesbewohner in der zweiten Hälfte des 17. Jahrhunderts langsam anwuchs und diese um 1700 in Böhmen und Mähren bereits über ein Fünftel, dank ihrer starken Basis in Schlesien in den böhmischen Kronländern sogar über zwei Fünftel der Gesamteinwohnerzahl stellten.[32] Bei der zwischen 1653 und 1655 durchgeführten Revision der Steuerkataster *(Berní rula)* wude festgestellt, daß die Bevölkerungszahl in Böhmen auf unter eine Million Menschen abgesunken war; auch Schlesien zählte weniger als eine Million, Mähren weniger als 500000 Bewohner.[33] Rund ein Drittel der 1618 ansässigen Einwohner war durch die Vertreibung der Akatholiken, durch Kampfhandlungen, Hungersnöte und Seuchen dem Land verloren gegangen, wobei vor allem die mehrfach (1624, 1639, 1642, 1645, 1647, 1649) grassierende Pest zahllose Opfer forderte. 1654 wurden in Böhmen (ohne die eine Sonderstellung genießende Grafschaft Glatz und die Alte Reichspfandschaft Eger) 68 königliche und 87 untertänige Städte, 396 Marktflecken, 11000 Dörfer und 1364 Herrschaften gezählt – doch in einer Zusammenstellung der hauptsächlich von den Schweden verursachten Kriegsschäden fanden 80 Städte, 813 Dörfer und 215 Schlösser Aufnahme. In Mähren hatten von den sieben königlichen und 60 untertänigen Städten, 190 Marktorten und 2607 Dörfern durch Kriegsfolgen und Brände 22 Städte, 333 Dörfer und 63 Schlösser schwer gelitten.[34] Viele Bauern hatten während der Kampfhandlungen und als Reaktion auf die Rekatholisierungsmaßnahmen ihre Höfe aufgegeben und waren in die Wälder geflüchtet, nicht zuletzt auch, weil 1650 eine Dürre verbunden mit einer großen Hungersnot das einst so reiche Land heimsuchte. Aus den Briefwechseln und Aufzeichnungen der Zeitgenossen läßt sich ein Eindruck vom Ausmaß der Zerstörungen, Verwüstungen und der Leiden der betroffenen Bevölkerung gewinnen, zugleich von der lebendigen Hoffnung auf eine Besserung und einen raschen Wiederaufbau in den herbeigesehnten Friedenszeiten.

Am schwersten war aber wohl das städtische Bürgertum in Mitleidenschaft gezogen worden. Die erzwungenen Massenabwanderungen der protestantischen Bevölkerung aus den Städten hatte ihre Bewohnerzahl drastisch, zum Teil auf weniger als die Hälfte schrumpfen lassen; noch 1654 war ein Viertel der Häuser in untertänigen und ein Drittel in königlichen Städten unbewohnt.[35] In Prag lebten 1656 in rd. 2500 Häusern zwar bereits wieder 27000 Einwohner, dennoch stand die Hälfte der Wohnungen leer; in den anderen größeren Ortschaften erholte sich trotz verzweifelter Ansiedlungsversuche die Bevölkerungszahl ebenfalls nur sehr langsam. Unbeschadet der Plünderungen und Zerstörungen hatte die Stadtbevölkerung die finanzielle Hauptlast der Kriegskosten tragen müssen, wobei ihr neben der Zahlung der üblichen Ansiedlungs- und Biersteuer noch ein *Extraordinarium militare* aufgebürdet worden war. Das Steuerbewilligungsprivileg hatte der Kaiser durch das Verbot auszuhöhlen gewußt, die Zustimmung des Landtags zu den Anforderungen von keinen „unziemenden Vorbehalten" abhängig zu machen, die sich gegen die königliche Gewalt oder den Rang und die Würde des Monarchen richten könnten. Da diese beträchtlichen Summen, wie in den Jahren vor 1618, größtenteils aus dem Land flossen, wurden selbst die letzten Reserven aufgebraucht. Den kleinen Handwerkern fehlte häufig das Geld zum Ankauf der von ihnen benötigten Rohstoffe; ein grenzübergreifender Außenhandel existierte nicht mehr. Die Rückständigkeit in Handel und Gewerbe und die drückende Schuldenlast erzwangen 1650 immerhin die Einsetzung einer „Stadtschulden-Tractierungs-Commission", deren Ergebnisse sich aber erst in den 1670er Jahren positiv bemerkbar zu machen begannen.

Doch auch die Bauern klagten lautstark, weil der geringe Geldumlauf kostendeckende Erlöse für ihre Produkte ausschloß und sie ebenfalls äußerst hart besteuert wurden. Die Anzahl der bäuerlichen Hofstellen halbierte sich im Kriegsverlauf fast von 150000 auf 82800, war bis 1654 aber wieder auf 107000 im eigentlichen Böhmen angewachsen. Der bereits in den Kriegsjahren eingetretene einschneidende Wandel im Charakter der Grundherrschaften, die zu immer größeren Besitztümern zusammengelegt wurden und sich häufig auf die Großerzeugung von Getreide und Fleisch für ausländische Märkte konzentrierten, betraf besonders das untertänige Landvolk, weil die Herren trotz der gesunkenen Bevölkerungszahlen die gleichen Arbeitsleistungen wie früher verlangten und im Interesse, konfiszierte Güter preisgünstig zu erwerben und ihre erlittenen Kriegsverluste auszugleichen, die finanziellen Abgaben stark erhöhten. Vielen der neuen Besitzer war zudem Brauchtum und Mentalität ihrer neuen Untertanen nicht nur fremd, sondern völlig gleichgültig, so daß die einst von patriarchalischem Verantwortungsgefühl für das Ergehen der Bauern geprägten Verhaltensnormen der früheren Besitzer jetzt in brutale Ausnutzung der bäuerlichen Arbeitskraft durch eine Erhöhung der Hand- und Zugfrondienste mündete, die im Durchschnitt drei Tage pro Woche während des ganzen Jahres betrugen, während der Frühjahrsbestellung, der Mahd und der Ernte aber wesentlich höher lagen. Da sich die in Mähren geübte Praxis bewährt hatte, die dem Landeshauptmann vorgetragenen Beschwerden der Untertanen über ihre

Herrschaft vor dem Landgericht zu behandeln, war so auch in der Verneuerten Landesordnung für Böhmen den Bauern bei Streitigkeiten mit den Grundherren die Möglichkeit einer Anrufung des Prager Appellationsgerichtshofs eingeräumt worden, der auch bei Todesurteilen als Berufungsinstanz tätig werden sollte. Doch der staatliche Schutz genügte nicht, um Übergriffe der Gutsbesitzer wirkungsvoll zu unterbinden; mit der Verbitterung der Bauern wuchs auch ihre Aufstandsbereitschaft, die dann im Jahr 1680 erstmals in größerem Maße zum Ausbruch kam.[36]

Ein Teil der durch Schenkungen oder Aufkäufe in den böhmischen Ländern zu Besitz gelangten ausländischen Condottieri zeigten nach Beendigung des Dreißigjährigen Krieges kein Interesse an ihren Gütern und trennten sich wieder von ihnen. 1654 hatten daher drei Fünftel der Bauern „alten" und zwei Fünftel „neuen" Adel als Grundherren. Die Aristokraten kontrollierten in Böhmen bereits 60% des Ackerbodens; der Kirchenbesitz bedeckte immerhin 12% des Landes und der Landanteil der Ritterschaft war auf 10% abgesunken. In Mähren lagen die Verhältnisse ähnlich, obschon hier Kirchen und Klöstern sogar ein Fünftel der Güter gehörte. Der König und die Städte teilten sich den restlichen Grundbesitz. Der 1620 einsetzende Konzentrationsprozeß mit der Ausbildung riesiger Latifundien hatte dazu geführt, daß eine kleine Zahl von Magnaten, unter ihnen die Familien Lobkowicz, Sternberg, Liechtenstein, Eggenberg und Dietrichstein, ein Drittel des Adelsanteils besaß; weitere drei Prozent des reichen Hochadels nannten ein Fünftel des Bodens ihr eigen, so daß den verbleibenden 95% der dem Adel zugerechneten Familien „nur" die knappe Hälfte der Grundherrschaften gehörte. Allein der Liechtensteinsche Besitz umfaßte 18,2% der Fläche Mährens mit 16795 untertänigen Ansässigkeiten; der Diertrichsteinsche Güterkomplex noch 5,2%. In Schlesien, zumal im oberschlesischen Bereich, hatte sich der weitgehend eingedeutschte kleine Ritteradel besser behaupten können und pflegte schon wegen der fehlenden finanziellen Möglichkeiten fast keine Kontakte zu den bessergestellten böhmischen und mährischen Standesgenossen. Während sich die Großgrundbesitzer mit gewagten Finanzoperationen weitgehend entschulden und zum Teil auch beträchtliche Kriegsgewinne erzielen konnten, hatten die finanziellen Einbußen und kriegsbedingten Verluste viele Klein- und Mittelbesitzer zu hohen Kreditaufnahmen gezwungen, die bei relativ bescheidenen Erträgen aus der reinen Agrarproduktion mit der herkömmlichen Regiewirtschaft und den eigenen Wirtschaftsunternehmungen nicht abgetragen werden konnten. Da aber die Grundobrigkeit nicht nur die Preise für die Landwirtschaftserzeugnisse ihrer Bauern festsetzte, sondern sie häufig auch noch zwang, Gebrauchsgegenstände, Kleidung, Lebensmittel und Getränke von ihr zu beziehen, erschloß sie sich eine bedeutende zusätzliche Einnahmequelle, die ihr auf Kosten der Bauern half, die Finanzlöcher zu stopfen. Der Trend, die Schlösser auf den Gütern, die Paläste in Prag und die Residenzen in Wien im Barockstil umzubauen oder ganz neue prunkvolle Anlagen zu errichten, ließ den Geldbedarf weiter wachsen und die Finanzlasten der Untertanen ins Unvertretbare ansteigen.

Ausbau der zentralisierten Landesverwaltung

Nicht nur der Erlaß der Verneuerten Landesordnung, sondern auch die vom Krieg diktierte Notwendigkeit, rasche Entscheidungen zu treffen und die Hilfsquellen der Kronländer optimal zu nutzen, hatten unter Ferdinand II. den willkommenen Auslöser für eine verstärkte Zentralisierung der Gesamtstaatsverwaltung geboten, wobei die noch von Ferdinand I. 1527 im Rahmen der „Hofstaatsordnung" geschaffenen Behörden gute Dienste leisteten. Im Geheimen Rat, in dem die vom Herrscher berufenen Räte mit den obersten Hofwürdenträgern zusammenwirkten, wurden die Richtlinien der Außenpolitik festgelegt und dynastische Fragen behandelt; der Hofrat, dem auch die Mitglieder des Geheimen Rates angehörten, fungierte nach böhmischen Protesten seit 1537 nur noch als oberste Justizinstanz für die österreichischen Erblande; die 1559 reorganisierte Böhmische Kanzlei war ausführendes Organ, während die wichtigere Hofkammer die gesamte Finanzverwaltung kontrollierte. Der 1556 eingerichtete Hofkriegsrat nahm auf die Ländergrenzen und Eigenständigkeiten keine Rücksicht und stellte eine wirkliche Zentralbehörde dar, der neben den militärischen Obliegenheiten in Krisenzeiten auch weitergehende Aufgaben zugeteilt werden konnten. Verschiedene Anläufe, das Beratungs- und Mitbestimmungsrecht aller habsburgischen Besitzungen in Generallandtagen auszuüben, waren je nach politischer Opportunität von der Krone oder den Ständen der einzelnen Länder blockiert worden; nach 1619 fanden keine ernsthaften Anstrengungen mehr statt, selbst nur für die Länder der böhmischen Krone noch einen Generallandtag einzuberufen, so daß die Böhmen in Prag, die Mährer in Brünn und die Vertreter der schlesischen Fürstentümer in Breslau getrennt berieten und sogar auf Grund alter Sonderrechte in der Grafschaft Glatz und der Alten Reichspfandschaft Eger eigene Vertretungskörperschaften zusammentraten.

Die 1624 durchgeführte Verlegung der Böhmischen Hofkanzlei nach Wien war ursprünglich nur als vorübergehende Maßnahme gedacht gewesen, erwies sich aber als dauerhafter Schritt; ihr Aufgabenbereich als höchstes Verwaltungs- und Gerichtsorgan aller böhmischen Länder blieb unter dem jetzt ebenfalls ständig in der kaiserlichen Residenz weilenden Oberstkanzler jedoch gewahrt. Die wachsende Einflußnahme des Herrschers und der Hofstellen schränkte aber die nach außen aufrechterhaltene verfassungsrechtliche Selbständigkeit immer weiter ein, zumal die Statthaltereien als landesfürstliche Verwaltungsämter ausschließlich der königlichen Aufsicht unterstanden und der Monarch die allein auf ihn vereidigten Beamten nur noch für fünf Jahre in ihr jeweiliges Amt berief, wobei er aber Sorge trug, daß die Inhaber der sechs höchsten Landesämter – des Oberstburggrafen, -hofmeisters, -marschalls, -kämmerers, -richters und -kanzlers – den altangesehenen Herrenstandsfamilien entstammten. Die Kreishauptleute, wie zuvor je einer aus dem Herren- und aus dem Ritterstand, waren ebenfalls nur dem König verpflichtet, obgleich sie vorrangig die alten ständischen Dienste wie Polizeiaufsicht und Friedenswahrung in ihrem Distrikt ausübten und aus den ständischen Kassen besoldet wurden; erst im 18. Jahrhundert hatten sie auch bei der Auswahl der Rekruten sowie der Eintreibung von Militärsausgaben und Steuern mitzuwirken. Mit der 1637 durchgeführten Verwaltungsreorganisation Mährens in fünf Kreise (Olmütz, Brünn, Znaim, Iglau, Ungarisch-Hradisch) gingen erste, sich insgesamt über 100 Jahre hinziehende Maßnahmen einher, die Sonderrechte des Fürstbistums Olmütz, eines Lehens des Königreichs Böhmen, abzubauen sowie alle Territorien und Einwohner der vom Landeshauptmann geleiteten mährischen Verwaltungs- und Gerichtsbarkeit zu unterstellen. Die Inhaber der schlesischen Fürstentümer sahen sich, ebenso wie die Liechtenstein in Jägerndorf und Troppau, die Lobkowicz in Raudnitz und Sagan (seit 1646) oder die Eggenberg im Herzogtum Krumau gleichermaßen von der Aufkündigung territorialer Hoheitsrechte – eigene Heeresorganisation und außerstaatliche Vertretung, Privilegien- und Gesetzgebungshoheit u. a. m. – zugunsten der absolutistischen Zentralmacht betroffen. Obschon 1640 den Landtagen das Recht der gesetzgebenden Initiative in Angelegenheiten zurückgegeben wurde, die nicht die königliche Gewalt beeinträchtigten, war das Interesse des Adels, an den kostspieligen Ständeberatungen teilzunehmen, so stark zurückgegangen, daß bald darauf Klage über eine zu geringe Beteiligung geführt wurde.[37]

Mit der Verneuerten Landesordnung und der mit ihr korrespondierenden Bedeutungsminderung der ständischen Institutionen und einer außerordentlichen Erweiterung der Herrscherrechte war der zentralistische Absolutismus zwar noch nicht fest etabliert, aber das politische Gewicht doch so eindeutig zugunsten der Krone verändert worden, daß künftig der uneingeschränkten Anwendung der monarchischen Gewalt kein wirkungsvoller Widerstand mehr entgegengestellt werden konnte, zumal die alte Ständegemeinde nicht weiter existierte. Den königlichen Städten waren ihre bereits zuvor weitgehend beschnittenen Mitwirkungsrechte praktisch entzogen worden; der Ritterstand hatte mit dem Verlust seiner materiellen Basis und dem zahlenmäßigen Rückgang seine frühere politische Bedeutung verloren; der neue erste Stand der Bischöfe und Prälaten, wegen des entschiedenen Rekatholisierungskurses für eine Stärkung des Königtums eintretend, erwies sich als ebenso loyal wie der in seiner Zusammensetzung so heterogene Herrenstand. Durch die großzügige Vergabe des Fürsten-, Herzog- oder Grafentitels, die Aufrechterhaltung ihrer persönlichen Privilegien, die gemeinsame Verteidigung des katholischen Glaubens und die sich am Wiener Hof bietenden Aufstiegschancen gewonnen, identifizierten sich die großen Magnatenfamilien ganz mit den Zielen und Interessen der habsburgischen Dynastie. Dieser Hochadel war international ausgerichtet und mit den führenden katholischen Geschlechtern Europas versippt, sprach spanisch, italienisch, französisch, etwas deutsch und, wenn überhaupt, nur schlecht tschechisch und besaß im allgemeinen keinen ausgeprägten Landespatriotismus oder ein altböhmisch geprägtes Standesbewußtsein. Aber auch das Verhältnis zur Habsburgermonarchie war nicht besonders eng, zumal es eine Gesamtstaatsidee damals noch nicht gab: Der unabhängige Souverän der Krone

Böhmens war in Personalunion auch Herrscher von Österreich, König von Ungarn und Kaiser des Heiligen Römischen Reiches Deutscher Nation; als Monarch von Böhmen zugleich deutscher Kurfürst, Markgraf von Mähren und Lehensherr der schlesischen Fürstentümer, der seinerseits aber wieder die böhmischen Kronländer als Lehen des Reiches genommen hatte. Mit der Verlegung der Residenz des Herrschers nach Wien, der Beschneidung der politischen Rechte der Landtage, dem zunehmenden Übergewicht der zentralen Hofämter der Landesverwaltung gegenüber und der Herauslösung der Herrenstandsfamilien aus dem engeren heimatlichen Umfeld sanken die böhmischen Länder in den nächsten hundert Jahren immer mehr zu einer – zwar wichtigen, aber nicht ausschlaggebenden – Provinz des Habsburgerreiches ab.

VIII. Unter Zentralismus und Absolutismus in der Habsburgermonarchie, 1648–1740

1. Der Anteil der böhmischen Länder am Aufbau der habsburgischen Großmachtstellung

Kaiser Ferdinand III. hatte im Westfälischen Frieden neben einigen Territorialverlusten am Oberrhein eine empfindliche Schwächung seiner Position im Reich akzeptieren müssen, das künftig nur noch einen losen Staatenbund bildete. Bereits im Verlauf des Dreißigjährigen Krieges hatte sich zudem das Schwergewicht der politischen, militärischen und sozioökonomischen Grundlagen der Habsburger aus dem Reich verstärkt in die Erblande des Hauses Österreich verschoben, wo es dann auch gelang, mit Absolutismus und Katholizismus die beiden Prinzipien zu verteidigen, für die im großen Krieg bis zur Erschöpfung gekämpft worden war. Diese Gewichtsverlagerung leitete einen Evolutionsprozeß ein, bei dem unter Zurücktreten der Reichsidee der erste Ansatz eines supranationalen Staatsgedankens für die Habsburgermonarchie zutage trat, der über die Anerkennung des gemeinsamen Staatsverbandes das Bewußtsein der die alten Ländergrenzen überschreitenden Zusammengehörigkeit fördern und die Entwicklung eines habsburgisch-österreichischen Gesamtstaatspatriotismus ermöglichen sollte. Der damit verbrämte Zug zur Zentralisierung der Staatsmaschinerie beinhaltete gleichzeitig den schrittweisen Abbau der letzten Überreste der ständischen Macht, aber auch die Gleichschaltung auf religiösem Gebiet und die Forcierung der im merkantilistischen Geist betriebenen Wirtschaftsreformen. Trotz der formal fortbestehenden Autonomie des Königreichs mit seinen eigenständigen Regierungs- und Verwaltungsinstitutionen wurden die Länder der böhmischen Krone konsequent in diesen zentralistisch ausgerichteten Staat eingebunden, obgleich in den – seit 1627 in ihren Mitwirkungsrechten beschränkten – Landtagen, in der Selbstverwaltung und der Gerichtsbarkeit der Stände sowie in der direkten Herrschaft des Adels über die überwältigende Mehrheit der untertänigen Landesbewohner Überreste der früheren Eigenständigkeit bewahrt blieben.

Außenpolitische Verwicklungen

Ferdinand III. und sein neuer Oberstkanzler für die böhmischen Länder, Johann Hartwig Graf Nostiz (1652–1683), widmeten nach Kriegsende zwei Bereichen ihre besondere Aufmerksamkeit: der Rekatholisierung und der Wiederherstellung der wirtschaftlichen und damit auch der finanziellen Leistungsfähigkeit. Gerade dem ökonomischen Wiederaufbau kam angesichts der ununterbrochenen außenpolitischen Verwicklungen besondere Bedeutung zu. Zwar konnte der seit 1606 bestehende Vertrag von Zsitva-Torok mit der Hohen Pforte verlängert werden, doch die 1655 aufgenommenen Versuche Karls X. Gustav von Schweden, sich in Polen festzusetzen, machten Militärvorbereitungen unabwendbar, weil die Nachbarschaft einer protestantischen Dynastie in den noch von vielen Akatholiken bewohnten Provinzen Schlesien und Oberungarn (Slowakei) unerwünschte Signalwirkung besitzen mußte und sich daraus eine grundlegende Verschiebung des Machtgefüges im östlichen Mitteleuropa ergeben konnte. Der hart bedrängte Polenkönig Jan II. Kazimierz mußte sich vor dem Feind auf habsburgisches Gebiet nach Schlesien absetzen, konnte dann aber dank der Vermittlung des Kaisers am 3. XI. 1656 einen Waffenstillstand mit Rußland schließen und ab Dezember mit österreichischen Subsidienzahlungen rechnen. Der Konflikt uferte durch das Eingreifen Brandenburgs, Dänemarks, Moskaus und des Krimkhans zu einem regelrechten Flächenbrand aus, der durch die aktive Einmischung des Fürsten von Siebenbürgen, Georg II. Rákóczi, die Habsburgermonarchie noch stärker involvierte und die Gefahr eines neuen Türkenkriegs heraufbeschwor. Noch bevor eine diplomatische Lösung gefunden werden konnte, starb Ferdinand III. am 2. IV. 1657. Seinem Nachfolger blieb es überlassen, im Vertrag von Wien (27. V. 1657) dem polnischen Verbündeten weitere Militärhilfe zuzusagen, worauf nach französischer Vermittlung ein Friedensschluß mit Brandenburg (Verträge von Wehlau und Bromberg, 19. IX. und 6. XI. 1657) und Schweden (Frieden von Oliva, 3. V. 1660) zustandekam.

Die vom Kaiser seit längerem betriebene Anerkennung seines gleichnamigen Sohnes, der 1653 zum römischen König gewählt worden war, beschwor in den böhmischen Kronländern keine Probleme herauf – doch starb Ferdinand IV. bereits 1654 an den Blattern. Auch sein ursprünglich für den geistlichen Stand vorgesehener Bruder Leopold I. (1657–1705), der danach als Kandidat präsentiert wurde, stieß in Böhmen nicht auf Widerspruch, zumal sich zahlreiche böhmische Herren und Ritter seines persönlichen Vertrauens erfreuten (u. a. Jan Humprecht Czernín von Chudenitz, Franz August von Waldstein, Oberstburggraf Martinic und eine Reihe von „neuböhmischen“ Adligen) und mit dem Grafen Nostitz als Oberstkanzler, Fürst Wenzel Eusebius Lobkowicz als Präsident des Hofkriegsrates sowie Johann Adolf Schwarzenberg als Obersthofmeister des Erzherzogs Leopold Wilhelm führende Vertreter der Adelsgesellschaft einflußreiche Ämter bei Hofe innehatten.[1] Die Erwartungen, der erst 17 Jahre alte Monarch, der im Reich wegen französischer Interventionen über 15 Monate um seine Wahl zum Kaiser (18. VII. 1658) zu kämpfen hatte, werde der adligen Standschaft einen Teil ihrer alten Rechte zurückerstatten und vor allem die schwer auf dem immer noch vom Krieg gezeichneten Land lastenden Steuerforderungen mindern, erfüllten sich indes nicht. Auch die Erwartung, Prag werde wieder zur Residenzstadt aufsteigen, erwies sich als unrealistisch. Als der Monarch im Winter 1657/58 zur Krönung in Prag weilte, bekundete er zwar

Verständnis für die vorgetragenen Gravamina, zu einem spürbaren Kurswechsel zeigte er sich jedoch nicht bereit. Die erneute Zuspitzung der politischen Lage an der Ostgrenze verlangte zudem eine Konzentration auf außenpolitische Fragen.

Georg (György) II. Rákóczi hatte mit seiner antihabsburgischen, auf Ausweitung seines siebenbürgischen Herrschaftsbereichs abzielenden Politik nicht nur das Mißtrauen des Wiener Hofes, sondern auch die Gegnerschaft des Sultans geweckt, der die Beendigung der Kämpfe in Polen zu einer Intervention im Fürstentum nutzte und Georg II. im Mai 1660 eine Niederlage zufügte, wobei dieser der in der Schlacht erlittenen Verwundung erlag. Da Habsburg ein dauerhaftes türkisches Festsetzen in Siebenbürgen nicht hinnehmen konnte, brach ein neuer Türkenkrieg aus, bei dem 1663 auch die Slowakei und Südmähren schwer in Mitleidenschaft gezogen wurden; der nach dem Sieg bei St. Gotthard a. d. Raab (1. VIII.) übereilt am 10. VIII. 1664 in Vasvár (Eisenburg) geschlossene Friede brachte jedoch keine Verbesserung der österreichischen Positionen. Aber einmal mehr mußten die böhmischen Länder einen Großteil der Kriegssteuern aufbringen und sich überproportional an den Kosten für die Niederschlagung einer 1670 aufgedeckten Aristokratenverschwörung in Ungarn (Zrínyi, Nádasdy) und des von der Hohen Pforte und Siebenbürgen unterstützten Kuruzzenaufstands unter Imre Thököly beteiligen, und zwar zu einem Zeitpunkt, als die Habsburgermonarchie in einen offenen Konflikt (Holländischer Krieg, 1672–1679) mit dem Frankreich Ludwigs XIV. verwickelt wurde. Das ständige Drehen an der Steuerschraube und die kaum noch tragbaren Belastungen für die Untertanen lösten nicht nur Bauernunruhen aus, sondern weckten auch die Vorbehalte der böhmischen Stände, die sich nicht damit zufrieden gaben, daß seit 1669 Fürst Lobkowicz als Erster Minister die Richtlinien der österreichischen Politik bestimmte. Da dieser den Krieg mit Frankreich um die Niederlande nicht zu verhindern gewußt hatte und sich auch in Ungarn wegen seines harten Durchgreifens der Widerstand regte, entließ ihn Kaiser Leopold I. 1674 und wies ihm seine böhmischen Besitzungen zum Aufenthalt an. Der ungünstige Friedensschluß von Nijmwegen (10. VIII./17. IX. 1678, 5. II. 1679) und die von Ludwig XIV. danach konsequent betriebene Réunionspolitik beunruhigten die nur durch Steuer- und Rekrutenstellungen betroffenen böhmischen Ständevertreter wenig, förderte dafür aber umso mehr die weitere Eskalation der Lage im Osten des Habsburgerreiches.

Der ehrgeizige Großvesir Kara Mustapha machte sich die Unzufriedenheit und die Selbständigkeitsbestrebungen des ungarischen Adels zunutze, um 1683 einen machtvollen Angriff gegen Wien vorzutragen. Nicht zuletzt dank der Erfolge der aus dem böhmischen Adel hervorgegangenen Diplomaten, unter denen Dominik Andreas Kaunitz, Georg Adam Martinic und Karl Ferdinand Waldstein herausragten, gelang es aber, sich der Hilfe anderer europäischer Mächte, vor allem des Polenkönigs Jan III. Sobieski, zu versichern, das seit dem 15. VII. eingeschlossene Wien am 12. IX. zu entsetzen und die türkische Streitmacht weit nach Ungarn zurückzudrängen. Damit wurde eine politische Stoßrichtung vorgezeichnet, die künftig zu einer weiteren Herauslösung der habsburgischen Monarchie aus dem Deutschen Reich und einer Interessenverlagerung in den Donauraum und das östliche Mitteleuropa führte. Nach der militärischen Eroberung Ungarns (Einnahme Ofens, 2.IX. 1686; Sieg bei Harsány. 12.VIII. 1687) wurde der magyarische Adel gezwungen, unter Verzicht auf sein Widerstandsrecht ein straffes, absolutistisches Regime zu akzeptieren und den Erbanspruch der Habsburger im Mannesstamm auf die Stephanskrone anzuerkennen (Reichstag zu Preßburg 1687) – eine Entwicklung, die von den böhmischen Ständen bereits 60 Jahre zuvor in der Verneuerten Landesordnung hatte akzeptiert werden müssen. Die Unterwerfung Siebenbürgens (Vertrag von Blasendorf, 27.X. 1687), die Erstürmung Belgrads (6.IX. 1688) und die Siege des Prinzen Eugen von Savoyen (u.a. Zenta, 11.IX. 1697) veranlaßten den Sultan, im Frieden von Karlowitz am 26.I. 1699 auf Ungarn, Siebenbürgen sowie weite Teile Kroatiens und Sloweniens zu verzichten, zumal von Frankreich, das am 29.IX. 1697 im Frieden von Rijswijk den 1688 begonnenen Krieg um die Rheingrenze beendet hatte, keine weiteren militärischen Entlastungsaktionen zu erwarten waren. Diese Erfolge im Südosten waren nicht zuletzt der klugen Politik des zum Ersten Minister aufgestiegenen böhmischen Oberstkanzlers Franz Ulrich Graf Kinský (1683–1699) zu danken. Das Haus Österreich war damit zur dominierenden Macht im östlichen Mitteleuropa aufgestiegen; die allgemeine Erwartung in den Erbländern jedoch, daß nach den fast ununterbrochenen kriegerischen Verwicklungen endlich ein dauerhafter Frieden eintreten werde, erfüllte sich nicht.

Denn neben dem Zweiten Nordischen Krieg (1700–1721) tobte seit 1701 der Spanische Erbfolgekrieg, in dem die Dynastie ihre Ansprüche auf die Nachfolge Karls II. aus dem älteren spanischen Zweig der Habsburger geltend zu machen versuchte. Rivale des jüngeren Sohnes von Kaiser Leopold I., Erzherzogs Karl, der sich auf die in den Hausverträgen niedergelegten Erbansprüche der österreichischen Linie berief, war der Enkel Ludwigs XIV., Philipp (V.) von Anjou, der im Testament bedacht worden war. In den erst durch die Friedensschlüsse von Utrecht (11.IV. 1713) und Rastatt (6.III. 1714) eingestellten Auseinandersetzungen hatte das Haus Österreich zwar auf den spanischen Thron Verzicht zu leisten, konnte aber mit der Zuteilung der Lombardei, Neapels und Sardiniens seine spätere hegemoniale Stellung in Italien begründen. Während der Kampfhandlungen in Italien und am Oberrhein war im Frühjahr 1703 ein von Frankreich geschürter neuer Kuruzzenaufstand in Ungarn ausgebrochen, der sich bis an die Grenzen Mährens ausdehnte und den Franz (Ferenc) II. Rákóczi zu nutzen wußte, um sich im Folgejahr zum Fürsten von Siebenbürgen zu proklamieren. Da sich nach den unterdrückten Bauern auch der Landadel und 1707 ein Teil der Magnaten den Aufständischen anschlossen, fühlte sich Rákóczi stark genug, von dem nach Ónod einberufenen Landtag die Entthronung der Habsburgerdynastie als Könige von Ungarn vollziehen zu lassen. Weil gleichzeitig der Schwedenkönig Karl XII. weite Teile Schlesiens besetzt hielt, sah sich der neue Kaiser Joseph I. (1705–1711) vorerst nicht in der Lage, unter Militäreinsatz den ungarischen Aufstand niederzuschlagen. Erst nachdem durch die Konvention von Altranstädt (1.IX. 1707), die den schlesischen Protestanten gezwungenermaßen Religionsfreiheit zugestand, die Nordflanke gesichert worden war, konnte die Erhebung in Ungarn liquidiert und im Frieden von Szatmár (29.IV. 1711) gegen das Versprechen der Amnestie und der Gewährung einiger politischer und religiöser Sonderrechte eine verbindliche Regelung des Verhältnisses der ungarischen Stände zum Haus Österreich gefunden werden, die bis 1867 Bestand haben sollte. Von all diesen Entwicklungen wurden die Länder der Krone Böhmens nur mittelbar betroffen.

Doch das Kriegführen ging auch danach weiter. Ein 1714 ausgebrochener Konflikt mit den Türken, der 1716 mit den Siegen des Prinzen Eugen bei Peterwardein (5.VIII.) und Temesvár (13.X.) und 1717 mit der Eroberung Belgrads (16.–22.VIII.) seine Höhepunkte erreichte, wurde am 21.VII. 1718 im Frieden von Passarowitz erfolgreich abgeschlossen, in dem die Habsburgermonarchie das Banat, die kleine Walachei sowie die nördlichen Distrikte Kroatiens und Serbiens mit Belgrad zugesprochen erhielt. In Verfolgung seines Hauptzieles, die Anerkennung der Pragmatischen Sanktion zu erreichen, in der die Unteilbarkeit der habsburgischen Erblande und die Sukzession auch der weiblichen Nachkommenschaft festgeschrieben worden war, sah sich Kaiser Karl VI. (1711–1740) genötigt, eine aktive Außenpolitik zu betreiben und alle Möglichkeiten zu nutzen, um die Garantie der europäischen Mächte für sein neues Hausgesetz zu erhalten. Der am 2.VIII. 1718 vollzogene Beitritt zur Quadrupelallianz, der Rückzug spanischer Truppen aus den italienischen Besitzungen und der endgültige Verzicht der Habsburger auf das spanische Erbe auf der iberischen Halbinsel und in Übersee gewährten der *Monarchia austriaca* dennoch die imposanteste räumliche Ausdehnung in ihrer Geschichte: Ein Imperium, das von der niederländischen Kanalküste bis zur Südspitze Italiens, von Schlesien bis zur walachischen Aluta reichte, aber doch kein einheitlich organisiertes und zusammenhängendes Ganzes bildete. Die 1726 unterzeichneten Bündnisvereinbarungen mit Rußland und Preußen führten eher in die diplomatische Isolation, als daß sie die internationale Stellung des Habsburgerreiches längerfristig verbessert hätten; dennoch erkannten 1725 Spanien, 1726 Rußland und Preußen, 1731 Hannover-England und die Generalstaaten, 1732 Dänemark und das Reich, 1733 Sachsen-Polen, 1736 Sardinien und 1738 Frankreich die Pragmatische Sanktion an. Der mit dem Tod Augusts des Starken († 1.II. 1733) ausgelöste Thronfolgestreit in Polen schien erneut in einen großen gesamteuropäischen Konflikt mit österreichischer Beteiligung zu münden; der Vertrag von Wien (3.X. 1735), der erst am 18.XI. 1738 in einen Definitivfrieden umgewandelt wurde, beinhaltete trotz des Gewinns von Parma und Piacenza für das aufgegebene Königreich Neapel-Sizilien bereits einen spürbaren Territorialverlust und eine Beeinträchtigung der Machtstellung in Italien. Und der seit 1737 an der Seite Rußlands geführte Türkenkrieg endete am 18.IX. 1739 im Frieden von Belgrad mit dem Verlust Serbiens und der kleinen Walachei; die künftige Rivalität mit der aufsteigenden Großmacht Rußland auf dem Balkan deutete sich dabei erstmals an.[2] Auch in dieser für die weitere Entwicklung der Habsburgermonarchie so wichtigen Zeitspanne waren die böhmischen Kronländer jedoch nur passiv beteiligt. Abgesehen von dem wachsenden Unmut der böhmischen Ständevertreter über die durch das außenpolitische Engagement ständig steigenden Steueranforderungen löste auch die Tatsache Verärgerung aus, daß nach Vratislav von Mitrowitz, dem einflußreichen Berater Josephs I.,[3] kein Angehöriger des böhmischen Adels in eine ähnlich bedeutsame Funktion einrückte und sich Karl VI. bevorzugt mit Ratgebern aus seinen italienischen und niederländischen Besitzungen umgab.

Innenpolitische Konsequenzen

Die zunehmende Zentralisierung und die damit einhergehenden Vereinheitlichungstendenzen im Habsburgerreich haben auf innenpolitischem Gebiet den Ständen keinen allzu großen Spielraum für die Ausbildung von Eigeninitiativen belassen. Der Adel als Repräsentant der jeweiligen Landesinteressen zeigte sich zwar um die Wahrung der letzten Residuen der Selbständigkeit bemüht, konnte aber die spezifischen Belange bestenfalls für die böhmischen Kerngebiete, weniger hingegen für Mähren und Schlesien verteidigen. Allein ihr Steuerbewilligungsprivileg versetzte die Stände zeitweilig in die Lage, dem Herrscher Zugeständisse abzutrotzen – es erwies sich faktisch aber als unmöglich, verlorengegangene Positionen zurückzugewinnen oder die Erfüllung der in Notzeiten von der Krone gemachten Versprechen zu erzwingen, weil der König bei kriegerischen Verwicklungen ganz einfach dazu überging, Surrogatlandtage einzuberufen, auf denen er sich Rekruten und Kontributionen bewilligen ließ und die aus der Akzise stammenden indirekten Steuern, deren Festsetzung nicht der Zustimmung des Landtags unterlag, zu erhöhen versuchte. Da die böhmischen Länder weiterhin einen überproportional hohen Steueranteil für die Finanzierung der rapide gestiegenen Gesamtstaatsausgaben zu leisten hatten, beschränkten die Stände ihr Hauptaugenmerk darauf, die finanziellen Belastungen für die verarmten Untertanen so gering wie möglich zu halten, weil sie bei einem weiteren Anziehen der Steuerschraube Unruhen und Aufstände befürchteten und die überall spürbare Geldknappheit nicht nur die Erholung der städtischen Wirtschaftskraft, sondern auch den weiteren Ausbau des beginnenden Manufakturwesens gefährdete. Ein konstruktives und impulsives politisches Eigenleben durften die im Regelfall jedes Jahr einberufenen Landtage für Böhmen, Mähren, Schlesien, die Alte Reichspfandschaft Eger und die Grafschaft Glatz aber nicht mehr entwickeln, obschon seit 1651 auch „unbedeutende Angelegenheiten", soweit sie sich „auf das Wohl des Landes und geordnete innere Verhältnisse" bezogen, getrennt in den einzelnen Kurien verhandelt und gemeinsam mit Mehrheitsbeschluß verabschiedet werden konnten. Die ständischen Gravamina *(Nominata)*, die ein Ausschuß vorbereitete, mußten dem Herrscher vor Aufnahme in die Agenda zur Billigung unterbreitet werden und durften erst nach

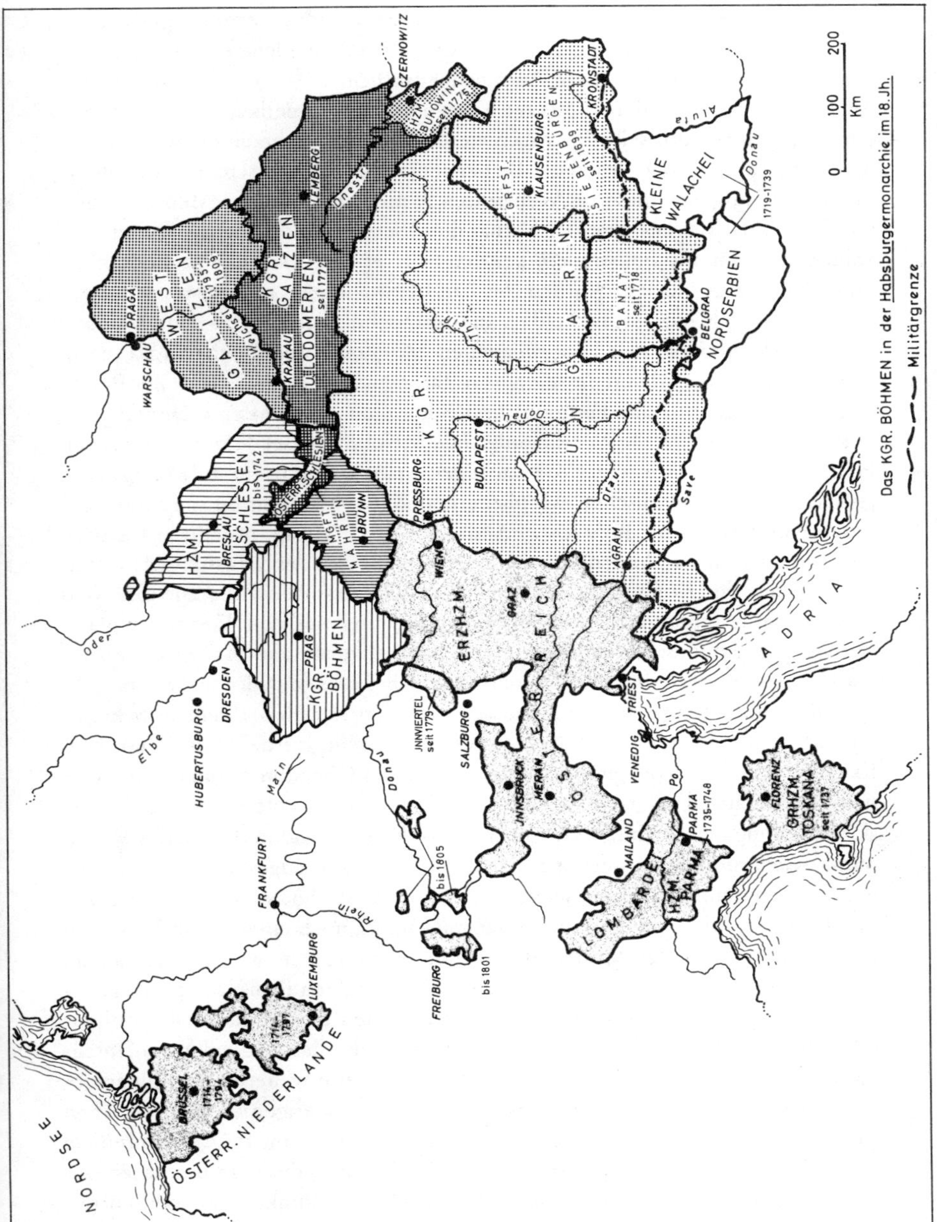

Das KGR. BÖHMEN in der Habsburgermonarchie im 18. Jh.

der Verabschiedung der königlichen Propositionen vom Oberstburggrafen, der in Abwesenheit des Monarchen den Landtag in Böhmen leitete, auf die Tagesordnung gesetzt werden. Eine Anwesenheitspflicht und ein Quorum bei den Abstimmungen bestand nicht; da die Kosten für den Aufenthalt am Landtagsort von den Teilnehmern selbst getragen werden mußten, nahmen die wohlhabenderen „Herren" relativ stärker als die Vertreter aus der Ritterschaft an den Beratungen teil, obgleich diese im Verhältnis 4:5 meist eine knappe Mehrheit stellten. Durch die Erweiterung der Verhandlungsgegenstände und die Einsetzung zahlreicher Unterkommissionen, bei deren Besetzung die kurialen Schranken unberücksichtigt blieben, wurden die Landtagskadenzen immer weiter ausgedehnt, im 18. Jahrhundert schließlich auf durchschnittlich acht bis neun Monate, so daß sich die länger in Prag weilenden Mitglieder der Hocharistokratie in einer Art Wettbauen den repräsentativen Rahmen, in dem die in barocker Pracht inszenierten rauschenden Feste stattfinden konnten, zu schaffen suchten.[4]

In dem Wunsch, „alle Vorrückung und Meldung dieses längst vergessenen Fehlers" der Rebellion von 1618 zu tilgen, gab Joseph I. am 26. IX. 1709 an jeweils eine aus ständischen Mitgliedern und Rechtsgelehrten zusammengesetzte Kommission für Böhmen und Mähren den Auftrag, durch die Revision der Verneuerten Landesordnung eine zeitgemäße Landesverfassung zu erstellen. Die mit der Kompilation der seit 1627/28 erlassenen Zusatzdekrete und Ergänzungsbestimmungen samt ihrer Abgleichung mit den Vorschriften der Verneuerten Landesordnung begonnene Arbeit wurde aber 1712 von Kaiser Karl VI. vorerst unterbunden. Immerhin bewilligte er mit Hofdekret am 4. X. 1714 die Einrichtung eines Landesausschusses *(Zemský výbor)*, dem als Sekretariat des Landtags alle ständischen Ämter unterstellt wurden. Als ständisches Exekutivorgan auf Kollegialbasis unter Vorsitz des Oberstburggrafen war dieser neue Landesausschuß der Kontrolle durch die Stände unterworfen und hatte sich vorrangig der gesamten Wirtschaftsverwaltung zu widmen, in deren Mittelpunkt wiederum die Steuerfragen standen. Da dieses Zugeständnis vom Adel positiv aufgenommen wurde, setzte Karl VI. 1720, als die Bestätigung der Pragmatischen Sanktion auf der Landtagsagenda stand, noch einmal Kommissionen zur Überarbeitung der Verneuerten Landesordnung ein; weil der Kaiser im Sinne absolutistischen Herrschaftsdenkens die einzelnen Erbländer als Privateigentum des Hauses Habsburg betrachtete, durften die Landtage der böhmischen Kronländer die Pragmatische Sanktion mit der darin verankerten Unteilbarkeit der das Reich bildender Bestandteile und der erweiterten Erbfolgeregelung trotz der bedeutsamen Ergänzung der bisherigen landesherrlichen Prärogativen jedoch nur zur Kenntnis nehmen (Böhmen am 12. X., Mähren am 17. X., Schlesien am 21. X. 1720).[5] Die schließlich im Jahr 1723 unterbreiteten Vorschläge der Revisionskommission, die in achtzehn Punkten von der Thronfolge über den Krönungseid, die Gliederung und die Privilegien der Stände bis hin zur Landtagsdurchführung, die Inkolatserteilung, die Besetzung der Landes- und Erbämter auch das Berg- und Münzrecht behandelten, sind später nicht weiter verfolgt worden, so daß in der Rechtsstellung der böhmischen

Kronländer dem Monarchen und dem Haus Habsburg gegenüber keine Änderungen eintraten. Der von den Ständen mit Enttäuschung registrierte fortschreitende Bedeutungsverlust der Länder der böhmischen Krone im Verband der Habsburgermonarchie wurde auch dadurch offenkundig, daß es Kaiser Joseph I. nicht für nötig erachtet hatte, sich mit der St. Wenzelskrone krönen zu lassen; auch Kaiser Karl VI. schob unter Verweis auf Kriegsgefahr und Seuchen die Krönungsfeierlichkeiten bis 1723 hinaus. Den Ständen blieb nur der bescheidene Trost, daß dank der 1708 von Joseph I. vorgenommenen Erneuerung *(Readmission)* der böhmischen Kur das Königreich und Kurfürstentum Böhmen zumindest seine rangoberste Stellung im allerdings weitgehend einflußlosen Reichstag nicht eingebüßt hatte.

Die Gerichtsverfassung unterlag im Zeitalter des Absolutismus keinen einschneidenden Veränderungen. Die von den Ständen praktizierten Landrechte wandelten sich in Konkurrenz mit der böhmischen Statthalterei, der mährischen Landeshauptmannschaft und den schlesischen Regierungen zu landesfürstlichen Gerichten, die seit 1628 im Prager Appellationsgerichtshof einer königlichen Revisionsinstanz unterstellt worden waren. Die 1707 für Böhmen, Mähren und Schlesien erlassene peinliche Halsgerichtsordnung stellte, da sie im wesentlichen auf der *Constitutio Criminalis Carolina* und der von Ferdinand III. 1656 für Österreich unter der Enns eingeführten Landgerichtsordnung basierte, lediglich eine Ergänzung der bisher praktizierten Landrechte dar. Allein die Finanzbehörden erfuhren mit der Ausweitung ihrer Aufgaben eine wesentliche Umgestaltung. Die Kammer für Böhmen, das königliche Rentamt für Mähren und die schlesischen Kammern blieben das Kernstück der königlichen Finanzadministration. Wachsende Bedeutung gewann das kollegial organisierte, von einem Prokurator geleitete königliche Fiskalamt für Böhmen, das neben der Vertretung der Interessen des Herrschers in den Städten, der Universität, bei den königlichen Klöstern und den Freisassengütern auch die Aufsicht über die königlichen Richter, die städtischen Ämter und die Judengemeinden führte sowie Straftaten zu verfolgen und den Umgang der Grundherren mit ihren Untertanen zu überwachen hatte. Zur besseren Verwaltung der Abgaben auf Salz, Bier und Wein wurde im Jahr 1646 in Böhmen ein königliches Deportiertenamt geschaffen; mit dem Aufkommen des Bankwesens erhielt Mähren 1732 eine Bankal-Administration. Die unter Leopold I. begonnene Vereinheitlichung des Münzwesens, wobei durch Patent vom 20. IX. 1692 die bisherige Schock-Groschen-Rechnung auf den Wiener Guldefuß umgestellt worden war, konnte nicht verhindern, daß sich die in Kuttenberg, St. Joachimsthal und Prag geprägten Münzen im Erscheinungsbild von den mährischen und den schlesischen unterschieden: Die böhmischen Münzen waren daran zu erkennen, daß der Doppeladler im Schild den böhmischen Löwen zeigte, während das mährische Geld die Wappen der Erblande oder das habsburgische Familienwappen führte, das auch in Schlesien neben dem schlesischen Wappen im Münzbild anzutreffen war.[6] Nachdem in Mähren bereits 1637 die Kreiseinteilung revidiert worden war, dauerte es in Böhmen bis zum Jahr 1714, nach Einbeziehung des Elbogener

(1652) und des Egerer Gebiets, bevor die danach zwölf Kreise umfassende untere Verwaltungsebene reorganisiert werden konnte, wobei der Aufgabenbereich der beiden Kreishauptleute durch die Mitwirkung bei der Steuerverwaltung und -exekution sowie bei der Rekrutierung und Heeresversorgung erweitert wurde. Mit dem Aussterben der letzten Piastenlinie 1675 waren die von der Krone Böhmens mittelbar lehensabhängigen Fürstentümer Liegnitz, Wohlau und Brieg Kaiser Leopold I. anheimgefallen.

Finanz- und Steuerwesen

Für das Haus Österreich besaß die Neuordnung der Staatsfinanzen und die Ausweitung des Steueraufkommens aus den böhmischen Kronländern Priorität, zumal nach 1648 ein stehendes Heer von mindestens 100 000 Mann unterhalten wurde und die Einrichtung ständiger Garnisonen, der Ausbau der Festungen und die Anlage von Arsenalen riesige Geldsummen verschlangen. Die trotz der Kriegsschäden immer noch als wohlhabend eingestuften böhmischen Länder hatten weiterhin zwischen 60 und 65% der gesamten Steuerlast der Monarchie aufzubringen. Mit der Erhebung einer Kopf-, Erwerbs- und Vermögenssteuer wurden 1654/56 neue Steuerrollen *(Berní rula)* für Böhmen und 1664 ein neues Kataster des Untertanenlandes für Mähren erstellt, auf deren Basis die Aufteilung des von jeder Grundherrschaft, jedem Dorf und jeder ganzen Hofstelle (Ansässigkeit) zu zahlenden Steuerbetrags vorgenommen wurde. Die Bauern wurden ohne Berücksichtigung der Ertragskraft des von ihnen bewirtschafteten Bodens nach der Zahl des Zugviehs, mit dem sie die Robot verrichteten, in Ganz-, Halb- und Viertelbauern eingeteilt. Die Grundherren wälzten anfangs alle Lasten auf die untertänigen Bauern ab, die später auch durch ständig steigende indirekte Abgaben (Akzisen) für Getreide, Vieh, Fleisch, Getränke und Tabak geschröpft wurden und zudem allgemeine Verbrauchs- und Verkehrssteuern zu entrichten hatten.[7] Eine bereits 1661 begonnene und 1682 abgeschlossene Revision der Steuerrolle berücksichtigte dann wenigstens die Größe des Grundbesitzes als Erhebungseinheit, ohne aber auf die Bonität der Böden Rücksicht zu nehmen. Da die Landessteuer Vorrecht vor den an den Grundherrn zu zahlenden Abgaben besaß, wirkte der besitzende Adel auf eine weitere Überprüfung der Besteuerungsgrundlagen hin, die nach 1711 eine ständige Rektifizierungskommission mit dem Ziel einer Berichtigung des Ansässigkeitsmodus betrieb. Zwischen 1715 und 1729 wurden „Okkularvisitationen" vorgenommen und bei der Berechnung der Erhebungsgrundlagen jetzt auch Qualität und Ertragswert des Bodens eingebracht; diese Arbeit konnte mit der Erstellung eines neuen Katasters erst 1747 abgeschlossen werden. Während 1655 von jeder Ansässigkeit rd. 8 Gulden eingezogen worden waren, mußten 1740 bereits 38 Gulden 9 Kreuzer gezahlt werden; der jährliche Steuerbetrag allein von Böhmen überschritt seit 1735 die Drei-Millionen-Gulden-Grenze. Waren 1663 aus den Ländern der böhmischen Krone erst 1,9 Mill. Gulden eingegangen, so hatte sich dieser Betrag bis 1697 verdoppelt, 1716 mit 5,4 Mill. praktisch verdreifacht und 1739 mit 7,8 Mill. mehr als vervierfacht.[8]

Diese enormen Summen konnten nur deshalb bereitgestellt werden, weil trotz grundsätzlicher Aufrechterhaltung der ständischen Steuerfreiheit sich Adel und Geistlichkeit genötigt gesehen hatten, ein *Extraordinarium militare* aufzubringen, wobei Grundherren, die über ausgeprägte Eigenwirtschaften verfügten, besser wegkamen als Gutsbesitzer, die ihre Einkünfte hauptsächlich aus den Ansässigkeiten ihrer Untertanen bezogen. Die den Ständen von der Krone proponierten festen Steuerbeträge setzten sich aus dem *Quantum militare* (später: *ordinarium*), *Quantum camerale, Quantum domesticale* und *Quantum fortificatorium* zusammen. Der von Jahr zu Jahr und mit jedem neuen Krieg steigende Steuerdruck erschwerte die wirtschaftliche Erholung, zumal diese Gelder dem Lande selbst kaum zugute kamen und zum überwiegenden Teil in anderen Provinzen des Habsburgerreiches ausgegeben wurden. Da auch der Adel die untertänige Bevölkerung nach Kräften zur Kasse bat, schritt die Verarmung weiter voran und schuf den Boden für Unruhen und Aufstände. Während des großen Türkenkrieges nach 1683 meldete sogar die dem Kaiserhaus absolut loyal ergebene Kirchenführung unter dem Prager Erzbischof Johann Friedrich von Waldstein (1675–1694) und dem Olmützer Oberhirten Karl II. von Liechtenstein (1664–1695) Widerstand gegen weitere Steuererhöhungen an; in Prag wurden um 1690 ernsthafte Berechnungen angestellt, daß die seit den 1520er Jahren zur Befreiung Ungarns in den böhmischen Kronländern entrichteten Summen bequem ausgereicht hätten, das größte und wohlhabendste Königreich käuflich zu erwerben. Die verständliche Unpopularität von Abgaben für politische Ziele, die Böhmen nicht oder nur am Rande tangierten, waren Anlaß zu immer unnachgiebiger erhobenen Forderungen, innerhalb der habsburgischen Erbländer eine größere Steuergerechtigkeit zu gewährleisten; doch alle Anläufe, die Finanzgesetzgebung zu vereinheitlichen und den Anteil der böhmischen Länder am gesamtstaatlichen Steueraufkommen in Relation zur Einwohnerzahl und Wirtschaftskraft neu festzusetzen, blieben ohne Erfolg. Selbst wohlmeinende Beobachter klagten in den ersten Jahrzehnten des 18. Jahrhunderts, daß „bares Geld ... in diesem Lande wenig und nicht zu sehen" ist und daher „Handel und Gewerbe ... auf dem Grund" liegen, weil das „Königreich Böhmen ... bis auf den letzten Blutstropfen ausgepreßt" wird.[9]

Bauernaufstände

So nimmt es nicht wunder, daß die besonders hart betroffenen untertänigen Bauern gegen die ihnen aufgebürdeten Lasten rebellierten. Bereits 1652 war es zu einem Aufruhr auf der zum Leitmeritzer Dekanat gehörenden Herrschaft Teinitz gekommen; 1668 hatten die Bauern auf den Gütern der Grafen Desfour und Waldstein protestiert und 1673 noch einmal im Leitmeritzer Kreis die Robot verweigert. Schlechte Ernten, die immer wieder das Land heimsuchenden Pestepidemien, wobei 1679/80 allein in Prag 6000 und in Böhmen an die 50000 Tote zu beklagen waren, die unduldsame Rekatholisierungspolitik und vor allem die für König und Grundherren aufzubringenden Steuern schürten die Aufstandsbereitschaft. Zwar gab es immer wieder Gutsbesitzer, die aus christlichem Verantwortungsgefühl und der Überlegung, daß ein gesunder und zufriedener Untertan leistungsfähiger und -williger ist als ein verelendeter, sich in Notzeiten bereit zeigten, ihren Bauern beizuspringen; es gab aber auch viele klein- und neuadlige Herren, die nur rasch reich werden wollten und weder auf die Menschen noch auf die Ertragskraft ihrer Güter Rücksicht nahmen.[10] Als Kaiser Leopold I. im Herbst 1679 nach Böhmen kam, wurde ihm eine Flut von Bittschriften überreicht; als aber nach seiner Abreise viele bäuerliche Petenten verhaftet und keine Maßnahmen zur Abstellung der Mißstände ergriffen wurden, brach im März 1680 auf den Gütern des berüchtigten Bauernschinders Rudolf Christof Graf Breda ein Aufstand aus, der rasch Nordböhmen von Aussig bis Friedland, das Gebiet um Trautenau und Braunau in Nordostböhmen, den westböhmischen Bereich zwischen Bischofteinitz und Komotau, aber auch Distrikte im Landesinnern wie die Kreise Tschaslau und Prachin (Prácheň) sowie einige Teile Mährens erfaßte. Reguläre Truppen lieferten sich mit den Aufständischen mehrere Scharmützel, bevor Ende Mai das flache Land wieder notdürftig pazifiziert war. Über hundert Führer der Erhebung wurden hingerichtet, mehrere tausend Teilnehmer zu Zwangsarbeit oder schwerem Kerker verurteilt.[11] Das vom Kaiser daraufhin am 28.VI. 1680 erlassene Robotpatent für Böhmen, die Pardubitzer *Pragmatica*, regelten das Verhältnis Grundherr – Bauer neu und schrieben das Höchstmaß der Robotbelastung auf drei Wochentage fest, wobei aber bei dringenden Erntearbeiten gegen Bezahlung auch ein vermehrter Arbeitseinsatz erlaubt wurde.

Der Appell, die Untertanen „christ- und mildiglich" zu behandeln und „Brauch und Gesetz" streng zu beachten, fiel bei der Masse der Grundherren und Gutsverwalter wohl nicht auf fruchtbaren Boden, denn bereits Ende 1680 brachten Unruhen auf den Herrschaften der Grafen Gallas, Friedland und Reichenberg, aus; 1692 erhoben sich unter Führung des Bauern Johann Sladký gen. Kozina die im Grenzgebiet des Böhmerwaldes angesiedelten Choden; danach kam es in einzelnen Landesteilen immer wieder zu lokalen oder regionalen Aufständen, die aber von regulärem Militär jeweils rasch eingegrenzt und niedergeschlagen werden konnten.[12] Neben wirtschaftlichen und religiösen Anlässen waren häufig Ausschreitungen der Besitzer oder ihrer Gutsbeamten die Auslöser für die Widerstandsaktionen der Bauern. Kaiser Karl VI. sah sich daher gehalten, am 22.II. 1717 für Böhmen und am 2.IX. für Mähren zwei gleichlautende Robotpatente zu verkünden, die sich inhaltlich aber nur unwesentlich von den Pardubitzer *Pragmatica* unterschieden. Als es im Gebiet von Tabor und vor allem in Südmähren zu weiteren Bauernunruhen kam, wurde am 27.I. 1738 ein neues Robotpatent verordnet, in dem zwar bescheidene Verbesserungen Aufnahme gefunden hatten, aber eine durchgreifende Regelung für die insgesamt unbefriedigende Arbeitsleistung bei der Robot noch nicht gefunden worden war.[13]

Daher wuchs die Neigung der Grundherren rasch an, die zunehmend unrentabel werdende Robot durch Geldzahlungen abzulösen, was wiederum einen bedeutsamen Wandel in der ländlich-agrarischen Wirtschaftsstruktur einleitete.

Die tschechoslowakische Geschichtsschreibung hat nach 1945 die sozioökonomische Lage des böhmisch-mährischen Landvolks besonders intensiv mit dem Ziel untersucht, die Ursachen für die „Krise des Feudalismus" und die Probleme der „zweiten Leibeigenschaft" in der 2. Hälfte des 17. Jahrhunderts offenzulegen. Ausgangspunkt bildete die Interpretation des Dreißigjährigen Krieges als eines aus der „Spannung zwischen Feudalismus und Frühkapitalismus" erwachsenen Konflikts, obschon die Einsicht nicht verschwiegen wurde, daß die Zeit für „die Lösung dieses Grundwiderspruchs" im 17. Jahrhundert eigentlich noch gar nicht reif war.[14] Der langandauernde Übergangsprozeß von der ständischen zur bürgerlichen Gesellschaft wurde im Sinne von Marx und Engels als „zweite Krise des Feudalismus" gewertet, die in den böhmischen Ländern zugespitzt gewesen sei durch den Zusammenbruch der Ständerevolte, den Sieg der Habsburger und die damit verbundene Provinzialisierung, wobei die zentralistisch-absolutistische Herrschaftsausübung den ökonomisch bedingten Trend zur „zweiten Leibeigenschaft" verstärkt habe. Das Fehlen eines nationalbewußten und leistungsfähigen Bürgerstandes habe zu einer Verlangsamung der gesellschaftlichen Differenzierung geführt und das Abhängigkeitsverhältnis der gutsherrlichen Bauern vom Adel bis zur weitgehenden Rechtlosigkeit gesteigert.[15] Immerhin wurde in den 1980er Jahren genauer differenziert und das Verhältnis zwischen Grundherren und Grunduntertanen sowie die Aussagen zu den Lebens- und Wirtschaftsverhältnissen der Bauern weniger von ideologisch vorgegebenen Positionen, sondern auf der Basis von detaillierten Fallstudien bewertet. Der deutliche Nivellierungsprozeß innerhalb der bäuerlichen Bevölkerung, die durch Merkantilismus und aufstrebendes Manufakturwesen bedingten Veränderungen in der Gutswirtschaft sowie die einsetzende Bevorzugung der Lohnarbeit anstelle der unergiebigen Robot konnten nämlich unter dem Postulat der „zweiten Leibeigenschaft" nicht oder doch nicht ausreichend erklärt werden.[16]

Wirtschaftliche Initiativen

Obgleich die Stadtbewohner unter den Folgen des Dreißigjährigen Krieges am schwersten gelitten hatten und 1654 noch rd. drei Zehntel der Häuser, in den Prager Städten sogar über die Hälfte der Wohngebäude, leerstanden, wurde staatlicherseits anfangs nur wenig zur Wiederherstellung der städtischen Wirtschaftskraft getan. Die 1650 berufene Stadtschulden-Tractierungs-Commission brauchte wegen des hinhaltenden Widerstands der Landtage 20 Jahre, bevor ein Modus für die Abtragung der Altschulden und die Sanierung der städtischen Finanzen gefunden werde. Die städtische Selbstverwaltung war bereits nach 1621 zugunsten der dem königlichen Unterkämmerer unterstellten Stadthauptleute (in Böhmen auch: Kaiserrichter, in Mähren: Fürsten- und Grafenrichter) stark eingeschränkt worden, deren Kompetenzen eine ständige Erweiterung erfuhren. Die 1651 für Böhmen und 1659 für Mähren herausgegebene „Instruktion für Richter, Bürgermeister und Rat", durch die das gesamte städtische Verwaltungs- und Gerichtswesen eine Reorganisation erfuhr, gestand den königlichen Stadtrichtern den Vorsitz im Rat sowie die Überwachung der administrativen, ökonomischen und fiskalischen Maßnahmen zu. Ausgenommen davon waren allein die gut katholischen Städte Pilsen und Budweis, Prag-Kleinseite (seit 1628) und Prag Alt- und Neustadt (seit 1648/49), denen erweiterte Privilegien und Kompetenzen zuerkannt wurden; außerdem erhielten sie wie noch sechs andere Städte in Böhmen und in Mähren das Recht, landtafelfähige Güter zu erwerben. Aufgrund der Vorschläge einer 1704 zur Förderung der Städte eingesetzten Kommission büßten diese danach ihre autonome Finanzverwaltung völlig ein, die vom Stadtrat unabhängige landesfürstliche Wirtschaftsinspektoren übernahmen; in Mähren wurden 1726 selbständige, allein einer kaiserlich-königlichen Ökonomie-Kommission in Brünn unterstellte Wirtschaftsdirektionen eingerichtet. Diese massiven Eingriffe waren sicher auch eine Folge der Enttäuschung über die nur sehr schleppende Erholung der städtischen Wirtschaftskraft und das stagnierende Steueraufkommen, bekundeten aber auch die Festigung des zentralistischen Absolutismus in der Habsburgermonarchie.

Ein am 2. XI. 1714 geschaffenes Merkantilkollegium (seit 1719: Königliches Commerzcolleg für das Erbkönigreich Böhmen) sollte daher die erkannten Mißstände beseitigen, die bisher einen Aufschwung von Industrie und Handwerk verhindert hatten. Ein Hauptübel war das 1658 erlassene Zollpatent, das zwar eine Ausfuhr-, aber keine Importabgabe vorsah und von den Zollbeamten ganz willkürlich ausgelegt werden konnte. Erst 1738 konnte ein neuer Zolltarif in Kraft gesetzt werden, der aber wegen des bald danach ausbrechenden Österreichischen Erbfolgekriegs keine wirkliche Bewährungschance erhielt. Die Verbesserung des schlechten Straßenzustands, das Unterbinden der von Räuberbanden verursachten Überfälle, die Annullierung der unzähligen privaten und öffentlichen Mauten, der Ausbau von Elbe und Moldau zu nutzbaren Schiffahrtswegen, aber auch Maßnahmen gegen die „das böhmische Handels- und Industriewesen störenden Juden" sowie eine Vermehrung der Jahrmärkte und Messen zur Intensivierung des Handelsaustauschs waren weitere Bereiche, in denen Initiativen entwickelt wurden. Die Beseitigung der Zunftmißbräuche stellte sich als besonders drängende Aufgabe dar, denn dieses System hatte sich im Verlauf des 17. Jahrhunderts weiter verfestigt und den Mitgliedern in Handwerk und Gewerbe zwar ein bescheidenes Auskommen gewährt, sich insgesamt aber als Hemmschuh beim Übergang zur manufakturellen Produktion erwiesen. Die 1731 verfügte Beschränkung der Zunftautonomie räumte der Krone das Recht ein, die Gründung neuer Zünfte zu gestatten, nicht-zunftgebundene Handwerker zuzulassen und eine Revision der Zunftsatzungen vorzunehmen. Ein 1739 publizierter Zunftgeneralartikel kam diesem Auftrag nach, wobei die Zunftordnungen für die einzelnen Gewerbe und Handelszweige sowie für Städte und „Industrieorte" vereinheitlicht wurden; dadurch waren die Voraussetzungen geschaffen, die als überfällig angesehene Aufhebung des Zunftwesens insgesamt und der bisherigen sozialen Abgrenzung innerhalb des Bürgerstandes – Patrizier, weniger wohlhabende Bürger, Handwerker, Inwohner, Gesinde, Gesellen, Taglöhner und Bettler – in die Wege zu leiten.[17]

Die „Diktatur der Zünfte", deren Mitglieder entschlossen für eine Reduzierung der zugelassenen Betriebe kämpften, eine zusätzliche Erschwerung der Aufnahme in den Meisterstand forderten und versuchten, ihre Gesellen in weitgehender Abhängigkeit zu halten, wurde auch dafür verantwortlich gemacht, daß nach anfänglichen Zuwanderungsgewinnen die Einwohnerzahlen in den königlichen Städten stagnierten; erst um 1700 setzte wieder ein langsames Wachstum des Bürgerstandes ein.[18] Dagegen nahm in einigen untertänigen Städten die Bevölkerung eindrucksvoll zu, weil die Grundherren ihrerseits dort gezielt zunftungebundene Handwerker und später auch Manufakturbetriebe ansiedelten und mit allen legalen Mitteln den Abzug ihrer Untertanen in die königlichen Städte zu unterbinden wußten. Vor allem die reichen Herrengeschlechter, die auf ihren umfänglichen Ländereien weitgehend autark wirtschafteten, neben der Landwirtschaft soweit klimatisch möglich auch Obst- und Weinbau betrieben und zu einer geordneten Forstwirtschaft übergingen, verfügten über das notwendige Kapital, um im merkantilistischen Geist den Aufbau von Manufakturen voranzutreiben,[19] zumal die Zugehörigkeit Böhmens zum habsburgischen Länderkomplex der gewerblichen Erzeugung ein entsprechendes Absatzgebiet sicherte. Vor allem in den agrarisch weniger ergiebigen, aber relativ volkreichen Bezirken Nord- und Nordwestböhmens und in Schlesien war ein ziemlich großes und infolge der Untertänigkeit auch wenig kostenintensives Arbeitskräftepotential vorhanden; die Waren wurden dort in einer Vorform fabrikmäßiger Produktionsweisen in Handarbeit mit zunehmender Arbeitsteilung gemeinsam in einer Werkstatt hergestellt. Neben spezialisierten Fachkräften, die z.T. im Ausland angeworben werden mußten und gut bezahlt wurden, arbeiteten für einen bescheidenen Lohn vorwiegend untertänige Landlose und Kleinbauern sowie mancherorts in kleiner Zahl auch leibeigene Hilfsarbeiter. Zumal in den dezentralisierten Manufakturbetrieben der Textilbranche wurden die meisten Arbeitsvorgänge weiterhin in Heimarbeit unter Mithilfe der Frauen und Kinder erledigt.[20]

Da die Bedeutung des Silber-, Kupfer- und Zinnbergbaus wegen der Erschöpfung der Lagerstätten abnahm, bot sich die Beteiligung in der beginnenden Eisengewinnung und -verhüttung im Vorland des Riesengebirges, im Brdywald und im Erzgebirge an sowie die Modernisierung der Tuch- und Leineweberei, die bisher vornehmlich in Heimarbeit betrieben worden war. Der Brünner Advokat F. S. Malivský gründete bereits um 1660 ein Unternehmen; anknüpfend an die noch von Albrecht von Waldstein initiierten Anfänge baute Franz Ferdinand Graf Gallas die Tuchherstellung in seinen Herrschaften Friedland und Reichenberg aus und fand Nachahmung durch den Abt von Ossegg im Erzgebirge, die Grafen Kaunitz in Austerlitz und Křižanov, den Bürger J. B. Fremmrich in Planitz bei Klattau und in Böhmisch-Leipa, die Grafen Waldstein in Oberleutendorf und die Jesuiten, die ihr ostmährisches Städtchen Neutitschein (Nový Jičín) zu einem richtigen Textilzentrum machten. Schweizer, niederländische, flämische, englische und deutsche Fachleute waren am Aufbau dieser ersten Manufakturen beteiligt, von denen es trotz zahlreicher Rückschläge und spektakulärer Zusammenbrüche allein in Böhmen um 1730 an die 80 Betriebe gab. Da aber die Verarbeitungsqualität nicht gleichbleibend gut war, wurde ein Teil der von Nürnberger (Viatis und Peller), Leipziger, Görlitzer, Magdeburger oder Hamburger Firmen aufgekauften Textilerzeugnisse erst im Ausland veredelt oder eingefärbt und danach nicht selten als englische oder niederländische Ware verkauft. Der Exportwert belief sich nach 1720 im Jahresdurchschnitt auf 1,5 Mill. Gulden; allein die in Rumburg angesiedelte englische Firma Richard Allason führte jährlich 14000 Stück Tuch im Wert von einer halben Mill. Gulden aus.[21]

Besonders rasch verbreitete sich aber die seit Beginn des 16. Jahrhunderts im Riesengebirge gepflegte Glaserzeugung, die auch im Böhmerwald und in Nordostböhmen heimisch wurde. Wenzel Norbert Graf Kinský legte 1669 in seiner Stadt Kreibitz (Chřibská) mit der Verleihung einer Zunftordnung für die Glasmacher und Glasschneider den Grund für die manufakturelle Entwicklung der böhmischen Glaserzeugung, die schnell Weltgeltung erlangen sollte. Das Spiegel- und Tafelglas, vor allem aber die geschliffenen Kristall- und Bleigläser wurden zu einem ertragreichen Ausfuhrgut, das hohe Wachstumsraten zu verzeichnen hatte und z.B. im Jahr 1732 rd. 1 Mill. Gulden einbrachte. Dieser Aufschwung war nicht zuletzt das Verdienst von Georg Kreibich, der 1682 begonnen hatte, eigene Ware nach Bayern, Österreich und England auszuführen und schließlich in Spanien, Portugal und Konstantinopel Niederlassungen gründete, von wo die böhmischen Glasprodukte in die ganze Welt gelangten.[22]

Obschon weiterhin auch Agrarprodukte, vor allem Getreide, Hopfen, Schweine aber auch Fische, ausgeführt wurden, ging ihr Anteil im Vergleich zu den Manufakturerzeugnissen jedoch immer weiter zurück. Die Errichtung eines königlichen Salzmonopols zwang zur Abnahme von Salz aus österreichischen Salinen, wodurch der Warenaustausch mit den habsburgischen Kernlanden zwar intensiviert, aber die bisher lebhaften Handelskontakte nach Mittel- und Süddeutschland beeinträchtigt wurden; darunter litten vor allem die einst wohlhabenden Städte an den südwestböhmischen Salzstraßen. Pläne, die Donau über die March mit der Oder zu verbinden und so eine Wasserstraße in den Ostseeraum zu schaffen, wurden bereits um 1700 auf ihre Durchführbarkeit untersucht, konnten aber aus Geldmangel nicht realisiert werden. Den Klagen der königlichen Städte über das massive Eindringen des Adels in den Wirtschaftsorganismus, besonders über die gezielte Ansiedlung von Handwerksbetrieben auf dem Land und in den abhängigen Städten, wurde bei Hofe zwar eine prinzipielle Berechtigung zuerkannt; die aber um jeden Preis angestrebte Förderung der „Commerzien" war durch die Zulassung des in Adelshand befindlichen Kapitals zu erreichen, weshalb alle Schritte unterblieben, die zu einer Beeinträchtigung der adligen Wirtschaftsaktivitäten zugunsten der Städte hätten führen können. Nicht nur den Wahlösterreichern J.J. Becher, P.W. von Hörnigk und W. von Schröder kam bei der theoretischen Begründung und praktischen Durchsetzung merkantilistischer Wirtschaftspolitik eine herausragende Rolle zu, sondern auch den Inländern: J.K. Bořek setzte sich für den Ausbau von Verkehrswegen und Wasserstraßen ein und empfahl Verwaltungsreformen, eine Robotminderung und die Gründung von Geldanstalten; die Brünner Bürger P.H. Morgenthaler und F.B. Malivský plädierten zur Verminderung des Bettler- und Vagantenwesens für die Errichtung staatlicher Manufakturbetriebe und der Prager G. Leux entwickelte praktikable Vorschläge für die Belebung des böhmischen, insbesondere des Prager Handels.[23] Da aber weder die Beschlüsse der 1714 berufenen Manufakturkommission noch die Maßnahmen des 1724 gegründeten Handelskollegiums eine umfassende und rasche Besserstellung der Städte bewirkten, suchten sich die Stadtbürger in ihrer wirtschaftlichen Bedrängnis erneut an der als Konkurrenz unerwünschten Judenschaft schadlos zu halten.

Restriktive Judengesetzgebung

Bereits im Januar 1623 hatte Kaiser Ferdinand II. den Juden Prags und der böhmischen Länder die alten Privilegien bestätigt, wodurch ihnen freier Aufenthalt, die Ausübung von Handel und Geschäften sowie Schutz vor Vertreibung garantiert worden war, und er hatte diese Zusagen 1627 für Böhmen und Schlesien, 1629 für Mähren mit der Auflage einer jährlichen Kontributionsleistung von 40000 bzw. 12000 Gulden wiederholt.[24] Doch schon 1636 kam es zu einer ersten Initiative der königlichen Städte Mährens, den Kaiser zu einer Rücknahme seiner Judenprivilegien zu veranlassen; da sich die Judenschaft aber stets loyal gezeigt und sich 1648 bei der Verteidigung Prags ausgezeichnet hatte, bestätigte auch Kaiser Ferdinand III. ihre alten Rechte mit der Zusicherung, „daß sie in Unserem Erb-Königreich Böheimb und königlichen Städten ..., wo sie von altershero ihre Wohnung gehabt, unter Unserem ... Schutz verbleiben und wohnen können, ... ohne Unser ... Vorwissen und Willen nicht ausgetrieben werden dürfen". 1657 wurde auch die Rechtsstellung der mährischen Juden mit dem Ziel festgeschrieben, ihnen den freien Zugang zu den Märkten zu ermöglichen und eine Benachteiligung den christlichen Kaufleuten gegenüber auszuschließen. Die Landtage und die königlichen Städte wurden jedoch nicht müde, den Tätigkeitsbereich der Juden als Verwalter oder Pächter von Zöllen, Mauten, öffentlichen Gerechtsamen und Immobilien einzuschränken und Maßnahmen zu treffen, alle nach dem 1.I. 1618 zugewanderten Israeliten des Landes zu verweisen. Leopold I. gab den wachsenden Pressionen anfangs aber nicht nach, weil er eine weitere Schwächung der Wirtschaftskraft der königlichen Städte und Einnahmeverluste glaubte befürchten zu müssen, konnte doch davon ausgegangen werden, daß fast alle vertriebenen Juden in den Städten und Gutsherrschaften des Adels Aufnahme finden oder sich als Schutz- und Hausjuden sogar der Geistlichkeit unterstellen würden. 1703, 1708 und 1719 wurden die ferdinandeischen Judenprivilegien von Leopold I., Joseph I. und Karl VI. für die böhmischen Kronländer aber nur noch unter einem Vorbehalt bestätigt, der dem Herrscher jederzeit eine Korrektur oder den vollständigen Widerruf des von ihm garantierten Rechtsschutzes ermöglichte.

Die von einem Teil der Geistlichkeit unterstützten Klagen der Stadtbevölkerung über die Juden waren in Prag besonders laut, zumal nachdem 1680 im überfüllten Ghetto die Pest heftig gewütet und 1689 dort eine verheerende Brandkatastrophe zahlreiche Straßenzüge der Altstadt eingeäschert hatte. Die Juden stellten um 1700 mit etwa 11000 Menschen die Hälfte aller Altstadtbewohner und über ein Viertel der gesamten Prager Einwohnerschaft.[25] Die Pestepidemie von 1713 drückte die Zahl der Prager Juden allerdings auf unter 8000; dennoch wurden von einer 1714 von Karl VI. eingesetzten Kommission unter Oberstkämmerer Graf Kolowrat Pläne verfolgt, fortan nur noch 620 „systematisierte" Familien unter strenger staatlicher Aufsicht in Prag mit der Verpflichtung wohnen zu lassen, künftig eine Jahressteuer von 100 Gulden zu entrichten. In einem Gutachten vom November 1719 empfahl die Böhmische Statthalterei zudem eine drastische Reduzierung der auf dem Land lebenden Juden durch Ausweisung der weniger begüterten oder der erst kürzlich eingewanderten Familien. Auch jetzt verhinderte allein der massive Einspruch der für die Finanzverwaltung zuständigen Böhmischen Kammer und der Wiener Hofkammer die Ausführung dieser bereits weit gediehenen Vertreibungspläne; doch auch in den Folgejahren wurden Forderungen nach einer bedeutsamen Verringerung der Zahl der Juden und fühlbaren Auflagen für die Geschäftsfähigkeit diskutiert. Als 1724 die Krone konkrete Propositionen vorlegte, lehnte der Landtag die judenfeindlichen Empfehlungen jedoch mit der Überlegung ab, daß die danach zu erwartende empfindliche Minderung des Steueraufkommens zu einer Mehrbelastung der untertänigen Bauern und der Städter führen werde. Immerhin haben die dann 1726/27 ohne Landtagsbilligung erlassenen Familiengesetze die Zahl der jüdischen Familien in Böhmen auf 8541, in Mähren auf 5106 limitiert und restriktive Maßnahmen auf wirtschaftlichem Gebiet verordnet. Obschon wegen der bald zutage tretenden wirtschaftlichen Folgen nach 1729 einige Modifikationen an der antijüdischen Gesetzgebung vorgenommen werden mußten, waren vorerst die Zeiten einer vom Monarchen verbürgten Rechtssicherheit und der freien ökonomischen Entfaltung vorbei. Die 1738 von Karl VI. verfügte Vertreibung der Juden aus Schlesien machte zudem die Gefahren auch für den weiteren Fortbestand des Judentums in den böhmischen Ländern deutlich.[26]

Die verhärtete Haltung den Juden gegenüber, die 1740 bei einer Gesamteinwohnerzahl von etwa 4,8 Mill. (jeweils um die 2 Mill. in Böhmen und Schlesien sowie rd. 800000 Einwohner in Mähren) in Böhmen um 35000, in Mähren unter 25000 Köpfe zählten, mag auch eine Reaktion auf die wachsende Abhängigkeit des Wiener Hofes von den Jüdischen Hoffaktoren gewesen sein, die – wie Samuel Oppenheimer bis zum Bankrott seines Bankhauses 1703 und nach ihm Samson Wertheimer – dem Kaiser bis 1739 im Jahresdurchschnitt Anleihen von 2 Mill. Gulden zu Verfügung stellten. Auch der Hocharistokratie leisteten jüdische Angestellte wertvolle Dienst bei der Verwaltung ihrer Güter und dem Betreiben ihrer Geld- und Handelsgeschäfte. Die Sternberg, Czernín, Eggenberg und, nach deren Aussterben, die Schwarzenberg, die 1719 den umfangreichen südböhmischen Besitz als Herzogtum Krumau übernahmen, verfügten dank strenger Wirtschaftsführung und unternehmerischer Erfolge über Millionenvermögen, mit dem nicht nur ihr aufwendiger Lebensstil im diplomatischen Dienst des Kaisers, bei Hofe in Wien oder auf ihren böhmischen Besitzungen bestritten wurde; ihr Reichtum erlaubte ihnen auch eine rege und kostspielige Bau- und Mäzenatentätigkeit und versetzte sie außerdem in die Lage, dem Kaiser beträchtliche Summen zu leihen, wie es beispielsweise die Familien Czernín zwischen 1691 und 1724 mit über 4 Mill. Gulden tat. Doch die weitgehende Stagnation der Wirtschaftsentwicklung unter Kaiser Karl VI. zwang während dieser „eisernen Zeiten" zahlreiche weniger begüterte Grundherren, Fremdkapital aufzunehmen oder Güterverkäufe vorzunehmen. Da Karl VI. im Gegensatz zu seinen Vorgängern die selbstbewußten böhmischen Herren nicht in den engeren Kreis seiner Berater aufnahm, zogen es immer mehr Vertreter der Aristokratie vor, häufiger auf ihren Gütern oder in ihren neuerbauten Palästen in Prag zu residieren und sich verstärkt den Landesangelegenheiten zu widmen. Mit der um die Wende vom 17. zum 18. Jahrhundert einsetzenden Neubelebung des St. Wenzelskultes als Sinnbild der staatlichen Selbständigkeit Böhmens dokumentierten sie ihr patriotisches Landesbewußtsein, ohne sich dadurch aber von dem übernationalen Gesamtstaatsgedanken zu distanzieren, der in dem seit 1711 verwendeten Terminus *Monarchia austriaca* impliziert war. Der gemeinsame katholische Glaube als Staatsreligion erwies sich zudem als ein starkes, belastbares Band, das wesentlich dazu beitrug, die unerschütterliche Loyalität des Adels der Dynastie und dem Haus Habsburg gegenüber aufrecht zu erhalten.

2. Religiöses und kulturelles Leben im Barockzeitalter

Die vollständige Rekatholisierung des Landes war schon während des Dreißigjährigen Krieges entschlossen und rücksichtslos in Angriff genommen worden. Obgleich Ferdinand III. in religiösen Dingen eine geringere Unduldsamkeit als sein Vater zeigte, stand er ihm in der Unbedingtheit seiner Glaubenstreue in nichts nach. Im Jesuitenorden, der seine Position bereits während der langen Kriegsjahre bedeutend hatte erweitern können,[27] verfügte der Kaiser über einen unerbittlichen und taktisch geschickt vorgehenden Verbündeten, der mit Hilfe seiner prunkvollen Gottesdienste und der sorgfältig arrangierten Prozessionen, seiner Schulen und seiner beeindruckenden Theateraufführungen sowie einem breiten religiösen und wirtschaftlichen Schrifttum den Konfessionswechsel förderte, aber auch vor dem Einsatz von Gewalt und Austreibungen nicht zurückschreckte, um das angestrebte Ziel zu erreichen. Während den Adligen und Bürgern der königlichen Städte beim Beharren auf ihrem protestantischen Glauben der Abzug freigestellt wurde, hatten sich die Bewohner der untertänigen Ortschaften und die Bauern den Zwangsbekehrungsmaßnahmen zu beugen, ohne tatsächlich für die katholische Religion gewonnen worden zu sein. Unruhen, Flucht in die Wälder oder offener Widerstand wurden durch den Einsatz regulärer Truppen, Soldateneinquartierungen und Vermögenskonfiskationen unterbunden. Die anderen Ordensgemeinschaften, durch den Zuzug deutscher, flämischer und italienischer Mönche gestärkt, beteiligten sich mit viel geringerem Engagement an diesen mit großer Härte durchgeführten Bekehrungsaktionen und empfahlen stattdessen geduldige Aufklärungs- und Überzeugungsarbeit.

Diesen versöhnlicheren Kurs hatte anfangs auch der Prager Erzbischof und Kardinal Ernst Adalbert Graf Harrach (1623/26–1667) angeraten, doch der Mangel an sprachkundigen Priestern und Missionaren, die insgesamt unzulängliche Pfarrorganisation auf dem flachen Land und der Wunsch des Kaisers, alle Bewohner seines Reiches rasch und vollständig in den Schoß der katholischen Kirche zurückzuführen, schlossen ein dem religiösen Anliegen gerechter werdendes Vorgehen aus. Der Generalvikar der Prager Diözese (bis 1658) und Abt des Emaus-Klosters, der aus Spanien stammende Juan Caramuel von Lobkowicz, erwies sich als besonders unduldsamer Streiter und rechnete es sich als Verdienst an, daß die Rekatholisierung so erfolgreich vorankam. In der Nachbarschaft zu protestantischen Ländern (Sachsen, Lausitz, Brandenburg) und zur Slowakei oder in abgelegeneren Gegenden konnten sich die nichtkatholischen Bekenntnisse länger behaupten als etwa in Südböhmen, Mähren oder im schlesisch-polnischen Grenzgebiet. Seit dem Prager Septemberlandtag von 1650 und dem mährischen Landtag von 1651 war es Brauch geworden, die verabschiedeten Relationen mit der Aufforderung an den Monarchen beginnen zu lassen, für die „gänzliche Ausrottung aller Glaubensirrtümer und Einpflanzung der heiligen wahren alleinseligmachenden katholischen Religion" Sorge zu tragen.[28]

Das Bekehrungswerk wurde von einer Reihe neuer Orden wie den Hibernern, Paulanern, Barnabiten, Barmherzigen Brüdern, Theatinern, Piaristen, Ursulinen u. a. unterstützt, die sich nach dem Dreißigjährigen Krieg in den böhmischen Ländern niedergelassen hatten. Durch die Einrichtung zusätzlicher Vikariatssprengel, die sich mit den Kreisgrenzen deckten, leitete Kardinal Harrach eine Verbesserung der Organisation und der Aufsicht über die Pfarreien ein, von denen es aber wegen der fehlenden Priester und der unzulänglichen materiellen Absicherung des niederen Klerus viel zu wenige gab, so daß die Gläubigen oft lange Wege in Kauf nehmen mußten, und die Gottesdienste nur an den Feiertagen besuchen konnten. Bei der dürftigen seelsorgerischen Betreuung und der mangelhaften religiösen Unterweisung machten sich vielerorts Wundergläubigkeit und Teufelsfurcht, ekstatische Heiligenverehrung oder Schwärmerei breit; viele Scheinbekehrte hielten insgeheim im familiären Rahmen an der protestantischen Lehre fest, obgleich eigens eingesetzte Rekatholisierungskommissionen jedem Verdacht nachgingen und spektakuläre Ketzer-

und Hexenprozesse durchführten. Nachdem Bemühungen Albrechts von Waldstein zur Schaffung eines Bistums für sein Herzogtum Friedland ebenso fehlgeschlagen waren wie Initiativen des Prager Erzbischofs, in Pilsen oder Klattau eine westböhmische Diözese zu gründen, erfolgte 1655 die Erhebung von Leitmeritz zum Bischofssitz für Nord- und 1664 die von Königgrätz für Nordostböhmen.

Obschon der Kirche während des Dreißigjährigen Krieges wieder Grundbesitz zugewachsen war und ihr in Böhmen 12%, in Mähren sogar 20% des Bodens gehörte, blieb die Haupteinnahmequelle die 1630 zwischen Kaiser und Papst „auf ewige Zeiten" vereinbarte Salzsteuer *(Cassa salis)* in Höhe eines Viertelguldens von jeder in Böhmen verkauften Bütte; diese regelmäßigen Zahlungen sowie die beträchtlichen Zuwendungen der Gläubigen und die Stolgebühren versetzten Episkopat und Orden in die Lage, in Konkurrenz mit dem Hochadel eine beeindruckende Bautätigkeit zu entfalten. Der Jesuitenorden hatte 1653 mit dem Auftrag an den italienischen Baumeister Carlo Lurago, das riesige innerstädtische Areal des Clementinum einheitlich zu bebauen, und mit der 1656 begonnenen Errichtung seiner Kirche in Klattau Maßstäbe gesetzt, die für die Entwicklung des „böhmischen Barock" prägend wurden. Die Jesuiten konnten zudem als Erfolg verbuchen, daß ihnen im Streit mit dem Prager Erzbischof der Kaiser das Recht der Oberaufsicht über alle Schulen sowie die Zensur für alle Druckerzeugnisse ausdrücklich bestätigt und am 23. II. 1654 die Verwaltung der Prager Universität übertragen hatte. In der reorganisierten *Carolo-Ferdinandea* blieb dem Orden die alleinverantwortliche Besetzung der Professuren in der theologischen und philosophischen Fakultät vorbehalten; die Inhaber der juristischen und der medizinischen Lehrstühle berief dagegen die kaiserliche Verwaltung. Mit der ebenfalls den Jesuiten unterstellten Universität Olmütz, an der neben den theologischen und philosophischen Studien erst 1679 eine juristische Fakultät die Arbeit aufnahm, kontrollierte der Orden auch die einzige andere Institution der höheren Bildung. Da die 1702 in Breslau gegründete Landesuniversität für Schlesien aus dem Jesuitengymnasium hervorging und nur über eine theologische und philosophische Fakultät verfügte, war auch dort Einfluß und Geist des Ordens vorherrschend. Obgleich Kaiser Joseph I. 1710 und im Folgejahr Karl VI. Kommissionen einberiefen, die den Universitäten „eine bessere Einrichtung" geben sollten, konnten vor 1740 keine wesentlichen Änderungen in der Organisation und den Studieninhalten erzielt werden.

Trotz der Erfolgsmeldungen über das Ausmaß der Rekatholisierungsmaßnahmen lebte das Gedankengut der Utraquisten, der Böhmischen Brüder und der Lutheraner in Teilen der Bevölkerung fort, das durch protestantische Bücher und Traktate, die ins Land geschmuggelt wurden, neuen Auftrieb erhielt. Der Jesuit Antonín Koniáš hatte in seiner Schrift *Clavis haeresium claudens et sapiens* (1729)[29] ein Verzeichnis verbotener „häretischer" Bücher vorgelegt und darin die wenig glaubwürdige Behauptung aufgestellt, er allein habe über 60000 Bände ketzerischer Literatur dem Feuer überantwortet; doch trotz aller Unterdrückungsmaßnahmen befanden sich noch eine erkleckliche Anzahl protestantischer Schriften im Umlauf. Die 1707 erneut bestätigten Sonderrechte für die schlesischen Lutheraner verhinderten zudem eine religiöse Uniformität. Die Streitigkeiten über die Kompetenzen der weltlichen und der geistlichen Gerichtsbarkeit bei Ketzerprozessen zwischen dem Prager Erzbischof Ferdinand Graf Khünburg (1710–1731) und der Krone trugen dazu bei, daß über mehrere Jahre hinweg die Verfolgung der Akatholiken weitgehend eingestellt wurde und sich auf den Landtagen daher die Klagen über die Zunahme der Ketzerei häuften. Nach 1717 wurde fast in jedem Jahr ein kaiserliches Reskript oder Patent gegen die Anhänger der protestantischen Lehren oder die Verbreiter nichtkatholischen Schrifttums erlassen, ohne jedoch allzuviel zu bewirken. Erst nachdem 1721 mit der „Pragmatik wider die Ketzer" eine Einigung zwischen Episkopat und Kaiser über das künftige Vorgehen gegen die Akatholiken erzielt worden war, nahmen der Zwang zur Unterwerfung bzw. der Druck, ins Exil zu gehen, wieder zu. Aufgrund der neuen Strafverordnungen für Mähren und Böhmen vom 25./28. XII. 1725 kam es wieder zu größeren Massenauswanderungen, wobei sich 1727 unter dem Einfluß des deutschen protestantischen Pietismus eine Anzahl von Familien aus dem mährischen Kuhländchen auf dem Besitz Herrenhut des sächsischen Hofrats Nikolaus Ludwig von Zinzendorf als erneuerte Brüdergemeinde konstituierte. In streng hierarchischer Ordnung lebte die mehrheitlich aus Handwerkern und Adligen gebildete, durch das persönliche, mystische Christusverhältnis und einen unbestechlichen Moralbegriff geprägte „Gemeinde der Herrenhuter" oder der „Mährischen Brüder" zusammen, engagierte sich in der Heidenmission und schuf mit der Zeit erfolgreiche Wirtschaftsunternehmen und beispielhafte Sozialeinrichtungen.

Auf jesuitische Einwirkungen ging eine Intensivierung der Heiligenverehrung und besonders des Marienkultes zurück, wobei der Gottesmutter auch die zahlreichen, in barocker Formenvielfalt gestalteten Pestsäulen gewidmet wurden, die aus Dankbarkeit für den Schutz vor der todbringenden Seuche, die 1715 noch einmal in Mähren viele Opfer gefordert hatte, auf den Marktplätzen errichtet worden waren. Dieser Heiligenkult, der bereits im Jahr 1654 zur Aufnahme des Hlg. Joseph als Bewahrer des Friedens sowie etwas später der Slavenapostel Kyrill und Method in den Rang von Landespatronen geführt hatte, erreichte mit der von den Jesuiten betriebenen, von Papst Benedikt XIII. schließlich am 19. III. 1729 vollzogenen Heiligsprechung des Johannes von Pomuk († 20. III. 1393) seinen Höhepunkt. Zwischen dem 9. und 16. X. wurde vor Hunderttausenden von in zahllosen Prozessionen nach Prag geströmten Gläubigen die Erhebung des jetzt als Johannes von Nepomuk (Jan Nepomucký) verehrten Brückenheiligen gefeiert, der neben dem Hlg. Wenzel zur wichtigsten Symbolfigur des Landes aufstieg und die Erinnerung an Jan Hus verdrängen sollte.[30]

Kultur des Barockzeitalters

Aber nicht nur auf das religiöse Leben, sondern auch auf den gesamten kulturellen Bereich des barocken Zeitalters hat der Jesuitenorden prägend eingewirkt. Ordensmitglieder und andere Geistliche traten besonders häufig als Autoren der lateinischen und volkssprachlichen Dichtung hervor. Gerade die Volksspiele, Märchen und Legenden sowie Volkserzählungen und Volkslieder bewahrten, obgleich erst in der Romantik aufgezeichnet, die Kenntnis des Tschechischen, das auch in der volkssprachlichen Predigt und in der Sprachwissenschaft Pflege und weitere Vervollkommnung erfuhr.[31] In der Druckerei des Clementinum und, nach 1683, in der Offizin *Dědictví Svatováclaské* (St. Wenzelserbe) erschien in hoher Auflage die beliebte volkssprachliche Erbauungsliteratur, die auch aus den jenseits der Grenze gelegenen Druckanstalten der Brüder heimlich ins Land gebracht wurde, dann aber im protestantischen Gewande. Die Kenntnis der deutschen Sprache nahm, begünstigt durch die wachsende deutschsprachige Beamtenschaft, die engeren wirtschaftlichen und geistigen Kontakte zu den deutschen Nachbarländern und die steigende Zahl deutscher Landesbewohner langsam zu, ohne daß sich der nationale Antagonismus spürbar ausgeweitet hätte. Die geistlichen Lieder und die Lyrik der deutschen Barockdichter fanden in lateinischen und volkssprachlichen Übersetzungen allgemeine Verbreitung. Nach mehreren kurzlebigen Vorläufern gab der Buchdrucker Karl Franz Rosenmüller seit 1719 mit der Prager Postzeitung ein Informations- und Mitteilungsblatt heraus, das sich großer Beliebtheit erfreute.[32]

Jesuit war auch der „erste Erwecker des slavisch-nationalen Bewußtseins in Böhmen", Bohuslav Balbín (1621–1688), der durch seine großen historischen Werke *(Epitome rerum Bohemicarum; Miscellanea historica regni Bohemiae)* das Bewußtsein der großen Vergangenheit wachzuhalten suchte und durch seine *Bohemia docta* zum Begründer der böhmischen Literatur- und Gelehrtengeschichte wurde.[33] Während im naturwissenschaftlich-medizinischen Bereich die Prager Universität mit Johann Marcus Marci (1595–1667) einen geachteten Arzt hervorbrachte, von dem auch ein Versuch zur Erneuerung der platonischen Philosophie ausging, erlangten nur noch der Mathematiker Karel Slavíček, der sogar am chinesischen Hof wirkte, und der aus Schweden stammende Kapuziner Valerian Magni überregionale Bedeutung.[34] An der theologischen Fakultät lehrten mit dem Deutschen Matthias Tanner und dem Spanier Rodrigo de Arriaga zwar angesehene Fachvertreter, die sich aber im Streit zwischen den drei scotischen Schulen aufrieben und mit ihren Versuchen scheiterten, die Brücke von den Aristoteles folgenden scholastischen Lehren zu den Anhängern Platons zu schlagen. Alle der herrschenden Lehrmeinung zuwiderlaufenden Ansichten wurden konsequent unterdrückt: Selbst der Abt von Strahov, Hieronymus Hirnhaim, fand seine Überlegungen zu einer neuen Erkenntnislehre (*De typho generis humani,* 1676) auf dem Index wieder.[35]

Die darstellende Kunst erfuhr, vom Hof und von den Jesuiten kräftig gefördert, einen erstaunlichen Aufschwung. Die Schulaufführungen an den Jesuitengymnasien verfolgten zwar pädagogisch-religiöse Ziele, waren aber auch glanzvolle gesellschaftliche Ereignisse. Der dort ausgebildete Adel verschaffte nicht nur spanischen, italienischen und englischen Wanderbühnen Auftrittsmöglichkeiten, sondern wirkte als Autoren oder Schauspieler nicht selten bei den aufwendig inszenierten Theaterspektakeln mit. Das rege Musikleben am Wiener Hof unter Ferdinand III. und Leopold I. strahlte auch auf die böhmischen Länder aus, wo vor allem die Kirchenmusik eine besonders intensive Pflege erfuhr. Der Hochadel konnte es sich leisten, eigene Kapellen und Chöre zu unterhalten, wobei die Komponisten Pavel Vejvanovský, Heinrich Bieber, Antonio Caldara und Johann Fux eine adäquate Wirkungsstätte fanden. Die Weiterentwicklung der Polyphonie und eine Vervollkommnung der Bühnentechnik schufen die Voraussetzungen für die Entfaltung der Barockoper, die von dem in Böhmen geborenen Komponisten Christoph Willibald Gluck wichtige Impulse vermittelt erhielt.[36] Als ein Mäzen auf allen Gebieten, der u. a. die italienische Oper nach Böhmen brachte und ein festes Theater gründete, aus seinen Dienstboten ein anerkanntes Orchester zusammenstellte, eine eigene Buchdruckerei einrichtete und im Laufe der Zeit eine hervorragende Bibliothek zusammentrug, der Paläste und Bauwerke in Auftrag gab und dafür die führenden Künstler seiner Zeit gewann, zeichnete sich der vielseitige Franz Anton Graf Sporck (1662–1738) aus, dessen Vater es vom leibeigenen Bauernkind aus der Gegend von Paderborn zum kaiserlichen General und Großgrundbesitzer in Böhmen gebracht hatte.[37]

Der Reichtum, über den einige Adelshäuser verfügten, löste bald nach Beendigung des Dreißigjährigen Krieges ein richtiges Baufieber aus, wobei bis 1740 die meisten Herrenschlösser im neuen Barockstil umgebaut und reich ausgestattet wurden. Hatte schon Waldstein Großaufträge an die italienischen Architekten Andrea Spezza, Giovanni Marini und Baccio Bianco vergeben, die ihm vor allem den repräsentativen Palast auf der Prager Kleinseite aufführten, so folgte ihm die Familie Lobkowicz, die sich zwischen 1652 und 1684 in Raudnitz anstelle der alten Burg von Francisco Caratti, der auch das imposante Palais Czernín auf dem Prager Hradschin entwarf, einen Schloßneubau errichten ließ. Während die Baumeisterfamilie Lurago für die Jesuiten tätig wurde und Carlo u. a. 1660 den Stadtsitz der Familie Kinský in der Hibernergasse konzipierte, baute Giovanni Santini ihr Schloß in Chlumnetz a. d. Cidlina um. Die Schlösser in Tetschen, Friedland, Reichstadt, Neuhaus, Sternberg und Krumau erhielten in diesen Jahren ihr heutiges Aussehen. In Mähren gestalteten Carlo und Balthasar Fontana das Schloß Buchlowitz um; Jarmaritz, Kremsier und viele andere Profangebäude für weltliche und geistliche Auftraggeber wurden um- oder neugebaut. Hier machte sich auch der Wiener Einfluß stärker bemerkbar, wobei der von J. B. Fischer von Erlach ausgestaltete Ahnensaal im Schloß Frain a. d. Theya als besonders geglücktes Beispiel gilt. Etwas später nahmen Christoph und Kilian Ignaz Dientzenhofer (St. Nikolaus auf der Kleinseite, Klosterkirche Břevnov, Kinský-Palais am Altstädter Ring), J. B. Mathey (Kreuzherrenkirche,

Schloß Troja), F.M.Kaňka (St.Clemens) und viele kleinere Baumeister ihre Arbeit in Böhmen auf und entwickelten jenen spezifisch böhmischen Barockstil, der nicht nur Prag, sondern vielen anderen Orten bis in unsere Zeit das charakteristische architektonische Gepräge verleiht. Bildhauer wie F. M. Brockhoff und M. B. Braun, Maler wie K. Škréta, P. Brandl, W. L. Reiner und viele andere konnten in voller gestalterischer Freiheit ihre Fähigkeiten entfalten und dank des großzügigen Mäzenatentums des Adels und der kirchlichen Bauherren ihre Vorstellungen optimal umsetzen. Da – zumal auf dem Lande – die untertänigen Bauern einen Großteil der Arbeitsleistungen als Robot zu entrichten hatten, kam diese umfassende Bautätigkeit aber nur wenigen spezialisierten Berufsgruppen zugute.[38]

Keine Epoche der böhmischen Geschichte zeigt ein so widersprüchliches Erscheinungsbild wie das von der tschechischen bürgerlichen Geschichtsschreibung sicher zu einseitig negativ interpretierte Zeitalter der Finsternis *(temno)*. Neben dem übermäßigen Reichtum einiger weniger Hochadelsfamilien treten die beklagenswerten Lebensverhältnisse und finanziellen Belastungen der weitgehend rechtlosen Untertanen um so deutlicher hervor, die in immer neuen Aufstandsversuchen die Obrigkeit auf ihre schwierige Lage hinweisen und eine grundlegende Verbesserung ihrer bedauernswerten Existenz erreichen wollten. Die Dynastie der Habsburger, in die schweren Konflikte der Zeit verstrickt und auf den Ausbau der Hausmacht in Italien und im Donauraum konzentriert, schenkte den Ländern der böhmischen Krone nur dann Aufmerksamkeit, wenn ein Absinken der Staatseinkünfte drohte oder die sozialen Spannungen einen Siedepunkt erreichten. Eine der spezifischen Interessen der böhmischen Kronländer gerecht werdende Politik wurde längerfristig nicht verfolgt und die Ausführung der zunehmend von der Wiener Zentrale erlassenen Anordnungen landfremden, subalternen Beamten überlassen. Während ein Teil der Hocharistokratie im Dunstkreis des Wiener Hofes seinen Lebensinhalt suchte und im diplomatischen Dienst oder in hervorgehobenen Verwaltungsstellen seinen Beitrag zum Aufbau der österreichischen Großmachtstellung leistete, hat sich im mittleren Adel und in der Ritterschaft aber nach und nach auch ein landespatriotisches Bewußtsein ausgebildet. Dadurch ist die Bereitschaft gewachsen, sich stärker mit den politischen und sozioökonomischen Belangen der einzelnen Landesteile zu identifizieren, wobei aber in Mähren und Schlesien das Gefühl der gemeinsamen Verantwortung für die Gesamtheit der „Krone Böhmens" verblaßte. Die vom gegenreformatorischen Eifer genährte religiöse Intoleranz hat dem Land durch die Vertreibung und Unterdrückung Andersgläubiger unersetzliche Verluste zugefügt, unter denen vor allem die Städte und die Wirtschaftsentwicklung zu leiden hatten. Entgegen der früher vertretenen Auffassungen ist die Rekatholisierung aber nicht mit Germanisierungsmaßnahmen verknüpft gewesen und hat trotz des Vordringens der deutschen Sprache nicht zu einer wesentlichen Beeinträchtigung der literarischen Aktivitäten in der Volkssprache beigetragen. Da die führenden Gesellschaftschichten Spanisch, Italienisch und Französisch bevorzugten und Deutsch in der Verwaltung, im

Wirtschaftsleben sowie in den Städten verstärkt Verwendung fand, blieb das Tschechische weitgehend auf dem Land, im bäuerlichen Milieu und bei den städtischen Unterschichten vorherrschend; fast zwangsläufig mußte der Eindruck entstehen, daß mit der sozialen auch eine sprachliche Diskriminierung verbunden sei. Der Kern der böhmischen Länder ist immerhin fast neunzig Jahre von unmittelbaren Kriegseinwirken verschont geblieben, wodurch im Zeitalter des Barock die überfällige Konsolidierung auf zahlreichen Gebieten voranschreiten konnte und die Voraussetzungen geschaffen wurden, der seit 1740 von Brandenburg-Preußen ausgehenden Gefährdung der staatlichen und territorialen Integrität der Länder der Krone Böhmens entgegenzutreten.

IX. Territoriale Einbußen beim Umbau des Staatsgefüges im Zeitalter Maria Theresias und Josephs II., 1740–1790

1. Der Verlust Schlesiens im Österreichischen Erbfolgekrieg und im Siebenjährigen Krieg

Nach der unter großen Opfern erreichten Anerkennung der Pragmatischen Sanktion mußte Kaiser Karl VI. in seinen letzten Lebensjahren zwar davon ausgehen, daß sein Haus in männlicher Linie aussterben werde, er konnte aber erwarten, seiner 1717 geborenen Tochter Maria Theresia den Weg zur problemlosen Nachfolge geebnet und damit die Unteilbarkeit der zum Habsburgerreich gehörenden Länder abgesichert zu haben. Schon seit vielen Jahren hatten Interessenten ihre Ansprüche auf Teile des habsburgischen Erbes angemeldet und konkrete Vorstellungen für eine Aufteilung der Donaumonarchie entwickelt. In den Jahren 1670 und 1714 war der Hof von Versailles den bayerischen Wittelsbachern insoweit entgegengekommen, als er französische Rückendeckung für die vorrangig angestrebte Erwerbung des Königreichs Böhmen *(particulièrement sur le royaume de Bohême* bzw. *maxime vero in regno Bohemiae)* in Aussicht stellte. Nach seiner 1697 erfolgten Wahl zum König von Polen hatte auch der sächsische Kurfürst Friedrich August I. (der Starke, als König: II.) in Versailles Zustimmung für seinen bereits 1692 konzipierten Plan zu finden versucht, als Ausgleich für die Unterstützung der bourbonischen Thronansprüche in Spanien die Zustimmung zur Gründung eines ostmitteleuropäischen Großreiches nach der Annexion Böhmens, Mährens und Schlesiens zu erhalten. Der Große Kurfürst begründete in seinem 1671 niedergelegten „Entwurf zur Erwerbung von Schlesien" beim Aussterben der Habsburger im Mannesstamm seine Forderung mit der unter Ludwig II. erfolgten Ansiedlung der Hohenzollern im Herzogtum Jägerndorf und den Erbverbindungen mit schlesischen Piastenfürsten; Böhmen und Mähren wollte er Bayern oder Sachsen überlassen. Obgleich die Töchter Josephs I. bei ihrer Verehelichung ausdrücklich Verzicht auf die Erbfolge in der Habsburgermonarchie geleistet hatten, griffen ihre Männer diese Ansprüche 1740 erneut auf und untermauerten sie mit angeblich älteren Rechten. Besonders Kurfürst Karl Albrecht von Bayern, der 1722 Amalia Maria geheiratet hatte, berief sich auf das 1543 ausgefertigte Testament Ferdinands I. sowie auf einen bei der Vermählung von dessen Tochter Anna mit dem bayerischen Prinzen Albrecht V. 1546 geschlossenen Ehevertrag, der aber nur beim Aussterben der ehelichen – und nicht der männlichen – Nachkommenschaft dem Hause Wittelsbach Hoffnung auf die Thronfolge gemacht hatte. Deshalb verweigerte Bayern jede Anerkennung der Pragmatischen Sanktion und konnte sich von Frankreich bestätigt fühlen, das 1727 und 1738 erneut seinen Beistand bei der Gewinnung der St. Wenzels- und danach auch der Reichskrone zugesagt hatte. Kardinal Fleury, der Leiter der französischen Außenpolitik unter Ludwig XV., hatte 1729 im Geheimvertrag von Dresden aber auch Sachsen französische Hilfe beim Erwerb der böhmischen Länder und der österreichischen Distrikte nördlich der Donau zugesagt, so daß bei den Wettinern die Erwartung bestand, die Großreichpläne von der Elbe bis zum Dnepr bald verwirklichen zu können.

Als Kaiser Karl VI. am 20. X. 1740 starb und der Erbfall tatsächlich eintrat, handelten vorerst aber weder Bayern noch Sachsen, sondern der wenige Monate zuvor, am 30. V., auf den Thron gelangte König Friedrich II. in Preußen. Friedrich forderte unnachgiebig die Abtretung ganz Schlesiens und bot dafür anschließend eine Garantie für die territoriale Integrität der übrigen habsburgischen Länder; in Verhandlungen mit Friedrich August II. (als König von Polen: III.) von Sachsen stellte er gleichzeitig seine Unterstützung bei der Besitznahme Böhmens und der Schaffung einer Landbrücke über Oberschlesien nach Polen in Aussicht. Maria Theresia, der seit dem 21. XI. 1740 ihr 1736 angetrauter Gatte Franz Stephan von Lothringen[1] als Mitregent zur Seite stand, wollte trotz des schlechten Zustands der im Türkenkrieg ausgebluteten österreichischen Truppen den ultimativ vorgetragenen preußischen Forderungen nicht nachgeben und hoffte, durch Vermittlung Englands, Hollands und Rußlands wenigstens Sachsen auf ihre Seite ziehen zu können. Aber auch Bayern klagte jetzt die Erfüllung seiner zweifelhaften Erbansprüche ein. Noch bevor eine Verhandlungslösung in Sicht war, ließ Friedrich II. am 16. XII. 1740 seine vom protestantischen Bevölkerungsteil Schlesiens freundlich begrüßten Truppen die österreichischen Grenzen überschreiten und löste mit den Schlesischen Kriegen den bis 1748 dauernden Österreichischen Erbfolgekrieg aus.[2]

Kampf um Schlesien

Der preußische Sieg bei Mollwitz am 10. IV. 1741, der zur Besetzung ganz Schlesiens, der Grafschaft Glatz und von Teilen Nord- und Nordostböhmens führte, veranlaßte Frankreich, sich im Vertrag von Breslau (4. VI.) offen auf die Seite Friedrichs II. zu schlagen; auch Sachsen, durch die österreichische Weigerung verärgert, ihm über böhmisches Territorium die angestrebte Landverbindung nach Polen einzuräumen, schwenkte ins gegnerische Lager über. Bayerische Truppen griffen im Juli in die Kampfhandlungen ein und besetzten bis Anfang Oktober 1741 ganz Oberösterreich, wobei sie auf die Unterstützung eines französischen Hilfscorps zählen konnten, das am 15. VIII. den Rhein überquert hatte. Bei den von Frankreich vermittelten Verhandlungen zwischen Bayern und Sachsen erfolgte am 19. IX. im Frankfurter Präliminarvertrag eine Einigung, wonach Böhmen ebenso wie Tirol, Ober- und Vorderösterreich an

Bayern, das zu einem selbständigen Königreich aufgewertete Mähren und Oberschlesien bis Neiße an Sachsen und Niederschlesien mit Breslau sowie die Grafschaft Glatz an Preußen fallen sollten; Kurfürst Karl Albrecht von Bayern war der aussichtsreichste Kandidat auf die Kaiserwürde. Während die spanischen Bourbonen den habsburgischen Besitz in Italien beanspruchten, verfolgte Frankreich den Anschluß der österreichischen Niederlande. Obgleich Friedrich II. dem Vertrag beitrat, führte er gleichzeitig Geheimverhandlungen mit dem schwer bedrängten Wiener Hof, die am 9.X. im Abkommen von Klein-Schnellendorf in einen vorläufigen Waffenstillstand mit Österreich mündeten. Inzwischen war das französisch-bayerische Heer in Böhmen eingerückt, hatte bei nur unbedeutendem Widerstand am 26.XI. 1741 Prag eingenommen und damit die Voraussetzung geschaffen, daß sich Kurfürst Karl Albrecht am 7.XII. als Karl III. zum König von Böhmen ausrufen und am 19.XII. die Huldigung der böhmischen Stände entgegennehmen konnte. Da die Bewohner Prags und viele Ständevertreter „wegen der in den vergangenen Jahren unaufhörlichen und unerträglichen Kontributionen das Haus Österreich verwünschten", unterstellte sich am 8.I. und 8.II. 1742 eine knappe Mehrheit des Adels und der Geistlichkeit dem neuen Herrscher, darunter Angehörige der Familien Buquoy, Chotek, Czernín, Gallas, Kolowrat, Lažanský, Nostitz, Sternberg, Thun und Waldstein; die meisten Landesbeamten hatten indes eine klare Festlegung vermieden oder waren auf ihre Güter gereist.[3] Da die St.-Wenzels-Krone vorsorglich nach Wien verbracht worden war, konnte vorerst die Krönung Karls nur symbolisch durch seinen Parteigänger, den Prager Erzbischof Moritz Gustav Reichsgraf Manderscheid (1733–1763), erfolgen. Eine reorganisierte Böhmische Hofkanzlei unter Johann Wenzel Graf Kaiserstein und eine am 23.XII. 1741 ernannte Hofdeputation unter Vorsitz von Philipp Graf Kolowrat-Krakovský sollten vorläufig die Landesverwaltung ausüben. Dank des massiven französischen Beistands wurde Karl Albrecht bereits am 24.I. 1742 zum Kaiser gewählt und am 12.II. als Karl VII. auch in Frankfurt gekrönt.

Dennoch hatte sich die Lage Maria Theresias inzwischen etwas verbessert. In Preßburg, wohin der kaiserliche Hof wegen der Bedrohung Wiens ausgewichen war, hatte sie sich dem Schutz der „tapferen und ritterlichen ungarischen Nation" anvertraut und das Versprechen des Landtags erhalten, *vitam et sanguinem* für die Verteidigung des Thrones einzusetzen; die 20000 Soldaten zählenden ungarischen Regimenter erwiesen sich in der Folgezeit als eine äußerst wertvolle Streitmacht. Während die reorganisierten österreichischen Truppen gegen Jahresende 1741 nach Oberösterreich einmarschierten, im Januar 1742 Linz zurückeroberten und am 14.II. sogar München einnahmen, hatte Friedrich II. jedoch unter dem Vorwand, das Bekanntwerden der Klein-Schnellendorfer Waffenstillstandsvereinbarungen stelle einen Vertragsbruch dar, im Dezember 1741 die Kreise Jungbunzlau (Mladá Boleslav), Leitmeritz und Königgrätz okkupiert sowie Nordmähren mit Olmütz und Troppau besetzen lassen. Eine preußisch-sächsische Armee und ein kleines französisches Hilfscorps machten sich im Februar 1742 an die Eroberung Mährens in der Absicht, danach bis Wien vorzustoßen und dadurch den Krieg zu beenden. Da die Sperrfestung Brünn aber der Belagerung standhielt und ein österreichisches Heer unter Herzog Karl von Lothringen gegen Prag zog, mußte der mährische Feldzug Anfang April abgebrochen werden. In der Schlacht von Chotusitz bei Kuttenberg am 17.V. konnten sich die Preußen zwar behaupten; da sich dann aber die Franzosen nach einem Erfolg am 25.V. Anfang Juni vor dem Ansturm der von Georg Christian von Lobkowicz geführten Österreicher aus Südböhmen bis nach Prag absetzen mußten, hielt Friedrich II. die Aufnahme von Friedensgesprächen für aussichtsvoller. Der durch britische Vermittlung am 11.VI. in Breslau unterzeichnete Präliminarfrieden sicherte Preußen neben Niederschlesien auch den Besitz einiger oberschlesischer Distrikte und die Grafschaft Glatz; nur Teschen mit Bielitz, die Herzogtümer Troppau und Jägerndorf südlich der Oppa und Hennersdorf konnten in dem am 28.VII. 1742 in Berlin geschlossenen Definitivfrieden von Österreich behauptet werden. Während Preußen sein Territorium fast um ein Drittel vergrößert hatte, verblieb der Habsburgermonarchie mit rd. 4400 km² gerade noch ein Siebentel der an Bevölkerung und Wirtschaftsunternehmen so reichen Provinz Schlesien. Am 16.VI. 1743 leistete auch der böhmische Landtag notgedrungen Verzicht auf die „ehedessen zur Krone Boheimb gehörig gewesten Staaten und Gerechtsamen" – die vier Jahrhunderte währende Zugehörigkeit Schlesiens zur Krone Böhmens war damit abrupt beendet worden.

Die im Sommer 1742 eingeleiteten Maßnahmen, Prag und Westböhmen zurückzuerobern, waren wegen der unentschlossenen Kriegführung des Mitregenten Franz Stephan nicht gerade von Erfolg gekrönt; nachdem der Hauptteil der französischen Garnison am 16.XII. aus dem belagerten Prag ausgebrochen war, konnte am 2.I. 1743 die böhmische Hauptstadt wieder von den Österreichern eingenommen werden. Noch bevor am 9.IX. eine französische Besatzung aus Eger abgezogen war und danach keine feindlichen Truppen mehr auf böhmischem Territorium standen, war Maria Theresia nach Prag gekommen, um sich am 12.V. mit der von ihr in einem Brief an Philipp Graf Kinský als „Narrenhäubl" verspotteten St.-Wenzels-Krone krönen zu lassen. Da mit der Ablösung Sir Robert Walpoles die britische Politik wieder einen für Wien freundlicheren Kurs verfolgte, in Italien gegen die Spanier militärische Erfolge zu verzeichnen waren, nach einem kurzzeitigen Rückschlag die Besetzung Bayerns aufrechterhalten werden konnte und die Franzosen am 27.VI. bei Dettingen eine schwere Niederlage einstecken mußten, ließ sich das Jahr 1743 sehr vorteilhaft für die österreichische Politik an. Doch die nach dem Wormser Vertrag (13.IX.) intensivierte Zusammenarbeit mit Savoyen-Sardinien und England sowie die Bereitstellung hoher britischer Subsidienzahlungen beunruhigten Friedrich II. von Preußen stark, der das wankende Kaisertum Karls VII. am 22.V. 1744 durch eine Union mit der Pfalz und Hessen-Kassel in der Absicht zu stützen suchte, die generelle Anerkennung des Wittelsbachers und die Restitutionen in seinen Besitzungen zu erreichen. In seiner Bedrängnis stimmte Kaiser Karl VII. am 24.VII. bei einem Zusammentreffen in Frankfurt sogar der Abtretung der nördlich der Elbe gelegenen Bezirke Königgrätz und Pardubitz aus seiner längst verlorengegangenen böhmischen Herrschaft an Preußen zu.

Als im Sommer 1744 eine österreichische Armee unter Karl von Lothringen ins Elsaß einmarschierte, ließ der seit dem 5. VI. in einer Offensivallianz mit Frankreich verbündete Preußenkönig am 24. VIII. seine 80000 Mann starken Truppen erneut nach Böhmen einrücken und eröffnete damit den Zweiten Schlesischen Krieg. Prag wurde nach kurzer Belagerung am 18. IX. erobert; danach fiel auch ganz Südböhmen unter preußische Militärverwaltung. Die eiligst von der Rheinfront zurückbeorderten österreichischen Einheiten drängten Friedrich II. aber bald ab, ohne die ihnen mehrfach von den Preußen angebotene Schlacht anzunehmen. Wegen wachsender Versorgungsschwierigkeiten, Desertionen und des früh einbrechenden Winters mußten sich die preußischen Soldaten im November nach Schlesien zurückziehen. Nach einigen vorausgegangenen Geplänkeln konnte Friedrich II. am 4. VI. 1745 mit dem Sieg bei Hohenfriedberg seine Ausgangslage wesentlich verbessern und durch eine Reihe weiterer Erfolge (Soor, 30. IX.; Hennersdorf, 23. XI.; Kesselsdorf, 15. XII.; Einnahme Dresdens, 17. XII.) am 25. XII. 1745 im Frieden von Dresden auf der Grundlage der 1742 in Breslau und Berlin vereinbarten Bedingungen den Besitz Schlesiens und der strategisch außerordentlich wichtigen Grafschaft Glatz behaupten. Die noch im Frühjahr gehegten Hoffnungen Maria Theresias, Schlesien zurückgewinnen zu können, waren trotz der zahlenmäßigen Überlegenheit der österreichischen Truppen vom genialen Strategen Friedrich II. zunichte gemacht worden.

Als Karl VII. überraschend am 20. I. 1745 verstarb, hatte Maria Theresia dem bayerischen Thronfolger Maximilian III. Joseph für das Versprechen, seine Kurstimme bei der Kaiserwahl zugunsten ihres Gatten Franz Stephan abzugeben, das Erbe ungeschmälert zurückerstattet (Friedensvertrag von Füssen, 22. VI. 1745). Auch nach seiner Wahl zum Kaiser am 13. IX., die Friedrich II. im Frieden von Dresden ausdrücklich anerkannte, trat Franz I. politisch nicht aus dem Schatten seiner dominanten Frau heraus, zumal ihm eine eigene Machtbasis fehlte. Die Fortsetzung des Österreichischen Erbfolgekriegs, der in den Niederlanden französische Erfolge erbrachte, in Italien aber mit dem Sieg bei Piacenza (16. VI. 1746) den Österreichern bedeutende Vorteile bescherte, wurde durch den Abschluß eines Defensivbündnisses mit Rußland (2. VI.) und von dem Einsatz eines russischen Hilfscorps an der Rheinfront geprägt, der bei festgefahrenen militärischen Operationen die Friedensbereitschaft aller Beteiligten steigerte und die Unterzeichnung des Friedens von Aachen am 18. X. 1748 begünstigte. Das Habsburgerreich hatte in Italien nicht nur Parma und Piacenza an Spanien, Finale und die westliche Lombardei an Savoyen abzutreten, sondern Friedrich II. auch noch einmal den Verlust Schlesiens und der Grafschaft Glatz zu bestätigen, wodurch der Aufstieg Preußens zur zweiten deutschen Großmacht eine Absicherung erfuhr. Dieser Verzicht konnte Maria Theresia durch die von den europäischen Mächten erneut ausgesprochene Anerkennung der Pragmatischen Sanktion nicht schmackhafter gemacht werden.

Der Siebenjährige Krieg

Die Kaiserin war aber keinesfalls bereit, die Preisgabe des überwiegend von Deutschen besiedelten und wirtschaftlich so gut entwickelten Schlesien und des Glatzer Kessels als Dauerzustand hinzunehmen, zumal ihr bewußt war, daß ohne Beschneidung des neugewonnenen preußischen Gewichts im Deutschen Reich der Habsburgermonarchie ein ernstzunehmender, seinen Besitzstand und seine Führungsrolle bedrohender Konkurrent erwachsen würde. Da schon die beiden Schlesischen Kriege gerade in Böhmen und Mähren schwere Sachschäden verursacht und die Unzulänglichkeiten des österreichischen Verwaltungssystems und der Heeresorganisation offengelegt hatten, traf Maria Theresia alle notwendigen Maßnahmen, um bei einem künftigen Konflikt besser gewappnet zu sein und sich insgesamt eine günstigere Ausgangslage zu verschaffen. Der Allianzvertrag mit dem Rußland Elisabeth Petrovnas vom 2. VI. 1746 bot vorerst Schutz vor einem preußischen oder türkischen Angriff; ein Übereinkommen mit dem Hof von Versailles, somit eine Umkehr des bisherigen Bündnissystems, die vor allem von dem immer größeren Einfluß gewinnenden Wenzel Anton Graf Kaunitz seit 1749 gefordert wurde, schien erfolgversprechendere Möglichkeiten für die Abrechnung mit Preußen und die Rückgewinnung Schlesiens zu bieten als die Aufrechterhaltung der Beziehungen zum britischen Hof. Die von Friedrich II. am 16. I. 1756 übereilt abgeschlossene Westminsterkonvention schürte den Ausbruch eines neuen Krieges, der nach der Unterzeichnung einer österreichisch-französischen Defensivallianz am 1. V. immer wahrscheinlicher wurde.

Der preußische Einfall in Kursachsen am 29. VIII. 1756 bildete dann den Auftakt zum Siebenjährigen Krieg, der die böhmischen Länder wiederum zu einem der Hauptkampfplätze machte. Schon das erste größere Treffen zwischen den preußischen Truppen und der von Feldmarschall Browne geführten österreichischen Armee fand am 1. X. bei Lobositz (Lovosic) an der Elbe statt; eine zweite preußische Armee unter dem Grafen Schwerin operierte selbständig in Ostböhmen. Die Mitte April 1757 in drei Kolonnen erneut nach Böhmen einrückenden Preußen konnten sich trotz schwerer Verluste am 6. V. in der Nähe von Prag behaupten, die Stadt selbst aber nicht einnehmen. Die Niederlage Friedrichs II. am 18. VI. bei Kolin gegen die Österreicher unter Daun zwang ihn zur Preisgabe Böhmens. Während in den Folgemonaten Sachsen und Schlesien besonders schwer litten, konnte der Preußenkönig nach dem Sieg bei Roßbach (5. XI.) den Feldmarschall Keith zum wiederholten Male nach Böhmen abkommandieren und mit dem Sieg von Leuthen am 5. XII. 1757 die früheren Verluste gegen die Österreicher wettmachen. Im Mai 1758 wurden die Kampfhandlungen nach Nordmähren verlagert; da sich das zur Festung ausgebaute Olmütz aber tapfer verteidigte und die Preußen in mehreren Scharmützeln den kürzeren zogen, rückte Friedrich Ende Juli/Anfang August über Königgrätz und Nachod nach Schlesien ab, das er nach seiner vernichtenden Niederlage am 12. VIII. 1759 bei Kunersdorf bis auf Breslau räumen mußte.

Aber nicht nur Schlesien, sondern auch die nördlichen Distrikte Böhmens und Mährens wurden danach durch Einfälle, Plünderungsaktionen und kleinere Gefechte schwer in Mitleidenschaft gezogen. Erst der Tod der Zarin Elisabeth Petrovna († 5.I. 1762) und das damit verbundene Ausscheiden Rußlands aus dem Siebenjährigen Krieg sowie der Sieg bei Burkersdorf am 21.VII. 1762 ermöglichten es Friedrich, seinerseits die Österreicher aus Schlesien wieder herauszudrängen und danach seine Truppen noch einmal in Nordböhmen einmarschieren zu lassen. Da beide Seiten militärisch und wirtschaftlich völlig erschöpft waren, stimmten sie Ende November einem Waffenstillstand und am 15.II. 1763 einem im sächsischen Schloß Hubertusburg ausgehandelten Frieden auf der Grundlage der Anerkennung des früheren Besitzstandes zu. Danach mußte selbst die noch von österreichischen Truppen gehaltene Grafschaft Glatz preisgegeben und Preußen im Besitz von Schlesien nördlich der Oppa erneut bestätigt werden. Obgleich Österreich notgedrungen bereit war, sich mit dem endgültigen Verlust Schlesiens abzufinden, und die Aufnahme Preußens und Rußlands in die zur Pentarchie erweiterte Gruppe der Großmächte akzeptieren mußte, so wollte man in Wien die erschütterte Vorrangstellung im Reich durch das Weiterschüren des preußisch-österreichischen Dualismus nicht noch stärker gefährden.

Weitere außenpolitische Aktionen

Angesichts der schweren Verwüstungen und des völligen Ruins der Staatsfinanzen hatte Kaiserin Maria Theresia nach dem Friedensschluß geschworen: „Nie mehr will ich mich zu einem Krieg verleiten lassen." Sie konnte dieses Versprechen nicht einhalten, weil die durch die religiöse Intoleranz begünstigten russischen und preußischen Interventionen in der benachbarten polnischen Adelsrepublik ein Eingreifen erzwangen, wo die Konföderierten von Bar seit Februar 1768 gegen den von Katharina II. gestützten König Stanisław August Poniatowski einen richtigen Bürgerkrieg führten. Daraus entwickelte sich ein russisch-türkischer Konflikt mit der Gefahr, das Zarenreich könne sich dauerhaft in den Donaufürstentümern Moldau und Walachei festsetzen und dadurch zu einer ständigen Bedrohung der Ostflanke Österreichs werden. Joseph II., 1764 zum römisch-deutschen König gewählt, nach dem Tod des Vaters im Folgejahr ohne Schwierigkeiten zur Kaiserwürde aufgestiegen und am 18.VIII. 1765 zum „Mitregenten" ernannt,[4] ließ sich nach den Zusammenkünften mit Friedrich II. in Neiße (1769) und Mährisch-Neustadt (1770) zur Teilnahme an der vom Preußenkönig forcierten Aufteilung Polens gewinnen, zu der Österreich mit der Besetzung der 1412 an die Krone Polens verpfändeten 13 Zipser Städte und den Einmarsch in drei altpolnische Starosteien 1769/70 den Auftakt lieferte. Trotz der Vorbehalte der Kaiserin übernahm Österreich 1772 einen von der Ostgrenze Schlesiens bis zum Bug reichenden Landstrich nördlich des Karpatenkamms, der als Königreich Galizien und Lodomerien mit der Hauptstadt Lemberg

(Lwów) als Kronland der Habsburgermonarchie eingegliedert wurde. Mit der kampflosen Okkupation der Bukowina konnte 1775 die Verbindung Galiziens mit dem Großfürstentum Siebenbürgen hergestellt werden.

Der 1778 begonnene Bayerische Erbfolgekrieg, der wegen der Absichten Josephs II. ausgebrochen war, nach dem Aussterben der wittelsbachischen Linie von dem erbberechtigten Pfälzer Kurfürsten Karl Theodor ganz Bayern im Tausch gegen die österreichischen Niederlande zu übernehmen, bezog auch die böhmischen Länder in die kriegerischen Auseinandersetzungen ein, weil Friedrich II. wiederum seine von Sachsen unterstützten Truppen nach Nordostböhmen und Mähren einrücken ließ und plante, nach der Eroberung von Prag, Olmütz und Brünn die Entscheidung vor Wien zu suchen. Da sich die österreichischen Truppen aber im Raum Leitmeritz-Königgrätz gut verschanzt hatten, mußten die Preußen im August/September 1778 den Rückzug antreten und konnten sich nur in Jägerndorf und Teschen etwas länger behaupten. Diese bald als „Kartoffelkrieg" und „Zwetschgenrummel" verspottete Auseinandersetzung konnte am 13.V. 1779 im Frieden von Teschen beigelegt werden, der Österreich immerhin den bayerischen Innkreis (Innviertel) eintrug. Im Gegensatz zum Kaiser, der einem „beschämenden, verderblichen und unvorteilhaften Frieden" den Verlust von halb Böhmen vorgezogen hätte, verfolgte Maria Theresia in ihren letzten Regierungsjahren eine auf Ausgleich und der Vermeidung von Konflikten ausgerichtete Außenpolitik.[5] Die kurz vor ihrem Tod († 29.XI. 1780) von Joseph II. mit Katharina II. in der Entrevue von Mohilev erzielte österreichisch-russische Annäherung dürfte ihren Intentionen immerhin entgegengekommen sein.

Joseph II. war viel zu stark mit seinen inneren Reformen ausgelastet, um eine aktive Außenpolitik führen zu können. Immerhin dürfte das Scheitern neuerlicher Initiativen, den Austausch der Niederlande gegen Bayern trotz des fortbestehenden preußischen Widerstands und des weitgehenden französischen Desinteresses doch noch zustande zu bringen, den Kaiser 1788 veranlaßt haben, sich an der Seite Rußlands an einem neuen Türkenkrieg zu beteiligen. Nach ersten – nicht zuletzt von Joseph selbst zu verantwortenden – Rückschlägen konnte 1789 Belgrad erobert und mit den Russen bei Fokşani und Martineşti die türkische Streitmacht zurückgeworfen werden. Da aber die überstürzten innenpolitischen Reformen Josephs II. vor allem in den Niederlanden und in Ungarn, aber auch in den böhmischen Ländern eine höchst explosive Lage hatten entstehen lassen, Preußen unter Minister Hertzberg eine offen antiösterreichische Außenpolitik betrieb und von dem in die Revolutionswirren verstrickten Frankreich keine aktive Unterstützung zu erwarten war, gelang es dem Kaiser nicht mehr, die militärischen Erfolge zu einem Ausbau der Stellung des Habsburgerreiches in Südosteuropa zu nutzen. Die Bevölkerung Böhmens und Mährens, durch die vom Kaiser ausgelösten inneren Erschütterungen in Atem gehalten, brachte den sie nicht direkt tangierenden außenpolitischen Verwicklungen zudem kein besonderes Interesse entgegen.

2. Verwaltungsumbau und Wirtschaftsreformen

Die Länder der böhmischen Krone, die außer dem Königreich Böhmen und der Markgrafschaft Mähren nur noch die – jetzt als Österreich-Schlesien bezeichneten – Reste der Herzogtümer Jägerndorf, Troppau und Teschen sowie die Alte Reichspfandschaft Eger umfaßten, insgesamt ein Gebiet von rd. 79000 km^2 mit weniger als 3 Mill. Einwohnern, hatten bereits durch die Kampfhandlungen in den beiden Schlesischen Kriegen schwere Verluste erlitten. Während seiner kurzen Regierung, die sich nur über die knappe Hälfte des Landes erstreckte, hatte Karl Albrecht von Bayern (König Karl III.) Böhmen eine Sondersteuer in Höhe von 6 Mill. Gulden auferlegt; als auch die auf die Hälfte reduzierte Summe bis Ende April 1742 nicht aufgebracht werden konnte, wurde das von der französischen Besatzungsmacht kontrollierte West- und Mittelböhmen so systematisch ausgeplündert, daß sich Marschall Belle-Isle rühmen konnte, er habe den letzten Heller auszukundschaften und sich anzueignen gewußt. Dieses rücksichtslose Vorgehen, das Bauernunruhen und eine Massenflucht zur Folge hatte, ließ im Frühsommer 1742 generell die Bereitschaft wachsen, wieder unter die habsburgische Herrschaft zurückzukehren. Die preußischen Armeen lebten ebenfalls aus dem Lande, brandschatzten, requirierten und raubten, wo es nur ging; selbst Friedrich II. hielt sich über die verübten Gewalttätigkeiten wie Ohren- und Naseabschneiden auf, bezichtigte aber vor allem die im österreichischen Heer kämpfenden Kroaten und Panduren solcher Entgleisungen. Jedenfalls war vor 1746 an eine geregelte Verwaltung des Landes und an eine Beseitigung der schlimmsten Kriegsfolgen nicht zu denken.

Während die dem Hause Habsburg fest verbundene mährische Hocharistokratie treu zur Dynastie stand, hatten sich in Böhmen fast 400 Adlige an den Huldigungsaktionen für Karl III./VII. beteiligt und sich z.T. für die Mitwirkung an den neu eingerichteten Verwaltungsorganen zur Verfügung gestellt. In der anstelle der böhmischen Statthalterei am 23.XII. 1741 eingerichteten Hofdeputation, deren Leitung Philipp Graf Kolowrat-Krakovský übernahm, arbeiteten mit den Grafen Franz Leopold Buquoy, Rudolf Chotek und Hermann Czernín drei angesehene Repräsentanten aus dem Herrenstand mit, während die Interessen der Ritterschaft J.C. Dohalský, M. Bechyně und W. Audrtzký wahrnahmen. Der reorganisierten Böhmischen Hofkanzlei unter J.W. Graf Kaiserstein gehörten zwei böhmische Herren, J.W. Graf Lassaga-Paradis und J.F. von Turba, sowie der bayerische Freiherr J.A. von Ickstadt an. Die Erwartung des böhmischen Adels, der neue Monarch werde ihnen eine wesentliche Erweiterung der ständischen Mitspracherechte zugestehen, wurde enttäuscht, denn wegen des nur vorübergehenden Aufenthalts von Karl III./VII. in Prag, der kriegsbedingten Begrenzung des zeitweilig kontrollierten Gebiets und der kurzlebigen bayerisch-französischen Herrschaft fanden in den Landesämtern keine bedeutenden Umbesetzungen oder folgenschwere Privilegienverteilungen statt. Da die französische Generalität sehr selbstherrlich im Land schaltete, die Preußen in den von ihnen besetzten Distrikten Steuern einzogen und Rekruten aushoben und in den von österreichischen Truppen gesicherten Bezirken ebenfalls Kriegsrecht herrschte, konnte von einer geordneten Landesverwaltung nicht die Rede sein.

Neuordnung der Staatsverwaltung unter Maria Theresia

Mit der Rückeroberung Prags am 2.I. 1743 verfügte Maria Theresia die Abschaffung der bayerischen Verwaltungsinstitutionen und die Einsetzung einer Untersuchungskommission, die zwar harte Strafen gegen exponierte Kollaborateure fällte, aber von der Monarchin an der Vollstreckung der Urteile gehindert wurde. Die ehemaligen Oberstlandesoffiziere verblieben in ihren Ämtern, und selbst einzelne Mitglieder der Hofdeputation rückten nach 1747 wieder in Führungspositionen auf.[6] Das in seiner persönlichen Zusammensetzung kaum veränderte Statthaltereikollegium erhielt seine früheren Aufgaben zurück und amtierte nach dem 9. VI. wieder als Landesregierung Böhmens. Die wiederholten feindlichen Besatzungen und der sich abzeichnende Verlust des Hauptteils von Schlesien ließen keine grundlegenden Veränderungen am zentralen Verwaltungsaufbau zu, so daß anfangs allein Maßnahmen angeordnet wurden, die eine effizientere Steuererhebung, die Förderung von Handel und Gewerbe und die Absicherung der Administration in den verbliebenen schlesischen Distrikten gewährleisten sollten. Dazu diente das am 28.I. 1743 in Troppau eingerichtete Landesgubernium unter Vorsitz von Friedrich Wilhelm Graf Haugwitz, ein kollegialistisch organisiertes landesherrliches Verwaltungsorgan, das politische, juristische und fiskalische Aufgaben für die Gebiete südlich der Oppa wahrzunehmen hatte. Als mittlere Verwaltungsinstanz wurden am 21.II. 1744 die dem Landesgubernium unterstellten Landesältestenämter geschaffen, deren königliche Beamten sich vornehmlich um das geregelte Steueraufkommen zu kümmern hatten; in den königlichen Städten Troppau, Teschen und Jägerndorf nahmen königliche Administratoren diesen Auftrag wahr. Dem neuen schlesischen Landtag (auch Fürstentag) in Troppau als ständischer Vertretung gehörten die Fürsten von Teschen, Jägerndorf, Troppau, Neisse (der Bischof von Breslau) und Bielitz (unter dem Grafen Sułkowski seit 18. III. 1752 Fürstentum, seit 2. XI. 1754 Herzogtum) sowie die Fürsten oder deren Bevollmächtigte der elf Minderstandsherrschaften an. Hatte bereits am 22. IV. 1743 der Bischof von Breslau für seine nicht an Preußen gelangten Besitzungen in Weidenau (seit 1767 in Johannesberg) eine fürstliche Regierung eingesetzt, so folgte ihm am 16. II. 1746 Fürst Liechtenstein mit der Zusammenlegung und Reorganisation seiner Verwaltung für die Gebiete Jägerndorf und Troppau in der Stadt Troppau nach.[7]

In der klaren Erkenntnis, daß nur die Neuordnung des gesamten Staatsapparates und die von inneren Reformen begleitete Vereinheitlichung des Verwaltungssystems der einzelnen Erbländer die Voraussetzung für die Behauptung der österreichischen Vorrangstellung im Reich und für die Rückeroberung Schlesiens schaffen könnten, hatte Maria Theresia ab 1741 bereits wesentliche Weichenstellungen vorgenommen. Die Reorganisation des gesamten Finanzwesens, das seit 1745 dem früheren böhmischen Oberstkanzler Philipp Graf Kinský unterstand, wurde von der Einrichtung einer Staatskanzlei (1742), die mit der Führung der Auswärtigen Angelegenheiten betraut wurde, und der Beschränkung der Österreichischen Hofkanzlei auf die innenpolitischen Aufgaben begleitet; eine neue Geschäftsordnung für den Hofkriegsrat (1745) und die Einsetzung eines Universalcommerzdirektoriums (1746) zur Förderung von Handel und Verkehr folgten. Obschon Maria Theresia Teile des böhmischen Adels als unzuverlässig einschätzte, schien ihr doch ein behutsames Vorgehen angebracht, weil sie auf seine politische und materielle Unterstützung angewiesen blieb. Auf Grund einer von dem in Österreich-Schlesien erfolgreich amtierenden Verwaltungschef Friedrich Wilhelm Graf Haugwitz 1743/44 empfohlenen Trennung von Verwaltung und Justiz wurde 1745 anstelle der Österreichischen und der Böhmischen Hofkanzlei ein „Revisorium" als oberste Berufungsinstanz eingesetzt und weitere Maßnahmen vorbereitet, die unter Abbau der bisherigen Eigenständigkeit den Vereinheitlichungstendenzen entgegen kamen. Die Vorbehalte der böhmischen Stände gegen die von Haugwitz vorbereiteten Reformen, der neben dem aus Mähren stammenden Wenzel Anton Graf Kaunitz-Rietberg zum wichtigsten Ratgeber der Kaiserin aufstieg, nahmen zu, weil der Adel nicht nur aus staatsrechtlichen Gesichtspunkten gegen die Einschränkung der ständischen Gemeinschaftsrechte opponierte, sondern weil auch eine Reduzierung der Gerechtsamen jedes einzelnen adligen Allodbesitzers befürchtet wurde. Der mährische Adel beteiligte sich willig an der Umsetzung der Reformprojekte, weil er erwartete, die frühere Unterordnung seines Landes unter die Krone Böhmens im Rahmen der Vereinheitlichung zu einer Gleichstellung ausgestalten zu können; dagegen äußerten die Sprecher der böhmischen Stände, der Oberstkanzler der Böhmischen Hofkanzlei Friedrich Graf Harrach und der Präsident der Ministerialbancodeputation Philipp Graf Kinský, offen ihre Bedenken.

Die Notwendigkeit, ein stehendes Heer von 108 000 Soldaten zu unterhalten, für das jährlich mindestens 15 Mill. Gulden aufzubringen waren und das von den Ständen im vorhinein für zehn Jahre bewilligt werden mußte, bedingte nicht nur eine weitgehende Beschneidung des ständischen Steuerbewilligungsprivilegs, sondern entzog den Ständen praktisch auch die Mitsprache bei der Steuerverwaltung und im Militärwesen; zudem, und das war der wichtigste Gesichtspunkt, beinhaltete es im Prinzip die Beseitigung der Steuerfreiheit des Adels. Böhmen allein hatte für das Heer 4,6 Mill., Mähren 1,5 Mill. und Österreich-Schlesien 245 000 Gulden beizusteuern. Der zum 1.XI. 1748 in Kraft gesetzte Dezennalrezeß wurde trotz starker Mißfallensäußerungen im Januar vom böhmischen, im Februar 1749 vom mährischen Landtag angenommen. Da sich die bisherigen Steuerkataster aber als unzuverlässig erwiesen hatten, wurde nach längeren Auseinandersetzungen 1751 eine Generalvisitation des Rustikalsteuerkatasters in Auftrag gegeben, bei der auch die bisher in Mähren übliche Berechnung nach „Lahnen" auf die in Böhmen gebräuchlichen „Ansässigkeiten" auf der Basis eines Jahresertrags von 180 Gulden umgestellt werden sollte. In Böhmen waren dabei 1757 nur noch 52850 dieser „Ansässigkeiten" anzutreffen.[8] Hatte 1746 die Abgabe von einer Ansässigkeit 54 und nach Inkrafttreten des Dezennalrezesses 60 Gulden betragen, so wuchs die Steuersumme bis 1772 auf 66 Gulden jährlich an. Eine am 1.I. 1748 in Kraft gesetzte Dienstanweisung und Taxordnung sollte die korrekte Erhebung und Weiterleitung der Steuern sicherstellen. Hatte der Adel zuvor auf freiwilliger, wenn auch regelmäßiger Basis ein *Extraordinarium* zu der dem Lande abverlangten Steuersumme geleistet, so mußte er sich der allgemeinen Steuerpflicht beugen, die mit der „gottgewollten Gleichheit aller" begründet wurde, außerdem den im *Exaequatorium dominicale* vorgelegten Dominikalsteuerkataster anerkennen und nach dem 1.XI. 1756 einen Steuersatz von 29% auf den ermittelten Ertrag zugunsten der Kgl. Repräsentation und Kammer entrichten.[9]

Nachdem der Frieden von Aachen der Habsburgermonarchie eine mehrjährige Atempause gesichert hatte, konnten die tiefgreifenden Staatsreformen gezielter in Angriff genommen werden. Auf Vorschlag von Haugwitz wurde am 14.VII. 1748 mit der Errichtung königlicher Deputationen, die sich der Administration des *camerale, contributionale et militare mixtum* anzunehmen hatten, ein erster, wenn auch nur kurzlebiger Schritt zur Restrukturierung der Landesverwaltung eingeleitet. Sie unterstanden der von Haugwitz geleiteten Geheimen Hofkommission, die für die Steuereintreibung, Verwaltung und Erhöhung der Kameraleinkünfte sowie Verpflegung und Quartierbeschaffung der Truppen zuständig war. Da aber die den Deputationen zugeordneten Kreisämter bei der Wahrnehmung einiger ihrer Aufgaben, vor allem bei der Überwachung der Landesgesetze, dem Unterhalt der Straßen und als Schlichter bei Auseinandersetzungen zwischen untertänigen Bauern und Grundherren, weiterhin der Aufsicht der Statthalterei (in Böhmen) bzw. dem Tribunal (in Mähren und Österreich-Schlesien) unterstanden, ergab sich ein Kompetenzwirrwarr und die Rivalität zweier Oberbehörden. Deswegen und weil Maria Theresia den auf Kreisebene immer noch starken ständischen Einfluß ebenfalls brechen und die als unzeitgemäß empfundene Verbindung von politisch-administrativen mit jurisdiktiven Aufgaben beenden wollte, wurde nach besseren Lösungsmöglichkeiten gesucht.

Während die gesamten bürgerlichen Strafsachen, die Kriminal- und Zivilgerichtsbarkeit sowie die Wirtschaftsjustiz in erster Instanz von der angestrebten Gewaltenteilung ausgenommen blieben und auch das Prager Appellationsgericht seinen Wirkungskreis als zweite Instanz behielt, bekamen neue Organe die Rechtspflege im politischen und administrativen Bereich zugeteilt. In Mähren und Österreich-Schlesien wurde am 15.I. 1749 ein Justiz- und ein politischer Senat gebildet sowie am 24.I. die bisherigen jurisdiktiven Aufgaben der böhmischen Statthalterei einem Justizkonseß zugeordnet; am 1.V. nahm eine neu gebildete Oberste Justizstelle in der Nachfolge des 1745 eingerichteten Revisoriums ihre Arbeit als Oberstes Revisionsgericht auf, das auch die Urteile des Prager Appellationsgerichts zu überprüfen hatte. Trotz der Bedenken der meisten Räte folgte Maria Theresia auch diesmal der Empfehlung von Haugwitz, zum 1. V. 1749 ein *Directorium in publicis et cameralibus* einzusetzen, das die Kompetenzen der aufgelösten Österreichischen und Böhmischen Hofkanzleien übertragen erhielt und gleichzeitig den bisher von der Hofkammer betreuten Finanzsektor wahrnahm, somit als oberste Behörde der „deutschen Erbländer" für die politische und fiskalische Verwaltung fungierte. Die Länder der böhmischen Krone hatten durch diese von Haugwitz mit dem Titel eines „böhmischen obersten und österreichischen ersten Kanzlers" geleiteten Zentralbehörde die letzten Überbleibsel ihrer administrativen Eigenständigkeit eingebüßt und waren ganz der auch in den österreichischen Erblanden geltenden Verwaltungspraxis angepaßt worden.[10] Als Konsequenz wurde die Statthalterei in Prag am 7. V. aufgelöst und ihre Verwaltungsaufgaben der Kgl. Repräsentation und Kammer, dem Nachfolgeorgan der kurzlebigen Kgl. böhmischen Deputation, zugewiesen; am 10. V. wurden die ständischen Landesbeamten in einen vom Oberstburggrafen Philipp Graf Kolowrat-Krakovský geleiteten Konseß der Obersten Landesoffiziere transferiert und ihnen die Gerichtsagenda der bisherigen Statthalterei anvertraut. Auch die in Mähren und Österreich-Schlesien amtierenden Deputationen erhielten die neue Bezeichnung Kgl. Repräsentation und Kammer; sie waren allen anderen Landesämtern übergeordnet und unmittelbar dem Wiener Directorium unterstellt. Mit der auf Vorschlag von F. W. Graf Larisch am 23. I. 1751 verfügten Kreisreform wurde offensichtlich das Ziel verfolgt, den Einfluß der Stände noch weiter zu schmälern. In den jetzt 16 böhmischen und 6 mährischen Kreisen amtierte künftig jeweils nur mehr ein aus staatlichen Mitteln besoldeter Kreishauptmann, der zwar das Inkolat besitzen, aber nicht länger in seinem Distrikt begütert sein mußte. Von diesen staatlichen Kreisämtern aus war der Adel wesentlich besser als früher zu kontrollieren, obschon er aber vorerst noch seine angestammten Rechte und Aufgaben auf unterster Ebene, nämlich die Finanz-, Justiz- und allgemeine politische Verwaltung, behielt. Der bei zunehmender Bürokratisierung vermehrte Einsatz von besoldeten Richtern, Beamten, Angestellten und Schreibern hatte in allen Verwaltungsbereichen eine Stärkung der landesherrlichen Gewalt zur Folge.

Trotz des hinhaltenden Widerstands der Stände und adliger Unmutsäußerungen setzte der von der Kaiserin gedeckte Haugwitz seine Reformmaßnahmen konsequent fort. Am 30. I. 1751 wurde ein Regalien- und Fiskalkonseß unter Wilhelm Graf Nostitz eingesetzt, der vom ständischen Konseß der Obersten Landesoffiziere die Rechtssprechung in Finanz- und Steuerangelegenheiten übernahm. Den mährischen Gleichstellungswünschen wurde am 18. XI. 1752 mit der Schaffung eines eigenen Appellationsgerichtshofs für Gerichtsverfahren der Untertanen in Brünn Rechnung getragen; die zuvor von ständischen oder grundobrigkeitlichen Kriminalgerichten geübte Rechtsprechung übten künftig die neu gebildeten Kreisgerichte aus. In Böhmen konnte wegen des Widerstands der Stände die Übertragung der adligen Kriminalgerichtsbarkeit auf die Kreisgerichte erst am 19. VIII. 1765 abgeschlossen werden. Der Siebenjährige Krieg unterband dann die Fortsetzung einschneidender Verwaltungsreformen. Immerhin wurde auf Vorschlag des stärker in den Vordergrund tretenden Grafen Kaunitz[11] mit der am 9.XII. 1760 erfolgten Konstituierung eines nicht mit Exekutiv-Vollmachten ausgestatteten Staatsrats als oberstem Beratungsorgan der Kaiserin eine Koordinierungseinrichtung geschaffen, die als Bindeglied zwischen den wuchernden Zentralbehörden und der Monarchin auch die Aufgaben der seither entstandenen Hofstellen besser abstimmen und Kompetenzüberschneidungen abbauen sollte.

Obgleich Haugwitz bis zu seinem Tod im Jahr 1765 Vorsitzender des Staatsrats blieb, war sein politischer Einfluß im Schwinden begriffen. So konnte er nicht verhindern, daß am 29.XII. 1761 einer Empfehlung von Kaunitz nachgekommen wurde, das *Directorium in publicis et cameralibus* aufzulösen und seine politischen Aufgaben an die von Rudolf Graf Chotek geleitete Böhmische und Österreichische Hofkanzlei zu delegieren. Die künftig abgetrennte Finanzverwaltung wurde einer neu eingerichteten Hofkammer übergeben, deren Generalkasse die Zahlungen vornahm und die Staatsschulden verwaltete; eine – nur bis 1772 selbständige – Hofrechenkammer hatte das gesamte staatliche Finanzgebaren zu kontrollieren. Gleich nach Beendigung des Krieges und im Interesse einer Beschwichtigung des über seine fortschreitende Kaltstellung verärgerten Adels ersetzte Kaunitz am 1.V. 1763 die unpopuläre Kgl. Repräsentation und Kammer durch ein Gubernium, das von zwei unbesoldeten Räten aus dem Herrenstand und sechs entlohnten Räten unter dem Vorsitz des Grafen Kolowrat-Krakovský gebildet wurde. Kolowrat-Krakovský war als Oberstburggraf zugleich höchster Landesoffizier und als solcher auch Vorsitzender des Landtags und des Landesausschusses. Der ständische Konseß der obersten Landesoffiziere, der seit 1749 nur noch Gerichtsinstanz in Ständeangelegenheiten gewesen war, wurde am 17.XII. 1763 mit dem Gubernium verschmolzen. Auch in Österreich-Schlesien (16.VII. 1763) und in Mähren (15.XII. 1764) nahm die oberste Landesbehörde die Amtsbezeichnung Gubernium an. Nachdem 1771 der neue Oberstburggraf Fürst Karl Eugen Fürstenberg in das Präsidium des böhmischen Guberniums eingerückt war, kam es am 26.VII. zu einer weiteren Umgestaltung durch die Aufteilung in zwei Senate: das für die Verwaltung zuständige *Gubernicum in publicis et politicis* und das für die Rechtssprechung verantwortliche *Gubernicum in judicialibus.*[12] Obgleich immer wieder Korrekturen und Modifikationen vorgenommen werden mußten, gingen die Grundlagen des Staatsaufbaus in den sog. „deutschen Erbländern" der Monarchie bis 1848 auf das von Maria Theresia entwickelte Verwaltungssystem zurück. Die konsequenten, wenn auch vorsichtig durchgeführten und die Empfindlichkeiten der Betroffenen berücksichtigenden Maßnahmen der Kaiserin zur weiteren Reduzierung des ständischen Einflusses hatten dazu geführt, daß dem Adel mit Ausnahme der Teilnahme an den Landtagen, die nach wie vor regelmäßig einberufen wurden und eine formelle Sanktionierung der königlichen Dekrete und Patente vorzunehmen hatten, der Besetzung der königlichen Landesämter und einem bescheidenen Mitwirkungsrecht auf Kreisebene und den untersten

Gerichtsinstanzen keine politisch relevanten Standesprivilegien verblieben waren. Alle anderen staatlich-administrativen Sektoren unterstanden inzwischen der uneingeschränkten Kontrolle der Zentralbehörden.

Die wachsende Präsenz eines besoldeten Berufsbeamtenstandes, der in den neuen Kameral- und Polizeiwissenschaften unterwiesen worden war, schränkte zudem die adlige Beteiligung an der Landesverwaltung stark ein. Während sich der Monarch im Geist des aufgeklärten Absolutismus für das Wohl aller Staatsbürger gleichermaßen verantwortlich fühlte und deshalb auch die politischen und materiellen Bedingungen aller Erbländer unter Zurückdrängung ihrer Traditionen und Sonderstellungen weitestgehend zu vereinheitlichen suchte, kämpfte der Adel mit zunehmender Verbitterung darum, wenigstens die Aufrechterhaltung seiner wirtschaftlichen Vormachtstellung und die ihm verbliebenen administrativen und politischen Vorrechte zu sichern.[13] Trotz seiner landespatriotischen Gefühle diente ihm die Berufung auf die einstige herausgehobene Stellung der Länder der böhmischen Krone vorrangig nur dazu, die Berechtigung seiner Forderungen nachzuweisen und die auf Kosten der Gesamtheit gehenden Privilegien zu verteidigen. Besonders die reichen Herrengeschlechter, die riesige Latifundien kontrollierten, zeigten unbeschadet ihrer Loyalität der Dynastie gegenüber wenig Neigung, Neuerungen zuzustimmen, die auch nur den Anschein einer Machteinbuße oder der möglichen Bevorzugung einer anderen Bevölkerungsgruppe besaßen. Zwar stellten auf den Landtagen weiterhin die Vertreter der Ritterschaft die knappe Mehrheit der Teilnehmer, da aber die Herren meist gesondert und vor den anderen Kurien berieten, kam ihren Beschlüssen wie zuvor das größte Gewicht zu.[14]

Veränderungen im Justizwesen

Diesen hinhaltenden Widerstand hatte die Kaiserin bereits 1753 zu spüren bekommen, als sie mit der Einsetzung einer „Compiliationscommission“ die älteren Bemühungen um eine Rechtsvereinheitlichung wieder aufleben ließ. Der 1766 vorgelegte Entwurf für ein Allgemeines Bürgerliches Gesetzbuch *(Codex Theresianus)* stellte indes nur eine Sammlung der älteren Rechtsnormen dar, weil der Hochadel einer naturrechtliche Anschauungen verfechtenden Kodifikation größte Vorbehalte entgegenbrachte. Deshalb konnte erst Joseph II. diese Arbeit 1786 mit der Herausgabe des ersten Bandes weiter vorantreiben. Die am 25. II. 1768 in Kraft gesetzte Theresianische Halsgerichtsordnung *(Constitutio criminalis* bzw. *Nemesis Theresiana)* beinhaltete ebenfalls keine wesentliche Änderung im Vergleich zu den von Kaiser Joseph I. 1708 verfügten Strafgesetzen;[15] auch hier hat erst Joseph II. 1787 den Erkenntnissen der Zeit Rechnung getragen und mit dem erneuerten Strafgesetzbuch auch eine Reform des Prozeßrechts verbunden. Alle Maßnahmen, die eine Besserstellung der ein kümmerliches Dasein fristenden Bauern erreichen wollten, stießen ebenfalls auf großes Mißtrauen und mußten daher 1774 zeitweilig eingestellt werden. Joseph II. verfolgte jedoch bereits als Mitregent ganz offen das Ziel, den in seinen Augen renitenten Adel politisch vollständig auszuschalten und dabei die bisherigen Ständevertretungen komplett zu beseitigen. Mit der bei seinem Regierungsantritt am 29. XI. 1780 ausgelösten Revolution von oben konnte er zwar kurzfristig seine Vorstellungen durchsetzen, ohne aber seiner Verwaltungsbürokratie über seinen Tod hinaus den Primat vor den böhmischen Ständen dauerhaft sichern zu können.

Schon die von ihm 1782 verfügte Reorganisation des administrativen und jurisdiktiven Systems löste den Protest der Stände aus, die zudem kein Verständnis für die entschiedene Weigerung des Kaisers aufbringen konnten, sich in Prag zum König von Böhmen krönen zu lassen; dabei hatte der Kaiser als ersten Schritt nur die Böhmisch-Österreichische Hofkanzlei mit der Hofkammer und der Ministerialbancodeputation zur Vereinigten böhmisch-österreichischen Hofkanzlei zusammenlegen und das österreichisch-schlesische mit dem mährischen Gubernium fusionieren lassen. Die gleichzeitigen Eingriffe in die ständische Justiz wogen dagegen schwerer. Die am 11. IV. 1782 verordnete Aufhebung des großen und des kleinen Landrechts, des Kammer-, Hoflehen-, Landtafel- und Oberstburggrafengerichts, somit die vollständige Liquidation der bisher selbständigen ständischen Obergerichte, quittierte Oberstburggraf Fürstenberg mit seinem Rücktritt. Dieser Schritt hielt den Kaiser aber nicht davon ab, die auf kollegialer Basis reorganisierten Appellationsgerichte in Prag und Brünn am 12. V. zu Berufungsinstanzen für alle Landesbewohner, also auch für den Adel, zu bestimmen. Die am 14. IV. 1783 verlautbarte Neuregelung des Instanzenwegs tastete die Patrimonialgerichtsbarkeit der Grundherren zwar nicht an, verlangte aber die Rechtsprechung durch Fachjuristen. Die letzte Revisionsinstanz blieb die Oberste Justizstelle in Wien. Mit der am 20. VIII. 1787 verkündeten Neuordnung der nur noch in den Kreisstädten angesiedelten Kriminalgerichte ging der Beschluß einher, auch dort nur noch qualifizierte Richter einzusetzen.

Um die Opposition der Stände zu brechen, berief Joseph II. nach 1783 keine Landtage mehr ein und erhob die Steuern sechs Jahre lang ohne Zustimmung der Stände; am 27. X. 1783 hatte der Kaiser zudem initiative Ständeversammlungen untersagt und dieses Verbot 1788 erneuert. 1784 wurden die 70 Jahre zuvor eingerichteten ständischen Landesausschüsse aufgelöst und 1788 die Mitwirkungsrechte der den Gubernien zugeordneten zwei Ständevertreter kassiert. Erst als das seit 1785 von einer Hofkommission vorbereitete Steuer- und Urbarialpatent verabschiedet werden sollte, ordnete der Kaiser 1789 noch einmal das Zusammentreten des böhmischen und des mährisch-schlesischen Landtags zu dem Zweck an, die Ständevertreter gleichsam selbst über die Beendigung ihres Steuerbewilligungsprivilegs befinden zu lassen und mit dem Erlöschen dieser Aufgabe weitere Landtagskadenzen in Zukunft überflüssig zu machen. Ähnlich wie die 1771 gegen starke ständische Vorbehalte eingeführte Konskriptionsgemeinde die Verwaltungskompetenzen der obrigkeitlichen Wirtschaftsämter beschnitten hatte, sollte zudem mit der Erstellung eines neuen Grundsteuerkatasters ohne Rücksichtnahme auf grundherrliche Gegebenheiten eine steuerliche Katastralgemeinde gebildet und die Steuerungleichheit zwischen Ständen und

Untertanen beseitigt werden. Da die 30% betragende Steuersumme im Verhältnis 12 2/9% für die Staatskasse und 17 7/9% für die Grundobrigkeit aufgeteilt und die bisherigen Robotleistungen auf Geldzahlungen, die dem obrigkeitlichen Anteil zuzurechnen waren, umgestellt werden sollten, löste das am 10. II. 1789 erlassene Robotpatent schärfste Proteste aus und veranlaßte diesmal den Oberstkanzler Johann Rudolf Graf Chotek, sein Amt niederzulegen. Der Adel fürchtete in Zukunft nicht nur eine spürbare Einkommenseinbuße und erhöhte Steuerzahlungen für seinen Dominikalbesitz, sondern – nicht zu Unrecht – seine vollständige Entmachtung. Doch noch während die Stände auf dem Prager Landtag eifrig eine geharnischte Protestschrift berieten und Aufstandspläne schmiedeten, traf die Nachricht vom Tod († 20. I. 1790) des ungeliebten Monarchen ein. Der Nachfolger Leopold II. (1790–1792) sah sich angesichts der geschlossenen ständischen Opposition gehalten, Landtagen und Landesausschüssen wieder ihre frühere Rechtsstellung einzuräumen; erst 1848 ist das Steuerbewilligungsprivileg der Stände erloschen.[16]

Merkantilistische Wirtschaftspolitik

Bereits unter Maria Theresia wurden im Geiste des aufgeklärten Absolutismus und der herrschenden merkantilistischen Wirtschaftspolitik auch Maßnahmen ergriffen, den „allgemeinen Wohlstand“ durch die gezielte Förderung von Ökonomie und Commerzwesen zu erhöhen und dadurch auch die Staatseinnahmen zu steigern. Im Zusammenhang mit der Generalvisitation des Steuerkatasters war das Fehlen von verläßlichen demographischen Daten festgestellt worden, die sowohl für die Rekrutenaushebung als auch für eine Erfassung der Manufakturarbeiter wünschenswert schienen; ein am 13. X. 1753 erlassenes Patent schrieb künftig jährliche Volkszählungen vor. Die erstmals 1754 durchgeführte Erhebung erbrachte insgesamt 3013369 Bewohner, von denen 1971613 auf Böhmen und 1041576 auf Mähren und Schlesien entfielen. Die durch Instruktion vom 7. XI. 1750 angeordnete Vereinheitlichung der Währung mit Einführung der Konventionsmünze (12 Taler bzw. 24 Gulden aus der Wiener Mark Silber = 281 g fein) wurde nach einer 1753 mit Kurbayern abgeschlossenen Münzkonvention in dem Bestreben revidiert, den Weg zu einer Reichswährung freizumachen. Dadurch wurden fortan aus der Kölner Mark Silber (233,856 g fein) 10 Konventionstaler oder 20 Konventionsgulden ausgebracht, die sich als äußerst wertbeständig erwiesen, wobei besonders der seit 1753 geprägte Mariatheresientaler im Orient- und Levantehandel ein großes Ansehen genoß. Prag behielt, mit einer kurzen Unterbrechung zwischen 1784–1795, bis 1857 seine eigene Münzprägestätte, mußte aber 1781 die Ausbringung des letzten eigenständigen Geldstücks, des Gröschl im Wert von 3/4 Kreuzern, einstellen. Die durch Patent am 30. VII. 1764 verfügte Angleichung der Maße und Gewichte gelang zwar nicht ganz, doch trugen die vorgeschriebenen präzisen Relationen zu einer Erleichterung des überregionalen Handels bei.

Der Verlust Schlesiens hatte nicht nur den Anteil der deutschen Bevölkerung in den böhmischen Kronländern drastisch reduziert und den Tschechen die eindeutige Mehrheit beschert, sondern auch gravierende wirtschaftliche Einbußen zur Folge. Die erheblichen Kriegszerstörungen und die der Bevölkerung aufgebürdeten Kontributions- und Steuerlasten hatten dem bereits zuvor verarmten Land weitere, kaum noch zu verkraftende materielle Opfer auferlegt. Zur allgemeinen Wirtschaftsbelebung war bereits 1751 in Brünn ein Manufakturamt, 1753 in Prag eine Commerz- und Manufakturkommission eingerichtet worden, die den jeweiligen Deputationen unterstanden. Die parallel dazu geschaffenen Manufaktur-Kollegien, die allerdings schon 1757 in den Kommissionen aufgingen, hatten die auf Kreisebene tätigen Commerz-Inspektoren und Manufaktur-Kommissäre zu überwachen, denen Förderung und Aufsicht der wirtschaftlichen Entwicklung oblag. Als Zentralbehörde richtete Maria Theresia 1762 dann einen ihr direkt unterstellten Hofcommerzienrat ein, der bis 1776 den Wirtschaftsprozeß zu steuern suchte; danach wurden seine Aufgaben der Vereinigten böhmischen und österreichischen Hofkanzlei übertragen, die dem jeweiligen Ländergubernium die Kontrolle über die weiterbestehenden Commerz-Kommissionen überließ. Aber weniger staatliche Förderung als private Initiative haben schließlich zum erfolgreichen Aufbau des Manufakturwesens in den böhmischen Ländern beigetragen. Da bei hohen Verkaufspreisen der Absatz der Agrarprodukte stagnierte, schien allein der Einsatz der untertänigen Bevölkerung, die sich in den klimatisch weniger begünstigten und landwirtschaftlich nicht besonders ertragreichen Randgebieten stark vermehrte, den Grundherren im aufstrebenden Manufakturwesen eine ausreichende Rendite zu sichern, zumal sich im habsburgischen Donauraum und dem profitträchtigen Levantehandel einträgliche Absatzmöglichkeiten anboten. Während die Zunftordnung und die herrschende Kapitalarmut in den Städten das Aufkommen einer arbeitsteiligen, auf hochwertige Erzeugnisse konzentrierten Produktion weitgehend verhinderte, besaß der Adel vorteilhaftere Voraussetzungen zur Erweiterung bestehender und zur Gründung neuer Manufakturbetriebe.

Erstaunliche Zuwachsraten hatte dabei die Leinwanderzeugung zu verzeichnen, deren Grundprodukte, häufig noch von handwerklichen Hausspinnern und -webern hergestellt, in den Manufakturbetrieben gebleicht, gefärbt, appretiert und danach durch die von Faktoren organisierten Handelsgesellschaften vertrieben wurden.[17] Hohes Ansehen beim Auf- und Ausbau des Manufakturwesens erwarb sich Großherzog Franz Stephan von Lothringen, der Gatte Maria Theresias, der schon vor 1740 Maßnahmen zur Verbesserung der Produktion einleitete, als Kaiser Franz I. durch die 1750/51 erlassene Spinnereiordnung verbindliche Qualitätsmerkmale festsetzen ließ und starken Einfluß auf die Ausrichtung der 1755 gegründeten Leinenmanufaktur in Pottenstein nahm, die unter der Leitung des Grafen Chamaré Vorbildcharakter erlangte.[18] Die Einrichtung von Spinn- und Webschulen sowie die Vervollkommnung der Bleich- und Appretierverfahren kamen späteren Gründungen zugute, wobei sich Joseph Graf Kinský als innovativer und wagemutiger Unternehmer hervortat, der als eifriger Verfechter einer raschen Industrialisierung der böhmischen Länder 1774 bereits über 2500 „Manufakturisten" als Lohnarbeiter beschäftigte. Joseph Graf Bolza siedelte 1763 durch eine Baumwollweberei mit angeschlossener Kattundruckerei einen weiteren ertragreichen Zweig der Textilerzeugung in den böhmischen Ländern an, der nach 1788 vor allem von J. J. Leitenberger erfolgreich vorangetrieben wurde. Eine am 10. III. 1755 erlassene Papiermacherordnung hatte mit den darin vorgeschriebenen Qualitätsverbesserungen zu einer Ausweitung der Herstellung und des Exports der Erzeugnisse der rd. 100 Papiermühlen beigetragen, die schwerpunktmäßig im Prager Raum angesiedelt wurden. Die international geschätzte Glasproduktion und vor allem die Glasschleiferei profitierten von der gezielten Schulung der Arbeiter und der Beachtung höherer Qualitätsnormen; auch die Gewinnung chemischer Produkte wies kräftige Zuwachsraten auf, was das Entstehen einer chemischen Industrie begünstigte, die vor allem Schwefel, Alaun und Vitriol, bald auch die für die Textilveredelung wichtige Schmalte herstellte. Während die Bedeutung des Silber-, Kupfer- und Zinnbergbaus wegen der weitgehenden Erschöpfung der bekannten Lagerstätten stark zurückging, zeigte die in über 60 Eisenhütten vorgenommene Roheisenerzeugung steigende Tendenz, zumal nach der Entdeckung der zunehmend für die Verhüttung genutzten reichen Steinkohlenlager im Ostrau-Karviner-Revier (1770) und der Erhebung der Eisenproduktion zum freien Gewerbe (1785); die Metallverarbeitung erfolgte aber wie bisher hauptsächlich im handwerklichen Rahmen. Dagegen wurde die auf die reichen Graphitvorkommen um Budweis gestützte Bleistiftherstellung bereits auf Manufakturbasis betrieben. Allein in der Textilerzeugung fanden 1775 in den böhmischen Ländern rd. 177000 Menschen Arbeit; in allen Zweigen des *Commerciale* dürften es etwa 400000 Beschäftigte gewesen sein.[19]

Eine ganze Reihe begleitender Maßnahmen sollte den Wirtschaftsaufschwung beschleunigen. Nach der Vereinheitlichung der Binnenzölle und Mauten (für Mähren 1731, für Böhmen 1737) versuchte die 1752 erlassene Zollordnung den heimischen Markt vor Einfuhren aus Preußisch-Schlesien zu schützen; durch die Zollordnung von 1775 wurden die cisleithanischen Gebiete des Habsburgerreiches zu einem einheitlichen Wirtschafts- und Zollgebiet zusammengeschlossen. Der Ausbau der Staatsstraßen (Ärarial- bzw. Kaiserstraßen), wobei der 1760 vollendeten Trasse von Wien über Znaim und Iglau nach Prag besondere Bedeutung zukam, und auch die Erweiterung des regionalen Wegenetzes wirkten sich ebenfalls positiv auf die volkswirtschaftliche Erholung aus. Der mit der Einsetzung einer Navigations-Baudirektion in Prag verbundene Auftrag der Kaiserin, neben der Regulierung von March, Elbe, Moldau und Sazava auch den Donau-Oder-Kanalbau voranzutreiben, konnte wegen der auf drei Mill. Gulden geschätzten Kosten nicht realisiert werden. Immerhin wurde 1774 die Schiffbarmachung der Moldau abgeschlossen. Versuche, eigene Außenhandelsgesellschaften zur Steigerung des Absatzes inländischer Produkte zu gründen, waren dagegen nicht von Erfolg begleitet, so daß schließlich britische Handelsgesellschaften einen Teil des Exporthandels abwickelten.[20] Die

1751 dank eines kaiserlichen Privilegs von J.A. Kernhofer eröffnete Leih-(„Lehn-")Bank „Zu Unserer lieben Frau" in Brünn, die 1755 von den jüdischen Brüdern Hönig übernommen wurde, gilt als das erste moderne Bankinstitut in den österreichischen Erbländern, das nicht nur Geldgeschäfte tätigte und mit seinen Krediten den Aufbau des Manufakturwesens förderte, sondern auch Immobilien vermarktete, selbständige Handelsgeschäfte ausführte und alle Brünner Zeitungen verlegte. Aber erst die von Joseph II. am Ende seiner Herrschaft vorgenommene weitgehende Beseitigung des Zunftwesens setzte – wie zuvor die Aufhebung der Leibeigenschaft – ein bedeutsames Signal für die dynamische Entfaltung der Wirtschaftsstruktur und leitete damit die frühindustrielle Phase in der Geschichte der böhmischen Länder ein, die während dieses Entwicklungsprozesses zum ökonomischen Schwerpunktgebiet der Habsburgermonarchie aufstiegen.

Obgleich der Siebenjährige Krieg auch die Zivilbevölkerung spürbar dezimiert hatte und die durch Mißernten hervorgerufene Hungersnot 1771/72 weitere Opfer forderte, nahm die Einwohnerzahl in den böhmischen Ländern stetig zu, erreichte 1773 rd. 3,65 und 1785 4,25 Mill. Menschen (Böhmen: 2,72, Mähren-Schlesien 1,53 Mill.), wobei das alttschechische Siedlungsland in Innerböhmen und -mähren vom Bevölkerungswachstum besonders profitierte. Zuverlässige Angaben über die nationale Stratifikation liegen nicht vor; schätzungsweise lebten in Böhmen 1,05 Mill., in Mähren 0,4 Mill. und in Österreich-Schlesien 150000 Deutsche, die in den meisten Städten inzwischen wieder eine solide Mehrheit besaßen. Das deutsche Siedlungsgebiet bildete einen geschlossenen Ring im Grenzraum, der in Nordwestböhmen und in Nordmähren bis zu 80 km Tiefe erreichte, stellenweise aber nicht mehr als 10–15 km betrug; nur entlang der mährisch-slowakischen Grenze war er unterbrochen. In Österreich-Schlesien stellten die rd. 90000 Polen vor den 60000 Tschechen die zweitstärkste Bevölkerungsgruppe. Die steuerliche Überbelastung der Bewohner, steigende Preise für landwirtschaftliche Produkte und niedrige Löhne trugen dazu bei, daß viele Menschen kaum das Existenzminimum erreichten, und daß sich nach schlechten Ernten oder bei ungünstiger Konjunktur materielle Not und Verelendung breitmachten.

Aufhebung der Leibeigenschaft

Mit staatlichem Wohlwollen, aber weitgehend in Eigeninitiative versuchten einige Adlige, den Agrarsektor zu reformieren und rationellere Anbaumethoden, ertragreicheres Saatgut und erfolgversprechendere Zuchtkriterien zu übernehmen. Die 1769/70 in Prag, Olmütz und Brünn gegründeten „Vaterländisch-wirtschaftlichen Gesellschaften" dienten diesem Ziel ebenso wie die Herausgabe landwirtschaftlicher Fachbücher und die Einführung des Unterrichtsgegenstands „Feldwirtschaft" bereits in den Volksschulen. Die verstärkte Fleischnachfrage und die gezielte Ertragssteigerung durch Einsatz von Dünger förderten die Viehzucht, die durch den notwendig gewordenen intensiveren Anbau von Klee und Luzerne als Futtermittel auch zu einer Verbesserung der Böden und somit der Dreifelderwirtschaft beitrug. Die Entwicklung schwererer Pflüge und Eggen verhalf nicht nur zu höheren Ernteerträgen, sondern begünstigte auch das Entstehen von spezialisierten Manufakturbetrieben, die sich der Herstellung von Ackerbaugerätschaften widmeten. Als erklärter Anhänger der physiokratischen Lehren hat Kaiser Joseph II. gerade der Landwirtschaft besondere Förderung angedeihen lassen und seiner Verbundenheit mit der Bodenbewirtschaftung dadurch Ausdruck verliehen, daß er bei einem seiner regelmäßigen Besuche im Königreich Böhmen am 19. VIII. 1769 auf dem Feld des zur Liechtensteinschen Herrschaft gehörenden Bauern Andreas Trnka selbst den Pflug führte, um den „Stand und dessen Arbeit zu ehren". Dem Kaiser war zudem die bedeutende Ausweitung des Anbaus von Rüben im Flachland, von Kartoffeln in den Mittelgebirgen und von Flachs als Grundlage der Leinenindustrie in den nördlichen Grenzgebieten zu danken.[21] Das konstante Bevölkerungswachstum, das eine Nachfragesteigerung nach industriellen Erzeugnissen mit sich brachte, wegen des Erbuntertänigkeitssystems jedoch auch einen spürbaren Arbeitskräftemangel im Manufakturwesen bedingte und zudem keine Verbesserungen in der ökonomischen Lage der Bauern zuließ, war mit ein Anlaß dafür, daß die sozialen Spannungen immer weiter zunahmen.

Doch auch der grundbesitzende Adel zeigte sich immer unzufriedener über die geringe Arbeitsproduktivität und die Einkommensmöglichkeiten aus seinen Latifundien. Die Güterakkumulation hatte einigen wenigen Herrenstandsfamilien die Kontrolle über weite Landstriche gesichert; in ihren großen Herrschaftskomplexen hatten sie mit Hilfe gut geschulter Wirtschaftsbeamter für eine effiziente Verwaltung gesorgt und die Einführung moderner Anbaumethoden vorangetrieben. Die 41% des Gesamtbodens umfassende Dominikallandfläche wurde in obrigkeitlichen Eigenbetrieben bewirtschaftet; die Abgaben und Leistungen der untertänigen Bauern machten im Durchschnitt gerade ein Fünftel der Einnahmen aus, konnten in besonders gelagerten Fällen aber auch die Hälfte erreichen. Die gewerblichen Unternehmungen des Adels – Bierbrauereien, Schnapsbrennereien, Teich- und Forstwirtschaft – trugen mit über zwei Fünfteln zum Einkommen bei. 59% der Bodenfläche unterstanden als Rustikalland unmittelbar der bäuerlichen Bewirtschaftung. Die Bauern, die einen beträchtlichen Teil ihrer Arbeitskraft den Grundherren zur Verfügung stellen mußten, pflanzten als Getreide vorrangig Roggen und Hafer an und zeigten sich wegen der besseren Ernteerträge trotz eines verbreiteten Traditionalismus in stärkerem Maße auch zur Bestellung ihrer Felder mit Hackfrüchten bereit.

Die zunehmende Entpersönlichung des Verhältnisses zwischen Grundherren und Bauern, die fast nur noch mit dem herrschaftlichen Beamten und nicht mehr mit dem Besitzer selbst in Verbindung standen, stellte neben den wirtschaftlichen Gravamina die Hauptursache für sich häufende Unruhen und Aufstände auf dem Lande dar. Die Ansicht, daß nur grundlegende Reformen, zumal die Aufhebung der Leibeigenschaft, die erkannten Unzulänglichkeiten beseitigen könnten, war bereits unter Karl VI. vertreten worden. Der Widerhall, den 1742 ein Aufruf der bayerisch-französischen Besatzer unter den Bauern fand, ihre Teilnahme an einer antihabsburgischen Volkserhebung mit der Beendigung der Erbuntertänigkeit und einem dreijährigen Steuernachlaß honorieren zu wollen, veranlaßte die Kaiserin, sogleich nach Abschluß der Kampfhandlungen im Sommer 1748 eine Kommission mit dem Auftrag einzusetzen, die Rechtsstellung des Bauernstandes durch die Einführung einer eigenen Gerichtsinstanz *(iudicium delegatum in causis subditorum)* zu verbessern. Neben aufklärerisch-humanitären dürften aber auch fiskalische und in den 1770er Jahren physiokratische Überlegungen dazu beigetragen haben, der Lage der Bauern größere Aufmerksamkeit zu widmen. Da sich die Stände aber wenig kooperativ zeigten und sich jede staatliche Einmischung in das von ihnen als ausschließlich privatrechtlich interpretierte Verhältnis zwischen Grundherren und Untertanen verbaten, konnten weder die Vorschläge einer nach Böhmen entsandten Untersuchungskommission unter dem Grafen Larisch noch die wohlmeinenden Denkschriften einsichtiger Zeitgenossen eine Änderung in der bäuerlichen Rechtsstellung bewirken. Allein die auch in aufgeschlossenen Adelskreisen wachsende Erkenntnis, daß die unproduktive Robot den wirtschaftlichen Aufschwung behindere und nur ein persönlich freier Bauer ein Interesse an einer Intensivierung des Ackerbaus besitze, förderte langsam die Bereitschaft zu einschneidenden Regierungsmaßnahmen.

Als 1767 die Bauern in Österreich-Schlesien revoltierten, konnte sich der Gubernialrat Franz Anton Blanc mit seinem Konzept durchsetzen, durch eine „Regulierung" und „Verminderung" der Urbarialpflichten die Ruhe wiederherzustellen. Nach langem Zögern stimmten die betroffenen Grundherren einer Neufestsetzung der zu erbringenden Leistungen zu, die in dem am 6. VII. 1771 erlassenen Robotpatent festgeschrieben wurden. Um die Voraussetzungen für eine ähnliche Regelung auch in Böhmen und Mähren zu schaffen, unternahm Kaiser Joseph II. im Oktober und November des Hungerjahres 1771 eine Informationsfahrt, kapitulierte aber vor dem geschlossenen Widerstand des grundbesitzenden Adels, der sich zu keinem Entgegenkommen den Bauern gegenüber bereit zeigte.[22] Dabei zeichneten die Berichte über die Lage der bäuerlichen Bevölkerung ein erschreckendes Bild von Wohnverhältnissen, Gesundheitszustand, Bildungsgrad und Wirtschaftskraft der als arbeitsam, nüchtern und fleißig gerühmten Bewohner. die „schon von zartester Jugend", vom 7. Lebensjahr an, der schwersten Robot unterworfen wären und oft „bis auf das Blut ausgesogen" würden. Die Stände entschuldigten dagegen in ihrer Stellungnahme vom 27. XII. 1773 das Elend der Untertanen mit den hohen Kontributionen und landesfürstlichen Steuern, zumal „der Unterthan, so die Robot *in natura* praestiret, nichts anderes verrich(tet), als die bloß seinem Stand ohnehin angeborene und seiner Erschaffung angemessene Arbeit". Das am 7. IV. 1774 veröffentlichte neue Robotpatent setzte daher die Leistungen nur geringfügig herab, ordnete aber die Erstellung von Verzeichnissen der Untertanenpflichten an.

Die Enttäuschung der Bauern machte sich ab Jahresbeginn 1775 in einer

Reihe von Aufständen Luft, die vom Königgrätzer Kreis ausgehend bald auch andere Distrikte erfaßten. Während das besitzende bäuerliche Element unter Führung des Deutschen Anton Seidel und des Freibauern Antonín Nyvlt ein „Bauern-Gubernium" einsetzte und seine Ziele gewaltlos zu erreichen suchte, stellten die ländischen Häusler und Heimarbeiter radikalere Forderungen auf, denen sie durch Ausschreitungen gegen Adel und Kirche Nachdruck verliehen. 40000 Soldaten schlugen die Bauernrevolte bis Ende April nieder, ohne ein Aufflackern örtlich begrenzter Erhebungen ganz unterbinden zu können. Eine milde Bestrafung der Rädelsführer und die beschleunigte Herausgabe eines neuen Robotpatents sollten zudem die aufgebrachten Gemüter beruhigen. Der von Blanc konzipierte Urbarial-Regulierungsplan vom 13. VIII. für Böhmen und vom 7. IX. 1775 für Mähren beseitigte die außerordentliche Robot und legte die – künftig etwas verminderten – Dienstpflichten fest, wobei den nach dem jeweiligen Besitzumfang in elf Gruppen eingeteilten Untertanen ihre genau definierten Aufgaben vorgeschrieben wurden. Mußten die reichen Bauern wöchentlich drei Tage Zugrobot ableisten, so hatten die Inleute im Jahr nur 13 Tage Handrobot aufzubringen, die im Winter acht, im Sommer elf Arbeitsstunden umfaßte.[23]

Die adligen Besitzer mit großen Eigenbetriebsflächen, die auf die unbezahlte Robot angewiesen waren, machten gegen diese substantielle Verringerung der Hand- und Zugdienstleistungen entschieden Front, weil ihnen die Mittel für den Ankauf von Zugvieh und Landwirtschaftsgeräten fehlten und sie auch von den Kosten für die Lohnarbeit schwer getroffen wurden. Nur wenigen gelang es, sich auf einträgliche Spezialkulturen umzustellen, die Fortwirtschaft auszuweiten oder eine Manufaktur aufzubauen. Neben Anläufen, die Robot in jährliche Geldleistungen umzuwandeln, wurden Meierhöfe entweder ganz aufgehoben oder parzellenweise an Kleinbauern verpachtet, denen dabei das emphyteutische Erbrecht zugestanden wurde. Der Initiative des Hofrats Franz Anton Raab war es zu danken, daß nach 1774 diese auf den Kameralgütern begonnene und nach dem Schöpfer „Raabisation" genannte Aufteilung der Meierhöfe an Siedlungswillige mit dem Ziel, eine intensivere Bewirtschaftung zu erreichen und hohe Grundzinserträge zu erzielen, auch von einigen Adligen als Möglichkeit akzeptiert wurde, dadurch ihre wirtschaftlichen Schwierigkeiten zu verringern. Bis 1787 entstanden in Böhmen durch Meierhofauflösungen 128 Siedlungen mit 7820 Bauernstellen, in Mähren 117 neue Weiler mit 3628 Anwesen. Die Reluierung bzw. Abolition der Robot wurde in Böhmen bei einer Gesamtzahl von 952 Herrschaften auf 351 Gütern vollständig und in 181 Gutskomplexen immerhin teilweise durchgeführt.[24] Dennoch zwang die Überschuldung viele Adlige, noch vor 1800 ihren Grundbesitz ganz oder teilweise zu veräußern, wobei immer häufiger durch Handel und Industrie reich gewordene Bürger als Käufer auftraten.

Durch die Einleitung dieser Maßnahmen wurden aber die vorhandenen Spannungen in der Landbevölkerung nicht bedeutsam reduziert. Maria Theresia beklagte sich bei ihren Kindern in Briefen aus den Jahren 1776/77 bitter darüber, daß die Herren es verstanden hätten, die Abschaffung der Leibeigenschaft und die Reduzierung der Robot zu verhindern, so daß die Gefahr neuer Unruhen ständig wachse.[25] Der Bayerische Erbfolgekrieg unterband dann zeitweilig die Einführung weiterer Erleichterungen. In dem Bemühen, den Bauern im Geiste des Physiokratismus und des aufgeklärten Absolutismus zu einem gleichberechtigten, unabhängig und eigenverantwortlich wirtschaftenden Menschen zu machen und die bisherige Erbuntertänigkeit in eine neue Staatsuntertänigkeit zu verwandeln, setzte sich Joseph II. als Alleinherrscher über den Widerstand des grundbesitzenden Adels hinweg und ergriff Maßnahmen zur Beseitigung der Leibeigenschaft. „Da Ich fest entschlossen (bin), nichts unversucht zu lassen, um dieses so nutzbare Werk je ehender je besser zu bewerkstelligen", forderte der Kaiser am 23.IV. 1781 die „Gubernien und Stände von Mähren und Böhmen" auf, ihre Vorstellungen über „die allgemeine Aufhebung der Leibeigenschaft in den böhmischen Landen und die Einführung einer gemäßigten ... Unterthänigkeit" zu entwickeln. Da sich aber erneut Bedenken regten und langwierige Verhandlungen drohten, gab Joseph II. am 1.IX. 1781 zwei Patente heraus, die vorerst nur den Instanzenweg bei Beschwerden von Untertanen gegen die Grundobrigkeit vereinfachten und die grundherrliche Gerichtsbarkeit geprüften Juristen (Justitiaren) übertrugen. Durch Patent vom 1.XI. wurde dann die Aufhebung der leiblichen Erbuntertänigkeit verfügt und den bäuerlichen Untertanen das Recht des Ortswechsels, der freien Berufswahl und Verehelichung zugestanden; mit der Befreiung von allen Hofdiensten wurde das strikte Verbot ausgesprochen, außer den in den Urbarial-Patenten niedergelegten Verpflichtungen weitere Roboten, Natural- oder Geldleistungen zu fordern, weil die Bauern „anjetzo als nicht mehr leibeigene Menschen anzusehen sind". Gerade den ländlichen Unterschichten und bäuerlichen Nebenerben bot das Patent, das ihnen das Recht zum Erlernen eines Handwerks oder der Aufnahme eines Studiums sowie der uneingeschränkten Annahme von Dienst und Arbeit ausdrücklich garantierte, gute soziale Aufstiegschancen.

Die darin angelegte Herausbildung einer neuen Mittelschicht führte in Verbindung mit einem raschen Bevölkerungswachstum zu einer quantitativen Zunahme der Stadtbevölkerung, wodurch wiederum die Voraussetzungen für die Entwicklung einer erwerbskapitalistisch organisierten, gewerblichen Großproduktion verbessert wurden.[26] Die teilweise Auflösung der Zünfte, die Abschaffung der Sonderrechte für die Meister und ihre Söhne sowie die Freigabe zahlreicher Gewerbezweige begünstigten die oft aus dem Handwerkerstand kommenden Initiativen zur Gründung von Fabriken und damit das Entstehen eines Industriebürgertums; parallel dazu bildete sich in ersten Ansätzen eine proletarische Arbeiterschaft aus. Da durch das Leibeigenschaftspatent die grund- und auch die gerichtsherrliche Abhängigkeit des Bauern vom Besitzer nicht vollständig beendet worden war, suchte der Kaiser durch die Liquidierung der obrigkeitlichen Monopole wie des Mahl-, Bierausschank- und Salzhandelszwangs wenigstens der wirtschaftlichen Lage des Landvolks weiter aufzuhelfen und die Nutzungseigentumsrechte zu erweitern. Das am 10.II. 1789 mit dem Ziel einer größeren wirtschaftlichen Selbständigkeit für die Bauern vorgelegte

Urbarial- und Steuerpatent konnte dann aber wegen des entschlossenen Widerstands der Stände, auf die weitere erhebliche finanzielle Belastungen zugekommen wären, nicht aufrechterhalten werden.[27]

Auch wenn es Kaiser Joseph II. nicht gelang, die als Hemmschuh jeder Modernisierung betrachteten Sonderrechte und Privilegien, mochten sie auch historisch begründet und politisch vertretbar sein, völlig aufzuheben und die Gleichheit aller Bürger vor dem Gesetz einzuführen, so hat er immerhin die Ständevertretung zu weitgehender Bedeutungslosigkeit reduziert und einen Wohlfahrts- wie Polizeistaat eingeführt, der durch eine aufgeklärte Regierung und Verwaltung allen Kreisen der Bevölkerung vorteilhafte Voraussetzungen für ihr persönliches und materielles Wohlergehen zu schaffen hatte. Gerade die konsequent vollzogene Trennung von Justiz und Verwaltung, die weitgehende Einschränkung der grundherrlichen Patrimonialgerichtsbarkeit und der gezielte Ausbau der Sozialgesetzgebung sind vornehmlich den Bauern zugute gekommen und haben trotz des weitverbreiteten Unwillens, den andere Regierungsmaßnahmen und die Tendenz zur strikten Überwachung und Bevormundung aller Lebensäußerungen auch in den böhmischen Ländern hervorriefen, dem Kaiser ein lange fortlebendes Andenken gesichert.

3. Die religions- und kulturpolitischen Maßnahmen

Obgleich Kaiserin Maria Theresia fest im Barockkatholizismus verwurzelt war und ihr ein unerschütterliches Gottvertrauen half, schwierigste Situationen in äußerlicher Gelassenheit zu meistern, verfügte sie dennoch über genügend Souveränität und Urteilsvermögen, um aufgeklärten Geistern wie Haugwitz, Kaunitz, van Swieten und Sonnenfels eine durchgreifende Reform des Habsburgerreiches zu übertragen. Zwar blieb ihr persönlich das Denken des Aufklärungszeitalters weitgehend fremd, sie hat aber gerade auf kulturellem Gebiet und hier vor allem im Erziehungswesen und in den Geistes- und Naturwissenschaften die Realisierung der modernen Erkenntnisse nach Kräften unterstützt, solange sie nicht die führende Rolle der katholischen Kirche zu gefährden drohten. Dabei hatte das bereits vor 1700 von Sachsen in die böhmischen Länder einströmende Gedankengut der Aufklärung, das vor allem von Christian Wolff vermittelt wurde, bei vielen katholischen Theologen und Ordensmitgliedern Anklang gefunden, unter denen sich besonders der Prager Jesuit und Mathematiker Joseph Stepling hervortat. Unter dem Einfluß des 1717 kirchlich verurteilten Jansenismus, der unter Berufung auf die Lehren Augustins für eine Erneuerung der Kirche eintrat, wurden auch die Benediktiner und, kurz vor seiner Auflösung, sogar der Jesuitenorden für die Ideale der Aufklärung gewonnen. Die um 1745 vollzogene Gründung einer *Societas Incognitorum* in Olmütz, die einen aufgeklärten katholischen Patriotismus verfocht, die theologischen Auseinandersetzungen zwischen traditionellen und modernistischen Lehrmeinungen und die Bildung von Freimaurerlogen und maßgebenden jansenistischen Zirkeln, von denen einer von Gerard van Swieten, dem Leibarzt Maria Theresias und Direktor des österreichischen Unterrichtswesens, geleitet wurde, zeigten das Vordringen der Aufklärung auch in kirchlichen Kreisen. Die Kaiserin konnte sich der selbst von Bischöfen und Äbten empfohlenen Reform hin zu einem der Vernunft entsprechenden Katholizismus nicht verschließen.[28]

Dabei scheute sich Maria Theresia nicht, den Kirchenbesitz der staatlichen Aufsicht zu unterstellen, das Asylrecht und die kirchliche Jurisdiktion in Ehesachen zu beschneiden, das Theologiestudium neu zu ordnen, die staatliche Bücherzensur auch auf religiöse Werke auszudehnen sowie die Errichtung neuer Klöster zu erschweren. Mit Dekreten aus den Jahren 1748, 1754 und 1765 versuchte sie aber auch, eine Ausübung akatholischer Riten und die Verbreitung von Sekten zu verbieten; die Einsicht jedoch, daß nur die Verbesserung der Seelsorge, der Ausbau der Pfarrsprengel und eine Vermehrung der Weltgeistlichen einen Abfall vom katholischen Glauben wirkungsvoll verhindern könnten, war 1777 Anlaß für die Gründung eines neuen Bistums in Brünn, das als Suffragan dem zur Erzdiözese erhobenen Olmütz unterstellt wurde.[29] Da sich Joseph II. ebenso wie Graf Kaunitz allen Plänen widersetzte, die mit zunehmender Dringlichkeit und Ungeduld vorgetragenen Forderungen nach Religionsfreiheit mit Gewalt zu unterdrücken, sah sich die Kaiserin gegen ihre ureigenste Überzeugung am 14. XI. 1777 gehalten, in einem „Vertrauenspatent" die Nichtkatholiken von der Teilnahme an katholischen Gottesdiensten zu entbinden und ihnen wenigstens private Andachten zu erlauben.[30]

Die Kirchenpolitik Josephs II.

Joseph II., dem Papst Pius VI. 1782 bei einem Besuch in Wien „einen großen Fonds von Religion" bescheinigt hatte und von dem er meinte, er sei „der beste Katholik der Welt", verfolgte aus humanitären Überlegungen und im staatlichen Interesse eine noch weitergehende Politik religiöser Duldsamkeit. Trotz des Widerstands des Oberstburggrafen Fürstenberg und der Bitte des Hofkanzlers Graf Blümegen, jede öffentliche Verkündigung zu unterlassen, wurde auch in den böhmischen Ländern am 13. X. 1781 ein Toleranzpatent bekanntgegeben, das Lutheranern, Kalvinisten und Orthodoxen bürgerliche Gleichheit mit der katholischen Bevölkerungsmehrheit sowie Kultusfreiheit gewährte und ihnen unter Beachtung bestimmter Voraussetzungen die Organisation in religiösen Körperschaften gestattete. Obschon „die Aufrechterhaltung der alleinseligmachenden katholischen Religion ... unveränderlich Seiner Majestät theuerste Pflicht und angelegendste Sorgfalt" darstellte, wurden jetzt immerhin die Akatholiken zu vollen Bürger- und Meisterrechten, zu akademischen Würden und städtischen Ämtern, zu Haus- und Grunderwerb zugelassen. Eine gleichzeitig eingeleitete umfassende Reform des Kirchenlebens sollte dazu beitragen, die Vorrangstellung der katholischen als der „dominanten" Religion zu gewährleisten. Da der Kaiser in seinem rationalistischen Pragmatismus den kontemplativen Orden jede Daseinsberechtigung absprach, weil sie „dem Nächsten ganz und gar unnütz sind und Gott nicht gefällig sein können", verkündete er durch Patent vom 29.XI. 1781 die Auflösung aller Klöster, die nicht mit Krankenpflege und anderen humanitären Aufgaben, Unterrichtserteilung oder wissenschaftlicher Betätigung befaßt waren. Joseph II. konnte sich auf ein Präjudiz berufen, denn in Ausführung der von Papst Klemens XIV. am 21.VII. 1773 erlassenen Aufhebung des Jesuitenordens hatte bereits Maria Theresia für die Habsburgermonarchie die Einziehung des Ordensvermögens und die Ausweisung seiner Mitglieder verfügt; schon damals waren in Böhmen 20 Kollegien und 12 Residenzen mit 1071 Ordensangehörigen, in Mähren sechs Kollegien und eine Residenz mit 372 Insassen geschlossen und das einbehaltene Vermögen einem Studienfonds überschrieben worden. Zu den 1781 angeordneten über 400 Klosteraufhebungen im Gesamtstaat gehörten in Böhmen 61 Männer- und 13 Frauenklöster mit 960 Mönchen und 380 Nonnen; auch die bekannten, reich ausgestatteten Klöster Königsaal, Sázava, Sedletz und Braunau/Břevnov, denen in der böhmischen Kulturgeschichte eine bedeutende Rolle zugekommen war, verfielen der Liquidationsorder. In Mähren wurden 33 Anstalten mit 837 männlichen und sieben Klöster mit 236 weiblichen Insassen aufgehoben. Der aus dem Barvermögen und aus dem Verkaufserlös gebildete böhmische bzw. mährische Religionsfonds diente der Errichtung neuer Pfarreien, der Ausstattung der neuen Diözesen Brünn und Budweis (gegründet 1785 als kirchliches Verwaltungszentrum für ganz Südböhmen) und der Volkserziehung. Die Kontakte der geduldeten Ordensniederlassungen zu ausländischen Klöstern mußten abgebrochen und der Verlust der monastischen Exemtionen hingenommen werden.[31]

Die Schließung der Klöster wurde von massiven Eingriffen in das Kirchenleben begleitet, um die im aufgeklärten Geist reformierte katholische Kirche nicht nur zu einer Stütze des Staates, sondern auch zu einer wirklichen Staatskirche zu erheben. Der Einfluß der Kurie und des Papstes auf die kirchlichen Einrichtungen der Habsburgermonarchie wurde weitestgehend eingeschränkt, den Bischöfen die Aufsicht über die Priesterausbildung genommen und der Klerikernachwuchs in Generalseminaren durch staatlich besoldete Lehrer erzogen. Die neuen Weltgeistlichen hatten außer für Glaubenstreue auch für eine patriotisch-staatsbejahende Einstellung der Gemeindemitglieder Sorge zu tragen; als der Kontrolle der Kreisämter unterstellte Priester wurden sie künftig mit festen Gehältern *(Kongrua)* aus dem Religionsfonds besoldet. Die aufgezwungenen Veränderungen im Glaubensleben und beim religiösen Brauchtum lösten unter der Bevölkerung große Verbitterung aus, weil nicht nur eine Reduktion der Anzahl der kirchlichen Feiertage, Prozessionen und Wallfahrten sowie der Altäre und Kerzen erfolgte, sondern auch Eingriffe in die Gottesdienstordnung, die Liturgie und die Kirchenmusik vorgenommen wurden. Die Zusammenlegung der beliebten Kirchweihfeste auf einen Tag, die Kaiserkirmes, das Verbot alter Volksbräuche und vor allem die kurzlebige Verordnung über die Ersetzung der Totensärge durch Leinensäcke riefen äußerstes Mißfallen hervor. Taktische

Fehler, bürokratische Auswüchse und eine massive Fehleinschätzung der Stimmung innerhalb der Bevölkerung haben die im Ansatz gutgemeinten und zum großen Teil gerechtfertigten Maßnahmen auf kirchenpolitischem Gebiet diskreditiert und der allgemeinen Unzufriedenheit über die staatliche Gängelung aller Lebensbereiche neue Nahrung geliefert.

Beginn der Judenemanzipation

Im Gegensatz zu seiner Mutter verfolgte Joseph II. auch dem jüdischen Bevölkerungsteil gegenüber einen – weniger von religiösen als vielmehr von ökonomisch-staatlichen Überlegungen bestimmten – toleranten Kurs. Maria Theresia, die „keine ärgere Pest vorn Staat als diese Nation" zu kennen glaubte, verdächtigte die Judenschaft während des Österreichischen Erbfolgekriegs der Kollaboration mit dem Feind und verfügte daher am 17. XII. 1744 die Ausweisung der rd. 10000 in Prag ansässigen Juden, die bis Ende Januar 1745 die Stadt und bis zur Jahresmitte auch das Land verlassen sollten. Am 2. I. 1745 wurde auch gegen die mährische Judenschaft eine Vertreibungsorder erlassen. Selbst die von den beiden Statthaltern, Graf Schaffgotsch und Freiherr Netolitzky von Eisenberg, und dem Oberstkanzler Philipp Graf Kinský vorgetragenen und mit den befürchteten wirtschaftlichen Auswirkungen begründeten Bedenken konnten die Kaiserin zwar nicht zu einer Rücknahme, immerhin aber zu einer Fristverlängerung veranlassen. Trotz der materiellen Not und des persönlichen Elends, in denen die in Scheunen und Ställen in der Umgebung Prags untergekommenen Juden sich befanden, bestand die Kaiserin darauf, bis Ende Juli 1746 die Abschiebung der böhmischen und mährischen Juden abzuschließen. Die vorhergesagten wirtschaftlichen Engpässe traten in der Tat rasch auf, und selbst die Bewohner der Prager Altstadt plädierten wegen der Teuerung und des Zusammenbruchs des Kleinhandels für die Rückkehr der Juden; die mährischen Stände legten sogar entschiedenen Widerspruch ein und lehnten die Übernahme der bisher von den Juden aufgebrachten Steuern ab, und schließlich wies auch die Böhmische Statthalterei mit Schreiben vom 11. VIII. 1746 nachdrücklich auf die ökonomisch-fiskalischen Dauerfolgen hin. Nach weiteren Interventionen aus Hofkreisen, von Diplomaten befreundeter Regierungen und selbst des Papstes sah sich Maria Theresia gehalten, den Juden zunächst auf zehn Jahre den weiteren Verbleib in den böhmischen Ländern zuzugestehen. Diese Entscheidung war der Kaiserin durch die Verpflichtung der Juden erleichtert worden, ihre Wiederzulassung jährlich mit dem Betrag von rd. 300000 Gulden zu honorieren.[32] Als die Kaiserin 1755 den 41321 Juden, von denen 20994 in Böhmen, 19752 in Mähren und 575 in Schlesien lebten, sogar ihre früheren Privilegien bestätigte, bestand sie aber auf die Aufnahme einer umfangreichen Salvationsklausel. Trotz der relativ hohen Besteuerung der Judenschaft blieben die unter Maria Theresia stark propagierten Judentaufen eine Seltenheit. Die zunehmende Tendenz des Staates, in die jüdische Selbstverwaltung einzugreifen, die

Judengemeinden stärker der behördlichen Kontrolle zu unterwerfen und das Gemeinschaftsleben sowie die Sozialordnung zu reglementieren, wurden mit der Verantwortung des aufgeklärten Herrschers für das Wohlergehen aller Bürger begründet.[33]

Joseph II. wollte die Rechtsstellung der Juden, die er als „nützliche Elemente" intensiver als zuvor in den Dienst des Staates zu stellen gedachte, verbessern und durch ihre politische und soziale Gleichberechtigung mit der übrigen Bevölkerung die vorhandenen Emanzipations- und Assimilationsbestrebungen fördern. Schon am 13.V. 1781 wies der Kaiser die Böhmisch-Österreichische Hofkanzlei an, ein entsprechendes Patent vorzubereiten; beginnend mit dem 19.X. wurde eine Anzahl von Dekreten erlassen, die den in 40 Jahren zahlenmäßig stark angewachsenen Juden (1785 lebten in Böhmen 42129 (+110%) und in Mähren 26665 (+31%) Juden) zwar noch keine völlige Gleichstellung mit der christlichen Bevölkerungsmehrheit zugestanden, ihnen aber mit der Zulassung zu Handwerk, Gewerbe und Hochschulstudium auch den Besitz landtafelfähiger Güter erlaubten, die diskriminierenden Kleidungsvorschriften aufhoben und sogar eine „Beadelung"[34] in Aussicht stellten – in der Erwartung, daß sie mit Ausnahme der Gottesdienste auf ihre „Nationalsprache" verzichten und mit der sprachlichen Angleichung auch eine Annäherung an die nichtjüdische Kulturwelt vornehmen würden. Die Aufhebung des jüdischen Gerichtswesens wurde 1785 verordnet; 1788/89 unterwarf man die jungen Juden auch der Wehrpflicht. Während die wohlhabenden, gebildeten und daher meist liberal eingestellten Juden die Reformen von oben unterstützten, die sich bietenden neuen Betätigungsmöglichkeiten dankbar wahrnahmen und den mit den Toleranzpatenten eingeleiteten Emanzipationsprozeß in der Absicht vorantrieben, Vollbürger der Habsburgermonarchie zu werden, erhob die Orthodoxie gegen diesen Kurs schwere Bedenken und fand ihre Vorbehalte durch die gelegentlich antisemitischen Stellungnahmen exponierter katholischer Kleriker bestätigt. Ein 1797 von Kaiser Franz II. erlassenes Juden-Systemalpatent hat schließlich einigen dieser Einwände Rechnung getragen und in 63 Paragraphen die Rechte und Pflichten der Juden dem Staat gegenüber festgeschrieben sowie präzise Aussagen über die Religionsausübung, die Gemeindeverfassung und die Erwerbsmöglichkeiten gemacht. Die spürbar anschwellende Wanderbewegung der Juden vom Land in die großen Städte und die durch die dort vorgefundene Anonymität beschleunigte Assimilation trugen dazu bei, daß emanzipationsbereite Juden in größerer Zahl zum Christentum übertraten, weil sie sich bessere Karriereaussichten im Staatsdienst als Beamte oder Offiziere erhofften; die geschlossenen Judengemeinden in den Dörfern und Kleinstädten konnten dagegen ihre alten Traditionen auch in das 19. Jahrhundert hinüberretten und blieben von allzugroßem Anpassungsdruck verschont.[35]

Das Schwergewicht jüdischer Wirtschaftstätigkeit lag mit 52% im Handel, wobei sich auf unterster Stufe der „Dorfgeher" (Hausierer) bestrebt zeigte, zum Besitzer einer „Gemischten Warenhandlung" aufzusteigen. Etwa 20% waren Gewerbetreibende, die sich z.B. in Prag in eigenen jüdischen Zünften organisiert hatten, von Joseph II. aber wegen der unzureichenden Qualität ihrer Produkte der Kontrolle durch die christlichen Meisterzünfte unterstellt fanden. Rd. 14% übten bereits freie Berufe aus, während 13% als Pächter ihren Lebensunterhalt verdienten. Das große Bildungsstreben unter den Juden ließ ihre Zahl an Gymnasien und Universitäten rasch ansteigen, so daß ein ihren Anteil an der Gesamtbevölkerung weit übersteigender Prozentsatz junger Juden eine qualifizierte Ausbildung erwarb, was ihnen ermöglichte, meist innerhalb einer Generation einen beträchtlichen sozialen Aufstieg zu erreichen. Schon in der ersten Hälfte des 19. Jahrhunderts übte daher die Judenschaft einen wachsenden Einfluß auf das Wirtschafts- und Kulturleben der böhmischen Länder aus.[36]

Sprachen- und Bildungspolitik

Im Edikt vom 19. X. 1781 für die Juden in Böhmen war ab 1784 die Verwendung der hebräischen und der jiddischen Sprache mit Ausnahme der religiösen Handlungen bei „Strafe und Nullität" untersagt und die Abfassung aller amtlichen und geschäftlichen Papiere in der „landesüblichen deutschen Amtssprache" zur Pflicht gemacht worden – wohl vor allem deshalb, um die angestrebte Emanzipation zu beschleunigen und die Synagogengemeinden zur Gründung von Schulen nach Vorbild der christlichen Normalschule unter staatlicher Aufsicht zu zwingen.[37] Auch wenn Joseph II. der sprachlichen Uniformität seiner Länder große Bedeutung beimaß, gedachte er keinesfalls, ähnlich einschneidende Maßnahmen gegen den Gebrauch des Tschechischen zu ergreifen. Die bereits unter Maria Theresia zutage tretenden Tendenzen, in einem zentralisierten Einheitsstaat einen alle Reichsbewohner umfassenden Untertanenverband und anstelle der alten ständischen Verwaltung einen nur der Regierung ergebenen Beamtenapparat einzuführen, beschworen aber für die nach dem endgültigen Verlust Schlesiens zahlenmäßig eindeutig dominierenden tschechischsprechenden Bewohner der böhmischen Länder die Gefahr herauf, daß ihre Muttersprache dem als Staatssprache zunehmend gepflegten Deutschen gegenüber immer weiter ins Hintertreffen geraten könnte. Der seit der Verneuerten Landesordnung von 1627 eingeschränkte Geltungsbereich der tschechischen Sprache wurde von der Kaiserin jedoch nicht angetastet, so daß die Landtagsverhandlungen offiziell auf Tschechisch abgewickelt, die königlichen Propositionen in beiden Landessprachen verlesen und die Gesetze und Verordnungen ebenfalls zweisprachig publiziert wurden. Trotz gelegentlicher Klagen der Zeitgenossen ist eine bewußte Diskriminierung der tschechischen Sprache durch Herrscherin oder Regierung nicht nachweisbar; gerade die Förderung der „eigenen böhmischen Landessprache", in der sie auch den Thronfolger unterrichten ließ, lag Maria Theresia besonders am Herzen, weshalb sie durch Hofkanzleidekret vom 9. VII. 1763 den Eltern empfahl, ihre Söhne „fleißiger ... in der böhmischen Sprache unterrichten [zu] lassen" und anordnete, „zu denen erledigten Dienststellen ohne besondere Ursache ... keine andere als solche Subjecta, welche böhmisch reden und schreiben, in Vorschlag zu bringen".[38] Andererseits verfügte sie aber am 23.II. 1765 auch, daß „auf die mehrere Ausbreitung der deutschen Sprache gedacht ... und alles veranlaßt werde, was ihre Verbreitung und Allgemeinmachung befördern könne". Der sich daraus ergebende Gegensatz schlug sich vor allem in der Schulpolitik und bei der Festlegung der Unterrichtssprache in Gymnasien und an den Universitäten nieder, die von dem Grundsatz geprägt wurde, daß „die Erlernung der deutschen Sprache der böhmischen Nation zu so größerem Vortheile gereiche, da ohne solche der Weg zu vielen Bedienungen für sie verschlossen ist".

Die Sorge des Wohlfahrtstaates für die Untertanen äußerte sich vornehmlich in einer Reform des Schul- und Bildungswesens, die Maria Theresia schon im ersten Jahrzehnt ihrer Regierung einleitete. Das geringe wissenschaftliche Ansehen der Hochschulen und die Neigung der Studenten, ihre Ausbildung vorzugsweise im Ausland zu absolvieren, veranlaßten die Kaiserin, ihren vertrauenswürdigen Leibarzt van Swieten mit Maßnahmen zur Erneuerung der Universitäten zu beauftragen. Die von ihm erarbeiteten Studienordnungen für die Fakultäten der Wiener Universität wurden mit der Zeit auch von den anderen Hochschulen, so in Prag am 25.VI. 1752, übernommen, wobei unter Zurückdrängung des jesuitischen Einflusses anstelle von Latein das Deutsche zur allgemeinen Vorlesungssprache aufstieg. In Prag setzte sich der Professor für Schöne Wissenschaften und Moral, Karl Heinrich Seibt, engagiert für die Realisierung der Reformvorstellungen van Swietens ein. Als erster Nichtjesuit und Laie an die Philosophische Fakultät berufen, als Kirchenhistoriker ebenso geschätzt wie als Pädagoge, konnte Seibt mit seinen in deutscher Sprache gehaltenen Vorlesungen nicht nur eine Reihe junger Kleriker für das Gedankengut der Aufklärung und die Notwendigkeit einer Kirchenreform begeistern, sondern auch in weiten Kreisen des Adels und der Bürgerschaft das Interesse für Sprachpflege, schöngeistiges Schrifttum und die Vergangenheit wecken. Hatte Maria Theresia bereits in den 1750er Jahren die Einführung des Tschechisch-Unterrichts an der Militärakademie in Wiener Neustadt, der Wiener Ingenieurakademie sowie in ihrer eigenen Gründung, der Theresianischen Ritterakademie, veranlaßt, so stimmte sie 1775 der Errichtung eines Lehrstuhls für die tschechische Sprache an der Wiener Universität und 1777 der Aufnahme von tschechischen Parallelvorlesungen für Geburtshilfe an der medizinischen Fakultät und für Pastoraltheologie an der theologischen Fakultät der Prager Universität zu. Mit der Verlegung der zuvor ausschließlich von den Jesuiten geprägten Universität Olmütz nach Brünn am 25.V. 1778 konnte hier ein gezielter Neuanfang vorgenommen werden. Da die Universitäten aber vorrangig akademisch ausgebildete Staatsdiener bereitzustellen hatten, verfügten sie auch nach der 1769 erfolgten Einsetzung einer Studienhofkommission weiterhin über ein nur bescheidenes wissenschaftliches Niveau. Erst nach der 1782 von Joseph II. abgeschlossenen vollständigen Säkularisierung der Hochschulen und der uneingeschränkten Zulassung von Akatholiken (1778) und Juden (1782) zum Studium entwickelte sich unter raschem Ausbau der naturwissenschaftlichen Studiengänge und der medizinischen Fachrichtungen eine qualifizierte Gelehrsamkeit. Universitätsbildung war künftig zudem weder an den Adel noch an die Kirche gebunden, weil sich fortan auch tüchtigen Bürger- und Bauernkindern eine Beschäftigung im Staatsdienst auftat.[39]

Trotz kirchlicher Bedenken und trotz des Widerstands der um ihre Arbeitskräfte fürchtenden Grundherren räumte die Kaiserin eine grundlegende Bedeutung der Modernisierung des Grund- und Mittelschulwesens ein. Seibt hatte schon zuvor der Ausbildung guter Lehrer sowie ihrer Vermittlung in Adelsfamilien und an die vorhandenen Lateinschulen große Aufmerksamkeit geschenkt. Nachdem die Kaiserin mehrere Vorschläge und Empfehlungen zur Verbesserung des Schulwesens in Auftrag gegeben hatte, veranlaßte sie am 13.X. 1770 die Ausarbeitung von Plänen für eine der allgemeinen Schulpflicht unterliegenden Grund-(Trivial-)schule, an der Lesen, Schreiben, Rechnen und der Katechismus gelehrt werden sollten. Die vom Saganer Abt der Augustinerchorherren, Ignaz Felbinger, am 6.XII. 1774 vorgelegte „Allgemeine Schulordnung" sah für Kinder zwischen sechs und zwölf Jahren Unterricht vor, der klassenweise in Altersstufen, nach Geschlechtern getrennt, von gut ausgebildeten Lehrern gehalten werden sollte. Da der Priester Ferdinand Kindermann, ein Schüler Seibts, bereits zuvor im südböhmischen Kaplitz eine den Regeln Felbingers folgende Musterschule aufgebaut hatte, wurde er im selben Jahr von der Kaiserin zum Oberaufseher der Normal-(=Volks-)schulen Böhmens ernannt.[40] Dem persönlichen Einsatz Kindermanns war es zu danken, daß die neue Schulform nicht nur in größeren Orten eingeführt, sondern daß auch an das bildungsmäßig bisher vernachlässigte Landvolk gedacht wurde. Die 1778 erreichte Zahl von über 500 Volksschulen der neuen Lehrart wuchs bis 1791 auf 2085, die Zahl der Schüler von 112000 auf 185000 und bis 1795 auf 217000 an, womit zwei Drittel aller schulpflichtigen Kinder erfaßt waren.[41] Für Mädchen gab es aber nur in den größeren Städten 30 Trivialschulen, in denen Strick- und Nähunterricht eine bedeutende Rolle spielte; die Jungen wurden zusätzlich im Garten- und Ackerbau unterwiesen, um sie „industriös" zu machen. Durch Verordnungen vom 31.VIII. 1775 und 18.X. 1776 hatte Maria Theresia verlangt, daß „auch da, wo übrigens bloß böhmisch gesprochen wird", deutscher Sprachunterricht zu erteilen sei. Weil Kindermann und seine Mitarbeiter aber der notwendigen Pflege der Volkssprache großes Gewicht beimaßen, wurden in der Prager Normalschuldruckerei neben Lese-, Sprach- und Rechenbüchern auch Bibeln und Katechismen in großer Zahl auf Tschechisch herausgegeben und dadurch eine wichtige Weichenstellung zur sprachlichen und damit auch zur nationalen Wiedergeburt vorgenommen.

Schon vor der Aufhebung des Jesuitenordens hatte eine Anpassung der an den Gymnasien vermittelten Lehrinhalte im Geiste der Aufklärung eingesetzt, an der sich vor allem die Piaristen beteiligten, die neben der Pflege der Muttersprache der Vermittlung der Geschichte und einer mathematisch begründeten „Realienkunde" besondere Aufmerksamkeit schenkten. K.H. Seibt war nach der Ausweisung der Jesuiten 1774 die Aufsicht über die 42 böhmischen Lateinschulen übertragen worden, die er nach Erlaß eines neuen Studienplans am 13.X. 1775 in kurzer Zeit auf 13 reduzierte und mit Hilfe des Piaristen Gratian Marx zu fortschrittlichen Mittelpunktgymnasien ausbaute, von denen nur drei Anstalten für eine Übergangsfrist Tschechisch neben Latein als Unterrichtssprache zugestanden bekamen. In Mähren blieben von einst 15 nur acht und in Österreich-Schlesien drei Mittelschulen übrig, deren wichtigste Aufgabe die Herausbildung einer loyalen höheren Beamtenschaft für den österreichischen Zentralstaat war. Als Joseph II. durch Dekret vom 18.V. 1784 allen Ländern der Habsburgermonarchie die deutsche Amtssprache verordnete, war ihm gleichfalls nicht an einer Verdrängung der anderen Idiome gelegen, denn „S.M. hat diese Maßregel nicht ausgedacht, um die Muttersprache auszurotten und sie den verschiedenen Nationalitäten zu nehmen", doch „nur das Deutsche kann zur Führung der Geschäfte in Betracht gezogen werden", weil dem allgemeinen Wohl besonders dann große Vorteile erwachsen, wenn „im ganzen Reich die gleiche Geschäftssprache herrscht". Obschon das Deutsche nicht als Kultur- und Umgangs-, sondern allein als zwischen den Völkern vermittelnde Verkehrssprache vorgesehen war, weckte gerade diese Maßnahme das offene Mißfallen der böhmischen und der mährischen Stände, die in der Sprachverordnung den nicht mehr tolerierbaren Höhepunkt der die Landesbräuche mißachtenden, ungeliebten Zentralisierungspolitik Josephs II. erblickten. Kaiser Leopold II. ist in seiner kurzen Regierungszeit der mit der „Bildung tauglicher Seelsorger" und des spürbaren Rückgangs tschechischer Gymnasiasten begründeten Bitte um Wiedereinführung des Lateinischen als Unterrichtssprache nicht nachgekommen, hat sich aber durch die mit Hofdekret am 18.X. 1791 veranlaßte Einrichtung eines Lehrstuhls für Tschechisch an der Prager Universität immerhin zu einer versöhnlichen Geste bereitgefunden.

Frühnationaler Landespatriotismus

Die mit der Verbesserung des Schulwesens einhergehende Verbreitung der Lesefähigkeit, der in Ablehnung der zentralisierenden Regierungsmaßnahmen ausgebildete Stolz auf die eigenen Errungenschaften und die damit verknüpfte intensivere Beschäftigung mit der Vergangenheit sowie schließlich die Pflege der tschechischen Muttersprache, die durch die der Sprachanordnung Josephs II. unterstellten Germanisierungsabsichten begünstigt wurde, trugen in der 2. Hälfte des 18. Jahrhunderts zum Entstehen eines frühnationalen Bewußtseins bei, das Teile des Adels, der Geistlichkeit und des gehobenen Bürgertums erfaßte. Diese Vorformen einer nationalen Erweckungsbewegung hatten die Landbevölkerung noch nicht erreicht, die aus Dankbarkeit für die Absicherung ihrer Rechtsstellung und der genauen Festsetzung ihrer Verpflichtungen kaisertreu war, obschon sie die Kirchenpolitik Josephs II. schroff ablehnte und unter den hohen Steueranforderungen stöhnte. Ein gesamtösterreichisches Staatsgefühl hat es unter den Bauern in den böhmischen Ländern gleichfalls nicht gegeben, wohl aber eine wachsende Identifikation mit ihrer eng umgrenzten Heimat. Das aufgeklärte Bürgertum, eine zahlenmäßig immer noch ganz bescheidene Gruppierung, hatte ebenfalls durch die Befreiung von überholten Bindungen profitiert und wußte die Vorteile eines großen Wirtschaftsraums zu würdigen; mit dem sozialen und kulturellen Aufstieg wurden aber auch die Gefahren deutlich, die sich für die tschechischen Bewohner der böhmischen Länder in einem zentralistischen Einheitsstaat mit deutscher Verkehrssprache auftaten, solange sie über keine einflußreichen Mitbestimmungsmöglichkeiten verfügten und keine nationalen Kultur- und Bildungseinrichtungen besaßen.

Der Adel, inzwischen wieder zu einer festen Einheit verschmolzen, fand seine Vorrangstellung durch die tiefgreifenden Reformen Maria Theresias und Josephs II. erschüttert: Er hatte seine frühere Kontrolle der Landesverwaltung an den neuen Beamtenapparat abtreten, durch die Aufhebung der Leibeigenschaft seine grundherrlichen Privilegien aufgeben und schwere materielle Opfer bringen müssen. Die Rolle des Adels als Kulturträger wurde vom gebildeten Bürgertum und der Geistlichkeit in Frage gestellt. Als Grundherren hatten die Adligen ihr persönliches Wohl und Wehe insgesamt mit dem Schicksal der böhmischen Länder verknüpft und eine besondere, im Patriotismus wurzelnde Gesamtverantwortung kultiviert, die ihnen mit dem Abbau ihrer Sonderstellung auch in den Bereichen wieder bewußt wurde, in denen es nicht um die Verteidigung „nationaler" Postulate ging. Dennoch fühlten sie sich dem Kaiserhaus loyal verbunden, hegten großen Stolz für das multinationale Habsburgerreich, das ihnen ein weites Wirkungsfeld bot, und besaßen bei aller Liebe zur engeren Heimat einen gesamtösterreichischen Patriotismus, obschon sie der angestrebten Ausbildung eines alle Reichsbewohner gleichberechtigt einbeziehenden österreichischen Untertanenverbandes große Vorbehalte entgegenbrachten. Der wenig Verständnis für gewachsene und verankerte Institutionen zeigende übersteigerte Zentralismus Josephs II. hat die ursprüngliche Zielsetzung, friedliche Ausgleichsmöglichkeiten für die Probleme des multinationalen Staates und gleichartige Lebensbedingungen zu schaffen, ins direkte Gegenteil verkehrt und einem integralen Nationalismus erst den Weg bereitet.

Eine ethnische Zuordnung der aktivsten Verfechter eines böhmischen Landespatriotismus ist kaum möglich und erscheint wenig hilfreich, zumal der aufgeklärte Absolutismus keine dem modernen Nationsbegriff entsprechenden Einteilungskriterien kannte.[42] Die geistigen Bewegungen der Zeit waren übernational, wobei sich die aus dem Ausland, und hier besonders aus dem deutschen Sprachbereich, einströmenden Kultureinflüsse mit inländischen Entwicklungen verbanden, ergänzten und über die Landesgrenzen hinaus weiterwirkten. In den einflußreichen Intellektuellenzirkeln und wissenschaftlichen Gesellschaften arbeiteten Deutsche und Böhmen, Zugereiste und im Lande Geborene eng und effektiv zusammen. Joseph Petráš, im slawonischen Brod geboren, aber in Olmütz aufgewachsen, war der Motor hinter der am 16. III. 1747 von der Kaiserin privilegierten *Societas Incognitorum* („Gesellschaft deren unbekannten Gelehrten"), die „Monatliche Auszüge alt und neuer gelehrter Sachen" herauszugeben begann, aber bereits 1751 ihre Arbeit einstellte. Die Pläne, eine „Böhmische Bibliothek" mit einer Sammlung der böhmischen Geschichtsschreiber herauszubringen, eine Geschichte der Markgrafschaft Mähren und des Bistums Olmütz zu verfassen sowie unter benediktinischer Leitung eine gelehrte Schule für den Adel ins Leben zu rufen, waren trotz zahlreicher Mitglieder und wohlwollender staatlicher Förderung nicht zu realisieren. Ein längerfristiger Erfolg war der von Franz Graf Kinský und dem in Siebenbürgen geborenen Ignaz von Born um 1770 gegründeten „Privatgesellschaft der Wissenschaften" beschieden, die 1771 die „Prager Gelehrten Nachrichten" publizierte, welche nach 1775 als „Abhandlungen einer Privatgesellschaft in Böhmen zur Aufnahme der Mathematik, der vaterländischen Geschichte und der Naturgeschichte" herausgegeben wurden. In diesem Umfeld kam es am 4.XII. 1784 zur Gründung der „Böhmischen Gesellschaft der Wissenschaften" *(Česká společnost nauk),* deren Publikationen ebenfalls auf Deutsch erschienen und in der tschechische und deutsche Gelehrte vertrauensvoll zusammenarbeiteten.[43] Die seit 1770 in Prag edierten schöngeistigen Zeitschriften in deutscher Sprache existierten dagegen jeweils nur eine kurze Zeit; eine größere Leserschaft fanden die ab 1788 herausgebrachte tschechische „Monatsschrift zur Belehrung und Belustigung des einfachen Volkes" sowie die in der Normalschuldruckerei hergestellte „Prager Kinderzeitung" (1787ff.); beide propagierten neben der Vermittlung naturwissenschaftlicher Grundkenntnisse auch gemeinnütziges Denken und Handeln.[44]

Hinter der Beschäftigung mit schöngeistigem Schrifttum traten aber die Sprachpflege und vor allem das Studium der Geschichte nicht zurück. In Wien, dem aufstrebenden Zentrum der Slavistik, brachte bereits 1756 Johann Wenzel Pohl, der Tschechischlehrer Josephs II., seine „Böhmische Sprachkunst" heraus; wichtige staatsrechtliche und wissenschaftliche Abhandlungen oder das Strafgesetzbuch wurden fast gleichzeitig in einer deutschen und einer tschechischen Ausgabe verlegt. Dem wachsenden Lesehunger der Bevölkerung wurde mit der Öffnung der Universitäts-, Kloster- und Adelsbibliotheken für alle Interessierten, der Einrichtung von Leihbibliotheken und der Publikation von preisgünstiger Broschürenliteratur Rechnung getragen, wobei sich vor allem der juristisch gebildete Verleger und Buchhändler Wenzel Matthäus (Václav Matěj) Kramerius große Verdienste erwarb. Dem ehemaligen Prämonstratenser Raphael Ungar kam das Verdienst zu, die wertvollen Bestände der säkularisierten Klosterbibliotheken weitgehend geschlossen in die Prager Universitätsbibliothek gerettet zu haben, die dadurch den Rang einer „böhmischen Nationalbibliothek" erreichte. Alle diese Maßnahmen wurden von den Mitgliedern der zwischen 1772 und 1794 besonders einflußreichen Freimaurerlogen, unter denen sich viele hohe Kleriker fanden, aktiv unterstützt und koordiniert.

Logenbrüder und zugleich Ordensangehörige waren auch die bedeutendsten Literaturwissenschaftler und Historiker jener Jahre. Als Philologen wie Geschichtsschreiber kommt Josef Dobrovský gleiche Bedeutung zu, der mit seinem seit 1779 herausgegebenen „Literarischen Magazin der böhmischen und mährischen Literatur" wichtige Impulse zur Sprachpflege gab und durch seine fundierte Quellenkritik die Geschichte des tschechischen Volkes von nationalen Mythen zu befreien suchte; selbst Goethe widmete ihm einen Nachruf.[45] Der Piarist Gelasius Dobner wird bis heute als „Vater der kritischen Geschichtsforschung in Böhmen" gerühmt, weil er die Unglaubwürdigkeit und Verfälschungen der lange als Standardwerk geltenden Böhmischen Chronik des Wenzel Hájek von Libotschan (z Libočan) aus der Mitte des 16. Jahrhunderts offenlegte und den Anstoß zur Veröffentlichung von Quellen- und Materialsammlungen gab.[46] Franz Martin Pelzel (Pelcl), lange Jahre Hofmeister im Hause der Grafen Sternberg und Nostitz, ließ 1774 erstmals eine danach mehrfach aufgelegte und weitergeführte „Kurzgefaßte Geschichte der Böhmen" erscheinen, wobei ihm aber bereits zeitgenössische Rezensenten den Vorwurf machten, „die Geschichte des böhmischen Volkes hauptsächlich als eine Geschichte des böhmischen Adels" mißzuverstehen. Die in Zusammenarbeit mit Nikolaus Adaukt Voigt in drei Bänden erstellten „Abbildungen böhmischer und mährischer Gelehrter und Künstler" (1773–1777), die vieldiskutierte Herausgabe der bereits hundert Jahre zuvor von Bohuslav Balbín geschriebenen Apologie der tschechischen Sprache und der Erinnerungen des Wenzel Vratislav von Mitrowitz sowie die Publikation seiner „Geschichte der Deutschen und ihrer Sprache in Böhmen" machten Pelzel so bekannt, daß er als erster 1793 auf den neu eingerichteten Lehrstuhl für tschechische Sprache und Literatur berufen wurde, obschon seine Kenntnis des Tschechischen nicht über jeden Zweifel erhaben war. Durch sein engagiertes Eintreten für die Beibehaltung und Pflege der tschechischen Sprache ermutigt, schrieb auch der Kustos der Brünner Universitätsbibliothek, J. A. Hanke, seine „Empfehlung der böhmischen Sprache und Literatur" (1782) auf Deutsch nieder, in der er seine „Landsleute, die heutigen ausgearteten Čechen und Morawannen", an ihre „schuldige Vaterlandsliebe" erinnerte; 1783 schloß sich ihm K. I. Tham mit einer „Schutzschrift der tschechischen Sprache gegen ihre boshaften Verleumder" an, in der er Kaiser Joseph II. aufforderte, dem Tschechischen seine besondere Förderung angedeihen zu lassen. Auf dem Prager Lehrstuhl für Geschichte konnte der Ex-Jesuit italienischer Abstammung, Ignaz Cornova, im Geiste des österreichisch-böhmischen Patriotismus eine erfolgreiche Lehrtätigkeit entfalten, unterstützt von F. A. Steinský als Professor für historische Hilfswissenschaften und dem als „Vater der böhmischen Numismatik" gerühmten N. A. Voigt.[47] In Mähren zeichneten sich Adolf Pilarz, Franz Morawetz und Bonaventura Pitter als sachkundige Landeshistoriker aus. Auf J. A. Riegger gehen die Anfänge der Statistik in den böhmischen Ländern zurück.[48]

Dank der wohlwollenden Zustimmung Kaiser Josephs II. konnte Oberstburggraf Franz Anton Graf Nostitz den Einspruch der Karmelitermönche im benachbarten St. Gallus-Kloster gegen das „unsittliche ketzerische Komödiantentum" übergehen und 1781–1783 auf seine Kosten den ersten festen Theaterbau Prags für „ein Nationalspectakel in unserer [deutschen] Muttersprache" errichten lassen, in dem W. A. Mozart 1787 die Uraufführung seines „Don Giovanni" dirigierte. Böhmische Musikanten hatten an den europäischen Höfen als

Konzertmeister, Solisten und Komponisten die Barockmusik außerordentlich populär gemacht und die wichtigsten Tonsetzer der Zeit beeinflußt, die, wie beispielsweise Joseph Haydn, wieder auf die Musikpflege in den böhmischen Ländern einwirkten. Die Opern Chr. W. Glucks und Mozarts, dessen „Figaros Hochzeit" 1786 in Prag mit beispiellosem Erfolg aufgeführt worden war, fanden ein ebenso dankbares Publikum wie die Dramen Shakespeares oder die Trauerspiele Lessings. Als Hof, Kirche, Adel und Bürger in den ruhigeren Jahren nach 1763 wieder zu renovieren und zu bauen begannen, hatte sich der phantasievoll-verspielte üppige Barockstil bereits überlebt und machte in zunehmendem Maße klassizistischer Einfachheit und Strenge Platz. Die im Auftrag Maria Theresias von Nicolaus Freiherr von Pacassi auf dem Hradschin bis 1774 errichteten „noblen, aber nüchternen ... von unpersönlicher, beamtenmäßiger Korrektheit" (E. Bachmann) gekennzeichneten Pacassibauten leiteten zum Frühklassizismus über, der in seiner oberitalienischen Ausprägung später auch vom Adel für seine Repräsentationsbauten übernommen wurde. Auch wenn das aufstrebende Bürgertum diesen Zug zur Übersichtlichkeit unter Vermeidung unnützen Beirats aufgriff, verleugnete es aber auch nicht seine Sehnsucht nach Behaglichkeit, Geborgenheit und Überschaubarkeit seines Lebensraums.

Als Kaiser Leopold II. im September 1791 zur Krönung zum König von Böhmen längere Zeit in Prag weilte, versäumte er nicht, an einer Festsitzung der Kgl. Böhmischen Gesellschaft der Wissenschaften teilzunehmen und sich die Ausführungen Josef Dobrovskýs „Über die Ergebenheit und Anhänglichkeit der slavischen Völker an das Erzhaus Österreich" anzuhören; Anfang Oktober besuchte er die vom Oberstburggrafen Heinrich Graf Rottenhan veranstaltete Industrieausstellung, auf der ihm gezeigt wurde, „welche Gattungen von Fabriken und Manufakturen schon eine glänzende Höhe erreicht haben, welche hingegen noch etwas zurückstehen".[49] Das waren eindrucksvolle Beweise für den geistig-kulturellen und wirtschaftlichen Aufschwung, den die böhmischen Länder in den vergangenen fünfzig Jahren trotz der schweren Verluste im Österreichischen Erbfolgekrieg und im Siebenjährigen Krieg erreicht hatten. Obschon die feste Einbindung der Krone Böhmens in die Habsburgermonarchie hingenommen wurde und sich die Dynastie insgesamt großen Ansehens erfreute, so hatten doch die konsequenten zentralisierenden Vereinheitlichungsmaßnahmen und das dadurch begünstigte Aufflackern eines böhmischen und mährischen Landespatriotismus Vorbehalte gegen die beiden letzten Herrscher und gegen Zielsetzungen und Folgen der mit einer sprachlichen Unifizierung einhergehenden österreichischen Gesamtstaatspolitik geweckt. Während aber das Ableben Maria Theresias in den österreichischen Erblanden aufrichtig betrauert wurde, konnte Pelzel, der sie als „Stiefmutter *(macecha)* Böhmens" bezeichnete, keine große Bestürzung in den Kreisen des böhmischen Adels und der Bürgerschaft ausmachen. Die anfängliche Glorifikation Kaiser Josephs II. war bald einer kritischen Ablehnung gewichen und trieb im Zusammenhang mit den Steuerplänen dem offenen Aufstand entgegen. Die Nachricht vom Tod des Kaisers ist daher in den böhmischen Ländern nicht nur mit Erleichterung, sondern auch mit offenem Beifall aufgenommen worden. Die positiven Seiten des Josephinismus, vor allem die Aufhebung der Leibeigenschaft, die Toleranz- und die Robotpatente, die Versuche der Urbarialregulierung und der Neuordnung der Grundsteuer, die Sozialgesetzgebung und die Verwaltungsreformen, wurden entweder in ihrer bahnbrechenden Modernität nicht erkannt oder wegen der bürokratischen Auswüchse, der taktischen Fehler und der das Volksempfinden verletzenden unausgewogenen Eingriffe in Brauchtum und Tradition in den Hintergrund gedrängt. Der Konsolidierung des erschütterten Vertrauensverhältnisses und der Bereinigung der ungelösten Streitpunkte mußte der neue Herrscher Leopold II. daher Vorrang einräumen, besonders angesichts der Welle neuer Beunruhigungen, die durch die Französische Revolution ausgelöst wurde.

X. Die Voraussetzungen für die nationale Wiedergeburt unter den Tschechen, 1790–1848

1. Der außenpolitische Ereignisrahmen

Das Napoleonische Zeitalter und das sich in der Habsburgermonarchie anschließende „System Metternich", die zur bürgerlichen Revolution des Jahres 1848 führende Restaurationsperiode, haben im Königreich Böhmen zwar politisch nur wenige Spuren hinterlassen, dagegen aber die Voraussetzungen für einen eindrucksvollen Wirtschaftsaufschwung, eine tiefgehende soziale Umschichtung und einen kulturell-geistigen Reifeprozeß geschaffen, auf deren Grundlagen sich dann die vielgerühmte „tschechische nationale Wiedergeburt" vollziehen konnte. Durch einen relativ begrenzten Personenkreis, dem überwiegend Geistliche und Gelehrte, aber kaum Mitglieder der Aristokratie angehörten, wurde im Vormärz die Diskussion über die nationale Geschichtsdeutung und über das Verhältnis zum Land und Staat Böhmen intensiv vorangetrieben, die jedoch durch den Umstand beeinträchtigt wurde, daß der allein zur Verfügung stehende Begriff *český* nur in ziemlich komplizierter Umschreibung eine Unterscheidung zwischen „böhmisch" und „tschechisch" ermöglichte. Der aus dem mittelalterlichen Latein übernommene, bis ins 1. Viertel des 19. Jahrhunderts überwiegend verwendete Ausdruck „Böhmen" und „böhmisch" sowohl für das Land als auch für das Volk und die Sprache schloß den beträchtlichen deutschböhmischen Bevölkerungsteil mit ein, der sich aber unter den Bedingungen der allgemeinen Nationalisierung des öffentlichen und kulturellen Lebens und der vom aufstrebenden tschechischen Bürgertum verfolgten nationalpolitischen Ziele zunehmend aus der Gesamtheit der Landesbewohner ausgegrenzt fand und sich deshalb nach 1848 im deutsch-österreichischen oder deutschnationalen Sinne engagierte. Die von Joseph Matthias Graf Thun, einem Angehörigen des Hochadels, noch 1845 verfochtene Auffassung, „weder ein Čeche noch ein Deutscher sondern nur ein Böhme" zu sein, verlor unter dieser Prämisse jede politisch-nationale Relevanz. Die bereits vor 1840 in der deutschen Publizistik immer häufiger verwendeten geographisch-politischen Begriffe „czechisch" und „Czechen" wurden von den tschechischen Patrioten anfangs entschieden zurückgewiesen: zum einen, weil sie der unterstellten Auslegung, in den „Böhmen" einen den Bayern und Sachsen vergleichbaren Stamm der deutschen Gesamtnation zu sehen und die „Czechen" auf ein ethnisch-slavisches Einsprengsel zu reduzieren, eine eindeutige Absage erteilen wollten, zum anderen aber auch, weil sie nur als „Böhmen" das Erbe der glorreichen Traditionen ihres Königreiches beanspruchen konnten und allein die Berufung auf das historische

Staatsrecht der St. Wenzelskrone Aussicht auf eine weitreichende politische Selbstverwaltung im Rahmen des Habsburgerreiches zu bieten schien. Die sprachlichen, kulturellen und teilweise auch die politischen Erneuerungsbestrebungen der tschechischen bürgerlichen Nationalbewegung und der sich wiederum zuspitzende Antagonismus zwischen Tschechen und Deutschen haben jedenfalls bereits vor dem Sturmjahr 1848 entscheidende Impulse erhalten.[1]

Leopold II. (1790–1792), der nur ungern seine langjährige erfolgreiche Regierungstätigkeit im Großherzogtum Toscana aufgab, um Nachfolger seines überraschend verstorbenen Bruders Joseph II. zu werden, fand sich im März 1790 mit einer Fülle schwieriger innen- und außenpolitischer Entscheidungen konfrontiert, die im Interesse der Gesamtmonarchie keinen Aufschub duldeten.[2] Der von den Zeitgenossen als umgänglich, gerecht und fortschrittlich eingeschätzte Kaiser (Wahl am 30. IX. und Krönung am 9. X. 1790 in Frankfurt) verfolgte mit Beharrlichkeit und Augenmaß die von ihm als notwendig erkannte Konsolidierungspolitik, die durch die Zurücknahme einiger der von seinem Vorgänger erlassenen Verordnungen zu einem Abbau der Spannungen in Ungarn und in den Österreichischen Niederlanden beitrug. Mit dem ihm eigenen Sinn für das Mögliche wußte er auch die Unzufriedenheit der böhmischen und mährischen Ständevertreter zu besänftigen, indem er die Aufhebung des josephinischen Urbarial- und Steuerpatents von 1789 am 19. IV. 1790 zuerst für Mähren-Schlesien, am 9. V. auch für Böhmen bekanntmachte und dafür das theresianische Robotpatent von 1775 wieder in Kraft setzte. Mit der Einberufung der Landtage am 1. V. war die Aufforderung an die Stände verbunden, ihre Klagen und Wünsche offen vorzutragen.[3] In diesen umfangreichen „Desiderien" trat das Anliegen zutage, im Rahmen einer verbesserten Landesordnung wenigstens die von den letzten beiden Monarchen kassierten Mitwirkungsrechte an der Landesverwaltung zurückerstattet zu erhalten und den Tradition und Herkommen zuwiderlaufenden Zentralismus abzubauen. Leopold II., der sich am 6. IX. 1791 in aller Form in Prag krönen und am 10. X. in Brünn von den mährischen Ständen feierlich huldigen ließ, kam diesen Forderungen insoweit nach, als er die 1714 errichteten, 1783 aber aufgehobenen Landesausschüsse erneut zuließ und ihnen einen Teil der an die Gubernien und Kreisämter verlorengegangenen Aufgaben zurückgab. Die Grundherren fanden sich dadurch zufriedengestellt, daß die niedere Gerichtsbarkeit, die Polizeigewalt, die Rekrutierung und die Steuererhebung auf ihren Gutskomplexen restituiert wurden, aber strenger staatlicher Aufsicht unterstellt blieben. Da sich unter den Bauern wegen des befürchteten Abbaus ihrer neugewonnenen Rechte Unruhe breitzumachen begann, wurden die Annullierung der Leibeigenschaft und die Dienstverpflichtungen des Robotpatents aufrechterhalten und ab 1792 die Rustikalsteuern aufgrund der für das Landvolk günstigeren Schätzungen des josephinischen Katasters erhoben. Mit Genugtuung wurde die Zurücknahme der Verordnung über den Gebrauch des Deutschen als allgemeiner Verwaltungssprache zur Kenntnis genommen; die Regelung, künftig die „landesübliche" Sprache zu gebrauchen, führte dazu, daß in den böhmischen Ländern vor Gericht oder als äußere Amtssprache gleichermaßen die deutsche und die „böhmische" Sprache Anwendung fanden.

Modifikationen schienen Leopold II. auch bei einigen anderen Reformkomplexen seines Bruders Joseph II. angebracht zu sein. Auf kirchenpolitischem Gebiet wurde die Wiederzulassung einiger aufgelöster Klöster gestattet; wichtiger jedoch war die Aufhebung der staatlich kontrollierten Generalseminare für die Priesterausbildung, die künftig wieder der Verantwortung der Bischöfe unterstand. Maßnahmen, das Schulwesen und die Universitäten zu Selbstverwaltungskörperschaften umzugestalten oder Justizreformen voranzutreiben, kamen über Ansätze nicht hinaus. Die Auflösung der Vereinigten Hofstelle und die damit verbundene Trennung der politischen und der fiskalischen Administration ließ auf einen Abbau der übertriebenen Zentralisierungsmaßnahmen hoffen. Die Einlösung des angesichts der Entwicklung in Frankreich gemachten Versprechens, den böhmischen Ländern eine neue Verfassung unter gleichberechtigter Einbeziehung der Bürger und Bauern zu geben und ihnen eine größere Eigenständigkeit einzuräumen, die der Präsident der böhmisch-österreichischen Hofkanzlei, Leopold Graf Kolowrat-Krakovský, in die Wege leitete, verhinderte die Zuspitzung der außenpolitischen Lage ebenso wie der frühe Tod des Kaisers, der unerwartet am 1. III. 1792 verstarb.

Unter Mißachtung der zuvor von Kanzler Kaunitz verfolgten Außenpolitik hatte Leopold II. einen Ausgleich mit Preußen (Konvention von Reichenbach, 27. VII. 1790) gesucht, der die Voraussetzung bot, den verlustreichen Türkenkrieg an der Seite Rußlands am 2. VIII. 1791 durch den Frieden von Sistova zu beenden. Der besorgniserregende Verlauf der Revolution in Frankreich hatte den Kaiser veranlaßt, am 25. VII. 1791 mit Preußen ein Präliminarbündnis und am 7. II. 1792 ein Verteidigungsabkommen zu schließen, um zur Hilfeleistung für seinen gefangengesetzten Schwager Ludwig XVI. und seine Schwester Marie Antoinette gerüstet zu sein. Die Furcht vor einer Ausbreitung revolutionären Gedankenguts in den eigenen Erbländern ließ Leopold II. noch eine Verschärfung der Zensurmaßnahmen und eine Erweiterung der Polizeikontrolle anordnen, so daß beim Bekanntwerden seines Todes Gerüchte von einem Attentat kursierten, das den Jakobinern oder den Freimaurern angelastet wurde. Vor dem Hintergrund der drohenden militärischen Auseinandersetzung mit Frankreich hatte Franz II. (als König von Böhmen und seit 1806 als Kaiser von Österreich: Franz I., 1792–1835) seine Herrschaft anzutreten.

Der Weg zum „Kaisertum Österreich"

Obschon von Franz II., dem 24 Jahre alten Sohn Leopolds II., keine bemerkenswerten politischen Initiativen und aufsehenerregenden Reformen ausgingen, hat er mit Pflichtbewußtsein und Ausdauer das ihm übertragene Reich weitgehend ungeschmälert durch das von Kriegen und Aufständen geprägte erste Vierteljahrhundert seiner langen Regierungszeit hindurchgesteuert und sich danach, konservativ und jeder Veränderung abhold, fest an das Hergebrachte und Bewährte gehalten.[4] Für die böhmischen Länder empfand er keine besondere Sympathie und brachte auch für ihre speziellen Voraussetzungen wenig Interesse auf, auch wenn er sich bereits am 9. VIII. 1792 im Prager St. Veitsdom mit dem herkömmlichen Zeremoniell zum König von Böhmen krönen ließ. So blieben die böhmischen Länder während der Koalitionskriege und dem antinapoleonischen Befreiungskampf weitgehend sich selbst überlassen, trugen aber schwer an den Kriegslasten und hatten vor allem in Mähren unter den Schäden zu leiden, die durch die Kampfhandlungen und Besetzungen verursacht worden waren. Im Ersten Koalitionskrieg (1792–1797) gingen die Niederlande und weite Teile der italienischen Besitzungen verloren, obgleich Erzherzog Karl, bald als „Retter von Böhmen" gefeiert,[5] durch die Siege von Würzburg (24. VIII.) und Amberg (3. XI. 1796) wenigstens die Gefahr einer französischen Invasion in den Erbländern abzuwenden vermochte. Als „Gouverneur von Böhmen für den militärischen Teil" hatte der äußerst populäre Karl nach dem Abschluß des Friedens von Campo Formio (17./18. X. 1797) in Prag die Rüstungen für den nächsten Waffengang voranzutreiben. Inzwischen waren am 13. I. 1795 in der Dritten Teilung Polens der Habsburgermonarchie die bis vor die Tore Warschaus reichenden südpolnischen Gebiete zugefallen, wodurch der slavische Bevölkerungsanteil bedeutend anstieg. Auch der Zweite Koalitionskrieg (1799–1802) berührte die böhmischen Länder nicht unmittelbar, doch die Abtretung der reichen und wirtschaftlich fortschrittlichen Lombardei, für die nur das heruntergewirtschaftete Venetien gewonnen wurde, verlangte ihnen schwerste materielle Leistungen ab. Der Durchzug russischer Armeen unter A. V. Suvorov im Oktober 1798 durch Mähren und unter A. Korsakov im Mai 1799 durch Böhmen erregte großes Aufsehen und gab der bereits jetzt inbrünstig um Frieden betenden Bevölkerung einen Vorgeschmack auf die späteren Schlachten auf mährischem Gebiet.

Die Friedensschlüsse von Lunéville und Amiens 1801/02 hatten keinen langen Bestand, obschon die nach der Entlassung des Freiherrn Franz von Thugut jetzt von Ludwig Graf Cobenzl geführte österreichische Außenpolitik einen frankreichfreundlichen Kurs steuerte. In der mit der Wiederbelebung des Kaisertums Karls des Großen begründeten Selbsterhebung des Ersten Konsuls Napoleon zum Kaiser der Franzosen wurde nur die konsequente Folgerung aus der Überwindung der Revolution gesehen. Doch die 1803 unter französischem Druck vom Reichsdeputationshauptschluß in Regensburg verfügte Aufhebung zahlreicher Kleinstaaten und die Auflösung der geistlichen Fürstentümer hatten dazu beigetragen, daß Kurfürstenkolleg wie Reichsfürstenrat künftig eine protestantische Mehrheit besaßen, wodurch der weitere Verbleib der Reichskrone im Haus Österreich gefährdet schien; das Vordringen Frankreichs bis zum Rhein sowie die Anlehnung der süddeutschen Fürsten an Napoleon verschafften den bereits von Joseph II. erwogenen Gedanken, die erbliche Kaiserwürde für den habsburgischen Länderkomplex einzurichten, zusätzliche Aktualität. Nachdem der Gedanke, sich neben der römisch-deutschen Kaiserkrone den Titel eines

„Kaisers von Ungarn und Böhmen" zuzulegen, fallengelassen worden war, gab Franz am 11.VIII. 1804 seine Erhebung zum „Kaiser von Österreich" bekannt und ließ, nachdem sich Napoleon am 2.XII. selbst gekrönt hatte, am 7.XII. in feierlicher Form ohne Wiederholung des Krönungsaktes diese Maßnahme erneut verkünden. Während den ungarischen Ständen versichert worden war, dieser rechtlich zweifellos anfechtbare Schritt würde die staatsrechtliche Stellung ihres Königreichs nicht beeinträchtigen, wurde eine Information der böhmischen, mährischen und schlesischen Stände nicht einmal für notwendig erachtet. Auf dem bedeutungslos gewordenen Regensburger Reichstag vertrat Österreich auch danach ein Kgl.-kurböhmischer Gesandter.[6]

Dieser Konstruktion war keine lange Lebensdauer beschieden. Österreich wurde in den hauptsächlich auf mährischem und böhmischem Territorium ausgefochtenen Dritten Koalitionskrieg (1805/06) einbezogen. Anfang November 1805 mußte Wien den Franzosen preisgegeben werden; der Hof zog sich über Brünn nach Olmütz zurück, wo auch Zar Alexander I. sein Quartier aufschlug. Während in Nordmähren ein russisches Heer unter M. Kutusov stand, rückten französische Truppen in Südmähren ein, forderten hier eine Kriegskontribution in Höhe von 12 Mill. und in den von ihnen besetzten südböhmischen Distrikten Budweis und Tabor die Zahlung von 1,5 Mill. Gulden. Der glanzvolle Sieg Napoleons am 2.XII. in der Dreikaiserschlacht von Austerlitz östlich von Brünn veranlaßte Rußland zum Ausscheiden aus der Koalition und zwang Kaiser Franz, am 26.XII. 1805 im Frieden von Preßburg der Abtretung Venetiens, Tirols, Vorarlbergs und der vorderösterreichischen Besitzungen zuzustimmen.[7] Unter dem Einfluß des Fürstprimas Karl Theodor von Dalberg erwog Napoleon damals, selbst das Erbe des römisch-deutschen Kaisertums zu übernehmen. Die Bildung des Rheinbunds und massiver französischer Druck zwangen Kaiser Franz am 6.VIII. 1806, die deutsche Kaiserkrone niederzulegen und damit das seit 1438 bestehende staatsrechtliche Band zwischen dem Haus Österreich und den deutschen Staaten zu zerschneiden. Die damit verbundene Auflösung des Heiligen Römischen Reiches Deutscher Nation beendete die seit der Kaiserkrönung Ottos I. 962 bestehende unmittelbare Zugehörigkeit der böhmischen Länder zum Reich und das Erlöschen der böhmischen Kurwürde; in Wien setzte sich danach die Auffassung durch, daß die Krone Böhmens dem Kaisertum Österreich untergeordnet sei. In veränderter Form lebte die Mitgliedschaft der böhmischen Länder als Bestandteil der „deutschen" (= cisleithanischen) Erbländer des Habsburgerreiches in dem am 8.VI. 1815 auf dem Wiener Kongreß begründeten Deutschen Bund noch einmal auf.

Die vernichtende Niederlage Preußens 1806/07 und die Schaffung eines polnischen Ersatzstaates im Herzogtum Warschau löste Diskussionen über die Neuordnung der europäischen Grenzen aus, die auch die territoriale Integrität der böhmischen Länder berührten. Das wohl nicht ganz ernstgemeinte Angebot Napoleons, bei der Unterzeichnung einer Militärkonvention ganz Schlesien zurückgeben zu wollen, wurde von Kaiser Franz I. ohne Zögern ausgeschlagen. Zar Alexander I. schien seinerseits keine Einwände gegen eine Herauslösung des

Königreichs Böhmen aus der Habsburgermonarchie zu hegen, als 1808 Pläne kursierten, Sachsen, dessen König zugleich zum Herzog von Warschau gekürt worden war, mit Böhmen, ganz Schlesien und Teilen Polens zu einem großen mitteleuropäischen Zentralstaat zu vereinen. Doch es wurde auch die Möglichkeit erwogen, Böhmen in Suzeränität von Frankreich in die Selbständigkeit zu entlassen oder wenigstens die überwiegend von Deutschen besiedelten Kreise Nordböhmens dem neuen Königreich Sachsen zuzuschlagen.[8] Das geschah zu einem Zeitpunkt, als unter dem neuen österreichischen Außenminister Philipp Graf Stadion Erzherzog Karl in Böhmen neue Kräfte für einen Krieg gegen Napoleon zu sammeln begann und Prag zum Zentrum des geistigen Widerstands und des bald in die Tat umgesetzten Freicorpsgedankens wurde. Der böhmische Landtag stimmte am 31. X. 1808 geschlossen der Summe von 1 Mill. Gulden zur Aufstellung und Ausrüstung der 55 geplanten Landwehrbataillone zu; freiwillige Spenden der Bevölkerung in beträchtlicher Höhe dokumentierten den Tschechen wie Deutsche gleichermaßen auszeichnenden Patriotismus. Als im April 1809 der Krieg ausbrach, konnte Erzherzog Karl am 21./22. V. bei Aspern und Eßlingen an der Donau Napoleon die erste Niederlage beibringen; doch nach der verlorenen Schlacht von Wagram am 5./6. VII. hatte sich Österreich am 14. X. im Frieden von Schönbrunn erneut dem Kaiser der Franzosen zu unterwerfen. Die Gefahr einer Abtrennung ganz Böhmens oder doch von beträchtlichen Gebietsteilen konnte abgewehrt werden, auch wenn die im Königreich Sachsen liegenden Enklaven wie bereits zuvor der böhmische Streubesitz in Bayern verlorengingen.

Zwar hatten die südlichen Bezirke Böhmens und Mährens durch Truppenaufmärsche, Scharmützel und Feindbesatzung etwas gelitten, aber sowohl 1809 als auch am Befreiungskampf 1813/14 nahmen die böhmischen Länder nur mittelbaren Anteil. In dem österreichischen Hilfskontingent, das 1812 für Napoleons Rußlandfeldzug bereitgestellt werden mußte, dienten zahlreiche Landeskinder, von denen nur wenige in die Heimat zurückkehrten. Kaiser Franz I., durch seinen Pariser Gesandten Clemens Graf Metternich-Winneberg zu einer frankreichfreundlichen Politik veranlaßt und 1810 durch die Heirat seiner Tochter Marie Luise in dynastische Beziehungen zu Napoleon getreten, tat sich schwer, die Habsburgermonarchie in das Lager der Gegner zu führen. Die Vorbereitungen für die militärische Endabrechnung wurden 1813 weitgehend auf böhmischem Boden getroffen: Der Prager Kongreß (12. VII.–10. VIII.) schuf die diplomatischen Voraussetzungen für die antinapoleonische Allianz, die in den Beratungen der gekrönten Häupter auf den böhmischen Schlössern Einvernehmen erzielte, nach der Auflösung des Rheinbundes Österreich und Preußen in den Grenzen von 1805 wiederherzustellen. Der Erfolg in der Völkerschlacht von Leipzig (16.–19. X. 1813), die Eroberung von Paris (31. III. 1814) und die endgültige Niederlage Napoleons bei Belle-Alliance (Waterloo, 18. VI. 1815) schlossen die Befreiungskriege militärisch ab.

Wiener Kongreß und Heilige Allianz

Die auf dem Wiener Kongreß (18. IX. 1814–9. VI. 1815) getroffenen Vereinbarungen tangierten die Länder der böhmischen Krone nur am Rande. Mit Genugtuung wurde der Verhandlungserfolg Metternichs aufgenommen, der die Einverleibung ganz Sachsens durch Preußen verhindert und damit an der Nordgrenze wenigstens eine Pufferzone gegen diesen als gefährlich eingestuften Nachbarn erhalten hatte. Der Regelung der deutschen Frage im Rahmen einer Föderativverfassung wurden Vorbehalte entgegengebracht und die Kaiser Franz I. von deutschen Patrioten leidenschaftlich angetragene Wiederherstellung des alten Kaisertums als die bessere Lösung betrachtet – doch auch hier setzte Metternich seine Linie durch. Die böhmischen Länder sollten in der Frankfurter Bundesversammlung des neuen Deutschen Bundes nicht mehr durch einen eigenen Vertreter, sondern durch den österreichischen Gesandten repräsentiert werden, so daß der altehrwürdige Name des „Königreichs Böhmen" jede Geltung verlor. Die Bundesakte sah immerhin ein Wiederaufleben der landständischen Verfassung vor, so daß die böhmischen Länder in ihren historischen Grenzen wenigstens mit der Aufrechterhaltung der ständischen Repräsentanz rechnen durften. Da aber für eine die einzelnen Teile zusammenhaltende und nach außen vertretende „Krone Böhmens" innerhalb des Kaisertums Österreich keine Notwendigkeit mehr bestand, kam trotz der ideellen Vorrangstellung des Königreichs Böhmen den Einzelgebieten Böhmen, der Markgrafschaft Mähren und dem Herzogtum Schlesien der gleiche Rang zu.

Im Rahmen des am 26. IX. 1815 vereinbarten Weltfriedensbundes der Heiligen Allianz war die von Clemens Fürst Metternich dominierte österreichische Politik vorrangig daran interessiert, das auf dem Wiener Kongreß bestätigte System der Pentarchie zu verteidigen, revolutionäre Bewegungen in allen Teilen Europas auszuschalten und die Demonstration nationaler und demokratischer Gesinnung zu unterbinden.[9] Die zwischen 1818 und 1822 durchgeführten Kongresse von Aachen, Karlsbad, Troppau, Laibach und Verona dienten mit der Aufrechterhaltung eines spätabsolutistischen Regierungssystems der Unterdrükkung der Volksrechte. Die revolutionären Unruhen in Neapel und Spanien, der griechische Freiheitskampf, die Pariser Julirevolution und der Novemberaufstand in Polen 1830/31 bewiesen aber die Brüchigkeit der absolutistischen Reaktion und schürten die Diskussion um eine liberale Regierungsform und die Übertragung autonomer Selbstverwaltungsrechte an die nichtdeutschen Völkerschaften des Habsburgerreiches, die sich ihrer einstigen politischen Sonderstellung immer stärker bewußt wurden. Während der Regierung des indolenten Ferdinand I. sorgten der türkisch-serbische Konflikt, der Aufstand in Galizien und die Annexion der kleinen Stadtrepublik Krakau 1846 außenpolitisch zwar noch für etwas Aufregung, beeinflußten aber die wachsende Unzufriedenheit im Innern und die mit zunehmender Verbitterung geführte Auseinandersetzung um den künftigen Kurs der Innenpolitik nicht bedeutsam.[10]

Innenpolitische Konsequenzen

Die tiefe Verstrickung des Habsburgerreiches in die Revolutions- und Befreiungskriege hatte Kaiser Franz in den Anfangsjahren seiner Regierung davon abgehalten, die bereits von seinem Vater vorgesehenen Modifikationen im Verwaltungsaufbau einzelner Reichsteile konsequent fortzuführen oder durch eigene Initiativen eine zeitgemäße Administration aufzubauen. Seinem ehemaligen Erzieher, dem aus Böhmen stammenden Franz Graf Colloredo-Wallsee, fehlte als neuem Kabinettsminister die notwendige Verwaltungserfahrung, um die auch von Franz als notwendig erkannte Umgestaltung des gesamten Regierungssystems zielgerichtet in Angriff zu nehmen. Die Rückkehr zu einem straffen Zentralismus deutete 1793 die Auflösung der böhmisch-österreichischen Hofkanzlei zugunsten eines *Directorium in cameralibus germanicis et hungaricis et in publico politicis germanicis* an, das auch die Verwaltung des Finanzwesens des Gesamtreichs übertragen bekam. Hofkanzler Leopold Graf Kolowrat-Krakovský konnte nach 1796 als „dirigierender Staatsminister" den (bereits 1801 wieder aufgelösten) Staatsrat reorganisieren und im Folgejahr als mit den böhmischen Belangen bestens vertrauter Hofkanzler die Leitung des um die Aufgaben der Obersten Justizstelle erweiterten Directoriums übernehmen. Auch nachdem 1801 ein Staats- und Konferenzministerium eingerichtet worden war und 1802 um selbständige Justiz-, Finanz- und Innenressorts erweitert wurde, konnte Kolowrat seinen beherrschenden Einfluß auf die Innenpolitik behaupten. Das nach 1806 über viele Jahre von Joseph Graf Sedlnický geleitete Polizei- und Zensurhofamt übte so strenge Kontrollen aus, daß das geistige Leben faktisch zum Erliegen kam. Da von der katholischen Geistlichkeit erwartet wurde, gegen revolutionäres Gedankengut gefeit zu sein, wurde sie verstärkt zur Unterrichtserteilung herangezogen und ihr bald die Aufsicht über das gesamte Schulwesen übertragen, das keine selbständig denkenden, sondern lenkbare kaisertreue Staatsbürger mit gründlichen Fachkenntnissen heranzubilden hatte. Die allgemeine Schulpflicht konnte, nicht zuletzt wegen der immer noch nicht überall eingerichteten Klassen für Mädchen, nur unzulänglich durchgesetzt werden, so daß vor 1815 bestenfalls 70% der Kinder eine geregelte Grundausbildung erhielten. Dem Zug zur Vereinheitlichung und Zentralisierung diente auch die Herausgabe eines Allgemeinen Bürgerlichen Gesetzbuches, das in allen Reichsteilen am 1.I. 1812 in Kraft trat.

Als 1798 Erzherzog Karl zur Intensivierung der Kriegsvorbereitungen mehrere Monate in Böhmen weilte, gewann er die Überzeugung: „Ich habe nie ein Land gesehen, wo man weniger von Politik spricht und daran denkt als hier". Die Stände schienen jedes Interesse an der Aufrechterhaltung ihrer bescheidenen politischen Mitspracherechte verloren zu haben. Jahr für Jahr nahm die Beteiligung an den Landtagen Böhmens und Mährens, die jeweils nur zu kurzen Kadenzen einberufen wurden, stetig ab; die wenigen Teilnehmer hörten sich die Propositionen der Krone an und stimmten den Steueranforderungen ohne lange

Diskussion einstimmig zu. Die eindringliche Bitte, den 1791 nur in beschränkter Form wieder zugelassenen Landesausschüssen erweiterte Kompetenzen zu übertragen, beantwortete Kaiser Franz 1802 abschlägig mit der Auflage, „ganz bei dem Personal- und Besoldungsstatus zu bleiben, welcher unter Maria Theresia bis zum Jahre 1782 bestand und worauf auch Meines in Gott ruhenden Vaters Majestät provisorisch zurückgegangen sind". Da durfte es nicht Wunder nehmen, daß z.B. 1801 nur 5 Prälaten, 4 Herren, 6 Ritter und 4 Städtevertreter (mit einer gemeinsamen Stimme) am Prager Landtag teilnahmen und bei diesem offenkundigen Desinteresse die Ständevertretung in weitgehende Bedeutungslosigkeit absank. Der meist aus dem Bürgerstand aufgestiegene Briefadel zog die politische Führungsrolle des Geburtsadels nicht in Zweifel, der in zunehmendem Maße im Heer eine dankbare und während der Kriege raschen Aufstieg versprechende Beschäftigung fand, sich intensiver der Bewirtschaftung seiner Güter, seinen Sammlungen sowie der Pflege von Kunst und Wissenschaft widmete. In diesen Kreisen wie auch bei Hofe wurde die Notwendigkeit zu spät und nicht in ausreichendem Umfang erkannt, den sozialen Mißständen, der schwierigen Wirtschaftslage und dem von der Französischen Revolution beeinflußten liberalen Gedankengut größere Aufmerksamkeit zu schenken.

Bereits zu Beginn des 19. Jahrhunderts hatten die häufig mit „Vertrauliche Eröffnungen" oder „Ernstliche Betrachtungen" überschriebenen Berichte der Beamten an die Ministerien einen besorgniserregenden Absatzrückgang bei den wichtigsten Manufakturerzeugnissen festgehalten, wovon die böhmische und mährische Tuch- und Leinwandherstellung besonders schwer betroffen war. Eine inflationäre Entwicklung mit allgemeiner Geldknappheit und der durch die Kriegsausgaben enorm gestiegene Finanzbedarf des Staates hatten zur immer rascheren Ausgabe von Papiergeld, den Bancozetteln, geführt, für die keine entsprechende Deckung in Konventionssilbergulden vorhanden war. Nachdem mehrere Stabilisierungsmaßnahmen fehlgeschlagen waren und sich Banknoten im Wert von 1061 Mill. Gulden in Umlauf befanden, konnte nur die am 20. II. 1811 verfügte, einem Staatsbankrott gleichkommende Einziehung des Papiergelds zu einem Fünftel des Nennwerts eine vorübergehende Währungskonsolidierung sicherstellen. Die vom langjährigen Prager Oberstburggrafen und neuen Hofkammerpräsidenten Joseph Graf Wallis, der 1814 vom Grafen Stadion abgelöst wurde, eingeleitete Stabilitätspolitik hat erst nach Beendigung der Napoleonischen Kriege etwas Ordnung in den chronisch defizitären österreichischen Staatshaushalt gebracht.[11] In den böhmischen Ländern bedingte der Kapitalschnitt von 1811 zahllose Firmenzusammenbrüche und eine schwere Wirtschaftsdepression, die erst Anfang der 1820er Jahre einem neuen Aufschwung zu weichen begann.

Nach Beendigung des langen Krieges schlug Metternich Kaiser Franz I. am 18. IV. 1815 unter stärkerer Berücksichtigung der historisch gewachsenen Ländergruppen einen Neuaufbau des österreichischen Kaiserstaates vor, um dem zunehmenden Nationalbewußtsein zu begegnen und den vorhandenen Landespatriotismus konstruktiv in die Gesamtstaatsidee einzubinden. An der starren zentralistischen Haltung des Kaisers scheiterte aber die Empfehlung, einen zum Teil von den Ständen gewählten Reichsrat als Prüfinstanz im Gesetzgebungsverfahren und bei der Festlegung des Staatsbudgets einzusetzen sowie die zentralistische Ausrichtung durch die Anerkennung des historisch begründeten Föderalismus etwas aufzulockern. Auf einen weiteren Vorschlag Metternichs und des Fürsten Franz Joseph Dietrichstein vom 27. Oktober 1817, der als Alternativen entweder das als wenig erfolgversprechend angesehene „gänzliche Zusammenschmelzen" aller Reichsteile in „eine einzige Regierungsform" oder unter Berücksichtigung der „Verschiedenheiten in der Nationalität der Bewohner" eine Reorganisation der Monarchie in Ländergruppen, also eine föderative Lösung, empfahl, antwortete Franz I. am 24. XII. mit der Order zur Aufteilung der westlichen (= cisleithanischen) Reichshälfte in drei Gebietskomplexe, wobei Böhmen, Mähren und Österreich-Schlesien mit Galizien einem eigenen Hofkanzler, Prokop Graf Lažanský, unterstellt wurden, aber weiterhin ihre getrennten Provinzialverwaltungsorgane behielten; Galizien gehörte im Gegensatz zu den böhmischen Ländern aber nicht dem Deutschen Bund an. Die in Art. 13 der Deutschen Bundesakte vorgesehene landständische Verfassung für die Mitgliedstaaten des Bundes war bereits im Art. 57 so weit ausgehöhlt worden, daß die Staatsgewalt des Souveräns durch Zulassung ständischer Versammlungen, denen nur die Wahrnehmung engbegrenzter Rechte zugestanden wurde, faktisch nicht beeinträchtigt werden durfte. Unter Berufung auf diese Regelung weigerte sich Kaiser Franz I. nach 1818 entschieden, dem Adel über seine gegenwärtigen Befugnisse hinausgehende Zugeständnisse zu machen und die weitgehend bedeutungslosen Landstände und Landtage politisch aufzuwerten: „Ich will keine Neuerungen; man wende die Gesetze gerecht an, sie sind gut und zureichend. Jetzt ist keine Zeit zu Reformen", lautete sein Credo. Metternich teilte diese Auffassung. In dem 1814 umgebildeten Staatsrat, der aus den vier Sektionen Justiz, Finanzen, Militär und Kriegswesen bestand, besaß der 1821 zum Haus-, Hof- und Staatskanzler ernannte Metternich das meiste Gewicht; der 1826 vom Posten des Prager Oberstburggrafen zum dirigierenden Staats- und Konferenzminister aufgestiegene Franz Anton Kolowrat-Liebsteinsky gewann aber stetig an Einfluß. Die Erwartung, daß dieser Repräsentant der landespatriotisch gesinnten böhmischen Hocharistokratie der föderativen und slavisch-nationalen Richtung zum Durchbruch verhelfen könnte, erfüllte sich indes nicht.

Anwachsen nationaler und sozialer Spannungen

Als Kaiser Franz I. am 2. IV. 1835 starb, hatte er seinem ältesten Sohn und Nachfolger Ferdinand I. (1835–1848) das Vermächtnis hinterlassen: „Verrücke nichts an den Grundlagen des Staatsgebäudes; ... übertrage auf den Fürsten Metternich, Meinen treuesten Diener und Freund, das Vertrauen, welches Ich ihm während einer so langen Reihe von Jahren gewidmet habe ...". Unter Ferdinand, „durch Krankheit schwachsinnig, der von all dem, was ihm vorgetragen wird, kein Wort versteht“ (Frhr. v. Kübeck), führte die am 12. XII. 1836 neugeschaffene, von Metternich, Kolowrat und den Erzherzögen Ludwig und Franz Karl gebildete Staatskonferenz die Regierungsgeschäfte.[12] Die am 7. IX. 1836 mit großem Pomp in Prag vollzogene Krönung zum König von Böhmen löste immerhin eine Aktivierung des ständischen Interesses am politischen Leben aus, worauf der Adel wieder in größerer Zahl die Landtage aufsuchte und seinerseits alle Versuche abzublocken bemüht war, Bürgern und Bauern die Teilnahme an einer parlamentarischen Direktvertretung zu ermöglichen. Das gewachsene historische Bewußtsein veranlaßte einige Adlige, der Beachtung ihrer früheren Rechte und Privilegien größere Aufmerksamkeit zu widmen und die Wiederherstellung bzw. Einhaltung ehemaliger Verfahrensweisen zu fordern. Die Auseinandersetzung mit der Regierung eskalierte im Streit um das Vorgehen des Oberstburggrafen Karl Graf Chotek, der seit 1826 als Leiter der obersten böhmischen Behörde, des Landesguberniums, seine politisch weitgehende Wirkungslosigkeit durch fortschrittliche Maßnahmen auf sozialem und wirtschaftlichem Gebiet zu kompensieren suchte und dem bereits 1838 zu selbstherrlicher Umgang mit den Landesfinanzen zum Vorwurf gemacht wurde. Die von den Grafen Friedrich Deym und Joseph Matthias Thun vorgetragenen Beschwerden waren Anlaß zur Bildung einer ständischen Opposition, die 1843 nicht nur die Demission Choteks durchsetzte, sondern offen die Frage nach der Zweckmäßigkeit des absolutistischen Zentralismus und zugleich nach dem Ausmaß der Loyalitätspflicht der Stände der Krone gegenüber zu stellen begann.

Der Versuch des Hofes, die durch Arbeiterunruhen und eine beträchtliche Hungersnot im Erzgebirge zusätzlich aufgeheizte Stimmung mit der Ernennung der populären Erzherzöge Ferdinand Karl zum Armeekommandanten und Stephan zum Landeschef von Böhmen zu beruhigen, brachte nicht den gewünschten Erfolg, zumal die Rechtmäßigkeit ihrer Ernennung in Zweifel gezogen wurde, da beide in Böhmen unbegütert und somit nicht „landständisch“ waren. Weil die 1845 vom Landtag an den Kaiser gerichteten Desiderien, u. a. die Bestätigung der ständischen Freiheiten und Privilegien, nur eine unzulängliche Beantwortung fanden, setzte die Ständeversammlung eine vom Fürsten Karl Wilhelm Auersperg geleitete „Ständische Commission zur Wahrung der ständischen Rechte“ ein, die am 18. II. 1847 eine „Deduction über die Rechtsbeständigkeit der landesverfassungsmäßigen Gerechtsamen und Freiheiten der böhmischen Stände“ vorlegte, deren wichtigste Beweise Aufnahme in die „Landtagserklärung über die Stabilität der ständischen Verfassung Böhmens“ vom 11. V. fanden. Mit historisch-juristischen Argumenten wurde der von der Regierung verfochtenen Interpretation entschieden widersprochen, die nur unter Vorbehalt an die Stände verliehenen Rechte basierten allein auf dem freien Willen des Monarchen, dem es daher jederzeit freistünde, früher einmal gewährte Vorrechte zu widerrufen. Durch die Gleichsetzung der bei der Krönung Ferdinands I. 1836 erneuerten Privilegien mit den einst im böhmischen Königreich geltenden Gerechtsamen und die vertretene Auffassung, die Verteidigung der ständischen

Freiheiten diene dem Ausbau des im tschechischen Volk lebendigen Willens nach politischer Selbständigkeit unter dem Dach der Habsburgermonarchie, wurde eine Beweisführung begründet, mit deren Hilfe unter Berufung auf das historische „Böhmische Staatsrecht" in den folgenden Jahrzehnten zuerst eine politische Autonomie und dann die volle Souveränität für die Länder der St. Wenzelskrone gefordert wurde.[13]

Da die Regierung versäumte, in angemessener Form auf die Deduction einzugehen, spitzten sich auf dem von Mai bis September 1847 tagenden Landtag die Auseinandersetzungen zu. Im Gegensatz zu den Vorjahren, wo die Kgl. Propositionen ohne Debatte akzeptiert und die Steueranforderungen vorbehaltlos bewilligt worden waren, entzündete sich der Streit an dem bescheidenen Betrag von 50000 Gulden für den Kriminalfond, den die Opposition zum Vorwand nahm, um die wichtigen Verfassungsfragen in den Aussprachen aufzuwerfen. Als die Regierung nur unbefriedigende Auskünfte über die Deckung des Budgets und die Höhe der Staatsverschuldung gab, hielten selbst die Vertreter der Hocharistokratie mit ihrer Verärgerung nicht hinter dem Berg. Die zunehmende Identifikation der Ständevertreter mit nationaltschechischen Interessen, die wachsende Unzufriedenheit über das verkrustete und zur Erneuerung unfähige „System Metternich" und der intellektuell-ideologische Gärungsprozeß verbanden sich mit dem sozialen Konfliktpotential und schufen ein politisch höchst explosives Klima.

Obschon von den Ständen in der Markgrafschaft Mähren und im Herzogtum Schlesien das überlebte absolutistisch-zentralistische Regierungssystem eher akzeptiert wurde, weil dadurch zugunsten ihrer Separations- und Gleichstellungsbestrebungen die zuvor übergeordnete Position des Königreichs Böhmen eine Schwächung erfuhr, haben auch sie in den 1840er Jahren auf den Landtagen erweiterte Mitwirkungsrechte und vor allem eine bessere Information über die Verwendung des Steueraufkommens verlangt. Die kulturelle Renaissance des Tschechentums und die Verbreitung panslavistischer Gedanken leisteten in Mähren und Schlesien ebenfalls einen Beitrag bei der Umformung des Heimat- und Landesbewußtseins zu einem modernen Nationalgefühl.[14] Auch wenn zu dieser Zeit noch nicht alle Volksschichten von einem stärkeren politischen Interesse durchdrungen waren, hat die Zuspitzung sozialer Krisenerscheinungen das Anwachsen des revolutionären Potentials begünstigt.

2. Das Erwachen eines modernen tschechischen Nationalbewußtseins

Vor allem dem katholischen Klerus, dem sich rasch entwickelnden Bürgerstand und der an Zahl und Bedeutung wachsenden Intelligenzschicht ist in der 1. Hälfte des 19. Jahrhunderts die Herausbildung eines differenzierten, geistig-kulturellen und nationalen Eigenbewußtseins unter den Tschechen zu danken.

Durch ihr Mäzenatentum für Wissenschaft und Kunst, Musik und Literatur haben aber auch Mitglieder der Aristokratie, die als böhmische und österreichische Landespatrioten eher der „bohemistischen" Richtung zuzurechnen sind, wertvolle Dienste bei der Weiterentwicklung der tschechischen Sprache und Kultur geleistet. Diese Hochadelskreise verwiesen, wie auch ein Teil der deutschen geistigen Führungsschicht und die Beamtenschaft, auf das jahrhundertelange „brüderliche Zusammenleben" von Tschechen und Deutschen in den böhmischen Ländern, empfanden die deutschnationale und nationaltschechische Ausrichtung als Widerspruch zur gemeinsamen Geschichte und Einheit des geographischen Raums und verfochten unter Berufung auf das binationale Königreich Böhmen auch einen antizentralistischen, Germanisierungsaspekte strikt ablehnenden politischen Kurs. Aus der gegenseitigen Achtung der Muttersprache, der kulturellen Errungenschaften und des jeweiligen nationalen Besitzstandes sollten die Voraussetzungen für ein „Zusammenwachsen der Stämme Böhmens" zur angestrebten böhmischen Nation mit einer spezifisch böhmischen Kultur und Lebensart geschaffen werden, wobei die beiden Landessprachen vollkommen gleichberechtigt sein und von jedem Bürger beherrscht werden sollten und auch eine herkunftsbedingte soziale Diskriminierung auszuschalten war. Diese von dem Prager Philosophen und Religionswissenschaftler Bernard Bolzano zwischen 1800 und 1816 in seinen Vorlesungen entwickelten Vorstellungen scheiterten aber an der raschen Herausbildung eines nationaltschechischen Eigenbewußtseins;[15] sein „echter Bohemismus" fand immer weniger Verteidiger, obgleich sich noch die Führer der liberalen Ständeopposition im Vormärz darauf beriefen und unter Betonung ihrer „innigsten Vaterlandsliebe ... das Unterdrückenwollen einer dieser beiden Nationalitäten ... als das unheilvollste Mißgeschick" bewerteten. Dieser böhmische Adel, meist deutscher Herkunft oder eingedeutscht, wirkte keinesfalls im antitschechischen Geiste, sondern glaubte, das national und sprachlich benachteiligte Tschechentum im Kampf um seine geistige Befreiung unterstützen zu müssen, um damit die Voraussetzungen für die geforderte Gleichberechtigung und die angestrebte „Verschmelzung" zu schaffen.

Diese Interessengemeinschaft des böhmischen Landespatriotismus und des tschechischen bürgerlichen Nationalismus hatte bereits im frühen 19. Jahrhundert eingesetzt, gestützt auf die von A. L. Schlözer und J. G. Herder ausgehenden Impulse zur Rückbesinnung auf die stolze Vergangenheit der slavischen Völker und in der Erwartung ihrer großen politischen Zukunft.[16] Der von F. M. Pelzel 1793 in seiner akademischen Antrittsrede geäußerte Wunsch, daß auch die Söhne der großen Adelsgeschlechter wieder „böhmisch" reden sollten, erfüllte sich im Lauf der Jahrzehnte. Ein wichtiger Anstoß für die Reaktivierung des slavischen Erbes ging dabei von der 1818 von Kaspar Graf Sternberg initiierten und nach einem Aufruf des Oberstburggrafen Kolowrat-Liebsteinsky „An die vaterländischen Freunde der Wissenschaft" realisierten Gründung eines Kgl. Böhmischen Landesmuseums aus, das am 23. XII. 1822 seine Pforten öffnete; die Konzeption der adligen Stifter, die historische Einheit des Königreichs Böhmen im binational-bohemistischen Geist dokumentieren zu können, ließ sich längerfristig aber nicht durchhalten. Die auf Anregung von František Palacký 1827 gegründete und von ihm bis 1838 betreute Zeitschrift der Museumsgesellschaft[17] stieg zum wichtigsten tschechischsprachigen Organ für Wissenschaft und Literatur der kleinen tschechischen Gelehrtenrepublik mit ihrem Zentrum in Prag auf, der die Befreiung der Nation zur wichtigsten Aufgabe wurde. In ihren Denkschriften, Broschüren, Büchern und anonymen Flugschriften verfochten Mitglieder der Adelsgesellschaft wie die Grafen J. M. und L. Thun-Hohenstein, [18] F. Deym, F. L. Schirnding u. a. in den 1840er Jahren das Ziel, der tschechischen Bevölkerungsmehrheit politisch und sprachlich Gerechtigkeit widerfahren zu lassen, ohne dadurch jedoch die in Jahrhunderten entstandene, fruchtbare nationale Symbiose von Tschechen und Deutschen gefährden zu wollen. Der bis heute gelegentlich in der Literatur auftauchende Vorwurf, der Adel habe sich nicht in ausreichendem Maße an der nationalen Renaissance beteiligt und der bürgerlich-nationaltschechischen Bewegung den Aufstieg erschwert, ist jedenfalls in dieser globalen Vereinfachung nicht aufrechtzuerhalten.[19]

Bedeutung der Sprach- und Literaturwissenschaften

Prägend für die Verbreitung des Nationalbewußtseins im tschechischen Bevölkerungsteil wurden die sprach- und literaturwissenschaftlichen Arbeiten tschechischer Gelehrter, die ihre Werke meist in deutscher Sprache verfaßten, um ein breiteres Publikum zu erreichen. Josef Dobrovský, kurzzeitig Rektor des mährischen Generalseminars und danach als Privatgelehrter im Prager Palais der Grafen Nostitz lebend, veröffentlichte 1792 die erste Geschichte der böhmischen Sprache und Literatur, in der er das 16. Jahrhundert als das „goldene Zeitalter der tschechischen Sprache" herausstellte und die Jahre seit 1620 vom „Verfall" gekennzeichnet sah. Er gab den Anstoß zum Zusammenschluß neutschechischer Dichtergruppen, die seit 1795 ihre eigenen Almanache publizierten.[20] Ausschlaggebende Bedeutung kamen dem 1800 von Dobrovský vorgelegten „Deutsch-böhmischen Wörterbuch" und 1809 dem Erscheinen seines „Ausführlichen Lehrgebäudes der böhmischen Sprache" zu, der grundlegenden Sprachlehre des neuzeitlichen Tschechisch; sie löste einen erst 1817 beigelegten Streit zwischen den Vertretern der alten „Brüderrechtschreibung" (Jotisten) und den von Josef Jungmann und Václav Hanka geführten Ypsilonisten aus, die sich schließlich durchsetzen konnten.[21] Dieser rasche und wissenschaftlich fundierte Aufschwung des Tschechischen, der jetzt bereits auch vom national beeinflußten Kleinbürgertum der Landstädte mitgetragen wurde und die Voraussetzungen für die Entwicklung eines differenzierten Nationalbewußtseins schuf,[22] veranlaßte die Regierung, durch Hofkanzleidekret vom 23. VIII. 1816 die Diskriminierung der tschechischen Sprache im öffentlichen Leben zurückzunehmen, Tschechisch als Unterrichtssprache in den Mittelschulen zuzulassen und zu versichern, „bei Aufnahme zu den politischen Stellen der böhmischen Länder den der böhmischen Sprache kundigen Bewerbern den Vorzug geben" zu wollen.

Auch wenn in Befolgung der im August 1819 verabschiedeten restriktiven Karlsbader Beschlüsse dieses liberale Dekret schon am 16.II. 1821 wieder kassiert und jede demokratisch-nationale Gesinnung konsequent unterdrückt wurde, so konnte der Aufstieg der nationaltschechischen Bewegung nicht mehr wesentlich beeinträchtigt werden. Bernard Bolzano, der Verfechter eines Tschechen und Deutschen gemeinsam innewohnenden bohemistischen Patriotismus, verlor 1819 zwar seine Prager Professur, aber seine Vorstellungen von religiöser Toleranz, Gleichheit und Freiheit aller wirkten weiter. Josef Jungmann, der immer größeren Einfluß gewann, konnte 1820 unter dem Titel *Slovesnost* (Poetik) ein Lese- und Übungsbuch der tschechischen Stilistik veröffentlichen, dem im gleichen Jahr Antonín Marek eine Arbeit über die tschechische philosophische Terminologie folgen ließ. Die von dem rührigen V. Kramerius gegründete Zeitschrift *Čechoslav* und das von J. Ziegler betreute Blatt *Dobroslav* erreichten zahlreiche Leser, die auch durch eigens ins Leben gerufene Lesevereine, die sich selbst in den Landstädten ausbreitende Laientheaterbewegung und zahlreiche tschechischnationale kulturelle Vereinigungen angesprochen wurden. Als Antwort auf den griechischen Freiheitskampf und den polnischen Novemberaufstand hatte die am 1.I. 1831 als Fachabteilung der Museumsgesellschaft eingerichtet *Matice česká* zu gelten, die sich intensiv der Pflege der tschechischen Wissenschaft und Literatur annahm und in ihrem Verlag zwischen 1835 und 1839 Jungmanns fünfbändiges tschechisch-deutsches Wörterbuch *(Slovník česko-německý)* herausbrachte. Romantisierende historische Darstellungen im nationaltschechischen Gewande, die zunehmend eine antideutsche Tendenz bekamen, empfindsame Dichtungen, eine nationalpädagogische Literatur und die Volkstheaterbewegung förderten eine fortschreitende nationale Bewußtseinsbildung im tschechischen Bevölkerungsteil, die jetzt auch die wohlhabenderen Bauern zu erfassen begann.[23] Das 1834 erstmals in einem Lustspiel vorgetragene Lied des jungen Dramatikers Josef Kajetán Tyl *„Kde domov můj"* (Wo ist meine Heimat ...) stieg zum Symbol dieses lebendigen tschechischen Nationalismus auf und wurde daher 1918 zur Staatshymne der neugegründeten Tschechoslowakischen Republik erkoren.[24]

Diese ernsthaften und insgesamt erfolgreichen Bemühungen wurden durch die von dem späteren Bibliothekar am Landesmuseum Václav Hanka begangenen Fälschungen getrübt, der 1817/18 vorgab, in Königinhof an der Elbe und auf Schloß Grünberg alttschechische Handschriftenbruchstücke aus dem 9. Jahrhundert gefunden zu haben, die mit offen antideutscher Grundhaltung eine jetzt auch schriftlich belegte ruhmreiche nationale Vergangenheit der Tschechen zu beweisen schienen. Diese früh erkannten Falsifikate haben dennoch in der sich zuspitzenden nationalen Auseinandersetzung zwischen Tschechen und Deutschen eine nicht unwesentliche Rolle gespielt, bevor sie – nicht zuletzt dank der entschiedenen Zurückweisung durch T. G. Masaryk 1886 – als „Geschichtsquelle" ausgedient hatten.[25] Aber selbst František Palacký, der durch seine im Auftrag der böhmischen Stände geschriebene und seit 1836 auf deutsch erschienene Geschichte von Böhmen das historisch-politische Bewußtsein seiner Landsleute prägte, hat sich von den Handschriftenfälschungen beeinflussen lassen und als Grundtenor seiner erst nach 1848 auch in tschechischer Übersetzung herausgegebenen nationaltschechischen Geschichtsdeutung einen ständigen Kampf der friedlichen slavischen Ureinwohner des Landes mit den erobernd eingedrungenen und unterjochenden Deutschen herausgestrichen.[26] – Ähnliche Bedeutung kam dem Slowaken Pavol Jozef Šafařík (eigentl.: Šafárik) zu, der mit seinen 1837 publizierten *Starožitnosti slovanske* eine bedeutende Studie zur slavischen Altertums- und Volkskunde lieferte; durch seine philologischen und literaturhistorischen Arbeiten, seit 1848 auch als Professor der slavischen Philologie an der Prager Universität, vermittelte er außerdem der nationalen Erwekkungsbewegung entscheidende Anstöße.[27] Das so geweckte lebendige Interesse an der Vergangenheit schlug sich in zahllosen regional- und heimatgeschichtlichen Beiträgen nieder, die in den beliebten populärwissenschaftlichen Zeitschriften eine stetig zunehmende Leserschaft erreichten.

Eine gewisse Schwächung erfuhr die tschechische Nationalbewegung aber in den 1830er Jahren durch ihre Aufspaltung in zwei Flügel. Bereits im 18. Jahrhundert war die Aufmerksamkeit für Rußland, seine unter Katharina II. gewachsene Bedeutung im Konzert der Großmächte und seine geistig-kulturelle Entwicklung geweckt worden; J. Dobrovský hatte 1796 eine Reise ins Zarenreich unternommen und danach zu einer idealisierenden Verherrlichung des Russentums in der tschechischen Literatur beigetragen. Die Kontakte mit den während der Napoleonischen Kampagnen nach Mähren und Böhmen gelangten russischen Soldaten hatten, da die Verständigungsmöglichkeiten gegeben waren, ein gemeinslavisches Empfinden auch bei der Landbevölkerung aufkeimen lassen, das von den nationalen Erweckern bewußt, wenn auch im Geiste eines utopischen Idealismus, genutzt wurde. Diese auf eine für alle Slaven verbindliche Sprache, Schrift und Kultur hinzielende Richtung fand in den Studien A. J. Puchmajers, A. Mareks und vor allem J. Jungmanns ihren Niederschlag, die den politischen Zusammenschluß der die stärkste Bevölkerungsgruppe in der Habsburgermonarchie bildenden Slaven[28] propagierten und mit russischer Hilfe die fast tausendjährige westlich-abendländische Kulturentwicklung der Tschechen auf eine allslavische Grundlage stellen wollten.[29]

Die besonders unter Zar Nikolaus I. verfolgte reaktionäre Politik und die brutale Niederschlagung des polnischen Novemberaufstands ließ die tschechische Nationalbewegung jedoch in zwei Richtungen zerfallen, wobei die Konservativen revolutionäre Methoden im politischen Kampf ablehnten, deshalb die russischen Gegenmaßnahmen für gerechtfertigt hielten und im Zusammengehen mit dem heimischen Adel auf evolutionärem Weg eine Verbesserung der Rechtsstellung des tschechischen Bevölkerungsteils im Rahmen der Habsburgermonarchie anstrebten. Der radikaldemokratische Flügel der Nationalbewegung, der sich in der *Matice česká* mit ihren 1848 fast 3500 eingeschriebenen Mitgliedern ein geistiges Zentrum geschaffen hatte, machte aus seinen Sympathien für die revolutionären Bewegungen in Europa und speziell für die Rebellion in Polen keinen Hehl und forderte immer ungeduldiger als Voraussetzung für das Erringen der staatlichen Selbständigkeit die völlige Gleichstellung der tschechischen Sprache in Verwaltung und Unterricht. Beide Gruppierungen fanden sich aber im Lauf der Jahre zur Kooperation mit der austroslavischen Bewegung bereit, die mit dem Ziel der Vereinigung der acht slavischen Völker der Habsburgermonarchie die Hoffnung verband, über die unterschiedlichen sprachlichen, kulturellen, historischen und politischen Voraussetzungen hinweg gemeinsam die Führungsrolle übernehmen und das Kaisertum Österreich zu einem großen slavischen Staatswesen umgestalten zu können. Gerade der an einer Erhaltung der Gesamtmonarchie interessierte Teil des konservativen Adels hegte Sympathien für den Austroslavismus, weil er gleichermaßen die Rußlandschwärmerei der Konservativen und die weitgehenden Föderalisierungspläne der radikal-demokratischen Richtung ablehnte. Aus Furcht vor der wirtschaftlichen Leistungsfähigkeit des durch den Deutschen Zollverein begünstigten deutschen liberalen Bürgertums und von einem möglichen weiteren Ausbau der politischen Vorherrschaft der Deutschen innerhalb der Habsburgermonarchie entwickelte er aber immer stärker von Angst besetzte antideutsche Vorstellungen.[30]

Nicht nur das aktive Gesellschaftsleben in den privaten Salons des Adels und der wohlhabenden Bürger, denen bei der politischen Meinungsbildung eine wachsende Bedeutung zukam, sondern auch die zahlreichen Vereine und öffentlichen Institutionen boten die Gelegenheit zu intensivem Gedankenaustausch und zur Formulierung politischer Postulate. Die 1833 ins Leben gerufene Vereinigung zur Hebung der Industrie in Böhmen gab 1842 ihren aristokratischen Charakter auf und bot auch der tschechischen liberalen Intelligenz die dankbar wahrgenommene Möglichkeit zur Mitarbeit. Das von dem Priester Jan Arnold 1844 angeregte Bürgerkasino *(Měšt'ianská beseda)* entwickelte sich zu einem politischen Forum, das auch in Landstädten Nachahmung fand. Dem Kampf der Iren gegen England wurde Vorbildcharakter in der nationalen Auseinandersetzung zwischen Tschechen und Deutschen zugesprochen und daher 1844 von einigen jungen Radikaldemokraten der geheime *Repeal*-(Widerruf-) Club gegründet, in dem Karel Havlíček Borovský zur beherrschenden Figur aufstieg. Als Schriftleiter der politischen Zeitung *Pražské Noviny* (Prager Nachrichten) und des belletristischen Organs *Česká včela* (Böhmische Biene) hatte er schroff Stellung gegen die von dem slowakischen Pfarrer Jan Kollár[31] vertretene Richtung einer Vereinigung aller slavischen Stämme im panslavistischen Geist und unter russischer Führung bezogen und der tschechischen Nationalbewegung mit seiner Forderung nach Freiheit, Selbständigkeit und Beteiligung der Tschechen an der Regierung Österreichs den Weg in das Revolutionsjahr 1848 gewiesen. Seine Artikelserie *Slovan a Čech* (Slave und Tscheche) von 1846 beendete jedenfalls den Emanzipationsprozeß der tschechischen bürgerlich-nationalen Ideologie vom ursprünglichen Slavismus; jede weitere Zusammenarbeit der Tschechen mit anderen slavischen Nationen inner- und außerhalb der Habsburgermonarchie konnte nach Auffassung Havlíček Borovskýs nur auf der Basis der im nationalpolitischen Sinne selbständigen Völker zustande kommen.[32] Aber nicht nur der politische und der sprachlich-kulturelle Gegensatz, sondern auch die zunehmende wirtschaftliche Rivalität zwischen Tschechen und Deutschen heizten die beginnenden nationalen Auseinandersetzungen weiter an.

Kultur- und Geistesleben

Die böhmisch-patriotischen Bemühungen um die Förderung der tschechischen Landessprache und des nationalen Bewußtseins, häufig aktiv auch von Deutschen unterstützt, hatten anfangs das Zusammenleben von Deutschen und Tschechen nicht beeinträchtigt. Der in dem langen Grenzstreifen und in einigen Sprachinseln siedelnde deutsche Bevölkerungsanteil in den böhmischen Ländern besaß bestenfalls ein schwach ausgeprägtes Regionalgefühl mit der Identifikation zur Heimatlandschaft als Deutschböhmen, Deutschmährer und Österreich-Schlesier, verfügte zudem über eine große Loyalität zum Kaiserhaus und ein lebendiges österreichisches Gesamtstaatsbewußtsein, das aber im „System Metternich" keine besondere Pflege erfuhr. Dieser rein passive Staatspatriotismus, durch die anationalen Kräfte der Kirche, des Hofadels und der Bürokratie noch gesteigert, hatte das Entstehen eines alldeutschen Bewußtseins unterbunden; das in den deutschen Staaten während der Befreiungskriege aufkeimende deutsche Nationalbewußtsein hatte daher im böhmischen Raum nur einige wenige Deutsche erfaßt, obgleich Prag und die böhmischen Bäder während der Herrschaft Napoleons zahlreichen deutschen Patrioten Zufluchts- und Wirkungsstätte gewesen war. Diese nationale Indifferenz und die verstärkte Konzentration auf wirtschaftliche Initiativen hatten das Entstehen des Bohemismus begünstigt und die Gemeinsamkeiten zwischen Tschechen und Deutschen unterstrichen. Erst das rasche Eindringen tschechischer Arbeiter in die bisher weitgehend von Deutschen geprägten Städte, der zunehmende Konkurrenzdruck auf wirtschaftlichem Gebiet, die Sorge, bei einer Realisierung der Pläne, den Kronländern eine erweiterte Provinzialautonomie zuzugestehen, die bisherigen Vorteile einzubüßen und den Tschechen gezwungenermaßen den Vortritt einräumen zu müssen, sowie das als Gefährdung des eigenen Volkstums empfundene Fortschreiten der tschechischen nationalen Wiedergeburt haben anfangs eine Abwehrhaltung und bald darauf ein deutschnationales Gemeinschaftsgefühl entstehen lassen. Als Antwort auf die in weiten Teilen des nationalbewußten tschechischen Bürgertums zunehmend gepflegte antideutsche Einstellung bildeten sich im deutschen Kleinbürgertum erste Ansätze für nationale Verteidigungsmaßnahmen aus, ohne daß dieses auf beiden Seiten entwickelte Selbstbehauptungsstreben schon zu tiefgreifenden Konflikten geführt hätte. Zu einer eindeutigen Abgrenzung in nationale Lager ist es vor und in der Revolution von 1848 nicht gekommen.[33]

Im Gegensatz zur tschechischen Publizistik war das Schrifttum der Deutschen aus den böhmischen Ländern bis in die Mitte des 19. Jahrhunderts kaum von nationalen Gesichtspunkten beeinflußt und suchte, ebenfalls romantischen Vorstellungen verhaftet, seine Themen in der Vergangenheit und im altslavischen Sagengut. Selbst Franz Grillparzer hat in „Libussa" (1844) auf Mythos und Geschichte Böhmens zurückgegriffen und eine Zeit slavischer Vorherrschaft vorausgesagt; in dem Drama „König Ottokars Glück und Ende" (1823) faszinierte ihn der Böhmenkrieg wesentlich stärker als der idealisierte Rudolf von Habsburg, der als Begründer einer Reichsidee österreichischer Prägung Anerkennung erfuhr. Seinen Vorbehalten gegen jede Art von Nationalismus gab er 1849 in dem prophetisch anmutenden Epigramm Ausdruck: „Der Weg der neueren Bildung geht von Humanität durch Nationalität zur Bestialität". Unabhängige Geister, die gegen den Metternichschen Geist der Restauration verstießen, demokratisches Gedankengut vertraten oder Vorbehalte gegen die katholische Staatskirche anmeldeten, wurden durch die Zensur mundtot gemacht oder mußten ins Exil gehen. Darunter waren der südmährische Literat Karl Postl, der als Charles Sealsfield Weltruhm erlangte, der Redakteur der literarischen Zeitschrift „Komet", Karl Herloßsohn, der Journalist Ignaz Kuranda, der das Profil der damals in Leipzig erscheinenden kulturpolitischen Zeitschrift „Die Grenzboten" bestimmte, und der aus Budweis stammende Franz Schuselka,[34] der zu den aktiven Verteidigern der deutschen Interessen gehörte. Die wachsende Anteilnahme an der Geschichte führte zu einer intensiven Auseinandersetzung mit dem von der tschechischen Erneuerungsbewegung gepflegten Geschichtsbild, wobei Moritz Hartmann und Alfred Meißner Vorbehalte gegen die verherrlichende Interpretation des Hussitismus anmeldeten und J. L. Knoll, Historiker an der Prager Universität, die von Palacký in seiner Geschichte von Böhmen vertretene These von der deutsch-slavischen Erbfeindschaft in Zweifel zog. Der aus dem Böhmerwald stammende Adalbert Stifter hat mit seinen einprägsamen, schlichten Schilderungen der gemeinsamen historischen Erfahrungen (Witiko, 1865–1867), des bürgerlichen und des bäuerlichen Lebens seiner Zeit unter Ausschaltung jeglicher nationaler Animosität dem politisch-nationalen Antagonismus eine Absage erteilt und seiner übernational-staatsbejahenden Einstellung beredt Ausdruck verliehen.[35]

Das Kultur- und Geistesleben wurde insgesamt von den sich entwickelnden nationalen Querelen nur am Rande beeinflußt, Musik und Kunst noch nicht in weltanschaulich und politisch geschiedene Lager verwiesen. Mit dem Aufstieg eines wohlhabenden Bürgertums verloren Wissenschaft, Literatur und die bildenden Künste jedoch den früher überwiegend höfisch-herrschaftlichen Charakter und die bis zum Spätbarock prägende stilistische Einheitlichkeit. Die Vielfalt des geistigen Lebens spiegelte sich auch im Bauwesen, dem Theater, in der Musik und in den Naturwissenschaften wider, die bemerkenswerte Fortschritte zu verzeichnen hatten. Die nach 1820 strikt gehandhabte Präventivzensur erschwerte die Abhandlung zeitkritischer Themenstellungen und selbst historischer Stoffe, so daß politische, auch nur ansatzweise antiklerikale oder freimütig liberale Gedanken nicht geäußert werden konnten. Als Ausweg bot sich die Herausgabe zahlloser, meist anonym erscheinender, häufig in Sachsen gedruckter und danach eingeschmuggelter Flugschriften an, in denen überwiegend die tschechisch-nationalen Postulate verfochten wurden. Da sich der Staat mehr um die Überwachung der als politisch unzuverlässig geltenden Professoren und Studenten als um die Förderung der Wissenschaften kümmerte, sank an den Universitäten das Niveau der Lehrveranstaltungen in den geisteswissenschaftlichen und juristischen Fächern weiter ab und konnte mit der Aufwärtsentwicklung im übrigen deutschen Sprachgebiet nicht konkurrieren. Die zahlreichen privaten Gesellschaften und künstlerisch-wissenschaftlichen Vereinigungen boten immerhin einen gewissen Ersatz. Bereits 1796 wurde die „Gesellschaft patriotischer Kunstfreunde" gegründet, die den Anstoß zu der im Jahr 1800 erfolgten Einrichtung einer „Akademie der Bildenden Künste" gab; es folgten 1806 auf Initiative der Stände ein „Polytechnisches Institut", 1808 der „Verein zur Beförderung der Tonkunst mit dem Conservatorium" und 1826 ein „Verein für Kirchenmusik". Besondere Bedeutung kamen der 1818 ins Leben gerufenen Museumsgesellschaft und der Vereinigung zur Hebung der Industrie in Böhmen aus dem Jahr 1833 zu.

Die wachsende Wertschätzung der Vergangenheit und dabei die Entdeckung des „Volkes" löste ein lebhaftes Interesse an der Volkskunst und Volkskultur aus, die in der Barockzeit eine hohe Entwicklungsstufe erreicht hatten. Davon überzeugt, die in Jahrhunderten ausgebildeten Formen der slavischen Agrargesellschaft vor sich zu haben, zeigte man sich bestrebt, Trachten, Gebrauchsgegenstände und die Haustypen des schmuckreichen ländlichen Fachwerkbaus zu erhalten sowie das Brauchtum, das Liedgut, die Märchen und Sagen für die Zukunft zu bewahren. Die zunehmende soziale Differenzierung durch die sich herausbildende Industriegesellschaft erfaßte aber auch die konservativ-bäuerlich und kleinbürgerlich geprägten innerböhmischen und zentralmährischen Agrargebiete und beeinträchtigten diese reiche Volkskultur, die mit der Zeit musealen Charakter annahm, zumal die moderne Massenproduktion die Erzeugnisse der Dorfhandwerker und Heimarbeiter verdrängte.

Der Übergang vom Spätbarock zum Rokoko und dann zum Klassizismus hat in der Architektur der böhmischen Länder nur wenige originäre Zeugnisse hinterlassen. Der von Napoleon gepflegte Empirestil war Vorbild für den von Karl Graf Chotek 1802 in Auftrag gegebenen Schloßbau in Kačina bei Kuttenberg; auch in der Inneneinrichtung zahlreicher Kirchen finden sich klassizistische Formelemente. Der Ausbau der weltberühmten und vielbesuchten böhmischen Bäder erfolgte ebenfalls in Anlehnung an die vom Empire herkommenden klassizistischen Vorbilder mit luftigen Tempeln und eindrucksvollen Kolonnaden, deren Strenge durch später hinzugefügte biedermeierliche Verzierungen etwas abgemildert wurde. Die hohe Wertschätzung, die das Mittelalter erfuhr, gab zur Übernahme romanischer und gotischer Stilformen Anlaß, die nicht nur bei der von puristischen Vorstellungen geleiteten Restaurierung historischer Bauwerke, sondern vermehrt im Kirchenbau Anwendung fanden. Die Auffassung gewann immer mehr Anhänger, daß für Schlösser und Repräsentationsbauten die Klassik, für Rathäuser und Schulen die Renaissance, für Geschäfts- und Bürgerhäuser ein modifizierter klassizistischer Stil als Leitbild herangezogen werden sollte, während die Industriebetriebe nach reinen Zweckmäßigkeitserwägungen unterzubringen waren. In diesem Geist ließ Fürst Metternich zwischen 1833 und 1839 sein Schloß Königswarth bei Marienbad im Empirestil umgestalten. Das Schleifen der Befestigungsanlagen und die Einebnung der Wälle bot vielen Städten, vor allem dem aufstrebenden Prag, die Gelegenheit, breite Prachtstraßen mit Gebäuden im klassizistischen „österreichischen Reichsstil" anzulegen und auszubauen. Allein in den ländlichen Kleinstädten konnte sich das die romantisch-naturbezogenen Vorstellungen der Bewohner widerspiegelnde biedermeierliche Haus durchsetzen, das sich weitgehend an ältere barocke Formen anlehnte; in den Industrielandschaften bestimmten dagegen die klobig-häßlichen Steinbauten der Arbeiterkasernen das Bild und verdrängten die älteren Fachwerkhäuser.[36]

Die einst im böhmischen Barock zur höchsten Blüte gelangte Bildhauerkunst hatte sich bei Bauwerken weitgehend auf allegorische Figuren zur Auflockerung der Fassaden zu beschränken. Die Malerei war weniger von diesem Niedergang betroffen. Der schwäbische Maler Anton Franz Maulbertsch hatte 1794 im Bibliothekssaal des Klosters Strahov das letzte große Deckengemälde im Rokokostil geschaffen und damit ein aus Architektur, Raumausstattung und Malerei bestehendes Gesamtkunstwerk vollendet. Die akademische Malerei wandte sich dem extrem-rationalen Klassizismus zu, während die romantisierende Entdekkung der Natur zu einer Blüte in der Landschaftsmalerei führte, die von den Deutschen Ludwig Richter und Caspar David Friedrich, der vor allem von den Schönheiten des Riesengebirges, der böhmischen Mittelgebirge und der schwermütigen ostböhmischen Landschaft angezogen wurde, wichtige Impulse erhielt. Diese immer stärker vom Realismus beeinflußte Richtung fand in Josef Mánes ihren bedeutendsten tschechischen Vertreter. Während sich die Genremalerei im Biedermeierstil besonders hoher Wertschätzung erfreute, konnte sich auch im Gefolge der katholischen Rückbesinnung die Nazarener-Schule mit František Tkadlík als dem führenden Vertreter durchsetzen. Wachsende politische Bedeutung kam der Historienmalerei zu, die im Geiste der Geschichtsauffassung Palackýs in zahllosen Varianten den Abwehrkampf der friedlichen Slaven gegen die eindringenden Deutschen zu ihrem Gegenstand erhob und die als wichtig empfundenen Ereignisse der nationalen Vergangenheit in eine allgemeinverständliche Bildsprache umsetzte. Durch die Erfindung der Lithographie konnten die idealisierten Darstellungen historischer Führer und nationaler Großtaten für die nationaltschechische Erweckungsbewegung nutzbar gemacht werden.[37]

Trotz staatlicher Eingriffe, die Abänderungen und Streichungen erzwangen, nahm das Theaterleben einen besonders raschen Aufschwung. Ende des 18. Jahrhunderts gab es außer in Prag auch feste Theatergebäude in Brünn, Olmütz, Eger, Karlsbad und Leitmeritz, in denen vornehmlich das volkssprachliche Singspiel gepflegt wurde. Unter der Direktion von J. N. Štěpánek erlebte das Prager Ständetheater zwischen 1824 und 1834 eine neue Blüte. Am 2. II. 1826 kam die erste tschechische Oper, „Dráteník", von F. J. Škroup nach einem

Libretto von J.K. Chmelenský zur Aufführung. Besonders der Dramatiker J.K. Tyl gab dem tschechischen Volkstheater wichtige Anstöße, der mit seiner Truppe seit dem Sommer 1834 das Kajetánstheater auf der Prager Kleinseite bespielte und mit dem jungen Juristen F. L. Rieger 1840 den ersten der Berühmtheit erlangenden „Tschechischen Bälle" veranstaltete. In ihren von der Zensur nicht zu fassenden Improvisationen griffen die Schauspieler häufig aktuelle Probleme auf und sorgten auch für die Verbreitung unterdrückter Nachrichten.[38]

Allein in der Musikpflege konnte der übernationale Charakter stärker bewahrt werden. Prag, wo Mozart seine großen Erfolge gefeiert hatte und wo 1791 aus Anlaß der Krönung Leopolds II. seine Oper „Titus" eine prunkvolle Aufführung erlebte, hielt auch nach dem Tod des Komponisten an seiner Verehrung fest, so daß sich neue Richtungen nur mühsam durchzusetzen vermochten. Die früher weitentwickelte vokale und instrumentale Kirchenmusik hatte durch die Reglementierungen Josephs II. einen schweren Rückschlag erlitten, obschon sich die 1803 gegründete „Tonkünstlerassozietät" um die Wiederbelebung der geistlichen Musik, vor allem der Oratorien Händels und der Messen Haydns bemühte. Da die meisten der bisher in jeder Hinsicht „tonangebenden" Adelskapellen aus Kostengründen in den 1790er Jahren aufgelöst wurden, verarmte auch die weltliche Orchestermusik, die der 1804 ins Leben gerufenen „Webersche Privatverein zu Veranstaltung von Feiertagskonzerten" wieder zu fördern suchte. Der von böhmischen Aristokraten (Lobkowicz, Lichnowsky, Kinský) und dem Olmützer Fürstbischof Erzherzog Rudolf protegierte Beethoven, der nach 1796 fünfmal in Prag und mehrfach zur Kur in den böhmischen Bädern weilte, hatte es schwer, sich in Böhmen Geltung zu verschaffen, weil seine Werke der biedermeierlichen Musikauffassung, die der überaus einflußreiche erste Direktor des Prager Konservatoriums, F. D. Weber, verfocht, nicht entgegenkamen. Auch C.M. von Weber, der zwischen 1813 und 1816 dem Prager Musikleben wesentliche Anregungen vermittelt hatte, konnte sich längerfristig nicht gegen die konservativen bohemistischen Kräfte behaupten. Dagegen fand der in Wien als Sohn deutschmährischer Eltern geborene Franz Schubert sowohl für seine – heute weitgehend vergessenen – Singspiele und Opern, als auch für seine kammermusikalischen Werke und Liederzyklen ein dankbares Publikum im bürgerlichen Milieu, das im kleinen Familien- und Freundeskreis aktiv zu musizieren pflegte. Reisende Virtuosen, die einzelne Herrensitze, die großen Bäder, Prag, Olmütz und Brünn besuchten, gaben dem romantischen Musikempfinden wichtige Impulse. Komponisten aus Böhmen, wie J. J. Ryba, I. Moscheles, J. W. Kallivoda und vor allem V. J. Tomášek erfreuten sich zu ihrer Zeit eines hervorragenden Rufes. Mit Bedřich Smetana erhielt dann das tschechisch-nationale Musikschaffen seinen bedeutendsten Vertreter, wodurch auch auf diesem Gebiet eine Spaltung der Künstler in getrennte nationale Lager vorgegeben war.[39]

Obschon unter Joseph II. die Katholiken des römischen, griechischen und uniierten Bekenntnisses, die Evangelischen und die Griechisch-Orthodoxen weitgehend sozial und rechtlich gleichgestellt worden waren, blieb der Primat der römisch-katholischen Kirche ungeschmälert erhalten, zumal die Leitung des Staatswesens ein Reservat der Katholiken darstellte und die Zugehörigkeit zu diesem Glaubensbekenntnis eine Voraussetzung für die Aufnahme in alle qualifizierten Berufsschichten bildete. Protestanten, Orthodoxe und die immer noch vielfach als suspekt angesehenen 111 000 (1846) Juden konnten ihre Staatstreue nur durch demonstrative Loyalität in Verbindung mit herausragenden Leistungen unter Beweis stellen. Das Volksschulgesetz von 1804 hatte der katholischen Geistlichkeit die Aufgabe übertragen, den Staat bei der Überwachung der Schulen zu unterstützen sowie Schüler und Lehrer vor revolutionären Ideen zu bewahren. Nach den Befreiungskriegen wurde der Klerus in Böhmen und Mähren nicht nur von einer romantisch-religiös geprägten Bewegung zur Verinnerlichung der Glaubenshaltung ergriffen, die ihm Anlaß bot, sich für eine allgemeine Vertiefung des religiösen Empfindens in der Bevölkerung einzusetzen, sondern bald auch vom Geist der tschechisch-nationalen Erneuerung erfaßt. Daher vermochten die vor allem auf dem flachen Land große Hochachtung genießenden Priester Einfluß auf die Herausbildung eines nationalen Bewußtseins bei ihren Gemeindemitgliedern zu nehmen.[40] Trotz der nach außen hin erfolgreichen Rekatholisierung der böhmischen Länder, in denen sich 1846 mehr als 95% der Bevölkerung mit tschechischer Umgangssprache (96,3% aller Einwohner in Böhmen, 95% in Mähren und 85,1% in Österreich-Schlesien) zur römisch-katholischen Kirche bekannten, war die Religiosität aber nicht besonders tief verwurzelt, so daß sich keine Identität der katholischen und der nationalen Interessen entwickeln konnte.

Das trotz des Fehlens eines Konkordats weiterhin stark auf die kirchlichen Belange ausgerichtete Schulwesen[41] erreichte in den 1840er Jahren über 95% der schulpflichtigen Kinder (94,8% in Böhmen, 96,6% in Mähren-Schlesien), die im Elementarschulbereich meist in der Muttersprache unterrichtet wurden.[42] Da mit Ausnahme der Jahre 1816–1821 vor 1859 keine tschechischsprachigen Mittelschulen errichtet werden durften und an den Landesuniversitäten Prag und Brünn mit wenigen Ausnahmen nur Deutsch als Vorlesungssprache Verwendung fand, bildete die Gleichberechtigung der Landessprachen im Erziehungswesen eine der dringlichsten Forderungen der tschechischen Nationalbewegung. Unter diesen Gegebenheiten konnte es nicht Wunder nehmen, daß die wichtigsten Publikationen auf geistes- und naturwissenschaftlichem Gebiet weiterhin auf Deutsch erschienen, obgleich ernsthafte Bemühungen unternommen wurden, eine tschechische wissenschaftliche Terminologie auszubilden; zwischen 1820 und 1835 gab z.B. der Prager Professor J.S. Presl in Zusammenarbeit mit F.V. Graf Berchtold ein Fachlexikon für Mineralogie, Botanik, Zoologie, Chemie und die neuen technischen Wissenschaften heraus. Das 1837 gedruckte Werk J.E. Purkyněs „Über den Bau der Magen-Drüsen und über die Natur des Verdauungsprozesses" legte vom hohen Standard der Medizin an der Prager Universität ein ebenso eindrucksvolles Zeugnis ab wie die bahnbrechende Untersuchung Chr. Dopplers „Über das farbige Licht der Doppelsterne und einiger anderer Gestirne des Himmels" aus dem Jahr 1842 von dem der Astrophysik; K. Ballings 1845/47 veröffentlichte Studie „Die Gärungschemie“ zeugte vom Rang der an der Polytechnik gepflegten Naturwissenschaften. Der bei Hofe in Ungnade gefallene B. Bolzano errang mit seinen Büchern „Von dem besten Staate“ (1831), „Wissenschaftslehre“ (1837) und „Paradoxien des Unendlichen“ (1847/48) höchstes Ansehen in der deutschsprachigen gelehrten Welt.[43] Das Selbstvertrauen des nationalgesinnten Bürgertums und der Intelligenz sowie ihre Hoffnung auf Gewährung eines größeren politischen Mitspracherechts für die böhmischen Länder im Rahmen der Habsburgermonarchie wurden aber nicht nur durch die Erfolge der geistig-kulturellen Erneuerungsbewegung genährt, sondern zunehmend auch durch die Errungenschaften auf wirtschaftlichem Gebiet.

3. Bevölkerungsentwicklung, Merkantilpolitik und Frühindustrialisierung

Die unter Kaiser Joseph II. einsetzende schrittweise Entwicklung vom Merkantilismus zum Populationismus in Verbindung mit physiokratischen Ideen hat die Sozial- und Wirtschaftsgeschichte der Länder der böhmischen Krone bis über das Ende der Napoleonischen Ära hinaus bestimmt, um danach einem dem Unternehmertum freiere Entfaltungsmöglichkeiten gewährenden Liberalismus Platz zu machen. Ein starkes Anwachsen der Bevölkerungszahl, bedeutende Veränderungen in den Produktionsmethoden und der sich daraus längerfristig ergebende soziale und politische Sprengstoff sowie die fiskalischen Interessen des Staates beeinflußten zunehmend die staatliche Wirtschaftspolitik, die aber die Erfordernisse der tatsächlichen Veränderungen zu spät erkannte. Durch die von ihr verfolgten Zwangsmaßnahmen genügte sie weder den gesellschaftspolitischen Bedürfnissen, noch ließ sie dem Industrialisierungsprozeß eine ausreichende Unterstützung oder Koordinierung zukommen.

Hatte 1790 die Gesamtbevölkerung der böhmischen Länder 4,457 Mill. Menschen betragen, so wuchs sie, durch die Kriegsereignisse beeinflußt, bis 1815 nur um 7,5% auf 4,793 Mill. Einwohner an und erreichte, begünstigt durch eine beständig hohe Geburtenrate mit einem jährlichen Zuwachs von mindestens 1% und einer langsam steigenden Lebenserwartung, im Jahr 1851 bereits 6,624 Mill. Menschen, von denen 4,386 Mill. im böhmischen Landesteil, 1,8 Mill. in Mähren und 439000 in Österreich-Schlesien lebten. Die großen Choleraepidemien der Jahre 1831/32 und 1836/37, bei denen Tausende den Tod fanden, haben die rasche Bevölkerungszunahme nicht beeinflussen können; dagegen ließen die in den 1840er Jahren auftretenden Hunger- und Sozialkrisen in den durch Arbeitslosigkeit besonders hart betroffenen Distrikten die Zahl der Geburten absinken und die Sterberate nach oben schnellen.

Während in Böhmen knapp 60% und in Mähren 70% der Einwohner Tschechisch als Umgangssprache benutzten, waren es in Schlesien, wo über 30% polnische Dialekte gebrauchten, nur 20%. Der deutschsprechende Bevölkerungsteil machte in Böhmen 38,6%, in Mähren 27,6% und in Schlesien 47,7% der Bewohner aus.[44] Die Zahl der Juden hatte sich, nicht zuletzt wegen des starken Zuzugs aus Galizien, seit 1785 um 61,3% auf 110988 Personen erhöht, von denen über 70000 in Böhmen und 40000 in Mähren-Schlesien wohnten.

Die recht ungleich verteilte Bevölkerungsdichte in den 79313 km² umfassenden böhmischen Ländern – 51946 km² der Fläche entfielen auf Böhmen, 22221 km² auf die Markgrafschaft Mähren und 5146 km² auf das Herzogtum Schlesien – hatte 1790 im Durchschnitt 56 Einwohner pro Quadratkilometer betragen und erreichte 1851 fast 84, wobei vor allem in den nordwestlichen und nördlichen Gebirgslandschaften die Zahl der Bewohner fast viermal und in den neuen industriellen Ballungsgebieten fast sechsmal höher lag als in den reinen Agrarbezirken. Das Verwaltungs-, Kultur- und Wirtschaftszentrum Prag, 1790 mit fast 78000 Einwohnern eine der größten mitteleuropäischen Städte, zählte 1851 beinahe 120000 Einwohner; von den übrigen Städten, die vor der Französischen Revolution alle von weniger als 10000 Menschen bewohnt worden waren, wuchs das Textil- und Maschinenbauzentrum Brünn auf über 47000 Einwohner an; insgesamt 10 Kommunen, darunter Iglau mit 18000 und Reichenberg mit über 15000 Bewohnern, besaßen eine über die Marke von 11000 Bürgern hinausgehende Einwohnerzahl. Eine besonders dynamische Entwicklung hatte die mährische Textilstadt Sternberg (Šternberk) genommen, deren Einwohnerzahl sich zwischen 1790 und 1851 von 4300 auf 12400 fast verdreifachte, wodurch Olmütz überflügelt und der fünfte Platz unter den Städten der böhmischen Länder erklommen wurde.

Die Aufhebung der Leibeigenschaft 1781 und die dadurch garantierte Freizügigkeit der Untertanen hatte mit der sich daraus ergebenden Möglichkeit, in eine bessere Arbeitsstelle überzuwechseln, eine zunehmende horizontale Mobilität ermöglicht. Um einen unkontrollierten Abzug der Arbeitskräfte zu unterbinden, waren viele Gutsbesitzer dazu übergegangen, durch die Aufteilung von Meierhöfen (Raabisation) den nichterbenden Bauernsöhnen und Häuslern eine landwirtschaftliche Ernährungsbasis zu bieten und damit auch ihr aus der Grundrente und den zu erbringenden Robotleistungen stammendes Einkommen zu stabilisieren. Als Vorsichtsmaßnahme gegen die Ausbildung eines ländlichen Proletariats wurden bald auch kleine Parzellen aus Herrschafts- und Gemeindegründen den Bauern- und Häuslerkindern preiswert zur Verfügung gestellt, auf denen sie ihr eigenes Häuschen errichten und mit ihrem Garten als „Ziegenbauern“ das Existenzminimum erwirtschaften konnten, das sie durch Heimarbeit für die Manufakturbetriebe aufbessern mußten. Auch von staatlicher Seite wurde die Ansiedlung von Manufakturen in ländlichen Gegenden gefördert, um dort den Arbeitskräfteüberhang abzubauen und das befürchtete Entstehen einer aus dem Sippenverband herausgelösten und revolutionsanfälligen Arbeiterschaft zu vermeiden. Da aber die um 1816 einsetzende Wirtschaftskrise und der verstärkte Einsatz von Maschinen immer mehr Heimarbeiter brotlos machte und die nach 1830 erfolgende Gründung von Großbetrieben im städtischen Einzugsbereich sowie der arbeitsintensive Eisenbahnbau günstige Beschäftigungsmöglichkeiten zu bieten schienen, setzte eine Abwanderung vom Land in die Städte und im Laufe der Zeit die Herausbildung eines Industrieproletariats ein. Während die überwiegend von Tschechen bewohnten fruchtbaren Agrargebiete von diesem sozialen Wandel noch kaum berührt wurden, erfaßte die Welle neuer Industriegründungen die vornehmlich von Deutschen dicht besiedelten Mittelgebirgslandschaften. In der Einsicht, ausreichende Erwerbsmöglichkeiten für alle Einwohner sicherstellen zu müssen und nur dadurch die sonst zu erwartenden Unruhen im Innern verhindern zu können, aber auch in der Erwartung, mit einem gesteigerten Steueraufkommen den Staatshaushalt zu sanieren und damit die Voraussetzung für die Verfolgung einer aktiven Außenpolitik zu schaffen, hat sich Fürst Metternich der vor allem von Philipp Graf Stadion nach 1816 verfochtenen Liberalisierung der Wirtschaftspolitik nicht widersetzt und gelegentlich auch staatliche Maßnahmen zur Förderung der gewerblichen Wirtschaft zugelassen.[45]

Mit dem durch die erhöhten Kriegsausgaben bedingten Staatsbankrott im Februar/März 1811, der Tausende von Familien das ganze Vermögen gekostet und den Zusammenbruch zahlreicher Handels- und Gewerbebetriebe verursacht hatte, war eine dauerhafte Stabilisierung der Staatsfinanzen natürlich nicht zu erreichen gewesen, da die rückläufigen Steuereinnahmen nur einen Teil des Budgets sicherstellten. Der erneut rasch zunehmende Papiergeldumlauf konnte von dem weiterhin als Währungseinheit geltenden Konventionsgulden nur teilweise gedeckt werden. Die vom Frankfurter Bankhaus Rothschild, das 1820 eine Niederlassung in Wien eingerichtet hatte, aufgelegten Staatsanleihen führten dazu, daß bis 1848 die Verschuldung auf 1249 Mill. Gulden anwuchs. Alle Hofkammerpräsidenten zeigten sich daher bemüht, die Staatsfinanzen durch eine Erhöhung der Steuerleistungen auszugleichen, wobei die ärmsten Bevölkerungsschichten am stärksten zu leiden hatten und die bereits spürbare Kapitalarmut in den böhmischen Ländern weiter anstieg, was wiederum Gründung und Ausbau von Fabriken schwer beeinträchtigte. Die Anhebung der allgemeinen Steuern um 50% rief bereits Unruhe unter den Betroffenen hervor, die sich ausweitete, als ein am 23.XII. 1817 erlassenes Patent eine Neuordnung der Grundsteuer in Aussicht stellte. Da sich die Ermittlung der nach der genauen Vermessung und unter Berücksichtigung der Bodenbonität zu errechnenden Ertragswerte als Grundlage für die künftige Besteuerung als sehr zeitaufwendig erwies und daher dieser „Franziszeische-“ oder „Stabil-Kataster“ erst 1851 in Mähren und 1853 in Teilen Böhmens eingeführt werden konnte, bildeten die Vorgaben des josephinischen Katasters seit dem 1.XI. 1820 die Basis der auf die Reinerträge umgestellten und Dominikal- wie Rustikalböden gleichsetzenden Grundsteuererhebungen. Weil die aktualisierten bzw. neueingeführten Gebäude-, Erwerbs-, Erbschafts-, Personal-, Klassen- und Vermögenssteuern nicht die erwarteten Erträge abwarfen, die Staatsmonopole auf Salz, Tabak und Glücksspiel ebensowenig ins Gewicht fielen wie die Einkünfte aus den restlichen Kammergütern, kam den indirekten Steuern das ausschlaggebende Gewicht zu.

Diese, ergänzt durch eine 1829 eingeführte Abgabe auf Lebensmittel und Getränke, die 1835 umgestellte Branntweinsteuer und die seit 1840 aus Stempel- und Taxgebühren stammenden Einnahmen machten 1848 schließlich zwei Drittel der gesamten Staatseinkünfte aus, denen auch die wachsenden Gewinne aus den staatlichen Bergwerken und die wegen des strengen Schutzzollsystems beträchtlichen Zollerträge zuflossen. Da Österreich nicht dem 1833/34 gebildeten Deutschen Zollverein angehörte, trug eine restriktive Zollpolitik zur weitgehenden Unterbindung des Warenaustausches mit den benachbarten deutschen Staaten bei und zwang die gewerbliche Wirtschaft der böhmischen Länder, sich stärker auf die Märkte innerhalb der Habsburgermonarchie, des Balkans und des Nahen Ostens auszurichten. Die prekäre Finanzlage des Staates ließ eine gezielte materielle Förderung der jungen Industrieunternehmen nur in Ausnahmefällen zu. Die Steuerpolitik hat insgesamt den Besitzern großer Vermögen und Einkommen manche Vorteile verschafft und den minderbemittelten Schichten der wachsenden Städte die Hauptlast bei der Aufbringung der Staatseinnahmen aufgebürdet.[46]

Veränderungen auf dem Agrarsektor

In der Landwirtschaft fanden immer noch die meisten Bewohner der böhmischen Länder ihr Auskommen. Das Fronablösegesetz vom 1. IX. 1798 hatte auf der Basis einer freiwilligen Übereinkunft zwischen Grundherren und Bauern die Möglichkeit zur Reluition der vorgeschriebenen Robotleistungen geschaffen. Während der Napoleonischen Ära, die bei einer hohen Inflationsrate gute Absatz- und Erlöschancen für Agrarprodukte bot, hatten die Gutsbesitzer aber nur selten einer Umstellung der Arbeitsverpflichtungen auf eine Geldabfindung zugestimmt. Als die Erwartung, der patriotische Einsatz des Landvolkes während der Befreiungskriege werde mit der vollständigen Aufhebung der Robot belohnt, sich nicht erfüllte und 1819 die neue Grundsteuerregelung den Bauern weitere finanzielle Belastungen auferlegte, kam es 1821 in Südmähren wieder zu einer größeren Erhebung, die zudem auf neuentstandene Konfliktstoffe hinwies. Auf den von fachlich vorgebildeten Wirtschaftsbeamten straff verwalteten Gütern wurden nämlich konsequent Betriebsrationalisierungen durchgeführt, die Rückwirkungen auf alle Bauern hatten: Mit dem Einsatz leistungsfähiger Maschinen ging die langsame Umstellung von der verbesserten Dreifelder- zur Fruchtwechselwirtschaft einher, verbunden mit einer Zunahme der Viehzucht und damit einem Bedarf an Weideflächen. Ebenso konsequent wurde der Aufbau einer verarbeitenden Lebensmittelindustrie vorangetrieben. Die weiterhin von den Grundherren geforderte Robot und die Beibehaltung der nicht mehr zeitgemäßen Patrimonialverwaltung wurde von den Bauern immer stärker als entwürdigend empfunden; während die wohlhabenden Großbauern bezahlte Dienstkräfte zur Robotleistung abstellen konnten, mußten die zu Handdiensten herangezogenen Häusler und die Spannpflichten nachkommenden Klein- und

Mittelbauern vor allem in der arbeitsintensiven Anbau- und Erntezeit ihre Einsätze ableisten und ihre Eigenbetriebe vernachlässigen. Zwar lernten die Bauern bei ihrem Dienst auf den gutgeführten Gütern weiterentwickelte landwirtschaftliche Geräte, ertragreichere Anbaumethoden und rationelleres Arbeiten kennen, aber bei ihrer konservativen Grundeinstellung und dem fehlenden Bargeld dauerte es lange, bis sich anstelle der Sichel die Sense oder der Sturzpflug durchsetzten, gezielt Futterpflanzen angebaut, die Mineraldüngung aufgegriffen und Meliorationsmaßnahmen eingeleitet wurden. Hoher Arbeitsaufwand und geringere Erträge der erschöpften Böden trugen dazu bei, daß aus den weniger fruchtbaren Gebieten Südböhmens und Südwestmährens, in denen es keine nennenswerten Industrieansiedlungen gab, immer mehr Bauern in die Städte abwanderten, begleitet von einem Großteil der bisherigen Landarbeiterschaft, die nicht nur ihrer Armut, sondern auch der weiterhin unterste Verwaltungs- und Justizinstanz bildenden Patrimonialherrschaft mit ihren unmenschlichen Körperstrafen zu entkommen suchte. Die wachsenden Spannungen machten sich im Anschluß an die Bauernrevolte in Galizien im Jahresverlauf 1846 in mehreren Aufständen Luft, welche die Regierung zwangen, am 18. XII. 1846 ein neues Robotpatent zu erlassen, das jedoch wiederum nur eine Ablöse der Dienstpflichten durch Geldzahlungen empfahl. Dieser unzulängliche Lösungsvorschlag fachte im Frühjahr 1847 weitere Erhebungen an, weil die Bauern endlich die letzten Überreste der Servilität beseitigt, den ihre Initiativen beeinträchtigenden Flurzwang und die Beschränkung ihrer Weidemöglichkeiten beendet sowie die Auslieferung an die Willkür der grundherrlichen Wirtschaftsbeamten aufgehoben haben wollten. Auch wenn es ihnen vorrangig um die Abschaffung der sie bedrückenden Einschränkungen ging, haben ansatzweise schon nationale Motive ihre Bereitschaft zur Beteiligung an der Revolution des Jahres 1848 verstärkt.[47]

Die adligen Gutsbesitzer, zumal die reichen Grundherren aus der Hocharistokratie, denen wertvolle Anstöße beim Aufbau des Manufakturwesens zu danken waren, fanden sich in der Industriegründungsphase vom aufsteigenden Großbürgertum hart bedrängt und widmeten sich, da ihnen der Beamtenadel in der Landesverwaltung den Rang abgelaufen hatte, nicht nur der Pflege der Wissenschaften und der Jagd, sondern auch der Erhöhung ihrer Einkünfte aus dem Agrarsektor. Die gute Baukonjunktur und der Lebensmittelbedarf der wachsenden Städte boten verbesserte Absatzmöglichkeiten für Holz und Agrarprodukte. Technische Rationalisierungsmaßnahmen auf den Gütern sollten die Lohnkosten und die Abhängigkeit von der Robot mindern helfen. Mit der Intensivierung der Schafzucht sowie der Ausweitung des Flachs- und Hackfruchtanbaus wurden verstärkt die Rohstoffe für die heimische Textilindustrie und die nach 1828 rasch an Bedeutung gewinnende Zuckerraffination aus Rüben erzeugt.[48] Die Anlage einer leistungsfähigen, an den Produktions- bzw. Absatzschwerpunkten orientierten Nahrungs- und Genußmittelindustrie ging ebenfalls auf adlige Investitionen zurück. Für das von ihm kontrollierte florierende Brauereiwesen mit seinen allein in Böhmen mehr als 1000 Bierbrauereien (1841) baute der Adel selbst den benötigten Hopfen und die Gerste an; auch die Schnapsbrennereien gehörten mehrheitlich adligen Besitzern. Da der Adel aber auch in der Textilindustrie einen bedeutenden Kapazitätsanteil verteidigt hatte und verstärkt in den kapitalintensiven Wachstumsbranchen Bergbau und Eisenverhüttung sein Geld anlegte, blieb sein Einfluß auf die ökonomische Entwicklung der böhmischen Länder beträchtlich.

Beginn der Industrialisierung

Der erste Einsatz von Maschinen in der gewerblichen Fertigung reicht in das Jahr 1797 zurück, als J. J. Leitenberger in Wernstädt eine mit Wasserkraft angetriebene Baumwollspinnmaschine aufstellen ließ und rasch Nachahmer fand; bis 1825 verloren von den über 40000 Baumwollhandspinnern 35 000 ihre Arbeit. Nach der Aufstellung des ersten mechanischen Webstuhls 1801 in Warnsdorf wurden im Laufe der Jahre auch die meist als Heimarbeiter tätigen Handweber freigesetzt. Die nach 1810 langsam aufkommende maschinelle Flachsspinnerei kostete fast allen 320000 hauptberuflichen Flachsspinnern das geregelte Einkommen. Die von Napoleon über England verhängte Kontinentalsperre, der große Bedarf an Soldaten, ein verlangsamtes Bevölkerungswachstum und eine vom Krieg angeheizte Konjunktur ließen die mit dem Arbeitsverlust einhergehenden sozialen Probleme vorerst nicht akut werden; erst die 1816 mit dem erneuten Einströmen der höherwertigen und billigeren englischen Industriewaren und der geringeren Nachfrage einsetzende Wirtschaftskrise hat bis in die frühen 1820er Jahre die bereits stark gewerblich ausgerichteten böhmischen Länder hart getroffen und viel menschliches Elend entstehen lassen. Obgleich es immer noch keine volle Gewerbefreiheit gab, haben die kapitalschwächeren Handwerker im Geschmack und mit den technischen Normen der Biedermeierzeit noch qualitativ bedeutende Leistungen in den Zweigen Möbeltischlerei, Drechslerei Kunstschlosserei, Taschnerei, Handschuhmacherei, Instrumentenbau und Glasblasen erbracht und dazu beigetragen, die Stagnation zu überwinden; zugleich ist von ihnen Pionierarbeit bei der Entwicklung neuer Produktionsmethoden geleistet worden.

Die Einsicht der Regierung, den durch die Mechanisierung der Textilherstellung arbeitslos Gewordenen neue Beschäftigungsmöglichkeiten bieten zu müssen, begünstigte in einem liberaleren Wirtschaftsklima die Gründung neuer Gewerbezweige und ermutigte Bürger und Adel, das noch vorhandene Kapital zu investieren. Durch den Abbau des Arbeitskräftemonopols der Grundherren und die Freisetzung der Heimarbeiter gab es ein Überangebot an Arbeitskräften, denen deshalb bestenfalls nur das Existenzminimum abdeckende Hungerlöhne gezahlt wurden. Die wenigen Kriegsgewinnler, dann auch fachkundige, wagemutige Handwerker und Kaufleute nutzten die geringen Lohn- und Produktionskosten konsequent aus, um in Konkurrenz zu den älteren, vom Adel kontrollierten Betrieben neue, arbeitsintensive Fertigungsstätten einzurichten, bei denen anfangs handwerklichem Können und Ideenreichtum eine ausschlaggebende Rolle zufielen; außerdem wurden bewährte und benötigte Manufakturprodukte unter Einsatz von Maschinen preisgünstig auf Massenbasis hergestellt. Obgleich mehr industrielle Gründungsversuche scheiterten als gelangen, entwickelte sich aus diesem Kreis bereits im Vormärz ein vom Staat protegiertes, aufstrebendes Unternehmertum, das anfangs hauptsächlich deutschen oder deutsch-jüdischen Ursprungs war. Denn die Deutschen hatten auch zuvor die Mehrzahl der Handwerker gestellt und sie konnten in den von ihnen besiedelten Mittelgebirgslandschaften auf eine erfahrene, disziplinierte Arbeiterschaft zurückgreifen; in den von Tschechen bewohnten Agrarregionen fehlten wegen der geringeren Bevölkerungsdichte dagegen häufig die Voraussetzungen für eine Industrieansiedlung. Allein in und um Prag lag der Anteil tschechischer Unternehmer höher als im gesamten Landesdurchschnitt; mit dem Vordringen des Steinkohle- und Eisenerzbergbaus in den böhmischen Zentralraum und nach Ostschlesien wuchs ihre Zahl jedoch kräftig an.

Da genügend ergiebige Wasserkraft zur Verfügung stand, die früh als Energielieferant genutzt wurde, kam erst 1816 die erste Dampfmaschine in Mähren und 1823 auch in Böhmen zum Einsatz, wo 1841 79 mit Dampf betriebene Maschinen mit 1050 Pferdestärken (Mähren: 77 mit 795 PS) installiert waren. Eine dynamische Entwicklung nahm der Abbau von Steinkohle, Eisenerzen, Silber und Buntmetallen im Dreieck Pilsen-Beraun-Příbram, während Braunkohle um Falkenau, Brüx, Dux, Aussig und Teplitz gefördert wurde. Die chemische Industrie verdankt Johann David Starck ihren Aufschwung, der für seine Verdienste 1836 in den erblichen Adelsstand erhoben wurde. Die Übernahme englischer Verhüttungstechniken unter Verwendung von Steinkohlekoks führte zur Aufnahme der Stahlerzeugung und zu einem Ausbau der Eisenverarbeitung, wobei sich der Olmützer Fürstbischof Erzherzog Rudolf mit der Gründung der nach ihm benannten Hütte in Witkowitz (Vitkovice) auszeichnete. Eine leistungsfähige Maschinen- und Werkzeugindustrie wurde mit Hilfe ausländischer Spezialisten zuerst im Raum Reichenberg und in den 1840er Jahren in Brünn und Umgebung angesiedelt. Die Erfindung des Preßglases 1810 in England hatte der exportorientierten böhmischen Glasindustrie schwere Einbußen zugefügt, die erst nach einer qualitätshebenden Spezialisierung ausgeglichen werden konnten; das von F. Egermann aus Haida erfundene „Mattschleifen und Überfangen der fertigen Kristallmasse mit beliebigen durchsichtigen Farben" ermöglichte ebenso wie die in Gablonz aufgenommene Produktion venetianischer Schmuckwaren die Gewinnung neuer Absatzmärkte. Nach Erfolgen mit der Ausfuhr von Ton-, Majolika- und Steingutware erlangte die im Raum Karlsbad-Elbogen angesiedelte Prozellanerzeugung dank ihrer hochwertigen Qualität wachsende Bedeutung und eroberte sich einen hohen Exportanteil. Nach wie vor kamen der Wolltuchherstellung mit den Zentren in Reichenberg, Brünn und Iglau sowie der Leinen- und Baumwollweberei große Bedeutung zu, obschon wertmäßig seit Mitte der 1830er Jahre der Montansektor den ersten Platz einnahm. Ein gut ausgebautes, differenziertes Fachschulwesen trug zur steten Qualitätssteigerung und raschen Übernahme technischer Neuerungen bei.[49]

Wichtige Anregungen für den industriellen Aufschwung in den böhmischen Ländern vermittelten die nach 1828 mehrfach durchgeführten Industrieausstellungen, die sich am Vorbild der bereits 1791 in Prag arrangierten ersten mitteleuropäischen Gewerbeschau orientierten, sowie die 1833 ins Leben gerufene Vereinigung zur Hebung der Industrie in Böhmen und eine reiche Spezialliteratur in Büchern und Zeitschriften. Das seit 1813 staatliche Postwesen und der langsame Ausbau der Straßen schufen ebenso wie die 1821 von den Anrainern der Elbe unterzeichnete Schiffahrtsakte günstigere Voraussetzungen für die junge Wirtschaft. Die am 1. VIII. 1832 erfolgte Inbetriebnahme der schon 1807 konzipierten und 1825 begonnenen Budweis-Linzer Pferdeeisenbahn, die von einem Wiener Bankenkonsortium finanziert worden war, bot Böhmen eine bessere und raschere Anbindung an den Donauraum. Wesentlich größere Bedeutung besaß freilich der seit 1837 von der privaten „K. k. priv. Kaiser-Ferdinands-Nordbahn-Gesellschaft" vorangetriebene Bau einer Eisenbahnstrecke von Wien nach Oderberg (Bohumín), die nach zehn Jahren fertiggestellt wurde. Der mit staatlichen Mitteln im Herbst 1842 aufgenommene Bau der Nördlichen Staatsbahn von Prag nach Olmütz konnte trotz schwieriger Geländeverhältnisse in nur drei Jahren abgeschlossen werden; die 1841 eingeleiteten Arbeiten an der Trasse Wien-Prag-Bodenbach-Dresden zogen sich mit dem Ausbau der Nebenstrecken bis in die 1850er Jahre hin. Die böhmischen Länder erhielten in kurzer Zeit ein ihrer wirtschaftlichen Bedeutung und der Bevölkerungsdichte entsprechendes Schienennetz, das die Exportchancen der Industrie verbesserte und bei dessen Errichtung viele Menschen Arbeit fanden. Seit 1841 wurde der Schaufelraddampfer „Bohemia" zudem für den Personenverkehr zwischen Prag und Dresden eingesetzt.[50]

Herausbildung der Arbeiterschaft

Unter besonders unzulänglichen Verhältnissen hatte in dieser Frühindustrialisierungsphase die Arbeiterschaft zu leiden. Bereits in den 1780er und 1790er Jahren war es wegen zu geringer Entlohnung zu Arbeitsniederlegungen und offenem Aufruhr und zu Beginn des 19. Jahrhunderts zu Protesten wegen des Einsatzes von Maschinen gekommen. Mit der Ausbreitung der Mechanisierung in den 1820er Jahren und der damit einhergehenden Freisetzung der Heimarbeiter entwickelte sich eine Massenarbeitslosigkeit, von der neben einigen städtischen Zentren vor allem die von Deutschen bewohnten Distrikte besonders hart betroffen waren; erst mit der Abwanderung der Taglöhner und Häusler aus den wenig ergiebigen Agrargebieten in die industriellen Ballungsräume nahm auch der Anteil der Tschechen an der Arbeiterschaft spürbar zu. Da die Probleme der wirtschaftlichen Existenzsicherung im Vordergrund standen, spielte die nationale Komponente, die in der Auseinandersetzung zwischen dem deutschen und dem tschechischen Bürgertum virulent wurde, unter den Arbeitern vorerst keine Rolle. Als nach 1840 verbesserte Maschinen für die Flachsweberei erneut Tausende von Heimarbeitern arbeitslos machten, die wegen des Fehlens anderer Beschäftigungsmöglichkeiten schnell verelendeten, spitzte sich die Krise weiter zu. Zwischen denen, die selbst nur eine schlecht entlohnte Arbeit hatten, und jenen, die eine Beschäftigung zu jeder Kondition suchten, gab es anfangs keine Solidarität: Die Fabrikarbeiter bekämpften, wie 1843 in Brünn, die Land- und Heimarbeiter als Konkurrenten um den Arbeitsplatz. Zwei schlechte Ernten 1842 und 1843 lösten, besonders im Erzgebirge, eine Hungersnot aus, wobei sich die Hilfsmaßnahmen der böhmischen Landesregierung als völlig unzulänglich erwiesen. Die durch ungarische Boykottmaßnahmen entstandenen Absatzschwierigkeiten und die durch den Einsatz leistungsfähigerer Maschinen ausgelösten Massenentlassungen der Kattundrucker führten im Juni/Juli 1844 zu einer Arbeiterrevolte in Prag, die sich zu einer Streikbewegung und zur Maschinenstürmerei auch in anderen Städten wie Reichenberg, Böhmisch-Leipa, Reichstadt und Bürgstein auswuchs und, da die Fabrikbesitzer häufig Juden waren, einen antisemitischen Akzent erhielt. Zur Niederwerfung mußte Militär eingesetzt werden, wobei Tote und Verwundete zu beklagen waren. Ausstände der Eisenbahnarbeiter der Nördlichen Staatsbahn und der Nordbahn schlossen sich am 8. und 29. VII. an, weil die Bauleitungen den Tages- auf einen Leistungslohn umgestellt hatten. Obschon durch staatliche Regelungen im Rahmen einer Fabrikordnung Auswüchse beseitigt, die Kinderarbeit eingeschränkt und minimale Schutzmaßnahmen für Arbeitnehmer vorgeschrieben wurden, versäumte es die Regierung, der einsetzenden Verelendung der bereits offen als „Proletariat" bezeichneten Arbeiter entgegenzutreten. Notstandsarbeiten wie der Ausbau von Straßen und die Begradigung von Flüssen, Ankauf von hausgefertigtem Leinen, die Gründung kurzlebiger Unterstützungsvereine und die Verteilung von Lebensmitteln und Kleidern schufen nur eine geringfügige Entlastung.

Während die im deutschen Siedlungsgebiet herrschende latente Unterbeschäftigung und materielle Not kaum zur Kenntnis genommen worden war, riefen die immer wieder aufflammenden Aufstände der Fabrikarbeiter, die eine rasche Mechanisierung der Betriebe verhindern und Einkommensverbesserungen erzwingen wollten, auch einer breiteren Öffentlichkeit die sozialen und wirtschaftlichen Probleme der Industrialisierung ins Bewußtsein. Mit der Untersuchung der Ursachen für die schlechte Lage der Fabriken und der Arbeiter – gnadenloser Konkurrenzkampf der mit zu geringer Kapitaldecke ausgestatteten Klein- und Mittelunternehmer, Absatzschwierigkeiten, besonders nach 1844 im ungarischen Reichsteil, Teuerung, Wucher, unzumutbare Arbeits- und Wohnbedingungen bei zu geringem Lohn – wurden Forderungen nach einer Sozialgesetzgebung und Arbeitsplatzsicherung verbunden, die aber bei der Regierung noch keine Beachtung fanden. Doch unter den Fabrikarbeitern bildete sich mit der Zeit ein Gemeinschaftsbewußtsein aus, das den Anstoß zur Bildung erster Unterstützungskassen bot; vornehmlich unter den Deutschen wurden Selbsthilfeorganisationen, Arbeiterbildungsvereine und Genossenschaften ins Leben gerufen.[51]

Patriarchalisches Verantwortungsbewußtsein der Fabrikbesitzer ihren Arbeitern gegenüber war zwar auch anzutreffen, die Maßnahmen zur Linderung der in Not geratenen Beschäftigten trafen, es bestand aber doch ein weitgehendes Ausgeliefertsein der fast völlig rechtlosen Arbeitnehmer. Vor allem die nicht aus Böhmen stammenden kapitalstarken Großunternehmer haben nicht gezögert, aufgekaufte Fabriken ohne Rücksicht auf die Folgen für die Beschäftigten zu mechanisieren oder ihren mit Entlassung bedrohten Arbeitern Niedrigstlöhne aufzuzwingen. In den bodenständigen Klein- und Mittelbetrieben, wo der Unternehmer aus dem gleichen sozialen Umfeld wie die Arbeiter kam, war die Lage etwas besser, obgleich auch hier das Lohnniveau äußerst niedrig war. Trotz der vielen Unzulänglichkeiten dürfen aber auch die positiven Seiten des gewaltigen gewerblichen Aufschwungs nicht übersehen werden, der Arbeitsplätze für eine rasch wachsende Bevölkerung bereitstellte und die Grundlagen für eine fortschrittliche und vielfältige industrielle Fertigung in den böhmischen Ländern schuf, die jedem Vergleich mit der Wirtschaftsentwicklung in den benachbarten deutschen Staaten standhalten konnte – wenn auch zu einem hohen Preis.

Waren neben den adligen Unternehmern, die den Aufbau des Manufakturwesens vorangetrieben hatten, vornehmlich Bürgerliche und zum geringeren Teil auch ausländische Spezialisten an der Frühindustrialisierung beteiligt, so gewannen im Wettbewerb mit den anfangs vorherrschenden Deutschen und Juden[52] auch immer mehr Tschechen Einfluß auf den ökonomischen Modernisierungsprozeß. Steigende Preise für Agrarerzeugnisse kamen besonders dem tschechischen Bevölkerungsteil zugute, wobei von der relativen Wohlhabenheit der größeren Bauern auch das ländliche Kleinbürgertum profitierte. Der kontinuierlich fortlaufende Prozeß der nationalen Bewußtseinsbildung unter den Tschechen und der vermehrte Zuzug tschechischer Arbeiter in die zuvor weitgehend von den Deutschen geprägten Städte leitete bereits im Vormärz eine spürbare Verschiebung der Gewichte zugunsten des tschechischen Bevölkerungsteils ein. Das tschechische Bürgertum, wirtschaftlich recht gut gestellt, lange der Biedermeier-Kultur verhaftet sowie liberal und zunehmend national denkend, blieb aber bis 1848 von der politischen Mitwirkung ausgeschaltet und erwartete, seiner wirtschaftlichen Bedeutung gemäß auch an der Festlegung und Führung der Landespolitik beteiligt zu werden. Neben den sich zuspitzenden sozialen Konflikten waren es die historisch begründeten, von neuem nationalen Selbstbewußtsein getragenen Forderungen dieses Bürgertums, die bei der Unfähigkeit des Metternichschen Staatsapparates, angemessen auf die sich verändernden Bedingungen zu reagieren, im Jahr 1848 die Initialzündung für das Ausbrechen einer bürgerlichen Revolution lieferten.

XI. Die Ausbildung der tschechischen Nationsgesellschaft, 1848–1893

1. Die Auswirkungen von Revolution und Neoabsolutismus, 1848–1860

Die Nachrichten vom Erfolg der Februarrevolution in Paris, von den machtvollen Volksversammlungen in den deutschen Staaten, von der Petition des liberalen Niederösterreichischen Gewerbevereins an den Kaiser und der von Lajos Kossuth in Budapest vorgetragenen Forderung nach Erlaß einer demokratischen Repäsentativverfassung veranlaßten in Prag den seit 1844 als Geheimbund organisierten *Repeal*-Club, die Bevölkerung am 11.III. 1848 zu einer Bürgerversammlung in die St. Wenzelsbad-Gaststätte, einen beliebten Tagungsort in der Prager Neustadt, einzuberufen. Vor dieser friedlich verlaufenden, angeblich von 3000 Bürgern besuchten Veranstaltung wurden zwei Petitionsentwürfe verlesen, die sich weniger in den nationalen Postulaten, sondern eher in der Bewertung der sozialen Fragen unterschieden. Da eine Einigung über die Gewichtung der beiden Hauptkomponenten nicht erzielt werden konnte, wurde ein Ausschuß von 28 Mitgliedern gewählt, der bereits am Folgetag im Altstädter Rathaus zusammentrat und mit der Endredaktion den Rechtsanwalt und Korrespondenten des Leipziger „Grenzboten", Dr. A. M. Pinkas, beauftragte. Während in Wien Straßenkämpfe tobten und sich Fürst Metternich zur Flucht nach England veranlaßt sah, wurde in Prag unter dem wachsenden Einfluß Palackýs und der gemäßigten Adelsrepräsentanten um die Grafen Deym, Thun und Buquoy eine Bittschrift an den Kaiser verabschiedet. Darin wurde den Forderungen nach „vollkommener Gleichstellung der böhmischen Nationalität mit der deutschen in den sämtlichen böhmischen Ländern in Schulen und Ämtern" sowie nach der administrativen Vereinigung der böhmischen Kronländer und der Konstituierung eines böhmischen Gesamtlandtags wesentlich größere Bedeutung beigemessen als dem Verlangen nach bäuerlicher Grundentlastung, der Abschaffung der Patrimonialverwaltung oder der ursprünglich berücksichtigten sozialrevolutionären Vorschläge. Der am 19.III. nach Wien gereisten Deputation wurde von der Übergangsregierung unter Kolowrat-Liebsteinsky am 23. durch kaiserliches Handschreiben in allgemeiner, unverbindlicher Form zwar eine Berücksichtigung der Forderungen zugesagt, sonst aber auf die für die Gesamtmonarchie zu erlassende Verfassung verwiesen und allein eine Reform der Landesordnung und eine Erweiterung der Volksvertretung in Aussicht gestellt. Als die Abordnung am 27.III. nach Prag zurückkehrte, löste der offensichtliche Mißerfolg eine spürbare Zuspitzung in den nationalen Auseinandersetzungen und eine stärkere Radikalisierung des Forderungskatalogs aus.[1]

Während in Mähren und in Österreich-Schlesien die Entwicklung in Wien und Prag zwar mit Interesse, aber ohne allzu große Anteilnahme verfolgt wurde, spitzte sich in der böhmischen Hauptstadt die Lage weiter zu. Die Prager Deutschen, oft jüdischer Abkunft, zu großen Teilen dem „Bohemismus" verhaftet, absolut kaisertreu und noch die knappe Bevölkerungsmehrheit stellend, fanden sich trotz gelegentlicher Verbrüderungsszenen stetig zunehmendem Druck ausgesetzt, das Vorrecht der tschechischen Sprache aufgrund der slavischen Mehrheit im Lande anzuerkennen und aktiv für die Realisierung der von tschechischer Seite formulierten Postulate einzutreten. In gemeinsamen Erklärungen am 20. und 21. III. hatten sich Prager Schriftsteller aus beiden Lagern verpflichtet, eine Regelung der beiderseitigen Beziehungen „auf der Grundlage vollständiger Gleichberechtigung" unterstützen zu wollen; am 31. III. hatte der St. Wenzelsbad-Ausschuß zudem mit „tiefer Trauer" das unter den „Deutschböhmen" umlaufende Gerücht zurückgewiesen, der „tschechische Teil unseres Volkes" wolle die Gelegenheit zur Unterdrückung der deutschen Sprache und Bildung nutzen. Da sich aber die Prager Studentenschaft in den nationalen Lagern der „Slavia" und „Teutonia" neu formierte, die Künstlervereinigung „Concordia" in zwei Gruppierungen auseinanderbrach und der unter deutschem Kommando stehenden Nationalgarde die St. Wenzelsbrüderschaft entgegengestellt wurde, deren Maxime „Gleichheit, Brüderlichkeit, Duldung, nationale Würde und tschechische Sprache" lautete, erfaßte die Trennungsideologie immer weitere Kreise und veranlaßte in relativ kurzer Zeit den zuvor zwischen den beiden Lagern stehenden Bevölkerungsteil, sich mehrheitlich und entschlossen für das Tschechentum und seine national-politischen Vorstellungen zu entscheiden. In der am 5. IV. 1848 herausgekommenen ersten Nummer der *Národní noviny* (Nationalzeitung), dem Sprachrohr der böhmischen Liberalen, deren Erscheinen der Deutsche Adalbert Graf Deym finanziell ermöglicht hatte, verfocht Havlíček Borovský die bereits unwidersprochen hingenommene Auffassung, daß den Deutschen zwar in Schule und Amt Gleichberechtigung einzuräumen sei, den Tschechen aber die Vorherrschaft im Lande gebühre.[2]

Dieses Anheizen der nationalen Leidenschaften war nicht zuletzt auf das weitgehende Scheitern einer zweiten Deputation zurückzuführen, die auf Betreiben Brauners am 31. III. eine neue Petition nach Wien gebracht hatte. In ihr wurde – immer noch in recht konzilianter Form – die Konstituierung einer die Einheit der böhmischen Kronländer repräsentierenden Nationalvertretung auf breitester Basis der Wahlfähigkeit und Wählbarkeit verlangt sowie die Aufstellung einer vollausgerüsteten Nationalgarde gefordert. Auch die Vereidigung aller Zivilbehörden und des Militärs auf die zu erlassende Verfassung war erbeten worden. Die am 8. IV. durch kaiserliches Kabinettsschreiben erteilte Antwort des Ministeriums Ficquelmont-Pillersdorf sagte in vagen Formulierungen zwar die Einlösung der liberalen Postulate zu, vor allem die Gleichstellung der beiden Sprachen in der Landesverwaltung und im öffentlichen Leben sowie die Errichtung verantwortlicher Zentralbehörden für das gesamte Königreich Böhmen und die Einberufung eines Landtags; der verlangte Zusammenschluß der drei Landesteile zu einem böhmischen Gesamtstaat wurde aber der späteren Entscheidung eines verfassungsgebenden Reichstags vorbehalten.[3] Die spürbare Zurückhaltung des neugeschaffenen Ministerrats, der an die Stelle der Staatskonferenz getreten war und die alten Hofstellen, Hofkanzleien und Hofkammern durch moderne Ministerien ersetzt hatte, war wahrscheinlich auch das Ergebnis einer Intervention des in Wien auf Initiative Ludwig von Löhners[4] gegründeten „Vereins der Deutschen aus Böhmen, Mähren und Schlesien zur Aufrechterhaltung ihrer Nationalität" und der anschwellenden Flut von „Protestationen" vornehmlich aus den deutschen Siedlungsgebieten Böhmens, in denen beredt Klage wegen „Unterdrückung" und „Anmaßung" der Tschechen geführt wurde. Der am 10. IV. 1848 in Prag gebildete Nationalausschuß, den der St. Wenzelsbad-Ausschuß und ein vom Oberstburggrafen Rudolf Graf Stadion berufenes konservatives Bürgerkomitee beschickten und in dem auch einige Deutsche mitarbeiteten, zeigte sich nicht in der Lage, eine Verhärtung in der Auseinandersetzung zwischen Deutschen und Tschechen zu unterbinden, obgleich er als eine Art provisorische Regierung im Einvernehmen mit den böhmischen Zentralbehörden die drängendsten Probleme des Landes zu lösen suchte. Mit der Aufstellung der tschechischen Nationalgarde *Svornost* schuf er sich ein Organ, das seinen Beschlüssen Nachdruck verleihen sollte.[5] Während in Prag in großer Eile die Vorbereitungen für die Wahlen zum Landtag und die Rohfassung eines Grundgesetzes für die Gesamtheit der böhmischen Länder vorangetrieben wurden, die nach Möglichkeit noch vor der Eröffnung des Reichstags verabschiedet werden sollte, erteilten am 14. IV. die mährischen Stände und bald danach auch die Vertreter von Österreich-Schlesien den böhmischen Vereinigungsplänen eine entschiedene Absage und bestanden darauf, die anstehenden Entscheidungen für ihre Provinzen selbständig zu fällen.

Zuspitzung der nationalen Auseinandersetzung

Symbolkraft für die weitere Entwicklung in Böhmen erlangte die am 11. IV. bekanntgemachte Absage František Palackýs, an den Beratungen des Frankfurter Vorparlaments teilzunehmen. Als „ein Böhme slavischen Stammes" sah er keine Notwendigkeit, die einstige Zugehörigkeit der Länder der böhmischen Krone zu den deutschen Staaten aufrechtzuerhalten, zumal in seinen Augen die Gefahr einer Schwächung des Habsburgerreichs bei einer Umgestaltung des bisherigen Fürstenbundes in einen deutschen Volksbund bestand; in einem starken Österreich als Stützpfeiler auch gegen die befürchtete Ausdehnung der russischen Universalmonarchie über ganz Europa sah Palacký den Garanten, „meines Volkes Frieden, Freiheit und Recht zu sichern und zu schützen". Seine – wenn auch nur bedingte – Verteidigung der Habsburgermonarchie entsprang allein der Überlegung, daß nur im Rahmen des in ihren Grenzen zu verwirklichenden Austroslavismus die kleinen slavischen Völker Schutz vor den expansiven Blöcken des Pangermanismus und des russisch-absolutistischen Zarismus finden könnten.[6] Weil sich daraufhin der Nationalausschuß gegen die Abhaltung der Wahlen in die Paulskirche aussprach (18.IV., 1.V. 1848), fand nur in einigen deutschbesiedelten Gebieten Böhmens, in den meisten Kreisen Mährens und in Österreich-Schlesien am 13. bzw. 20.V. die Stimmabgabe statt; anfangs gingen immerhin noch 68 Abgeordnete aus den böhmischen Ländern nach Frankfurt, ohne dort viel bewirken zu können.[7] Da in dem auf rd. 140 Mitglieder angewachsenen Prager Nationalausschuß verstärkt die radikaler eingestellten Vertreter des Kleinbürgertums den Ton angaben und sich die Repräsentanten des Adels und der liberalen Großbourgeoisie auch bei der Abfassung der nationalen Forderungen nicht mehr durchzusetzen wußten, nahm die Spannung weiter zu; die Ernennung von Leo Graf Thun, einem Vertreter der tschechisch-nationalen Richtung im Adel und engagierten Förderer der tschechischen Literatur, zum Oberstburggrafen zeigte nicht die erhoffte beruhigende Wirkung. Die einflußlosen deutschen Mitglieder des Nationalausschusses zogen die Konsequenzen, traten aus und formierten sich am 19.IV. als Constitutioneller Verein, der das Ziel verfolgte, „die freieste Entwicklung der tschechischen Nationalität" unter Beibehaltung der tausendjährigen Verbindung Böhmens mit Deutschland verfechten und „das heilige Gut der Freiheit allen Böhmen" gewährleisten zu wollen. Die am 25.IV. veröffentlichte sog. Pillersdorfsche Verfassung, die dem Kaiser ein Vetorecht vorbehielt und durch ein hohes Steuerquorum die Zahl der Wähler drastisch einschränkte, war nicht geeignet, die aufgebrachten Gemüter zu beschwichtigen. Die Unzufriedenheit über die schleppende Lösung der drängendsten sozialen Probleme entlud sich in Arbeiterunruhen und antisemitischen Demonstrationen, die um den 1.V. eine bürgerkriegsähnliche Eskalation erfuhren.

Die befürchtete staatsrechtliche Verselbständigung der böhmischen Länder löste unter der deutschen Bevölkerung wachsende Besorgnis aus, die von dem als nationale Selbsthilfeorganisation in Wien gegründeten „Verein der Deutschen aus Böhmen, Mähren und Schlesien" aufgegriffen wurde, der mit dem Verlangen, den im liberalen Geist reorganisierten cisleithanischen Reichsteil in ein „erneuertes Deutschland" einzubringen, das konkrete Ziel verfolgte, die bisherige politische und ökonomische Vorrangstellung des Deutschtums zu erhalten. Gerade während der Querelen um die Teilnahme am Frankfurter Paulskirchenparlament tauchte erstmals der Gedanke auf, unter Aufkündigung der historischen Einheit der böhmischen Länder die mehrheitlich von Deutschen bewohnten Randbezirke dem Königreich Sachsen anzuschließen und sie somit unmittelbar in ein neuformiertes demokratisches Deutschland einzubringen; in der früheren Alten Reichspfandschaft Eger konnte dieses Verlangen zusätzlich mit geschichtlichen Begründungen untermauert werden. Die verständliche Empörung der tschechischen Patrioten über diesen Separatismus ließ die nationalen Lager noch weiter auseinanderdriften und veranlaßte den konservativ-großösterreichischen Flügel um Palacký, Rieger und Thun, sich dem Hof als verläßliche Stütze des Kaisertums zu empfehlen und die vorhandenen Bedenken gegen die kleinbürgerlich-demokratisch ausgerichteten und auf Frankfurt fixierten Deutschböhmen zu verstärken. Diese Auseinanderentwicklung in der politischen Zielsetzung trat auf dem vom 28.–31. VIII. 1848 in Teplitz durchgeführten deutschböhmischen Kongreß besonders deutlich zutage, auf dem die 112 Delegierten aus 47 Städten jegliche Zusammenarbeit mit den Tschechen in der Landesvertretung oder -verwaltung entschieden ablehnten, der Abtrennung der deutschen von den tschechischen Landesteilen sowie einer Reorganisation der Habsburgermonarchie entlang der Sprachgrenzen das Wort redeten und eine freie, auf Selbstverwaltung basierende Gemeindeadministration zum Abbau der nationalen Differenzen forderten.[8]

Pfingstaufstand 1848

Der durch die „Sturmpetition" am 15. V. in Wien ausgelöste zweite Aufstand, der die Zurücknahme der oktroyierten Verfassung, die Einführung des allgemeinen und gleichen Wahlrechts und am 17. die Flucht des Hofes nach Innsbruck erzwang, zeigte auf die böhmischen Länder erst verzögert Auswirkungen. Um ein Übergreifen der am 26. V. erneut in Wien ausgebrochenen Unruhen auf Prag zu verhindern, hatte Gubernialpräsident Thun im Einvernehmen mit dem Militärbefehlshaber Fürst Alfred Windischgrätz am 29. V. eine provisorische Landesregierung berufen, der auch Palacký angehören sollte, fand für diesen eigenmächtigen Schritt aber nicht die Zustimmung des Ministeriums Pillersdorf. Um das Mitspracherecht der angeschlagenen Regierung und des Reichstags bei der Ausgestaltung der böhmischen Landespolitik möglichst klein zu halten, forcierte Thun die Abhaltung der Landtagswahlen, konnte danach aber wegen technischer Schwierigkeiten das Landesparlament nicht für den 7., sondern erst für den 15. VI. nach Prag einberufen. Die vordringlichste Aufgabe bestand darin, so rasch wie möglich eine Verfassung zu verabschieden und anschließend eine weitgehend autonome Landesregierung einzusetzen. Wahrscheinlich wollte Thun vor der Eröffnung der Landtagskadenz auch die Ergebnisse des am 2. VI. in Prag eröffneten Slavenkongresses abwarten, unter dessen 340 Teilnehmern zwei Drittel aus Böhmen und Mähren stammten; aber auch die außerösterreichischen Delegierten, deren herausragendster Vertreter der russische Anarchist Michail Bakunin war, erhielten volles Stimmrecht eingeräumt. Der Motor der Beratungen war Palacký, der allerdings mit Schwierigkeiten zu kämpfen hatte, für seine Forderung eine Mehrheit zu finden, daß es im Interesse aller Slaven liege, die Donaumonarchie zu erhalten. In einem von Palacký, Bakunin, dem aus Posen stammenden Polen Karol Libelt und dem Mährer František Zach formulierten Manifest an die Völker Europas wurde jede Form der nationalen Unterdrückung zurückgewiesen, die volle Gleichberechtigung der österreichischen Slaven mit Deutschen und Magyaren verlangt und eine Reorganisation der Habsburgermonarchie „in einen Bund von gleichberechtigten Völkern" gefordert.[9] Bevor jedoch eine Einigung in den drei Kongreß-Sektionen – einer böhmischen, einer polnisch-ruthenischen und einer südslavischen – erzielt und ein konkretes Programm verabschiedet werden konnte, brach mit dem Prager Pfingstaufstand die Revolution auch in Böhmen offen aus.

Kleinbürger, Handwerker und Studenten hatten immer unverhohlener ihre Unzufriedenheit mit dem vom großbürgerlich-konservativen Lager verfolgten Kurs gezeigt, sich in Vereinigungen wie *Slovanská Lípa* (Slavische Linde) unter dem Vorsitz von P. J. Šafařík[10] und einem von Karel Sladkovský geleiteten Studentenclub organisiert und gegen die demonstrative Verstärkung des Militärs in der Landeshauptstadt protestiert. Im Anschluß an eine Messe vor dem St. Wenzels-Denkmal auf dem Roßmarkt kam es am 12. VI. zu Ausschreitungen gegen die Truppen, die in Barrikadenkämpfen endeten; mit der Drohung, Prag mit schwerem Geschütz zu beschießen, konnte Windischgrätz am 17. VI. die Kapitulation der Revolutionäre erzwingen.[11] Aufstandsversuche in einigen Landstädten, darunter in Kuttenberg, Kolín und Leitomyschl, konnten ohne Mühe unterbunden werden. Während der zuvor als Reaktionär geschmähte Windischgrätz von den Deutschen plötzlich als Befreier aus der nationalen Unterdrückung gefeiert wurde, hatte die tschechische Sache bei Hofe schweren Schaden gelitten. Der Kaiser verweigerte die Zustimmung zur Eröffnung des Landtags für Böhmen und gab die am 26. VI. von Thun ausgeführte Order, sowohl den Nationalausschuß als auch die *Svornost*-Garde aufzulösen. Am 19. VII. wurde der Gubernialpräsident Thun von dem neuen Ministerium Doblhoff-Wessenberg in wenig ehrenvoller Weise entlassen und mit der Ernennung seines bisherigen Stellvertreters Baron Karl Mecsery de Tsoor ein weitgehend unprofilierter Beamter für die nächsten zwölf Jahre mit der Landesverwaltung betraut. Den tschechischen patriotischen Kräften, die mit Palacký den Pfingstaufstand als „das Werk fremder *agents provocateurs* und der einheimischen Dummheit“ einstuften, blieb allein die Mitarbeit in dem für den 10. VII. nach Wien einberufenen Reichstag, um das verlorene Vertrauen der Krone zurückzugewinnen und ihre politischen Forderungen einer Realisierung näher zu bringen.

Von der in Böhmen sich gefährlich zuspitzenden nationalen Auseinandersetzung und dem revolutionären Geist war Mähren weitgehend unbeeinflußt geblieben, weil sich dort trotz der rührigen tschechischen Nationalpropaganda noch kein einflußreiches nationalbewußtes slavisches Bürgertum herausgebildet hatte und sich bestenfalls ein lebendiges mährisches Landesbewußtsein bemerkbar machte. Landeshauptmann Leopold Graf Lažanský hatte bereits am 30. III. 1848 den bis Mitte Mai tagenden ständischen Landtag einberufen, der die Voraussetzungen für die Wahl eines neuen Landesparlaments schuf. In diesem seit dem 31. V. beratenden sog. Bauernlandtag mit 261 Abgeordneten waren die alten Landstände (58), der Großgrundbesitz (18) und die fünf Virilstimmen (zwei Bischöfe und drei Vertreter der Olmützer Universität) in der ersten Kurie zusammengefaßt; die 77 Stadtdeputierten bildeten die zweite und die 103 Abgesandten der Landgemeinden die dritte Kurie.[12] Der am 9. VI. gefaßte Beschluß, die Ableistung der Robot und der Naturalabgaben zum 1. VII. zu beendigen, somit den sozialen Fragen vor den nationalen den Vorrang einzuräumen, besaß Signalwirkung und trug zu einem spürbaren Abbau der Spannungen bei. Im „k. k. Antheil von Schlesien" wurde die ständische Landesvertretung durch die Kooption von Städtern und Bauern zu einem „verstärkten, öffentlichen Konvent" umgestaltet, der eine von Theodor Graf Falkenhayn ausgearbeitete Verfassung als neue Landesordnung annahm, die dem Großgrundbesitz, der durch die vier fürstlichen Virilstimmen in der ersten Kurie unterstützt wurde, den Städtern und den Bauern jeweils 16 Mandate zusprach. Da die Oberschicht dem Deutschtum angehörte und wenig Sympathie für das tschechische Staatsrechtsprogramm hegte, besaßen auch hier die Grundentlastung und die Aufhebung der Robot größeres Gewicht als die demokratisch-nationalen Programmpunkte.[13]

Die Arbeit des Verfassungsgebenden Reichstags

Der Agrarfrage kam auf dem am 22. VII. 1848 von Erzherzog Johann eröffneten Reichstag, der wegen des Fernbleibens der Magyaren und der Italiener nur ein Rumpfparlament war, ebenfalls außerordentliche Bedeutung zu, zumal die angestrebte Grundentlastung und die Beendigung der Patrimonialverwaltung auch einen nationalen Aspekt besaß. Der von dem deutsch-schlesischen Abgeordneten Hans Kudlich am 25. VII. eingebrachte Antrag auf „Aufhebung des Untertänigkeitsverhältnisses samt allen daraus entspringenden Rechten und Pflichten" löste heftige Diskussionen um das Ausmaß der Entschädigung für die Grundherren aus, bevor am 21. VIII. der Kompromißantrag eine Mehrheit fand, nach dem einen Teil der Ablösesumme die Bauern, den anderen der Staat aufbringen sollten. Das am 7. IX. 1848 durch kaiserliches Patent verkündete Gesetz beseitigte die letzten Reste der früheren Erbuntertänigkeit und der persönlichen Abhängigkeit der Bauern von den Grundherren, ließ damit aber auch das Interesse des Landvolks am weiteren Verlauf der Revolution erlahmen, deren Fortsetzung ja nur das bisher Erreichte gefährden konnte. Obschon die administrative Abwicklung der Grundentlastung wegen der Schwierigkeit der Materie zahllose Probleme aufwarf, konnte sie bereits am 30. X. 1852 in Mähren und am 31. X. 1853 in Böhmen abgeschlossen werden, wobei in Böhmen 54 Mill. Gulden, in Mähren 31,5 Mill. Gulden als Ablösebetrag aufzubringen waren.[14]

Die Ausarbeitung einer Reichsverfassung und damit auch eine Lösung des Nationalitätenproblems erwies sich als wesentlich schwierigere Aufgabe. Unter den 383 Abgeordneten stellten die Vertreter der böhmischen Länder mit 138 ein starkes, aber in nationalen Belangen zerstrittenes Kontingent,[15] wobei die konservativen bis gemäßigt liberalen Tschechen mit einem Teil der Polen und den deutschen Parlamentariern aus den Alpenländern im großösterreichisch-föderalistischen Geist zusammenarbeiteten, während die Deutschböhmen, im Bündnis mit den Wiener Abgeordneten und dem demokratisch ausgerichteten Teil der polnischen Fraktion um F. Smolka, die großdeutsche Idee verfochten, sich in den entscheidenden Fragen aber nicht durchzusetzen vermochten.[16] In dem am 31. VII. eingesetzten Verfassungsausschuß waren Palacký, Rieger und Pinkas wichtige Aufgaben zugefallen, doch sie konnten in der aufgeheizten Wiener Atmosphäre keine konstruktive Arbeit leisten. Straßenunruhen und die Aufregung über die Entwicklung in Ungarn ließen die Spannungen von neuem anwachsen, die sich dann am 6. X. in einem dritten allgemeinen Aufstand entluden. Kaiser Ferdinand I. sah sich tags darauf veranlaßt, mit dem gesamten Hofstaat nach Olmütz abzureisen; der am 22. X. durch kaiserliches Patent verordneten Vertagung des Reichstags und seiner Verlegung nach dem kleinen mährischen Städtchen Kremsier leistete die Mehrzahl der Abgeordneten selbst dann nicht Folge, als sich Fürst Windischgrätz anschickte, die Hauptstadt zu stürmen. Die meisten tschechischen Parlamentarier hatten dagegen der Vertagungsverfügung gehorcht, jegliche Agitation und Hilfe für die Wiener Aufständischen unterbunden und sich dem Hof erneut als loyale Repräsentanten der österreichischen Staatsidee empfohlen; sie wiesen weiterhin mit historischen und naturrechtlichen Argumenten die von den deutschböhmischen Liberalen verfochtene Eingliederung der böhmischen Länder in den geplanten deutschen Nationalstaat entschieden zurück.

Die Erwartung jedoch, ein auf demokratisch-konstitutioneller Grundlage reorganisiertes Österreich werde die völlige Gleichberechtigung aller Nationalitäten gewährleisten und den vereinten böhmischen Ländern ein hohes Maß an politischer Selbständigkeit zugestehen, wurde von dem am 21. XI. 1848 neu berufenen Kabinett Schwarzenberg-Stadion bitter enttäuscht. Die Waffenerfolge in Wien und Italien hatten die militärischen Voraussetzungen geschaffen, das aufständische Ungarn zu unterwerfen; danach sollten die letzten Überbleibsel der Revolution liquidiert werden. So spielte der neue Ministerpräsident Fürst Felix Schwarzenberg auf Zeitgewinn, als er mit einem Lippenbekenntnis zur konstitutionellen Monarchie den Reichstag am 22. XI. in Kremsier wieder eröffnete. Die Ablösung des seiner Aufgabe nicht gewachsenen und durch sein Konstitutionsversprechen gebundenen Kaisers Ferdinand I. am 2. XII. durch seinen jungen Neffen Franz Joseph I. (1848–1916) deutete darauf hin, daß jene konservativen Kräfte die politische Initiative zurückgewonnen hatten, die jede Liberalisierung und Demokratisierung entschieden ablehnten. Die verantwortlichen Führer der tschechischen Nationalbewegung, allen voran Palacký, Rieger, Brauner und der Vizepräsident des Reichtstags, Antonín Strobach, mußten bald erkennen, daß ihr regierungstreuer Kurs nicht die erwarteten Früchte bringen würde. Sie näherten sich daher den durch die Niederschlagung des Wiener Aufstands geschwächten Liberalen an, die ihr großdeutsches Programm als undurchführbar aufgaben und jetzt verstärkt den Gedanken einer Föderalisierung der Donaumonarchie mit dem Ziel verfochten, die deutschböhmischen Distrikte einem Deutsch-Österreich einzugliedern und die slavisch besiedelten Teile der böhmischen Länder als Tschechisch-Österreich zu reorganisieren. Selbst Palacký verfocht im Verfassungsausschuß eine Neugliederung der Monarchie nach ethnischen Grenzen, wollte aber den zentralen Reichsbehörden und den parlamentarischen Körperschaften nur eine eingeschränkte Mitsprache bei der Administration der vorgesehenen Föderativstaaten zugestehen. Als er für seinen Vorschlag keine Mehrheit fand, verließ er am 6. II. 1849 den Verfassungsausschuß, der dennoch für seinen Konstitutionsentwurf eine Kompromißformel finden konnte, die mit der Zustimmung einer breiten Mehrheit rechnen durfte.[17] Dieses Einvernehmen war nicht zuletzt dem Wirken des Deutsch-Schlesiers Kajetan Mayer zuzuschreiben, der ein Fortbestehen der historisch gewachsenen Teile, aber ihre Untergliederung in nationale Kreise mit einem beträchtlichen Maß an Verwaltungsautonomie, sowie das Prinzip der Gemeindefreiheit mit kommunaler Selbstverwaltung durchzusetzen vermocht hatte. F. L. Rieger war die Formulierung des § 21 zu danken, in dem das Prinzip der Gleichberechtigung aller Völker der Monarchie Ausdruck gefunden hatte.[18]

Noch bevor der Reichstag in die Schlußdebatte eintreten konnte, sanktionierte der Kaiser am 4. III. 1849 jedoch einen vom Innenminister Franz Graf Stadion ausgearbeiteten Gegenentwurf, der mit der Aufrechterhaltung des zentralistischen Systems auch das absolute Vetorecht des Monarchen und einen Notverordnungsparagraphen verband, durch den der Regierung die Möglichkeit eingeräumt wurde, den in zwei Kammern gegliederten Reichsrat auszuschalten.[19] Eine Regelung der drängenden Nationalitätenfrage war gar nicht angestrebt, die demokratischen Grundrechte waren weitgehend ausgehöhlt worden. Der Reichstag in Kremsier wurde am 7. III. unter Einsatz von Militär gewaltsam aufgelöst; Fürst Schwarzenberg trug Sorge, daß selbst die Oktroyverfassung sistiert blieb. Als sich dank des Einsatzes russischer Truppen die Niederlage der Aufständischen in Ungarn abzuzeichnen begann (13. VIII. Kapitulation bei Világos, 6. X. 1849 Hinrichtung der Aufstandsführer in Arad), die in Frankfurt beschlossene kleindeutsche Reichsverfassung in den Teilstaaten abgelehnt wurde und Friedrich Wilhelm IV. von Preußen die ihm angetragene Würde eines Kaisers der Deutschen ausschlug, mußte die Regierung Schwarzenberg keine Rücksicht auf die nationalen Gefühle in der Habsburgermonarchie mehr nehmen. Die in gütlicher Einigung von den Nationalitätenvertretern gefundene Lösung für ein friedliches Zusammenleben der Völker wurde leichtfertig zugunsten des autokratischen Prinzips im Geiste des aufgeklärten josephinischen Zentralismus verworfen. Damit erfaßte die Nationalitätenfrage, die bisher vornehmlich nur in einer relativ überschaubaren Bürger- und Intelligenzschicht virulent geworden war, in kurzer Zeit die Gesamtbevölkerung, spaltete sie in ethnisch-nationale Lager auf, so daß ein gefährlich ideologisierter Nationalismus seine das Kaisertum Österreich vernichtende Wirkung entfalten konnte.[20]

Die Enttäuschung über den Oktroy der Stadion-Verfassung und die Auflösung des Reichstags traf Deutschböhmen und Tschechen, ob sie nun im liberalen, radikaldemokratischen oder konservativen Lager standen, gleichschwer. In einer Denkschrift bezeichneten die tschechischen Abgeordneten am 21. III. 1849 die Reichstagsauflösung „als ein über unser schönes Vaterland, ja über die ganze Monarchie ohne Not heraufbeschworenes Unglück“. Aus Ernüchterung, wegen des Prestigeverlusts und der verschärften Überwachungs- und Zensurmaßnahmen verstummte bei den Tschechen die bisherige konservativ-großbürgerliche Führungsschicht weitgehend für die nächsten zehn Jahre. Das Mißtrauen gegen den österreichischen Zentralstaat wurde auch dadurch genährt, daß zahlreiche nationalbewußte Deutschböhmen in höchste Regierungsstellen einrückten und von der Reichszentrale aus in der Lage waren, ihr politisches Gewicht zugunsten der Konnationalen einzusetzen und den Deutschen größere Einflußmöglichkeiten zu sichern, als ihnen anteilsmäßig eigentlich zugestanden hätten. Obgleich erzwungene politische Passivität das öffentliche Leben kennzeichnete und weil jüngere, liberale, nicht mehr aristokratisch ausgerichtete und geringere Rücksicht auf den Bestand der Gesamtmonarchie nehmende Kräfte größeres Ansehen gewannen, wurden alle Regelungen der Nationalitätenfrage, die hinter der Konzeption des böhmischen Staatsrechts zurückblieben, die also nicht den politischen und administrativen Zusammenschluß der mit weitgehender Autonomie ausgestatteten Länder der böhmischen Krone zum Ziel hatten, von den Tschechen künftig als unzulängliche Lösung entschieden zurückgewiesen.

Auswirkungen des neoabsolutistischen Systems

Doch auch zahlreiche exponierte Deutschböhmen fanden sich Verfolgungen und Repressionen ausgesetzt, die einige ihrer Sprecher zwangen, unterzutauchen oder ins Exil zu gehen.[21] Ihre im Frühjahr 1848 gehegten Hoffnungen auf eine Einbeziehung wenigstens der deutschen Siedlungsgebiete in einen erneuerten deutschen Staatenbund waren bereits im Herbst 1848 getrübt und mit der Verabschiedung der kleindeutschen Verfassung am 28. III. 1849 weitgehend zerstört worden. Die Unzufriedenheit über das Scheitern der Verfassungspläne und die unpopulären Truppenaushebungen für den Kampf in Ungarn führte deutsche und tschechische Demokraten noch einmal zusammen. Die Vorbereitungen für einen neuen Aufstand, der seit Ende Januar 1849 in Prag von studentisch-demokratischen Kreisen um E. Arnold unter tätiger Mithilfe von Bakunin vorangetrieben wurde und parallel zu der Dresdner Rebellion für die Einführung der Reichsverfassung in Sachsen durchgeführt werden sollte, konnten am 9./10. V. vom Militärkommandanten Khevenhüller rechtzeitig unterbunden werden, dem sie die willkommene Gelegenheit lieferten, unliebsame Politiker verhaften zu lassen, für vier Jahre den Belagerungszustand über Prag zu verhängen und massiv gegen die oppositionelle Presse vorzugehen.[22] Auch der von Löhner als nationale Selbsthilfeorganisation gegründete „Verein für das Deutschtum in Böhmen, Mähren und Schlesien" hatte seine Arbeit einzustellen. Kein Protest regte sich unter den Deutschböhmen, als Schwarzenberg die auf einen Anschluß Österreichs abzielenden preußischen Unionspläne mit massiven Gegenmaßnahmen beantwortete, um die Vorrangstellung der Habsburgermonarchie in einem Deutschen Bund alten Stils mit Unterstützung der vier Königreiche Hannover, Sachsen, Württemberg und Bayern zurückzugewinnen. Die sich rasch verschärfenden Auseinandersetzungen mit Preußen beschworen trotz russischer Vermittlung (28.–30.V. 1850 in Skierniewice bei Warschau) im Herbst 1850 die Gefahr eines Krieges herauf, die erst durch preußisches Nachgeben am 29.XI. in der Punktation von Olmütz abgewendet werden konnte, welche eine Wiederherstellung des Deutschen Bundes unter österreichischer Führung ermöglichte. Weder aus den deutschen Staaten war vorerst politischer und moralischer Beistand im Kampf gegen den Neoabsolutismus zu erwarten noch aus Frankreich, wo Rieger 1849 um Verständnis für die tschechischen nationalen Postulate geworben hatte.

Die Wiederherstellung der zentralistischen Regierungsform und das von Schwarzenberg, seinem Innenminister Alexander Bach und dem 1850 zum Präsidenten des neuen Reichsrats aufgestiegenen K.F. von Kübeck begründete neoabsolutistische System trugen dazu bei, daß – gestützt auf das Militär und ein streng überwachtes, aber kompetentes, pflichtbewußtes und unbestechliches Beamtentum – in den böhmischen Ländern bald die gewünschte Ruhe eintrat. Allein die am 17.III. 1849 noch vom Grafen Stadion eingeführte moderne Gemeindeordnung, die auf kommunaler Ebene eine weitgefaßte autonome Selbstverwaltung ermöglichte und eine Anpassung der Kreis- an die Sprachgrenzen gebracht hatte, verwirklichte in bescheidenem Umfang eine der geforderten Reformen. Als Stadion im Juli 1849 krankheitsbedingt sein Amt aufgeben mußte, wurden die Zügel sogleich angezogen. Das bekam zuerst die Presse zu spüren. Havlíček Borovský[23] war bereits im April 1849 vor Gericht gestellt, aber freigesprochen worden; sein Artikel „Der Adel und die Slaven" bot Anlaß, am 9.VI. seine oppositionelle *Národní noviny* zeitweilig zu verbieten. Der am 21.XII. veröffentlichte Beitrag Palackýs „Über Zentralisation und nationale Gleichberechtigung in Österreich", in dem er seine früheren Föderationspläne präzisierte und die Einhaltung der Bestimmungen der Oktroy-Verfassung anmahnte, sowie Spekulationen Havlíčeks über einen weiteren Abbau der Bürgerrechte ließen den behördlichen Druck so anwachsen, daß die angesehene Zeitung am 19.I. 1850 ihr Erscheinen einstellte. Das ab Mai in Kuttenberg herausgebrachte Nachfolgeorgan *Slovan* mußte im August 1851 ebenfalls liquidiert werden. Für über drei Jahre nach Brixen verbannt, durfte Havlíček Borovský erst im April 1855 als Todkranker nach Prag zurückkehren, wo er 35jährig als eine der tragischsten Persönlichkeiten des tschechischen Geisteslebens am 29.VII. 1856 starb. Das vom ehemaligen Reichtstagsabgeordneten Pinkas und seinem späteren Schwiegersohn A. Springer redigierte Journal „Union", das Sprachrohr der konstitutionellen Opposition, war am 12.XI. 1850, das einst dem radikaldemokratischen Flügel zugerechnete Abendblatt *Pražský večerní list* am 1.II. 1851 verboten worden ebenso wie die liberal ausgerichtete Prager Deutsche Zeitung, so daß mit Ausnahme der offiziösen *Pražské noviny* in Böhmen kein unabhängiges Presseorgan mehr erscheinen durfte.

Noch unter dem Fürsten Schwarzenberg († 5.IV. 1852) war es zum Ausscheiden profilierter Persönlichkeiten wie Schmerling und Bruck aus dem Wiener Ministerrat gekommen; dafür wurden politisch farblose hohe Beamte ernannt, die, wie vor allem der Hofkammerpräsident Kübeck, der dem Reichsrat, der einzigen entsprechend der März-Verfassung gebildeten Beratungskörperschaft vorsaß, den unerfahrenen Kaiser Franz Joseph I. in seiner Absicht bestärkten, das konstitutionelle Experiment ganz zu beenden und zu einem absolutistisch organisierten Wohlfahrtsstaat zurückzukehren, in dem sich Ruhe, Ordnung, die Beachtung der Gesetze und materielle Sicherheit leichter verwirklichen lassen würden. Franz Joseph, der noch bis Mai 1849 in Olmütz residiert hatte, verfügte über keine besonderen Beziehungen zu den böhmischen Ländern und besaß von ihrer Vergangenheit und ihren politischen und sozioökonomischen Problemen keine tiefere Kenntnis. Die tschechischen Konservativen und ihre Forderungen waren ihm genau so suspekt wie die deutschböhmischen Liberalen. Eine Krönung mit der St. Wenzelskrone und die damit möglicherweise verbundene Anerkennung des böhmischen Staatsrechts sowie der daraus abgeleiteten politischen Implikationen lehnte er entschieden ab.[24] Zwar hatte die Regierung am 22. I. für Mähren und am 3. II. 1850 für Böhmen die in der Verfassung vorgesehene Landtagsordnung und ein Wahlgesetz verkündet; sie traf aber keine Anstalten, die Landtags- oder die Reichstagswahlen durchzuführen, so daß die vorerst weiterhin nach den alten Ständeordnungen zusammengesetzten Provinzialversammlungen, denen das Steuerbewilligungsprivileg entzogen worden war, zu rein beratenden Organen des weitgehend omnipotenten Statthalters absanken.

Nachdem bereits am 20. VIII. 1851 das konstitutionelle Prinzip der Ministerverantwortlichkeit aufgekündigt worden war, bereitete das aus drei kaiserlichen Schreiben bestehende Silvesterpatent der März-Verfassung von 1849 ein Ende. Die darin in 36 – von Kübeck verfaßten – Paragraphen niedergelegten „Grundsätze für organische Einrichtungen in den Kronländern des österreichischen Kaiserstaates" führten wiederum den absolutistischen Einheitsstaat ein, wobei die Trennung der Verwaltung von der Justiz auf unterster Stufe annulliert, Schwurgerichte und öffentliche Verfahren beseitigt, die Rechte der Gemeinde- und Kreisverwaltungen zu großen Teilen beschnitten und die Statthaltereien erneut als die wichtigsten Verwaltungsorgane in den Ländern etabliert wurden. Der modernisierten Polizei, aus dem Innenressort herausgelöst und von einer selbständigen Obersten Polizeibehörde geleitet, sowie einem neugeschaffenen Gendarmeriekorps wurden umfassende Kontrollaufgaben und Eingriffsmöglichkeiten übertragen. Das Ministerium als oberste leitende Verwaltungsbehörde war allein dem Kaiser verantwortlich.[25]

Dieses vom Innenminister Alexander Bach perfekt organisierte System, dessen Konzeption sich bis 1918 in der k. u. k. Monarchie erhielt, griff einmal mehr auf das Deutschtum als den staatserhaltenden Faktor zurück, führte von neuem die deutsche Amtssprache ein und erweckte bei den nichtdeutschen Nationalitäten sofort den Eindruck, mit der bewußt deutsch-nationalen Ausrichtung der Administration eine Germanisierung betreiben zu wollen. Obschon die Deutschen jetzt eine gesamtösterreichische Staats- und Kulturidee verfochten, wurden sie von der nichtdeutschen Bevölkerung als Werkzeuge des verhaßten Systems entschieden abgelehnt und zu Feinden schlechthin abgestempelt.[26] Da politische Aktivitäten weitgehend unterbunden und national-kulturelle Arbeit durch die Zensur erschwert waren, vertiefte die intensive Rückbesinnung auf die historischen Grundlagen des böhmischen Sonderbewußtseins die Diskussionen um Inhalt und Umfang des böhmischen Staatsrechts sowie der sich daraus ergebenden politischen Konsequenzen.[27] Davon wurden nicht nur immer größere Bevölkerungskreise erfaßt, sondern es stellte sich auch die Frage nach der Wünschbarkeit einer Aufrechterhaltung der österreichischen Gesamtmonarchie. Die bittere Einsicht, daß fast alles Wissen um die geschichtliche Existenz des Königreichs Böhmen im Ausland fehlte und daher im Vergleich zur polnischen, ungarischen und italienischen Nationalbewegung keine wirkungsvolle internationale Unterstützung der nationaltschechischen Postulate zu erwarten war, bot immerhin Anlaß, das tschechische staatsrechtliche Programm verstärkt inner- und außerhalb des Habsburgerreiches bekannt zu machen.

Positive Auswirkungen zeigten die vom tschechophilen Kultus- und Unterrichtsminister Leo Graf Thun und seinem aus Südböhmen stammenden Unterstaatssekretär J.A. von Helfert couragiert in Angriff genommenen Reformen, die vor allem dem höheren Schulwesen, dem Ausbau der Technischen Hochschulen und den Handelsakademien zugute kamen. Trotz mancher Anfeindungen im tschechischen Lager wurde anerkannt, daß Thun „zum Nutzen der tschechischen Nation“ gewirkt und „sich deren unvergänglichen Dank“ erworben habe. Die wesentlich verbesserten Bildungsmöglichkeiten wurden von der Bevölkerung konsequent genutzt, zumal abzusehen war, daß Tschechisch als Unterrichtssprache nicht mehr lange diskriminiert werden konnte.[28] Dagegen wurde die von Thun verfolgte Kirchenpolitik, die den kirchlichen Einfluß auf die Schule ausdehnte, die letzten Überbleibsel der josephinisch-aufklärerischen Maßnahmen beseitigte und die Interventionsmöglichkeiten der Kurie erweiterte, in liberalen Kreisen scharf zurückgewiesen. Vor allem hat das am 18.VIII. 1855 unterzeichnete Konkordat, in dem die Ehegerichtsbarkeit und das Erziehungswesen erneut katholisch-konfessionell ausgerichtet wurde, im In- und Ausland schwerste Bedenken hervorgerufen und in Böhmen die Furcht genährt, eine neue Gegenreformation solle die letzten Spuren des Hussitismus und der Brüderunität ausrotten. Da der katholischen Kirche unterstellt wurde, sich mit den Zielen des neoabsolutistischen Staates zu identifizieren und damit auch die Unterdrückung der demokratischen und nationalen Forderungen zu billigen, wurde gerade das mit dem Konkordat angestrebte Vorhaben, nämlich eine Neubelebung des religiösen Bewußtseins herbeizuführen, in den böhmischen Ländern nicht erreicht.[29]

Wenig Interesse wurde in den böhmischen Ländern für die vom Grafen Buol-Schauenstein zu verantwortenden außenpolitischen Verwicklungen der Habsburgermonarchie aufgebracht. Die klägliche Rolle, die Österreich im Krimkrieg (1853–1856) spielte, trug ihm die Feindschaft Rußlands ein, ohne es zum vollgültigen Partner Englands und Frankreichs zu machen. Auch das Verhältnis zu Preußen blieb dauerhaft gestört. Als Napoleon III. die sardinischen Einigungsbemühungen für Italien aktiv zu fördern begann, fand sich Österreich weitgehend isoliert und war wegen der latenten Geldnot militärisch auch nicht für einen größeren Waffengang gerüstet. Nach den schweren Niederlagen bei Magenta (4. VI.) und Solferino (24. VI.) wurden übereilt der Waffenstillstand und der Vorfrieden von Villafranca (8./15. VII.) geschlossen, die bereits die dann im Frieden von Zürich (10. XI. 1859) bestätigte Abtretung der Lombardei beinhalteten; die vom Haus Savoyen betriebene Bildung eines italienischen Nationalstaates mußte früher oder später auch zum Verlust Venetiens führen. Noch beunruhigender war jedoch die Tatsache, daß in Ungarn die österreichische Niederlage mit unverhohlener Freude registriert und eine rasche Beendigung der neoabsolutistischen Herrschaft als unaufschiebbar angesehen wurde.

2. Das Eskalieren der nationalen Auseinandersetzung und das Scheitern der Ausgleichsbemühungen, 1860–1893

Nach der schweren Niederlage in Italien, den anwachsenden Spannungen in Ungarn und der erschütterten Führungsrolle im Deutschen Bund sah sich Kaiser Franz Joseph I. zum Handeln gezwungen. Schon am 15. VII. 1859 hatte er daher im Laxenburger Manifest „zeitgemäße Verbesserungen in Gesetzgebung und Verwaltung" in Aussicht gestellt und mit der Entlassung des Innenministers Bach, des gefürchteten Polizeiministers Kempen und des zwielichtigen Generaladjudanten Graf Grünne ein Zeichen gesetzt. Der polnische Aristokrat Agenor Graf Gołuchowski sollte als neuer Innenminister eine Verfassungsreform durchführen, die der auf 59 Mitglieder erweiterte Reichsrat unter Vorsitz des Erzherzogs Rainer vorbereiten sollte. Aus Böhmen waren neben dem Fürsten Johann Adolf Schwarzenberg Heinrich Graf Clam-Martinic, Albert Graf Nostitz-Rieneck und der Reichenberger Fabrikant A. Trenkler berufen worden; die mährischen Interessen sollten Franz Graf Salm-Reifferscheid, Georg Graf Stockau und der Großindustrielle Philipp Schöller wahrnehmen, die dann auch dafür sorgten, daß ihren ständischen, von den historischen Länderindividualitäten ausgehenden Lösungsvorstellungen Rechnung getragen wurde. Das am 20. X. 1860 als „beständiges und unwiderrufliches Staatsgrundgesetz" erlassene Oktoberdiplom stellte einen Kompromiß zwischen den föderalistischen und zentralistischen Tendenzen dar, bezog die Länder der St. Stephanskrone als integrale Bestandteile in den Gesamtverband der Habsburgermonarchie ein, gewährte den Landtagen verhältnismäßig weitgehende Befugnisse und behielt dem zentralen Reichsrat die Gesetzgebung in fiskalischen und militärischen Angelegenheiten vor.[30]

Dieser „Kompromiß zwischen Absolutismus, stark eingeschränkter konstitutioneller Legislative und administrativem Föderalismus" (Kann) fand wenig Zustimmung, weil die Gliedstaaten nicht als historisch-politische Gebilde und schon gar nicht auf ethnischer Grundlage, sondern als rein verwaltungstechnische Einheiten organisiert werden sollten und den überlebten ständischen Prärogativen den liberaldemokratischen Vorstellungen gegenüber der Vorzug eingeräumt worden war. Während Palacký im Oktoberdiplom immerhin einen Ansatz zum Ausbau der den Landtagen eingeräumten Gesetzgebungsmöglichkeiten sah, obgleich darin die böhmische Krone als Rechtsträgerin der historischen Ländereinheiten keine Erwähnung gefunden hatte, veranlaßte die Opposition der Magyaren und der Einspruch der deutschen Liberalen um den Finanzminister Ignaz von Plener[31] den Kaiser, Gołuchowski zu entlassen und am 15. XII. 1860 Anton Ritter von Schmerling mit der Leitung der österreichischen Politik zu beauftragen.

Das von Schmerling, einem führenden Deutschliberalen und Repräsentanten der hohen österreichischen, zentralistisch gesinnten Beamtenschaft, bereits am 26. II. 1861 verfügte Februarpatent gestand dem bikameralen Reichsrat erweiterte Gesetzgebungskompetenzen zu, während die politischen Einflußmöglichkeiten der Landtage, die aufgrund vereinheitlichter Landesordnungen und eines äußerst eingeschränkten Wahlrechts zustandekommen sollten, beschnitten wurden.[32] Bei den im März durchgeführten Landtagswahlen wurden für Böhmen 236 Abgeordnete bestimmt: dabei standen 70 Vertreter des Großgrundbesitzes 87 Repräsentanten der Städte und Gewerbekammern und 79 Abgesandten der Landgemeinden gegenüber. Der Fürsterzbischof von Prag, die Bischöfe von Leitmeritz, Königgrätz und Budweis und der Rektor der Prager Universität hatten ihre Virilstimmen behalten. In Mähren gehörten der Fürsterzbischof von Olmütz, der Bischof von Brünn, 30 Großgrundbesitzer, 37 Städte- und Kammervertreter und 31 Deputierte der übrigen Gemeinden dem Landtag an. Während in den Städten im Durchschnitt auf 11 666 Einwohner ein Mandat entfiel, konnten in den Landgemeinden erst 49 081 Bewohner einen Abgeordneten entsenden. Diese Volksvertreter hatten auf den am 6. bzw. 9. IV. 1861 eröffneten Landtagen die Repräsentanten für die Abgeordnetenkammer des Wiener Reichsrats zu bestimmen; Böhmen war mit 54, Mähren mit 22 und Schlesien mit 6 Parlamentariern in dem 343 Mitglieder zählenden Gremium vertreten. Das Klassenwahlrecht hatte bewirkt, daß unter diesen 82 Abgeordneten nur 24 Tschechen (20 aus Böhmen, 4 aus Mähren) anzutreffen waren. Unter den 38 vom Kaiser in das Herrenhaus berufenen Persönlichkeiten, die sich um Staat oder Kirche, um Wissenschaft oder Kunst verdient gemacht hatten, befand sich auch František Palacký; den Ausschlag in dieser 130 Mitglieder umfassenden Kammer gaben neben den Erzherzögen und den höchsten kirchlichen Würdenträgern die Repräsentanten der Aristokratie. Da der Reichstag von den Ungarn, Kroaten, Slovenen und Siebenbürgern boykottiert wurde und sich die Mehrheit der böhmischen Abgeordneten am 18. III. 1863 aus Protest gegen die von Schmerling verfolgte großdeutsche Richtung der Abstinenzpolitik anschlossen, kam dem Zentralparlament nur eine untergeordnete Rolle zu.

Dagegen behielten die ebenfalls am 26. II. 1861 erlassenen Landesordnungen für Böhmen, Mähren und Österreich-Schlesien bis 1913 ihre Geltung. Die Leitung der Landtagsverhandlungen oblag dem vom Kaiser ernannten Oberstlandesmarschall in Böhmen und den Landeshauptmännern in Mähren und Schlesien, die auch dem Landesausschuß, dem Verwaltungs- und Exekutivorgan der Landesvertretung, vorsaßen und in ihrer Doppelstellung sowohl den Reichsinteressen als auch den spezifischen Bedürfnissen der Länder gerecht werden mußten. Die Kompetenzen der Landtage waren auf Agrarfragen, die Sozial- und Wohlfahrtspolitik, die Verwaltung des Landesvermögens sowie die Aufsicht über die Landesverwaltung und ihre Beamten begrenzt worden. Die Vorschrift, daß beim Zustandekommen von Beschlüssen, die zudem jederzeit vom Kaiser sistiert werden konnten, die Präsenz von drei Vierteln aller Mitglieder und die Zustimmung von zwei Dritteln der Anwesenden notwendig war, öffnete der nationalen Obstruktionspolitik Tür und Tor und schloß eine konstruktive Gesetzgebungsarbeit aus. Dem Kaiser blieb darüber hinaus das Recht, jederzeit den Landtag aufzulösen. Das Kurienwahlrecht schloß das Kleinbürger- und Bauerntum sowie die Arbeiterschaft weitgehend von der politischen Mitwirkung aus. Da die Landtage der einzelnen Kronländer keine offiziellen Kontakte untereinander pflegen durften, war jede Opposition auf Länderebene gegen die Zentralregierung wirkungsvoll unterbunden. Zwischen der mehrheitlich deutschen bzw. deutsch-jüdischen Städtekurie und der überwiegend von Tschechen beschickten Landgemeindekurie stellte sich relativ rasch eine gewisse politische Balance ein, zumal die Repräsentanten des Großgrundbesitzes anfangs in den nationalen Belangen ausgleichend wirkten und sich aufrichtig um eine Regelung der drängendsten Landesangelegenheiten bemühten. Das Schmerlingsche Gemeindegesetz von 1862 ermöglichte zudem eine Ausweitung der tschechischen Mitsprache auf unterer administrativer Ebene, womit die bürgerliche Nationalbewegung eine breitere Basis erhielt und hoffen konnte, im Landtag die Gewichte mit der Zeit zu ihren Gunsten verschieben zu können.

Zwar wurde am 19. IV. 1861 eine „Rechtsverwahrung" gegen das zentralistische Februarpatent und die von oben verfügte Landesordnung sowie gegen das die Deutschen begünstigende Zensuswahlrecht eingelegt, das auch im Landesausschuß eine deutsche Majorität bedingte. Aber trotz der Vorbehalte, die gegen das Februarpatent im tschechisch-nationalen Lager herrschten, zeigte man sich zur Mitarbeit in den parlamentarischen Gremien bereit in der Erwartung, daß nur so Fortschritte sowohl auf demokratischem als auch auf nationalem Gebiet erzielt werden könnten. Obschon die Tschechen ihre bedeutendsten politischen und literarischen Vertreter in den Reichsrat delegierten, maßen sie der Gewinnung der parlamentarischen Mehrheit im Landtag größere Bedeutung zu. Der von Fürst Karl Schwarzenberg und Heinrich Graf Clam-Martinic geführte konservative Aristokratenflügel schloß sich immer enger an die von Palacký[33] und seinem Schwiegersohn Rieger vertretene rechtsliberal-föderalistische Richtung an, während sich die vom Fürsten Carlos Auersperg repräsentierte Fraktion dem deutsch-böhmischen Standpunkt annäherte. So fand sich 1860 auf Honoratiorenebene in lockerem Verband die Nationalpartei *(Národní strana)* zusammen, die in dem aus Riegers Feder stammenden Programmentwurf vom 4. V. 1861 zwar für die Erhaltung der Monarchie eintrat, aber erweiterte Selbstverwaltungskompetenzen, völlige Gleichberechtigung der tschechischen und der deutschen Nation in Böhmen und die aktive Förderung des Nationalbewußtseins und der Nationalsprache verlangte. Auch der weiteren volkswirtschaftlichen Entwicklung, zumal der Landwirtschaft wurde ein hoher Stellenwert zuerkannt, wobei zusätzlich auch der Schutz des Handwerks und die Förderung der Industrie durch Staatsaufträge und die Verabschiedung eines Kartellgesetzes propagiert wurden. Als Organ stand der Nationalpartei die seit dem 1.I. 1861 täglich erscheinenden *Národní listy* (Nationale (Volks-)Blätter) zur Verfügung, deren Aufgabe nach den Worten Riegers „die Förderung der politischen und allgemeinen Bildung unseres Volkes [war], damit es aus eigener Kraft im Verein der österreichischen Völker zu innerer konstitutioneller Selbständigkeit gelange, die allein eine Grundlage seines allgemeinen Wohles, eine sichere Schutzwehr seines Volkstums, ein würdiger Widerhall seiner großen Vergangenheit sein kann". Doch schon nach 1863 formierte sich ein radikal-freisinniger, demokratischer Flügel unter J. Grégr und K. Sladkovský, der die Zusammenarbeit mit der Aristokratie, die Kirchenpolitik und bald auch die Zurückhaltung bei der Vertretung der nationalen Postulate zu kritisieren begann.

Der Konflikt vertiefte sich nach der Niederschlagung des polnischen Januaraufstands von 1863, der von der Mehrheit der tschechischen Bevölkerung mit Sympathie verfolgt worden war, während Palacký, Rieger und ihre aristokratischen Freunde offen den Erfolg Rußlands als Schutzmacht des Slaventums begrüßten.[34] Obgleich eine weitgehende Übereinstimmung in den nationalen Zielen, wenn auch nicht in den zu ergreifenden Maßnahmen bestand, drifteten die konservativen „Alttschechen" und ihre bald als „Jungtschechen" bezeichneten Opponenten immer weiter auseinander. Eine für den 8.I. 1864 von dem tschechisierten Fürsten Rudolf von Thurn und Taxis vorbereitete Gründung einer Freisinnigen Partei unterblieb zwar, aber die von J. Grégr redigierten *Národní listy* verfochten künftig diese eigenständige Linie, während Palacký sich nur auf die kurzlebige Zeitschrift *Národ* zur Propagierung seiner Vorstellungen stützen konnte. Dort veröffentlichte er auch im Vorfeld der sich anbahnenden österreichisch-ungarischen Einigung im April/Mai 1865 seine grundlegenden Überlegungen zur Föderalisierung des Habsburgerreiches *(Idea státu rakouského* / Die österreichische Staatsidee), wobei er zur Begründung des geforderten Staatenbundes für die Länder der böhmischen Krone das historische Staatsrecht heranzog, vor einer dualistisch deutsch-magyarischen Lösung der Nationalitätenproblematik auf Kosten der Slaven warnte und seine Zweifel an der Daseinsberechtigung des Habsburgerreiches hinter der Aussage versteckte: „Wir waren vor Österreich da, wir werden es auch nach ihm sein". Unter Aufgabe des von ihm zuvor verfochtenen Standpunkts einer rein ethnographischen Föderation von „Deutschböhmen" und „Tschechien", die er jetzt wegen der böhmischen Kessellage für undurchführbar hielt, entwickelte er den Gedanken eines auf ethnographischem, geographischem und historischem Fundament aufgebauten Föderativstaates.

Aktivierung des tschechischen Nationalbewußtseins

Diese Jahre eines „zentralistischen Liberalismus"[35] wurden von den tschechischen Patrioten konsequent genutzt, um das Nationalbewußtsein zu aktivieren und die Voraussetzungen für die uneingeschränkte Benutzung der tschechischen Sprache im öffentlichen Leben zu verbessern. Die Kultureinrichtungen, allen voran das Nationalmuseum, das seit 1861 unter Heinrich Graf Clam-Martinic als Präsidenten und dem Fürsten Karl Schwarzenberg als seinem Stellvertreter einen beachtlichen Aufschwung nahm, nicht zuletzt dank der erneuerten Mitarbeit Palackýs, erlebten eine bemerkenswerte Entwicklung. Zwischen 1859 und 1874 erschien nach langjährigen Vorarbeiten unter Anlehnung an das Vorbild der deutschen Konversationslexika der von I. L. Kober und F. L. Rieger betreute *Slovník naučný* unter dem Motte *„V práci a vědění je naše spasení"* (In der Arbeit und im Wissen liegt unsere Erlösung). Auf dieser Grundlage konnte dann zwischen 1888 und 1909 in 28 Bänden das bis heute unübertroffene Konversationslexikon *Ottův Slovník naučný* herausgegeben werden.[36] Der von Leo Graf Thun besonders geförderte Historiker W. W. Tomek, der auch im Wiener Reichsrat saß, begann die erste repräsentative Geschichte Prags niederzuschreiben. Die überwiegend von radikaldemokratischen Intellektuellen aus dem Umkreis der 1848er Revolution (J. V. Frič, V. Hálek, K. Sabina u. a.) gebildeten Literatenzirkel und die Almanache *Lada-Nióla* (1855) und *Máj* (1858, nach dem lyrisch-romantischen Gedicht des frühverstorbenen K. H. Mácha) erregten ebenso großes Aufsehen wie der 1854 vollendete stimmungsvolle Roman *Babička* (Die Großmutter) von B. Němcová, der bedeutendsten Dichterin des tschechischen Volkes, die neben der nationalen Komponente bewußt den sozialen und liberalen Strömungen ihrer Zeit Ausdruck verlieh.[37] Eine ganz neue literarische Schule, als deren wichtigster Vertreter Jan Neruda anzusehen ist, griff die Traditionen einer populär-nationalpädagogischen Poesie zwar noch auf, orientierte sich aber stärker an europäischen Vorbildern.[38] Der Musik Bedřich Smetanas, der in seinen Stoffen auf historische Vorbilder (Dalibor, Libuše) und das Volksleben (Die verkaufte Braut) zurückgriff, kam für das tschechische kulturelle und nationale Erwachen eine bedeutende Rolle zu.[39] Um die 1868 bis zur Grundsteinlegung vorangestriebenen Pläne zur Errichtung eines tschechischen Nationaltheaters machte sich vor allem der unermüdliche F. L. Rieger, ein echter Volkstribun, verdient, der sich auch als Nationalpädagoge und Organisator der tschechischen Wissenschaft, Bildung und Wirtschaft herausragende Meriten erworben hat.[40] Das sich rasch verbreitende, die nationalen Trennungslinien aber kaum noch überschreitende Vereins- und Genossenschaftswesen erfuhr eine eindrucksvolle Blüte. Als besonders erfolgreich erwies sich dabei die im Frühjahr 1862 von Dr. Miroslav Tyrš und Jindřich (Heinrich) Fügner gegründete *Sokol*-(Falke-)Bewegung, eine panslavisch ausgerichtete Turn- und Sportvereinigung spezifisch kleinbürgerlich-demokratischen Charakters, die der nationalen Bewußtseinsbildung entscheidende Impulse verlieh.

Die seit Ende der 1850er Jahre zunehmend praktizierte Gleichberechtigung der Landessprachen im Schulwesen hatte dazu beigetragen, daß der Unterricht in Volks-, Haupt- und Realschulen in gemischten Gebieten zweisprachig, sonst in der Sprache der überwiegenden Bevölkerungsmehrheit erteilt und auch die Gymnasien nach deutscher, tschechischer oder paritätischer Unterrichtssprache reorganisiert wurden, wobei die andere Landessprache obligatorischer Lehrgegenstand war.[41] Die Prager Stadtverordneten konnten erst nach massiver Intervention der Wiener Zentralregierung dazu gebracht werden, ihren angesichts einer knappen tschechischen Bevölkerungsmehrheit im September 1861 gefaßten Beschluß, alle deutschen Schulen in der Landeshauptstadt aufzuheben, zurückzunehmen. Während an der Prager Technischen Hochschule die Ausweitung der auf Tschechisch gehaltenen Vorlesungen und Seminare keine Probleme bereitete und 1868 sogar eine selbständige tschechische Anstalt eingerichtet werden konnte,[42] löste die Forderung, die Karl-Ferdinands-Universität, an der die Zahl der tschechischen Studenten die der deutschen bereits übertraf, ebenfalls „utraquistisch" zu reorganisieren, im Landtag von 1866 heftige Debatten aus. Mit seinem raschen wirtschaftlichen Aufstieg verband das liberal und demokratisch empfindende tschechische Kleinbürgertum die Erwartung, auch erweiterte politische Mitspracherechte eingeräumt zu erhalten und seine nationale Vorrangstellung ausbauen zu können. Die wachsende Intoleranz verlangte bald von jedem einzelnen, unbeschadet seines blutsmäßigen Herkommens oder seiner verwandtschaftlichen Verflechtungen, ein Bekenntnis zu einer Nationalität; in dieser Atmosphäre wurden die früher engen familiären Beziehungen zwischen Tschechen und Deutschen weitgehend beendet und die Abgrenzung in festgefügte nationale Lager eingeleitet.

Viel schwerer tat sich die deutschböhmische Seite, ihre politischen Erwartungen zu artikulieren und aktiv zu vertreten. Viele der Wortführer von 1848/49 waren ins Exil gegangen oder hatten ihre Ansichten geändert; die aktivsten und begabtesten Vertreter des Deutschtums wie Leopold von Hasner, Franz Schmeykal und Karl Giskra wurden nach Wien beordert und machten dort politische Karriere. Häufig waren es an die Prager Universität berufene Professoren, die sich als Abgeordnete oder Publizisten der Verteidigung der deutschen Interessen annahmen. Diesem Kreis entstammten Eduard Herbst, Aloys von Brinz und der seit 1851 in Prag lehrende schwäbische Historiker Constantin von Höfler, auf dessen Initiative hin 1862 der „Verein für Geschichte der Deutschen in Böhmen" ins Leben gerufen wurde und der sich die Aufgabe stellte, für die von tschechischer Seite angezweifelten nationalpolitischen Rechte der Deutschböhmen eine historische Begründung zu liefern und ihr Geschichtsbewußtsein weiter zu vertiefen.[43] Die Ausbildung eines eigenen Verbands- und Vereinswesens schritt rasch voran, wobei sich neben unpolitischen Gebirgs- und Wandervereinigungen sowie naturwissenschaftlich-medizinischen Organisationen wie dem 1849 entstandenen Verein Lobos auch der Deutsche Turnverband mit seinen zahllosen angeschlossenen Ortsvereinen dynamisch entwickelte, der sich die Erhaltung, Ausbreitung und Förderung des deutschen Volkstums im Sinne

F. L. Jahns zum Ziel gesetzt hatte. 1864 kam es in Böhmen und Schlesien, 1868 auch in Mähren zum Aufbau eines Deutschen Sängerbunds, der ebenfalls wirkungsvolle kultur- und nationalpolitische Erziehungsarbeit leistete. Selbst das sich rasch nach dem Vorbild Schulze-Delitzschs und Raiffeisens ausbreitende Genossenschaftswesen und die äußerst beliebten Konsumvereine trugen, da sie nur für die jeweiligen Konnationalen bestimmt waren, zum Auseinanderleben der tschechischen und der deutschböhmischen Bevölkerung bei.

Folgen des preußisch-österreichischen Krieges von 1866

Als im Zusammenhang mit dem sich zuspitzenden Konflikt um Schleswig-Holstein eine militärische Auseinandersetzung mit Preußen immer wahrscheinlicher wurde, entließ Kaiser Franz Joseph I. am 27. VI. 1865 Staatsminister Schmerling, der weder ein Einlenken der Ungarn noch ein Nachgeben der Tschechen erreicht hatte, und berief den ehemaligen Landespräsidenten von Schlesien und Statthalter von Böhmen, Richard Graf Belcredi, zu seinem Nachfolger. Die Sistierung der Verfassung am 20. IX. 1865, die Schließung des seit Frühjahr 1863 von den Tschechen boykottierten Reichsrats und die Einberufung der Landtage zum 23. XI. schienen die Chance zu bieten, der Realisierung des staatsrechtlichen Programms für die böhmischen Länder näher zu kommen, zumal die konservative Großgrundbesitzerkurie jetzt bereits mehrheitlich die tschechischen Positionen vertrat. In einer am 29. XII. 1865 gegen die Stimmen der deutschen Abgeordneten verabschiedeten Adresse wurde der Kaiser an sein im April 1861 abgegebenes Versprechen erinnert, sich zum König von Böhmen krönen zu lassen. Als Franz Joseph I. am 8. I. 1866 zusagte, nach „Gelingen des großen Werkes" der Verfassungsrevision „in Mitte meiner treuen Böhmen nach Recht und heiliger Sitte den Akt der Krönung zu vollziehen", wurde am 19. III. eine weitere Petition an den Kaiser gerichtet, zuerst einer grundlegenden Änderung der Wahlordnung zugunsten der tschechischen Bevölkerungsmehrheit zustimmen zu wollen.[44] Angesichts der drohenden Kriegsgefahr wurde der Landtag jedoch noch vor dem Eintreffen einer Antwort am 23. III. vertagt.

In seinem Kriegsmanifest vom 17. VI. 1866 stellte Kaiser Franz Joseph I. bedauernd fest, daß nach Scheitern aller diplomatischen Möglichkeiten „das Unheilvollste, ein Krieg Deutscher gegen Deutsche, unvermeidlich geworden" sei. Während in Italien militärische Erfolge errungen werden konnten, zeigten sich die österreichischen Truppen den nach Böhmen einmarschierenden preußischen Armeen nicht gewachsen. Nach schweren Verlusten in kleineren Vorgefechten kam es am 3. VII. zwischen dem Dörfchen Sadová und Königgrätz zur Entscheidungsschlacht, in der die Preußen einen vollständigen Sieg errangen und sich die österreichischen Einheiten in Richtung Olmütz und Wien zurückziehen mußten. Vor allem Bismarck drängte König Wilhelm, durch ein großzügiges Friedensangebot den Krieg rasch zu beenden; am 22. VII. wurde ein Waffenstillstand, am 6. VIII. der Vorfriede von Nikolsburg und am 22. VIII. 1866 der

Friede von Prag geschlossen, bei dem Österreich zwar keine Gebietsverluste hinnehmen mußte, aber sein Ausscheiden aus dem Deutschen Bund zu akzeptieren hatte, der in der bisherigen Form aufgelöst wurde.[45] Da Preußen mit der Erwerbung von Schleswig-Holstein, Hannover, Kurhessen, Nassau und Frankfurt die Lücke zwischen den altpreußischen und seinen rheinischen Besitzungen schließen konnte und mit den noch bestehenden norddeutschen Staaten und dem Königreich Sachsen die Bildung eines Norddeutschen Bundes vereinbart worden war, schuf die österreichische Niederlage von 1866 die wesentlichste Voraussetzung für die Gründung eines preußisch-kleindeutschen Nationalstaates. Mit dem Verlust der Stellung in Deutschland ging trotz der Siege von Custozza (24. VI.) und in der Seeschlacht von Lissa (20. VII. 1866) die Abtretung Venetiens bis zur Isonzolinie einher, wodurch eine weitere Einflußnahme auf die italienischen Belange gleichfalls ausgeschlossen wurde. Die rd. 10 Mill. Deutschösterreicher, die zuvor durch den Deutschen Bund eine gewisse moralische Rükkenstärkung erfahren und sich durch jahrhundertelange Verbindungen und ungebrochene Traditionen als Teil der gesamtdeutschen Nation empfunden hatten, sahen sich nunmehr als nationale Minderheit auf die Donaumonarchie mit ihrer schwelenden Nationalitätenproblematik zurückgeworfen. Auch wenn einer raschen Regelung der ungarischen Frage von den Wiener Politikern Priorität eingeräumt wurde, so ist doch auch die Bedeutung der böhmischen Problematik für eine gedeihliche Entwicklung des Habsburgerreiches nicht verkannt worden.

Bei der Besetzung Böhmens, das durch die Kampfhandlungen schwer in Mitleidenschaft gezogen wurde, ließ Bismarck eine „Proklamation an die Einwohner des glorreichen Königreiches Böhmen" veröffentlichen, die der Bevölkerung „die volle Achtung für euere historischen und nationalen Rechte" verhieß und die Verwirklichung „euerer nationalen Wünsche" in Aussicht stellte.[46] Palacký und Rieger nahmen dagegen die Gelegenheit einer Audienz wahr, um Kaiser Franz Joseph I. der unverbrüchlichen Treue der Tschechen zum Haus Habsburg zu versichern und ihrer durch das Ausscheiden Österreichs aus dem Deutschen Bund gewachsenen Erwartung auf eine Föderalisierung der Monarchie Ausdruck zu verleihen. Im Juli/August 1866 wurde von ihnen in Beratungen mit polnischen und kroatischen Politikern ein historisch-föderalistisches Programm entworfen, das fünf Ländergruppen umfassen sollte – eine davon bestehend aus Böhmen, Mähren und Schlesien – die jeweils von einem Hofkanzler im Reichsministerium zu vertreten gewesen wären. Während ein von den einzelnen Ländern beschickter Generallandtag (Reichsrat) die im Oktoberdiplom genannten gesamtstaatlichen Aufgaben wahrnehmen sollte, verlangte man für die von den Landtagen überwachten Landesregierungen ein breites Betätigungsfeld. Da Rieger aber ein kompliziertes, die Bevölkerungszahl, die Landesgröße und die Steuerkraft berücksichtigendes parlamentarisches System verfocht, konnte ein Einvernehmen auf diesem „Slavenkongreß" nicht erzielt werden.[47] Weder eine Reise des Kaisers vom 18. X.–4. XI. durch Mähren und Böhmen noch die Landtagsverhandlungen im November/Dezember 1866 führten zu einer Klärung der

Standpunkte, obschon das Ministerium Belcredi seine Sympathie für eine föderalistische Lösung der Nationalitätenproblematik nicht verhehlte. Da eine Regelung mit den Ungarn aber nur durch die Anerkennung ihrer Vorherrschaft in der transleithanischen Reichshälfte zu erreichen war, entschied sich der Kaiser unter dem Einfluß des ehemaligen sächsischen Ministers Friedrich Graf Beust, der nach dem 7. II. 1867 anstelle des entlassenen Belcredi für das Zustandekommen des österreichisch-ungarischen Ausgleichs die Verantwortung trug, für die dualistische Lösung.[48]

Die Abgeordneten des böhmischen und des mährischen Landtags suchten sich der von ihnen als verhängnisvoll beurteilten Zweiteilung der Habsburgermonarchie in eine von den Deutschen dominierte westliche (= cisleithanische) Reichshälfte und einen von den Magyaren beherrschten östlichen (= transleithanischen) Reichsteil entgegenzustemmen, mußten ihre fruchtlose Opposition aber mit der Auflösung der Regionalversammlungen und der Neuwahl der Landtage bezahlen, bei der die Deutschen wieder die Mehrheit erlangten. Gegen die von den deutschliberalen Abgeordneten vorgenommene Wahl der Reichsratsmitglieder legte Rieger am 12. IV. 1867 schärfsten Protest ein, worauf die tschechischen Parlamentarier die am 20. V. begonnenen Verfassungsberatungen im Reichsrat boykottierten. Dafür beteiligten sich die bekanntesten Repräsentanten der Tschechen an der sog. Wallfahrt nach Rußland *(pout' na Rus)*, wo am 26. V. Palacký und Rieger von Zar Alexander II. empfangen wurden.[49] Diese Demonstration panslavischer Verbundenheit konnte die Beratung und Verabschiedung neuer Verfassungsgrundlagen für Österreich aber nicht beeinflussen. Nachdem am 25. VII. 1867 mit der Einführung der Ministerverantwortlichkeit der Weg zu einem gemäßigt liberalen Konstitutionalismus eingeschlagen worden war, trat am 21. XII. die sog. Dezemberverfassung in Kraft, die anstelle einer föderalistischen Kompetenzaufteilung zwar die liberal-zentralistische Grundstruktur der westlichen Reichshälfte festschrieb, immerhin aber das nationale Äquivalenzprinzip aller Völker anerkannte.[50] Der Art. 19 legte ausdrücklich fest: „Alle Volksstämme des Staates sind gleichberechtigt und jeder Volksstamm hat ein unverletzliches Rechts auf Wahrung und Pflege seiner Nationalität und Sprache. – Die Gleichberechtigung aller landesüblichen Sprachen in Schule, Amt und öffentlichem Leben wird vom Staat anerkannt". Da nach dem Ausgleich künftig nur die drei Reichsministerien des Auswärtigen, des Heeres- und Kriegswesens und der dafür benötigten Finanzen übrigblieben, kamen den Verfassungsgrundsätzen für den cisleithanischen Reichsteil besondere Bedeutung zu, wobei der Wirkungsbereich des nach dem Zensuswahlrecht gebildeten Reichsrats mit 203 Mitgliedern, von denen 54 auf Böhmen, 22 auf Mähren und sechs auf Schlesien entfielen, weit gefaßt war; auch das Unterrichtswesen sowie die Organisation der Verwaltungs- und Gerichtsbehörden unterlagen seiner Gesetzgebungskompetenz. In das am 30. XII. 1867 berufene cisleithanische Ministerium unter dem Fürsten Carlos Auersperg traten mit Ignaz von Plener (Handel), Eduard Herbst (Justiz), Leopold von Hasner (Kultus und Unterricht) und Karl Giskra (Inneres) auch vier deutschböhmische Abgeordnete ein.

Verhärtung der nationalen Standpunkte

Da den Erwartungen der tschechischen Föderalisten mit der Dezemberverfassung nicht Rechnung getragen worden war und sie in der späten Anerkennung der 1848/49 als Hochverrat eingestuften politischen Privilegien der Ungarn eine offenkundige Desavouierung ihrer Kaisertreue und Staatsloyalität zu erkennen glaubten, kam es zu einer Radikalisierung des gesamten tschechischen nationalpolitischen Lebens, die nach dem städtischen Kleinbürgertum jetzt auch weite Teile der Landbevölkerung und der Arbeiterschaft erfaßte. Hinter dem Kampf gegen die Verfassung und für die Realisierung der staatsrechtlich-föderalistischen Pläne verbarg sich eine mit zunehmender Schärfe geführte Auseinandersetzung, in der es um den Abbau der Vorrangstellung des Deutschtums und um die Gewinnung der politischen Autonomie für das tschechische Mehrheitsvolk in den als unauflösliche Einheit empfundenen Ländern der böhmischen Krone ging. Die als entgegenkommende Geste gemeinte Rückführung der St. Wenzelskrone am 28. VIII. 1867 aus Wien nach Prag entwickelte sich daher ebenso zur nationaltschechischen Manifestation gegen den Dualismus wie die Grundsteinlegung für das tschechische Nationaltheater am 15.–17. V. 1868 oder die Feiern zu Palackýs 70. Geburtstag am 14./15. VI. Als der Kaiser eine Woche darauf zur Einweihung einer neuen Moldau-(Elisabeth-)brücke nach Prag kam, wurde ihm ein äußerst kühler Empfang zuteil. In einer am 22. VIII. von Rieger formulierten Deklaration legten 81 tschechische Abgeordnete in zehn Punkten die „Desiderien der Nation" vor und begründeten ihr Fernbleiben auch von den Prager Landtagsverhandlungen. In zahllosen Volksversammlungen unter freiem Himmel, zuerst nach irischem Vorbild *meetings*, später *tábory* genannt,[51] wurde gefordert, das tschechische Volk aufgrund seines „Erstgeburtsrechts" zur Staatsnation zu erheben und den mit der Pragmatischen Sanktion geschlossenen Vertrag zwischen den Ländern der böhmischen Krone und dem Haus Habsburg zu erneuern, der die einzige rechtliche Bindung an Österreich darstelle. Da das Ministerium Auersperg sich nicht zu einigen vermochte, welcher Kurs künftig Böhmen gegenüber zu verfolgen sei, wurde es am 26. IX. 1868 entlassen. Schwere Ausschreitungen nach einer Massenversammlung mit 20000 Menschen in Prag-Pankratz führten am 11. X. zur Verhängung des Ausnahmezustands über die Landeshauptstadt; die Ablösung des zivilen Statthalters v. Kellersperg durch Feldmarschalleutnant Koller war der erste Schritt, um mit massivem Truppeneinsatz und durch das Verbot der oppositionellen Presse die Ruhe notdürftig wiederherzustellen. Erst nach dem 28. IV. 1869 traten einigermaßen normale Verhältnisse ein.

Aber weder im Regierungslager, dessen Leitung der bisherige Kriegsminister Eduard Graf Taaffe übernommen hatte, noch auf tschechischer Seite herrschte Einvernehmen über die einzuschlagende Richtung. Die vom tschechischen Hochadel unterstützten Politiker um Rieger lehnten Verhandlungen mit der Regierung auf der Basis der Dezemberverfassung entschieden ab und suchten das Ausland für die Verwirklichung des böhmischen Staatsrechts zu sensibilisieren; dabei erregte ein an Napoleon III. gerichtetes Memorandum Riegers, in dem er die strategische Bedeutung eines unabhängigen Böhmen für die französische Mitteleuropapolitik herausgearbeitet hatte, besonderes Aufsehen.[52] Nach einem von ihm geleiteten Ministerrat am 10. XII. 1869 beauftragte Franz Joseph die Regierungsfraktionen, ihre sich widersprechenden Vorschläge zur Beilegung der tschechischen Frage schriftlich vorzulegen. Leopold von Hasner, der Sprecher der einen zentralistischen Kurs vertretenden Mehrheit, die den tschechischen Erwartungen nur im Rahmen der Dezemberverfassung entgegenzukommen bereit war, übernahm am 1. II. 1870 die Führung der Regierungsgeschäfte; da die Tschechen aber selbst die Aufnahme von vorbereitenden Gesprächen verweigerten, machte er bereits am 11. IV. dem polnischen Aristokraten Alfred Graf Potocki Platz, der unter weitgehender Berücksichtigung föderativer Elemente einen Staats- und Verfassungsumbau in Angriff nehmen und dadurch den nationalen Konflikt entschärfen wollte. Während die Gefahr eines deutsch-französischen Krieges, der dann auch am 19. VII. 1870 erklärt wurde, die Aufmerksamkeit verstärkt auf die außenpolitischen Entwicklungen lenkte und Österreich sich schließlich für eine „unbewaffnete Neutralität" entschied, suchte Potocki die Verhandlungsbereitschaft der tschechischen Seite auszuloten. In den nach dem 20. IV. in Wien geführten Geheimgesprächen zeigten sich Rieger und Sladkovský bereit, den österreichisch-ungarischen Ausgleich und die geforderte Aufgabe ihrer Abstinenzpolitik für den Fall zu akzeptieren, daß eine ähnliche dualistische Lösung auch für die cisleithanische Reichshälfte gefunden werden könne; als Voraussetzung für einen baldigen Verhandlungsbeginn wurde eine Änderung des Wahlrechts zugunsten der tschechischen Bevölkerungsmehrheit und eine grundsätzliche Anerkennung des historischen böhmischen Staatsrechts in einem kaiserlichen Manifest verlangt.

Obgleich die Regierung den tschechischen Propositionen in zahlreichen Punkten entgegenkam und am 29. VII. 1870 auch den Landtag in der Erwartung auflöste, bei Neuwahlen werde sich eine tschechisch-staatsrechtliche Mehrheit ergeben, erwiesen sich die Beratungen auf den verschiedenen Ebenen als äußerst schwierig, zumal auch den deutsch-böhmischen Postulaten Rechnung getragen werden mußte. Dabei konnte immerhin nicht nur über eine wesentliche Erweiterung der Gesetzgebungskompetenzen des böhmischen Landtags Einvernehmen erzielt werden, sondern auch über die Liberalisierung der Wahlordnung unter Ausmerzung der Virilstimmen und die Direktwahl in den zwei Hauptgruppen des städtisch-gewerblichen und des ländlich-grundbesitzenden Bevölkerungsteils; sogar die vorgesehene Regelung für die gesetzliche Gleichstellung der Nationalitäten und den regionalen Ausbau der Selbstverwaltung fand breite Zustimmung.[53] Da die Landtagswahlen tatsächlich die erwartete Mehrheit für die Tschechen erbracht hatten, nahmen die tschechischen Abgeordneten ihre Sitze wieder ein, verweigerten aber nach wie vor die von Potocki als Voraussetzung für eine Unterzeichnung der Vereinbarungen geforderte Rückkehr in den Reichsrat. Eine darüber Klage führende Landtagsadresse vom 18. IX. 1870 beantwortete Franz Joseph I. am 26. IX. mit einem wohlmeinenden Reskript, in dem er zwar seine Bereitschaft erklärte, durch die Vornahme der Krönung die Unteilbarkeit des Königreichs Böhmen und die Unveräußerlichkeit von dessen Rechten anzuerkennen, aber auch die fortdauernde Gültigkeit der Staatsgrundgesetze von 1860, 1861 und 1867 ausdrücklich hervorhob. Da sich die tschechischen Landtagsmitglieder der kaiserlichen Aufforderung, die Wahl der Abgeordneten für den Reichsrat vorzunehmen, erneut versagten, wurde der Landtag am 5. X. 1870 vertagt und aufgrund von Notwahlgesetzen die Reichsratsvertretung bestimmt. Weil die 30 tschechischen Parlamentarier aber den Wiener Beratungen fernblieben, wurde Potocki gestürzt und am 7. II. 1871 Siegmund Graf Hohenwart mit der Regierungsbildung beauftragt, der Karel Habětínek als Justiz- und Josef Jireček als Unterrichtsminister in sein Kabinett aufnahm.

Die Verhärtung der Standpunkte war auch ein Resultat der von den Deutschen in Böhmen und Mähren mitgetragenen Begeisterung über die preußischen Waffenerfolge gegen Frankreich, die eine Welle gesamtdeutscher Euphorie in Österreich auslösten. Sie wurde von den Tschechen aber nicht geteilt, die ein aktives Eingreifen zugunsten Frankreichs gefordert hatten und später vehement gegen die Einbeziehung Elsaß-Lothringens und gegen die Errichtung eines um die süddeutschen Staaten erweiterten Deutschen Reiches protestierten. Die Erneuerung der deutschen Kaiserwürde am 18. I. 1871 in Versailles und die Klauseln des Frankfurter Friedens vom 10. V. machten deutlich, daß die Habsburgermonarchie mit ihren inneren Problemen künftig allein fertig zu werden hatte, um im Konzert der Großmächte bestehen zu können und sich den aus dem Zerfall des Osmanischen Reiches auf dem Balkan resultierenden Entwicklungen gewachsen zu zeigen. Deshalb wurden seit März 1871 wieder intensive deutsch-tschechische Ausgleichsverhandlungen geführt, an denen auf tschechischer Seite Rieger, A. Pražák, Fürst G. Lobkowicz und die Grafen H. Clam-Martinic und E. Belcredi beteiligt waren. Auftrieb erhielten diese Gespräche durch das kaiserliche Reskript vom 12. IX., in dem Franz Joseph I. mitgeteilt hatte: „Eingedenk der staatsrechtlichen Stellung der Krone Böhmens ... erkennen Wir gerne die Rechte dieses Königreiches an und sind bereit, diese Anerkennung mit Unserem Krönungseide zu erneuern". Auf der Basis des mit dem Ministerium Potocki erzielten Einvernehmens wurden trotz des Einspruchs der deutschböhmischen Minderheit im Landtag die sog. Fundmentalartikel, der Entwurf eines Nationalitätengesetzes sowie eine Wahlrechtsreform ausgearbeitet.[54]

Scheitern der trialistischen Konzeption

Die dabei gefundenen Formulierungen entsprachen weitgehend den tschechischen Wünschen und stießen deshalb auf die entschiedene Ablehnung der Deutschen in Böhmen und Mähren, denen sich Teile der Beamtenschaft, Militärkreise um Kriegsminister v. John, Reichskanzler Beust, der Wiener Kardinal

Rauscher und die Hocharistokratie anschlossen, die den vorgesehenen Umbau des Herrenhauses in einen Senat ablehnten. Nach den Fundamentalartikeln sollte Böhmen in der cisleithanischen Reichshälfte eine der den Ungarn im Ausgleich von 1867 gewährten Rechten angenäherte Sonderstellung erhalten, wodurch der bisherige Dualismus zu einem österreichisch-ungarisch-böhmischen Trialismus weiterentwickelt worden wäre. Dagegen legten jetzt aber auch die Magyaren scharfen Widerspruch ein. Im vorgesehenen Nationalitätengesetz wurden die Achtung, Wahrung und Pflege des Volkstums und der Sprache größter Schutz gewährt; die den Landtag bildenden nationalen Kurien der Tschechen und der Deutschen erhielten das Recht eingeräumt, mit Zweidrittelmehrheit eine Vorlage der anderen Seite zurückzuweisen, wenn sie als nachteilig für das eigene Verhalten bewertet wurde. Strikte Ablehnung erfuhr von deutscher Seite, die sowohl in Prag als auch in Brünn den Beratungen fernblieb, der Passus, der die Zweisprachigkeit des Landesbeamten festschrieb. Der schlesische Landtag hatte sich gegen jede staatsrechtliche Verbindung mit Böhmen ausgesprochen, Mähren zwar seine Zustimmung zu den Fundamentalartikeln gegeben, aber einem konstituierenden Generallandtag zur Wiederherstellung der politischen Einheit der böhmischen Kronländer ebenfalls eine Absage erteilt und auf selbständigen Länderministerien beharrt.

Das dem Kaiser am 10. X. 1871 zur Sanktion vorgelegte Gesetzespaket, das wegen des Fehlens der verfassungsmäßig vorgeschriebenen Landtagsmehrheit nur durch kaiserlichen Oktroy in Kraft gesetzt werden konnte, fand auch in der Ministerratssitzung am 20./21. X. eine kontroverse Beurteilung: Während Hohenwart und sein Handelsminister Albert Schäffle, dem vorrangig der Verhandlungserfolg zu danken war, die gefundene Lösung verteidigten, lehnten Beust, der ungarische Premier G. Graf Andrássy und Finanzminister v. Holzgethan diese Regelung uneingeschränkt ab. Der Kaiser, über eine dem Landtag zugestandene Rekrutenbewilligungsklausel verärgert, stimmte deshalb weitreichenden Veränderungen in der Vorlage zu, die er den tschechischen Unterhändlern mit der ultimativen Aufforderung, in neue Verhandlungen einzutreten, zuleiten ließ. Da die Fundamentalartikel aus dem korrigierten Entwurf herausgefallen waren, somit vom ungeschmälerten Fortbestand der Dezemberverfassung ausgegangen werden mußte, lehnten die von den massiven Eingriffen bestürzten Tschechen die Fortsetzung der Gespräche ab. Als am 30. X. ein kaiserliches Reskript eine Regelung der Streitpunkte durch Beratungen im Reichsrat in Aussicht stellte, trat die Regierung Hohenwart-Schäffle zurück. Damit waren auch diese im Ansatz so erfolgversprechenden Ausgleichsbemühungen gescheitert, zumal der böhmische Landtag in einer Resolution vom 8. XI. 1871 auf seinen radikal-staatsrechtlichen Positionen beharrte und keine Kompromißbereitschaft zu erkennen gab.[55]

Auch wenn Zweifel angemeldet wurden, ob das Gesetzespaket von 1871 wegen der Kompliziertheit der vorgeschlagenen Regelungen den Abbau der nationalen Spannungen in Böhmen und das friedliche Zusammenleben von Tschechen und Deutschen hätte herbeiführen können, so wurde doch eine günstige Gelegenheit vertan, den überfälligen Umbau der cisleithanischen Reichshälfte einzuleiten. Die Ablehnung des Kaisers mag nicht zuletzt auch eine Reaktion auf die tschechischerseits betriebene Ermutigung der Vertreter anderer historischer Ländereinheiten oder Nationalitäten gewesen sein, ähnlich weitgehende staatsrechtliche Forderungen anzumelden; die finanziellen Erwägungen, daß die in den Fundamentalartikeln niedergelegte weitreichende fiskalische Selbständigkeit der steuerstarken böhmischen Länder eine raschere Entwicklung der zurückgebliebenen Reichsteile wie Galizien und der Karstländer erschweren würde, dürften einen ebenso wichtigen Ablehnungsgrund dargestellt haben wie die militärischen Bedenken. Rieger, dessen unnachgiebiger und wenig konziliianter Verhandlungsführung ein Teil des Scheiterns dieses bereits so weit gediehenen Ausgleichsversuchs angelastet wurde, gestand ein: „Das böhmische Volk hat einen schweren Schlag erlitten. Wir haben eine Schlacht verloren ..." Die Einsicht, daß wirksamer Beistand vom Ausland nicht zu erwarten war, machte sich bei den tschechischen Politikern breit, zumal weder Rußland noch Frankreich längerfristig ihr Interesse an einer Unterstützung der tschechischen Postulate bekundeten;[56] daß künftig aber auch der Erhalt der Habsburgermonarchie nicht mehr Inhalt der tschechischen politischen Aktivitäten sein werde, legte Palacký in seinem am 31. VI. 1872 veröffentlichten Politischen Testament dar, in dem er seine 1848 abgegebene Stellungnahme über den notwendigen Fortbestand des Kaisertums Österreich als „großen Irrtum" bezeichnete und seine Befürchtung äußerte: „Ich selber gebe jetzt leider schon die Hoffnung auf dauernde Erhaltung Österreichs auf." Der weitere Ausbau der sozioökonomischen, kulturellen und nationalpolitischen Eigenständigkeit trat für die Tschechen immer stärker in den Vordergrund der nationalen Zielsetzung, was auch die Ablösung der bisherigen Eliten beschleunigte.

Das am 26. XI. 1871 ernannte deutschliberale Ministerium unter dem Fürsten Adolf Auersperg sah sich veranlaßt, durch die erneute Berufung des Feldmarschalleutnants v. Koller zum böhmischen Statthalter die gärende Unzufriedenheit im Lande zu unterdrücken und alle politischen Aktivitäten einzuschränken, während die eher kulturpolitisch ausgerichteten Maßnahmen mit einer gewissen Duldung rechnen konnten. Nationale Gedenktage wie der 100. Geburtstag von Josef Jungmann im Sommer 1873, die Enthüllung eines Žižka-Denkmals 1874 und die Beisetzungsfeierlichkeiten für den am 26. V. 1876 verstorbenen František Palacký wurden geschickt zu großen Manifestationen der Volkseinheit genutzt. Die am 7. IV. 1872 begonnenen Versuche der Regierung, durch den Erwerb landtäflicher Güter die Großgrundbesitzerkurie stärker mit Deutschen zu beschicken und dadurch eine deutsch-verfassungstreue Landtagsmehrheit zu erhalten, wurden von tschechischer Seite mit der Scheinaufteilung der Güter mit dem Ziel einer Stimmenvermehrung sowie dem Einsatz der finanziellen Ressourcen der 1869 gegründeten *Živnostenská banka* (Gewerbebank) und der *Záložny* (Vorschußkassen) beantwortet. Dabei waren die *Chabrus* genannten staatlichen Landankaufsgesellschaften natürlich im Vorteil, ohne aber deutliche Erfolge erzielen zu können. Sowohl diese Initiative, als auch der Erlaß eines neuen, auf direkter Stimmabgabe basierenden Reichsratswahlgesetzes am 2. IV. 1873, durch das die Zahl der Abgeordneten zudem von 203 auf 353 heraufgesetzt wurde, ferner die Auflösungsverfügung für die von Fürst Karl Schwarzenberg geleitete Patriotische Ökonomische Gesellschaft und schließlich die Verschärfung der Pressezensur waren nicht die geeigneten Maßnahmen, um das Vertrauen der tschechischen Politiker zurückzugewinnen, auch wenn im Juni 1874 mit dem Wechsel in der böhmischen Statthalterei, bei dem von Koller, der neuer Kriegsminister wurde, dem Freiherrn Philipp von Weber Platz machte, der zivile Charakter der obersten Verwaltungsinstanz wieder hergestellt wurde.

Parteipolitische Formierung

Im deutschböhmischen Lager hatte sich im Frühjahr 1873 eine Abspaltung der „Jungen" unter K. Pickert und A. Knoll von der liberalen Partei vollzogen, die nicht nur Vorbehalte gegen die korrumpierte Parteiführung anmeldete und eine genuin liberale Politik im Geiste von 1848 forderte, sondern auch den deutschnationalen Gedanken der deutschösterreichischen Staatsidee gegenüber in den Vordergrund schob; sie konnte bei den ersten direkten Reichsratswahlen die Mehrheit der deutschböhmischen Mandate erringen. Obgleich die 33 tschechischen Abgeordneten im Dezember 1873 ihre jetzt bereits seit zehn Jahren andauernde Abstinenz von den Beratungen im Reichsrat in einer Rechtsverwahrung begründeten und ihre Bereitschaft betonten, „zum brüderlichen Zusammenwirken mit den Vertretern aller Königreiche und Länder" zu gelangen, um „ohne Präjudiz für die Rechtsstellung unseres Vaterlandes" einen „Ausgleich staatsrechtlicher Wirren" herbeizuführen, wurden ihnen 1874 die Mandate aberkannt. Dagegen waren am 24. I. die mährischen Parlamentarier in Wien erschienen und hatten ihren Willen bekundet, am Zustandekommen einer Verfassung mitzuwirken, „die gesichert ist, weil sie auf dem Rechte beruht". Da sieben Abgeordnete der bisherigen Nationalpartei unter der Führung von A. P. Trojan und E. Grégr die von Rieger und seinem Honoratiorenzirkel verfolgte passive staatsrechtliche Opposition sowie die enge Zusammenarbeit mit den konservativen Großgrundbesitz ablehnten und sich nach dem 15. IX. 1874 wieder an den böhmischen Landtagsverhandlungen beteiligten, wurden die seit langem spürbaren Auffassungsunterschiede über die Grundprinzipien des nationalpolitischen Kurses im tschechischen Lager offenkundig. Am 27. XII. wurde mit der Gründung der Freisinnigen Nationalpartei *(Národní strana svobodomyslná,* auch Jungtschechen = *Mladočeši)* auf Initiative von K. Sladkovský und den Brüdern E. und J. Grégr der Bruch mit den Alttschechen vollzogen, obschon programmatisch zwischen ihnen weiterhin große Übereinstimmung bestand. Die von den Jungtschechen verfochtene wirtschaftliche und kulturelle Stärkung der tschechischen Nation sollte dazu beitragen, den Tschechen einen gerechten Anteil an der Staatsmacht auf allen Sektoren einzuräumen, um gestützt darauf auch die Unteilbarkeit der böhmischen Länder abzusichern, die Anerkennung des historischen Staatsrechts durchzusetzen und dem tschechischen Bevölkerungsteil ein den praktischen Bedürfnissen genügendes Maß an autonomer Selbstverwaltung zu gewährleisten. Obgleich sich 1875 ein Parteitag für die Mitarbeit im Landtag aussprach, sollte der Boykott des Wiener Reichsrats aufrechterhalten werden.[57]

Unter Mitwirkung auch von 10 tschechischen Delegierten hatte sich am 5./6. IV. 1874 in Neudörfl die Sozialdemokratische Arbeiterpartei in Österreich konstituiert, in der es sowohl einen großdeutsch ausgerichteten Flügel als auch eine vom Programm der Internationalen Arbeiter-Assoziation beeinflußte internationalistische Richtung gab. Erst als eine Einigung der Arbeiterschaft im Rahmen der nationalen Zugehörigkeit angestrebt wurde, entschlossen sich tschechische Parteimitglieder am 7. IV. 1878 in Prag-Břevnov zur Gründung der Tschechoslavischen Sozialdemokratischen Arbeiterpartei *(Československanská sociálně demokratická strana dělnická)*, die sich als autonomer Bestandteil der österreichischen Sozialdemokratie verstand und sich vorrangig der sozialen Interessenvertretung der Arbeiterschaft annahm, aber unter Betonung des Rechts auf nationale Selbstbestimmung zudem den Anspruch auf politische Selbstverwaltung der böhmischen Länder verfocht.[58]

Die seit 1874 langsam eintretende Beruhigung der nationalen Gegensätze wurde durch die außenpolitische Entwicklung begünstigt, wobei Außenminister Andrássy aus Besorgnis vor dem übermächtigen Einfluß Rußlands auf dem Balkan konsequent die Annäherung an das Deutsche Reich betrieb und sowohl französischen als auch britischen Avancen, diese Kooperation zu stören, eine Absage erteilte. Als die 1875/76 ausgebrochenen Aufstände in der Herzegowina und in Ostrumelien in einem von Rußland unterstützten Krieg Serbiens und Montenegros gegen die Türkei mündeten, sah auch die österreichisch-ungarische Monarchie ihre Interessen bedroht. Da Rußland nach Ausbruch der russisch-türkischen Kampfhandlungen die dem Habsburgerreich in den Geheimkonventionen von Reichstadt und Budapest gemachte Zusage, eine Besetzung Bosniens und der Herzegowina zu tolerieren, nicht zu honorieren bereit war und eine panslavistische Welle auch in die böhmischen Länder überschwappte, rückte nach dem russischen Diktatfrieden von San Stefano (3. III. 1878) ein Konflikt der Großmächte immer näher. Die auf dem Berliner Kongreß (13. VI.–13. VII. 1878) von Bismarck vermittelte Lösung gestand Österreich die Okkupation der den dalmatinischen Küstenstreifen absichernden Provinzen Bosnien und Herzogewina sowie die militärische Kontrolle des strategisch wichtigen Sandschak Novipazar zu.[59] Gegen die damit verbundene Stärkung des slavischen Elements legten aber nicht nur die Magyaren, sondern auch die deutschböhmischen Altliberalen um Herbst und Giskra Widerspruch ein, der das Ministerium Auersperg im August 1878 zum Rücktritt veranlaßte. Nach einer Übergangsregierung unter K. von Stremayr übernahm am 14. VIII. 1879 Eduard Graf Taaffe erneut die Leitung der Regierungsgeschäfte mit dem festen Vorsatz, die konstruktive Zusammenarbeit mit den Tschechen zu suchen.

Bereits im November 1877 hatten sich Alt- und Jungtschechen über die Grundsätze eines staatsrechtlich-föderalistischen Programms verständigt, was die Alttschechen am 24. IX. 1878 veranlaßte, wieder an den Verhandlungen im böhmischen Landtag teilzunehmen. Im Herbst waren in Gesprächen zwischen Rieger und föderalistisch eingestellten deutsch-böhmischen Liberalen zudem Grundlinien einer Verständigung (Emmersdorfer Memorandum, 31. X. 1878) erarbeitet worden, die aber wegen des Regierungswechsels nicht mehr präzisiert werden konnten. Die konservativ und föderalistisch ausgerichteten Gruppierungen, die das Ministerium Taaffe trugen, kamen den weltanschaulichen Vorstellungen der national-konservativen Alttschechen und dem sie unterstützenden staatsrechtlich orientierten Feudaladel Böhmens stärker entgegen als die liberaleren Prinzipien der vorher dominierenden Verfassungspartei. Durch eine Reihe von Zugeständnissen konnte Taaffe daher rasch die Voraussetzungen für eine Rückkehr der tschechischen Abgeordneten in den Reichsrat schaffen: In einer „Staatsrechtlichen Verwahrung und Grundsatzerklärung" wurde den Tschechen, die künftig durch einen Landsmannminister im Kabinett vertreten sein sollten, die Gelegenheit geboten, ihre Rechtsposition offenzulegen; mit der 1882 realisierten Zusage, die Prager Universität in eine tschechische und eine deutsche Hochschule aufzuteilen,[60] war das Versprechen verbunden, bei den autonomen und staatlichen Behörden trotz der Beibehaltung des Deutschen als innerer Dienstsprache die Gleichberechtigung beider Landessprachen zu garantieren und den Tschechischunterricht als Pflichtfach auch an den deutschen Mittelschulen einzuführen. Nach sechzehnjährigem Fernbleiben kehrten am 7. X. 1879 die tschechischen Parlamentarier in den Reichsrat zurück, wo sie mit dem feudal-konservativen Hohenwart-Club und den polnischen Abgeordneten den „Eisernen Ring" bildeten, der Graf Taaffe vierzehn Jahre an der Regierung hielt. Ministerpräsident Taaffe verstand sich trotz der irischen Herkunft seiner Familie ausschließlich als „landespatriotischer Böhme", fühlte sich weder den Tschechen noch den Deutschen zugehörig und war bemüht, als „Kaiserminister" über den Parteien zu stehen.

Die Ära Taaffe

Die Ära Taaffe ist wohl zu Unrecht als eine Epoche weitgehender Stagnation und einseitiger Bevorzugung des slavischen Bevölkerungsteils beschrieben worden, die durch die Beendigung der bisherigen liberalen Vorherrschaft den staatserhaltenden Elementen der österreichischen Reichsgesinnung schweren Schaden zugefügt habe. Taaffe räumte der Idee, der Aufrechterhaltung und dem Ausbau des habsburgischen Gesamtstaates als dominierender Richtlinie seiner Politik nämlich durchaus Priorität ein; eine „Politik der ausgleichenden Mitte" sollte helfen, die nationalen und sozialen Konflikte zu entschärfen. Der Sanierung des Staatsbudgets, der Verbesserung der Heeresorganisation und einer Beteiligung breiterer Bevölkerungsschichten am politischen Leben galt sein vorrangiges Bemühen, zumal da als Folge des raschen Industrialisierungsprozesses und des stetigen Bevölkerungswachstums eine Regelung der sich zuspitzenden sozialen Konflikte unaufschiebbar wurde. Die von dem katholischen Sozialpolitiker Baron K. v. Vogelsang angeregte, von dem deutschböhmischen Liberalen Joseph Maria Baernreither[61] wesentlich beeinflußte konservativ-reformerische Arbeiterschutzgesetzgebung (Gewerbeinspektion, Arbeitszeitbegrenzung, Unfall- und Krankenversicherung) brachte z. B. für die nordböhmischen Industriegebiete eine erste Milderung des Arbeiterelends. Die am 4. X. 1882 mit der Senkung der Zensusgrenze von zehn auf fünf Gulden Mindeststeuerleistung verbundene Wahlrechtsreform trug dazu bei, daß sich die Zahl der Wahlberechtigten in den Städten um 34%, in den Landgemeinden um 26% erhöhte und das deutschliberale Großbürgertum seine bisherige Vorrangstellung zugunsten der neuen bäuerlichen und kleinbürgerlichen Wählerschichten einbüßte. Da auch die Großgrundbesitzerkurie, die bisher meist eine knappe deutsche Majorität behauptet hatte, in sechs Wahlkörper aufgeteilt wurde, war künftig im böhmischen Landtag eine tschechische Mehrheit sichergestellt, die nach 1884 auch die Handels- und Gewerbekammern von Prag, Pilsen und Budweis beherrschte. Nicht nur der politische Einfluß der Deutschen ging danach spürbar zurück, sondern auch die Bedeutung der Jungtschechen nahm auf Kosten der konservativen Alttschechen ständig zu.

Wie im westlichen Cisleithanien auch, wo der von Georg von Schönerer gepredigte extreme Nationalismus gepaart mit antidynastischer und antikirchlicher Gesinnung und einem unverhüllten Antisemitismus die Konfrontation schürte, eskalierten in den böhmischen Ländern die nationalen Gegensätze zwischen Deutschen und Tschechen unter wachsender Radikalisierung der vertretenen ideologischen und praktisch-politischen Standpunkte in den 1880er Jahren immer weiter. Das war nicht zuletzt eine Folge der von Taaffe betriebenen Einlösung der den Tschechen im Herbst 1879 für die Rückkehr in den Reichsrat und die Stützung seines Ministeriums gegebenen Versprechen. Die am 19. IV. 1880 erlassene sog. Taaffe-Stremayrsche Sprachverordnung für Böhmen und für Mähren beharrte zwar auf der deutschen inneren Amtssprache, gestand aber selbst in geschlossenen deutschen Gebieten den Amtsverkehr in der Muttersprache der Parteien zu. Da von den 216 Gerichtsbezirken Böhmens 77 ohne einen nennenswerten tschechischen Bevölkerungsanteil waren, hätte die geforderte Zweisprachigkeit, die viele Deutsche nicht nachweisen konnten, die tschechischen Beamten noch stärker begünstigt, die bereits überproportional viele Stellen in der Landesverwaltung und im Gerichtswesen besetzt hielten. Der Justizminister A. Pražák trug durch weitere Erlasse bis 1886 Sorge, daß der Zweisprachigkeit der Beamtenschaft Rechnung getragen wurde. Diese Maßnahmen lösten einen erbitterten Sprachenstreit aus, weil die deutschböhmischen Politiker in der Mißachtung eines geschlossenen deutschen Sprachgebiets, in dem nur das Deutsche als landesübliche Sprache Geltung hatte, eine Anerkennung der historisierenden tschechischen Staatsrechtsideologie witterten und ihre Einflußbastionen in den Ämtern nicht kampflos zu räumen bereit waren.[62]

Die nationalen Kontroversen wurden immer stärker in dem inzwischen gut ausgebauten Pressewesen geführt, das während der liberalen Ära entstanden bzw. ausgeweitet worden war. Zahlreiche Tageszeitungen und Zeitschriften waren aber oft nur sehr kurzlebig; selbst die alttschechischen Blätter *Národ* (Nation, 1863–1866) und *Národní pokrok* (Nationaler Fortschritt, 1867/68) fanden keine geneigte Leserschaft oder mußten wegen Verbotsverfügungen eingestellt werden. Erst mit der von A. Bráf gestalteten *Hlas národa* (Volksstimme) konnte sich die Nationalpartei im 20. Jahrhundert eine angesehene Parteizeitung zulegen. Ausschlaggebendes politisches Organ im tschechischen Lager blieben die vom Jungtschechen Dr. J. Grégr redigierten *Národní listy*, die aber nach 1882 durch die nationale Massenzeitung *Národní politika* (National-Politik) eine ernstzunehmende Konkurrenz erhielten. Eindeutig der tschechischen Sache diente die von O. Zeithammer betreute deutschsprachige „Politik" (ab 1862), die ebenso wie T. G. Masaryks seit 1886 erscheinende Wochenzeitung *Čas* (Zeit), die erst 1900 in eine Tageszeitung der kleinen Realistenpartei umgewandelt wurde, jedoch nur einen zahlenmäßig begrenzten Leserkreis erreichte. Auch die ab 1891 gedruckte sozialdemokratische Zeitung *Právo lidu* (Volksrecht) wagte erst 1897 die Umstellung in ein Tageblatt; die Vorläufer *Dělnické listy* (Arbeiterblätter, seit 1872) und *Budoucnost* (Zukunft, ab 1874) waren bald aufgegeben worden. In Mähren stand der 1863 gegründete *Moravská orlice* (Märischer Adler) den Alttschechen näher, während die seit 1892 von A. Stránský in Brünn geleitete *Lidové noviny* (Volkszeitung, ursprünglich *Moravské listy*) meistens der jungtschechischen Linie folgte. Das deutsche Pressewesen hatte mit der seit 1827 in Prag herausgebrachten „Bohemia" und dem 1875 gegründeten „Prager Tagblatt", das hauptsächlich vom liberalen jüdischen Deutschtum getragen wurde, seine wichtigsten Organe. Eine liberale Grundhaltung zeichnete auch den „Tagesboten aus Böhmen" (seit 1852) aus; deutschnationale Positionen verfocht die seit 1867 bestehende „Deutsche Volkszeitung", während das 1873 von dem begabten Kaplan Ambros Opitz ins Leben gerufene „Nordböhmische Volksblatt" den katholischen Standpunkt vertrat. Neben einem gutausgebauten regionalen Pressewesen wirkten auch die Wiener Tages- und Wochenzeitungen auf die politische Meinungsbildung in den böhmischen Ländern ein.[63]

Die deutsch-tschechische Rivalität dieser Jahrzehnte machte selbst vor den Künsten nicht halt. Kunst- und Theatervereine waren im ganzen Land entstanden und versuchten durch die Pflege des kulturellen Eigenbewußtseins auch das nationale Selbstbewußtsein zu stärken. Eine beeindruckende Ausstrahlungskraft entwickelte die von dem tschechischen Maler Josef Mánes 1863 mitbegründete *Umělecká beseda* (Klub für Kunst und Geselligkeit), die Vorbildcharakter für die kleinen Geselligkeitsvereine gewann, die im patriotischen Geist die materielle Basis für die kulturpolitische Nationalisierung bereitstellten. Signalwirkung besaß die endgültige Eröffnung des Nationaltheaters am 18. XI. 1883, das kurz nach der Fertigstellung im August 1881 durch einen Brand schwer beschädigt worden war, aber dank großzügiger Spenden rasch wiederaufgebaut wurde.[64]

Als Antwort trieb ein Deutscher Theaterverein die Errichtung eines Neuen Deutschen Theaters voran, das bereits 1888 eingeweiht werden konnte. Die 1872 von den Architekten J. Mocker und K. Hilbert aufgenommenen, erst 1929 abgeschlossenen Arbeiten am Langhaus des St. Veitsdoms in Prag oder das zwischen 1885 und 1890 als Abschluß des Wenzelsplatzes errichtete imposante Nationalmuseum zeugten von der zunehmenden Selbstsicherheit und der Opferbereitschaft der Tschechen. Auch wenn sich der künstlerische Wettbewerb auf die Landeshauptstadt konzentreirte, machte sich auch in den größeren Provinzstädten die Tendenz bemerkbar, den andersnationalen Landesbewohnern die eigenen Kulturleistungen demonstrativ vor Augen zu halten. Diese Auseinanderentwicklung, von der die Literatur, die Malerei und das reiche, von Smetana und Antonín Dvořák beeinflußte Musikleben immer rigoroser befallen wurden, unterband eine über die nationalen Lager hinausgehende „utraquistische" Kultureinheit in den böhmischen Ländern. Dabei entfalteten sich auf allen Sektoren zahllose Talente, die wie Aleš, Švabinský, Mucha, Kubin oder Hölzel zu den Wegbereitern der modernen Malerei gehörten, die durch Janáček, Fibich, Suk und Mahler dem Musikschaffen um die Jahrhundertwende prägende Impulse gaben und als Autoren einen Ehrenplatz in der Literaturgeschichte einnehmen, wobei sich vor allem etwas später die dem deutsch-jüdischen Milieu entstammenden Schriftsteller (Kafka, Werfel, Brod, Kisch) auszeichneten. Marie von Ebner-Eschenbach, Rainer Maria Rilke, Gustav Meyrink, Karl Kraus, Edmund Husserl und Sigmund Freud entstammten dem deutschen Sprachgebiet Böhmens und Mährens, während unter den tschechischen Literaten der Kreis um den 1868 gegründeten Almanach *Ruch* (Bewegung; u. a. S. Čech, Z. Winter, J. Herben) und die literarische Revue *Lumír* (J. V. Sládek, J. Vrchlický) neben dem überragenden Jan Neruda und Jana Mužáková die Akzente setzte.[65]

Wissenschaftliche Institutionen und Schulwesen

Der Abgrenzungstrend bezog sowohl die rege Geschichtsschreibung (Tomek, Goll, Pekař, Höfler, Schlesinger, Emler, Bretholz, Bachmann) als auch die Wissenschaftsvereinigungen ein. Als Konzession für den Eintritt der Tschechen in die Regierung hatte Graf Taaffe 1879 der Einrichtung der Kgl. böhmischen Gesellschaft der Wissenschaften zugestimmt und 1890 eine Tschechische Akademie für Wissenschaften und Künste *(Česká akademia věd a umění)* zugelassen, worauf die Deutschen 1891 die Gesellschaft zur Förderung deutscher Wissenschaft, Kunst und Kultur ins Leben riefen und 1904 in Reichenberg auch eine Deutsche Wissenschaftliche Gesellschaft aufbauten. Der Intensivierung der Volksbildungsarbeit diente seit 1869 der Deutsche Verein zur Verbreitung gemeinnütziger Kenntnisse in Prag und nach 1892 eine in enger Verbindung mit der deutschen Universität stehende Deutsche Gesellschaft für Altertumskunde; beide wurden 1911 dann in einen Landesverband für deutsches Volksbildungswesen in Böhmen zusammengefaßt, der die einflußreiche und gehaltvolle Monatsschrift „Deutsche Arbeit" herausbrachte. Auch die tschechische Seite koordinierte ihre auf die Mittelschichten und die Arbeiter ausgerichteten Bildungsbestrebungen 1905 im *Osvětový svaz* (Verband für Volksbildung).[66]

Obschon seit 1866 die Zweiteilung der Prager Universität – auch von deutschliberaler Seite – immer wieder gefordert worden war, bereitete die 1882 durchgeführte Aufspaltung der *Carolo-Ferdinandea* in zwei gesonderte Hochschulen mit tschechischer bzw. deutscher Lehrsprache einige Schwierigkeiten und schürte den nationalen Antagonismus. Seit dem Wintersemester 1882/83 gab es in der tschechischen Abteilung eine philosophische und eine juristische, seit 1883/84 auch eine medizinische und ab 1891/92 eine theologische Fakultät.[67] Im tschechischen Lager, das auf Initiative Riegers am 17. XI. 1879 nur die „Utraquisierung", die Berücksichtigung der absoluten Gleichberechtigung der Vortragssprachen und eine ausreichende Zahl tschechischer Professoren, gefordert hatte, wurde die Universitätsteilung bedauert, weil der starke Zustrom tschechischer Studenten mit der Zeit die Gelegenheit geboten hätte, die Gesamtuniversität in eine tschechische Lehranstalt umzuwandeln.[68] Da es anfangs gelang, hervorragende Gelehrte sowohl an die deutsche als auch an die tschechische Abteilung zu berufen bzw. selbst heranzubilden, erfreute sich die Prager *Alma mater* nicht nur auf geisteswissenschaftlichem und hier besonders auf historischem Gebiet, sondern auch im naturwissenschaftlichen und medizinischen Bereich eines ausgezeichneten Rufes. Auch in Mähren wurde seit 1874 für die nach Olmütz zurückverlegte Universität in Brünn eine neue Hochschule mit durchgehender Zweisprachigkeit gefordert, doch erst 1899 wurde neben der deutschen Technischen Hochschule auch eine tschechische errichtet und somit den nationalen und wirtschaftlichen Belangen Rechnung getragen. Die spannungsreiche Atmosphäre in Prag veranlaßte um die Jahrhundertwende aber immer mehr deutsche Studenten, lieber nach Wien oder Graz zu gehen bzw. in Berlin, Leipzig, Halle oder Breslau ihre Ausbildung abzuschließen, worauf auch einige führende Gelehrte dem Ruf an deutsche Universitäten folgten; damit setzte bereits vor dem Ersten Weltkrieg ein stetiger Substanzverlust der deutschen Universitäten mit ihren weniger als 2000 Studenten ein, der auf das deutsche Geistesleben in den böhmischen Ländern nicht ohne Auswirkungen blieb.

Beide Seiten hatten die Notwendigkeit erkannt, durch den Ausbau der Technischen Hochschulen und den Aufbau eines Fachschulwesens die Voraussetzungen für die Entwicklung technischer Neuerungen, Qualitätssteigerung und einen rationelleren Produktionsablauf in der Industrie zu schaffen. Besonders hohen Ansehens erfreuten sich die Landwirtschaftsakademien und das dichte Netz von Forschungsinstituten und Fachschulen für alle in Böhmen vertretenen Industriezweige, die z. T. auch durch private Spender gestiftet bzw. unterhalten wurden. Die Hochschulen konnten auf relativ modernen und leistungsfähigen Volks- und Mittelschulen aufbauen, die durch das Reichsvolksschulgesetz vom 21. IV. 1869 geschaffen worden waren. Eine Reform der Lehrerbildung und die Erhöhung der Lehrerbesoldung hatten zu einer allgemeinen Anhebung des

Unterrichtsniveaus beigetragen; die Reduzierung des kirchlichen Einflusses und eine straff zentralistische Reorganisation der Schulverwaltung halfen mit, daß Deutsche und Tschechen in den böhmischen Ländern das am besten entwickelte Schulwesen der Donaumonarchie besaßen. Die bereits 1848 ins Leben gerufene Bürgerschule, eine dreiklassige Aufbauschule im Anschluß an die fünfte Volksschulklasse, diente der Heranbildung einer breiten Mittelschicht technischer Spezialisten, eröffnete den Absolventen aber auch den Zugang zu Laufbahnen im mittleren und gehobenen Dienst oder in der Industrie. Nach der 1866/67 ermöglichten Zulassung tschechischer Gynmasien wuchs deren Zahl rasch an, wobei sowohl in den den Erfordernissen der modernen Industriegesellschaft angepaßten Realgymnasien als auch in den humanistisch ausgerichteten Anstalten der deutsche Sprachunterricht breiten Raum einnahm; die zweite Landessprache war „relativ obligat", obgleich die deutschen Schüler von diesem Angebot nur widerwillig Gebrauch machten und sich dadurch die Aussichten auf eine Karriere im höheren Staatsdienst verstellten.[69] Auch wenn das Ministerium Taaffe durch eine Novelle zum Reichvolksschulgesetz vom 2. V. 1883 der Kirche wieder einen größeren Einfluß auf die Lehrerschaft einräumte und den Wünschen der bäuerlichen Bevölkerung nach Schulbesuchserleichterungen entsprach, hat die 1885 verfügte Einschränkung der Kinderarbeit die Zahl der Schüler hochschnellen lassen, so daß um 1890 bereits 95% der Schulpflichtigen regelmäßig am Unterricht teilnahmen und die Zahl der Analphabeten in allen Altersgruppen auf unter 20% absank.

Bei einer Bevölkerungsrelation von ca. 37% Deutschen zu knapp 63% Tschechen in Böhmen hatten 1890 aber noch 44% der Schulen Deutsch und nur 56% Tschechisch als Unterrichtssprache.[70] Da sich bei dem immer stärker werdenden nationalen Mißtrauen beide Völker für bedroht hielten, kam es zur Gründung zahlreicher Vereine, die sich unter großen materiellen Opfern der Mitglieder dem Schutz der jeweiligen nationalen Belange widmeten. Die Erweiterung des Minderheitenschulwesens betrieben vorrangig der 1872/80 gegründete *Ústřední matice školská* (Zentraler Schulverein) und die *Matice opavská* (Schulverein für das Troppauer Schlesien) von 1877 auf tschechischer Seite sowie der 1880 entstandene Deutsche Schulverein; ihnen folgten eine ganze Reihe nationaler Kampforganisationen, die sich im *Česká národní rada* (Tschechischer Nationalrat) und im Bund der Deutschen Dachorganisationen schufen.[71] Das mit der zunehmenden Industrialisierung einhergehende verstärkte Einströmen tschechischer Landbevölkerung in die gemischtsprachigen Städte bewirkte deren rasche Tschechisierung; der wachsende deutsche Rassen- und Wirtschaftsantisemitismus trug dazu bei, daß sich der zuvor meist zum Deutschtum bekennende jüdische Bevölkerungsteil jetzt dem an Einfluß und Ansehen gewinnenden Tschechentum zuwandte; wegen der besseren sozialen und wirtschaftlichen Aufstiegschancen ließ sich sogar ein Teil der aus kleinbürgerlichem oder bäuerlichem Milieu stammenden deutschen Intellektuellen assimilieren.[72] In der Landeshauptstadt Prag trat dieser Umvolkungsprozeß besonders kraß zutage, wo 1847 noch über 66000 Deutsche knapp 37000 Tschechen und

6000 Juden gegenübergestanden hatten. Unter Berücksichtigung der eingemeindeten Industrievororte gaben 1880 nur noch 38 591 Bewohner, darunter zwei Fünftel Juden, Deutsch als Umgangssprache an, aber schon 213 122 bekannten sich zum Tschechischen. 1910 zählte die Stadt über 442 000 Einwohner, von denen sich nur noch gut 32 000 als Deutsche fühlten.[73]

Sprachenstreit

Der im deutschen Bevölkerungsteil weit verbreitete Eindruck, der Gefahr einer durch die Regierung Taaffe begünstigten Tschechisierung ausgesetzt zu sein, ließ ein nationales Bedrohungssyndrom entstehen, das durch den Ausgang der ersten nach der Wahlrechtsreform abgehaltenen Stimmabgabe zum böhmischen Landtag noch zunahm. 1883 standen 167 tschechische Abgeordnete, von denen 87 zur alttschechischen, 10 zur jungtschechischen Richtung zählten und 70 aus der Grundbesitzerkurie kamen, nur noch insgesamt 75 deutschen Parlamentariern gegenüber, von denen 32 dem Lager der Deutschliberalen bzw. der Fortschrittspartei und 36 den Deutschnationalen zugerechnet wurden; die sechs Virilisten und ein Unabhängiger stimmten mit dem deutschen Block. Das Scheitern ihrer Anträge, national abgegrenzte Gerichtsbezirke anzuerkennen und die Pražákschen Sprachverordnungen zurückzunehmen, veranlaßte am 26. XII. 1886 74 deutsche Abgeordnete nach einer Grundsatzerklärung ihres Sprechers Franz Schmeykal, aus dem Landtag auszuziehen und ihrerseits das untaugliche Mittel der Abstinenzpolitik anzuwenden. Die deutschböhmischen Vertreter verfolgten danach ernsthafte Pläne, angesichts ihrer bei 50% liegenden Steuerleistung eine Zweiteilung der böhmischen Länder entlang der Sprachgrenze mit Schaffung völlig eigenständiger Exekutiv-, Gerichts- und Beratungsorgane zu erreichen oder wenigstens eine Abgrenzung nach nationalen und sprachlich möglichst einheitlichen Verwaltungsbezirken vorzunehmen. Um ein weiteres Auseinanderdriften und eine das tschechische Vordringen unterbindende administrative Verfestigung in Sprachregionen zu verhindern, bemühte sich der Landesmarschall Fürst Georg Lobkowicz im Einvernehmen mit den alttschechischen Parteiführern um die Aufnahme neuer Ausgleichsverhandlungen. Diese scheiterten aber bereits im Vorfeld an der ultimativen Forderung der Deutschböhmen, zuvor die als diskriminierend empfundenen Sprachverordnungen zu kassieren und der Aufteilung des Landes in die geforderten national abgegrenzten Bezirke zuzustimmen, obschon von tschechischer Seite Entgegenkommen in der Sprachenfrage, bei der Gründung von Minderheitenschulen und bei der Einrichtung einer eigenen Landtagskurie für die Deutschen signalisiert worden war.[74]

Nach den Landtagswahlen von 1889, die den in nationalen Fragen wesentlich unversöhnlicheren Jungtschechen im Vergleich zu den 58 alttschechischen Mandaten bereits 39 Sitze eingetragen hatten, nahm der Druck auf Rieger und seine Alttschechen zu, sich ernsthaft um ein Übereinkommen zu bemühen. Der Wahlerfolg der Jungtschechen war hauptsächlich darauf zurückzuführen, daß sie, die früher vom böhmischen Staatsrecht behauptet hatten, es sei „keine Pfeife Tabak" wert, sich jetzt voll und ganz auf den historischen Rechtsstandpunkt und die unteilbare staatsrechtliche Individualität der Länder der böhmischen Krone beriefen und mit J. Grégr ab 1888 die Ansicht verfochten, daß im Interesse der „größtmöglichen Autonomie des Landes" der Wiener Zentralgewalt nur die Kontrolle über diejenigen Bereiche zuzugestehen sei, die „mit unausweichlicher Notwendigkeit" zur Aufrechterhaltung der staatlichen Einheit der Habsburgermonarchie notwendig wären. Die Jungtschechen verfolgten als konkrete Ziele die Gründung eines tschechischen Staates mit tschechischer Staatssprache im Rahmen der föderalisierten Monarchie, die Krönung Franz Josephs I. zum König von Böhmen sowie die weitere Zurückdrängung des deutschen Einflusses. Sie verlangten zudem die Erweiterung der persönlichen Freiheiten, Einführung des allgemeinen Stimmrechts, die Gleichberechtigung der Konfessionen und Verbesserung der Bildungsmöglichkeiten. Die Alttschechen und der Feudaladel zeigten sich dagegen weiterhin bereit, nach einem Entgegenkommen auf staatsrechtlichem und sprachlichem Gebiet einen als notwendig erkannten Ausgleich aktiv mitzutragen. Da aber auch der Ministerpräsident Graf Taaffe fürchten mußte, die Obstruktion der deutschböhmischen Abgeordneten im Prager Landtag könnte Rückwirkungen auf die gesamte cisleithanische Staatspolitik haben, drängte er zur Aufnahme direkter Verhandlungen.

Die am 4. I. 1890 begonnenen Ausgleichsgespräche, an denen neben Vertretern des Großgrundbesitzes (Lobkowicz, F. Kinský, R. Clam-Martinic) nur den Alttschechen angehörende Abgeordnete unter Führung Riegers beteiligt waren, während Ernst von Plener und Schmeykal die deutschböhmische Delegation führten, erbrachten unter Vorsitz des Regierungschefs und dank des starken Interesses des Kaisers bereits am 19. I. in elf Punkten ein weitgehendes Einvernehmen. Neben kultur- und sprachpolitisch relevanten Vereinbarungen, vor allem über die Einrichtung von gesonderten Sektionen im Landeskulturrat und Landesschulrat, den Aufbau von Minderheitenschulen bei mehr als 40 andersnationalen Kindern sowie die Neugliederung der Gerichtssprengel unter nationalen Gesichtspunkten, war auch eine Änderung der Landtagsordnung durch die Trennung des Plenums in eine mit Vetorechten auszustattende deutsche und tschechische Nationalkurie in Aussicht genommen worden. Bedeutsam erwies sich die Verpflichtung zur geschlossenen Annahme aller Verhandlungsergebnisse.[75] Während Plener die deutschböhmischen Politiker am 9. II. auf einem Parteitag in Teplitz auf den gefundenen Kompromiß einschwören konnte, fanden sich die alttschechischen Unterhändler schwersten Angriffen der Jungtschechen ausgesetzt, denen sich ein Teil der Großgrundbesitzer um Fürst Karl Schwarzenberg anschloß. In einer beispiellosen Agitation, die von kleinbürgerlichen Kräften und dem *Sokol*-Verband aktiv mitgetragen wurde, sah sich Rieger wegen der angeblich den demokratischen Traditionen des tschechischen Volkes zuwiderlaufenden „Brosamenpolitik" in aller Öffentlichkeit geschmäht. Die Beratungen im Landtag zogen sich wegen der jungtschechischen Opposition ungebührlich lange hin; allein die Gesetze über den Landeskulturrat und den Landesschulrat traten schließlich in modifizierter Form in Kraft. Als Riegers Versuch fehlschlug, Taaffe zu dem Zugeständnis zu bewegen, Tschechisch als innere Amtssprache im tschechischen Landesteil zuzulassen, resignierte er und zog sich bald darauf enttäuscht aus dem politischen Leben zurück. Nachdem der mit dem Streit um die getroffenen Vereinbarungspunkte verbundene Prestigeverlust der Alttschechen bei den Reichsratswahlen von 1891 offen zutage trat, bei denen sie nur noch 12 von 49 tschechischen Mandaten erlangten, und die von den „Realisten" Masaryk, J. Kaizl und K. Kramář unterstützten Jungtschechen künftig die Richtlinien sowohl in der Landes- wie in der Reichspolitik angeben konnten, wurden am 1. IV. 1892 die Ausgleichsverhandlungen für gescheitert erklärt, zumal man die als „Landeszerreißung" eingestufte Aufteilung in deutsche und tschechische Gerichtssprengel als schädlich und unnötig betrachtete.

Die Jungtschechen konnten ihres Erfolgs nicht so recht froh werden, weil sich nach dem politischen Niedergang der Alttschechen neben den Arbeitern auch die Bauern und die christlich-sozial ausgerichteten Bevölkerungskreise in eigenständigen Parteiorganisationen zusammenzuschließen begannen. Von den erst 1889 aufgenommenen „Realisten", die sich durch sachliche politische Arbeit hohes Ansehen erworben hatten, legte der bekannte Philosophieprofessor der tschechischen Universität, Tomáš Garrigue Masaryk, bereits am 25. IX. 1893 sein Reichtstags- und Landtagsmandat nieder. Das war die Reaktion auch auf die heftigen Angriffe, denen er sich ausgesetzt fand, nachdem er am 13. II. 1886 in seiner Zeitschrift *Atheneum* die Zweifel seines Kollegen J. Gebauer, eines ausgezeichneten Bohemisten, an der Echtheit der Königinhofer und der Grünberger Handschrift unterstützt hatte und sich aktiv an der Aufdeckung der Fälschungen beteiligte. Die in dem Vorwurf gipfelnden Animositäten, ein „nationaler Nihilist" zu sein, und die vom Tschechischen Klub gebilligten persönlichen Angriffe J. Grégrs veranlaßten den integren und unabhängigen politischen Einzelkämpfer Masaryk, die Konsequenzen zu ziehen und in der von ihm im Jahre 1900 gegründeten Tschechischen Volkspartei *(Česká strana lidová)* sein naturrechtlich begründetes Programm nationaler Autonomie im Rahmen eines modernisierten demokratischen und föderalistischen Österreich zu verfolgen.[76]

Das Scheitern seiner Versöhnungspolitik, die der weiteren Entwicklung des Habsburgerreiches wahrscheinlich eine andere Richtung gewiesen hätte, sprengte Taaffes „Eisernen Ring" und erschütterte seine Position schwer. Unter den Abgeordneten des Tschechischen Klubs, der Hauptstütze seines Ministeriums, setzte zudem eine lebhafte Diskussion um die außenpolitische Ausrichtung der Habsburgermonarchie ein; anstelle des 1879 mit dem Deutschen Reich abgeschlossenen Zweibunds wurde eine Annäherung an die sich formende Allianz zwischen Rußland und Frankreich empfohlen.[77] Ohne auf Kritik zu stoßen, konnte der einflußreiche jungtschechische Abgeordnete J. Grégr im Dezember 1891 verlautbaren: „Österreich schließt die unnatürlichsten Bündnisse mit dem Erbfeind, klammert sich krankhaft an Deutschland, setzt die Existenz des

Staates aufs Spiel – nur aus Haß gegen die Slaven und aus germanischem Fanatismus". Entschlossen wandten sich die Deutschböhmen, die nur im engen Bündnis mit dem Deutschen Reich die Zukunft des Gesamtstaates unter Aufrechterhaltung der deutschen Suprematie gesichert glaubten, gegen diese panslavische Einstellung. Aus relativ nichtigen Ursachen entwickelten sich vornehmlich in Prag schwere nationale Auseinandersetzungen, deren Auslöser Zusammenstöße zwischen farbentragenden deutschen und tschechischen Studenten, Straßenkrawalle wegen des Gebrauchs der deutschen Sprache in der Öffentlichkeit oder der Beschluß des Prager Stadtparlaments vom 11.XI. 1891 waren, deutsche Straßenbezeichnungen und Firmeninschriften zu entfernen. Auch ein Besuch Kaiser Franz Josephs I. aus Anlaß der ohne deutsche Beteiligung durchgeführten Landesausstellung am 25.IX. 1891 in Prag trug nicht zur Beruhigung der aufgewühlten Emotionen bei; auf der Weiterfahrt nach Reichenberg wurde sogar von drei tschechischen und einem deutschen Sozialisten ein mißglücktes Attentat auf den Kaiser unternommen. Die geplanten Änderungen in den Gerichtsbezirken Trautenau, Beraun und Schlan boten ebenso Grund zu Demonstrationen wie die Aufdeckung des Geheimbundes *Omladina* (Jugend) und der Prozeß gegen seine führenden Mitglieder, die Sprengstoffattentate vorbereitet hatten. Als die Feiern zu Ehren des Heiligen Nepomuk im Mai und von Hus im Juli 1893 in Ausschreitungen mündeten, sah sich die Regierung gezwungen, erneut den Ausnahmezustand über Prag zu verhängen. Die Krise schwelte dennoch weiter. Als Graf Taaffe, der seinem Ministerium durch die Aufnahme liberaler Politiker eine breitere parlamentarische Basis geben wollte, Anstalten für eine grundlegende Wahlrechtsreform traf und damit auch eine einschneidende Steuerreform verband, wurde er von einer Koalition aus Hohenwart-Club, Polen und Liberalen im Oktober 1893 gestürzt und seine boshaft als „Politik des Fortwurstelns" bezeichnete Regierungszeit beendet.

Damit war auch das Vorhaben, einen Minimalkonsens zwischen den Deutschen und Tschechen in Böhmen herbeizuführen und unter Berücksichtigung ihrer unverzichtbaren Postulate zu einem Abbau der nationalen Spannungen beizutragen, gescheitert. Die Einsicht in die Unaufschiebbarkeit und Notwendigkeit, ein umfassendes Einvernehmen zwischen Tschechen und Deutschen zu erzielen, war einigen der verantwortlichen Politiker durchaus bewußt, die wie T. G. Masaryk nach unkonventionellen Lösungsmöglichkeiten suchten. Hatte schon seine Forderung: „Volle Gleichberechtigung – ich Herr, du Herr" eine den deutschen Vorstellungen nahekommende Entschärfung des Nationalitätenkonflikts signalisiert, so gab er 1895 die konkrete Empfehlung ab: „Praktisch läßt sich eine Einigung mit den Deutschen durchführen auf Grund der Autonomie im Sinne der größten Selbstverwaltung, so daß jedes Volk in der inneren Politik selber über sich entscheide. Das liegt auch im Begriff der Volksursprünglichkeit, auf die wir uns berufen". Da einschneidende soziale und ökonomische Veränderungen die Grundlagen der Gesellschaftsstruktur und des Wirtschaftslebens beeinflußten und neben das nationale auch ein weiter anwachsendes soziales Konfliktpotential trat, durfte mit einem Ausgleich nicht mehr lange gewartet werden, wenn der innere Frieden und der Zusammenhalt der Habsburgermonarchie gewahrt bleiben sollten.

3. Die Folgen von Modernisierung und Industrialisierung

Die Vehemenz der politischen Auseinandersetzungen zwischen Tschechen und Deutschen nach 1848 wurde von einer beeindruckenden sozialen Dynamik und einem lebhaften Wirtschaftsaufschwung unter kapitalistischen Vorzeichen begleitet, wodurch die böhmischen Länder ihre Spitzenstellung innerhalb des Habsburgerreiches weiter ausbauen konnten und einen den mitteleuropäischen Verhältnissen durchaus entsprechenden Industrialisierungsgrad erreichten.[78] Bereits das Bevölkerungswachstum zwischen 1851 und 1890 von 6,624 auf 8,725 Mill. Menschen, also um knapp 30%, war beachtlich; Böhmen zählte 5,843 Mill., Mähren 2,277 Mill. und Österreich-Schlesien 606000 Einwohner. Der Anteil der Deutschen in Böhmen war auf rd. 37% leicht zurückgegangen, in Mähren aber auf 29% und in Schlesien auf 48% angestiegen, obschon nach 1880 generell eine fallende Tendenz einsetzte, weil sich ein immer größerer Bevölkerungsteil zur tschechischen Umgangssprache bekannte; immerhin stellten die 2,95 Mill. deutschsprachigen Einwohner noch über ein Drittel der Landesbewohner. Die Zahl der Juden, unter denen sich gut zwei Fünftel als deutschsprachig bezeichneten, lag bei 150000 Menschen oder 1,7% der Gesamtbevölkerung, von denen sich 94000 in Böhmen, 44000 in Mähren und 8600 in Österreich-Schlesien aufhielten. Besonders in den innertschechischen Agrargebieten war es zu einer starken Bevölkerungszunahme gekommen, wodurch immer mehr Menschen aus den Dörfern in die Städte drängten und sich bei zunehmender Mobilität auch außerhalb der Landesgrenzen niederließen. Neben Niederösterreich und Wien, die zahlreiche, sich rasch assimilierende Zuwanderer aus Südmähren und Südböhmen aufnahmen,[79] suchte ein stetig anwachsender Strom von Auswanderern sein Glück in Nordamerika.[80]

Agrarwirtschaftlicher Sektor

Um 1850 waren die böhmischen Länder insgesamt gesehen überwiegend von der Agrarwirtschaft geprägt; nach 1869 hatten noch mehr als die Hälfte der Beschäftigten eine Arbeit in der Land- und Forstwirtschaft, während immerhin rd. 30% der Bewohner ihr Auskommen in Industrie und Gewerbe und weitere 3% im Handel, im Geld- und Verkehrswesen fanden.[81] Rd. 15% übten einen freien Beruf aus oder waren im öffentlichen Dienst angestellt. Während in Böhmen weniger als ein Viertel der Menschen in Städten wohnten, waren es in Mähren und Schlesien bereits 36,6%. Prag mit seinen industrialisierten Vororten, das mehrheitlich von Deutschen bewohnte Brünn, Pilsen, Reichenberg,

Budweis und immer stärker das Ostrau-Karwiner Becken mit seinen Kohlegruben und der prosperierenden Eisenindustrie konnten ein rasches Anwachsen der Bevölkerungszahlen verzeichnen; die meisten Mittelstädte mit bescheideneren Zuwachsraten lagen im deutschen Siedlungsgebiet. Die landwirtschaftliche Fläche von 7,76 Mill. ha wurde zur Hälfte für den Ackerbau genutzt, wobei vorrangig Roggen, Hafer, Gerste sowie Kartoffeln und Zuckerrüben angepflanzt wurden; der Wald bedeckte knapp 30% des Landes. Dem nur 0,16% der landwirtschaftlichen Betriebe ausmachenden Großgrundbesitz gehörte immer noch 34% des Bodens. Einem wohlhabenden bäuerlichen Mittelstand, wobei 12% der Höfe zwischen 6 und 14 ha und 11% der Betriebe zwischen 15 und 28 ha bewirtschafteten, stand die fast ein Viertel aller Bauern ausmachende Masse der Kleinbesitzer gegenüber, denen weniger als 6 ha Ackerland gehörten und die nur 8,15% der landwirtschaftlichen Nutzfläche bestellten.[82]

Diese Besitzstruktur und die bis in die Mitte der 1870er Jahre anhaltende günstige Agrarkonjunktur, durch die der Landwirtschaft nicht gerade gewogene Steuerpolitik der österreichischen Regierungen nach 1861 kaum beeinträchtigt, führte zur Besitzstärkung der tschechischen wohlhabenden mittleren Bauernschaft, aber auch zu einer beispielhaften Entwicklung des Genossenschaftswesens und der Vorschußkassen *(záložna*, pl. *záložny)* auf nationaler Basis, die wiederum die Grundlage für das allmähliche Entstehen eines tschechischen Bank- und Industriekapitals bildeten. Auch wenn das tschechische Bürgertum und die bürgerliche Intelligenzschicht nach wie vor den Kurs der tschechischen nationalpolitischen Bewegung bestimmten, so stiegen jetzt strebsame und gut ausgebildete Handwerker oder kleine Landwirte dank ihres Fleißes und ihres Ehrgeizes rasch die soziale und berufliche Stufenleiter hinauf, wobei sie von der genossenschaftlichen Beschaffung von Rohstoffen, der rationelleren Vermarktung ihrer Erzeugnisse und der Bereitstellung von Krediten profitieren. Einer der Anreger war der Arzt Cyril Kampelík, der den Kreditgenossenschaften seinen Namen gab; die 1868 gegründeten Konsumvereine und Baugenossenschaften gingen auf die Initiative von Dr. F. L. Chleborád zurück.[83] Die 1869 als Zentralstelle für die über 180 Vorschußkassen mit einem Startkapital von 1 Mill. Kronen gegründete *Živnostenská banka pro Čechy a Moravu v Praze* (Gewerbebank für Böhmen und Mähren in Prag), die bald die Aufgaben einer Handelsbank übernahm, wurde zur führenden Großbank des tschechischen Volkes und stellte das Kapital für zahlreiche Industriegründungen zur Verfügung.[84] Etwa gleichzeitig öffneten 1864 die Kreditbank des Königreichs Böhmen und eine Landeskulturbank für Mähren, 1868 die Kreditvorschußanstalt in Königgrätz *(Záložní úvěrní ústav)* und die Koliner Kreditbank *(Kolínská úvěrní banka)* sowie 1870 die Prager Kreditbank ihre Schalter. Zwar beeinträchtigte der Wiener Börsenkrach vom 9. V. 1873 auch das industrielle Wachstum in den böhmischen Ländern, wobei selbst die *Živnostenská banka* einen Kapitalschnitt von 10 auf 6 Mill. Kronen vornehmen mußte, einige finanziell unzureichend ausgestattete Banken fallierten und schließlich 1884 sogar die angesehene Böhmische Bodenkreditanstalt dem Konkurs nicht mehr ausweichen konnte; insgesamt aber setzte sich der von den Banken getragene Aufschwung fort. Der Bedeutung Prags als des aufstrebenden Wirtschaftsmittelpunkts von Böhmen wurde 1871 mit der Einrichtung einer Effekten- und 1887 einer Produktenbörse Rechnung getragen. Die Anfang der 1890er Jahre erfolgte Geschäftsaufnahme der Landesbank des Königreichs Böhmen *(Zemská banka Království českého)* gab das Signal für eine ganze Reihe von Bankzusammenschlüssen oder Neugründungen, die sich zur Hauptstütze des tschechischen Geldmarkts entwickelten und großen Anteil am weiteren Ausbau der Industrie und des Schienennetzes nahmen. Positive Auswirkungen auf das Wirtschaftsleben besaßen auch die 1868 geschaffenen Handels- und Gewerbekammern, wobei die von Prag und Pilsen zweisprachig („utraquistisch") organisiert waren, während die von Eger und Reichenberg (mit tschechischsprachiger Nebenstelle in Königgrätz) die deutsche und die von Budweis die tschechische Amtssprache verwendeten. In Mähren waren Brünn und Olmütz, in Schlesien Troppau Sitze solcher Anstalten.[85]

Beschleunigung des Industrialisierungsprozesses

Tschechische Investitionen wurden anfangs vornehmlich in die aufblühende Nahrungsmittelindustrie mit ihren großen Mühlenbetrieben, Rübenzuckerfabriken,[86] Brauereien und Schnapsbrennereien sowie etwas später auch in die Fleisch- und Wurstfabriken eingebracht, ebenso wie in Maschinenbaubetriebe, die Landwirtschaftsmaschinen bzw. für die Erweiterung der Nahrungsmittelindustrie notwendige Anlagen herstellten. Auch in der Textilindustrie und der Herstellung von Textilmaschinen fand eine Vergrößerung des tschechischen Anteils auf Kosten der weiterhin dominierenden deutschen Betriebe statt. In der vom Wiener Großkapital und internationalen Konsortien kontrollierten Schwerindustrie gelang es dem tschechischen Kapital trotz mehrerer Anläufe nicht, erfolgreich Fuß zu fassen. Eine Ausnahme bildeten lediglich die Škoda-Werke in Pilsen; aus der ehemaligen Waldsteinschen Maschinenfabrik machte Emil Škoda ab 1869 die größte Waffenschmiede der k.u.k. Monarchie. Im graphischen Gewerbe, bei der Lederverarbeitung und Schuhherstellung, bei Ziegeleien und Keramikfabriken überwog ebenfalls der tschechische Kapitalanteil, der auch in der florierenden chemischen Industrie rasch anstieg. Wie auf deutscher Seite herrschten trotz einiger Großfirmen Klein- und Mittelbetriebe vor.[87]

Das Wiener Großkapital mit seinen internationalen Verflechtungen, das zudem meist durch deutsch-jüdische Finanziers (Rothschild, Gutmann) repräsentiert wurde, beaufsichtigte den Steinkohlenbergbau und die Eisen- und Stahlindustrie, aber auch wichtige Sparten des Maschinenbaus. Die günstige Rohstoff- und Verkehrslage sowie die Einführung modernster Produktionsmethoden sicherten dem jungen Ostrau-Karwiner-Revier einen erstaunlichen Aufschwung, der allein mit Hilfe eines raschen Zustroms tschechischer Arbeitskräfte zu bewältigen war.[88] Auch die Intensivierung des Braunkohlenabbaus im Revier Dux, Brüx und Teplitz war nur durch den verstärkten Einsatz tschechischer Arbeiter zu erreichen, die, da sie sozial und politisch lange diskriminiert wurden, erst jetzt eine eigene nationale Sozialstruktur zu entwickeln begannen.[89] Die inzwischen hochtechnisierte Textilindustrie, deren Produkte hauptsächlich in der transleithanischen Reichshälfte und auf dem Balkan abgesetzt wurden, litt unter der starken reichsdeutschen Konkurrenz und unterlag daher einem langsamen Konzentrations- und Schrumpfungsprozeß, wobei die Zentren weiterhin um Brünn, im deutschbesiedelten Nordmähren und Österreich-Schlesien sowie entlang der nordböhmischen Gebirge lagen. In der chemischen Industrie, der Glas- und Porzellanherstellung sowie der einträglichen Erzeugung der Bijouteriewaren blieben die Klein- und Mittelbetriebe vorherrschend, die auch noch die Textilherstellung prägten. Die nationale Rivalität beeinflußte immer stärker den wirtschaftlichen Konkurrenzkampf, der z. B. 1882 eine Steigerung erfuhr, als die tschechische Bevölkerung Prags deutsche Kaufleute, Gewerbetreibende und Handwerker boykottierte. Der Einfluß jüdischen Kapitals und die Erfolge einiger jüdischer Unternehmer führte in beiden Lagern zum Entstehen wirtschaftlich bedingter antisemitischer Ressentiments.[90] Der meist von Privatgesellschaften finanzierte Ausbau der Eisenbahnstrecken im böhmisch-mährischen Raum, wobei durch Nebenlinien auch periphere Wirtschaftsgebiete erschlossen wurden, kam der weiteren Industrialisierung zugute; von den bis 1897 in Cisleithanien verlegten 17 143 km an Schienenwegen entfielen auf Böhmen 5228 km und auf Mähren 1769 km.

Hatte der hektische Industrialisierungsvorgang in den deutschen Siedlungsgebieten bereits Anfang der 1870er Jahre einen ersten Sättigungsgrad erreicht, so wurden die innerböhmischen Gebiete wegen des zunehmenden Bevölkerungsdrucks und der landwirtschaftlichen Krisenerscheinungen erst Ende der 1870er Jahre voll erfaßt. Der Preisverfall und Absatzschwierigkeiten bei Zucker und Getreide lösten eine Rationalisierungs- und Spezialisierungswelle aus, die viele Landarbeiter freisetzte und sie zwang, ihren Lebensunterhalt anderweitig zu verdienen.[91] Gleichzeitig mußten zahlreiche Handwerker, deren Erzeugnisse nicht mit der billigen industriellen Massenproduktion Schritt halten konnten, ihre Werkstätten schließen und eine Beschäftigung in der Industrie suchen. Der Arbeitskräfteüberhang und die Proletarisierung vertieften das soziale Elend der sich ausbildenden Arbeiterklasse. Während deutschböhmische Arbeiter in größerer Zahl in das sächsische Industriegebiet mit seinen vorteilhafteren Arbeitsbedingungen und vorbildlichen Schutzmaßnahmen abwanderten, rückten in ihre Stellen tschechische Arbeiter nach, denen bei niedrigen Löhnen unzumutbare Wohn- und Sozialverhältnisse geboten wurden. Die ghettoartige Unterbringung in primitiven Werkswohnungen und die gesellschaftliche Diskriminierung verhinderten eine Assimilierung, so daß die industriell bedingte Massenwanderung in ehemals deutschen Gebieten zur Zweisprachigkeit führte bzw. eine fortschreitende Einschmelzung des Insel- und Streudeutschtums bewirkte. Mit der Intensivierung der Fabrikgründungen im tschechischen Kernsiedlungsgebiet, der zunehmenden Technisierung und der besseren Qualifikation der Arbeitskräfte kam es dann zu Beginn der 1890er Jahre zu einem Nachlassen des Lohndrucks

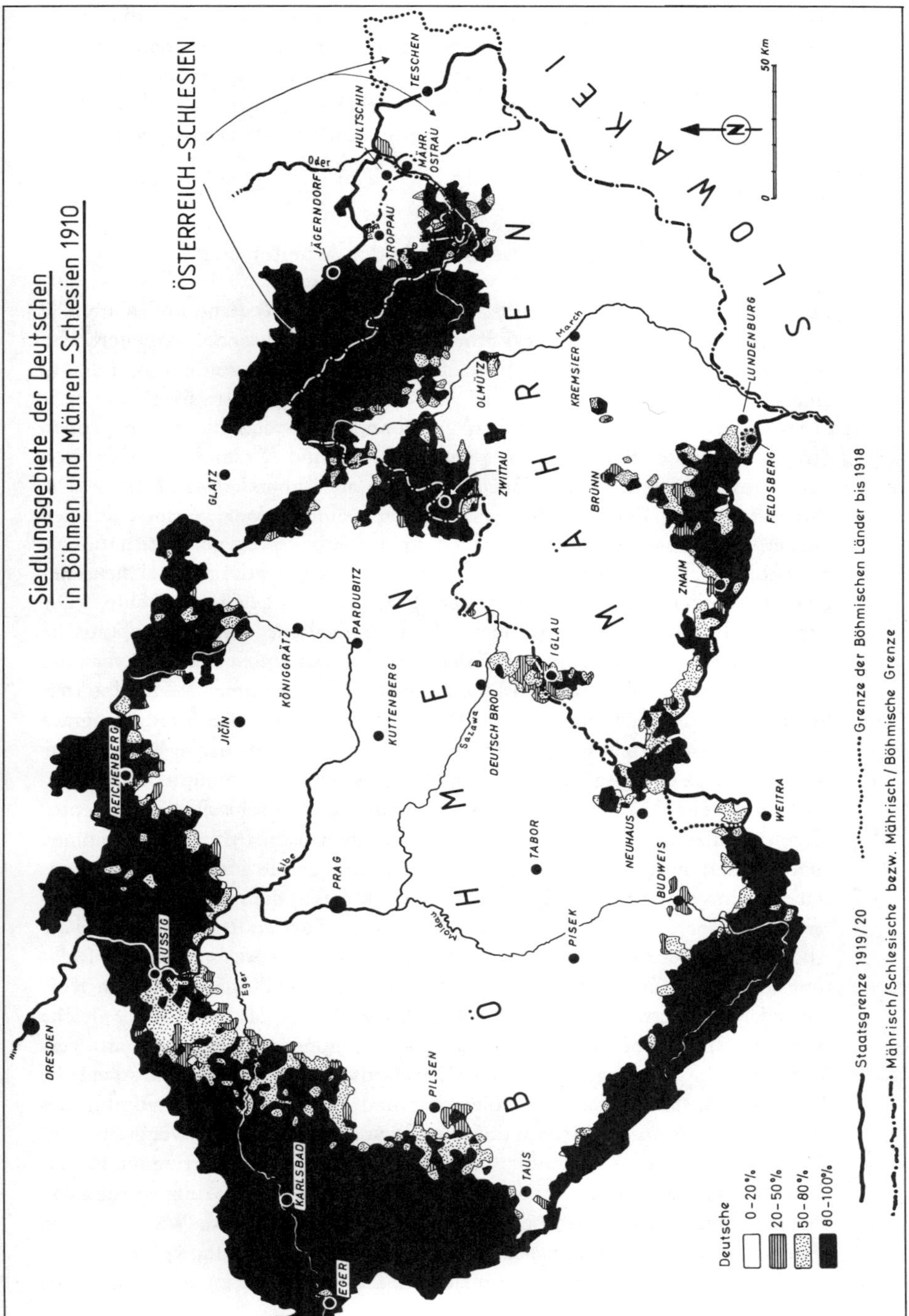
Siedlungsgebiete der Deutschen
in Böhmen und Mähren-Schlesien 1910
ÖSTERREICH-SCHLESIEN
BÖHMEN
MÄHREN
SLOWAKEI
DRESDEN
AUSSIG
REICHENBERG
EGER
KARLSBAD
PILSEN
TAUS
PRAG
PISEK
TABOR
BUDWEIS
NEUHAUS
WEITRA
KUTTENBERG
JIČÍN
KÖNIGGRÄTZ
PARDUBITZ
DEUTSCH BROD
IGLAU
ZNAIM
FELDSBERG
LUNDENBURG
BRÜNN
KREMSIER
OLMÜTZ
ZWITTAU
GLATZ
JÄGERNDORF
TROPPAU
MÄHR. OSTRAU
HULTSCHIN
TESCHEN
Elbe
Eger
Moldau
Sazawa
March
Oder
50 Km
N
Deutsche
0–20%
20–50%
50–80%
80–100%
Staatsgrenze 1919/20
Grenze der Böhmischen Länder bis 1918
Mährisch/Schlesische bezw. Mährisch/Böhmische Grenze

und zu einem langsamen Ansteigen des Lebensstandards. Die Gewerbenovelle von 1885 und die Anfänge einer Arbeiterschutzgesetzgebung trugen zu diesem steten Anwachsen des Sozialniveaus bedeutsam bei, was wiederum eine Zunahme der Geburtenzahlen in den Industriegebieten bewirkte. Da diese Entwicklung dem deutschen Bevölkerungsteil gleichermaßen zugute kam, verfestigte sich nach 1900 auch die Sprachgrenze wieder.[92]

Nationale Differenzierung der Arbeiterschaft

Bereits die Zeitgenossen haben die Klagen über die physische und materielle Ausbeutung und die politische Entmündigung der wachsenden Arbeiterklasse für gerechtfertigt gehalten. Die Versuche der Arbeiter, sich zu organisieren und eine soziale Besserstellung zu erreichen, wurden mit administrativen oder militärischen Mitteln lange erfolgreich unterbunden, so daß die ersten großen Streiks von 20000 Bergarbeitern 1879 in Nord- und Westböhmen oder von 10000 Textilarbeitern 1884 im Bezirk Tetschen noch ohne Erfolg blieben.[93] Die Zusammenarbeit der Arbeiter war anfangs supranational, erhielt in den 1870er Jahren aber eine aus der Rivalität um den Arbeitsplatz geprägte nationale Komponente, zumal die jungtschechische Freiheitliche Nationalpartei die tschechische Arbeiterschaft für ihr politisches Programm zu gewinnen suchte.[94] Die 1878 in Prag-Břevnov gegründete Tschechoslavische Sozialdemokratische Arbeiterpartei *(Československá socialně demokratická strana dělnická)* verstand sich dagegen bis zu ihrer Verselbständigung 1911 als autonomer Teil der internationalistisch ausgerichteten österreichischen Gesamtpartei, deren programmatische Entwicklung sich in enger Anlehnung an die reichsdeutsche Bruderpartei vollzog. Durch die Mitgliedschaft in der Sozialistischen Internationalen nahmen die langsam ein Netz von Ortsvereinen aufbauenden tschechischen Sozialdemokraten ihr Recht auf Selbstvertretung nach außen wahr. Mit der Zeit kamen Jugend- und Frauenorganisationen, Arbeiterturnvereine und erste genossenschaftlich organisierte Wirtschaftsunternehmen hinzu, die später in die einflußreichen Kooperativen eingebracht wurden. Die politischen Repressalien und die Auswirkungen der Wirtschaftskrise förderten jedoch das Ausbrechen von Richtungskämpfen. Eine Minderheit schloß sich dem radikal-anarchistischen Kurs von J. J. Most an, während die Mehrheit ihre Ziele wie das allgemeine, gleiche Wahlrecht, politische und soziale Gleichberechtigung der Arbeiterschaft, Verbesserung der Arbeitsgesetzgebung, Koalitions- und Pressefreiheit sowie die internationale Solidarität des Proletariats und langfristig die Beseitigung des Privateigentums an den Produktionsmitteln auf evolutionärem Wege zu erreichen hoffte. Die von Victor Adler vollbrachte Einigung der zerstrittenen Parteiflügel und die 1888/89 verkündete Hainfelder Prinzipienerklärung wurden von den tschechischen Genossen mitgetragen, auch wenn sie ihre Wünsche nach Unterstützung der Autonomie- und Selbstverwaltungsforderungen für die böhmischen Länder immer offener anmeldeten. Da sich die nationalistischen Strömungen im Kleinbürgertum und selbst in den sozial schwächeren Schichten immer breiter machten, fand sich die Sozialdemokratie bald einer starken politischen Konkurrenz ausgesetzt, die sie zwang, in den 1890er Jahren eine größere organisatorische Distanz zur österreichischen Gesamtpartei einzulegen und auf die Verselbständigung ihrer Organisation hinzuarbeiten.[95]

Obschon in den böhmischen Ländern nur 36% der Einwohner Cisleithaniens wohnten, stellten sie 1890 die Hälfte aller österreichischen Industriearbeiter. Während die Zahl der in der Landwirtschaft Beschäftigten auf 46,8% gefallen war, fanden bereits 34,8% der Erwerbstätigen eine Arbeit im industriellen Sektor. Weil aber immer noch fast 70% der Bevölkerung in Gemeinden mit weniger als 2000 Einwohnern lebten und gerade 10% in Städten mit mehr als 10000 Bewohnern zu Hause waren,[96] kam es nicht zu einer politischen Radikalisierung und einem frühen Klassenkampfdenken. Die Industrialisierung vollzog sich mit Ausnahme Prags, Brünns, Ostraus und Pilsens praktisch im Industriedorf oder in der Kleinstadt, wo die meisten Arbeiter gesellschaftlich verankert blieben. Erst die sich zwischen 1880 und 1900 vollziehende Einwanderung von 500000 Tschechen in zuvor mehrheitlich deutsche Städte und Städtchen ließ unter den deutschen Arbeitern und Kleinbürgern eine wachsende Angst entstehen und den Ruf nach Wahrung des bisherigen nationalen Besitzstands laut werden.[97] Da die zunehmende Abgrenzung eine Assimilation ausschloß und die nationalistische, sozialdarwinistisch beeinflußte Propaganda immer stärker die Gesamtbevölkerung in beiden Lagern erfaßte, konnte die im Industrialisierungs- und Modernisierungsprozeß liegende Chance einer Annäherung der beiden Nationen nicht genutzt werden, die in anderen gemischtnationalen Regionen eine problemlose Verschmelzung begünstigte. Während für die Deutschen die mit der Industrialisierung einhergehende Zerstörung der altgewohnten Lebens- und Wirtschaftsformen immer bedrohlicher erschien, zumal mit dem Vordringen tschechischer Arbeiter und Unternehmer als Konkurrenten für Einkommen und bisherige politische Bevorrechtung der Verlust der eigenen Prädominanz im öffentlichen Leben einherging, besaß die ökonomische und soziale Revolution für die überwiegende Mehrheit der Tschechen hauptsächlich positive Seiten. Mit den wirtschaftlichen Erfolgen wuchs das nationale Selbstbewußtsein; die Träume vom eigenen Staat erwiesen sich angesichts der offenkundigen politischen Lähmung des Habsburgerreiches nicht länger als utopisch.

Der Auffassung, nicht erst das Jahr 1918, sondern das letzte Viertel des 19. Jahrhunderts stelle den entscheidenden Wendepunkt der neuzeitlichen nationalen Entwicklung bei den Tschechen dar, wird insgesamt zuzustimmen sein.[98] Unter den europäischen Nationen ohne Staat besaßen die Tschechen den sozioökonomisch und kulturell höchsten Entwicklungsstand und sie hatten seit 1848 auch in der Staatsverwaltung, selbst in Schlüsselstellungen der Wiener Zentralbehörden, erfolgreich Fuß gefaßt. Die weitere Existenz eines österreichischen Reichsverbands unter Einbeziehung der böhmischen Länder mit seinen für die entwickelte Industrie lebenswichtigen Rohstoffquellen und Absatzmärkten wurde vorerst nur von kleinen, radikalen Gruppen in Frage gestellt; eine rasche und durchgreifende Reorganisation Österreichs in Form eines Zusammenlebens gleichberechtigter Völker und Nationalitäten war aber zur unabwendbaren Voraussetzung für den Fortbestand der Gesamtmonarchie geworden. Jedes weitere Versäumnis bei der politischen Gleichstellung der Tschechen und die fortgesetzte Negierung ihrer staatsrechtlichen Postulate mußte bei dem gewachsenen Selbstvertrauen zu einem Abrücken von der österreichischen Staatsidee führen. Die weitgehende Ausschaltung vom Entscheidungsfindungsprozeß selbst für den eigenen Lebensraum, die als unnötig und ungerechtfertigt empfundenen, den Nationalstolz verletzenden Eingriffe der Wiener Zentrale in die banalsten Landesangelegenheiten, die mit wachsender Intoleranz und Verbissenheit geführte Auseinandersetzung zwischen Tschechen und Deutschen sowie die offensichtliche Richtungs- und Konzeptionslosigkeit der österreichischen Regierungen haben fast zwangsläufig die Bereitschaft genährt, über die eigene politische Zukunft nachzudenken und die vorhandenen wirtschaftlichen, sozialpolitischen und kulturellen Einrichtungen gezielt auszubauen.[99]

XII. Das Auseinanderbrechen der Habsburgermonarchie und die Gründung der Tschechoslowakischen Republik, 1893–1918

1. Entstehung und Entwicklung der politischen Parteien

Der das Scheitern der Taaffeschen Ausgleichsvorschläge begleitende Niedergang der alttschechischen Nationalpartei löste in den 1890er Jahren eine stärkere Differenzierung der politischen Kräfte aus und begünstigte das Entstehen moderner Parteien.[1] Während im böhmischen Landtag und im Wiener Reichsrat bis 1906 die jungtschechische Freisinnige Nationalpartei den Ton angab, meldeten sich gleichzeitig neue Organisationen zu Wort, die zwar in den nationalen Belangen keine wesentlich anderen Positionen verfochten, aber als Vertreter sozialer oder weltanschaulich-religiöser Gruppen nachdrücklicher die spezifischen Interessen ihrer Wählerklientel in den Vordergrund rückten. Unter dem Einfluß der Sammlung von christlich-reformerischen und klerikal-konservativen Basiselementen zu einer durchschlagkräftigen politischen Massenorganisation durch Dr. Karl Lueger in Österreich kam es am 9. IX. 1894 in Leitomyschl zur Gründung einer Christlich-Sozialen Partei *(Křesťansko-sociální strana)*, die sich auf die Inhalte der 1891 von Papst Leo XIII. erlassenen Enzyklika *Rerum novarum* berief, die Aufrechterhaltung christlich-katholischer Traditionen im öffentlichen Leben und Erziehungswesen forderte und versuchte, die kirchlich orientierte Arbeiterschaft für sich zu gewinnen.[2] Mit einer verwandten Ausrichtung trat am 20. V. 1896 in Mähren die von M. Hruban geführte, das konservativ-legitimistische Programm der Alttschechen aufgreifende Katholische Nationalpartei *(Katolická národní strana)* ins Leben, der am 4. IX. 1899 J. Šrámek die Sozialreformerische Christlich-Soziale Partei *(Sociálně-reformní křesťansko-sociální strana)* entgegenstellte, die den Idealen eines christlichen Sozialismus folgen wollte. Weitere Neugründungen und Abspaltungen ließen bis 1912 fünf christlich-sozial ausgerichtete Parteien in Böhmen und zwei in Mähren mit eigenen Organisationen und Zeitungen entstehen, die wegen ihrer Zersplitterung nur eine geringe Wirksamkeit entfalten konnten, auch wenn sie, vor allem in Mähren, in den Landstrichen mit ärmerer Bevölkerung immer stärker Fuß zu fassen vermochten. Neben der gläubigen katholischen Bauernschaft fanden die Christlich-Sozialen beim konservativen Bürgertum, bei der Geistlichkeit und bei einigen Großgrundbesitzern Unterstützung, die als Antwort auf die weitverbreitete antiklerikal-prohussitische Tradition bis in den Ersten Weltkrieg hinein eine proösterreichische Linie verfolgten.

Die fast vollständige Ausschließung der Bauern von der Teilnahme am politischen Leben durch das Zensuswahlrecht und die mit dem Verfall der landwirtschaftlichen Erzeugerpreise seit Mitte der 1870er Jahre wachsenden materiellen Sorgen der Landbevölkerung hatten einer Bauernbewegung Auftrieb gegeben,[3] die sich am 16. V. 1889 in dem von dem Jungtschechen A. Šťastný geleiteten Bauernverein für das Königreich Böhmen *(Selské jednoty pro Království České)* den organisatorischen Rahmen gab. Obgleich erst diese bäuerlichen Stimmen die Wahlerfolge der Jungtschechen sichergestellt hatten, konzentrierte sich die Freisinnige Nationalpartei hauptsächlich auf die Vertretung der städtisch-bürgerlichen Belange, so daß enttäuschte Bauernfunktionäre wie S. Kubr, der 1896 eine der politischen Komponente größeres Gewicht einräumende Vereinigung tschechischer Landwirte initiiert hatte, die Jungtschechen verließen und am 6. I. 1899 den Anstoß zur Gründung der Tschechischen Agrarpartei *(Česká strana agrární)* gaben. Hatte das erste Programm von 1903 mit antisozialistischen und antiaristokratischen Spitzen vornehmlich die wirtschaftlichen Forderungen der wohlhabenden Bauern aus den Getreide- und Rübenanbaugebieten verfochten, so traten ab 1905, nach der Verschmelzung mit der Tschechischen Agrarpartei für Mähren und Schlesien zur Tschechoslavischen Agrarpartei *(Československá strana agrární)* und unter dem wachsenden Einfluß A. Švehlas, auch der nationale Gesichtspunkt und die Bedürfnisse der Kleinbauern deutlicher in den Vordergrund. Die Verbesserung der Parteiorganisation, die Herausgabe der Tageszeitung *Venkov* (Das Land), die Beteiligung an Genossenschaften, Kreditinstituten, Sparkassen und Interessensverbänden sicherten der Agrarpartei rasch eine Massenbasis. Bereits die erste Landtagswahl, die sie 1901 bestritt, trug ihr 44% der tschechischen Stimmen und 21 Mandate ein; bei den Reichsratswahlen 1907 bekam sie 28, 1911 sogar 38 Sitze. Auch wenn die Agrarier den Höhepunkt ihrer Einflußnahme erst in der ČSR erreichten, stiegen sie bereits vor dem Ersten Weltkrieg zu einer ernstzunehmenden politischen Größe im tschechischen Lager auf.[4]

Die bittere Erkenntnis, daß die nationalistische Agitation der anderen Parteien auch unter der Arbeiterschaft Wirkung zeigte, zwang die tschechische Sozialdemokratie in der 2. Hälfte der 1890er Jahre, sich stärker von der österreichischen Mutterpartei abzugrenzen, die den auf dem Budweiser Parteitag geäußerten Wunsch nach Föderalisierung der gemeinsamen Organisation auf der vom 5.–11. IV. 1896 in Prag abgehaltenen gesamt-österreichischen Konferenz nachkam und auch die Autonomieerklärung der polnischen und italienischen Sektionen sanktionierte. Das 1899 auf dem Brünner Parteitag verabschiedete Nationalitätenprogramm kam den Erwartungen der nichtdeutschen Genossen weitgehend entgegen. Da die tschechischen Sozialdemokraten das böhmische Staatsrecht ablehnten und eine Autonomie der Nationen sowie die Einrichtung nationaler Verwaltungsgebiete verlangten, war in Brünn der beabsichtigten Föderalisierung der Monarchie entlang der historischen Grenzen der Kronländer eine Absage erteilt worden. Mit dem Vorwurf, die Sozialdemokratie habe die nationalen Postulate verraten, wurde ab 1897 unter jungtschechischem Einfluß bei Arbeitern und Handwerkern für einen stark antisemitisch und antideutsch ausgerichteten „slavischen Sozialismus" geworben und am 9.–11.IV. 1898 in Prag eine National-Soziale Partei in Böhmen, Mähren, Schlesien und Nieder- und Oberösterreich *(Národně sociální strana v Čechách, na Moravě, ve Slezsku a v Dolních a Horních Rakousích)* gegründet, die neben sozialen und politischen Verbesserungen als wichtigste programmatische Forderung die Bildung eines souveränen tschechischen Staates auf der Basis der historischen böhmischen Ländereinheit verlangte. Ihr Wortführer V. Klofáč konnte dank der Akzentuierung nationalistischer Gedanken auch mit Unterstützung aus dem kleinbürgerlichen Lager und aus den vom Nationalitätenkampf bereits erfaßten Teilen der Arbeiterschaft in den nationalen Mischgebieten rechnen, so daß die Nationalen Sozialisten bei den Reichsratswahlen von 1901 mit nur 1,2% der Stimmen 5, die Sozialdemokraten mit 4,2% aber nur 2 Mandate erhielten. Diese Rivalität wurde auch in heftigen Pressekampagnen ausgetragen, wobei die seit dem 1.X. 1897 erscheinende sozialdemokratische Tageszeitung *Právo lidu* (Volksrecht) mit der Wochenzeitung *Česká demokracie* (Tschechische Demokratie) und dem seit 1907 täglich herausgebrachten *České slovo* (Das tschechische Wort) der Nationalen Sozialisten konkurrierten. Während die National-Sozialistische Partei die Vernachlässigung der sozialen Problematik durch aufsehenerregende nationale Demonstrationen wettzumachen suchte und sich aus taktischen Gründen 1907 mit der Radikalen Staatsrechtspartei und 1911 mit den Jung- und Alttschechen zu Wahlbündnissen zusammenschloß, stieß ihre Obstruktionspolitik auf zunehmende Ablehnung in der Öffentlichkeit; erst als sie im Ersten Weltkrieg kompromißlos für die Eigenstaatlichkeit kämpfte, eine radikal antimilitaristische Haltung einnahm, sich an die Spitze der tschechischen Nationalbewegung setzte und genuin sozialistische Forderungen aufgriff, konnte sie wieder einen größeren Zulauf verzeichnen.[5]

Um ihren Einfluß auf die Arbeiterschaft nicht zu verlieren, griffen aber auch die Sozialdemokraten gezielt die nationalen Streitpunkte auf, verabschiedeten 1902 ein detailliertes Autonomieprogramm und sahen ihren entschlossenen Kampf für das allgemeine Wahlrecht 1907 mit 24 Reichsratsmandaten belohnt. Der immer noch gesamtstaatlich-austromarxistische Tendenzen verfechtende Flügel um B. Šmeral fand sich trotz der Annahme seiner Konzeption auf dem IX. Parteitag 1909 von den Anhängern der Eigenstaatlichkeit um F. Modráček weitgehend zurückgedrängt, die im Streit um die Errichtung separater tschechischer Gewerkschaften auf dem Brünner Parteitag am 13./14. V. 1911 den Bruch mit der österreichischen Mutterpartei vollzogen. Mit dieser Verselbständigung schied die tschechische Sozialdemokratie de facto aus der II. Sozialistischen Internationale aus, denn sie schloß sich von jetzt ab ganz unverhohlen der nationalistischen Agitation der bürgerlichen Parteien an, mit denen sie im Wiener Reichsrat in einem gemeinsamen Tschechischen Klub zusammenarbeitete. Die Abspaltung einer Zentralistischen Tschechischen Sozialdemokratischen Arbeiterpartei und die Entfernung der proösterreichischen Kräfte aus der Parteiführung auf dem XI. Parteitag 1913 bedingte unter dem Einfluß von E. Bernstein auch eine Revision des marxistischen Programms und das offene Eintreten für die Schaffung eines souveränen tschechisch-slowakischen Nationalstaates in der Schlußphase des Ersten Weltkriegs.[6]

Trotz einer nur bescheidenen Wählerunterstützung war die am 31.III./1.IV. 1900 von T.G.Masaryk, J.Gruber, F.Drtina u.a. gegründete Tschechische Volkspartei *(Česká strana lidová)*, die seit 1906 als Fortschrittspartei *(Česká strana pokroková)* firmierte, eine bedeutende politische Kraft. Die von der Nationalpartei kommenden „Realisten" hatten sich nach kurzzeitiger Zusammenarbeit zu Beginn der 1890er Jahre wieder von den Jungtschechen getrennt, weil sie deren historisch-staatsrechtlichem Programm einer Wiederherstellung der Selbständigkeit der böhmischen Kronländer keine Zukunftschancen einräumten und eine naturrechtliche Konzeption nationaler Autonomie in den Grenzen eines modernisierten, föderalisierten und demokratischen Cisleithanien verfochten. Im Sinne ihres aufgeklärten gesellschaftlichen Reformismus forderten die Realisten die Gleichberechtigung von Mann und Frau, grundlegende soziale Verbesserungen, Trennung von Staat und Kirche, Ausbau der Selbstverwaltung ohne nationale Diskriminierung und eine einschneidende Neugestaltung des Schul- und Bildungswesens; gerade kulturpolitische Anstöße sollten die Voraussetzungen schaffen, den Tschechen die politische Selbstverwaltung im Rahmen eines Bundes der österreichischen Länder zu übertragen. Sowohl Abspaltungen als auch der Beitritt zahlreicher Persönlichkeiten, die mit den Losungen der anderen Parteien unzufrieden oder über den Provinzialismus sowie die soziale und kulturelle Rückschrittlichkeit enttäuscht waren, bedingten bei den Realisten eine starke Fluktuation. Obschon die Partei 1907 nur zwei und 1911 sogar nur einen Abgeordneten in den Reichsrat entsenden konnte, wobei beide Male Masaryk nach Wien ging und zu einem der angesehensten Parlamentarier aufstieg, reichte ihr Einfluß dank ihres ausgebauten Zeitschriftenwesens wesentlich weiter, durch das sie wichtige Anstöße für das öffentliche Leben, Literatur, Kunst und Wissenschaften gab.[7]

Als Antwort auf die politische Organisation des Landvolks und der Arbeiter wollten auch Gewerbetreibende und Kaufleute, die sich bis dahin in verschiedenen Parteien bzw. deren Fachgliederungen betätigt hatten, ihre eigene Interessenvertretung schaffen, doch die 1906 von F.Horák und M.Trčka in Böhmen und 1907 von R.Mlčoch in Mähren gegründeten Gewerbe- und Handelsparteien erlangten vor 1918 keine politische Bedeutung. Die jungtschechische Freisinnige Nationalpartei zeigte sich nämlich bemüht, durch ein stärkeres Eingehen auf die Bedürfnisse des städtischen Mittelstandes eine weitere Aushöhlung ihres Wählerpotentials zu unterbinden. Ihr Eintreten für das allgemeine Wahlrecht, die Bürgerrechte und die Gleichstellung aller Konfessionen, eine dem Bevölkerungsanteil entsprechende Berücksichtigung der Tschechen in allen Sektoren der Staatsverwaltung, auch beim Militär und in der Führung der Außenpolitik, sowie die Reform des Grund-, Fach- und Hochschulwesens wurde ergänzt von der Forderung nach einer gerechteren Verteilung der Steuerlasten und der Hebung des Wohlstands in allen Bevölkerungskreisen, was u.a. durch den Ausbau des Genossenschaftswesens und der Kreditorganisationen sowie durch Subventionierung der Industrie erreicht werden sollte. 1901 waren K. Kramář und V. Škarda in die Parteiführung aufgerückt, die durch eine „Politik der freien Hand" vor allem die Anerkennung des historischen böhmischen Staatsrechts und den Zusammenschluß der Länder der böhmischen Krone verfolgte. Doch die Partei des wohlhabenden nationalgesinnten Bürgertums, des Großhandels, der Banken und der Industrie mußte nach Einführung des allgemeinen Wahlrechts bei den Reichsratswahlen von 1907 und 1911, wo sie 18 bzw. nur noch 14 Sitze errang, und in dem aufgrund des Zensuswahlrechts zustandegekommenen Landtag von 1908, wo ihr 38 Mandate zufielen, schwere Einbußen hinnehmen. Der rasche Aufstieg unverbrauchter Männer wie A. Rašín und Z. Tobolka oder die engere Zusammenarbeit mit fortschrittlichen Gruppierungen haben den langsamen Niedergang nicht aufhalten können, so daß sich die Jungtschechen 1918 zum Zusammenschluß mit einem Flügel der Fortschrittspartei und der Radikalen Staatspartei zur Tschechoslowakischen Nationaldemokratie veranlaßt sahen.[8]

Auch die von Riegers Schwiegersohn A. Bráf 1906 und dann im Ersten Weltkrieg von K. Mattuš unternommenen Anläufe, die alttschechische Nationalpartei wiederzubeleben, schlugen weitgehend fehl, so daß sie sich erneut den Jungtschechen annäherte und bei den Wahlen von der Aufstellung gemeinsamer Kandidatenlisten profitierte. Allein ihre Presse, das vielgelesene Parteiorgan *Hlas národa* (Stimme der Nation) und die angesehene *Národní politika*, vertraten weiterhin den Standpunkt einer Föderalisierung Österreichs unter Gewährung einer umfassenden Autonomie für die böhmischen Länder. Das im Weltkrieg verfolgte Ziel, wenigstens die administrative Vereinigung der Länder der böhmischen Krone zu erreichen, fand ebenfalls keine große Publikumsresonanz, so daß schließlich auch die Reste der Alttschechen in der Tschechoslowakischen Nationaldemokratie aufgingen. Zur Koordinierung der politischen Arbeit hatten sich am 16. IX. 1899 die tschechischen Parteien und die Presse des bürgerlichen Lagers in einem Tschechischen Nationalrat *(Národní rada česká)* zusammengeschlossen, dessen Arbeit der jungtschechische Politiker K. Podlipný koordinierte. Die anfangs von J. Herold, danach von K. Kramář geleitete „auswärtige Sektion" zeigte sich bemüht, durch den Aufbau von Kontakten nach Frankreich und Rußland moralisch-politische Unterstützung für die Durchsetzung des nationalen Forderungskatalogs zu erhalten.[9] Kramář, der 1890 erstmals Rußland besucht hatte und 1900 eine Russin heiratete, setzte für die Lösung der tschechischen Problematik eindeutig auf die allslavisch-russische Karte, wobei ihn nach der Revolution von 1905 der Ministerpräsident P. A. Stolypin und der Außenminister A. P. Izvol'skij als designierten Führer der baldigen Vereinigung aller Slaven hofierten. Der von Kramář organisierte, aus Anlaß des 60. Jahrestages der ersten Slavenversammlung vom 12.–17. VII. 1908 in Prag durchgeführte Slavenkongreß wurde zu einer eindrucksvollen Machtdemonstration des sog. Neoslavismus ausgestaltet.[10] Die seit langem lebendige Frankophilie erhielt ebenfalls starken Auftrieb. Zahlreiche vielversprechende junge Tschechen nahmen die Gelegenheit wahr, an französischen Universitäten zu studieren; bei keiner festlichen Veranstaltung mit nationalem Einschlag, ob bei *Sokol*- oder Musikfesten, Jubiläumsausstellungen oder Palacký-Feiern, fehlten französische Repräsentanten.[11] In der britischen Presse wiesen vornehmlich H. Wickham Steed und R. W. Seton-Watson auf den Nationalitätenkampf in Böhmen und die nationalen Forderungen der Tschechen hin.

Deutsche politische Organisationen

Die Deutschen in den böhmischen Ländern fanden sich im allgemeinen von den gesamtösterreichischen Parteien repräsentiert. Sowohl in der Christlichsozialen Partei, der Sozialdemokratischen Arbeiterpartei, der Verfassungspartei als auch bei den Deutschnationalen waren sie mit starken Sektionen vertreten, durch die sie Einfluß auf die Beurteilung der deutsch-tschechischen Auseinandersetzung und das Abstimmungsverhalten der Mutterparteien zu nehmen suchten. Die 1888 aus der seit 1861 bestehenden Verfassungspartei hervorgegangene Vereinigte Deutsche Linke brach angesichts des sich zuspitzenden Nationalitätenkampfes Mitte der 1890er Jahre auseinander, so daß sich deutschböhmische Abgeordnete um die Bildung einer neuen Partei bemühten, die sich am 18. X. 1896 in Prag als Deutsche Fortschrittspartei förmlich konstituierte und ein von G. Marchet verfaßtes Programm annahm, in dem das Bekenntnis zur Verteidigung des nationalen Besitzstandes an vorderster Stelle stand. Der gemeinsame Kampf gegen die Sprachverordnungen für die böhmischen Länder führte die deutschen Parteien näher zusammen, wobei aber die Fortschrittspartei einen Teil ihrer Wähler verlor und daher zunehmend in das deutschnationale Lager abdriftete. Ihre schweren Stimmeneinbußen bei den Reichsratswahlen von 1907 lieferten den Anstoß zur Gründung eines deutschfreiheitlichen Gesamtverbandes, dem Deutschen Nationalverband, an dem sich die Deutsche Fortschrittspartei nach ihrer Verschmelzung mit der Deutschen Volkspartei führend beteiligte.[12]

Während die Alldeutschen Georg von Schönerers bei den Deutschen in Böhmen und Mähren wenig Widerhall fanden, kam der am 7. VI. 1896 entstandenen Deutschen Volkspartei größere Bedeutung zu, die unter Berufung auf das Linzer Programm von 1882 eine realpolitische, den deutschen Lebensinteressen Rechenschaft zollende und eine positive Weiterentwicklung der Habsburgermonarchie fordernde Linie vertrat. Der von K. H. Wolf 1901 gegründeten Deutschradikalen Partei ging es dagegen mehr um eine politische Mobilisierung der Bevölkerung im deutschnationalen Sinne, wobei ein militanter Antisemitismus mit der unduldsamen Forderung nach einer Beschneidung der tschechischen Einflußsphäre gekoppelt wurde. Eine weitgehend auf Böhmen beschränkte Organisation blieb die 1903/04 in Trautenau als völkisch-nationalistische Vertretung ins Leben gerufene Deutsche Arbeiterpartei; die seit 1905 agierende Deutsche Agrarpartei hatte ihr Haupteinzugsgebiet ebenfalls in Böhmen, wobei sie neben den wirtschaftlichen Interessen ihrer bäuerlichen Mitglieder auch die Verteidigung ihres nationalen Besitzstandes betrieb. Diese Gruppen des deutschnationalen Lagers unterstellen sich ebenfalls dem am 26. II. 1910 gebildeten Deutschen Nationalverband, der aus den Reichsratswahlen von 1911 als stärkste politische Kraft im Wiener Abgeordnetenhaus hervorging.[13]

Die Christlichsoziale Partei, die sich der von K. v. Vogelsang propagierten katholischen Sozialreformbewegung verpflichtet fühlte, fand in den böhmischen Ländern bei der Masse bedrängter Kleinbürger und Bauern beträchtlichen Rückhalt, wobei sie aber rasch ihr politisches Erneuerungspotential verlor. Die Absage an den Dualismus und die Angriffe auf die „judäo-magyarische Clique" in Budapest verbanden die Christlichsozialen mit dem Ziel, „allezeit für den Schutz des ideellen und materiellen Besitzstandes des deutschen Volkes eintreten" zu wollen.[14] – Eine breitere Wählerresonanz fand die Sozialdemokratie unter den deutschen Arbeitern, die schwer unter sozialen Mißständen zu leiden hatten und deren politisches Gewicht erst nach der Einführung des allgemeinen Wahlrechts zum Tragen kam. Im Gegensatz zu den wuchernden nationalistischen Bestrebungen der tschechischen Genossen wollten sich die deutschböhmischen Sozialdemokraten mit einer „ethnischen Föderalisierung" Österreichs und der Einrichtung von nationalen Selbstverwaltungskörperschaften zufrieden geben. Die von K. Renner und O. Bauer in ihren richtungsweisenden programmatischen Schriften entwickelten Vorschläge zur Lösung des Nationalitätenproblems durch das Prinzip der Personalautonomie hätten, wie der 1905 zustandegekommene Mährische Ausgleich zeigte, eine solide Grundlage für die Bereinigung der nationalen Auseinandersetzungen in den böhmischen Ländern bilden können. Bei den Reichsratswahlen von 1907 erwiesen sich der tschechische und der deutsche Flügel mit 24:21 Mandaten noch als etwa gleich stark, dagegen sank 1911 die Abgeordnetenzahl der deutschen Genossen auf 10 Sitze ab, während die tschechische Sektion mit 26 sogar zwei zusätzliche Abgeordnete in den Reichsrat entsenden konnte.[15] – Trotz des 1903 von J. Titta gebildeten Deutschen Volksrats in Böhmen und Mähren ist es zu keiner nationalen Blockpolitik der Deutschen in den böhmischen Ländern gekommen, da Christlichsoziale und Sozialdemokraten ihre Mitarbeit verweigerten.[16]

Die polnische Minderheit im Ostteil von Österreich-Schlesien kooperierte meist mit den Tschechen unter der Dachorganisation einer Slavischen Wahlgemeinschaft und konnte nach 1907 zwei Reichsratsabgeordnete stellen. Die 1908 gegründete Schlesische Volkspartei *(Śląska partia ludowa)* als Interessenvertreterin der autochthonen Schlesier, der sog. Slonzaken, war durch den Bürgermeister von Teschen, J. Kozdon, auch im Reichsrat präsent. In dem von den deutschen Abgeordneten dominierten Schlesischen Landtag in Troppau saßen seit 1890 ebenfalls zwei polnische und ein slonzakischer Mandatsträger.

2. Das Scheitern der letzten Ausgleichsbemühungen vor Ausbruch des Ersten Weltkriegs

Die rasche Entwicklung des Parteiwesens war sowohl auf das gewachsene politische und nationale Bewußtsein unter der Bevölkerung als auch auf die bescheidene Wahlrechtsreform von 1882 zurückzuführen, die aber die immer ungeduldiger vorgetragene Forderung nach einer weiteren Liberalisierung der Zulassungsmodalitäten zu den Wahlen ausgelöst hatte, über die das Ministerium Taaffe 1893 dann auch stürzte. Das am 11.XI. 1893 ernannte Koalitionsministerium unter dem Fürsten Alfred Windischgrätz, dessen politischer Motor aber der Deutschböhme Ernst von Plener war, zeigte sich nicht willens, die Erwartungen der allgemeinen Wahlrechtsbewegung zu erfüllen oder den von den Jungtschechen um K. Kramář mit neuem Elan vorgetragenen Wünschen nach einem Entgegenkommen in den nationalen Streitpunkten zu entsprechen. Als die Jungtschechen am 23.IX. 1894 auf ihrem Nimburger Parteitag die von ihnen früher einmal bekämpfte historische Staatsrechtsideologie zum offiziellen Programm erhoben und mit dem nachdrücklichen Verlangen nach einer raschen Föderalisierung Cisleithaniens den Anspruch auf eine Umgestaltung des Herrenhauses in eine Länderkammer und des Abgeordnetenhauses in eine in allgemeinen Wahlen zu bestimmende Volksvertretung verbanden, gewann der Konflikt eine neue Dimension. Da sich ein banaler Streit um die Einrichtung von slovenischen Parallelklassen am Gymnasium von Cilli ausweitete, brach die Koalition auseinander und die Regierung Windischgrätz mußte demissionieren. Während sich die Zerfallserscheinungen im deutschliberalen Lager fortsetzten und die unversöhnlichere deutschnationale Richtung Auftrieb erhielt, fühlten sich auch die Slaven Cisleithaniens im politischen Aufwind. Der Kaiser trug diesen Verhältnissen Rechnung, als er nach dem kurzlebigen Übergangsministerium unter dem Grafen Kielmannsegg den bisherigen Statthalter in Galizien, Kazimierz Graf Badeni, am 29.IX. 1895 mit der Bildung einer „Regierung der starken Hand" beauftragte.

Die Badenischen Sprachverordnungen

Der polnische Aristokrat Badeni erwarb sich bereits dadurch Ansehen, daß er am 20.X. den Ausnahmezustand, der vor mehr als zwei Jahren über Prag verhängt worden war, sistierte und am 14.VI. 1896 die Wahlreform durch den Reichsrat brachte, wodurch in einer neuen 5.Kurie 5,33 Mill. bisher ausgeschlossene Bürger über 24 Jahre das Recht erhielten, 72 von 425 Abgeordneten in das Wiener Parlament zu entsenden. Von dem allseits geforderten allgemeinen Wahlrecht war man aber immer noch weit entfernt: Während 5000 Wähler in der Kurie der Großgrundbesitzer 85 Mandate vergaben, durften die Städter nur 118, die Handels- und Gewerbekammern 21 und die Landgemeindekurie 129 Abgeordnete bestimmen. Bei den 1897 durchgeführten Reichsratswahlen konnten in den böhmischen Ländern die Sozialdemokraten erstmals acht deutsche und drei tschechische Abgeordnete stellen; der unaufhaltsame Zerfallsprozeß in der Deutschen Linken hatte dazu geführt, daß sie nur noch mit 32 Parlamentariern vertreten war, während die Deutsche Volkspartei 17, die Freideutsche Vereinigung und die Agrarier jeweils zwei Mandate eroberten. Die tschechischen Parteien hatten 62 Sitze erhalten, aber auch 19 Repräsentanten unter den Großgrundbesitzern waren ihnen zuzurechnen. Hatten die Deutschen Cisleithaniens 1873 noch fast zwei Drittel der Abgeordneten delegieren können, so war ihr Anteil jetzt auf 47% der Mandate zurückgegangen. Badeni hoffte, mit diesem Entgegenkommen an die Slaven die Bereitschaft der immer noch in Obstruktion verharrenden Tschechen, künftig aktiv im Reichsrat mitzuarbeiten, verstärkt zu haben, denn nur so konnte er erwarten, die überfällige Steuergesetzgebung abzuschließen und die schwierigen Ausgleichsverhandlungen mit Ungarn über die Höhe des von ihnen zu übernehmenden Etatanteils erfolgreich zu beenden.

In den langen Vorgesprächen mit den Repräsentanten des Tschechischen Klubs war deutlich geworden, daß nur ein Eingehen auf die umstrittenen Sprachforderungen ein Einlenken der tschechischen Seite gewährleisten würde. Ohne die deutschen Parlamentarier zu informieren, erließ Badeni daher am 5. IV. 1897 für Böhmen, am 22. IV. für Mähren die nach ihm benannten Sprachverordnungen, die in der cisleithanischen Hälfte der Monarchie eine schwere Staatskrise auslösten und den Nationalitätenkampf in seine entscheidende Phase trieben. Dabei waren nur in den Kronländern Böhmen und Mähren die beiden Landessprachen im inneren und äußeren Dienstverkehr der Behörden einander gleichgestellt worden, wobei die Kenntnis des Tschechischen für einen deutschen Beamten selbst im rein deutschen Sprachgebiet zur Voraussetzung für eine Laufbahn im Staatsdienst erhoben wurde. Da bereits ein unverhältnismäßig hoher Prozentsatz tschechischer Staatsbediensteter im deutschen Sprachgebiet eine Anstellung gefunden hatte und die von den Deutschen gewünschte ethnisch-administrative Landesteilung entlang der Sprachgrenzen völlig negiert worden war, fanden sich alle Deutschen bei der unnachgiebigen Ablehnung der Sprachverordnungen in einem bisher nicht gekannten Gemeinschaftsbewußtsein zusammen, das auch das übrige Deutschtum in der westlichen Reichshälfte erfaßte. Massenversammlungen in den großen deutschen Städten Reichenberg, Teplitz und Eger und der auf die Straße getragene Kampf unterstützten die parlamentarische Obstruktion der deutschen Parteien, so daß sich Badeni im Interesse einer Beendigung der die gesamte Öffentlichkeit polarisierenden Auseinandersetzung gezwungen sah, Kompromißvorschläge zu unterbreiten und Gesetzesinitiativen zum Schutz der Minderheiten, für den Sprachgebrauch in den Selbstverwaltungskörperschaften, für die Errichtung von Kreisbehörden und für eine Reform der Kurienorganisation und der Wahlordnung in Aussicht zu stellen; die Vertrauensmänner der deutschen Parteien lehnten aber jede Verhandlung vor Rücknahme der Sprachverordnungen ab. Auf die Einschüchterung tschechischer Bürger in deutschen Gebieten reagierten die Jungtschechen mit einer Erweiterung ihres Forderungskatalogs, wobei sie neben der Erfüllung von 35 nationalen Postulaten, die sie in einer Denkschrift aufgelistet hatten, vor allem die Ausdehnung der Sprachverordnung auf Schlesien verlangten. Als die Unruhen auch auf Wien und Graz übergriffen, sich im Reichsrat beschämende Szenen mit Handgreiflichkeiten zwischen den Abgeordneten abspielten und die Ausgleichsvereinbarungen mit Ungarn nicht vom Fleck kamen, verfügte Kaiser Franz Joseph I. am 28. XI. 1897 die Schließung des Parlaments und die Entlassung Badenis.[17]

Der kurzzeitig (28. XI. 1897–5. III. 1898) mit der Führung des Ministeriums beauftragte bisherige Unterrichtsminister Baron Paul Gautsch von Frankenthurn fand sich vor eine unlösbare Aufgabe gestellt, weil er wegen der Vertagung des Reichsrats nur mit dem Notverordnungsparagraphen 14 regieren konnte. Ausufernde Protestdemonstrationen in Prag gegen die Entlassung Badenis mußte er mit der vorübergehenden Verhängung des Ausnahmezustandes beantworten. Den Druck der zu einer Deutschen Gemeinbürgschaft zusammengeschlossenen Parteien suchte er durch eine Revision der böhmischen und mährischen Kreiseinteilung abzubauen, was ihm wiederum die erbitterte Opposition der Jungtschechen eintrug, die zudem auf der ungeschmälerten Aufrechterhaltung der Sprachverordnungen beharrten. Da zusätzlich am 26. II. 1898 die deutschen Abgeordneten aus dem böhmischen Landtag auszogen, weil ihre Position in einer an den Kaiser gerichteten Adresse keine Berücksichtigung gefunden hatte, und ein Konflikt um das öffentliche Farbentragen der Prager deutschen Studenten in einen ganz Cisleithanien erfassenden Universitätsstreik mündete, suchte Gautsch die aufgebrachten Gemüter durch eine vernünftige Revision der Sprachverordnungen zu beruhigen. Seine bereits am 24. II. beschlossene, am 5. III. veröffentlichte Regelung schrieb in einer verschieden interpretierbaren Formulierung vor, daß jeder Beamte die im Dienst erforderliche Sprache beherrschen müsse; zudem wurden tschechisch-, deutsch- und gemischtsprachige Verwaltungsbezirke ausgewiesen.[18]

Verschärfung des Sprachenstreits

Das nachfolgende Kabinett bildete der zwischen den Nationen stehende böhmische Aristokrat Franz Anton Graf Thun-Hohenstein, der den Jungtschechen J. Kaizl als Finanzminister und den Vertreter des verfassungstreuen Großgrundbesitzes J. M. Baernreither als Handelsminister berief. Da sich Thun den Wünschen der deutschen Parteien, die Sprachverordnungen ganz zu kassieren, trotz der Fortsetzung ihrer Obstruktionspolitik nicht beugte, dadurch aber auf die parlamentarische Unterstützung durch die Jungtschechen angewiesen blieb, hatte er sich ihr Wohlwollen im Rahmen seiner „Postulantenpolitik“ durch zahlreiche Konzessionen zu erkaufen, was wiederum den deutschen Widerstand intensivierte. Die durch den leidigen Sprachenstreit entfachten nationalen Leidenschaften machten sich weiterhin in Straßendemonstrationen und Ausschreitungen Luft; selbst einsichtsvolle Politiker konnten nicht mehr den Weg der Verständigung gehen, wollten sie sich nicht dem Vorwurf aussetzen, an der nationalen Sache Verrat zu üben. Die chauvinistischen Parolen der Alldeutschen Schönerers und der von K. H. Wolf geführten Deutschradikalen lösten bei der deutschen Bevölkerung der böhmischen Länder ein stärker werdendes Echo aus und vertieften die antitschechische Einstellung.[19] In einem Erlaß vom 1. VII. 1898 verfügte Thun dann die Aufteilung Böhmens in 219 Gerichtsbezirke, von denen 76 als einsprachig deutsch, 6 als vorwiegend deutsch, 15 als gemischtsprachig, 8 als vorwiegend tschechisch und 114 als einsprachig tschechisch eingestuft wurden, ohne mit dieser den deutschen Erwartungen schon recht nahekommenden Regelung die aufgewühlten Gemüter beruhigen zu können, zumal eine langanhaltende Wirtschaftsrezession die nationalen Spannungen noch zusätzlich verschärfte. Das von den deutschen Parteien der Gemeinbürgschaft am 20. V. 1899 beschlossene Pfingstprogramm, das auf der Verwendung des Deutschen als gesetzlich verankerter „Vermittlungssprache" und als innerer Amtssprache mit Ausnahme der polnischen und italienischen Distrikte Cisleithaniens beharrte und die Festlegung der äußeren Amtssprache im Parteienverkehr nach dem vorherrschenden sprachlichen Charakter des Gebiets auszurichten empfahl, konnte von den Jungtschechen nicht einmal als Verhandlungsgrundlage akzeptiert werden, weil ihnen die Formulierung suspekt erschien: „Inwieweit die tschechische Sprache in den zu bildenden tschechischen Kreisen Böhmens als innere Amtssprache der Behörden zur Anwendung gelangen kann, wird festzustellen sein." Obgleich die Vorschläge zur Trennung der Landtage in nationale Kurien und für Erleichterungen bei der Errichtung von Minderheitenschulen durchaus auch tschechische Wünsche berücksichtigten, akzeptierten weder die Regierung noch die tschechischen Parteien das Pfingstprogramm als Verhandlungsgrundlage.[20]

Denn in diesem nationalen Defensivprogramm war ein wunder Punkt angeschnitten worden, dem in den folgenden Auseinandersetzungen eine wachsende Bedeutung zukommen sollte. Den deutschen Vorstellungen zufolge waren alle finanziellen Aufwendungen für Schulen und kulturelle Einrichtungen aus dem Steueraufkommen der jeweiligen Nationalität bereitzustellen. Die 37% der Bevölkerung ausmachenden Deutschen brachten allein 53% der in Böhmen erhobenen Steuersumme auf, die 63% Tschechen aber nur knapp 45%; die auch in einer ethnischen Landesteilung liegende Gefahr, die größere Steuerkraft der Deutschen zu verlieren und damit den Ausbau der tschechischen Bezirke zu beeinträchtigen, wurde von den tschechischen Parteiführern klar erkannt und alle darauf hinauslaufenden Pläne entrüstet zurückgewiesen. Karel Kramář, der als Sprecher der Jungtschechen immer beherrschender in das politische Rampenlicht trat, entwickelte deshalb eine auch von K. Renner befürwortete „Steuerträgertheorie", wonach das Steueraufkommen der Unternehmen, die zwar in deutschem Besitz waren, aber tschechische Arbeitnehmer beschäftigten, nach einem festzulegenden Schlüssel aufgeteilt werden sollte, um so die vorhandene Disparität zu vermindern. Obgleich tschechische Politiker nicht müde wurden, bis zum Ersten Weltkrieg die angebliche „Ausbeutung" der tschechischen Wirtschaftskraft durch die Wiener Regierung anzuprangern, ging die von allen Kabinetten betriebene finanzielle und wirtschaftliche Begünstigung der Tschechen vor allem auf Kosten der anderen nichtdeutschen Nationalitäten Cisleithaniens. Gerade die Einsicht in die zahllosen Vorteile, die eine Großraumwirtschaft den bereits so weitgehend industrialisierten böhmischen Ländern bot, hat viele tschechische Politiker davon abgehalten, vor 1914 ernsthaft für die nationalen Verselbständigungsforderungen einzutreten.[21]

Da es auch der Regierung Thun-Hohenstein nicht gelang, die drängendsten Fragen einer Lösung näherzubringen, und eine arbeitsfähige parlamentarische Basis nicht zustande kam, berief der Kaiser im März 1899 zuerst M. Graf Clary-Aldringen und im Oktober H. v. Wittek zur Führung der Geschäfte. Als Clary-Aldringen am 14. X. überraschend die Sistierung aller Sprachverordnungen bekanntgab, konnte er zwar mit der Zustimmung der Deutschen rechnen, mußte dafür aber die vehemente Opposition der Tschechen in Kauf nehmen, die, ähnlich wie die Ungarn, den Sprachenstreit auch in die Armee zu tragen suchten und sich damit das äußerste Mißfallen des Kaisers einhandelten. Antisemitische Strömungen, meist ökonomisch bedingt, griffen damals auch auf Mähren über, wo sich der größtenteils deutschorientierte jüdische Bevölkerungsteil als „germanisierendes Element" tschechischen Übergriffen ausgesetzt fand. Die vom Wiener Schriftsteller Theodor Herzl ins Leben gerufene national-jüdische, zionistische Bewegung löste aber wenig Resonanz aus, weil die Juden in den böhmischen Ländern zumeist am Assimilationsgedanken festhielten, in Mähren weiterhin zum Deutschtum tendierten, sich in Böhmen jedoch verstärkt den Tschechen annäherten.[22] Dieser Kurswechsel ist nicht zuletzt als Folge des Rassen-Antisemitismus zu werten, der nach der Gründung des Vereins „Germania" seit 1893 von den deutsch-völkischen Verbindungen an den Hochschulen vertreten wurde, bald das gesamte deutsche Vereinsleben erfaßte und Juden generell die Mitgliedschaft verwehrte. Obgleich die von Georg von Schönerer initiierte Los-von-Rom-Bewegung in den böhmischen Ländern kaum Zustimmung fand, griff der Nationalitätenstreit auch auf die Kirche über. Während der niedere tschechische Klerus recht aktiv die Nationalbewegung unterstützte, wurde der Episkopat verdächtigt, national unzuverlässig zu sein; deutschnationale Kreise argwöhnten dagegen, daß die katholische Geistlichkeit deutscher Zunge und zumal die Vertreter eines politischen Katholizismus bei der Verteidigung der deutschen Positionen zu geringes Engagement und Volksbewußtsein an den Tag legen würden. Anlaß zur Sorge mußte den Regierungen die im Nationalitätenstreit immer offenkundiger werdende Tatsache bereiten, daß sich die Beamtenschaft, Teile des Militärs und des Klerus zunehmend vom österreichischen Staatspatriotismus lösten und sich mehr ihrer Nationalität als Kaiser und Reich verpflichtet fühlten.

Zustandekommen des Mährischen Ausgleichs

Mit der Berufung Ernest von Koerbers zum Leiter des Ministeriums am 18.I. 1900 erhielt die cisleithanische Politik ein größeres Maß an Stabilität und Kontinuität. Da die Reichsratswahlen von 1900 keine bedeutsame Veränderung des parlamentarischen Kräfteverhältnisses ergeben hatten, setzte Koerber erstmals auf die Öffentlichkeit als meinungsbildenden Faktor, den er mit Hilfe der Journalisten und der Presse zu beeinflussen verstand. Der Regelung der böhmischen Frage räumte Koerber wenigstens anfangs einen hohen Stellenwert ein. Die von ihm zwischen dem 5.II. und 22.III. 1900 initiierten direkten Verhandlungen der böhmischen und der mährischen Tschechen mit dem jeweiligen deutschen Gegenpart kamen aber so langsam voran, daß der Premier den alten Lösungsvorschlag lancierte, durch die Errichtung von möglichst einsprachigen Kreisen und Gerichtsbezirken sowie durch eine Landtagsreform unter Einsetzung von drei Kurien (je einer für jede Nation sowie einer Kurie für den Großgrundbesitz) den Konflikt beizulegen. Während Masaryks Realistenpartei einer nationalen Abgrenzung, weitgehender Autonomie bei der Landesverwaltung und der ausschließlichen Berücksichtigung des Tschechischen als Dienstsprache in den rein tschechischen Distrikten zustimmte, lehnten die Jungtschechen diesen dem Taaffeschen Ausgleichsvorschlag aus dem Jahr 1890 nahekommenden Kompromiß erneut ab. Koerbers daraufhin im Mai 1900 eingebrachten Gesetzesentwürfe über die Behördensprache in Böhmen und Mähren sowie über den Aufbau dezentralisierter Kreisverwaltungen fielen im Reichsrat wegen der Unversöhnlichkeit beider Seiten durch: Während die Deutschen die Einführung der inneren tschechischen Amtssprache entschieden zurückwiesen und klare Zusagen über die ethnisch-nationale Kreiseinteilung verlangten, monierten die Tschechen das Fehlen der formalen Gleichberechtigung beider Sprachen in allen – also auch in den einsprachig deutschen – Landesteilen. Damit war ein weiterer fairer, erfolgversprechender Versuch gescheitert, den ausufernden Sprachenkonflikt beizulegen und ein auskömmliches Miteinander von Deutschen und Tschechen in den böhmischen Ländern zu bewerkstelligen. Allein die Mährer setzten die von Koerber geförderten Ausgleichsverhandlungen fort. Den Boykott des Wiener Reichsrats durch die tschechischen Parteien beantworteten die Deutschen mit Obstruktion im Prager Landtag.[23]

Der Mißerfolg seines Vorhabens, mit der Einteilung Böhmens in zehn Kreise, von denen fünf rein tschechisch, drei rein deutsch und zwei gemischtsprachig ausgerichtet und für einen Großteil der bisher von der Statthalterei zentral wahrgenommenen Aufgaben zuständig sein sollten, den nationalen Zankapfel zu beseitigen, veranlaßte Koerber, ein großzügiges, ideenreiches Wirtschafts- und Sozialprogramm zu entwickeln in der Hoffnung, damit vom unerquicklichen Nationalitätenkampf ablenken zu können. Seine Pläne zum Bau neuer Wasserstraßen, darunter auch eines Elbe-Moldau-Donau- und eines Oder-March-Donau-Kanals, seine Empfehlungen für bessere Eisenbahnverbindungen, zur Förderung der heimischen Industrie und für wirkungsvollere Sozialgesetze trugen nach mehrjähriger Stagnation ab 1903 zu einer deutlichen Wirtschaftsbelebung bei, obgleich wegen der steten Ebbe in der Staatskasse mit der Tauern- und der Pyhrnbahn und dem Ausbau des Triester Hafens nur ein Teil der Vorschläge realisiert werden konnte. Trotz des Erfolgs, die Ergebnisse der Ausgleichsverhandlungen mit Ungarn über die parlamentarischen Hürden gebracht zu haben, zwangen ihn Angriffe aus Kirchenkreisen und die erneut offen aufflammenden Auseinandersetzungen der Nationalitäten am 31.XII. 1904, um seine Entlassung nachzukommen.

Auch wenn Koerber der Vorwurf gemacht wurde, keines der für den Fortbestand der Habsburgermonarchie entscheidenden Probleme gelöst zu haben, so war es doch hauptsächlich seinem Wirken zu danken, daß am 7.XI. 1905 der Mährische Ausgleich vom Kaiser sanktioniert werden konnte, der diesem Kronland einen spürbaren Abbau der nationalen Konfrontation bescherte. In langwierigen Verhandlungen hatte sich die von J.v.Chlumecky geführte deutsche Landtagsmehrheit mit der tschechischen Minderheit auf eine neue Landes- und Landeswahlordnung geeinigt und Einvernehmen über den Gebrauch der Landessprachen und die Organisation der Schulverwaltung erzielt. Mit Ausnahme der Vertreter des Großgrundbesitzes und der Handels- und Gewerbekammern erfolgte künftig die Wahl des Landtags aufgrund eines Wählerkatasters nach nationalen Kurien, wobei den Deutschen 46, den Tschechen 73 und dem Großgrundbesitz 30 Mandate zuerkannt wurden. Nach dem ursprünglich von K.Renner entwickelten Prinzip der „Personalautonomie" konnte im Rahmen des Nationalkatasters ein Deutscher nur Deutsche und ein Tscheche nur Tschechen in den Landtag wählen, wobei das Ziel verfolgt worden war, eine Majorisierung nationaler Minderheiten durch die Mehrheit zu unterbinden. Die Zweiteilung setzte sich auch bei der Verwendung der beiden Landessprachen fort, denn es blieb jeder Selbstverwaltungskörperschaft überlassen, ihre Geschäftssprache festzusetzen, wobei aber die Bedürfnisse der Minderheit berücksichtigt werden mußten. Auch der k.k. Landesschulrat wurde in zwei Sektionen geteilt und die Einrichtung gleichsprachiger Schulbezirke angestrebt. Den Landesausschuß bildeten acht Mitglieder, von denen vier Tschechen, zwei Deutsche und zwei Großgrundbesitzer zu sein hatten; bei Stellenbesetzungen im öffentlichen Dienst war der vorherrschenden Sprache am Dienstort und der Bevölkerungsrelation Rechnung zu tragen.[24] Der Abschluß dieser Vereinbarung war nicht zuletzt deshalb möglich geworden, weil der Nationalitätenkampf in Mähren noch nicht die gleiche Zuspitzung wie in Böhmen erfahren hatte, Tschechen und Deutsche stärker durchmischt beieinander wohnten und daher die Kenntnis beider Landessprachen weit verbreitet war. Auf ähnlicher Basis konnte 1910 auch ein Ausgleich in der viersprachigen Bukowina und 1914 ein allerdings nicht mehr in Kraft gesetztes Übereinkommen zwischen Polen und Ruthenen in Galizien getroffen werden.

Die Aufmerksamkeit der cisleithanischen Bevölkerung richtete sich während des zweiten Ministeriums Gautsch (1.I. 1905–2.V. 1906) hauptsächlich auf den von der Sozialdemokratie forcierten Kampf um das allgemeine und gleiche Wahlrecht, der einmal eine Antwort auf die gleichzeitigen revolutionären Ereignisse und die Einführung eines eingeschränkten Konstitutionalismus in Rußland sein, dann aber auch zur Einschüchterung der Ungarn dienen sollte, die unter der Führung der adlig-großbürgerlichen Unabhängigkeitspartei einen kompromißlosen Verselbständigungskurs steuerten.[25]

Die Protestdemonstrationen und Massenstreiks der Arbeiter erfaßten im Herbst 1905 auch die böhmischen Länder, wobei sich vor allem der passive Widerstand der Eisenbahner als wirksam erwies.[26] Die in der Umgebung des sichtbar alternden Kaisers vertretene Auffassung, die Einführung des allgemeinen Wahlrechts werde durch die Schwächung der bürgerlich-nationalen Gruppen zugunsten der kaisertreuen konfessionellen Parteien und der vorrangig an gesellschaftlichen und wirtschaftlichen Verbesserungen interessierten Sozialdemokratie zu einem Abflauen der nationalen Konflikte beitragen und den Reichsrat wieder funktionstüchtig machen, veranlaßte Gautsch, die Wahlrechtsvorlage im Parlament einzubringen. Als er damit aber scheiterte, übernahm der „rote" Prinz Konrad Hohenlohe für drei Wochen (9.–28.V. 1906) die Leitung des Ministeriums, bevor er über die ungarischen Querelen stürzte. Erst die von Max Wladimir Freiherr von Beck geführte Regierung konnte die unter Gautsch im Wahlrechtsausschuß blockierten Verhandlungen über die Anzahl der böhmischen Mandate zum Abschluß führen und am 1.XII. 1906 mit 194 gegen 63 Stimmen das Wahlreformgesetz durch den Reichsrat bringen, das der Kaiser am 26.I. 1907 in Kraft setzte. Den Deutschen, die zwar nur 35% der Bevölkerung Cisleithaniens stellten, aber immerhin 63% der Steuerlast trugen, war dabei eine weitere Reduktion ihrer Repräsentanz auf 43% der zu vergebenden Sitze zugemutet worden. Bei den am 14. und 23.V. 1907 durchgeführten ersten allgemeinen, gleichen, direkten und geheimen Wahlen entfielen 108 der 516 Mandate auf tschechische Bewerber, wobei die Agrarier mit 28 und die Katholische Volkspartei mit 17 Abgeordneten am besten abschnitten. Die Jungtschechen konnten nur noch 18, die Alttschechen 7 und die Realisten 2 Sitze erringen, während es den Nationalen Sozialisten durch Absprachen gelang, im zweiten Wahlgang 9 Mandate zu erhalten. Diese Gruppierungen schlossen sich im Tschechischen Klub zusammen. 24 tschechischen Sozialdemokraten standen 21 deutsche gegenüber. Im deutschen Lager hatten die Agrarier mit 19, die Deutschradikalen mit 13 und die Deutsche Volkspartei mit ebenfalls 13 Sitzen zufriedenstellend abgeschnitten, während die Fortschrittlichen mit 14 Mandaten und die Schönerer nahestehende Deutsche Nationalpartei schwere Stimmeneinbußen hatten hinnehmen müssen.

Erneutes Fehlschlagen der Ausgleichsbemühungen

Als der Kaiser am 17.VI. das Parlament eröffnete, betonte er die Aufrechterhaltung der Großmachtstellung Österreichs als unverrückbaren Grundsatz, dem sich die nationalen Sonderwünsche unterzuordnen hätten. Wegen der starken parteipolitischen Zersplitterung konnte das Kabinett Beck, in das auch die Tschechen Fořt (Handel) und Pacák (Landsmannminister), später auch der Deutschböhme F. Peschka (deutscher Landsmannminister) berufen wurden, nur mit „Arbeitsmajoritäten" für die jeweiligen Gesetzgebungsmaßnahmen rechnen. Nach guten Anfangserfolgen, wie der Verabschiedung des Staatshaushalts, des Rekrutenbewilligungsgesetzes, der Verstaatlichung der Kaiser-Ferdinand-Bahn und der böhmischen Nordbahn, der Reform der Kreisverwaltung, der Ausgleichsvereinbarungen mit Ungarn und der Einführung einer Invaliden- und Altersversicherung gab es aber zunehmenden Leerlauf. Nationale Streitpunkte wurden von neuem hochgespült, zumal sich auch die Interessenparteien wie die Christlichsozialen, Agrarier und Sozialdemokraten nicht immun gegen das nationalistische Virus zeigten. Hinzu kam, daß der mit der böhmischen Gräfin Sophie Chotek verheiratete Thronfolger Franz Ferdinand d'Este, der oft in seinem Schloß Konopiště südlich von Prag weilte und dort vertrauten Umgang mit tschechischen Politikern und Intellektuellen pflegte, eigene Ziele verfolgte und sich häufiger in das Tagesgeschehen einzumischen begann.[27] Die 1906 veröffentlichte Studie „Die Vereinigten Staaten von Großösterreich" des siebenbürgischen Rumänen Aurel Popovici, der dem Kreis um den Thronfolger angehörte, erregte besonders großes Aufsehen, weil darin eine Aufteilung der Monarchie in 15 nationalstaatliche Einheiten vorgeschlagen worden war. Beck zeigte sich trotz wachsender Widerstände und unvereinbarer Lösungsvorschläge bemüht, den Gesprächsfaden zu den Tschechen nicht abreißen zu lassen und mit Geduld einer beide Seiten zufriedenstellenden Regelung des Nationalitätenkonflikts näherzukommen.

Die Jungtschechen, die großen Verlierer der Reichsratswahlen von 1907, signalisierten ebenfalls Verhandlungsbereitschaft. Der Kaiser hatte 1906 und 1907 zwei Reisen nach Böhmen unternommen und bei seinem mehrtägigen Aufenthalt in Prag eine freundliche, in Nordböhmen sogar eine begeisterte Aufnahme gefunden. Die von J. Herold ausgearbeitete Denkschrift der jungtschechischen Vorstellungen einer Reform der Landesverfassung fand im Ministerium Beck eine wohlwollende Beurteilung, weil trotz des Beharrens auf der staatsrechtlichen Prämisse und der Forderung nach der Gleichberechtigung beider Sprachen in allen Landesteilen eine gewisse Konzessionsbereitschaft unverkennbar war. Böhmen sollte demnach insgesamt im cisleithanischen Reichsteil eine staatsrechtliche Stellung eingeräumt werden, wie sie den Ungarn im Ausgleich von 1867 im Rahmen der Gesamtmonarchie gewährt worden war.[28] Zur Verbesserung des Gesprächsklimas entließ Beck die aus Böhmen stammenden bisherigen Kabinettsmitglieder und ernannte F. Fiedler zum Handels-, K. Prášek zum tschechischen und H. Prade zum deutschen Landsmannminister. Doch ein unnötig aufgebauschter Streit über die Eingabesprache beim Bezirksgericht Eger und der mit Vehemenz verfochtene Anspruch auf sprachliche Gleichberechtigung bei den Stationschildern und auf Eisenbahnfahrkarten sowie der Nennung der tschechischen Namensform bei der Druckortbezeichnung von

Büchern und ähnliche Kleinigkeiten ließen die nationalen Leidenschaften wieder aufflammen, die durch die prunkvolle Abhaltung des Slavenkongresses in Prag (12.–17. VII. 1908) zusätzliche Nahrung erhielten. Unter Führung der Grafen Thun und Clam-Martinic und unterstützt vom Statthalter Fürst Schwarzenberg tat der über die Gewährung des allgemeinen Wahlrechts verärgerte böhmische Hochadel zudem alles, um Ausgleichsvereinbarungen zu verhindern, die zu einer weiteren Beeinträchtigung der aristokratischen Privilegien führen oder sich nachteilig auf die Zusammensetzung und die Mitbestimmungsrechte der Grundbesitzerkurie auswirken konnten.

Nach der Eröffnung des böhmischen Landtags im September 1908 spitzte sich die Lage weiter zu, als die tschechischen Parteien die Einführung des allgemeinen Wahlrechts auch für dieses Gremium verlangten und die deutschen Abgeordneten unnachgiebig auf einer Zweiteilung des Landes mit ethnischer Abgrenzung aller Verwaltungsbezirke und auf Errichtung von nationalen Kurien, denen ein Vetorecht zustehen sollte, im Landtag und im Landesausschuß beharrten. Die Obstruktion der deutschen Parlamentarier in Böhmen beantworteten die Tschechen mit ihrem Fernbleiben von den Wiener Reichsratssitzungen. Becks Vorlagen für eine Wahlreform und die Berufung einer permanenten Kommission zur Beratung der Wahlmodalitäten und einer neuen Landesordnung wurden daher von beiden Seiten zurückgewiesen, so daß sich der Ministerpräsident am 15. X. zur Vertagung des böhmischen Landtags gezwungen sah, worauf seine aus Böhmen stammenden Minister aus dem Kabinett austraten. Während die bosnische Annexionskrise ihrem Höhepunkt zusteuerte und die Wahrmund-Affäre, der Streit um die Auffassungen eines Innsbrucker Professors für Kirchenrecht, Schlagzeilen machte, zerfiel die Regierung, und Beck wurde am 14. XI. 1908 entlassen. Der neben Koerber fähigste Ministerpräsident des Habsburgerreiches im 20. Jahrhundert scheiterte vor allem an der Unmöglichkeit, zwischen den verhärteten und immer unduldsamer agierenden nationalen Lagern eine für beide Seiten tragbare Lösung der böhmischen Frage zu finden.

Die Habsburgermonarchie besaß nach dem Verlust ihrer einstigen Großmachtstellung in Deutschland und Italien allein auf dem Balkan noch die Chance, gegen zunehmende russische Opposition und im Konflikt mit den erwachenden Nationalismen bei den Anrainern ihren Besitzstand zu arrondieren. Die nach dem Sturz der Dynastie Obrenović im Jahre 1903 sich stetig verschlechternden Beziehungen zu Serbien, die nach dem Auslaufen des Handelsvertrags 1906 in einen „Schweinekrieg" ausarteten, hatten die österreichische Position ebenso erschüttert wie die uneinsichtige ungarische Nationalitätenpolitik und die Weigerung der Magyaren, weitere Gebietserwerbungen zu Lasten ihres Einflußbereichs hinzunehmen. Die mit der jungtürkischen Revolution von 1908 einhergehenden Erschütterungen des Osmanischen Reiches veranlaßten Außenminister Aloys Lexa Freiherrn von Aehrenthal, die seit 30 Jahren bestehende Okkupation Bosniens und der Herzegowina in eine Annexion umzuwandeln. Die stümperhaft am 6. X. 1908 durchgeführte Aktion löste nicht nur energische türkische und englische Proteste, sondern auch die Gefahr eines Krieges mit Rußland und Serbien aus. Von den tschechischen Politikern traten Kramář und, wenn auch mit Abstrichen, Masaryk für die Inkorporation der beiden Balkanprovinzen ein, die den slavischen Bevölkerungsanteil stärken und daher auch die Bereitschaft des cisleithanischen Ministeriums erhöhen mußte, mit substantiellem Entgegenkommen den tschechisch-deutschböhmischen Konflikt rasch beizulegen.[29] Die während der Annexionskrise deutlich gewordene Abhängigkeit Österreichs vom Deutschen Reich wurde als große Gefahr für das Tschechentum angesehen und daher der Erwartung Ausdruck verliehen, daß eine außenpolitische Neuausrichtung auf die Entente erfolgen werde.

Der neue Regierungschef Richard Freiherr von Bienerth-Schmerling erkannte der Wiederaufnahme der deutsch-tschechischen Ausgleichsverhandlungen große Bedeutung zu, zumal ihn fortgesetzte Straßenunruhen in Prag zwangen, wiederum den Ausnahmezustand zu proklamieren. Mit der Aufnahme des alttschechischen Parteiführers A. Bráf, von K. Marek und J. v. Kaněra in sein Kabinett suchte er seine Verständigungsbereitschaft zu bekunden, die auch Masaryk und Kramář am 26. XI. 1908 in einer großen Parlamentsdebatte zur Nationalitätenfrage anklingen ließen. Als direkte Verhandlungen nicht zum gewünschten Ergebnis führten, griff Bienerth die modifizierten Lösungsvorschläge Koerbers auf und legte am 3. II. 1909 dem Reichsrat die Entwürfe eines Sprachen- und eines Kreisregierungsgesetzes vor, die den früheren Einwänden der beiden Parteien Rechnung zu tragen suchten. Den Tschechen genügte jedoch das vorgesehene Ausmaß an Selbstverwaltungsrechten nicht, dagegen waren die Deutschen mit der Abgrenzung der Sprachgebiete nicht einverstanden. Um die wiederum betriebene Obstruktionspolitik zu überwinden, brachte die Regierung im September 1909 in die Beratungen des Prager Landtags eine Reihe von Vorschlägen ein, unter denen eine Wahlreform, eine Regelung der Sprachenfrage und, in Anlehnung an die Vorlage Becks aus dem Vorjahr, der Entwurf einer neuen Landesordnung das größte Gewicht besaßen. Der sogleich einsetzende Streit über Tagesordnungsfragen ließ jedoch eine Behandlung der Sachfragen nicht zu; auch Kommissionsgespräche führten zu keiner Annäherung der Standpunkte.[30] Die dramatische Lage bei den Landesfinanzen, die eine fristgerechte Auszahlung der Gehälter an die Landesbeamten in Frage stellte, brachte 1910 während der Herbstkadenz die beiden Lager wenigstens dazu, der Wahl eines national-politischen Ausschusses mit 40 Mitgliedern unter Vorsitz von H. Graf Clam-Martinic,[31] K. Urban und B. Pacák zuzustimmen, der seinerseits ein Komitee und zwei Unterausschüsse für die Beratung der anstehenden Entwürfe einsetzte. Trotz erster Fortschritte, die bis Ende Oktober eine endgültige Einigung erwarten ließen, verfestigten sich die Fronten von neuem, da von seiten der Tschechen finanzielles Entgegenkommen und im deutschen Lager nationale Garantien als Voraussetzung für einen Abschluß gefordert wurden. Nachdem im Januar 1911 der ehemalige Premier Fürst Franz Thun zum Statthalter für Böhmen ernannt worden war, signalisierten beide Parteien bei der Wiederaufnahme der Verhandlungen Kompromißbereitschaft. Strittig blieb allein die Frage der Minderheitenschulen und die Verwendung der Minderheitensprache bei staatlichen Behörden; die deutschen Unterhändler stimmten immerhin zu, dem Landtag die Kompetenz bei der Regelung des Sprachgebrauchs innerhalb der autonomen Landesbehörden zu übertragen, während die tschechische Seite dem Reichsrat die Rahmengesetzgebung zugestehen wollte und zu gewissen Konzessionen bei der Abgrenzung der einsprachigen bzw. der gemischtsprachigen Gebiete bereit war. Um die unfruchtbare Obstruktionspolitik künftig zu unterbinden, hatte sich der Reichsrat mit Unterstützung der Jungtschechen im Dezember 1910 nach einer Dauersitzung von 86 Stunden eine neue Geschäftsordnung gegeben und für das im Frühjahr 1911 zu wählende Abgeordnetenhaus gute Voraussetzungen geschaffen, den erhofften böhmischen Ausgleich über die parlamentarischen Hürden zu bringen.

Vertane Einigungschance

Die letzten Reichsratswahlen bescherten den Jungtschechen nur noch 14 Mandate; die Alttschechen konnten lediglich einen Sitz erringen. Dafür stellte die Agrarpartei mit 38 der 84 an das bürgerliche Lager gefallenen Sitze rd. 45% der Abgeordneten. Obgleich die deutschen Genossen starke Stimmenverluste hinnehmen mußten, konnten die inzwischen weitgehend selbständig operierenden tschechischen Sozialdemokraten zwei Mandate hinzugewinnen und jetzt 26 Parlamentarier entsenden; die deutsche Sektion fiel von 21 auf 10 Sitze zurück. Die in der nationalen Auseinandersetzung unversöhnlichen Gruppen hatten dagegen kräftig zugelegt: Die Nationalen Sozialisten bekamen 17, die Deutschradikalen sogar 22 Mandate. Den leichten Zugewinnen der Agrarier im deutschen Lager, die künftig 22 Abgeordnete stellten, standen Verluste der Fortschrittlichen und der Deutschen Volkspartei gegenüber. Ihr im allgemeinen unerschütterliches Eintreten für die Dynastie und den österreichischen Gesamtstaat mußte die tschechische Katholische Volkspartei mit schweren Einbußen und der Reduktion von 17 auf 7 Parlamentarier bezahlen. Der Tod des Wiener Volkstribunen Dr. Lueger (†1910) hatte ebenfalls einen empfindlichen Stimmenrückgang bei den Christlichsozialen bedingt. Obschon sich die deutsch-bürgerlichen Abgeordneten in einem Deutschen Nationalverband zusammenschlossen, bestand zwischen Agrariern, Christlichsozialen, Fortschrittlichen und Deutschradikalen kein wirkliches Einvernehmen über den künftigen Kurs, weder in der Reichspolitik noch in der böhmischen Frage. Die Spaltung der Sozialdemokratie in nationale Klubs machte deutlich, wie stark der Nationalismus bereits die sich offiziell immer noch zum sozialistischen Internationalismus bekennenden Genossen getrennt hatte und dazu führte, daß sich auch Gewerkschaften und Genossenschaften in nationale Sektionen teilten. Die Spannung zwischen dem internationalen Klassenbewußtsein und dem nationalen Volksbewußtsein lähmte die Institutionen und Organisationen der böhmischen Arbeiterbewegung fast vollständig.

Der wohlmeinende, aber gleichfalls am Nationalitätenkonflikt scheiternde Bienerth demissionierte am 26. VI. 1911; sein Nachfolger Gautsch formte ein nur bis zum 3. XI. amtierendes Übergangskabinett, bevor der zunehmend vom Alter und geistiger Unbeweglichkeit gezeichnete Franz Joseph I. ein „Beamtenministerium" unter Karl Graf Stürgkh berief, das den spezifisch böhmischen Belangen insgesamt wenig Interesse entgegenbrachte. Dagegen suchte der Thronfolger Franz Ferdinand, sekundiert von den Grafen Ottokar Czernín und Heinrich Clam-Martinic, verstärkt Einfluß auf die offiziellen und privaten Kontakte zwischen tschechischen und deutschböhmischen Politikern zu nehmen; dabei verfolgte er das Ziel, den über den fortschreitenden Demokratisierungsprozeß und den damit verbundenen Machtverlust beunruhigten Hochadel wenigstens zu einem supranationalen Zusammenschluß zu bewegen.[32] Dieser von dem Fürsten A. Rohan und E. Graf Nostitz-Rieneck unterstützte Kurs zeigte jedoch rasch die äußerst begrenzten Einwirkungsmöglichkeiten der konservativen Adelsvertreter auf die radikal-nationalen Führer des Bürgertums. Ohne die gewaltigen sozioökonomischen Veränderungen zu berücksichtigen, die gerade in den böhmischen Ländern in der 2. Hälfte des 19. Jahrhunderts stattgefunden hatten, schien dem Kreis um den Thronfolger der Rückgriff auf eine trialistische Konzeption im Sinne der Lösungsvorstellungen des Jahres 1870 eine Möglichkeit zu bieten, um unter Zurückdrängung der als unangemessen und staatsgefährdend eingestuften ungarischen Vorrangstellung durch eine Föderalisierung Cisleithaniens den tschechischen Wünschen Gerechtigkeit widerfahren zu lassen. Doch auch vor Oktroylösungen, die auf jeden Fall die politische Vorherrschaft des deutschen Bevölkerungsteils in der Gesamtmonarchie sicherstellen sollten, wäre Franz Ferdinand im Interesse der Aufrechterhaltung eines einheitlichen Habsburgerreiches wohl nicht zurückgeschreckt.

Nicht zuletzt den steten Vermittlungsbemühungen der vom Nationalitätenkampf noch nicht ganz geblendeten Politiker wie J. M. Baernreither[33] und dem Historiker Adolf Bachmann[34] war es zu danken, daß die nationalpolitische Kommission des böhmischen Landtags im November 1911 ihre Verhandlungen wieder aufnahm und nach kontinuierlichen Beratungen bis zum Frühsommer 1912 weitgehende Übereinstimmung erreichte, was die Hoffnung nährte, die beide Nationen noch trennende „papierdünne Wand" bald niederreißen zu können. Allein der Streit um die innere Amtssprache der Stadtverwaltung von Prag, die nach deutschen Vorstellungen zweisprachig, nach tschechischen Wünschen aber vorherrschend einsprachig-tschechisch amtieren sollte, verhinderte die Unterzeichnung der erzielten Vereinbarungen. Die deutschen Unterhändler verlangten zusätzlich, den in der Landes- und in der Staatsverwaltung unterrepräsentierten deutschen Bevölkerungsanteil bei Einstellungen künftig stärker zu berücksichtigen und im deutschen Sprachgebiet nur Deutsche aufzunehmen. Da eine Einigung nicht zustandekam, nahmen die Deutschen in Prag und die Tschechen in Wien ihre Obstruktionspolitik wieder auf, die einem weiteren Auseinanderdriften der nationalen Lager Vorschub leistete. Die machtvollen Aufmärsche aus Anlaß des am 30. VI. 1912 durchgeführten *Sokol*-Tages in Prag, an dem sich auch zahlreiche ausländische Abordnungen beteiligten, sowie die Einweihung eines Palacký-Denkmals tags darauf am Moldaukai arteten in dem aufgewühlten Klima der Landeshauptstadt einmal mehr in schwere Schlägereien aus, weil die national gesinnte deutsche Studentenschaft durch das provokative Farbentragen in der Öffentlichkeit, ihre Lieder und Parolen die tschechischen Bürger bis zur Weißglut gereizt hatte. Der Ausbruch der Balkankriege im Oktober 1912 ließ die in Straßendemonstrationen und Spendenaktionen spürbare nationale Erregung weiter anwachsen und führte die tschechischen Parteien mit ihrer Forderung, jede Intervention zu unterlassen, in schroffen Gegensatz zur Wiener Zentralregierung.[35]

Da mehrere Anläufe, die Prager Verhandlungen wieder in Gang zu bringen und die noch vorhandenen Meinungsverschiedenheiten abzubauen, im Herbst und im Winter 1912/13 zu keinem Ergebnis führten, wegen der Arbeitsunfähigkeit des Landtags die Landesfinanzen einer Katastrophe zutrieben und der Landesausschuß seine Aufgaben nicht mehr wahrzunehmen vermochte, ließ Premier Stürgkh durch kaiserliche Verordnung (Annapatente) am 25. VII. 1913 den Oberstlandmarschall von Böhmen, Fürst Ferdinand Lobkowicz, seines Amtes entheben sowie den Landtag auflösen, ohne Neuwahlen auszuschreiben. Eine von Adalbert Graf Schönborn geleitete und aus Beamten bestehende Verwaltungskommission von acht Mitgliedern wurde beauftragt, das Steuerbewilligungsprivileg des Landtags und die administrativen Rechte des Landesausschusses wahrzunehmen, worauf die tschechischen Agrarier und die von V. Klofáč geführten Nationalen Sozialisten die Arbeit im Reichsrat boykottierten und dadurch die Regierung am 16. III. 1914 zur Vertagung des Abgeordnetenhauses zwangen; Stürgkh regierte künftig mit dem Notverordnungsparagraphen 14. Die Jungtschechen hatten sich diesem Protestschritt nicht angeschlossen und durch Kramář auf den Ministerpräsidenten einzuwirken gesucht, durch Zugeständnisse die Wiederaufnahme der Beratungen in der nationalpolitischen Kommission zu ermöglichen. Dort war nämlich bis zur Jahreswende 1913/14 in fast allen Streitpunkten Einvernehmen erzielt worden, bevor die erneuerte Auseinandersetzung um die innere Amtssprache und die von der deutschen Delegation jetzt unnachgiebig verfochtene Forderung, die sofortige Abgrenzung der national-einheitlichen Verwaltungsbezirke vorzunehmen, im Februar 1914 einmal mehr zum Abbruch der Gespräche geführt hatte. Weder der Kaiser, der Thronfolger, das Ministerium Stürgkh, noch die am Bestand einer demokratisierten und föderalisierten k. u. k. Monarchie festhaltenden Politiker im deutschböhmischen und im tschechischen Lager erkannten die zwingende Notwendigkeit einer großzügigen und fairen Regelung. Dieses Versäumnis trug entscheidend zum Auseinanderbrechen des österreichischen Kaiserstaates im Ersten Weltkrieg bei. Der Glaube an die Möglichkeit einer friedlichen Umgestaltung des Habsburgerreiches durch einen echten „Ausgleich" der deutsch-tschechischen Streitfragen war vielen Bewohnern Böhmens inzwischen abhanden gekommen, auch wenn sie im österreichischen Staatsverband noch immer die bestmögliche Form eines staatlichen Zusammenlebens gleichberechtigter Völker sahen.

Sozioökonomische Erfolge der Tschechen

Das gewachsene Selbstbewußtsein der Tschechen war sicher auch auf die Erfolge auf sozioökonomischem und kulturellem Gebiet zurückzuführen. Im Jahr 1910 hatte man nach einem Wachstum von über 15% in den vergangenen 20 Jahren bereits 10,06 Mill. Einwohner, davon 6,713 in Böhmen, 2,605 Mill. in Mähren und 741 500 in Österreich-Schlesien gezählt; das waren 36% der in Cisleithanien lebenden Menschen. 3,513 Mill. Einwohner hatten Deutsch als Umgangssprache angegeben; 140000 = 1,4% aller Bewohner bekannten sich zum jüdisch-orthodoxen Glauben. Mit einer Bevölkerungsdichte von 127 Menschen pro Quadratkilometer wiesen die böhmischen Länder genau jene des Deutschen Reiches auf, zu dem sie auch bei der Einteilung der erwerbstätigen Bevölkerung in Berufsgruppen aufgeschlossen hatten. Zwar arbeiteten noch rd. 38% der Berufstätigen in der Land- und Forstwirtschaft, aber bereits 36% aller Arbeitnehmer waren in Industrie, Handwerk und Gewerbe beschäftigt. In Handel und Verkehr fanden inzwischen 9% Arbeit, im öffentlichen Dienst und den freien Berufen waren es rd. 15%. Während Mähren noch stärker landwirtschaftlich geprägt war, erreichte die Zahl der Arbeiter in Österreich-Schlesien mit 39,4% und in Böhmen mit 36,6% der Beschäftigten durchaus mitteleuropäischen Standard.[36] Über 40% der Industrieproduktion und rd. 45% des Steueraufkommens der Gesamtmonarchie kamen aus den böhmischen Ländern, die in einigen Produktionszweigen fast ein Monopol besaßen; die kapitalmäßige Verflechtung mit dem Finanzzentrum Wien war weiterhin stark.[37] Aus den in ihrer Nahrungsmittelversorgung fast autarken böhmischen Ländern kamen 95% des Zuckers, 93% der Malzerzeugnisse und 57% des Bierausstoßes; 75% der Gesamtkapazitäten in der Eisenindustrie, 60% bei der Metallbearbeitung und im Maschinenbau, fast 90% der Textilherstellung, 70% der Leder- und Lederwarenproduktion, 75% der chemischen Industrie und hohe Anteile in allen Branchen der Konsumgüterindustrie Cisleithaniens waren in den historischen Ländern angesiedelt. Vor allem von der nach längerer Depression um die Jahrhundertwende, besonders seit 1903, einsetzenden zweiten industriellen Revolution, die von der Verwendung von Elektrizität und der Einführung verbesserter Produktionsverfahren gekennzeichnet wurde, hatte Böhmen und seine Nebenländer profitiert.[38]

Die tschechischen Industriebetriebe und Banken, die hauptsächlich mit eigenem Kapital und nur geringer ausländischer finanzieller Beteiligung operierten, waren inzwischen auch erfolgreich in diejenigen Produktionszweige wie die Textilerzeugung, die Glas- und Keramikindustrie, die Leichtindustrie sowie die Bearbeitung von Edel- und Halbedelsteinen und die Herstellung von Modeschmuck eingedrungen, die bislang eine Domäne des deutschen Kapitals gewesen waren. In der verzweigten Prager Maschinenbauindustrie, im böhmischen Automobil- und Fahrzeugbau sowie in der rasch expandierenden Elektrotechnik waren ebenfalls tschechische Anleger tonangebend, die weiterhin auch die florierende Nahrungs- und Genußmittelindustrie sowie die Holzverarbeitung kontrollierten. Selbst in der Schwerindustrie mit ihren diversen Unterbranchen hielten sich der deutsche und der tschechische Einfluß in etwa die Waage. Die noch im ausgehenden 19. Jahrhundert als „Bauern- und Dienstbotenvolk" verspotteten Tschechen hatten bei diesem dynamisch ablaufenden Gesellschaftswandel nicht nur zu den Deutschen der böhmischen Länder aufgeschlossen und stellten im Baugewerbe, der Bekleidungs- und Nahrungsmittelindustrie sowie im Bergbau und Hüttenwesen bereits einen höheren Beschäftigtenanteil, sie hatten inzwischen auch die Deutschen der Alpenländer weit hinter sich gelassen. Das gut ausgebaute Schulwesen mit seinen (1912) 3691 deutschen (davon 2566 = 41% in Böhmen, 842 = 28,9% in Mähren und 283 = 46,2% in Schlesien) und 5895 tschechischen Schulen (3689 = 59% in Böhmen, 2065 = 70,9% in Mähren und 141 = 23% in Schlesien) trug dazu bei, daß rd. 99,5% der schulpflichtigen Kinder am Unterricht teilnahmen und die Zahl der Analphabeten auf unter 20% abgesunken war. Auch im Mittelschulbereich mit 123 Gymnasien und Realschulen in Böhmen, 67 in Mähren und 15 in Österreich-Schlesien genügten die tschechischsprachigen Anstalten dem Bedarf der tschechischen Bevölkerung.[39]

Die Hoffnung weiter Bevölkerungskreise auf eine erfolgreiche Wirtschaftsentwicklung, den Abbau sozialer Ungerechtigkeiten und die allgemeine Hebung des in manchen Regionen noch recht bescheidenen Lebensstandards als Voraussetzung auch für das angestrebte politische Einvernehmen zwischen beiden Nationen wurde jäh getrübt, als am 28. VI. 1914 der Thronfolger Franz Ferdinand und seine Gemahlin in Sarajewo von einem bosnischen Attentäter serbischer Nationalität ermordet wurden. Die einen Monat später von Österreich-Ungarn an Serbien ausgehändigte Kriegserklärung löste den Ersten Weltkrieg aus, den das multinationale Habsburgerreich nicht überstehen sollte und an dessen Ende die mit der Slowakei und Karpato-Ruthenien verbundenen böhmischen Länder als Tschechoslowakische Republik in die Eigenstaatlichkeit entlassen wurden.

3. Die Entstehung der Tschechoslowakischen Republik im Ersten Weltkrieg und das Ende der Länder der böhmischen Krone

Die in der Zwischenkriegszeit heftig geführte Diskussion um die Kriegsschuldfrage mit dem Tenor, dem Gegner die Verantwortung für die zum Kriegsausbruch führende unglückselige Verkettung der an und für sich undramatischen Einzelvorgänge anzulasten, hat inzwischen der Einsicht Platz gemacht, daß keine der europäischen Großmächte ein wirkliches Interesse an der Vermeidung eines Konflikts besaß und sich fast jede europäische Regierung einen Vorteil von einem „kurzen kleinen Krieg" versprach. Die österreichisch-ungarischen Staatsmänner, die am ehesten die Gefährdung ihres Reiches bei einer langdauernden militärischen Belastungsprobe hätten erkennen müssen, taten wenig, um die in der Öffentlichkeit durchaus gebilligte Abrechnung mit Serbien, das fest auf die Unterstützung Rußlands baute, nicht zu einem Weltbrand werden zu lassen. Auch wenn eine weltweite Kriegskatastrophe nicht gewollt oder planmäßig herbeigeführt wurde, so haben sie die Politiker der anderen europäischen Mächte jedoch auch nicht gescheut.[40]

Der Kriegsausbruch traf die Bevölkerung der böhmischen Länder völlig unvorbereitet. Kaisertreue und österreichisches Staatsbewußtsein trugen in den deutschen Siedlungsgebieten zur Ausbreitung einer ehrlichen Kriegsbegeisterung bei; in der tschechischen Öffentlichkeit wurde trotz stärkerer Bedenken die gegen Serbien gerichtete Strafaktion begrüßt und die Reservisten folgten willig, wenn auch nicht enthusiastisch den Einberufungsbefehlen. Unbeschadet des gelegentlich geäußerten Wunschtraums von der Wiedererrichtung eines selbständigen böhmischen Staates in voller Unabhängigkeit hatte keiner der führenden Repräsentanten eine Konzeption entwickelt, die wesentlich über den Plan einer auf national-autonome Einheiten gegründeten Föderalisierung der Habsburgermonarchie hinausgegangen wäre. Trotz aller Kritik an den herrschenden Zuständen in Cisleithanien und an den die Staatseinheit gefährdenden Sonderbestrebungen der Magyaren hatten T. G. Masaryk und K. Kramář, die angesehensten und abgeklärtesten politischen Sprecher des Tschechentums, vor 1914 immer wieder die Notwendigkeit beschworen, daß es nur im großen Verband eines modernisierten Österreich für die böhmischen Länder eine erfolgversprechende Zukunft geben werde.[41] Edvard Beneš, bald Motor der tschechischen Auslandsaktion, hatte in seiner 1908 in Dijon verteidigten Dissertation[42] bei der Analyse der nationalen Programme der tschechischen Parteien die Auffassung vertreten, daß die tschechisch-deutsche Auseinandersetzung in den böhmischen Ländern durch die Abgrenzung von national homogenen Siedlungsgebieten innerhalb Österreich-Ungarns und durch die Gewährung einer breit angelegten politischen Autonomie einer Lösung zugeführt werden könne. Doch der Ausgang der Balkankriege von 1912/13 hatte der unter den Jungtschechen einflußreichen, von Kramářs *Národní listy* publizistisch unterstützten neoslavistischen Faktion entscheidenden Auftrieb gegeben und nicht nur den seit 1848 hin und wieder aufflackernden Forderungen nach einer Vereinigung der Tschechen mit den von der magyarischen Nationalitätenpolitik bedrängten Slowaken neue Nahrung geliefert;[43] auch ältere Überlegungen waren wieder zur Diskussion gestellt worden, das künftige Schicksal der böhmischen Länder mit einer aus ihnen, Rußland und Polen zu bildenden Allslavischen Föderation unter der Zarenkrone zu verbinden, der die südslavischen Staaten als assoziierte Mitglieder beitreten sollten. Aus der entschlossenen Ablehnung des russischen Absolutismus wies die tschechische Sozialdemokratie diese Lösungsmöglichkeit entschieden zurück und vertrat in ihrer Zeitung *Právo lidu* am 5. VIII. 1914 die von der überwiegenden Bevölkerungsmehrheit geteilte Auffassung: „Das tschechische Volk ist im Hinblick auf die internationale Lage auch in Zukunft auf Österreich angewiesen, es muß daher auf seine Umgestaltung nach seinen Bedürfnissen dringen." Ein Plan oder gar eine Absprache der tschechischen Parteien untereinander über den weiteren Kurs bei der Sicherstellung der Nationalinteressen bestand indes nicht und kam auch nicht zustande.

Formierung der tschechischen innenpolitischen Opposition

Die von Mißtrauen gegen den tschechischen Bevölkerungsanteil geprägten, durch den Ausnahmezustand begünstigten willkürlichen Eingriffe der Militärbehörden in die öffentlichen Angelegenheiten, der überschwappende Patriotismus unter den deutschen Landesbewohnern und die immer deutlicher zutage tretende Führungsrolle des Deutschen Reiches im Lager der Mittelmächte lösten jedoch bald einen Stimmungsumschwung unter den Tschechen aus. Die Bedenken gegen den sprießenden Pangermanismus wuchsen vor allem in jenen Kreisen, die gehofft hatten, durch eine „nationale Wiedergewinnung" der germanisierten Grenzgebiete die ethnische Vorrangstellung der Tschechen ausbauen, die Gefahr einer Landesteilung entlang der Sprachgrenze ausschalten und die geopolitische Einheit der historischen Länder sicherstellen zu können. Ein militärischer Erfolg der Mittelmächte würde dagegen das alte Regime festigen, die Mitsprache des Militärs erweitern, den Einfluß des Deutschtums in Cisleithanien verstärken und die Reformbereitschaft unter Anerkennung der politischen Prädominanz der Tschechen im böhmischen Raum minimalisieren.[44] Die im Herbst 1914 im Berliner Auswärtigen Amt von Vertretern des Deutschen Nationalverbandes geführten Gespräche über eine Ausweitung des deutsch-österreichischen Bündnisses und die von Friedrich Naumanns Mitteleuropa-Konzeption angefachte Diskussion, bei der es um die Errichtung eines großen deutsch-österreichischen Wirtschaftsraums ging, waren nicht dazu angetan, die Bedenken der tschechischen Politiker abzubauen. Das klägliche Scheitern der Offensive gegen Serbien und die schweren Verluste in den Kämpfen 1914/15 an der galizischen Front, die durch die Rückeroberung der San-Festung Przemysl und Lembergs im Juni 1915 etwas wettgemacht wurden, ließen die Kriegsbereitschaft deutlich absinken. Die strikten Zensurmaßnahmen und das harte Vorgehen der Behörden gegen angebliche oder tatsächliche Staatsfeinde veranlaßten die meisten tschechischen Politiker, sich exponierter Aussagen zu enthalten und sich opportunistisch den jeweiligen Gegebenheiten anzupassen. Allein die Klerikalen hielten offen und uneingeschränkt in fester Treue zur Monarchie.

Nicht nur die Aktionen der Deutschnationalen, die sich während der Sistierung des Reichsrats mit Unterstützung der Militärs durch kaiserlichen Oktroy eine alle ihre Erwartungen erfüllende Lösung der böhmischen Frage erhofften, sondern auch das Vorgehen gegen angesehene tschechische Politiker trugen zu einer verhängnisvollen Verschlechterung des politischen Klimas bei. Ohne Ministerpräsident Stürgkh und den böhmischen Statthalter v. Coudenhove, der am 10. IV. 1915 dem als zu tschechenfreundlich eingestuften Fürsten Thun im Amt gefolgt war, vorher zu informieren, wurde der Führer der Jungtschechen, Karel Kramář, am 21. V. 1915 unter dem Vorwurf des Hochverrats verhaftet. Im Juni

1914 hatte er nämlich durch Vermittlung des Journalisten Svatkovskij dem russischen Außenminister Sazonov seine Vorstellungen über die Allslavische Föderation und die Bildung eines starken tschecho-slavischen Staates in den Grenzen des 14. Jahrhunderts, zur Zeit der größten territorialen Ausdehnung, und unter Einschluß der Slowakei zugeleitet und nach Kriegsausbruch über die Sofioter Gesandtschaft die Bitte an die Ententestaaten herangetragen, bei einem Fortbestand Österreich-Ungarns nach einem Verhandlungsfrieden wenigstens den staatsrechtlichen Zusammenschluß der Länder der böhmischen Krone und die Einräumung der politischen Selbstverwaltung zu gewährleisten. Nach und nach wurden auch der Obmann des *Sokol,* Dr. J. Scheiner, der Redakteur der *Národní listy,* Dr. A. Rašín, V. Klofáč von den Nationalen Sozialisten und noch viele andere verhaftet und im Dezember 1915 vor Gericht gestellt. Das am 3. VI. 1916 gegen Kramář verhängte Todesurteil, das bei der tschechischen Bevölkerung sein Ansehen als nationaler Märtyrer ins Legendäre hob, wurde am 2. VII. 1917 kassiert; von einer durch Kaiser Karl I. ausgesprochenen Amnestie profitierten insgesamt 719 Tschechen.

Dieses harte Durchgreifen, das mit Verboten des *Sokol*-Verbandes und einiger oppositioneller Zeitungen einherging, sollte die mit dem Vorrücken der russischen Truppen im Winter 1914/15 aufgekommene panslavische Begeisterung brechen und auch den anderen tschechischen Politikern eine Warnung sein, die sich, von Masaryk gebilligt, in einer Art Geheimgesellschaft mit dem Namen „Maffia" zusammengeschlossen hatten; ihr Ziel war es, nationalrevolutionäre Aktionen vorzubereiten und den Gedanken der staatlichen Selbständigkeit zu popularisieren. Neben den im März 1915 von Kramář, Scheiner, Rašín, Beneš und Šámal vorgenommenen Programmabsprachen sollten auch Vertreter der Agrarier, der Sozialisten und der Fortschrittlichen ins Vertrauen gezogen werden, während man auf die Mitarbeit der Alttschechen und der Klerikalen wegen deren enger Affinität zur österreichischen Staatsidee keinen Wert legte. Die Tatsache, daß am 3. IV. 1915 das 28. Prager und im Juni das 36. Jungbunzlauer Infanterieregiment zu den Russen übergelaufen war, dürfte ebenfalls Anlaß gewesen sein, gegen Kramář als exponierten Neoslavisten vorzugehen und ein Exempel zu statuieren. Die Maffia jedoch, die bald auch in den größeren tschechischen Städten und selbst in Wien Ableger besaß, wurde durch eine weitere Verhaftungswelle im Oktober 1915 nicht bedeutsam in Mitleidenschaft gezogen. Unterstützt und gedeckt von Sympathisanten in den Zentralministerien und selbst am kaiserlichen Hof sammelten die Mitglieder der Maffia Berichte über die Stimmung und die Lage im Lande und verbreiteten Nachrichten über die Frontsituation und taktisch-politische Anweisungen in zwei illegalen Nachrichtenblättern. Nach außen hin wurde ein betont loyales Verhalten der k. u. k. Staatsmacht gegenüber an den Tag gelegt, nicht zuletzt seitdem sich nach der Abwehr der Brusilov-Offensive und der Besetzung Rumäniens die militärische Lage der Mittelmächte im Herbst 1916 konsolidiert hatte. Als Ministerpräsident Stürgkh am 21. X. 1916 von dem radikalen Sozialisten Friedrich Adler ermordet wurde, und vor allem beim Tode Franz Josephs I. am 21. XI. herrschte auch im tschechischen Teil Böhmens aufrichtige Trauer. Nach 68 Regierungsjahren trat mit dem alten Kaiser diejenige Persönlichkeit aus dem öffentlichen Leben ab, die eine wichtige Klammer gefühlsmäßiger Loyalität zwischen den Nationen der Habsburgermonarchie dargestellt hatte und die mit dem Vielvölkerstaat identifiziert worden war. Sein Nachfolger Karl I. (1916–1918) versuchte, der wachsenden Friedenssehnsucht der Völker durch neue politische Initiativen zu entsprechen und durch den Austausch von unpopulären Politikern auch eine innenpolitische Wende herbeizuführen.[45]

Nach der Entlassung Ernest von Koerbers, der kurzzeitig das Ministerium geführt hatte, beauftragte Karl I. mit der Regierungsbildung Heinrich Graf Clam-Martinic, einen Vertreter der böhmischen Hocharistokratie, der sich zwischen 1910 und 1912 sehr um ein Zustandekommen von Ausgleichsvereinbarungen bemüht und im Sommer 1916 die Initiative des Herrenhauses angeführt hatte, durch Wiedereinberufung des Reichsrats verfassungsgemäße Zustände zu schaffen. Zudem war er dem von den Deutschnationalen und selbst von Ernst von Plener verfochtenen Plan entgegengetreten, „durch einen Machtspruch der Staatsgewalt ... den günstigen Moment zu ergreifen und mutig mit einer umfassenden Neuordnung der Dinge in Böhmen vorzugehen" – und damit die Tschechen in eine unversöhnliche Opposition zu treiben. Die von den tschechischen Parteiführern verfolgte Taktik, alle Kräfte des Landes zu sammeln und sich durch ein gewisses Entgegenkommen das Wohlwollen des jungen Kaisers und seiner Umgebung zu sichern, führte am 19. XI. 1916 in Wien unter Vorsitz des Agrariers F. Staňek zur Gründung des *Český svaz* (Tschechischer Verband) und einem in Prag angesiedelten *Národní výbor* (Nationalausschuß), der die Koordination aller Inlandsaktionen übernehmen sollte. Bei mehreren Gelegenheiten, so auch am 23. I. 1917, legte der Tschechische Verband ein Treuebekenntnis zur Dynastie ab und versicherte, „niemals ist etwas im tschechischen Volke geschehen, was das Ausland zu Zweifeln an der unverbrüchlichen Ergebenheit der tschechischen Nation berechtigen würde, zur Erfüllung seiner Forderungen anders zu arbeiten als auf dem Boden des großmächtigen Reiches". Die Wiedereröffnung des Reichsrats beantworteten die tschechischen Abgeordneten am 30. V. mit einer Erklärung, in der sie den Fortbestand der k. u. k. Monarchie bejahten, aber mit einer naturrechtlichen Begründung zugleich deren Umgestaltung in einen Bundesstaat und den Zusammenschluß der historischen Länder mit dem slowakischen Teil Ungarns anregten. Ministerpräsident Clam-Martinic und sein ebenfalls aus der böhmischen Aristokratie stammender Außenminister Ottokar Graf Czernín waren, wie die im Ministerium vorangetriebenen Pläne erkennen ließen, aber bestenfalls bereit, auf der Grundlage der 1908 von Kramář und Baernreither ausgearbeiteten Entwürfe ein bescheidenes Entgegenkommen zu zeigen und sie bei tschechischer Ablehnung auf dem Verordnungsweg in Kraft zu setzen.

Dieses unzureichende und unzeitgemäße Lösungsmodell, das nicht einmal die von den tschechischen Parteien als unverzichtbar eingestufte Föderalisierung des Habsburgerreiches beinhaltete und schon gar nicht der Erwartung entgegenkam, den vereinten böhmischen Ländern könnte eine der ungarischen vergleichbare Stellung in der Gesamtmonarchie eingeräumt werden, löste eine tiefe Enttäuschung bei den führenden Repräsentanten aus, die sich künftig nicht mehr zu Staatstreue und zu aktiven Verteidigungsanstrengungen verpflichtet fühlten. Die Parolen der Deutschnationalen, die nach einem „Siegfrieden" ihre politischen Vorstellungen mit Gewalt durchzusetzen gedachten, waren ebenfalls nicht geeignet, die letzten Reste des österreichischen Staatspatriotismus unter den Tschechen wieder zu kräftigen. Mit der durch die ernste Versorgungslage begünstigten Neigung, passiven Widerstand zu üben, gingen erste, rasch eskalierende Streiks, Attentate und Sabotageakte in den Waffen- und Munitionsfabriken einher. Nachdem die Februarrevolution von 1917 und die sich abzeichnende militärische Niederlage das zaristische Rußland weitgehend gelähmt hatten, bot die von der Mehrheit der tschechischen Politiker abgelehnte neoslavistische Lösungsmöglichkeit keine Alternative mehr. So blieb allein die Hoffnung auf Unterstützung der tschechischen Forderungen durch die Entente, um die sich seit Februar 1915 T. G. Masaryk intensiv bemühte.

Erfolg der Auslandsaktion

Masaryk hatte sich durch seine wissenschaftlichen Arbeiten, sein unerschrockenes Eintreten für Wahrheit und Gerechtigkeit und seine geistreichen Parlamentsreden zwar ein hohes Ansehen, aber keine Massengefolgschaft geschaffen. Seine Eigenständigkeit und sein gesundes Urteilsvermögen bewahrten ihn davor, den politischen Trends nachzugeben. Seinen Mut zur Unpopularität hatte er bei der Aufdeckung der Handschriftenfälschungen und seine Stellungnahme zum Ritualmordprozeß Hilsner,[46] der Wahrmund-Affäre, dem Agramer Hochverratsprozeß und dem Friedjung-Prozeß unter Beweis gestellt. Schon in seiner 1895 erschienenen Schrift *Česká otázka* (Die tschechische Frage) hatte er seine Bedenken gegen die Realisierung von Palackýs staatsrechtlichem Programm geäußert und die Notwendigkeit erläutert, mit „unseren deutschen Landsleuten die Selbständigkeit im Rahmen der Monarchie anzustreben". Den neoslavistischen Vorstellungen des Kramář-Kreises brachte er starke Vorbehalte entgegen, nicht zuletzt deswegen, weil seiner Staatsidee und seinem Staatsideal die Demokratie zu Grunde lag und er allein in der Republik die der modernen Nationsgesellschaft adäquate Regierungsform erblickte. Dennoch schien auch ihm ein grundlegend reformiertes und modernisiertes Österreich vorerst den einzig akzeptablen Rahmen für die künftige Entwicklung des tschechischen Volkes zu bilden, dem er in aufrichtiger Liebe zugetan war und dem zu dienen er sich verpflichtet und berufen fühlte. Die Tatsache, daß gerade von Masaryks Wirken wesentliche Impulse ausgegangen sind, die beim Auseinanderbrechen Österreich-Ungarns eine ausschlaggebende Rolle spielten und die Neugestaltung der Landkarte des östlichen Mitteleuropa beeinflußten, hat in der deutschen politischen Literatur der Zwischenkriegszeit zu einer Verzeichnung seiner

Persönlichkeit, seines wissenschaftlichen Oeuvres und seiner politischen Tätigkeit beigetragen. Die Aktualität, die Masaryk auch heute noch besitzt, geht aus den zahlreichen Publikationen hervor, die sich gerade in jüngster Zeit mit ihm befassen.[47]

Überzeugt davon, daß die Habsburgermonarchie wegen ihrer ungelösten politischen, nationalen und sozialen Probleme den Krieg nicht überdauern könne, wollte Masaryk die Zukunft der Tschechen und Slowaken, zu deren wenigen nationalbewußten Führern er seit der Jahrhundertwende in engem Kontakt stand, von den Staatsmännern der westlichen Demokratien bestimmt sehen. Schon im Oktober 1914 vertraute er dem besten englischen Kenner der Nationalitätenproblematik im Donauraum, dem Historiker und Publizisten R.W. Seton-Watson,[48] sein Programm an, nach der militärischen Niederlage der Mittelmächte die Vereinigung der tschechischen mit den slowakischen Landesteilen in einem unabhängigen Staat zu erreichen.[49] Von seinem Schüler und Vertrauten E. Beneš gewarnt, daß er mit seiner Verhaftung zu rechnen habe, kehrte er im Februar 1915 von einer Reise nach Italien und in die Schweiz nicht mehr in die Heimat zurück und setzte seine politische Arbeit im Exil fort. Obgleich er für seine weitreichenden Pläne weder die Zustimmung der einflußreichen tschechischen Parteiführer besaß noch wußte, ob er mit seinem Verselbständigungsprogramm auf breite öffentliche Gegenliebe stoßen würde, empfand er sich als legitimer Sprecher seines Volkes, in dessen Namen er im April 1915 dem britischen Außenminister Grey das vertrauliche Memorandum *Independent Bohemia* zuleitete, in dem er für den von ihm konzipierten neuen Staat der Tschechen und Slowaken die natürlichen Grenzen unter Einbeziehung der dort lebenden Minderheiten verlangte und die Herstellung einer Landbrücke zu den Südslaven anregte, weil nur durch diesen slavischen Riegel seiner Meinung nach der pangermanischen Expansion wirkungsvoll Einhalt geboten werden könne. Zur Propagierung seiner Vorstellungen griff Masaryk auf den von Auslandstschechen und -slowaken am 5.II. 1915 gegründeten Nationalrat zurück, der die Zeitschrift *L'Indépendance Tchèque* herausgab; der angesehene französische Historiker Ernest Denis redigierte ab 1.V. 1915 die Revue *La Nation Tchèque*, die den politischen Zielen Masaryks eine weite publizistische Verbreitung sicherte und um Zustimmung und Unterstützung in der französischen Öffentlichkeit warb. Masaryk selbst brachte seit dem 22.VIII. 1915 in der Schweiz *Československá samostatnost* (Tschechoslowakische Unabhängigkeit) heraus, deren Redaktion Dr. L. Sychrava übernahm und die den Kontakt zu den in Frankreich, England, Amerika und Rußland lebenden tschechischen und slowakischen Auswanderern pflegen sollte. Die am 4.VII. in Zürich und am 6.VII. 1915 in Genf abgehaltenen Feiern zum Gedenken an den 500. Todestag von Hus wußte Masaryk zu einer eindrucksvollen Demonstration für die Eigenstaatlichkeit der Tschechen und Slowaken auszugestalten. Der alttschechische Abgeordnete J. Dürich, der im Mai zu Masaryk gestoßen war, hatte eine bescheidene Finanzhilfe des tschechischen Nationalverbandes mitgebracht; auch die *Živnostenská banka* traf Maßnahmen, um die bedrohliche Finanznot des Nationalrats etwas zu lindern. Später steuerten die von Vojta Beneš organisierten Amerika-Tschechen den Großteil der Kosten für die Auslandsarbeit bei, die durch den im September 1915 erfolgten Übertritt Edvard Beneš' ins Exil, der bisher als Verbindungsmann die innerböhmischen Maßnahmen koordiniert und die Maffia mitaufgebaut hatte, entscheidende Anstöße erhielten.

In einem von den Vertretern der tschechischen und slowakischen Auslandsgesellschaften unterzeichneten Manifest gab Masaryk am 14. XI. 1915 in Paris die Gründung eines ausländischen Aktionskomitees zur Errichtung eines selbständigen tschecho-slowakischen Staates bekannt. Nach einer Unterredung mit dem französischen Premier Briand am 3. II. 1916, in der Masaryk geschickt das Interesse Frankreichs an einer Schwächung des deutschen Nachbarn zu steigern wußte, die durch eine Zerschlagung Österreichs in seine geopolitisch vorgegebenen Teile zu erreichen sein würde, stimmte die französische Regierung der Konstituierung eines Tschecho-Slowakischen Nationalrats zu, dem für die Slowaken M. R. Štefánik beitrat. Dank des unermüdlichen Einsatzes und der wirkungsvollen Pressemanöver des Generalsekretärs Beneš stellten sich rasch Erfolge ein, auch wenn die Auflösung der Donaumonarchie und die Errichtung unabhängiger Nationalstaaten aus ihrer Konkursmasse erst im Frühjahr 1918 eines der Kriegsziele der Ententemächte wurde. Immerhin erkannte Poincaré am 16. IX. 1916 für Frankreich, bald danach Lord Asquith für Großbritannien den *Conseil National des pays tchèques* offiziell an, der sich zum organisatorischen Zentrum der Auslandsaktion und bald zur Provisorischen Regierung weiterentwickelte, die recht gut funktionierende Verbindungen mit der Heimat unterhalten konnte. Seit Juli 1916 vertrat J. Dürich die Belange des Nationalrats in Rußland und bemühte sich auch dort, die Unterstützung der zaristischen Regierung für das Souveränitätsprogramm zu gewinnen.

Um den Einfluß und das Mitspracherecht des Pariser Nationalrats bei den Ententemächten zu erweitern, verfocht Masaryk früh den Plan, tschechische und slowakische Auswanderer, Überläufer und Kriegsgefangene für die Aufstellung von Kampftruppen auf alliierter Seite anzuwerben. Trotz des Übertritts ganzer Regimenter zögerte die russische Regierung eine Entscheidung hinaus. Erst Masaryk, der sich von März 1917 bis April 1918 im revolutionären Rußland aufhielt, konnte die Bedenken zerstreuen und 22 000 Freiwillige rekrutieren, die wegen der Oktoberrevolution aber nicht wie geplant nach Frankreich verbracht werden konnten. Die schließlich auf rd. 95 000 Mann angewachsene, gut ausgerüstete Legion spielte im russischen Bürgerkrieg zwischen Weiß und Rot eine zwielichtige Rolle und erreichte mehrheitlich erst 1920, nach der abenteuerlichen *Anabasis* durch Sibirien, wieder die Heimat.[50]

Nach der ebenfalls erst in langwierigen Verhandlungen erteilten Zustimmung der französischen Regierung wurden ab Dezember 1917 vier Regimenter mit 10 000 Mann aufgestellt, die ebenso wie die ab April 1918 in Italien gebildete Legion mit 11 500 Mann nur noch in den letzten Kriegswochen in die Kämpfe eingriff. Diese Truppen, vor allem die nach dem Frieden von Brest-Litovsk (3. III. 1918) als einziger alliierter Verband auf russischem Boden stationierte

Legion, haben die Verhandlungsposition Masaryks nicht unerheblich verbessert, als er die Anerkennung des Nationalrats als Treuhänder einer künftigen Regierung und die Zustimmung der Alliierten zu den tschechischen Kriegszielen verlangte.

Nicht nur die Loyalitätserklärungen der tschechischen Parteien, sondern auch die außenpolitischen Aktionen Kaiser Karls I. gefährdeten zeitweilig die Realisierung von Masaryks politischer Konzeption. Die österreichischen Separatfriedenspläne und die zwischen März und Mai 1917 laufenden Vermittlungsbemühungen des Prinzen Sixtus von Parma nährten bis zu Jahresbeginn 1918 die Hoffnung der Ententemächte, das Deutsche Reich militärisch isolieren zu können. Am 5.I. 1918 sprach der britische Premier Lloyd George offen aus, daß sich seine Regierung zwar für die Gewährung einer nationalen Autonomie für die Völker des Habsburgerreiches, aber nicht für die Zerschlagung der Donaumonarchie einsetzen werde. In den in seiner Botschaft an den Kongreß vom 8.I. 1918 enthaltenen „Vierzehn Punkten" verlangte Präsident Wilson, der im April 1917 für die USA den Mittelmächten den Krieg erklärt hatte, in Punkt Zehn ebenfalls nur „die freieste Gelegenheit autonomer Entwicklung" für die Völker Österreichs. Für Masaryk, der im Mai 1918 in Washington eintraf, führte E. Beneš mit beeindruckendem Verhandlungsgeschick und Durchsetzungsvermögen Gespräche mit Vertretern des französischen und britischen Außenministeriums, um einmal die verbindliche Zusage der Entente zu bekommen, die Errichtung eines tschecho-slowakischen Staates in seinen natürlichen und historischen Grenzen zu gestatten, und danach die formale Anerkennung des Nationalrats als Regierung dieser projektierten souveränen Einheit zu erhalten, die durch die gleichberechtigte Teilnahme an der Friedenskonferenz für die Berücksichtigung der nationalen Belange sorgen sollte. Am 3.VI. erkannte die britische Regierung den Nationalrat als „verantwortliches Organ der tschecho-slowakischen Regierung" an, am 29.VI. versicherte der französische Außenminister Pichon in einem Brief, daß sein Land den Nationalrat als „das oberste Gremium, das alle Interessen der Nation verwaltet, und die erste Grundlage einer kommenden tschecho-slowakischen Regierung" betrachte. Am 11.VIII. räumte das Foreign Office dem Nationalrat das Recht zur Teilnahme an den alliierten Konferenzen ein und versprach, die Vereinigung von Tschechen und Slowaken in einem Staat fördern zu wollen. Masaryks persönlichem Wirken war es zu danken, daß auch Präsident Wilson nach langem Ringen am 3.IX. den Nationalrat als kriegführende Macht und De-facto-Regierung der Tschechen und Slowaken bestätigte.[51] Auf Drängen Beneš' verpflichtete sich am 28.IX. die französische Regierung erneut, in Würdigung des Einsatzes der tschechischen Legion den Nationalrat als Provisorische Regierung zu respektieren und ihn bei der Gründung eines unabhängigen Staates der Tschechen und Slowaken innerhalb der historisch-naturräumlichen Grenzen zu unterstützen. Nach dieser weitgehenden Festlegung der alliierten Kriegszielpolitik konnten die Vertreter der Auslandsaktion darangehen, die für die Zukunft der späteren ČSR bedeutsamen Weichenstellungen vorzunehmen, obschon weder die betroffene Bevölkerung in der Heimat ihre Vorstellungen zu äußern vermochte noch Ansätze zur Lösung der Minderheitenproblematik erkennbar waren.

Die Ausrufung der Tschechoslowakischen Republik

Nachdem der militärische Zusammenbruch Bulgariens Ende September 1918 die Ausweglosigkeit der Mittelmächte offenbart hatte, akzeptierte am 3.X. auch Italien die Aufteilung der Habsburgermonarchie und erkannte den tschechoslowakischen Nationalrat als De-facto-Regierung an. Tags darauf ersuchte Kaiser Karl I. Präsident Wilson um einen Waffenstillstand auf der Basis der „Vierzehn Punkte". Beneš hielt daraufhin den Zeitpunkt für gekommen, am 14.X. die Konstituierung einer Provisorischen Regierung der Tschecho-Slowakei mit vorläufigem Sitz in Paris bekanntzugeben. Masaryk waren das Präsidium und die Finanzverwaltung vorbehalten, Beneš übernahm die Ressorts des Äußeren und des Inneren, Štefánik das Kriegsministerium. Mit der förmlichen Zustimmung Frankreichs zu dieser Regierungsbildung am 15.X., der sich innerhalb einer Woche die meisten Ententestaaten anschlossen, war – wie Beneš es im nachhinein formulierte – „der Kampf der tschechoslowakischen Nation um ihren selbständigen Staat siegreich" beendet worden. Ein letzter Versuch Kaiser Karls, durch die Gewährung des Selbstbestimmungsrechts und die Föderalisierung des Reiches den Fortbestand der k.u.k. Monarchie zu retten, schlug fehl. Als am 17.X. ein kaiserliches Manifest mit der Aufforderung an die Nationen Österreich-Ungarns erging, Nationalräte aufzustellen, sich auf ihrem Siedlungsboden als Bundesstaaten zu konstituieren und diese in einem Staatenbund zusammenzuschließen, beantwortete Masaryk diese verzweifelte Initiative am 18.X. in Washington mit einer eilig konzipierten, aber folgenlosen Deklaration der tschecho-slowakischen Unabhängigkeit.[52] Das Gesetz des Handelns in der Schlußphase des Ersten Weltkriegs ging jetzt wieder auf die Politiker in der Heimat über, die unter dem Einfluß des von der Auslandsaktion verfolgten Kurses und der von den Kriegsentbehrungen radikalisierten Öffentlichkeit seit Sommer 1917 ebenfalls Maßnahmen verfochten hatten, die auf eine uneingeschränkte Selbständigkeit hinausliefen.

Die zunehmend österreichfeindliche Einstellung der tschechischen Bevölkerung hatte die Repräsentanten der wichtigsten politischen Gruppierungen veranlaßt, sich im Herbst 1917 unter dem Vorsitz von Dr. A. Rašín in der Tschechischen Staatsrechtlichen Demokratie zu vereinen. Als die Wiener Zentralregierung unter Ernst von Seidler Gespräche über die künftige staatsrechtliche Stellung der nichtdeutschen Völkerschaften jedoch kategorisch ablehnte, wurden 1918 in einer „Dreikönigsdeklaration" von allen tschechischen Reichstags- und Landtagsabgeordneten die früher diskutierten Entwürfe, das vereinte Siedlungsgebiet der Tschechen und Slowaken in eine „Föderation des Donaustaates" einzubringen, als hinfällig erklärt und Österreich sowie der Monarchie habsburgischer Prägung eine eindeutige Absage erteilt. Eine noch unverhülltere Aufkündigung der bisherigen staatlichen Bindungen stellte die Neugründung eines Tschecho-slowakischen Nationalausschusses am 13.VII. 1918 dar, dem Dr. K. Kramář präsidierte; seine nach dem Schlüssel der Wahlergebnisse von 1911 von allen tschechischen Parteien delegierten 30 Mitglieder bekamen die Aufgabe übertragen, die Vorbereitungen für die im Winter 1918/19 erwartete „nationale Revolution" zu treffen. Die geplanten Maßnahmen zur Einsetzung von Bezirks- und Ortsnationalausschüssen, zur Ausschreibung einer Nationalsteuer und für die Aufstellung von Schutztruppen sollten einen reibungslosen Übergang der Verwaltungshoheit an eine spätere „Nationalregierung" erleichtern. Ein am 6.IX. aus Vertretern der sozialistischen Parteien gebildeter Sozialistischer Rat arbeitete Empfehlungen zur Lösung der sozioökonomischen Probleme aus. Da Beneš sowohl ein verfrühtes Losschlagen und unnötiges Blutvergießen verhindern als auch die Respektierung der Autorität des Pariser Nationalrats gewährleistet sehen wollte, verpflichtete er am 11.IX. die sich seiner Autorität nur widerwillig beugenden Führer des Inlandkampfes, Aktionen nur nach entsprechenden Weisungen aus Paris zu unternehmen.

Erst der sich abzeichnende militärische Zusammenbruch veranlaßte in den letzten Septembertagen 1918 die österreichische Regierung, hektisch nach Möglichkeiten zu suchen, die den Fortbestand der Habsburgermonarchie doch noch sicherstellen könnten. Das am 26.IX. von Ministerpräsident Hussarek unterbreitete Angebot, der tschechischen Nation jetzt doch eine politische Autonomie zugestehen zu wollen, wurde vom Nationalausschuß als indiskutabel zurückgewiesen. Ein Vermittlungsversuch Kaiser Karls I. scheiterte am 12.X., weil die Sprecher aller tschechischen Parteien die Forderungen nach sofortiger Einsetzung einer nationalen Regierung und ihrer Hinzuziehung zu den Friedensverhandlungen erhoben und die unverzügliche Rückführung aller tschechischen Militäreinheiten in die böhmischen Länder verlangten. Auch das Manifest Karls an seine „getreuen österreichischen Völker" vom 17.X. wurde rundweg abgelehnt. Die dem letzten k.u.k. Ministerpräsidenten Lammasch gestellte Aufgabe, im Rahmen eines lockeren monarchischen Gesamtstaatsverbands die Formierung sich selbst verwaltender Nationalstaaten voranzutreiben, fand ebenfalls keine Zustimmung.[53] Während eine Delegation unter Kramářs Führung nach Genf abreiste, um in Beratungen mit Beneš die Modalitäten bei der Überleitung der Staatsgewalt in tschechische Hände festzulegen, schritt der Machtverfall so rapide voran, daß sich die in Prag zurückgebliebenen Parteiführer zum Handeln gezwungen sahen.

Als am Abend des 27.X. der Inhalt der (Andrássy-) Note an Präsident Wilson bekannt wurde, in der Österreich nach Aufkündigung des Bündnisses mit dem Deutschen Reich um einen Separatfrieden zu den Bedingungen der Ententemächte bat, berief Rašín für den nächsten Morgen das Präsidium des Nationalausschusses ein. Der Agrarier Švehla, der Sozialist Soukup, der Nationale Sozialist Stříbrný und der Jungtscheche Rašín, die „Männer des 28. Oktober", beschlossen auf dieser Sitzung anfangs nur, die Kriegsgetreide-Verkehrsanstalt, die zentrale Lebensmittelversorgungsstelle, der Verwaltung des Nationalausschusses zu unterstellen. Wachsender Zulauf zu Demonstrationszügen und Hochrufe auf Masaryk, Wilson und den gemeinsamen Staat der Tschechen und Slowaken veranlaßten die Präsidiumsmitglieder dann doch, die Gunst der Stunde zur Übernahme der Landesverwaltung zu nutzen. Die Vertreter des Statthalters und die Militärverwaltung stimmten der Überführung der Landesadministration in die Hände des Nationalausschusses ohne Vorbehalte zu. Das von Rašín rasch konzipierte Gesetz über „Die Errichtung des tschecho-slowakischen Staates" und ein „Manifest an das tschecho-slowakische Volk" verkündeten unter Berufung auf die Ziele der Auslandsrevolution und die Maßnahmen des Pariser Nationalrates die Gründung eines souveränen tschecho-slowakischen Nationalstaates. Zur gleichen Stunde beschlossen die über die Prager Vorgänge nicht informierten Unterhändler in Genf, eine Republik aufzubauen, Masaryk als „Haupt der Vollzugsgewalt" (Präsidenten) einzusetzen und eine Regierung mit 14 Ministern unter dem Vorsitz Kramářs zu berufen.

Die tschechische Bevölkerung nahm die Nachricht von der Proklamation der souveränen Eigenstaatlichkeit in den historischen Grenzen mit ungeheuerem Jubel auf. Was vor fünf Jahren noch eine Utopie und vor 18 Monaten nur eine zaghafte Hoffnung einiger Politiker gewesen war, konnte nach dem militärischen Zusammenbruch der Mittelmächte ohne Blutvergießen in der Tschechoslowakischen Republik (ČSR) dank der weitsichtigen Konzeption Masaryks und des unermüdlichen Wirkens von Beneš realisiert werden. Die Staatsgründung war kein von elementar revolutionären Kräften getragener, sich unter dem aktiven Einsatz breiter Bevölkerungskreise vollziehender „Umsturz", sondern das Ergebnis der politischen Aktionen einiger weniger, die zudem meist im Ausland tätig gewesen waren. Die tschechische Öffentlichkeit hatte dem Ringen um die staatliche Selbständigkeit bis kurz vor Kriegsende weitgehend verständnis- und tatenlos gegenübergestanden und war von dem so leicht errungenen Erfolg völlig überwältigt, der eine überschwappende Welle des Nationalismus freisetzte, unter dem vor allem die entmutigten und in ihrem Selbstbewußtsein schwer getroffenen deutschen Landesbewohner zu leiden hatten. Die in den Folgemonaten begangenen Fehler bei der Behandlung der 3,3 Millionen Deutschen haben dazu beigetragen, nicht nur das Zusammenleben der beiden Nationen im neuen Staat unnötig zu belasten, sondern auch den Bestand der ČSR zu gefährden.

Der Nationalausschuß in Prag traf nach dem Staatsgründungstag, dem 28. Oktober 1918, umsichtig alle Maßnahmen, um den komplexen Problemen zu begegnen, die einer Lösung bedurften: Vorrangig mußte die Verwaltung in Gang gehalten und die schwierige Nahrungsmittelversorgung gewährleistet werden. Die von dem Sozialdemokraten A. Meißner in wenigen Stunden niedergeschriebene Provisorische Verfassung schuf die Voraussetzung für die Arbeitsaufnahme der Regierung, des Parlaments und des Staatspräsidenten. Vor allem mußte das beanspruchte Territorium der Kontrolle der neuen Staatsmacht unterstellt und die Konsolidierung nach innen und außen vorangetrieben werden. Noch endete die Macht der neuen Regierung 40 km nördlich von Prag, weil die Deutschböhmen unter Berufung auf den von Wilson verkündeten Grundsatz des Selbstbestimmungsrechts die Vereinigung der deutschen Distrikte mit der sich herausbildenden Republik Deutsch-Österreich forderten. Obschon politische Sprecher der Slowaken in mehreren Aufrufen ebenfalls die Anerkennung des Selbstbestimmungsrechts „für den ungarischen Zweig des tschecho-slowakischen Stammes" verlangt hatten, mußte bei der passiven, uninteressierten Haltung der Menschen die Angliederung dieser vergleichsweise unterentwickelten, nie zum Königreich Böhmen gehörenden Provinz, die 1000 Jahre lang einen integralen Bestandteil der St. Stephanskrone gebildet hatte, allein von Prag aus betrieben werden; es dauerte mehr als acht Monate, bis der Kampf um die Slowakei teils mit Waffengewalt, teils durch diplomatische Aktionen zugunsten der ČSR entschieden war. Die reichen Bodenschätze im ehemaligen Herzogtum Teschen bildeten ein weiteres Streitobjekt, weil das verbündete Polen unter Berufung auf die ethnische Zusammensetzung der Bewohner die historisch-staatsrechtlich begründeten Ansprüche der Prager Regierung nicht anzuerkennen bereit war.

Nach dem Thronverzicht Kaiser Karls I. und der Entbindung seiner Völker vom Treueid am 11. XI. 1918 erklärte Ministerpräsident Kramář in der ersten Sitzung der Provisorischen Nationalversammlung, in die keine Vertreter des deutschen Bevölkerungsteils berufen worden waren, am 14. XI. das Haus Habsburg für abgesetzt und proklamierte den neuen tschechoslowakischen Staat als Republik. Nach fast vierhundert Jahren gemeinsamer Geschichte wurden damit die dynastischen und staatsrechtlichen Beziehungen der böhmischen Länder zu Österreich abgebrochen, nachdem die letzten untauglichen Versuche gescheitert waren, in der Krisensituation der letzten Kriegstage durch eine radikale Umwälzung der staatsrechtlichen Verhältnisse das Habsburgerreich als ostmitteleuropäischen Ordnungsfaktor am Leben zu erhalten. Aber auch das an der Wende vom 12. zum 13. Jahrhundert entstandene Königreich Böhmen mit seinen Nebenländern, das im Spätmittelalter als integraler Bestandteil des Heiligen Römischen Reiches Deutscher Nation ein häufig ausschlaggebender Faktor der mitteleuropäischen Staatenwelt gewesen war und durch seine finanzielle Leistungsfähigkeit den Aufstieg des Hauses Österreich zur entscheidenden Großmacht im Donauraum erst ermöglicht hatte, fand mit der Selbständigkeitserklärung der Tschechoslowakischen Republik ein Ende.

Die in der zweiten Hälfte des 19. Jahrhunderts ausgebildete, dynamische, modern strukturierte, selbstbewußte tschechische Nationsgesellschaft hatte keine Verwendung mehr für eine Staatskonzeption, die mit den dunkelsten Kapiteln der Vergangenheit, mit politischer Entmündigung, wirtschaftlicher Ausbeutung, sozioökonomischer Rückschrittlichkeit, Entnationalisierung und geistig-kultureller Gängelung identifiziert wurde und die den demokratisch-volkssouveränen Traditionen des Hussitismus als dem angeblich besten Teil des nationalen Erbes zuwiderlief. Unbeschadet aller Versäumnisse, die dem Haus Habsburg bei der Verwaltung seines multinationalen Großreiches anzukreiden sind, darf doch nicht übersehen werden, daß erst die nach 1860/67 eingeleiteten und tiefgreifenden legislativen, wirtschaftlichen, sozialen und kulturpolitischen Maßnahmen den nationalen Aufstieg der Tschechen ermöglicht und damit die Voraussetzungen zur Formierung der modernen tschechischen Nationsgesellschaft und für die jetzt beginnende Eigenstaatlichkeit geschaffen hatten.

Ausblick

Kontinuitäten und Entwicklungsbrüche in der Geschichte der Tschechoslowakischen Republik nach 1918

Ausdehnung der „historischen Grenzen"

Dem Verhandlungsgeschick des Außenministers Edvard Beneš war es zu danken, daß auf der am 15. 1. 1919 in Paris eröffneten Friedenskonferenz die Ententemächte der Tschechoslowakischen Republik gestatteten, ihr Territorium weit über die historischen Grenzen hinweg auszudehnen. Gestützt auf die von T. G. Masaryk während seines USA-Aufenthalts abgeschlossenen Vereinbarungen mit den Sprechern der nach Amerika ausgewanderten Slowaken (Pittsburgh, 30. V. 1918) und Karpato-Ruthenen (Cleveland, 19. XI. 1918) sowie auf das vage Anschlußbegehren eines Slowakischen Nationalrats (Turč. Sv. Martin, 30. X. 1918) wurden die im Frühjahr 1919 in schweren Kämpfen gegen die ungarischen roten Garden gewonnenen beiden Provinzen der ČSR angeschlossen. Die Befriedung dieser unterentwickelten Territorien, die nie zum Bestand der böhmischen Länder gehört hatten, und der Aufbau einer funktionierenden Zivilverwaltung warfen schwierige Probleme auf, da die desinteressierte, der neuen Obrigkeit oft ablehnend gegenüberstehende Bevölkerung keinen konstruktiven Beitrag zu leisten bereit oder fähig war. Unter Verletzung der Wilsonschen Formel von der Gewährung des Selbstbestimmungsrechts für alle betroffenen Nationen wurden auch die Deutschen in den böhmischen Ländern, die im Oktober/November 1918 den Anschluß ihres Siedlungsgebiets an den sich konstituierenden Staat Deutsch-Österreich proklamiert hatten, nach der bis Mitte Dezember 1918 erfolgten militärischen Besetzung der deutschsprachigen Distrikte der ČSR zugeschlagen; dabei gelangten auch die rein deutsche ehemalige Alte Reichspfandschaft Eger, der preußisch-schlesische Bezirk von Hultschin und die Gebietsteile um Weitra und Feldsberg jenseits der historischen Grenzen der Länder der böhmischen Krone an die ČSR. Der Streit mit Polen um den Grenzverlauf im ehemaligen Herzogtum Teschen wurde erst am 10. VII. 1920 im Protokoll von Spa beigelegt, wobei Prag mit dem Distrikt westlich des Grenzflüßchens Olsa das mit seinen Berg- und Hüttenwerken wirtschaftlich bedeutendere Kohlenrevier zugeteilt erhielt. Die Friedensverträge von St. Germain (10. IX. 1919) und Trianon (4. VI. 1920) sicherten der ČSR ein Areal von 140000 km mit 13,6 Mill. Einwohnern. Bei der 1930 durchgeführten Volkszählung wurden 9,75 Mill. = 66,25% als Tschechen und Slowaken, 3,32 Mill. =

22,5% als Deutsche, 720000 = 4,9% als Ungarn, 410000 = 2,9% als Ruthenen und 100000 = 0,7% als Polen ausgewiesen.[1] Während die ČSR etwa ein Viertel (26,4%) der Bevölkerung und ein Fünftel (20,7%) der Bodenfläche der alten k. u. k. Monarchie übernahm, waren auf dem neuen Staatsterritorium, schwerpunktmäßig in den böhmischen Ländern, über zwei Drittel (ca. 70%) der industriellen Erzeugnisse Österreich-Ungarns erarbeitet worden. Sollte dieser Staat mit einer West-Ost-Ausdehnung von über 950 km Luftlinie erhalten bleiben, so mußte mit der Absicherung nach außen eine wirkliche Konsolidierung und Gewinnung der nationalen Minderheiten zu konstruktiver Mitarbeit Hand in Hand gehen. Doch gerade in diesem Bereich wurden die Fehler des vorausgegangenen Nationalitätenkampfes wiederholt, die sich – trotz aufrichtigen Bemühens auf beiden Seiten – im Lauf der folgenden Jahre nicht wiedergutmachen ließen und den an einer Schwächung, bald an einer Zerschlagung der ČSR interessierten Nachbarstaaten einen willkommenen Ansatz boten, um den innenpolitischen Frieden zu beeinträchtigen und damit die Existenz des Staates zu gefährden.

Die Sprengkraft der nationalen Frage in dem angestrebten „demokratischen Nachkriegseuropa" ist von den Vertretern der Siegermächte auf der Pariser Friedenskonferenz nicht erkannt worden; ein neuer Ordnungsfaktor im Gürtel der „Nachfolgestaaten" in Ostmitteleuropa zur Übernahme der früher von der Habsburgermonarchie wahrgenommenen Aufgaben fehlte. Den Ruthenen im Ostzipfel der Republik, die am wenigsten von den seit 1867 im St. Stephansreich durchgeführten Modernisierungsmaßnahmen profitiert hatten und nur ein rudimentäres Nationalbewußtsein besaßen,[2] wurde von der Prager Zentralregierung bis 1937 die zugesagte Autonomie vorenthalten. Die vom Mutterland durch die ausschließlich strategisch begründete Donau-Eipel-Grenze abgetrennten Magyaren in der Südslowakei brachten der ČSR keine Sympathien entgegen und trugen bis zur Neuabgrenzung durch den Ersten Wiener Schiedsspruch vom 2. XI. 1938 ihren Teil zur Nationalitätenproblematik bei.[3] Die ebenfalls erst ihre nationale Identität entdeckenden Polnisch oder einen polnischen Dialekt sprechenden Einwohner orientierten sich stärker nach Warschau als nach Prag und blieben dem neuen Staat gegenüber auf Distanz. Unter Berufung auf das Pittsburgher Abkommen verlangte ein beträchtlicher Bevölkerungsteil in der Slowakei, der in der katholisch-konservativen Slowakischen Volkspartei des Priesters A. Hlinka sein Sprachrohr besaß, mit zunehmender Ungeduld die Gewährung einer „nationalen Autonomie" für ihr Land; der unnötige Zentralismus mit der offenen Bevorzugung der Tschechen sowie die Mißachtung der slowakischen Bräuche und Traditionen verstärkten den Gärungsprozeß in der Slowakei, der bis 1938/39 eine Quelle ständiger innenpolitischer Unruhe bildete.[4] Ein wesentlich größeres politisches Gewicht kam jedoch der unbefriedigend gelösten sudetendeutschen Frage zu.

In seinem an die Friedenskonferenz gerichteten Memoire III über „Das Problem der Deutschen in Böhmen"[5] hatte Außenminister Beneš nach großzügiger Interpretation der historischen und statistischen Daten für die Überlebensfähigkeit des neuen Staates der Tschechen und Slowaken die Notwendigkeit eines Anschlusses des deutschen Siedlungsgebiets betont und dabei versichert, durch den Ausbau der ČSR zu einem Staat nach „Schweizer Vorbild" und die Erhebung des Deutschen zur zweiten Landessprache die Mitarbeit und Staatsloyalität des deutschen Bevölkerungsteils gewinnen zu wollen. Ob Zweckmäßigkeit, ehrliche Absicht oder gar der Wunsch, eine Wiederholung früherer Fehler zu vermeiden, Pate standen bei dem im Mai 1919 abgegebenen Versprechen, „die Grundsätze der Schweizer Republikanischen Verfassung [würden] als Grundlage der Nationalitätenrechte" in der ČSR berücksichtigt, mag dahingestellt bleiben; nach Abschluß des Friedensvertrags von St. Germain war dieses Vorhaben jedoch schnell vergessen, denn die tschechoslowakische Regierung sah ihre Zusagen durch die Unterzeichnung eines vom Völkerbund garantierten Minderheitenschutzvertrags als eingelöst an. Da alle Anläufe, wenigstens bescheidene nationale Selbstverwaltungsrechte zu erlangen, ohne Echo blieben, verfestigte sich bei zahlreichen Deutschen der Eindruck, daß böswillige Täuschung ihr politisches Schicksal mitbestimmt habe, zumal die vom gewählten Präsidenten Masaryk bei seiner Ankunft am 21.XII. 1918 in Prag gemachte Aussage: „Wir haben unseren Staat geschaffen. Dadurch wird die staatsrechtliche Stellung unserer Deutschen bestimmt, die ursprünglich als Immigranten und Kolonisten ins Land kamen", selbst die Sympathisanten befremdete und eine geschlossene Front gegen die Eingliederung des deutschen Siedlungsgebiets in die ČSR entstehen ließ. Erst jetzt, in der Abwehrhaltung gegen die junge tschechoslowakische Republik, fanden sich die Deutschen in Böhmen, Mähren und Schlesien zur politischen Einheit der Sudetendeutschen zusammen und entwikkelten ein gemeinverbindliches deutsches Volksbewußtsein, das anfangs aber weiterhin stärker in Richtung Österreich tendierte und noch wenig Berührungspunkte mit der Weimarer Republik aufzuweisen hatte.[6]

Staatstragende Kräfte

Aber selbst innerhalb des staatstragenden tschechischen Bevölkerungsteils herrschte lange Orientierungslosigkeit vor; anfangs schienen weder Bürgertum noch Arbeiterschaft ihrer ungewohnten Rolle als staatsbildende Elemente gerecht werden zu können. Die nationalen Ziele waren zwar erreicht worden, aber Traditionslosigkeit und eine Überschätzung der gewonnenen Freiheit lösten übertriebene politische Erwartungen aus, so daß die Ausbildung eines realitätsbezogenen Staatsverständnisses in der Bevölkerung nur langsam vorankam. Obwohl Arbeiter und Mittelstand keine unüberwindbaren Barrieren trennten und sich die Republik nicht nur in ihren proklamierten Grundsätzen, sondern auch durch konkrete Gesetzgebungsmaßnahmen dem sozialen Fortschritt verpflichtet fühlte, machte sich in den Arbeiterparteien eine klassenkämpferische Unruhe breit, die durch die Gründung einer Kommunistischen Partei 1921 noch vertieft wurde.[7] Das seit langem aufgestaute Bedürfnis, die eigene

Zukunft endlich selbstverantwortlich auszugestalten, führte in der vom häufigen Wechsel der Koalitionsregierungen gekennzeichneten Tagespolitik eher zu Auswüchsen als zu konstruktiver Zusammenarbeit aller Bevölkerungskreise. Dabei waren schwierige Aufgaben gemeinsam einer Lösung zuzuführen, standen doch den hochindustrialisierten, landwirtschaftlich fortschrittlichen böhmischen Ländern mit ihrer erfahrenen Beamtenschaft und ihrer kultivierten breiten Intelligenzschicht die unterentwickelte Slowakei und das zurückgebliebene Karpato-Ruthenien gegenüber, die weder auf dem Produktions- noch auf dem Agrarsektor mit den mitteleuropäischen Verhältnissen verglichen werden konnten. Alle gutgemeinten Maßnahmen der Zentralregierung wurden von den slowakischen und ruthenischen Nationalisten aus Angst vor einer tschechischen Überfremdung abgeblockt, so daß ein allumfassendes Bewußtsein der staatlichen Zusammengehörigkeit und nationalslavischer Verbundenheit trotz zahlreicher guter Ansätze ebenso wenig erreicht werden konnte wie eine wirkliche Nivellierung des Kultur- und Wirtschaftsgefälles, weil die Gegensätze zu kraß, die Mittel unzureichend, Geduld, Vertrauen und Toleranz nicht in notwendigem Umfang vorhanden waren. Ein „tschechoslowakisches Staatsvolk" hat sich unter diesen Voraussetzungen nicht entwickeln können.[8] Dagegen warf die Einbeziehung Mährens und des einstigen Österreich-Schlesien, in denen sich seit dem 17. Jahrhundert ein lebendiges Regionalgefühl entfaltet hatte, in dem von Prag aus regierten und von den „böhmischen" Tschechen dominierten tschechoslowakischen Zentralstaat keine besonderen Probleme auf.

Trotz der Berufung auf das „urdemokratische" Erbe des Hussitismus, die Ausweitung des allgemeinen, gleichen und direkten Wahlrechts auch auf die Frauen, eines nach dem Vorbild der Dritten Französischen Republik ausgerichteten Staatsaufbaus und eines gutausgebildeten, funktionstüchtigen Parteiensystems wurden die politischen Weichenstellungen von einer überschaubaren Schicht von Berufspolitikern, Advokaten, Publizisten, Professoren, Gewerkschaftlern und Gutsbesitzern vorgenommen, die sich die finanzielle Rückendekkung einer exklusiven Gruppe von Bankiers, Industriellen und Großkaufleuten zu sichern verstanden. Die Schalthebel der Macht über die Parteien hinaus kontrollierte ein kleiner Kreis Masaryk angenehmer Männer, die, nach dem Sitz des Präsidenten einprägsam als die „Burg" bezeichnet, mit ihren Entscheidungen den Kurs der Politik und somit die Geschicke des Staates bestimmten. Dieser erlesenen republikanischen Hofkamarilla gehörten ausschließlich Intellektuelle an, meist mit atheistischer Grundkonzeption und weitgehender Geschichtsfremdheit. Die Autorität des als „Präsident-Befreier" gerühmten Masaryk, dessen Schriften und Verlautbarungen als unumstößliche Offenbarungen galten, stellte den in offenem Widerspruch zur Verfassung stehenden Einfluß der „Burg" sicher.[9] Die Vertreter des gebildeten, dem nationalen Herkommen sich verpflichtet fühlenden Tschechentums, Klerikale, Konservative oder Gegner des bolschewistischen Rußland, vor allem aber die Aristokraten, die unter den Habsburgern den Ton in der Gesellschaft angegeben und häufig auch die obersten Verwaltungsränge besetzt hatten, büßten ihre frühere Teilhabe an der

Macht ein und fanden sich zu politischer Abstinenz verurteilt. Trotz Masaryks überzeugenden politisch-moralischen, von einem tiefen Humanismus geprägten Vorstellungen und seiner prinzipiellen Versöhnlichkeit in nationalen Fragen wurde der Rückgriff auf eine idealisierte Geschichte vor der Habsburgerzeit, zumal auf den Hussitismus, von der „Burg" zur Kultivierung der nationalen Intoleranz mißbraucht. Anstelle der echten Tradition herrschte die historische Legende, die rasch zu einer Respektlosigkeit vor der Überlieferung führte und zur Verbrämung und auswählenden Wertung der „tschechoslowakischen" Geschichte beitrug. Die der Intelligenz abgehende Bereitschaft, aus den Fehlern der nationalen und sozialen Kämpfe der jüngsten Vergangenheit zu lernen, teilte sich bald auch den breiten Bevölkerungsschichten mit. Da es an Männern fehlte, die den Mut und die Durchsetzungsfähigkeit besessen hätten, hier rechtzeitig Einhalt zu gebieten, den Einfluß der „Burg" wirksam zu beschneiden und die Machtkontrolle dem Parlament zu übertragen, verkümmerte die ursprünglich angestrebte breite Demokratie zu einer Oligarchie, auch wenn sich die Erste Republik als einzige unter den Nachfolgestaaten bis zur Staatskrise des Jahres 1938/39 ein funktionierendes parlamentarisches System bewahren konnte.[10]

Um den demokratischen und sozialreformerischen Staatscharakter der ČSR zu betonen, wurden bereits von der Provisorischen Nationalversammlung eine Reihe einschneidender Gesetze über die Abschaffung des Adels, der Orden und Titel und durch einen „Kanzelparagraphen" auch die Ausschaltung des politischen Einflusses der Kirchen verabschiedet sowie die Einführung des Acht-Stunden-Arbeitstages, eine allgemeine Krankenversicherung und die Förderung des sozialen Wohnungsbaus beschlossen. Bedeutsamer in ihren Auswirkungen waren jedoch die am 16. IV. 1919 erlassenen ersten Verfügungen zur Bodenreform: Mit nationalen und militärischen Argumenten wurde die Enteignung allen Landbesitzes begründet, der über 150 ha Ackerland oder 250 ha sonstiger Liegenschaften hinausging, denn einmal sollte das „Unrecht von 1620" getilgt und dann gezielt Tschechen als Grenzanrainer angesiedelt werden; betroffen waren neben Adel und Kirche vor allem die nationalen Minderheiten, die von jeder Mitbeteiligung ausgeschlossen blieben. Und auch in der Verfassung, die ohne Hinzuziehung von Vertretern der deutschen, ungarischen und polnischen Volksgruppe beraten und am 29. II. 1920 einstimmig verabschiedet wurde, hatten vorrangig die Belange der tschechischen Mehrheitsbevölkerung eine Berücksichtigung erfahren.[11] Allein in das gleichzeitig beschlossene Gesetz über die „tschechoslowakische" Staatssprache wurden wenigstens die Verpflichtungen aufgenommen, die durch die vom Völkerbund kontrollierten Minderheitenschutzvereinbarungen zugunsten der Nichttschechen vorgeschrieben waren. Insgesamt mußten sich die Angehörigen der Minderheitennationen in dem tschechoslowakischen Nationalstaat als geduldete Bürger zweiter Klasse fühlen, die sich – durch die tschechischen Eigenmächtigkeiten provoziert – nur schwer bereitfanden, den Verlust ihrer einst bevorzugten Positionen im öffentlichen Leben hinzunehmen und die der ČSR häufig offene Verachtung und Ablehnung entgegenbrachten.

Scheitern des deutschen „Aktivismus"

Dabei hatten sich im Sommer 1919 sowohl deutsche Sozialdemokraten als auch Vertreter der mittelständischen Parteien an die Ausarbeitung von Vorschlägen gemacht, um der rigiden Konzeption eines tschechoslowakischen Nationalstaats die Alternative eines Nationalitätenstaats mit national abgegrenzten Bezirken und weitgehender Selbstverwaltung im Rahmen nationaler Kurien entgegenzustellen. Das erklärte Ziel aller Deutschen, sich nicht mit einem Minderheitenstatus zufriedenzugeben und alle staatsbürgerlichen Rechte ohne Diskriminierung für sich zu beanspruchen, lehnten die tschechischen Parteien kompromißlos ab und schlossen sich umso fester in der Abwehr aller Initiativen zusammen, zu einer gemeinsamen Lösung der anstehenden Fragen zu gelangen. Nach der ersten Parlamentswahl im April 1920 arteten die Sitzungen der Abgeordnetenkammer über Geschäftsordnungsfragen oder wegen deutscher Proteste in schlimme Tumulte aus, die häufig den Auftakt für wilde, sich bis 1925 regelmäßig wiederholende Saalschlachten darstellten. Die einst von den tschechischen Abgeordneten im Wiener Reichsrat zur Vollkommenheit entwickelte technische Obstruktion wurde jetzt zum bevorzugten Kampfmittel der Deutschen Nationalpartei (DNP) und der Deutschen Nationalsozialistischen Arbeiterpartei (DNSAP), was die parlamentarische Arbeit ernsthaft beeinträchtigte. Die deutschen Sozialdemokraten (DSAP) suchten dagegen früh auf dem Verhandlungsweg einen Ausgleich der nationalen Streitpunkte herbeizuführen;[12] ihrer Taktik schlossen sich nach und nach der Bund der Landwirte (BdL),[13] die Christlichsozialen (DCVP) und die kleine Deutschdemokratische Freiheitspartei (DDFP) an, so daß hier die Voraussetzungen für das nach 1926 verwirklichte Programm des sudetendeutschen „Aktivismus" geschaffen wurden. Ministerpräsident A. Švehla,[14] der stärksten politischen Potenz der Ersten Republik und einem Virtuosen des Kompromisses, gelang es erst im Herbst 1926, alle Widerstände der tschechischen Politiker gegen eine Regierungsbeteiligung der kooperationswilligen deutschen Parteien zu beseitigen, die sich unter Aufgabe des nationalen Einheitsgedankens von dem „Negativismus" der DNP und DNSAP, dem Sammelbecken der extremen sudetendeutschen Nationalisten, distanzierten. Obgleich die Sozialdemokraten in diesem „Bürgerblock-Ministerium" keine Berücksichtigung gefunden hatten, waren nach dem Eintritt der Slowakischen Volkspartei am 15. I. 1927 in die Regierung günstige Bedingungen für eine Bereinigung der gefährlichen nationalen Spannungen gegeben.

In der Bereitschaft der deutschen „aktivistischen" Parteien, ohne Vorbehalt als „Gleiche unter Gleichen" Regierungsverantwortung zu übernehmen, lag dennoch eine gewisse politische Kurzsichtigkeit, denn nach dem Ausbleiben spektakulärer Verbesserungen in der Rechtsstellung der Minderheiten diente ihre loyale Mitarbeit der tschechoslowakischen Nationalstaatspolitik eigentlich nur dazu, das Ansehen des Staates nach außen zu heben und von den ungelösten Fragen im Innern abzulenken. Die deutschen Minister haben alles in ihren Kräften Stehende unternommen, um in Einzelfällen zu intervenieren und die Härten der Sprachverordnung, die Benachteiligung der Deutschen bei der Durchführung der Bodenreform, die Erschwernisse für das deutsche Schulwesen und die Diskriminierung deutscher Industrieunternehmen abzubauen. An ihrem guten Willen hat es nicht gelegen, daß auf dem Höhepunkt der Weltwirtschaftskrise und unter dem Einfluß der aus dem Deutschen Reich herüberschwappenden nationalsozialistischen Parolen die sozioökonomisch besonders hart betroffenen Sudetendeutschen ihre Sympathie zunehmend der am 1.X. 1933 von dem Ascher Turnlehrer Konrad Henlein[15] gegründeten nationalistischen Sammlungsbewegung der Sudetendeutschen Heimatfront (SHF) zuwandten. Henlein wollte in der SHF über die Parteien und Stände hinweg „die Zusammenfassung aller Deutschen ..., die bewußt auf dem Boden der Volksgemeinschaft und der christlichen Weltanschauung stehen“, erreichen und er versprach, das Eintreten für die „deutsche Kultur- und Schicksalsgemeinschaft“ mit dem Kampf für die „Sicherung des Heimatbodens“, den Ausbau der Wirtschaft, die Schaffung von Arbeitsplätzen und eine gerechte Lösung der sozialen und wirtschaftlichen Probleme zu verbinden. Trotz des Bekenntnisses zu den „demokratischen Grundformen und dem bestehenden tschechoslowakischen Staat“ sind Zweifel an der Staatstreue der SHF angebracht, wenngleich der lückenlose Nachweis nicht erbracht worden ist, daß die sudetendeutschen Nationalsozialisten von Anfang an willige Werkzeuge, ja eine Fünfte Kolonne Hitlers gewesen sind, die konsequent auf die Zerschlagung der ČSR hingearbeitet haben. Dank der Einschleusung von Angehörigen des „Kameradschaftsbundes“ und Gewährsleuten deutscher Reichsstellen in Schlüsselstellungen besaß Hitler jedenfalls einen Ansatzpunkt, um die Stoßrichtung der im April 1935 in Sudetendeutsche Partei (SdP) umbenannten, bereits 200000 Mitglieder zählenden nationalsozialistisch-völkischen Bewegung zu beeinflussen und zum Schaden der Betroffenen für seine eigennützigen Ziele einzuspannen.

Das Phänomen jedoch, wie die von einem anfangs politisch weitgehend Unerfahrenen und Unbekannten wie Henlein geführte SHF/SdP innerhalb von 18 Monaten bei den Mai-Wahlen 1935 zur stimmenstärksten Partei hatte aufsteigen können, ist mit der kleinlichen Nationalitätenpolitik der tschechoslowakischen Regierung und mit der schwierigen Wirtschaftslage allein nicht zu erklären. Die Durchführungsverordnungen zum Sprachengesetz, der Abbau des über dem Nationalitätenproporz liegenden Anteils der Sudetendeutschen in der Beamtenschaft, die Abhaltung von Prüfungen in der „tschechoslowakischen“ Staatssprache, wodurch langfristig rd. 30% der deutschen Eisenbahner und Postbediensteten ihre Stellungen verloren, sowie die Ausdünnung des überdimensionierten Verwaltungsapparats riefen ebenso helle Empörung bei den Betroffenen hervor wie die offene Benachteiligung der Deutschen bei der Anwendung der Enteignungsgesetze und der Verabschiedung einer Vorlage zum Schutze der Republik, die eindeutig der Disziplinierung der Minderheiten dienen sollte. Mit der Zusammenlegung Schlesiens und Mährens zu einer Verwaltungseinheit verlor zudem der einzige Verwaltungsbezirk mit deutscher

Bevölkerungsmehrheit seine eigenen Behörden. Auch die Kirchenpolitik, die in der Förderung der neugegründeten Tschechoslowakischen (Hus-)Kirche und der Einführung eines staatlichen Hus-Gedenktags am 6. Juli gipfelte, die kirchlichen Doppelfeiertage abschaffte und unter dem Vorwand, den wegen seiner Loyalität zur Habsburgermonarchie diskreditierten politischen Katholizismus ausschalten zu müssen, einer generellen Beeinträchtigung der Religionsausübung Vorschub leistete, erregte die glaubensstarke und kirchentreue sudetendeutsche Bevölkerung sehr. Bedeutungsvoller war aber doch, daß das Auseinanderbrechen des großösterreichischen Wirtschaftsraums und die Suche nach neuen Absatzmärkten den deutschen Firmen größere Schwierigkeiten als den tschechischen Unternehmen bereitete. Nach beträchtlichen Anlaufschwierigkeiten gelang es im tschechischen Siedlungsgebiet relativ rasch, die Volkswirtschaft anzukurbeln, die Inflationsrate zu senken und auf Kosten des deutschen und des ungarischen Kapitals den Einfluß der tschechischen Großbanken auf die industrielle Gesamtentwicklung auszuweiten. Unter Führung der *Živnostenská banka* kontrollierten nach einem beispiellosen Konzentrationsprozeß rd. 25 Großunternehmer etwa 80% der Industrieproduktion. Nach 1923 konnten sogar 440000 Arbeitslose in den Beschäftigungsprozeß der Rüstungsbetriebe (Škoda-Werke in Pilsen, Zbrojovka in Brünn), des Automobilbaus, der florierenden Leichtindustrie (Bat'a-Schuhfabriken in Zlín) und der Nahrungsmittelbranche eingegliedert werden. Der gute Namen der Produkte *Made in Czechoslovakia* erleichterte nach 1927 den wirtschaftlichen Aufschwung.

Die Auswirkungen des „Schwarzen Freitag" (4. X. 1929), der katastrophalen Kursstürze an der New Yorker Börse, tangierten die ČSR erst relativ spät. Hatte 1928 die Ausfuhr ein Volumen von 21,2 Mrd. Kronen erreicht, so sank es 1932 auf 7,4 Mrd. ab, um 1933 auf einen Tiefpunkt von 5,8 Mrd. Kronen zu fallen. Die Erholung setzte ebenfalls später ein als im übrigen Europa, erst 1934/35. Besonders hart betroffen war die sudetendeutsche Textil- und Konsumgüterindustrie, in der seit 1931 immer mehr Betriebe schließen mußten. Die von der Regierung ergriffenen Maßnahmen genügten in keiner Phase, der schwergeprüften Bevölkerung eine spürbare Entlastung zu bringen. Von den 920000 Arbeitssuchenden im Winter 1932/33 waren rd. zwei Drittel Deutsche; ihre Zahl nahm nur langsam und nicht in Relation zu den Wiedereinstellungen ab. Politisch profitierten von der Wirtschaftskatastrophe die extreme Linke und die Rechte; im Sudetengebiet, dem Zentrum der Arbeitslosigkeit, lösten Hitlers Erfolge im Deutschen Reich eine Eskalation nationalradikaler Tendenzen aus, die anfangs der DNP und der DNSAP zugute kamen und gegen die von Regierungsseite mit Verbotsdrohungen und Gerichtsverfahren vorgegangen wurde. Das Einbringen eines Ermächtigungsgesetzes schien der Regierung Malypetr im Sommer 1933 als letzte Rettung, um der schwierigen Lage Herr zu werden; ausschließlich bei wirtschaftlichen Katastrophen sollte so mit Hilfe von Regierungsverordnungen, die Gesetzeskraft besaßen, raschere Abhilfe geschaffen werden.[16]

Außenpolitische Absicherung

Während im Innern die nationalen und sozialen Spannungen immer wieder Unruhen und Regierungskrisen auslösten, konnte der kontinuierlich amtierende Außenminister Beneš, voll gestützt auf die Autorität Masaryks, der Tschechoslowakei alle bedrohlichen außenpolitischen Verwicklungen ersparen.[17] Frankophil aus Überzeugung, integrierte er sein Land willig in das französische Paktsystem und sicherte es zusätzlich durch politische Verträge und Wirtschaftsabkommen mit den an einer Niederhaltung Ungarns interessierten Staaten Rumänien und Jugoslawien in der Kleinen Entente ab. Beneš' hingebungsvolles Wirken im Völkerbund verhalf der ČSR zu einem ihre vorhandenen politischen, militärischen und wirtschaftlichen Kräfte überfordernden Platz im europäischen Mächtekonzert. Die einst so engen Verflechtungen mit Österreich wurden konsequent gekappt und nur „normale" diplomatische Beziehungen angestrebt, wobei beide Seiten bereits im Januar 1920 Einvernehmen über die dann im Vertrag von Laný am 15.XII. 1921 niedergelegte Abmachung erzielten, keine Wiedererrichtung des alten Regimes dulden und wohlwollende Neutralität im Falle eines Angriffs durch einen Dritten wahren zu wollen. Nicht zuletzt der Intervention Beneš' war es zuzuschreiben, daß der von dem österreichischen Bundeskanzler Schober und dem deutschen Außenminister Curtius am 19.III. 1931 vorgelegte Plan einer deutsch-österreichischen Zollunion am Einspruch des Haager Gerichtshofs scheiterte; in Prag wurde in diesem Entwurf ein Ansatz für einen späteren politischen Zusammenschluß und damit die Gefahr einer Umklammerung der historischen Länder durch das Deutsche Reich gesehen. Das bei einem Besuch des dynamischen Ministerpräsidenten M. Hodža am 9./10. III. 1936 in Wien beratene Projekt einer Donauföderation mit einer einheitlichen Wirtschaftsausrichtung der „Nachfolgestaaten" hätte an den Großwirtschaftsraum der alten Habsburgermonarchie angeknüpft und vielleicht der italienischen und der deutschen Penetration nach Südosteuropa einen Riegel vorschieben können – doch wie der ältere Tardieu-Plan vom September 1932 und das 1934 vom französischen Außenminister Barthou verfolgte Ostpakt-System besaß auch diese Initiative keine Realisierungschance.

Die von Beneš in seinem ersten Exposé vor der Provisorischen Nationalversammlung am 30.IX. 1919 abgegebene Erklärung, auch zum Deutschen Reich durch eine „korrekte Politik" ein gutnachbarliches Verhältnis herstellen zu wollen, wurde durch die politische Zurücksetzung der Sudetendeutschen nicht gerade gefördert.[18] Die insgesamt kühlen Beziehungen besserten sich erst, als mit der Unterzeichnung des Locarno-Vertrags am 16.X. 1925 ein deutsch-tschechoslowakisches Schiedsabkommen geschlossen wurde.[19] Innenpolitische Rücksichtnahmen erlaubten es Beneš vor Juni 1934 dagegen nicht, die seit 1920/21 betriebene De-iure-Anerkennung der UdSSR und die Aufnahme voller diplomatischer Beziehungen zu verwirklichen. Während sich die Kontakte zu den Großmächten, selbst zum Italien Mussolinis, und zu den Balkanstaaten, die von der ČSR mit Rüstungsgütern beliefert wurden, als weitgehend unproblematisch erwiesen, gelang es nicht, Ungarn von seiner Revisionspolitik abzubringen oder Polen gegenüber eine vertrauensvolle Basis zu finden.[20]

Die Machtübernahme Hitlers im Deutschen Reich zeigte unerwartet schnell Rückwirkungen auf die tschechoslowakische Außen- und Innenpolitik, weil der deutsche Boykott der Abrüstungsverhandlungen und der Austritt aus dem Völkerbund den Auftakt zu einem wilden Wettrüsten bildeten. Die ČSR hatte zudem allen Grund, sich wegen der bisher nur unzulänglich gelösten Integration der nationalen Minderheiten und wegen der durch die Wirtschaftskrise beschleunigten Radikalisierung der Sudetendeutschen zunehmend bedroht zu fühlen. Die am 16. II. 1933 beschlossene Intensivierung der Zusammenarbeit im Rahmen der Kleinen Entente diente vorrangig dem Ziel, deutsch-österreichische Anschlußbestrebungen oder ein Wiederaufleben des ungarischen Revisionismus' bereits im Keim ersticken zu können; die am 9. VI. 1934 vorgenommene Anerkennung der UdSSR und das mit der tschechoslowakisch-französischen Allianz gekoppelte Defensivbündnis vom 16. V. 1935 zwischen den Regierungen in Prag und Moskau war bereits als Antwort auf die offene deutsche Aufrüstung konzipiert, zumal auch sonst die Spannungen zwischen der ČSR und dem Deutschen Reich stetig weiter wuchsen. Der überraschende Wahlerfolg der SdP, die bei den Parlamentswahlen am 19./26. V. 1935 auf Kosten der „aktivistischen" deutschen Parteien die meisten Stimmen und nur ein Mandat weniger als die führenden tschechischen Agrarier erhielt,[21] mußte als eindeutiges Warnsignal verstanden werden, daß die von der Regierung verfolgte einseitige Wirtschaftsförderung, die weiterhin Massenarbeitslosigkeit und akute materielle Not unter den Sudetendeutschen bedingte, sowie die von einer kurzsichtigen Bürokratie betriebene Verdrängung der Deutschen aus dem zentralen Staatsdienst nicht mehr klaglos hingenommen werden würde. Hitler zeigte sich zwar bis zu Jahresbeginn 1938 bemüht, die Prager Regierung in Sicherheit zu wiegen und sie bei jeder seiner außenpolitischen Aktionen von seiner Vertragstreue und seinem Wohlwollen zu überzeugen, aber den tschechoslowakischen Politikern konnte doch die zunehmende außenpolitische Einkreisung nicht verborgen bleiben, an der sich jetzt auch aus Verärgerung über die von Beneš mitgetragenen Völkerbundssanktionen wegen des Abessinien-Konflikts Italien sowie das Polen der „Obristen" beteiligten. Die innere Gefährdung des Staates durch die Minderheiten und die unversöhnlich die Autonomiegewährung fordernden Slowaken und Ruthenen mußte zudem größte Sorge wecken. Den tschechischen und slowakischen Verantwortlichen jener Jahre kann der Vorwurf nicht erspart werden, daß sie sich zur Lösung der nationalen Streitpunkte mit insgesamt unzureichenden Vorschlägen erst dann anschickten, als für Hitler die Zerschlagung des in seinen Augen „künstlichen Staates" unter schamloser Ausnutzung der aufgestauten Spannungen im Inneren der ČSR feststand.[22]

Verlust der Eigenstaatlichkeit 1938/39

Die mit den Schlagworten „Sudetenkrise", „Münchener Abkommen" und „Protektorat Böhmen und Mähren" umschriebene Liquidation der Ersten Tschechoslowakischen Republik 1938/39 ist untrennbar mit dem Namen Edvard Beneš verbunden, der am 18.XII. 1935 dem kränkelnden Staatsgründer Tomáš Garrigue Masaryk (†14.IX. 1937) im Amt des Präsidenten nachfolgte. Trotz seiner unbestrittenen Verdienste im Auslandskampf und bei der außenpolitischen Absicherung der ČSR fehlte es Beneš an wichtigen staatsmännischen Qualitäten, die den „Präsidenten-Befreier" ausgezeichnet hatten. Es ist vornehmlich seinem Versäumnis zuzuschreiben, keine den historischen und ethnischen Voraussetzungen der ČSR gerecht werdende Regelung rechtzeitig mit den Betroffenen selbst – den Sudetendeutschen, den Ungarn, den Polen, den Ruthenen, aber auch mit den slowakischen Autonomisten – ausgehandelt zu haben. Als sich Hitler ab November 1937 zum Angriff auf die böhmische Bastion rüstete und die Verbündeten der ČSR, von der Unhaltbarkeit der Pariser Vorortverträge und den Versäumnissen der tschechoslowakischen Nationalitätenpolitik gleicherweise überzeugt, Konzessionen, ja bald die territoriale Neuabgrenzung einem unvorbereiteten Kriegsabenteuer mit dem aufgerüsteten Deutschen Reich vorzogen, bekam Beneš die Rechnung für seine politische Kurzsichtigkeit präsentiert.[23] Andererseits erscheint es fraglich, ob selbst die vollständige Berücksichtigung der ständig erweiterten Forderungen der SdP, die Beilegung der anderen nationalen Streitfragen und ein entschlosseneres Eintreten der Bündnispartner Hitler von einem Angriff auf die ČSR hätten abhalten können. Wie seine Ausführungen vom 5.XI. 1937 beweisen, bei denen er in monotoner Einprägsamkeit seine Zielsetzungen vortrug und einer „Beseitigung der Tschechei", eines „Überfalls auf die Tschechen" und der „Erledigung der tschechischen Frage" das Wort redete, ging es Hitler keinesfalls um die „Befreiung" der Sudetendeutschen vom tschechischen Joch, sondern vorrangig um die Eroberung des Raums oder zumindest um die Entmachtung der ČSR als Glied einer gegen Deutschland gerichteten Koalition. In der Ansprache am 23.XI. 1939 vor seinen Oberbefehlshabern, die für sein gesamtes Denken besonders aufschlußreich ist, hat Hitler mit zynischer Offenheit die einzelnen Phasen seiner Aggressionspolitik enthüllt, deren Grundprinzipien Kampf und Krieg und deren Ziel absolute, uneingeschränkte Macht waren. An dem Staat der Tschechen und Slowaken interessierte Hitler im Grunde nur die Westhälfte, die industriell erschlossenen, in ihrer Agrarproduktion entwickelten und dank ihrer Bodenschätze wirtschaftlich bedeutungsvollen Länder Böhmen und Mähren. Die Slowakei und Ruthenien waren für Hitler vor Jahresende 1938 nur insoweit von Bedeutung, um Polen und Ungarn für eine Beteiligung an der Zerschlagung der ČSR zu ködern; danach dienten sie ihm als zusätzliche Basis für die militärische Umklammerung Polens und als Sprungbrett für das weitere Vordringen in den Donauraum.

Der Anschluß Österreichs am 12. III. 1938 bildete den Auftakt für eine Eskalation der Sudetenkrise. Der unzweideutig proklamierte Endpunkt, die 80 Mill. Deutschen Mitteleuropas in einem Staat zu vereinen, ließ allein den Schluß zu, daß Hitler jetzt selbst vor einem Krieg nicht zurückschrecken wollte, um die Sudetengebiete zu annektieren. Die schwächliche *appeasement-policy* der britischen Regierung Chamberlain, die unentschlossene Haltung Frankreichs, die Folgen der Stalinschen Säuberungen, die eine Paralyse der Roten Armee bewirkt hatten, sowie die fehlerhafte Einschätzung der weltpolitischen Lage und der deutschen Taktik durch die Prager Politiker haben den am 29. IX. 1938 im Münchener Abkommen verbrieften Erfolg Hitlers ebenso sicherstellen helfen wie die willige Unterordnung der Sudetendeutschen oder die unterstützenden Maßnahmen der polnischen und der ungarischen Regierung. Ohne gehört worden zu sein oder einen Krieg verloren zu haben, wurde nach dem Spruch Chamberlains, Daladiers und Mussolinis die ČSR der Willkür Hitlers ausgeliefert: Durch die am 1. X. beginnende, bis zum 10. X. durchzuführende Besetzung der mehrheitlich von Deutschen bewohnten vier Zonen verlor die ČSR ihre Lebensfähigkeit als souveräner Staat. Von den Verbündeten im Stich gelassen, mußte die Prager Regierung auch den polnischen und ungarischen Gebietsforderungen nachkommen, so daß im Herbst 1938 41 296 km² des Staatsterritoriums verloren gingen, in dem 40% des Nationaleinkommens erwirtschaftet worden waren. Darunter befanden sich 70% der Kapazitäten der Schwerindustrie, 80% der Textilproduktion, 66% der Kohlevorkommen, 70% der Elektrizitätserzeugung und 40% der Holzbestände. Knapp 3 Mill. Sudetendeutsche, 500 000 Ungarn, 100 000 Polen, aber auch 875 000 Tschechen und 290 000 Slowaken, mit 4,75 Mill. Menschen rd. ein Drittel der Gesamtbevölkerung, wurden von der neuen Grenzziehung betroffen.[24] Trotz der Neuausrichtung der Außenpolitik gemäß den Wünschen der Reichsregierung und der in rascher Folge durchgeführten Anpassung der innenpolitischen Verhältnisse an das deutsche Vorbild waren die nächsten Schritte in Hitlers Ostpolitik, die Ausrufung eines slowakischen Vasallenstaats am 14. und die Errichtung des Protektorats Böhmen und Mähren am 15. III. 1939, als logische Konsequenz im Münchener Abkommen vorgezeichnet. In der durch die Härte des Münchener Spruchs erschütterten tschechischen und slowakischen Bevölkerung entwickelte sich aus der anfänglichen Resignation bald eine demonstrative Verärgerung über die bisherigen Verbündeten und besonders über Beneš, dessen unentschlossenem Taktieren die Hauptverantwortung für die Katastrophe angelastet wurde und der daher am 5. X. 1938 sein Amt aufgab.

Die mit „München“ umschriebenen Ereignisse des Jahres 1938 haben im Bewußtsein der Tschechen einen tiefen Einschnitt hinterlassen, der nur mit dem Schock der Niederlage in der Schlacht auf dem Weißen Berg 1620 und ihren langfristigen Auswirkungen in dem sich anschließenden *temno* (Zeit der Finsternis) verglichen werden kann. Da es dem jungen Staatswesen in den zwanzig Jahren der Ersten Republik an Männern mit der nötigen Einsicht und Durchsetzungsvermögen gefehlt hatte, die schwerfällige, durch Koalitionskompromisse uneffektive parlamentarische Maschinerie zu einer grundsätzlichen Bereinigung der weder unbegründeten noch im Ansatz staatsgefährdenden Klagepunkte der Minderheiten zu veranlassen, lag ein hohes Maß von Selbstverschulden beim Zustandekommen des Diktats von München vor. Die führenden Politiker haben keine erfolgversprechenden Initiativen zur Lösung der nationalen Streitpunkte entwickelt und erst unter äußerem Zwang widerwillig, verspätet und konzeptionslos reagiert. Trotz des uneingeschränkten Bekenntnisses zur parlamentarischen Demokratie nach westlichem Vorbild, zur persönlichen Freiheit und Achtung der Menschenrechte, trotz des unverbrüchlichen Friedenswillens in einer Umwelt totalitär regierter Mächte sowie eines wuchernden National- und Rassenhasses haben es die Verantwortlichen nicht verstanden, durch Großzügigkeit und mit dem erforderlichen Pragmatismus die Minderheiten zu loyalen Staatsbürgern zu machen. Die überwältigende Mehrheit der Sudetendeutschen hingegen ließ sich früh vom Gedankengut des Nationalsozialismus begeistern, von den Erfolgen Hitlers im Deutschen Reich blenden und unter mißbräuchlicher Verwendung ihres Rechtes auf nationale Selbstbestimmung schließlich zu einem weitgehend willenlosen Instrument eines antidemokratischen, inhumanen und totalitären Systems degradieren. Die freiwillige Aufgabe der politischen Entscheidungsfreiheit durch die Führung der SdP und die vorbehaltlose Auslieferung des sudetendeutschen Schicksals an eine verbrecherische Politik konnte nur in einer Atmosphäre der nationalen Hysterie stattfinden, die einmal durch die Versäumnisse der tschechoslowakischen Regierungen und dann durch ihre propagandistisch-übersteigerte Ausschlachtung auf deutscher Seite vorgegeben war. Bei der „Erledigung der Rest-Tschechei" im März 1939 hat sich Hitler, der damals die Auffassung vertrat, als „der größte Deutsche in die Geschichte" einzugehen, die Maske endgültig vom Gesicht gerissen, den Grundsatz der „nationalen Reintegration" verlassen und seine mit der angeblichen Wiedergutmachung des im Versailler Friedensvertrags verankerten Unrechts begründete „Volkstumspolitik" durch eine rücksichtslose imperiale Machtpolitik ersetzt. Während die Karpato-Ukraine (Ruthenien) nach kurzer Gegenwehr unter eine ausbeuterische ungarische Verwaltung fiel und sich die Slowakei einer Krypto-Souveränität erfreuen konnte, die wegen der weitgehenden politischen und wirtschaftlichen Abhängigkeit vom Deutschen Reich Hitler nur zweimal zu einem korrigierenden Eingreifen zwang,[25] unterstanden die um das deutsche Siedlungsgebiet amputierten historischen Länder als „Protektorat Böhmen und Mähren" der unmittelbaren deutschen Kontrolle.

Protektorat Böhmen und Mähren

Als dieser 49000 km² große Torso mit 7,3 Mill. fast ausschließlich tschechischen Einwohnern am 16. III. 1939 als minderberechtigter Teil in das Reichsgebiet eingegliedert wurde und alle Merkmale wirklicher Souveränität verlor, wurden kaum Stimmen des Protests laut; die Bevölkerung reagierte mit hilfloser Wut auf den Verlust der Eigenstaatlichkeit. Die dem Protektorat zugestandene autonome Selbstverwaltung mit einem Präsidenten und einer eigenen Regierung grenzte Hitler von Anfang an so eng ein, daß sich in der Praxis bald die absolute Weisungsbefugnis des Reichsprotektors und seiner dem skrupellosen, ambitiösen K. H. Frank unterstellten Verwaltung ergab. Durch ihr mit großer Härte gegen die tschechische Intelligenz und das Bürgertum gerichtetes Vorgehen, das gleichzeitig die für den Rüstungsprozeß unentbehrlichen Arbeiter deutlich bevorzugte, wußte sie alle Ansätze für Unruhen, Sabotageakte oder einen Aufstand im Keim zu ersticken.[26] Die vom „Verrat" der westlichen Verbündeten maßlos enttäuschte, durch die Kapitulation der eigenen Regierung moralisch schwer angeschlagene tschechische Bevölkerung zeigte sich anfangs bereit, durch die willige Eingliederung in das nationalsozialistische Lager ihre künftige Stellung in dem vom Deutschen Reich dominierten politischen System in Mitteleuropa zu verbessern. Doch Hitler dachte bereits in der Terminologie der „Endlösung", verwarf daher Pläne des Oberkommandos der Wehrmacht, die „eine Aussiedlung der Tschechen aus Mähren und ihre Konzentration in Böhmen" oder die zwangsweise Deportation „aller Tschechen nach dem Osten" vorsahen, und wollte „die wertvollere Hälfte des tschechischen Volkes germanisieren, den rassisch minderwertigen mongolischen Teil und den größeren Teil der Intelligenzklasse ausschalten, einer Sonderbehandlung zuführen". Wenn der Krieg auch die Realisierung einer so weitreichenden Planung unterband, so hat die Politik, den Arbeitern entgegenzukommen, die tragenden Schichten des tschechischen Nationalbewußtseins zu verfolgen und die etwa 100000 Juden in der ehemaligen Festung Theresienstadt zu isolieren und zu dezimieren,[27] die nationale Solidarität untergraben, den Wirkungskreis der nach dem Vorbild der „Maffia" während des Ersten Weltkriegs organisierten Widerstandsgruppen eingeschränkt und bis Mai 1945 das Ausbrechen größerer Unruhen verhindert. Dem charakterlich integren, aber machtlosen Präsidenten Emil Hácha blieben bei dem Versuch, sein Land vor größerem Schaden zu bewahren, zahlreiche Erniedrigungen, die ihn zur Servilität zwangen, nicht erspart. Die Flucht von zwei Kabinettsmitgliedern und die Entdeckung, daß selbst Ministerpräsident General A. Eliáš Nachrichten an die Exilregierung nach London weitergeleitet hatte, worauf er am 19. VII. 1942 als einziger Premier eines Vasallenkabinetts des Dritten Reiches exekutiert wurde, bedeutete das Scheitern des Kurses, durch eine gutgetarnte Konspiration eine vernichtende Niederlage Hitlers zu beschleunigen, sonst aber ohne jeden spektakulären Widerstand möglichst ungeschoren die Besatzungszeit zu überleben. Die nach dem erfolgreichen Attentat auf den Chef des Sicherheitsdienstes, R. Heydrich, am 10. VI. 1942 durchgeführte Zerstörung des Bergarbeiterdorfes Lidice bei Kladno und die Ermordung aller über 14 Jahre alten Männer wurde zum Symbol nationalsozialistischer Willkürherrschaft, unsagbaren Leidens und unentschuldbarer Brutalität.

Die Weichen für das Nachkriegsschicksal der böhmischen Länder wurden deshalb nicht in der Heimat, sondern erneut im Ausland gestellt. Mit dem ihm eigenen Geschick verstand es der gescheiterte Edvard Beneš innerhalb von zwei Jahren, wiederum zum geschätzten Partner der Alliierten aufzusteigen, eine allgemein anerkannte Exilregierung aufzubauen und die Lebensinteressen der Tschechoslowakei erfolgreich zu vertreten, wobei er nach dem „Verrat" der Westmächte in München der Sowjetunion die Position des Eckpfeilers bei der Wiedererrichtung und Absicherung der ČSR einzuräumen bereit war. Nach dem deutschen Angriff am 22.VI. 1941 war die Regierung der UdSSR als erste einverstanden, die ČSR in ihren 1919/20 festgelegten Grenzen zu respektieren; bis Herbst 1942 schlossen sich die britische Regierung und das „Freie Frankreich" des Generals de Gaulle dieser Haltung an. Als Anfang 1943 an der Ostfront die große militärische Wende eintrat und die Wahrscheinlichkeit wuchs, daß die ČSR eher vom Osten als vom Westen her befreit werden würde, näherte sich Beneš der UdSSR noch weiter an. In dem bei einem Besuch Beneš' in Moskau am 12.XII. 1943 unterzeichneten Vertrag über Freundschaft, gegenseitige Unterstützung und die Zusammenarbeit nach dem Kriege sicherte Stalin der ČSR die Beachtung der Unabhängigkeit, der Souveränität und der Nichteinmischung in die Innenpolitik ausdrücklich zu. Da Stalin der von Beneš vorgeschlagenen vollständigen, entschädigungslosen Vertreibung der Sudetendeutschen zugestimmt hatte, schwang sich der Präsident zum eifrigen Fürsprecher einer polnischen Westverschiebung zugunsten der UdSSR und auf Kosten Deutschlands auf. Mit dem von K. Gottwald geleiteten kommunistischen Exil hatte er zudem die Ausbootung des „Vorkriegs-Rechtsblocks" und die Bildung einer Nationalen Front aller „demokratischen" politischen Kräfte vereinbart, die ohne parlamentarische Opposition ein tief in die Volks- und Staatsstruktur eingreifendes Nachkriegs-Reformprogramm verwirklichen wollte.[28] Die von den Westalliierten im Frühjahr 1944 gebilligte Entscheidung, die ČSR durch die Rote Armee besetzen zu lassen, und die weitgehenden Zugeständnisse, die Beneš bei einem zweiten Moskau-Aufenthalt im März 1945 den Kommunisten und Linkssozialisten für einen Regierungsbeitritt machte, beinhalteten eine Weichenstellung, deren Bedeutung für die Zukunft der ČSR weder der als Triumphator in die Heimat zurückkehrende und erneut zum Präsidenten der Republik erhobene Beneš noch die Vertreter der demokratischen Parteien in der Regierung abzusehen vermochten.

Auf dem Weg in die „Volksdemokratie"

Der darin liegende Bruch mit der Staatskonzeption Masaryks, die Beeinflussung der Tagespolitik durch Beneš' persönliche Sympathien und Animositäten sowie die wider besseres Wissen fortgesetzte Kooperation mit den Kommunisten forderten ihren Tribut. Am 5.IV. 1945 wurde das in seltener Übereinstimmung in Moskau beschlossene Regierungsprogramm in der ostslowakischen Stadt Kaschau verkündet: die Bildung von Nationalausschüssen und einer Nationalen Front; das Verbot der konservativen Vorkriegsparteien (Agrarier, Nationaldemokraten, Slowakische Volkspartei u.a.), die Gewährung einer Autonomie für die wiederangegliederte Slowakei; Aussiedlung der Deutschen und Magyaren; Restribution des Bodens; Nationalisierung von Industrie, Banken und Versicherungen;[29] Strafverfolgung und Enteignung der Kollaborateure; außenpolitische Zusammenarbeit mit der UdSSR und den slavischen Bruderländern. Als aber seine Umsetzung in der Praxis anstand, mußten die bürgerlich-demokratischen Kräfte rasch erkennen, daß sie ihre Entscheidungsfreiheit und die Möglichkeit uneingeschränkter Mitwirkungsrechte entsprechend ihren politischen Zielvorstellungen bereits in hohem Maße an die Kommunisten verloren hatten. Ihren Beitrag bei der Befreiung der ČSR ließ sich die UdSSR am 29.VI. 1945 durch die Abtretung der Karpaten-Ukraine honorieren.[30]

Durch Hitlers Zwangsumsiedlungen und Massenvernichtungen anscheinend legitimiert, ging die Regierung Fierlinger sofort mit äußerster Schärfe gegen die Angehörigen der nationalen Minderheiten vor. Selbst in ihrer Mehrheit von Hitler für seine expansionistische Ostpolitik mißbraucht, mußten die Deutschen Böhmens und Mährens die nationalsozialistische Schreckensherrschaft während der Protektoratszeit mit der Vertreibung bezahlen. Obgleich der Verbleib von rd. 225000 Menschen nicht geklärt werden konnte, dürften nach neueren Berechnungen etwa 30 000 Personen als direkte oder indirekte Opfer der tschechischen Vergeltungsmaßnahmen den Tod gefunden haben.[31] Das ohne Entschädigung beschlagnahmte deutsche Eigentum wurde unter nationale Verwaltung gestellt, wobei die KPTsch bei der anschließenden Verteilung der 1,65 Mill. ha Ackerboden und 1,3 Mill. ha Wald schnell ihren Einfluß zur Geltung brachte. Bis Ende 1946 wanderten in das Sudetengebiet 1,8 Mill. Tschechen aus den dichtbesiedelten Teilen Mittelböhmens zu; die anfangs hohe Fluktuation, die zur Zerstörung unersetzlicher Kulturgüter beitrug, wich erst in den 1950er Jahren einer allmählichen Konsolidierung. Die Absicht, die in der Südslowakei ansässigen Ungarn in das Mutterland abzuschieben oder in den ehemals deutschen Distrikten anzusiedeln, konnte nicht in die Tat umgesetzt werden, obschon es zu einer größeren Austauschaktion mit den in Ungarn wohnenden Slowaken kam.[32] In der Bürgerrechtsbewegung „Charta 77" und in Emigrantenkreisen setzte Ende der 1970er Jahre eine lebhafte Diskussion über die Rechtmäßigkeit, den Sinn und die Folgen der Vertreibung der nationalen Minderheiten ein, wobei gerade die erzwungene Beendigung der tschechisch-deutschen Symbiose bedauert und auf die verheerenden Auswirkungen für die tschechoslowakische Volkswirtschaft hingewiesen wurde.[33]

Obwohl es der Regierung 1945 bald gelang, die durch Kriegseinwirkungen kaum zerstörte Industrie in Gang zu setzen, die Währung zu stabilisieren und eine ausreichende Versorgung der Bevölkerung mit Nahrungsmitteln sicherzustellen, gefährdete sie durch ihre eigenen Dekrete zur Beschleunigung des „sozialistischen Aufbaus" eine Konsolidierung der Verhältnisse. Die nach sowjetischem Vorbild vorgenommenen, aber der eigenen Tradition widersprechenden Eingriffe in die Besitzstruktur führten bis Oktober 1945 zur Verstaatlichung der Großbetriebe, Bergwerke, Banken und Versicherungsgesellschaften; ein im

Oktober 1946 angenommener Zweijahresplan zur Beseitigung der Kriegsschäden schuf die Voraussetzungen für die nach 1948 konsequent betriebene Ein- und Unterordnung der ČSR in das sowjetische Planwirtschaftssystem. Die 1921 als allnationale Organisation gegründete, seit 1929 strikt auf Moskau-Kurs ausgerichtete KPTsch, die bei den Wahlen in der Ersten Republik immer mit 10% der Stimmen rechnen konnte und rd. 80000 Mitglieder gezählt hatte, schwang sich dank des geschickten Taktierens ihres Vorsitzenden Klement Gottwald und ihres Generalsekretärs Rudolf Slánský zur ausschlaggebenden politischen Kraft im Lande auf, die bei den Wahlen am 26.V. 1946 37,94% der Stimmen gewann und zu diesem Zeitpunkt bereits mehr als 1 Million eingeschriebene Sympathisanten besaß.[34] Obwohl die in der Nationalen Front zusammengeschlossenen Parteien auch unter Premier Gottwald ihre einheitliche Zielsetzung und die prinzipielle Übereinstimmung in ihrem politischen Handeln unermüdlich betonten, zeigte die Koalition zunehmend Risse. Ohne den Mut zur Aufkündigung des Regierungsbündnisses aufzubringen, tadelten die demokratischen Politiker zwar die Eigenmächtigkeiten der KPTsch, versuchten sonst aber, die Streitfragen auf dem Weg politischer Tauschgeschäfte beizulegen und gelangten so selbst in Grundsatzfragen zu oft wirklichkeitsfremden Kompromissen. Durch ihr übervorsichtiges Lavieren der sowjetischen Hegemonialmacht gegenüber, der sie sich bei der zunehmenden internationalen Polarisierung während der Entwicklung des „Kalten Krieges" aus einem wachsenden Sicherheitsbedürfnis heraus immer stärker annäherten, wobei die schlechten Erfahrungen beim Auseinanderbrechen des Staates 1938/39 als Begründung dienten, verloren sie in der Öffentlichkeit zunehmend an Glaubwürdigkeit. Mit dem bereits in der Jahresmitte 1947 offenkundig werdenden Scheitern der großen Vision des Präsidenten Beneš, sein Land zum Vermittler und Bindeglied zwischen den Weltmächten in Ost und West zu machen, in einer Synthese aus bürgerlicher Demokratie, Marxismus und Christentum die geistigen und politischen Werte des östlichen Mitteleuropa umzugestalten und als ausgleichender Mentor die UdSSR und die angelsächsisch-französische Welt einander wieder näherzubringen, driftete die ČSR in das sich ausbildende „sozialistische Lager" ab. Nach der Ablehnung der Marshall-Plan-Hilfe im Juli und nach der Gründung des Kommunistischen Informationsbüros im September 1947 war es Aufgabe der KPTsch, die uneingeschränkte Alleinherrschaft zu erringen und auch die ČSR zu einer „Volksdemokratie" umzugestalten.

Die Spannungen, die sich nach der Verdrängung der nichtkommunistischen Kräfte aus der slowakischen Landesregierung im November 1947 verschärften und wegen des rücksichtslosen Einschleusens weiterer kommunistischer Kader in den Staatssicherheitsdienst und die Polizei im Februar 1948 eskalierten, wurden von der KPTsch zwischen dem 20. und 25.II. dazu genutzt, auf kryptolegalem Weg, unter Beteiligung williger Kollaborateure in den anderen Parteien, die Macht zu übernehmen.[35] Nach dem „siegreichen Februar" oder dem „Coup de Prague" besaßen die Kommunisten die Legitimation, das Erbe Masaryks vollständig zu liquidieren, jede Opposition im Keim zu ersticken und die rasche

Eingliederung ihres Landes in das „sozialistische Lager" voranzutreiben. Die Verirrungen und das Versagen ihrer Eliten bezahlten Tschechen und Slowaken mit dem in völligem Widerspruch zur bisherigen Geschichte und der nationalen Tradition stehenden, nach stalinistischem Muster konsequent durchgesetzten „Übergang vom Kapitalismus zum Sozialismus" und der „Diktatur des Proletariats". Die Gleichschaltung auf sozioökonomischem Gebiet unter gezielter Zerschlagung der bisherigen Gesellschaftsordnung traf vornehmlich das nationalbewußte Besitzbürgertum, das sofort seinen früheren Einfluß auf Verwaltung, Polizei, Armee, Wirtschaft und Kultur einbüßte.[36]

Übernahme des sowjetischen Systems

Gefügige, sich opportunistisch den veränderten Verhältnissen anpassende Mitglieder der alten Parteien kaschierten anfangs mit ihrer Statistenrolle den wahren Charakter des Regimes, das alle, die der neuen Ordnung Widerstand leisteten, entweder wirtschaftlich vernichtete, zur Flucht ins Ausland zwang, in der politischen Versenkung verschwinden ließ oder in Schauprozessen aburteilte. Eine Welle von Entlassungen brach über öffentliche Ämter, Bildungswesen, Verbände und Unternehmen sowie Redaktionen und selbst Sportorganisationen herein. Die besonders auf volkswirtschaftlichem Gebiet verheerenden Folgen des Bruchs mit dem Westen und der vollständigen Anpassung an das Sowjetsystem wurden im Lauf der Zeit immer gravierender.[37] In einer Geste hilflosen Protests gegen die auch von ihm mitzuverantwortende Willkürherrschaft der Kommunisten verweigerte Beneš seine Unterschrift unter den umredigierten Verfassungsentwurf und gab am 7. VI. 1948 sein Amt auf; sein früher Tod am 3. IX. setzte den Schlußstrich unter eine politische Karriere, die eine höchst zwiespältige Beurteilung erfahren hat. Sowohl 1938 als auch 1948 fand Beneš sich mit der imperialen Politik zweier Großmächte konfrontiert und mußte vor den realpolitischen Gegebenheiten kapitulieren. Am Ende einer langen, von Höhen und Tiefen gekennzeichneten Laufbahn mußte sich der von der marxistischen Historiographie zum Sündenbock für die Inkonsequenzen der tschechischen Politik abgestempelte „Präsident-Erbauer" wohl selbst eingestehen, daß er den auf den besten Überlieferungen der böhmischen Geschichte basierenden Grundsätzen seines Lehrmeisters Masaryk nicht gerecht geworden war.

Durch eine Kreuzung zwischen den in der UdSSR ausgebildeten Formen und der in der Ersten Republik entwickelten Praxis behielt die am 9. VI. 1948 sanktionierte neue Verfassung zwar äußerlich eine demokratisch-parlamentarische Regierungsstruktur bei, schrieb aber auch die absolute Vorrangstellung der KPTsch fest. In der voreiligen Annahme, den Aufbau des Sozialismus bereits abgeschlossen zu haben und jetzt den Übergang zum wirklichen Kommunismus bewerkstelligen zu können, wurde schließlich in immer noch starker Anlehnung an die Stalin-Verfassung von 1936 am 11. VII. 1960 ein neues „sozialistisches"

Grundgesetz verabschiedet, in dem von neuem die führende Rolle der KPTsch als Vorhut der Arbeiterklasse in dem in Tschechoslowakische Sozialistische Republik (ČSSR) umbenannten Staat hervorgehoben und die Rechte des einzelnen dem Kollektiv gegenüber weiter beschnitten wurden. Nicht die Regierung, das Parlament oder der Präsident, sondern die KPTsch und ihre Organe üben die wahre Herrschaft im Lande aus: „Die Führung des sozialistischen Staates durch die Kommunistische Partei ist vorbehaltlos ... Die anderen politischen Parteien besitzen keine eigene politische Linie mehr, sondern übernehmen als ihre Generallinie beim Aufbau des Sozialismus die von der Kommunistischen Partei herausgegebenen Richtlinien.“[38]

Die unbedingte, auf jede selbständige politische Initiative verzichtende Ausrichtung der ČSR/ČSSR auf die Sowjetunion machte bald die Rücksichtnahme auf andere gesellschaftliche Kräfte unnötig. Die Einbeziehung der Armee in den kommunistischen Einflußbereich und die Entlassung der als unzuverlässig eingestuften Offiziere bürgerlicher Herkunft konnte bereits im Herbst 1949 als beendet gelten. Der im Frühjahr 1949 durch die Gleichschaltung der katholischen Presse, durch Hausarreste, Internierungen, Anklagen wegen angeblicher Spionage oder Devisenvergehen, Verurteilungen und Amtsverbote ausgelöste Kirchenkampf traf die katholische Kirche besonders hart, die sich bis heute von den existenzbedrohenden Eingriffen, die trotz der in der Verfassung garantierten unantastbaren Freiheit des Kultus vorgenommen wurden, noch nicht erholt hat und unter einem spürbaren Priestermangel leidet.[39] Die dem Kulturbetrieb von den neuen Machthabern verordneten radikalen „Reformen“ zielten darauf ab, unter Aufgabe der bodenständigen Überlieferungen die sowjetischen „Errungenschaften“ auf alle Bildungsbereiche zu übertragen. Die Verstaatlichung des gesamten Verlagswesens, die in der Verfassung verankerte präventive Vorzensur und die strikte Kontrolle alles geistigen Schaffens trugen dazu bei, daß der Verbreitung oppositioneller Ansichten oder unangenehmer Wahrheiten ein Riegel vorgeschoben werden konnte. Dennoch verstanden es Schriftsteller, Publizisten und Gelehrte ebenso wie darstellende Künstler und Musiker, wenn sie eine gewisse Loyalität dem Regime gegenüber beachteten, nicht nur eine vorteilhafte Absicherung ihrer Existenz zu erreichen, sondern auch zu hohem Ansehen bei der Bevölkerung zu gelangen.[40] Die Förderung der Theater, der Orchester, der Schönen Künste durch die Regierung waren dagegen beispielhaft und haben dem Land international hohen Kredit eingetragen. Auch die strikte Zentralisierung und ausschließliche Konzentration der Forschung unter Aufsicht der 1952 neugegründeten Tschechoslowakischen Akademie der Wissenschaften hat insgesamt zufriedenstellende Ergebnisse erbracht, obgleich von diesem Urteil die häufigen Reinterpretationen unterliegenden Arbeiten auf historischem und literaturwissenschaftlichem Gebiet ausgenommen bleiben müssen.[41]

Wirtschaft und Landwirtschaft mußten die schon vor dem „siegreichen Februar“ betriebene schnelle Ein- und Unterordnung in das sowjetische System mit schweren Einbußen bezahlen; mit der Liquidierung der privaten Unternehmen, der kapitalistischen Wirtschaftsformen und der einst so engen Westhandelskontakte ging eine zentrale Planung der Produktion und ihre Verteilung nach politischen Gesichtspunkten einher. Die gleichmäßigere Verteilung der Industriestandorte, die vor allem das Wirtschaftspotential der Slowakei erheblich steigerte, begünstigte auch eine Verstädterung und damit eine Uniformierung des Lebensstandards sowie nicht zuletzt eine einfachere Überwachung der Bevölkerung. Die Kollektivierung der Landwirtschaft, behutsam in mehreren Ansätzen durchgeführt, diente dem gleichen Ziel. Unter dem Leitmotiv des Klassenkampfes wurde die Kluft zwischen physisch und geistig Arbeitenden weitgehend abgebaut; relativ bescheidene Löhne und Gehälter bei niedrigen Preisen schufen in einer typisierten Versorgungsindustrie die Voraussetzungen zur Nivellierung der früheren sozialen Gegensätze. Unter Vernachlässigung der einst gutausgebauten Leichtindustrie hatte sich die Tschechoslowakei vornehmlich um die Deckung des sowjetischen Maschinenbedarfs zu bemühen. Das Fehlen ausreichender Investitionsmittel, eine wachsende internationale Verschuldung, die rücksichtslose Ausbeutung aller Ressourcen, die Anhäufung fehlgeplanter Reserven, der Mangel an qualifizierten Arbeitskräften, ein veralteter Maschinenpark und eine oft mangelhafte Energie- und Rohstoffversorgung ließen die Arbeitsproduktivität jedoch immer weiter hinter westeuropäische Normen zurückfallen. Die zu Beginn der 60er Jahre infolge rückläufiger Produktionsziffern erzwungenen Eingriffe, die unter Aufrechterhaltung des planwirtschaftlichen Rahmens zur Entwicklung einer „sozialistischen Planwirtschaft" beitragen sollten, konnten trotz guter Ansätze wegen einer zu kurzen Erprobungszeit keine wirkliche Entlastung bringen.[42] Mit der Zwangskollektivierung nach dem Muster der dem sowjetischen Kolchossystem entsprechenden landwirtschaftlichen Einheitsgenossenschaft sank der ehemals gesunde Bauernstand zu einem Beruf ohne Zukunft ab, was die Landflucht beschleunigte. Bis zu Beginn der 80er Jahre war die ČSSR im Vergleich mit der autarken Vorkriegsrepublik zu einem Drittel von devisenzehrenden Nahrungsmittelimporten abhängig; gegenwärtig kann bei einer durchschnittlichen Ernte der Eigenbedarf bei den Grundnahrungsmitteln weitgehend gedeckt werden. Die zeitweilig unzulängliche Versorgung mit Lebensmitteln und Gebrauchsgütern war mit ein Grund für die wachsende Unzufriedenheit unter der politisch entmündigten Bevölkerung und schuf zu Beginn der 1960er Jahre ein Klima, in dem die Forderung nach Reformen in allen Bereichen des nationalen Lebens aufkommen konnte und rasch Widerhall fand.

Tauwetter

Dieser Gärungsprozeß teilte sich auch der KPTsch mit, die nach intensiven Säuberungen und abstoßenden Schauprozessen zwischen 1949 und 1954 viel von ihrem früheren Ansehen verloren hatte und sich nur mit Repression sowie durch die später euphemistisch so bezeichnete „Verletzung der sozialistischen Gesetzlichkeit“ an der Macht zu halten vermochte. Die Verurteilung der angeblichen slowakischen „bürgerlichen Nationalisten“, darunter auch G. Husáks, zu langjährigen Gefängnisstrafen und die Entmachtung und spätere Liquidierung des einflußreichen Generalsekretärs R. Slánský und der meist aus jüdischem Elternhaus kommenden Führungskader wurde von sowjetischen Spezialisten überwacht und folgte dem Szenario der von Stalin zwischen 1935 und 1938 in der UdSSR durchgeführten „Čistka“.[43] Antonín Novotný, der sich nach dem plötzlichen Tod Gottwalds (†14. III. 1953) zuerst die Führungsrolle in der Partei und nach dem Ableben von A. Zápotocký (†13. XI. 1957) auch das Staatspräsidentenamt gesichert hatte, verstand es lange, ein „Tauwetter“ in der Tschechoslowakei zu verhindern und seine Mitverantwortung für die Rechtsbrüche zu verschleiern. Erst auf dem XII. Parteitag der KPTsch im Dezember 1962 mußte auch er der vom sowjetischen Parteichef Nikita Chruščev ultimativ geforderten „Entstalinisierung“ Tribut zollen, eine Untersuchung der Terrorprozesse und der anschließenden Rehabilitation ihrer Opfer zustimmen sowie seine engsten Vertrauten aus den Schaltstellen der Macht entfernen. Von der Slowakei ausgehend, wo vor allem die Forderungen nach einer echten Föderalisierung der ČSSR immer nachdrücklicher erhoben wurde, gewann die Revisionslawine an Dynamik. Selbst die immer unverhohlenere Drohung an die Adresse der „Revisionisten“, die “Klassendimensionen“ nicht durch „allmenschliche Dimensionen“ zu ersetzen und den absoluten Führungsanspruch der KPTsch nicht in Frage zu stellen, konnte die von Intellektuellen und der Jugend mit Schwung vorgetragene Kritik an der pervertierten marxistischen Lehre nicht unterbinden, zumal die einflußreichen Kulturzeitschriften diesen einen „humanitären Sozialismus“ verfechtenden Reformfreunden ihre Spalten öffneten.

Die desolate Wirtschaftslage, der durch Plankosmetik nicht beizukommen war, bildete einen weiteren Herd der wachsenden Unzufriedenheit, weil die gesteigerte ökonomische Abhängigkeit von der Hegemonialmacht UdSSR zur Beibehaltung eines moskautreuen Kurses zwang. Auch wenn die Gegner des verkrusteten Novotný-Regimes mit harten Worten die immer deutlicher zutage tretenden Unzulänglichkeiten geißelten, durfte ihr Verlangen nach einer Reform von Partei und Staat nicht als Auflehnung gegen den Marxismus-Leninismus im allgemeinen oder gegen die tschechoslowakische Variante einer sozialistischen Gesellschaftsordnung im besonderen mißverstanden werden: In dem Wissen, daß jede dauerhafte Liberalisierung nur aus einer parteiinternen Evolution erwachsen und durch die freiwillige Zustimmung der gesamten Bevölkerung realisiert werden konnte, forderten sie ein größeres Maß an Unabhängigkeit, um künftig ihren eigenen „tschechoslowakischen Weg zum Sozialismus“ einzuschlagen. Mit Pragmatismus, politischem Augenmaß und einer gehörigen Portion Vorsicht wollten die sich langsam als Gruppe herausbildenden liberal-demokratischen Reformer versuchen, aus einer Position der Stärke innerhalb der KPTsch ohne Revolte ein System allmählicher Änderungen in Gang zu setzen.[44]

Der „Prager Frühling" und sein Scheitern

Diesen schwelenden innenpolitischen Prozeß konnte die Parteiführung nicht mehr allein durch Repressionen, bescheidene Entsowjetisierungsmaßnahmen auf kulturellem Sektor und durch Forcierung der Wirtschaftsreformen unter Kontrolle bringen. Nach untauglichen Versuchen Novotnýs und seiner Freunde, im Sommer 1967 die gnadenlose Kritik an den politischen, sozialen und wirtschaftlichen Zuständen nach bewährtem Muster zu unterdrücken, solidarisierten sich immer weitere Bevölkerungskreise mit den bisher von Schriftstellern, Wissenschaftlern und Studenten vorgetragenen Reformbegehren. Da auf den in rascher Folge im Herbst abgehaltenen ZK-Plenen kein Einvernehmen über die beste Methode zur Beilegung der Krise zu erzielen war und der eigens nach Prag geeilte L. Brežnev dem abgewirtschafteten Apparat Novotnýs nicht mehr die erhoffte moralische Rückendeckung gewährte, wurde nach langem Tauziehen am 5. I. 1968 der weitgehend unbekannte slowakische Parteisekretär A. Dubček zum Ersten Sekretär des ZK der KPTsch berufen. In der ČSSR wie auch im Ausland durfte erwartet werden, daß der bisher nicht als liberaler Neuerer hervorgetretene Dubček, der in seiner Nüchternheit und Durchschnittlichkeit nicht das Charisma eines Volkstribunen besaß, der Beilegung der politischen und ökonomischen Streitpunkte Vorrang einräumen werde; die dramatische Zuspitzung der Ereignisse des „Prager Frühlings" bis zum August 1968 war trotz der gewaltigen internen Spannungen nicht vorherzusehen.

Dubček,[45] redlich, bescheiden, glaubwürdig, lernfähig und von erstaunlichem Durchsetzungsvermögen, vermied jede bombastische Erklärung oder uneinlösbare Versprechen, machte aber rasch deutlich, daß trotz des Willens zu enger Kooperation mit der UdSSR in den Gremien der Warschauer-Pakt-Organisation und des Rats für Gegenseitige Wirtschaftshilfe (RGW) künftig die Grundsätze der Gleichberechtigung, des wechselseitigen Nutzens und der internationalen Solidarität stärker beachtet werden müßten. Die Einführung der freien Meinungsäußerung und Maßnahmen zum Schutz der Bürgerrechte lösten eine Flut von Resolutionen aus, in denen immer weitergehende Forderungen nach einer uneingeschränkten Demokratisierung des gesamten Systems, der Rehabilitation früherer politischer Opfer sowie der Bestrafung der dafür Verantwortlichen, nach einer durchgreifenden Verfassungsänderung mit einer stärkeren Verankerung der Menschen- und Freiheitsrechte, der Föderalisierung der Republik und nach Zulassung anderer Parteien erhoben wurden. Das am 5. IV. 1968 verabschiedete neue Aktionsprogramm der KPTsch versprach, einen „Sozialismus mit menschlichem Antlitz" zu ermöglichen und „eine neue Phase der sozialistischen Revolution" einzuleiten, wobei sich die KP mit der Rolle einer „organisierten, entscheidenden, progressiven Kraft in der Gesellschaft" zufrieden geben wollte. Der wachsende Widerstand in der UdSSR und die Unruhe in den sozialistischen Bruderländern zwang aber die Reformer, unter denen J. Smrkovský zum eigentlichen Repräsentanten des Liberalisierungskurses aufstieg, zu größerer Vorsicht, zumal der Kreml darauf bestand, Stabsmanöver unter Beteiligung starker sowjetischer Kontingente auf dem Territorium der ČSSR abzuhalten. Da sich die Reformeuphorie der Menschen aber immer schwerer kontrollieren ließ und die Bruderparteien von der Ernsthaftigkeit des tschechoslowakischen Experiments nicht zu überzeugen waren, das den wahren Sozialismus von den Mißbildungen der Stalinzeit befreien und die Bevölkerung nicht mit Zwang und Reglementierung, sondern freiwillig zur Anerkennung des sozialistischen Systems bewegen wollte, spitzte sich Ende Juni, nach dem Erscheinen des „Manifests der zweitausend Worte“ des Schriftstellers L. Vaculík, die Lage immer weiter zu. Da zwischen den kommunistischen Parteiführungen auf bi- und multilateralen Konferenzen keine wirkliche Annäherung der Standpunkte erreicht werden konnte, setzten sich im Kreml die „Falken“ durch, die, gestützt auf eine Fronde konservativer Reformgegner im ZK der KPTsch, die militärische Besetzung der ČSSR als letzten Ausweg zur Beendigung der Reformexperimente sahen. In der Nacht zum 21. VIII. 1968 begann die mit einem angeblichen „Hilferuf“ begründete Invasion der ČSSR, an der sich auch Einheiten aus Polen, Ungarn, Bulgarien und der DDR beteiligten.[46]

Nach dem Scheitern aller Versuche, in Prag eine willfährige Koalitionsregierung zu bilden, die den geschlossenen passiven Widerstand der geschockten Bevölkerung brechen sollte, verfolgte die wegen der weltweiten Proteste konsternierte Sowjetführung die Absicht, durch eine strikte Überwachung des von ihr geforderten „Normalisierungskurses“ den Reformeifer zu verschleißen und die Glaubwürdigkeit der unbotmäßigen Reformpolitiker zu erschüttern. Bereits am 26. VIII. hatten die nach Moskau verfrachteten Repräsentanten der KPTsch „Vereinbarungen“ zuzustimmen, die nahezu einer Kapitulation gleichkamen und die stufenweise Zurücknahme der erzielten Liberalisierungsmaßnahmen bedingten. Am 16. X. ließ sich die UdSSR zudem das Recht einräumen, auf unbestimmte Zeit ihre Truppen auf dem Territorium der ČSSR zu stationieren. Die willige Kooperation eines neostalinistisch-moskautreuen Flügels, dem sich auch der ehemalige Innenminister L. Štrougal und der erst 1963 rehabilitierte Slowake G. Husák anschlossen, erleichterten es den nach Prag entsandten Sowjetspezialisten, mit dem Abbau der kurzlebigen Errungenschaften des „Prager Frühlings“ die „Normalisierung“ voranzutreiben und die weiterhin äußerst populären Reformer auszubooten. Mit der Abwahl A. Dubčeks am 17. IV. 1969 und dem Aufstieg G. Husáks zum Ersten Sekretär des ZK der KPTsch wurde jede Rücksichtnahme auf die Empfindungen der verunsicherten Bevölkerung fallengelassen. Der Ausschluß aller Sympathisanten des Reformkurses aus Partei- und Staatsämtern, die Säuberung der Armee, die verschärfte Bevormundung des geistigen und kulturellen Lebens und die perfektionistisch ausgebaute Überwachung der Bevölkerung trugen dazu bei, daß jeder Herd möglicher Opposition ausgeschaltet wurde. Als bedeutsamstes Erbe der Reformzeit blieb eigentlich nur die von den Slowaken forcierte Teilung des zentralistischen Einheitsstaates in zwei weitgehend souveräne Staatsgebilde zum 1. I. 1969 übrig. Eine „symmetrische Lösung“ bei der Organisation der KP mit einem vergleichbaren

Maß an Selbständigkeit für die slowakische Sektion wurde jedoch nicht geduldet.[47]

Die erzwungene „Normalisierung" und der Zusammenbruch der kommunistischen Herrschaft

In der Neufassung des am 6. V. 1970 unterzeichneten sowjetisch-tschechoslowakischen Beistandsvertrags setzte die Kremlführung nicht nur die Aufnahme des Kernstücks der „Breženv-Doktrin" in die Präambel durch, wonach „die Unterstützung, Festigung und Verteidigung der sozialistischen Errungenschaften ... eine gemeinsame internationale Pflicht der sozialistischen Länder" war, sondern auch einen räumlich unbegrenzten Geltungsbereich der Beistandsverpflichtungen, so daß die Prager Regierung befürchten mußte, künftig auch bei außereuropäischen Konflikten zur Hilfeleistung herangezogen zu werden. Die bewußt gesteigerte Abhängigkeit der tschechoslowakischen Volkswirtschaft von der UdSSR und den RGW-Partnern, mit denen rd. 75% des Außenhandelsvolumens abgewickelt wurden, bot neben den im Lande stationierten 75 000 Rotarmisten, der sorgfältigen Ausbalancierung der Einflußbereiche der verschiedenen Fraktionen innerhalb der KPTsch und den in allen Schaltstellen plazierten sowjetischen Kontrolleuren die Gewißheit, unliebsame Entwicklungen rechtzeitig erkennen und ausmerzen zu können. Bei den häufigen Kontakten mit der Suprematsmacht UdSSR legten die Repräsentanten der ČSSR fortan ein so großes Maß an Unterwürfigkeit und Opportunismus an den Tag, daß der Eindruck entstand, Prag wolle ganz auf seine Souveränität zugunsten des sowjetischen Bruders verzichten.[48]

Der sowjetischen Partei- und Staatsführung fiel es in ihrer Rolle als Schiedsrichter und Oberaufseher nicht sonderlich schwer, die strikte Befolgung aller „brüderlichen Ratschläge" mit dem Ziel durchzusetzen, keine Persönlichkeiten oder Gruppierungen aufsteigen zu lassen, von denen eine Aussöhnung zwischen der desillusionierten und resignierten, am politischen Alltagsgeschehen kaum interessierten Bevölkerung mit der KPTsch oder ein Abbau der Abhängigkeit von der Sowjetunion zu befürchten gewesen wäre. Die tiefgehenden ideologisch-politischen Auffassungsunterschiede zwischen den „Dogmatikern" um den Chefideologen V. Bil'ak und den „Pragmatikern" oder „Technokraten" um Ministerpräsident L. Štrougal sowie die persönlichen Rivalitäten in den Führungsgremien der KPTsch, an deren Spitze sich mit Billigung des Kreml der willfährige, aber diskreditierte, seit 1975 auch als Staatsoberhaupt amtierende G. Husák trotz des Fehlens einer Hausmacht zu behaupten vermochte, verhinderten die während des „Prager Frühlings" kurzfristig erreichte Interesseneinheit von Regierung, Partei und Bevölkerung. Obschon Husák sein Wort und seine Ehre verpfändet hatte, keine politischen Prozesse zulassen zu wollen, wurden immer häufiger populäre Reformbefürworter und Regimekritiker durch exemplarische Strafen mundtot gemacht und die Kontakte zwischen der des

„Rechtsopportunismus und Revisionismus" beschuldigten Opposition im Lande mit der Emigration im Westen gewaltsam unterbunden. Die angestrebte und von der Kremlführung geforderte Friedhofsruhe konnte allerdings auch von der überdimensionierten Sicherheitspolizei nicht hergestellt werden, auch wenn an allen Wahlen über 99% der Wahlpflichtigen teilnahmen und im allgemeinen mit 99,9% der von der KPTsch dominierten Einheitsliste der Nationalen Front zustimmten.

Der Verzicht auf eine im nationalen Interesse liegende Politik, die strikte Reglementierung alles gesellschaftlichen, kulturellen und religiösen Lebens sowie die Unterbindung jedes Ansatzes zur freien Diskussion der bestehenden desolaten Zustände konnte die Schwäche des Regimes und die Brüchigkeit des Normalisierungskurses nicht kaschieren. Die Erinnerung an die demokratisch-parlamentarischen Einrichtungen der Zwischenkriegszeit, das Wissen um die frühere Leistungsfähigkeit der Volkswirtschaft und der Stolz auf die geistigen Errungenschaften lebten trotz aller Resignation und pragmatischen Passivität in der Bevölkerung fort. Anfangs zwar nur mit bescheidener Resonanz, bald aber mit wachsender Zustimmung im Lande und unter beträchtlichem internationalen Aufsehen begann sich die Bürgerrechtsbewegung „Charta 77" zu formieren, die unbeeindruckt von sofort einsetzender Verfolgung und Kriminalisierung ihrer Mitglieder nicht nur die Respektierung der eigenen Verfassungsnormen, sondern auch die Beachtung der 1975 im Korb 3 der KSZE-Konferenz in Helsinki garantierten Menschen- und Freiheitsrechte einzuklagen begann.[49] Der nach 1985 in der Sowjetunion von M. Gorbačev ermutigte Wandel, die nationalkommunistischen Experimente und Reformbestrebungen in Polen und Ungarn, die westeuropäische Einigungsbewegung sowie die nicht mehr zu verheimlichenden ökonomischen und ökologischen Probleme ließen die über den einzuschlagenden Kurs in offene Flügelkämpfe verstrickte KPTsch zunehmend hilflos auf die Herausforderungen der Opposition reagieren.

Bereits auf dem XV. Parteitag der KPTsch hatte Husák im April 1976 vollmundig eine Initiative angekündigt, ohne negative Folgen für den vergleichsweise hohen Lebensstandard die veralteten Produktionsanlagen durch moderne Maschinen zu ersetzen, um die hinter den Planvorgaben zurückbleibenden Wachstumsraten, die beträchtlichen Defizite im Außenhandel und den Kaufkraftverlust langfristig wettzumachen. Doch die geschönte Propaganda von der „Fortsetzung des erfolgreichen Aufbaus der entwickelten sozialistischen Gesellschaft" trog, zumal auch im Wohnungsbau, im Gesundheits- und Schulwesen sowie bei der Energieversorgung Engpässe nicht zu beseitigen waren und die lange verschleppte Sanierung der historischen Stadtkerne immense Summen verschlang. Selbst Vorschläge zur behutsamen Umstellung der Wirtschaftspolitik und zu einer stärkeren Ausrichtung auf westliche Märkte wurden von den „Dogmatikern" entschieden zurückgewiesen, die allein durch eine Straffung des Verwaltungsapparats, drastische Preiserhöhungen und eine forcierte Kontrolle die Talfahrt zu beenden hofften. Angesichts der wachsenden Unzufriedenheit in der Bevölkerung und ihrer zunehmenden Besorgnis über die – vor allem in

Nordwest-Böhmen weit fortgeschrittene – Umweltzerstörung und deren gesundheitliche und ökonomische Folgen konnten sich die Pragmatiker Mitte der 1980er Jahre dann doch mit ihrer moderaten Alternative durchsetzen, durch Modifikationen der Plankommandowirtschaft und eine Reduktion der über 40% der Staatseinnahmen verschlingenden Subventionen einen „Umbau" (přestavba) einzuleiten, der auch bescheidene politische Zugeständnisse beinhalten sollte. Bei seinem ersten Besuch im April 1987 fand M. Gorbačev für seine reformerischen Initiativen zwar viel Lob, aber wenig Bereitschaft, *glasnost* und *perestrojka* auch in der ČSSR zu praktizieren. Mit der heillos untereinander zerstrittenen alten Garde, den Totengräbern des „Prager Frühlings", und ihren verkrusteten, allein auf Machterhaltung ausgerichteten Aktivitäten war keine Erneuerung in Gang zu setzen.

Auch als Parteichef Husák am 17. XII. 1987 sein Amt an M. Jakeš, einen farblosen Apparatschik, abgeben mußte, bestand wenig Hoffnung, daß der neue Geist des Kommunismus in der ČSSR Fuß fassen könne, zumal sich die Spitzenfunktionäre der KPTsch vor den eigenen Landsleuten und vor einer wirklichen Erneuerung der Partei aus sich heraus, wie sie in Ungarn und in Polen angesichts der völlig daniederliegenden Wirtschaft aus patriotischem Verantwortungsbewußtsein vorangetrieben wurde, fürchteten. Alle Anläufe, wenigstens den ökonomischen Reformprozeß zu beschleunigen und das untaugliche administrativ-zentralistische Lenkungssystem aufzulockern, blieben ohne zufriedenstellende Resultate, weshalb der langjährige Premier Štrougal am 10. X. 1988 den Regierungsvorsitz an L. Adamec verlor. Trotz der Übergriffe der Sicherheitskräfte gegen Demonstranten, die aus Anlaß nationaler Gedenktage die Rückkehr zum politischen Pluralismus und die Beendigung des Machtmonopols der KPTsch forderten, trotz hoher Gefängnisstrafen für die „Rädelsführer" und trotz engbemessener Konzessionen (Vorverlegung des XVIII. Parteitags um ein Jahr auf Mai 1990, Aufstellung von jeweils zwei von der Nationalen Front nominierten Kandidaten für einen Parlamentssitz, Reduktion der Streitkräfte und der Militärausgaben) konnte der stete Autoritätsverfall nicht aufgehalten werden. Selbst ein bescheidenes Entgegenkommen den Religionsgemeinschaften gegenüber hatte die vor allem von der studentischen Jugend artikulierte Unzufriedenheit mit dem reformunfähigen, menschenverachtenden System und seinen sich in hilfloser Wiederholung alter Parolen erschöpfenden Repräsentanten nicht zu verringern vermocht. Angesichts der ausbleibenden materiellen und politischen Unterstützung aus der UdSSR, des friedlich verlaufenden Demokratisierungsprozesses in Polen und Ungarn und des durch die Massenflucht der Bürger dokumentierten Verfalls der Machtstrukturen in der DDR fand sich die politische Führung der ČSSR im Spätherbst 1989 mit Entwicklungen konfrontiert, denen sie nur durch den brutalen Einsatz der staatlichen Zwangsmittel glaubte Einhalt gebieten zu können.[50]

Die „Samtene Revolution“ und die Rückkehr zur parlamentarischen Demokratie

Als am 17. XI. 1989 in Prag Sicherheitskommandos eine studentische Kundgebung mit über 40 000 Demonstranten gewaltsam unterbanden, lösten sie eine Kette von Ereignissen aus, die innerhalb von drei Wochen die nach 1948 entstandenen politischen Strukturen der ČSSR vollständig veränderten sowie die Rückkehr zu einer parlamentarischen Demokratie westlicher Prägung und einer marktorientierten Volkswirtschaft einleiteten. Auf den auch auf die größeren Städte und Kombinate übergreifenden Protestkundgebungen wurde unverblümt eine „echte“ Demokratisierung, die Beendigung des kommunistischen Machtmonopols und die strikte Beachtung der bürgerlichen Rechte und Freiheiten gefordert. Die Koordinierung der Aktivitäten übernahm in Böhmen ein „Bürgerforum“ (Občanské forum = OF) unter Leitung des Schriftstellers und langjährigen Charta-Aktivisten V. Havel, in der Slowakei die „Öffentlichkeit gegen Gewalt“ (Verejnost Proti Nasili = VPN), die sich nicht als politische Parteien, sondern als Sammelbecken aller Regimegegner verstanden. Sie verbanden mit ihrer Forderung nach der Ablösung von Staatspräsident Husák bis zum 10. XII. die baldige Durchführung freier Wahlen, uneingeschränkte Religionsausübung sowie die Verurteilung des Einmarsches der Truppen des Warschauer Paktes im August 1968 durch Regierung und Parlament der ČSSR.

Selbst der am 24. XI. in der Erwartung erfolgte Rücktritt des bisherigen Präsidiums der KPTsch mit Generalsekretär Jakeš an der Spitze, unbelastete jüngere Kräfte könnten am eilig einberufenen „Runden Tisch“ mit den Sprechern der Protestbewegung einen Ausweg aus der schwersten Krise der kommunistischen Bewegung finden, konnte den Zusammenbruch des kommunistischen Machtapparats und die weiterhin friedlich verlaufende Wachablösung nicht aufhalten. Die Sowjetführung hatte bereits nach Ausbruch der „Samtenen Revolution“ signalisiert, sie gedenke nicht in den tschechoslowakischen Demokratisierungsprozeß einzugreifen. Unter der Drohung der Opposition, einen Generalstreik durchzuführen, trat der nur zu halbherzigen Kompromissen bereite Ministerpräsident Adamec am 7. XII. zurück und schlug als Nachfolger seinen bisher in der Öffentlichkeit kaum hervorgetretenen slowakischen Stellvertreter M. Čalfa vor, in dessen Kabinett zehn der KPTsch angehörende Ressortminister elf nichtkommunistischen Mitgliedern gegenüberstanden. Die von einer satten kommunistischen Mehrheit dominierte Nationalversammlung stimmte nicht nur der Streichung der Verfassungsklauseln über die führende Rolle der KPTsch in Staat und Gesellschaft sowie über den Marxismus-Leninismus als Grundprinzip von Erziehung und Bildung zu, sondern bestimmte auch den kooptierten A. Dubček zu ihrem Präsidenten und wählte am 29. XII. 1989 V. Havel anstelle des zum Rücktritt gezwungenen G. Husák zum Staatsoberhaupt. Die moralische Prinzipientreue, Unbeugsamkeit, Furchtlosigkeit und das untadelige Demokratieverständnis des durch Berufsverbot und mehrmalige Haftstrafen gereiften Schriftstellers Havel galten der breiten Öffentlichkeit als Garanten dafür, daß mit den Prärogativen des hohen Amtes kein Machtmißbrauch getrieben und die unaufschiebbaren, wenn auch große Opfer fordernden Veränderungen in Staat, Wirtschaft und Gesellschaft energisch und korrekt durchgeführt würden.

Präsident und Regierung zeigten sich vorrangig darum bemüht, den Demokratisierungsprozeß im Innern und nach außen abzusichern und vor allem die Außenwirtschaftsbeziehungen auszubauen, zumal der Zusammenbruch des RGW und ausbleibende Energielieferungen aus der UdSSR dramatisch die Notwendigkeit aufzeigten, für die exportorientierte Produktion rasch neue Märkte zu erschließen. Mit der Forderung, den Warschauer Pakt aufzulösen, war das Postulat nach Abzug der sowjetischen Besatzungstruppen bis zum 30. VI. 1991, der sofortigen Rückberufung der Kontrolleure aus dem Innen-, Verteidigungs- und Außenministerium sowie nach Annulierung des Freundschafts- und Beistandsvertrags mit der bisherigen Suprematsmacht verbunden. Havels Anregung, eine Konföderation freier und unabhängiger Staaten in Europa zu bilden, wurde von Anträgen auf Aufnahme in den Europarat, die Europäische Gemeinschaft und den Nordatlantikpakt ergänzt. Das vom Präsidenten mehrfach geäußerte Bedauern über die Vertreibung der Sudetendeutschen[51] schuf die Voraussetzung, am 27. II. 1992 einen Freundschafts- und Nachbarschaftsvertrag mit dem wiedervereinigten Deutschland zu unterzeichnen, obschon die früh erhobene Forderung der Sudetendeutschen Landsmannschaft nach Rückgabe des zurückgelassenen Eigentusm bzw. nach angemessener Entschädigung bei den Bewohnern des ehemaligen deutschen Siedlungsgebiets für beträchtliche Unruhe sorgte. Auch das Verhältnis des Staates zu den Glaubensgemeinschaften und zum Vatikan wurde, wie der Kurzbesuch von Papst Johannes Paul II. am 21./22. IV. 1990 in dem jetzt in Tschechische und Slowakische Föderative Republik (ČSFR) umbenannten Land eindrucksvoll demonstrierte, auf eine vertrauensvolle Grundlage gestellt. Allein die Aufhebung der zentralen Planung, die Reprivatisierung der Staatskonzerne und die Umstellung der Volkswirtschaft auf marktwirtschaftliche Kriterien unter Abbau der bisherigen Subventionen und Straffung des überdimensionierten Verwaltungsapparats warfen Probleme auf, die in der Bevölkerung wachsende Besorgnis und Verunsicherung auslösten und deren langfristige Folgen gar nicht abzuschätzen waren.

Neben der höchsten Priorität genießenden Reform der Wirtschaft mußte der staats- und verfassungsrechtlichen Neuordnung volle Aufmerksamkeit gewidmet werden. Im Vorfeld der für den 8./9. VI. 1990 angesetzten freien Parlamentswahlen bildete sich wieder eine bunte Parteienlandschaft heraus, wobei sich sowohl Vorkriegsorganisationen erneut zu Wort meldeten, die von der KPTsch verbotenen oder zwangsvereinigten Kräfte sich neu konstituierten als auch obskure Splittergruppen Aufsehen zu erregen versuchten. Trotz ihrem überparteilich-amorphen Charakter traten das „Bürgerforum" in den böhmischen Ländern und „Öffentlichkeit gegen Gewalt" in der Slowakei als die den weiterhin einen hohen Vertrauensbonus genießenden Präsidenten Havel tragenden Kräfte und Garanten eines erfolgreichen Übergangs in eine freiheitlich-parlamentarische Demokratie zur Wahl an. Im tschechischen Landesteil schnitt unter 22 zugelassenen Parteien und Bewegungen das „Bürgerforum" mit 53,2% der Stimmen am besten ab, gefolgt von der KPTsch mit 13,5%, der Christlichen und demokratischen Union mit 8,7% und der Bewegung für selbstverwaltete Demokratie mit 7,9%. In der Slowakei hatten 32,5% der Wähler „Öffentlichkeit gegen Gewalt" unterstützt, 19% die Christlich-demokratische Bewegung, 13,8% die KPTsch, 11% die Slowakische Nationalpartei und 8,6% die Magyarisch christlich-demokratische Bewegung. Präsident Havel ernannte erneut den erst im Januar 1990 aus der KPTsch ausgetretenen M. Čalfa zum Vorsitzenden einer „Regierung des nationalen Opfers", an der keine Kommunisten mehr beteiligt waren. Am 5. VII. wurde Havel mit 234 gegen 49 Stimmen für weitere zwei Jahre als Präsident bestätigt.

Während sich die Protagonisten der „Samtenen Revolution" in ihren neuen Regierungsämtern verschlissen, setzte an der Basis ein Differenzierungs- und Zerfallsprozeß ein, der auch von dem einem schleichenden Autoritäts- und Popularitätsverlust ausgesetzten Präsidenten Havel nicht aufgehalten werden konnte. Der Argwohn in der Bevölkerung gegen Machtstrukturen, Parteien, Politiker und die Polizei war nur schwer abzubauen, zumal in der personellen Besetzung der Verwaltung und der Gerichte auf mittlerer und unterer Ebene keine einschneidenden Änderungen eintraten. Vor allem Intellektuelle betonten die Notwendigkeit einer Aufspaltung der Bürgerrechtsbewegung in „klassische" Parteien, weil sie diese Entwicklung als Voraussetzung zur Herausbildung eines pluralistischen Organisations- und Meinungsspektrums in der neuen Gesellschaft für unverzichtbar hielten. Finanzminister V. Klaus, ein konservativer Verfechter rigoroser Wirtschaftsreformen, überführte eine Fraktion des „Bürgerforums" in eine „Demokratische Bürgerpartei", worauf sich eine Mitte-Links-Gruppierung um Vizepremier P. Rychetský und Außenminister J. Dienstbier als „Bürgerbewegung" konstituierte. In der Slowakei löste sich ein national ausgerichteter Flügel um den zeitweiligen Ministerpräsidenten V. Mečiar von „Öffentlichkeit gegen Gewalt" und propagierte mit wachsendem Widerhall die Eigenstaatlichkeit der östlichen Staatshälfte. Weitere Abspaltungen, Neugründungen und Zusammenschlüsse folgten. Am 3./4. XI. 1990 gab sich auch die KPTsch auf ihrem ersten Parteitag nach dem Machtverlust eine völlig neue Organisationsstruktur und erhob mit den ihr verbliebenen 430 000 Mitgliedern den Anspruch, „ein Sammelbecken aller linken Kräfte des Landes" zu sein. Mit nationalistisch-rechtsradikalen Parolen wußte M. Sládek als Führer der „Republikaner" über 300 000 Sympathisanten hinter sich zu scharen.

Eine weit größere Gefahr für den Übergang zu neuen politischen Strukturen drohte der ČSFR aus der Zuspitzung des Konflikts zwischen den beiden Staatsvölkern. Die zum 1. I. 1969 in Kraft gesetzte Föderalisierung der Republik diente den kommunistischen Machthabern vorwiegend dazu, die von ihnen gewährte formelle Gleichberechtigung zwischen Tschechen und Slowaken hervorzuheben, ohne jedoch die Verwaltungs- und Entscheidungsstrukturen wesentlich zugunsten der östlichen Staatshälfte mit ihren 49014 km² und rd. 5,1 Mill. Einwohnern zu verändern. Es bereitete geringere Schwierigkeiten, den Proporz bei der Besetzung der höchsten Staats- und Regierungsämter zu beachten als einen Ausgleich der politischen und wirtschaftlichen Interessen herzustellen. Der Industrialisierungsschub und die Subventionierung der Landwirtschaft hatten ebenso wie verbesserte Ausbildungs- und Aufstiegsmöglichkeiten die weitgehende politische Entmündigung erträglicher werden lassen. Nach der „Samtenen Revolution" suchten kleine, aber lautstarke Gruppen die latenten, bislang wenig dramatischen Differenzen als zumindest äußerlich schrillen Nationalitätenkonflikt zu inszenieren und verbanden mit der Forderung nach Rehabilitierung des 1947 hingerichteten Priester-Präsidenten J. Tiso den Ruf nach uneingeschränkter Souveränität. Diese Strömungen entwickelten rasch eine gefährliche Dynamik und fanden beträchtlichen Zulauf. Die europaweite Abrüstung löste in der Slowakei, wo sich zwei Drittel der exportorientierten Rüstungskapazitäten befanden, zudem eine schwere Krise mit einer bald die Vierzehn-Prozent-Marke überschreitenden Arbeitslosigkeit aus; auch der Abbau der Subventionen traf das immer noch stark agrarisch geprägte Land hart, dessen Wirtschaft zusätzlich unter dem Zusammenbruch des RGW und der Zahlungsunfähigkeit der bisherigen Osthandelspartner litt.

In die lebhafte, emotionsgeladene Diskussion um die Dezentralisierung der politischen und wirtschaftlichen Macht und um die Neuverteilung der Kompetenzen zwischen dem Föderalstaat und den beiden Teilrepubliken wurden zahlreiche Lösungsvorschläge eingebracht und verworfen. Während die tschechische Seite die Notwendigkeit betonte, daß allein eine entscheidungsfähige Zentralregierung den schwierigen Umgestaltungsprozeß meistern könne und ihr deshalb möglichst umfassende Rechte verbleiben müßten, trat die Mehrheit der Slowaken für eine weitgehende Unabhängigkeit bis hin zur selbständigen Führung der Außen-, Verteidigungs-, Wirtschafts- und Währungspolitik ein. Der von der „Bewegung für Mähren und Schlesien – Gesellschaft für selbstverwaltete Demokratie" unter Berufung auf die historische Sonderstellung gemachte Vorschlag, das Land an der March als vollberechtigtes Glied in eine Föderation einzubeziehen und durch die Schaffung einer böhmischen, einer mährischen und einer slowakischen Teilrepublik den nationalistischen Konfliktherd zu entschärfen, fand bei den mit der Ausarbeitung der neuen Verfassung betrauten Politikern keine Gegenliebe. Obwohl sich Präsident Havel mehrfach engagiert in die Auseinandersetzung einschaltete, konnte er im Februar 1992 die Ablehnung eines in den Präsidien der beiden Nationalräte (Länderparlamente) mühsam erreichten Kompromisses durch die slowakischen Entscheidungsträger nicht verhindern. Da auch in Böhmen die Neigung wuchs, die Slowaken in der Erwartung ziehen zu lassen, allein schneller die Vollmitgliedschaft in der EG erlangen zu können, kam es bereits im Vorfeld der auf den 5./6. VI. angesetzten Parlamentswahl zu einer weiteren Zuspitzung der Auseinandersetzung. Angesichts der immer größer werdenden Gefahr eines Auseinanderbrechens der Tschechischen und Slowakischen Föderativen Republik beschwor Präsident

Havel deshalb seine Landsleute, nur für Politiker zu stimmen, die „das gerechte Zusammenleben von Tschechen und Slowaken“ befürworten.

Seine „flehentliche Bitte“ wurde nicht erhört. Während in der ČR das von Klaus geführte Bündnis Demokratische Bürgerpartei/Christlich-Demokratische Partei 33,9% der Stimmen erhielt, schnitt in der östlichen Staatshälfte die Bewegung für eine Demokratische Slowakei des linksliberal-nationalistischen Volkstribunen Mečiar mit 33,5% am besten ab; die separatistische Slowakische Nationalpartei erhielt 9,4%, die Christlich-Demokratische Bewegung des damaligen Ministerpräsidenten Čarnogurský 9% der Stimmen. Die Nachfolgeorganisationen der KPTsch, die Kommunistische Partei Böhmens und Mährens bzw. die Partei der demokratischen Linken in der Slowakei, erreichten respektable 14,5%. Bei einer Wahlbeteiligung von 85% errangen wegen der Fünf-Prozent-Klausel von den 40 angetretenen Gruppierungen nur 11 Parteien Sitze in der Volks- und 12 in der Nationalitätenkammer. Die großen Verlierer waren die eigentlichen Träger der „Samtenen Revolution“, die den Erneuerungs- und Demokratisierungsprozeß vorangetrieben hatten, denen die Wähler aber die dabei aufgetretenen Umstellungsschwierigkeiten anlasteten.

Während der komplizierten Verhandlungen des mit der Regierungsbildung beauftragten Klaus mit Mečiar wurde deutlich, daß die slowakischen Wahlgewinner nur noch eine lockere Konföderation auf Zeit zu akzeptieren bereit waren, um den geordneten Weg in die Eigenstaatlichkeit vorzubereiten. Zudem verlangten sie den Verzicht des unbeirrt für die Fortsetzung der Föderation eintretenden Präsidenten Havel auf eine Wiederwahl, die Verlangsamung des Privatisierungskurses, die Bereitstellung beträchtlicher Subventionen für Industrie und Landwirtschaft, die Aufhebung des „Durchleuchtungsgesetzes“, das frühere kommunistische Funktionäre für fünf Jahre von Staatsämtern ausschloß, und die Auflösung des gesamtstaatlichen Rund- und Fernsehfunks. Eine weitgehend machtlose „Übergangs-“ oder „Liquidationsregierung“ mit fünf Ministerien, die gleichberechtigt jeweils von einem Tschechen und einem Slowaken geführt wurden und deren Vorsitz am 2. VII. 1992 der weitgehend unbekannte J. Strásky übernahm, erhielt den Auftrag, nach Außerkraftsetzung der föderalen Verfassung und der Verabschiedung eigener Grundgesetze für beide Staatshälften bis zum 30. IX. 1992 die Voraussetzungen für die Überleitung in die Souveränität und einen Staatsvertrag zwischen der künftig unabhängigen Republiken vorzubereiten. Die Verlagerung der politischen Gewichte von der Zentrale in die Länder wurde zusätzlich dadurch unterstrichen, daß V. Klaus in Böhmen und V. Mečiar in der Slowakei das Amt des Ministerpräsidenten übernahmen. Mit der Drohung, angesichts ihrer Sperrminorität in der Nationalitätenkammer des Parlaments und ihrer absoluten Mehrheit im slowakischen Nationalrat den gesamten Gesetzgebungsprozeß zu blockieren, konnten die Verfechter der slowakischen Eigenstaatlichkeit ihren Forderungen Nachdruck verleihen; sie signalisierten jedoch die Bereitschaft, nach der Separation im Rahmen eines losen Staatenbundes bei der Landesverteidigung sowie in eng begrenzten Bereichen der Wirtschaft und der Währung mit dem böhmischen

Landesteil zusammenarbeiten zu wollen. Nach mehreren vergeblichen Anläufen wurde am 25.XI. 1992 mit knappen Mehrheiten in der Volks- und in der Nationenkammer das Verfassungsgesetz über die Auflösung der Tschechischen und Slowakischen Föderativen Republik zum 31.XII. 1992 beschlossen. Die Annahme einer neuen Verfassung am 16.XII. 1992 durch den Tschechischen Nationalrat[52] schuf die Voraussetzungen für die „Wiederherstellung eines selbständigen tschechischen Staates", zu dessen erstem Präsidenten am 26.I. 1993 Václav Havel gewählt wurde.

Neubeginn in der Tschechischen Republik

Die Tschechische Republik mit einer Fläche von 78864 km² und 10,3 Mill. Einwohnern, unter denen sich 3,1% Slowaken und 2,5% Angehörige nationaler Minderheiten (u.a. 60000 Polen, 50000 Deutsche, 45000 Ungarn, 20000 Ruthenen) befinden, brachte außerordentlich günstige Voraussetzungen für die Eigenstaatlichkeit mit, denn sie ist trotz ihrer teilweise überalterten und in einer schwierigen Umbruchphase steckenden Industrie im internationalen Vergleich ein voll entwickeltes Land. Der Rückgriff auf die in der Ersten Republik entstandenen Traditionen und Institutionen, die unbeschadet der über vierzigjährigen kommunistischen Gewaltherrschaft noch lebendig sind, hat dazu beigetragen, den Aufbau einer funktionierenden parlamentarischen Demokratie zu beschleunigen und das Vertrauen der Bürger in die Staatsorgane, die Verwaltung und die Justiz wiederherzustellen. Der Stolz der Handwerker und Arbeiter auf ihre gute Qualifikation und ihr Können, die Anerkennung, die Produkten „Made in Czechoslovakia" einst auch auf westlichen Märkten entgegengebracht wurde, ein gesundes Gewinnstreben, die Liebe zur Natur und die Achtung vor dem Leben kamen der unumgänglichen technologischen wie auch ökonomischen Neuausrichtung der Volkswirtschaft zugute. Trotz der Bemühungen der kommunistischen Machthaber, eine Nivellierung der Gesellschaft durchzusetzen, hat sich ein kultur- und bildungsbeflissenes Bürgertum erhalten, das sich nicht nur durch gefestigten Patriotismus, sondern auch durch Verantwortungsbewußtsein und Innovationsbereitschaft auszeichnet. Gerade der akademischen Jugend, deren mutigem Einsatz die Auslösung der „Samtenen Revolution" zu danken war und die aus ihrer Enttäuschung über das bisher Erreichte kein Hehl macht, ist zuzutrauen, den politischen und ökonomischen Erneuerungsprozeß auch künftig mit Nachdruck voranzutreiben. In realistischer Einschätzung der Schwierigkeiten und der Opfer, die den Bürgern noch bevorstehen, wird der Modernisierung von Staat, Gesellschaft und Wirtschaft Priorität eingeräumt.

Bis Jahresende 1994 wurde immerhin die zweite Welle der im Coupon-Verfahren vorgenommenen Privatisierung von Staatsbetrieben abgeschlossen, so daß seither über zwei Drittel des Bruttoinlandsproduktes vom privaten Sektor beigesteuert werden. Bei einer um 10% schwankenden Inflationsrate, einer auf

9,3 Mrd. US-Dollar angewachsenen Auslandsverschuldung, der jedoch etwa gleich hohe Devisenreserven gegenüberstehen, und einer gerade 3% erreichenden Arbeitslosenzahl konnten inzwischen eine Steigerung der Industrieproduktion und eine kräftige Zunahme der Exporte erzielt werden, wozu das Inkrafttreten des Assoziierungsabkommens mit der EU zum 1.II. 1995 einen Beitrag leistete; dennoch stieg das Außenhandelsdefizit auf fast 5,6 Mrd. DM. Auch die weitgehend privatisierte (24%) oder genossenschaftlich (73%) reorganisierte Landwirtschaft konnte 1995 erstmals einen Gewinn ausweisen. Die insgesamt erfreuliche Lage der Volkswirtschaft wurde durch die Aufnahme der Tschechischen Republik als erstes postkommunistisches Land in die prestigeträchtige Organisation für wirtschaftliche Zusammenarbeit und Entwicklung (OECD) honoriert. Mit der Aufhebung der im Juli 1993 zur Bekämpfung der Inflation und der Förderung der internationalen Konkurrenzfähigkeit eingeführten Lohnkontrollen war einer größer werdenden Unzufriedenheit über die Einkommenssituation – das durchschnittliche Monatseinkommen lag 1995 bei 8200 Kronen (rd. 480 DM) – nicht zu begegnen; vor allem im staatlichen Gesundheitswesen machte sich der Unmut in mehreren Streiks Luft.

Innenpolitisch warf die Frage nach dem Umgang mit dem kommunistischen Erbe große Probleme auf und löste erregte Debatten aus. Einer Verlängerung des gegen ranghohe kommunistische Funktionäre und Mitarbeiter der Staatssicherheit (StB) 1991 erlassenen Beschäftigungsverbots im öffentlichen Dienst (Lustrationsgesetz) widersetzte sich Präsident Havel, er wurde jedoch im Oktober 1995 vom Parlament überstimmt, so daß Bewerber für höhere Posten bis zum Jahr 2000 auf ihre StB-Vergangenheit überprüft werden können. Tschechische Staatsbürger besitzen inzwischen auch das Recht, Einsicht in die sie betreffenden StB-Akten zu nehmen. Die vom Amt für Dokumentation und Untersuchung der Verbrechen des Kommunismus bislang erhobenen Anschuldigungen gegen ehemalige Spitzengenossen, aber auch gegen Mitunterzeichner der „Charta 77" wegen Landesverrats lösten Überraschung und Unverständnis in der Öffentlichkeit aus und wurden wegen Mangels an Beweisen von der Staatsanwaltschaft nicht weiterverfolgt. Nach mehreren Übergriffen mit Todesfolge sah sich die Regierung zu entschlossenerem Vorgehen gegen den sich ausbreitenden Rechtsextremismus gezwungen, dessen hartem Kern etwa 7000 Personen, darunter je 1500 Neonazis und Skinheads, zugerechnet werden.

Heftig diskutiert wurden in der Öffentlichkeit und im Parlament die Notwendigkeit und der Umfang einer Restitution des nach 1945 verstaatlichten Großgrundbesitzes und der von den Kommunisten vorgenommenen Enteignung von kirchlichen Gebäuden und Ländereien. Glaubensgemeinschaften und karitative Organisationen forderten die Rückgabe von knapp 50000 ha Ackerfläche, fast 175000 ha Wald und 1000 ha Fischteichen, die einst zu über 90% der Katholischen Kirche und ihren Kongregationen gehört hatten. Im Dezember 1994 gab das Bezirksgericht Prag einer Klage der Katholischen Kirche gegen die Tschechische Republik statt und bestätigte ihre Eigentumsrechte an der hauptstädtischen Kathedrale, dem symbolträchtigen Veitsdom auf dem Hradschin. Umstritten und von zahlreichen Gerichtsverfahren begleitet waren die Restitutionsansprüche auf große Güterkomplexe, Schlösser und Fabriken durch Angehörige der alten Adelsgeschlechter, deren Erben vor allem den Nachweis der „nationalen Zuverlässigkeit" während der Protektoratszeit zu erbringen hatten. Aufsehen erregte im Februar 1994 die parlamentarische Ablehnung eines Gesetzentwurfs über die Rückerstattung jüdischen Eigentums; am 29. IV. wurden dann die natürlichen Personen, die ihren Besitz aufgrund rassistischer Verfolgung während der deutschen Okkupation verloren hatten, wieder in ihre Eigentumsrechte eingesetzt. Den aktiven Teilnehmern am nationalen Widerstandskampf im Zweiten Weltkrieg sprach ein am 20. IV. 1995 beschlossenes Gesetz eine einmalige Ehrengabe von 100000 Kč zu. Fast 220000 Personen, die unter dem kommunistischen Regime überwiegend aus politischen Gründen verfolgt worden waren, wurden inzwischen gerichtlich rehabilitiert; ein Drittel der Betroffenen erhielt Entschädigungen für erlittenes Unrecht im Gesamtbetrag von 2,7 Mrd. Kč zuerkannt. Für die sich altersbedingt rasch vermindernde Zahl der während der deutschen Okkupation aus politischen Gründen inhaftierten Tschechen, unter denen etwa 8000 das KZ überlebt haben, wurde nachdrücklich, aber bislang erfolglos eine von der Bundesrepublik Deutschland zu leistende Entschädigung angemahnt. Zur Überbrückung schuf das Parlament 1994 die gesetzlichen Voraussetzungen für Zahlungen an rd. 10000 Opfer des Nationalsozialismus, ohne jedoch der Forderung der Kommunisten zu entsprechen, auch die 80000 zwangsverpflichteten Arbeiter im Dritten Reich in die Regelung einzubeziehen.

An den zweiten freien Gemeindewahlen beteiligten sich am 18./19. XI. 1994 nicht ganz zwei Drittel der Berechtigten, wobei unabhängige Kandidaten die meisten Mandate errangen. Unter den Parteien rangierte die Demokratische Bürgerpartei (ODS) mit 28,7% der Stimmen mit deutlichem Abstand vor der zweitplazierten Kommunistischen Partei Böhmens und Mährens (KSČM) mit 13,4%. Im Vorfeld der Parlamentswahlen kam es zu mehreren Abspaltungen, Zusammenschlüssen und Neugründungen von Parteien, wobei die stärkste Kraft im Regierungslager, die von Ministerpräsident Klaus geführte ODS, durch die Fusion mit der Christlich Demokratischen Partei (KDS) sowie die beim letzten Urnengang gescheiterten Freien Demokraten (SD) unter J. Dienstbier durch den Zusammenschluß mit der Liberal-Sozialen Nationalpartei (LSNS) am meisten profitierten. Der Austritt einer die traditionellen marxistisch-leninistischen Auffassungen vertretenden Gruppierung um den ehemaligen KPTsch-Sekretär der Prager Stadtorganisation Štěpán und den früheren ČSSR-Innenminister Obzina schwächte die Position der KSČM nicht unerheblich.

Obgleich bereits die Regierung der ČSFR die deutsche Wiedervereinigung vorbehaltlos unterstützt und konstruktiv an den Verhandlungen mitgewirkt hatte, die am 27. II. 1992 zur Unterzeichnung eines Nachbarschafts- und

Freundschaftsvertrags führten, erwiesen sich die Normalisierung und der Ausbau der bilateralen Beziehungen als ausgesprochen schwierig. Die Bundesregierung förderte den Wunsch Prags, möglichst bald in die EU und in die NATO aufgenommen zu werden, ebenso entschieden wie eine Intensivierung der wirtschaftlichen Zusammenarbeit. Die vorhandenen Meinungsverschiedenheiten wurden vertieft durch das tschechische Beharren auf einer eindeutigen Formulierung hinsichtlich der Ungültigkeit des Münchener Abkommens von 1938 *von Anfang an* sowie der Forderung nach einer abschließenden Stellungnahme zu den nationalsozialistischen Verbrechen, verbunden mit einer Entschädigung für deren Opfer. Bonn und vor allem die bayerische Staatsregierung als Schutzpatronin der Sudetendeutschen sprachen sich für die Gewährung eines Rückkehrrechtes und der doppelten Staatsbürgerschaft für die Sudetendeutschen aus und verlangten eine Abfindung für konfisziertes Eigentum, eine deutliche Verurteilung der Vertreibungsverbrechen sowie einen besonderen Schutz für die kleine deutsche Minderheit. Irritationen löste die Weigerung Prags aus, auf die Weiterverwendung des Begriffs *odsun* (Abschub) zu verzichten. Im Gegensatz zu dem korrekten Terminus *vyhnání* (Vertreibung), der das Eingeständnis eines begangenen Unrechts zu beinhalten scheint, wird dem Begriff *odsun* unterstellt, die Rechtmäßigkeit und Angemessenheit des zwangsweisen Bevölkerungstransfers auszudrücken. Mit der Begründung, daß die 1945 vor dem Zusammentreten der Provisorischen Nationalversammlung erlassenen und nach dem damaligen Präsidenten Beneš benannten Dekrete, die eine Rechtsgrundlage für die Diskriminierung, Enteignung und Vertreibung der Deutschen schufen, ohne schwerwiegende Folgen für die Stabilität der gegenwärtigen politischen Ordnung nachträglich nicht für ungültig erklärt oder modifiziert werden können, zeigt sich die Regierung Klaus einem Entgegenkommen in der Eigentumsfrage unzugänglich; ihrer Auffassung schloß sich im März 1995 der Verfassungsgerichtshof an. Gerade die von der Sudetendeutschen Landsmannschaft begrüßte Offenhaltung vermögensrechtlicher Ansprüche vertriebener Deutscher beeinträchtigte die Ausgestaltung der zwischenstaatlichen Kontakte und führte in der ČR die Parteien des linken und des extremen rechten Spektrums zusammen, die sich mit dem Schüren von Ängsten vor *den Deutschen* die Unterstützung der heute im Sudetengebiet lebenden Bevölkerung zu sichern suchen.

Trotz des Bemühens, die juristischen, politischen und moralischen Aspekte der Vertreibung voneinander zu trennen, konnten die zahlreichen Versöhnungsgesten und die beiderseits praktizierte Bereitschaft zum Dialog die in beiden Staaten fest verankerten Vorbehalte nicht abbauen. Die weitverbreitete ablehnende Haltung der tschechischen Bevölkerung den sudetendeutschen Ansprüchen gegenüber ist so ausgeprägt, daß jedes Einlenken als Verrat an der nationalen Sache gewertet und mit Verlust an Popularität beantwortet wird. Diese Erfahrung mußte selbst der unermüdlich für die Aussöhnung werbende Präsident Havel nach einer aufsehenerregenden Rede am 17. II. 1995 in der Prager Universität machen, in der er forderte, die Zeit der Konfrontation durch eine Periode der Kooperation abzulösen.[53] Der von über hundert tschechischen und sudetendeutschen Intellektuellen unterzeichnete Aufruf „Versöhnung 95" fand ebenso wie eine im Februar 1996 von tschechischen Bürgern gestartete Aussöhnungsinitiative wenig Widerhall. Die Intensivierung der Kontakte von Regierungsvertretern, Politikern, Gelehrten und Publizisten sowie ein lebhafter Reiseverkehr konnten keinen Umschwung der öffentlichen Meinung erreichen.[54] Das von der Bundesregierung aufgestellte Junktim zwischen einer deutschen Entschädigung der tschechischen Opfer des Nationalsozialismus und dem Entgegenkommen der tschechischen Regierung den Sudetendeutschen gegenüber beeinträchtigte zwar nicht die grenzüberschreitende Zusammenarbeit in den Euro-Regionen Eger, Elbe und Neiße, erschwerte aber die im April 1995 aufgenommenen Verhandlungen zur Erarbeitung einer gemeinsamen Erklärung beider Parlamente zu den geschichtlichen Ereignissen, in der auch festgehalten werden sollte, daß sie die aus der Vergangenheit hergeleiteten „politischen, rechtlichen oder wirtschaftlichen Ansprüche nicht unterstützen". Die mehrfach unterbrochenen Gespräche wurden belastet durch die in Prag mit Unverständnis und Empörung aufgenommene Infragestellung der Gültigkeit des Potsdamer Abkommens, die Außenminister Kinkel im Januar 1996 in einer Regierungserklärung anklingen ließ. Obgleich bis Anfang April für beide Seiten akzeptable Formulierungen gefunden worden waren, mußte die Veröffentlichung des Textes aus Rücksichtnahme auf die Betroffenen allerdings bis nach dem traditionellen Pfingsttreffen der Sudetendeutschen Landsmannschaft und den für Ende Mai terminierten Parlamentswahlen in der Tschechischen Republik unterbleiben.

Die unversöhnlichen Reden auf dem 47. Heimattreffen in Nürnberg und der Ausgang des am 31.V./1.VI. 1996 durchgeführten Urnenganges haben jedoch die feierliche Verabschiedung der gemeinsamen Erklärung, die den Weg zur überfälligen Aussöhnung von Deutschen und Tschechen eröffnen sollte, erneut in Frage gestellt. Bei der Wahl zum Abgeordnetenhaus, an der 16 Parteien teilnahmen und sechs die Fünf-Prozent-Hürde übersprangen, verlor die Regierungskoalition ihre bisherige bequeme Mehrheit und erreichte nur 99 von 200 Mandaten, obgleich die ODS mit 29,6% und 68 Sitzen stärkste Kraft blieb. Von den beträchtlichen sozialen Verwerfungen des wirtschaftlichen Umbaus profitierend, konnten die westeuropäischen Vorbildern verhafteten Sozialdemokraten (ČSSD) unter M. Zeman mit 26,4% und 61 Abgeordneten überraschend ihren Stimmenanteil fast vervierfachen. Den Kommunisten mit 10,3% und den rechtsextremistischen Republikanern (SPR-RSČ) mit 8% bescherten die virtuos instrumentalisierten Ängste vor den Folgen der Marktwirtschaft, der allzu hastigen Angleichung der Lebensverhältnisse an westliche Normen und besonders vor den Deutschen eine starke Position, ohne daß ihnen mit ihren anti-demokratischen Parolen eine sozialistisch-nostalgische Rückwendung wie in anderen Reformstaaten gelungen wäre. Da auch den einen mährischen Regionalismus propagierenden Kräften von den Wählern eine Absage erteilt wurde, haben sich die Tschechen mehrheitlich im parlamentarisch-rechtsstaatlichen Raum beheimatet. Trotz der Stärkung der politischen Mitte scheiterte wegen politischer Meinungsverschiedenheiten und persönlicher Aversionen die Bildung einer großen Koalition. Die von der Demokratischen Bürgerpartei (ODS) gemeinsam mit der Christlich-Sozialen Union (KDU-ČSL) gebildete, wiederum von V. Klaus geführte Minderheitsregierung ist seither darauf angewiesen, sich durch Konzessionen auf sozial- und wirtschaftspolitischem Gebiet die Duldung und Unterstützung durch die Sozialdemokraten zu erkaufen.

Diese Konstellation birgt zwar die Gefahr einer gewissen Instabilität, wird aber den bereits weit fortgeschrittenen gesellschaftlichen und ökonomischen Konsolidierungsprozeß nicht bedeutsam beeinträchtigen können. Bereits in seiner ersten Neujahrsansprache 1990 beschwor der wenige Tage zuvor zum Präsidenten gewählte Dissident Havel seinen „Traum von einer selbständigen, freien, demokratischen, wirtschaftlich prosperierenden und zugleich sozial gerechten Republik, kurz gesagt von einer menschlichen Republik, die den Menschen dient und deshalb die Hoffnung hat, daß die Menschen auch ihr dienen werden. Von einer Republik allseitig gebildeter Menschen, weil ohne sie keines unserer Probleme gelöst werden kann, sei es menschlich, ökonomisch, ökologisch, sozial oder politisch“.[55] Die in Böhmen und Mähren weitverbreitete Neigung, durch den Rückgriff auf die nationale Vergangenheit Mut und Hoffnung für die Probleme der Gegenwart zu schöpfen, hat nicht nur die Ausbildung eines spezifischen, sehr national gefärbten Geschichtsbewußtseins begünstigt, sondern inzwischen auch zu einer ausgewogeneren Interpretation der Vorzeit beigetragen, in der nicht allein der Kampf um die Selbstbehauptung der tschechischen Nation im Mittelpunkt steht. Selbst der *doba temna,* der 1620 einsetzenden Zeit der Finsternis, können daher heute positive Züge abgewonnen werden; dem für das Entstehen des modernen tschechischen Volksbewußtseins ausschlaggebenden franzisko-josephinischen Zeitalter wurde sogar schon in der kommunistischen Ägide eine wehmütig-glorifizierende Beurteilung zuteil. Diese bewußte Pflege der Geschichte gilt nicht nur den Blütezeiten des böhmisch/tschechischen politischen und kulturellen Einflusses und dem Beitrag der Länder der böhmischen Krone für die materielle und gesellschaftliche Entfaltung der mitteleuropäischen Staatenwelt, sondern bezieht trotz aller Entwicklungsbrüche unter Berufung auf das Humanitätsideal Masaryks und die in der Ersten Republik geschaffenen demokratischen Einrichtungen auch bewußt die jüngste Vergangenheit in die nationale Tradition mit ein. So lebt das Erbe der Länder der böhmischen Krone, die sich jetzt wieder auf ihren ursprünglichen territorialen Bestand zurückgeworfen sehen, unbeeinträchtigt durch die Verfälschungen während der kommunistischen Herrschaft bis in die Gegenwart fort.

Anmerkungen

Vorwort

1 O. Kostrba-Skalický, Vom Sinn der böhmischen Geschichte, in: BJb 16 (1975) 24–38; s. a. F. Seibt, Böhmische Geschichte im europäischen Vergleich, in: BJb 15 (1974) 30–50.

Erstes Kapitel

1 J. Emler und V. V. Tomek (Hrsg.), in: Fontes rerum Bohemicarum. Bd. 2, Prag 1874; B. Bretholz (Hrsg.), in: MGH. SS. rer. Germ. Nova series II, Berlin 1923. Aus der überreichen Kosmas-Literatur s. u. a. H. Jiráček, Kosmas a jeho kronika [Kosmas und seine Chronik]. Prag, Brünn 1906; B. Horák, Příspěvky k středověké geografii Čech na základě kroniky Kosmovy [Beiträge zur mittelalterlichen Geographie Böhmens auf Grund der Kosmas-Chronik]. 2. Bde, Pilsen 1910/11; D. Třeštík, Kosmas. Prag 1966; ders., Kosmova kronika – Studie k počátkům českého dějepisectví a politického myšlení [Kosmas' Chronik – Studien zu den Anfängen der böhmischen Historiographie und des politischen Denkens]. Prag 1968.

2 F. Palacký, Geschichte von Böhmen. Größtentheils nach Urkunden und Handschriften. Bd. 1, Prag ^{2}1844 3 f.

3 Palacký, a. o. O. 4 f.

4 C. Willars, Die böhmische Zitadelle. ČSR – Schicksal einer Staatsidee. Wien, München 1965 16.

5 Darauf hat schon der spätere preußische Kriegsminister Albrecht Graf Roon in seinen Grundzügen der Erd-, Völker- und Staatenkunde. Berlin 1847, hingewiesen. Siehe dazu K. A. Sedlmeyer, Die Festung Böhmen, ein Phantom, und ihre Beziehung zu den Sudetenländern, in: BJb 2 (1961) 287–296, hier 288 f.

6 Hans Schrepfer hat den Hauptgebirgsknoten des Fichtelgebirges als das „Dach Mitteleuropas" bezeichnet, weil dort Böhmerwald, Thüringer Wald und das Erzgebirge mit dem Elstergebirge zusammenstoßen und die Flüsse dreier Stromgebiete, der Elbe, des Rheins und der Donau, entspringen. Sedlmeyer, a. o. O. 294.

7 Jižní Morava, brána i most [Südmähren, Tor und Brücke]. Mikulov 1969.

8 Den physisch-geographischen Forschungsstand faßt zusammen W. Sperling, Tschechoslowakei. Beiträge zur Landeskunde Ostmitteleuropas. Stuttgart 1981 (UTB 1107).

9 Literaturangaben zur Gründungs- und Frühgeschichte Prags s. u. S. 461 Anm. 1.

10 P. J. Michna, K utváření raně středověké Moravy (Olomouc a historické Olomoucko v 9. až počátku 13. století) [Zur Entstehung des frühmittelalterlichen Mähren. Olmütz und das historische Gebiet von Olmütz vom 9. bis zu Beginn des 13. Jh.], in: ČSČH 30 (1982) 716–742; ders., Velkomoravská a přemyslovská Olomouc [Das großmährische und das přemyslidische Olmütz], in: VVM 34 (1982) 18–27.

11 J. Dřímal u. a. (Hrsg.), Dějiny města Brna [Geschichte der Stadt Brünn]. 2 Bde, Brünn 1969, 1973; D. Cejnková, Z. Měřinský, L. Sultiková, K problematice

počatků města Brna [Zur Problematik der Anfänge der Stadt Brünn], in: ČSČH 32 (1984) 250–268.

12 V. Čechová, Genese středověké Opavy [Die Genese des mittelalterlichen Troppau], in: Slezský sborník 69 (1971) 328ff.; E. Schremmer, Troppau. Schlesische Hauptstadt zwischen Völkern und Grenzen. Berlin, Bonn 1984.

13 Dem von dem französischen Historiker Lhéritier 1928 eingeführten Begriff l'Europe centrale = Zentraleuropa kann die Wissenschaft heute wahrscheinlich leichter zustimmen als dem ideologisch überfrachteten Terminus Mitteleuropa. Siehe dazu H. Hassinger, Das geographische Wesen Mitteleuropas, in: Mitteilungen der Geographischen Gesellschaft Wien 60 (1917) 437–493; H. C. Meyer, Mitteleuropa in German Thought and Action, 1815–1945. The Hague, 1955; K. A. Sinnhuber, Central Europe – Mitteleuropa – l'Europe centrale, in: Transactions and Papers 20 (1954) 15–39; E. Otremba, Wesen und Wandlungen des Begriffes Mitteleuropa, in: Geographische Rundschau 8 (1956) 85–91.

Zweites Kapitel

1 In dem von K. Bosl hrsg. Handbuch der Geschichte der böhmischen Länder. Bd. 1, Stuttgart 1967, S. 19ff., hat G. Mildenberger erschöpfend und unter Berücksichtigung der Ergebnisse der tschechoslowakischen Nachkriegsgrabungen die Vor- und Frühgeschichte dargestellt und die Spezialliteratur aufgeführt. Von besonderer Bedeutung sind die Arbeiten von J. Schranil, Die Vorgeschichte Böhmens und Mährens. Berlin, Leipzig 1928; J. Filip, Pravěké Československo [Die prähistorische Tschechoslowakei]. Prag 1948; J. Dobiáš, Dějiny československého území před vystoupením Slovanů [Geschichte des tschechoslowakischen Territoriums vor dem Erscheinen der Slaven]. Prag 1964; K. Sklenář, Památky pravěku na území ČSSR [Die Spuren der Vorzeit auf dem Gebiet der ČSSR]. Prag 1974. Für den mährischen Bereich mit seinen reichen Funden siehe u. a. J. Poulík (Hrsg.), K problémům prehistorie na Moravě [Zu den Problemen der Vorgeschichte Mährens]. Prag 1963.

2 G. Smolla, Neolithische Kulturerscheinungen. Bonn 1960; J. Diehaus, Die Gliederung des böhmischen und mährischen Jungneolithikums als forschungsgeschichtliches Problem, in: Germania 37 (1959) 53–65. Weitere Literaturangaben bei Mildenberger in: HGBL I 33–43.

3 V. Milojčić, Zur Chronologie der jüngeren Stein- und Bronzezeit Südost- und Mitteleuropas, in: Germania 37 (1959) 65–84; J. Driehaus, E. Pleslová, Aspekte zur Beurteilung des Äneolithikums in Böhmen und Mähren, in: L'Europe à la fin de l'âge de la pierre. Prag 1961 361–378; A. Houšt'ová, Die Trichterbecherkultur in Mähren. Prag 1960; M. Buchváldek, Die Schnurkeramik im böhmischen Äneolithikum, in: Epitymbion Roman Haken. Prag 1958 32–37; E. Sangmeister, La civilisation du vase campaniforme, in: Les civilisations atlantiques du néolithique à l'âge du fer. Rennes 1963 25–55.

4 F. Holste, Die Bronzezeit in Süd- und Westdeutschland (Handbuch der Urgeschichte Deutschlands, Bd. 1). Berlin 1953; A. Stocký, La Bohême à l'âge du bronce. Prag 1928; S. Junghans, E. Sangmeister und M. Schröder, Metallanalysen kupferzeitlicher und frühbronzezeitlicher Bodenfunde aus Europa (Studien zu den Anfängen der Metallurgie, Bd. 1). Berlin 1960.

5 J. Filip, Lužická kultura v Československu [Die Lausitzer Kultur in der Tschechoslowakei], in: PA 41 (1939) 14–51.

6 E. Schwarz, Die vorkeltischen Indogermanen in Böhmen, in: BJb 15 (1974) 61–70.

7 E. Schwarz, Vorkelten und Kelten, Germanen und Slawen, Tschechen und Deutsche in den Sudetenländern, in: BJb 10 (1969) 9–70.

8 Z. Nemeškalová-Jiroudhová, Zlato a keltská společnost v českých zemích [Das Gold und die keltische Gesellschaft in den böhmischen Ländern], in: ČSČH 23 (1975) 93–104.

9 J. Meduna, Das keltische Oppidum Staré Hradisko in Mähren, in: Germania 48 (1970) 34–59.

10 Neben der reichen allgemeinen Literatur über die Kelten – z. B. J. Moreau, Die Welt der Kelten. Stuttgart [4]1965; J. Filip, Die keltische Zivilisation und ihr Erbe. Prag 1961; M. Dillon, N. K. Chadwick, Die Kelten. Von der Vorgeschichte bis zum Normanneneinfall. Zürich 1966 – gibt es für den böhmischen Raum eine Reihe von Spezialuntersuchungen, u. a. J. Filip, Keltové v střední Evropě [Die Kelten in Mitteleuropa]. Prag 1956; J. Böhm, Naše nejstarší města [Unsere ältesten Städte]. Prag 1956; K. Christ, Ergebnisse und Problematik der keltischen Numismatik und Geldgeschichte, in: Historica 6 (1957) 215–253, hier 229–235; E. Šimek, Keltové a Germáni v našich zemích [Kelten und Germanen in unseren Ländern]. Brünn 1934; L. Franz, Kelten und Germanen in Böhmen. Brünn usw. 1937. Weitere Literaturangaben bei Mildenberger in: HGBL I 78–105.

11 Claudius Ptolemäus, Geographia II, führt für die böhmischen Länder und ihre Nachbarschaft Sidonen, Kogner, Visburgier, Kurionen, Chaituorer, Parmaikamper, Sudianer und Adrbaikamper auf, deren Namen teils an das Illyrische, teils an das Keltische anklingen.

12 W. Mähling hat sich besonders intensiv mit der frühgermanischen Landnahme und der Bewertung der Funde aus dieser Epoche auseinandergesetzt; seine Studien sind 1944 in den Abhandlungen der Deutschen Akademie der Wissenschaften in Prag, Phil.-hist. Klasse, Bde 12, 13 und 15 erschienen. Siehe auch L. Franz, Kelten und Germanen in Böhmen, in: G. Pirschau, W. Weizsäcker und H. Zatschek (Hrsg.), Das Sudetendeutschtum. Sein Wesen und Werden im Wandel der Jahrhunderte. Brünn usw. 1939 3–40.

13 Im zweiten Buch seiner Annalen hat Tacitus wichtige Angaben über das Reich Marbods gemacht. Literaturangaben bei Mildenberger, HGBL I 106 ff.; R. Köhler, Die Erforschung der römischen Kaiserzeit in Böhmen und Mähren seit 1945, in: ZfO 24 (1973) 390–401.
Wichtige Gesamtdarstellungen: H. Preidel, Die germanische Kultur in Böhmen und ihre Träger. 2 Bde, Kassel 1930; L. Schmidt, Geschichte der deutschen Stämme bis zum Ausgang der Völkerwanderung. Die Westgermanen. Teil I, München [2]1938 128–194, hier 153–158; K. Motyková-Šneirová, Die Anfänge der römischen Kaiserzeit in Böhmen. Prag 1963.

14 J. Tejral, K otázce postavení Moravy v době kolem přelomu století [Zur Frage der Stellung Mährens um die Zeitenwende], in: PA 59 (1968) 488–514.

15 Siehe v. a. E. Beninger, Die Quaden, in: H. Reinert, Vorgeschichte der deutschen Stämme. Bd. 2, Leipzig-Berlin 1940 669–743; E. Beninger, H. Freising, Die germanischen Bodenfunde in Mähren. Reichenberg 1933.

16 J. Tejral, Markomanské války a otázka římského dovozu na Moravu v období po Kommově míru [Die Markomannenkriege und die Frage der römischen Einfuhr nach Mähren nach dem Commodus-Frieden], in: Archeologické rozhledy 22 (1970) 289–411.

17 H. Preidel, Die Markomannen und Bayern, in: H. Reinert, Vorgeschichte der

deutschen Stämme. Bd. 2, Leipzig, Berlin 1940 561–668, hier 573–632; zu den Quaden siehe Anm. 15.

18 L. Schmidt, Geschichte der deutschen Stämme bis zum Ausgang der Völkerwanderung. Die Ostgermanen. München 1934 565–626; J. Werner, Die Langobarden in Pannonien. München 1962; B. Svoboda, Čechy v době stěhování národů [Böhmen in der Völkerwanderungszeit]. Prag 1965; J. Werner, Die Herkunft der Bajuwaren und der „östlich-merowingische" Reihengräberkreis, in: Aus Bayerns Frühzeit. Friedrich Wagner zum 75. Geburtstag. München 1962 229–250.

19 Die im 1. und 2. Jahrhundert n. Chr. bei Plinius, Tacitus und Ptolemäus als östliche Nachbarn der Germanen erwähnten Venedi oder Venethi dürften Slaven gewesen sein; eine Erklärung des erstmals im 6. Jahrhundert gebrauchten „Slaven"-Namens steht noch aus. Vgl. R. Trautmann, Die slawischen Völker und Sprachen. Leipzig 1948 5–24. Seit dem 10. Jahrhundert ist bei den Slaven selbst die Form Slověnin, pl. Slověne, belegt, auf die wohl die späteren griechischen und lateinischen Benennungen Sklabēnoi, Sclavini, Sclavi zurückzuführen sind. Erst später kam es als Folge des bis nach Spanien reichenden Sklavenhandels aus den von Slaven bewohnten Gebieten zur Gleichsetzung von Sclavini, Sclavi mit slavischen Kriegsgefangenen. Siehe dazu M. Hellmann, Die Slawen, in: T. Schieder (Hrsg.), Handbuch der europäischen Geschichte. Bd. 1, Europa im Wandel von der Antike zum Mittelalter. Stuttgart 1976 363.

20 Siehe dazu die Ausführungen von J. Zeman, Beginn der slavischen Besiedlung in Böhmen, sowie von V. Šmilauer, Fragen der ältesten slavischen Siedlung in Böhmen und Mähren im Lichte der namenkundlichen Forschung, in: F. Graus und H. Ludat (Hrsg.), Siedlung und Verfassung Böhmens in der Frühzeit. Wiesbaden 1967 3–28 (mit Literaturverweisen und Diskussionsbeiträgen); H. Preidel, Die Anfänge der slawischen Besiedlung Böhmens und Mährens. 2 Bde, Gräfelfing 1954–1957. Reiche Literaturangaben bei G. Mildenberger, HGBL I 136 ff., und R. Turek, Böhmen im Morgengrauen der Geschichte. Von den Anfängen der slawischen Besiedlung bis zum Eintritt in die europäische Kulturgemeinschaft (6. bis Ende 10. Jahrhundert). Wiesbaden 1974 144–149.

21 J. Haury (Hrsg.), Procopii Caesariensis opera omnia. Bella VII 14, 22. Bd. 2, Leipzig 1905 357.

22 M. Hellmann, Grundfragen slawischer Verfassungsgeschichte des frühen Mittelalters, in JbGO 2 (1954/55) 387–404.

23 M. Beranová, Zemědělství starých Slovanů [Die Landwirtschaft der alten Slaven]. Prag 1980.

24 W. Hensel, Die Slawen im Frühen Mittelalter. Ihre materielle Kultur. Berlin/DDR 1965; P. Diels, Die slavischen Völker. Wiesbaden 1963; G. Mildenberger (Hrsg.), Das östliche Mitteleuropa im 5. und 6. Jahrhundert, in: ZfO 28 (1979) 385–548; Z. Váňa, Einführung in die Frühgeschichte der Slawen. Neumünster 1970.

25 E. Wienecke, Untersuchungen zur Religion der Westslawen. Leipzig 1940; Z. Dittrich, Die religiöse Ur- und Frühgeschichte der Slawen, in: JbGO 9 (1961) 481–510.

26 Die wichtigste Quelle ist die in barbarischem Latein verfaßte Chronik des sog. Fredegar, Chron. IV 58, hrsg. von B. Krusch, in: MGH. SS. rer. Merov. II, 144 ff. Vgl. auch M. Kos (Hrsg.), Conversio Bagoariorum et Carantanorum. Ljubljana 1936, die den Fredegar-Text über das Samo-Reich in einer anderen Fassung wiedergibt. Eine alle Quellen auswertende Darstellung und die Auseinandersetzung mit der älteren Literatur bietet G. Labuda, Pierwsze państwo słowiańskie. Państwo Samona [Der erste slavische Staat. Das Reich Samos]. Posen 1949. Siehe auch K. Richter in HGBL I 186 ff.

27 Über die Ausgrabungen aus der Burgwallzeit und die Bewertung der Funde gibt es eine überaus reiche Literatur, die vor allem J. Eisner, A. Hejna, J. Kudrnáč, B. Novotný, J. Poulík, M. Šolle und R. Turek verfaßt und besonders in den einschlägigen Zeitschriften wie Archeologické rozhledy, Památky archeologické oder in der Prähistorischen Zeitschrift publiziert haben.

28 Diese Angaben nach Cosmas II, Kap. 8; siehe auch Einhard, Vita Caroli Magni c. 15. W. Wegener, Böhmen, Mähren und das Reich im Hochmittelalter. Köln 1959 12ff.

29 H. Preidel, Die Taufe der 14 böhmischen Herzöge in Regensburg, in: Mitteilungen des Adalbert-Stifter-Vereins 3 (1955), Nr. 11/12.

30 F. Prinz, Böhmen im mittelalterlichen Europa. Frühzeit, Hochmittelalter, Kolonisationsepoche. München 1984 55–61.

31 F. Graus, Die Nationenbildung der Westslawen im Mittelalter. Sigmaringen 1980, Beilage 3, 154–161.

32 Der Geographus Bavarus erwähnt in: Descriptio civitatum et regionum ad septentrionalem plagam Danubii, elf civitates: „Marharii habent ciuitates XI". Der nachfolgende Satz „Est populus, quem uocant merebanos; ipsi habent XXX", hat bis jetzt keine zufriedenstellende Interpretation erfahren.
S. a. M. Schwartz, Untersuchungen über das mährisch-slowakische Staatswesen des 9. Jahrhunderts. München 1942.

33 Die Titulatur für Mojmír I. und seine Nachfolger ist uneinheitlich überliefert: 871 und 881 princeps, 880 comes, 885 rex Sclavorum und dux patrie; das Herrschaftsgebiet wird unter Svatopluk regnum benannt. Dazu F. Graus, Rex-dux Moraviae, in: Sborník prací filosofické fakulty brněnské university, řada historická 9 (1960) 181–190

34 Die Geschichte des Großmährischen Reiches, dessen Benennung auf die Bezeichnung Megálē Morabia durch Kaiser Konstantin VII. Porphyrogennetos in De administrando imperio zurückgeführt wird, ist sehr gut erforscht und in einem breiten Spektrum wissenschaftlicher Arbeiten dargestellt worden. Aus Anlaß des elfhundertsten Jahrestags der kyrillo-methodianischen Mission erschienen in den 1960er Jahren eine Reihe wichtiger Einzeluntersuchungen, Sammelbände und Synthesen: F. Graus u. a. (Hrsg.), Das Großmährische Reich. Prag 1966; J. Böhm u. a. (Hrsg.), Das Großmährische Reich. Tausendjährige Staats- und Kulturtradition. Prag 1963; Almanach Velká Morava [Almanach Großmähren]. Brünn 1965; Cyrillo-Methodiana. Zur Frühgeschichte des Christentums bei den Slawen 863–1963. Köln, Graz 1964; Magna Moravia. Sborník k 1100. výročí příchodu byzantské mise na Moravu [Großmähren. Sammelband zum 1100. Jahrestag der Aufnahme der byzantinischen Mission in Mähren]. Prag 1965. Weitere Literaturangaben bei K. Richter in HGBL I 175 ff., 192 ff., und bei H. Preidel, Das Großmährische Reich im Spiegel der neueren tschechischen Literatur, in: Österreichische Osthefte 8 (1966) 222–237.

35 Der 857 nach der Einnahme der Burgstätte des Wiztrach (civitas Wiztrachi) durch Otgar, Bischof von Eichstätt, eingesetzte „Fürst" Slavitah fand später Zuflucht bei Rastislav, der wahrscheinlich bereits 848/49 böhmische Stammesfürsten im Kampf gegen das Ostfrankenreich unterstützt hatte.

36 M. Kos, K historii kniežata Pribinu a jeho doby [Zur Geschichte des Fürsten Pribina und seiner Zeit], in: J. Stanislav (Hrsg.), Ríša vel'komoravská [Das Großmährische Reich]. Prag 1933 53–64; M. Schwartz, Untersuchungen (wie Anm. 32) 30–37.

37 V. Tkadlčík, Datum příchodu slovanských apoštolů na Moravu [Das Ankunftsdatum der Slavenapostel in Mähren], in: Slavia 38 (1969) 542–551.

38 Konstantin und Method gelten so als Schöpfer der von den meisten Slaven mühelos verstandenen Kirchen- und Liturgiesprache Altkirchenslavisch. Das im 10. Jahrhundert unter Verwendung der griechischen Majuskel entwickelte Alphabet, die Kyrillica, stellt bereits eine Vereinfachung der Glagolica dar, steht aber nicht in direkter Verbindung zu den beiden Slavenaposteln. N. van Wijk, Geschichte der altkirchenslawischen Sprache. Bd. 1, Berlin 1931; V. Jagič, Entstehungsgeschichte der kirchenslawischen Sprache. Berlin ²1913.

39 Die ältere Literatur verzeichnet F. Grivec, Konstantin und Method. Lehrer der Slawen. Wiesbaden 1960. Siehe auch H. Löwe, Der Streit um Methodius. Quellen zu den nationalkirchlichen Bestrebungen in Mähren und Pannonien im 9. Jahrhundert. Köln 1948. Neben den in Anm. 34 aufgeführten Werken s. a. Soluňští bratři. 1100 let od příchodu sv. Cyrila a Metoděje na Moravu [Die Brüder aus Saloniki. 1100 Jahre seit der Ankunft des hl. Kyrill und Method in Mähren]. Prag 1963; F. Graus, Die Entwicklung der Legenden der sog. Slavenapostel Konstantin und Method in Böhmen und Mähren, in: JbGO 19 (1971) 161–211.

40 Diesen unter unwürdigen Umständen durchgeführten Prozeß schildert Grivec, Konstantin und Method, 92–103. Die Verbannung in Ellwangen ist nicht zweifelsfrei belegt: A. W. Ziegler, Methodius auf dem Weg in die schwäbische Verbannung, in: JbGO 1 (1953) 369–382. Die vom Erzbischof Adalwin zur Rechtfertigung des Methodius-Prozesses und gegen eine Erneuerung einer eigenständigen mährischen Kirchenorganisation in Auftrag gegebene Denkschrift Conversio Bagoariorum et Carantanorum (871) (hrsg. von M. Kos, Laibach 1936) ist eine wichtige Quelle zur Geschichte des Großmährischen Reiches und seiner Auseinandersetzungen mit dem ostfränkischen Königtum.

41 Die vertriebenen Priester fanden in Bulgarien und bei den Südslaven Zuflucht. Das ostböhmische Kloster Sázava und das auf Betreiben Karls IV. gegründete Emauskloster in Prag haben die altkirchenslavische Tradition in den böhmischen Ländern nicht nachhaltig wiederbeleben können. Z tradic slovanské kultury v Čechách. Sázava a Emauzy v dějinách české kultury [Die Tradition der slavischen Kultur in Böhmen. Sázava und Emaus in der Kulturgeschichte Böhmens]. Prag 1975; F. Graus, Das Großmährische Reich in der böhmischen Tradition, in: Das östliche Mitteleuropa in Geschichte und Gegenwart I/2 (1966). Wichtige Einsichten zur Slavenmission vermittelt K. Bosl, Der Eintritt Böhmens und Mährens in den westlichen Kulturkreis im Lichte der Missionsgeschichte, in: Böhmen und Baiern. München 1958 43–64; ders., Kyrill und Method. Ihre Stellung und Aufgabe in der römischen Kirchenorganisation zwischen Ost und West, in: Z. f. bayer. Landesgeschichte 27 (1964) 34–54. Siehe auch F. Zagiba, Die bayerische Slawenmission und ihre Fortsetzung durch Kyrill und Method, in: JbGO 9 (1961) 1–56; Z. R. Dittrich, Christianity in Great Moravia. Groningen 1962.

42 Eine insgesamt überzeugende Würdigung bietet M. Ferko, Svätopluk. 3 Bde, Preßburg 1975.

43 Zum Untergang des Großmährischen Reiches siehe B. Čerešňák u. a., Přehled dějin Moravy I. (Od Velké Moravy do husitské revoluce) [Mährens Geschichte im Überblick. Vom Großmährischen Reich bis zur hussitischen Revolution]. Brünn 1980.

44 J. Poulík, Mikulčice. Sídlo a pevnost knížat velkomoravských [M. Sitz und Festung der großmährischen Fürsten]. Prag 1975.

45 Außer Mikulschitz sind Altstadt (Staré Město) bei Ungarisch Hradisch, das slowakische Neutra und Theben (Devín) bei Preßburg besonders gründlich erforscht worden.

46 J. Poulík vor allem hat sich in mehreren Monographien und zahlreichen Aufsät-

zen mit der inneren Entwicklung des Großmährischen Reiches auseinandergesetzt. Siehe u.a. Staroslovanská Morava [Das altslavische Mähren]. Prag 1948; ders., The latest Archeological Discoveries from the Great Moravian Empire, in: Historica 1 (1959) 7–70; daneben V. Hrubý, Staré Město – Velehrad, ústředí z doby Velkomoravské říše [Staré Město – Velehrad, ein Siedlungszentrum aus der Zeit des Großmährischen Reiches]. Prag 1964; H. Preidel, Das Großmährische Reich im Spiegel der Bodenfunde. Gräfelfing 1968.

47 Der seit dem 9. Jahrhundert in der fränkischen Annalistik gebrauchte Namen Bohemia und der Bezeichnung für seine Bewohner Behemi, Boemani, Behemitani, Bohemi u.ä. geht, wie bereits Tacitus vermerkte, auf die keltischen Boier zurück. Alle Belege für die Namensentwicklung und Bezeichnungsformen bei F. Graus, Die Nationenbildung der Westslaven im Mittelalter. Beilage IV, 162–169.

48 R. Turek, Die frühmittelalterlichen Stammesgebiete in Böhmen. Prag 1957; ders., Zur Diskussion über die frühmittelalterlichen Stammesgebiete Böhmens, in: PA 51 (1960) 406 ff.; H. Preidel, Die vor- und frühgeschichtlichen Siedlungsräume in Böhmen und Mähren. München 1953.

49 F. Graus, Raně středověké družiny a jejich význam při vzniku států ve střední Evropě [Frühmittelalterliche Gefolgschaften und ihre Bedeutung für die Entstehung von Staaten in Mitteleuropa], in: ČSČH 13 (1965) 1–18.

50 E. Herrmann, Slawisch-germanische Beziehungen im südostdeutschen Raum von der Spätantike bis zum Ungarnsturm. Ein Quellenbuch mit Erläuterungen. München 1965, Exkurs II, 212–221.

51 H. Beumann und W. Schlesinger, Urkundenstudien zur deutschen Ostpolitik unter Otto III., in: Archiv für Diplomatik 1 (1955) 132–256. In der Gründungsurkunde des Prager Bistums werden für Nordostböhmen die Chorwaten, für den Nordwesten Lemuzi und Lusane, sonst die Zedlza, Dazana, Liutomerici und Pssouane erwähnt, die als Bewohner der Burgbezirke Zettlitz, Tetschen, Leitmeritz und Melník zu gelten haben. Der namengebende Stamm der Tschechen ist nur in der karolingischen Chronik von Moissac als Cinu, in der altslavischen Wenzelslegende des 10. Jahrhunderts als Češi und in byzantinischen Quellen als Tzéchoi, Tzechòn éthnos zu finden.

52 F. Graus, Kněžna Libuše – od postavy báje k národnímu symbolu [Fürstin L. – von einer Sagengestalt zum nationalen Symbol], in: ČSČH 17 (1969) 817–844.

53 Zur Entwicklung dieser Sage F. Graus, Lebendige Vergangenheit. Überlieferung im Mittelalter und in den Vorstellungen vom Mittelalter. Köln, Wien 1975 93 ff.

54 Trotz chronologischer Ungenauigkeiten hat die moderne Archäologie die meisten Angaben des Kosmas bestätigt und ihnen dadurch ein großes Maß an Glaubwürdigkeit zugebilligt. Zur Literatur s. R. Turek, Böhmen im Morgengrauen der Geschichte (wie Anm. 20) 53–94; W. Knackstedt in: W. Wattenbach, R. Holtzmann und F. J. Schmale, Deutsche Geschichtsquellen im Mittelalter. Die Zeit der Sachsen und Salier. Bd. 1, 1–4, Darmstadt 1967–1971 223 ff. S.a. F. Prinz, Böhmen (wie Anm. 30) 41–45.

55 Die Darstellung der Entwicklung in Böhmen im 9. Jahrhundert von V. Novotný, in: České dějiny [Böhmische Geschichte]. Bd. 1/1, Prag 1912, hat noch nichts von ihrer Gediegenheit und Aktualität eingebüßt. Vgl. dazu auch K. Bosl, Probleme der Missionierung des böhmisch-mährischen Herrschaftsraums, in: F. Graus und H. Ludat (Hrsg.), Siedlung und Verfassung Böhmens in der Frühzeit 105–124 (wichtige Diskussionsbeiträge 124–132); Z. Krumphanzlová, Die Regensburger Mission und der Sieg der lateinischen Kirche in Böhmen im Licht archäologischer Quellen, in: F. Zagiba (Hrsg.), Millenium dioeceseos Pragensis, 973–1973. Wien usw. 1974 20–41.

56 Dazu: J. Kudrnáč, Vývoj slovanského osídlení mezi pražským Povltavím, Labem, Sázavou a Výrovkou [Die Entwicklung der slavischen Besiedlung zwischen dem Prager Moldaugebiet, der Elbe, der Sázava und der Výrovka], in: PA 54 (1963) 173–223; R. Turek, Zur Wirtschafts- und Sozialgeschichte Böhmens im 6.–10. Jahrhundert, in: Sborník Národního Muzea, řada A – Historie 17 (1963) 129–146.

Drittes Kapitel

1 Aus der reichen Literatur über Prag und seine dominante Rolle als Hauptstadt des Přemyslidenstaates s. u. a. K. Benda, K otázce počátků Prahy [Zur Frage der Anfänge Prags], in: Umění 21 (1973) 471–477; Z. Fiala, Die Anfänge Prags. Eine Quellenanalyse zur Ortsterminologie bis zum Jahre 1235, in: Osteuropastudien der Hochschulen des Landes Hessen. Wiesbaden 1967 1–40; I. Borkovský, Die Prager Burg zur Zeit der Přemyslidenfürsten. Prag 1972; J. Vančura, Hradčany – Pražský hrad [Der Hradschin – Die Prager Burg]. Prag 1976; B. Nechvátal, Archeologický výzkum Vyšehradu [Archäologische Untersuchung des Vyšehrad]. Prag 1976; J. Janáček, Das alte Prag. Leipzig 1980.

2 In den zeitgenössischen Quellen werden die Bezeichnungen *regnum Teutonicorum, regnum Teutonicum* und, seltener, *regnum Teutoniae, terra Teutonica* oder *partes Teutonicae* parallel und alternierend gebraucht.

Otto III. nannte sich selbst *rex Romanorum*, er wurde aber, wie seine Nachfolger auch, *rex Teutonicorum* tituliert. Obschon seit Lothar III. auf Siegeln und Urkunden nur noch *rex Romanorum* erscheint, werden in dieser Darstellung „deutscher" bzw. „römischer" König abwechselnd und der Kaisertitel erst nach dem offiziellen Krönungsdatum verwendet.

3 K. Bosl, Böhmen und seine Nachbarn. Gesellschaft, Politik und Kultur in Mitteleuropa. München, Wien 1976; neben Novotný, České dějiny I/1–4, siehe jetzt auch D. Třeštík, Počátky Přemyslovců [Die Anfänge der Přemysliden]. Prag 1981; Z. Fiala, Přemyslovské Čechy. Český stát a společnost v letech 895–1310 [Böhmen zur Zeit der Přemysliden. Der böhmische Staat und die Gesellschaft in den Jahren 895–1310]. Prag [2]1972; sowie die Schlußkapitel bei R. Turek, Böhmen im Morgengrauen der Geschichte, und F. Prinz, Böhmen 62–112. Zu der von Regensburg ausgehenden Mission G. Schwaiger und J. Staber (Hrsg.), Regensburg und Böhmen. Festschrift zur Tausendjahrfeier des Regierungsantritts Bischof Wolfgangs von Regensburg und die Errichtung des Bistums Prag. Regensburg 1972, mit zwei umfangreichen Beiträgen Stabers zur Missionsgeschichte.

4 Trotz des genau überlieferten Todesdatums herrscht Unsicherheit über Alter und Regierungszeit Vratislavs I., die erst durch die anthropologischen Untersuchungen der Gebeine beseitigt werden konnten, obgleich diese Ergebnisse ebenfalls eine wissenschaftliche Kontroverse auslösten. E. Vlček, Nejstarší Přemyslovci ve světle antropologicko-lékařského výzkumu [Die ältesten Přemysliden im Lichte der anthropologisch-medizinischen Untersuchungen]. Prag 1962; ders., Příspěvek k antropologicko-lékařskému průzkumu k chronologii nejstarších Přemyslovců [Ein Beitrag zur anthropologisch-medizinischen Untersuchung zur Chronologie der frühesten Přemysliden], in: ČSČH 32 (1984) 391–415; D. Třeštík, Nejstarší Přemyslovci ve světle přírodovědeckého a historického zkoumání [Die ältesten Přemysliden im Licht der naturwissenschaftlichen und historischen Forschung], in: ČSČH 31 (1983) 233–254.

5 Z. Fiala, Über den privaten Hof Boleslavs I. in Stará Boleslav in der Christian-Legende, in: Mediaevalia Bohemica 3 (1971) 3–25.

6 Wegen unklarer Datierungen könnte auch das Jahr 935 in Frage kommen, doch hat sich auf Grund der Forschungsergebnisse von Pekař, Novotný, Wostry u.a. allgemein 929 als Todesjahr durchgesetzt.

7 Prinz, Böhmen 69.

8 H. Zatschek, Geschichte und Stellung Böhmens in der Staatenwelt des Mittelalters, in: Das Sudetendeutschtum 49.

9 Die bis in die frühen 1960er Jahre erschienene umfangreiche Literatur verzeichnet fast lückenlos K. Richter, HGBL I 208 f.; siehe jetzt F. Seibt, Der Heilige Herzog Wenzel, in: F. Seibt (Hrsg.), Lebensbilder Bd. 4 9–21 (mit Literaturangaben); Svatováclavský sborník [St. Wenzels-Sammelschrift]. Bde 1, 2/1–3, Prag 1934–1939.

10 Zur Entstehung und politischen Bedeutung des Wenzelskults D. Třeštík, Kosmova kronika 183–231 (mit Literaturverweisen); F. Graus, Lebendige Vergangenheit 159–179.

11 Dějiny peněz na území Československa [Die Geschichte des Geldes auf tschechoslowakischem Gebiet]. Prag 1982; B. Spáčil, Česká měna od dávné minulosti k dnešku [Die böhmische Währung von der Vergangenheit bis zur Gegenwart]. Prag 1974; V. Katz, O chronologii denárů Boleslava I. a Boleslava II. [Die Chronologie der Denare...]. Prag 1935; F. Cach, Nejstarší české mince [Die ältesten böhmischen Münzen]. 3 Bde, Prag 1970–1974.

12 Die umfangreiche Literatur zur frühen Kirchengeschichte Böhmens verzeichnet K. Richter, HGBL I 209 f. Aus Anlaß des Prager Bistums-Milleniums sind Untersuchungen erschienen, in denen der neueste Forschungsstand wiedergegeben wird. F. Seibt (Hrsg.), Bohemia sacra. Das Christentum in Böhmen 973–1973. Düsseldorf 1974; H. Schmid-Egger und A. Kunzmann (Hrsg.), Beiträge zur Tausendjahrfeier des Bistums Prag. 2 Bde, München 1972/73; G. Schwaiger und J. Staber (Hrsg.), Regensburg und Böhmen (wie Anm. 2). Siehe auch J. Kadlec, Auf dem Weg zum Prager Bistum, in: F. Zagiba (Hrsg.), Geschichte der Ost- und Westkirche in ihren wechselseitigen Beziehungen. Wiesbaden 1967 29–45; F. Graus, Böhmen zwischen Bayern und Sachsen. Zur böhmischen Kirchengeschichte des 10. Jahrhunderts, in: Historica 17 (1967) 5–42; P. Hilsch, Der Bischof von Prag und das Reich in sächsischer Zeit, in: DA 28 (1972) 1–41; V. A. Kaiser, Die Gründung des Bistums Prag, in: Archiv für Kirchengeschichte von Böhmen-Mähren-Schlesien 3 (1973) 9–23.

13 J. Sláma, K česko-polským stykům v 10. a 11. stol. [Zu den böhmisch-polnischen Beziehungen im 10. und 11. Jh.], in: Vznik a počátky Slovanů 4 (1963) 221–269; P. Bogdanowicz, Przynależność polityczna Śląska w X. wieku. Dzieje problemu oraz próba jego rozwiązania [Die politische Zugehörigkeit Schlesiens im 10. Jh. Die Geschichte des Problems und ein Versuch zur Lösung]. Breslau usw. 1968.

14 Die Adalbert-Literatur ist ebenso umfangreich, aber nicht ganz so kontrovers wie die wissenschaftliche Auseinandersetzung um St. Wenzel. V. Novotný, České dějiny I/1 600–657; M. Uhlirz, Die älteste Lebensbeschreibung des hl. Adalbert. Göttingen 1957; K. Richter, Adalbert, Bischof von Prag, in: K. Bosl (Hrsg.), Lebensbilder Bd. 1 9–26; F. Graus, Die Nationenbildung der Westslawen im Mittelalter. Beilage X 204–207 (Die Slawnikiden in Böhmen).

15 Während eine von Lippert, Novotný, Fiala oder Turek vertretene Schule von der Eigenstaatlichkeit der Slavnikidenherrschaft ausgeht, haben Chaloupecký, Vach, V. Vaněček (Prvních tisíc let [Die ersten tausend Jahre]. Prag 1949 127 ff.) und F. Graus die Auffassung vertreten, daß sie als abhängige lokale Machthaber bereits der Oberhoheit der Prager Herzöge unterworfen gewesen seien. Zum Verlauf der Auseinandersetzung siehe J. Loserth, Der Sturz des Hauses Slawnik,

in: AÖG 65 (1884) 19 ff. Die Ergebnisse der Ausgrabungen auf Burg Libice faßt zusammen R. Turek, Libice – knížecí hradisko X. věku [Libice – eine fürstliche Burgstätte des 10. Jh.]. Prag 1966–1968.

16 Die zeitweilige Besetzung Böhmens durch polnische Truppen und die für die Přemysliden-Dynastie bestehende Gefahr, durch die Piasten abgelöst zu werden, hat Anlaß geboten, diese „Krise" besonders gründlich zu erforschen. Siehe vor allem Z. Fiala, Krize českého státu na přelomu tisíciletí [Die Krise des böhmischen Staates um die Jahrtausendwende], in: Dějiny a současnost 11 (1969) 1 35–40; B. Krzemieńska, Krize českého státu na přelomu tisíciletí, in: ČSČH 18 (1970) 497–529. Die wichtigste Quellengrundlage für diese Jahre ist Thietmar Merseburgensis Episcopo Chronicon. Darmstadt 1957. Zu den böhmisch-polnischen Beziehungen s. L. Havlík, Tři kapitoly z nejstarších dějin česko-polských vztahů [Drei Kapitel aus der Geschichte der ältesten böhmisch-polnischen Beziehungen], in: Slovanské historické studie 4 (1961) 74 ff.; J. Dřímal, Připojení Moravy k českému státu za knížete Oldřicha [Der Anschluß Mährens an den böhmischen Staat unter Führung Udalrichs], in: ČMM 68 (1948) 22–49; L. Havlík, O Moravě v českém státě [Über Mähren im böhmischen Staat], in: VVM 20 (1968) 187–208; B. Krzemieńska, Wann erfolgte der Anschluß Mährens an den böhmischen Staat?, in: Historica 19 (1980) 195–243.

17 B. Krzemieńska, Politický vzestup českého státu za knížete Oldřicha (1012–1034) [Der politische Aufstieg des böhmischen Staates unter dem Fürsten Udalrich], in: ČSČH 25 (1977) 247–270; R. Nový, Přemyslovský stát 11. a 12. století [Der Přemyslidenstaat im 11. und 12. Jh.]. Prag 1972.

18 Eine einfühlsame Würdigung verfaßte B. Krzemieńska, Břetislav I. Prag 1986; dies., Boj knížete Břetislava I. o upevnění českého státu (1039 až 1041) [Der Kampf des Fürsten Břetislav um die Festigung des böhmischen Staates (1039–1041)]. Prag 1979. S. a. Novotný, České dějiny I/2 9 ff.

19 F. Graus, Lebendige Vergangenheit 229 ff.

20 O. Peterka, Rechtsgeschichte der böhmischen Länder. Bd. 1, Reichenberg ²1933 149 ff.

21 J. Loserth, Das angebliche Senioratsgesetz des Herzogs Břetislav I. und die böhmische Succession in der Zeit des nationalen Herzogthums, in: AÖG 64 (1883) 1–78; Novotný, České dějiny I/2 72–79.

22 A. Friedl, Přemyslovci ve Znojmě [Die Přemysliden in Znaim]. Prag 1968.

23 F. Graus, Dějiny venkovského lidu v Čechách v době předhusitské [Geschichte des Landvolks in Böhmen in vorhussitischer Zeit]. 2 Bde, Prag 1953–1957; M. Beranová, Zemědělská výroba v 11.–14. století na území Československa [Die Landwirtschaftsproduktion vom 11.–14. Jh. auf dem Gebiet der Tschechoslowakei]. Prag 1975; B. Krzemieńska und D. Třeštík, Hospodářské základy raně středověkého státu ve střední Evropě [Die wirtschaftlichen Grundlagen des frühmittelalterlichen Staats in Mitteleuropa], in: Hospodářské dějiny 1 (1978) 149–230 bzw. in: ČSČH 27 (1979) 76–110.

24 D. Třeštík und B. Krzemieńska, Zur Problematik der Dienstleute im frühmittelalterlichen Böhmen, in: Graus und Ludat (Hrsg.), Siedlung und Verfassung Böhmens in der Frühzeit 70–103.

25 F. Graus, Adel, Land und Herrschaft in Böhmen vom 10. bis 13. Jahrhundert, in: Nachrichten der Giessener Hochschulgesellschaft 35 (1966) 131–153.

26 F. Kloss, Das räumliche Bild der Grundherrschaft in Böhmen bis zum Ende des 12. Jahrhunderts, in: Mitteilungen des Vereins für Geschichte der Deutschen in Böhmen 70–72 (1932–1934).

27 Neben F. Graus, der den Fragen der Herausbildung des Adels in mehreren Bei-

trägen kompetent nachgegangen ist, s.a. S. Zháněl, Jak vznikla staročeská šlechta. Příspěvek k nejstarším politickým a sociálním dějinám českým [Wie der altböhmische Adel entstand. Ein Beitrag zur ältesten böhmischen politischen und sozialen Geschichte]. Brünn 1930; K. Krofta, Dějiny československé [Tschechoslowakische Geschichte]. Prag 1946 24–29. Zum Verwaltungsaufbau V. Vaněček, Vnitřní organisace Čech a Moravy v době přemyslovské [Die innere Organisation Böhmens und Mährens zur Zeit der Přemysliden]. Prag 1942.

28 Z. Fiala, Die Organisation der Kirche im Přemyslidenstaat des 10.–13. Jahrhunderts, in: Graus und Ludat (Hrsg.), Siedlung und Verfassung Böhmens in der Frühzeit 133–147.

29 H. F. Schmidt, Die rechtlichen Grundlagen der Pfarrorganisation auf westslawischem Boden und ihre Entwicklung während des Mittelalters, in: Zeitschrift der Savigny-Stiftung für Rechtsgeschichte, Kanonistische Abteilung 15 (1926) 1–61; K. Krofta, Kurie a církevní správa zemí českých v době předhusitské [Kurie und Kirchenverwaltung in den böhmischen Ländern in vorhussitischer Zeit], in: ČČH 10 (1904), 12 (1907), 14 (1909).

30 F. Machilek, Reformorden und Ordensreform in den böhmischen Ländern, in: F. Seibt (Hrsg.), Bohemia sacra 63–80.

31 W. Baumann, Die Literatur des Mittelalters in Böhmen. Deutsch-lateinisch-tschechische Literatur vom 10. bis zum 15. Jahrhundert. München, Wien 1978 11–31, 56f.

32 W. Wegener, Böhmen/Mähren und das Reich im Hochmittelalter 33–48.

33 A. Köster, Die staatlichen Beziehungen der böhmischen Herzöge und Könige zu den deutschen Kaisern von Otto d. Gr. bis Ottokar II. Breslau 1912; H. Hoffmann, Böhmen und das Deutsche Reich im hohen Mittelalter, in: Jahrbuch für die Geschichte Mittel- und Ostdeutschlands 18 (1969) 1–62; V. Vaněček, Stát Přemyslovců a středověká říše [Der Přemyslidenstaat und das mittelalterliche Reich]. Prag 1945.

34 F. Graus, Die Nationenbildung der Westslawen im Mittelalter 53–55.

35 Novotný, České dějiny I/2 121–125.

36 Wegener, Böhmen/Mähren 94ff.; F. Graus, Die Entstehung der mittelalterlichen Staaten in Mitteleuropa, in: Historica 10 (1965) 5–64, hier 33f. Nach einer detailgetreuen Abhandlung der politischen Geschichte hat Novotný, České dějiny I/2 315–350, eine überzeugende Würdigung der Person und der Leistungen Vratislavs II. vorgenommen.

37 Dazu Novotný, České dějiny I/2 540ff., hier 607ff.

38 Neben den ausführlichen Darstellungen dieses Komplexes bei Novotný, České dějiny. Bde 1/2 und 3, siehe auch B. Bretholz, Geschichte Böhmens und Mährens bis zum Aussterben der Přemysliden (1306). München, Leipzig 1912 217–251.

39 Der bedeutenden Vermittlerrolle Bischof Daniels I. im sich anbahnenden Konflikt Herzog – König/Kaiser ist gerecht geworden P. Hilsch, Die Bischöfe von Prag in der frühen Stauferzeit. Ihre Stellung zwischen Reichs- und Landesgewalt von Daniel I. (1148–1167) bis Heinrich (1182–1197). München 1969. Zur Königserhebung siehe allgemein H. Hirsch, Das Recht der Königserhebung durch Kaiser und Papst im hohen Mittelalter. Darmstadt 1962; zur Krönung Vladislavs s. P. E. Schramm, Böhmen und das Regnum. Die Verleihung der Königswürde an die Herzöge von Böhmen (1085/86, 1158, 1198/1203), in: Adel und Kirche. Gerd Tellenbach zum 65. Geburtstag dargebracht. Freiburg usw. 1968 346–364; Z. Fiala, Die Urkunde Kaiser Friedrichs I. für den böhmischen Fürsten Vladislav II. vom 18. 1. 1158 und das „Privilegium minus" für Österreich, in: MIÖG 78 (1970) 167–192; Wegener, Böhmen/Mähren 106–109.

40 R. Schranil (Hrsg.), Die sog. Sobieslaw'schen Rechte. Ein Prager Stadtrechtsbuch aus dem 15. Jahrhundert. Prag 1916, der die von einem Teil der tschechischen Geschichtsschreibung übernommene Ansicht vertrat, diese „Rechte" seien erst um 1435 niedergeschrieben worden. Kontroverse Stellungnahmen bei W. Weizsäcker, Die älteste Urkunde der Prager Deutschen. Zur Kritik des Sobieslawschen Privilegs, in: Zeitschrift für sudetendeutsche Geschichte 1 (1937) 161–182; V. Vojtíšek, O privilegiu knížete Soběslava pro pražské Němce a jeho konfirmacích [Über das Privileg des Fürsten Soběslav für die Prager Deutschen und seine Bestätigungen], in: Výbor rozprava a studií 1935 311–322; J. Kejř, K privilegiu knížete Soběslava II. pro pražské Němce, in: Právněhistorické studie 14 (1969) 241–258; ders., Zwei Studien über die Anfänge der Städteverfassung in den böhmischen Ländern, in: Historica 16 (1969) 116–142.

41 P. Hilsch, Die Juden in Böhmen und Mähren im Mittelalter und die ersten Privilegien, in: F. Seibt (Hrsg.), Die Juden in den böhmischen Ländern. München, Wien 1983 13–26.

42 E. Barborová, Postavení Moravy v českém státě v době předhusitské (1182–1411) [Die Stellung Mährens im böhmischen Staat in vorhussitischer Zeit], in: SbAP 20 (1970) 309–362.

43 A. Fischel, Mährens staatsrechtliches Verhältnis zum Deutschen Reich und zu Böhmen im Mittelalter. Wien 1906; Wegener, Böhmen/Mähren 187–190.

44 Wegener, Böhmen/Mähren 200–230. Eine modifiziertere Auffassung vertritt J. Kejř, O tzv. bezprostřední podřízenosti Moravy říši [Über die sog. Reichsunmittelbarkeit Mährens], in: SbAP 28 (1978) 233–286.

45 V. Vaněček, Glosy k t. zv. Statutům Konrádovým [Glossen zu den sog. Konradinischen Statuten], in: Sborník věd právních a státních 41 (1941) 105–159; P. Horák, K statutum Konráda Oty [Zum Statut Konrad-Ottos], in: SbMM 80 (1961) 267–280.

46 Novotný, České dějiny I/3 326–545; J. Prochno, Terra Bohemiae, Regnum Bohemiae, Corona Bohemiae, in: M. Hellmann (Hrsg.), Corona regni. Studien über die Krone als Symbol des Staates im späten Mittelalter. Weimar 1961 198–224.

47 B. Waldstein-Wartenberg, Die Markwartinger. Gräfelfing 1966.

48 V. Vaníček, Vítkovci a český stát v letech 1169–1278 [Die Witigonen und der böhmische Staat in den J. 1169–1278], in: ČSČH 24 (1981) 89–109.

49 P. Choc, Osídlení Čech před účastí cizích kolonistů [Die Besiedlung Böhmens vor der Beteiligung ausländischer Kolonisten], in: Demografie 5 (1963) und 6 (1964); F. Albrecht, Zur Besiedlung Westböhmens durch die Slaven bis zum Einsetzen der deutschen Kolonisation. 2 Bde, Pilsen 1910/11; M. Štěpánek, Opevněná sídliště 9.–12. století ve střední Evropě [Befestigte Siedlungen des 9.–12. Jh. in Mitteleuropa]. Prag 1966.

49a F. Tadra, Kulturní styky Čech s cizinou až do válek husitských [Die kulturellen Beziehungen Böhmens zum Ausland bis zu den Hussitenkriegen]. Prag 1987.

50 P. Spunar, Kultura českého středověku [Die Kultur des böhmischen Mittelalters]; R. Večerka, Slovanské počátky české knižni vzdělanosti [Die slavischen Anfänge der tschechischen literarischen Kultur]. Prag 1963; zur literarischen Produktion des 12. Jh. Novotný, České dějiny I/2 743–752; Baumann, Literatur des Mittelalters in Böhmen 27f., 32–38; zu den Chroniken Turek, Böhmen im Morgengrauen der Geschichte 53–63; zur Baugeschichte E. Bachmann (Hrsg.), Romanik in Böhmen. München 1977.

51 J. Žemlička, Přemysl Otakar I. Panovník, stát a česká společnost na prahu vrcholného feudalismu [Přemysl Otakar I. Herrscher, Staat und böhmische Gesell-

schaft an der Schwelle des Hochfeudalismus]. Prag 1990; ders., Spor Přemysla Otakara I. s pražským biskupem Ondřejem [Der Streit Přemysl Otakars I. mit dem Prager Bischof Andreas], in: ČSČH 24 (1981) 704–729

51a J.Polc, Agnes von Böhmen 1211–1282. Königstochter-Äbtissin-Heilige. München 1989.

52 Die politische Geschichte, besonders die innerböhmischen Entwicklungen, fand durch Novotný, České dějiny I/3 641–854, eine überzeugende Darstellung. Siehe auch J.Janáček u.a., Třinácté století v českých dějinách [Das 13.Jh. in der tschechischen Geschichte]. Prag 1979.

53 J.Pekař, O povstání kralevice Přemysla proti králi Václavovi I. [Über die Erhebung des Kronprinzen Přemysl gegen König Wenzel I.]. Prag 1941; neben der faktenreichen, aber in Teilen veralteten Darstellung von O.Lorenz, Geschichte König Ottokars II. und seiner Zeit. Wien 1866, siehe vor allem V.Novotný, Rozmach české moci za Přemysla Otakara II. [Der Aufstieg Böhmens unter Přemysl Otakar II.], in: České dějiny I/4. Prag 1937 und J.K.Hoensch, Přemysl Otakar II. Der goldene König. Graz usw. 1989.

54 A.Kusternig, König Ottokar in Österreich, 1251–1276/78. St.Pölten, Wien 1978.

55 Novotný, České dějiny I/3 850ff.; I/4 3–94.

56 F.Graus, Přemysl Otakar II. – sein Ruhm und sein Nachleben. Ein Beitrag zur Geschichte politischer Propaganda und Chronistik, in: MIÖG 79 (1971) 57–110, hier 95–97, mit erschöpfenden Literaturangaben.

57 Zur Person und dem Wirken Brunos siehe K.Tillack, Studien über Bruno von Schauenburg und die Politik Ottokars II. von Böhmen. Münster 1959.

58 Die Hintergründe der Wahl schildert O.Redlich, Die Anfänge König Rudolfs I., in: MIÖG 10 (1889) 341–418; ders., Rudolf von Habsburg. Das deutsche Reich nach dem Untergang des Kaisertums. Innsbruck 1903; J.Franzl, Rudolf I. Der erste Habsburger auf dem deutschen Thron. Graz usw. 1986. S.a. Graus, Přemysl Otakar II. (wie Anm. 56), 63ff.

59 Die Berichte über den Verlauf der Schlacht untersuchte A.Busson, Der Krieg von 1278 und die Schlacht bei Dürnkrut, in: AÖG 62 (1881) 1–145.

60 Die Stellungnahmen der böhmischen, österreichischen und deutschen Annalistik sind jüngst verglichen und gewürdigt worden: Graus, Přemysl Otakar II. (wie Anm. 55); F.Seibt, Die böhmische Nachbarschaft in der österreichischen Historiographie des 13. und 14.Jahrhunderts, in: ZfO 14 (1965) 1–26; s.a. ders., König Ottokars Glück und Ende. Dichtung und Wirklichkeit, in: Probleme der böhmischen Geschichte. München 1964 7–22.

61 Text nach J.Jireček (Hrsg.), Fontes rerum Bohemicarum. Bd. 3, Prag 1882 (mit der deutschen Versübersetzung des 14.Jahrhunderts); B.Havránek u.a. (Hrsg.), Nejstarší česká rýmovaná kronika t.ř. Dalimila [Die älteste böhmische Reimchronik des sog. Dalimil]. Prag [2]1958, besonders Kap. 89 und 92.

62 Diese Wertung wurde erst in die tschechische Ausgabe, Dějiny národu českého v Čechách a v Moravě. Prag 1875, Bd. II/1, aufgenommen.

63 Zur besonderen Bedeutung der böhmischen und mährischen Diplomatik siehe die Studien und Editionen von V.Vojtíšek sowie die Publikationen des Brünner Hilfswissenschaftlers J.Šebánek. Vgl. Seibt, Bohemica, S. 60–62.

64 Z.Fiala, Panovnické listiny, kancelář a zemský soud za Přemysla II. (1247–1253–1278). [Herrscherurkunden, Kanzlei und Landgericht unter Přemysl II.], in: SbAP 1 (1951) 167–294.

65 Z.Fiala, Komorník a podkomoří. Pojednání o počátcích a vzájemném poměru obou do konce 13. stol. [Kämmerer und Unterkämmerer. Abhandlungen über die

Anfänge und gegenseitigen Beziehungen beider bis zum Ende des 13. Jh.], in: SbH 2 (1954) 57–82.

66 O. Peterka, Rechtsgeschichte der böhmischen Länder. Bd. 1, 74 ff., 131 ff.; R. Kors, Forschungen zur mittelalterlichen Gerichtsverfassung Böhmens und Mährens. Prag 1919; J. Markov, České žalobní formuláře a reformy Přemysla II. a Karla IV. [Böhmische Klagformulare und die Reformen Přemysls II. und Karls IV.]. Preßburg 1936; E. Werunsky, Die landrechtlichen Reformen König Ottokars II. in Böhmen und Österreich, in: MIÖG 29 (1908) 253 ff. Zur Gesamtproblematik J. Kejř, Český stát a právo v předhusitské době [Der böhmische Staat und das Recht in vorhussitischer Zeit]. Brandýs n. L., St. Boleslav 1977.

67 R. Horna, K. dějinám centralisace Moravy na počátku XIII. století [Zur Geschichte der Zentralisation Mährens am Anfang des 13. Jh.]. Preßburg 1929; Peterka, Rechtsgeschichte I 124 ff., 147 ff.; W. Weizsäcker, Olmützer Lehenswesen unter Bischof Bruno, in: Zeitschrift des Deutschen Vereins für Geschichte Mährens und Schlesiens 20 (1916) 32–56.

68 F. Graus, Lenní právo v Čechách [Lehenswesen in Böhmen], in: Český lid 39 (1952) 67–73; F. Seibt, Land und Herrschaft in Böhmen, in: HZ 200 (1965) 284–315, hier 298 ff.; A. Fischel, Erbrecht und Heimfall auf den Grundherrschaften Böhmens und Mährens vom 13. bis zum 15. Jahrhundert, in: AÖG 106 (1918) 241–288.

69 Peterka, Rechtsgeschichte I, 34 f., 110 f.; H. F. Schmid, Die Burgbezirksverfassung bei den slawischen Völkern, in: JbbKGS N. F. 2 (1926) 2 81–132, hier 115 f.; V. Vaněček, Vnitřní organisace Čech a Moravy v době přemyslovské [Die innere Organisation Böhmens und Mährens in der Přemyslidenzeit], in: Věstník České akademie věd a umění 51 (1942) 13–40, hier 17–28.

70 Annales Placentini Gibellini, in: MGH. SS. XVIII 571.

71 Monachus Fürstenfeldensis, in: MGH. SS. rer. Germ. in us. schol. 1918, 32 f.

72 Prinz, Böhmen 130.

73 A. Zycha, Das böhmische Bergrecht des Mittelalters auf der Grundlage des Bergrechts von Iglau. 2 Bde, Berlin 1900; W. Weizsäcker, Geschichte des Bergbaues in den Sudetenländern. Prag 1928.

74 F. Cach, Nejstarší české mince, t. III. České a moravské mince doby brakteatové [Die ältesten böhmischen Münzen. Bd. 3: Böhmische und mährische Münzen aus der Brakteaten-Zeit]. Prag 1974.

75 E. Michael, Der Erwerb der Bergbaurechte in den Constitutiones Iuris Metallici Wenceslai II. Ius Regale Montanorum. Diss. Erlangen 1934.

76 G. Skalský, Mincovní reforma Václava II. [Die Münzreform Wenzels II.], in: ČČH 40 (1934) 12–32; K. Castellin, Grossus pragensis. Der Prager Groschen und seine Teilstücke, in: Arbeits- und Forschungsberichte zur sächsischen Bodendenkmalpflege 16/17 (1967) 665–741. Siehe auch oben Anm. 10.

77 J. Sejbal, Dějiny peněz na Moravě [Geschichte des Geldes in Mähren]. Brünn 1979.

78 Graus, Dějiny venkovského lidu I 229 und Exkurs II, 290–318.

79 Die durch Schwärmer und Sektierer entstehenden Gefahren beklagte 1274 auch Bischof Bruno von Olmütz in einem Schreiben an Papst Gregor X. Siehe dazu E. Winter, Tausend Jahre Geisteskampf im Sudetenraum. Das religiöse Ringen zweier Völker. Salzburg, Leipzig 1938; [2]München o. J., 42 ff.; R. Nový, K sociálnímu postavení farského kléru v Čechách v době předhusitské [Zur sozialen Stellung des Pfarrklerus in Böhmen in vorhussitischer Zeit], in: SbH 9 (1962) 137–192; M. Machovcová und M. Machovec, Utopie blouznivců a sektářů [Die Utopie der Schwärmer und Sektierer]. Prag 1960, 101 ff., 172 ff., 186 ff.

80 V. Cinke, Organizace českých klášterů ve 13. a 14. století na podkladě provinčním [Die Organisation der böhmischen Klöster im 13. und 14. Jh. auf der Grundlage der Ordensprovinzen], in: ČSČH 16 (1968) 435–446.

81 F. Tadra, Kulturní styky Čech s cizinou [Kulturelle Beziehungen Böhmens zum Ausland]. Prag 1897 232 ff.

82 F. Machilek, Die Zisterzienser in Böhmen und Mähren, in: Archiv für Kirchengeschichte von Böhmen-Mähren-Schlesien 3 (1973) 185–220.

83 J. Čechura, Příspěvek k nejstarším dějinám kláštera ve Zlaté Koruně [Beitrag zur frühesten Geschichte des Klosters Goldenkron, in: JSH 48 (1979) 97–107; ders., K některým otázkám hospodářského a správního systému cisterciárských klášterů – Zlatá Koruna v předhusitském období [Zu einigen Fragen des Wirtschafts- und Verwaltungssystems eines Zisterzienserklosters – Goldenkron in vorhussitischer Zeit], in: ČSČH 29 (1981) 228–256.

84 Die deutsche Ostsiedlung ist bereits im 19. Jh. in der tschechischen und in der deutschen Historiographie höchst kontrovers beurteilt worden. In einem mit erschöpfenden Literaturangaben versehenen Artikel schildert F. Graus, Die Problematik der deutschen Ostsiedlung aus tschechischer Sicht, in: W. Schlesinger (Hrsg.), Die deutsche Ostsiedlung des Mittelalters als Problem der europäischen Geschichte. Reichenau-Vorträge 1970–1972. Sigmaringen 1975 31–75. In dem Abschnitt Der Landesausbau im Hohen Mittelalter hat K. Richter in HGBL I 306–347 ebenfalls umfangreiche Literaturangaben gemacht und den Siedlungsvorgang einer sachlichen Interpretation unterworfen. Siehe jetzt auch C. Higounet, Die deutsche Ostsiedlung im Mittelalter. Berlin 1986. In der ČSSR nimmt sich gegenwärtig besonders J. Žemlička dieses Themas an, so u. a. K charakteristice středověké kolonizace v Čechách [Zur Charakteristik der mittelalterlichen Kolonisation in Böhmen], in: ČSČH 24 (1978) 58–79. Siehe auch B. Zientara, Der Ursprung des „deutschen Rechtes" (ius Theutonicum) auf dem Hintergrund der Siedlungsbewegung in West- und Mitteleuropa während des 11. und 12. Jahrhunderts, in: Jahrbuch für Geschichte des Feudalismus 2 (1978) 119–148.

85 In der älteren Studie von A. Zychas, Über den Ursprung der Städte in Böhmen und Mähren und die Städtepolitik der Přemysliden. Prag 1914, findet sich eine Fülle wertvoller Informationen. Knappe Zusammenfassungen lieferten F. Kavka, Die Städte Böhmens und Mährens zur Zeit des Přemyslidenstaates, in: W. Rausch (Hrsg.), Die Städte Mitteleuropas im 12. und 13. Jahrhundert. Linz 1963 137–153; und J. Kejř, Die Anfänge der Stadtverfassung und des Stadtrechts in den Böhmischen Ländern, in: W. Schlesinger (Hrsg.), Die deutsche Ostsiedlung (wie Anm. 83), 439–470; ders., Zwei Studien über die Städteverfassung in den böhmischen Ländern, in: Historica 19 (1969) 81–142; ders., Městské zřízení v českém státě ve 13. století [Die Städteverfassung im böhmischen Staat im 13. Jh.], in: ČSČH 27 (1979) 226–251; J. Žemlička, Přemyslovská hradská centra a počátky měst v Čechách [Die Burgzentren der Přemysliden und die Anfänge der Städte in Böhmen], in: ČSČH 27 (1979) 559–584. Die Ergebnisse der archäologischen Grabungen in böhmischen Städten hat in mehreren Publikationen M. Richter vorgestellt.

86 D. Menclová, České hrady [Böhmische Burgen]. Prag 1972; V. Nekuda und J. Ungern, Hrádky a tvrze na Moravě [Kastelle und Festungen in Mähren]. Brünn 1981.

87 J. Lippert, Sozialgeschichte Böhmens in vorhussitischer Zeit. Bd. 2, Wien 1898 (Reprint Aalen 1969) 318–353.

88 J. Kadlec, Bischof Tobias und die Prager Diözese während seiner Regierungszeit

(1278–1296), in: Beiträge zur Geschichte des Bistums Regensburg 6 (1972) 119–172.

89 Hilsch, Die Juden in Böhmen und Mähren im Mittelalter, in: F. Seibt (Hrsg.), Die Juden in den böhmischen Ländern 21–26.

90 E. Urbánková und K. Stejskal (Hrsg.), Pasionál Přemyslovny Kunhuty. Prag 1975.

91 Ausgaben und weiterführende Literatur verzeichnet Baumann, Die Literatur des Mittelalters in Böhmen 40–43. S. a. Graus, Die Nationenbildung der Westslawen im Mittelalter 92–95 u. s. w.

92 A. Kutal, České gotické umění [Die gotische Kunst in Böhmen]. Prag 1972; J. Kuthan, Gotická architektura v jižních Čechách. Zakladatelské dílo Přemysla Otakara II. [Die gotische Architektur in Südböhmen. Das Gründungswerk Přemysl Otakars II.]. Prag 1975; K. M. Svoboda (Hrsg.), Gotik in Böhmen. Geschichte, Geistesgeschichte, Architektur, Plastik, Malerei. München 1969.

93 Detailreichste Gesamtdarstellung bei J. Šusta, Soumrak Přemyslovců a jejich dědictví [Das Ende der Přemysliden und ihr Erbe], in: České dějiny II/1 285 ff.; Bachmann, Geschichte Böhmens I 655–725.

94 Weitere Einzelheiten bei Šusta, České dějiny II/1 682 ff.

95 Zum Geschichtsablauf zwischen 1306 und 1310 siehe J. Šusta, Král cizinec [König Fremdling], in: České dějiny II/2.

96 Z. Fiala, Počátky české účasti v kurfiřtském sboru [Die Anfänge der böhmischen Teilnahme am Kurfürstenrat], in: SbH 8 (1961) 27–64.

97 F. Prinz, Die Stellung Böhmens im Mittelalterlichen Deutschen Reich, in: Zeitschrift für bayerische Landesgeschichte 28 (1965) 99–113.

Viertes Kapitel

1 V. Chaloupecký, Inaugurační diplomy krále Jana z r. 1310 a 1311 [Die Inaugurationsdiplome König Johanns aus den J. 1310 und 1311], in: ČČH 50 (1947/49) 69–102.

2 Siehe dazu vor allem die zahlreichen Studien von H. Sturm, u. a. Die Alte Reichspfandschaft Eger und ihre Stellung in der Geschichte der böhmischen Länder, in: K. Bosl (Hrsg.), HGBL II 3–95.

3 O. Pustejovsky, Schlesiens Übergang an die böhmische Krone. Köln, Wien 1975; G. Grawert-May, Das staatsrechtliche Verhältnis Schlesiens zu Polen, Böhmen und dem Reich des Mittelalters (10. Jh. bis 1526). Aalen 1971; Die Rolle Schlesiens und Pommerns in der Geschichte der deutsch-polnischen Beziehungen im Mittelalter (Referate auf der XII. deutsch-polnischen Schulbuchkonferenz). Braunschweig 1980.

4 Schon J. Šusta hat in seiner ausgewogenen, ungemein detailreichen Darstellung in den Bdn II/2 und 3 der České dějiny. Král cizinec [König Fremdling] und Karel IV. Otec a syn [Karl IV. Vater und Sohn]. Prag 1939 und 1946, eine Neubewertung der Politik Johanns vorgenommen, die von ganz anderer Warte her R. Cazelles, Jean l'Aveugle. Paris 1947, bestätigt hat. Siehe dazu auch die Ausführungen von F. Seibt in: HGBL I 351–384, und, ders., Karl IV. Ein Kaiser in Europa 1346–1378. München 1978 83–109, sowie von Z. Fiala, Předhusitské Čechy 1310–1419. Český stát pod vládou Lucemburků [Das vorhussitische Böhmen 1310–1419. Der böhmische Staat unter der Herrschaft der Luxemburger]. Prag ^{2}1968.

5 F. Meltzer, Die Ostraumpolitik König Johanns von Böhmen. Jena 1940.

6 E. Hillenbrand, Die Autobiographie Karls IV. Einführung, Übersetzung, Kommentar. Stuttgart 1975. Da zwei moderne Karl-Biographien vorliegen – von F. Seibt (s. o. Anm. 4) und J. Spěváček, Karl IV. Sein Leben und seine staatsmännische Leistung. Wien usw. 1978, in denen die gesamte ältere Literatur verzeichnet ist, soll hier nur auf die Auseinandersetzung mit der neueren Literatur über Karl von J. Mezník und J. Spěváček in: ČSČH 18 (1970) 297–299; den Sammelband von H. Patze (Hrsg.), Kaiser Karl IV. 1316–1378. Forschungen über Kaiser und Reich. Neustadt/Aisch 1978, sowie die geglückte Skizze von R. Schneider, Karl IV. 1346–1378, in: H. Beumann (Hrsg.), Kaisergestalten des Mittelalters. München 1984 257–276 u. 374f., verwiesen werden.

7 J. Spěváček, Die letzte Phase des Kampfes Markgraf Karls (IV.) um die römische Krone, in: Historisches Jahrbuch 91 (1971) 94–108.

8 J. Polc, Ernst von Pardubitz, in: F. Seibt (Hrsg.), Lebensbilder Bd. 3. München 1978 25–42.

9 G. Losher, Königtum und Kirche zur Zeit Karls IV. Ein Beitrag zur Kirchenpolitik im Spätmittelalter. München 1985 52f.

10 V. Lorenc, Nové Město pražské [Die Prager Neustadt]. Prag 1973.

11 Einzelheiten bei Seibt, HGBL I 403f.

12 Inhaltsangabe nach Šusta, České dějiny II/4 179–215; Übersicht über Ausgaben und Literatur im Repertorium fontium historiae medii aevi. Rom 1970 145.

13 Seibt, Karl IV. 192–200.

14 Peterka, Rechtsgeschichte I 139ff.; K. Krofta, Začátky české berně [Die Anfänge der böhmischen Berna], in: ČČH 36 (1930) 1–26, 237–257, 437–490.

15 J. Klapper, Johann von Neumarkt, Bischof und Hofkanzler. Leipzig 1964; E. Schwarz, Johann von Neumarkt, in: K. Bosl (Hrsg.), Lebensbilder Bd. 1, München 1974 27–48; H. J. Rieckenberg, Zur Herkunft des Johann von Neumarkt, Kanzler Karls IV., in: DA 31 (1975) 555–569; S. Grosse, Zur Diskussion über die Entstehung der neuhochdeutschen Schriftsprache, in: F. Seibt (Hrsg.), Kaiser Karl IV. München 1978.

16 Neben den Ausführungen bei Peterka, Rechtsgeschichte, s.a. R. Rauscher, K otázce vzniku zemského soudu v Čechách [Zur Frage der Entstehung des böhmischen Landgerichts], in: Sborník Laštovkův. Brünn 1936 344–359.

17 V. Vojtíšek, Soud a rada v královských městech českých [Gericht und Rat in den böhmischen königlichen Städten], in: ders., Výbor rozprav a studií [Auswahl von Abhandlungen und Studien]. Prag 1953 240–272.

18 Zum Gesamtrahmen M. Hellmann (Hrsg.), Corona Regni. Studien über die Krone als Symbol des Staates im späten Mittelalter. Darmstadt 1961.

J. Spěváček, Lucemburské koncepce českého státu a jejich přemyslovské kořeny [Die Konzeption des böhmischen Staates bei den Luxemburgern und ihre Wurzeln in der Přemyslidenzeit], in: SbH 24 (1976) 5–51; R. Schneider, Karls IV. Auffassung vom Herrscheramt, in: HZ Beiheft NF 2 (1973) 122–150; J. Cibulka, Český řád korunovační a jeho původ [Der böhmische Krönungsordo und seine Herkunft]. Prag 1934; K. Fürst Schwarzenberg, Die Sankt-Wenzels-Krone und die böhmischen Insignien. München 1960.

19 E. L. Petersen, Studien zur Goldenen Bulle von 1356, in: DA 22 (1966) 227–253.

20 Seibt, Karl IV. 351–360.

21 M. Paulová, L'idée Cyrillo-Méthodienne dans la politique de Charles IV et la fondation du monastère slave de Prague, in: Byzantinoslavica 2 (1950) 174–186; E. Winter, Die Luxemburger in der Ostpolitik der päpstlichen Kurie im 14. Jahrhundert, in: Wissenschaftl. Zeitschrift der Fr.-Schiller-Universität, Jena, Gesellschaftswissenschaftl. Reihe 7 (1957/58) 81–87.

22 B. Bretholz, Geschichte Böhmens und Mährens. Bd. 1, Reichenberg 1924 200.
23 J. Kadlec, Die Bibel im mittelalterlichen Böhmen, in: Archives d'histoire doctrinale et littéraire du Moyen Age 39 (1965) 89–109.
24 A. Blaschka, Die St. Wenzelslegende Kaiser Karls IV. Einleitung, Text, Kommentar. Prag 1934.
25 Z. Kalista, Karel IV. Jeho duchovní tvář [Karl IV. Sein geistiges Profil]. Prag 1971.
26 B. Frey, Pater Bohemiae – Vitricus Imperii. Böhmens Vater, Stiefvater des Reiches. Kaiser Karl IV. in der Geschichtsschreibung. Bern usw. 1978. S. a. J. B. Novák, Patriotismus Karla IV. [Der Patriotismus Karls IV.], in: ČČH 32 (1926) 9–32; E. Hanisch, Der sog. „Patriotismus" Karls IV., in: JbbKGS NF 2–2 (1926) 9–27.
27 Graus, Die Nationenbildung der Westslawen 113–116.
28 Seibt, Karl IV. 388–397.
29 Die neueren Arbeiten zur Geschichte der Karls-Universität verzeichnen O. Pustejovsky, Zur Geschichte der Böhmischen Länder im 14. Jahrhundert, in: JbGO 15 (1967) 126 ff.; Seibt, Bohemica 78 ff.; ders., in: HGBL I 449–457; ders., Karl IV. 179–185.
30 A. Patschofsky, Die Anfänge einer ständigen Inquisition in Böhmen. Berlin, New York 1975.
31 K. F. Richter, Konrad Waldhauser, in: F. Seibt (Hrsg.), Lebensbilder Bd. 3, 159–174.
32 M. Kaňák, Milíč z Kroměříže. Prag 1975.
33 Weiterführende Angaben und Literaturverweise in HGBL I 434–449.
34 E. Schwarz, Die Volkstumsverhältnisse in den Städten Böhmens und Mährens vor den Hussitenkriegen, in: BJb 3 (1962) 27–111; J. Mezník, Národnostní složení předhusitské Prahy [Die nationale Struktur des vorhussitischen Prag], in: SbH 17 (1970) 5–30.
35 H. Schenk, Zur Problematik der mittelalterlichen Handelsgeschichte Böhmens, in: H. Ludat (Hrsg.), Agrar-, Wirtschafts- und Sozialprobleme Osteuropas in Geschichte und Gegenwart. Wiesbaden 1965 417–441; ders., Nürnberg und Prag. Ein Beitrag zur Geschichte der Handelsbeziehungen im 14. und 15. Jahrhundert. Wiesbaden 1969.
36 Die ältere Untersuchung von Z. Winter, Dějiny řemesel a obchodu v Čechách v 14. a 15. století [Geschichte von Handel und Handwerk in Böhmen im 14. und 15. Jh.]. Prag 1906, ist trotz der darin enthaltenen Materialfülle überholt. S. a. J. Mezník, Karel IV., patriciát a cechy [Karl IV., das Patriziat und die Zünfte], in: ČSČH 13 (1965) 202–217; B. Mendl, Vývoj řemesla a obchodu v městech pražských [Die Entwicklung von Handwerk und Handel in den Prager Städten]. Prag 1947; R. Nový, Hospodářský region Prahy na přelomu 14. a 15. století [Die Wirtschaftsregion Prag an der Wende vom 14. zum 15. Jh.], in: ČSČH 19 (1971) 397–418; ders., Poddanská města a městečka v předhusitských Čechách [Die untertänigen Städte und Kleinstädte im vorhussitischen Böhmen], in: ČSČH 21 (1973) 73–108.
37 K. Castelín, Haléře Karla IV. a mincovní řád z roku 1378 [Die Groschen Karls IV. und die Münzordnung des J. 1378], in: Numismatické listy 26 (1971) 139–158.
38 Die inhaltlich oft widersprüchlichen Arbeiten zur Agrargeschichte sind verzeichnet in HGBL I 415–422. Von besonderer Bedeutung sind die Untersuchungen des sowjetischen Experten B. C. Rubcov, Issledovanja agrarnoj istorii Čechii – 14. načalo 15 vv. [Untersuchungen zur Agrargeschichte Böhmens – 14./Anfang 15. Jh.]. Moskau 1963; ders., Evolucija feodalnoj renty v Čechii [Die Entwicklung

der Feudalrente in Böhmen]. Moskau 1958. Neben den Aufsätzen von M. Polívka über die Besitzdifferenzierung im niederen Adel siehe auch V. Šmelhaus, Vývoj zemědělské výroby v českých zemích v době husitské [Die Entwicklung der Landwirtschaftsproduktion in den böhmischen Ländern in der vorhussitischen Zeit]. Prag 1980.

39 H. Angermeier, Königtum und Landfriede im deutschen Spätmittelalter. München 1965, hier S. 287f.

40 Nach F. M. Pelzel, Lebensgang des römischen und böhmischen Königs Wenceslaus. 2 Bde, Prag 1788–90; und Th. Lindner, Geschichte des deutschen Reiches unter König Wenzel. 2 Bde, Stuttgart 1890–93; haben sich H. Weigel, Männer um König Wenzel. Das Problem der Reichspolitik 1379–1384, bzw. ders., König Wenzels persönliche Politik. Reich und Hausmacht 1384–1389, beide in: DA 5 (1942) 112–177 und 7 (1944) 133–199; sowie F. M. Bartoš, Čechy v době Husově 1378–1415 (České dějiny II/6). Prag 1947, ausführlich mit Wenzel IV. beschäftigt. In jüngster Zeit hat sich von tschechischer Seite besonders kompetent I. Hlaváček mit der Zeit Wenzels IV. auseinandergesetzt. Eine kurze Skizze bietet W. Hanisch, Wenzel IV., in: F. Seibt (Hrsg.), Lebensbilder Bd. 3, München, Wien 1978 251–279.

41 J. Rak und J. Žalman (Hrsg.), Jenštejn. Sborník... [Jenstein. Sammelband]. Brandýs n. L., Stará Boleslav 1977, mit interessanten Beiträgen zum Leben Jensteins und den politischen und geistigen Strömungen seiner Zeit.

42 I. Hlaváček, Das Urkunden- und Kanzleiwesen des böhmischen und römischen Königs Wenzel (IV.) 1376–1419. Stuttgart 1970.

43 Z. Hledíková, K otázkám vztahu duchovní a světské moci v Čechách ve druhé polovině 14. století [Zur Frage der Beziehungen zwischen geistlicher und weltlicher Macht in Böhmen in der zweiten Hälfte des 14. Jh.s], in: ČSČH 24 (1976) 244–273.

44 Sein aufsehenerregender Tod gab bald Anlaß zur Legendenbildung. Zu den Hintergründen des Mordes J. Weisskopf, Johannes von Pomuk. München 1948. S. a. den Beitrag von F. Seibt in dem vom A. Stifter-Verein hrsg. Ausstellungskatalog Johannes von Nepomuk. Passau 1971.

45 Die Ursachen für die Absetzung Wenzels IV. und die Wahl Rupprechts bei A. Gerlich, Habsburg-Luxemburg-Wittelsbach im Kampf um die deutsche Königskrone. Studien zur Vorgeschichte des Königtums Ruprechts von der Pfalz. Wiesbaden 1960.

46 Dieser Entwicklung ist besonders F. M. Bartoš, České dějiny II/6 169ff. nachgegangen.

47 Siehe dazu J. Leuschner, Zur Wahlpolitik im Jahre 1410, in: DA 11 (1955) 506–553.

48 J. Eršil, L'Eglise de la Bohême et la Cour pontificale jusqu'au milieu du quatorzième siècle, in: Communio viatorum 16 (1973) 163–183.

49 B. Žilynskyj, Česká šlechta a počátky husitství (1410–1415) [Der böhmische Adel und die Anfänge des Hussitentums], in: JSH 48 (1979) 52–65.

50 F. Machilek, Die Frömmigkeit und die Krise des 14. und 15. Jahrhunderts, in: Mediaevalia Bohemica 3 (1970) 209–227; M. Vidlák, Stupnice společenského rozvrstvení na počátku husitské revoluce [Die Skala der gesellschaftlichen Schichtung zu Beginn der Hussitenrevolution], in: Sociologický časopis 5 (1969) 47–57.

51 Dazu die Beiträge von W. Hanisch und M. Tischler, in: F. Seibt (Hrsg.), Die Juden in den böhmischen Ländern 27–56.

52 E. Winter, Frühhumanismus. Seine Entwicklung in Böhmen und deren Bedeutung für die Kirchenreformbestrebungen im 14. Jahrhundert. Berlin 1964.

53 Die fast unüberschaubare Hus-Literatur führt auf F. Seibt in: HGBL I 494ff.; ders., Hus und die Hussiten in der tschechischen wissenschaftlichen Literatur seit 1945, in: ZFO 7 (1958) 566–590; ders. in: Sonderheft 4 „Bohemica" der HZ. München 1970 83ff. Siehe auch die reichen Literaturangaben bei F. Seibt, Hussitica. Zur Struktur einer Revolution. Köln, Graz 1965; J. Macek, Die Hussitenbewegung in Böhmen. Prag 1965; R. Kalivoda, Revolution und Ideologie. Der Hussitismus. Köln, Wien 1976.

Eine Neubewertung von Hus haben vorgenommen P. de Vooght, Jean Hus, aujourd'hui, in: BJb 12 (1971) 35–52; R. Friedenthal, Ketzer und Rebell. Jan Hus und das Jahrhundert der Revolutionskriege. München 1972; A. Molnár, Jean Hus, témoin de la vérité. Paris, Lausanne 1978; E. Werner, Jan Hus. Welt und Umwelt eines Prager Frühreformators. Weimar 1991.

54 G. Leff, Wyclif and Hus: a Doctrinal Comparison, in: Bulletin of the John Rylands Library 50 (1969) 2 387–410.

55 F. Seibt, Johannes Hus und der Abzug der deutschen Studenten aus Prag 1409, in: Archiv für Kulturgeschichte 39 (1957) 63–80.

56 Diese Komponente verfolgt F. Šmahel, The Idea of the ‚Nation' in Hussite Bohemia, in: Historica 16 (1969) 145–247; vgl. auch die „Randbemerkungen" Šmahels in: ČSČH 17 (1969) 57–67.

57 M. Spinka, John Hus at the Concil of Constance. New York, Leiden 1965; ders., John Hus. A Biography. Princeton 1968.

58 W. R. Cook, The Eucharist in Hussite Theology, in: Archiv für Reformationsgeschichte 66 (1975) 23–35.

59 F. Seibt, Die Hussitenzeit als Kulturepoche, in: HZ 195 (1962) 21–62.

60 Einzelheiten bei F. M. Bartoš, Husitská revoluce. Bd. 1: Doba Žižkova [Die hussitische Revolution. Die Zeit Žižkas]. Prag 1965 58ff.

61 Zur Bedeutung Tabors und der dort vertretenen Auffassungen J. Macek, Tábor v husitském revolučním hnutí [Tabor in der hussitischen revolutionären Bewegung]. 2 Bde, Prag 1952/54.

62 Einzelheiten bei F. Seibt, Hussitica 16–57. S. a. R. Kalivoda und A. Kolesnyk (Hrsg.), Das hussitische Denken im Lichte seiner Quellen. Berlin 1969; A. Molnár (Hrsg.), Husitské manifesty [Die hussitischen Manifeste]. Prag 1980. Zur Rolle der Prager Universität J. Kejř, Mistři pražské university a kněží táborští [Die Magister der Prager Universität und die Priester von Tabor]. Prag 1981; F. M. Bartoš, Bojovníci a státníci husitští a Universita Karlova [Die Krieger und Staatsmänner des Hussitentums und die Karls-Universität], in: AUC 1972 7–65.

63 J. Durdík, Hussitisches Heerwesen. Berlin 1961.

64 F. Šmahel, Záhady dvou Žižků [Das Rätsel der zwei Žižka], in: Sborník Muzea husitského revolučního hnutí 3 (1980) 5ff. Neben J. Pekařs bahnbrechender Studie Žižka a jeho doba. 4 Bde, Prag 1927–1933; siehe F. G. Heymann, John Žižka and the Hussite Revolution. Princeton 1955; F. Šmahel, Jan Žižka z Trocnova. Prag 1969; J. Kejř, Jan Žižka jako politik a státník [J. Ž. als Politiker und Staatsmann], in: JSH k výročí Žižkova úmrtí 43 (1974); J. Schneider, Jan Žižka a Tábor [J. Ž. und Tabor]. České Budějovice 1974.

65 J. Macek, Prokop Veliký [Prokop der Große]. Prag 1953; F. M. Bartoš, Několik záhad v životě Prokopa Velikého [Einige Probleme zum Leben Prokops des Großen], in: SbH 8 (1961) 157–194.

66 A. Molnár, Zur Frage der Trennung zwischen Jan Žižka und Tábor. Zum 550. Todestag Žižkas, in: Communia viatorum 17 (1974) 123–140. Dazu auch F. Seibt, Tabor und die europäische Revolution, in: BJb 14 (1973) 33–42.

67 J. B. Čapek, Vztah Jana Žižky k bratrstvu orebskému [Die Beziehungen J. Ž. zur Bruderschaft der Orebiten], in: Křesťanská revue 41 (1974) 184–189.
68 B. Auštecká, Jan Želivský jako politik [Johannes von Seelau als Politiker]. Prag 1925; F. M. Bartoš, Pád Želivského [Želivskýs Sturz], in: JSH 21 (1952) 82–92.
69 Der Hochadel zeigte keine Bedenken, sich der Besitzungen von Kirchen und Klöstern zu bemächtigen und die verlorengegangene Kontrolle über die Pfarrkirchen zurückzugewinnen. Da sich das Königtum an der Sequestrierung nicht beteiligen konnte, büßte es wertvolle Positionen bei der Behauptung seiner Vormachtstellung den Baronen gegenüber ein. M. Klassen, Ownership of Church Patronage and the Czech Nobility's Support for Hussitism, in: Archiv für Reformationsgeschichte 66 (1975) 36–49.
70 V. Bystrický und K. Waska, O vyhnání křižáků z Čech roku 1427 [Über die Vertreibung der Kreuzritter aus Böhmen im J. 1427]. Pilsen 1982.
71 Siehe dazu u. a. S. Petrin, Der österreichische Hussitenkrieg, 1420–1434. Wien 1982.
72 Font. rer. Bohem. V 327. F. Heřmanský, Vavřince z Březové: Husitská kronika [Die Hussitenchronik des L. v. B.]. Prag 1954.
73 Einzelheiten und weiterführende Literaturangaben in HGBL I 554–561.
74 J. Marek, Společenská struktura moravských královských měst [Die Gesellschaftsstruktur der königlichen Städte in Mähren]. Prag 1966.
75 Dazu u. a. J. Janáček, Městské finance a investice: Praha 1420–1547 [Städtische Finanzen und Investitionen: Prag 1420–1547], in: ČSČH 25 (1977) 408–452; J. Hásková, Příspěvek k otázce produkce a oběhu stříbra v době Jiřího z Poděbrad [Beitrag zur Frage der Produktion und des Umlaufs von Silber in der Zeit G. von Podiebrad], in: ČSČH 21 (1973) 241–251.
76 Textauszüge und Belegstellen bei B. Bretholz, Geschichte Böhmens und Mährens II 77–80.
77 Zur Gesellschaftsentwicklung allgemein J. Válka, Česká společnost v 15.–18. století. Bd. 1: Předbělohorská doba [Die böhmische Gesellschaft vom 15.–18. Jh. Die Zeit vor dem Weißen Berg]. Prag 1972; Zur Lage auf dem Agrarsektor A. Míka, Die wirtschaftlichen und sozialen Folgen der revolutionären Hussitenbewegung in den ländlichen Gebieten Böhmens, in: ZfG 7 (1959) 820–841. Vorbehalte gegen die marxistische Interpretation, bereits mit der Niederlage der Hussiten habe eine „zweite Leibeigenschaft" eingesetzt, meldet an F. Seibt, Gutsherrschaft und Grunduntertanen im böhmischen Ständestaat, in: BJb 3 (1962) 225–238.
78 Z. Nejedlý, Dějiny husitského zpěvu [Geschichte des Hussitengesangs]. 6 Bde, Prag [2]1954–1956.
79 Baumann, Literatur des Mittelalters in Böhmen 100–111.
80 F. M. Bartoš, Z politické literatury doby husitské [Aus der politischen Literatur der Hussitenzeit], in: SbH 5 (1957) 21–67.
81 H. Kaminsky, Pius Aeneas among the Taborites, in: Church History 28 (1959) 3–31.
82 Siehe die auf einer internationalen Konferenz in Prag gehaltenen Referate in: Mezinárodní ohlas husitství [Das internationale Echo des Hussitismus]. Prag 1958.

Fünftes Kapitel

1 R. Heck, Tabor a kandydatura jagiellońska w Czechach, 1438–1444 [Tabor und die jagiellonische Kandidatur in Böhmen]. Breslau 1964.

2 Die immer noch beste Darstellung der kurzen Regierung Albrechts II. verfaßte W. Wostry, König Albrecht II. 2 Bde, Prag 1906/07.

3 Die Anfänge Georgs von Podiebrad erfahren in drei umfangreichen Biographien eine weitgehend übereinstimmende Interpretation: R. Urbánek, Věk poděbradský [Das Zeitalter Podiebrads]. 4 Bde, Prag 1915–1962; ders., Husitský král Jiří z Poděbrad [Der Hussitenkönig G. v. P.]. Prag 1926; F. G. Heymann, George of Bohemia. King of Heretics. Princeton 1965; O. Odložilík, The Hussite King. Bohemia in European Affairs, 1440–1471. New Brunswick, N. J. 1965. – Eine knappe Zusammenfassung der Problematik bietet I. Matison, Der „Hussitenkönig" Georg von Poděbrad und seine Zeit, in: Probleme der böhmischen Geschichte. München 1964 23 ff.

4 Heymann, George of Bohemia 81–95.

5 Zur schlesischen Entwicklung ist immer noch unverzichtbar H. Aubin u. a. (Hrsg.), Geschichte Schlesiens. Bd. I, Stuttgart ²1961. S. a. R. Koebner, Der Widerstand Breslaus gegen Georg von Podiebrad. Breslau 1916; für die Folgejahre H. Jedin, Die Krone Böhmens und die Breslauer Bischofswahlen 1468–1732, in: Archiv für schlesische Kirchengeschichte 4 (1939) 165–208.

6 E. Kanter, Die Ermordung König Ladislaws. München 1906. Den gegenwärtigen Forschungsstand legt dar F. G. Heymann, The Death of King Ladislav, in: The Canadian Historical Association Report 1961 96–111.

7 O volbě Jiřího z Poděbrad za krále českého [Über die Wahl G. v. P. zum böhmischen König]. Prag 1958. Weitere Literaturangaben bei K. und M. Uhlirz, Handbuch der Geschichte Österreichs. Bd. I, Graz usw. ²1963 439 f.

8 A. A. Strnad, Die Breslauer Bürgerschaft und das Königtum Georg Poděbrads, in: ZfO 14 (1965) 401–435 und 601–640.

9 Heymann, George of Bohemia 168 ff.

10 Diesen Fragen wurde Aufmerksamkeit geschenkt von A. Bachmann, Ein Jahr böhmische Geschichte. Georg von Podiebrads Wahl, Krönung und Anerkennung, in: AÖG 54 (1876) 34–174; ders., Böhmen und seine Nachbarländer unter Georg von Podiebrad 1458–1461. Prag 1878.

11 Siehe dazu neben den oben erwähnten Arbeiten von Koebner und Strnad auch die Untersuchung von F. G. Heymann, City Rebellion in 15th Century Bohemia and their Ideological and Sociological Background, in: Slavonic and East European Review 40 (1962) 324–340.

12 R. Heck, Zjazd głogowski w 1462 r. [Das Glogauer Zusammentreffen im Jahr 1462]. Warszawa 1962.

13 Dieser Entwurf für einen europäischen Fürstenbund traf zwar auf großes Interesse, zeitigte aber keine praktischen Ergebnisse und erfuhr erst im 20. Jh. eine Würdigung als Vorläufer internationaler Organisationen. Text bei J. Kejř und V. Vaněček (Hrsg.), The Universal Peace Organization of King George of Bohemia... Prag 1964. Weiterführende Literaturangaben in HGBL I 553 Anm. 9 f.

14 Weitere Einzelheiten bei Heymann, George of Bohemia 336 f. Zur Außenpolitik allgemein J. Macek, K zahraniční politice krále Jiřího [Zur Außenpolitik König Georgs], in: ČSČH 13 (1965) 19–48.

15 Siehe dazu die populärwissenschaftliche Darstellung von I. Ackerl, König Matthias Corvinus. Ein Ungar, der in Wien regierte. Wien 1985.

16 Dieser „zweite Hussitenkrieg“ findet bei Heymann, George of Bohemia 476–546 und bei Odložilík, Hussite King 204–262, eine ausführliche Würdigung.

17 Wegen der nur ungenügenden Bearbeitung der böhmischen Geschichte der Jagiellonenzeit ist der Rückgriff auf die älteren Darstellungen von F. Palacký, Geschichte von Böhmen, Bd. V, Prag 1860–1867; A. Bachmann, Geschichte Böhmens, Bd. II, Gotha 1905 und das mit reichen weiterführenden Literaturangaben versehene HGBL II, Stuttgart 1974, unverzichtbar, in dem K. Richter den einschlägigen Abschnitt verfaßte (S. 99–142, 196 ff.). Einen wichtigen Aspekt hat in kompetenter Weise abgehandelt W. Eberhard, Konfessionsbildung und Stände in Böhmen 1478–1530. München, Wien 1981.

18 Diese Vorgänge haben nur in der älteren Literatur eine detaillierte Darstellung erfahren. Siehe u. a. A. Wurscher, Die Beziehungen des Königs Matthias von Ungarn zu Georg von Podiebrad und Władysław von Böhmen. Wien 1885.

19 F. G. Heymann, John Rokycana – Church Reformer Between Hus and Luther, in: Church History 28 (1959) 240–280; A. Molnár, L'Évolution de la théologie hussite, in: Revue d'histoire et de philosophie religieuses (1963) 133–171.

20 Zur Literaturbasis Seibt, Bohemica 103 f. Besonders aufschlußreich J. Th. Müller, Geschichte der Böhmischen Brüder. 3 Bde, Herrenhut 1921–1931; R. Říčan, Die Böhmischen Brüder. Ihr Ursprung und ihre Geschichte. Berlin 1958; P. Brock, The Political and Social Doctrines of the Unity of Czech Brethren in the Fifteenth Century. Den Haag 1957; A. Míka, Petr Chelčický. Prag 1963; F. Seibt, Peter Chelčický, in: K. Bosl (Hrsg.) Lebensbilder Bd. 1, München, Wien 1974 49–61; M. Wagner, Petr Chelčický. A Radical Separatist in Hussite Bohemia. Scottsdale, Penn. 1983.

21 Z. Kalista, Die katholische Reform von Hilarius bis zum Weißen Berg, in: F. Seibt (Hrsg.), Bohemia Sacra 110–144.

22 Die von Peter und Zdeněk von Sternberg und dem Ritter Albrecht Rendel von Auschowa besorgte Vorlage wurde hrsg. von F. Palacký in: Archiv český 5 (1862) 8–266. S. a. J. Lippert, Die Wladislawsche Landesordnung, in: Mitteilungen des Vereins für Geschichte der Deutschen in Böhmen 5 (1867) 101 ff.

23 K. Malý, Svatováclavská smlouva, třídní kompromis mezi šlechtou a městy v roce 1517 [Der St. Wenzelsvertrag, ein Klassenkompromiß zwischen Adel und Städten], in: AUC Philosophica I (1955) 195–222.

24 Literatur bei Uhlirz, Handbuch der Geschichte Österreich-Ungarns I 440 ff. und 447.

25 Die Vorgänge in Schlesien schildert E. Schieche, Politische Geschichte 1327–1526, in: H. Aubin (Hrsg.), Geschichte Schlesiens I 202–303.

26 A. Laube, Studien über den erzgebirgischen Silberbergbau von 1470–1546. Berlin 1974.

27 F. G. Heymann, The Death of King Ladislav: Historiographical Echos of a Suspected Crime, in: Report of the Annual Meeting of the Canadian Historical Association 1961 96–111; Bachmann, Geschichte Böhmens II 793–798.

28 E. Nohejlová-Pratová, Mincovnictví Jiřího z Poděbrad [Das Münzwesen G. v. P.], in: Časopis Národního muzea 129 (1960) 34–56; J. Vaniš, Příspěvek k měnovým poměrům doby Jiřího z Poděbrad [Beitrag zu den Wechselverhältnissen z. Zt. G. v. P.], in: Numismatické listy 16 (1961) 65–77.

29 J. Hásková, Studie o jagellonských groších z let 1471–1526 [Die Währungs- und Münzentwicklung unter den Jagellonen in Böhmen und Mähren 1471–1526], in: Sborník Národního muzea 23 (1969) 121–176.

30 Die sich daraus ergebenden Veränderungen im Ständewesen in Böhmen und Mähren im 15. und in der ersten Hälfte des 16. Jahrhunderts zeichnet nach

J. Pánek, Proměny stavovství v Čechách a na Moravě v 15. a v první polovině 16. století, in: Folia Historica Bohemica 4 (1982) 179–217. Zur sozialen Schichtung des Adels vgl. J. Petráň, Skladba pohusitské aristokracie v Čechách [Die Zusammensetzung der nach-hussitischen Aristokratie in Böhmen], in: AUC, Studia historica 14 (1976).

31 F. Roubík, Soupis a mapa zaniklých osad v Čechách [Verzeichnis und Karten untergegangener Siedlungen in Böhmen]. Prag 1959; V. Nekuda, Zaniklé osady na Moravě v období feudalismu [Untergegangene Siedlungen in Mähren im Zeitalter des Feudalismus]. Brünn 1961.

32 F. Matějek, K otázce budování pivovarů na našem feudálním velkostatku v I. polovině 16. století [Zur Frage der Errichtung von Bierbrauereien auf unserem feudalen Großgrundbesitz in der 1. Hälfte des 16. Jh.], in: ČMM 75 (1956) 366–381.

33 A. Míka, Die wirtschaftlichen und sozialen Folgen der revolutionären Hussitenbewegung in den ländlichen Gebieten Böhmens, in: ZfG 7 (1959) 820–941; ders., Poddaný lid v Čechách v I. polovině 16. století [Die grunduntertänige Bevölkerung in Böhmen in der 1. Hälfte des 16. Jh.]. Prag 1960; J. Válka, Hospodářská politika feudálního velkostatku na předbělohorské Moravě [Die Wirtschaftspolitik des Großgrundbesitzes in Mähren vor der Schlacht am Weißen Berg]. Prag 1962. Dazu kritisch F. Seibt, Gutsherrschaft und Grunduntertanen im böhmischen Ständestaat, in: BJb 3 (1962) 22–238. Weitere Literaturangaben bei Seibt, Bohemica 108–113; und HGBL II 208–223.

34 J. Janáček, Pivovarnictví v českých královských městech [Das Brauwesen in den böhmischen königlichen Städten]. Prag 1959.

35 F. Kavka, Die Hauptfragen der Städteforschung im 16. Jahrhundert in Böhmen und Mähren, in: ZfG 10 (1962) 153–161; erschöpfende Literaturangaben zu allen Aspekten in HGBL II 223–240.

36 J. Janáček, Řemeslná vyroba v českých městech [Die handwerkliche Produktion in den böhmischen Städten]. Prag 1961.

37 J. Janáček, Der böhmische Außenhandel in der Hälfte des 15. Jahrhunderts, in: Historica 4 (1962) 39–58.

38 G. Aubin und A. Kunze, Leinenerzeugung und Leinenabsatz im östlichen Mitteleuropa zur Zeit der Zunftkäufe. Stuttgart 1940.

39 W. Weizsäcker, Geschichte des Bergbaus in den Sudetenländern. Prag, Reichenberg 1928; J. Kořan, Přehledné dějiny československého hornictví [Überblicksgeschichte des tschechoslowakischen Bergbaus]. Prag 1955, hier 155 ff.

40 J. Janáček, K problému sociálních zápasů v městech v první polovině 16. století [Zum Problem der gesellschaftlichen Auseinandersetzungen in den Städten in der 1. Hälfte des 16. Jh.], in ČSČH 12 (1964) 516–519; E. Maur, K programu lidových hnutí v Čechách a na Moravě roku 1525 [Zum Programm der Volksbewegungen in Böhmen und Mähren im Jahr 1525], in: ČSČH 24 (1976) 209–240; I. Mittenzwei, Der Joachimsthaler Aufstand 1525, seine Ursachen und Folgen. Berlin 1968.

41 M. Tischler, Böhmische Judengemeinden 1348–1519, in: F. Seibt (Hrsg.), Die Juden in den böhmischen Ländern 37–56, hier 52 ff.; J. Heřman, The Conflict Between Jewish and Non-Jewish Population in Bohemia Before the 1541 Banishment, in: Judaica Bohemiae 6 (1970) 2 39–54.

42 Siehe die Literaturangaben oben Anm. 20.

43 A. Skýbová, Česká šlechta a jednání o povolení kompaktát roku 1525 [Der böhmische Adel und die Verhandlungen um die Genehmigung der Kompaktaten], in: AUC, Studia historica 14 (1976).

44 O. Sakrausky, Hus und Luther heute. Kirnbach 1969; K. Oberdorffer, Die Reformation in Böhmen und das späte Hussitentum, in: BJb 6 (1965) 123–145.
45 F. Šmahel und M. Truc, Studie k dějinám university Karlovy v letech 1433–1622 [Studien zur Geschichte der Karlsuniversität in den Jahren 1433–1622], in: AUC, Studia historica 4/2 3–60.
46 Literatur zur Kultur- und Geistesgeschichte in: HGBL II 129–143. S. a. F. Šmahel, Přehled českého renesančního a humanistického studia [Übersicht über die tschechischen Renaissance- und Humanismusstudien], in: Zápisky 4 (1960) 53–70; ders., Přehled českého bádání o renesanci a humanismu [Übersicht über die tschechische Renaissance- und Humanismusforschung], in: ČSČH 9 (1961) 265–279.
47 V. Denkstein und F. Matouš, Südböhmische Gotik. Prag 1955.
48 G. Fehr, Benedikt Ried. München 1961.
49 Dazu die Beiträge in dem von F. Seibt hrsg. Sammelband Renaissance in Böhmen. München 1985.
50 Dem dabei auftretenden Phänomen der „barocken Gotik" geht unter Berücksichtigung der von V. Bitnar und Z. Wirth geleisteten Vorarbeiten nach Z. Kalista, Česká barokní gotika a její žd'arské ohnisko [Die böhmische barocke Gotik und ihr Kristallisationspunkt Saar]. Prag 1969.

Sechstes Kapitel

1 E. Denis, Fin de l'indépendance bohème. Bd. 2: Les premiers Habsbourg, la défenestration de Prague. Paris 1890, [2]1930 11.
2 F. Kavka, Die Habsburger und der böhmische Staat bis zur Mitte des 18. Jahrhunderts, in: Historica 8 (1964) 35–64; s. a. die knappen Gesamtdarstellungen von J. Janáček, Doba předbělohorská 1526–1547 [Die vorweißenbergische Zeit 1526–1547]. Prag 1968, bes. 7–12; J. Pánek, České země v předbělohorské době (1526–1620) [Die böhmischen Länder in der Zeit vor dem Weißen Berg], in: Přehled dějin Československa I/2. Prag 1982 7–118; A. Míka, Stoletý zápas o charakter českého státu 1526–1627 [Der hundertjährige Kampf um den Charakter des böhmischen Staates 1526–1627]. Prag 1974; M. Suchý, Úlohy habsburskej monarchie a protihabsburské stavovské povstanie [Die Aufgaben der Habsburgermonarchie und die antihabsburgischen Ständerevolten], in: HČ 23 (1975) 73–110.
3 J. Pánek, Úloha stavovství v předbělohorské době 1526–1620 (Vývoj názorů novodobé české historiografie) [Die Rolle des Ständewesens in der Zeit vor dem Weißen Berg 1526–1620 (Die Entwicklung der Ansichten der neuzeitlichen tschechischen Historiographie)], in: ČSČH 25 (1977) 732–761. Vgl. jetzt auch W. Eberhard, Monarchie und Widerstand. Zur ständischen Oppositionsbildung im Herrschaftssystem Ferdinands I. in Böhmen. München 1985 27–45.
4 Dazu Seibt, Bohemica 107–113; J. Válka, Česká společnost v 15.–18. století (Úvod do problematiky sociálních dějin pozdního feudalismu. T. 1: Předbělohorská doba [Die böhmische Gesellschaft im 15.–18. Jh. Einführung in die Problematik der Sozialgeschichte des Spätfeudalismus. Bd. 1: Die Zeit vor dem Weißen Berg]. Prag 1972.
5 Die meist aus dem 19. Jh. stammenden Untersuchungen über den Wahlvorgang und die Motive der verschiedenen Parteiungen verzeichnet HGBL II 150.
6 Eberhard, Konfessionsbildung 235; ders., Monarchie und Widerstand 73 f.

7 Eberhard, Monarchie und Widerstand 170–173, 338–345 (mit weiterführenden Literaturangaben); R. Urbánek, Češi a války turecké [Die Böhmen und die Türkenkriege], in: Co daly naše země Evropě a lidstvu [Was gaben unsere Länder Europa und der Menschheit]. Prag 1940 117–123.

8 G. Stökl, Kaiser Ferdinand I., in: H. Hantsch (Hrsg.), Gestalter der Geschicke Österreichs. Innsbruck usw. 1962 127–141; H. L. Mikoletzky, Bild und Gegenbild Kaiser Ferdinands I. von Österreich. Ein Versuch, in: Bausteine zur Geschichte Österreichs, AÖG 125 (1965) 173–195; P. Sutter-Fichtner, Ferdinand I of Austria. New York 1982; R. Reifenscheid, Die Habsburger in Lebensbildern. Von Rudolf I. bis Karl I. Graz usw. [2]1984 123–133.

9 Einzelheiten und weiterführende Literatur bei Eberhard, Monarchie und Widerstand 173–178.

10 Eberhard, Monarchie und Widerstand 81–169.

11 Eberhard, Monarchie und Widerstand 217 ff.

12 Eberhard, Monarchie und Widerstand 399–501.

13 K. J. Dillon, King and Estates in the Bohemian Lands 1526–1564. Brüssel 1976 133–140.

14 H. Teufel, Juden im Ständestaat, in: F. Seibt (Hrsg.), Die Juden in den böhmischen Ländern 57–71; ders., Zur politischen und sozialen Geschichte der Juden in Mähren vom Antritt der Habsburger bis zur Schlacht am Weißen Berg (1526–1620). Phil. Diss. Erlangen-Nürnberg 1971.

15 Literaturangaben in HGBL II 180 f.

16 Weiterführende Literatur in HGBL II 163.

17 Literatur über Maximilian I./II. in HGBL II 165 f.; V. Bibl, Kaiser Maximillian II., der rätselhafte Kaiser. Dresden 1930; Reifenscheid, Die Habsburger in Lebensbildern 135–142.

18 Grundsätzlich A. Míka, Z bojů o náboženskou toleraci v 16. století [Aus den Kämpfen um die Bekenntnisfreiheit im 16. Jh.], in: ČSČH 18 (1970) 371–380; J. Pánek, Zápas o charakter české stavovské opozice a sněm roku 1575 [Das Ringen um den Charakter der böhmischen Ständeopposition und der Landtag des Jahres 1575], in: ČSČH 28 (1980) 863–886.

19 HGBL II 172 f. und Anm. 7.

20 K. Vocelka, Rudolf II. und seine Zeit. Wien usw. 1985; R. J. W. Evans, Rudolf II. Ohnmacht und Einsamkeit. Graz usw. 1980; J. B. Novák, Rudolf II. a jeho pád [Rudolf II. und sein Sturz]. Prag 1933–1935; J. Kořan (Hrsg.), Dějiny Čech a Moravy nové doby [Geschichte Böhmens und Mährens in der Neuzeit]. Bd. 1, Prag 1939 385–807; für die Spätzeit besonders gründlich A. Gindely, Rudolf II. und seine Zeit. 2 Bde, Prag [2]1932.

21 Diesen Fragestellungen ist in jüngster Zeit in zahlreichen Aufsätzen E. Šimek nachgegangen, u. a. Ražba mince v Čechách v druhé polovině 16. století [Die Münzprägung in Böhmen i. d. 2. Hälfte des 16. Jh.], in: ČSČH 22 (1974) 229–55.

22 J. Janáček hat der Entwicklung der Außenhandelsbeziehungen in mehreren Abhandlungen in SbH und Hospodářské dějiny Aufmerksamkeit gezollt. Während nach Österreich die Erzeugnisse der böhmischen Glasindustrie, Tuche und, als Transitwaren, Produkte aus den nordosteuropäischen Ländern wie Pelze oder Wachs ausgeführt wurden, fanden in Böhmen hauptsächlich Salz, Wein und Eisenerzeugnisse aus Österreich Absatz.

23 Winter, Geisteskampf 191.

24 O. Odložilík, Karel starší ze Žerotína, 1564–1636 [Karl d. Ältere v. Žerotín]. Prag 1936; G. Korkisch, Karl von Žerotín, in: K. Bosl (Hrsg.), Lebensbilder Bd. 1 63–95.

25 J. Polišenský, Turecké války, uherská povstání a veřejné mínění předbělohorských Čech [Türkenkrieg, Ungarnaufstand und die öffentliche Meinung in Böhmen vor dem Weißen Berg], in: HČ 7 (1959) 74–103.

26 K. Krofta, Majestát Rudolfa II. [Der Majestätsbrief Rudolfs II.]. Prag 1909, Texte S. 34–43. Die ältere Literatur in HGBL II 193–195.

27 Neben Novák (wie Anm. 20) siehe jetzt J. Janáček, Pád Rudolfa II. [Der Sturz Rudolfs II.]. Prag 1973; G. R. Schroubek, Die böhmischen Landtagsverhandlungen des Jahres 1611, in: F. Seibt (Hrsg.), Die böhmischen Länder zwischen Ost und West. Festschrift für K. Bosl. München, Wien 1983 89–102.

28 H. Hantsch, Geschichte Österreichs. Bd. I, Wien [4]1959 334ff.

29 A. und J. Novák, Přehledné dějiny literatury české od nejstarších dob až po naše dny [Abriß der Geschichte der tschechischen Literatur von den ältesten Zeiten bis auf unsere Tage]. Olmütz [4]1936/39; J. Hrabák (Hrsg.), Dějiny české literatury I. Starší česká literatura [Geschichte der tschechischen Literatur I. Die ältere tschechische Literatur (bis Anfang des 18. Jh.)]. Prag 1959; J. Hrabák, Starší česká literatura [Die ältere tschechische Literatur]. Prag 1964; J. Mühlberger, Tschechische Literaturgeschichte. Von den Anfängen bis zur Gegenwart. München 1970; J. Polišenský, České dějepisectví předbělohorského období a pražská akademia [Die böhmische Geschichtsschreibung vor dem Weißen Berg und die Prager Akademie], in: AUC Historia Universitatis Carolinae 4 (1963) 2 115–137.

30 K. Beránek, Statuta university u sv. Klimenta v Praze [Die Statuten der Universität des Hlg. Clemens in Prag], in: AUC Historia Universitatis Carolinae 12 (1972) 209–236. J. Navrátil (Hrsg.), Kapitoly z dějin Olomoucké university 1573–1973 [Kapitel aus der Geschichte der Olmützer Universität 1573–1973]. Ostrau 1973.

31 O. Odložilík, Education, Religion and Politics in Bohemia 1526–1621, in: Cahiers d'histoire mondiale 13 (1971) 172–203; F. Palacký, Obyvatelstvo českých měst a školní vzdělání v 16. a na začátku 17. století [Die Bevölkerung der böhmischen Städte und die Schulbildung im 16. und zu Beginn des 17. Jh.], in: ČSČH 18 (1970) 345–370; J. Holinková, Městská škola na Moravě v předbělohorském období. Příspěvek ke kulturním dějinám Moravy [Die Stadtschulen in Mähren in der Zeit vor dem Weißen Berg. Ein Beitrag zur Kulturgeschichte Mährens]. Prag 1967; F. Šmahel und M. Truc, Studie k dějinám university Karlovy v létech 1433–1622, in: AUC Historia Universitatis Carolinae 4 (1963) 2 3–60; dies., Pražská universita v období humanismu a reformace [Die Prager Universität im Zeitalter des Humanismus und der Reformation], in: Stručné dějiny university Karlovy. Prag 1964 77–121.

32 F. Seibt (Hrsg.), Renaissance in Böhmen. München 1985; erschöpfende Literaturangaben in HGBL II 129–135, 196–198.

33 Zahlenangaben nach F. Snider, The Restructuralization of the Bohemian Nobility, 1610–1656. Phil. Diss. Univ. of California, Berkeley 1972. S. a. J. Polišenský und F. Snider, Změny ve složení české šlechty v 16. a 17. století [Die Veränderungen in der Zusammensetzung des böhmischen Adels im 16. und 17. Jh.], in: ČSČH 20 (1972) 515–525.

34 J. Honc, Populační vývoj šesti generací 125 českých panských rodů v létech 1502–1794 [Die Populationsentwicklung von sechs Generationen der 125 böhmischen Herrengeschlechter in den J. 1502–1794], in: Historická demografie 3 (1969) 20–51; A. Míka, Osud slavného domu. Rozkvět a pád rožmberského dominia [Das Schicksal eines berühmten Hauses. Blüte und Fall des Dominiums der Rosenberger]. České Budějovice 1970.

35 Auf dem Beneschauer Landtag des Jahres 1516 haben Herren und Ritter schärfe-

re Kriterien für die Aufnahme in den böhmischen Adelsstand festgelegt; 1554 konnte die Ritterschaft ihr Mitspracherecht bei Neuaufnahmen bedeutsam erweitern.

36 O. Placht, Lidnatost a společenská skladba českého státu v 16.–18. století [Bevölkerung und Gesellschaftsstruktur des böhmischen Staates im 16.–18. Jh.]. Prag 1957 54–57.

37 R. J. Mols, Die Bevölkerung im 16. und 17. Jahrhundert, in: C. M. Cipolla und K. Borchardt (Hrsg.), Bevölkerungsgeschichte Europas. Mittelalter bis Neuzeit. München 1971 58–122.

38 J. Janáček, Města v českých zemích v 16. století [Die Städte in den böhmischen Ländern im 16. Jh.], in: Hospodářské dějiny 4 (1979) 165–203; A. Míka, On the Economic Status of Czech Towns in the Period of Late Feudalism, in: Hospodářské dějiny 2 (1978) 225–257.

39 Kritische Auseinandersetzungen mit den Ergebnissen der tschechischen marxistischen Geschichtsschreibung und weiterführende Literaturangaben bei F. Seibt, Gutsherrschaft und Grunduntertanen im böhmischen Ständestaat, in: BJb 3 (1962) 225–238.

40 G. Bondy und F. Dworsky, Zur Geschichte der Juden in Böhmen, Mähren und Schlesien. 2 Bde, Prag 1906.

41 J. Janáček, Řemeslná výroba v českých městech v 16. století [Die handwerkliche Produktion in den böhmischen Städten im 16. Jh.]. Prag 1961. Interpretation und Literaturangaben in HGBL II 208–240.

42 Dazu u. a. J. Janáček, Dějiny obchodu v předbělohorské Praze [Geschichte des Handels in Prag vor dem Weißen Berg]. Prag 1955; J. Kořan, Přehledné dějiny československého hornictví [Abriß der Geschichte des tschechoslowakischen Bergbaus]. Prag 1955 151 ff.

43 A. Míka, Sociálně ekonomická struktura českých zemí před třicetiletou válkou [Die sozioökonomische Struktur der böhmischen Länder vor dem Dreißigjährigen Krieg], in: SbH 23 (1976) 37–80.

44 Dazu Placht, Lidnatost (wie Anm. 36) 18–77.

Siebtes Kapitel

1 Diese Vorgänge haben in den Darstellungen der Schlacht am Weißen Berg eine eingehende Würdigung gefunden. Siehe u. a. K. Krofta, Bílá hora. Prag 1913; Z. Nejedlý, Bílá hora, Habsburk a český národ [Der weiße Berg, Habsburg und die tschechische Nation]. Prag 1918; J. Pekař, Bílá hora. Její příčiny a následky [Der Weiße Berg. Seine Ursachen und Folgen]. Prag 1921; F. Kavka, Bílá hora a české dějiny [Der Weiße Berg und die böhmische Geschichte]. Prag 1962. Die wichtigste deutschsprachige Untersuchung verfaßte H. Sturmberger, Aufstand in Böhmen. Der Beginn des Dreißigjährigen Krieges. München, Wien 1959.

2 Z. Šolle, Savojsko a Bílá hora [Savoyen und der Weiße Berg]. Prag 1947.

3 F. Hrubý, Ladislav Velen ze Žerotína. Prag 1930.

4 G. Szekfü, Béthlen Gábor. Budapest 1929; T. Wittmann, Béthlen Gábor. Budapest 1953.

5 Texte und Interpretation bei V. Vaněček, Česká národní rada, sněm českého lidu [Der tschechische Nationalrat, Landtag des tschechischen Volkes]. Prag 1970 177 ff., 199 ff.; R. Stanka, Die böhmische Confödérationsakte von 1619. Berlin 1932.

6 Über den „Winterkönig“ Friedrich gibt es noch keine ähnlich gehaltvolle neuere

Darstellung wie die Untersuchung von A. Gindely, Friedrich V. von der Pfalz. Prag 1884.

7 J. Polišenský hat das englische (Anglie a Bílá hora. Prag 1949) und das niederländische (Nizozemská politika a Bílá hora. Prag 1958) Verhalten untersucht. S. a. V. L. Tapié, La politique étrangère de la France et le début de la guerre de Trente ans (1616–1621). Paris 1934; J. Macůrek, České povstání r. 1618–1620 a Polsko [Der böhmische Aufstand von 1618–1620 und Polen]. Brünn 1937.

8 J. Franzl, Ferdinand II., Kaiser im Zwiespalt der Zeit. Graz usw. 1978; H. Sturmberger, Ferdinand II. und das Problem des Absolutismus. München 1957.

9 D. Albrecht, Die deutsche Politik Papst Gregors XV. München 1956.

10 D. Albrecht, Die auswärtige Politik Maximilians von Bayern, 1618–1635. Göttingen 1962.

11 Zitate nach C. Willars, Die böhmische Zitadelle. ČSR – Schicksal einer Staatsidee. Wien, München 1965 104.

12 J. Petráň, Staroměstská exekuce [Die Altstädter Exekutionen]. Prag 1971.

13 K. Richter, Über den Strukturwandel der grundbesitzenden Oberschicht Böhmens, in: Probleme der böhmischen Geschichte. München 1964 54ff.; F. Matějek, Bílá hora a moravská feudální společnost [Der Weiße Berg und die mährische Feudalgesellschaft], in: ČSČH 22 (1974) 81–104; F. Hrubý, Odhady konfiskovaných velkostatků moravských 1622–1624 [Die Bewertungen des konfiszierten mährischen Großgrundbesitzes], in: ČMM 51 (1927) 124–149.

14 Einzelheiten bei A. Ernstberger, Hans de Witte, Finanzmann Wallensteins. Wiesbaden 1954 86ff.; E. Nohejlová, Dlouhá mince v Čechách v l. 1621–1623 [Die lange Münze in Böhmen]. Prag 1946. Nach H. Münch, Böhmische Tragödie. Das Schicksal Mitteleuropas im Lichte der tschechischen Frage. Braunschweig usw. 1949 76f., zog Waldstein aus den Transaktionen einen Gewinn von 617249, Liechtenstein von 453185, der später in den Grafenstand erhobene ehemalige Kammersekretär Paul Michna 726186 Gulden, während sich der Anteil Bassevis auf 6,75 Mill. und der de Wittes sogar auf 31,34 Mill. Gulden belaufen haben soll.

15 P. Čornej, Vliv pobělohorských konfiskací na skladbu feudální třídy [Der Einfluß der Konfiskationen nach der Schlacht am Weißen Berg auf die Zusammensetzung der feudalen Klasse], in: AUC Studia historica 14 (1976) 1 165–194; dazu auch Willars, Die böhmische Zitadelle 124–132; Münch, Böhmische Tragödie 75ff.

16 R. J. W. Evans, Bílá hora a kultura českých zemí [Der Weiße Berg und die Kultur der böhmischen Länder], in: ČSČH 17 (1969) 845–862.

17 J. Purš und M. Kropilák (Hrsg.), Přehled dějin Československa [Abriß der Geschichte der Tschechoslowakei]. Bd. I/2 (1526–1848). Prag 1982 193–196; E. Winter, Die tschechische und die slowakische Emigration in Deutschland im 17. und 18. Jahrhundert. Berlin/DDR 1955.

18 Aus der Fülle der Literatur seien hier nur aufgeführt J. Polišenský, J. A. Komenský. Prag [2]1973; K. Schaller, Die Pädagogik des J. A. Comenius ... Heidelberg [2]1967; M. Blekastad, Comenius. Versuch eines Umrisses von Leben, Werk und Schicksal des J. A. Komenský. Oslo, Prag 1969; J. A. Komenský, Wirkung eines Werkes nach drei Jahrhunderten. Heidelberg 1970; P. Floss, Jan Amos Komenský. Ostrau 1970; J. A. Comenius, Geschichte und Aktualität 1670–1970. Glashütten 1971; F. Hofmann, Jan Amos Comenius. Lehrer der Nationen. Leipzig 1975.

19 Text nach H. Jireček (Hrsg.), Die verneuerte Landes-Ordnung des Erb-Königreiches Böhmen. Prag 1888. Interpretation bei H. Sturmberger, Kaiser Ferdi-

nand II. (wie Anm. 8); J. Polišenský, Třicetiletá válka a český národ [Der Dreißigjährige Krieg und die tschechische Nation]. Prag 1960; O. Peterka, Rechtsgeschichte der böhmischen Länder II 135 ff.

20 F. G. Heymann, Das Temno in der neuen tschechischen Geschichtsauffassung, in: BJb 9 (1968) 323–339.

21 J. Kollmann u. a. (Hrsg.), Der Dänisch-Niederdeutsche Krieg und der Aufstieg Wallensteins. Quellen zur Geschichte der Kriegsereignisse der Jahre 1625–1630, in: Documenta bohemica Bellum Tricenale Illustrantia. Bd. IV, Prag 1974.

22 J. Janáček, Valdštejnův Jičín (Příspěvek k otázce rozvoje vrchnostenských měst v první polovině 17. století) [Die Waldstein-Stadt Jičín. Ein Beitrag zur Frage über die Entwicklung der obrigkeitlichen Städte in der 1. Hälfte des 17. Jh.], in: ČSČH 25 (1977) 87–99.

23 Aus der umfangreichen Waldstein-Literatur seien hier nur erwähnt J. Pekař, Wallenstein, 1630–1634. 2 Bde, Berlin 1937; H. v. Srbik, Wallensteins Ende. Salzburg 1952; G. Wagner, Wallenstein, der böhmische Condottiere. Wien 1958; P. Suvanto, Wallenstein und seine Anhänger am Wiener Hof zur Zeit des zweiten Generalats 1631–1634. Helsinki 1963; H. Diwald, Wallenstein. München, Eßlingen 1969; J. Janáček, Valdštejnova smrt [Waldsteins Tod]. Prag 1970; G. Mann, Wallenstein. Sein Leben. Frankfurt 1971.

24 Diesen durch die harten Eingriffe in die religiösen und rechtlichen Zustände genährten Revolten ist nachgegangen J. Polišenský, Der Krieg und die Gesellschaft in Europa, 1618–1648, in: Documenta bohemica Bellum Tricenale Illustrantia. Bd. I, Prag 1971 139 ff.

25 M. Toegel, Příčiny saského vpádu do Čech v roce 1631 [Die Ursachen des Sachsen-Einfalls in Böhmen 1631], in: ČSČH 21 (1973) 553–580.

26 Bereits am 6. III. 1634 wurdenWalter Butler das waldsteinische Hirschberg und der Grafenrang zuerkannt; John Gordon erhielt die Güter Smidar und Skřivan, Walter Deveraux die trčkaschen Besitzungen Dobrovitov, Chlum und Krchleby, Walter Graf Leslie die trčkasche Herrschaft Neustadt an der Mettau. Bretholz, Geschichte Böhmens und Mährens III 34.

27 Diesen Fragestellungen hat die tschechische Historiographie nach dem Zweiten Weltkrieg große Aufmerksamkeit gezollt. S. u. a. A. Míka, K národnostním poměrům v Čechách po třicetileté válce [Zu den Nationalitätenverhältnissen in Böhmen nach dem Dreißigjährigen Krieg], in: ČSČH 24 (1976) 535–560; E. Maur, Problémy demografické struktury Čech v polovině 17. století [Probleme der demographischen Struktur Böhmens in der Mitte des 17. Jh.], in: ČSČH 19 (1971) 839–870; J. Polišenský, Třicetiletá válka a evropská krize 17. století [Der Dreißigjährige Krieg und die europäische Krise des 17. Jh.], Prag 1970 243 ff.; ders. und F. Snider, Změny ve složení české šlechty v 16. a 17. století [Die Umstrukturierung des böhmischen Adels im 16. und 17. Jh.], in: ČSČH 20 (1972) 515–526, hier 520 ff.; F. Snider, The Restructuralization of the Bohemian Nobility, 1610–1656, Phil. Diss. Berkeley 1972; P. Čornej und O. Felcman, Rozvrstvení feudální třídy v severovýchodních Čechách v letech 1603–1656 [Die Schichtung der Feudalklasse in Nordostböhmen in den Jahren 1603–1656], in: ČSČH 28 (1980) 559–587.

28 B. Badura u. a. (Hrsg.), Der große Kampf um die Vormacht in Europa. Die Rolle Schwedens und Frankreichs. Quellen zur Geschichte des Dreißigjährigen Krieges 1635–1643, in: Documenta bohemica Bellum Tricenale Illustrantia, Bd. VI, Prag 1978.

29 O. Odložilík, Česká emigrace [Die böhmische Emigration], in: Věstník Královské české společnosti nauk (1933) 85–129, hier 112 ff.; ders., Ze zápasů pobě-

lohorské emigrace [Aus dem Kampf der nachweißenbergischen Emigration], in: ČMM 56 (1932) 1–58; 57 (1933) 369–388.

30 M. Depner, Das Fürstentum Siebenbürgen im Kampf gegen Habsburg. Stuttgart 1938.

31 Die gesamte Problematik der Friedensverhandlungen hat in einer gründlichen Untersuchung dargestellt B. Šindelář, Der Westfälische Frieden und die böhmische Frage. Prag 1968, hier 283ff.; ders., Vestfálský mír a česká otázka [Der Westfälische Frieden und die böhmische Frage], in ČMM 87 (1968) 262–273; F. Dickmann, Der Westfälische Friede. Münster 1959.

32 Dazu W. Kuhn, Geschichte der deutschen Ostsiedlung in der Neuzeit. Bd. 2, Köln, Graz 1957, 200–305; A. Míka, K národnostním poměrům v Čechách po třicetileté válce [Zu den Nationalitätenverhältnissen in Böhmen nach dem Dreißigjährigen Krieg], in: ČSČH 24 (1976) 535–560.

33 A. Bohmann, Die Bevölkerungszahlen Böhmens vom 16. bis zum 18. Jahrhundert, in: ZfO 10 (1961) 127–139. Siehe auch die etwas abweichenden Angaben bei M. R. Reinhard u. a., Histoire générale de la population mondiale. Paris 1968.

34 Zit. nach Bretholz, Geschichte Böhmens und Mährens III 38, 61f.

35 O. Placht, Lidnatost a společenská skladba českého státu v 16.–18. století [Bevölkerung und Gesellschaftsstruktur des böhmischen Staates vom 16.–18. Jh.]. Prag 1957.

36 Die Arbeit von A. Gindely, Über die Lage der bäuerlichen Bevölkerung in Böhmen in der Zeit von 1648–1848. Prag 1880, ist immer noch eine Fundgrube. Weitere Literaturangaben in: HGBL II 321f.

37 V. Vaněček, Sněmy za pobělohorského absolutismu 1620–1848 [Die Landtage während des nachweißenbergischen Absolutismus 1620–1848], in: Česká národní rada, sněm českého lidu. Prag 1970 122–136; V. Urfus, K finanční pravomoci českého sněmu ve 2. polovině 17. století [Die finanziellen Befugnisse des böhmischen Landtags in der 2. Hälfte des 17. Jh.], in: Právněhistorické studie 15 (1971) 97–114; J. Kapras, Právní dějiny zemí koruny české [Rechtsgeschichte der Länder der böhmischen Krone]. Bd. III/1, Prag 1920 94ff.; Peterka, Rechtsgeschichte der böhmischen Länder II 160ff.; F. Roubík, Místodržitelství v Čechách v letech 1577–1749 [Die Statthalterei in Böhmen 1577–1749, in: SAP 17 (1967) 539–603.

Achtes Kapitel

1 Zur Person J. P. Spielman, Leopold I. Zur Macht nicht geboren. Graz usw. 1981; O. Redlich, Weltmacht des Barock. Österreich in der Zeit Kaiser Leopolds I. Wien [4]1961; H. L. Mikoletzky, Österreich, das große 18. Jahrhundert. Von Leopold I. zu Leopold II. Wien 1967.

2 O. Redlich, Das Werden einer Großmacht. Österreich von 1700–1740. Brünn usw. [3]1942.

3 E. Mezgolich, Graf Johann Wenzel Wratislaw von Mitrowitz. Sein Wirken während des Spanischen Erbfolgekrieges. Phil. Diss. Wien 1969.

4 V. Vaněček, Sněmy za pobělohorského absolutismu 1620–1848 [Die Landtage während des nachweißenbergischen Absolutismus 1620–1848], in: Česká národní rada, sněm českého lidu [Der tschechische Nationalrat, Landtag des tschechischen Volkes]. Prag 1970 122–136; vgl. E. Hassenpflug-Elzholz, Böhmen und die böhmischen Stände in der Zeit des beginnenden Zentralismus. München, Wien 1982 41ff.

5 G. Turba (Hrsg.), Die Pragmatische Sanktion. Authentische Texte ... Wien 1913; H. Sturmberger, Vom Weißen Berg zur Pragmatischen Sanktion, in: Österreich in Geschichte und Literatur 5 (1961) 227–253.

6 Weitere Angaben bei J. Kapras, Právní dějiny zemí koruny české [Rechtsgeschichte der Länder der böhmischen Krone]. Bd. III/1, Prag 1920. Zur Bedeutung des königlichen Prokurators J. Dřímal, Královský prokurátor a jeho úřad do roku 1745 [Der königliche Prokurator und sein Amt bis 1745], in: SAP 19 (1969) 348–385.

7 V. Urfus, Die Steuergewalt des böhmischen Landtags und der Absolutismus, in: XIIe Congrès International des Sciences Historiques. Wien 1965 181–187.

8 F. Roubík, Z českých hospodářských dějin [Aus der böhmischen Wirtschaftsgeschichte]. Prag 1948.

9 Zitate nach Bretholz, Geschichte Böhmens und Mährens III 77. Auch heute noch gültige Aussagen zum Finanz- und Steuerwesen hat gemacht J. Pekař, České katastry 1654–1788 se zvláštním zřetelem k dějinám hospodářským a ústavním [Böhmische Kataster 1654–1788 mit besonderer Beziehung zur Wirtschafts- und Verfassungsgeschichte]. Prag ²1932 4–38, 57–100.

10 Dazu W. Stark, Die Abhängigkeitsverhältnisse der gutsherrlichen Bauern Böhmens im 17. und 18. Jahrhundert, in: Jahrbuch für Nationalökonomie und Statistik 164 (1952) 270–292, 348–374, 440–452; ders., Der Ackerbau der böhmischen Gutswirtschaften im 17. und 18. Jahrhundert, in: Zeitschrift für Agrargeschichte und Agrarsoziologie 5 (1957) 20–41; J. Novotný, Sociální skladba venkovského lidu na Moravě v druhé polovině 17. století [Die soziale Struktur der bäuerlichen Bevölkerung in Mähren in der 2. Hälfte des 17. Jh.], in: VVM 19 (1967) 187–201.

11 Einzelheiten bei J. Kašpar, Nevolnické povstání v Čechách roku 1680 [Der Aufstand der unfreien Bauern in Böhmen im J. 1680]. Prag 1965; Přehled dějin Československa I/2 240–243.

12 G. Korkisch, Der Bauernaufstand auf der Mährisch-Trübau-Türnauer Herrschaft 1706–1713. Ein Beitrag zur Geschichte des nordmährischen Bauerntums, in: BJb 11 (1970) 164–274.

13 J. Prokop, Robotní patent z roku 1738 v Čechách [Das Robotpatent aus dem J. 1738 in Böhmen], in: SAP 18 (1968) 377–411.

14 J. Polišenský und M. Hroch, Die böhmische Frage und die politischen Beziehungen zwischen dem europäischen Westen und Osten zur Zeit des Dreißigjährigen Krieges, in: K. Obermann (Hrsg.), Probleme der Ökonomie. Berlin/DDR 1960 23–55.

15 M. Hroch und J. Petráň, K charakteristice krize feudalismu v XVI. až XVII. století [Zur Charakterisierung der Krise des Feudalismus im 16. und 17. Jh.], in: ČSČH 11 (1964) 347–364; dies., 17. století – krize feudální společnosti? [Das 17. Jh. – eine Krise der feudalen Gesellschaft?]. Prag 1976; M. Hroch, Krize feudalismu v 17. století. K výsledkům mezinárodní diskuse posledního desetiletí [Die Krise des Feudalismus im 17. Jh. Zu den Ergebnissen der internationalen Diskussion in den letzten zehn Jahren], in: ČSČH 22 (1974) 735–763; J. Kočí, Problém druhého nevolnictví v českých zemích v období pozdního feudalismu [Das Problem der zweiten Leibeigenschaft in den böhmischen Ländern in der Periode des Spätfeudalismus], in: Historické studie XVII (1972) 63–68.

16 A. Klíma, Probleme der Leibeigenschaft in Böhmen, in: Vierteljahresschrift für Sozial- und Wirtschaftsgeschichte 62 (1975) 214–228; s. a. F. Kutnar, Přehledné dějiny českého a slovenského dějepisectví [Die Geschichte der tschechischen und slowakischen Geschichtsschreibung im Überblick]. Prag 1973.

17 Einzelheiten nach Přehled dějin Československa I/2 220 ff., hier 229–231.

18 L. Kárníková, Vývoj obyvatelstva v českých zemích [Die Bevölkerungsentwicklung in den böhmischen Ländern]. Prag 1965.

19 A. Klíma, Mercantilism in the Habsburg Monarchy with Special Reference to the Bohemian Lands, in: Historica 11 (1965) 95–119; ders., Manufakturní období v Čechách [Die Manufakturepoche in Böhmen]. Prag 1955; J. Válka, Hospodářská politika feudálního velkostatku [Die Wirtschaftspolitik des feudalen Großgrundbesitzes]. Brünn 1962.

20 K. Novotný, K problematice vytváření manufakturního dělnictva v českých zemích [Zur Problematik der Herausbildung der Manufakturarbeiterschaft in den böhmischen Ländern], in: ČSČH 25 (1977) 383–405.

21 Mit besonderer Intensität ist A. Kunze, z. T. zusammen mit G. Aubin, der Entwicklung der Textilindustrie nachgegangen. Siehe auch A. Klima, Die Textilmanufaktur in Böhmen im 18. Jahrhundert, in: Historica 15 (1967) 123–181; Přehled dějin Československa I/2 231 f., 234–236; H. Freudenberger, The Waldstein Woolen Mill. Noble Entrepreneurship in Eighteenth-Century Bohemia, Boston 1963.

22 A. Mitscherlich, Die böhmische Glasindustrie in Vergangenheit und Gegenwart. Diss. Erlangen 1930; K. Hettěs, Glass in Czechoslovakia. Prag 1958.

23 V. Urfus, Český merkantilista Jan Kryštof Bořek a jeho sbírka [Der böhmische Merkantilist J. K. Bořek und seine Sammlungen], in: Časopis Národního muzea – literární historie (1971) 71–83; V. Burian, První moravský merkantilista Pavel Hynek Morgentaller [Der erste mährische Merkantilist P. H. Morgenthaler], in: Brno 3 (1961) 72–92.

24 A. M. Drabek, Die Juden in den böhmischen Ländern zur Zeit des landesfürstlichen Absolutismus, in: F. Seibt (Hrsg.), Die Juden in den böhmischen Ländern 123–143, hier 124 f.

25 Z. Pelikánová-Nová, Lidnatost Prahy v 18. a první čtvrti 19. století [Die Bevölkerungsdichte Prags im 18. und im 1. Viertel des 19. Jh.], in: Pražský sborník historický 1967/68 5–43.

26 Einzelheiten bei J. Prokeš, Der Antisemitismus der Behörden und das Prager Ghetto in nachweißenbergischer Zeit, in: Jahrbuch der Gesellschaft für Geschichte der Juden in der Čechoslovakischen Republik 1 (1929).

27 Zu den sechs Klöstern, die vom Jesuitenorden vor 1618 eingerichtet worden waren, kamen 1621 Jičín, 1624 Znaim und Iglau, 1625 Kuttenberg und Prag-Kleinseite, 1628 Eger und Prag-Neustadt, 1630 Leitmeritz, 1635 Kremsier (bald nach Ungarisch-Hradisch verlegt), 1636 Königgrätz, 1644 Klattau, 1650 Breznitz und 1653 Teltsch hinzu.

28 E. Winter, Barock, Absolutismus und Aufklärung in der Donaumonarchie. Wien 1971; Literaturangaben auch in: HGBL II 362–364.

29 Schlüssel, die Häresie schließend und öffnend, [3]1770 unter dem zutreffenderen Titel veröffentlicht: Index bohemicorum librorum prohibitorum et corrigendorum.

30 Literaturangaben in: HGBL II 369 Anm. 17.

31 J. Hrabák, in: Dějiny české literatury [Geschichte der böhmischen Literatur]. Bd. 1, Prag 1959 383 ff.

32 J. Šimeček, Rozšíření novin v českých zemích v 17. a na přelomu 18. století [Die Verbreitung der Zeitungen in den böhmischen Ländern im 17. und zu Beginn des 18. Jh.], in: ČSČH 27 (1979) 540–569.

33 J. P. Kučera und J. Rak, Bohuslav Balbín a jeho místo v české kultuře [B. Balbín und sein Platz in der böhmischen Kultur]. Prag 1983.

34 Dějiny exaktních věd v českých zemích [Geschichte der exakten Wissenschaften in den böhmischen Ländern]. Prag 1961 77 ff.

35 S. Sousedík, Böhmische Barockphilosophie, in: F. Seibt (Hrsg.), Bohemia Sacra 427–443.

36 Dějiny českého divadla. Od počátku do sklonku osmáctého století [Geschichte des böhmischen Theaters. Von den Anfängen bis zur Wende des 18. Jh.]. Prag 1968 138 ff., 248 ff.

37 H. Benedikt, Franz Anton Graf von Sporck. Zur Kultur der Barockzeit in Böhmen. Wien 1923; P. Preiss, Boje s dvouhlavou saní. F. A. Špork a barokní kultura v Čechách [Der Kampf mit dem zweiköpfigen Drachen. F. A. Sporck und die Barockkultur in Böhmen]. Prag 1981.

38 Die Sekundärliteratur ist umfassend. S. u. a. K. M. Swoboda (Hrsg.), Barock in Böhmen. München 1964; J. Neumann, Das böhmische Barock. Prag 1970; H. G. Franz, Bauten und Baumeister der Barockbaukunst in Böhmen. Leipzig 1962; V. V. Štech, Barockskulptur in Böhmen. Prag 1959; Z. Kalista, České baroko [Böhmisches Barock]. Prag 1941.

Neuntes Kapitel

1 F. Hennings, Und sitzet zur linken Hand. Franz Stephan von Lothringen. Wien 1961; G. Schreiber, Franz I. Stephan. An der Seite einer großen Frau. Graz usw. 1986.

2 Die diplomatie- und kriegsgeschichtlichen Vorgänge sind in einer breitgefächerten Spezialliteratur (Österreichischer Erbfolgekrieg. 9 Bde, Wien 1896–1914; Die Kriege Friedrichs des Großen. 19 Bde, Berlin 1890–1914) abgehandelt worden. Immer noch unverzichtbar ist die faktenreiche Darstellung von A. v. Arneth, Geschichte Maria Theresias. 10 Bde, Wien 1863–1879. Siehe auch E. Guglia, Maria Theresia. 2 Bde, München, Berlin 1917; H. Kretschmayr, Maria Theresia. Leipzig [2]1938; H. Vallotton, Kaiserin Maria Theresia. Hamburg 1968 (populärwissenschaftlich); E. Crakshaw, Maria Theresia. München 1970; C. A. Macartney, Maria Theresia and the House of Austria. Mystic, Conn. 1969; V. L. Tapié, Maria Theresia. Die Kaiserin und ihr Reich. Graz usw. 1980.

3 Eine geglückte Untersuchung der Hintergründe und Auswirkungen der Huldigung verbunden mit einer Sozialanalyse des böhmischen Adels legte vor E. Hassenpflug-Elzholz, Böhmen und die böhmischen Stände in der Zeit des beginnenden Zentralismus. München, Wien 1982.

4 F. Fejtö, Un Habsbourg révolutionnaire: Joseph II. Portrait d'un despote éclairé. Paris 1953; F. Schreyvogel, Ein Jahrhundert zu früh. Das Schicksal Josephs II. Wien 1964; P. P. Bernard, Joseph II. New York 1968; H. Magenschab, Josef II. Revolutionär von Gottes Gnaden. Graz usw. 1980.

5 A. Wandruszka, Österreich am Ende der Regierungszeit Maria Theresias. Wien 1974.

6 Graf Kolowrat-Krakovský wurde Oberstlandrichter und 1748 Oberstburggraf; Graf Chotek 1747 Oberstlandkämmerer und Graf Buquoy 1748 Oberstlandmarschall. Selbst der 1743 entlassene Burggraf von Königgrätz, J. C. Dohalský, amtierte seit 1754 als Rat der Kgl. Repräsentation und Kammer und ab 1763 als Gubernialrat. HGBL II 445 f.

7 H. O. Meissner, Das Regierungs- und Behördensystem Maria Theresias und der preußische Staat, in: Die Entstehung des modernen souveränen Staates. Köln, Berlin 1967 209–227.

8 E. Hradecký, Tereziánský katastr [Der Theresianische Kataster], in: SAP 1 (1956) 105–135. Die Kataster wurden von A. Chalupka u. a. in 2 Bdn für Böhmen.

Prag 1964–1966; und von J. Radinský und M. Trantírek für Mähren. Prag 1963, herausgegeben.

9 Dazu immer noch unverzichtbar A. Beer, Die Finanzverwaltung Österreichs 1749–1816, in: MIÖG 15 (1894) 237–366.

10 F. Walter, Die theresianische Staatsreform von 1749. Wien 1958; ders., Die Geschichte der österreichischen Zentralverwaltung in der Zeit Maria Theresias 1740–1780. Wien 1938; F. Roubík, K vývoji zemské správy v Čechách v letech 1749–1790 [Zur Entwicklung der Landesverwaltung in Böhmen in den Jahren 1749–1790], in: SAP 19 (1969) 41–188; J. Pošvář, Administrativně ekonomická opatření na Moravě v 18. a první polovině 19. století [Die administrativen wirtsch. Maßnahmen in Mähren im 18. und in der 1. Hälfte des 19. Jh.]. Brünn 1976.

11 F. Walter, Kaunitz' Eintritt in die innere Politik, in: MIÖG 46 (1932) 37–79.

12 Roubík, Zemské správy (wie Anm. 10) 77 ff.; s. a. F. Walter, Der letzte große Versuch einer Verwaltungsreform unter Maria Theresia 1764/65, in: MIÖG 47 (1933) 426–469.

13 H. Conrad, Rechtsstaatliche Bestrebungen im Absolutismus Preußens und Österreichs am Ende des 18. Jahrhunderts. Köln, Opladen 1961; L. Makkai, Die Entstehung der gesellschaftlichen Basis des Absolutismus in den Ländern der österreichischen Habsburger. Budapest 1960.

14 Vgl. dazu P. Bělina, Teoretické kořeny a státní praxe osvícenského absolutismu v habsburské monarchii [Theoretische Wurzeln und Staatspraxis des aufgeklärten Absolutismus in der Habsburgermonarchie], in: ČSČH 29 (1981) 879–904.

15 O. Peterka, Das Zeitalter des aufgeklärten Absolutismus als rechtsgeschichtliche Epoche Böhmens, in: Bulletin of the International Commitee of Historical Sciences 9 (1937) 135–176.

16 R. Rozdolski, Die große Steuer- und Agrarreform Josefs II. Ein Kapitel zur österreichischen Wirtschaftsgeschichte. Warschau 1961; F. Roubík, Ke vzniku josefského katastru v Čechách v letech 1785–1789 [Zur Entstehung des Josephinischen Katasters in Böhmen in den Jahren 1785–1789], in: SbH 2 (1954) 140–185.

17 J. Kepl, Počátky továrního průmyslu lnářského v našich zemích [Die Anfänge des fabrikmäßigen Leinengewerbes in unseren Ländern]. Prag 1941; F. Mainuš, Plátenictví na Moravě a ve Slezsku v 17. a 18. století [Die Leinenerzeugung in Mähren und Schlesien im 17. und 18. Jh.]. Ostrau 1959; Přehled dějin Československa I/2 340 ff. (mit Literaturangaben); A. Klíma, Über die größten Manufakturen in Böhmen, in: MÖStA 12 (1959) 145–161; G. Otruba, Anfänge und Verbreitung der böhmischen Manufakturen bis zum Beginn des 19. Jahrhunderts (1820), in: BJb 6 (1965) 230–331.

18 H. L. Mikoletzky, Franz Stephan von Lothringen als Wirtschaftspolitiker, in: MÖStA 13 (1961) 231–257.

19 G. Otruba, Die Wirtschaftspolitik Maria Theresias. Wien 1963.

20 A. Klíma, English Merchant Capital in Bohemia in the 18th Century, in: The Economic History Review 12 (1959/60) 34–48.

21 J. Válka, Hospodářská politika feudálního velkostatku [Die Wirtschaftspolitik des feudalen Großgrundbesitzes]. Brünn 1962; K. Krofta, Dějiny selského stavu [Geschichte des Bauernstandes]. Prag ^{2}1949; F. Kutnar, Cesta selského lidu ke svobodě [Der Weg des Bauernvolkes in die Freiheit]. Prag 1948. S. a. HGBL II 475–497 (mit erschöpfenden Literaturangaben).

22 F. Blaich, Die wirtschaftspolitische Tätigkeit der Kommission zur Bekämpfung der Hungersnot in Böhmen und Mähren (1771–1772), in: VSWG 56 (1969) 299–331.

23 Die tschechoslowakische Geschichtsschreibung hat dem Bauernaufstand von 1775 große Aufmerksamkeit gezollt. O. Janeček, Povstání nevolníků v českých zemích roku 1775 [Der Aufstand der Leibeigenen in den böhmischen Ländern 1775]. Prag 1954; J. Petráň, Rebelie [Rebellion]. Prag 1975; ders., Nevolnické povstání roku 1775 a problém přechodu od feudalismu ke kapitalismu [Der Aufstand der Leibeigenen 1775 und das Problem des Übergangs vom Feudalismus zum Kapitalismus], in: ČSČH 23 (1975) 857–871; Povstání poddanského lidu 1775 v severovýchodních Čechách [Der Aufstand der untertänigen Bevölkerung 1775 im nordöstlichen Böhmen]. Königgrätz 1975; Prameny k nevolnickému povstání v Čechách a na Moravě v roce 1775 [Quellen zum Aufstand der Leibeigenen in Böhmen und in Mähren im Jahr 1775]. Prag 1975; J. Obršlík, Nevolnické povstání roku 1775 na Moravě [Der Aufstand der Leibeigenen 1775 in Mähren], in: VVM 27 (1975) 163–177.

24 W. E. Wright, Serf, Seigneur and Sovereign. Agrarian Reform in 18th Century Bohemia. Minneapolis 1966; Přehled dějin Československa I/2 350–356.

25 Bretholz, Geschichte Böhmens und Mährens III 147 f.

26 P. Bělina, Příspěvek k ekonomické stratifikaci měst v Čechách koncem 18. století [Ein Beitrag zur ökonomischen Stratifikation der Städte in Böhmen am Ende des 18. Jahrhunderts], in: Hospodářské dějiny 1 (1978) 231–262; ders., Ekonomická politika osvícenského absolutismu a česká města [Die Wirtschaftspolitik des aufgeklärten Absolutismus und die böhmischen Städte], ibid. 4 (1979) 249–279.

27 W. E. Wright, Agrarian Reforms of Joseph II in Bohemia 1780–1790. Colorado Springs 1958; R. Rozdolski, Die große Steuer- und Agrarreform Josefs II. Ein Kapitel zur österreichischen Wirtschaftsgeschichte. Warschau 1961; J. Kočí, Patent o zrušení nevolnictví v českých zemích [Das Patent zur Aufhebung der Leibeigenschaft in den böhmischen Ländern], in: ČSČH 17 (1969) 69–108; J. Chroust, K robotní abolici na Moravě v letech 1777–1789 [Zur Robotabolition in Mähren in den Jahren 1777–1789], in: ČMM 88 (1968) 233–257; J. Petráň und J. Havránek, Rolnické hnutí v českých zemích v letech 1775–1918 [Die Bauernbewegung in den böhmischen Ländern in den Jahren 1775–1918], in: ČSČH 17 (1969) 863–886.

28 Zu den Hintergründen E. Winter, Frühaufklärung. Der Kampf gegen den Konfessionalismus in Mittel- und Osteuropa und die deutsch-slawischen Beziehungen. Berlin/DDR 1966; ders., Barock, Absolutismus, Aufklärung in der Donaumonarchie. Wien 1970; ders., Der Jansenismus in Böhmen und Mähren und seine Bedeutung für die geistige Entwicklung Österreich-Ungarns, in: Südostforschungen 7 (1942) 440–455.

29 W. Doskocil, Die Gründung des Bistums Brünn und das sogenannte landesherrliche Patronat. Kanonistische Randbemerkungen zu zwei Urkunden, in: BJb 17 (1976) 396–416.

30 R. J. Wolny, Die josephinische Toleranz unter besonderer Berücksichtigung ihres geistlichen Wegbereiters Johann Leopold Hay. München 1973.

31 F. Maas, Der Frühjosephinismus. Wien 1966; E. Winter, Der Josefinismus. Die Geschichte des österreichischen Reformkatholizismus 1740–1848. Berlin/DDR 1962; F. Valjavec, Der Josephinismus. München 1945; P. P. Bernard, The Origins of Josephinism. Colorado Springs 1962. Breiten Raum nimmt die Religionspolitik auch in den Biographien von Fejtö und Magenschab (wie Anm. 4) ein.

32 Die Juden in Böhmen hatten jährlich 205 000, in Mähren 90 000 Gulden als „Receßsteuer" aufzubringen und eine zwischen 10 und 13% schwankende Vermögenssteuer sowie Zuschläge bei der allgemeinen „Verzehrungssteuer" für

koschere Lebensmittel zu entrichten. Die Familientaxe betrug für das Familienoberhaupt 5 Gulden jährlich und für jedes weitere Familienmitglied 30 Kreuzer. Fremde Juden waren einer „Duldungssteuer" unterworfen.

33 Einzelheiten und weiterführende Literatur bei A. M. Drabek, Die Juden in den böhmischen Ländern zur Zeit des landesfürstlichen Absolutismus, in: F. Seibt (Hrsg.), Die Juden in den böhmischen Ländern 123–143, hier 131 ff.

34 1789 wurde als erster ungetaufter Jude Israel Hönig (1724–1808), dessen Vater Aaron Moyses H. Mitpächter der mährischen Landesbank war, mit dem Prädikat „von Hönigsberg" in den Adelsstand erhoben.

35 R. Kestenberg-Gladstein, Neuere Geschichte der Juden in den böhmischen Ländern. Bd. I: Das Zeitalter der Aufklärung 1780–1830. Tübingen 1969; L. Singer, Zur Geschichte der Toleranzpatente in den Sudetenländern, in: JbGGJ 5 (1933) 231–311; ders., Zur Geschichte der Juden in Böhmen in den letzten Jahren Josephs II. und unter Leopold II., in: ibid. 6 (1934) 193–284; ders., Die Entstehung des Juden-Systemalpatents von 1797, in: ibid. 7 (1935) 199–229; E. Hassenpflug-Elzholz, Toleranzedikt und Emanzipation, in: F. Seibt (Hrsg.), Die Juden in den böhmischen Ländern 145–159.

36 G. Otruba, Der Anteil der Juden am Wirtschaftsleben der böhmischen Länder seit dem Beginn der Liberalisierung, in: F. Seibt (Hrsg.), Die Juden in den böhmischen Ländern 209–268 (mit weiterführenden bibliographischen Angaben S. 266 ff.).

37 Dadurch wurde erreicht, daß der Großteil der Juden schon im Vormärz zweisprachig war, wobei die innerhalb des tschechischen Sprachgebiets Lebenden meist Tschechisch beherrschten und mit der tschechischen Nationalbewegung sympathisierten. Der anfangs starke Anteil der Juden, die sich des Deutschen als Umgangssprache bedienten, ging mit Ausnahme der großen Städte stetig zurück, obschon sich 1910 immerhin noch 84,3% der Juden in Schlesien, 77,7% in Mähren und 47,7% in Böhmen zur deutschen Muttersprache bekannten.

38 Bretholz, Geschichte Böhmens und Mährens III 200.

39 K. Kučera, Raně osvícenský pokus o reformu pražské university [Frühaufklärerischer Versuch einer Reform der Prager Universität], in: AUC, Historia Universitatis Carolinae IV/2 (1963) 61–86.

40 E. Winter, Ferdinand Kindermann, Ritter von Schulstein, der Organisator der Volksschule und Volkswohlfahrt Böhmens. Augsburg 1926; A. Weiss, Geschichte der Theresianischen Schulreform in Böhmen. 2 Bde, Wien, Leipzig 1906/08; J. Hanzal, Kindermannova vzorná škola v Kaplici [Kindermanns Musterschule in Kaplitz], in: JSH 33 (1964) 156–163.

41 J. Hanzal, Rozvoj nižších škol v Čechách na konci 18. stol. [Die Entwicklung des niederen Schulwesens in Böhmen am Ende des 18. Jh.], in: AUC, Historia Universitatis Carolinae VII/1 (1966) 93–117.

42 M. Hroch, Vlastenci bez národa [Patrioten ohne Nation] und J. Petráň, Lid a národ v pobělohorském labyrintu [Volk und Nation im nachweißenbergischen Labyrinth], in: Naše živá i mrtvá minulost [Unsere lebendige und tote Vergangenheit]. Prag 1968. S. a. H. Raupach, Der tschechische Frühnationalismus. Beitrag zur Gesellschafts- und Ideengeschichte. Essen 1939.

43 Literaturangaben HGBL II 391.

44 A. Przedak, Geschichte des deutschen Zeitschriftenwesens in Böhmen. Heidelberg 1904 13–99; M. Laiske, Časopisectví v Čechách 1650–1847 [Das Zeitschriftenwesen in Böhmen 1650–1847]. Prag 1959.

45 M. Machovec, Josef Dobrovský. Prag 1964; Winter, Barock 211 ff.

46 Wenceslai Hagek a Liboczan Annales Boemorum. 6 Bde, Prag 1761–1783;

Monumenta historica Bohemiae nusquam antehec edita. 6 Bde, Prag 1764–1786; M. Kudělka, Spor Gelasia Dobnera o Hájkovu kroniku [G. Dobners Streit um die Hájek-Chronik]. Prag 1964; J. Haubelt, Počátky historiografické práce Gelasia Dobnera [Die Anfänge der historischen Arbeit Gelasius Dobners], in: ČSČH 22 (1974) 703–734; ders., František Palacký a Gelasius Dobner, in: ČSČH 24 (1976) 885–917; ders., Seminarium politicum a Gelasius Dobner, in: ČSČH 27 (1979) 76–110.

47 Cornova, zuvor Direktor der Gesellschaft der Wissenschaften, machte sich durch die Übersetzung und Herausgabe von P. Stranskýs Res Publica Boemorum. 7 Bde, Prag 1792–1803, verdient. F. Kutnar, Život a dílo Ignáce Cornovy [Leben und Werk I. Cornovas], in: ČČH 36 (1930) 327–350, 491–519.
Steinský war durch die Herausgabe der Zeitschrift „Monatliche Beiträge zur Bildung und Unterhaltung des Bürgers und des Landmanns" einer breiteren Öffentlichkeit bekannt geworden. N. A. Voigt hatte veröffentlicht Über den Geist der böhmischen Gesetze. Prag 1788.
Zu den Anfängen einer kritischen Geschichtswissenschaft s. J. Hemmerle, Anreger und Begründer der Geschichtsforschung in den Sudetenländern zu Beginn der Aufklärung, in: Stifter-Jahrbuch 5 (1957) 72–101; K. Kazbunda, Stolice dějin na pražské universitě. Od obnovení stolice dějin do rozdělení university (1746–1882) [Der Lehrstuhl für Geschichte an der Prager Universität. Von der Erneuerung des Lehrstuhls bis zur Teilung der Universität]. Bd. 1: 1746–1848. Prag 1964.

48 J. A. Riegger, Materialien zur alten und neuen Statistik Böhmens. 12 Bde, Dresden 1789–1799; P. Bělina, K počátkům statistiky v českých zemích (Působení Antonína Rieggera v Čechách) [Zu den Anfängen der Statistik in den böhmischen Ländern. Die Wirkung J. A. Rieggers in Böhmen], in: ČSČH 25 (1977) 62–85.

49 Bretholz, Geschichte Böhmens und Mährens III 169.

Zehntes Kapitel

1 R. A. Kann, Das Nationalitätenproblem in der Habsburgermonarchie. Geschichte und Ideengehalt der nationalen Bestrebungen vom Vormärz bis zur Auflösung des Reiches 1918. Bd. I, Graz, Köln [2]1964 53 ff. Zur Problematik um die Begriffe Böhmisch und Tschechisch s. u. a. A. Kraus, Böhmisch nebo [oder] Tschechisch, in: Naše doba 24 (1916/17) 341–348, 429–436, 521–528, 601–608; A. Beer, K dějinám slov böhmisch a čechisch [Zur Geschichte der Wörter böhmisch und tschechisch]. Prag 1917; A. Kraus, Ještě jednou böhmisch a tschechisch [Noch einmal böhmisch und tschechisch]. Prag 1921.

2 Leopold II. hat in F. Walter, Die Zeit Josephs II. und Lepolds II. 1780–1792. Wien 1955, und vor allem in A. Wandruszka, Leopold II. Erzherzog von Österreich, Großherzog von Toscana. 2 Bde, Wien 1963 und 1965, zwei kenntnisreiche und einfühlsame Biographen gefunden. S. a. C. A. Macartney, The Habsburg Empire 1790–1918. New York 1969 134–146. Die besonders den Auswirkungen der Herrschaft Leopolds II. auf Böhmen nachgehende Monographie von R. J. Kerner, Bohemia in the XVIIIth Century. A Study in Political, Economic and Social History with Special Reference to the Reign of Leopold II, 1790–1792. New York 1932, ist faktographisch nicht immer ganz zuverlässig und vom Forschungsstand her etwas veraltet.

3 F. Kutnar, Předehra velkého Leopoldovského sněmu r. 1790 [Das Vorspiel des großen leopoldinischen Landtags des Jahres 1790], in: ČSČH 16 (1968) 669–686.
4 W. L. Langsam, Franz der Gute. Die Jugend eines Kaisers. Wien 1954; V. Bibl, Kaiser Franz, der letzte römisch-deutsche Kaiser. Leipzig 1937.
5 H. Hertenberger und F. Wiltschek, Erzherzog Karl. Der Sieger von Aspern. Graz usw. 1983.
6 H. v. Srbik, Die Schicksalsstunde des alten Reiches. Österreichs Weg 1804–1806. Jena ²1937; E. R. Huber, Deutsche Verfassungsgeschichte seit 1789. Bd. 1: Reform und Restauration 1789–1830. Stuttgart 1957 62 ff.; R. Wierer, Das böhmische Staatsrecht und der Ausgleichsversuch des Ministeriums Hohenwart-Schäffle, in: BJb 4 (1963) 54–173, hier 57 f.
7 C. Manceron, Austerlitz. London 1966; R. v. Oer, Der Friede von Preßburg. Ein Beitrag zur Diplomatiegeschichte des napoleonischen Zeitalters. Münster 1965.
8 J. Polišenský, Napoleon a srdce Evropy [Napoleon und das Herz Europas]. Prag 1971; A. Ernstberger, Böhmens außenpolitische Stellung in der Neuzeit (bis 1918), in: Das Sudetendeutschtum 295.
9 Zu Metternichs Persönlichkeit und Politik A. Palmer, Metternich, der Staatsmann Europas. Düsseldorf 1972.
10 Siehe dazu auch die detaillierten Ausführungen von Macartney, The Habsburg Empire 147–321.
11 J. Kraft, Die Finanzreform des Grafen Wallis und der Staatsbankrott von 1811. Graz usw. 1927.
12 Zu Ferdinand I. „dem Gütigen" fehlt eine wissenschaftlichen Ansprüchen genügende Studie. V. Graf Ségur-Cabanac, Kaiser Ferdinand I. als Regent und Mensch. Wien 1912. S. a. R. Kiszling, Die Revolution im Kaisertum Österreich 1848/49. 2 Bde, Wien 1948; Macartney, The Habsburg Empire 255–305.
13 E. Birke und K. Oberdorffer (Hrsg.), Das böhmische Staatsrecht in den deutsch-tschechischen Auseinandersetzungen des 19. und 20. Jahrhunderts. Marburg/Lahn 1960; R. Plaschka, Das böhmische Staatsrecht in tschechischer Sicht, in: ZfO 8 (1959) 1–14; R. Wierer, Das böhmische Staatsrecht ..., in: BJb 4 (1963) 59–62.
14 M. Trapl, České národní obrození na Moravě v době předbřeznové a v revolučních letech 1848–1849 [Die tschechische Wiedergeburt in Mähren im Vormärz und in den Revolutionsjahren 1848/49]. Brünn 1977.
15 E. Winter u. a., Bernard Bolzano. Ein Denker und Erzieher im österreichischen Vormärz. Wien 1967; A. Kolman, Bernard Bolzano. Prag 1958; E. Nittner, Volk, Nation und Vaterland in der Sozialethik Bernard Bolzanos, in: F. Seibt (Hrsg.), Die böhmischen Länder zwischen Ost und West ... München, Wien 1983 149–174 (mit erschöpfenden Literaturverweisen).
16 H. Sundhaussen, Der Einfluß der Herderschen Ideen auf die Nationsbildung bei den Völkern der Habsburger Monarchie. München 1973.
17 Časopis Společnosti Vlasteneckého musea v Čechách, seit 1831: Časopis Českého musea.
18 Chr. Thienen-Adlerflycht, Graf Leo Thun im Vormärz. Grundlagen des böhmischen Konservatismus im Kaisertum Österreich. Graz usw. 1967.
19 E. Winter, Frühliberalismus in der Donaumonarchie. Religiöse, nationale und wissenschaftliche Strömungen von 1790–1868. Berlin/DDR 1968; R. Mattausch, Geistige und soziale Voraussetzungen der nationalen Wiedergeburt in Böhmen vor 1848, in: BJb 14 (1973) 155–178; H. Renner, Studien zum tschechischen Frühnationalismus. Motivationen, Anfänge und Initiatoren der tschechischen

Wiedergeburt. Phil. Diss. Erlangen–Nürnberg 1974; J. Kočí, České národní obrození [Die tschechische nationale Wiedergeburt]. Prag 1978; ders., Josef Jungmann a české národní obrození [Josef Jungmann und die tschechische nationale Wiedergeburt], in: Slovanský přehled (1973) 2 112–130.

20 Die von J. A. Puchmajer geführte, stark von S. Hněvkovský und V. Nejedlý beeinflußte Gruppe veröffentlichte den Almanach sebrání básní a zpěvů, dem 1798, 1802 und 1814 Nové básně folgten.

21 V. Hanka, Pravopis český podle základu gramatiky Dobrovského [Rechtschreibung des Tschechischen auf der Grundlage von Dobrovskýs Grammatik].

22 A. Robek, Městské lidové zdroje národního obrození [Die städtischen Volksquellen der nationalen Wiedergeburt]. Prag 1977.

23 A. Robek, Lidové zdroje národního obrození [Die Volksquellen der nationalen Wiedergeburt]. Prag 1974.

24 Die Literatur über die Entwicklung der tschechischen Nationalbewegung ist umfangreich und je nach nationalem Standpunkt des Verfassers auch äußerst kontrovers. Siehe u. a. von tschechisch-marxistischer Warte F. Červinka, Český nacionalismus v 19. století [Der tschechische Nationalismus im 19. Jh.]. Prag 1965; J. M. Lochmann, Duchovní odkaz obrození [Das geistige Vermächtnis der Wiedergeburt]. Prag 1964. – Neben E. Winter, der wichtige Beiträge zu diesem Thema beigesteuert hat (s. o. Anm. 19; Tausend Jahre Geisteskampf im Sudetenraum. München [2]1955), s. a. H. Raupach, Der tschechische Frühnationalismus. Essen 1939; A. Fischel, Das tschechische Volk. Bd. 2: Aus dem Geistesleben des tschechischen Volkes. Breslau 1928; E. Rádl, Der Kampf zwischen Tschechen und Deutschen. Reichenberg 1928. – Die geistigen Wegbereiter wie Dobrovský, Šafařík, Jungmann, Mácha, F. L. Čelakovský, J. K. Tyl u. a. sind in zahlreichen Monographien und Aufsätzen gewürdigt worden. Vgl. jetzt auch die ausgewogene Synthese von A. Měšt'an, Geschichte der tschechischen Literatur im 19. und 20. Jahrhundert. Köln, Wien 1984.

25 J. Hemmerle, Die tschechische Wiedergeburt und die Fälschung nationaler Sprachdenkmäler, in: Stifter-Jb 7 (1962) 51–82; M. Otruba, Rukopisy královédvorský a zelenohorský. Dnešní stav poznání [Die Königinhofer und die Grünberger Handschrift. Der heutige Kenntnisstand], in: Sborník Národního muzea v Praze 100–13/14. Prag 1969; M. Ivanov, Záhada rukopisu královédvorského [Das Rätsel um die Königinhofer Handschrift]. Prag 1970.

26 Die Palacký-Literatur ist äußerst umfangreich. T. G. Masaryk, J. Pekař, J. Goll und V. Chaloupecký haben wichtige Beiträge geliefert; M. Moravec (1961) und M. Jetmarová (1961) haben vor 25 Jahren das Thema wieder aufgegriffen. Eine erschöpfende Würdigung von Leben und Werk verdanken wir J. F. Začek, Palacký. The Historian as Scholar and Nationalist. New York 1970. Zu seiner Bedeutung als Historiker R. Plaschka, Von Palacký bis Pekař. Geschichtswissenschaft und Nationalbewußtsein bei den Tschechen. Graz, Köln 1955; F. Prinz, František Palacký als Historiograph der böhmischen Stände, in: Probleme der böhmischen Geschichte. München 1964 84–94.

27 Seine bereits vor 1826 verfaßte „Geschichte der slavischen Sprache und Literatur nach allen Mundarten" und seine dreibändige „Geschichte der südslavischen Literatur" (1864/65) weisen ihn als bedeutenden Komparatisten aus. J. Novotný, P. J. Šafařík. Studie. Prag 1971.

28 Vor 1848 stellten die Slaven mit 40,7% die zahlenmäßig stärkste Bevölkerungsgruppe; 21,6% waren Rumänen, 21% Deutsche, 16,7% Magyaren bzw. Angehörige kleiner Völker.

29 A. Fischel, Der Panslawismus bis zum Weltkrieg. Stuttgart, Berlin 1919; H. Kohn,

Die Slawen und der Westen. Eine Geschichte des Panslawismus. Wien 1956; V. Čejchan (Hrsg.), Dějiny československo-sovětských vztahů nové a nejnovější doby [Geschichte der tschechoslowakisch-sowjetischen Beziehungen in neuer und neuester Zeit]. Teil 1: Dějiny česko-ruských vztahů 1770–1917 [Geschichte der tschechisch-russischen Beziehungen 1770–1917]. Prag 1967; M. Šankmajer, Počátky českého rusofilství. K problematice jejich studia [Anfänge der tschechischen Russophilie. Zur Problematik ihres Studiums], in: Slovanské historické studie 7 (1968) 181–193.

30 M. Novák, Austroslavismus, příspěvek k jeho pojetí v době předbřeznové [Der Austroslavismus. Ein Beitrag zu dessen Inhalt im Vormärz], in: SAP 6 (1956) 26–50; V. Hoštická, Od všeslovanství k austroslavismu v českém prostředí [Vom Allslaventum zum Austroslavismus in der tschechischen Umwelt], in: V. Šťastný (Hrsg.), Slovanství v národním životě Čechů a Slováků [Der Slavismus im nationalen Leben der Tschechen und Slowaken]. Prag 1968 143–157; V. Žáček, K dějinám austroslavismu rakouských Slovanů [Zur Geschichte des Austroslavismus der österreichischen Slaven], in: Slovanské historické studie 7 (1968) 129–179.

31 J. V. Ormis (Hrsg.), Bibliografia Jána Kollára [Bibliographie Ján Kollárs]. Bratislava 1954; J. M. Kirschbaum, Ján Kollár, a Slovak Poet of Panslavism. Cleveland, Ohio 1966. – Kollár hatte 1824 durch die Herausgabe der Sonettsammlung Slávy dcera [Tochter der Slava] Aufsehen erregt; sein Hauptwerk Über die literarische Wechselseitigkeit zwischen den verschiedenen Stämmen und Mundarten der slavischen Nation. Pesth 1837, hatte den heftigen Protest der Gegner des Panslavismus hervorgerufen.

32 B. Stanislav, Karel Havlíček Borovský. Prag 1954; V. Procházka, Karel Havlíček Borovský. Prag 1961; K. Slavíček, Tajná politická společnost Český Repeal v roce 1848 [Die politische Geheimgesellschaft Tschechischer Repeal im Jahr 1848]. Prag 1947. S. auch S. 497 Anm. 23.

33 P. Molisch, Geschichte der deutsch-nationalen Bewegung in Österreich. Jena 1926; J. Pfitzner, Das Erwachen der Sudetendeutschen im Spiegel ihres Schrifttums bis zum Jahr 1848. Augsburg 1926; F. L. Loewenheim, German Liberals and the Czech Renascence, in: The Czech Renascence of the Nineteenth Century. Toronto 1970 146–175.

34 F. Fellner, Franz Schuselka. Ein Lebensbild. Phil. Diss. Wien 1948.

35 Přehled dějin Československa I/2 528 ff.

36 Z. Wirth, Architektura klasicismu a romantismu [Die klassizistische und romantische Architektur], in: Architektura v českém národním dědictví [Die Architektur im tschechischen nationalen Erbe]. Prag 1961 139–156.

37 J. Pavel, Dějiny umění v Československu. Stavitelství, sochařství, malířství [Geschichte der Künste in der Tschechoslowakei: Baukunst, Bildhauerei, Malerei]. Prag 1971; E. Petrová, Vývojové tendence historické malby v počátcích obrození [Entwicklungstendenzen der Historienmalerei am Anfang der Wiedergeburt], in: Umění 7 (1959) 366–402.

38 Dějiny českého divadla. T. II: Národní obrození [Geschichte des tschechischen Theaters. Bd. II: Die nationale Wiedergeburt]. Prag 1969.

39 P. Nettl, Mozart in Böhmen. Prag 1938; J. Racek, Beethoven a české země [Beethoven und Böhmen]. Prag 1964.

40 M. Hroch, Die Vorkämpfer der nationalen Bewegung bei den kleinen Völkern Europas. Prag 1968 43–48.

41 Von den 3561 Schulen in Böhmen wurden nur 76, von 1837 in Mähren-Schlesien 103 für Akatholiken unterhalten; von den 22 Mittelschulen Böhmens waren 14

katholisch und 8 weltlich, in Mähren von 11 nur 4 katholisch, 1 evangelisch und 6 weltlich organisiert. Statistische Angaben nach HGBL III 456 ff.

42 In Böhmen wurden 1846 nach der Umgangssprache 2,6 Mill. Einwohner als Tschechen (= 59,7%) und 1,68 Mill. (= 38,6%) als Deutsche registriert, aber nur 49,6% der Schulen hatten „slavische" Unterrichtssprache, 5,1% waren mehr- und 45,2% deutschsprachig. In Mähren lebten 1,25 Mill. Tschechen (= 70,2%), 493 000 Deutsche (= 27,6%) und 2,1% „Andere". In Schlesien wurden 222 000 Deutsche (= 47,7%), 147 000 Polen (= 31,5%) und 94 000 Tschechen (= 20%) registriert. Die Unterrichtssprache war in beiden Provinzen in 54,2% der Schulen „slavisch", in 9,2% mehr- und in 36,5% deutschsprachig. HGBL III 448 f., 457.

43 Weiterführende Angaben bei L. Nový u. a. (Hrsg.), Dějiny exaktních věd v českých zemích do konce 19. století [Geschichte der exakten Wissenschaften in den böhmischen Ländern bis zum Ende des 19. Jh.]. Prag 1961.

44 L. Kárníková, Vývoj obyvatelstva v českých zemích 1754–1914 [Entwicklung der Bevölkerung in den böhmischen Ländern 1754–1914]. Prag 1965 73 ff.; J. Stříteský, Zdravotní a populační vývoj československého obyvatelstva [Die Gesundheits- und Populationsentwicklung der tschechoslowakischen Bevölkerung]. Prag 1971; HGBL III 448 f.

45 Siehe dazu vor allem die Arbeiten von J. Purš, Průmyslová revoluce v českých zemích [Die industrielle Revolution in den böhmischen Ländern]. Prag 1960; und ders., Průmyslová revoluce. Vývoj pojmu a koncepce [Die industrielle Revolution. Begriffsentwicklung und Konzeptionen]. Prag 1973; O. Říha, Struktur und Dynamik der industriellen Entwicklung in Böhmen im letzten Viertel des 18. Jahrhunderts, in: Jbb für Wirtschaftsgeschichte (1965) 1 160–196, 2 103–124; ders., Hospodářský a sociálně politický vývoj Československa 1790–1945 [Die wirtschaftliche und sozialpolitische Entwicklung der Tschechoslowakei 1790–1945]. Prag 1946.

46 Přehled dějin Československa I/2 480 ff.

47 J. Blum, Noble Landowners and Agriculture in Austria 1815–1848. A Study in the Origins of the Peasant Emancipation of 1848. Baltimore 1948; F. Kutnar, Cesta selského lidu k svobodě [Der Weg des Landvolks in die Freiheit]. Prag 1948; F. Lom, Organisace zemědělského podniku před rokem 1848 [Die Organisation der landwirtschaftlichen Betriebe vor dem Jahr 1848]. Brünn 1948; W. E. Wright, The Initiation of Robota Abolition in Bohemia, in: JCEA 18 (1958) 239–253.

48 F. Dudek, Počátky řepného cukrovarnictví v Čechách [Die Anfänge der Zuckerindustrie in Böhmen]. Poděbrady 1973.

49 Einzelheiten und weiterführende Literatur in den von G. Hanke verfaßten Kapiteln in HGBL II 533–552, 600–630. S. a. G. Otruba und R. Kropf, Bergbau und Industrie Böhmens in der Epoche der Frühindustrialisierung (1820–1848), in: BJb 12 (1971) 53–232; M. Myška, Die mährisch-schlesische Eisenindustrie in der industriellen Revolution. Prag 1970; M. Kreps, Přehled moravského a slezského železářství do roku 1830 [Überblicksdarstellung der Geschichte der mährischen und schlesischen Eisenproduktion]. Prag 1977; O. Bohuš, Stručné dějin ocelářství na území Československa v letech 1830–1975 [Kurze Geschichte der Stahlindustrie auf dem Gebiet der Tschechoslowakei in den Jahren 1830–1975]. Prag 1980.

50 M. Štěpán, Přehledné dějiny československých železnic 1824–1948 [Geschichtlicher Abriß des tschechoslowakischen Eisenbahnwesens 1824–1948]. Prag 1958.

51 E. Strauss, Die Entstehung der deutsch-böhmischen Arbeiterbewegung. Prag 1925; J. Polišenský u. a., Boj dělníků na stavbách našich prvních železnic [Der

Kampf der Arbeiter beim Bau unserer ersten Eisenbahnen]. Prag 1956; Z.V. Tobolka, Textiláci, první průkopníci dělnického hnutí v Čechách [Die Textilarbeiter, die ersten Pioniere der Arbeiterbewegung in Böhmen]. Prag 1950; K. Novotný und M. Myška, Z počátků dělnického hnutí v českých zemích [Am Anfang der Arbeiterbewegung in den böhmischen Ländern], in: dies., První kroky k vítězství. Prag 1966 9–61; K. Novotný, O národním vědomí českého dělnictva v 40. letech 19. století [Über das nationale Bewußtsein der tschechischen Arbeiterschaft in den 40er Jahren des 19. Jh.]. Prag 1977.

52 Dazu der umfassende Aufsatz von G. Otruba, Der Anteil der Juden am Wirtschaftsleben der böhmischen Länder seit dem Beginn der Industrialisierung, in: F. Seibt (Hrsg.), Die Juden in den böhmischen Ländern 209–268.

Elftes Kapitel

1 Zur Lage in Böhmen vor Ausbruch der Revolution O. Odložilík, The Czechs on the Eve of the 1848 Revolution. Cambridge, Mass. 1953. Zum Verlauf A. Klíma, Rok 1848 v Čechách [Das Jahr 1848 in Böhmen]. Prag [2]1949; F. Prinz, Prag und Wien 1848. Probleme der nationalen und sozialen Revolution im Spiegel der Wiener Ministerratsprotokolle. München 1968; S. Z. Pech, The Czech Revolution of 1848. Chapel Hill, N. C. 1969; J. Polišenský, Revoluce a kontrarevoluce v Rakousku 1848 [Revolution und Konterrevolution in Österreich 1848]. Prag 1975.

2 „Die Gleichheit zwischen Tschechen und Deutschen verstehen wir nicht so, daß Deutsche und Tschechen je die Hälfte haben sollten. Das würden wir als ein großes Unrecht für die Tschechen ansehen, denn sie betragen im Land ¾ und die Deutschen ¼. Unsere Meinung ist: Tschechen und Deutsche genießen jede Bequemlichkeit hinsichtlich ihrer Nationalität in Amt und Schule; im übrigen sollen die Tschechen den Vorzug haben, weil sie in der Mehrheit sind". Zit. nach Bretholz, Geschichte Böhmens und Mährens IV 84.

3 F. Walter, Die „Böhmische Charte" vom 8. IV. 1848, in: Beiträge zum deutsch-tschechischen Verhältnis im 19. und 20. Jahrhundert. München 1967 7–17.

4 E. K. Sieber, Löhner. Ein Vorkämpfer des Deutschtums in Böhmen, Mähren und Schlesien in den Jahren 1848/49. München 1965. Siehe dazu auch F. Prinz, Führende Sudetendeutsche im Jahr 1848, in: BJb 1 (1960) 153–206.

5 J. Křížek, Národní gardy v roce 1848 [Die Nationalgarden 1848]. Prag 1954.

6 R. Wierer, Palackýs staatspolitisches Programm, in: ZfO 6 (1957) 246–256; Plaschka, Von Palacký bis Pekař 20ff.

7 F. Prinz, Die Sudetendeutschen im Frankfurter Parlament, in: Zwischen Frankfurt und Prag. München 1963 103–132.

8 P. Burian, Die Nationalitäten in „Cisleithanien" und das Wahlrecht der Märzrevolution 1848/49. Zur Problematik des Parlamentarismus im alten Österreich. Graz, Köln 1962 76ff.

9 L. D. Orton, The Prague Slav Congress of 1848. Boulder, Col. 1978; V. Žáček (Hrsg.), Slovanský sjezd v Praze roku 1848 [Der Slavenkongreß in Prag 1848 (Dokumentenband)]. Prag 1958.

10 J. Novotný, Slovanská Lípa 1848–1849. Prag 1975/76.

11 S. Z. Pech, The June Uprising in Prague in 1848, in: East European Quarterly 1 (1968) 341–370.

12 K. G. Hugelmann, Die österreichischen Landtage. T. 3. Wien, Leipzig 1940 60ff.

13 V. Vochala, Rok 1848 ve Slezsku a severovýchodní Moravě [Das Jahr 1848 in Schlesien und Nordost-Mähren]. Brünn 1948; B. Šindelář, O úloze lidových mas

v revolučním dění roku 1848 na Moravě a ve Slezsku [Über die Rolle der Volksmassen im revolutionären Geschehen des Jahres 1848 in Mähren und Schlesien], in: ČSČH 4 (1956) 207–231, 338–441; L. Pallas, Jazyková otázka a podmínky vytváření národního vědomí ve Slezsku [Die Sprachenfrage und die Voraussetzungen zur Ausbildung des Nationalbewußtseins in Schlesien]. Ostrau 1970.

14 F. Prinz, Hans Kudlich (1823–1917). Versuch einer historisch-politischen Biographie. München 1962. – Das Gesetz wurde mit 174 gegen 144 Stimmen bei 36 Enthaltungen angenommen; von den aus Böhmen stammenden Abgeordneten, die ein Bauernvolk in einem Land mit ausgeprägtem adligen Großgrundbesitz vertraten, stimmten 53 für und 14 Parlamentarier gegen die Vorlage, während sich 11 enthielten. In Böhmen waren 587 341 sog. Verpflichtungen abzulösen, die 22 762 Berechtigten zugute gekommen waren; in Mähren standen 4091 Berechtigten 333 199 Verpflichtungen gegenüber.

15 Von den 90 Abgeordneten aus Böhmen waren 55 Tschechen und 35 Deutsche; aus Mähren kamen 20 Tschechen und 18 Deutsche; aus Schlesien neun Deutsche und ein Tscheche.

16 Klíma, Rok 1848 119 ff.

17 O. Odložilík, Na kroměřížském sněmu 1848 a 1849 [Auf dem Kremsierer Reichstag 1848/49]. Prag 1947; R. Wierer, Der Föderalismus im Donauraum. Graz, Köln 1960 38 ff.; R. A. Kann, Nationalitätenproblem II 29 ff.

18 Text des Kremsierer Verfassungsentwurfs bei E. Bernatzik, Das österreichische Nationalitätenrecht. Wien 1917 115–145.

19 Text bei Bernatzik, Das österreichische Nationalitätenrecht 155–166.

20 F. Prinz, Die deutsche Nationalversammlung in Frankfurt und der Reichstag in Kremsier, in: Beiträge zum deutsch-tschechischen Verhältnis im 19. und 20. Jahrhundert. München 1967 19–30; O. Říha, O národním hnutí a národnostní otázce 1848–1918 [Über die nationale Bewegung und die nationale Frage 1848–1918], in: ČSČH 2 (1954) 47–68; J. Kořalka, Das Nationalitätenproblem in den böhmischen Ländern 1848–1918, in: Österreichische Osthefte 5 (1963) 1–12.

21 Darunter waren die Brüder Hans und Hermann Kudlich, Ludwig von Löhner, der in Bonn zum Mitbegründer der deutschen Kunstwissenschaft aufgestiegene Anton Springer sowie die Paulskirchenabgeordneten Franz Makowiecka und Franz Emil Rößler.

22 J. Kočí, Emanuel Arnold. Prag 1964; F. Jílek, Pražská polytechnika a studentské hnutí v revoluci 1848–1849 [Das Prager Polytechnikum und die Studentenbewegung in der Revolution 1848/49], in: Sborník Národního technického muzea 5 (1968) 337–508; Z. Šamberger, Die revolutionäre Zusammenarbeit der tschechischen und sächsischen Demokraten im Frühjahr 1849, in: Aus 500 Jahren deutsch-tschechoslowakische Geschichte. Berlin/DDR 1958 249–298; K. Kosík, Česká radikální demokracie [Die tschechischen Radikaldemokraten]. Prag 1958.

23 B. K. Reinfeld, Karel Havlíček (1821–1856): A National Liberation Leader of the Czech Renascence. New York 1982; G. J. Morava, Der k. k. Dissident Karel Havlíček, 1821–1856, Wien 1985. S. auch S. 494 Anm. 32.

24 Die – überwiegend populärwissenschaftlich ausgerichtete – Literatur geht nur am Rande auf die Beziehungen des Kaisers zu Böhmen ein. In letzter Zeit sind u. a. erschienen A. Graf Bossi Fedrigotti, Kaiser Franz Joseph I. und seine Zeit. Zürich 1978; F. Herre, Kaiser Franz Joseph von Österreich. Sein Leben – seine Zeit. Köln 1978; E. C. Conte Corti und H. Sokol, Kaiser Franz Joseph I. Graz ^{4}1979; E. Trost, Franz Joseph I. von Gottes Gnaden Kaiser von Österreich ... Wien 1980.

25 Text des Silvesterpatents bei Bernatzik, Verfassungsgesetze 208–215.

26 F. Červinka, Český nacionalismus v XIX. století [Der tschechische Nationalismus im 19. Jh.]. Prag 1965; J. F. N. Bradley, Czech Nationalism in the Nineteenth Century. New York 1984.
27 V. Urfus, Český státoprávní program na rozhraní let 1860–1861 a jeho ideologové složky [Das böhmische Staatsrechtsprogramm an der Grenze der Jahre 1860/61 und seine ideologischen Komponenten], in: Právněhistorické studie 8 (1962) 127–172.
28. K. Frommelt, Die Sprachenfrage im österreichischen Unterrichtswesen 1848–1859. Graz, Köln 1963.
29 E. Weinzierl-Fischer, Die österreichischen Konkordate 1855 und 1933. Wien 1960.
30 Text bei Bernatzik, Verfassungsgesetze 223 ff.; Kann, Nationalitätenproblem II 107–114, 123–132.
31 M. Wolf, Ignaz von Plener. Vom Schicksal eines Ministers unter Kaiser Franz Joseph. München 1975.
32 Text bei Bernatzik, Verfassungsgesetze 255–259. F. Fellner, Das Februarpatent von 1861. Entstehung und Bedeutung, in: MIÖG 63 (1955) 549–564; Wierer, Föderalismus 68 ff.
33 J. F. Zacek, Palacký's Politics: The Second Phase, in: Canadian Slavic Studies 5 (1971) 51–69.
34 J. Mikula, František Palacký a polská otázka [Palacký und die polnische Frage], in: Slovanské studie 62 (1976) 229–240.
35 G. Franz, Liberalismus. Die deutsch-liberale Bewegung in der habsburgischen Monarchie. München 1955.
36 J. Špět, K počátkům Ottova Slovníku naučného [Zu den Anfängen von Otto's Konversationslexikon], in: Strahovská knihovna 4 (1969) 226–245.
37 Z. Nejedlý, Božena Němcová. Prag 1950; J. Mukařovský, Božena Němcová. Brünn 1950.
38 K. Polák und M. Grygar, Jan Neruda. Prag 1955.
39 Z. Nejedlý, Smetana. 7 Bde, Prag ^{2}1950–1954.
40 H. Traub, Fr. L. Rieger. Prag 1921.
41 Dieser in einer Allerhöchsten Entschließung am 20. VII. 1859 niedergelegten Regelung hatte Unterrichtsminister Graf Thun am 8. VIII. Ausführungsverordnungen folgen lassen. Die Gleichberechtigung der beiden Landessprachen an Volks- und Mittelschulen war am 18. I. 1866 dekretiert worden. 1866 wurden zehn Gymnasien mit tschechischer Unterrichtssprache in Böhmen, 1867 zwei in Mähren und 1887 eines in Österreich-Schlesien zugelassen.
42 F. Jílek und V. Lomič, Dějiny českého vysokého učení technického [Geschichte der Tschechischen Technischen Hochschule]. Bd. I/1, Prag 1973.
43 K. Oberdorffer, Der Verein für Geschichte der Deutschen in Böhmen 1862–1938, in: BJb 3 (1962) 9–29; dazu auch F. Seibt, Der Nationalitätenkampf im Spiegel der sudetendeutschen Geschichtsschreibung 1848–1938, in Stifter-Jb 6 (1959) 18–38.
44 V. Urfus, České úsilí o změnu volebního řádu pro zemský sněm v 60. a počátkem 70. let minulého století [Die tschechischen Bemühungen um eine Änderung der Wahlordnung für den Landtag in den 60er und zu Beginn der 70er Jahre des vergangenen Jh.], in: SbH 19 (1972) 49–91.
45 W. Schüßler, Königgrätz 1866. Bismarcks tragische Trennung von Österreich. München 1958; O. Regele, Feldzeugmeister Benedek. Der Weg nach Königgrätz. Wien, München 1960.
46 Die von dem 1848er Revolutionär J. V. Frič verfaßte Proklamation blieb ohne praktische Folgen. Text bei H. Raupach, Bismarck und die Tschechen im Jahr 1866. Berlin 1946 8 f.

47 M. Šesták, Vídeňský „slovanský sjezd" r. 1866 [Der Wiener „Slavenkongreß" 1866], in: Slovanský přehled (1966) 27–34; Wierer, Staatsrecht 80ff.
48 Hintergründe und weiterführende Literatur bei J.K. Hoensch, Geschichte Ungarns 1867–1983. Stuttgart usw. 1984.
49 M. Prelog, Pout' Slovanů do Moskvy [Die Slavenwallfahrt nach Moskau]. Prag 1931.
50 Bernatzik, Verfassungsgesetze 390–451; Literaturangaben bei Wierer, Föderalismus 83ff.
51 J. Purš, Tábory v českých zemích [Volksversammlungen in den böhmischen Ländern], in: ČSČH 6 (1958) 234–266, 446–470, 661–690; J. Janák, Táborové hnutí na Moravě v letech 1868–1874 [Die Volksversammlungsbewegung in Mähren 1868–1874], in: ČMM 77 (1958) 290–324.
52 H. Bachmann, Riegers Memoire an Napoleon III. aus dem Jahr 1869, in: BJb 15 (1974) 171–196; E. Birke, Frankreich und Ostmitteleuropa im 19. Jahrhundert. Köln, Graz 1960 307ff.
53 Dazu O. Zeithammer, Zur Geschichte der böhmischen Ausgleichsversuche. 2 Bde, Prag 1912/13, hier I 103ff.; s.a. E. Büchsel, Die Fundamentalartikel des Ministeriums Hohenwart-Schäffle von 1871. Breslau 1941.
54 Bernatzik, Verfassungsgesetze 1093–1108; E. Fisher, The Negotiations for a National Ausgleich in Austria in 1871, in: JCEA 2 (1942) 134ff.; Wierer, Föderalismus 94ff.; Kann, Nationalitätenproblem I 177f.
55 Die einzelnen Verhandlungsphasen zeichnet nach R. Wierer, Das böhmische Staatsrecht und der Ausgleichsversuch des Ministeriums Hohenwart-Schäffle, in: BJb 4 (1963) 54–173.
56 Birke, Frankreich und Ostmitteleuropa 446ff.
57 B.M. Garver, The Young Czech Party, 1874–1901, and the Emergence of a Multi-Party System. New Haven, Conn. 1978; S.B. Winters, The Young Czech Party (1874–1914): An Appraisal, in: Slavic Review 28 (1969) 426–444; T. Vojtěch, Mladočeši a boj o politickou moc v Čechách [Die Jungtschechen und der Kampf um die politische Macht in Böhmen]. Prag 1980.
58 H. Mommsen, Die Sozialdemokratie und die Nationalitätenfrage im habsburgischen Vielvölkerstaat. Wien 1963.
59 F. Leichner, Die Außenpolitik Österreich-Ungarns 1870–1879. Kiel 1934; A. Novotný, Quellen und Studien zur Geschichte des Berliner Kongresses 1878. Bd. 1: Österreich, die Türkei und das Balkanproblem im Jahr des Berliner Kongresses. Graz 1957; C. Nečas, Balkán a česká politika. Pronikání rakousko-uherského imperialismu na Balkán a česká buržoazní politika [Der Balkan und die tschechische Politik. Die Durchdringung des Balkans durch den österreichisch-ungarischen Imperialismus und die tschechische bürgerliche Politik]. Brünn 1972.
60 F. Seibt (Hrsg.), Die Teilung der Prager Universität 1882 und die intellektuelle Desintegration in den böhmischen Ländern. München, Wien 1984.
61 H. Bachmann, Joseph M. Baernreither als Sozialpolitiker im alten Österreich. Versuch einer gesellschaftsgeschichtlichen Würdigung, in: BJb 16 (1975) 161–211 (mit ausführlichen Literaturverweisen 201ff.). Siehe dazu auch L. Brügel, Soziale Gesetzgebung in Österreich von 1848–1919. Eine geschichtliche Darstellung. Wien, Leipzig 1919.
62 Kann, Nationalitätenproblem I 416ff.; Fischel, Sprachenrecht 208ff.; K.G. Hugelmann (Hrsg.), Das Nationalitätenrecht des alten Österreich. Wien 1934 121ff.
63 F. Roubík, Časopisectvo v Čechách v letech 1848–1862 [Das Pressewesen in Böhmen von 1848–1862]. Prag 1930; K. Hoch, Dějiny novinářství od r. 1860

[Geschichte des Zeitungswesens seit 1860], in: Československá vlastivěda Bd. 7, Prag 1933 437–514.

64 S. B. Kimball, Czech Nationalism: A Study of the National Theatre Movement, 1845–1883. Urbana, Ill. 1964.

65 Měšťan, Geschichte der tschechischen Literatur 125–135.

66 Prinz, HGBL IV 188–235; E. Lehmann (Hrsg.), Handbuch der sudetendeutschen Volksbildung. Reichenberg 1931; J. Mandlerová, Soupis odborných spolků a vědeckých institucí v českých zemích 1860–1918 [Verzeichnis der Fachvereine und der wissenschaftlichen Institutionen in den böhmischen Ländern]. Prag 1973.

67 S. o. Anm. 60; P. Molisch, Politische Geschichte der deutschen Hochschulen in Österreich 1848–1918. Wien, Leipzig 1939 49 ff.; J. Havránek, Česká universita v jednání rakouských úřadů [Die tschechische Universität in den Verhandlungen der österreichischen Ämter bis zum Jahre 1881]. AUC, Historia 22/1. Prag 1982; ders., Vybudování české university a německá universita v letech 1882–1918 [Der Aufbau der tschechischen Universität und die deutsche Universität 1882–1918], in: F. Kavka (Hrsg.), Stručné dějiny University Karlovy. Prag 1964 221–242. Statistische Angaben bei G. Otruba, Die Universitäten in der Hochschulorganisation der Donaumonarchie – nationale Erziehungsstätten im Vielvölkerreich 1850–1914, in: C. Helfer und M. Rassem (Hrsg.), Student und Hochschule im 19. Jahrhundert. Göttingen 1975 75–158.

68 Dazu F. Prinz, HGBL IV 166–172.

69 T. Keil (Hrsg.), Die deutsche Schule in den Sudetenländern. München 1967; statistische Angaben über den Ausbau des deutschen und des tschechischen Schulwesens in HGBL III 456–459 und IV 153–188; J. Kopáč, Dějiny české školy a pedagogiky v letech 1867–1914 [Geschichte der tschechischen Schule und der Pädagogik 1867–1914]. Brünn 1968.

70 Im Jahr 1864 hatte es in den böhmischen Ländern 3244 einsprachige tschechische Volksschulen (in Böhmen 2038, in Mähren 1156, in Schlesien 45 und in Niederösterreich 5) gegeben; ihre Zahl wuchs über 4129 im Jahr 1884 auf 5439 im Jahr 1914 an (in Böhmen 3359, in Mähren 1940, in Schlesien 140; in Niederösterreich gab es 9 gemischtsprachige Schulen). Angaben nach Kořalka und Crampton, Die Tschechen, in: Die Habsburgermonarchie III/1 510.

71 A. v. Wotawa, Der Deutsche Schulverein 1880–1905. Wien 1905; E. Rádl, Der Kampf zwischen Tschechen und Deutschen 138 ff.

72 Molisch, Deutschnationale Bewegung 140 ff.

73 G. B. Cohen, The Prague Germans 1861–1914: The Problems of Ethnic Survival. Phil. Diss. Princeton 1975; ders., Ethnicity and Urban Population Growth: The Decline of the Prague Germans, 1880–1918, in: K. Hitchins (Hrsg.), Studies in East European Social History. Bd. 2, Leiden 1981 3–26; J. Havránek, Demografický vývoj Prahy v druhé polovině 19. století [Die demographische Entwicklung Prags in der 2. Hälfte des 19. Jh.], in: Pražský sborník historický 5 (1969/70) 70–105.

74 Münch, Böhmische Tragödie 399.

75 Münch, Böhmische Tragödie 400 ff.

76 E. Schmidt-Hartmann, Thomas G. Masaryk's Realism. Origins of a Czech Political Concept. München 1984; R. Szporluk, The Political Thought of Thomas G. Masaryk. New York 1981.

77 J. Kořalka, Německo-rakouské spojenectví z roku 1879 a vztah k Čechům [Das deutsch-österreichische Bündnis von 1879 und seine Beziehung zu den Tschechen], in: ČSČH 18 (1970) 237–264.

78 Diesem durch die frühkapitalistische Industrialisierung bedingten Wandel im Gesellschaftsaufbau und im Verhältnis beider Landesnationen untereinander gehen eine Reihe von informativen Studien nach. A. Klíma, Na prahu nové společnosti (1781–1848) [An der Schwelle einer neuen Gesellschaft (1781–1848)]. Prag 1979; P. Horská-Vrbová, Kapitalistická industrializace a středoevropská společnost [Die kapitalistische Industrialisierung und die mitteleuropäische Gesellschaft]. Prag 1970; C. Stölzl, Die Ära Bach in Böhmen. Sozialgeschichtliche Studien zum Neoabsolutismus 1849–1859. München, Wien 1971; H. Bachmann, Zisleithanische Gesellschaftsentwicklung und deutsch-böhmische Frage. Staatliche und staatsfreie Sphäre im Hinblick auf die nationale und soziale Ideologie, in: BJb 12 (1971) 233–242; O. Urban, Kapitalismus a česká společnost. K otázkám formování české společnosti [Kapitalismus und tschechische Gesellschaft. Zu den Fragen der Ausbildung der tschechischen Gesellschaft]. Prag 1978; R. Smelser, German-Czech Relations in Bohemian Frontier Towns: The Industrialization/Urbanization Process, in: K. Hitchins (Hrsg.), Studies in East European Social History II/1981 62–87. – Zur industriellen Entwicklung s. u. a. J. Purš, Průmyslová revoluce v českých zemích [Die industrielle Revolution in den böhmischen Ländern]. Prag 1960; O. Mrázek, Vývoj průmyslu v českých zemích a na Slovensku od manufaktury do roku 1918 [Industrieentwicklung in den böhmischen Ländern und in der Slowakei von der Manufaktur bis 1918]. Prag 1964; H. Matis, Österreichs Wirtschaft 1848–1913. Konjunkturelle Dynamik und gesellschaftlicher Wandel im Zeitalter Franz Josephs I. Berlin 1972.

79 Dazu grundlegend M. Glettler, Die Wiener Tschechen um 1900. Strukturanalyse einer nationalen Minderheit in der Großstadt. München, Wien 1972; dies., Sokol und Arbeiterturnvereine (D. T. J.) der Wiener Tschechen bis 1900. Zur Entwicklungsgeschichte der nationalen Bewegung in beiden Organisationen. München, Wien 1970; K. M. Brousek, Wien und seine Tschechen: Integration und Assimilation einer Minderheit im 20. Jahrhundert. Wien 1980.

80 Nach T. Čapek, The Čechs (Bohemians) in America. A Study of their National, Cultural, Political, Social, Economic and Religious Life. Boston, New York 1920 S. 59, waren 1910 539392 tschechische Einwanderer der ersten und zweiten Generation registriert worden, von denen 228738 nicht in den USA geboren waren.

81 Přehled československých dějin, 1848–1918. Bd. II/1, Prag 1960 198 ff.

82 J. Havránek, Die ökonomische und politische Lage der Bauernschaft in den böhmischen Ländern in den letzten Jahrzehnten des 19. Jahrhunderts, in: Jb für Wirtschaftsgeschichte (1966) II 96–104.

83 V. Šorm u. a. (Hrsg.), Dějiny družstevního hnutí [Geschichte der Genossenschaftsbewegung]. 3 Bde, Prag 1957–1961.

84 Vgl. dazu die Ausführungen von J. Purš, in: Přehled československých dějin II/1 303 ff., hier 330–333; R. L. Rudolph, Banking and Industrialization in Austria-Hungary. The Role of Banks in the Industrialization of the Czech Crownlands, 1873–1914. London usw. 1976; F. G. Campbell, Banking and Nationality Conflict in the Modernization of the Bohemian Crown Lands, in: K. Hitchins (Hrsg.), Studies in East European Social History II (1981) 88–105.

85 H. Bachmann, Die Handels- und Gewerbekammern Prag und Reichenberg und der bürgerliche Wirtschaftsnationalismus als sozialgeschichtliches Problem, in: BJb 14 (1973) 278–288.

86 F. Dudek, Vývoj cukrovarnického průmyslu v českých zemích do roku 1872 [Die Entwicklung der Zuckerindustrie in den böhmischen Ländern bis 1872]. Prag 1979.

87 V. Průcha u.a., Hospodářské dějiny Československa v 19. a 20. století [Wirtschaftsgeschichte der Tschechoslowakei im 19. und 20. Jh.]. Prag 1974; J. Purš u.a. (Hrsg.), Hospodářské dějiny [Wirtschaftsgeschichte]. 3 Bde, Prag 1978/79.

88 M. Myška, Die mährisch-schlesische Eisenindustrie in der Industriellen Revolution. Prag 1970.

89 N. Englisch, Braunkohlenbergbau und Arbeiterbewegung. Ein Beitrag zur Bergarbeitervolkskunde im nordwestböhmischen Braunkohlenrevier bis zum Ende der österreichisch-ungarischen Monarchie. München, Wien 1982.

90 C. Stölzl, Zur Geschichte der böhmischen Juden in der Epoche des modernen Nationalismus, in: BJb 14 (1973) 179–221 und 15 (1974) 129–157, der vornehmlich den Zeitraum bis 1866 behandelt; J. Heřman, Evolution of the Jewish Population in Bohemia and Moravia 1754–1953. Jerusalem 1974; D. T. Berman, Produktivierungsmythen und Antisemitismus. Assimilatorische und Zionistische Berufsschichtungsbestrebungen unter den Juden Deutschlands und Österreichs bis 1938. Phil. Diss. München 1971; R. Kestenberg-Gladstein, The Jews between Czechs and Germans in the Historic Lands, 1848–1918, in: The Jews of Czechoslovakia; Historical Studies and Surveys. Bd. 1, New York, Philadelphia 1968 21–71.

91 O. Kodedová u.a., Zemědělské dělnictvo v moderní české společnosti. Sociálně ekonomické postavení zemědělského dělnictva 1848–1950 [Die Landarbeiter in der modernen böhmischen Gesellschaft. Die sozioökonomische Stellung der Landarbeiter 1848–1950]. Prag 1971.

92 A. Bohmann, Bevölkerungsbewegungen in Böhmen 1847–1947. Mit besonderer Berücksichtigung der Entwicklung der materiellen Verhältnisse. München 1958; V. Sekera (Hrsg.), Obyvatelstvo českých zemí v letech 1754 až 1918 [Die Einwohnerschaft der böhmischen Länder in den Jahren 1754–1918]. Bd. 2: 1866–1918. Prag 1978.

93 Z. Šolle, Dělnické stávky v Čechách v druhé polovině 19. století [Arbeiterstreiks in Böhmen in der 2. Hälfte des 19. Jh.]. Prag 1960.

94 Z. Šolle, Socialistické dělnické hnutí a česká otázka 1848–1918 [Die sozialistische Arbeiterbewegung und die tschechische Frage 1848–1918], in: Rozpravy ČSAV, řada spol. věd 79, H. 13. Prag 1969.

95 Neben Mommsen, Sozialdemokratie 390ff., 418f., s.a. Z. Šolle, Die tschechische Sozialdemokratie zwischen Nationalismus und Internationalismus, in: Archiv für Sozialgeschichte 9 (1969) 181–266; ders., Dělnické hnutí v českých zemích koncem minulého století (1887–1897) [Die Arbeiterbewegung in den böhmischen Ländern Ende des vergangenen Jh. (1887–1897)]. Prag 1951; J. Kožák, Vytvoření a počátky revoluční dělnické strany v našich zemích (1867–1889) [Bildung und Anfänge revolutionärer Arbeiterparteien in unseren Ländern (1867–1889)]. Prag 1954.

96 P. Horská, Urbanizace v českých zemích v letech 1879–1914 [Die Urbanisierung in den böhmischen Ländern 1879–1914], in: ČSČH 27 (1979) 704–729.

97 K. Richter, Gesellschafts- und kulturpolitische Ansichten über Lage und Aufgaben der Deutschen Böhmens um die Jahrhundertwende, in: BJb 15 (1974) 197–210.

98 Kořalka und Crampton, Die Tschechen, in: Die Habsburgermonarchie III/1 516.

99 J. Kořalka, Národ bez státu [Nation ohne Staat], in: Naše živá i mrtvá minulost 136–157; E. Lemberg, Der Staat im Denken des tschechischen Volkes, in: JbGOE 3 (1938) 357–394; ders., Volksbegriff und Staatsideologie der Tschechen, in: ZfO 8 (1959) 161–197.

Zwölftes Kapitel

1 Zur Entwicklung der Parteien in den böhmischen Ländern s. K. Bosl (Hrsg.), Die Erste Tschechoslowakische Republik als multinationaler Parteienstaat. München, Wien 1979; F. Wende (Hrsg.), Lexikon zur Geschichte der Parteien in Europa. Stuttgart 1981; M. Trapl, Politické strany [Die politischen Parteien], in: Historický místopis Moravy a Slezska v letech 1848–1960. Bd. 1, Ostrau 1966.

2 K. A. Huber, Die Enzyklika „Rerum Novarum" und die Genesis der christlichsozialen Volksparteien in der Tschechoslowakei, in: Multinationaler Parteienstaat 241–257.

3 P. Heumos, Agrarische Interessen und nationale Politik in Böhmen 1848–1889. Sozialökonomische und organisatorische Entstehungsbedingungen der tschechischen Bauernbewegung. Wiesbaden 1979.

4 P. Heumos, Die Entwicklung organisierter agrarischer Interessen in den böhmischen Ländern und in der ČSR. Zur Entstehung und Machtstellung der Agrarpartei 1873–1938, in: Multinationaler Parteienstaat 323–376; H. Lemberg, Die agrarischen Parteien in den Böhmischen Ländern und in der Tschechoslowakischen Republik, in: H. Gollwitzer (Hrsg.), Europäische Bauernparteien im 20. Jahrhundert. Stuttgart, New York 1977 323–358; J. César und B. Černý, O ideologii československého agrarismu [Über die Ideologie der tschechoslowakischen Bauernbewegung], in: ČSČH 7 (1959) 263–285.

5 D. Brandes, Die tschechoslowakischen National-Sozialisten, in: Multinationaler Parteienstaat 101–153.

6 M. K. Bachstein, Die Sozialdemokratie in den böhmischen Ländern bis zum Jahr 1938, in: Multinationaler Parteienstaat 79–100; J. Horak, The Czechoslovak Social Democratic Party. Phil. Diss. Columbia, New York 1960; L. Brügel, Geschichte der österreichischen Sozialdemokratie. 5 Bde, Wien 1922–1925; Z. Kárník, Habsburk, Masaryk či Šmeral? (Socialisté na rozcestí) [Habsburg, Masaryk oder Šmeral? Die Sozialisten am Scheideweg]. Prag 1969.

7 Eine zufriedenstellende Darstellung der Parteigeschichte fehlt. S. u. a. Z. Tobolka, Politické dějiny československého národa od r. 1848 až do dnešní doby [Politische Geschichte des tschechoslowakischen Volkes von 1848 bis zur heutigen Zeit]. 4 Bde in 5, Prag 1932–1937, hier Bd. 3, Prag 1936; J. Křížek, T. G. Masaryk a česká politika [T. G. Masaryk und die tschechische Politik]. Prag 1959; E. Schmidt-Hartmann, Thomas G. Masaryk's Realism 162–188. – Die mährische Organisation der Fortschrittspartei hat dagegen in J. Malíř einen kenntnisreichen Interpreten gefunden: Pokrokové hnutí na Moravě v letech 1898–1906 [Die fortschrittliche Bewegung in Mähren in den Jahren 1898–1906], in: SPFFBU C 21–22 (1975) 101–121; ders., Vznik a vývoj moravské pokrokové strany [Die Entstehung und Entwicklung der mährischen Fortschrittspartei], in: SPFFBU C 25–26 (1978/79) 199–299; ders., Opoziční politické hnutí inteligence a maloburžoazie na Moravě v letech 1896–1909 [Die oppositionelle politische Bewegung der Intelligenz und des Kleinbürgertums in Mähren 1896–1909], in: ČSČH 28 (1980) 828–860.

8 H. Lemberg, Das Erbe des Liberalismus in der ČSR und die Nationaldemokratische Partei, in: Multinationaler Parteienstaat 59–78.

9 Münch, Böhmische Tragödie 554–556; J. Křížek, Česká buržoasní politika a česká otázka v letech 1900–1914 [Das tschechische Bürgertum und die tschechische Frage in den Jahren 1900–1914], in: ČSČH 6 (1958) 621–661.

10 P. Vyšný, Neo-Slavism and the Czechs, 1898–1914. Cambridge 1977.

11 P. Horská, Podíl české politiky z přelomu 19. a 20. století na vztazích rakousko-francouzských [Der Anteil der tschechischen Politik vom Ende des 19. und Anfang des 20. Jh. an den österreichisch-französischen Beziehungen], in: ČSČH 17 (1969) 760–772.
12 D. Harrington-Müller, Der Fortschrittsclub im Abgeordnetenhaus des österreichischen Reichsrats 1873–1910. Wien usw. 1972.
13 P. Molisch, Geschichte der deutschnationalen Bewegung in Österreich von ihren Anfängen bis zum Zerfall der Monarchie. Jena 1926; A. G. Whiteside, The Socialism of Fools. Georg Ritter von Schönerer and Austrian Pan-Germanism. Berkeley usw. 1975.
14 H. Schütz, Die Deutsche Christlichsoziale Volkspartei in der Ersten Tschechoslowakischen Republik, in: Multinationaler Parteienstaat 271–290, hier 271–275.
15 H. Steiner, Die Arbeiterbewegung Österreichs 1867–1889. Wien 1964; H. Hauptmann und R. Kropf, Die österreichische Arbeiterbewegung vom Vormärz bis 1945. Wien 1974; H. Mommsen, Die Sozialdemokratie und die Nationalitätenfrage im habsburgischen Vielvölkerstaat. Wien 1963; E. Paul und E. Werner, Was nicht in den Geschichtsbüchern steht. Ruhm und Tragik der sudetendeutschen Arbeiterbewegung. München 1961; E. Strauß, Die Entstehung der deutschböhmischen Arbeiterbewegung. Prag 1925; K. Zeßner, Josef Seliger und die nationale Frage in Böhmen. Stuttgart 1976.
16 H. Bachmann, Der deutsche Volksrat für Böhmen und die deutschböhmische Parteipolitik, in: ZfO 14 (1965) 266–294.
17 B. Sutter, Die Badenischen Sprachverordnungen. 2 Bde, Graz, Köln 1960/64; P. Molisch, Zur Geschichte der Badenischen Sprachverordnungen vom 5. und 22. April. Wien 1923.
18 Tobolka, Dějiny III 191 ff.
19 J. Kořalka, Všeněmecký svaz a česká otázka koncem 19. století [Der Alldeutsche Verband und die tschechische Frage am Ende des 19. Jh.]. Prag 1963.
20 Molisch, Deutschnationale Bewegung 203 ff.
21 Einzelheiten und weiterführende Literatur bei Prinz, in: HGBL III 186 f.
22 Bei der Volkszählung von 1900 hatten in Böhmen 54% der Bewohner jüdischen Bekenntnisses Tschechisch als Umgangssprache angegeben, in Mähren dagegen 77,4% das Deutsche. W. Bihl, Die Juden, in: Die Habsburgermonarchie III/2 906. Zur Lage der Juden in den böhmischen Ländern vor dem Ersten Weltkrieg s. a. The Jews of Czechoslovakia: Historical Studies and Surveys. 2 Bde, New York, Philadelphia 1968, 1971.
23 Zur Chronologie s. E. Dürre, Versuch einer chronologischen Darstellung der deutsch-tschechischen Ausgleichsverhandlungen zwischen 1903 und 1913. Prag 1914. Zum Inhalt: Hugelmann, Nationalitätenrecht 213 ff. Die tschechische Konzeption schildert J. Houser, Státoprávní programy na přelomu století [Staatsrechtliche Programme um die Jahrhundertwende], in: Právněhistorické studie 15 (1971) 45–62. S. a. A. Fussek, Die Frage des böhmischen Ausgleichs vor Beginn des Ersten Weltkriegs, in: Österreich in Geschichte und Literatur 11 (1957) 65–71.
24 H. Glassl, Der mährische Ausgleich. München 1967; Text bei Bernatzik, Verfassungsgesetze 892, 937, 992–995, 1007–1010.
25 Hoensch, Geschichte Ungarns 67 ff.
26 Bei den Großkundgebungen waren am 24. IX. 1905 in Prag 50 000, am 28. XI. etwa 100 000 Menschen zusammengeströmt, während in Wien gleichzeitig rd. 300 000 demonstrierten. – M. Martínek, Pasivní rezistence železničářů v letech 1905–1907 [Die passive Resistenz der Eisenbahner 1905–1907], in: ČSČH 24 (1976) 360–375.

27 R. Kiszling, Erzherzog Franz Ferdinand von Österreich-Este. Graz 1953; E. Franzel, Franz Ferdinand d'Este, Leitbilder einer konservativen Revolution. Wien 1964; R. A. Kann, Erzherzog Franz Ferdinand. Studien. Wien 1976.

28 J. C. Allmayer-Beck, Ministerpräsident Baron Beck. Ein Staatsmann des alten Österreich. Wien 1956, 230ff.

29 J. Křížek, Annexion de la Bosnie et Hérzegovine, in: Historica 9 (1964) 135–203.

30 Münch, Böhmische Tragödie 535 ff.

31 F. Höglinger, Ministerpräsident Heinrich Graf Clam-Martinic. Graz, Köln 1964.

32 R. A. Kann, Der Thronfolger Erzherzog Franz Ferdinand und seine Einstellung zur böhmischen Frage, in: BJb 12 (1971) 255–280.

33 H. Bachmann, Joseph Maria Baernreither und die nationale Ausgleichspolitik der österreichischen Regierung in Böhmen (1908–1914), in: BJb 7 (1966) 302–319.

34 H. Bachmann, Adolf Bachmann. Ein österreichischer Historiker und Politiker. München 1962.

35 M. Paulová, Balkánské války 1912–1913 a český lid [Die Balkankriege 1912/13 und das tschechische Volk], in: Rozpravy Československé akademie věd 73 (1963) 4; R. G. Plaschka, Verhaltenskrise gegenüber dem multinationalen Staat. Tschechen und tschechische Parteien im Oktober und November 1912, in: Multinationaler Parteienstaat 23–41.

36 K. Bednář, Rozmístění průmyslu v českých zemích na počátku 20. století [Die Standorte der Industrie in den böhmischen Ländern zu Beginn des 20. Jh.]. Prag 1970; L. Čermachová-Nesládková, Důsledky kapitalistické industrializace v populačním vývoji severní a severovýchodní Moravy [Die Folgen der kapitalistischen Industrialisierung in der Populationsentwicklung Nord- und Nordostmährens]. Prag 1979.

37 B. Leuchtemüller, Die Investitions- und Industriepolitik der österreichischen Großbanken bis zum Jahr 1914. Phil. Diss. Wien 1973.

38 P. Horská, Ekonomické cykly v českých zemích v letech 1879–1914 [Die wirtschaftlichen Zyklen in den böhmischen Ländern 1879–1914], in: Hospodářské dějiny 1 (1978) 33–88; K. Wessely, Stellung und Bedeutung der böhmisch-mährischen Industrie im XX. Jahrhundert, in: BJb 2 (1961) 209–249; Z. Šolle, Kontinuität und Wandel in der sozialen Entwicklung der böhmischen Länder 1872–1930, in: K. Bosl (Hrsg.), Aktuelle Forschungsprobleme um die Erste Tschechoslowakische Republik. München, Wien 1963 23–47; K. Bednář, Rozmístění průmyslu v českých zemích na počátku 20. století (1902) [Die Verteilung der Industrie in den böhmischen Ländern zu Anfang des 20. Jh. (1902)]. Prag 1970; A. Mosser, Raumabhängigkeit und Konzentrationsinteresse in der industriellen Entwicklung Österreichs bis 1914, in: BJb 17 (1976) 136–192; P. Horská, K otázce urbanizace Českých zemí na přelomu 19. a 20. století [Zur Frage der Urbanisierung der böhmischen Länder an der Wende des 19. zum 20. Jh.], in: Hospodárské dějiny 2 (1978) 259–294.

39 F. Prinz, Das Schulwesen der böhmischen Länder von 1848–1939, in: Aktuelle Forschungsprobleme 49–66.

40 In HGBL III 239–273 hat A. Schnorbus eine erschöpfende Bibliographie zur Geschichte des Ersten Weltkriegs unter besonderer Berücksichtigung der böhmischen Belange zusammengetragen. Die Stellungnahmen der tschechischen Politiker, die wie Masaryk und Beneš im Ausland für die Eigenstaatlichkeit gekämpft haben oder die in der Heimat versuchten, Einfluß auf die Entwicklung zu nehmen, sind ebenso aufschlußreich wie die in der ČSR erschienenen offiziösen Darstellungen von Peroutka, Tobolka und Opočenský. Eine neuere Interpretation bietet J. Křížek (Hrsg.), První světová válka [Der Erste Weltkrieg]. Prag 1968.

41 Zeugnisse bei Münch, Böhmische Tragödie 557ff., 586ff.
42 Le problème autrichien et la question tchèque. Paris 1908.
43 Die Entwicklung der tschechisch-slowakischen Beziehungen verfolgen u.a. Z. Šolle und A. Gajanová, Po stopě dějin. Češi a Slováci v letech 1848–1938 [Auf den Spuren der Geschichte. Tschechen und Slowaken 1848–1938]. Prag 1969; Slovanství v národním životě Čechů a Slováků [Das Slaventum im nationalen Leben der Tschechen und Slowaken]. Prag 1968; J. Tkadlečková-Vantuchová, K problematike česko-slovenských vzt'ahov po rakúsko-uherskom vyrovnani (1867) [Zur Problematik der tschechisch-slowakischen Beziehungen nach dem österreichisch-ungarischen Ausgleich (1867)], in: HČ 18 (1970) 195–200; S. Matoušek, Vznik a vývoj společného státu Čechů a Slováků [Entstehung und Entwicklung des gemeinsamen Staates der Tschechen und Slowaken]. Prag 1980.
44 Dazu auch die Überlegungen von H. Bachmann, Staatsreform und Kriegspolitik. Existenzprobleme Österreichs vor Beginn und während des Ersten Weltkrieges, in: BJb 9 (1968) 179–196.
45 R. Lorenz, Kaiser Karl und der Untergang der Donaumonarchie. Graz 1959; E. J. Goerlich, Der letzte Kaiser. Wien 1962; G. Brook-Shepherd, Um Krone und Reich. Die Tragödie des letzten Habsburgerkaisers. Wien 1968; ders., Karl I. Des Reiches letzter Kaiser. Wien 1976.
46 B. Černý, Vražda v Polné [Der Mord von Polná]. Prag 1968.
47 Neben der in Kap. 11, Anm. 76 aufgeführten Literatur s.u.a. A. van den Beld, Humanity. The Political and Social Philosophy of Thomas G. Masaryk. The Hague, Paris 1975; V. Bušek and O. Odložilík (Hrsg.), T. G. Masaryk. His Life and Thought. New York 1960; O. A. Funda, T. G. Masaryk. Sein philosophisches, religiöses und politisches Denken. Basel 1978; S. R. Green, T. G. Masaryk: Educator of a Nation. Phil. Diss. Berkeley. Cal. 1976; H. J. Hajek, T. G. Masaryk Revisited: A Critical Assessment. New York 1983; M. Machovec, Tomáš G. Masaryk. Prag 1968; J. G. Kovtun (Hrsg.), The Spirit of Thomas G. Masaryk (1850–1937). An Anthology. London 1990.
48 H. und C. Seton-Watson, The Making of a New Europe: R. W. Seton-Watson and the Last Years of Austria-Hungary. London 1981.
49 J. Galandauer, Jak se slovenská otázka prosazovala do českého politického programu v období příprav samostatného státu (1916–1918) [Wie in das politische Programm des selbständigen Tschechoslowakischen Staates die slowakische Frage aufgenommen wurde], in: HČ 19 (1971) 177–197.
50 G. Thunig-Nittner, Die tschechoslowakische Legion in Rußland. Ihre Geschichte und ihre Bedeutung bei der Entstehung der 1. Tschechoslowakischen Republik. Wiesbaden 1970; V. M. Fic, Revolutionary War for Independence and the Russian Question: The Czechoslovak Army in Russia 1914–1918. New Dehli 1977; ders., The Bolsheviks and the Czechoslovak Legion: The Origins of their Armed Conflict, March–May 1918. New Dehli 1978.
51 V. S. Mamatey, The United States and East Central Europe, 1914–1918. A Study in Wilsonian Diplomacy and Propaganda. Princeton 1957; B. M. Unterberger, The United States, Revolutionary Russia and the Rise of Czechoslovakia. Chapel Hill 1989.
52 J. B. Kozák, T. G. Masaryk a vznik Washingtonské deklarace v říjnu 1918 [T. G. Masaryk und das Entstehen der Washingtoner Deklaration im Oktober 1918]. Prag 1968; G. J. Kovtun, The Czechoslovak Declaration of Independence: A History of the Document. Washington, D. C. 1985.
53 Die Auflösung des Habsburgerreiches. Zusammenbruch und Neuorientierung im Donauraum. Wien 1970.

Ausblick

1 D. Perman, The Shaping of the Czechoslovak State. Diplomatic History of the Boundaries of Czechoslovakia, 1914–1920. Leiden 1962; V. S. Mamatey, The United States and East Central Europe, 1914–1918. A Study in Wilsonian Diplomacy and Propaganda. Princeton 1957; K. Bosl (Hrsg.), Versailles–St. Germain–Trianon. Umbruch in Europa vor fünfzig Jahren. München, Wien 1971; H. Lemberg und P. Heumos (Hrsg.), Die Tschechoslowakei und Ostmitteleuropa im Jahr 1919. München 1992.

2 P. G. Stercho, Diplomacy of Double Morality: Europe's Crossroads in Carpatho-Ukraine 1919–1939. New York 1971; P. R. Magocsi, The Shaping of a National Identity: Subcarpathian Rus', 1848–1948, Cambridge, Mass. 1978; L. Lipscher, Karpatenrußland und die Südkarpatischen Ruthenen 1919–1933, in: Bohemia 31 (1990) 55–72.

3 C. Wojatsek, From Trianon to the First Vienna Arbitration Award: The Hungarian Minority in the First Czechoslovak Republic 1918–1938. Montreal 1981; J. K. Hoensch, Der ungarische Revisionismus und die Zerschlagung der Tschechoslowakei. Tübingen 1967.

4 J. K. Hoensch, Die Slowakei und Hitlers Ostpolitik. Hlinkas Slowakische Volkspartei zwischen Autonomie und Separation 1938/39. Köln, Graz 1965; ders., Dokumente zur Autonomiepolitik der Slowakischen Volkspartei Hlinkas. München, Wien 1984 13–70; D. H. El Mallakh, The Slovak Autonomy Movement 1935–1939; A Study in Unrelenting Nationalism. New York 1979; O. V. Johnson, Slovakia 1918–1938: Education and the Making of a Nation. New York, 1985; J. R. Felak, „At the Price of the Republic". Hlinka's Slovak People's Party, 1929–1938. Pittsburgh, London 1994.

5 H. Raschhofer, Die tschechoslowakischen Denkschriften für die Friedenskonferenz von Paris 1919–1920. Berlin 1937.

6 J. W. Brügel, Tschechen und Deutsche 1918–1938. München 1967; R. Jaworski, Vorposten oder Minderheit? Der sudetendeutsche Volkstumskampf in den Beziehungen zwischen der Weimarer Republik und der ČSR. Stuttgart 1977; F. Leoncini, Die Sudetenfrage in der europäischen Politik. Von den Anfängen bis 1938. Essen 1988; J. Křen u. a., Integration und Ausgrenzung: Deutsche und Tschechen 1890–1945. Bremen 1986; J. K. Hoensch und D. Kováč (Hrsg.), Das Scheitern der Verständigung. Tschechen, Deutsche und Slowaken in der Ersten Republik 1918–1938. Essen 1994; V. Kural, Konflikt místo společenství? Češi a Němci v československém státě (1918–1938) [Konflikt anstatt Gemeinschaft? Tschechen und Deutsche im tschechoslowakischen Staat (1918–1938)]. Prag 1993.

7 B. Wheaton, Radical Socialism in Czechoslovakia. Bohumír Šmeral, The Czech Road to Socialism and the Origins of the Czechoslovak Communist Party (1917–1921). New York 1986; J. Rupnik, Histoire du Parti Communiste Tchécoslovaque. Des origines à la prise du pouvoir. Paris 1981; Geschichte der Kommunistischen Partei der Tschechoslowakei. Berlin/DDR 1981; V. Čada, Stratégia i taktika Komunistickej Strany Československa v rokoch 1921–1938 [Strategie und Taktik der KPTsch in den Jahren 1921–1938]. Preßburg 1982; K. McDermott, The Czech Red Unions, 1919–1929: A Study of their Relations with the Communist Party and the Moscow Internationals. New York 1988.

8 J. K. Hoensch, Geschichte der Tschechoslowakei. Stuttgart usw. [3]1992; V. S. Mamatey und R. Luža (Hrsg.), Geschichte der Tschechoslowakischen

Republik 1918–1948. Wien usw. 1980; V. Olivová, The Doomed Democracy. Czechoslovakia in a Disrupted Europe, 1914–1938. London 1972.

9 K. Bosl (Hrsg.), Die „Burg". Einflußreiche politische Kräfte um Masaryk und Beneš. 2 Bde, München, Wien 1973/74.

10 K. Bosl (Hrsg.), Die demokratisch-parlamentarische Struktur der Ersten Tschechoslowakischen Republik. München, Wien 1975; P. Heumos, Konfliktregulierung und soziale Integration. Zur Struktur der Ersten Tschechoslowakischen Republik, in: Bohemia 30 (1989) 52–70; M. Alexander, Leistungen, Belastungen und Gefährdungen der Demokratie in der Ersten Tschechoslowakischen Republik, in: Bohemia 27 (1986) 72–87; J. Pánek (Hrsg.), Politický systém a státní politika v prvních letech existence Československé republiky (1918–1923) [Politisches System und staatliche Politik in den ersten Jahren der Existenz der Tschechoslowakischen Republik]. Prag 1990; E. Broklová, Československá demokracie. Politický systém ČSR 1918–1938 [Die tschechoslowakische Demokratie. Das politische System der ČSR 1918–1938]. Prag 1992.

11 Sammlung der Gesetze und Verordnungen des čechoslovakischen Staates. Prag 1920 299–314.

12 N. M. Wingfield, Minority Politics in a Multinational State. The German Social Democrats in Czechoslovakia, 1918–1938. New York 1989.

13 N. Linz, Der Bund der Landwirte in der Ersten Tschechoslowakischen Republik. Struktur und Politik einer deutschen Partei in der Aufbauphase. München, Wien 1982.

14 V. Dostál, Antonín Švehla. Profil Československého státníka [A. S. Profil eines tschechoslowakischen Staatsmannes]. New York 1989; D. Uhlíř, Republikánská strana venkovského a malorolnického lidu 1918–1938. Charakteristika agrárního hnutí v Československu [Die Republikanische Partei des Land- und Kleinbäuerlichen Volkes 1918–1938. Eine Charakteristik der Agrarbewegung in der Tschechoslowakei]. Prag 1988.

15 S. Biman und J. Malíř, Kariéra učitele tělocviku [Die Karriere eines Turnlehrers]. Pilsen 1983; A. Luh, Der Deutsche Turnverband in der Ersten Tschechoslowakischen Republik. Vom völkischen Vereinsbetrieb zur volkspolitischen Bewegung. München 1988; O. Novak, Henleinovci proti Československu. Z historii sudetoněmeckého fašismu v letech 1933–1938 [Die Henleinleute gegen die Tschechoslowakei. Zur Geschichte des sudetendeutschen Faschismus in den Jahren 1933–1938]. Prag 1987.

16 J. Kosta, Die sozioökonomische Entwicklung der ČSR. Wirtschaftliche und soziale Probleme, in: K. Bosl (Hrsg.), Die demokratisch-parlamentarische Struktur 7–33; A. Teichová, Wirtschaftsgeschichte der Tschechoslowakei 1918–1980. Wien 1988; V. Lacina, Formování československé ekonomiky 1918–1923 [Die Herausbildung der tschechoslowakischen Wirtschaft 1918–1923]. Prag 1990.

17 Zu Beneš gibt es eine umfangreiche, wissenschaftlich meist wenig ergiebige und oft panegyrische Literatur. Eine konzise Darstellung lieferte P. E. Zinner, Czechoslovakia: The Diplomacy of Eduard Beneš, in: G. A. Craig und F. Gilbert (Hrsg.), The Diplomats 1919–1939. Princeton 1953 100–122; J. K. Hoensch, Die „Burg" und das außenpolitische Kalkül, in: K. Bosl (Hrsg.), Die „Burg" 31–57; F. Havlíček, Edvard Beneš: člověk, sociolog, politik [E. B.: Mensch, Soziologe, Politiker]. Prag 1991. Zu den Grundfragen der tschechoslowakischen Außenpolitik siehe K. Bosl (Hrsg.), Gleichgewicht – Revision – Restauration. Die Außenpolitik der Ersten Tschechoslowakischen Republik im Europasystem der Pariser Vorortverträge. München, Wien 1976; A. Klimek und E. Kubů, Československá zahraniční politika 1918–1938. Kapitoly z dějin mezinä-

rodných vztahů [Die tschechoslowakische Außenpolitik 1918–1938. Kapitel aus der Geschichte der internationalen Beziehungen]. Prag 1995.

18 G.F. Campbell, Confrontation in Central Europe. Weimar Germany and Czechoslovakia. Chicago 1975.

19 M. Alexander, Der deutsch-tschechoslowakische Schiedsvertrag von 1925 im Rahmen der Locarno-Verträge. München 1970.

20 P.S. Wandycz, France and Her Eastern Allies 1919–1925. French–Czechoslovak–Polish Relations from the Paris Peace Conference to Locarno. Minneapolis 1962; ders., The Twilight of French Eastern Alliances 1926–1936. French-Czechoslovak-Polish Relations from Locarno to the Remilitarization of the Rhineland. Princeton 1988; I. Pfaff, Die Sowjetunion und die Verteidigung der Tschechoslowakei 1934–1939. Versuch der Revision einer Legende. Köln 1996.

21 J. Sláma und K. Kaplan, Die Parlamentswahlen in der Tschechoslowakei 1935–1946–1948. Eine statistische Analyse. München 1986.

22 Die innen- und diplomatiegeschichtlichen Entwicklungslinien haben erschöpfend dargestellt B. Čelovský, Das Münchener Abkommen 1938. Stuttgart 1958; V. Král (Hrsg.), Das Abkommen von München 1938. Tschechoslowakische diplomatische Dokumente 1937–1939. Prag 1968; H.K.G. Rönnefarth, Die Sudetenkrise in der internationalen Politik. Entstehung – Verlauf – Auswirkung. 2 Bde, Wiesbaden 1961. Zur Mitverantwortung der Sudetendeutschen R.M. Smelser, Das Sudetenproblem und das Dritte Reich 1933–1938. Von der Volkstumspolitik zur nationalsozialistischen Außenpolitik. München, Wien 1980; R. Luža, The Transfer of the Sudeten Germans. A Study of Czech–German Relations 1933–1962. New York 1964.

23 M. Lvová, Mnichov a Edvard Beneš [München und E. Beneš]. Prag 1968.

24 P. Glotz u.a. (Hrsg.), München 1938. Das Ende des alten Europa. Essen 1990; G. Hass, Münchner Diktat 1938 – Komplott zum Krieg. Berlin/DDR 1988; R. Kvaček u.a., Československý rok 1938 [Das tschechoslowakische Jahr 1938]. Prag 1988.

25 J. Jelinek, The Parish Republic: Hlinka's Slovak Peoples Party 1939–1945. New York 1976; J. Kaiser, Die Politik des Dritten Reiches gegenüber der Slowakei 1939–1945. Phil. Diss. Bochum 1969; J. Klimko, Tretia riša a ľudácky režim na Slovensku [Das Dritte Reich und das Regime der Volkspartei]. Preßburg 1986.

26 D. Brandes, Die Tschechen unter deutschem Protektorat. 2 Bde, München, Wien 1969, 1975. V. Mastný, The Czechs under Nazi Rule. The Failure of National Resistance, 1939–1942. New York, London 1971; D. Brandes und V. Kural (Hrsg.), Der Weg in die Katastrophe. Deutsch-tschechoslowakische Beziehungen 1938–1947. Essen 1994; V. Kural, Místo společenství konflikt! Češi a Němci ve Velkoněmecké říši a cesta k odsunu (1938–1945) [Statt Gemeinschaft Konflikt! Tschechen und Deutsche im Großdeutschen Reich und der Weg zur Vertreibung (1938–1945)]. Prag 1994; J. Gebhart und J. Kuklík, Dramatické i všední dny Protektorátu [Dramatische und gewöhnliche Tage im Protektorat]. Prag 1996.

27 H.G. Adler, Theresienstadt 1941–1945. Das Antlitz einer Zwangsgemeinschaft. Geschichte, Soziologie, Psychologie. Tübingen [2]1960; Z. Lederer, Ghetto Theresienstadt. London 1953; K. Lagus und J. Polak, Město za mřížemi [Die Stadt hinter Gittern]. Prag 1964; M. Karny, „Konečně resení". Genocida českých židů v německé protektorátní politice [Die „Endlösung". Der Genozid der tschechischen Juden in der deutschen Protektoratspolitik]. Prag 1991; L. Lipscher, Die Juden im Slowakischen Staat 1939–1945. München, Wien 1980.

28 V. Mastný, The Beneš–Stalin–Molotov Conversations in December 1943: New

Documents, in: JbGOE 20 (1972) 367–402; E. Taborský, President Edvard Beneš Between East and West 1938–1948. Stanford 1981.

29 V. Lhota, Znárodnění v Československu 1945–1948 [Die Verstaatlichung in der Tschechoslowakei 1945–1948]. Prag 1987.

30 Zu den nach der deutschen Kapitulation zu bewältigenden Aufgaben s. K. Bosl (Hrsg.), Das Jahr 1945 in der Tschechoslowakei. Internationale, nationale und wirtschaftlich-soziale Probleme. München, Wien 1971.

31 Die in der älteren Literatur genannten, hauptsächlich auf Schätzungen beruhenden Verlustzahlen werden in neueren tschechischen Darstellungen als unrealistisch hoch eingestuft. Nach Auswertung der in der Tschechischen Republik lagernden Archivalien gehen T. Staněk und J. Kučera von etwa 30 000 deutschen Vertreibungsopfern aus. Zu den widersprüchlichen Berechnungsergebnissen und der kontroversen Literatur siehe A. Bohmann, Menschen und Grenzen. Bd. 4: Bevölkerung und Nationalitäten in der Tschechoslowakei. Köln 1975; J. Smutný, Němci v Československu a jejich odsun z republiky [Die Deutschen in der Tschechoslowakei und ihr Abschub aus der Republik]. London 1956; R. Hilf, Deutsche und Tschechen. Bedeutung und Wandlungen einer Nachbarschaft in Mitteleuropa. Opladen [3]1995; T. Staněk, Odsun Němců z Československa 1945–1947 [Der Abschub der Deutschen aus der Tschechoslowakei 1945–1947]. Prag 1991; Odsun. Die Vertreibung der Sudetendeutschen. München 1995, S. 175–192.

32 K. Janics, Czechoslovak Policy and the Hungarian Minority, 1945–1948. New York 1982.

33 Češi, Němci, odsun. Diskuse nezávislých historiků [Die Tschechen, die Deutschen, der Abschub. Diskussionen der unabhängigen Historiker]. Prag 1990.

34 Der Aufstieg der Kommunisten nach 1945 hatte eine gründliche Analyse erfahren. Siehe u. a. J. Opat, O novou demokracii [Um die neue Demokratie]. Prag 1966; K. Kaplan, Der kurze Marsch. Kommunistische Machtübernahme in der Tschechoslowakei 1945–1948. München, Wien 1981; ders., Poválečné Československo. Československo 1945–1948. Národ a hranice [Die Nachkriegstschechoslowakei. Die Tschechoslowakei 1945–1948. Nation und Grenze]. München 1985; J. Korbel, The Communist Subversion of Czechoslovakia 1938–1948. The Failure of Coexistence. Princeton 1959; I. Sviták, The Unbearable Burden of History: The Sovietization of Czechoslovakia. 3 Bde, Prag 1990; T. Brod: Moskva: objetí o poutu. Československo a Sovětský svaz 1939–1945 [Moskau: Umarmung und Fessel. Die Tschechoslowakei und die Sowjetunion 1939–1945]. Prag 1992.

35 Aus der umfangreichen Literatur seien nur genannt J. Veselý, Prag Februar 1948. Berlin/DDR 1959; V. Král, Cestou k Únoru [Auf dem Weg zum Februar]. Prag 1963; M. Bouček und M. Klimeš, Dramatické dny Února 1948 [Dramatische Tage im Februar 1948]. Prag 1973; H. Ripka, Le Coup de Prague. Paris 1949; J. Smutný, Únorový převrat [Der Februar-Umsturz]. London 1954; K. Kaplan, Nekrvavá revoluce [Die unblutige Revolution]. Prag 1993.

36 Dazu J. Kosta, Abriß der sozialökonomischen Entwicklung der Tschechoslowakei 1945–1977. Frankfurt 1978; J. Sláma, Die sozioökonomische Umgestaltung der Nachkriegs-Tschechoslowakei. Zur Politik des kommunistischen Machtmonopols. Wiesbaden 1977; J. Klofáč, Sociální struktura ČSSR a její změny v letech 1945–1980 [Die Sozialstruktur der ČSSR und ihre Veränderungen in den Jahren 1945–1980]. Köln 1985.

37 M. Myant, The Czechoslovak Economy 1948–1988. The Battle for Economic Reform. New York 1989.

38 S. Lammich, Die Verfassung der Tschechoslowakei. Berlin 1981; J. Pokstefl, Verfassungs- und Regierungssystem der ČSSR. München, Wien 1982; ders., Der soziale Wandel in der ČSSR und sein Reflex auf das politische und Verfassungssystem. Marburg 1984; L. Tomášek, Politický system ČSSR v současné etapě vývoje [Das politische System der ČSSR in der gegenwärtigen Etappe der Entwicklung]. Prag 1983.

39 Schweizerische National-Kommission Justitia et Pax (Hrsg.), Situation der Katholischen Kirche in der Tschechoslowakei. Dokumentation, Berichte. Freiburg 1976; A. Kunzmann und F. Plucha, Die tatsächliche Lage der katholischen Kirche in der ČSSR. München 1973; B. J. Frei, Staat und Kirche in der Tschechoslowakei 1948–1968. 4 Bde, München 1973, Neuried 1989; K. Kaplan, Staat und Kirche in der Tschechoslowakei. Die kommunistische Kirchenpolitik in den Jahren 1948–1952. München 1990.

40 P. Hruby, Fools and Heroes: The Changing Role of Communist Intellectuals in Czechoslovakia. Oxford 1980; D. W. Paul, The Cultural Limits of Revolutionary Politics. Change and Continuity in Socialist Czechoslovakia. New York 1979.

41 Dazu informative Beiträge in N. Lobkowicz und F. Prinz (Hrsg.), Die Tschechoslowakei 1945–1970. München, Wien 1978; Collegium Carolinum (Hrsg.), Tschechoslowakei (Länderberichte Osteuropa Bd. 3). München 1977.

42 K. P. Hensel u. a., Die sozialistische Marktwirtschaft in der Tschechoslowakei. Stuttgart 1968; R. Selucký, Reformmodell ČSSR – Entwurf einer sozialistischen Marktwirtschaft oder Gefahr für Volksdemokratien? Reinbek 1969; O. Šik, Fakten der tschechoslowakischen Wirtschaft. Wien 1969.

43 K. Kaplan, Die politischen Prozesse in der Tschechoslowakei 1948–1954. München 1986; J. Pelikán, The Czechoslovak Political Trials, 1950–1954. London 1971; A. London, Ich gestehe. Der Prozeß um Rudolf Slánský. Hamburg 1970.

44 H. Dahm, Demokratischer Sozialismus, Das tschechoslowakische Modell. Opladen 1971; G. Golan, The Czechoslovak Reform Movement. Communism in Crisis 1962–1968. Cambridge 1971; Z. Hejzlar, Reformkommunismus. Zur Geschichte der kommunistischen Partei der Tschechoslowakei. Köln 1976; V. V. Kusin, The Intellectual Origins of the Prague Spring. The Development of Reformist Ideas in Czechoslovakia 1956–1967. Cambridge 1971.

45 W. Shawcross, Dubček and Czechoslovakia, 1968–1990. London 1990.

46 Der „Prager Frühling" und die Militärintervention sind in einer kaum noch überschaubaren Reihe von Darstellungen abgehandelt worden. Siehe u. a. Z. Hejzlar und V. V. Kusin, Czechoslovakia 1968–1969. Chronology. Bibliography. Annotation. New York 1975; M. Parrish, The 1968 Czechoslovak Crisis: A Bibliography 1968–1970. Santa Barbara, Cal. 1971; Z. Mlynář, Nachtfrost. Erfahrungen auf dem Weg vom realen zum menschlichen Sozialismus. Frankfurt ²1988; H. G. Skilling, Czechoslovakia's Interrupted Revolution. Princeton 1976; G. Golan, Reform Rule in Czechoslovakia. The Dubček Era 1968–1969. Cambridge 1973; P. Windsor und A. Roberts, Czechoslovakia 1968: Reform, Repression and Resistence. New York 1969; J. Pehe (Hrsg.), The Prague Spring. A Mixed Legacy. New York 1988; Z. Hejzlar, „Pražské jaro" 1968 a jeho odkaz [Der „Prager Frühling" 1968 und sein Vermächtnis]. Köln 1988; J. Sládeček, Osmašedesáty [Das Jahr 1968]. Köln 1980; A. Dubček, Leben für die Freiheit. München 1993; E. Schneider, Prager Frühling und samtene Revolution. Soziale Bewegungen in Gesellschaften sowjetischen Typs am Beispiel der Tschechoslowakei. Aachen 1994; J. Pauer, Prag 1968. Der Einmarsch des Warschauer Paktes. Hintergründe – Planung – Durchführung. Bremen 1995; R. Wenzke: Prager Früh-

ling – Prager Herbst. Zur Intervention der Warschauer-Pakt-Streitkräfte in der ČSSR 1968. Fakten und Zusammenhänge. Berlin 1990.

47 Die Hintergründe schilderte V. Plevza in einer Artikelserie in Nové slovo, deutscher Text in: Übersetzungs- und Informationsdienst des Sudetendeutschen Archivs Nr. 116–117, München Oktober/November 1970; H. Slapnicka, Die Föderalisierung der Tschechoslowakei, in: OE 19 (1969) 599ff.

48 V. V. Kusin, From Dubček to Charter 77. A Study of „Normalization" in Czechoslovakia 1968–1978. Edinburgh 1978; F. H. Eidlin, The Logic of „Normalization". The Soviet Intervention in Czechoslovakia of 21 August 1968 and the Czechoslovak Response. New York 1980; F. Cibulka, Nationalism, Communism and Collaborationism: A Study of the Soviet-led Invasion of Czechoslovakia and its Aftermath. Ann Arbor 1983.

49 H.-P. Riese (Hrsg.), Bürgerinitiative für die Menschenrechte. Die tschechoslowakische Opposition zwischen dem „Prager Frühling" und der „Charta 77". Köln, Frankfurt 1977; J. Pelikán (Hrsg.), Sozialistische Opposition in der ČSSR. Analysen und Dokumente des Widerstands seit dem Prager Frühling. Frankfurt 1974; J. Bugajski, Czechoslovakia. Charter 77's Decade of Dissent. New York 1987; V. Prečan, Charta 77 – 1977–1989. Od morální k demokratické revoluci [Von der moralischen zur demokratischen Revolution]. Scheinfeld 1989.

50 Einzelheiten bei J. K. Hoensch, Geschichte der Tschechoslowakei. Stuttgart usw. [3]1992, S. 193–230; S. L. Wolchik, Czechoslovakia in Transition: Politics, Economics and Society. London 1991.

51 In einem Brief an den Bundespräsidenten Richard von Weizsäcker, in dem sich der Dissident Havel Anfang November 1989 für die Glückwünsche zur Verleihung des Friedenspreises des Deutschen Buchhandels bedankte, hatte er vermerkt: „Ich persönlich verurteile – genauso wie viele meiner Freunde – die Vertreibung der Deutschen nach dem Krieg. Ich erachtete sie stets als eine zutiefst unmoralische Tat, die nicht nur Deutschen, sondern vielleicht in noch größerem Maße Tschechen allein sowohl moralische als auch materielle Schäden zufügte. Wenn auf eine Böswilligkeit mit einer anderen Böswilligkeit geantwortet wird, bedeutet das, daß die Böswilligkeit nicht verdrängt wird, sondern sich ausdehnt." Text nach Rudé právo, 4. I. 1990, S. 1. Diese Entschuldigung den Sudetendeutschen gegenüber hat Havel noch vor seiner Wahl zum Präsidenten am 23. XII. 1989 im Tschechoslowakischen Fernsehen öffentlich wiederholt und dadurch eine gegenwärtig noch andauernde kontroverse Diskussion ausgelöst. Auch als Staatsoberhaupt hat er u. a. in seiner Neujahrsansprache 1990, bei seinem Besuch in München am 2. I. 1990, aus Anlaß des 45. Jahrestags der Zerschlagung der Zweiten Republik und der Errichtung des „Protektorats Böhmen und Mähren" am 15. III. 1990 sowie bei anderen Anlässen, besonders deutlich jedoch bei der Unterzeichnung des Nachbarschaftsvertrags am 27. II. 1992 seinem Bedauern über die Vertreibung der Sudetendeutschen und den dabei vorgekommenen Ausschreitungen Ausdruck verliehen. Siehe V. Havel, Angst vor der Freiheit. Reden des Staatspräsidenten. Reinbek 1991; ders., Gewissen und Politik. Reden und Ansprachen 1984–1990. München 1990; „Die Diskussion über die Vertreibung der Deutschen in der ČSFR", in: Dokumentation Ostmitteleuropa N. F. 17 (1991) 5/6.

52 Deutsche Übersetzung in Collegium Carolinum (Hrsg.), Berichte zu Staat und Gesellschaft in der Tschechischen und in der Slowakischen Republik 1993/1, S. 27–48; J. Musil, The End of Czechoslovakia. Budapest usw. 1995; I. Bock und J. Pauer, Tschechische Republik zwischen Traditionsbruch und Kontinuität. Bremen 1996.

53 Deutsche Übersetzung der Rede Havels, in der er alle Versuche als „töricht" bezeichnete, die Aussiedlung der Deutschen aus der ČSR in irgendeiner Form rückgängig machen zu wollen, in Collegium Carolinum (Hrsg.), Berichte zu Staat und Gesellschaft in der Tschechischen und in der Slowakischen Republik 1995/1, S. 29–39.

54 In einer vom Meinungsforschungsinstitut IVVM im Februar 1996 durchgeführten Befragung vertrat die Hälfte der Interviewten die Meinung, daß sich die tschechisch-deutschen Beziehungen im letzten Jahr im Vergleich zu 1994 nicht verändert haben; ein Viertel sah eine Verschlechterung. Knapp die Hälfte schätzte die tschechisch-deutschen Beziehungen als gut ein, zu Jahresbeginn 1995 waren es noch zwei Drittel. Nur 7% der Wähler wollten für eine Partei votieren, die sich bei den Deutschen für die gewaltsame Vertreibung der Sudetendeutschen nach Kriegsende entschuldigt. Im Sommer 1996 sahen 51% der Befragten in Deutschland eine Gefahr für ihr Land, dem damit nach Rußland mit 67,8% das größte Bedrohungspotential unterstellt wurde.

55 V. Havel, Gewissen und Politik. München 1990, S. 59.

Auswahlbibliographie

1. Bibliographien

Bibliografický katalog Československé republiky [Bibliographischer Katalog der Tschechoslowakischen Republik]. Bde 17 –. Prag 1945 –.
Bibliografický katalog ČSR. Články v českých časopisech [Bibliographischer Katalog der ČSR. Aufsätze in tschechischen Zeitschriften]. Bde 1 –. Prag 1953 –.
Bibliografie české historie za léta 1905–1941 [Bibliographie der böhmischen Geschichte für die Jahre 1905–1941]. Prag 1906–1951.
Bibliografie dějin československé techniky [Bibliographie zur Geschichte der tschechoslowakischen Technik]. Bde 1 –. Prag 1962 –.
Bibliografie dějin dělnického hnutí [Bibliographie zur Geschichte der Arbeiterbewegung]. Prag 1966 –.
Česká bibliografie. Sborník statí a materiálu [Tschechische Bibliographie. Sammelbände mit Aufsätzen und Materialien]. Bde 1 –. Prag 1959 –.
Chmielewski, H. v. (Bearb.), Auswahlbibliographie zur Geschichte und Landeskunde der böhmischen Länder, 1973. Mit Nachträgen 1972. In: ZfO 24 (1974) 558–573.
Dissertationen zur Problematik des böhmisch-mährischen Raumes. Hrsg. v. Sudetendt. Archiv. 3 Bde, München 1955–1957.
Graus, F., Das Spätmittelalter als Krisenzeit. Ein Literaturbericht als Zwischenbilanz. (Mediaevalia Bohemica. Suppl. 1.) Prag 1969.
Hahn, J., Kyrillomethodianische Bibliographie 1939–1955. 's Gravenhage 1958.
Hemmerle, R., Beitrag zur Bibliographie der böhmischen Länder. In: BJb 1 (1960) 407–444.
Hemmerle, R., Dissertationen zur Problematik des böhmisch-mährischen Raumes. In: BJb 1 (1960) 445–448.
Hemmerle, R., Vorläufige Systematik der Bibliographie über den böhmisch-mährisch-schlesischen Raum. München 1957.
Historiografie v Československu 1985–1989. Výběrová Bibliografie [Historiographie in der Tschechoslowakei. Auswahlbibliographie 1985–1989]. Prag 1990.
Historiografia na Slovensku 1990–1994. Výberová bibliografia [Historiographie in der Slowakei. Auswahlbibliographie]. Preßburg 1995.
Ježek, A. u. a., Novodobé dějiny v československé historiografii. Marxisticko-leninská teorie. Bibliografie 1979 [Geschichte der Neuzeit in der tschechoslowakischen Historiographie. Die marxistisch-leninistische Theorie. Bibliographie 1979]. Prag 1980.
Jilek, H. (Bearb.), Bibliographie zur Geschichte und Landeskunde der böhmischen Länder von den Anfängen bis 1948. 3 Bde, Köln, Wien 1986–1990.
Jilek, H. u. a., Bücherkunde Ostdeutschlands und des Deutschtums in Ostmitteleuropa. Köln, Graz 1962.
Jonášová-Hájková, S. u. a. (Bearb.), Bibliografie československé historie [Bibliographie der tschechoslowakischen Geschichte]. Prag 1957/66 –.
Klik, J., Bibliografie vědecké práce o české minulosti za poledních čtyřicet let. Rejstřík českého časopisu historického 1895–1934 [Bibliographie wissenschaftli-

cher Arbeiten über die tschechische Vergangenheit der letzten 40 Jahre. Register des ČČH 1895–1934]. Prag 1935.

Kudělka, M. u.a., Československé práce o jazyce, dějinách a kultuře slovanských národů od r. 1760. [Biograficko-bibliografický slovník] [Tschechoslowakische Arbeiten über Sprache, Geschichte und Kultur der slavischen Völker seit 1760. Biographisch-bibliographisches Wörterbuch]. Prag 1972.

Muneles, O. u.a., Bibliographical Survey of Jewish Prague. (Jewish monuments in Bohemia and Moravia, Bd. 1.) Prag 1952.

Myška, V. u.a., Bibliografie dějin Československa. [Bibliographie zur Geschichte der Tschechoslowakei]. Prag 1982 –.

Palivec, V., České regionální bibliografie. Přehled publikací a článků z let 1945–1965 [Tschechische Regionalbibliographie. Überblick über die Publikationen und Aufsätze der Jahre 1945–1965]. Prag 1966.

Purš, J., Historiografie v Československu 1970–1980. Výběrová bibliografie [Die Historiographie in der Tschechoslowakei 1970–1980. Auswahlbibl.]. Prag 1980.

Seibt, F., Bohemica. Probleme und Literatur seit 1945. Hrsg. v. W. Kienast. (HZ Sonderheft 4). München 1970.

Short, D. (Bearb.), Czechoslovakia. (World Bibliographical Series, vol. 68.) Oxford usw. 1986.

Sudetendeutsche Bibliographie. Bd. 1, 1949–1953. Bearb. v. J. Hemmerle. Marburg 1959. Bd. 2, 1954–1959. Bearb. v. H. Jilek. Marburg 1965.

Zeman, J. K., The Hussite Movement and the Reformation in Bohemia, Moravia and Slovakia (1350–1650). A bibliographical study guide. Ann Arbour, Mich., 1977.

Zíbrt, Č., Bibliografie české historie [Bibliographie zur böhmischen Geschichte]. 5 Bde, Prag 1900–1912.

2. Quellen

Archiv český čili staré písemné památky české a moravské, sebrané z archivu domácích i cizích [Boehmisches Archiv oder alte schriftliche böhmische und mährische Denkmäler, aus heimischen und auswärtigen Archiven gesammelt]. 38 Bde, Prag 1840–1944.

Archiv koruny české. Katalogy, soupisy, registáře a rozbory jeho fondů [Archiv der böhmischen Krone. Kataloge, Verzeichnisse, Register und Analyse seines Fonds]. 5 Bde, Prag 1928–1947.

Appelt, H. u.a. (Hrsg.), Schlesisches Urkundenbuch. Bd. 1–. Wien usw. 1963–.

Bartenková, D. u.a. (Hrsg.), Magnae Moraviae fontes historici (Prameny k dějinám Velké Moravy). Bde 1 –, Brünn 1966 –.

Die böhmische Landtafel. Inventar, Register, Übersichten. Eingel. v. V. Letošník. Prag 1944.

Die böhmischen Landtagsverhandlungen und Landtagsbeschlüsse v. J. 1526 an bis auf die Neuzeit. Hrsg. v. Kgl. Böhm. Landesarchive. 11 Bde, Prag 1877–1910.

Bretholz, B. (Hrsg.), Cosmae Pragensis Chronica Boemorum. MGH. SS. rer. Germ. Nova series. Bd. 2, Berlin 1923.

Bujnoch, J. (Hrsg.), Die Hussiten. Die Chronik des Laurentius von Březová 1414–1421. Graz usw. 1988.

Čánová, E. (Bearb.), Prameny pro hospodářské a sociální dějiny [Quellen zur Wirtschafts- und Sozialgeschichte]. 2 Bde, Prag 1973.

Čelakovský, J. (Hrsg.), Privilegia královských měst venkovských z let 1225 až 1419 [Die Privilegien der königlichen Landstädte 1225–1419]. Prag 1895.

Čelakovský, J. (Hrsg.), Privilegia měst Pražských [Privilegien der Prager Städte]. Prag 1886.
Chaloupecký, V., Prameny X. století. Legendy Kristiánovy o Sv. Václavu a Sv. Ludmile [Quellen des 10. Jahrhunderts. Die Christians-Legende über den Hlg. Wenzel und die Hlg. Ludmila]. Prag 1939.
Codex diplomaticus et epistolaris Moraviae. Urkunden-Sammlung zur Geschichte Mährens im Auftrage des mährischen Landesausschusses. 15 Bde, Brünn 1836–1903.
Daňhelka, J. u. a. (Hrsg.), Staročeská kronika tak řečeného Dalimila [Die alttschechische Chronik des sog. Dalimil]. 2 Bde, Prag 1988.
Deutsche Gesandtschaftsberichte aus Prag. Innenpolitik und Minderheitenprobleme in der Ersten Tschechoslowakischen Republik. Teil I (1918–1921); Teil II (1921–1926); Teil IV (1933–1935). München 1983, 1991, 1997.
Emler, J. u. a. (Hrsg.), Prameny dějin českých [Quellen zur böhmischen Geschichte]. 4 Bde, Prag 1874–1907.
Erben, K. u. a. (Hrsg.), Regesta diplomatica nec non epistolaria Bohemiae et Moraviae. 7 Bde, Prag 1855–1963.
Flajšhans, V. (Hrsg.), Hájek V. z Libočan, Kronika česká [Die böhmische Chronik des Václav Hájek z Libočan]. 2 Bde, Prag 1923.
Fontes Rerum Bohemicarum. Prameny českých dějin. Bde 1–6,8, Prag 1873–1937.
Friedrich, G. u. a. (Hrsg.), Codex diplomaticus et epistolaris regni Bohemiae. 4 Bde, Prag 1904–1965.
Goll, J., Quellen und Untersuchungen zur Geschichte der Böhmischen Brüder. 2 Bde, Prag 1878–1882.
Hadler, F. (Hrsg.), Weg von Österreich. Das Weltkriegsexil von Masaryk und Beneš im Spiegel ihrer Briefe und Aufzeichnungen aus den Jahren 1914–1918. Eine Quellensammlung. Berlin 1995.
Haas, A. (Bearb.), Privilegia nekrálovských měst českých z let 1232–1452 [Privilegien der böhmischen nicht-königlichen Städte 1232–1452]. Prag 1954.
Helbig, H. u. a. (Hrsg.), Urkunden und erzählende Quellen zur deutschen Ostsiedlung im Mittelalter. Bd. 2: Schlesien, Polen, Böhmen-Mähren, Österreich, Ungarn-Siebenbürgen. Darmstadt 1970.
Hergemöller, B.-U. (Hrsg.), Maiestas Carolina. Der Kodifikationsentwurf Karls IV. für das Königreich Böhmen von 1355. München 1995.
Herrmann, E., Slawisch-germanische Beziehungen im südostdeutschen Raum von der Spätantike bis zum Ungarnsturm. Ein Quellenbuch mit Erläuterungen. München 1965.
Höfler, K., Geschichtsschreiber der hussitischen Bewegung in Böhmen. 2 Bde, Wien 1856–1866.
Horcicka, A. (Hrsg.), Städte- und Urkundenbücher aus Böhmen. Prag 1910.
Hrubý, V. (Hrsg.), Archivum Coronae regni Bohemiae. 2 Bde, Prag 1928–1935.
Husa, V. (Hrsg.), Naše národní minulost v dokumentech. Chrestomatie k dějinám Československa. T. 1 (Do zrušení nevolnictví) [Unsere nationale Vergangenheit in Dokumenten. Chrestomatie zur Geschichte der Tschechoslowakei. Bd. 1 (Bis zur Aufhebung der Leibeigenschaft)]. Prag 1954.
Janáček, J. (Hrsg.), Pavel Skála ze Zhoře, Historie česká. Od defenestrace k Bílé hoře [Böhmische Geschichte. Vom Fenstersturz bis zur Schlacht am Weißen Berg]. Prag 1984.
Jireček, H., Codex juris Bohemici. 4 Bde, Prag 1867–1890.
Líva, V. (Hrsg.), Prameny k dějinám třicetileté války [Quellen zur Geschichte des Dreißigjährigen Krieges]. Bde 3–8, Prag 1951–1957.

Mendl, B. u.a. (Hrsg.), Regesta diplomatica Bohemiae et Moraviae. Bde 1 –, Prag 1953 –.
Monumenta historica universitatis Pragensis. 9 Bde, Prag 1830–1848.
Monumenta Vaticana res gestas Bohemicas illustrantia ... 7 Bde, Prag 1903–1954.
Nohejlová-Prátová, E., Nálezy mincí v Čechách, na Moravě a ve Slezsku [Münzfunde in Böhmen, Mähren und Schlesien]. 3 Bde, Prag 1955–1957.
Novotný, J., Obrození národa. Svědectví a dokumenty [Die Wiedergeburt der Nation. Zeugnisse und Dokumente]. Prag 1979.
Nový, R. und J. Sláma (Hrsg.), Slavníkovci ve středověkém písemnictví [Die Slavnikiden im mittelalterlichen Schrifttum]. Prag 1987.
Palacký, F. (Hrsg.), Documenta magistris Joannis Hus, vitam, doctrinam, causam in Constantiensi concillo... Prag 1869.
Palacký, F. (Hrsg.), Staří letopisové čeští od roku 1378 do 1527 čili pokračování v kronikách Přibíka Pulkavy a Beneše z Hořovic [Alte tschechische Annalen 1378–1527 oder ihre Fortsetzung in den Chroniken des Přibík Pulkava und des Beneš von Hořovice]. Prag 1941.
Pražák, J. u.a. (Bearb.), Archiv pražské metropolitní kapituly. T. 1: Katalog listin a listů z doby předhusitské – 1419 [Archiv des Prager Metropolitankapitels. Bd. 1: Katalog der Urkunden und Schreiben aus der vorhussitischen Zeit – 1419]. Prag 1956.
Ratkoš, P., Pramene k dejinám Veľkej Moravy [Quellen zur Geschichte Großmährens]. Preßburg 1968.
Regesta diplomatica nec non epistolaria Bohemiae et Moraviae. 7 Bde, Prag 1855–1954.
Sbírka pramenů českého hnutí náboženského ve XIV. a XV. století [Quellensammlung zur böhmischen religiösen Bewegung des 14. und 15. Jahrhunderts]. Prag 1909–1920.
Schwarz, E., Die Ortsnamen der Sudetenländer als Geschichtsquellen. München ²1961.
Sněmy české od léta 1526 až po naší dobu [Die böhmischen Landtagsverhandlungen und -beschlüsse v. J. 1526 bis auf die Neuzeit]. Prag 1877–1954.
Stieber, M., Böhmische Staatsverträge. Historischer Grundriß. Abt. 1: Seit Přemysl Ottokar II. bis zur Gründung des habsburgischen Reiches. Innsbruck 1912.
Toegel, M. u.a. (Hrsg.), Documenta Bohemica Bellum Tricennale illustrantia. 7 Bde, Prag 1971–1981.
Vaněček, V., Prameny k dějinám státu a práva v Československu [Quellen zur Geschichte des Staates und des Rechts in der Tschechoslowakei]. Prag 1957.
Veselý, Z., Dějiny českého státu v dokumentech [Geschichte des böhmischen Staates in Dokumenten]. Prag 1994.
Volf, M., Popis městských archivů v Čechách [Beschreibung der Stadtarchive in Böhmen]. Prag 1947.
Vondrová, J. (Hrsg.), Češi a sudetoněmecká otázka 1939–1945. Dokumenty [Die Tschechen und die sudetendeutschen Frage 1939–1945. Dokumente]. Prag 1994.
Zbraslavská kronika. Chronicon aulae regiae. In der Übersetzung v. F. Heřmanský und R. Mertlík. Prag ²1976.

3. Landeskunde

Bohmann, A., Tschechoslowakei (Menschen und Grenzen, Bd. 4). Köln 1975.
Československá vlastivěda [Tschechoslowakische Heimatkunde]. 10 Bde, Prag 1929–1936.
Československá vlastivěda [Tschechoslowakische Heimatkunde]. Bd. 1 –, Prag 1963 –.
Československý vojenský atlas [Tschechoslowakischer Militäratlas]. Prag 1965.
Demek, J. u. a., Geography of Czechoslovakia. Prag 1971.
Dostál, O. u. a., Československá historická města [Tschechoslowakische historische Städte]. Prag 1974.
Hassinger, H., Die Tschechoslowakei. Ein geographisches, politisches und wirtschaftliches Handbuch. Wien usw. 1925.
Häufler, V. u. a., Ekonomická geografie Československa [Wirtschaftsgeographie der Tschechoslowakei]. Prag 1978.
Historický atlas ČSSR [Historischer Atlas der ČSSR]. Prag 1965.
Purš, J. (Hrsg.), Atlas československých dějin [Atlas der tschechoslowakischen Geschichte]. Prag 1965.
Regni Bohemiae mappa historica. Prag 1976.
Sedláček, A., Hrady, zámky a tvrze království českého [Burgen, Schlösser und Festungen des böhmischen Königreichs]. 15 Bde, Prag 1931–1937.
Sperling, W., Tschechoslowakei. Beiträge zur Landeskunde Ostmitteleuropas. Stuttgart 1981.
Sturm, H. u. a. (Hrsg.), Ortslexikon der böhmischen Länder 1910–1965. München ^{2}1995.

4. Geschichte

4.1 Gesamtdarstellungen

Bachmann, A., Geschichte Böhmens (bis 1526). 2 Bde, Gotha 1899.
Biografický slovník Slezska a Severní Moravy [Biographisches Lexikon für Schlesien und Nordmähren]. 2 Bde. Troppau 1993/94.
Boba, I., Moravia's History Reconsidered. A reinterpretation of medevial sources. The Hague 1971.
Bosl, K. (Hrsg.), Handbuch der Geschichte der böhmischen Länder. 4 Bde, Stuttgart 1967–1974.
Bretholz, B., Geschichte Böhmens und Mährens. 4 Bde, Reichenberg 1924.
Bretholz, B., Geschichte Mährens. 2 Bde, Brünn 1893.
Čerešňák, B. u. a., Přehled dějin Moravy 1. Od Velké Moravy do husitské revoluce [Übersicht der Geschichte Mährens. 1: Vom Großmährischen Reich bis zur hussitischen Revolution]. Brünn 1980.
Český biografický archiv a Slovenský biografický archív. Czech and Slovak Biographical Archive. München 1992–.
Conrads, N. (Hrsg.), Schlesien (Deutsche Geschichte im Osten Europas, Bd. 4). Berlin 1994.
Dějiny Československa. Učebnice pro pedagogické fakulty [Geschichte der Tschechoslowakei. Lehrbuch für die pädagogischen Fakultäten]. 4 Bde, Prag 1964–1970.
Dějiny ČSSR v datech [Geschichte der ČSSR in Daten]. Prag ^{2}1983.

Dejiny Slovenska [Geschichte der Slowakei]. Bde 1–6. Preßburg 1985–1991.
Dudík, B., Mährens allgemeine Geschichte. 12 Bde, Brünn 1850–1888.
Fiala, Z. u. a., Česká diplomatika do roku 1848 [Die böhmische Diplomatik bis 1848]. Prag 1971.
Fischel, A., Das tschechische Volk. 2 Bde, Breslau 1928.
Heck, R. u. a., Historia Czechosłowacji [Geschichte der Tschechoslowakei]. Breslau 1969.
Hermann, A., A History of the Czechs. London 1975.
Husa, V., Epochy českých dějin [Epochen der böhmischen Geschichte]. Prag 1949.
Husa, V., Geschichte der Tschechoslowakei. Prag 1961.
Kavka, F., Die Tschechoslowakei. Abriß ihrer Geschichte. Prag 1960.
Kerner, R. J. (Hrsg.), Czechoslovakia. Berkeley usw. ^{3}1949.
Kirschbaum, S. J., A History of Slovakia: The Struggle for Survival. New York 1995.
Konečný, Z. u. a., Stopami minulosti. Kapitoly z dějin Moravy a Slezska I. [Auf den Spuren der Vergangenheit. Kapitel aus der Geschichte Mährens und Schlesiens I.]. Brünn 1979.
Král von Dobrá Voda, A. Ritter, Der Adel von Böhmen, Mähren und Schlesien. Genealogisch-heraldisches Repertorium ... des gesamten Adels der Böhmischen Krone mit Quellen und Wappennachweisen. Prag 1904.
Krejčí, J., Czechoslovakia at the Crossroads of European History. London, New York 1990.
Krofta, K., Geschichte der Tschechoslowakei. Berlin 1932.
Krofta, K., Dějiny československé [Tschechoslowakische Geschichte]. Prag 1946.
Lebensbilder zur Geschichte der böhmischen Länder. Hrsg. v. K. Bosl (Bde 1–2) und F. Seibt. München, Wien 1974 –.
Macek, J., Histoire de la Bohême. Paris 1984.
Maleczyński, K. u. a. (Hrsg.), Historia Śląska [Geschichte Schlesiens]. Bde 1–, Breslau usw. 1960–.
Münch, H., Böhmische Tragödie. Das Schicksal Mitteleuropas im Lichte der tschechischen Frage. Braunschweig usw. 1949.
Novotný, V. u. a., České dějiny [Böhmische Geschichte]. 3 Bde, Prag 1912–1948.
Palacký, F., Geschichte von Böhmen. Größtentheils nach Urkunden und Handschriften. 5 Bde, Prag ^{2}1844–1867.
Pelzel, F. M., Geschichte der Böhmen von den ältesten bis auf die neuesten Zeiten. 2 Bde, Prag, Wien 1782.
Petry, L. u. a. (Hrsg.), Geschichte Schlesiens. Bd. 1, Sigmaringen ^{5}1988, Bd. 2, Sigmaringen ^{2}1988.
Pilnáček, J., Staromoravští rodové [Altmährische Geschlechter]. Brünn ^{2}1972.
Přehled dějin Československa [Übersicht der Geschichte der Tschechoslowakei]. Prag 1980–1982.
Prinz, F. (Hrsg.), Böhmen und Mähren (Deutsche Geschichte im Osten Europas, Bd. 2). Berlin 1993.
Procházka, R. Freiherr v., Genealogisches Handbuch erloschener böhmischer Herrenstandsfamilien. 2 Bde, Neustadt a. d. Aisch 1973, München 1990.
Rechcigl jr., M. (Hrsg.), Czechoslovakia Past and Present. 2 Bde, The Hague 1968.
Sančuk, G. Ė. u. a., Istorija Čechoslovakii [Geschichte der Tschechoslowakei]. 3 Bde, Moskau 1956–1960.
Schenk, H., Die Böhmischen Länder. Ihre Geschichte, Kultur und Wirtschaft. Historische Landeskunde (Deutsche Geschichte im Osten, Bd. 1). Köln 1993.
Seton-Watson, R. W., A History of the Czechs and Slovaks. London usw. 1943.

Slezsko v dějinách českého státu. Stav a úkoly vyzkumu [Schlesien in der Geschichte des böhmischen Staates. Stand und Aufgaben der Forschung]. Troppau 1991.
Sturm, H. u. a. (Hrsg.), Biographisches Lexikon zur Geschichte der böhmischen Länder. Bde 1 –, München 1979 –.
Thomson, S. H., Czechoslovakia in European History. Princeton, N. J., ²1953.
Tomeš, J. u. a. (Hrsg.), Československý biografický slovník [Tschechoslowakisches biographisches Lexikon]. Prag 1992.
Vojenské dějiny Československa [Militärgeschichte der Tschechoslowakei]. Bde 1–. Prag 1985–.
Vykoupil, L., Slovník českých dějin [Lexikon der tschechischen Geschichte]. Brünn 1994.
Wallace, W. V., Czechoslovakia. London 1977.

4.2 *Vor- und Frühgeschichte*

Čujanová-Jílková, E., Mittelbronzezeitliche Hügelgräberfelder in Westböhmen. Prag 1970.
Fiala, Z., Siedlung und Verfassung Böhmens in der Frühzeit. Wiesbaden 1967.
Filip, J., Pravěké Československo. Úvod do studia dějin pravěku [Die prähistorische Tschechoslowakei. Einführung in das Studium der Geschichte der Urzeit]. Prag 1948.
Fridrich, J., Středopaleolitické osídlení Čech [Mittelpaläolithische Siedlungen Böhmens]. Prag 1982.
Horák, B., Geografický a etnografický obraz českých zemí v době římského císařství [Das geographische und ethnographische Bild der böhmischen Länder zur Zeit des römischen Kaisertums]. Prag 1955.
Milz, A. E., Südböhmen und der Böhmerwald im Boiohaemum Celticum. Linz 1974.
Neustupný, E. u. a., Czechoslovakia before the Slavs. Prag 1961.
Plesl, E., Lužická kultura v severozápadních Čechách [Die Lausitzer Kultur in Nordwest-Böhmen]. Prag 1961.
Podborský, V., Mähren in der Spätbronzezeit und an der Schwelle der Eisenzeit. Brünn 1970.
Preidel, H., Die germanischen Kulturen in Böhmen und ihre Träger. 2 Bde, Kassel-Wilhelmshöhe 1930.
Šaldová, V., Westböhmen in der späten Bronzezeit. Prag 1981.
Schránil, J., Die Vorgeschichte Böhmens und Mährens. Berlin, Leipzig 1928.
Šimek, E., Čechy a Morava za doby římské [Böhmen und Mähren in der Römerzeit]. Prag 1923.
Šimek, E., Keltové a Germáni v našich zemích. Kritická studie [Kelten und Germanen in unserem Land. Kritische Studie]. Brünn 1934.
Tejral, J., Grundzüge der Völkerwanderungszeit in Mähren. Prag 1976.
Tejral, J., Morava na sklonku antiky [Mähren am Ende der Antike]. Prag 1982.
Tejral, J., Die Probleme der spätrömischen Kaiserzeit in Mähren. Prag 1975.
Váňa, Z., Einführung in die Frühgeschichte der Slaven. Neumünster 1970.

4.3 *Slavische Landnahme*

Birnbaum, H., Studien zur Frühkultur der Slawen. München 1981.
Dobiaš, J., Dějiny československého území před vystoupením Slovanů [Geschichte der tschechoslowakischen Gebiete vor dem Auftreten der Slaven]. Prag 1964.

Filip, J., Počátky slovanského osídlení v Československu [Die Anfänge der slavischen Besiedlung in der Tschechoslowakei]. Prag 1946.
Graus, F. u. H. Ludat (Hrsg.), Siedlung und Verfassung Böhmens in der Frühzeit. Wiesbaden 1967.
Hensel, W., Die Slawen im frühen Mittelalter. Ihre materielle Kultur. Berlin 1965.
Labuda, G., Pierwsze państwo słowiańskie. Państwo Samona [Der erste slavische Staat. Der Staat Samos]. Posen 1949.
Lehr-Spławiński, T., O pochodzeniu i praojczyźnie Słowian [Über die Herkunft und Urheimat der Slaven]. Posen 1946.
Poulík, J., Jižní Morava – země dávných Slovanů [Südmähren – das Land der alten Slaven]. Brünn 1950.
Preidel, H., Die Anfänge der slawischen Besiedlung Böhmens und Mährens. 2 Bde. München 1954, 1957.
Turek, R., Böhmen im Morgengrauen der Geschichte. Von den Anfängen der slawischen Besiedlung bis zum Eintritt in die europäische Kulturgemeinschaft (6. – bis Ende des 10. Jahrhunderts). Wiesbaden 1974.

4.4 Großmährisches Reich

Böhm, J. u. a. (Red.), Das Großmährische Reich. Tausendjährige Staats- und Kulturtradition. Prag 1963.
Dekan, J., Velká Morava. Doba a umění [Großmähren. Die Zeit und die Kunst]. Prag 1980.
Dittrich, Z., Christianity in Great Moravia. Groningen 1962.
Dvorník, F., Byzancia a Vel'ká Morava. Sborník Říša Vel'komoravská [Byzanz und Großmähren. Sammelband Großmährisches Reich]. Prag 1933.
Eggers, M., Das „Großmährische Reich": Realität oder Fiktion? Eine Neuinterpretation der Quellen zur Geschichte des mittleren Donauraumes im 9. Jahrhundert. Stuttgart 1995.
Graus, F. u. a. (Red.), Das Großmährische Reich. Tagung der wissenschaftlichen Konferenz des Archäologischen Instituts der Tschechoslowakischen Akademie der Wissenschaften, Brünn-Nitra, 1.–4. X. 1963. Prag 1966.
Hauptmann, L., Das Großmährische Reich. Bern 1956.
Havlík, L. E., Morava v 9.–10. století. K problematice politického postavení, sociální a vládní struktury a organizace [Mähren im 9.–10. Jh. Zur Problematik der politischen Situation, der sozialen und der Herrschaftsstruktur und Organisation]. Prag 1978.
Havlík, L. E., Velká Morava a středoevropští Slované [Großmähren und die mitteleuropäischen Slaven]. Prag 1964.
Hellmann, M. u. a. (Hrsg.), Cyrillo-Methodiana. Zur Frühgeschichte des Christentums bei den Slaven 863–1963. Köln, Graz 1964.
Kalnica, Z., Velkomoravské řemeslo [Das großmährische Handwerk]. Reichenberg 1972.
Macůrek, J. (Hrsg.), Magna Moravia. Prag 1965.
Nový, R., Die Anfänge des böhmischen Staates, Bd. 1: Mitteleuropa im 9. Jahrhundert. Prag 1968.
Poulík, J., Staří Moravané budují svůj stát [Die alten Mährer bauen ihren Staat]. Gottwaldov 1963.
Poulík, J. u. a. Velká Morava a počátky československé státnosti [Großmähren und die Anfänge der tschechoslowakischen Staatlichkeit]. Prag, Preßburg 1985.

Preidel, H., Das Großmährische Reich im Spiegel der Bodenfunde. Gräfelfing 1968.
Preidel, H., Slawische Altertumskunde des östlichen Mitteleuropas im 9. und 10. Jahrhundert. 3 Bde, Gräfelfing 1961–1966.
Sančuk, G. Ė. u. a. (Hrsg.), Velikaja Moravija – eė istoričeskoe i kul'turnoe značenie [Großmähren – seine historische und kulturelle Bedeutung]. Moskau 1985.
Schwartz, M., Untersuchungen über das Mährisch-Slowakische Staatswesen des 9. Jahrhunderts. Berlin, München 1942.

4.5 Přemysliden (900–1306)

Bretholz, B., Geschichte Böhmens und Mährens bis zum Aussterben der Přemysliden. München, Leipzig 1912.
Fiala, Z., Přemyslovské Čechy. Český stát a společnost v letech 995–1310 [Das Böhmen der Přemysliden. Böhmischer Staat und Gesellschaft in den Jahren 995–1310]. Prag 1965.
Hoensch, J. K., Přemysl Otakar II. von Böhmen. Der goldene König. Graz usw. 1989.
Králík, O., Slavníkovské interludium. K českopolským kulturním vztahům kolem roku 1000 [Slavnikidisches Zwischenspiel. Zu den böhmisch-polnischen kulturellen Beziehungen um das Jahr 1000]. Ostrau 1966.
Krzemieńska, B., Boj knížete Břetislava I. o upevnění českého státu (1039–1041) [Der Kampf des Fürsten Břetislav I. für die Stabilisierung des böhmischen Staates (1039–1041)]. Prag 1979.
Kuhn, W., Vergleichende Untersuchungen zur mittelalterlichen Ostsiedlung. Köln, Wien 1973.
Kuthan, J., Česka architektura v době posledních Přemyslovců [Die böhmische Architektur zur Zeit der letzten Přemysliden]. Vimperk 1994.
Kuthan, J., Přemysl Otakar II. Král železný a zlatý, král zakladetel a mecenáš [Přemysl Otakar II. Der eiserne und goldene König, der königliche Stifter und Mäzen]. Vimperk 1993.
Nový, R., Přemyslovský stát 11. a 12. století [Der Přemyslidenstaat im 11. und 12. Jh.]. Prag 1972.
Prinz, F., Böhmen im mittelalterlichen Europa. Frühzeit, Hochmittelalter, Kolonisationsepoche. München 1984.
Sasse, B., Die Sozialstruktur Böhmens in der Frühzeit. Historisch-archäologische Untersuchungen zum 9.–12. Jahrhundert. Berlin 1982.
Schlesinger, W., Die deutsche Ostsiedlung des Mittelalters als Problem der europäischen Geschichte. Sigmaringen 1975.
Schránil, J., Země české za doby knížecí [Die böhmischen Länder in der Fürstenzeit]. Prag 1932.
Sláma, J., Mittelböhmen im frühen Mittelalter, 1: Katalog der Grabfunde. Prag, Brünn 1977.
Tillack, K., Studien über Bruno von Schauenburg und die Politik Ottokars II. von Böhmen. Münster/Westfalen 1959.
Třeštík, D., Počátky Přemyslovců [Die Anfänge der Přemysliden]. Prag 1981.
Turek, R., Čechy v raném středověku [Böhmen im frühen Mittelalter]. Prag 1982.
Turek, R., Die frühmittelalterlichen Stämmegebiete in Böhmen. Prag 1957.
Turek, R., Slavníkovci a jejich panství [Die Slavnikiden und ihre Herrschaft]. Tschechisch Teschen 1982.

Válka, J., Dějiny Moravy díl 1. Středověká Morava [Geschichte Mährens Teil 1. Das mittelalterliche Mähren]. Brünn 1991.
Vaněček, V., Stát Přemyslovců a středoveka „říše" [Der Staat der Přemysliden und das mittelalterliche „Reich"]. Prag 1945.
Vaněček, V., Vnitřní organisace Čech a Moravy v době přemyslovské [Die innere Organisation Böhmens und Mährens in der Přemyslidenzeit]. Prag 1942.
Vlček, E., Nejstarší Přemyslovci ve světle antropologicko-lékařského výzkumu [Die ältesten Přemysliden im Licht anthropologisch-medizinischer Forschung]. Prag 1982.
Wegener, W., Böhmen, Mähren und das Reich im Hochmittelalter. Köln 1959.
Wegener, W., Die Přemysliden. Stammtafeln des nationalen Böhmischen Herzogshauses ca. 850–1306. Göttingen 1952.
Žemlička, J., Přemysl Otakar I. Panovník, stát a česká společnost na prahu vrcholného feudalismu [Přemysl Otakar I. Herrscher, Staat und böhmische Gesellschaft an der Schwelle zum Hochfeudalismus]. Prag 1990.
Žemlička, J., Století poseldních Přemyslovců. Český stát a společnost ve 13. století [Das Jahrhundert der letzten Přemysliden. Staat und Gesellschaft in Böhmen im 13. Jahrhundert]. Prag 1986.
Zhánĕl, S., Jak vznikla staročeská šlechta [Wie der altböhmische Adel entstand]. Brünn 1930.

4.6 Luxemburger (1310–1419)

Cazelles, R., Jean l' Aveugle, comte de Luxembourg, roi de Bohême. Paris 1947.
Chaloupecký, V., Karel IV. a Čechy [Karl IV. und Böhmen]. Prag [2]1946.
Eichler, R. W. (Hrsg.), Die Universität zu Prag. München 1986.
Fiala, Z., Předhusitské Čechy. Český stát pod vládou Lucemburků 1310–1419 [Das vorhussitische Böhmen. Der böhmische Staat unter der Herrschaft der Luxemburger 1310–1419]. Prag [2]1978.
Hoensch, J. K., Kaiser Sigismund. Herrscher an der Schwelle zur Neuzeit 1368–1437. München 1996.
Kalista, Z., Karel IV. Jeho duchovní tvář [Karl IV. Sein geistiges Profil]. Prag 1971.
Kavka, F., Am Hofe Karls IV. Stuttgart 1990.
Kavka, F., Vláda Karla IV. za jeho císařství (1355–1378). Země České koruny, rodová, řišska a evropská politika [Die Herrschaft Karls IV. während seines Kaisertums (1355–1378). Die Länder der böhmischen Krone, die Familien-, die Reichs- und die europäische Politik]. 2 Bde, Prag 1993.
Macek, J. u. a. (Hrsg.), Sigismund von Luxemburg. Kaiser und König in Mitteleuropa 1387–1437. Warendorf 1994.
Mezník, J., Praha před husitskou revolucí [Prag vor der hussitischen Revolution]. Prag 1990.
Patschovsky, A., Die Anfänge einer ständigen Inquisition in Böhmen. Ein Prager Inquisitions-Handbuch aus der ersten Hälfte des 14. Jahrhunderts. Berlin, New York 1975.
Pludek, A., Český král Karel [Der böhmische König Karl]. Prag [2]1979.
Pustejovsky, O., Schlesiens Übergang an die Böhmische Krone. Machtpolitik Böhmens im Zeichen von Herrschaft und Frieden. Köln, Wien 1975.
Seibt, F., Karl IV. Ein Kaiser in Europa, 1346–1378. München [5]1995.
Skýbová, A., Český stát v období vrcholného feudalismu. (K 600. výročí úmrtí Karla IV.) [Der böhmische Staat in der Hochzeit des Feudalismus (Zum 600. Todestag Karls IV.)]. Olmütz 1978.

Spěváček, J., Jan Lucemburský a jeho doba 1296–1346 [Johann von Luxemburg und seine Zeit 1296–1346]. Prag 1995.
Spěváček, J., Karel IV. Život a dílo (1316–1378) [Karl IV. Leben und Werk (1316–1378)]. Prag 1979.
Spěváček, J., Karl IV. Sein Leben und seine staatsmännische Leistung. Köln usw. 1978.
Spěváček, J., Václav IV. 1361–1419. K předpokladům husitské revoluce [Wenzel IV. 1361–1419. Über die Ursachen der hussitischen Revolution]. Prag 1986.
Svatoš, M. (Hrsg.), Doba Karla IV. v dějinách národů ČSSR... [Die Epoche Karls IV. in der Geschichte der Völker der ČSSR: Internationale wissenschaftliche Konferenz...zum 600. Todestag Karls IV., 29. XI.–1. XII. 1978]. Prag 1981.
Veldtrup, D., Zwischen Eherecht und Familienpolitik. Studien zu den dynastischen Heiratsprojekten Karls IV. Warendorf 1988.
Vita Karoli Quarti – Karl IV., Selbstbiographie. Dt. Übersetzung des lat. Orig. v. L. Ölsner in Bearb. v. A. Blaschka. Prag 1979.
Winter, E., Frühhumanismus. Seine Entwicklung in Böhmen und deren europäische Bedeutung für die Kirchenreformbestrebungen im 14. Jahrhundert. Berlin 1964.

4.7 Hussitische Revolution und Hussitismus (1419–1437)

Bartoš, F. M., Husitská revoluce [Die Hussitische Revolution]. 2 Bde, Prag 1965/66.
Heyman, F. G., John Žižka and the Hussite Revolution. New York 1969.
Kalivoda, R., Revolution und Ideologie. Der Hussitismus. Köln, Wien 1976.
Kaminsky, H., A History of the Hussite Revolution. Berkeley usw. 1967.
Kejř, J., Husité [Die Hussiten]. Prag 1984.
Kopičková, B., Jan Želivský [Johann von Seelau]. Prag 1990.
Krofta, K., Duchovní odkaz husitství [Das geistige Vermächtnis des Hussitismus]. Prag 1946.
Macek, J., Tábor v husitském revolučním hnutí [Tabor in der hussitischen revolutionären Bewegung]. 2 Bde, Prag 1952–1955.
Machovec, M., Husovo učení a význam v tradici českého národa [Die Lehre und Bedeutung von Hus in der Tradition des tschechischen Volkes]. Prag 1953.
Maleczyńska, E., Ruch husycki w Czechach a w Polsce [Die hussitische Bewegung in Böhmen und in Polen]. Warschau 1959.
Molnár, A. (Hrsg.), Husitské manifesty [Hussitische Manifeste]. Prag 1980.
Pekař, J., Žižka a jeho doba [Žižka und seine Zeit]. 4 Bde, Prag 1928–1933.
Petrin, S., Der österreichische Hussitenkrieg 1420–1434. Wien 1982.
Revzin, G., Jan Žižka (1370–1424). Moskau 1952.
Seibt, F., Hussitica. Zur Struktur einer Revolution. Köln, Wien ²1990.
Seibt, F., Hussitenstudien. Personen, Ereignisse, Ideen einer frühen Revolution. München 1987.
Seibt, F. u. a. (Hrsg.), Jan Hus – Zwischen Zeiten, Völkern, Konfessionen. München 1996.
Šmahel, F., Husitská revoluce [Die hussitische Revolution]. 4 Bde, Prag 1993.
Šmahel, F., Idea národa v husitských Čechách [Die Idee des Volkes im hussitischen Böhmen]. Böhmisch Budweis 1971.
Šmahel, F., Jan Žižka z Trocnova [Johann Žižka von Trocnov]. Prag 1969.
Šmahel, F., La révolution hussite, une anomalie historique? Paris 1985.
Spinka, M., John Hus. A Biography. Princeton, N. J., 1968.

Werner, E., Jan Hus. Welt und Umwelt eines Prager Frühreformators. Weimar 1991.
Werner, E., Der Kirchenbegriff bei Jan Hus, Jakoubek von Mies, Jan Želivský und den linken Taboriten. Berlin 1967.

4.8 Georg von Podiebrad und die Jagiellonen (1437–1526)

Brock, P., The Political and Social Doctrins of the Unity of Czech Brethren in the Fifteenth Century. 's Gravenhage 1957.
Denis, E., La fin de l'indépendance bohème. 2 Bde, Paris [2]1930.
Eberhard, W., Konfessionsbildung und Stände in Böhmen 1478–1530. München, Wien 1981.
Harder, H.-B. u. H. Rothe (Hrsg.), Studien zum Humanismus in den böhmischen Ländern. Köln 1988.
Heck, R., Tabor a kandydatura jagiellońska w Czechach (1438–1444) [Tabor und die jagellonische Kandidatur in Böhmen 1438–1444]. Breslau 1964.
Heyman, F. G., George of Bohemia. King of Heretics. Princeton 1965.
Hlobil, I. u. E. Petrů, Humanismus a raná renesance na Moravě [Humanismus und Frührenaissance in Mähren]. Prag 1992.
Macek, J., Jagellonský věk v českých zemích (1471–1526) [Das jagiellonische Zeitalter in den böhmischen Ländern (1471–1526)]. 2 Bde, Prag 1992, 1994.
Nehring, K., Matthias Corvinus, Kaiser Friedrich III. und das Reich. Zum hunyadisch-habsburgischen Gegensatz im Donauraum. München 1975.
Odložilík, O., The Hussite King. Bohemia in European Affairs, 1440–1471. New Brunswick, N. J. 1965.
Říčan, R., Dějiny Jednoty bratrské [Geschichte der Brüderunität]. Prag 1957.
Seltenreich, G., Georg von Podiebrad. Pläne eines europäischen Fürstenbundes. Heidelberg 1953.

4.9 Die böhmischen Länder unter den Habsburgern (1526–1918)

4.9.1 1526–1618

Bahlcke, J., Regionalismus und Staatsintegration im Widerstreit. Die Länder der Böhmischen Krone im ersten Jahrhundert der Habsburgerherrschaft (1526–1619). München 1994.
České dějiny. Doba předbělohorská. T. 1: 1526–1547 [Böhmische Geschichte. Die Zeit vor der Schlacht am Weißen Berg. Bd. 1: 1526–1547]. Prag [2]1971.
Dillon, K. J., King and Estates in the Bohemian Lands 1526–1564. Brüssel 1976.
Eberhard, W., Monarchie und Widerstand. Zur ständischen Oppositionsbildung im Herrschaftssystem Ferdinands I. in Böhmen. München, Wien 1985.
Edelmayer, F. u. A. Kohler (Hrsg.), Kaiser Maximilian II. Kultur und Politik im 16. Jahrhundert. Wien, München 1992.
van Eickels, C., Schlesien im böhmischen Ständestaat. Voraussetzungen und Verlauf der böhmischen Revolution von 1618 in Schlesien. Köln 1994.
Evans, R. J. W., Das Werden der Habsburgermonarchie 1550–1700. Gesellschaft, Kultur, Institutionen. Wien, Köln 1989.
Gindely, A., Böhmen und Mähren im Zeitalter der Reformation. 2 Bde, Osnabrück [2]1968 (Nachdruck der Ausg. v. 1861).
Kavka, F. u. a., Přehled dějin Československa v epoše feudalismu: III (1526–1781)

[Überblick über die Geschichte der Tschechoslowakei in der Epoche des Feudalismus: III (1526–1781)]. Prag 1956.
Kutnar, F., Přehled dějin Československa v epoše feudalismu [Überblick über die Geschichte der Tschechoslowakei in der Epoche des Feudalismus]. Prag ³1967.
Oberhammer, E. (Hrsg.), Die ganze Welt ein Lob und Spiegel. Das Fürstenhaus Liechtenstein in der frühen Neuzeit. Wien, München 1990.
Pánek, J., Poslední Rožmberkové. Velmoži české renesance [Die letzten Rosenberger. Magnaten der böhmischen Renaissance]. Prag 1989.
Pánek, J., Stavovská opozice a její zápas s Habsburky 1547–1577: K politické krizi feudální třídy v předbělohorském českém státě [Die ständische Opposition und ihr Kampf mit den Habsburgern 1547–1577: Zur politischen Krise der Feudalklasse im böhmischen Staat vor der Schlacht am Weißen Berg]. Prag 1982.
Pešek, J., Měšťanská vzdělanost a kultura v předbělohorských Čechách 1547–1620. Všední dny kulturního života [Die städtische Bildung und Kultur in Böhmen vor der Schlacht am Weißen Berg 1547–1620. Die Alltagskultur]. Prag 1993.

4.9.2 1618–1648

Denis, E., La Bohême depuis la Montagne-Blanche. 2 Bde, Paris ²1930.
Diwald, H., Wallenstein. Eine Biographie. München 1969.
Gindely, A., Geschichte des Dreißigjährigen Krieges. 2 Bde, Prag 1869/70.
Janáček, J., Valdštejn a jeho doba [Wallenstein und seine Zeit]. Prag 1978.
Janáček, J., Valdštejnova smrt [Wallensteins Tod]. Prag 1970.
Kavka, F., Bílá hora a české dějiny [Die Schlacht am Weißen Berg und die böhmische Geschichte]. Prag 1962.
Mann, G., Wallenstein. Frankfurt 1971 (Textband), 1973 (Bildband).
Muk, J., Po stopách národního vědomí české šlechty pobělohorské [Auf den Spuren des Nationalbewußtseins des böhmischen Adels der Zeit nach der Schlacht am Weißen Berg]. Prag 1931.
Nejedlý, Z., Bílá hora, Habsburk a český národ [Die Schlacht am Weißen Berg, Habsburg und das tschechische Volk]. Prag 1918.
Polišenský, J., Nizozemská politika a Bílá hora [Die niederländische Politik und die Schlacht am Weißen Berg]. Prag 1958.
Polišenský, J., Třicetiletá válka a český národ [Der Dreißigjährige Krieg und das tschechische Volk]. Prag 1960.
Srbik, H. R. von, Wallensteins Ende. Ursachen, Verlauf und Folgen der Katastrophe. Salzburg ²1952.
Sturmberger, H., Aufstand in Böhmen. Der Beginn des Dreißigjährigen Krieges. München, Wien 1959.
Suvanto, P., Wallenstein und seine Anhänger am Wiener Hof zur Zeit des Zweiten Generalats 1631–1634. Helsinki 1963.

4.9.3 1648–1848

Agnew, H. LeCaine, Origins of the Czech National Renascence. Pittsburgh 1993.
Baumgart, P. (Hrsg.), Kontinuität und Wandel. Schlesien zwischen Österreich und Preußen. Sigmaringen 1990.
Bugge, P., Czech Nation-Building, National Self-Perception and Politics 1780–1914. Aarhus 1994.

Hassenpflug-Elzholz, E., Böhmen und die böhmischen Stände in der Zeit des beginnenden Zentralismus. Eine Strukturanalyse der böhmischen Adelsnation um die Mitte des 18. Jahrhunderts. München, Wien 1975.
Hofmann, A., Die Prager Zeitschrift „Ost und West". Ein Beitrag zur Geschichte der deutsch-slawischen Verständigung im Vormärz. Berlin 1957.
Hroch, M. u. J. Petráň, Das 17. Jahrhundert – Krise der Feudalgesellschaft? Hamburg 1981.
Kašpar, J., Nevolnické povstání v Čechách roku 1680 [Der Leibeigenen-Aufstand in Böhmen von 1680]. Prag 1965.
Kerner, F. J., Bohemia in the Eighteenth Century. A Study in Political, Economic, and Social History with Special Reference to the Reign of Leopold II, 1790–1792. New York ²1969.
Klíma, A., Čechy v období temna [Böhmen im Zeitraum der „Finsternis"]. Prag ²1961.
Klíma, A., Příručka k dějinám Československa v letech 1638–1848 [Handbuch zur Geschichte der Tschechoslowakei von 1638–1848]. Prag 1963.
Kočí, J., Boje venkovského lidu v období temna [Die Kämpfe des Landvolkes in der Zeit der „Finsternis"]. Prag 1953.
Kocí, J., České národní obrození [Die tschechische nationale Wiedergeburt]. Prag 1978.
Kočí, J., Problém druhého nevolnictví v českých zemích v období pozdního feudalismu [Das Problem der zweiten Leibeigenschaft in den böhmischen Ländern in der Zeit des Spätfeudalismus]. Prag 1972.
Kopecký, J. u. a., Jan Amos Komenský. Nástin života a díla [Comenius. Skizze seines Lebens und seines Werks]. Prag 1957.
Kvaček, R. u. a., Dějiny Československa II: 1648–1918. Prag 1990.
Macůrek, J., České země a Slovensko. 1620–1750. Studie z dějin politických, hospodářských a interetnických vztahů [Die böhmischen Länder und die Slowakei. 1620–1750. Studien zur Geschichte der politischen, ökonomischen und interethnischen Beziehungen]. Brünn 1969.
Maur, E., Československé dějiny. 1648–1781 [Tschechoslowakische Geschichte. 1648–1781]. Prag 1976.
Mejdřícká, K., Čechy a francouzská revoluce [Böhmen und die Französische Revolution]. Prag 1959.
Myl'nikov, A., Vznik národně osvícenské ideologie v českých zemích 18. století. Prameny národího obrození [Die Entwicklung der nationalen Aufklärungsideologie in den böhmischen Ländern im 18. Jahrhundert. Die Ursprünge der nationalen Wiedergeburt]. Prag 1974.
Okáč, A., Český sněm a vláda před březnem 1848 [Der böhmische Landtag und die Regierung vor dem März 1848]. Prag 1947.
Placht, O., Lidnatost a společenská skladba českého státu v 16.–18. století [Bevölkerungsdichte und Gesellschaftsstruktur des böhmischen Staates im 16.–18. Jahrhundert]. Prag 1957.
Polišenský, J., Jan Amos Komenský. Prag 1963.
Pražák, A., České obrození [Die tschechische Wiedergeburt]. Prag 1948.
Raupach, H., Der tschechische Frühnationalismus. Ein Beitrag zur Gesellschafts- und Ideengeschichte des Vormärzes in Böhmen. Darmstadt ²1969.
Renner, H., Studien zum tschechischen Frühnationalismus. Motivationen, Anfänge und Initiatoren der tschechischen Wiedergeburt. Erlangen und Nürnberg 1974.
Říha, O., Hospodářský a sociálně-politický vývoj Československa 1790–1945 [Die

wirtschaftliche und sozialpolitische Entwicklung der Tschechoslowakei 1790–1945]. Prag ²1949.
Sundhaußen, H., Der Einfluß der Herderschen Ideen auf die Nationsbildung bei den Völkern der Habsburger Monarchie. München 1973.
Thienen-Adlerflycht, Chr., Graf Leo Thun im Vormärz. Grundlagen des böhmischen Konservatismus im Kaisertum Österreich. Graz 1967.
Třídní boje v období pozdního feudalismu (16.–18. století) [Die Klassenkämpfe in der Periode des Spätfeudalismus. (16.–18. Jh.)]. Prag 1974.
Winter, E., Barock, Absolutismus und Aufklärung in der Donaumonarchie. Wien 1971.
Winter, E., Der Josefinismus. Die Geschichte des österreichischen Reformkatholizismus 1740–1848. Berlin ²1962.
Winter, E., Die tschechische Emigration in Deutschland im 17. und 18. Jahrhundert. Beiträge zur Geschichte der hussitischen Tradition. Berlin 1955.

4.9.4 1848–1914

Beránek, J., Rakouský militarismus a boj proti němu v Čechách 1900–1914 [Der österreichische Militarismus und der Kampf gegen ihn in Böhmen 1900–1914]. Prag 1955.
Birke, E., Frankreich und Ostmitteleuropa im 19. Jahrhundert. Köln, Graz 1960.
Blecking, D. (Hrsg.), Die slawische Sokolbewegung. Beiträge zur Geschichte von Sport und Nationalismus in Osteuropa. Dortmund 1991.
Bradley, J. F. N., Czech Nationalism in the Nineteenth Century. New York 1984.
Čejchan, V. (Red.), Dějiny česko-ruských vztahů 1770–1917 [Geschichte der tschechisch-russischen Beziehungen 1770–1917]. Prag 1967.
Červinka, F., Boje a směry českého studenstva na sklonku minulého a na počátku našeho století [Kämpfe und Richtungen der Tschechischen Studentenschaft Ende des vergangenen und zu Beginn unseres Jahrhunderts]. Prag 1962.
Červinka, F., Přehled dějin Československa v epoše kapitalismu [Überblick über die Geschichte der Tschechoslowakei in der Epoche des Kapitalismus]. 2 Bde, Prag 1959, 1963.
Dějiny štátu a práva na území Československa v období kapitalizmu 1848–1945 [Staats- und Rechtsgeschichte in den Territorien der Tschechoslowakei im Zeitraum des Kapitalismus 1848–1945]. Preßburg 1971.
Dolanský, J. u. a., Sto deset let Sokola. 1862–1972. Na pamět 110. výročí vzniku Sokola [110 Jahre Sokol. 1862–1972. Zur Erinnerung an den 110. Jahrestag der Entstehung des Sokol]. Prag 1973.
Freimanová, M. (Hrsg.), Město v české kultuře 19. století. Sborník sympozia... v Plzni ve dnech 4.–6. III. 1982 [Die Stadt in der tschechischen Kultur des 19. Jh. Sammelband des Symposiums...in Pilsen, 4.–6. März 1982]. Prag 1983.
Garver, B. M., The Young Czech Party 1874–1901 and the Emergence of a Multi-Party System. New Haven, London 1978.
Glassl, H., Der mährische Ausgleich. München 1967.
Historický místopis Moravy a Slezska v letech 1848–1960. [Historische Topographie Mährens und Schlesiens in den Jahren 1848–1960]. Ostrau 1966.
Kann, R. A., Das Nationalitätenproblem der Habsburgermonarchie. Geschichte und Ideengehalt der nationalen Bestrebungen vom Vormärz bis zur Auflösung des Reiches im Jahre 1918. 2 Bde, Köln, Graz 1964.

Klíma, A., Češi a Němci v revoluci 1848–1849 [Tschechen und Deutsche in der Revolution 1848–1849]. Prag 1988.
Klíma, A., Revoluce 1848 v českých zemích [Die Revolution von 1848 in den böhmischen Ländern]. Prag 1974.
Klimeš, V., Česká vesnice v roce 1848 [Das böhmische Dorf im Jahre 1848]. Prag 1949.
Kořalka, J., Tschechen im Habsburgerreich und in Europa 1815–1914. Sozialgeschichtliche Zusammenhänge der neuzeitlichen Nationsbildung und der Nationalitätenfrage in den böhmischen Ländern. Wien, München 1991.
Kořalka, J., Všeněmecký svaz a česká otázka koncem 19. století [Der Alldeutsche Verband und die tschechische Frage Ende des 19. Jh.]. Prag 1963.
Kubátová, L. u.a. (Bearb.), Dělníci v roce 1848 [Die Arbeiter im Jahre 1848]. Prag 1973.
Lades, H., Die Tschechen und die deutsche Frage. Erlangen 1938.
Macartney, C.A., The Habsburg Empire, 1790–1918. London 1968.
Macůrek, J., Rok 1848 a Morava [Das Jahr 1848 und Mähren]. Brünn 1948.
Molisch, P., Vom Kampf der Tschechen um ihren Staat. Wien, Leipzig 1929.
Mommsen, H., Die Sozialdemokratie und die Nationalitätenfrage im habsburgischen Vielvölkerstaat. Wien 1963.
Mommsen, H. u. J. Kořalka (Hrsg.), Ungleiche Nachbarn. Demokratische und nationale Emanzipation bei Deutschen, Tschechen und Slowaken (1815–1914). Essen 1993.
Opočenský, J., Der Untergang Österreichs und die Entstehung des Tschechoslowakischen Staates. Prag 1928.
Pech, S.Z., The Czech Revolution of 1848. Chapel Hill 1969.
Prinz, F., Geschichte Böhmens 1848–1948. München 1988.
Prinz, F., Hans Kudlich (1823–1917). Versuch einer historisch-politischen Biographie. München 1962.
Prinz, F., Prag und Wien 1848. Probleme der nationalen und sozialen Revolution im Spiegel der Wiener Ministerratsprotokolle. München 1968.
Roubík, F., Petice venkovského lidu z Čech k Národnímu výboru z roku 1848 [Die Petition des Landvolks aus Böhmen an den Nationalausschuß im Jahre 1848]. Prag 1954.
Sewering-Wollanek, M., Brot oder Nationalität? Nordwestböhmische Arbeiterbewegung im Brennpunkt der Nationalitätenkonflikte (1889–1911). Marburg 1994.
Slapnicka, H., Zwischen Zentralismus und Föderalismus. Die staatsrechtlichen Gestaltungsversuche eines übernationalen Österreichs und die Sudetendeutschen. Kitzingen 1953.
Slavík, F., Od Dobnera k Dobrovskému [Von Dobner zu Dobrovský]. Prag 1975.
Slovanství v národním životě Čechů a Slovaků [Das Slaventum im nationalen Leben der Tschechen und Slowaken]. Prag 1968.
Šolle, Z., Socialistické dělnické hnutí a česká otázka 1848–1918 [Die sozialistische Arbeiterbewegung und die tschechische Frage 1848–1918]. Prag 1969.
Štaif, J., Revoluční léta 1848–1849 a české země [Die Revolutionsjahre 1848–1849 und die böhmischen Länder]. Prag 1990.
Stölzl, Chr., Die Ära Bach in Böhmen. Sozialgeschichtliche Studien zum Neoabsolutismus 1849–1859. München, Wien 1971.
Tkadlečková-Vantuchová, J., Češi a Slováci v národnooslobodzovacom boji do rakúsko-uherského vyrovnania roku 1867 [Tschechen und Slowaken im nationalen Befreiungskampf bis zum österreichisch-ungarischen Ausgleich 1867]. Preßburg 1970.

Tobolka, Z., Politické dějiny československého národa od roku 1848 až do dnešní doby [Politische Geschichte des tschechoslowakischen Volkes von 1848 bis zur heutigen Zeit]. 4 Bde, Prag 1932–1937.
Trapl, M., České národní obrození na Moravě v době předbřeznové a v revolučních letech 1848–1849 [Die tschechische nationale Wiedergeburt in Mähren in der Zeit des Vormärz und in den Revolutionsjahren 1848–1849]. Brünn 1977.
Trützschler von Falkenstein, E., Der Kampf der Tschechen um die historischen Rechte der böhmischen Krone im Spiegel der Presse 1861–1879. Wiesbaden 1982.
Umbruch in Mitteleuropa. Beiträge zur Geschichte der böhmischen Länder in der Zeit von 1848–1948. München 1960.
Urban, O., Die tschechische Gesellschaft 1848–1918. 2 Bde, Wien usw. 1994.
Urban, O., Československé dějiny 1848–1914. 1. Hospodářský a sociální vývoj [Tschechoslowakische Geschichte 1848–1914. 1. Wirtschaftliche und soziale Entwicklung]. Prag 1978.
Vochala, J., Rok 1848 ve Slezsku a na severovychodní Moravě [Das Jahr 1848 in Schlesien und in Nordost-Mähren]. Troppau 1948.
Wandruszka, A. u. a. [Hrsg.], Die Habsburgermonarchie 1848–1918. Bd. 1 –, Wien 1973 –.
Weishar, R., Nationalitätenstaat und Nationalstaat im böhmisch-mährisch-schlesischen Raum. Ein staatsrechtlich-rechtshistorischer Überblick über den nationalen Kampf zwischen Deutschen und Tschechen. Erlangen 1965.
Winter, E., Revolution, Neoabsolutismus und Liberalismus in der Donaumonarchie. Wien 1969.
Žáček, V. (Hrsg.), Slovanský sjezd v Praze roku 1848 [Der Slavenkongreß in Prag 1848]. Prag 1958.
Zeithammer, A. O., Zur Geschichte der böhmischen Ausgleichversuche (1865–1871). 2 Bde. Prag 1912–1913.
Zessner, K., Josef Seliger und die nationale Frage in Böhmen. Eine Untersuchung über die nationale Politik der deutschböhmischen Sozialdemokratie 1899–1920. Stuttgart 1976.

4.9.5 1914–1918

Die Auflösung des Habsburgerreiches. Zusammenbruch und Neuorientierung im Donauraum. Wien 1970.
Kalvoda, J., The Genesis of Czechoslovakia. New York 1986.
Kovtun, J., Masarykův triumf. Přiběh konce velké války [Masaryks Triumph. Das Ende des Weltkrieges]. Toronto 1987.
Kvasnička, J., Československé legie v Rusku 1917–1920 [Die Tschechoslowakischen Legionen in Rußland 1917–1920]. Preßburg 1963.
Mamatey, V. S., The United States and East Central Europe 1914–1918. A Study in Wilsonian Diplomacy and Propaganda. Princeton 1957.
Masaryk, T. G., Die Weltrevolution. Erinnerungen und Betrachtungen 1914–1918. Berlin 1927.
Otáhalová, L., Příspěvek k národně osvobozeneckému boji lidu v českých zemích, srpen 1914 – březen 1917 (Beitrag zum nationalen Befreiungskampf des Volkes in Böhmen, August 1914–März 1917]. Prag 1964.
Perman, D. H., The Shaping of the Czechoslovak State: Diplomatic History of the Boundaries of Czechoslovakia, 1914–1920. Leiden 1962.
Pichlík, K., Zahraniční odboj 1914–1918 bez legend [Die Auslandsrevolution 1914–1918 ohne Legenden]. Prag [2]1991.

Plaschka, R.G., Cattaro/Prag. Revolte und Revolution. Kriegsmarine und Heer Österreichs im Feuer der Aufstandsbewegung vom 1. Februar und 28. Oktober 1918. Graz 1963.
Pomaizl, K., Vznik ČSR 1918. Problem marxistické vědecké interpretace [Die Entstehung der ČSR 1918. Das Problem einer marxistischen Interpretation]. Prag 1965.
Rees, H.L., The Czechs during World War I. The Path to Independence. New York 1992.
Šolle, Z., Dělnické hnutí v českých zemích za imperialistické světové války [Die Arbeiterbewegung in den böhmischen Ländern während des imperialistischen Weltkrieges]. Prag 1952.
Strauss, E., Die Entstehung der Tschechoslovakischen Republik. Prag ²1935.
Thunig-Nittner, G., Die tschechoslowakische Legion in Rußland. Ihre Geschichte und Bedeutung bei der Entstehung der 1. tschechoslowakischen Republik. Wiesbaden 1970.
Unterberger, B.M., The United States, Revolutionary Russia and the Rise of Czechoslovakia. London 1989.
Vaněk, A. (Hrsg.), Vznik samostatného československého státu v roce 1918 [Die Gründung des selbständigen tschechoslowakischen Staates 1918]. Prag 1988.
Veselý, J., Češi a Slováci v revolučním Rusku 1917–1920 [Tschechen und Slowaken im revolutionären Rußland 1917–1920]. Prag 1954.
Zeman, Z.A., Der Zusammenbruch des Habsburgerreiches 1914–1918. München 1963.

4.10 Seit 1918

Becher, P. u. P. Heumos (Hrsg.), Drehscheibe Prag. Zur deutschen Emigration in der Tschechoslowakei 1933–1939. München 1992.
Busek, V. und N. Spulber (Hrsg.), Czechoslovakia. New York 1957.
Český antifašismus a odboj. Slovník příručká [Tschechischer Antifaschismus und Widerstand. Handwörterbuch]. Prag 1988.
Churaň, M. (Hrsg.), Kdo byl kdo v našich dějinách ve 20. století [Wer war wer in unserer Geschichte im 20. Jahrhundert]. Prag 1994.
Collegium Carolinum (Hrsg.), Tschechoslowakei (Länderberichte Osteuropa Bd. 3). München 1977.
Crane, J.O. und S. Crane, Czechoslovakia. Anvil of the Cold War. London 1991.
Eidlin, F.E., The Logic of „Normalization". The Soviet Intervention in Czechoslovakia of 21 August and the Czechoslovak Response. New York 1980.
Glotz, P. u.a. (Hrsg.), München 1938. Das Ende des alten Europa. Essen 1990.
Heumos, P., Die Emigration aus der Tschechoslowakei nach Westeuropa und den Nahen Osten 1938–1945. München 1989.
Hoensch, J.K., Geschichte der Tschechoslowakei. Stuttgart usw. ³1992.
John, M., Čechoslovakismus a ČSR 1914–1938 [Tschechoslowakismus und die ČSR 1914–1938]. Beraun 1994.
Kdo je kdo v České Republice 94/95. Prag 1994.
Kelley, D.D., The Czech Fascist Movement 1922–1942. New York 1995.
Kirschbaum, J.M., Slovakia: Nation at the Crossroads of Central Europe. New York 1960.
Klepetář, H., Seit 1918...Eine Geschichte der tschechoslowakischen Republik. Mährisch-Ostrau 1937.

Korbel, J., Twentieth-Century Czechoslovakia. The Meanings of its History. New York 1977.
Kuhn, H., Handbuch der Tschechoslowakei. München 1966.
Leff, C.S., National Conflict in Czechoslovakia: The Making and Remaking of a State, 1918–1987. Princeton 1988.
Lemberg, E. und G. Rhode (Hrsg.), Das deutsch-tschechische Verhältnis seit 1918. Stuttgart usw. 1969.
Lipták, L., Slovensko v 20. storočí [Die Slowakei im 20. Jh.]. Preßburg 1968.
Löbl, P., Die Massenmedien der sozialistischen Tschechoslowakei. München 1986.
Mamatey, V.S. und R. Luža (Hrsg.), Geschichte der Tschechoslowakischen Republik 1918–1948. Wien usw. 1980.
Michel, B., La mémoire de Prague. Conscience nationale et intelligentsia dans l'histoire tchèque et slovaque. Paris 1986.
Olivová, V., The Doomed Democracy: Czechoslovakia in a Disrupted Europe, 1914–1938. London 1972.
Renner, H., A History of Czechoslovakia since 1945. London u.a. 1989.
Schwarz, K.-P., Tschechen und Slowaken. Der lange Weg zur friedlichen Trennung. Wien, Zürich 1993.
Sculc, T., Czechoslovakia Since World War II. New York 1971.
Skilling, H.G. (Hrsg.), Czechoslovakia, 1918–88. Seventy Years from Independence. Houndsmills usw. 1991.
Steiner, E., The Slovak Dilemma. Cambridge 1973.
Stone, N. und E. Strouhal (Hrsg.), Czechoslovakia. Crossroads and Crises, 1918–1988. New York 1989.
Suda, Z., The Czechoslovak Socialist Republic. Baltimore 1969.
Tomeš, J., Slovník k politickým dějinám Československa 1918–1992 [Lexikon zur politischen Geschichte der Tschechoslowakei 1918–1992]. Prag 1994.
Ulč, O., Politics in Czechoslovakia. San Francisco 1974.
Urban, Z., Příručka k dějinám Československa v letech 1918–1948 [Handbuch der Geschichte der ČSR in den Jahren 1918–1948]. Prag 1959.
Zinner, P.E., Communist Strategy and Tactics in Czechoslovakia, 1918–1948. London 1963.

5. Kirche und religiöses Leben

Archiv für Kirchengeschichte von Böhmen – Mähren – Schlesien. Bd. 1 – Königstein/Taunus 1967 –.
Církev v našich dějinách [Die Kirche in unserer Geschichte]. Prag 1960.
Gindely, A., Geschichte der Gegenreformation in Böhmen. Leipzig 1894.
Hrejsa, F., Dějiny křesťanství v Československu [Geschichte des Christentums in der Tschechoslowakei]. 4 Bde, Prag 1947–1948.
Kadlec, J., Církevní dějiny [Kirchengeschichte]. Prag [2]1975.
Kadlec, J. (Hrsg.), Tisíc let pražského biskupství 973–1973 [Tausend Jahre Prager Bistum 973–1973]. Prag 1973.
Kalandra, Z., České pohanství [Das böhmische Heidentum]. Prag 1947.
Kroess, A., Geschichte der böhmischen Provinz der Gesellschaft Jesu. 2 Bde, Wien 1927, 1938.
Langton, E., History of the Moravian Church. The Story of the First International Protestant Church. London 1956.

Laurová, J. u. a., Náboženství, církev, klerikalismus a naše dějiny [Religion, Kirche, Klerikalismus und unsere Geschichte]. Prag 1962.
Menšík, J., Počátky staročeské mystiky [Die Anfänge der altböhmischen Mystik]. Prag 1948.
Naegle, A., Kirchengeschichte Böhmens. Quellenmäßig und kritisch dargestellt. 2 Bde, Wien 1915, 1918.
Říčan, R., Die böhmischen Brüder. Ihr Ursprung und ihre Geschichte. Mit einem Kapitel über die Theologie der Brüder von Amedeo Molnár. Berlin 1961.
Schmid-Egger, B., Klerus und Politik in Böhmen um 1900. München 1974.
Seibt, F. (Hrsg.), Bohemia sacra. Das Christentum in Böhmen 973–1973. Düsseldorf 1974.
Tausend Jahre Bistum Prag, 973–1973. Beiträge zum Millenium. München 1974.
Urban, R., Die Tschechoslowakische Hussitische Kirche. Marburg 1973.
Urban, W., Der Antitrinitarismus in den Böhmischen Ländern und in der Slowakei im 16. und 17. Jahrhundert. Baden-Baden 1986.
Zeman, J. K., The Anabaptists and the Czech Brethren in Moravia 1526–1628. A Study of Origins and Contacts. The Hague 1969.
Zlámal, B., Příručka českých cirkevních dějin [Handbuch der böhmischen Kirchengeschichte]. Olmütz 1970.

6. Ideengeschichte, Wissenschaft, Bildung

Dějiny exaktních věd v českých zemích (do konce 19. století) [Geschichte der exakten Wissenschaften in Böhmen (bis Ende des 19. Jh.)]. Prag 1961.
Dějiny Univerzity Karlova [Geschichte der Karlsuniversität]. Bde 1–, Prag 1995–.
Foglarová, E., Estetika Františka Palackého [Die Ästhetik F. Palackýs]. Prag 1984.
Hajek, H. J., T. G. Masaryk Revisited – a Critical Assessment. Boulder 1983.
Haubelt, J., České osvícenství [Die böhmische Aufklärung]. Prag 1986.
Hobzek, J., České dějepisectví doby barokní a osvícenské [Die tschechische Geschichtsschreibung des Barock und der Aufklärung]. Prag 1941.
Hoffmann, R. J., T. G. Masaryk und die tschechische Frage. München 1988.
Janko, J. und S. Štrbáňová, Věda Purkyňový doby [Die Wissenschaft zur Zeit Purkyněs]. Prag 1988.
Jetmarová, M., František Palacký. Prag 1961.
Jílek, F. u. a., Dějiny českého vysokého učení technického [Geschichte der tschechischen technischen Hochschulen]. Prag 1973.
Kafka, F. u. a., Stručné dějiny University Karlovy [Kurze Geschichte der Karlsuniversität]. Prag 1964.
Kazbunda, K., Stolice dějin na pražské universitě. Od obnovení stolice dějin do rozdělení university (1776–1882) [Der Lehrstuhl für Geschichte an der Prager Universität. Von der Wiederherstellung des Lehrstuhls für Geschichte bis zur Teilung der Universität (1776–1882)]. Prag 1964.
Křížek, J., T. G. Masaryk a česká politika. Politické vystoupení českých realistů v letech 1887–1893 [Masaryk und die tschechische Politik. Der politische Aufstieg der tschechischen Realisten in den Jahren 1887–1893]. Prag 1959.
Kutnar, F., Přehledné dějiny českého a slovenského dějepisectví [Überblick über die Geschichte der tschechischen und slowakischen Geschichtsschreibung]. 2 Bde, Prag 1973, 1977.
Kuz'min, M. N., Škola i obrazovanie v Čechoslovakii (konec XVIII – 30-e gody XX

v.) [Schule und Bildung in der Tschechoslowakei (Ende des 18. – 30er Jahre des 20. Jh.)]. Moskau 1971.
Macha, K., Glaube und Vernunft. Die böhmische Philosophie in geschichtlicher Übersicht. 3 Bde, München usw. 1985–1989.
Machovec, M., Fantišek Palacký a česká filosofie [F. Palacký und die tschechische Philosophie]. Prag 1961.
Macura, V., Znamení zrodu. České obrození jako kulturní typ [Das Geburtsmal. Die tschechische Wiedergeburt als kultureller Typus]. Prag 1983.
Morava, G. J.: Franz Palacký. Eine frühe Vision von Mitteleuropa. Wien 1990.
Navrátil, J. (Hrsg.), Kapitoly z dějin olomoucké university 1573–1973 [Kapitel aus der Geschichte der Olmützer Universität 1573–1973]. Olmütz 1973.
Nový, L. u. a., Dějiny techniky v Československu (do konce 18. století) [Geschichte der Technik in der Tschechoslowakei (bis Ende des 18. Jh.)]. Prag 1974.
Opat, J., Filozof a politik: Tomáš Garrigue Masaryk 1882–1893 [Philosoph und Politiker: T. G. Masaryk 1882–1893]. Prag, Köln 1987.
Paul, K., Pavel Josef Šafařík. Život a dílo [P. J. Šafařík. Leben und Werk]. Prag 1961.
Plaschka, R. G., Von Palacký bis Pekař. Geschichtswissenschaft und Nationalbewußtsein bei den Tschechen. Graz, Köln 1955.
Przedak, A. G., Geschichte des deutschen Zeitschriftenwesens in Böhmen. Heidelberg 1984.
Pynsent, R. B., Questions of Identity. Czech and Slovak Ideas of Nationality and Personality. Budapest 1994.
Robek, A., Dějiny české etnografie [Geschichte der tschechischen Ethnographie]. Prag 1979.
Schmidt-Hartmann, E., Thomas G. Masaryk's Realism. Origins of a Czech Political Concept. München 1984.
Seibt, F. (Hrsg.), Die Teilung der Prager Universität 1882 und die intellektuelle Desintegration in den böhmischen Ländern. München, Wien 1984.
Skilling, H. G., T. G. Masaryk. Against the Current, 1882–1914. Houndsmill 1994.
Szporluk, R., The Political Thought of Thomas G. Masaryk. Boulder, Col. 1983.
Tobin, Y. (Hrsg.), The Prague School and its Legacy: in Linguistics, Literature, Semiotics, Folklore, and the Arts. Amsterdam, Philadelphia 1988.
Zacek, J. F., Palacký. The Historian as Scholar and Nationalist. The Hague, Paris 1970.

7. Kunst, Musik, Literatur

Architektura v českém národním dědictví [Die Architektur im tschechischen nationalen Erbe]. Prag 1961.
Bachmann, E. (Hrsg.), Romanik in Böhmen. München 1977.
Baumann, W., Die Literatur des Mittelalters in Böhmen. München, Wien 1978.
Benešová, M., Česká architektura v proměnách dvou století 1780–1980 [Die tschechische Architektur im Wandel von zwei Jahrhunderten 1780–1980]. Prag 1984.
Binder, H. (Hrsg.), Prager Profile. Vergessene Autoren im Schatten Kafkas. Berlin 1991.
Blažíček, O. J., Barockkunst in Böhmen. Prag 1967.
Bohatcová, M. u. a., Česká kniha v proměnách století [Das tschechische Buch im Wandel der Jahrhunderte]. Prag 1990.

Born, J. (Hrsg.), Deutschsprachige Literatur aus Prag und den böhmischen Ländern 1900–1925. Chronologische Übersicht und Bibliographie. München usw. 1991.
Brandel, B. (Hrsg.), Liebe zu Böhmen. Ein Land im Spiegel deutschsprachiger Dichtung. Berlin 1990.
Buriánek, F., Česká literatura 20. století [Die tschechische Literatur des 20. Jh.]. Prag 1968.
Dějiny českého divadla [Geschichte des tschechischen Theaters]. 3 Bde, Prag 1968–1977.
Hrabák, J., Starší česká literatura [Die älteste tschechische Literatur]. Prag 1964.
Hruby, P., Daydreams and Nightmares: Czech Communist and Ex-Communist Literature, 1917–1987. Boulder 1990.
Jähn, K.-H. (Hrsg.), Das Prager Kaffeehaus. Literarische Tischgesellschaften. Berlin 1990.
Karbusicky, V., Die Anfänge der historischen Überlieferung in Böhmen. Ein Beitrag zum vergleichenden Studium der mittelalterlichen Sängerepen. Köln, Wien 1980.
Kasack, W. (Hrsg.), Zur tschechischen Literatur 1945–1985. Berlin 1990.
Kimball, St. B., Czech Nationalism. A Study of the National Theatre Movement, 1845–1883. Ann Arbor 1961.
Komma, K. M., Das böhmische Musikantentum. Kassel 1960.
Králík, O., K počátkům literatury v přemyslovských Čechách [Zu den Anfängen der Literatur im přemyslidischen Böhmen]. Prag 1960.
Kunstmann, H., Denkmäler der alttschechischen Literatur von ihren Anfängen bis zur Hussitenbewegung. Berlin 1955.
Leisching, J., Kunstgeschichte Mährens. Brünn 1933.
Líbal, D., Gotická architektura v Čechách a na Moravě [Gotische Architektur in Böhmen und Mähren]. Prag 1948.
Mašín, J., Románská nástěnná malba v Čechách a na Moravě [Romanische Wandmalerei in Böhmen und Mähren]. Prag 1954.
Matějček, A., Gotische Malerei in Böhmen. Tafelmalerei 1350–1450. Prag 1939.
Merhautová, A., Architektura: Raně středověká architektura v Čechách [Architektur: Frühmittelalterliche Architektur in Böhmen]. Prag 1971.
Měšťan, A., Geschichte der tschechischen Literatur im 19. und 20. Jahrhundert. Köln, Wien 1985.
Mühlberger, J., Tschechische Literaturgeschichte. Von den Anfängen bis zur Gegenwart. München 1970.
Mukařovský, J. (Hrsg.), Dějiny české literatury [Geschichte der tschechischen Literatur]. 3 Bde, Prag 1959–1961.
Mukařovský, J., Kapitoly z české poetiky [Kapitel aus der tschechischen Poetik]. 3 Bde, Prag 1948.
Nejedlý, Z., Dějiny české hudby [Geschichte der tschechischen Musik]. Prag 1904.
Němeček, J., Nástin české hudby XVIII. století [Abriß der tschechischen Musik des 18. Jh.]. Prag 1955.
Neumann, J., Das böhmische Barock. Prag 1970.
Neumann, J., Die tschechische klassische Malerei des 19. Jahrhunderts. Prag 1955.
Pavel, J., Dějiny umění v Československu. Stavitelství, sochařství, malířství [Geschichte der Kunst in der Tschechoslowakei. Baukunst, Bildhauerei, Malerei]. Prag 1971.
Pešina, J., Pozdně gotické deskové malířství v Čechách [Die spätgotische Tafelmalerei in Böhmen]. Prag 1940.

Petr, J. u. a. (Bearb.), Z tradic slovanské kultury v Čechách. Sázava a Emausy v dějinách české kultury [Aus der Tradition der slavischen Kultur in Böhmen. Sázava und Emaus in der Geschichte der tschechischen Kultur]. Prag 1975.
Racek, J., Česká hudba [Die tschechische Musik]. Prag 1958.
Rechcigl, M. jr. (Hrsg.), The Czechoslovak Contribution to World Culture. Den Haag usw. 1964.
Reimann, P., Von Herder bis Kisch. Studien zur Geschichte der deutsch-österreichisch-tschechischen Literaturbeziehungen. Berlin 1961.
Rokyta, H., Die böhmischen Länder. Handbuch der Denkmäler und Gedenkstätten europäischer Kulturbeziehungen in den böhmischen Ländern. Prag [2]1995.
Šamanková, E., Architektura české renesance [Die Architektur der böhmischen Renaissance]. Prag 1961.
Schacherl, L. (Hrsg.), Böhmen. Kulturbild einer Landschaft. München 1966.
Schamschula, W., Geschichte der tschechischen Literatur. Bde 1–, Köln usw. 1990–.
Seibt, F. (Hrsg.), Böhmen im 19. Jahrhundert. Vom Klassizismus zur Moderne. Berlin 1995.
Seibt, F. (Hrsg.), Renaissance in Böhmen. München 1985.
Serke, J., Böhmische Dörfer. Wanderungen durch eine verlassene literarische Landschaft. Wien, Hamburg 1987.
Sirovátka, O. (Hrsg.), Tschechische Volksmärchen. Düsseldorf 1969.
Swoboda, K. M. (Hrsg.), Barock in Böhmen. München 1965.
Swoboda, K. M. (Hrsg.), Gotik in Böhmen. München 1969.
Universum der tschechischen Literatur und Kunst. Hrsg. v. d. Tschechoslowakischen Zentralstelle für Buchkultur. 8 Bde, Prag 1966–1970.
Vit, P., Estetické myšlení o hudbě. České země 1760–1860 [Ästhetisches Denken über Musik. Die böhmischen Länder 1760–1860]. Prag 1987.
Vlček, J., Dějiny české literatury. [Geschichte der tschechischen Literatur]. 3 Bde, Prag 1960.
Wolkan, R., Geschichte der deutschen Literatur in Böhmen und in den Sudetenländern. Augsburg 1925.

8. Recht

Birke, E. u. a. (Hrsg.), Das böhmische Staatsrecht in den deutsch-tschechischen Auseinandersetzungen des 19. und 20. Jahrhunderts. Marburg 1960.
Grawert-May, G. v., Das staatsrechtliche Verhältnis Schlesiens zu Polen, Böhmen und dem Reich während des Mittelalters (Anfang des 10. Jhdt. bis 1526). Aalen 1971.
Hugelmann, K. G. (Hrsg.), Das Nationalitätenrecht des alten Österreich. Wien, Leipzig 1934.
Jireček, H., Právnický život v Čechách a na Moravě v tisícileté době od konce IX. do konce XIX. století [Das Rechtsleben in Böhmen und Mähren in den tausend Jahren von Ende des 9. bis Ende des 19. Jh.]. Prag, Brünn 1903.
Kalousek, J., České státní právo [Das böhmische Staatsrecht]. Prag [2]1892.
Kapras, J., Dějiny ústavy a správy v českém státě [Geschichte der Verfassung und Verwaltung im böhmischen Staat]. Prag 1931.
Kapras, J., Právní dějiny zemí koruny české [Rechtsgeschichte der Länder der böhmischen Krone]. 3 Bde, Prag 1913–1936.
Kapras, J., Přehled právních dějin zemí České koruny [Überblick über die Rechtsgeschichte der Länder der böhmischen Krone]. 2 Bde, Prag 1930.

Peterka, O., Rechtsgeschichte der böhmischen Länder in ihren Grundzügen dargestellt. 2 Bde, Ndr. Aalen 1965.

9. Wirtschafts- und Sozialgeschichte

Der Bauer Mittel- und Osteuropas im sozioökonomischen Wandel des 18. und 19. Jahrhunderts. Köln, Wien 1973.

Bednář, K., Rozmístění průmyslu v českých zemích na počátku 20. století (1902) [Die Verteilung der Industrie in den böhmischen Ländern am Anfang des 20. Jh. (1902)]. Prag 1970.

Bohmann, A., Bevölkerungsbewegungen in Böhmen 1847–1947. Mit besonderer Berücksichtigung der Entwicklung der nationalen Verhältnisse. München 1958.

Bohuš, O., Stručné dějiny ocelářství na území Československa v letech 1830–1975 [Kurze Geschichte der Stahlindustrie auf dem Gebiet der Tschechoslowakei in den Jahren 1830–1975]. Prag 1980.

Deyl, Z., Sociální vývoj Československa 1918–1938 [Die soziale Entwicklung der Tschechoslowakei 1918–1938]. Prag 1986.

Dobiaš, J., Z dějin sociálních bojů v Čechách v 16. a 17. století [Aus der Geschichte der sozialen Kämpfe in Böhmen im 16. und 17. Jh.]. Prag 1953.

Dudek, F., Vývoj cukrovarnického průmyslu v českých zemích do roku 1872 [Die Entwicklung der Zuckerindustrie in den böhmischen Ländern bis zum Jahre 1872]. Prag 1979.

Englisch, N., Braunkohlenbergbau und Arbeiterbewegung. Ein Beitrag zur Bergarbeitervolkskunde im nordwestböhmischen Braunkohlenrevier bis zum Ende der österreich-ungarischen Monarchie. München, Wien 1982.

Graus, F., Dějiny venkovského lidu v Čechách v době předhusitské [Geschichte des Landvolkes in Böhmen in der vorhussitischen Zeit]. 2 Bde, Prag 1953–1957.

Grünberg, K., Die Bauernbefreiung in Böhmen und Mähren. 2 Bde, Leipzig 1894.

Heumos, P., Agrarische Interessen und nationale Politik in Böhmen 1848–1889. Sozialökonomische und organisatorische Entstehungsbedingungen der tschechischen Bauernbewegung. Wiesbaden 1979.

Hoffmann, F., České město ve středověku [Die böhmische Stadt im Mittelalter]. Prag 1992.

Janáček, J., Dějiny obchodu v předbělohorské Praze [Geschichte des Handels in Prag in der Zeit vor der Schlacht am Weißen Berg]. Prag 1955.

Jílek, F. u. a. (Hrsg.), Studie o technice v českých zemích 1800–1918 [Studien über die Technik in den böhmischen Ländern 1800–1918]. 3 Bde, Prag 1983–1985.

Kárníková, L., Vývoj obyvatelstva v českých zemích 1754–1914 [Bevölkerungsentwicklung in den böhmischen Ländern 1754–1914]. Prag 1965.

Kárníková, L., Vývoj uhelného průmyslu v českých zemích do roku 1880 [Entwicklung der Kohleindustrie in den böhmischen Ländern bis 1880]. Prag 1961.

Klíma, A., Manufakturní období v Čechách [Die Epoche der Manufakturenwirtschaft in Böhmen]. Prag 1955.

Klíma, A., Na prahu nové společnosti (1781–1848) [An der Schwelle einer neuen Gesellschaft (1781–1848)]. Prag 1979.

Klíma, A., Počátky českého dělnického hnutí [Die Anfänge der tschechoslowakischen Arbeiterbewegung]. Prag 1948.

Kodedová, O. u. a., Zemědělské dělnictvo v moderní české společnosti. . .1848–1950 [Die Landarbeiter in der modernen böhmischen Gesellschaft. . .1848–1950]. Prag 1971.

Kozák, J., Vytvoření a počátky revoluční dělnické strany v našich zemích (1867–1889) [Bildung und Anfänge revolutionärer Arbeiterparteien in unseren Ländern (1867–1889)]. Prag 1954.
Křepeláková, V., Struktura a sociální postavení dělnické třídy v Čechách 1906–1914 [Struktur und soziale Stellung der Arbeiterklasse in Böhmen 1906–1914]. Prag 1974.
Křivka, J., Nové osady vzniklé na území Čech v letech 1654–1854 [Neuentstandene Siedlungen auf dem Territorium Böhmens 1654–1854]. Prag 1979.
Krofta, K., Dějiny selského stavu [Geschichte des Bauernstandes]. Prag 1949.
Lippert, J., Social-Geschichte Böhmens in vorhussitischer Zeit. Ausschließlich aus Quellen. 2 Bde, Prag, Wien 1896–1898 (Ndr. Aalen 1969).
Matějek, F., Feudální velkostatek a poddaný na Moravě [Feudaler Großgrundbesitz und Hörige in Mähren]. Prag 1959.
Míka, A., Nástin vývoje zemědělské výroby v českých zemích v epoše feudalismu [Abriß der Entwicklung der Agrarproduktion in den böhmischen Ländern in der Epoche des Feudalimus]. Prerau 1960.
Mrázek, O., Vývoj průmyslu v českých zemích a na Slovensku od manufaktury do roku 1918 [Industrieentwicklung in den böhmischen Ländern und in der Slowakei von der Manufaktur bis 1918]. Prag 1964.
Myška, M., Die mährisch-schlesische Eisenindustrie in der Industriellen Revolution. Prag 1970.
Otázky vývoje kapitalismu v českých zemích a v Rakousko-Uhersku do roku 1918 [Fragen der Entwicklung des Kapitalismus in den böhmischen Ländern und in Österreich-Ungarn bis 1918]. Prag 1957.
Placht, O., Lidnatost a společenská skladba 16.–18. století českého státu [Bevölkerung und Sozialstruktur des böhmischen Staates im 16. bis 18. Jh.]. Prag 1957.
Průcha, V. u. a., Hospodářské dějiny Československa v 19. a 20. století [Wirtschaftsgeschichte der Tschechoslowakei im 19. und 20. Jh.]. Prag 1974.
Purš, J. u. a. (Hrsg.), Hospodářské dějiny [Wirtschaftsgeschichte]. 3 Bde, Prag 1978–1979.
Purš, J., Průmyslová revoluce v českých zemích [Die industrielle Revolution in den böhmischen Ländern]. Prag 1960.
Rudolph, R. L., Banking and Industrialization in Austria-Hungary. The Role of Banks in the Industrialization of the Czech Crownlands, 1873–1914. London usw. 1976.
Sekera, V. (Hrsg.), Obyvatelstvo českých zemí v letech 1754 až 1918 [Die Einwohnerschaft der böhmischen Länder in den Jahren 1754–1918]. 2 Bde, Prag 1978.
Šmelhaus, V., Vývoj zemědělské výroby v českých zemích v době husitské [Die Entwicklung der Landwirtschaftsproduktion in den böhmischen Ländern in vorhussitischer Zeit]. Prag 1980.
Šolle, Z., Dělnické hnutí v českých zemích koncem minulého století (1887–1897) [Die Arbeiterbewegung in den böhmischen Ländern Ende des vergangenen Jh. (1887–1897)]. Prag 1951.
Šolle, Z., Dělnické strany v Čechách v druhé polovině 19. století [Arbeiterstreiks in Böhmen in der 2. Hälfte des 19. Jh.]. Prag 1960.
Šorm, V. u. a., Dějiny družstevního hnutí [Geschichte der Genossenschaftsbewegung]. 3 Bde, Prag 1957–1961.
Teichová, A., Wirtschaftsgeschichte der Tschechoslowakei 1918–1980. Wien 1988.
Válka, J., Česká společnost v 15.–18. století, T. 1: Předbělohorská doba [Die böhmi-

sche Gesellschaft im 15.–18. Jh. Bd. 1: Die Zeit vor der Schlacht am Weißen Berg]. Prag 1972.
Vrbata, J. u.a., 100 let bojů českého dělnictva. 1848–1948 [100 Jahre Kämpfe der tschechischen Arbeiterschaft. 1848–1948]. Prag 1979.
Wright, W. E., Serf, Seigneur and Sovereign: Agrarian Reform in Eighteenth-Century Bohemia. Minneapolis 1966.

10. Tschechen und Deutsche

Beiträge zum deutsch-tschechischen Verhältnis im 19. und 20. Jahrhundert. München, Wien 1967.
Bittner, K., Deutsche und Tschechen. Zur Geistesgeschichte des böhmischen Raumes. Brünn 1936.
Bosl, K., Böhmen und seine Nachbarn. Gesellschaft, Politik und Kultur in Mitteleuropa. München, Wien 1976.
Brügel, J. W., Tschechen und Deutsche, 1918–1945. 2 Bde, München 1967–1974.
Červinka, F., Český nacionalismus v XIX. století [Der tschechische Nationalismus im 19. Jh.]. Prag 1965.
Cohen, G. B., The Politics of Ethnic Survival. Germans in Prague, 1861–1914. Princeton, N. J., 1981.
Deutsche und Tschechen. Beiträge zu Fragen der Nachbarschaft zweier Völker. München 1971.
Habel, F. P. (Hrsg.), Dokumente zur Sudetenfrage. München, Wien 1984.
Hahnová, E., Sudetoněmecký problem: Obtížné loučení s minulostí [Das sudetendeutsche Problem. Der schwierige Abstand von der Vergangenheit]. Prag 1996.
K národnostní problematice českých zemí v 19. a 20. století [Zur Nationalitätenproblematik der böhmischen Länder im 19. und 20. Jahrhundert]. Prag 1977.
Kováč, D., Nemecko a nemecka menšina na Slovensku (1871–1945) [Deutschland und die deutsche Minderheit in der Slowakei (1871–1945)]. Preßburg 1991.
Křen, J., Die Konfliktgemeinschaft. Tschechen und Deutsche 1780–1918. München 1996.
Křen, J. u.a., Integration oder Abgrenzung. Deutsche und Tschechen 1890–1945. Bremen 1985.
Maschke, E., Das Erwachen des Nationalbewußtseins im deutsch-slawischen Grenzraum. Leipzig 1933.
Mühlberger, J., Zwei Völker in Böhmen. Beitrag zu einer nationalen, historischen und geistesgeschichtlichen Strukturanalyse. München 1973.
Nittner, E. (Hrsg.), Tausend Jahre deutsch-tschechische Nachbarschaft. Daten, Namen, Fakten zur politischen, gesellschaftlichen, kulturellen und kirchlichen Entwicklung in den böhmischen Ländern. München 1988.
Obermann, K. u.a., Aus 500 Jahren deutsch-tschechoslowakischer Geschichte. Berlin 1958.
Payrleitner, A., Adler und Löwe. Österreicher und Tschechen. Die eifersüchtige Verwandtschaft. Wien 1990.
Preidel, H. [Hrsg.], Die Deutschen in Böhmen und Mähren. Gräfelfing ²1952.
Rádl, E., Der Kampf zwischen Tschechen und Deutschen. Reichsberg 1928.
Rouček, L., Die Tschechoslowakei und die Bundesrepublik Deutschland 1949–1989. München 1990.
Schamschula, W., Die Anfänge der tschechischen Erneuerung und das deutsche Geistesleben (1740–1800). München 1973.

Seibt, F., Deutschland und die Tschechen. Geschichte einer Nachbarschaft in der Mitte Europas. München, Zürich ²1993.
Staněk, T., Německá menšina v českých zemích 1948–1989 [Die deutsche Minderheit in den böhmischen Ländern 1948–1989]. Prag 1993.
Thiel, E. G. van, Deutsche und Tschechen. Ein Beitrag zur Geschichte der nationalen Vorurteile im Mittelalter. Berlin 1956.
Tschechen, Slowaken und Deutsche. Nachbarn in Europa. Hannover 1995.
Winter, E., Tausend Jahre Geisteskampf im Sudetenraum. Das religiöse Ringen zweier Völker. Salzburg 1938.
Wiskemann, E., Czechs and Germans. A Study of the Struggle in the Historic Provinces of Bohemia and Moravia. London usw. ²1967.

11. Juden

Bondy, G. (Hrsg.), Zur Geschichte der Juden in Böhmen, Mähren und Schlesien 906–1620. 2 Bde, Prag 1906.
Fiala-Fürst, I. (Hrsg.), Jüdisches Städtebild: Prag. Frankfurt 1992.
Gold, H. (Hrsg.), Židé a židovské obce v Čechách v minulosti a v přítomnosti [Juden und jüdische Gemeinden in Böhmen in Vergangenheit und Gegenwart]. Brünn 1934.
Heřman, J., Evolution of the Jewish Population in Bohemia and Moravia 1754–1953. Jerusalem 1974.
Hoffmann, G., Katolicka cirkev a tragédia slovenských židov v dokumentach [Die katholische Kirche und die Tragödie der slowakischen Juden anhand von Dokumenten]. Prag 1994.
Iggers, W. (Hrsg.), Die Juden in Böhmen und Mähren. Ein historisches Lesebuch. München 1986.
The Jews of Czechoslovakia. Historical Studies and Surveys. 3 Bde, Philadelphia, New York 1968–1984.
Kamenc, I., Po stopách tragédie [Auf den Spuren der Tragödie]. Preßburg 1991.
Kestenberg-Gladstein, R., Neuere Geschichte der Juden in den böhmischen Ländern. Tübingen 1969.
Kieval, H. J., The Making of Czech Jewry. National Conflict and Jewish Society in Bohemia, 1870–1918. New York, London 1988.
Kisch, G., Die Prager Universität und die Juden. Mit Beiträgen zur Geschichte des Medizinstudiums. Ndr. Amsterdam 1969.
Lipscher, L., Die Juden im Slowakischen Staat 1939–1945. München, Wien 1980.
Pěkný, T., Historie Židů v Čechách a na Moravě [Geschichte der Juden in Böhmen und Mähren]. Prag 1993.
Riff, M. A., The Assimilation of the Jews of Bohemia and the Rise of Political Antisemitism 1848–1918. London 1974.
Seibt, F. (Hrsg.), Die Juden in den böhmischen Ländern. Vorträge der Tagung des Collegium Carolinum in Bad Wiessee vom 27.–29. November 1981. München, Wien 1983.
Teufel, H., Zur politischen und sozialen Geschichte der Juden in Mähren vom Antritt der Habsburger bis zur Schlacht am Weißen Berg (1526–1620). Erlangen 1971.
Wlaschek, R. M., Biographia Judaica Bohemiae. Dortmund 1995.
Wlaschek, R. M., Juden in Böhmen. Beiträge zur Geschichte des europäischen Judentums im 19. und 20. Jahrhundert. München 1990.

Stammtafeln

Stammtafel der Přemysliden

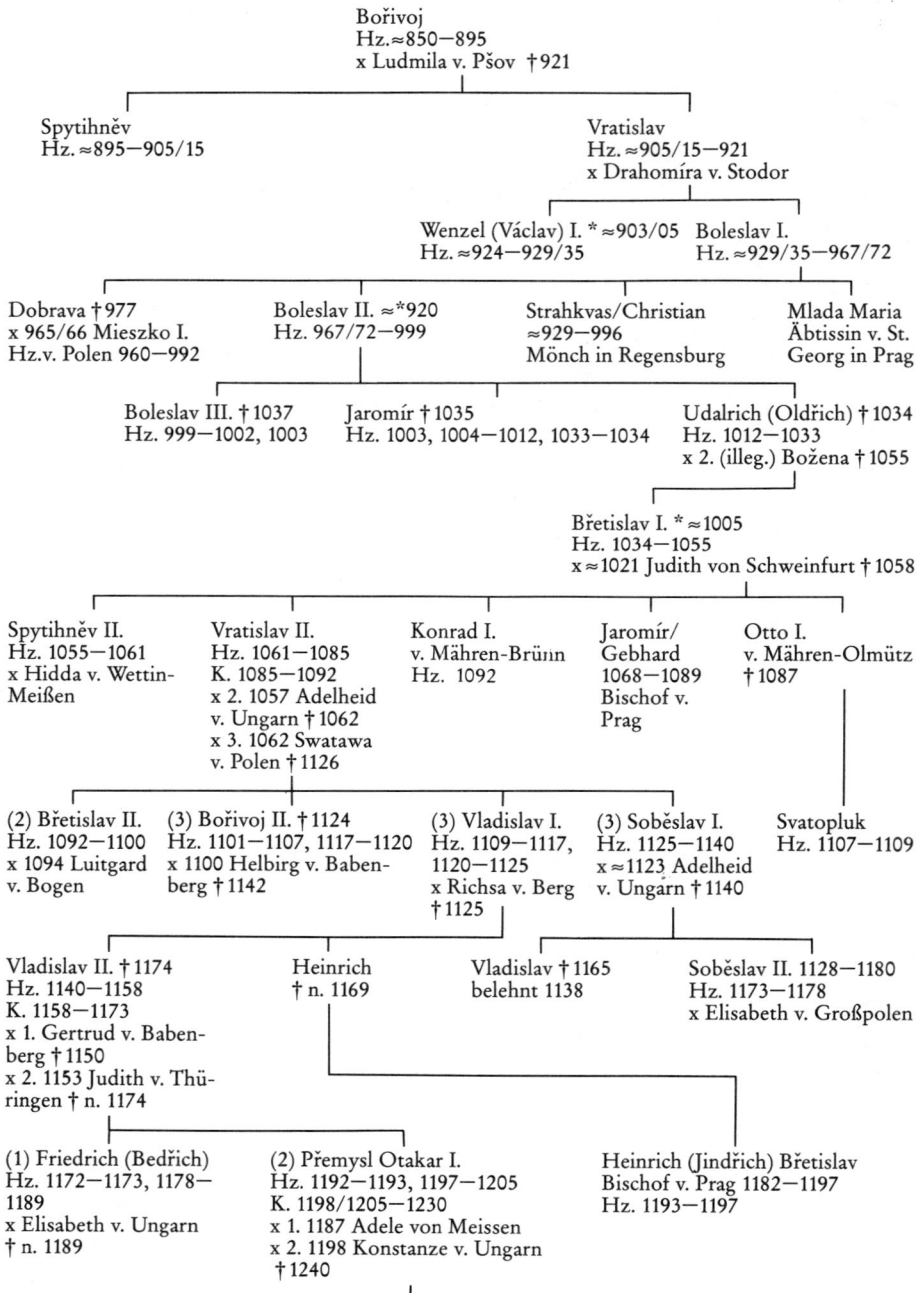

Bořivoj
Hz. ≈850–895
x Ludmila v. Pšov †921

Spytihněv
Hz. ≈895–905/15

Vratislav
Hz. ≈905/15–921
x Drahomíra v. Stodor

Wenzel (Václav) I. * ≈903/05
Hz. ≈924–929/35

Boleslav I.
Hz. ≈929/35–967/72

Dobrava †977
x 965/66 Mieszko I.
Hz.v. Polen 960–992

Boleslav II. ≈*920
Hz. 967/72–999

Strahkvas/Christian
≈929–996
Mönch in Regensburg

Mlada Maria
Äbtissin v. St.
Georg in Prag

Boleslav III. †1037
Hz. 999–1002, 1003

Jaromír †1035
Hz. 1003, 1004–1012, 1033–1034

Udalrich (Oldřich) †1034
Hz. 1012–1033
x 2. (illeg.) Božena †1055

Břetislav I. * ≈1005
Hz. 1034–1055
x ≈1021 Judith von Schweinfurt †1058

Spytihněv II.
Hz. 1055–1061
x Hidda v. Wettin-Meißen

Vratislav II.
Hz. 1061–1085
K. 1085–1092
x 2. 1057 Adelheid v. Ungarn †1062
x 3. 1062 Swatawa v. Polen †1126

Konrad I.
v. Mähren-Brünn
Hz. 1092

Jaromír/Gebhard
1068–1089
Bischof v. Prag

Otto I.
v. Mähren-Olmütz
†1087

(2) Břetislav II.
Hz. 1092–1100
x 1094 Luitgard v. Bogen

(3) Bořivoj II. †1124
Hz. 1101–1107, 1117–1120
x 1100 Helbirg v. Babenberg †1142

(3) Vladislav I.
Hz. 1109–1117, 1120–1125
x Richsa v. Berg
†1125

(3) Soběslav I.
Hz. 1125–1140
x ≈1123 Adelheid v. Ungarn †1140

Svatopluk
Hz. 1107–1109

Vladislav II. †1174
Hz. 1140–1158
K. 1158–1173
x 1. Gertrud v. Babenberg †1150
x 2. 1153 Judith v. Thüringen † n. 1174

Heinrich
† n. 1169

Vladislav †1165
belehnt 1138

Soběslav II. 1128–1180
Hz. 1173–1178
x Elisabeth v. Großpolen

(1) Friedrich (Bedřich)
Hz. 1172–1173, 1178–1189
x Elisabeth v. Ungarn
† n. 1189

(2) Přemysl Otakar I.
Hz. 1192–1193, 1197–1205
K. 1198/1205–1230
x 1. 1187 Adele von Meissen
x 2. 1198 Konstanze v. Ungarn
†1240

Heinrich (Jindřich) Břetislav
Bischof v. Prag 1182–1197
Hz. 1193–1197

(2) Wenzel (Václav) I. * 1205
K. 1228–1253
x 1224 Kunigunde v. Schwaben † 1248

Vladislav † 1247
Mgf. v. Mähren, 1246 Hz.
v. Österreich
x 1246 Gertrud v. Babenberg
(x 2. 1248 Mgf. Hermann
v. Baden † 1250
x 3. 1251/53 Roman v.
Halicz)

Přemysl Otakar II. * um 1232
Mgf. v. Mähren 1247, Jung-König
1248, Hz. v. Österreich 1251,
K. 1253–1278
x 1. 1252 Margarete v. Babenberg
(verstoßen) † 1267
illeg. Verbindungen
x 2. 1261 Kunigunde von Černigov
† 1285
(x 2. 1280 Zaviš v. Falkenstein † 1290)

(illeg.) Nikolaus I.
Hz. v. Troppau

Herzöge v. Troppau
(bis 1465), Jägerndorf und
Ratibor (bis 1521)

(2) Agnes 1269–1296
x 1278/89 Rudolf d.J.
v. Habsburg † 1290

Johann Parricida
† 1313

(2) Wenzel (Václav) II. * 1271
K. 1283–1305
x 1. 1278/85 Guta v. Habsburg † 1297
x 2. 1303 Rychesa Elisabeth v.
Großpolen † 1335
(x 2. 1306 Rudolf III. v. Habsburg K. 1306–1307)

(1) Wenzel (Václav) III. * 1289
K. 1305–1306
x 1306 Viola v. Teschen † 1317
(x 2. Peter v. Rosen-
berg)

(1) Anna 1290-1313
x 1306 Hz. Heinrich
v. Kärnten
K. 1307–1310

(1) Elisabeth 1292–1330
x 1310 Johann v. Luxemburg
K. 1310–1346

Luxemburger

Stammtafel der Luxemburger und Jagiellonen

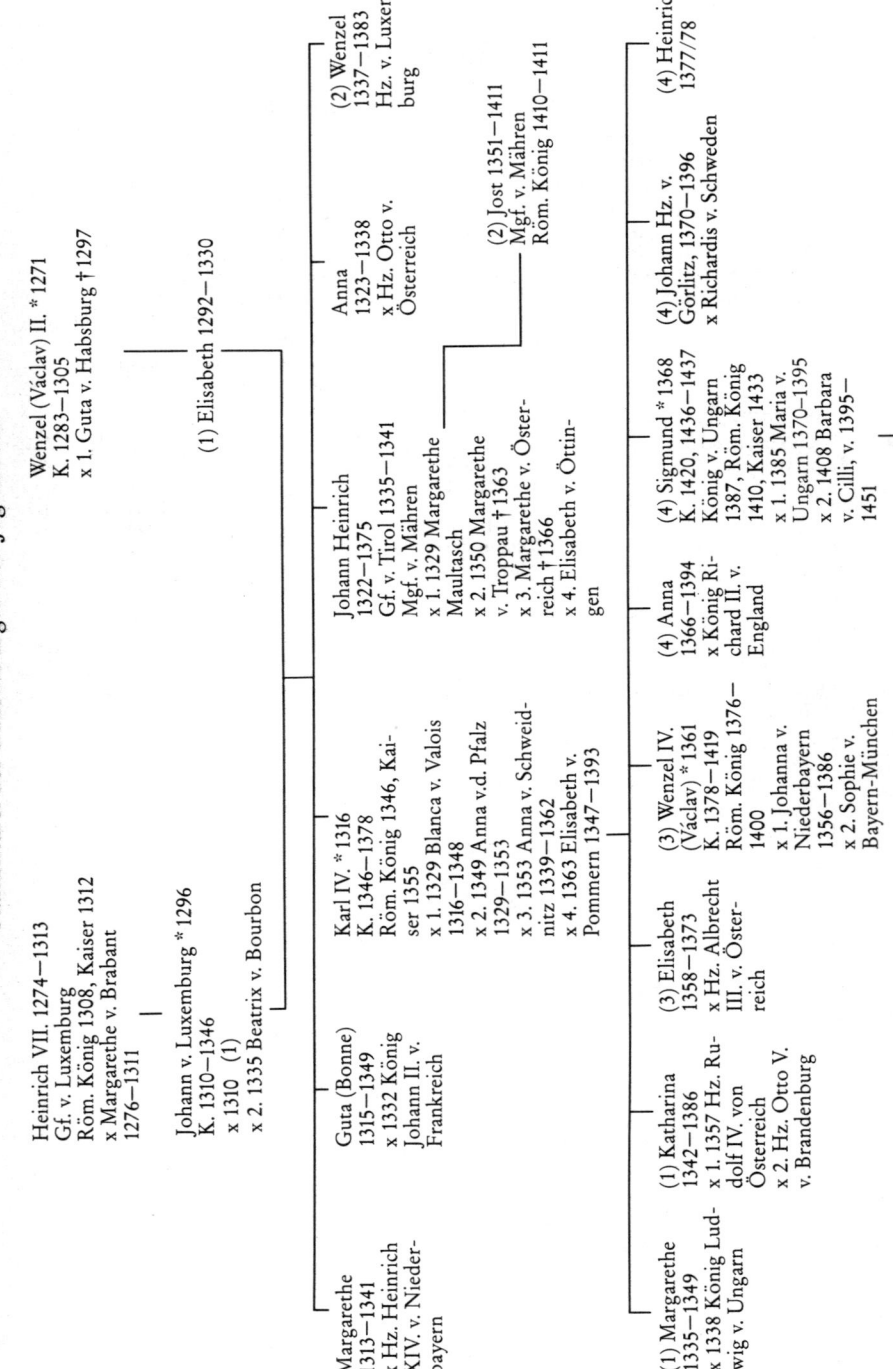

Heinrich VII. 1274–1313
Gf. v. Luxemburg
Röm. König 1308, Kaiser 1312
x Margarethe v. Brabant
1276–1311

Wenzel (Václav) II. * 1271
K. 1283–1305
x 1. Guta v. Habsburg † 1297

Johann v. Luxemburg * 1296
K. 1310–1346
x 1310 (1)
x 2. 1335 Beatrix v. Bourbon

(1) Elisabeth 1292–1330

Margarethe
1313–1341
x Hz. Heinrich
XIV. v. Niederbayern

Guta (Bonne)
1315–1349
x 1332 König
Johann II. v.
Frankreich

Karl IV. * 1316
K. 1346–1378
Röm. König 1346, Kaiser 1355
x 1. 1329 Blanca v. Valois
1316–1348
x 2. 1349 Anna v.d. Pfalz
1329–1353
x 3. 1353 Anna v. Schweidnitz 1339–1362
x 4. 1363 Elisabeth v.
Pommern 1347–1393

Johann Heinrich
1322–1375
Gf. v. Tirol 1335–1341
Mgf. v. Mähren
x 1. 1329 Margarethe
Maultasch
x 2. 1350 Margarethe
v. Troppau † 1363
x 3. Margarethe v. Österreich † 1366
x 4. Elisabeth v. Öttingen

(2) Jost 1351–1411
Mgf. v. Mähren
Röm. König 1410–1411

Anna
1323–1338
x Hz. Otto v.
Österreich

(2) Wenzel
1337–1383
Hz. v. Luxemburg

(1) Margarethe
1335–1349
x 1338 König Ludwig v. Ungarn

(1) Katharina
1342–1386
x 1. 1357 Hz. Rudolf IV. von
Österreich
x 2. Hz. Otto V.
v. Brandenburg

(3) Elisabeth
1358–1373
x Hz. Albrecht
III. v. Österreich

(3) Wenzel IV.
(Václav) * 1361
K. 1378–1419
Röm. König 1376–1400
x 1. Johanna v.
Niederbayern
1356–1386
x 2. Sophie v.
Bayern-München

(4) Anna
1366–1394
x König Richard II. v.
England

(4) Sigmund * 1368
K. 1420, 1436–1437
König v. Ungarn
1387, Röm. König
1410, Kaiser 1433
x 1. 1385 Maria v.
Ungarn 1370–1395
x 2. 1408 Barbara
v. Cilli, v. 1395–1451

(4) Johann Hz. v.
Görlitz, 1370–1396
x Richardis v. Schweden

(4) Heinrich
1377/78

(2) Elisabeth 1409–1442
x 1422 Albrecht I. (II.)
Hz. v. Österreich, König
v. Böhmen und Ungarn 1437–1439,
Röm. König 1438–1439

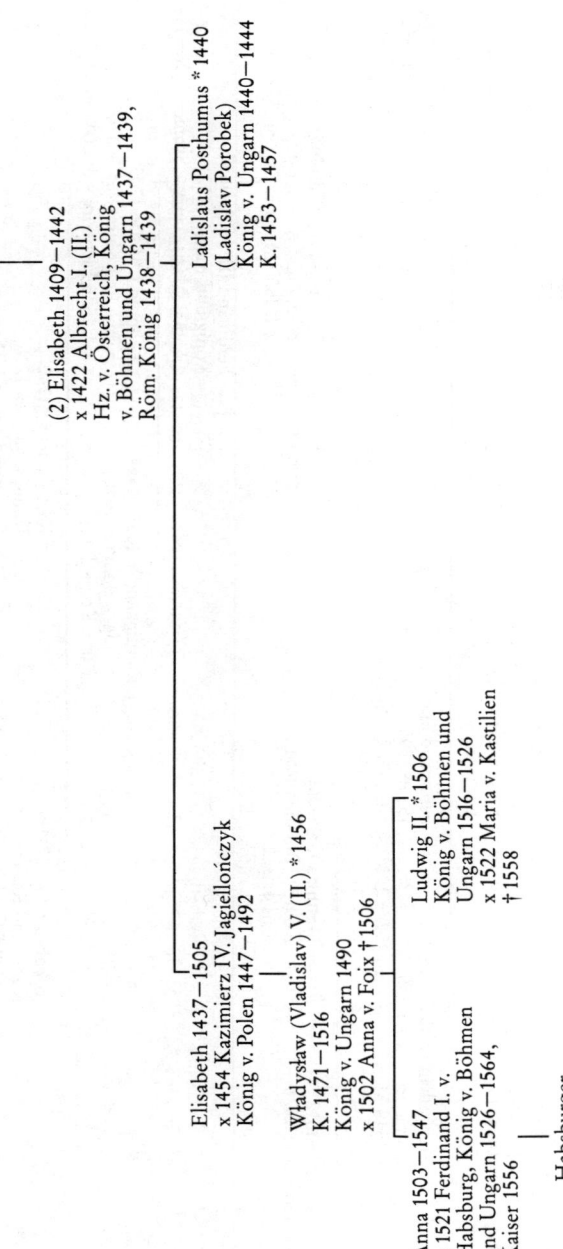

Elisabeth 1437–1505
x 1454 Kazimierz IV. Jagiellończyk
König v. Polen 1447–1492

Władysław (Vladislav) V. (II.) * 1456
K. 1471–1516
König v. Ungarn 1490
x 1502 Anna v. Foix † 1506

Anna 1503–1547
x 1521 Ferdinand I. v.
Habsburg, König v. Böhmen
und Ungarn 1526–1564,
Kaiser 1556

Habsburger

Ludwig II. * 1506
König v. Böhmen und
Ungarn 1516–1526
x 1522 Maria v. Kastilien
† 1558

Ladislaus Posthumus * 1440
(Ladislav Porobek)
König v. Ungarn 1440–1444
K. 1453–1457

Stammtafel der Habsburger als Könige von Böhmen

Maximilian I. 1459–1519
Röm. König 1486, Kaiser 1508
x 1. 1477 Maria v. Burgund 1457–1482

Philipp I. d. Schöne 1478–1506
König von Kastilien
x 1496 Johanna d. Wahnsinnige 1479–1555

Vladislav II. 1456–1516
König von Böhmen 1471 und
Ungarn 1490
x 1502 Anna von Foix † 1506

Karl V. 1500–1558
König v. Spanien 1516, Röm.
König 1519, Kaiser 1520/30
x 1526 Isabella v. Portugal 1503–1539

Ferdinand I. 1503–1564
König v. Böhmen und Ungarn 1526, Röm. König 1531,
Kaiser 1556; x 1521 Anna v.
Böhmen und Ungarn 1503–1547

Maria 1505–1558
x 1522 Ludwig II. 1506–1526
König v. Böhmen und Ungarn
1516

Maximilian II. 1527–1576
König und Kaiser 1564
x 1548 Maria v. Spanien 1528–1603

Ferdinand in Tirol
1529–1595
x 1. 1557 Philippine Welser
1527–1580

Karl II. von Innerösterreich 1540–1590
x 1571 Maria Anna v. Bayern 1551–1608

Rudolf II. 1552–1612
König und Kaiser 1576–1611/12

Matthias 1557–1619
König v. Böhmen 1611,
Kaiser 1612
x 1611 Anna v. Tirol
1585–1618

Ferdinand II. 1578–1637
König und Kaiser 1619
x 1. 1600 Maria v. Bayern 1574–1616

Ferdinand III. 1608–1657
König und Kaiser 1637
x 1. 1631 Maria Anna v. Spanien 1608–1646

Ferdinand IV. 1633–1654
König v. Böhmen 1646
Röm. König 1653

Leopold I. 1640–1705
König und Kaiser 1657–1705
x 3. 1676 Eleonore v.d. Pfalz 1655–1720

Joseph I. 1678–1711
König und Kaiser 1705
x 1699 Wilhelmine Amalie v.
Braunschweig-Lüneburg 1673–1742

Karl VI. 1685–1740
König v. Spanien 1706,
König und Kaiser 1711,
x 1708 Elisabeth v. Braunschweig- Wolfenbüttel 1691–1750

Maria Josepha 1699–1757
x 1719 Friedrich August II. (III.),
Kf. v. Sachsen, König von Polen
1696–1763

Amalia Maria 1701–1756
x 1722 Kf. Karl Albrecht
(Karl VII.) v. Bayern
1697–1745

Maria Theresia 1717–1780
Königin 1740/43
x 1736 Franz I. Stephan v. Lothringen
1708–1765, Kaiser 1745

Joseph II. 1741–1790
Kaiser 1765, König 1780
x 1. 1760 Maria Isabella von Parma
1741–1763
x 2. 1765 Maria Josepha v. Bayern
1739–1767

Leopold II. 1747–1792
König und Kaiser 1790
x 1765 Maria Ludovica v. Spanien
1745–1792

Marie Antoinette 1755–1793
x 1770 Ludwig XVI. von Frankreich 1754–1793

Franz II. (I.) 1768–1835
König und Kaiser 1792, Kaiser v.
Österreich 1804
x 2. Maria Theresia v. Sizilien 1772–1807

Ferdinand I. (V.) 1793–1875
König und Kaiser v. Österreich
1835–1848
x 1831 Maria Anna v. Sardinien 1803–1884

Franz Karl 1802–1878
x 1824 Sophie von Bayern 1805–1872

Karl Ludwig 1833–1896
x 2. 1862 Maria Annunziata von
Sizilien 1843–1871

Franz Joseph I. 1830–1916
König und Kaiser v. Österreich 1848
x 1854 Elisabeth in Bayern
1837–1898

Rudolf 1858–1889
x 1881 Stephanie v.
Belgien 1864–1945

Franz Ferdinand 1863–1914
x 1900 Sophie Gräfin Chotek,
Hzgn v. Hohenberg 1863–1914

Otto Franz 1865–1906
x 1886 Maria Josepha v. Sachsen
1867–1944

Karl I. 1887–1922
König und Kaiser v. Österreich 1916–1918
x 1911 Zita v. Bourbon-Parma
1892–1989

Otto Habsburg-Lothringen
* 1912
x 1951 Regina v. Sachsen-Meiningen * 1925

Personenregister

Verwendete Abkürzungen:
Bf = Bischof; Ebf = Erzbischof; Ehz = Erzherzog; Frh = Freiherr; Hz = Herzog; Kard. = Kardinal; Kf = Kurfürst; Kg = König; Ks = Kaiser; Mgf = Markgraf; MinPräs. = Ministerpräsident.

Caramuel von Lobkowicz, Juan (1606–1682), Generalvikar der Prager Diözese 1650–1658. – 260.
Caratti, Francisco († 1679), Baumeister. – 264.
Čarnogurský, Jan (*1944) MinPräs der SR 1991/92. – 451.
Carvajal, Juan de (1399–1469), Kard. seit 1446, päpstl. Legat. – 156.
Čech, Svatopluk (1846–1908), Schriftsteller. – 370.
Černý, Jan (1460–1520), Arzt. – 211.
Chamaré, Johann Graf (1701–1765), Unternehmer. – 284.
Chamberlain, Neville (1869–1940), brit. Premiermin. 1937–1940. – 432.
Chelčický, Petr (Peter von Záhorka) (um 1390–1460), Gründer der Brüderunität. – 165.
Chleborád, František (1839–1911), Ökonom. – 378.
Chlumecky, Johann Frh von (1834–1924), öst.-ung. Ackerbaumin. 1871–1875, Handelsmin. 1875–1879. – 398.
Chmelenský, Josef (1800–1839), Schriftsteller. – 325 f.
Chotek, Johann Graf (1748–1824), böhm. Oberstburggraf 1802–1805. – 283.
Chotek, Karl Graf (1783–1868), böhm. Oberstburggraf 1826–1843. – 315.
Chotek, Rudolf Graf (1707–1771), böhm. Oberstkanzler 1761–1771. – 275, 280.
Chotek, Sophie Gräfin (1868–1914), Gattin Franz Ferdinands d'Este. – 400, 407.
Christian (Strachkvas) († 996), Sohn Boleslavs I. – 47.
Christian d. J. von Halberstadt (1599–1626), General. – 230.
Christian I. von Anhalt-Bernburg (1568–1630), General. – 209, 222 f.
Christian IV., Kg von Dänemark 1588–1648. – 230 f.
Chruščev, Nikita Sergeevič (1894–1971), 1. Sekretär des ZK der KPdSU 1953–1964. – 441.
Clam-Martinic, Heinrich Graf (1863–1932), öst.-ung. MinPräs. 1916–1917. – 401 f., 404, 411.
Clam-Martinic, Heinrich Jaroslav Graf (1826–1887), öst. Politiker. – 351, 353, 355, 362.
Clam-Martinic, Richard Graf (1832–1891), Großgrundbesitzer. – 374.
Clary-Aldringen, Manfred Graf (1852–1928), öst.-ung. MinPräs. 1899. – 396.
Clemens IV., Papst 1265–1268. – 88 f.
Cobenzl, Ludwig Graf (1753–1809), öst. Staatskanzler 1792–1793. – 308.
Collin, Alexander (1526–1612), Bildhauer. – 212.
Colloredo, Rudolf (1585–1657), kaiserl. General. – 232.
Colloredo-Wallsee, Franz Graf (1736–1806), Leiter der öst. Außenpolitik 1801–1805. – 312.
Comenius, Jan Amos (Komenský) (1592–1670), Bf der Brüderunität. – 227.
Commodus, röm. Kaiser 180–192. – 26.
Cordatus, Konrad (1480–1546), luth. Theologe. – 183.
Cornova, Ignaz (1740–1822), Schriftsteller. – 302.
Coudenhove, Maximilian Graf von (1865–1928), Statthalter von Böhmen 1915–1918. – 409.
Crocco, legend. slav. Fürst. – 42.
Curtius, Julius (1877–1948), dt. Außenmin. 1929–1931. – 429.
Czernín, Adelsgeschlecht. – 214, 232, 259, 264, 269.
Czernín von Chudenitz, Hermann Graf (1706–1784), Mitglied der böhm. Hofdeputation von 1742. – 275.
Czernín von Chudenitz, Jan Humprecht († 1697), Statthalter von Böhmen 1660. – 242.
Czernín von Chudenitz, Ottokar Graf (1872–1932), öst.-ung. Außenmin. 1916–1918. – 404, 411.

Dagobert I., fränk. Kg 623–639. – 32.
Daladier, Édouard (1884–1970), oftm. frz. MinPräs. – 432.
Dalberg, Karl Theodor Frh von (1744–1817), Reichserzkanzler 1803–1806. – 309.

Heinrich (1377–1378), Sohn Karls IV. – 135.
Heinrich von Freiberg (um 1290), mhd. Epiker. – 102.
Heinrich von Schweinfurt, Mgf des bayer. Nordgaus 980–1017. – 51, 53.
Heinrich I., dt. Kg 919–36. – 44–46, 49.
Heinrich I., Hz von Bayern 948–955. – 46.
Heinrich I., Bf von Regensburg 1132–1155. – 71.
Heinrich I., Hz von Niederbayern 1253–1290. – 89f.
Heinrich II., der Zänker, Hz von Bayern 955–976 und 985–995. – 48.
Heinrich II., Ks 1002–1024. – 50–52, 61.
Heinrich II. Jasomirgott, Hz von Bayern 1143–1156 und Österreich 1156–1177. – 71.
Heinrich II. Pobożný, Hz von Breslau 1238–1241 und Großpolen 1239–1241. – 83, 88.
Heinrich II., Hz von Niederbayern 1310–1339. – 117.
Heinrich III., Ks 1039–1056. – 52f.
Heinrich III., Kg von England 1216–1272. – 83.
Heinrich IV., Ks 1056–1106. – 41, 55, 59, 63–66, 69.
Heinrich IV. Probus, Hz von Schlesien 1270–1290. – 107.
Heinrich V., Ks 1106–1125. – 66f.
Heinrich VI., Ks 1190–1197. – 76–78.
Heinrich VI., Hz von Kärnten, Kg von Böhmen und Polen 1307–1310. – 111, 112, 117, 119.
Heinrich (VII.), dt. Kg 1220–1235. – 83f., 86.
Heinrich VII., Ks 1308–1313. – 112, 115.
Heinrich-Břetislav, Bf von Prag 1182–1197, Hz von Böhmen 1193–1197. – 75–77.
Helbirg (Gerberga) von Babenberg († 1142), Gattin Bořivojs II. – 65.
Helena (um 1164), Enkelin Vladislavs II. – 72.
Helfert, Joseph Alexander Frh von (1820–1910), öst. Politiker. – 350.
Hemma († 1005/06), Gattin Boleslavs II. – 47, 50, 61.
Henlein, Konrad (1898–1945), sudetendt. Politiker. – 427.
Henricus de Isernia (um 1270), Ratgeber Přemysl Otakars II. – 93.
Herben, Jan (1857–1936), Schriftsteller. – 370.
Herbst, Eduard (1820–1892), öst.-ung. Justizmin. 1867–1870. – 356, 359, 366.
Herder, Johann Gottfried (1744–1803), Philosoph. – 317.
Herloßsohn, Karl (1804–1849), Publizist. – 323.
Hermann († 1088), Graf von Luxemburg. – 65.
Hermann, Bf von Prag 1099–1122. – 66.
Hermann V., der Kleine, Mgf von Baden 1243–1250. – 85f.
Herold, Josef (1850–1908), tschech. Politiker. – 389, 400.
Hertzberg, Ewald Graf von (1725–1795), preuß. Staats- und Kabinettsmin. 1763–1791. – 274.
Herzl, Theodor (1860–1904), Begründer des Zionismus. – 396.
Heydrich, Reinhard (1904–1942), stellvertr. Reichsprotektor in Böhmen und Mähren 1941–1942. – 434.
Hieronymus von Prag (um 1360–1416), Theologe. – 141–143.
Hilarius von Leitmeritz (1412–1468), Administrator des Prager Erzbistums 1461–1468. – 165.
Hilbert, Kamil (1869–1933), Architekt. – 370.
Hilsner, Leopold (1869–1928), Angeklagter in einem Ritualmordprozeß 1899. – 412.
Hirnhaim, Hieronymus (1637–1679), Abt von Strahov 1670. – 263.
Hitler, Adolf (1889–1945), dt. Reichskanzler 1933–1945. – 427f., 430–434, 436.
Hlavsa von Liboslav, Johann († 1534), Primator von Prag. – 175.
Hlinka, Andrej (1864–1938), slowak. Politiker. – 422.
Hodža, Milan (1878–1944), MinPräs. der ČSR 1935–1938. – 429.
Höfler, Constantin von (1811–1897), Historiker. – 356, 370.

Wenzel II., Kg von Böhmen 1283–1305 und Polen 1300–1305. – 88, 92, 96–98, 101–112, 130.
Wenzel III., Kg von Ungarn 1301–1305, Kg von Böhmen und Polen 1305–1306. – 108–111.
Wenzel IV., Kg von Böhmen 1363/78–1419, dt. Kg 1367–1400. – 128, 130, 134–144, 152, 155, 173.
Werfel, Franz (1890–1945), Schriftsteller. – 370.
Werner von Eppenstein, Ebf von Mainz 1259–1284. – 88, 90.
Wertheimer, Samson (1658–1724), Wiener Hoffaktor. – 258.
Wessenberg, Johann Frh von (1773–1858), öst. MinPräs. 1848. – 343.
Wiching († nach 899), Bf von Neutra. – 37f.
Wickham Steed, Henry (1871–1956), Journalist. – 390.
Wiclif, John (um 1320–1384), engl. Theologe. – 141.
Widukind von Corvey (um 925–nach 973), Chronist. – 45.
Wildenauer, Johannes (gen. Egranus) (1480–1535), prot. Theologe. – 183.
Wilhelm von Holland, dt. Kg 1252–1256. – 86f.
Wilhelm von Occam (um 1300–1349), spätscholast. Theologe. – 133.
Wilhelm I., Kg von Preußen 1861–1888, dt. Ks 1871–1888. – 357.
Wilhelm II. († 871), Graf in der Ostmark. – 37.
Wilhelm (III.), der Tapfere, Hz von Sachsen 1432–1482. – 158.
Wilhelm IV., der Standhafte, Hz von Bayern 1508–1550. – 188.
Willigis, Ebf von Mainz 975–1011. – 47–49.
Wilson, Woodrow (1856–1924), 28. Präs. der USA 1913–1921. – 415–419, 421.
Windecke, Eberhard (um 1380–um 1440), Chronist. – 151.
Windischgrätz, Alfred Fürst zu (1787–1862), öst. Feldmarschall. – 342f., 345.
Windischgrätz, Alfred Fürst zu (1851–1927), öst.-ung. MinPräs. 1893–1895. – 392.
Winter, Zikmund (1846–1912), Schriftsteller. – 370.
Witigonen (s.a. Rosenberg), Adelsgeschlecht. – 80, 92, 98, 101, 105–107, 125.
Witizla (um 895), böhm. Fürst. – 41, 44.
Witold, Großfürst von Litauen 1398/1401–1430. – 146f.
Witte, Hans de (um 1583–1630), Finanzier. – 225.
Wittek, Heinrich Ritter von (1844–1930), öst.-ung. MinPräs. 1899–1900. – 396.
Władysław, Ebf von Salzburg 1265–1270. – 88.
Władysław I. Hermann, Hz von Polen 1080–1102. – 65.
Władysław I. Łokietek, Kg von Polen 1306/1320–1333. – 107f., 110, 117f.
Władysław II. Wygnaniec, Hz von Schlesien 1138–1146. – 71f.
Władysław II. Jagiełło, Großfürst von Litauen 1377–1398/1434, Kg von Polen 1386–1434. – 146.
Władysław III., Kg von Polen 1434–1444 und Ungarn 1440–1444. – 154f.
Woldemar II., Kg von Dänemark 1202–1241. – 83.
Wolf, Karl Hermann (1862–1931), dt. Politiker. – 390, 395.
Wolff, Christian Frh von (1679–1754), Aufklärer. – 291.
Wolfgang, Hlg. († 994), Gründer des Bistums Prag. – 59.
Wolfram von Skworek, Ebf von Prag 1396–1402. – 138.
Wrschowetze (Vršovice), Adelsgeschlecht. – 49, 51, 53, 58, 66f.
Wurmser, Nikolaus (um 1350), Hofmaler Karls IV. – 131.

Zach, František (1807–1892), mähr. Slavophiler. – 342.
Zajíc von Hasenburg, Zbyněk, Ebf von Prag 1402–1411. – 139, 141.
Zajíc von Waldeck, Wilhelm († 1319), böhm. Magnat. – 111.
Zápolya, Johann (Szapolyai, János),

Sachregister

Buchanzeigen

Friedrich Heer · Der Kampf um die österreichische Identität

pathogenetic factors in certain diseases and also in aging.

5.1. *Atherosclerosis*

5.1.1. Role of elastic fiber in atherosclerosis. Atherosclerosis in humans is usually prominent in medium sized and large – elastic type – arteries. *Connective tissue* plays an important role in atherosclerosis (21), it participates in the development of intima proliferation and in the formation of fibrous and lipidic plaques.

The smooth muscle cells (SMC) of intima proliferation synthesize and secrete an excessive amount of connective tissue elements (4, 22).

The impaired formation and increased degradation of elastic tissue in the intimal plaque is followed by secondary changes like calcification, deposition of lipidic material which all lead to rigidity of elastic fibers causing loss of elasticity and other serious functional alterations of the arteries.

5.1.2. Morphological comparison of the intima proliferation – as a regeneration phenomenon – with early atherosclerosis. The arterial smooth muscle cells are of great importance in the pathogenesis of the early stage of atherosclerosis. Intima proliferation as the morphological base of early atherosclerosis is similar in spontaneous atherosclerosis and in experimental conditions where the arteries had been damaged and the intima proliferation is the response to injury. This process is generally followed by an intra- and extracellular accumulation of lipids and subsequently by the formation of a fibrous plaque and calcification (Figure 6).

The identical morphology of intima proliferations induced by various methods seems to support the pluricausal theory of atherosclerosis, and it is also the most suitable method for studying regression (23).

5.1.3. The elastic fiber in atherosclerosis. The aorta responds to experimental injury by intima proliferation which consists of layers of proliferating smooth muscle cells which synthesize elastic fibers. Such smooth muscle cells in the intima proliferation are also capable of producing a basement membrane, and microfibrils are noticeable among them. The amorphous aggregates polymerized on the microfibrils are easily contrasted with PTA (Figure 7), and later these elastic aggregates coalesce into larger clumps (Figure 8). An undulating lamina elastica interna-like continuous elastic fiber develops (Figure 9).

Elastic fiber formation in intima proliferation shows a similar process to the development of elastic fibers in embryonic aorta, including basement membrane multiplication and its close association with elastic aggregates.

In fibrous plaque the newly formed elastic tissue undergoes degradation similar to the process which occurs at this stage in the media beneath the fibrous or lipid plaque. Enhanced elastase action as well as changes in the primary structure of elastin are the underlying factors in this process.

In *human atherosclerotic lesion* the multiplied basement membrane of the smooth muscle cell cannot be seperated ultrastructurally from the collagen fibers. *Elastic fibers* are also very closely related to the other fibrous substances (Figure 10) (24). The indistinguishable granular structure of the three different fiber components raises the question whether a mixture of type-III and type-IV collagen with degraded elastin is present under the above-mentioned circumstances.

5.1.4. The basement membrane in atherosclerosis. The basal layer replacing the internal elastic lamina in the capillaries and small veins is similar to the structure of the basement membrane of the smooth muscle cells. It is often multilayered, but in the absence of the vascular smooth muscle cells no elastic fiber formation could emerge. Basement membranes located around the smooth muscle cells have a highly fibrillar structure. The vascular smooth muscle cell produces it own basement membrane which is situated normally 50 nm away from the cell surface. This particular basement membrane contains type-III collagen. There is a close ultrastructural similarity between the microfibrils and the fibrillar component of the basement membrane material (4).

It is suggested that the basement membranes of the vascular smooth muscle cells play an important role not only in collagen but also in elastic tissue formation. Both types of microfibrils appear as beaded filaments 8–12 nm in diameter. According to biochemical and ultrastructural investigations both structures contain glycosaminoglycans and/or glycoproteins, therefore they may be identical.

5.1.5. Elastin and atherosclerosis. In order to place the aspects of atherosclerotic lesions in the right context, the *role of elastin* in the development of the atherosclerosis is considered here in detail.

Atherosclerosis and *aging* are characterized by progressive changes which, among others, involve an altered amino-acid composition of elastin with an increase of polar amino acids. Considerably fewer

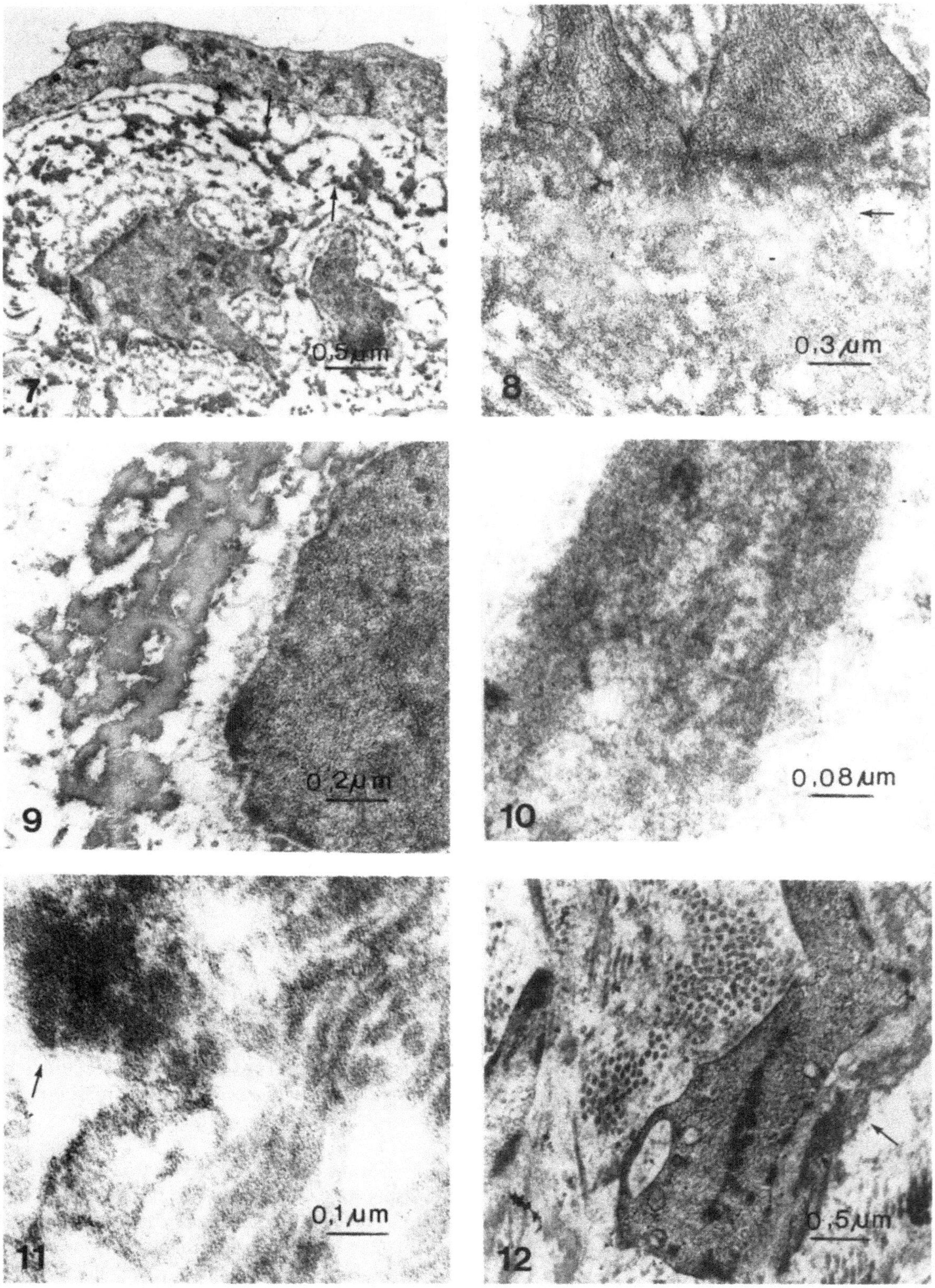
0,5 µm
7
0,3 µm
8
0,2 µm
9
0,08 µm
10
0,1 µm
11
0,5 µm
12

cross-linkages can be found in atherosclerotic elastin (20, 25).

Accumulated lipid occuring in the intimal plaque is bound to plaque elastin, but, the best of our knowlegde, the above-mentioned changed composition of the amino acids is a precondition to this occurence

This could also explain why, in fibrous plaques and in the media, alteration of the elastic fiber is the result of *degeneration* and not that of an overproduction of elastic tissue (Figure 11).

On the contrary, in *intima proliferation* an overproduction of elastic tissue occurs. Disregarding all other relevant details, it is beyond doubt that in the degenerative arterial diseases such as atherosclerosis 'amorphous' elastin is replaced by fragments of elastic fibers.

The question arises whether the biochemical alterations of elastin are the same in atherosclerosis and aging? Atherosclerosis – viewed in the context of biochemistry of elastin – may be defined as an infiltration of calcium and lipids into the aged and hardened elastin, eventually causing a hardened arterial wall and under certain conditions rendering the arteries unable to function. It has not been clarified whether calcification or cholesterol infiltration occurs first. In any case both of them play a profound role in the atherosclerotic process.

One of the more important differences between *normal* and *plaque elastin* is demonstrated by the fact that normal elastin is fully digestible by elastase, while plaque elastin is only up to 75%. The mechanism of the cholesterol and lipoprotein binding to elastin has not been clarified, although we already know that elastin isolated from advanced atherosclerotic lesion contains significantly high lipids, free and esterified cholesterol and free fatty acids. Several investigators have demonstrated the binding between lipids and lipoproteins and that of elastic and collagen fibers and acid mucopolysaccharides in human atherosclerotic plaque (26). It is quite possible that during degradation of elastin a conformational change takes place which eventually attracts the lipids.

The *in vivo* elastolysis aggravates the breakdown process of elastin and enhances the atherosclerotic process. The importance of the presence of calcium has been demonstrated in elastolysis itself (27). Basically, elastase is a calcium-containing enzyme, and elastin is capable of calcium binding. Elastolysis *in vivo* can also be increased by physiological agents and by the anionic hydrophobic substances, such as biliary and sodium salts. Saturated and unsaturated fatty acid for example can increase elastolysis by up to 30 times. These substances effect elastolysis probably by causing conformational changes in the substrate, i.e. in elastin. Accumulated fatty acids can also produce an increased elastolytical effect.

The role of thrombocytes in atherosclerosis is determined by the thombocyte precipitation which can also occur in the normal intima, although it may initiate an enzyme-releasing process that has an elastolytic effect and is connected with the aortic wall. It appears that on the surface of the elastic fibers there are specific bindings sites to which the elastase is attached (4, 9). It may be supposed that in atherosclerosis enhanced elastase activity of the aortic wall, of the leukocytes or of the pancreas also plays an important role in addition to the decreased activity of elastase inhibitors.

In the degenerative process the number of desmosine or isodesmosine cross-linkages decreases while in the course of normal elastic fiber formation the number of the cross-linkages increases. Decomposition of elastic fibers may be the basis for further atherosclerotic changes.

5.1.6. Calcium and elastin. The problem of calcium binding in the atherosclerotic plaque has repeatedly become a point of interest in diverse unsolved puzzels of arteriosclerosis, i.e. the primary or secondary importance of calcium binding as well as the precise determination of the structure involved in calcium binding.

Whether the calcium binding ability of elastin is ionic in character is a question that still remains to be answered; however, we do know that the calcium binding depends largely on the pH and ion concentration. Other authors suggest some neutral, uncharged binding sites in elastin as a place for the calcium (28).

Comparison of elastin isolated from aged or ar-

←

Figure 7. Newly formed elastic aggregates (arrows) in intima proliferation. PTA: × 19,800.

Figure 8. Large clumps form elastic fibers (arrow) in intima proliferation. Ua Pb: × 30,800.

Figure 9. New internal elastic lamina is formed in intima proliferation. During maturation of elastin PTA binding affinity decreases. PTA: × 47,500.

Figure 10. A mixture of decomposed fibrous structure is visible in human atherosclerosis. Ua Pb: × 126,000.

Figure 11. Degraded elastic fibers (arrow) in human atherosclerotic plaque. Ua Pb: × 96,000.

Figure 12. Newly formed elastic fibers (arrow) in close proximity to smooth muscle cell. Ua Pb: × 18,000.

teriosclerotic aortas with those isolated from normal specimens has shown an increase of mineralization with age, both *in vitro* and *in vivo*, and it was also demonstrated that elastins with higher polar amino-acid content mineralized more rapidly than the others. The secondary role of bound calcium results in an increased rigidity of elastin. It is, however, also possible that calcium does not bind to elastin but rather to the glycoprotein microfibrils (29).

According to the results obtained in our own studies, the calcium-apatite crystals are mainly attached to the glycoprotein microfibrillar structures (Figure 6). Similar observations were also made by others (30) as well. Some authors think that in plaque elastin and elastin of aged persons high polar amino-acid content and calcium binding are the result of association of lipoproteins to the elastin. During the association process reactive aldehydes are formed by peroxidation of the maturated fatty acids and these replace the desmosins thus producing cross-links with enhanced calcium binding capacity.

Considerable importance is attributed to the low density lipoproteins (LDL) as carriers of cholesterol and other lipids, in the pathogenesis of arteriosclerosis. The formation of insoluble complexes between LDL and polyanions or calcium has been demonstrated (31), and the possibility of similar processes had been also suggested *in vivo*.

Electrostatic calcium bridges may form between the polar groups of betalipoproteins and the uric acid or sulphate groups of the glycosaminoglycans. It was demonstrated that the amount of bound calcium and that of the insoluble precipitate formed at complexing glycosaminoglycans with betalipoproteins increases parallel to the abundance of free sulphate and uric acid radicals in the glycosaminoglycans (32).

It is still not clear whether these changes in the extracellular matrix are of primary or of secondary importance in the formation of the atherosclerotic plaque. Nonetheless they support the supposition that, in the presence of calcium, lipoproteins bind to the glycoproteins of the elastic fiber and to the glycoproteins or proteoglycans of the ground substance.

5.1.7. Aging of elastin. Very little is known about the aging of elastin, and new available data are fairly controversial. The *amount of elastin* in *atherosclerotic* arteries is increased presumably due to the increased synthesis by the smooth muscle cells of the intima proliferation.

The *amino-acid* composition of normal aortic elastin is remarkably similar both in animals and in humans and does not appear to change with *increasing age* (21), while there is an increasing number of polar amino acids in elastin isolated from atherosclerotic aorta. On the contrary authors (33) reported increased association of polar contaminants with elastin with increasing age.

The compositional changes found in a *plaque* elastin may occur due to the increased amount of normally closely associated microfibrillar glycoprotein, proteoglycan, elastase or lysyl oxidase (34) or collagen (26, 35).

According to some authors (7, 36), the number of specific cross-links increases in the aging elastin. Other authors, however, found the opposite, i.e. the decrease of the cross-links (25, 33, 35), with reduced frequency of cross-links also in atherosclerosis. In other reports it was shown to have a slight, non significant increase in cross-links in elastin isolated from decalcified and defatted plaques. In specimens obtained at the initial stage of atherosclerosis however, it was found a reduced incidence of cross-links and an exalted lysine content. It is also suggested that new aldehyde containing cross-links are formed during the process of aging and/or of atherosclerosis.

As a result the extensibility of the arterial tissue is markedly changed with increasing age (37). The relative rate of the synthesis of the structural glycoproteins and proelastin changes continously from birth through maturation and aging. It appears possible that after maturation the synthesis of proelastin still continues, but *no* efficient cross-linking occurs. There is no measurable turnover of elastin.

The disintegration of elastic tissue with increasing age is the result of a decreased rate of synthesis and increased rate of degradation presumably partly due to increased elastase activity (38).

If we accept the idea that aging and atherosclerosis do not necessarily mean the same thing, we may accept the different manifestations of these conditions also in the elastin. In fact aging causes increased stiffness and reduced elasticity of elastin everywhere in the organism, e.g. in the skin (39) and not only at the atherosclerotic sites where lipid deposition and calcification also occur. Thus stiffening of elastin seems to be the result of an increase in the number of cross-links.

In *summary*: in an early phase of atherosclerosis in intima proliferation there is a new formation of elastic fiber by the smooth muscle cells. Basement membranes play an important role in the formation of elastic tissue. At a later stage degradation of elastic fiber occurs, both in the intima proliferation and in the media, partly caused by an enhanced local elastase activity. The infiltration of elastic tissue by lipoproteins and the deposition of calcium produces the stiffness of elastic tissue and consequently of the arterial wall.

As to the primary structure of *elastin,* in *atherosclerosis,* there is an increase in the number of polar amino acids while the number of cross-links decreases.

During aging no changes in the amino acids composition of elastin occurs while the number of cross-links increases, leading to the rigidity of elastin without lipid and calcium deposition.

5.2. *The incorporation of arterial vascular grafts*

The transplantation of different types of vascular prostheses represented new perspectives in the therapy of oblitarive peripheral vascular diseases.

Transmission and scanning electron microscopic investigations of human iliofemoral dacron-type vascular prosthesis (4, 40) demonstrated that well functioning incorporation occurs in the proximal portion of the prosthesis in relation to its length. During the course of incorporation a new vessel wall is formed on the inner surface of the artifical prosthesis. In this area an intima proliferation develops. In the proximal part subendothelially smooth muscle cells are noticeable (Figure 12). Their appearance is associated with the formation of elastic and collagen fibers. Following prolonged functioning of the artificial arterial prostheses, secondary degeneration is demonstrable in the smooth muscle cells of newly formed media (4).

Morphogically the proper incorporation of the vascular prosthesis is similar to that of the feature of intima proliferation.

5.3. *Connective tissue diseases*

Certain human diseases are characterized by the disproduction or enhanced degradation of elastic tissue. Some of these diseases are listed in Table 1. The first group of these have a common causative factor, i.e. the inadequacy of lysyl oxidase function and can easily be simulated in experiments with BAPN administration or by copper depletion.

In these diseases, i.e. in Marfan's syndrome (41, 42) in certain forms of Ehlers-Danlos syndrome (Type IV, V, VI) (41, 43), in pseudoxanthoma elasticum, in cutis laxa, in Menkes' syndrome, the elastic fibers look moth eaten or honeycomb-like because of the lack of elastin polymerization, and any disorder of the elastic fiber is accompanied by a structural alteration of collagen fibers (44) and proteoglycans (45). The occurrence of the structural alteration of elastic and collagen fibers at the same place in the same diseases sheds light on the close functional and structural relationship between the two types of fibers (4, 46).

Marfan's syndrome is believed to be caused by the absence or malfunction of the lysyl oxidase.

In *Ehlers-Danlos syndrome* (47) changes of the elastic fiber pattern in the damaged tissue (Figures 13–16) might only be the secondary consequences (compensatory overproduction) of the primary damage of the collagen fiber formation (48). Pathomorphological features are as follows: moth-eaten structure, spotted pattern, increased binding of electron microscopic dyes, increase in glycosaminoglycan-containing microfibrils and uneven development of collagen fibers. These structural changes show a strong resemblance to these found in experimental copper deficiency.

In *cutis laxa* the monoamino oxidase deficiency is accompanied by a reduced elastase inhibitor activity, resulting in enhanched elastase activity.

Menkes' syndrome or kinky-hair syndrome is a copper deficiency disease characterized by severe aortic and skin damages caused by intestinal copper resorption disturbances in newborns. Because of the

Table 1. Changes of elastic fibers in human diseases

Heritable disorders	Multifactorial or unknown etiology
Marfane's syndrome	Atherosclerosis
Ehlers-Danlos syndrome (Type IV, V, VI)	(Experimental models: cholesterol feeding, intima proliferation)
Cutis laxa	Progressive systemic sclerosis (scleroderme)
Menkes' syndrome	Endomyocardial fibroelastosis
Pseudoxanthoma elasticum	Elastofibrome dorsi
Experimental models	Adenoid tumors
BAPN administration	Breast cancers
Copper deficiency diet	
Point of attack	
Lysyl oxidase deficiency	

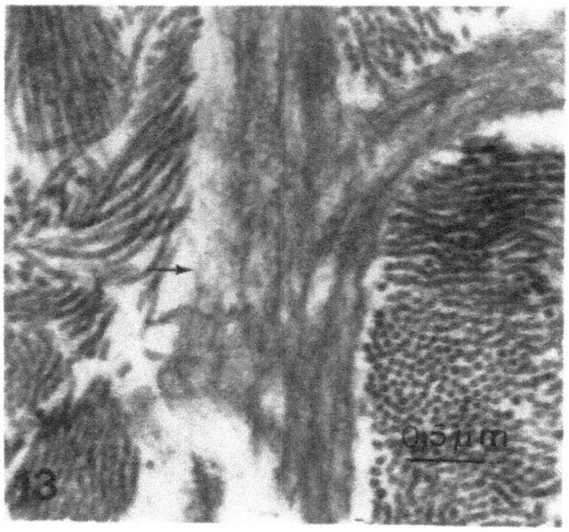
13

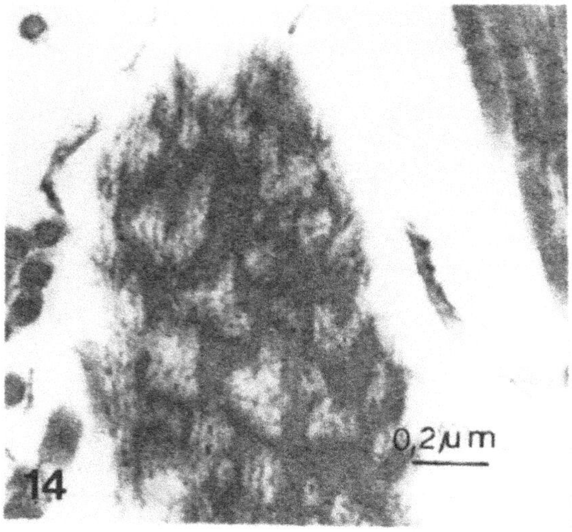
0,2 µm
14

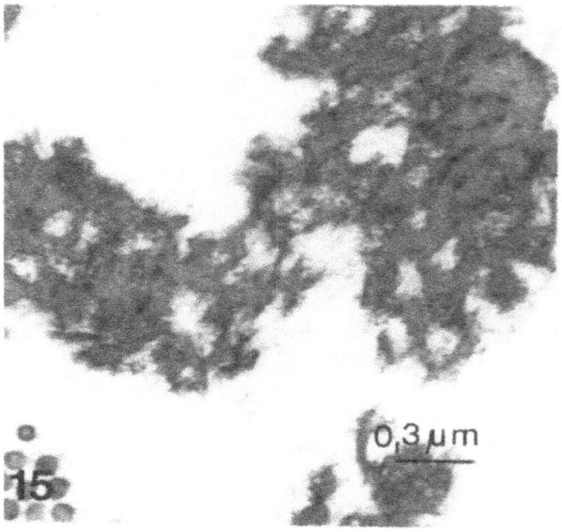
0,3 µm
15

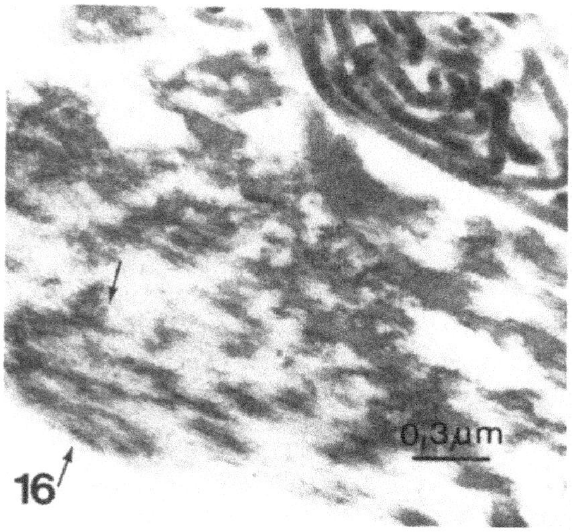
0,3 µm
16

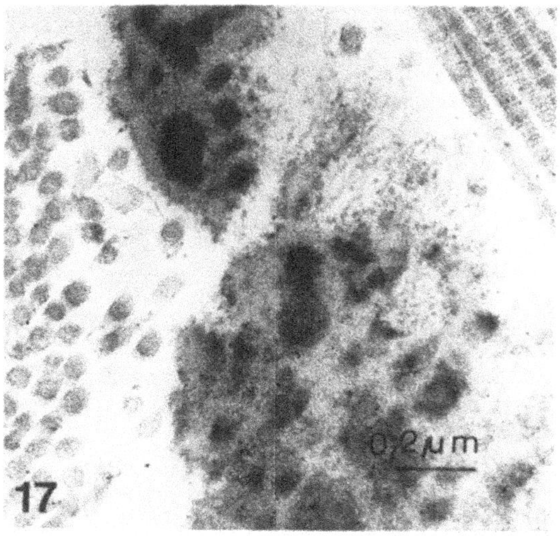
0,2 µm
17

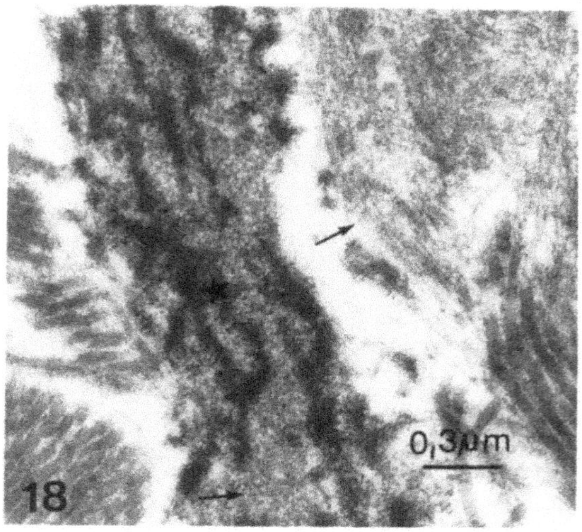
0,3 µm
18

absence of copper, the activity of the lysyl oxidase is insufficient in Menkes' syndrome (49, 50) similar to the experimental conditions in copper deficiency and/or in beta-amino-propionitrile administration where elastin production is impaired.

The severe alteration of the elastic fibers causes lethal rupture of the aortic wall in diseased children. In Menkes' syndrome, in extract of the damaged aorta, non-cross-linked tropoelastin was found (49).

Recent electron microscopic findings (51) suggest that *pseudoxanthoma elasticum* is a consequence of the anomaly of elastic fiber formation. The altered elastic fibers showed little resemblance to mature cross-linked elastin. The site of elastin appeared to be occupied by a fine granular condensate similar to those found by us in Ehlers-Danlos syndrome. In spite of that, these fiber-like structures could be considered to be presumptive elastin primarily because they retained the shape and site characteristic of normal elastic fiber.

In the above-mentioned, recessively heritable, sex-linked enzyme defects, impairment of the elastic fiber formation is accompanied by alterations in other connective tissue elements, i.e. the collagen fiber disorders (47). In these diseases the pathological elastic fibers are deeply altered functionally and structurally, and therefore easily undergo secondary degeneration. Arterial lesions are often observed in these diseases, although the main symptoms are present in the skin (41).

Elastic tissue disorders, listed in the second column of Table 1, have an unknown etiology related to multifactorial diseases. Elastofibroma dorsi (52) shows an enhanced production of normal or pathological elastic tissue.

Progressive systemic sclerosis (53) shows ultrastructural similarity to the pseudoxanthoma elasticum disease. A disturbed 'de novo' synthesis of the elastic tissue can be observed in progressive systemic sclerosis. The uranyl acetate and lead citrate binding capacity of these fibers varies, resulting in a spotted pattern (Figure 17). The amorphous elastin is eventually replaced by a granular fibrillar material very similar to that found in the pseudoxanthoma elasticum (Figure 18). Only patches of presumably properly cross-linked elastin are noticeable. The accumulation of some randomly dispersed and irregularly oriented microfibrils are also noted (Figure 19)(53). Alteration of elastic tissue in progressive systemic sclerosis is similar to that found in solar elastosis (39, 54), in pseudoxanthoma elasticum (51, 55) or in certain lesions of the breast (4), supporting the idea that the underlying alteration of all these diseases exist in the *elastin moiety*.

5.4. Elastic fiber formation in tumors

Elastogenesis observed in adenomatoid tumors (56) and in certain mammary cancers (4, 57, 58) has attracted considerable interest recently. An increase of the elastic fiber production takes place in the tumors, which is evident in breast carcinomas periductally, perivascularly and in the stroma, especially in the invasive ductal (fibrous) types.

Most of these fibers are small and irregularly arranged, showing varying affinity to the electron microscopic dyes. The newly formed elastic-like tissue shows a granular of fibrillar ultrastructure resembling to young not yet properly cross-linked elastin. These structural alterations are similar to those found in pseudoxanthoma elasticum (Figures 20, 23). Some normally staining, amorphous looking, cross-linked elastin is also formed in the mammary tumors resulting in some healthy looking mature elastic fibers (Figure 21), while a spotted pattern and an increased affinity toward conventional electron microscopic dyes can be noted.

Since the amorphous component of the elastic fiber is rather difficult to stain with conventional electron microscopic dyes, other contrasting substances were tried. One of them was tannic acid, which increases the electron density of the amorphous elastin, thus permitting easier observation and investigation of its total substructure (59).

With this method different fiber types can be demonstrated in breast cancers which may represent various developmental stages of the elastic fibers (Figures 20, 22, 24).

The pathogenesis of elastosis in the tumors men-

←

Figure 13. Increased number of microfibrils (arrow) in Ehlers-Danlos syndrome. Ua Pb: × 19,200.
Figure 14. A spotted pattern of elastic tissue in Ehlers-Danlos syndrome. Ua Pb: × 48,000.
Figure 15. A moth-eaten structure of elastic tissue in Ehlers-Danlos syndrome. Ua Pb: × 34,400.
Figure 16. Irregularly scattered elastic aggregates (arrows) which intensively take up electron microscopic dyes. RR: × 28,800.
Figure 17. Spotted pattern of elastic tissue in progressive systemic sclerosis. Ua Pb: × 48,000.
Figure 18. An increase of microfibrils (arrows) in elastic tissue of the skin of a patient suffering of progressive systemic sclerosis. Only patches of elastic aggregates (star) are noticeable. Ua Pb: × 26,400.

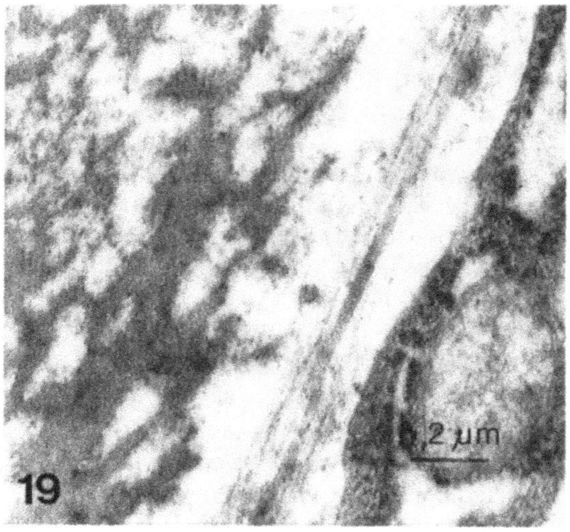
0,2 µm
19

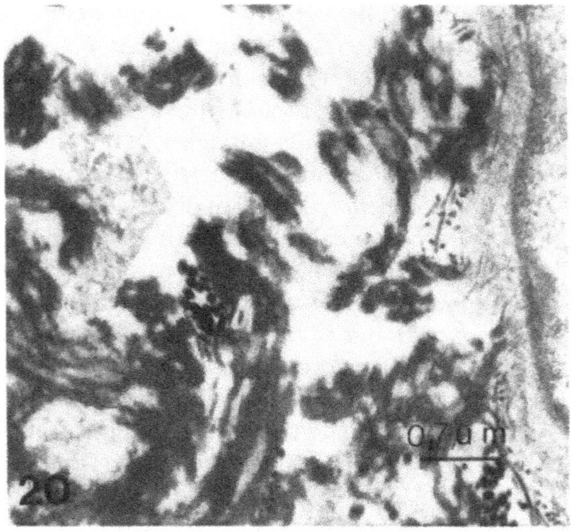
0,7 µm
20

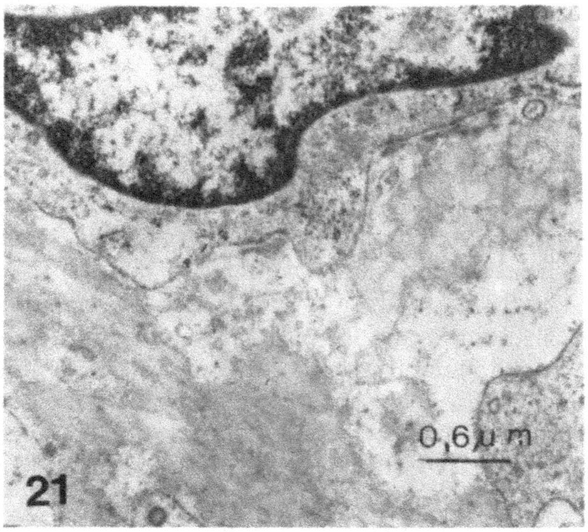
0,6 µm
21

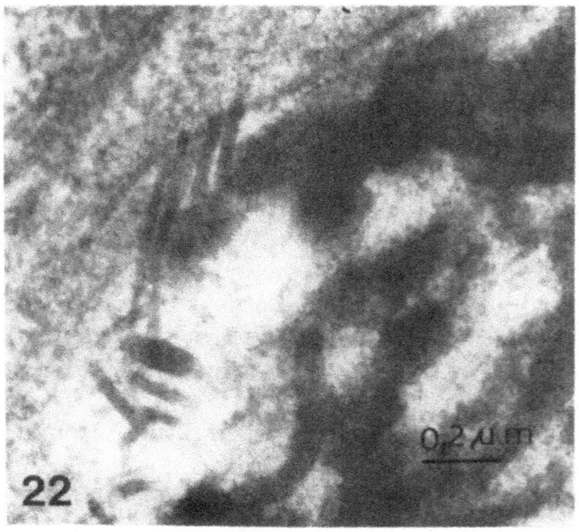
0,2 µm
22

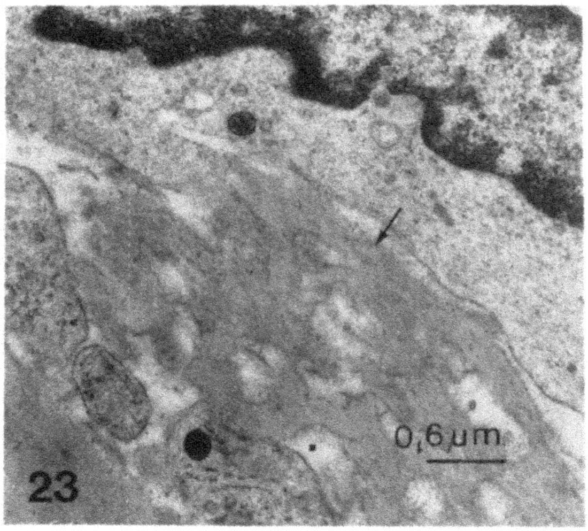
0,6 µm
23

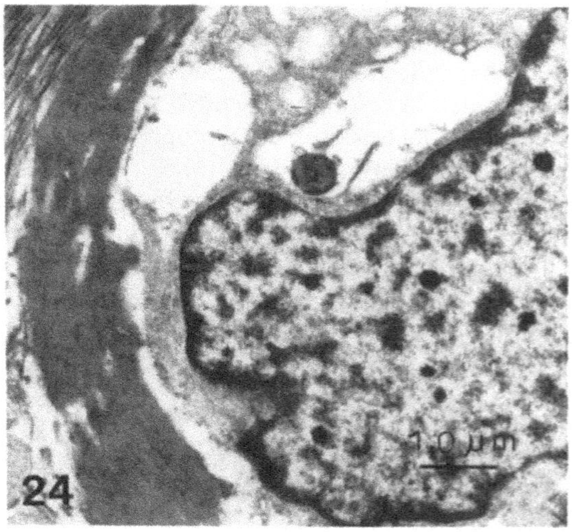
1,0 µm
24

tioned is still a matter of controversy. Some investigators consider elastosis to be a possible local antitumor reaction, while others suggest the existence of a 'tumor-factor' that acts as an 'inducer' of elastic tissue formation (58) or as an efficient inhibitor of elastase. The presence of an elastolytical protein was also observed in human mammary cancer cells (50).

In the meantime the question remains open as to which types of cells are participating in the formation of the elastic fibers in the mammary tumors. Are they fibroblasts, myoepithelial cells, smooth muscle cells of vascular origin, or are they tumor cells?

All these questions with quite a few others concerning elastic fiber formation both in normal and under diseased conditions remains to be answered in the future.

In *summary* in various human diseases either an increased production of elastic tissue occurs or an increased degradation is present or pathological elastic fibers are produced. The causative factor in these diseases are either – similar to certain experimental conditions – the lysyl oxidase inhibition or an increased elastolytic acxtivity or a decrease elastase inhibitor activity. There are certain other diseases where the causative factor and significance are unknown, and therefore should be the subject of further thorough investigations.

References

1. Ross R, Bornstein P: The elastic fiber. I. The separation and partial characterization of its macromolecular components. J Cell Biol 40: 366–381, 1969.
2. Partridge SM, Elsden DF Thomas J: Constitution of the cross-linkages in elastin. Nature 197: 1297–1298, 1963.
3. Robert B, Szigeti M, Derouett JC, Robert L, Bouissou H, Fabre MT: Studies on the nature of the microfibrillar components of elastic fibers. Eur J Biochem 21: 507–516, 1971.
4. Kádár A: The Elastic Fiber. Normal and Pathological Conditions in the Arteries. Bolck F (ed), Exp Pathol Suppl 5, Jena, Fischer-Verlag, 1979, pp 1–30.
5. Banga I: Isolation and crystallisation of elastase from the pancreas of cattle. Acta Physiol Hung 3: 317–324, 1952.
6. Lansing AJ, Rosenthal FB, Alex AM, Demsey EW: The structure and chemical characterization of elastic fiber as revealed by elastase and by electron microscope. Anat Rec 114: 557–577, 1952.
7. Franzblau C, Faris B, Papaioannoy R: Lysinonorleucine. A new amino acid from hydrolysates of elastin. Biochemistry 8: 2833–2837, 1969.
8. Gray WR, Sandberg LB, Foster JA: Molecular model for elastin structure and function. Nature 246: 461–466, 1973.
9. Robert B, Robert L: Studies on the structure of elastin and the mechanism of action of elastolytic enzymes. In: Chemistry and Molecular Biology of the Intercellular Matrix, vol 1. Balázs EA (ed), New York, Academic Press, 1970, pp 665–670.
10. Foster JA, Rich CB, Fred RM, III: Lathyrism and the biochemistry of elastin. In: Connective Tissues in Arterial and Pulmonary Disease. McDonnald TF, Chandler AB (eds) New York, Springer-Verlag, 1981, pp 217–246.
11. Dingemans KP, Jansen N, Becker AE: Ultrastructure of the normal human aortic media. Virchsows Arch A [Pathol Anat] 292: 199–216, 1981.
12. Fornieri C, Castellani I, Volpin D, Baccarani-Contri M, Pasquali-Ronchetti I: Ultrastructural and biochemical findings in experemental lathyrism. Elec Microsc 2: 430–431, 1980.
13. Waisman J, Carnes WH: Cardiovascular studies on copper deficient swine.X. The fine structure of the defective elastic membranes. Am J Pathol 51: 117–135, 1967.
14. Sandberg LB, Hachett TN, Carnes WH: The solubilization of an elastin-like protein from copper-deficient porcine aorta. Biochem Biophys Acta 181: 201–207, 1969.
15. Rucker RB, Tom K, Tanaka M, Haniu M, Yasunobo KT: Chick tropoelastin isolation and partial chemical characterization. Biochem Biophys Res Commun 66: 287, 1975.
16. Rosenbloom J, Cywinski A: Biosynthesis and secretion of tropoelastin by chick aorta cells. Biochem Biophys Res Commun 69: 613, 1976.
17. Page RC. Benditt EP: Interaction of the lathyrogen beta-amino-propionitrile with copper containing amino oxidase . Proc Soc Exp Biol 124: 454–459, 1967.
18. Bouissou H, Pieraggi MT, Julian M: Lathyrisme chronique. Effect protecour du pyridinol carbamate sur les lésions conjonctives du rat. Pathol Biol 25: 455–459, 1977.
19. Urry DW: Arterial mesenchyme and arteriosclerosis interaction of elastin. Adv Exp Med Biol 43: 211–243, 1974.
20. Sandberg LB, Norman T, Soskel NT, Leslie JG: Elastin structure, biosynthesis, and relation to disease states. N Engl J Med 304: 566–579, 1981.
21. Kramsch DM: Biochemical changes of the arterial wall in atherosclerosis with special reference to connective tissue: promising experimental avenues for their prevention. In: Connective Tissues in Arterial and Pulmonary Disease. McDonald TF, Chandler AB (eds), New York Springer-Verlag, 1981, pp 95–151.
22. Velican C, Velican D: Coronary intimal necrosis occuring as an early stage of atherosclerotic involvement. Atherrosclerosis 39(4): 479–496, 1981.
23. Stary HC, Strong JP: The fine structure of nonatherosclerotic intimal thickening, of developing, and of regressing atherosclerotic lesions at the bifurcation of the left coronary artery. Adv Exp Med Biol 67: 89–108, 1976.
24. Kádár A: New concepts in elastic tissue disorders. In: Frontiers of Matrix Biology, vol 8. Robert AM, Robert L (eds), Basel, Karger, 1980, pp 54–68.
25. John R, Thomas J: Chemical compositions of elastins isolated from aortas and pulmonary tissues of humans of different ages. Biochem J 127: 261–269, 1972.
26. Walton KW, Williamson N: Histological and immuno-fluorescent studies on the evolution of the human atherosclerotic plaque. J Atheroscler Res 8: 599–624, 1968.
27. Hall DA: Coordinately bound calcium as a cross linking agent in elastin and as an activator of elastolysis. Gerontologia 16: 326–339, 1970.

←

Figure 19. Randomly arranged microfibrils and irregular elastic aggregates (progressive systemic sclerosis, skin). Ua Pb: × 46,800.
Figure 20. Small electron dense irregular elastic aggregates in breast cancer. Tannic acid: × 14,000.
Figure 21. Elastic fibers with a normal ultrastructure and staining property in human breast cancer. Ua Pb: × 16,200.
Figure 22. Newly formed irregular elastic aggregates in human mammary cancer. Tannic acid: × 37,600.
Figure 23. A spotted pattern of elastic tissue (arrow) in mammary cancer. Ua Pb: × 16,200.
Figure 24. Mature elastic fiber with an irregular edge in breast cancer. Ua Pb: × 9,600.

28. Urry DW: Neutral sites for calcium ion binding to elastin and collagen: a charge neutralization theory for calcification and its relationship to atherosclerosis. Proc Natl Acad Sci (USA) 68: 810–814, 1971.
29. Minns RJ, Steven FS: The effect of calcium on the mechanical behaviour of aorta media elastin and collagen. Br J Exp Pathol 58: 572–579, 1977.
30. Kerényi T, Lehmann R, Hauss WH, Jellinek H: Arteriosclerosis of rats induced by fat-free diet. Rheinisch-Westfälische Akademie der Wissenschaften, Abhandlung Band 63. Opladen Westdeutscher Verlag, 1978, pp 233–248.
31. Gerö S, Gergely J, Dévényi T, Jakab L, Székely J, Virág S: Role of intimal mucoid substances in the pathogenesis of atherosclerosis. I. Nature 187: 152–153, 1960.
32. Bihari-Varga M: Precipation complexes formed from MPS-s and serum beta-lipoprotein with the introduction of metal ions. Acta Chim Acad Sci Hung 45: 219–230, 1965.
33. Spina M, Garbin G: Age-related chemical changes in human elastins from non-atherosclerotic areas of thoracic aorta. Atherosclerosis 24(1-2): 267–279, 1976.
34. Kagan HM, Hewitt NA, Salcedo LL, Franzblau C: Catalytic activity of aortic lysyl oxidase in an insoluble enzyme-substrate complex. Biochim Biophys Acta 365: 223–234, 1974.
35. Keeley FW, Partridge SM: Amino-acid composition and calcification of human aortic elastin. Atherosclerosis 19: 287–296, 1974.
36. Yu SY: Cross-linking of elastin in human atherosclerotic aortas. I. A preliminary study. Lab Invest 25: 121–125, 1971.
37. Björkerud S: Concluding remarks. Scand J Clin Lab Invest 34 (Suppl 141): 66–67, 1974.
38. Robert L, Hornebeck W, Moczar M: Biosynthesis and degradation of elastin as a function of age and arteriosclerosis. XIth International Congress of Gerontology, Tokyo (Abstract), 1978, p 127.
39. Tsuji T, Hamada T: Age-related changes in human dermal elastic fibers. Br J Dermatol 105(1): 57–63, 1981.
40. Kádár A, Gloviczki P, Béres Z, Papp S: Transmission and scanning electron microscopic study of the incorporation of synthetic vascular prostheses. J Vasc Dis 9: 112–117, 1980.
41. Mc Kusick VA: Heritable disorders of connective tissue. St. Louis, CV Mosby, 1972, p 184.
42. Reye RDK, Bale PM: Elastic tissue in pulmonary emphysema in Marfan's syndrome. Arch Pathol 96: 427–431, 1973.
43. Byers PH, Holbrook KA, Barsh GS, Smith LT, Bornstein P: Altered secretion of type III procollagen in a form of type IV Ehlers-Danlos syndrome. Lab Invest 44(4): 336–341, 1981.
44. Danielsen L, Kobayasi T: Internal elastic lamina of gastric arteries in pseudoxanthoma elasticum. Acta Pathol Microbiol Scand [A] 80: 697–704, 1972.
45. Gordon SG, Overland M, Foley J: Evidence for increased protease activity secreted from cultures fibroblast from patients with pseudoxanthoma elasticum. Connect Tissue Res 6: 61–68, 1978.
46. Gotte L, Volpin D, Horne RW, Mammi M: Electron microscopy and optical diffraction of elastin. Micron 7(2): 95–102, 1976.
47. Montgomery H: Ehlers-Danlos syndrome. In: Dermatopathology. New York, Harper and Row, 1975, p 114.
48. Krane SM, Quinn RS: Consequences of defects in collagen synthesis – hydroxylysine deficiency. Symposium on the Biology of Connective Tissue, Uppsala, 4–9 Sept, 1977, pp 81–82.
49. Menkes JH, Alter M, Steigleder GK, Weakly DR, Sung JH: A sex-linked recessive disorder with reterdation of growth peculiear hair and focal cerebral and cerebellar degeneration. Pediatrics 29: 764–799, 1962.
50. Oakes BW, Danks DM, Campbell PE: Human copper deficiency: ultrastructural studies of the aorta and skin in child with Menkes' syndrome. Exp Mol Pathol 25: 82–98, 1976.
51. Ross R, Fialkow PJ, Altman LK: The morphogenesis of elastic fibers. In: Elastin and Elastic Tissue. Sandberg LB, Gray WR, Franzblau C (eds), New York, Plenum 1977, pp 7–17.
52. Järvi OH, Länsimies PH: Subclinical elastofibromas in the scapular region in an autopsy series. Acta Pathol Microbiol Scand [A] 83: 87–108, 1975.
53. Vajda K, Kádár A, Káli A, Urai L: Ultrastructural investigations of finger pulp biopsies. Review of 31 patients suffering from Raynaud's syndrome. Ultrastruct Pathol 3: 175–186, 1982.
54. Daróczy J, Vajda K, Király K: Study of the ultrastructure of normal and pathological human dermal elastic fibre. In: Frontiers of Matrix Biology, vol 4. Robert L (ed), Basel, Karger, 1977, pp 122–171.
55. Akhtar M, Brody H: Elastic tissue in pseudoxanthoma elasticum. Arch Pathol 99: 667–672, 1975.
56. Akhtar A, Reyes F, Young I: Elastogenesis in adenomatoid tumour. Cancer 37: 338–345, 1976.
57. Tremblay G: Ultrastructure of elastosis in cirrhous carcinoma of the breast. Cancer 37: 307–316, 1976.
58. Adnet JJ, Pinteaux A, Caulet T, Hibon E, Petit J, Pluot M, Roth A: L'élastose dans les cancers du sein. Etude anatomoclinique histochimique et ultrastructurale. Ann Med Reims 13: 147–153, 1976.
59. Cotta-Pereira G, Guerra Rodrigo F, David-Ferreira JF: The use of tannic acid-glutaraldehyde in the study of elastic and elastic-related fibers. Stain Technol 51: 7–11, 1976.
60. Hornebeck W, Derouette JC, Brechemier D, Adnet JJ, Robert L: Elastogenesis and elastinolytic activity in human breast cancer. Biomedicine 26: 48–52, 1977.

Author's address:
2nd Department of Pathology
2nd Central Electron Microscope Laboratory
Semmelweis Medical University
Üllöi-út 93
Budapest IX, Hungary

CHAPTER 10

The structural basis of calcification

ERMANNO BONUCCI

1. Introduction

The mechanisms involved in the onset and regulation of the calcification process in biological systems have been studied for many years by a great number of investigators using a variety of techniques. Despite much progress, however, most of the basic steps in the process are still uncertain. This mainly depends on the fact that calcification is not simply the coprecipitation of calcium and phosphate ions within an organic matrix, as it may seem at first sight. It is the result of the interplay of many biological and physicochemical factors possessing the capacity to stimulate or inhibit a highly complex process, in which cells and cellular organelles, matrix and matrix components, enzymes and vitamins all assume a major role. The range of the problem is increased by the heterogeneity of calcifiable tissues and matrices. Calcification not only occurs in the tissues of the skeleton and teeth (bone, cartilage, dentine, enamel), but also in the eso- and endoskeleton of invertebrates, the cuticle of several larvae, the eggs of birds and many insects, some cheratinized tissues, turkey tendons, and, in pathological conditions, in a great number of tissues and structures, such as elastin, basal membranes, and dermis. Practically every type of organic matrix is, or can be made, calcifiable (1).

It might be supposed that each calcifying tissue has its own calcification mechanisms, but the sheer number of calcified or calcifiable tissues and matrices makes this highly implausible. It is more reasonable to suppose that the basic mechanism(s) are always the same, but that they take different forms in tissues possessing different structures and composition.

For this reason, the mechanism(s) involved in the calcification process cannot be investigated in only one kind of calcifying tissue. It should, in principle, be capable of accounting for all calcifying tissues and must be appliable to all calcifiable matrices.

This paper, however, does not claim to consider all the aspects of the calcification process. It is mainly based on morphological findings, especially those obtained by transmission electron microscope investigations on mammalian skeletal tissues (for studies with the scanning electron microscope, see 2).

2. The ultrastructure of mineral substance

Chemical and physical methods have shown that the mineral substance of the hard tissues is a calcium phosphate belonging to one of the hydroxyapatite groups (for a review, see 3). The problem is, however, far from being definitively settled, partly because of the presence of a considerable amount of amorphous calcium phosphate and, probably, octocalcium phosphate, and partly because the chemical composition of the mineral substance depends on the type and age of the calcified tissues. This question, however, is not essential to an understanding of the discussion that follows, whose main assumption is that the mineral which can be demonstrated under the electron microscope is an imperfectly crystalline hydroxyapatite. This can appear either as elongated crystals or in granular, 'amorphous' form, where the latter term refers to the smallness of the solid particles under the electron microscope rather than a truly amorphous state.

2.1. Mineral ultrastructure in bone

The ultrastructure of mineral in bone is not absolutely constant; it partly depends on the type of bone and partly on its degree of calcification. It is well known, in fact, that in compact bone of osteonic type calcification occurs gradually: an initial phase of rapid but incomplete mineralization is followed by a phase of further, slow mineral deposition; by contrast, the degree of calcification in woven bone (and

Ruggeri, A and Motta, PM (eds): Ultrastructure of the connective tissue matrix. ISBN-13:978-1-4612-9789-5

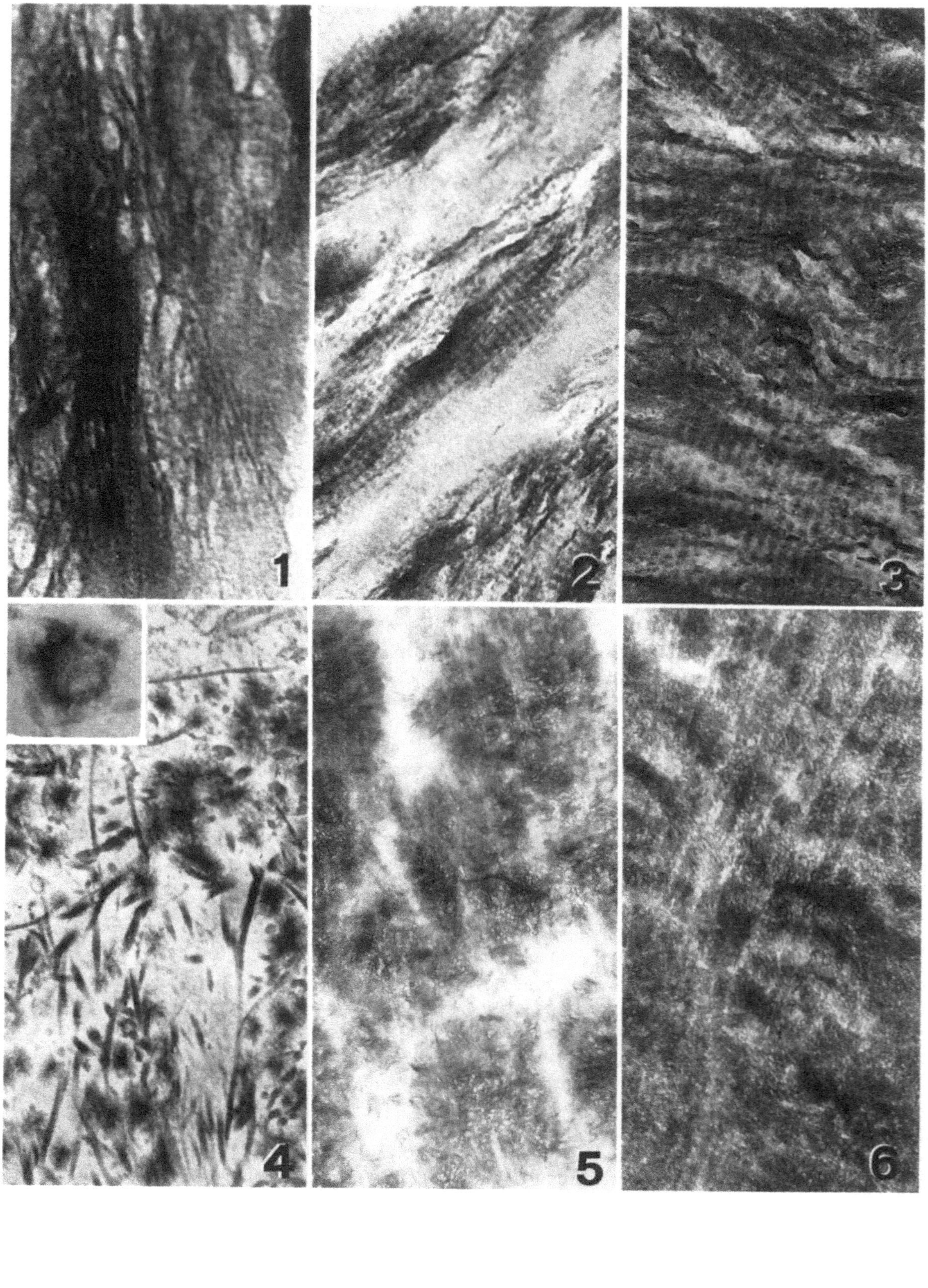
1
2
3
4
5
6

in other types of bone with a loose collagen texture) quickly reaches its maximum values (4). It is also known that the maximum degree of calcification varies from one type of bone to another; one of the highest degrees of calcification found, for instance, is that in the medullary bone of birds.

The first detailed electron microscope investigations on bone mineral were those of Robinson (5), who described tablet- or plate-like crystals, some of them showing a regular hexagonal outline and averaging about 500 × 250 × 100 Å in size. However, the bone examined by Robinson had been autoclaved or glycol-ashed and broken up into very small fragments by blending, a technique which, mainly because of heating, can greatly change the shape of the crystals. The many later X-ray diffraction and electron microscope investigations have yielded a wide range of values for the size of crystals (see 6): some of them have provided evidence that bone crystals are tablet-shaped, while others have strengthened the hypothesis that they are filament-, needle-, and/or ribbon-like structures about 25–40 Å thick and 500 Å long (Figure 1). Another concept put forward has been that both tablet- and needle-shaped crystals are present in bone (3); on this view, the needle-shaped ones could be thin platelets seen from the side or at oblique angles (7–10).

The differences in opinion about bone mineral ultrastructure probably derive from differences in the methods of investigation used and the types of bone tissue studied. As far as electron microscopy is concerned, it has been repeatedly claimed that changes in the crystal structure might easily be produced by decalcification, washing out, solubilization, and/or the reprecipitation of mineral substance during bone fixation and embedding, flotation of ultrathin sections on the distilled water of microtome holders, and the staining of ultrathin sections with uranyl acetate and/or other staining solutions. To check which of these artifacts, if any, actually occur, Ascenzi et al. (11) compared the ultrastructure of compact bone under sharply divergent experimental conditions. The bone specimens were unfixed, or fixed with formaldehyde, glutaraldehyde, or osmium tetroxide; they were unembedded or embedded in Araldite or metacrylate; and the ultrathin sections were obtained dry, or floated on distilled water or ethyl alcohol, and exposed to a high voltage electron beam, or precooled at −80° C. Excessive flotation on distilled water leads to the decalcification of ultrathin sections, but the other experimental conditions tested by Ascenzi et al. (11) do not seem to change the ultrastructure and electron diffraction of bone mineral, which fundamentally appears as elongated, filament- and needle-like crystals from 20 to 40 Å thick and of variable length (Figure 1). In this connection, it must be recalled that, as stressed by Elliot (3), cross-sections of bone crystals often appear as small dots, which are cross-sections of thin, elongated structures and not of tablet-like crystals. It must be added that bone crystals have also been described as a linear array of very small roundish granules (12, 13), which could later fuse to yield tablet-like crystals (13).

To ensure the fullest possible elimination of the artifacts presumably induced by contact with water, bone has been examined under the electron microscope after preparation by 'inert' dehydration with ethylene glycol, anhydrous dehydration in organic solvents, ultracryomicrotomy fixation by acrolein vapors and anhydrous preparation (9, 10, 14–16).

These rather sophisticated techniques have given results almost identical with those obtained by the classical methods, except that they have allowed a clearer demonstration of intramitochondrial inorganic granules and of the presence of 'amorphous' mineral substance in areas of early calcification.

The results of all these investigations justify the conclusion that both needle- and tablet-like crystals are present in compact bone, the latter predominating in fully calcified areas, and the former in areas of early calcification. In incompletely calcified bone an

←

Figure 1. Area of initial calcification in femoral periosteal bone of newborn rat: the crystals are shaped like filaments and needles and do not show any relationship with the collagen periodic banding. Unstained, × 170,000.

Figure 2. Area of initial calcification in compact osteonic bone: the inorganic substance is closely related to the collagen periodic banding and forms transversal, electron-dense bands. Unstained, × 50,000.

Figure 3. Area of advanced, still incomplete calcification in compact osteonic bone: transversal inorganic bands are partly masked by elongated crystals. Unstained, × 50,000.

Figure 4. Detail of the osteoid border in chick embryo femur: bone nodules and uncalcified collagen fibrils are recognizable. Uranyl acetate and lead citrate, × 24,000. Inset: a bone nodule decalcified and stained with PTA; × 25,000.

Figure 5. Area of calcification in epiphyseal cartilage: partly coalesced calcification nodules are visible. Unstained, × 36,000.

Figure 6. Fully calcified area in epiphyseal cartilage; the thin, electron-transparent linear structures probably correspond to uncalcified collagen fibrils. Unstained, × 55,000.

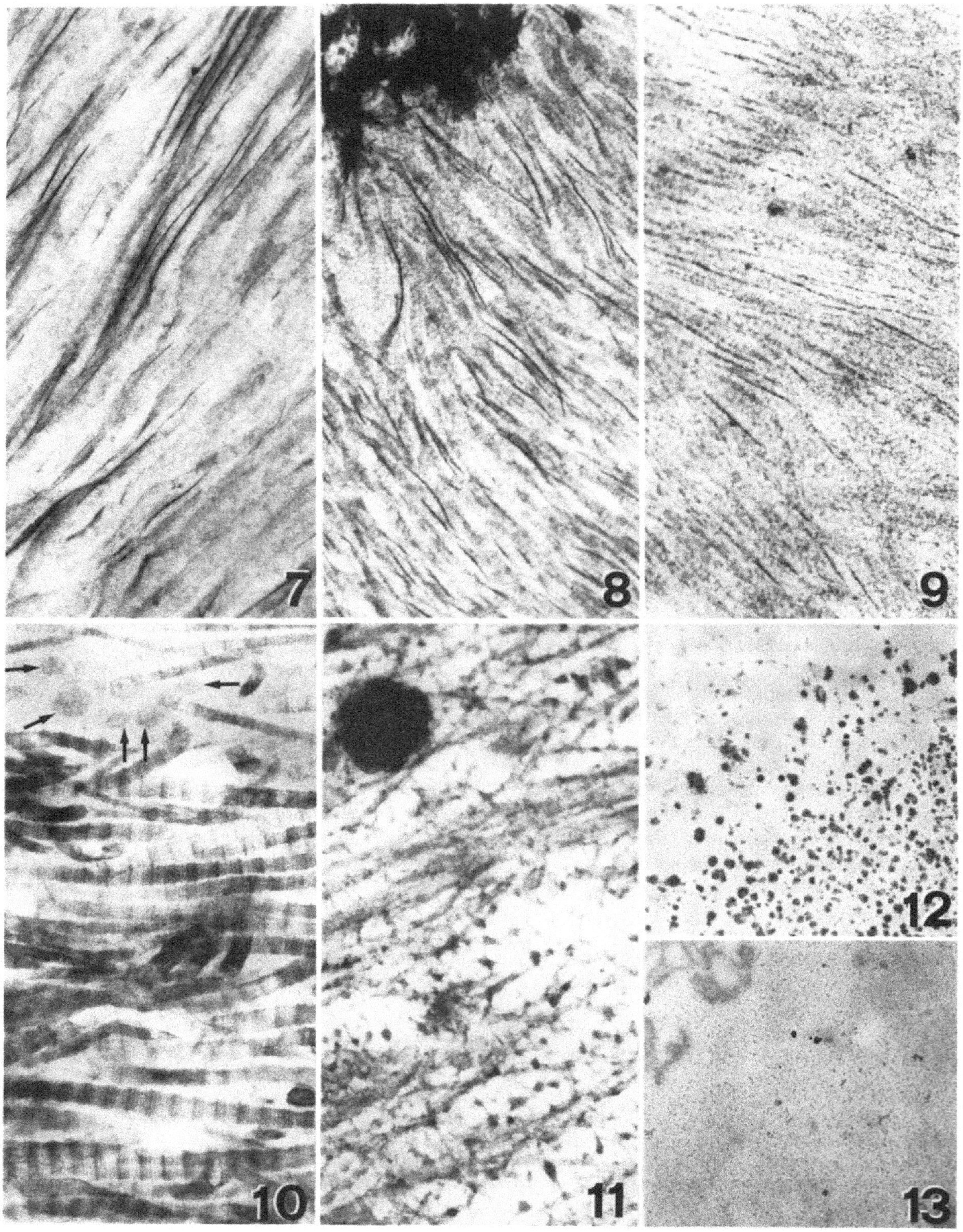
7
8
9
10
11
12
13

additional type of mineral can be found, consisting of 'amorphous', finely granular, electron-dense mineral substance which forms bands about 700 Å thick oriented transversally to the axis of the fibrils and bringing out their axial periodicity (Figure 2). It has been shown that these mineral bands mainly occur in areas of incomplete calcification, whereas filament-, needle-, and tablet-shaped crystals are abundant in fully calcified areas (Figure 3), where they more or less completely mask the pre-existing transversal mineral bands (17, 18).

These two forms taken by the mineral substance (thin elongated crystalline structures and transversally oriented finely granular – 'amorphous' – mineral bands) are not equally evident in all types of bone. They are easily recognizable in compact bone, whereas they are not clearly visible or are completely absent in bone with a loose collagen texture, such as membranous bone (14,19), tibio-tarsal bone in chick embryos (20), and, as shown in Figure 14, the medullary bone of birds (21) where the thin elongated crystals predominate. Moreover, although the transversal mineral bands are easily recognizable in incompletely calcified compact bone, they are not found in areas of earliest mineralization (22, 23). In fact, if the zones nearest the osteoblasts are examined, only isolated crystals, and small, roundish clusters of filament- and needle-like crystals are found (Figures 1, 4, 25). These clusters, which also include an amorphous, intrinsically electron-dense substance, have been called 'bone nodules' (14), 'calcification nodules' (24) or, by those who use the scanning electron microscope, 'calcospherites' (2).

2.2. *Mineral ultrastructure in calcifying cartilage*

Calcified cartilage has a high concentration of mineral substance, higher than that of the adjacent bone. Electron microscope investigations (25–29) have shown that the cartilage mineral consists of elongated, filament- and needle-like crystals which are grouped in small roundish clusters (calcification nodules) in calcifying areas (Figure 5). These have an amorphous, electron-dense background and, as calcification proceeds through the addition of new mineral particles, they gradually enlarge and coalesce, until they cover the whole cartilage matrix (Figure 6). Transversal mineral bands of the type found in compact bone have never been reported; tablet-like crystals do not seem to be present, although they have occasionally been mentioned. Roundish crystal clusters (calcospherites) are easily recognizable in areas of cartilage calcification by scanning electron microscopy.

2.3. *Mineral ultrastructure in dentine*

The ultrastructure of the mineral substance in dentine is almost the same as that in bone (13, 30), except that the transversal mineral bands found in compact bone are less evident here.

It should, however, be stressed that in dentine the matrix which borders the odontoblast processes (peritubular dentine) is hypermineralized and contains very thin, densely packed inorganic structures which appear as dots in cross-section and long profiles in longitudinal section (31).

2.4. *Mineral ultrastructure in enamel*

Enamel is the most highly calcified of all the hard tissues, and it is probably the one that has been most extensively studied under the electron microscope (for a review, see 31). This has shown that the mineral substance in enamel consists of crystals whose morphology changes with enamel maturation. The early crystals formed near the ameloblast membrane (Figure 7) are long, thin filament- and ribbon-like structures 200–400 Å in width, 10–30 Å in thickness,

←

Figure 7. Area of early enamel formation: filament- and ribbon-like crystalline structures are present. Unstained, × 85,000.
Figure 8. Area of early enamel formation: a small part of dentine on upper left. Uranyl acetate and lead citrate, × 60,000.
Figure 9. Area of early enamel formation after post-embedding decalcification and staining with uranyl acetate and lead citrate. The ultrastructure of the organic matrix is similar to that of untreated enamel. × 95,000.
Figure 10. Detail of osteoid border of medullary bone; arrows point to matrix vesicles. Uranyl acetate and lead citrate, × 66,000.
Figure 11. Detail of the matrix of calcifying cartilage: note thin collagen fibrils, granular structures (proteoglycans) linked to them, and a matrix vesicle (upper left). Uranyl acetate and lead citrate, × 54,000.
Figure 12. Cartilage matrix stained with colloidal iron: the small granular aggregates consist of iron-stained acid proteoglycans; a condrocyte lacuna partly visible on upper left. × 17,000.
Figure 13. Same as Figure 12, after hyaluronidase digestion; a chondrocyte partly visible on upper left. × 17,000.

and – though their length is hard to measure – probably over 3000 Å long (32–34). With increasing distance from the ameloblast surface, i.e. with rising enamel maturation, the cross-sectional profile of the crystals gradually takes on a rather irregular, approximately hexagonal shape, especially because of the rise in crystal thickness (34). Mature crystals are about 400–600 Å wide and 170–350 Å thick (32–35). A dense line has been reported to occur along the longitudinal axis of mature crystals (32–34). This has been interpreted as indicating a difference in composition between the central and peripheral parts of the crystals due either to remnants of calcified organic matrix (32) or to a lack of uniformity in the composition of the first crystal formed (32, 34). It could, however, simply be due to a phase discontinuity in the crystals (33).

2.5. Mineral ultrastructure in extraskeletal calcified tissues

Many electron microscope studies have dealt with normally calcifying extraskeletal tissues (turkey tendons, for instance) and pathologically calcified tissues, and a review of these certainly lies outside the scope of this paper. It need only be pointed out here that the mineral substance in calcified tendons shows almost the same ultrastructure as in compact bone (36), whereas most of the mineral accumulated in dystrophic and ectopic calcification takes the form of roundish, coalescing clusters of filament-like crystals, resembling those found in calcifying cartilage. Pathologically calcified tissues often show mineral accumulation within mitochondria, which contain small clusters of filament-like crystals or roundish aggregates of granular and 'amorphous' mineral (37).

2.6. Comments on mineral ultrastructure

Considering the data reported above as a whole, the following main comments can be made:

a) Different calcified tissues show different degrees of calcification. The highest is found in enamel, which is probably followed by peritubular dentine, calcified cartilage, the medullary bone of birds, woven bone, and as last term in the series, young osteonic bone.
b) The greater the degree of calcification, the higher the concentration of filament-, needle-, and ribbon-like crystals.
c) The transversal banding of mineral substance is evident in only slightly mineralized areas in compact bone, calcified turkey tendons and intertubular dentine; as calcification increases these bands are obscured by elongated crystals. Transversal bands are not present in areas of early calcification, where only roundish clusters of filament- and needle-like crystals (bone or calcification nodules, calcospherites) are found.
d) The fine structure of the mineral substance varies with the type of calcified tissue, the degree of mineralization and maturation of crystals. The presence of mineral substance in bands is confined to some types of bone, dentine and turkey tendons; in other calcified tissues the prevalent – often the only – morphological form taken by the mineral substance is that of thin, elongated, filament- and needle-like crystals in areas of early calcification and that of needle-, tablet-, and ribbon-like crystals in areas of complete calcification.

3. The ultrastructure of calcified organic matrices

The fact that the mineral substance is normally deposited extracellularly focuses interest on the study of the calcified organic matrices. Thus, a study of the differences between the structural and chemical properties of the calcifiable matrices in different hard tissues yields a great deal of information useful to the solution of problems connected with the calcification process.

3.1. The organic matrix of bone

Like in other calcifying tissues, the organic matrix of bone consists of two components: collagen fibrils and the interfibrillary ground substance.

The collagen fibrils in bone (for a review, see 38) have a diameter ranging between 500 and 700 Å and an axial periodicity of about 680 Å (Figure 10), although these values seem to vary with age and in different types of bone (38). It should be borne in mind that the collagen fibrils in the calcified bone matrix are largely masked by the mineral substance, which makes them invisible under the electron microscope unless they have been decalcified. As specified below, decalcification can produce several types of artifact, especially intra- and inter-fibrillar dissociation (see Figure 19) and can change the thickness of fibrils. Even so, collagen fibrils in compact bone appear to be closely aggregated and often parallely oriented, with their periodicity in register; in woven bone, they are arranged aphazardly, and in other types of bone they often show intermediate degrees of mutual orientation and aggregation. Collagen fibrils are always loosely arranged in the so-called osteoid border, that is in not yet calcified matrix (Figures 4, 10, 25, 26), and their degree of aggregation increases with that of matrix calcification.

Considering only the structural findings, it may be concluded that collagen in bone resembles that found in many non-calcifying tissues (39). This resemblance, however, may not extend to its chemical and physical properties (40).

The interfibrillary ground substance has often been overlooked in bone, both because it is very difficult to study under the electron microscope and because it makes up only a small fraction of bone matrix. As a result, there have been very few electron microscope studies on the ground substance, and our knowledge of its structure and composition mainly derives from histochemical and biochemical investigations (see 22). These have shown that the areas of initial calcification contain glycoproteins and acid proteoglycans, whose concentration falls as calcification proceeds.

Using colloidal thorium dioxide as a stain for acid proteoglycans, Scherft (41) was able to demonstrate the presence of thorium-stainable material in the matrix of calcification nodules. This is also stained by acidic phosphotungstic acid (PTA) (Figure 4, inset), which selectively stains glycoproteins after glycolmethacrylate embedding (22).

The presence of lipids has been demonstrated histochemically (42) and biochemically (43) in bone, especially in areas of initial calcification. By applying a modified version of Irving's method to electron microscopy, it has been shown that the sudanophilic areas contain filament- and needle-like organic structures shaped like bone crystals (44). These areas are deeply stained by colloidal iron and periodic acid – silver nitrate methenamine.

The ground substance contains other components, such as γ-carboxyglutamic acid and phosphorylated polypeptides, which because of their strong calcium affinity may play a significant role in the early phases of the calcification process. No morphological counterpart to these components has, however, so far been identified.

The ground substance is much more abundant in calcifying cartilage than in bone and most of our knowledge of this substance derives from studies on cartilage. It should be stressed, though, that the amount of ground substance varies in different types of bone; a loose fibril texture tends to correspond to a high concentration of interfibrillar substance. A typical example is the medullary bone of birds. In this tissue, one of whose structural features is a loose collagen network, non-collagenous proteins and proteoglycans are more plentiful (and the degree of calcification is higher) than in cortical bone, whereas the hydroxyproline content is less than half what it is in compact bone (21). The non-collagenous proteins partly belong to glycoproteins and acid proteoglycans which can be demonstrated both by light and electron microscope histochemistry (21).

In compact bone of lamellar type the aggregation of the collagen fibrils is lower in the osteoid border than in the calcified matrix; thus the former contains more interfibrillary substance than the latter. This is in agreement with the finding discussed above that components of the ground substance are lost during calcification. As already noted, the progressive aggregation of the collagen fibrils during calcification does not occur to the same extent in all types of bone; woven and medullary bone, for instance, have a loose collagen texture and plenty of ground substance even in fully calcified areas.

3.2. The organic matrix of calcifying cartilage

In calcifying cartilage, as in bone, the organic matrix consists of collagen fibrils and interfibrillar ground substance. The former, however, are less numerous and thinner, and the latter more abundant, than in any known type of bone. In areas of cartilage calcification (Figure 11), the thickness of the collagen fibrils ranges between 100 and 400 Å, with a mean of about 200 Å; their periodic banding is either absent or intermediate between 100 and 200 Å (25, 26). The largest fibrils show regular cross-banding with a period of 540 Å.

In calcifying cartilage, collagen fibrils come to form a loose, irregular network whose meshes are taken up by plenty of ground substance. This contains a high concentration of glycoproteins and acid proteoglycans, as is easily demonstrable using histochemical methods under the light or electron microscope (23). In convential electron microscope preparations, many leaflike or stellate particles, 100–150 Å across, are associated with collagen fibrils (Figure 11). They are considered to be proteoglycan chains in a coiled conformation (28), as shown (Figure 12) by their reactivity with colloidal iron lanthanum nitrate, acidic bismuth nitrate, ruthenium red and by their disappearance after extraction with guanidinium chloride and digestion with hyaluronidase (Figure 13), papain, and chondroitinase. It is worth noting that the size and numbers of these particles fall off sharply just before calcification, which is in accordance with the fall in proteoglycan content reported prior to cartilage calcification.

The ground substance of cartilage does not contain proteoglycans alone, but a number of other substances. Some of them have calcium-binding properties; this is true of lipids, phosphopeptides, peptides containing γ-carboxyglutamic acid, and glycoproteins. These components of the ground substance have not yet been identified under the electron microscope.

3.3. The organic matrix of dentine

No substantial differences have been found between the ultrastructure of the organic matrix of dentine and that of bone. Collagen fibrils of predentine are haphazardly arranged and have the same size and periodic structure as those of the osteoid border of bone. After decalcification, also calcified areas show fibrils resembling those of decalcified bone matrix.

Dentine ground substance, too, presumably has much in common with that of bone, including the presence of glycoproteins, acid proteoglycans, lipids, and γ-carboxyglutamic acid. It should be noted that one distinctive feature of dentine collagen is its covalent linkage to strongly acidic phosphoproteins, which have been called 'phosphophorins' (45).

The organic matrix of so-called peritubular dentine (the hypermineralized sheath of dentine which surrounds the odontoblast processes) has a distinctive ultrastructure. It contains few, if any, collagen fibrils, whereas it is rich in proteoglycans (31), and after decalcification it appears under the electron microscope as a fine network of thin filaments (46).

3.4. The organic matrix of enamel

The organic matrix of enamel is better known chemically than morphologically. It basically consists of a cheratin-like material whose main constituents are proteins, lipids, and carbohydrates. Reference to the enamel age is important, because the concentration of the organic matrix decreases as enamel matures. The most immature enamel contains about 15–20% protein by weight, whereas the most mature contains only 0.1% protein or less (47); this explains why immature enamel has usually been chosen for chemical analysis. These investigations, whose results are partly reported and summarized by Schiffmann et al. (39), have shown that developing enamel matrix contains heterogeneous polypeptides (called enamel proteins, amelogenins, or enamelins) characterized by a high proportion of proline, glutamic acid, leucine, histidine and methionine.

There is so little organic matrix in adult enamel that it is completely masked by the mineral substance. As a result, most electron microscope studies have been carried out on decalcified material. This method of investigation may, however, induce a number of artifacts, which are specified in Sections 4.1 and 4.4., where the structure of the matrix of mature enamel is reconsidered.

Electron microscope investigations on the organic matrix of developing enamel face considerable difficulties, too, both because its secretion is immediately followed by its calcification, so that it is largely masked by inorganic substance (48), and because the fall in the concentration of its components occurs early, when the matrix is still related to the ameloblasts. Despite this, a number of electron microscope studies have shown that even in undecalcified sections an amorphous or irregularly filamentous ('stippled') material is closely related to the ends of the cytoplasmic processes (Tomes' processes) of the ameloblasts and that crystals form at an early stage in this material, which is modified, partly reabsorbed and gradually masked as they mature.

Histochemical and autoradiographic investigations have shown that the enamel matrix contains glycoproteins and sulphated proteoglycans. In addition, biochemical investigations have shown that, with a few qualitative differences, enamel matrix contains lipids like those found in bone and dentine (49). Phosphoproteins are also present, whereas γ-carboxyglutamic acid is absent (50).

3.5. The organic matrix of calcified extraskeletal tissues

Virtually every organic matrix can calcify or be converted into a calcifiable matrix under experimental or pathological conditions (1). Thus, the ultrastructure of the organic matrix of calcified extraskeletal tissues is extremely variable, going from collagenous matrix with a high degree of fibril aggregation, as in turkey leg tendons (36), to matrix which contains no collagen fibrils at all, such as that of many extraskeletal tissues.

All the extraskeletal calcified matrices contain glycoproteins, acid proteoglycans and lipids (see 23). Phosphopeptides and γ-carboxyglutamic acid-containing peptides have recently been demonstrated in calcifying turkey tendons and in several types of ectopic calcification.

3.6. Comments on the ultrastructure of calcified organic matrices

The following main comments can be made about the ultrastructure of the calcified matrices:

a) The organic matrix of bone and of intertubular dentine, as well as calcified turkey tendons, mainly consist of collagen fibrils, whose degree of aggregation varies, rising with calcification.
b) Only a little interfibrillar ground substance is usually present, but the quality varies in different types of bone (it is inversely related to the amount and compactness of collagen fibrils) and in some cases, such as the medullary bone of birds, it is plentiful.
c) The organic matrix of calcifying cartilage contains thin collagen fibrils, often without any periodic banding, and plenty of ground substance; the organic matrix of peritubular dentine and enamel consists of a non-collagenous substance with a filamentous, granular and amorphous structure.
d) In pathological calcification, the structure of the calcified matrix depends on that of the calcified tissue; it has an extremely variable composition and may consist of collagen fibrils or of a variety of non-collagenous structures.
e) By comparing the structure of the organic matrix with its degree of calcification (see Section 2), the conclusion can be drawn that the lower the concentration and compactness of collagen fibrils (and the greater the amount of interfibrillary ground substance), the higher the degree of calcification and the concentration of filament- and needle-like crystals, and the lower the amount of mineral substance in bands.
f) Considering all the calcified matrices, it becomes evident that calcification is not always and obligatorily linked to collagen fibrils, but more often to components of the ground substance. This contains substances possessing marked calcium-binding properties (glycoproteins, proteoglycans, lipids, phosphoproteins, γ-carboxyglutamic acid).

4. Organic–inorganic relationships in calcified matrices

The increasing evidence that components of the organic matrix play an important role in calcification focuses attention on the study of the relationships between these components and the mineral substance. Such study makes possible a deeper understanding of calcification-inducing mechanisms and the organic structures involved in them.

4.1. Organic–inorganic relationships in bone

It is well recognized that in bone the mineral substance (whether consisting of elongated crystals or transversal bands) is closely related to collagen fibrils.

As regards the filament- , needle- , and tablet-like crystals, Robinson (5) discovered thirty years ago that these structures are closely related to the fibrils, so that the long axis of the crystals runs almost parallel to that of the fibrils. This finding has been confirmed on several occasions both by electron microscopy and electron and X-ray diffraction. A crystal–collagen relationship as close as this is evident in compact bone, whereas it is much less so in types of bone whose collagen texture is looser. In the medullary bone of birds, for instance, most of the crystals are collected in roundish clusters (Figure 14) or are haphazardly arranged and show no evident relationship with the fibrils. It appears evident that the orientation of the crystals depends on the amount of collagen fibrils: the more compact they are, the better aligned the crystals will be. In the osteoid border and in types of bone which, like medullary bone, have a loose collagen texture and, therefore, plenty of ground substance, the crystals are irregularly arranged (such types of bone, incidentally, contain more elongated crystals, and more highly calcified matrix than compact bone). Only when calcification progresses, and the collagen fibrils become laterally aggregated, do the almost radially arranged crystals of the bone nodules acquire a typical alignement, running almost parallel to the fibrils.

These findings suggest that the elongated crystals are located in the interfibrillary spaces (possibly also on the surface of fibrils), but the question of whether they lie inside or outside collagen fibrils is still a matter of dispute (see 22, 23, 40). If, however, areas of early mineralization are examined, the extrafibrillar location of the elongated crystals of the bone nodules appears unequivocal, because they are quite unrelated to the axis or periodic banding of fibrils (see also 20). What is more, single, isolated crystals can be found in the interfibrillar spaces, in sites clearly unrelated to collagen fibrils (Figures 15, 16). The extrafibrillar location of the elongated crystals is

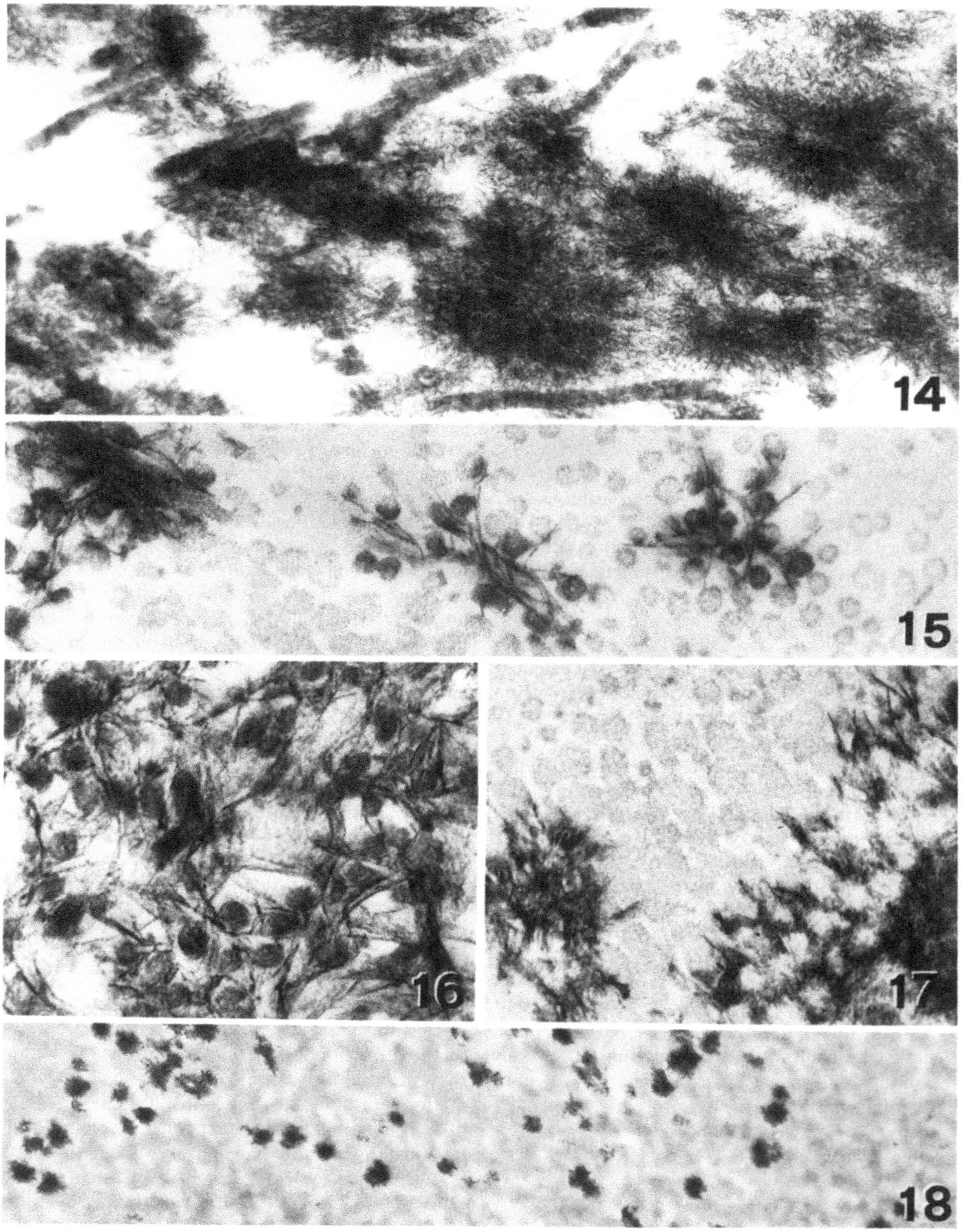
14
15
16
17
18

also shown by the observation that, as calcification begins, rings of crystals occasionally surround cross-sections of uncalcified collagen fibrils (Figure 17). Observations of this type have been made in osteoblastoma (51) and, with great clarity, in a distinctive type of bone, the osseous layer of the scales of teleost fishes (52–54). The fact that bone nodules are sited between, and form independently of collagen fibrils, is also shown by ultrastructural investigations on bone in fibrogenesis imperfecta ossium, which have demonstrated that bone nodules can be formed even when a matrix contains no collagen fibrils at all (Figure 18).

There seems to be less doubt about the location of the mineral substance which forms transversal bands lying at right angles to the axis of the fibrils. It seems adequately proven, in fact, that it is located within the fibrils, or, to be more precise, close to the 'hole' regions, between the a_3 and c_2 periodic bands (18), where it acts as a 'negative' stain of the 'holes' which, if the model of Hodge and Petruska is correct, lie within the fibrils. In this specific case, therefore, the mineral substance seems to be sited within compartments corresponding to the fibril 'holes' (18, 40). If the elongated crystals derive from the growth of the mineral particles making up the transversal bands, it clearly follows that they, too, must have an intrafibrillar location. It remains to be definitively shown whether elongated crystals are formed from the banded mineral by further deposition of mineral substance (as suggested by Glimcher, 40), or whether they belong to one of two completely unrelated mineral phases, the first lying in the interfibrillar spaces, and the second within the fibrils. The evidence seems to favour the latter hypothesis, since most of the electron microscope investigations on initial calcification point to the extrafibrillar localization of the elongated crystals and, implicitly, to an origin unrelated to the mineral substance in bands. This subject is discussed further below (see Section 6.1).

To avoid the almost complete masking of the underlying organic matrix by the mineral substance, a number of electron microscope investigations on organic–inorganic relationships have been carried out on decalcified bone. Decalcification, however, very often induces artifacts which can basically change the ultrastructure of the bone matrix (55). These artifacts can be partly avoided by postponing decalcification until the tissue has been embedded in an epoxy resin; this largely or completely prevents the solubilization of organic material during decalcification (46, 55). Post-embedding decalcification can be carried out either by flotation of semithin or ultrathin sections on the decalcifying solutions (22, 23, 26, 27), or by full immersion of the embedded tissue in them (21, 55).

When previously calcified bone matrix is decalcified before embedding, it appears to consist of rather disaggregated, largely dissociated collagen fibrils (Figure 19). Dissociation can be so marked that the fibrils appear as bundles of irregular filaments, in which case periodic banding is no longer visible. Clearly, no information about organic–inorganic relationships can be obtained from preparations of this type,

After post-embedding decalcification, the previously calcified bone matrix has a compact appearance (Figure 19): the collagen fibrils remain closely aggregated, so that their limits are hardly recognizable, and no spaces, fissures, or empty compartments are left by the solubilization and removal of the mineral substance (55). These decalcified fibrils are very lightly stainable, so that their periodic banding is almost imperceptible (Figure 19), probably because most of their chemical groups are involved in undisrupted intra- and inter-fibrillar cross-links and are not available for the stain. This picture, however, depends on the type of bone. When the collagen fibrils are not compact and the ground substance is abundant, as for instance in the medullary bone of birds, the post-embedding decalcification and staining technique shows loose collagen fibrils and a filamentous substance between them, which

←

Figure 14. Area of calcification in the medullary bone of birds: bone nodules are located between uncalcified collagen fibrils. Uranyl acetate and lead citrate, × 70,000.

Figure 15. Front of calcification in metaphyseal bone: crystals are located between cross-sectioned collagen fibrils; note that the fibrils near crystals are more reactive with uranium and lead than those far from calcification centers. Uranyl acetate and lead citrate, × 85,000.

Figure 16. Area of calcification in the mandibular bone of the rat: many crystals run between cross-sectioned collagen fibrils. Uranyl acetate and lead citrate, × 90,000.

Figure 17. Area of calcification in osteoblastoma: inorganic substance is located around cross-sectioned collagen fibrils, which appear as empty spaces. Uranyl acetate and lead citrate, × 90,000.

Figure 18. Area of calcification in a case of fibrogenesis imperfecta ossium: note lack of collagen fibrils and presence of bone nodules. Uranyl acetate and lead citrate, × 10,000.

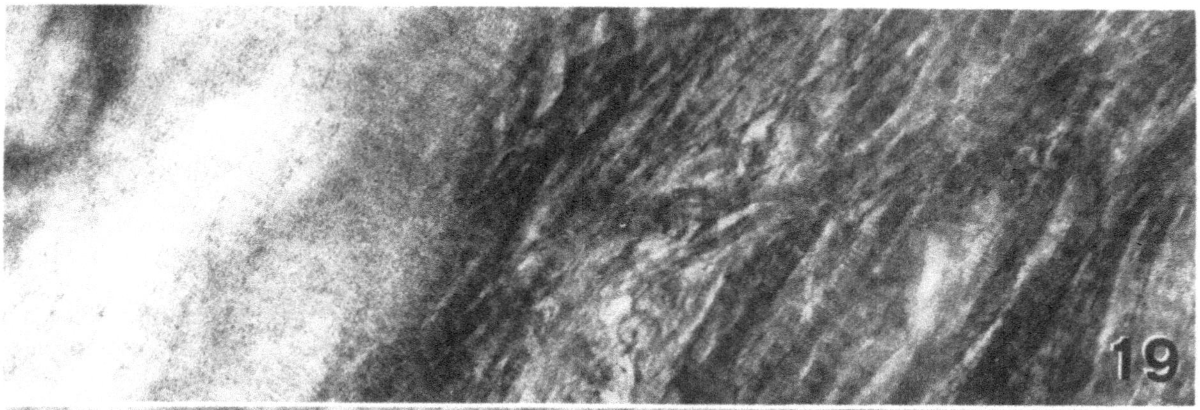
19

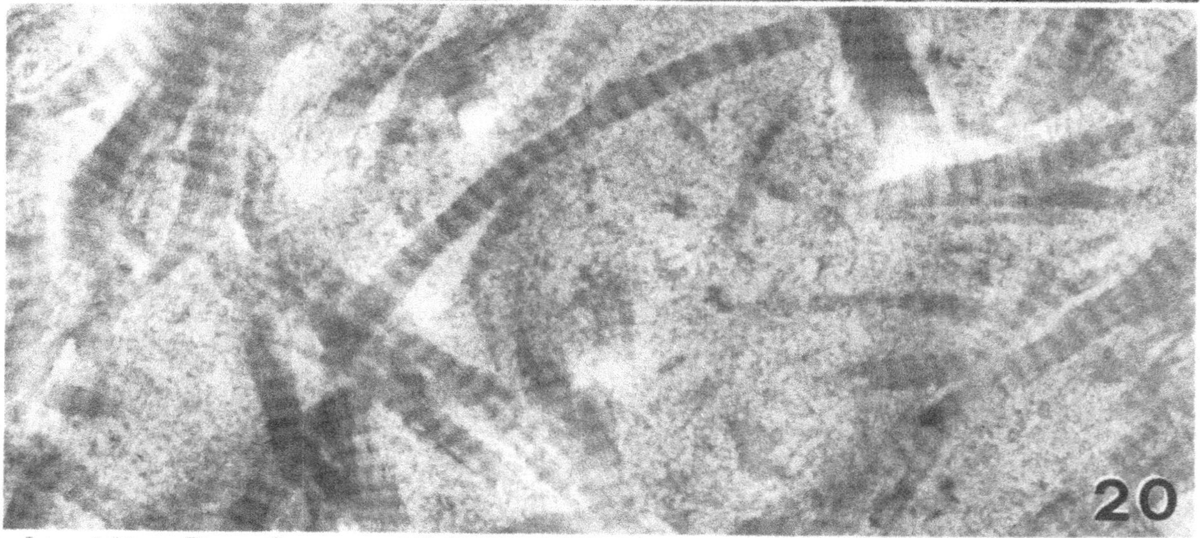
20

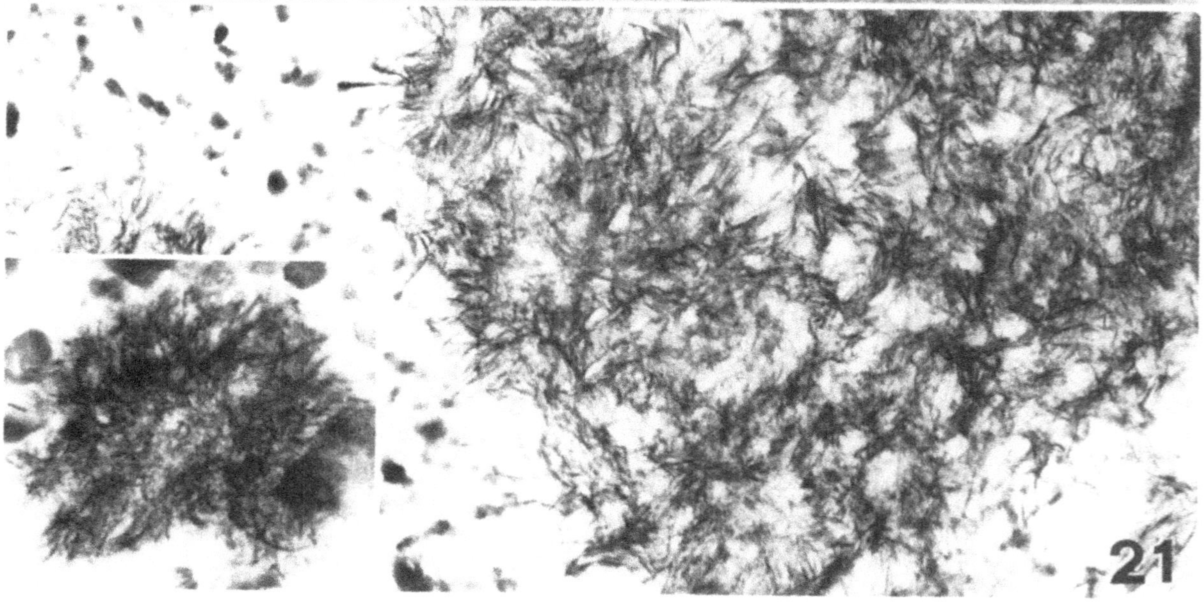
21

more or less completely fills up the interfibrillary spaces (Figure 20) and whose amount is inversely related to the compactness of the fibrils.

Rather different results are obtained when areas of early calcification are examined. Very few studies have been carried out so far on the ultrastructure of bone nodule matrix examined after conventional (pre-embedding) decalcification. This is probably due to the fact that this technique leads to excessive extraction of the organic structures, so that the bone nodules appear empty or contain only a granular material surrounded by an electron-dense border (24).

After post-embedding decalcification and staining, the ultrastructure of the organic components of the bone nodules is well preserved. If stained with uranium and lead, the smallest nodules seem to be completely undecalcified (Figure 21, inset), because they appear to consist of filament- and needle-like structures closely resembling untreated crystals (14, 23, 56, 57). This effect is due to the staining, by uranium and lead, of previously invisible organic structures shaped very like untreated crystals. This close similarity has led to their being called 'crystal ghosts' (26). Post-embedding decalcification and staining display collagen fibrils simultaneoulsy with the matrix of the early bone nodules, so providing further evidence that these nodules are initially located in the interfibrillar space (21, 23). Collagen fibrils may be trapped within and masked by the matrix of the nodules as these grow and coalesce (55).

After post-embedding decalcification and staining, most of the crystal ghosts appear at the periphery of the nodules; the central part of the nodules consists of a finely granular, amorphous, and/or irregularly filamentous matrix. Any collagen fibrils which may have been trapped in the nodules are masked by this matrix (55).

Similar results are obtained by staining with phosphotungstic acid (Figure 4, inset). In this case, the periphery of the bone nodules shows crystal ghosts; more centrally, these are masked by an amorphous, deeply stained matrix (22, 23). According to Bernard and Pease (14), who have obtained similar results, the PTA staining of decalcified bone nodules reveals three zones: a peripheral zone consisting of undecalcified crystals and decomplexing collagen, a central zone with a dense area probably corresponding to the area of initial calcification, and an intermediate zone consisting of altered collagen.

4.2. Organic–inorganic relationships in calcifying cartilage

The crystals of the calcifying cartilage are irregularly arranged and show no direct relationship with the collagen fibrils or their periodicity, if any. When the post-embedding decalcification and staining technique is used on calcification nodules in cartilage, the same organic structures are revealed as in bone nodules. These structures appear to be roundish in form; they are surrounded by crystal ghosts and consist of a granular or irregularly filamentous matrix (22, 23, 26, 28, 55, 58). At sites of more advanced calcification, where the calcification nodules are coalescing or have already coalesced, this technique reveals filamentous structures closely resembling untreated crystals and almost completely masking the other components of the cartilage matrix (Figure 21).

No empty compartments of any kind are left in the matrix when the crystals are removed.

4.3. Organic–inorganic relationships in dentine

The organic–inorganic relationships found in dentine are very similar to those reported for bone. This also applies to decalcified material: by comparing two decalcification methods, the first based on formic acid treatment of Epon-embedded material, and the second on EDTA treatment of unembedded specimens; it has been shown that the former type of preparation contains collagen-associated filaments in intertubular dentine and very thin filaments and granules in peritubular dentine (46), both closely resembling the crystal ghosts described as occuring in calcifying bone and cartilage matrix.

←

Figure 19. Bone matrix decalcified before (right) and after (left) embedding: note the dissociate appearance and the heavy stainability of the former, and the compactness and light stainability of the latter. Uranyl acetate and lead citrate, × 40,000.

Figure 20. Matrix of medullary bone after post-embedding decalcification and staining with uranyl acetate and lead citrate: the interfibrillar spaces are wide and contain a filamentous material. × 40,000.

Figure 21. Matrix of calcifying cartilage after post-embedding decalcification and staining: crystal ghosts mask the collagen fibrils and the proteoglycans, which are recognizable only in areas which had not been calcified. Inset: detail of a bone nodule after post-embedding decalcification and staining. Uranyl acetate and lead citrate, × 105,000 and, inset, × 80,000.

4.4. *Organic–inorganic relationships in enamel*

The organic–inorganic relationships in enamel are still a matter of considerable controversy, so much so that it has still not been definitively decided whether the crystals are closely related to the filamentous structures of the matrix or are simply enclosed in compartments of an amorphous, gel-like substance.

It is very difficult to obtain evidence of any kind in undecalcified specimens, on account of the complete masking of the organic matrix by the mineral substance, but the post-embedding decalcification and staining technique has given interesting, even if slightly controversial results.

From studies on mature enamel, the conclusion has been drawn that the organic matrix envelops the crystals (59). Almost the same conclusion was reached by Travis and Glimcher (34), using a post-embedding decalcification and staining technique. These authors stressed that the organic matrix in decalcified sections of enamel is strikingly similar in its overall organization to that of the fully mineralized tissue and that the intraprismatic matrix is composed of filamentous structures about 48 Å wide, often organized into doublets delimiting a compartment of about 120 Å. As a whole, these compartments appear to form tubular sheaths whose orientation runs parallel to that of the long axis of the crystals; they seem to be the spaces where crystals are housed. Tubular structures have also been reported in enamel matrix by Decker (60).

Other investigators, whose work has mainly been devoted to the early phases of crystal formation, have reached different results. Rönnholm (48) and Frank (31) found that enamel matrix contains very long filaments or septa 80 Å thick, which are interconnected by thin crossbridges and lie parallel to the long axis of the crystals. The post-embedding decalcification and staining technique shows very clearly these filaments and septa (Figure 9); they are very similar to untreated crystals and consequently can be considered as 'crystal ghosts' (see also Figure 7 in 31). Similar results were obtained by Smales (61): by decalcifying isolated, unembedded crystals directly on the grids, he revealed double helices with cross-bridges which seemed to have been wound round the crystals.

4.5. *Organic–inorganic relationships in calcified extraskeletal tissues*

Many good studies have explored the organic–inorganic relationships in calcified turkey tendon. This tissue closely resembles compact bone, in so far as the mineral substance forms transversal bands lying at right angles to the main axis of the fibrils and reinforcing their periodic banding (36). As previously reported for bone, however, the early crystals are located in the interfibrillar spaces (36). This is in accordance with the finding that in calcifying areas of turkey tendons the collagen fibrils can have a low intrinsic electron density and can be surrounded by electron-dense circular zones which contain twice as much mineral as the fibrils and consist of closely packed needle-shaped crystals (62). Crystals initially lying in the interfibrillar spaces and then closely related to the collagen fibrils have also been observed in dermal calcification (63).

Filament- and needle-like crystals, which are typically found in ectopic calcification, very often show an orientation governed by that of structural components of the calcified tissues. In calcified mitochondria, for instance, the early crystals are closely related to the membranes of the cristae and often reproduce their shape (37). Moreover, the post-embedding decalcification and staining technique shows that the intramitochondrial mineral substance is closely connected with an organic substrate (37), whose shape is practically the same as that of the mineral aggregates (Figures 22–24).

In all these cases, the post-embedding decalcification and staining technique shows the presence of organic structures whose shape resembles that of the mineral substance. One typical case is that of the experimentally calcified aorta of the rat, whose mineral substance consists of very thin filament-like crystals which, after decalcification and staining, unmask filamentous structures shaped like untreated crystals. These organic structures are comparable with the 'crystal ghosts' found in skeletal and dental tissues.

4.6. *Comments on the organic–inorganic relationships in calcified tissues*

The results of electron microscope investigations on the organic–inorganic relationships in calcified tissues allow the following main conclusions to be drawn:

a) In all calcified tissues there is a close relationship between the mineral substance and the components of the organic matrix, the morphology of the former being largely conditioned by that of the latter. For this reason, the ultrastructure of mineral substance differs in different types of calcified tissues.

b) Mineral arranged in transversal bands is only found in calcified tissues with a compact collagenous matrix (compact bone, turkey tendons). This mineral is located in the holes, or hole regions, of the collagen fibrils. The maturation of the mineral found in bands could give rise to tablet-like crystals.
c) The lower the density of the collagenous matrix, the more filament- and needle-like crystals are found (and, therefore, the lower the concentration of collagen fibrils, the higher the degree of calcification). Such crystals are located in the interfibrillar spaces and on the fibril surface, i.e. are related to components of the ground substance.
d) No compartments are demonstrable around filament- and needle-like crystals. This is true of enamel crystals, too, because no compartments are visible after their removal in areas of early calcification, and because those that do appear in decalcified mature enamel may be due to the compressive effect of the growing crystals on the surrounding organic matrix.
e) Post-embedding decalcification and staining show that the inorganic substance is always closely connected with an organic substrate. The filament- and neeldle-like crystals lying in areas of early calcification are organic–inorganic structures; thus, the removal of the mineral substance shows non-collagenous filaments (crystal ghosts) which make up the axial cores of the crystals. These structures become less and less evident as calcification nears completion. As a result, only aggregated collagen fibrils apparently devoid of compartments and less stainable than the loose fibrils of the osteoid border can be made out in fully calcified areas of compact bone. In tissues with few collagen fibrils, crystal ghosts are visible even in fully calcified matrix, although their filamentous shape may be almost completely masked.

5. The role of cells and cellular structures in calcification

Pautard's (64) early finding that the calcification process occurs under cellular control, and the observation that crystals can be identified that apparently lie within cytoplasmic processes (65), has been developed in detail in recent years, so that the primary role of cells in calcification is now acknowledged. This concept does not, of course, refer to the fact that cells can synthesize the calcifiable matrix itself and other substances (alkaline phosphatase, for instance) which are connected in various ways with the calcification process. Reference is mainly made to the role of cells as regulators of the transport and concentration of calcium and phosphate ions, which is brought about by two main mechanisms. The first, basically intracellular, mechanism chiefly involves mitochondria, whereas the second, extracellular one, involves 'matrix vesicles'.

5.1. The role of osteoblasts in bone calcification

A number of electron microscope investigations have shown that osteoblasts are directly involved in calcium transport and bone calcification. As regards the intracellular mechanisms, the presence of calcium aggregates in osteoblast mitochondria (9, 10) is the clearest demonstration that osteoblasts regulate the transport of calcium ions from blood vessels towards the calcifying matrix. The possible role of osteoblast mitochondria in the calcification process has already been reviewed (22, 23, 37, 66).

Recognition of the role of osteoblasts in extracellular calcification was foreshadowed by the findings of Hancox and Boothroyd (65). It was first confirmed on indirect evidence from studies on calcifying cartilage, and then by demonstration of matrix vesicles in the osteoid border in close proximity to osteoblasts and osteoblast processes (Figures 25, 26). The presence of matrix vesicles in bone, and their role in calcification, has already been reviewed elsewhere (22, 23, 67–69) and will briefly be reconsidered in the next section.

Matrix vesicles are found in all types of bone, but they become less frequent as bone matrix becomes more compact and they are sometimes so few in compact bone that, unless a careful search is made, they may be completely overlooked. This has prompted the suggestion that matrix vesicles may have a role in the calcification of embryonic bone, but not in that of compact bone (9,40).

5.2. Role of chondrocytes in cartilage calcification

Most of the findings just discussed for osteoblasts are applicable to chondrocytes too. The presence of mineral aggregates in chondrocyte mitochondria has often been reported, and it has been shown that the calcium content of mitochondria falls as the zone of cartilage calcification is approached (70). This shows that calcium ions shift from mitochondria into the extracellular spaces as calcification starts. Inter-

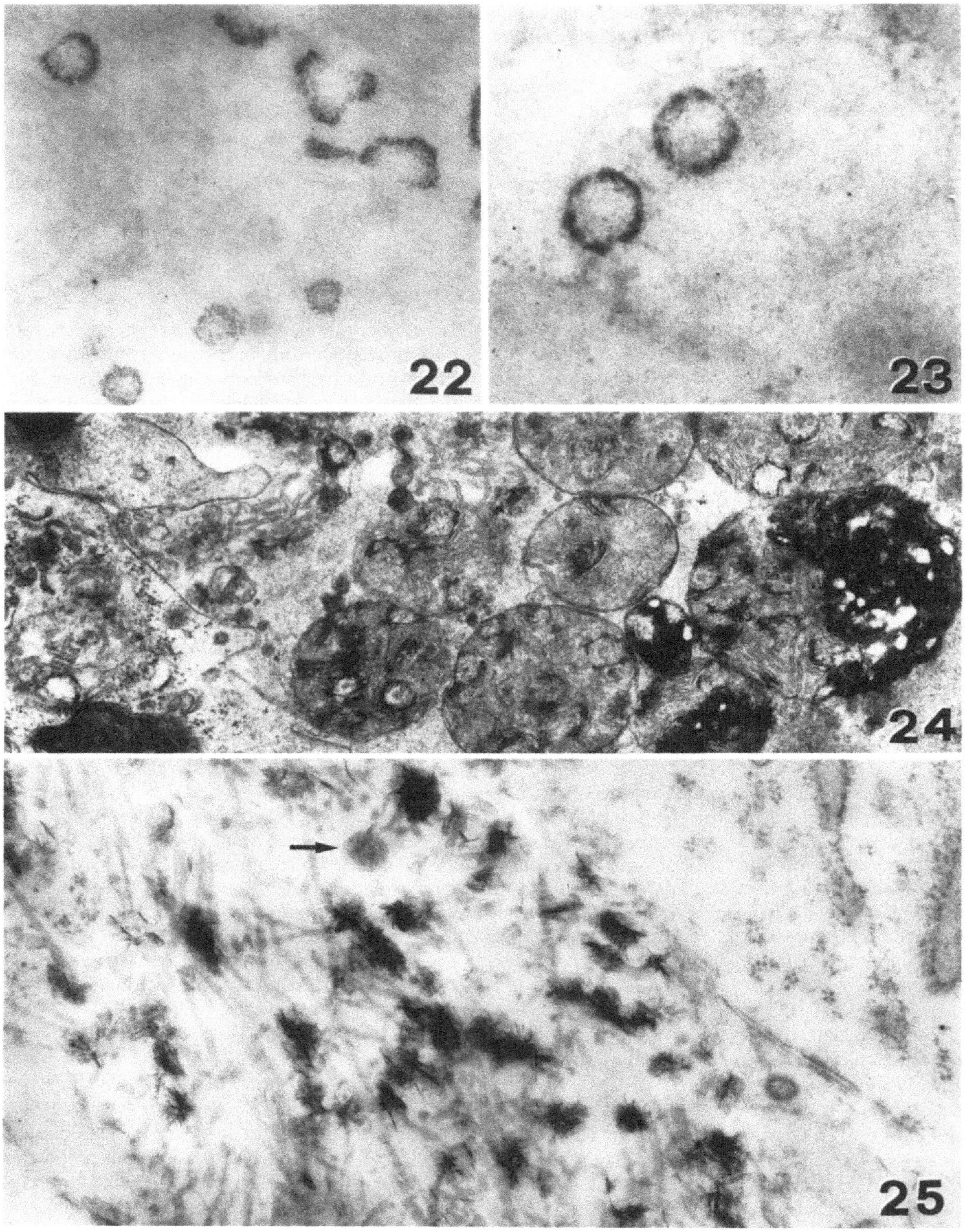
22
23
24
25

estingly, this shift does not occur in rachitic animals.

Matrix vesicles were first connected with the calcification process in epiphyseal cartilage, where they were described as electron-dense, roundish bodies with an amorphous structure (Figures 11, 27) and as having a pericellular distribution (26). Later, Anderson (71) showed that they are surrounded by a membrane, and further investigations have unequivocally demonstrated that they derive from the chondrocytes by fragmentation of cell processes and disruption of degenerate chondrocytes (72), and that they are the initial locus of cartilage calcification (see 22, 23, 56, 67–69). This is not the right place for a detailed description of matrix vesicles, which may be found in the reviews just quoted. To name their main features only, matrix vesicles are present in all types of calcifying cartilage, derive from chondrocytes by the fragmentation of cell processes and whole degenerate cells, can be isolated by the homogeneization of collagenase-digested cartilage and differential centrifugation, contain glycoproteins and lipids, are coated by acid proteoglycans, have alkaline phosphatase, ATPase, 5-AMPase and pyrophosphatase activities, and can concentrate $^{45}Ca^{2+}$. In other words, matrix vesicles are structures of cellular origin possessing the machinery for the formation of early crystal clusters.

5.3. The role of odontoblasts in dentine calcification

The close resemblance between odontoblasts and osteoblasts suggests that these two types of cell play similar roles in calcification. A few differences seem to exist as regards matrix vesicles, however.

In an electron microscope study of developing mandibular molars of mice, Bernard (30) found that dentine calcification is identical with that in woven bone and that odontoblast 'buds' (probably matrix vesicles) are the loci of initial calcification. This picture seems to be typical of the earliest ('mantle') dentine, whereas collagen fibrils seem to be responsible for early crystal formation and orientation in the later circumpulpal dentine. Similar results have been reported in a number of other investigations on dentinogenesis and dentine calcification (73–76).

5.4. The role of ameloblasts in enamel calcification

The role of ameloblasts in calcium transport has been less thoroughly investigated than that of osteoblasts, odontoblasts, and chondrocytes, and the results are less conclusive. Unlike these cells, ameloblast mitochondria, when analyzed by electron-probe and histochemical (Ca-pyroantimonate) methods, have been reported to show less than significant quantities of calcium ions (77). Using the same pyroantimonate method, substantial amounts of precipitate have been found in the intercellular compartments and small deposits in mitochondria and other cellular organelles. Pyroantimonate deposits are reported to occur in mitochondria and other organelles in early secretory ameloblasts, but not in ameloblasts with developed Tomes' processes (78). Using electron microscope autoradiography, Nagai and Frank (79) showed that ^{45}Ca transport occurs both directly, through the intercellular interstice, and intracellularly, through the intervention of mitochondria. These results seem to justify the inference that ameloblasts are as effective as osteoblasts, odontoblasts, and chondrocytes in transporting calcium, although their mitochondria do not accumulate substantial amounts of calcium ions. This might be due simply to the rapidity with which these ions are transported through the cells.

Enamel is also a peculiar tissue as far as matrix vesicles are concerned. These structures have never been found in enamel, even in areas of very early calcification. It must be stressed that the components of the enamel matrix accumulate in secretory granules which contain calcium ions. When these granules migrate to the Tomes' processes and discharge their content extracellularly, components of organic matrix and calcium ions are released simultaneously. This probably makes the intervention of other structures (such as matrix vesicles) unnecessary to the induction of the calcification process.

←

Figure 22. Roundish, granular aggregates of inorganic substance in hepatic mitochondria of CCl_4-treated rats. Unstained, × 52,000.
Figure 23. Same material as in Figure 22, after post-embedding decalcification and staining with acidic PTA: mitochondria contain deeply stained organic structures whose shape is similar to that of the inorganic aggregates. × 52,000.
Figure 24. Myocardial mitochondria of dihydrotachysterol-intoxicated rats, after post-embedding decalcification and staining with uranyl acetate and lead citrate. Note deeply stained organic structures whose sampe is similar to that of untreated inorganic aggregates. × 40,000.
Figure 25. Front of bone calcification showing a matrix vesicle (arrow) and many bone nodules. Uranyl acetate and lead citrate, × 50,000.

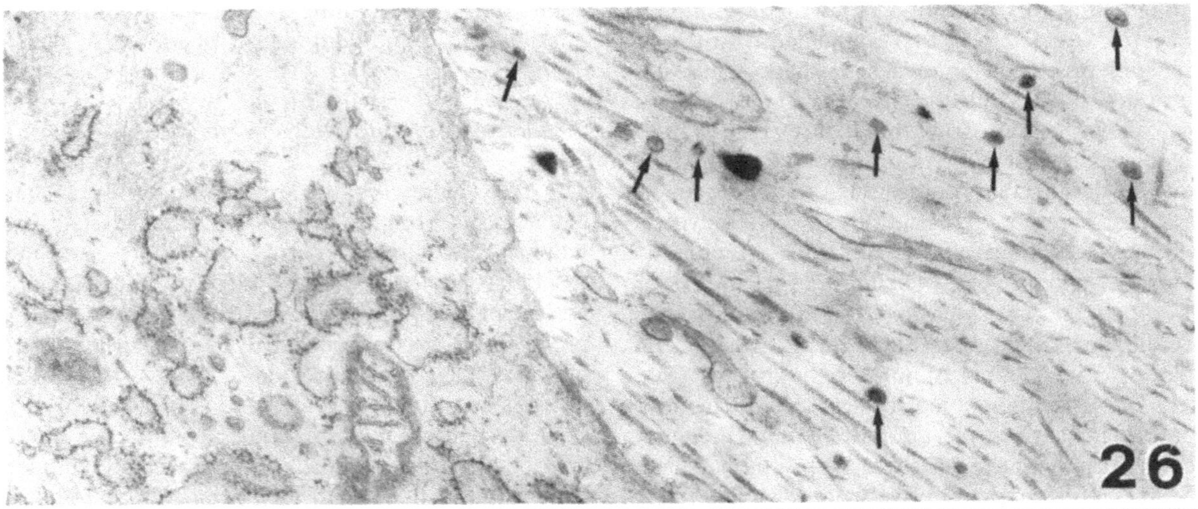

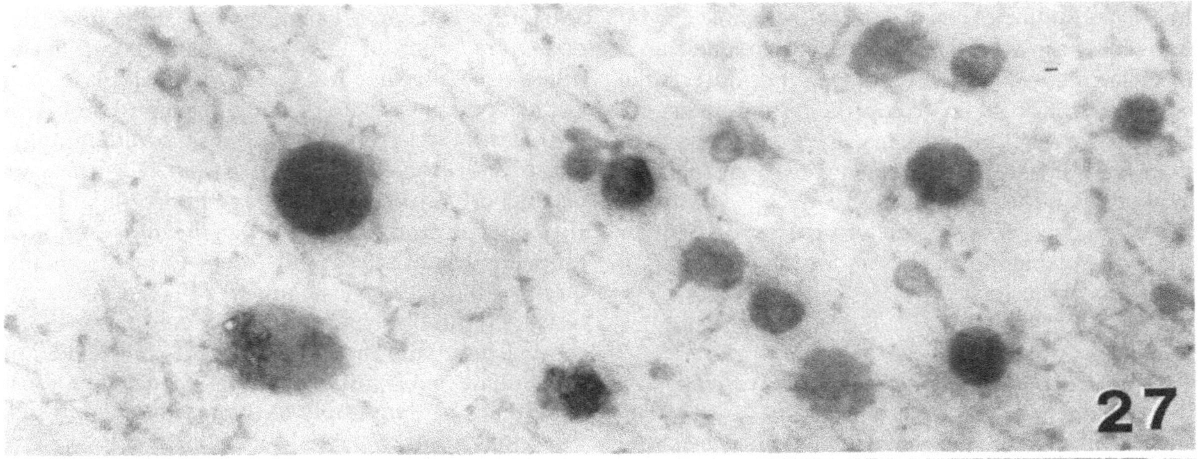

Figure 26. Detail of osteoid border containing uncalcified collagen fibrils, matrix vesicles (arrows), early bone nodules; osteoblast partly visible on left. Uranyl acetate and lead citrate, × 37,000.
Figure 27. Matrix vesicles in calcifying cartilage; one of them (lower left) contains a small cluster of crystals. Unstained, × 50,000.
Figure 28. Detail of cross-sectioned osteonic bone, showing areas which contain 'amorphous' mineral substance. Unstained, × 22,000.

5.5. Role of cells in calcification of extraskeletal tissues

Cells are essential to the prevention of pathological calcification in soft tissues as they are to the regulation of the calcification process in skeletal tissues. Abnormal mineral deposition is usually the outcome of a breakdown in cellular control due to abnormalities in the metabolic activity of cells (dystrophic calcification) or to an excessive concentration of mineral ions in cells leading to an overstepping of mitochondrial buffering power (metastatic calcification). Both of these cases involve mitochondria (37) and matrix vesicles (69).

5.6. Comments on the role of cells and cellular structures in calcification

The following main comments can be made:

a) In all calcifying tissues, cells regulate the transport of calcium ions from blood vessels into the calcifying areas. This mainly occurs through the accumulation of calcium and phosphate ions in mitochondria, followed by their release.
b) Cells, with the sole exception of ameloblasts, promote and indirectly control the early stages of the calcification process through the intervention of interfibrillar structures of cellular origin called matrix vesicles.
c) These structures have a prominent function in the calcification of epiphyseal cartilage, mantle dentine, bone tissues with loose collagen texture, and some pathological calcification; they seem to play a minor role in the calcification of compact bone, circumpulpal dentine, and turkey tendons. They play no role at all in enamel calcification. It may be conjectured that, in tissues containing a lot of cells, the cytoplasmic processes can take over the function of matrix vesicles and partly replace them.
d) The role of cells and cellular structures is essential to the induction (and inhibition) of the calcification process.

6. The structural basis of calcification

On the basis of the findings reported above, an attempt can be made to work out a correlation between the ultrastructure of calcified tissues and the mechanism of calcification.

6.1. The role of collagen fibrils in calcification

Chiefly because of the close relationship linking granular and 'amorphous' mineral substance with the periodic banding of collagen in compact bone, Glimcher (17, 40) and Glimcher and Krane (18) have suggested that the onset of calcification occurs by heterogeneous nucleation of the mineral substance in the holes or hole regions of the collagen fibrils and that the orderly arrangement of compartments, within which mineralization can occur in a highly organized fashion, is a fundamental structural feature common to all the biologically mineralized tissues. On this theory, crystal nucleation and growth occur within compartments – more precisely, within holes in the collagen fibrils in bone, and within the tubular structures of the matrix in enamel.

Many electron microscopic investigations have shown, however, that, depending on the type of bone, crystals may be present between collagen fibrils. This observation conflicts with the view that the mineral is located within fibrils, but Glimcher (40) attempted to account for this by supposing that, even in this case, the first stage is the deposition of the solid phase of Ca-P within, and on the surface of fibrils, followed in certain types of bone, and as a function of space availability, by secondary nucleation and the spread of the calcification process to the extrafibrillar spaces.

Glimcher's attractive hypotheses fail to meet several objections. They satisfactorily explain the characteristic morphology of the mineral substance – its arrangement in bands perpendicular to the fibril axis – by assuming that this mineral is located in the hole regions, but they do not seem reconcilable with the findings reported on elongated crystals. As previously noted (22, 23), it should be borne in mind that, as calcification nears completion, bone crystals may grow to a length much greater than that of the collagen period (25). It follows that, within fibrils, they would have to perforate the collagen compartments ('holes') they were nucleated in, and break the intrafibrillar cross-links, to find the space needed to go on growing. Any such process would inevitably raise collagen solubility, whereas it is well known that this falls during calcification. Attempts to overcome this objection have been based on the assumption that, besides 'holes', collagen fibrils contain other spaces or 'pores', such as those postulated by Katz and Li (80) in their theoretical model of collagen fibrils. Such 'pores' might be continuous with each another and be distributed along the whole length of the fibrils, so forming continuous spaces available for further deposition and propagation of the mineral substance without disruption of intrafibrillar cross-links (40). Without challenging the model of Katz and Li, it must be pointed out that the postulated 'pores' seem to be too thin (14.8 Å) to accommodate without alteration crystalline structures whose thickness ranges from 20 to 40 Å. What is more, if these 'pores' were filled by non-crystalline, 'amorphous' mineral substance, evidence of the mineral in bands would be cancelled by the progressive calcification of the interband regions, and the calcified fibrils would appear as uniformly, deeply electron-dense rods; they would, in fact, be completely impenetrable to the electron beam in the usually 600–800 Å thick ultrathin sections. Such a picture has never been reported: electron microscopy shows that mineral banding becomes less evident in fully calcified matrix; transversal mineral bands, however, do not disappear – they are only masked by increasing numbers of elongated crystals (see Figure 3).

On the basis of another fibril model, and assuming that all the crystalline structures measured are intrafibrillar and that each lies at a distance of between 39 and 47 Å from the next, Höhling et al. (81) suggested that the crystals are accommodated in the spaces between collagen filaments packed on a tetragonal lattice. On the fibril model considered, however, these filaments should be 39 Å thick, so that each interfilament space should lie 39 Å from the next. Since most crystals lie over 39 Å apart, it must be supposed that hypothetical forces generated during calcification induce swelling of the filaments (81), so increasing the distance between adjacent collagen filaments. The existence of strong intrafibrillar cross-links makes such swelling highly improbable.

From another angle, it must be recalled that models of fibrils structure inferred from studies on soft tissue collagen are not directly applicable to bone collagen and that the true three-dimensional arrangement of the collagen molecules in various types of collagen fibril is not known with certainty; since several types of theoretical model are possible, that based on Smith's five-stranded microfibrils is still the favorite (82).

Whatever the structure of collagen fibrils may be, an unequivocal finding of electron microscope investigations should not be overlooked – that, as reported above, in calcified tissues (including compact bone, dentine, and turkey tendons) the elongated filament- and needle-like crystals found in areas of early calcification lie in the interfibrillar spaces (including the fibril surface) and are related to components of the ground substance (see Figures 15–17). In this connection, and as shown in Figure 28, it has been reported that the interior of the calcified collagen fibrils may have a homogeneous appearance, showing a degree of calcification much lower than that of the perifibrillar spaces, where elongated crystals are located (62). These perifibrillar crystals might theoretically derive by secondary nucleation from the mineral substance located on the collagen surface. But several electron microscope studies (51–54) on areas of early calcification have demonstrated the presence of completely uncalcified collagen fibrils surrounded by rings of elongated crystals (see Figure 17), so definitively demonstrating that, as previously suggested (22, 23), calcification of the perifibrillar spaces can precede that of the intrafibrillar spaces.

Lastly, it must be added that the compartments ('holes' or 'pores'), into which intrafibrillar crystals have been supposed to fit, have never been demonstrated in the collagen fibrils of bone by the method of post-embedding decalcification and staining (55, and Figure 19), although the removal of the mineral substance would leave visible imprints of crystals, if these were contained within intrafibrillar spaces. These imprints have been described in decalcified adult enamel (34, 59), but not in calcifying young enamel, which suggests that in the first case they were not due to the presence of preformed compartments (very unlikely to exist anyway in a gel-like organic matrix; see also 2), but to the compressive effect of enlarging crystals on the pericrystalline matrix.

It may be concluded that only the 'amorphous' mineral in bands is located within collagen compartments corresponding to the hole regions (it is, in fact, only seen in tissues with a high concentration of collagen fibrils showing a 680 Å periodic banding, such as compact bone, intertubular dentine, and turkey tendons), where it may eventually give rise to tablet-like structures (13), whereas the elongated, filament- and needle-like crystals originate and grow in the interfibrillar spaces and do not need compartments for their formation. The mineral substance in bands and the elongated crystals seem to belong to two distinct, separate, independent mineral phases, the former located within the fibrils, and the latter in the interfibrillar spaces. The obvious conclusion is that the elongated crystals originate independently of collagen fibrils.

Additional evidence for this statement is given by electron microscope findings showing that in areas of early calcification it is possible to find single, isolated crystals which are not in contact with fibrils, that bone and calcification nodules (calcospherites) are initially located between fibrils, and that in fibrogenesis imperfecta ossium bone nodules are formed in spite of the complete lack of collagen fibrils in the matrix (Figure 18). Clearly, the view that elongated crystals have a fibril-independent origin is in full agreement with their presence in tissues containing no collagen fibrils (enamel, peritubular dentine, elastin, myocardial, and muscular cells).

6.2. Crystal ghosts

In considering the early phases of the calcification process, the findings obtained by the post-embedding decalcification and staining technique can no longer be neglected. Whenever it has been applied to the study of calcifying tissues, this technique has shown that early filament- and needle-like crystals are closely related to organic filamentous structures, whose shape closely resembles that of untreated crystals. The similarity is so close that people unaware of their existence have taken these structures to be crystals left undecalcified (14). This similarity suggested that they might be called 'crystal ghosts' (26).

Where clusters of crystals (bone or calcification nodules) are present, the post-embedding decalcification and staining technique shows clusters of crystal ghosts; where only isolated crystals are present, only isolated crystal ghosts are shown. It should be noted that when 'amorphous' mineral substance is present, an amorphous organic substrate is recognizable; this is true, for instance, of mitochondria (37 and Figures 23, 24), Bruch's membrane of human eyes (83), and calcified conjunctiva (Bonucci, unpublished results). No amorphous substance is recognizable in collagen fibrils in connection with the 'amorphous' mineral in bands; this might, however, be masked by other organic components of the fibrils.

The evidence that there are crystal ghosts in areas of early calcification is so clear, constant, and reproducible, that it is curious that so far the possibility that crystal ghosts may be active in calcification has simply been thrust aside; they have been rather acritically considered inexistent (24, 29) or, at best, artifactual (40); incidentally, when studying the organic matrix of mature enamel, Travis and Glimcher (34) used a post-embedding decalcification and staining technique but failed to report that it produced artifacts.

By now, it is generally agreed that crystal ghosts are true structures which become visible under the electron microscope in all calcifying areas after the post-embedding removal of the mineral substance (whose purpose is to unmask them) and staining of the organic components. Cases in which crystal ghosts have not been observed are due to an inappropriate technique of investigation (84); they have always been recognized when correctly investigated (21–23, 26–28, 31, 37, 46, 48, 55–58, 61, 83, 85, 86). It must, however, be noted that, even with appropriate methods of investigation, the electron density of crystal ghosts is faint, so that they can easily be overlooked under the electron microscope.

No general discussion is needed to exclude the possibility that crystal ghosts are artifacts, as this subject has already been reviewed on several occasions, but crystal ghosts can be so important in calcification that a few points may be discussed in detail.

Given that proteins can easily be adsorbed on calcium phosphate crystals, it might be supposed that crystal ghosts are artifacts due to the adsorption of organic material on the crystal surface during fixation, dehydration, and embedding. This supposition is untenable for many reasons.

Firstly, fixation denatures the organic molecules of the calcifying and calcified matrices(except for those 'encrusted' by inorganic ions, which make their physicochemical state unalterable), and denaturation greatly reduces or completely eliminates protein adsorption on hydroxyapatite crystals. Secondly, crystal ghosts are not removed by fixation in a solution containing 1.2 M phosphate buffer (55, 61), although phosphates at such a high osmolarity completely desorb organic material from hydroxyapatite (87). Thirdly, crystal ghosts are no thicker than untreated crystals, although they would be if they were formed by material adsorbed on the crystal surface. Besides, if they were so formed, once decalcification had removed the crystals, leaving their coats of organic material, these would appear as hollow cylinders, tubules, or paired profiles in longitudinal sections and as small rings in cross-sections, whereas crystal ghosts invariably have a full structure and, at high enlargement, show a solid helical conformation of the kind to be expected of protein molecules (56). It may be added that the role of crystal ghosts as axial frameworks for crystals fully accounts for the absence of crystal imprints, clefts, crevices, or any other type of compartment after the removal of elongated crystals.

It might be objected that crystal ghosts are clearly visible in calcifying areas, whereas they appear much more faintly in fully calcified bone matrix. This, however, is wholly attributable to the degree of compactness of the collagen fibrils (and to the amount of ground substance), because in tissues with loose collagen texture, such as woven bone, medullary bone, and calcified cartilage, crystal ghosts are visible even in fully calcified areas (see Figures 20, 21). It may be supposed that in compact bone crystal ghosts become hard to recognize because even elongated crystals are few in number and the mineral substance mainly consists of 'amorphous' mineral in bands. On the other hand, the staining properties of the components of the calcified matrices change drastically during calcification: as already reported, the collagen fibrils of the osteoid border are deeply stained and easily recognizable after post-embedding decalcification and staining, whereas the closely aggregated fibrils or the fully calcified bone matrix are poorly defined and lightly stainable. This is also evident in bone and calcification nodules, whose peripheral matrix is deeply stained and shows crystal ghosts, whereas the central area becomes less and less stainable as calcification goes on, thus appearing almost empty at the end of the process. It seems possible to conclude that, during calcification, the organic structures of the matrices – including collagen fibrils and crystal ghosts – become less and less reactive to the 'stains' used in electron microscopy. This could be due to loss of reacting groups probably involved in the formation of cross-links set up during calcification.

It might also be objected that crystal ghosts are not visible in uncalcified matrix, whereas they should be so if their formation precedes that of crystals. In the first place, though, the lack of evidence of crystal ghosts in uncalcified tissues might simply depend on the masking effect of other organic components they are linked to or mixed with. By using bismuth nitrate as electron stain, Smith (28) has been able to show structures resembling crystal ghosts in uncalcified cartilage matrix. Another possibility is that the fixation, dehydration, and embedding of crystal ghosts in uncalcified matrices alter them so drastically that they become unrecognizable (see 28). In this connection, it may be recalled that once crystal ghosts are calcified, they are transformed by the mineral substance into rigid structures which cannot be deformed by fixation, dehydration and embedding. Conversely, they can be altered after decalcification, which, by removing the mineral substance, turns them back into soft, deformable structures. This cannot happen, though, if decalcification follows embedding, because the hard impregnating resin precludes the deformation of any structure (55).

6.3. Hypotheses on the role of crystal ghosts in calcification

The existence of crystal ghosts, and the evidence that they are not artifacts, should persuade anyone who is open-minded to consider their possible role in calcification.

The close morphological resemblance between crystal ghosts and untreated crystals argues strongly in favor of the view that they are organic crystal templates, i.e. organic filaments whose chemical groups react with calcium and/or phosphate ions, giving rise to chains of dot-like mineral aggregates; these then fuse, so that the dotted chains are transformed into organic–inorganic, filament- and needle-like crystalline structures with the same elongated shape as the templates (22, 23, 26, 27, 56). This still hypothetical series of events has sometimes been misunderstood, so it is worth pointing out that the hypothesis that organic filaments act as crystal templates rests on the presupposition that the single, dot-like mineral aggregates which form along the template and are related to its reactive chemical groups, should not be considered nuclei, 'embryos', seeds, or ion clusters, each giving rise by subsequent growth to solid particles or crystals, as postulated on the basis of the theories of heterogeneous nucleation (see 40). According to the concept put forward above, the solid, elongated particles called 'crystals' by electron microscopists do not form by a physical process of nucleation and growth in a metastable solution; they originate from the chemical reactions of calcium and/or phosphate ions with free groups which belong to the organic templates and which are placed in such a way as to give the inorganic ions the proper space relationships of the apatite lattice. These reactions lead to the formation of mineral aggregates along the templates; this location accounts for their appearing as chains of dot-like particles. On the foregoing hypothesis, they later fuse along, and almost completely embed, the templates, giving rise to organic–inorganic structures which appear as incompletely crystalline hydroxyapatite when examined by physicochemical methods. This concept is in accordance with the suggestion that enamel crystals are formed around organic filaments or on the two surfaces of organic septa so that filaments and septa gradually become incorporated in the crystals (31, 48).

This sequence of events fits in very well with the observation that early crystals can appear as linear arrays of dot-like granules (12, 13) and gives a convincing explanation of biochemical observations showing that in calcified matrices there are organic molecules so closely connected with the mineral substance that they only become soluble if the mineral substance is solubilized too. This happens with the proteins in fetal bone (88, 89), enamel (90), and dentine (90), and with lipidic substance from bone (43), calcified cartilage (91), dentine (92). The presence of crystal ghosts in the sudanophilic areas of calcifying cartilage and bone (44) is in agreement with these observations.

This view is supported by a number of finding showing that acidic phospholipids can form complexes with calcium and phosphate ions, which allow them to initiate the calcification process (93).

6.4. Hypotheses on the nature of the crystal ghosts

It has already been suggested (22, 23) that crystal ghosts may actually be the proteic cores of proteoglycans. This hypothesis has rightly been criticized (40), chiefly on the grounds that proteoglycans must be considered inhibitors rather than initiators of the calcification process. There is now little doubt that acid proteoglycans in their natural state inhibit calcification, but there is strong evidence that some calcifying matrices contain glycoproteins with a strong calcium-binding capability. What is more, little is known of the physicochemical changes produced in the matrix by proteoglycan degradation. Putting these observations together, it might be suggested that proteoglycan degradation sets free proteic cores which have calcium-binding properties, or that it unmasks other substances possessing the same properties. When it is considered that glycoproteins and lipids can bind calcium ions, that these substances are found in all calcifying areas, and that all such areas contain crystal ghosts, the hypothesis that crystal ghosts belong to glyco-lipo-proteic molecules may be said to be founded on strong circumstantial evidence.

It has been rightly stated that 'Although the *presence* of any components in a mineralized tissue does not a priori implicate it in the process of tissue mineralization directly, its *absence* certainly precludes it from playing a major role' (50, p. 85). The highly variable composition and arrangement of normally and pathologically calcified tissues makes it unlikely that any one structure acts as the component common to all calcifying tissues (it needs only to be recalled, for instance, that collagen fibrils and matrix vesicles are not present in enamel). More precisely, the common factor might be one or more calcium and/or phosphate ion-binding substances which might be linked to, or an intrinsic part of, a variety of structures in different tissues. On this view, it is not the particular structure or molecular arrangement of collagen fibrils or any other structural components, or the fact that they contain compartments, which allows them to induce calcification, but the specific calcium and/or phosphate-binding substances that are closely linked to them, or form part of them, and that after calcification appear as crystal ghosts. It is possible that these substances occur throughout all matrices and that, once unmasked, they enable calcification to take place in all of them. It therefore seems reasonable to infer that glyco-lipo-proteic molecules are the most representative form taken by these substances (94).

It has been shown that most of the lipids found in calcifying matrices derive from cellular membranes and membranes of matrix vesicles (93, 95)). This raises the question of the role of cells and matrix vesicles in calcification.

6.5. The role of matrix vesicles in calcification

Nothing need to be added to what has been said above about the control by cells of the transport of calcium from blood vessels to the calcifying matrix. The problem does not seem to be whether but *how* cells perform this function. It has been suggested that, depending on mitochondrial activity and calcium ion concentration inside and outside the cells, the mineral substance may be discharged into the extracellular matrix as inorganic micropackets (66). In the search for these micropackets, small roundish vacuoles containing a small, dot-like, intrinsically electron-dense aggregate have been found inside and outside the cytoplasm of osteoblasts in the metaphyseal bone of young rats (Bonucci, unpublished results). These findings must be checked and studied further, but the hypothesis might be put forward that cytoplasmic vacuoles may be the means by which inorganic substance is extruded from osteoblasts.

This does not mean that matrix vesicles, too, are carriers of calcium and phosphate ions. Electron-probe analysis has, in fact, shown that matrix vesicles in the proliferative zone of the epiphyseal cartilage contain very low concentrations of calcium ions (96, 97), and histochemical studies have proved that the concentration of these ions increases as the calcification zone is approached (70).

The problem of the extracellular transport of mineral ions – whether this occurs by simple ion diffusion from blood vessels into cells (or even into the intercellular interstice) and than into the matrix, or is mediated by specific cellular carriers – remains unsolved.

There is less doubt about the role of matrix vesicles in inducing the early phases of the calcification process, since they possess all the chemical machinery needed to induce the formation of early mineral aggregates (68, 69, 94). Further investigations are needed to determine whether their role is restricted to a short period in the early embryonal development of the tissues, as proposed by Glimcher (40), or whether, as suggested by their regular presence even in adult bone (22), they are active, to varying degrees, in all calcified tissues (except enamel). This makes it attractive to speculate that matrix vesicles are indispensable to the calcification of rapidly mineralizing tissues whose cells are degenerate (chondrocytes, for instance) or are at least not very active, whereas they are less important in tissues which calcify slowly and whose cells remain alive and can control the calcification process through their cytoplasmic processes.

7. Concluding remarks

The ultrastructural findings reported above allow the following statements to be made:

a) In calcifying tissues, cells play a regulatory role, stimulating or inhibiting the calcification process. This role is mainly carried out through the control of calcium and phosphate ion-transport from blood vessels to the calcifying matrix; it involves the activity of mitochondria.
b) Structures of cellular origin (matrix vesicles) are found in the matrix of all calcifying tissues, except enamel. They contain chemical substances (glycoproteins, lipids, enzymes) which allow them to accumulate calcium and phosphate ions, so that the earliest crystals form inside them. The frequency of matrix vesicles varies; only a few of them are present in compact bone and circumpulpal dentine.
c) Besides those found in matrix vesicles, other single or clustered, filament- and needle-like crystals can be found in the interfibrillary spaces and on the surface of the collagen fibrils. Other crystals are present in areas of advanced calcification, where their concentration is roughly proportional to that of the ground substance.
d) Granular and 'amorphous' mineral substance is found within collagen fibrils, where it is related to the 'hole' zones. Evidence of this kind of mineral is at a minimum in bone with loose collagen fibrils, and it may even be completely unrecognizable (in calcified cartilage, for instance).
e) In calcifying areas the post-embedding decalcification and staining technique reveals the presence of crystal-like, filamentous organic structures (crystal ghosts); they become progressively less evident as calcification increases. They are placed in the interfibrillar spaces and their concentration is roughly directly proportional to that of the ground substance.
f) During bone calcification, the morphology of the mineral structures may change and crystals may increase in size and number. Their arrangement and orientation change, too, since they become aligned with the collagen fibrils as the degree of fibril aggregation increases.

On the basis of all these data, the following hypotheses can be formulated. Calcium ions are transported by the cells into the calcifiable matrices, where they accumulate in the matrix vesicles or ground substance (perhaps in acid proteoglycans), or both. Early crystals are formed within matrix vesicles and in the interfibrillar ground substance. Here they are related to (probably modified) organic components (crystal ghosts) which have calcium-binding properties and probably consist of glyco-lipo-proteic molecules. These function as templates of the organic–inorganic structures which appear as elongated crystals under the electron microscope. The chemical mechanism linking calcium ions with the reactive groups of crystal ghosts seems to be roughly the same as that linking stain molecules with an organic substratum. As soon as the first elongated crystals have formed in the interfibrillar spaces, or concurrently with this, the mineral substance is deposited within the collagen fibrils too, where it is related to their hole zones. This occurs in tissues with a compact texture of collagen fibrils showing a 680 Å periodic banding (most tipically, bone of lamellar type, plus other types of bone, intertubular dentine, and turkey tendons). This mineral substance is not directly related to the filament- and needle-like crystalline structures lying in the interfibrillar spaces (and on the surface of fibrils). As calcification proceeds the prevalence of one or other type of mineralization depends on the amount of ground substance available: in tissues containing plenty of ground substance (cartilage, woven bone, medullary bone, ectopic calcification), elongated crystalline structures predominate; in tissues with compact collagen fibrils, most of the mineral substance is found in the fibrils, where it has a granular ('amorphous') appearance. It is likely that, just as the elongated crystalline structures are linked to crystal ghosts, so too the mineral substance in bands is linked to calcium-binding substances (phosphoproteins, for instance) present in the hole regions of the fibrils. As bone calcifies, the collagen fibrils of its matrix undergo lateral aggregation, becoming very compact. This leads to the reorientation of the elongated crystalline structures; these are arranged radially and form bone nodules in areas of early calcification, whereas they run parallel to the fibril axis where calcification is advanced. This process of fibril aggregation and crystal reorientation does not occur in cartilage or tissues which have a loose collagen texture.

The calcification process may well be more complex than might be supposed from the finding reported above, but it seems reasonable to infer that a single basic mechanism is operative during its induction and inhibition in all physiologically and pathologically calcifying tissues. Once it is accepted that the early stages of the calcification process are controlled by cells, the variety of calcified and calcifiable tissues, along with that of their structures, suggests that the common mechanism of regulation is to be sought less in their structural organization than in their chemical composition. The induction of the calcification process does not seem to depend directly on the distinctive structural properties of calcifying components, but on whether they contain specific calcium- and/or phosphate-binding molecules probaly belonging to glyco-lipo-proteic complexes and closely connected to, or an intrinsic part of the structural components of the calcified matrix (collagen fibrils, matrix vesicles, and ground substance constituents).

It must be stressed that it is not yet possible to draw up a list of events leading to the calcification of the organic matrices. The following main gaps in current knowledge of the calcification process may be recorded. It is not yet known: how calcium ions are transported from the cells to the calcifying matrix, or what role may be played in this by cell processes and matrix vesicles; how matrix vesicles calcify, and, above all, how calcification spreads from them into the surrounding matrix; how the chemical groups in crystal ghosts are unmasked and become able to react with calcium and/or phosphate ions, and whether crystal ghosts really belong to glico-lipo-proteic molecules; how and to what extent organic components and crystal structures change during calcification.

The discovery of solutions of these problems calls for balanced consideration of the results obtained for all calcified and calcifiable organic matrices, without restricting attention to only one such matrix or, worse still, to a single structural component of such a matrix.

Acknowledgements

The personal investigations mentioned in this paper have been supported by grants of the Italian National Research Council.

References

1. Bonucci E: Calcifiable matrices. In: Connective Tissue Research: Chemistry, Biology, and Physiology. Dezyl Z, Adam M (eds), New York, Alan R Liss, 1981, pp 113–123.
2. Boyde A: Scanning electron microscope studies of bone. In: The Biochemistry and Physiology of Bone, vol 1. Bourne GH (ed), New York, London, Academic Press, 1972, pp 259–310.
3. Elliot JC: The problem of the composition and structure of the mineral components of the hard tissues. Clin Orthop 93: 313–345, 1973.
4. Amprino R, Engström A: Studies on X ray absorption and diffraction in bone tissue. Acat Anat 15: 1–22, 1952.
5. Robinson RA: An electron microscopic study of the crystalline inorganic component of bone and its relationship to the organic matrix. J Bone Joint Surg 34A: 389–434, 1952.
6. Jackson SA, Cortwright AG, Lewis D: The morphology of bone mineral crystals. Calcif Tissue Res 25: 217–222, 1978.
7. Johansen E, Parks HF: Electron microscopic observations on the three-dimensional morphology of apatite crystallites of human dentine and bone. J Biophys Biochem Cytol 7: 743–746, 1960.
8. Steve Bocciarelli D: Morphology of crystallites in bone. Calcif Tissue Res 5: 261–269, 1970.
9. Landis WJ, Paine MC, Glimcher MJ: Electron microscopic observations of bone tissue prepared anhydrously in organic solvents. J Ultrastruct Res 59: 1–50, 1977.
10. Landis WJ, Hauschka BT, Rogerson CA, Glimcher MJ: Electron microscopic observations of bone tissue prepared by ultracryomicrotomy. J Ultrastruct Res 59: 185–206, 1977.
11. Ascenzi A, Bonucci E, Steve Bocciarelli D: Fine structure of the bone mineral in different experimental conditions. In: Electron Microscopy 1968, vol 2. Steve Bocciarelli D (ed), Rome, Tipografia Poliglotta Vaticana, 1968, pp 431–432.
12. Höhling HJ, Kreilos R, Neubauer G, Boyde A: Electron microscopy and electron microscopical measurements of collagen mineralization in hard tissues. Z Zellforsch 122: 36–52, 1971.
13. Höhling HJ, Scholz F, Boyde A, Heine HG, Reimer L: Electron microscopical and laser studies of the nucleation and groth of crystals in the organic matrix of dentine. Z Zellforsch 117: 381–393, 1971.
14. Bernard GW, Pease DC: An electron microscopic study of initial intramembranous osteogenesis. Am J Anat 125: 271–290, 1969.
15. Gay CV, Schraer H, Hargest TE Jr: Ultrastructure of matrix vesicles and mineral in unfixed embryonic bone. Metab Bone Dis Relat Res 1: 105–108, 1978.
16. Landis WJ, Paine MC, Glimcher MJ: Use of acrolein vapors for the anhydrous preparation of bone tissue for electron microscopy. J Ultrastruct Res 70: 171–180, 1980.
17. Glimcher MJ: Molecular biology of mineralized tissues with particular reference to bone. Rev Mod Phys 31: 359–393, 1959.
18. Glimcher MJ, Krane SM: The organization and structure of bone, and the mechanism of calcification. In: Treatise on Collagen: Biology of Collagen, vol 2B. Ramachandran SN (ed), London, Academic Press, pp 67–251.
19. Ascenzi A, Benedetti EL: An electron microscopic study of the foetal membranous ossification. Acta Anat 37: 370–385, 1959.
20. Decker JD: Fixation effects on the fine structure of enamel crystal–matrix relationships. J Ultrastruct Res 44: 58–74, 1973.
21. Bonucci E, Gherardi G: Histochemical and electron microscope investigations on medullary bone. Cell Tissue Res 163: 81–97, 1975.
22. Bonucci E: The locus of initial calcification in cartilage and bone. Clin

Orthop 78: 108–139, 1971.
23. Bonucci E: Problemi attuali attinenti all'istochimica di talune matrici calcificanti normali e patologiche. Riv Istochim Norm Patol 17: 153–234, 1971.
24. Martino LJ, Yeager VL, Taylor JJ: An ultrastructural study of the role of calcification nodules in the mineralization of woven bone. Calcif Tissue Int 27: 57–64, 1979.
25. Cameron DA: The fine structure of bone and calcified cartilage. Clin Orthop 26: 199–228, 1963.
26. Bonucci E: Fine structure of early cartilage calcification. J Ultrastruct Res 20: 33–50, 1967.
27. Bonucci E: Further investigation on the organic–inorganic relationships in calcifying cartilage. Calcif Tissue Res 3: 38–54, 1969.
28. Smith JW: The disposition of proteinpolysaccharide in the epiphyseal plate cartilage of the young rabbit. J Cell Sci 6: 843–864, 1970.
29. Thyberg J.: Electron microscopic studies on the initial phases of calcification in guinea pig epiphyseal cartilage. J Ultrastruct Res 46: 206–218, 1974.
30. Bernard GW: Ultrastructural observations of initial calcification in dentine and enamel. J Ultrastruct Res 41: 1–17, 1972.
31. Frank RM: Electron microscopy of the dental hard tissues. In: Biological Mineralization. Zipkin I (ed), New York, J Wiley 1973, pp 413–432.
32. Rönnholm E: The amelogenesis of human teeth as revealed by electron microscopy. III. The development of enamel crystallites. J Ultrastruct Res 6: 249–303, 1962.
33. Nylen MU, Eanes ED, Omnell KA: Crystal growth in rat enamel. J Cell Biol 18: 109–123, 1963.
34. Travis DF, Glimcher MJ:The structure and organization of, and the relationship between the organic matrix and the inorganic crystals of embryonic bovine enamel. J Cell Biol 23: 447–497, 1964.
35. Glyck PL, Eisenmann DR: Electron microscopic and microradiographic investigation of a morphologic basis for the mineralization pattern in rat incisor enamel. Anat Rec 176: 289–306, 1973.
36. Nylen MU, Scott DB, Mosley VM: Mineralization of turkey leg tendon. II. Collagen-mineral relations revealed by electron and x-ray microscopy. In: Calcification in Biological Systems. Sognnaes RF (ed), Washington DC, Am Assoc Adv Sci, 1960, pp 129–142.
37. Bonucci E, Derenzini M, Marinozzi V: The organic–inorganic relationship in calcified mitochondria. J Cell Biol 59: 185–211, 1973.
38. Miller EJ, Martin GR: The collagen of bone. Clin Orthop 59: 195–232, 1968.
39. Schiffmann E, Martin GR, Miller EJ: Matrices that calcify. In: Biological Calcification. Schraer H (ed), New York, Meredith, 1970, pp 27–67.
40. Glimcher MJ: Composition, structure, and organization of bone and other mineralized tissues and the mechanism of calcification. In: Handbook of Physiology: Endocrinology, vol 7. Greep RO, Astwood EB (eds), Washington DC, Am Physiol Soc, 1976, pp 25–116.
41. Scherft JP: The ultrastructure of the organic matrix of calcified cartilage and bone in embryonic mouse radii. J Ultrastruct Res 23: 333–343, 1968.
42. Irving JT: Bone matrix lipids and calcification. In: Calcified tissues. Richelle LJ, Dallemagne MJ (eds), Collect des Colloques de l'Univ de Liège, 1965, pp 313–324.
43. Shapiro IM: The association of phospholipids with anorganic bone. Calcif Tissue Res 5: 13–20, 1970.
44. Bonucci E, Frollà G, Piacentini M, Piantoni L: Presenza di materiale sudanofilo nella matrice ossea e cartilaginea e processo di calcificazione: indagini istochimiche ed ultrastrutturali. Riv Istochim Norm Patol 22: 77–91, 1978.
45. Di Muzio MT, Veis A: Phosphoproteins – Major noncollagenous proteins of rat incisor dentin. Calcif Tissue Res 25: 169–178, 1978.
46. Goldberg M, Molon Noblot M, Septier D: Effets de deux méthodes de déminéralisation sur la préservation des glycoprotéines et des protéoglycanes dans les dentines intercanaliculaires chez le cheval. J Biol Buccale 8: 315–330, 1980.
47. Glimcher MJ, Brickley-Parsons D, Levine PT: Studies of enamel proteins during maturation. Calcif Tissue Res 24: 259–270, 1977.
48. Rönnholm E: The structure of the organic stroma of human enamel during amelogenesis. J Ultrastruct Res 3: 368–389, 1962.
49. Shapiro IM, Wuthier RE, Irving JT: A study of the phospholipids of bovine dental tissues. I. Enamel matrix and dentine. Arch Oral Biol 11: 501–512, 1966.
50. Glimcher MJ, Lefteriou B, Kossiva D: Identification of o-phosphoserine, o-phosphotreonine and γ-carboxyglutamic acid in the noncollagenous proteins of bovine cementum; comparison with dentin, enamel and bone. Calcif Tissue Int 28: 83–86, 1979.
51. Bonucci E, De Santis E: Ultrastructure of osteoblastoma, with particular reference to calcification and matrix vesicles. In: Bone and Tumors. Donath A, Curvoisier B (eds), Genève, Ed Médecine et Hygiène, 1980, pp 232–236.
52. Schönbörner AA, Boivin G, Baud CA: The mineralization processes in theleost fish scales. Cell Tissue Res 202: 203–212, 1979.
53. Yamada J, Watabe N: Studies on fish scale formation and resorption. I. Fine structure and calcification of the scales in Fundulus heteroclitus (Atheriniformes: cyprinodontidae). J Morphol 159: 49–66, 1979.
54. Olson OP, Watabe N: Studies on formation and resorption of fish scales. IV. Ultrastructure of developing scales in newly hatched fry of the sheepshead minnow, Cyprinodon variegatus (Atheriniformes: Cyprinodontidae). Cell Tissue res 211: 303–316, 1980.
55. Bonucci E, Reurink J: The fine structure of decalcified cartilage and bone: a comparison between decalcification procedures performed before and after embedding. Calcif Tissue Res 25: 179–190, 1978.
56. Bonucci E: The organic–inorganic relationships in calcified organic matrices. In: Physico-chimie et cristallographie des apatites d'intérêt biologique. Paris, Colloque Int CRNS n° 230, 1975, pp 231–245.
57. De Bernard B, Stagni N, Camerotto R, Vittur F, Zanetti M, Zambonin Zallone A, Teti A: Influence of calcium depletion on medullary bone of laying hens. Calcif Tissue Int 32: 221–228, 1980.
58. Appleton J: Ultrastructural observations on the inorganic–organic relationships in early cartilage calcification. Calcif Tissue Res 7: 307–317, 1971.
59. Nylen MU, Omnell K-A: The relationship between the apatite crystals and the organic matrix of enamel. Fifth International Congress Electron Microscopy, New York, Academic Press, 1962, pp QQ-4.
60. Decker JD: An electron microscopic investigation of osteogenesis in the embryonic chick. Am J Anat 118: 591–614, 1966.
61. Smales FC: Structural subunit in prisms of immature rat enamel. Nature 258: 772–774, 1975.
62. Höhling HJ, Barckhaus RH, Krafting ER, Schreiber J: Electron microscopic microprobe analysis of mineralized collagen fibrils and extracollagenous regions in turkey leg tendon. Cell Tissue Res 175: 345–350, 1976.
63. Boivin G: Etude chez le rat d'une calcinose cutanée induite par calciphylaxie locale I. Aspects ultrastructuraux. Arch Anat Microsc Morphol Exp 64: 183–205, 1975.
64. Pautard FGE: A biomolecular survey of calcification. In: Calcified Tissues 1965. Fleisch H, Blackwood HJJ, Owen M (eds), New York, Springer, 1966, pp 108–122.
65. Hancox NM, Boothroyd B: Electron microscopy of the early stages of osteogenesis. Clin Orthop 40: 153–161, 1965.
66. Lehninger AL: Mitochondria and calcium ion transport. Biochem J 119: 129–138, 1970.
67. Bonucci E: The origin of matrix vesicles and their role in the calcification of cartilage and bone. In: International cell biology 1980–81. Schweiger HG (ed), Berlin, Heidelberg, New York, Springer, 1981, pp 993–1003.
68. Anderson HC: Calcium-accumulating vesicles in the intercellular matrix of bone. In: Hard Tissue Growth, Repair and Remineralization. Ciba Found Symp 11, Amsterdam, London, New York, Elsevier-Excerpta Medica-North Holland, 1973, pp 213–226.
69. Anderson HC: Matrix vesicles of cartilage and bone. In: The Biochemistry and Physiology of Bone, vol 4. Bourne GH (ed), New York, San Francisco, London, Academic Press, 1976, pp 135–157.
70. Brighton CT, Hunt RM: Electron microscopic pyroantimonate studies of matrix vesicles and mitochondria in the rachitic growth plate. Metab Bone Dis Relat Res 1: 199–204, 1978.
71. Anderson HC: Vesicles associated with calcification in the matrix of epiphyseal cartilage. J Cell Biol 41: 59–72, 1969.
72. Bonucci E: Fine structure and histochemistry of 'calcifying globules' in epiphyseal cartilage. Z Zellforsch 103: 192–217, 1970.
73. Eisenmann DR, Glick PL: Ultrastructure of initial crystal formation in dentin. J Ultrastruct Res 41: 18–28, 1972.
74. Sisca RF, Provenza DV: Initial dentin formation in human deciduous teeth. An electron microscope study. Calcif Tissue Res 9: 1–16, 1972.
75. Larsson Å: Studies on dentinogenesis in the rat. Ultrastructural observations on early dentin formation with special reference to 'dentinal

globules' and alkaline phosphatase activity. Z Anat Entwickl-Gesch 142: 103–115, 1973.
76. Katchburian E: Membrane-bound bodies as initiators of mineralization of dentine. J Anat 116: 285–302, 1973.
77. Reith EJ, Boyde A: Histochemical and electron probe analysis of secretory ameloblasts of developing rat molar teeth. Histochemistry 55: 17–26, 1978.
78. Deporter DA: The early mineralization of enamel. Fine structural observations of the cellular localization of calcium with the potassium pyroantimonate technique. Calcif Tissue Res 24: 271–274, 1977.
79. Nagai N, Frank RM: Transfert du ^{45}Ca par autoradiographie en microscopie électronique au cours de l'amélogenèse. Calcif Tissue Res 19: 211–221, 1975.
80. Katz EP, Li ST: The intermolecular space of reconstituted collagen fibrils. J Mol Biol 73: 351–369, 1973.
81. Höhling HJ, Ashton BA, Köster HD: Quantitative electron microscopic investigations of mineral nucleation in collagen. Cell Tissue Res 148: 11–26, 1974.
82. Eyre DR: Collagen: molecular diversity in the body's protein scaffold. Science 207: 1315–1322,1980.
83. David WL, Jones RG, Hagler HK: An electron microscopic histochemical and analytical x-ray microprobe study of calcification in Bruch's membrane from human eyes. J Histochem Cytochem 29: 601–608, 1981.
84. Bonucci E: Presence of 'crystal ghosts' in bone nodules. Calcif Tissue Int 29: 181–182, 1979.
85. Kuhar KJ, Eisenmann DR: Fluoride-induced mineralization within vacuoles in maturative ameloblasts of the rat. Anat Rec 191: 91–102, 1978.
86. Williams DC, Boder GB, Toomey RE, Paul DC, Hillman CC Jr, King KL, Van Frank RM, Johnston CC Jr: Mineralization and metabolic response in serially passaged adult rat bone cells. Calcif Tissue Int 30: 233–246, 1980.
87. Tiselius A, Hjerten S, Levin Ö: Protein chromatography on calcium phosphate columns. Arch Biochem Biophys 65: 132–155, 1956.
88. Termine JD: Integral matrix proteins of fetal bone. In: Matrix Vesicles. Ascenzi A, Bonucci E, DeBernard B (eds), Milano, Wichtig, 1981, pp 155–159.
89. Termine JD, Belcourt AB, Conn KM, Kleinman HK: Mineral and collagen-binding proteins of fetal calf bone. J Biol Chem 256: 10403–10408, 1981.
90. Termine JD, Conn KM, Miyamoto MS, Belcourt A: Biochemical properties of tooth matrix proteins sequentially extracted with dissociative solvents. Calcif Tissue Int 27 (suppl): A47, 1979.
91. Wuthier RE: Lipids of mineralizing epiphyseal tissue in the bovine fetus. J Lipid Res 9: 68–78, 1968.
92. Odutuga AA, Prout RES: Lipid analysis of human enamel and dentine. Arch Oral Biol 19: 729–731, 1974.
93. Boskey AL: The role of calcium-phospholipid-phosphate complexes in tissue mineralization. Metab Bone Dis Relat Res 1: 137–142, 1978.
94. Bonucci E: Intra- vs. extra-vesicle calcification in epiphyseal cartilage. In: Matrix Vesicles. Ascenzi A, Bonucci E, De Bernard B (eds), Milano, Wichtig, 1981, pp 167–172.
95. Wuthier RE: Lipids of matrix vesicles. Fed Proc 35: 117–121, 1976.
96. Ali SY, Wisbi A, Gray JC: Electron probe analysis of cryosections of epiphyseal cartilage. Metab Bone Dis Relat Res 1: 97–103, 1978.
97. Hall TA, Höhling HJ, Bonucci E: Electron probe X-ray analysis of osmiophilic globules as possible sites of early mineralization in cartilage. Nature 231: 535–536, 1971.

Author's address:
Istituto di Anatomia Patologica
Policlinico Umberto I
Viale Regina Elena, 324
00161 Roma, Italy

CHAPTER 11

Electron microscopy of the basement membranes

ENRICO REALE

1. Introduction

The basement membrane is a tiny extracellular collagenous lamina usually interposed between connective tissue space and bordering tissue(s). According to Pease (1) its presence allows the remarkable histological order and complexity of the multicellular organisms. This concept clearly emerged after the introduction of the electron microscope into histological research, i.e. after the basement membranes had been unmistakably identified by a morphological method and their widespread occurrence and exact distribution accurately described. Pease's concept has been strengthened by embryological investigations and by several ingenious experimental studies showing the necessity of a basement membrane in achieving regular growth (reviewed in 2, 3) or repair (reviewed in 4, 5). Conversely, invasive tumors display discontinuities in their basement membranes (6–8), and recently it has been demonstrated that their cells produce a basement membrane degrading collagenase (9; reviewed in 10). Also a scar, and not a complete repair, occurs if the basement membrane is destroyed (5). In addition, diseases can occur if components of basement membranes are pathologically changed (reviewed in 11–13). These few examples illustrate one of the functions of the basement membranes: that of acting as a supporting framework or scaffolding. Other equally important functions account for the key role the basement membranes play in numerous normal functions and pathological processes.

The present chapter deals with the morphology of basement membranes as seen with different electron microscopic procedures. In addition, structural alterations of basement membranes, as well as their characteristic features in peculiar anatomical sites, have been considered. Whenever possible, an attempt has been made to correlate the morphological observations with those of the histochemical and chemical analysis. Only a few of the very numerous papers on basement membranes and their constituents have been quoted. An extensive bibliography can be found in some excellent works (14–17) which recently appeared on this rapidly progressing field of research.

2. Distribution and terminology

Epithelial, muscular and nervous tissues, as well as some cells generally classified as belonging to connective tissue (e.g. the adipose cells, melanocytes of the choroid), lie on or are surrounded by a basement membrane. Conventional electron microscopic techniques only reveal part of this membrane, the so-called *lamina densa* (Figure 1). The width of this lamina is extremely variable depending upon the part of the organ under investigation (Figure 2a, b), the species and the age of the animal.

The lamina densa is separated from the plasma membrane of the corresponding cells by a thin layer named the *lamina lucida* or *rara*. This layer is usually devoid of structures or is crossed by fine filaments connecting the lamina densa with the plasma membrane of the cell. The lamina densa and lamina lucida together form the basal lamina or, in sites where a 'basal' location is not evident (i.e. around nonpolarized cells), the lamina externa (18).

The basal lamina merges into collagen fibrils (reticular or argyrophilic fibrils) on the surface opposite to the lamina lucida. Routine methods reveal this transition as a poorly defined, irregularly demarcated *zona diffusa* (19). The basal lamina and reticular fibril layer represent the basement membrane recognizable by light microscopy. The two terms – basal lamina and basement membrane – are used as synonyms. It should be noted, however, that, whereas most of the components of the basal lamina are produced by the cell resting on the basal lamina itself (20–22), other constituents, especially those located in the zona diffusa, originate from cells of the

Ruggeri, A and Motta, PM (eds): Ultrastructure of the connective tissue matrix. ISBN-13:978-1-4612-9789-5

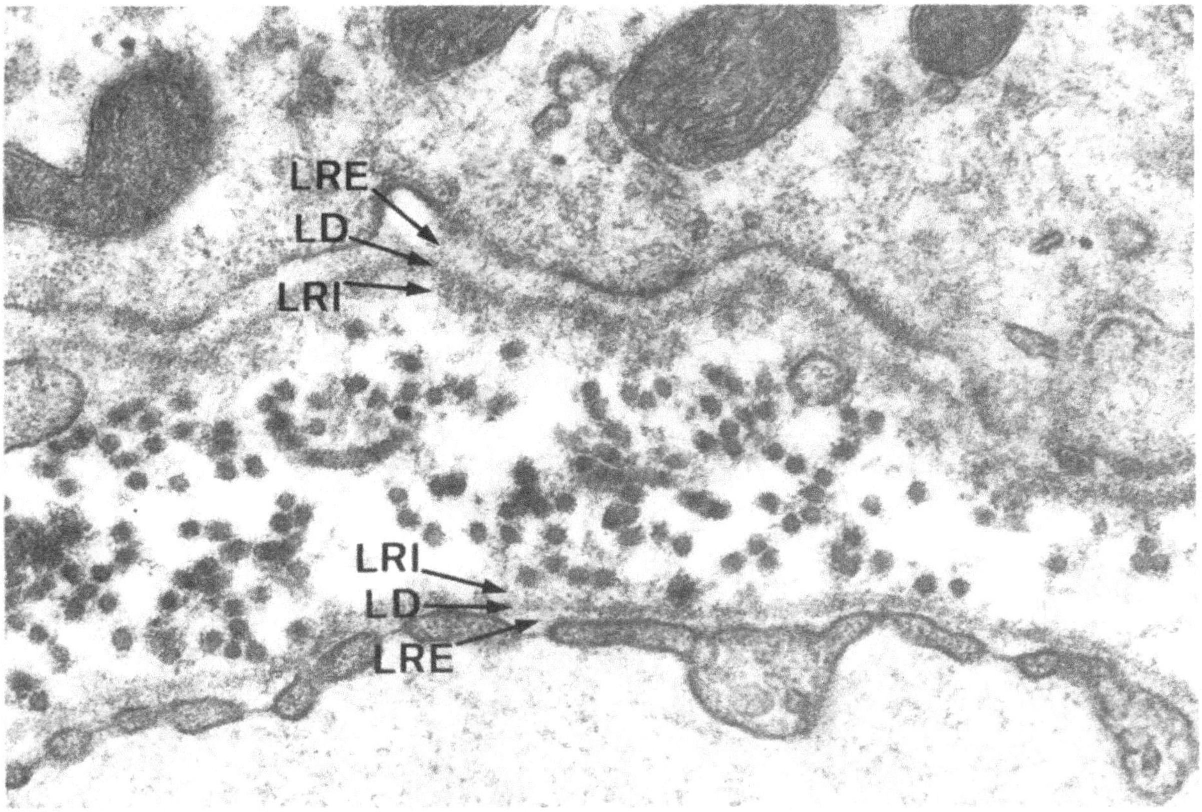

Figure 1. Basement membrane of epithelial (top) and endothelial cells (bottom). Guinea pig colonic mucosa. Lamina rara interna (LRI), lamina densa (LD) and lamina rara externa (LRE) are seen in both basement membranes and between these, collagen fibrils (× 60,000).

connective tissue.

In agreement with the more recent nomenclature, the basal lamina or basement membrane includes a *lamina densa* which is bordered on the cell side by a *lamina rara externa* (lucid layer), and on the connective tissue side by a *lamina rara interna* (zona diffusa). This terminology (23) will be used throughout this chapter (Figure 1). However, another definition is adopted for the basal lamina of the glomerular capillary wall, the so-called glomerular basement membrane. In this location the term lamina rara interna indicates the lucid layer interposed between the lamina densa and the capillary endothelium. This layer, according to the more recent nomenclature above, should be termed the lamina rara externa of the endothelial cell basal lamina. Indeed, in the glomerular capillary wall the corresponding laminae rarae internae of the epithelial and endothelial basement membranes have disappeared during the development of the organ, whereas the corresponding laminae rarae externae probably remain. In addition, in the glomeruli of a lower vertebrate, the atlantic hagfish *Myxine glutinosa*, true laminae rarae internae of endothelial and epithelial basal laminae are frequently seen (Figure 10). Nevertheless, the peculiar nomenclature adopted so far for the glomerular basement membrane of higher vertebrates may be retained at least for two reasons. Firstly between the lamina densa of this membrane and the endothelial cells, microfibrils can be found which in the basal lamina of other organs mostly lie on the connective tissue side of the lamina densa (see Section 3.3.3.). Secondly, according to some authors (24) material morphologically similar to the mesangial matrix (i.e. to the connective tissue space of the glomeruli, see Section 8.4.) can be seen in the human and rabbit glomerular basement membrane between the lamina densa and the endothelial cells. Therefore, the name lamina rara interna for the lucent layer between endothelium and lamina densa of the higher vertebrate glomerular capillary is appropriate.

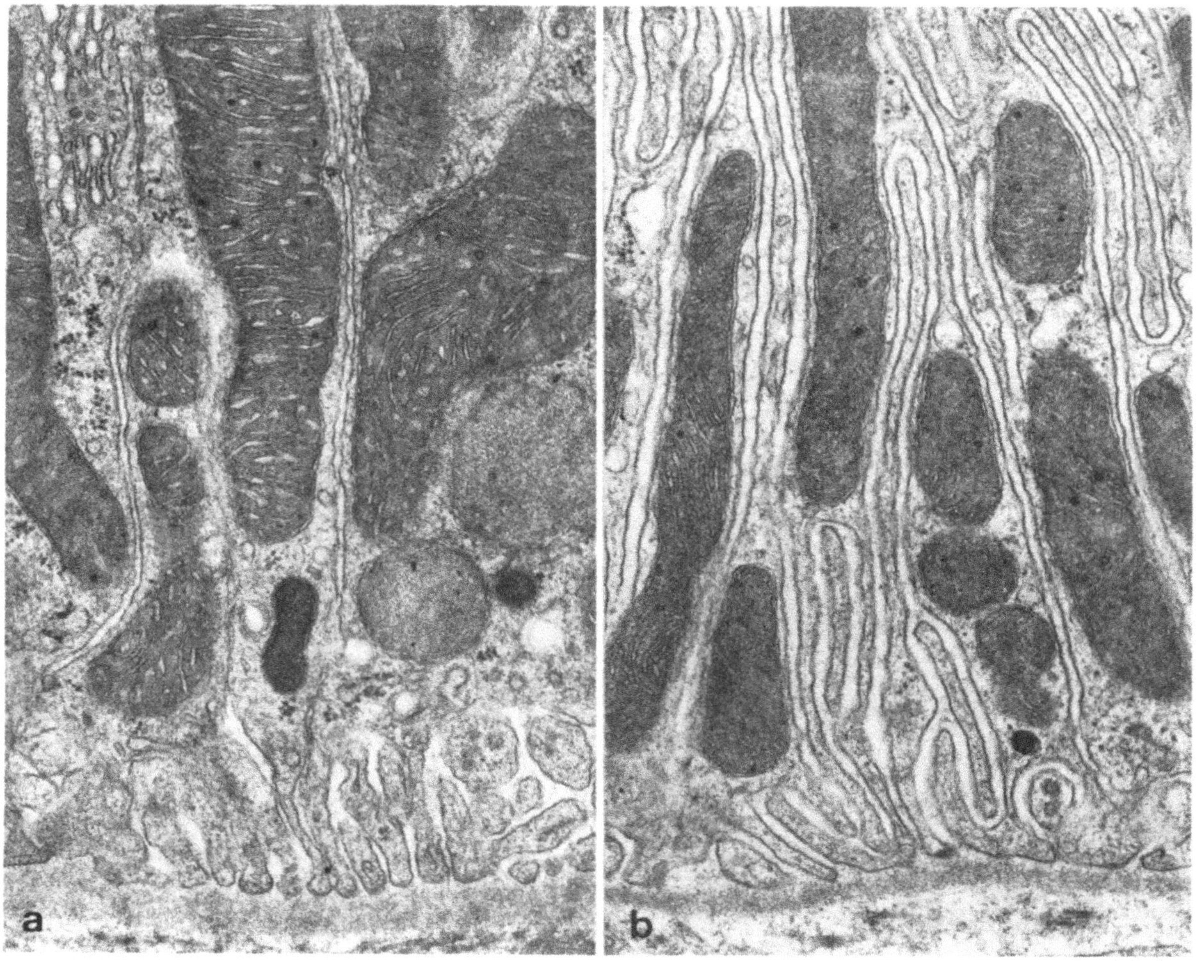

Figure 2. Basement membranes of different thickness below cells of the proximal tubule (a) and of the distal tubule (b) in the same rat kidney (a, b: × 30,000).

3. Structure

3.1. Lamina densa

Since 1955 (25) the lamina densa, independent of the (ecto-, meso- or endodermal) origin of its forming cells, has repeatedly been described to consist of filaments of about 2–5 nm in diameter, arranged in a felt-like meshwork and intermingled with amorphous material. Most of the filaments, which probably correspond to collagen molecules, are oriented parallel to the adjacent cell surface.

The presence of collagen-like proteins in some basement membrane (e.g. the lens capsule, 26; Descemet's membrane, 27, 28; the renal glomeruli, 29) had already been suggested in the early fifties. Only later, chemical and physical analyses definitely demonstrated their collagenous nature, lacking fibrous organization. This particular form of collagen (procollagen-like, rich in carbohydrates), referred to as type IV collagen (reviewed in 30, 31), has been localized by immunohistochemistry in the lamina densa (32, 33).

Recent studies on type IV collagen molecules isolated from basement membranes of different organs, and observed in the electron microscope after rotary shadowing (Figure 3), have disclosed features which possibly explain the architecture of the lamina densa (34). According to these findings the type IV collagen monomeric molecule has the form of a flexible filament about 2 nm in diameter and about 400 nm in length. The filament bears a non-collagenous globular carboxyl end about 8.6 nm in diameter. Four of these collagen molecules are cross-linked at their

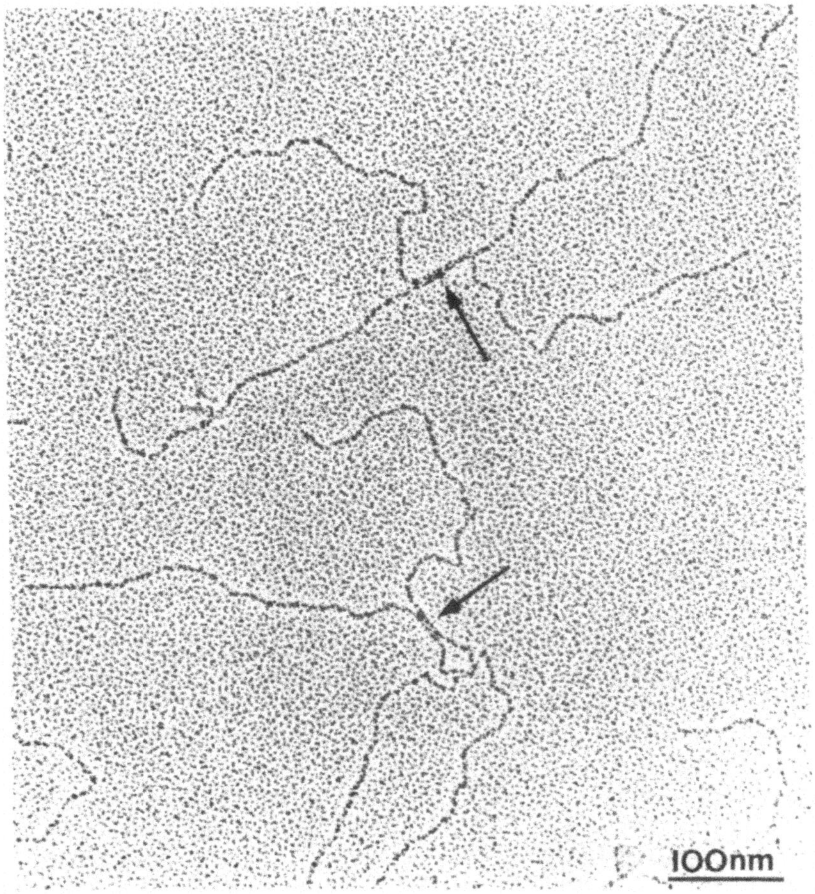

Figure 3. Type IV collagen molecules after isolation and rotary shadowing. The 'spider'-like arrangement of the molecules is visible. The arrows point to 7-S collagen; the globular ends (see Figure 4) are missing (× 155,000). Reprinted from (34) by permission of author and publisher.

amino ends assuming an X-or 'spider'-like arrangement (34). The central portion of this X-like complex (7S collagen) is about 60 nm long. Adjacent 'spiders' are joined to each other at their globular domains thus creating a bi-dimensional network (Figure 4).

Several morphological and functional charateristics of the lamina densa can be explained using this model. For example, the felt-like aspect in thin section electron micrographs of many laminae densae could be due to the superposition of randomly cut spider-like collagen macromolecules, to which other constituents retained by fixation and dehydration are intermingled. Also the anisotropy of some basement membranes (e.g. 28, 35) could be explained by the network model. From a functional point of view, this model may account for the well-known flexibility and tensile strength of the lamina densa, for its cohesive force or microskeleton properties, as well as for its mechanical sieve behavior. Besides type IV collagen, some basement membranes contain type V collagens. Type V collagens display chemical characteristics of both basement membrane (type IV) and interstitial (type I, II and III) collagen (reviewed in 31, 33). In rat renal vessels type V collagen has been localized by immuno-electron microscopy (36) on the part of the basement membrane of the smooth muscle cells which faces the adventitia; it is absent from the rest of the basement membrane surrounding the smooth muscle cells of the same vessels. The endothelial basement membrane of the peritubular capillaries is stained, but not that of the tubular epithelium. Presumably, type V collagen forms a framework binding the vessel to the interstitium. As reported by Gay et al. (36), type V collagen is not restricted to the vascular basement membrane. It

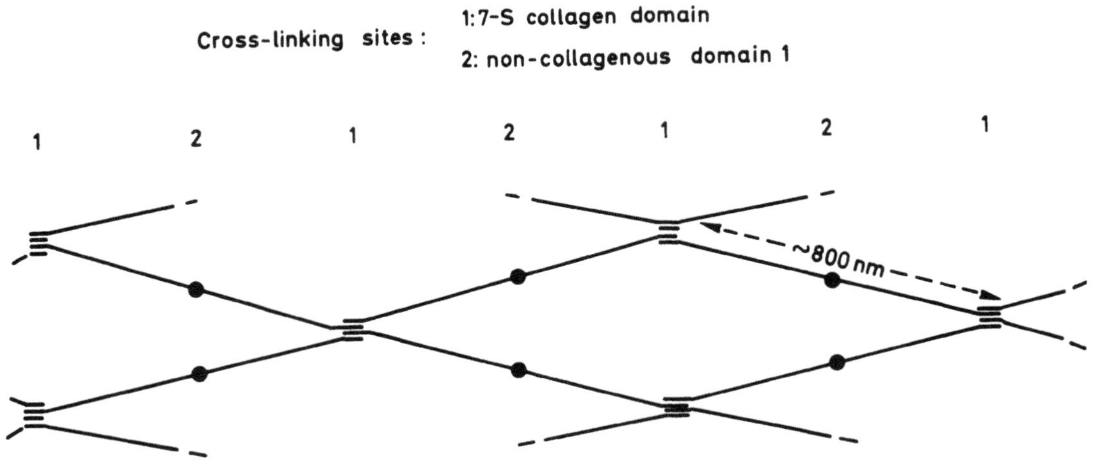

Figure 4. Possible arrangement of type IV collagen molecules (see Figure 3) into a bidimensional network. Reprinted from (34) by permission of author and publisher.

also occurs outside these, for example, in the endomysium and close to chondrocytes. The morphology of type V collagen molecules is not known.

3.2. Lamina rara externa

This layer was suggested to contain 'cement' material (37) firmly bonding the lamina densa to the basal part of the plasma membrane of bordering cell. This intuitive view has recently been supported by the possible location in the lamina rara externa (and interna, see Section 3.3.) of glycoproteins (3.2.1.) and proteoglycans (3.2.2.), some of which participate in holding or binding the cell to its non-cellular substrate. Conceivably, the tenuous filaments crossing this layer in many basement membranes of conventionally treated specimens may correspond to remnants or parts of these substances.

It is well known that the basement membranes display a PAS (McManus-Hotchkiss) positive reaction, i.e. they contain glycoproteins as also shown by chemical analysis (29, 38). Ashworth et al. (39) were able to demonstrate that the glomerular basement membrane is stained by the PAS-reaction in its middle region (lamina densa), whereas on both its sides it shows Alcian blue stained material. They concluded that glycoproteins and acidic mucopolysaccharides (glycosaminoglycans) could be present in differing distribution in the glomerular basement membrane, an assumption which proved to be correct (see below).

Histochemical methods, which are based on the electron microscopic demonstration of anionic groups (*carboxylic groups* of (a) glycoproteins containing sialic acid, (b) acid amino acids of the protein core of proteoglycans, (c) the glycosaminoglycan hyaluronic acid; *sulfate groups* of some glycoproteins and glycosaminoglycans), give a positive reaction on the surface coat, in the lamina densa and, more intensely, in the laminae rarae. The reaction of acidic groups in the glomerular basement membrane of the kidney was initially ascribed to the cell surface coat and, possibly, to the sialic acid associated with the oligosaccharides of the basement membrane collagen. Later on, improved histochemical methods and their combination with enzymatic digestion procedures and chemical analysis have also detected sulfate proteoglycans in the laminae rarae (reviewed in 40, 41). These findings may account, e.g. for the light microscopical staining with Alcian blue of the inner and outer surfaces (laminae rarae) of the glomerular basement membrane (39) or for the light metachromatic reaction noted in the same basement membrane (42).

3.2.1. Glycoproteins

Beside collagenous glycoproteins also non-collagenous glycoproteins can be found in the basement membrane. Among these there are (i) laminin and (ii) fibronectin, which have been extensively investigated, as well as (iii) entactin, (iv) the bullous pemphigoid antigen, (v) the amyloid P-component and (vi) the Goodpasture antigen. The location of these glycoproteins (lamina rara externa, densa, and/or interna) is still being debated. In addition, the (tubule-like) microfibrils of the extra-cellular matrix (see 3.3.3.) belong to the glycoproteins occasionally found in the lamina rara externa.

(i) *Laminin*, a high molecular weight glycoprotein (43, reviewed in 44), has been found in the basement membrane of both the adult (45) and the embryo (46). In the glomerular basement membrane it has been detected either in both laminae rarae or only in the lamina rara interna (reviewed in 40).

Laminin is produced by epithelial and endothelial cells (45) and by a few other cell types, such as corneal endothelium and skeletal muscle fibers. Some bacteria have specific binding sites for laminin, others for fibronectins (47).

In electron micrographs (Figure 5) (48) isolated laminin molecules show a cross-like shape with one long arm (about 75 nm) and three short arms (about 35 nm). Each of these measures about 2 nm in diameter, shows globular domains and terminates in a globular end. Enzymatic cleavages of the molecules release several fragments. Each fragment should bind either to cells (mainly epithelial and endothelial), or to glycosaminoglycans (especially heparin and heparan sulfate) or to collagen (preferentially to type IV collagen). Therefore, laminin is well suited to be considered as an adhesion-promoting glycoprotein binding the cells to the lamina densa.

(ii) *Fibronectins*, another type of high molecular weight glycoprotein, occur in two major forms, on the cell surface (cellular fibronectin, insoluble form) and in blood plasma (plasma fibronectin, soluble form). Cellular fibronectin is produced by fibroblasts and some other cell types (reviewed in 44, 49).

Cellular and plasma fibronectins, although possibly different genetically (50), have a similar general structure and cannot be separated as yet using immunological and immunohistochemical methods (51). Consequently, a positive reaction in a tissue can indicate the presence of the cellular form but could also be due to remnants of trapped plasma fibronectin. For example, according to some investigators (reviewed in 40), cellular fibronectin is localized in both the laminae rarae of the glomerular basement

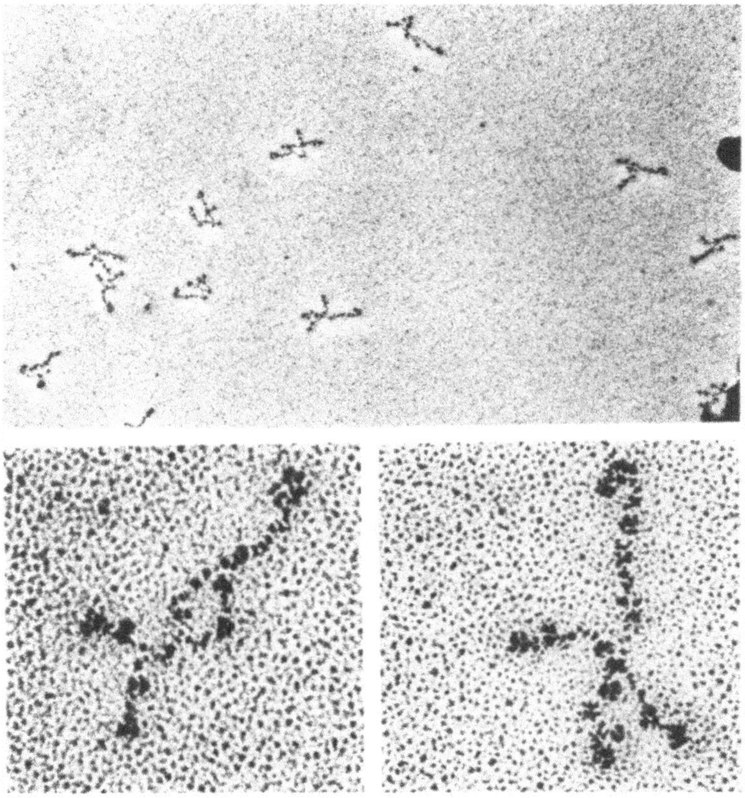

Figure 5. Laminin after isolation and rotary shadowing. Several cross-shaped molecules are seen in the upper electron micrograph (× 100,000). Higher magnification (lower micrographs) reveals globular units (× 360,000). Reproduced from (48) with permission of author and publisher.

membrane and in the mesangial matrix, but according to others, it is localized exclusively in the mesangial matrix. Indeed, although fibronectin is synthesized by glomerular epithelial cells *in vitro* (52), its detection in the glomerular basement membrane has also been considered to be due to contamination by the plasma form (53).

Electron microscopy shows isolated plasma fibronectin molecules as composed by two flexuous strands of approximately 2 nm in diameter and 60 nm in length (Figure 6) (48). Limited proteolysis of these long molecules generates several fragments, each of which retains one or more specific binding sites for interactions with an unknown plasma membrane receptor, with collagen (all collagen types, including the collagenous tail of the acetylcholinesterase and the collagenous-like stems of the C1 q serum glycoprotein), with glycosaminoglycans (e.g. heparan sulfate, hyaluronic acid), with actin, fibrin and fibrinogen as well as other fibronectin molecules (51). The possible interactions between the fibronectin molecule and the cell membrane, glycosaminoglycans and lamina densa collagen as well as between fibronectin, glycosaminoglycans and intestitial collagens have been illustrated in interesting models (3, 13, 54, 49, 51). In thin sections fibronectin has been localized in filaments (fibronectin polymers) surrounding cells in culture (see e.g. 55, 56) or underlying the apical ectodermal ridge (inductive ectoderm) of the chick wing bud (57). Fibrils have been observed by scanning electron microscopy in sites rich in fibronectin, such as in cell culture matrices (55) or in the anterior boundary of the area pellucida in the chick embryo (58).

In electron micrographs fibronectin filaments seem to be continuous with intracellular actin filaments (56). Actually, in these sites fibronectin is bound to a plasma membrane receptor (possibly a glycoprotein and/or a glycolipid) (50) as well as to proteoglycans (59). In corresponding intracellular sites actin filaments are attached to the plasma membrane possibly mediated by vinculin (50). This indirect connection across the plasma membrane may account for the manifold functions of cellular fibronectin (49) as, for instance, cell adhesion to noncellular substrates, essential for spreading and move-

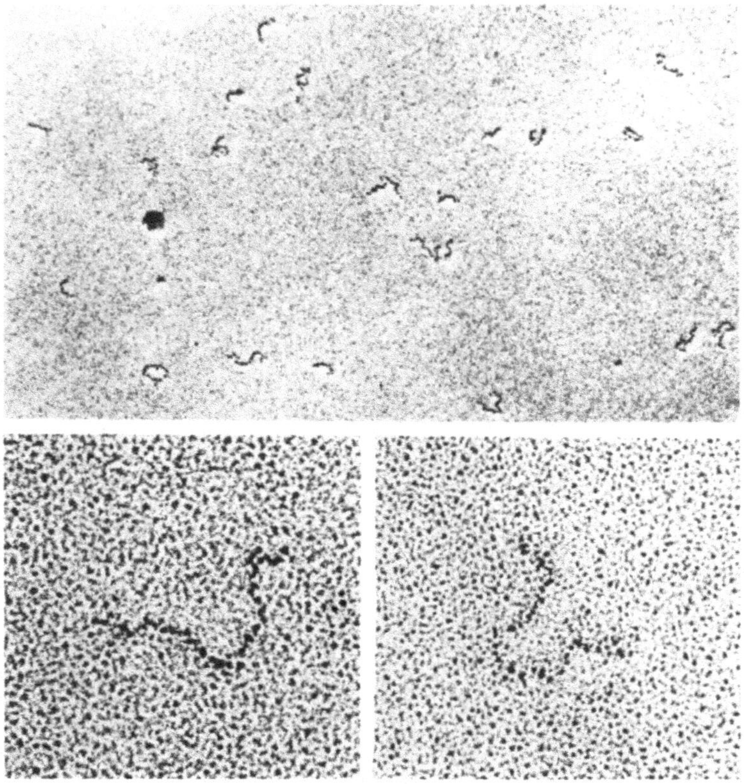

Figure 6. Fibronectin after isolation and rotary shadowing. Several long flexuous molecules are seen in the upper electron micrograph (× 80,000). High magnifications (lower micrographs) show that each molecule is composed of two arms of equal length (× 360,000). Reproduced from (48) with permission of author and publisher.

ment *in vitro* and *in vivo*, phagocytosis, and cell differentiation. Also the cell shape (organization of the cytoskeleton) is influenced since virus transformed fibroblasts or rounded up cells entering into mitosis reduce their surface fibronectin.

(iii) *Entactin*, a recently discovered sulfated glycoprotein (60), has been localized by immunohistochemistry in some basement membranes. It occurs close to the basal surface of the epithelial cells onto which it may collapse during preparative procedures. The function of entactin is unknown; its location suggests a possible role as an adhesive glycoprotein (61).

(iv) *Bullous pemphigoid antigens* represent a group of glycoproteins located in the normal basement membranes of stratified squamous epithelia (epidermis, oral and nasal cavities, oesophagus, cornea, vagina, penis, anus) as well as a few other epithelia (urinary bladder, urethra, trachea and bronchi, gall bladder) of a wide variety of vertebrates. The presence of these glycoproteins becomes evident in patients suffering from bullous pemphigoid, as a consequence of an autoimmune reaction (62).

Normal epidermal cells in culture form these antigens (63). Immunohistochemical procedures localize them in the lamina rara externa and, to a lesser extent, in the lamina densa. The function of these glycoproteins has not been clearly established. However, their location at the derma epidermal junctions, and the observation that mouse epidermal cells grown *in vitro* are detached from the substrate after treatment with pemphigoid antibodies (63), suggests an adhesion-promoting role for these glycoproteins.

(v) *The P (plasma)-component of amyloid,* a glycoprotein characterizing amyloid deposits, has recently been localized by immunohistochemistry in the lamina rara interna of the normal human glomerular basement membrane (65). It also occurs in other normal vascular basement membranes.

(vi) *Goopasture antigen (s).* Recently, this antigen has been found in the basement membrane produced by the EHS sarcoma (see Section 9) of the mouse, where it was characterized as a noncollagenous glycoprotein (66). It is also located in the normal basement membranes of the renal glomeruli and of the lung alveoli.

3.2.2. Glycosaminoglycans

Glycosaminoglycans, some of which are bound to protein forming proteoglycans, are additional components of the basement membrane (see Chapter 5). They have been detected by chemical analysis in several embryonic and adult basement membranes, where they have been localized by histochemistry (cationic markers) in the laminae rarae. In some of these, the heparan sulfate proteoglycan is the main component responsible for the positive reaction. However, according to recent immunohistochemical investigations on rat duodenal and enamel epithelia as well as on blood capillaries in the neighboring connective tissue, heparan sulfate should be prevalent in the lamina densa together with type IV collagen, laminin and fibronectin (67). Further studies are necessary to elucidate the reason for this different distribution: mainly in the laminae rarae with cations, in the lamina densa with the immunohistochemical procedure.

Cationic reagents required by most of the histochemical methods localizing the proteoglycans, bind and precipitate the negatively charged molecules in the laminae rarae as insoluble complexes. These are electron dense, or acquire electron density after fixation and/or staining with uranyl acetate and lead citrate. A selective staining of proteoglycans can be achieved by previous digestion with specific enzymes, the use of cations with a suitable isoelectric point or the application of the critical electrolyte concentration method. With *polycations* (Alcian blue 8 GX, Ruthenium red, Astra blue 6 GL, Cuprolinic blue, lysozyme, cationized ferritin, protamine sulfate, polyethyleneimine) the anionic sites appear as particles (or small aggregates of minute particles) lying regularly spaced in the plane of the laminae rarae. The particles may be interconnected in a bidimensional lattice-like pattern by tiny filaments. If *monocations* such as Safranin O, Acridine orange, Toluidin blue are chosen, or the critical electrolyte concentration produce in the presence of polycations is applied, the morphology of the polyanioncation precipitates changes. Instead of particles, elongated threads are seen (Figure 7a). Frequently at particular points, each thread displays tiny lateral branches (Figure 7b) (68, 69). The precipitates assume the aspect of the proteoglycan molecules isolated from the hyaline cartilage and visualized by electron microscopy with suitable methods (70). According to Scott (71), the polyanionic proteoglycan molecules, visualized as particles in thin section electron microscopy, occupy a small percentage of the volume they would take in the fully expanded (hydrated) form. Shrinkage or collapse of the proteoglycan molecules seems to be prevented (or limited) after use of monocations or of the critical electrolyte concentration procedure, allowing some structural details of the proteoglycan molecules to be recognized (69).

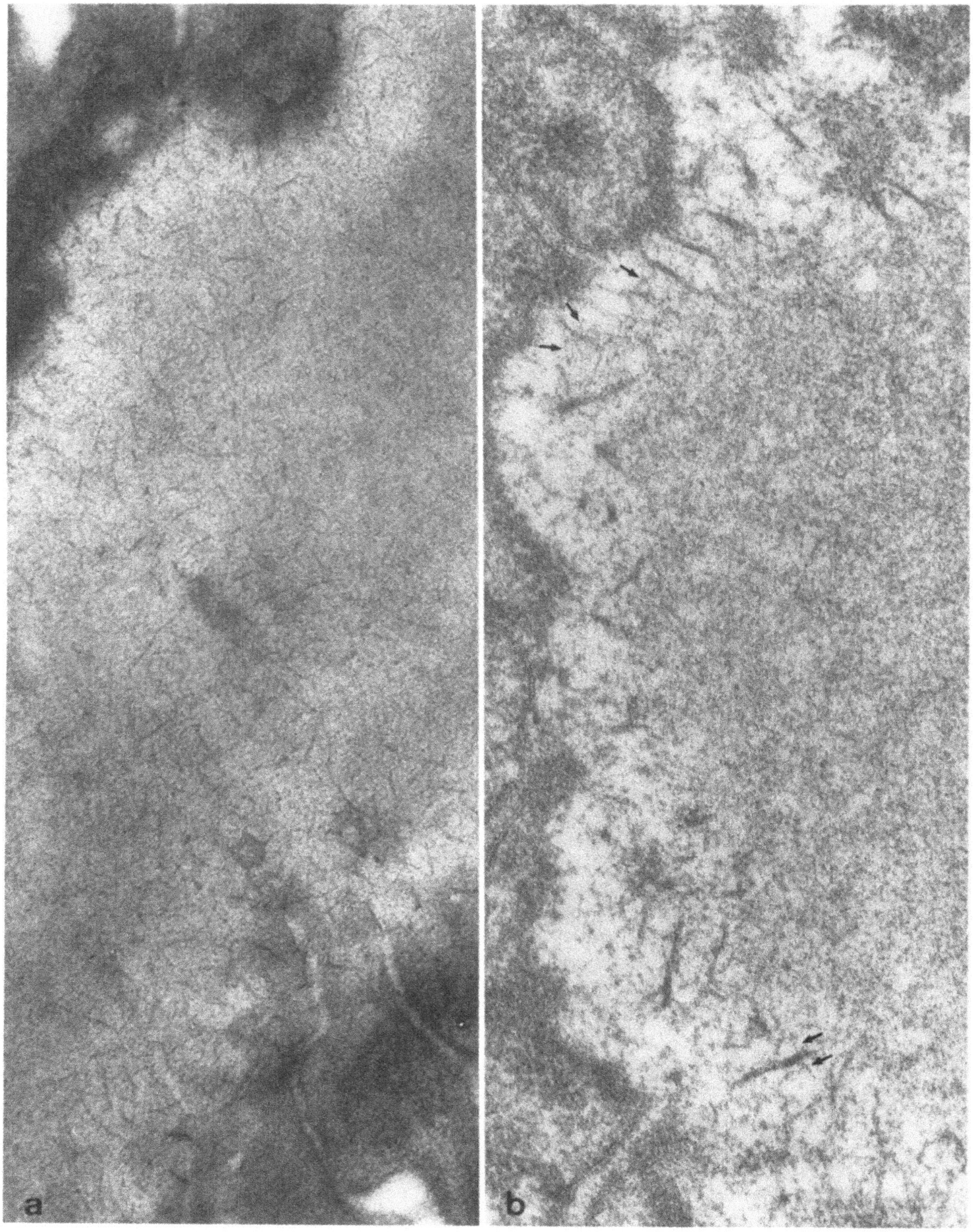

Figure 7. Proteoglycan molecules revealed by Alcian Blue 8 GX + 0.3 M $MgCl_2$. Lamina rara externa of the glomerular basement membrane. Rat kidney. In (a), the network-like arrangement of the proteoglycans as seen in a 100 nm-thick grazing section. In (b), the filaments (proteoglycan molecules) located in the lamina rara externa, display tiny lateral branches (some indicated by arrows) (a: × 60,000; b: × 120,000).

The sizes of the particles produced by polycationic reagents may change from one anatomical site to another. For example, the particles in the laminae rarae of the basement membrane surrounding arterial smooth muscle cells are smaller than the particles scattered in the interstitial tissue of the vessel (72). Particles of 10–20 nm in diameter have been seen in the laminae rarae of the cornea epithelium basement membrane, particles of 20–25 nm in diameter outside the basement membrane (73). Size differences also exist for the threads visualized by monocations or by the critical electrolyte concentration method (Figure 8). The size differences could conceivably indicate that macromolecules of different proteoglycans or different aggregation forms are involved in the reaction.

The distance between adjacent particles revealed by cationic markers usually measures about 60 nm. However, sites are known where other distances have been found. For example, in the basal lamina of fenestrated capillaries (exocrine pancreas), the interparticles distance measures 80–100 nm (74); in the basal lamina of the epithelial cells of the lung alveoli, the particles are more numerous and regularly spaced than in the basal lamina of the lung capillary endothelial cells (75); in the basal lamina underlying the epithelium of the cat gall bladder, the number of the particles is higher in the apical part of the mucosal folds than in their basal region (76); in the basal lamina of the dorsal and ventral (non-inductive) ectoderm of the chick wing bud, the particles are more regularly spaced than those below the apical ectodermal ridge (inductive ectoderm) (57). Different glycosaminoglycans may account for some of these variations, as in the lung basal laminae. In these, heparan sulfate predominates in the particles of the epithelial basal lamina; heparan sulfate, dermatan sulfate and/or chondroitin sulfate compose the particles of the capillary basal lamina (75).

Differences in the glycosaminoglycan turnover may account for the uneven particle distribution observed in embryonic basal laminae. Indeed, investigations on organs growing *in situ* and *in vitro* (reviewed in 2, 3, 77) indicate that, whereas hyaluronate and chondroitinsulfate as well as interstitial collagen apparently accumulate (or remain unchanged) in quiescent sites (e.g. the interlobular clefts of a gland anlage), they apparently decrease (or show a rapid turnover) where growth is active (e.g. most peripheral regions of the lobules of a gland anlage). The process probably requires mesenchymal enzymes which remove glycosaminoglycans and basal lamina collagen from the tips of the lobules.

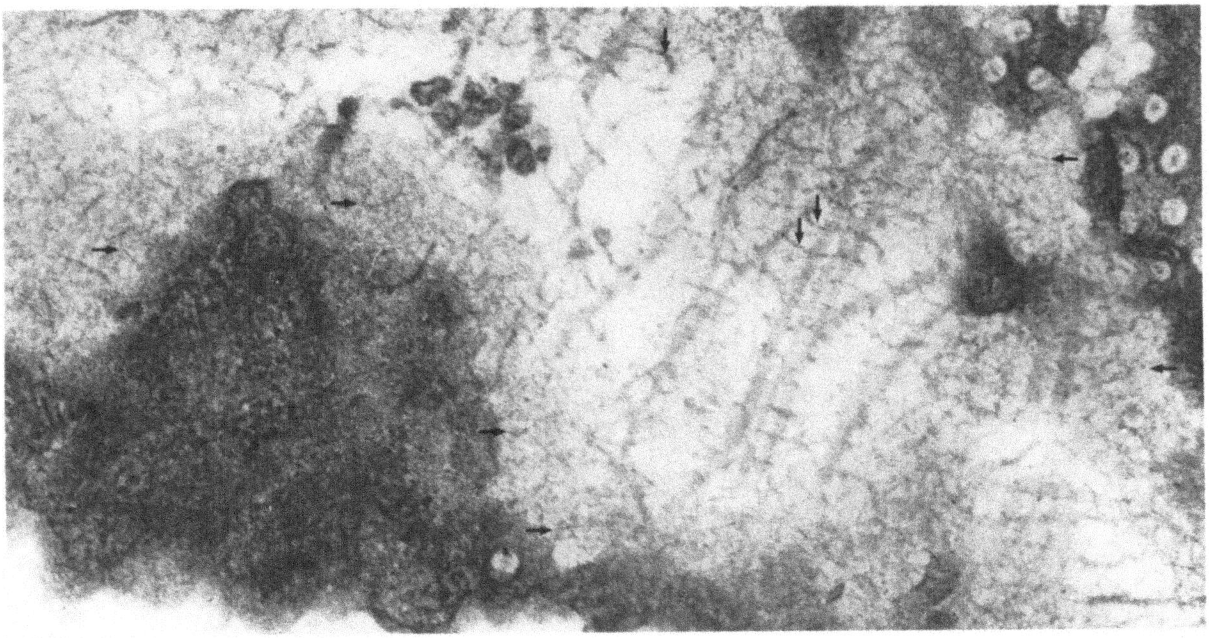

Figure 8. Proteoglycan molecules revealed by Alcian Blue 8 GX + 0.3 M $MgCl_2$. Grazing section of blood vessels of the renal medulla. Rat kidney. Tiny filaments (horizontal arrows) are associated with the basement membranes, thick filaments (vertical arrows) with the interstitial collagen fibrils (× 45,000).

Finally, histochemistry (39) and chemical analysis (78, 79) demonstrate a decrease in some basement membrane proteoglycans with age.

3.2.3. Hemidesmosomes (or half desmosomes)
The lamina rara externa shows components of the hemidesmosomes in several epithelia. Below the skin epithelium, where these component are clearly discernible (Figure 9), numerous perpendicularly orientated fine filaments cross the lamina rara externa (lamina lucida). These filaments (anchoring filaments) (80) probably originate in the dense attachment plaque (inside the cell), cross the plasma membrane and the lamina rara and blend with the filaments of the lamina densa from which they are morphologically indistinguishable. However, the lamina densa beneath the hemidesmosome has somewhat higher electron density than elsewhere. In some hemidesmosomes a linear condensation of electron dense material (peripheral density, or subbasal dense plaque) can be observed between plasma membrane and lamina densa (Figure 9).

The anchoring filaments probably are of the same (unknown) nature as those joining the midline with the opposite attachment plaques of the complete desmosomes. It is further unknown if they have the same peculiar morphology.

3.3. Lamina rara interna

Apart from proteoglycans which can be visualized with suitable histochemical methods (see Section 3.2.2.), other components of this layer are possibly the anchoring fibrils and microfibrils.

3.3.1. Glycosaminoglycans
Glycosaminoglycans (proteoglycans) can be precipitated in the lamina rara interna by cationic reagents. The lamina densa will thus appear as a felt-like band flanked on both sides by electron dense particles, an arrangement which has frequently been described (see 3.2.2.). Interstitial collagen fibrils blend into this layer. Since proteoglycans are also connected to these collagen fibrils at regular intervals (see Ruggeri et al., this volume), the electron dense polya-

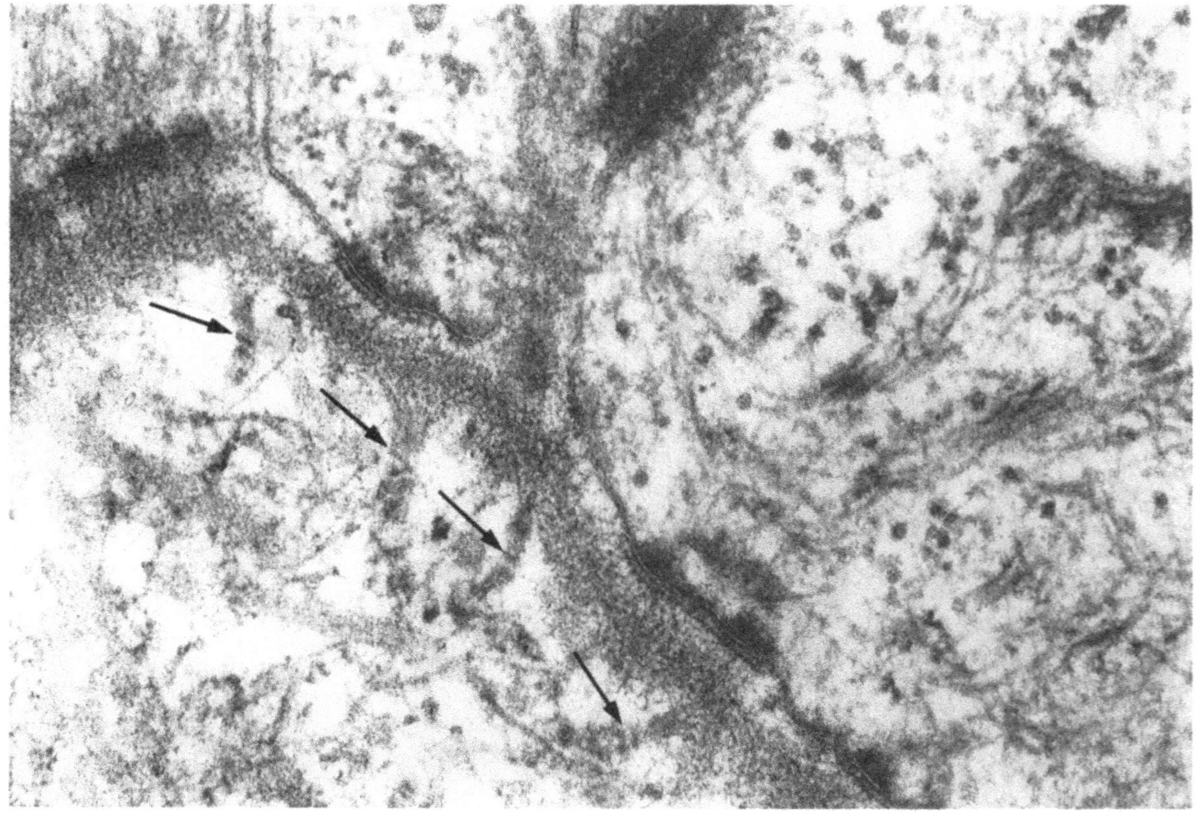

Figure 9. Basement membrane of the epidermis. Human skin, abdomen. Below each hemidesmosome, a peripheral density (or subbasal dense plaque) is seen in the lamina rara externa. The arrows point to anchoring fibrils (× 120,000).

nion-cation-precipitates of the lamina rara interna may occasionally be difficult to locate. Usually, however, the particles of the laminae rarae are smaller than those flanking the collagen fibrils (Figure 8).

3.3.2. Anchoring fibrils

The anchoring fibrils (81) represent a special category of fibrils detectable in many anatomical sites, among which the skin (Figure 9) and some other epithelia can be included. They appear as bundles of filaments of about 6 nm in diameter which converge from the lamina densa towards the underlying collagen fibrils, encompass some of these and return to the lamina densa . This arrangement may allow them to 'anchor' the lamina densa to the outermost layer(s) of connective tissue fibers. In some sites, the anchoring fibrils show a transversal striation (Figure 9) with a symmetric banding pattern.

The size of the anchoring fibrils is variable. For example, they are tiny beneath the central corneal epithelium, but relatively thick at the transition from the corneal epithelium to the conjunctiva (82). The filament bundles also become evident beneath the central corneal epithelium in disease as, e.g. the cheratoconus (83). In both cases (transition cornea-conjunctiva, cheratoconus), a relation can be seen between the size and/or occurrence of the anchoring fibrils and the mechanical stress of the epithelium (alterations of the curvature radius of the cornea).

If viable isolated epidermis devoid of basement membrane, and viable, isolated and inverted derma are recombined and grafted onto the chick embryo chorioallantoic membrane, anchoring fibrils are reformed together with a new basal lamina. A basal lamina but not the anchoring fibrils reappear in recombinations of viable epidermis and nonviable (repeatedly freeze-thawed) derma. These experiments demonstrate that the anchoring fibrils originate from the connective tissue (84). Anchoring fibrils have not been detected in, and are apparently not formed by the derma of patients with epidermolysis bullosa dystrophica-recessive (85).

3.3.3. Microfibrils

Electron microscopic investigations on the capillary wall of kidney glomeruli reveal in the lamina rara interna (the lamina rara interposed between lamina densa and capillary endothelial cells) the presence of microfibrils with tubular features measuring about 11 nm outer diameter (86, 87). These microfibrils are morphologically similar to the 'oxythalan' fibers discovered in some connective tissue by light microscopical histochemical methods and described some years later by electron microscopy (88). The identity of the microfibrils with the fibrillar component of the elastic tissue (elastic fiber microfibrils, 89) has been proven immunohistochemically (90), and their glycoproteic nature verified by chemical analysis (89, 91).

In some diseases (e.g. diabetes mellitus, 92; focal segmental glomerulosclerosis, 93, 94) large amounts of microfibrils accumulate in the glomerular basement membrane. Microfibrils are abundant in the glomerulus of the *Myxine glutinosa* where they form a thick layer frequently interposed between the lamina densa of the endothelial cells and the numerous mesangial cells (Figure 10) (95).

Outside the renal glomerulus, the microfibrils characterize the interstitial connective tissue. In the human and monkey amnion and in the human chorion laeve, they may cross the lamina densa of the basement membrane, which is frequently interrupted, to appear in the lamina rara externa and even in the epithelial intercellular space (96, 97). A comparable finding can be observed in Figure 10, where the microfibrils directly contact the endothelial cells of the glomerular capillary across discontinuities in the lamina densa.

The microfibrils are synthesized by the smooth muscle cells as component of the elastic tissue. It is conceivable that they are produced by the mesangial cells in the kidney glomerulus, which are considered to be myofibroblasts.

4. Freeze-fracture (etching) replicas

Whereas methods involving thin section electron microscopy allows identification of different components of the basement membrane in their almost exact location, other electron microscopic procedures have not affored comparable results as yet. Replicas of freeze-fractured or freeze-etched specimens barely reveal basement membrane structures. Usually, only the lamina densa is recognizable as a poorly defined layer of very loosely arranged particles and , occasionally, segments of broken filaments. In kidneys fixed by vascular perfusion with aldehyde(s) and Alcian blue, some particles of about 10 nm in diameter and intervals of about 60 nm can be seen in the laminae rarae of the glomerular basement membrane. Conceivably, they represent proteoglycan macromolecules precipitated by the cationic dyes. The tiny filaments, which in thin section may interconnect the particles, cannot be revealed in replicas (98).

Fawcett (18) in some beautiful illustrations depicts the aspect of the basement membrane after quick

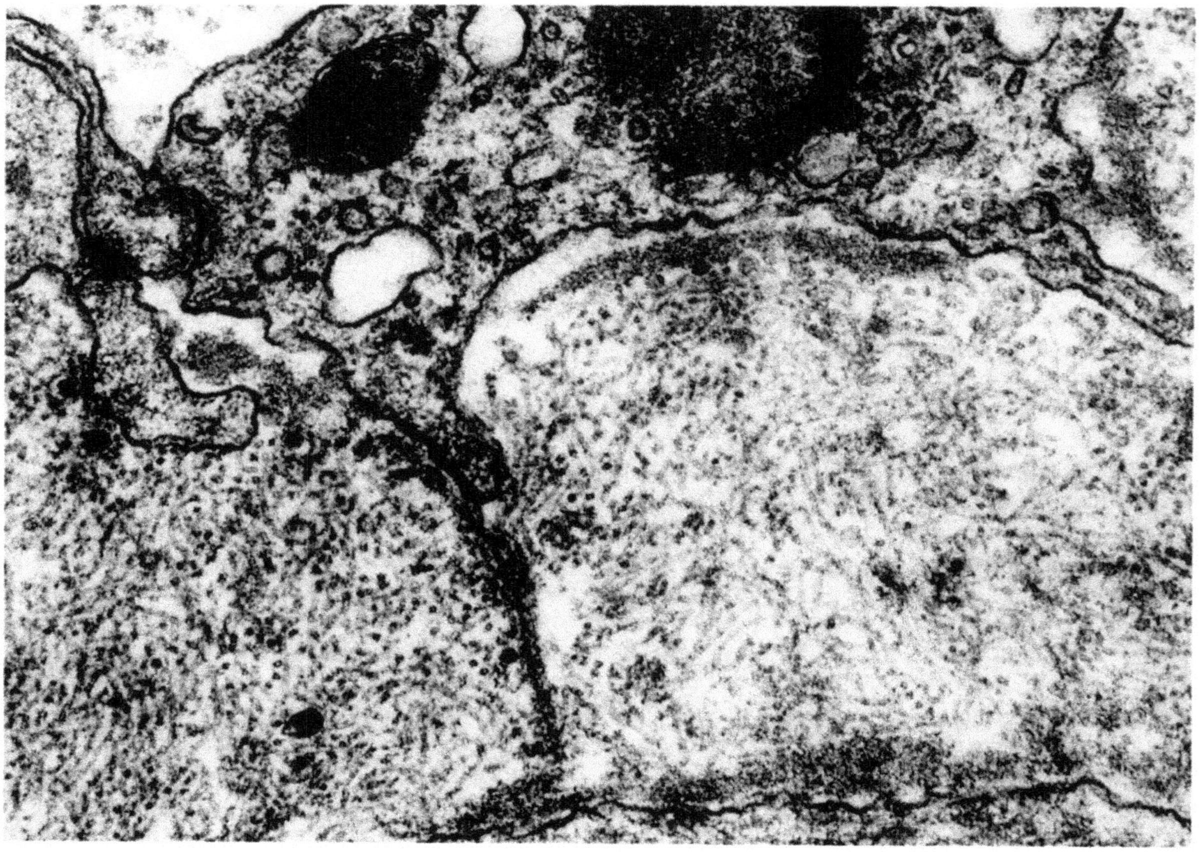

Figure 10. Microfibrils between endothelial cells (top) and mesangial cell (bottom) of the glomerular capillary wall. Atlantic hagfish, *Myxine glutinosa*. Microfibrils contact the endothelial cells where their basement membrane is discontinuous (× 60,000).

freezing (helium temperature), fracturing, deep-etching and rotary shadowing (Heuser's procedure). The lamina densa is recognizable as a three-dimensional mat of filaments apparently continuous with tiny filaments crossing the lamina rara externa (lucida).

5. Scanning electron microscopy

Scanning electron microscopy usually requires the deposition of a relatively thick conductive layer on the specimen which masks structural details of the basement membranes. After use of a routine procedure these presents a rough surface with indistinct filaments and variously sized hemisperical reliefs towards the lamina rara externa; randomly orientated collagen fibrils can be seen on the opposite surface. SEM-comparison of basement membranes from some tissues and organs reveals variations from this general aspect (99). The glomerular basement membrane has an amorphous organization. The basement membranes of pancreatic acinar cells, of submandibular and lacrimal glands, of moycardial cells and of renal capillary vessels outside the glomeruli show a fine filamentous structure, which is enhanced (and also becomes visible in the glomerular basement membrane) after treatment of the specimens with hyaluronidase. Large roundish holes of variable diameter can be seen in the basement membrane of the jejunal epithelium, ridges (probably matching those of the basal infoldings of the epithelial cells) are present on the inner surface of the renal proximal tubule basement membrane. As a consequence of the above reported comparative observations, a relationship between local function(s) of the basement membranes and their fine structure has been postulated (99).

6. Negative staining

Negative staining of basement membrane fragments isolated from human and animals reveals channels or pores crossing the membrane from one surface to another (100, 101). The presence of such pores, which have also been described in thin sections (e.g. 102), has often been postulated to account for the size selective permeability of this membrane. The relationship between these pores and the different structures and chemical components of the basement membranes deserves further investigation.

7. Basement membrane alterations

In the previous sections, morphological aspects of the basement membranes have been presented which can frequently be observed in electron micrographs, i.e. they are common to the basement membranes of many organs. The basement membrane of the renal glomeruli, which may contain epithelial and endothelial components, is an example of an atypical basement membrane. Nevertheless, it has often been referred to in this paper, since it has been an object of numerous investigations and is therefore a source of many findings of general interest for basement membranes.

Some examples of basement membranes will be described below which show discontinuities, disappear or display a layered structures under physiological conditions. Moreover, some pathological states will be mentioned in which basement membrane material appears arround cells (plasma cells) usually devoid of it.

Discontinuous basement membranes or, more precisely, discontinuous laminae densae can be observed below the endothelial cells of blood vessels (sinusoidal capillaries of the liver and of the bone marrow) and, especially, lymphatic vessels. A basement membrane is missing where pericytes (Rouget cells) closely approach the outer surface of the endothelial cells, in the kidney glomeruli between mesangial cells and capillary endothelium or between smooth muscle cells in sites where junctions (e.g. maculae communicantes) occur. Less frequently cytoplasmic projections of epithelial cells, like those of the human amnion (97) or of type II (75) and type III (103) of the rat lung alveoli, cross the lamina densa and extend into the lamina propria thus creating a discontinuity in the basement membrane. Comparable basal cytoplasmic projections have frequently been described in embryonic epithelial cells which can protrude into the underlying mesenchyme across the basement membrane.

In the embryo, the basement membrane of some epithelia may present temporary limited discontinuities which are required for normal local growth (2). A complete definitive disappearance of part of an existing basement membrane occurs during the development of the inner ear. Indeed, in the young embryo, the otocyst is surrounded by a continuous basement membrane. Later on, however, this membrane is no longer visible below the epithelium of the vascular stria (104). Therefore, the epithelium of the vascular stria largely contacts the perilymphatic tissue of the spiral ligament. This peculiarity may have a still unknown functional significance.

A *multilayered basement membrane* can be observed in parts of the Bowman's capsule of apparently normal glomeruli of the rat and the human (24). The multilayered parts appear to be composed of several superimposed laminae densae. Histochemistry demonstrates that in the rat renal corpuscle each of these laminae densae is bordered by laminae rarae containing particles (presumably proteoglycans) as well as collagen fibrils. Irregularly layered basement membranes have also been described in other locations, as in placental villi (105) and amniotic and chorionic membranes (105, 97) collected during or after normal gestation. According to Vracko and Benditt (106), a damaged (or altered) endothelial cell is replaced by a new cell which grows along the basement membrane of the former. The new endothelial cell forms, in turn, its own basement membrane. Through this process, layered basement membranes could be generated as has been seen in vessels of diabetics. Whether a comparable process can account for the basement membrane layering observed in normal Bowman's capsule or fetal membranes is unknown.

Basement membrane (lamina densa) material in form of discontinuous strands appears arround plasma cells found in biopsies of the human oral mucosa in cases of buccal lichen planus, pemphigus vulgaris, dental granulomas and cysts, as well as in a case of Ehlers-Danlos syndrome (107). It may be noted that no evident correlation exists between disease and appearance of basement membrane material, of which origin and function remain to be established.

8. Basement membranes with special morphological features

8.1. *Descemet's membrane*

The basement membrane of the corneal endothelium (or posterior corneal epithelium) shows a unique organization pattern whereby in the adult (human and animal corneas) (28), an apparently homogenous posterior layer merges irregularly into an anterior banded layer. Between the endothelial cells and the posterior layer there is a lamina lucida (lamina rara externa); the border between the anterior banded layer and the corneal stroma, where a lamina rara interna should be seen, is indistinct and characterized by strands of homogeneous (lamina densa-like) material. Here, collagen fibrils of the stroma can penetrate into and intermingle with the outermost part of Descemet's membrane.

Comparative investigations on fetal and adult human corneas indicate that the peculiar organization of Descemet's membrane is due to a change of the secretion product(s) of the endothelial cells (108) at birth. In fetal life these cells produce the banded layer which measures about 3 μm width at birth and does not show apparent alterations in postnatal life. At birth the endothelial cells begin to secret material which is morphological identical to that of a lamina densa. This posterior portion grows continuously with age, from about 2 μm at the age of 10 years to about 10 μm at the age of 80 years, with individual variations (108). The reason for the secretion change at birth is not known. The anterior banded portion is composed of superimposed tiny layers, parallel to each other and to the surface of the cornea. In each layer nodular thickenings are present at distances of 90–120 nm, between which 10 nm filaments are interposed. The nodular thickenings of several superimposed sheets are in alignment and thus a banded pattern is generated, as seen in cross-sections of the cornea. Electron micrographs of flat sections of Descemet's membrane show that about six filaments radiate from each nodular thickening to form a hexagonal lattice-like pattern (28). In keeping with this fine structural organization, Descemet's membrane has been found anisotropic in cross-sections, while isotropic in flat preparations (28).

The collagen-like protein content of Descemet's membrane was suggested in chemical and X-ray diffraction studies (27). Both nodular thickening and filaments contain type II collagen (109) whereas type IV collagen has been located in the posterior layer (33). It should be noted, however, that divergent results have been obtained in other investigations.

Descemet's membrane is stained intensely by the PAS-reaction (26, 110). Laminin and fibronectin (45, 111) may contribute to this positive reaction.

8.2. *Lens capsule*

The lens capsule is the basement membrane of the lens epithelium and of its derivatives, the lens fibers. Its thickness increases steadily and rapidly in embryonal and postnatal life until the definitive size of the lens is attained; thereafter growth continues, but at a slower rate. The growth process takes place by successive deposition of lamina densa-like layers, of which the innermost layer (close to the epithelium) is the youngest (112). The thickness of the capsule is greater at the anterior pole than at the posterior pole or at the equator.

Electron microscopy illustrates the layered structure of the lens capsule and this organization accounts for its anisotropy. Inclusions (or linear densities), consisting of bundles of fine filaments which occasionally show a periodicity of 60 nm, are irregularly embedded between the lamina densa layers of the anterior and equatorial regions of the capsule.

In the chick embryo proteoglycan particles (presumably chondroitin sulfate) are found on both sides of the basal lamina surrounding the lens anlage (113). To the best of our knowlegde, no electron microscopic histochemical studies with cationic probes have been carried out on the lens capsule of the adult. Therefore, the localization of heparan sulfate, which chemical investigations have reported to be present in the bovine lens capsule (78), is also unknown. Moreover, the intriguing observations of Wislocki (110, see also 112) on the presence of acid mucopolysaccharides (glycosaminoglycans) in the outer lamella or pericapsular membrane of the monkey lens capsule, especially in the equatorial zone where attachment of the suspensor ligament (zonula fibers) occurs, could not yet be explained.

In an X-ray diffraction study, Hertel (114) obtained diagrams from the lens capsule comparable to those from cornea and sclera. That the lens capsule contains collagen was clearly suggested by Pirie (26). The collagen belong to the type IV (reviewed in 33). In addition, laminin (111) has been demonstrated to be present in the lens capsule while fibronectin has only been detected in the chick embryo eye (115).

8.3. *Reichert's membrane*

This represents another example of an usually thick

basement membrane. It supports the parietal endodermal cell layer of the bilaminar yolk sac in the muridae. The parietal endoderm is devoid of connective tissue cells and the epithelial basement membrane attains up to 5 μm thickeness in a short time. Therefore, this organ is frequently used in studies on the origin, synthesis and turnover of basement membrane components.

Reichert's membrane shows a layered structure, each layer having the features of lamina densa with filaments of about 2–8 nm diameter and, as has been recently described (116), intercalated dots of the same diameter. The layered structure and filaments account for the anisotropy of the membrane (35). The layer bordering the lamina rara externa follows the basal surface of the epithelial cells. In some electron micrographs this layer is more intensely stained than the underlying membrane.

Reichert's membrane displays a strong PAS-positive reaction (35, 110). It contains type IV collagen (21) and noncollagenous glycoproteins, such as laminin, entactin and, according to some authors, fibronectin. Laminin has been revealed by immunohistochemistry to be either over the entire width of the membrane (67), especially at its sides (117) or, only in the portion closer to the endodermal cells (118). The precise localization of entactin (60) is uncertain (see Section 3.2.1.). Parietal endoderm *in vitro* fails to synthesize fibronectin. This finding suggests that staining of Reichert's membrane by immunohistochemical methods may be due to plasma fibronectin (117) (see also 3.2.1.).

Type IV collagen and laminin are synthesized and deposited, probably as precursors, by the endodermal cells of the parietal yolk sac along the same pathways followed by proteins. Antibodies to these glycoproteins have been detected within the cisternae of the rough surfaced endoplasmic reticulum, the Golgi sacculi, the GERL (tubules and prosecretory granules), and secretory-like granules close to Reichert's membrane (21, 22).

The relationships between the selective permeability properties of Reichert's membrane and its recently demonstrated proteoglycan content (119, 120) are under investigation.

8.4. *Mesangial matrix*

This term indicates the extracellular matrix of the kidney glomeruli which is mainly located between the capillary endothelial cells and the mesangial cells. The mesangial matrix has frequently been described as being composed of material similar to that of the glomerular basement membrane. Immunohistochemical investigations have recently demonstrated the presence of glycoproteins and proteoglycans in this region of the glomerular lobules. Thus, type IV collagen has been visualized (121), which probably corresponds to the discontinuous strands of lamina densa-like material occasionally associated with the mesangial cells or their processes. Cationic reagents like Alcian blue stain microfibrils (see Section 3.3.3.) and proteoglycans in the mesangial matrix. In addition, fibronectin and laminin also seem to be present in these glomerular regions (reviewed in 40). Accordingly, the mesangial matrix should be included among the negatively charged regions of the glomerulus, i.e. it should be equally difficult to be permeated by occasionally filtered anions as the glomerular basement membrane itself.

8.5. *Neuromuscular junctions*

A basement membrane completely surrounds the skeletal muscle fiber in the extrasynaptic areals. At the periphery of the motor end plate, the lamina densa of this basement membrane splits into two layers. One layer (with the externally located reticular fibrils) continues into the basement membrane of the Schwann's cell covering the motor nerve fiber terminal. The second layer penetrates between terminal and muscle fiber plasma membrane, closely following this membrane into the synaptic cleft and in the junctional folds.

Recent research has demonstrated that the extrasynaptic portion of the skeletal muscle basement membrane contains laminin, fibronectin, type IV and type V (AB) collagens, and a high salt-soluble protein of collagenous nature. The synaptic portion of the basement membrane lacks type V (AB) collagens and high salt-soluble protein whereas the other components are contained (122). In addition, the synaptic portion shows special asymmetric forms (A forms, 123) of acetylcholinesterase molecules which are associated with a long, collagen-like tail attaching the enzyme (probably with participation of fibronectin) to the junctional basal lamina (reviewed in 124).

In experimentally damaged and denervated skeletal muscle fibers, remnants of the synaptic basal lamina remain at the sites of the neuromuscular junctions. If reinnervation is allowed to occur without myofiber regeneration, a new nerve terminal is formed at the original synaptic site (125, 126). If regeneration of the myofiber occurs in absence of reinnervation, new postsynaptic structures appear at the original synaptic sites (127). Unknown factors possibly present in the synaptic basal lamina (and in its remnants) and/or the Schwann's cells are assumed to direct these processes.

9. Isolated basement membranes

They can be recovered for chemical studies from various anatomical sites (reviewed in 14). Electron microscopy of samples collected after sonication or detergent treatment indicates that pure basement membranes are difficult to obtain (24, 128). For example, interstitial collagen and structural glycoproteins contaminate the basement membrane isolated from the lung, as shown by chemical analysis. Light microscopic and electron (transmission and scanning) microscopic investigations on detergent-treated kidney slices of vertebrates including man, demonstrate that the different basement membranes (of glomeruli, Bowman's capsule, interstitial capillary vessels, tubules) show structural differences within and between the species (24). Therefore, to circumvent these difficulties, some tumors, as for example the Engelbreth-Holm-Swarm-(EHS) sarcoma (129) or the Parietal Yolks Sac- (PYS-) carcinoma (130), are used which synthesize relatively large quantities of basement membranes *in vitro*. These are comparable in their morphology, histochemistry and chemical composition to 'normal' basement membranes (118, 131).

Samples of isolated glomerular basement membranes show the same structure in electron micrographs as the corresponding membrane *in situ*. Also the components of the laminae rarae (e.g. proteoglycans, laminin and fibronectins) are preserved, especially after detergent treatment (40).

10. Concluding remarks

The above review on structures and chemical components of some basement membranes indicates that these may be formed by products originating from different cell types. Thus, type IV and V collagens are secreted by the cells resting upon the basement membrane. The same is true for some glycoproteins and proteoglycans (21, 22, 40). In contrast, the anchoring fibrils are produced by the connective tissue underlying the basement membrane (84). Exact interactions between these components are necessary for the basement membranes to carry out their functions. These include (i) the maintenance of the boundaries between connective tissue and other tissues, mainly epithelial, muscular and nervous: (ii) the participation in the maintenance of the histological organization in organs (scaffolding function) and (iii) the function as a filter is regard to size (lamina densa) and charge (anionic sites of the laminae rarae). The last function does not seem to be limited to the capillary wall of the renal glomeruli, but is histochemically recognizable in several other locations. The presence of nectins accounts for (iv) the firm attachment of the basement membrane to the adjacent structures (e.g. epithelium on one side, and collagen fibrils on the other), and therefore (v) for establishment and maintenance of cell differentiations as well. The probable temporary presence of fibronectins and the disappearance of certain glycosaminoglycans in embryonic basement membrane accounts for their (vi) roles both in morphogenesis and in differentiation. Therefore, they may also be engaged in processes involving tissue damage and repair.

Aging may be accompanied in some basement membrane by a thickening of the lamina densa and a reduction of the associated proteoglycans. Nevertheless, some basement membranes do not apparently change with age, others are temporary or permanently discontinuous. Still other basement membranes, like those of the eye (lens capsule, Descemet's membrane), display functionally an unusual thickness. These observations strongly support the suggestion that a morphological adaptation of the basement membrane to different functional requirements of tissue does occur (4). It is evident that spontaneous or induced alterations of one component of the basement membrane may be associated with severe pathological changes. Conversely, numerous pathological states, as recently reviewed (11–13), are followed by remarkable changes in basement membranes.

Acknowledgement

Original contributions from this laboratory were supported in part by the Deutsche Forschungsgemeinschaft and Sonderforschungsbereich 146.

References

1. Pease DC: The basement membrane: substratum of histological order and complexity. In: Fourth International Congress on Electron Microscopy. Bargmann W, Peters D, Wolpers C (eds), Berlin, Springer, 1960, pp 139–155.
2. Bernfield MR: Organization and remodeling of the extracellular matrix in morphogenesis. In: Morphogenesis and Pattern Formation. Connelly TG, Brinkley LL, Carlson BM (eds), New York, Raven Press, 1981, pp 139–162.
3. Hay ED: Collagen and embryonic development. In: Cell Biology of Extracellular Matrix. Hay ED (ed), New York, London, Plenum Press, 1981, 379–409.
4. Vracko R: Basal lamina scaffold-anatomy and significance for maintenance of orderly tissue structure. A review. Am J Pathol 77: 314–346, 1974.
5. Vracko R: The role of basal lamina in maintenance of orderly tissue structure. In: New Trends in Basement Membrane Research. Kuehn K, Schoene HH, Timpl R (eds), New York, Raven Press, 1982, pp 1–7.
6. Ashworth CT, Stembridge VA, Luibel FJ: A study of basement membranes of normal epithelium, carcinoma in situ and invasive carcinoma of uterine cervix utilizing electron microscopy and histochemical methods. Acta Cytol 5: 369–384, 1961.
7. Frei JV: The fine structure of the basement membrane in epidermal tumors. J Cell Biol 15: 335–342, 1962.
8. Ingber DE, Madri JA, Jamieson JD: Role of basal lamina in neoplastic disorganization of tissue architecture. Proc Natl Acad Sci USA 78: 3901–3905, 1981.
9. Salo T, Liotta LA, Keski-Oja J, Turpeenniemi-Hujanen T, Tryggvason K: Secretion of basement membrane collagen degrading enzyme and plasminogen activator by transformed cells. Role in metastasis. Int J Cancer 30: 669–673, 1982.
10. Liotta LA, Terranova VP, Lanzer WL, Russo R, Siegel GP, Garbisa S: Basement membrane attachment and degradation by metastatic tumor cells. In: New Trends in Basement Membrane Research. Kuehn K, Schoene HH, Timpl R (eds), New York, Raven Presss, 1982, pp 277–286.
11. Glassock RJ: Changes of glomerular basement membrane in disease. In: Biology and Chemistry of Basement Membranes. Kefalides NA (ed), New York, Academic Press, 1978, pp 421–441.
12. Heathcote JG, Grant ME: The molecular organization of basement membranes. Int Rev Connect Tissue Res 9: 191–264, 1981.
13. Szarfman A, Hassell JR, Rohrbach DH, Stanley JR, Martin GR: Components of basement membranes: their properties, functions, and alterations in disease states. In: New Trends in Basement Membrane Research. Kuehn K, Schoene HH, Timpl R (eds), New York, Raven Press, 1982, pp 265–275.
14. Kefalides NA: Biology and Chemistry of Basement Membranes. New York, Academic Press, 1978.
15. Robert AM, Boniface R, Robert L: Biochemistry and pathology of basement membranes. In: Frontiers of Matrix Biology, vol. 7. Robert L (ed), Basel, Karger, 1979.
16. Hay ED: Cell Biology of Extracellular Matrix. New York, Plenum Press, 1981.
17. Kuehn K, Timpl R, Schoene HH: New Trends in Basement Membrane Research. New York, Raven Press, 1982.
18. Fawcett DW: The Cell. Philadelphia, London, Toronto, WB Saunders, 1981.
19. Low FN: The extracellular portion of the human blood–air barrier and its relation to tissue space. Anat Rec 139: 105–123, 1961.
20. Midgley AR Jr, Pierce GB Jr: Immunohistochemical analysis of the basement membranes of the mouse. Am J Pathol 43: 929–943, 1963.
21. Laurie GW, Leblond CP, Martin GR: Intracellular localization of basement membrane precursors in the endodermal cells of the rat parietal yolk sac. II. Immunostaining for type IV collagen and its precursors. J Histochem Cytochem 30: 983–990, 1982.
22. Laurie GW, Leblond CP, Martin GR, Silver MH: Intracellular localization of basement membrane precursors in the endodermal cells of the rat parietal yolk sac. III. Immunostaining for laminin and its precursors. J Histochem Cytochem 30: 991–998, 1982.
23. Hay ED, Introductory remarks. In: Cell Biology of Extracellular Matrix. Hay ED (ed), New York, Plenum Press, 1981, pp 1–4.
24. Carlson EC, Kenney MC: An ultrastructural analysis of isolated basement membranes in the acellular renal cortex: a comparative study of human and laboratory animals. J Morphol 171: 195–211, 1982.
25. Rhodin J: Electron microscopy of the glomerular capillary wall. Exp Cell Res 8: 572–574, 1955.
26. Pirie A: Compositions of ox lens capsule. Biochem J 48: 368–371, 1951.
27. Dohlman CH, Balazs EA: Chemical studies on Descemet's membrane of the bovine cornea. Arch Biochem Biophys 57: 445–457, 1955.
28. Jakus MA: Studies on the cornea. II. The fine structure of Descemet's membrane. J Biophys Biochem Cytol 2 (suppl): 243–252, 1956.
29. Goodman M, Greenspon SA, Krakower CA: The antigenic composition of the various anatomic structures of the canine kidney. Immunology 75: 96–104, 1955.
30. Kefalides NA, Winzler RJ: The chemistry of glomerular basement membrane and its relation to collagen. Biochemistry 5: 702–713, 1966.
31. Miller EJ, Gay S: Collagen: an overview. Methods Enzymol 82: 3–32, 1982.
32. Yaoita H, Foidart JM, Katz SI: Localization of the collagenous component in skin basement membrane. J Invest Dermatol 70: 191–193, 1978.
33. von der Mark K: Localization of collagen types in tissues. Int Rev Connect Tissue Res 9: 265–324, 1981.
34. Timpl R, Oberbäumer I, Furthmayr H, Kuehn K: Macromolecular organization of type IV collagen. In:New Trends in Basement Membrane Research. Kuehn K, Schoene HH, Timpl R (eds), New York, Raven Press, 1982, pp 57–67.
35. Wislocki GB, Padykula HE: Reichert's membrane and the yolk sac of the rat investigated by histochemical means. Am J Anat 92: 117–151, 1953.
36. Gay S, Martinez-Hernandez A, Rhodes RK, Miller EJ: The collagenous exocytoskeleton of smooth muscle cells. Coll Rel Res 1: 377–384, 1981.
37. Pease DC: Fine structures of the kidney seen by electron microscopy. J Histochem Cytochem 3: 295–308, 1955.
38. Kefalides NA: Comparative biochemistry of mammalian basement membranes. In: Chemistry and Molecular Biology of the Intercellular Matrix, vol. 1. Balazs EA (ed), London, New York, Academic Press, 1970, pp 535–573.
39. Ashworth CT, Erdmann RR, Arnold NJ: Age changes in the renal basement membrane in rats. Am J Pathol 36: 165–180, 1960.
40. Farquhar MG, Courtoy PJ, Lemkin MC, Kanwar YS: Current knowledge of the functional architecture of the glomerular basement membrane. In: New Trends in Basement Membrane Research. Kuehn K, Schoene HH, Timpl R (eds), New York, Raven Press, 1982, pp 9–29.
41. Spiro RG, Parthasarathy N: Studies on the proteoglycan of basement membranes. In: New Trends in Basement Membrane Research. Kuehn K, Schoene HH, Timpl R (eds), New York, Raven Press, 1982, pp 87–98.
42. Rollhäuser H: Polarisationsoptische und histochemische Untersuchungen über die Feinstruktur des Nephrons und ihre Beziehungen zur Nierenfunktion. Z Zellforsch 44: 57–86, 1956.
43. Timpl R, Rhode H, Robey PG, Rennard SI, Foidart JM, Martin G: Laminin. A glycoprotein from basement membranes. J Biol Chem 254: 9933–9937, 1979.
44. Yamada KM: Fibronectin and other structural proteins. In: Cell Biology of Extracellular Matrix. Hay ED (ed), New York, London, Plenum Press, 1981, pp 95–114.
45. Foidart JM, Bere EW, Yaar M, Rennard SI, Gullino M: Distribution and immunoelectron microscopic localization of laminin, a non-collagenous basement membrane glycoprotein. Lab Invest 42: 336–342, 1980.
46. Ekblom P, Alitalo K, Vaheri A, Timpl R, Saxén L: Induction of a basement membrane glycoprotein in embryonic kidney: possible role of laminin in morphogenesis. Proc Natl Acad Sci USA 77: 485–489, 1980.
47. Speziale R, Höök M, Wadström T, Timpl R: Binding of the basement membrane protein laminin to Escherichia coli. FEBS Lett 146: 55–59, 1982.
48. Engel J, Odermatt E, Engel A, Madri JA, Furthmayr H, Rohde H,

Timpl R: Shapes, domain organizations and flexibility of laminin and fibronectin, two multifunctional proteins of the extracellular matrix. J Mol Biol 150: 97–120, 1981.
49. Hynes RO: Fibronectin and its relation to cellular structure and behavior. In: Cell Biology of Extracellular Matrix. Hay ED (ed), New York, London, Plenum Press, 1981, pp 295–334.
50. Akiyama SK, Yamada KM, Hayashi M. The structure of fibronectin and its role in cellular adhesion. J Supramol Struct 16: 345–358, 1981.
51. Ruoslahti E, Engvall E, Hayman EG: Fibronectin: current concepts of its structure and functions. Coll Rel Res 1: 95–128, 1981.
52. Foidart JM, Foidart JB, Mahieu PR: Synthesis of collagen and fibronectin by glomerular cells in culture. Renal Physiol 3: 183–192, 1980.
53. Martinez-Hernandez A, Marsh CA, Clark CC, Macarak EJ, Brownell AG: Fibronectin: its relationship to basement membranes. II. Ultrastructural studies in rat kidney. Coll Rel Res 1: 405–418, 1981.
54. Kleinman HK, Klebe RJ, Martin GR: Role of collagenous matrices in the adhesion and growth of cells. J Cell Biol 88: 473–485, 1981.
55. Chen LB, Murray A, Segal RA, Bushnell A, Walsh ML: Studies on intercellular LETS glycoprotein matrices. Cell 14: 377–391, 1978.
56. Singer II: The fibronexus: a transmembrane association of fibronectin-containing fibers and bundles of 5 nm microfilaments in hamster and human fibroblasts. Cell 16: 675–685, 1979.
57. Newman SA, Frisch HL, Perle MA, Tomasek JJ: Limb development: aspects of differentation, pattern formation, and morphogenesis. In: Morphogenesis and Pattern Formation. Connelly TG, Brinkley LL, Carlson BM (eds), New York, Raven Press, 1981, pp 163–178.
58. Wakely J, England MA: Scanning electron microscopical and histochemical study of the structure and function of basement membranes in the early chick embryo. Proc R Soc Lond [Biol] 206: 329–352, 1979.
59. Perkins ME, Ji TH, Hynes RO: Cross-linking of fibronectin to sulfated proteoglycans at the cell surface. Cell 16: 941–952, 1979.
60. Carlin B, Jaffe R, Bender B, Chung AE: Entactin, a novel basal lamina-associated sulfated glycoprotein. J Biol Chem 256: 5209–5214, 1981.
61. Bender BL, Jaffe R, Carlin B, Chung AE: Immunolocalization of entactin, a sulfated basement membrane component, in rodent tissues, and comparison with GP-2 (laminin). Am J Pathol 103: 419–426, 1981.
62. Beutner EH, Chorzelski TP, Jordon RE: Autosensitization in Pemphigus and Bullous Pemphigoid. Springfield, III, CC Thomas, 1971.
63. Diaz LA, Marcelo CL: Pemphigoid and pemphigus antigens in cultured epidermal cells. Br J Dermatol 98: 631–637, 1978.
64. Schaumburg-Lever G, Rule A, Schmidt-Ullrich B, Lever WF: Ultrastructural localization of in vivo bound immunoglobulins in bullous pemphigoid. A preliminary report. J Invest Dermatol 64: 47–49, 1975.
65. Dyck RF, Lockwood CM, Kershaw M, McHugh N, Duance VC, Baltz ML, Pepys MB: Amyloid P-component is a constituent of normal human glomerular basement membrane. J Exp Med 152: 1162–1174, 1980.
66. Wick G, Timpl R: Study on the nature of the Goodpasture antigen using a basement membrane-producing mouse tumor. Clin Exp Immunol 39: 733–738, 1980.
67. Laurie GW, Leblond CP, Martin GR: Localization of type IV collagen, laminin, heparan sulfate proteoglycan, and fibronectin to the basal lamina of basement membranes. J Cell Biol 95: 340–344, 1982.
68. Reale E, Kühn KW, Luciano L: Morphological aspects of the proteoglycans of the glomerular basement membrane. Exp Biol Med 7: 134–135, 1982.
69. Reale E, Luciano L, Kühn KW: Ultrastructural aspects of proteoglycans in the glomerular basement membrane. A cytochemical approach. J Histochem Cytochem 31: 662–668, 1983.
70. Rosenberg L, Hellmann W, Kleinschmidt AK: Macromolecular models of proteinpolysaccharides from bovine nasal cartilage based on electron microscopic studies. J Biol Chem 245: 4123–4130, 1970.
71. Scott JE: The histochemistry of cartilage proteoglycans in light and electron microscopes. In: Symposium on Normal and Osteoarthrotic Articular Cartilage. Ali SY, Elves MW, Leaback DH (eds), London, Stanmore, 1974, pp 19–32.
72. Wight TN, Ross R: Proteoglycans in primate arteries. I. Ultrastuctural localization and distribution in the intima. J Cell Biol 67: 660–674, 1975.
73. Hay ED: Fine structure of embryonic matrices and their relation to the cell surface in ruthenium red-fixed tissues. Growth 42: 399–423, 1978.
74. Simionescu M, Simionescu N, Palade GE: Preferential distribution of anionic sites on the basement membrane and the abluminal aspect of the endothelium in fenestrated capillaries. J Cell Biol 95: 425–434, 1982.
75. Vaccaro CA, Brody JS: Structural features of alveolar wall basement membrane in the adult rat lung. J Cell Biol 91: 427–437, 1981.
76. Castellucci M, Familiari G, Caggiati A: Heterogeneous distribution of ruthenium red-proteoclycan aggregates in the basement membrane (BM) of the gallbladder epithelium. In: The Extracellular Matrix: Chemistry, Biology, Pathology. Jeffry J, Mecham B (eds), St Louis, Washington University Press, 1982.
77. Toole BP: Glycosaminoglycans in morphogenesis. In: Cell Biology of Extracellular Matrix. Hay ED (ed), New York, London, Plenum Press, 1981, pp 259–294.
78. Laurent M, Romquin N, Regnault F: Purification and identification of a glycosaminoglycan in the lens capsule of bovines: its variation during aging. Interdiscip Top Gerontol 12: 71–79, 1978.
79. Xi YP, Nette EG, King DW, Rosen M: Age-related changes in normal human basement membrane. Mech Age Dev 19: 315–324, 1982.
80. Briggaman RA: Biochemical composition of the epidermal junction and other basement membranes. J Invest Dermatol 78: 1–6, 1982.
81. Palade GE, Farquhar MG: A special fibril of the dermis. J Cell Biol 27: 215–224, 1965.
82. McTigue JW, Fine BS: The basement membrane of the corneal epithelium. In: Electron Microscopy, 6th International Congress, vol 2. Uyeda R (ed), Tokyo, Maruzen, 1966, pp 775–776.
83. Brewitt H, Reale E: The basement membrane complex of the human corneal epithelium. Albrecht Von Graefes Arch Klin Exp Ophthalmol 215: 223–231, 1981.
84. Briggaman RA, Dalldorf FG, Wheeler CE Jr: Formation and origin of basal lamina and anchoring fibrils in adult human skin. J Cell Biol 51: 384–395, 1971.
85. Briggaman R, Wheeler CE: The epidermal-dermal junction. J Invest Dermatol 65: 71–84, 1975.
86. Farquhar MG, Wissig SL, Palade GE: Glomerular permeability. I. Ferritin transfer across the normal glomerular capillary wall. J Exp Med 113: 47–66, 1961.
87. Suzuki Y, Churg J, Grishman E, Mautner W, Dachs S: The mesangium of the renal glomerulus. Electron microscopic studies of pathologic alterations. Am J Pathol 43: 555–578, 1963.
88. Carmichael GG, Fullmer HM: The fine structure of the oxytalan fiber. J Cell Biol. 28: 33–36, 1966.
89. Ross R, Bornstein P: Studies of the components of the elastic fiber. In: Chemistry and Molecular Biology of Intercellular Matrix, vol 1. Balazs EA (ed), London, New York, Academic Press, 1970, pp 641–655.
90. Kewley MA, Stevens FS, Williams G: Immunofluorescence studies with a specific antiserum to the microfibrillar protein of elastic fibres. Location in elastic and non-elastic connective tissues. Immunology 33: 381–386, 1977.
91. Moczar M, Robert L: Extraction and fractionation of the media of the thoracic aorta: isolation and characterization of the structural glycoproteins. Atherosclerosis 11: 7–25, 1970.
92. Farquhar MG: Glomerular permeability investigated by electron microscopy. In: Small Vessel Involvement in Diabetes Mellitus. Siperstein MD, Colwell ARSR, Meyer K (eds), Washington, DC, American Institute of Biological Sciences, 1964, pp 31–38.
93. Hsu HC, Churg J: Glomerular microfibrils in renal disease: a comparative electron microscopic study. Kidney Int 16: 497–504, 1979.
94. Hsu HC, Suzuki Y, Churg J, Grishman E: Ultrastructure of transplant glomerulopathy. Histopathol 4: 351–367, 1980.
95. Reale E, Luciano L, Kühn KW, Stolte H, Brod J: Glomerular basement membrane and mesangial matrix. A comparative study in different vertebrates. Renal Physiol. 4: 85–89, 1981.
96. King BF: Developmental changes in the fine structure of rhesus monkey amnion. Am J Anat 157: 285–307, 1980.
97. Wang T, 1983 (Personal communication).
98. Reale E, Luciano L, Kühn KW, Stolte H: Morphological and functional aspects of the glomerular basement membrane. Basic Appl

Histochem 23 (suppl): 5–11, 1979.
99. Sawada H: Structural variety of basement membranes: a scanning electron microscopic study. Biomed Res 2 (suppl): 125–128, 1981.
100. Martinez-Hernandez A: The basement membrane pores. In: Biology and Chemistry of Basement Membranes. Kefalides NA (ed), New York, Academic Press, 1978, pp 99–109.
101. Makino H: Molecular sieve in rat glomerular basement membrane as revealed by negative staining. Acta Med Okayama 36: 371–382, 1982.
102. Normandin DK: A proposed ultramicroscopic structure of the mammalian glomerular basement membrane. Trans Am Microsc Soc 99: 60–78, 1980.
103. Bartels H: (Personal communication) 1983.
104. Iurato S: Submicroscopic Structure of the Inner Ear. Oxford, Pergamon Press, 1967.
105. Verbeek JH, Robertson EM, Haust MD: Basement membranes (amniotic, trophoblastic, capillary) and adjacent tissue in term placenta. Am J Obstet Gynecol 99: 1136–1146, 1967.
106. Vracko R, Benditt EP: Capillary basal lamina thickening. J Cell Biol 47: 281–285, 1970.
107. El-Labban NG: New findings of a lamina densa in relation to plasma cells. Histopathol 3: 287–294, 1979.
108. Johnson DH, Bourne WM, Campbell RJ: The ultrastructure of Descemet's membrane. I. Changes with age in normal corneas. Arch Opthalmol 100: 1942–1947, 1982.
109. Hendrix MJC, Hay ED, von der Mark K, Linsenmayer TF: Immunohistochemical localization of collagen types I and II in the developing chick cornea and tibia by electron microscopy. Invest Ophthalmol Vis Sci 22: 359–375, 1982.
110. Wislocki GB: The anterior segment of the eye of the rhesus monkey investigated by histochemical means. Am J Anat 91: 233–261, 1952.
111. Rohde H, Wick G, Timpl R: Immunochemical characterization of the basement membrane glycoprotein laminin. Eur J Biochem 102: 195–201, 1979.
112. Young RW, Occumpaugh BE: Autoradiographic studies in the growth and development of the lens capsule in the rat. Invest Ophthalmol 5: 583–593, 1966.
113. Hay ED, Meier S: Glycosaminoglycan synthesis by embryonic inductors: neural tube, notochord, and lens. J Cell Biol 62: 889–898, 1974.
114. Hertel E: Anwendung und Bedeutung von Strukturuntersuchungen mittelst Röntgenstrahlen in der Ophthalmologie. Arch Augenheilkd 107: 259–294, 1933.
115. Kurkinen M, Alitalo K, Vaheri A, Stenman S, Saxén L: Fibronectin in the development of embryonic chick eye. Dev Biol 69: 589–600, 1979.
116. Laurie GB, Leblond CP: Intracellular localization of basement membrane precursors in the endodermal cells of the rat parietal yolk sac. I. Ultrastructure and phosphatase activity of endodermal cells. J Hiostochem Cytochem 30: 973–982, 1982.
117. Amenta PS, Clar CC, Martinez-Hernandez A: Deposition of fibronectin and laminin in the basement membrane of the rat parietal yolk sac: immunohistochemical and biosynthetic studies. J Cell Biol 96: 104–111, 1983.
118. Wewer U, Albrechtsen R, Ruoslahti E: Laminin, a noncollagenous component of epithelial basement membranes synthesized by a rat yolk sac tumor. Cancer Res 41: 1518–1524, 1981.
119. Wartiovaara J, Leivo I: Basement membrane matrices and early mouse development. In: New Trends in Basement Membrane Research. Kuehn K, Schoene HH, Timpl R (eds), New York, Raven Press, 1982, pp 237–244.
120. Hogan BLM, Cooper AR: Synthesis of Reichert's membrane components by parietal endoderm cells of the mouse embryo. In: New Trends in Basement Membrane Research. Kuehn K, Schoene HH, Timpl R (eds), New York, Raven Press, 1982, pp 245–255.
121. Roll FJ, Madri JA, Albert J, Furthmayr H: Codistribution of collagen types IV and AB_2 in basement membranes and mesangium of the kidney. An immunoferritin study of ultrathin frozen sections. J Cell Biol 85: 597–616, 1980.
122. Sanes JR: Laminin, fibronectin, and collagen in synaptic and extrasynaptic portions of muscle fiber basement membrane. J Cell Biol 93: 442–451, 1982.
123. Bon S, Vigny M, Massoulié J: Asymmetric and globular forms of acetylcholinesterase in mammals and birds. Proc Natl Acad Sci USA 76: 2546–2550, 1979.
124. Rosenberry TL, Barnett P, Mays C: Acetlycholinesterase. Methods Enzymol 82: 325–339, 1982.
125. Sanes JR, Marshall LM, McMahan UJ: Reinnervation of muscle fiber basal lamina after removal of myofibers. Differentiation of regenerating axons at original synaptic sites. J Cell Biol 78: 176–198, 1978.
126. Burden SJ, Sargent PB, McMahan UJ: Acetylcholine receptors in regenerating muscle accumulate at original synaptic sites in the absence of the nerve. J Cell Biol 82: 412–425, 1979.
127. Bader D: Density and distribution of α-bungaro-toxti nding sites in postsynaptic structures of regenerated rat skeletal muscle. J Cell Biol 88: 338–345, 1981.
128. Kuttan R, Spall RD, Duhamel RC, Sipes IG, Meezan E, Brendel K: Preparation and composition of alveolar extracellular matrix and incorporated basement membrane. Lung 159: 333–345, 1981.
129. Orkin RW, Gehron P, Mc Goodwin EB, Martin GR, Valentine T, Swarm R: A murine tumor producing a matrix of basement membrane. J Exp Med 145: 204–220, 1977.
130. Pierce GB Jr, Midgley AR Jr, Sri Ram J, Feldman JD: Parietal yolk sac carcinoma: clue to the histogenesis of Reichert's membrane of the mouse embryo. Am J Pathol 41: 549–566, 1962.
131. Oohira A, Wight TN, McPherson J, Bornstein P: Biochemical and ultrastructural studies of proteoheparan sulfates synthesized by PYS-2, a basement membrane-producing cell line. J Cell Biol 92: 357–367, 1982.

Author's address:
Medizinische Hochschule Hannover
Abteilung Elektronenmikroskopie
Karl-Wiechert-Allee 9
D-3000 Hannover 61, F.R.G.

Index

GPSR Compliance
The European Union's (EU) General Product Safety Regulation (GPSR) is a set of rules that requires consumer products to be safe and our obligations to ensure this.

If you have any concerns about our products, you can contact us on

ProductSafety@springernature.com

In case Publisher is established outside the EU, the EU authorized representative is:

Springer Nature Customer Service Center GmbH
Europaplatz 3
69115 Heidelberg, Germany

www.ingramcontent.com/pod-product-compliance
Ingram Content Group UK Ltd.
Pitfield, Milton Keynes, MK11 3LW, UK
UKHW051906180226
468162UK00013B/177

* 9 7 8 1 4 6 1 2 9 7 8 9 5 *